New York

„Hat man sich erst einmal zum Reisen entschlossen, ist das Wichtigste auch schon geschafft.

Also, los geht's!"

TONY WHEELER, GRÜNDER VON LONELY PLANET

Regis St. Louis, Cristian Bonetto

Inhalt

Reiseplanung 4

Willkommen in New York 4	Wie wär's mit… 24	**Ausgehen & Nachtleben 42**
New Yorks Top 16 6	Monat für Monat 27	**Schwule & Lesben 45**
Was gibt's Neues? 17	Reisen mit Kindern 31	**Unterhaltung 47**
Gut zu wissen 18	Wie die Einheimischen 34	**Shoppen 50**
Unterwegs vor Ort 20	New York gratis 36	**Sport & Aktivitäten 53**
New York erleben 22	**Essen 38**	

New York erkunden 56

Stadtviertel im Überblick 58	Greenwich Village, Chelsea & Meatpacking District 133	Harlem & Upper Manhattan 260
Lower Manhattan & Financial District 60	Union Square, Flatiron District & Gramercy 166	Brooklyn 278
SoHo & Chinatown 83	Midtown 183	Queens 317
East Village & Lower East Side 106	Upper East Side 222	**Ausflüge 330**
	Upper West Side & Central Park 240	**Schlafen 345**

New York verstehen 369

New York aktuell 370	Kunst & Kultur 390	New York im Kino 404
Geschichte 372	Architektur 395	
Zu Tisch in New York 385	Eine Stadt in rosa 401	

Praktische Informationen 409

Verkehrsmittel & -wege 410	Allgemeine Informationen 416	Sprache 423

Cityatlas 441

(links) Der **Central Park (S. 242)** lädt zum Flanieren ein.

(oben) Das **Top of the Rock (S. 199)** bietet einen tollen Blick aufs Empire State Building.

(rechts) Hübsche Details zieren den **Grand Central Terminal (S. 195)**.

- Harlem & Upper Manhattan S. 260
- Upper West Side & Central Park S. 240
- Upper East Side S. 222
- Greenwich Village, Chelsea & Meatpacking District S. 133
- Midtown S. 183
- Union Square, Flatiron District & Gramercy S. 166
- Queens S. 317
- SoHo & Chinatown S. 83
- East Village & Lower East Side S. 106
- Lower Manhattan & Financial District S. 60
- Brooklyn S. 278

Willkommen in New York

Zentrum der Künste, Gastro- und Shopping-Hauptstadt, Trendsetter – das vielseitige New York bereitet jedem ein unwiderstehliches Fest.

Stadt für Flaneure

Mit ihren Straßen voller Architekturjuwele, schöner Cafés, stimmungsvoller Buchläden und origineller Geschäfte sind die recht kompakten New Yorker Stadtviertel ein wahres Paradies für Flaneure. So kann man in Chinatown inmitten farbenfroher buddhistischer Tempel, dampfender Nudelshops und duftender Fischgeschäfte in die Menschenmassen eintauchen, um anschließend nach Nolita mit seinen verführerischen Boutiquen und einladenden Cafés weiterzubummeln. Jedes Viertel wartet mit seiner ganz eigenen Version der Stadt auf – ob die Upper West Side mit ihren jüdischen Feinkostläden oder Greenwich Village mit seinen Kopfsteinpflasterstraßen.

Zentrum der Künste

Met, MoMA und Guggenheim sind nur die Spitze des Eisbergs. In New York gibt es Museen zu jedem Thema, vom Wien des Fin de Siècle bis zum Leben der Einwanderer an der Lower East Side; dazu kommen große Museen mit japanischer Bildhauerei, postmoderner amerikanischer Malerei, Textilien aus dem Himalaja und Ausstellungen zur Geschichte New Yorks. Neueste Kunst präsentieren die vielen Galerien in Chelsea und der Lower East Side, u. a. bei ihren Vernissagen, die meist donnerstags stattfinden.

Die Nacht ist jung

Wenn die Sonne langsam über dem Hudson untergeht und die Wolkenkratzer den Abend erleuchten, verwandelt sich New York in eine große Bühne. Am legendären Broadway treten bekannte Schauspieler auf, während in großen und kleinen Spielstätten in der ganzen Stadt Mimen, Tänzer und Musiker ihr Können zeigen. Ob Hochkultur oder Unterhaltung, New York bietet alles: von lauten Rockkonzerten in Williamsburger Kneipen bis zu opulenten Operninszenierungen im Lincoln Center. Dies ist die Stadt des experimentellen Theaters, der Stehgreif-Comedy, des Independent-Films, des Balletts und des Varietés, der Weltmusik und des Jazz.

Hauptstadt des guten Essens

Das kulinarische Angebot New Yorks war nie besser: Die Stadt hat sich zu einem Zentrum des Kochens mit saisonalen und regionalen Zutaten entwickelt – manche Restaurants ziehen ihr Gemüse in eigenen Dachgärten oder auf Höfen außerhalb der Stadt und beziehen Fleisch und Meeresfrüchte von nachhaltig arbeitenden Erzeugern in der Nähe. Auch die Bars haben sich zu neuen kreativen Höhenflügen aufgeschwungen. Dazu kommt noch die tolle Imbisswagen-Szene – oder man speist in einem der über 20 000 Restaurants der Stadt.

Warum ich New York so liebe

Von Regis St. Louis, Autor

Ich lebe seit 2001 in New York und freue mich sehr darüber, wie grün die Stadt seitdem geworden ist. Der Brooklyn Bridge Park ganz in meiner Nähe, die High Line, der Hudson River Park, die vielen Märkte der Stadt, das neue Citi-Bike-Programm, Bloombergs Baumpflanzkampagne: New York ist nicht mehr der Großstadtdschungel früherer Zeiten. Auch kulturell tut sich einiges, mit neuen Theatern, Kulturzentren und Sportarenen wie dem Theatre for a New Audience, dem BRIC und dem Barclays Center. Außerdem ist es toll, die Renaissance Brooklyns mitzuerleben – es liegt einfach so viel Kreativität in der Luft.

Mehr Infos zu unseren Autoren gibt's auf S. 429.

Die High Line (S. 135)

New Yorks
Top 16

Kulinarische Szene *(S. 38)*

1 Einer der größten Reize New Yorks ist seine unglaubliche Vielfalt an Restaurants. In jedem Viertel gibt es altmodische Gastropubs, Sushi-Theken, Tapas-Bars, französische Bistros, Grillrestaurants, Pizzaläden, vegane Cafés und gute altmodische Delis, die mit getoasteten Bagels mit Lachs und *cream cheese* locken. Und das ist nur der Anfang. Ob an einem Food Truck, an den verschiedenen Ständen eines Marktes oder um 4 Uhr morgens auf einer Lederbank nach einem Abend auf der Piste – hier ist jedes Mahl ein Erlebnis.

KATZ'S DELICATESSEN, LOWER EAST SIDE (S. 121)

✕ *Essen*

Märkte *(S. 50)*

2 Die New Yorker Märkte quellen über vor Schätzen. Am Wochenende verwandelt sich eine Parkgarage in Chelsea in ein Mekka für Antiquitätenfreunde, mit alten Klamotten, viktorianischen Einrichtungsgegenständen, Möbeln von der Jahrhundertmitte und Hunderten von Kuriositäten aus der Vergangenheit. Feinschmecker zieht es zu den Lebensmittelmärkten wie dem Union Square Greenmarket oder dem Chelsea Market, auf dem man auch wunderbar essen kann. Eine tolle Mischung aus Antiquitäten, Essen und Kunsthandwerk bietet der große Markt Brooklyn Flea.

UNION SQUARE GREENMARKET (S. 180)

🔒 *Shoppen*

REISEPLANUNG NEW YORKS TOP 16

Brooklyn Bridge
(S. 281)

3 Das 1883 fertig gestellte, ganz aus Granit erbaute Meisterwerk der Neugotik war Inspirationsquelle für Dichtung (Jack Kerouacs „Brooklyn Bridge Blues"), Musik (Frank Sinatras „Brooklyn Rridge") und zahlreiche Kunstwerke (wie die Fotografien von Walker Evans). Außerdem ist die Brücke der schönste Weg, um von Manhattan nach Brooklyn zu gelangen. Am besten überquert man die Brücke früh am Morgen – dann hat man sie fast für sich allein. Zum Sonnenuntergang bieten sich dann prächtige Ausblicke auf Lower Manhattan vor der Kulisse des rötlich schillernden Abendhimmels.

◉ *Brooklyn*

Metropolitan Museum of Art
(S. 224)

4 Mit seiner mehr als 2 Mio. Stücke umfassenden Sammlung ist das Met wirklich umwerfend. Es versammelt Schätze aus aller Welt – von feinen Skulpturen des alten Griechenlands bis zu geheimnisvollen Schnitzereien aus Papua-Neuguinea. In den Renaissance-Sälen finden sich jede Menge alte Meister, und auch die Relikte aus dem alten Ägypten befeuern die Phantasie – besonders der Tempel von Dendur, dessen 2000 Jahre alte Mauern mit Hieroglyphen und Papyruspflanzen, die aus einem Teich herauszuwachsen scheinen, bedeckt sind. Und wer drinnen genug gesehen hat, kann noch vom Dach den Ausblick auf den Central Park genießen.

◉ *Upper East Side*

Shoppen *(S. 50)*

5 Da kann man sich ganz auf das Urteil von Holly Golightly und Carrie Bradshaw verlassen: New York ist ein Leitstern am Konsumhimmel – hunderte Designer aus der Stadt und aus aller Welt stellen hier ihre Kreationen zur Schau und verführen dazu, die Reisekasse zu plündern. Doch letztlich geht es beim Shoppen in New York nicht in erster Linie darum, sich die Schränke zu füllen. Es ist vor allem eine Möglichkeit, die unzähligen Subkulturen der Stadt und ihre Künste und urbanen Erzeugnisse zu erleben.
SCHAUFENSTER IN BROOKLYN

🛍 *Shopping*

Central Park (S. 242)

6 London hat den Hyde Park, Paris den Bois de Boulogne – und New York den weltberühmten Central Park. Er umfasst gut 340 ha Rasen, Hügel und Felsen, Ulmenalleen, penibel gepflegte Grünflächen und mehrere Seen – dazu kommen ein Freilichttheater, die John-Lennon-Gedenkstätte, ein idyllisches Uferlokal (das Loeb Boathouse) und ein beliebtes Standbild von Alice im Wunderland. Bleibt bloß die schwierige Entscheidung, wo man seinen Rundgang beginnt.

◉ *Upper West Side & Central Park*

Musik & Nachtleben (S. 42)

7 Hinter den Kulissen des New Yorker Alltags lauert ein Paralleluniversum, das eingeweihte Besucher ebenso willkommen heißt wie Einheimische: Hier gibt es hinter Chinarestaurants versteckte und bis in die Morgenstunden geöffnete Lounges, Taco-Lokale, in denen spätnachts unangekündigte Transvestiten-Shows stattfinden, Diskos im Stadionformat mit DJ-Dröhnung und After-After-After-Partys auf dem Dach bei Sonnenaufgang. In New York braucht sich auch nach Mitternacht niemand einsam fühlen.

🍷 *Ausgehen & Nachtleben*

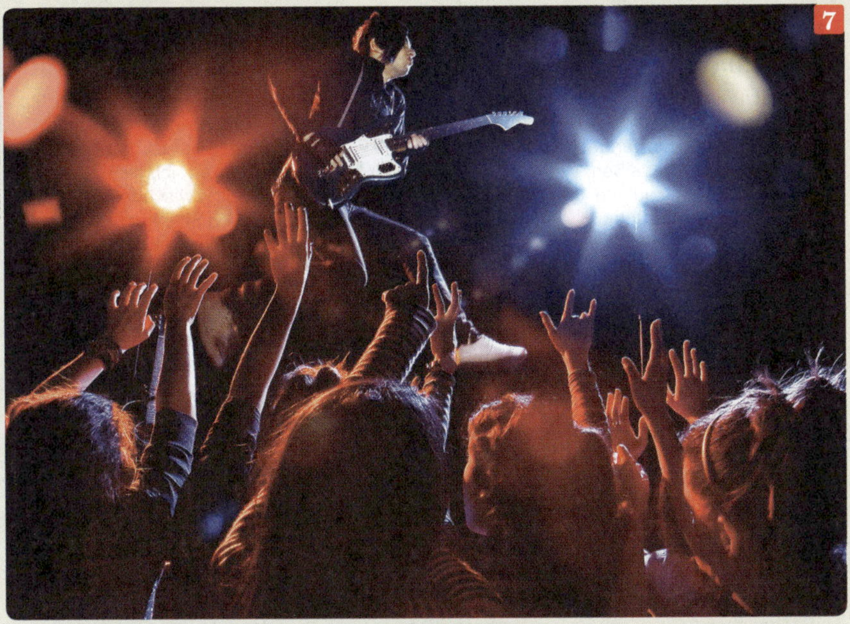

EMMANUEL FAURE / GETTY IMAGES ©

HUW JONES / GETTY IMAGES ©

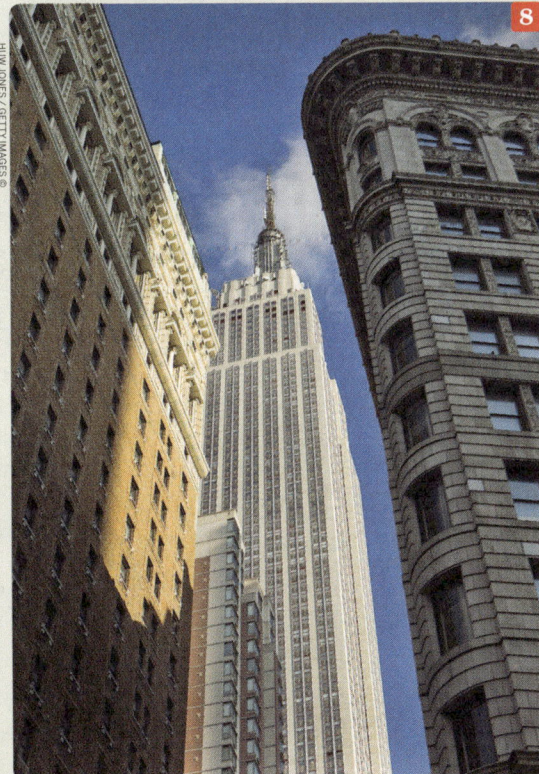

Empire State Building *(S. 188)*

8 Zwar ist der auffallende Art-déco-Wolkenkratzer längst nicht mehr das höchste Gebäude der Stadt, es ist aber nach wie vor eines ihrer berühmtesten Wahrzeichen. Das ESB hat in Dutzenden Filmen mitgespielt und bietet noch immer einen der schönsten Blicke auf die Stadt – besonders zum Sonnenuntergang, wenn die Lichter der Metropole und des Umlands zu funkeln beginnen. Auch das Gebäude selbst kann durch seine LED-Lampen in 16 Mio. Farbkombinationen erstrahlen. Und zu Feiertagen werden am Himmel noch einmal ganz besondere Schauspiele geboten.

Midtown

Freiheitsstatue & Ellis Island (S. 62)

9 Seit ihrer Einweihung 1886 hat „Lady Liberty" Millionen von Einwanderern willkommen geheißen, die in der Hoffnung auf ein besseres Leben per Schiff in den Hafen von New York einliefen. Heute begrüßt sie Millionen Touristen, von denen viele ihre Krone erklimmen, um eines der schönsten Panoramen der New Yorker Skyline zu genießen. Ganz in der Nähe liegt Ellis Island, das von 1892 bis 1954 erste Station für über zwölf Millionen Neuankömmlinge war. Heute erinnert es mit einem der bewegendsten Museen der Stadt an den Mut und die Ausdauer dieser Menschen.

◉ *Lower Manhattan & Financial District*

Die High Line (S. 135)

10 Die High Line ist eine Erfolgsgeschichte der Stadtsanierung und das wunderbarste Beispiel für das Bemühen New Yorks, Zeugnisse der industriellen Vergangenheit in attraktive Wohlfühlzonen für die Innenstadtbewohner zu verwandeln. Die ehemals unansehnliche Hochbahntrasse, die sich zwischen Schlachthöfen und Mietskasernen dahinschlängelte, lädt heute als luftig grüner Parkstreifen zu Ruhepausen und Geselligkeit ein. Und natürlich hat sie die Immobilienbranche auf Trab gebracht und Weltklassearchitekten dazu beflügelt, rundherum tollen Wohnraum zu schaffen.

◉ *Greenwich Village, Chelsea & Meatpacking District*

Broadway & Times Square (S. 185)

11 Bunte Lichter und eine elektrisierende Energie: Dies ist das Amerika, wie es sich die Welt vorstellt. Zwischen 40th und 54th St, Sixth und Eighth Ave erstreckt sich die New Yorker „Traumfabrik" – eine Welt der Romanzen und des Verrats, der Morde und Triumphe, der märchenhaften Kostüme und mitreißenden Melodien. Der unangefochtene Star des Viertels ist der Times Square selbst: nicht nur die Kreuzung von Broadway und Seventh Ave, sondern ein uramerikanischer Rummel mit Hollywood-Plakatwänden, glitzernden Cola-Zeichen und aufgedonnerten, barbrüstigen Cowboys. Willkommen am „Nabel der Welt"!

◉ *Midtown*

REISEPLANUNG NEW YORKS TOP 16

REISEPLANUNG NEW YORKS TOP 16

MoMA *(S. 190)*

12 Das Museum of Modern Art (MoMA) ist der vielleicht größte Hamsterer moderner Meisterwerke weltweit und das Gelobte Land für Kulturbeflissene. Besucher können hier van Goghs *Sternennacht*, Cézannes *Badende*, Picassos *Les Demoiselles d'Avignon*, Pollocks *One: Number 31* und Warhols *Campbell's Soup Cans* in Augenschein nehmen, sollten dabei aber noch genug Zeit einplanen für die Werke von Chagall, Dix, Rothko, de Kooning und Haring, eine kostenlose Filmvorführung, ein Gläschen Wein im Skulpturengarten, eine Dosis Designershopping und ein Gourmetmahl im Museumsrestaurant Modern …

◉ *Midtown*

Auf dem Wasser *(S. 415)*

13 Wer von Manhattan aus eine Fähre besteigt, erlebt die Insel, deren Skyline sich vom Wasser aus immer umfassender vor einem aufbaut, aus ganz anderer Perspektive. Ein schönes Ziel ist Governors Island mit neuen Grünanlagen, Kunstausstellungen und autofreien Wegen zum Spazierengehen und Radeln. Oder man nimmt die East River Ferry hinüber nach Brooklyn – der Fähranleger beim Brooklyn Bridge Park bildet einen tollen Zugangspunkt zu dem Stadtbezirk.

Lower Manhattan & Financial District

Stadtspaziergänge *(S. 142)*

14 Eine der besten Arten, New York zu erleben, ist, sich ein Viertel auszusuchen und dann einen Tag lang zu Fuß zu erkunden. Besonders schön eignet sich das Greenwich Village mit seinen hübschen Kopfsteinpflasterstraßen voller Läden, Straßencafés und einladender Restaurants. Ganz anders präsentiert sich die Stadt drüben im East Village, in Chinatown oder im Galerieviertel Chelsea. New York lädt zu endlosen Spaziergängen ein. GREENWICH VILLAGE (S. 133)

Greenwich Village, Chelsea & Meatpacking District

National September 11 Memorial & Museum *(S. 66)*

15 Das National September 11 Memorial and Museum ist eine schöne und würdevolle Antwort auf das dunkelste Kapitel in der Geschichte der Stadt. Wo einst die beiden Türme des World Trade Center standen, schimmern nun zwei dunkle, elegante Wasserbecken, umgeben von den Namen der Opfer des 11. Septembers und des Bombenanschlags von 1993. Tief darunter befindet sich das Memorial Museum, das diese Katastrophen, die schlimmsten Angriffe auf US-amerikanischen Boden, auf eindringliche Weise erkundet.

Lower Manhattan & Financial District

GRANT FAINT / GETTY IMAGES ©

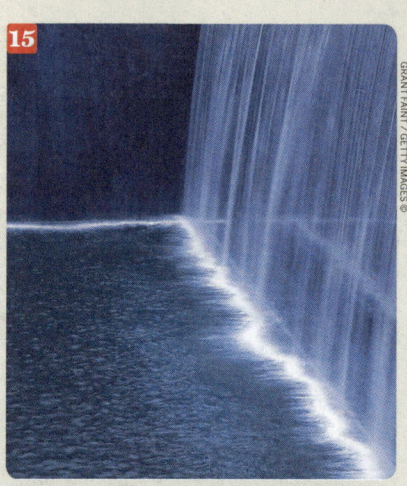

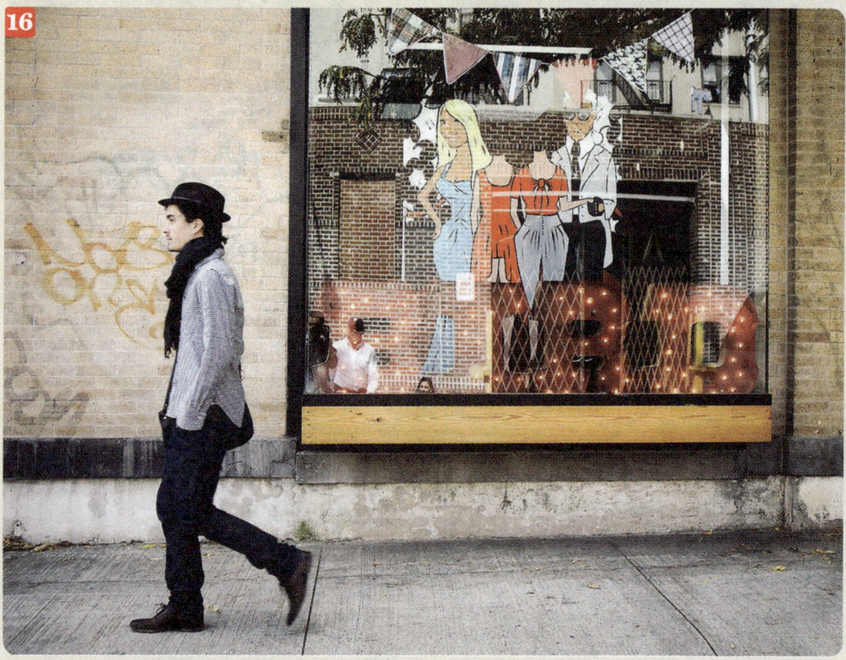

MICHAEL MARQUAND / GETTY IMAGES ©

Williamsburg *(S. 285)*

16 Hier gibt es nostalgische Cocktaillounges mit 1930er-Jahre-Flair, Szenelokale, die Grillrippchen oder auch Sterne-Gastronomie auftischen, und so viele Musikkneipen und Biergärten, dass sich vernügungssüchtige Nachteulen wochenlang auslassen können. Für die eher Tagaktiven hält Williamsburg diverse Läden für Designer-Haushaltswaren sowie Modeshops jeder Fasson bereit, von Secondhand-Kaufhäusern bis zu Designerboutiquen. Nicht umsonst ist dieser Teil von Brooklyn – nur eine Subwaystation von Downtown Manhattan entfernt – der aktuell trendigste Tummelplatz der Stadt.

Brooklyn

Was gibt's Neues?

Schlaglicht auf Brooklyn
Brooklyn ist weiter auf dem Vormarsch. Dieses Zentrum der Kreativität wartet mit einigen der besten Restaurants mit Küche aus regionalen Zutaten, Cocktailbars, Kunstgewerbeläden und Kaffeeröstereien der Stadt auf – und es gibt sogar eine bunte neue Hotelszene. Brooklyn bietet ein erstklassiges Basketballteam (die Nets), ein tolles Stadion und neue Theater und Kultureinrichtungen wie das Theater for a New Audience, das sich Shakespeare und klassischen Stücken verschrieben hat.

Erinnerung an den 11. September
Auf dem World-Trade-Center-Gelände taucht das National September 11 Museum in die tragischen Ereignisse ein, die New York auf immer veränderten. (S. 66)

Leslie Lohman Museum of Gay & Lesbian Art
Dieses Juwel in SoHo, seit 2011 offiziell als Museum anerkannt, ist das erste LGBT-Kunstmuseum der Welt. (S. 88)

Kaffeeszene
Kleine Röstereien und Cafés haben die einst eher bescheidene New Yorker Kaffeeszene umgekrempelt. Besonders erwähnenswert: Brooklyn Roasting Company (S. 298), Stumptown Coffee Roasters (S. 210), Blue Bottle Coffee (S. 307), Toby's Estate (S. 175) und Little Collins (S. 210).

Queens is back!
Nach einer 70 Mio. $ teuren Sanierung ist das Queens Museum wieder da – größer und besser als je zuvor. Und es entwickelt sich schnell zu einem Wahrzeichen des ethnisch buntesten Bezirks der Stadt. (S. 317)

Governors Island Park
Auf der wunderbaren autofreien Insel im New York Harbor sind weitere 12 ha Park entstanden – mit Hängemattenhain, Spielfeldern, architektonischem Garten und Kinderspielplätzen. (S. 71)

Franklin D Roosevelt Four Freedoms Park
Louis Kahns eindringliches Denkmal auf Roosevelt Island erinnert an einen der größten Präsidenten der USA. Von hier bieten sich tolle Blicke auf die UN, einen von Roosevelts augenfälligsten Erfolgen. (S. 202)

One World Trade Center
Das 104 Stockwerke hohe Wahrzeichen – das 4 Mrd. $ kostete – ist nach acht Jahren Bauzeit nun endlich fertig. Das Aussichtsdeck soll 2015 eröffnet werden. (S. 67)

High Line 3.0
Nun wird der letzte Abschnitt der wundervollen Grünanlage eröffnet, mit opulentem neuem Design von Diller Scofidio + Renfro. Als nächstes steht die 15 Mrd. $ teure kommerzielle Erschließung der Hudson Yards am letzten Teil der High Line auf dem Programm. (S. 135)

Grünere Tage in Brooklyn
Der schöne, 2 km lange Brooklyn Bridge Park, mit wundervollen Ausblicken auf Manhattan, hat das einst unzugängliche Flussufer in eine grüne Oase verwandelt. (S. 280)

Noch mehr aktuelle Tipps gibt's auf lonelyplanet.com/usa/new-york-city

Gut zu wissen

Weiteres siehe Praktische Informationen (S. 409)

Währung
US-Dollar (US$)

Sprache
Englisch

Einreise
Die USA haben mit 37 Ländern (u. a. Deutschland, Österreich und Schweiz) ein Abkommen, das Aufenthalte bis zu 90 Tagen ohne Visum erlaubt.

Geld
Geldautomaten gibt es überall. Die meisten Hotels, Geschäfte und Restaurants akzeptieren Kreditkarten. Marktstände, Imbisswagen und manche kleinen Lokale nehmen nur Bargeld.

Handy
Die US-Mobilfunknetze arbeiten mit einem anderen Standard als die europäischen; am besten besorgt man sich vor Ort ein billiges Handy mit Prepaid-Karte.

Zeit
Eastern Standard Time (sechs Stunden früher als MEZ)

Touristeninformation
In vielen Teilen der Stadt gibt es offizielle NYC Visitor Information Center. Die Hauptstelle ist in Midtown (✆ 212-484-1222; www.nycgo.com; 53rd St Höhe Seventh Ave, Midtown).

Tagesbudget
Budget: bis 100 $
- Schlafsaalbett: 40–70 $
- Stück Pizza: ca. 4 $
- Taco vom Imbisswagen: ab 2,50 $
- Bus- oder Subwayfahrt: 2,50 $

Mittelklasse: 100–300 $
- Doppelzimmer im Mittelklassehotel: ab 150 $
- Brunch für zwei im Cafe Mogador: 70 $
- Dinner für zwei im Red Farm: 130 $
- Überraschende Cocktails in einer Lounge im Flüsterkneipenstil: 14–18 $
- Ermäßigte TKTS-Tickets für eine Broadway-Show: 80 $
- Parkettplätze in der Brooklyn Academy of Music: ab 84 $

Gehoben: über 300 $
- Luxuszimmer im NoMad Hotel: 325–850 $
- Probiermenü im Le Bernardin: 155–198 $
- 90-minütige Massage im stimmungsvollen Great Jones Spa: 200 $
- Parkettplätze in der Metropolitan Opera: 100–390 $

Vor der Reise

Zwei Monate vorher Hotelzimmer möglichst früh reservieren. Schon mal Tickets für beliebte Broadway-Hits sichern.

Drei Wochen vorher Einen Tisch im gewünschten Spitzenrestaurant reservieren.

Eine Woche vorher Im Internet die aktuellen Tipps und Trends der Stadt nachlesen und E-Mail-Newsletter abonnieren.

Websites

- **Lonely Planet** (www.lonelyplanet.com/usa/new-york-city) Infos über die Stadt, Hotelreservierungen, Traveller-Forum und mehr.
- **NYC: The Official Guide** (www.nycgo.com) Das offizielle Tourismusportal von New York.
- **Visit Brooklyn** (www.visitbrooklyn.org) Spezielle Brooklyn-Site von NYC & Co.
- **New York Magazine** (www.nymag.com) Umfassende, aktuelle Infos zu Bars, Restaurants, Unterhaltung und Shopping.
- **New York Times** (www.nytimes.com) Lokalnachrichten und Theaterprogramm.
- **Village Voice** (www.villagevoice.com) Solide Informationen über alles, was in der Stadt los ist.
- **Time Out** (www.timeout.com/newyork) Infos über Veranstaltungen in der Stadt.

REISEZEIT

Im Sommer kann es sehr heiß werden; im Winter drohen Kälte und Schneestürme. Frühjahr und Herbst sind die beste Zeit, um die Stadt zu erkunden.

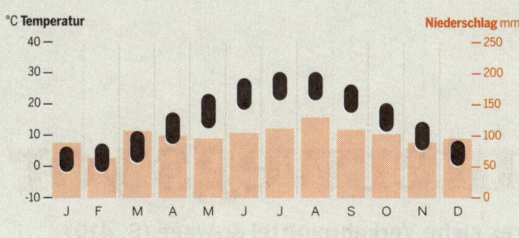

REISEPLANUNG GUT ZU WISSEN

Ankunft in New York

John F. Kennedy International Airport (JFK) Anschluss mit dem AirTrain (5 $) zur Subway der Metropolitan Transport Authority (2,50 $ – Fahrtzeit bis Manhattan 1 Std.); Expressbusse zum Grand Central oder zur Port Authority kosten 16 $, Sammeltaxis zu Hotels in Manhattan 20–25 $, Taxis pauschal 52 $ (zzgl. Maut und Trinkgeld).

LaGuardia Airport (LGA) Der nächstgelegene Flughafen zu Manhattan, jedoch mit öffentlichen Verkehrsmitteln am schwersten zu erreichen – Expressbus Q70 fährt vom Flughafen zur Subwaystation 74th St Broadway (Linie 7 oder Linien E, F, M und R von der Nachbarstation Jackson Hts-Roosevelt Ave). Ein Expressbus nach Midtown kostet 13 $, Taxis je nach Verkehr 26–48 $ (plus Maut und Trinkgeld).

Newark Liberty International Airport (EWR) Per AirTrain zum Bahnhof Newark Airport, dann mit dem Zug zur Penn Station (12,50 $). Ein Expressbus zur Port Authority oder zum Grand Central kostet 16 $, ein Sammeltaxi nach Midtown 20–26 $, ein Taxi 60–80 $ (zzgl. 13 $ Maut und Trinkgeld). Für die Fahrt sind 45–60 Minuten einzuplanen.

Mehr zum Thema **Ankunft** ab S. 410

Trinkgeld

Trinkgelder sind *nicht* optional; nur bei wirklich schlechtem Service kein Trinkgeld geben!

➡ **Bedienung im Restaurant** 15–20 %, es sei denn, im Rechnungsbetrag ist schon ein Bedienungsentgelt inbegriffen (gewöhnlich nur bei Gruppen ab 5 Pers.)

➡ **Barkeeper** 10–15 % pro Runde, mindestens 1 $ pro Getränk für Standardgetränke und 2 $ für aufwendigere Cocktails

➡ **Taxifahrer** 10–15 %, aufgerundet auf den nächsten Dollar

➡ **Gepäckträger am Flughafen & im Hotel** 2 $ pro Gepäckstück, mindestens 5 $ pro Gepäckwagen

➡ **Zimmermädchen** 2–4 $ pro Nacht, in dem bereitgelegten Umschlag oder unter einer Karte zu hinterlassen

Mehr zum Thema **Geld** ab S. 418

Schlafen

Die Übernachtungspreise in New York richten sich nicht unbedingt nach den Regeln für Haupt- und Nebensaison, sondern schwanken je nach Angebot und Nachfrage. 2013 kamen über 54 Mio. Touristen, entsprechend schnell sind die Hotelzimmer ausgebucht, besonders im Sommer.

Websites

➡ **newyorkhotels.com** (www.newyorkhotels.com) Die Website der New Yorker Hotels.

➡ **airbnb** (www.airbnb.com) Möblierte Apartments und Privatzimmer als Alternative zu teuren Hotelzimmern.

➡ **Jetsetter** (www.jetsetter.com) Tolle Schnäppchenangebote für Luxushotels in aller Welt, darunter eine gute Auswahl an New Yorker Hotels.

Mehr zum Thema **Schlafen** ab S. 345

Unterwegs vor Ort

Weiteres siehe Verkehrsmittel & -wege (S. 410)

Subway
Oft die schnellste Art, sein Ziel zu erreichen, mit farbkodierten Linien, jeweils mit Express- und langsameren Zügen. Fährt rund um die Uhr, nachts jedoch nicht so häufig und es fahren keine Expresszüge.

Bus
Langsam, aber man sieht mehr. Sehr nützlich für Ost-West-Fahrten in Manhattan, z. B. über die 14th, 23rd, 34th, 42nd, 49th/50th, 57th, 72nd, 79th und 86th St.

Fahrrad
Die Citi-Bike-Räder, erhältlich an 330 Leihstationen, sind praktisch für halbstündige Citytrips.

Taxi
Überall zu finden – außer man braucht gerade eins. Heranwinken oder -pfeifen. Fahrpreise: ca. 15–26 $ von Downtown nach Midtown.

Fähre
Die kostenlose Staten Island Ferry verkehrt ab Lower Manhattan. Die nützlichere East River Ferry fährt zwichen Wall St/Pier 11 und E 34th St in Manhattan, unterwegs mit Stopps in Brooklyn (Dumbo, South Williamsburg, North Williamsburg, Greenpoint) und Queens (Long Island City).

Wichtige Begriffe

Car service Man kann telefonisch einen Fahrdienst (meist bestehend aus einem schwarzen Pkw) bestellen und sich abholen lassen – nützlich für Fahrten zum Flughafen und zurück oder für Fahrten in den äußeren Stadtbezirken, wo Taxis schwerer zu finden sind.

Citi Bike Die überall zu sehenden blauen Fahrräder gehören zum New Yorker Fahrrad-Leihsystem, mit Stationen in der ganzen Stadt, an denen die Räder problemlos geliehen werden können.

Express train/local train Express-Subwayzüge halten nur an wenigen Stationen, Lokalzüge an jeder Station. Um vom einen in den anderen umzusteigen, muss man oft auf die andere Seite des Bahnsteigs wechseln.

LIRR Die Long Island Rail Road eignet sich für schnelle Fahrten zum JFK und zum Strand.

MetroCard Die gelb-blaue Karte kann mit einem Guthaben aufgeladen und dann für Subway- und Busfahrten eingesetzt werden.

Uptown/Downtown Uptown heißt Richtung Norden (Upper East Side, Harlem usw.), Downtown Richtung Süden (Soho, Lower Manhattan usw.).

Wichtige Linien

Mit Aussicht Mit der J, M oder Z über die Williamsburg Bridge oder der B, D, N oder Q über die Manhattan Bridge für tolle Ausblicke auf Manhattan. Außerdem gibt's noch die Roosevelt Island Tramway (Seilbahn).

Nach Uptown Mit der Linie 4, 5 oder 6 zur Upper East Side, mit der B, C, 1, 2 oder 3 zur Upper West Side.

Taxi-Etikette

➡ An der Straße nur Taxis heranwinken, deren Taxileuchte auf dem Dach eingeschaltet ist – wenn die Leuchte aus ist, ist das Taxi besetzt.

➡ Sich gut sichtbar am Straßenrand positionieren und den Arm raushalten.

➡ Im Taxi dem Fahrer das Ziel nennen (Taxifahrer dürfen Fahrten zu ihnen nicht genehmen Zielen nicht ablehnen).

➡ Am Ende der Fahrt bezahlen, entweder bar oder mit Kreditkarte (über einen Touchscreen im Fond des Fahrzeugs). Trinkgeld nicht vergessen (gewöhnlich 10–15 %)!

TOP-TIPPS

➡ Auf mit „Downtown" oder „Uptown" markierte Eingänge zu Subwaystationen achten! Manchmal gibt's für die beiden Richtungen unterschiedliche Eingänge (gewöhnlich auf der jeweils anderen Straßenseite).

➡ Die Route sorgfältig planen! Manchmal ist es besser, ein paar Blocks zu gehen, um zu einer schnelleren oder direkteren Verbindung zu gelangen.

➡ Für kürzere Trips kann man gut ein Citi Bike ausleihen.

Zeiten

➡ Die Rushhour dauert nie nur eine Stunde! Wochentags sind Züge und Busse von 8 bis 9.30 und 16.30 bis 18.30 Uhr nervig voll.

➡ Wer dennoch zu den Stoßzeiten unterwegs sein muss, sollte entsprechend längere Fahrzeiten einplanen (besonders zum/vom Flughafen).

➡ Unter der Woche kann es zwischen 16 und 17 Uhr schwierig sein, ein Taxi zu bekommen – dann ist bei vielen Fahrern Schichtwechsel. Und bei Regen kann es eine echte Herausforderung sein, ein Taxi aufzutreiben.

Etikette

➡ Die MetroCard bereit halten, bevor man durchs Tor geht. Die New Yorker haben die Kunst entwickelt, ohne innezuhalten durch die Sperren zu gehen.

➡ Beim Besteigen der Subway zuerst die aussteigenden Fahrgäste rauslassen.

➡ Auf Rolltreppen: rechts stehen, links gehen!

➡ Im Fußgängerstrom auf dem Bürgersteig sollte man sich wie im Straßenverkehr verhalten – nicht plötzlich anhalten, sich dem allgemeinen Tempo anpassen und an die Seite treten, um den Stadtplan zu studieren oder den Regenschirm rauszukramen.

Tickets

➡ MetroCards gelten für alle öffentliche Verkehrsmittel in New York. Für jede Subway- oder Busfahrt werden 2,50 $ vom Kartenguthaben abgebucht.

➡ MetroCards (1 $) sind an den Schaltern in den Subwaystationen erhältlich, und dann lädt man sie mit einem Guthaben auf (für 20 $ kann man z. B. achtmal fahren). Wer viel unterwegs sein wird, sollte sich für 30 $ eine Sieben-Tage-Karte für unbegrenztes Fahren besorgen.

➡ An den Subwayschaltern kann man mit Kredit- und EC-Karte zahlen (an größeren Automaten auch bar). Wer weiteres Guthaben aufladen möchte, führt einfach seine Karte in den Automaten und folgt den Anweisungen (Tipp: Wenn nach der Postleitzahl gefragt wird, „99999" eingeben).

➡ Umsteigen von der Subway in einen Bus und umgekehrt ist kostenlos: Einfach die Karte durchs Lesegerät ziehen, und es wird nichts abgebucht.

Mehr zum Thema **Unterwegs vor Ort** ab S. 412

CITI BIKES

Wer ein Citi Bike benutzen möchte, kauft an einem Citi-Bike-Kiosk zunächst eine Zugangskarte für 24 Stunden oder sieben Tage (ca. 11 $ bzw. 28 $ inkl. Steuern). Danach erhält man zum Aufschließen des Fahrrads einen fünfstelligen Code. Wer das Rad innerhalb von einer halben Stunde an einer beliebigen Leihstation wieder abgibt, braucht nichts zu bezahlen. Um erneut ein Rad auszuleihen, die Kreditkarte wieder einführen (es wird nichts abgebucht) und den Anweisungen folgen. Während der 24-stündigen oder siebentägigen Leihfrist kann man beliebig oft Räder für eine halbe Stunde ausleihen.

New York erleben

1. Tag

Upper West Side & Central Park (S. 240)

☀️ Der Vormittag ist für die grüne Augenweide des **Central Park** reserviert, der wie eine Oase zwischen den Wolkenkratzern ruht. Vom **Columbus Circle** geht's Richtung Nordosten an **Bethesda Fountain**, **Conservatory Water** und den **Strawberry Fields** auf der Westseite vorbei. Familien mit Kindern sind die Saurierskelette im **American Museum of Natural History** empfohlen und dann, vom **Loeb Boathouse** startend, eine Tour über den See.

 Mittagessen Zabar's (S. 247) hat alles für ein Picknick im Central Park.

Midtown (S. 183)

☀️ Nach dem Vormittag im Grünen gibt es jetzt einige Architekturwunder der Stadt zu entdecken, wie **Grand Central Terminal**, **Chrysler Building**, **New York Public Library** und **Rockefeller Center**. Den krönenden Abschluss bildet ein Besuch im Lieblingsmuseum der Stadt: dem **Museum of Modern Art (MoMA)**.

 Abendessen Broadway-Besucher speisen vorher noch im Marseille (S. 210).

Midtown (S. 183)

🌙 Abends lockt das Lichtermeer des **Broadway** mit Kassenschlagern oder der deutlich progressiveren Bühnenkost von **Playwrights Horizon** oder **Signature Theatre**. Am **TKTS-Schalter am Times Square** gibt es günstige Restkarten. Als Absacker dann Cocktails im **Rum House** schlürfen und schließlich das **Empire State Building** erklimmen und der Stadt „gute Nacht" wünschen.

2. Tag

Upper East Side (S. 222)

☀️ Los geht's mit dem umwerfenden **Metropolitan Museum of Art** mit ägyptischen und römischen Sammlungen, europäischen Meistern und im Sommer einem Blick von der Dachterrasse auf den Central Park. Die nahe **Neue Galerie** bietet in einer Villa von 1914 deutsche und österreichische Kunst.

 Mittagessen Österreichische Spezialitäten im Café Sabarsky (S. 236).

SoHo & Chinatown (S. 83)

☀️ Nachmittags lädt **SoHo** zum Shoppen inmitten von Menschenmassen, die nach den Topmarken der Welt wühlen. In **Chinatown**, nur ein paar Ecken weiter, fühlt man sich dagegen Lichtjahre entfernt vom Mainstream. Zwischen **buddhistischen Tempeln** gibt es Snacks wie Puddingtörtchen und Mandeleis zu kosten.

 Abendessen Köstliche Teigtaschen bei Joe's Shanghai (S. 95) in Chinatown.

Upper West Side & Central Park (S. 240)

🌙 Wer Konzertkarten hat, kann sich statt dem Dinner in Downtown in der **Barcibo Enoteca** mit einem Glas italienischem Wein und Antipasti stärken. Dann nichts wie ab zum **Lincoln Center**, zu einer Oper im **Metropolitan Opera House** oder einem Sinfoniekonzert in der **Avery Fisher Hall**. Danach lockt das **Burke & Wills** mit moderner australischer Küche, gefolgt von Drinks oben im **Manhattan Cricket Club**.

Village Vanguard (S. 158), Greenwich Village

3. Tag

Brooklyn (S. 278)

Nach einer Fährfahrt hinüber nach Dumbo genießt man vom schönen neuen **Brooklyn Bridge Park** den prächtigen Ausblick auf Manhattan. Bei einem Bummel durch die Kopfsteinpflasterstraßen von Dumbo locken Buchhandlungen, Boutiquen und Cafés. Nicht versäumen sollte man das alte **Jane's Carousel** sowie noch mehr tolle Panorama von der Empire Fulton Ferry.

 Mittagessen Das nette AlMar (S. 299) bietet preisgünstige Lunch-Specials.

Brooklyn (S. 278)

Weiter geht's zum **Brooklyn Museum** mit seinen faszinierenden Arbeiten aus Afrika, Amerika und dem alten Ägypten; dazu kommen noch tolle Sonderausstellungen. Anschließend bietet sich ein Bummel durch den **Prospect Park** an; wer möchte, kann sich im stimmungsvollen neuen **Lakeside**-Komplex stärken.

 Abendessen Das Rye (S. 297) steht für Brooklyns kulinarische Renaissance.

Brooklyn (S. 278)

Danach bringt einen ein „Boro Taxi" nach **Williamsburg** im Norden Brooklyns. Hier lockt das **Maison Premiere** mit Austern und feinen Cocktails. Von der Dachbar **Ides** bietet sich ein grandioser Blick auf die Stadt. Den Abend ausklingen lassen kann man gegenüber im **Brooklyn Bowl**, vielleicht mit einer Runde Bowling oder einem groovigen Konzert.

4. Tag

Lower Manhattan & Financial District (S. 60)

Von der **Staten-Island-Fähre** kann man frühmorgens den Sonnenaufgang über den Wolkenkratzern von **Lower Manhattan** bewundern. Nach einem Besuch des bewegenden **National September 11 Memorial** geht's weiter zu den Gräbern berühmter New Yorker auf dem Friedhof der **Trinity Church**.

 Mittagessen Das Freemans (S. 121) lockt mit kreativer Küche.

East Village & Lower East Side (S. 106)

Die **Lower East Side** bietet sich für einen Schaufenster- und Galeriebummel an. Das **Lower East Side Tenement Museum** gibt Einblicke in die Zuwanderungsgeschichte der Stadt. Dann lohnt ein Abstecher zum **St. Mark's Place** und zur 9th St im East Village.

 Abendessen Große Seafood-Platten bietet Jeffrey's Grocery (S. 144).

Greenwich Village, Chelsea & Meatpacking District (S. 133)

Abends schlendert man durch die hübschen Straßen des Greenwich Village und lauscht dem Live-Jazz im **Blue Note**, **Smalls** oder **Village Vanguard**. Wer durch die unscheinbare braune Tür des **Little Branch** schlüpft, kann dort eimergroße Cocktails in Speakeasy-Ambiente genießen. Tanzend geht's weiter durch die Nacht, und zwar im **Cielo**, einem der besten kleinen Clubs der Stadt.

Wie wär's mit …

Museen

Museum of Modern Art (MoMA) Im beliebtesten Museum der Stadt zeigen brillant kuratierte Ausstellungen das Beste der modernen Kunst aus aller Welt. (S. 190)

Metropolitan Museum of Art Das umfassendste Museum des Kontinents verfügt über einen ägyptischen Tempel und das berühmteste George-Washington-Gemälde des Landes. (S. 224)

Guggenheim Museum Die Qualität der Exponate variiert ziemlich stark, aber die größte Attraktion ist ohnehin die Architektur von Frank Lloyd Wright. (S. 228)

Frick Collection Die Gilded Age-Villa bietet Vermeers, El Grecos, Goyas und eine traumhafte Springbrunnenanlage. (S. 231)

Cloisters Museum & Gardens Zu den mittelalterlichen Schätzen gehört auch die Tapisserie einer Einhorn-Jagd aus dem 16. Jh. (S. 268)

Brooklyn Museum Altägyptische Schätze, überragende amerikanische Malerei und ein wegweisendes Zentrum für feministische Kunst. (S. 282)

Lower East Side Tenement Museum Bewegende Einblicke in das Leben der Einwanderer im 19. und frühen 20. Jh. (S. 108)

Whitney Museum of American Art Avantgardistische Gegenwartskunst und Werke des 20. Jhs. In geraden Jahren präsentiert die Whitney Biennial junge US-Künstler. (S. 230)

Japanischer Garten, Brooklyn Botanic Garden (S. 294)

Gotteshäuser

St. Patrick's Cathedral Das Meisterwerk der Neugotik ist die größte Kathedrale der USA. (S. 199)

Trinity Church Die schöne anglikanische Kirche war Mitte des 18. Jhs. das höchste Gebäude in New York. (S. 69)

Cathedral Church of St. John the Divine An dem größten Gotteshaus der USA wird seit 1892 gebaut – ganz fertig ist es immer noch nicht. (S. 262)

Temple Emanu-el Der Bau im romanischen Stil mit vergoldeten Decken ist eine der schönsten Synagogen von New York. (S. 231)

Plymouth Church Das Gotteshaus in Brooklyn Heights war im 19. Jh. ein Treffpunkt für die Gegner der Sklaverei. (S. 288)

Eldridge Street Synagogue Die für Millionen von Dollar herausgeputzte Synagoge dient zugleich als Museum. (S. 114)

Die Nächte durchmachen

Smalls Stimmungsvoller Jazzclub im West Village mit Konzerten um 1 Uhr nachts. (S. 158)

Veselka Wer um 4 Uhr morgens unbedingt *pierogi* (gefüllte Teigtaschen) oder andere ukrainische Kost speisen möchte, ist hier genau richtig. (S. 116)

Landmark Sunshine Cinema Mitternächtliche Filme in Lower-East-Side-Klassiker. (S. 129)

Chinatown Hinter den unaufdringlichen Fassaden winziger Chinalokale verstecken sich hier und da bis spätnachts geöffnete Lounges. (S. 96)

Output Toller Club für nächtliche Tanzorgien in Williamsburg. (S. 311)

Der Schwarze Kölner Bierkneipe in Fort Greene für einen Gerstensaft zu später Stunde am Wochenende. (S. 309)

Sing Sing Karaoke Gesangseinlagen (am Wochenende bis zum Morgengrauen) im East Village. (S. 128)

Gray's Papaya Man hat New York nicht erlebt, wenn man nicht das „Recession Special" in diesem 24-Stunden-Restaurant probiert hat (zwei Hotdogs und ein Papaya-Drink). (S. 249)

Skyline-Panorama

Brooklyn Bridge Park Der neueste Park von Brooklyn bietet weite Blicke auf Downtown Manhattan, die Brooklyn und die Manhattan Bridge. (S. 280)

Top of the Strand Statt die Wolkenkratzer von Midtown nur von fern anzustaunen, schlürft man hier seinen Drink oben auf dem Dach. (S. 210)

The Standard Hotel Ein sehenswertes Downtown-Panorama bietet sich auch vom Standard Hotel: im Boom Boom Room, in der Dach-Bar Le Bain und sogar vom schicken *bathroom* dazwischen. (S. 152)

Brooklyn Heights Promenade Umwerfender Blick auf Manhattan rund um die Uhr. (S. 289)

Roosevelt Island Fluss- und Wolkenkratzerblicke von Louis Kahns spektakulärem Franklin D Roosevelt Four Freedoms Park. (S. 202)

Roof Garden Café & Martini Bar Von Ende April bis Ende Oktober lockt der Dachgarten des Metropolitan Museum of Art mit Superaussicht auf den Central Park und Midtown. (S. 237)

Bargemusic Klassische Musik zum Blick auf Brooklyn Bridge und Manhattan – einfach nur schön. (S. 312)

East River State Park Schöner Blick auf Midtown von Williamsburg. (S. 285)

Grünanlagen

Central Park Der berühmteste Park der Stadt mit über 340 ha Wiesen, Hügeln und Felsen. (S. 242)

Hudson River Park Manhattan wird immer grüner, auch dank dieses neuen Parks auf seiner Westseite. (S. 140)

Brooklyn Bridge Park Der brandneue Park säumt das Ufer von Dumbo bis nach Carroll Gardens. (S. 280)

High Line Grünstreifen auf einer alten Hochbahntrasse mit wilden Pflanzen und überraschenden Aussichtspunkten. (S. 135)

Green-Wood Cemetery Üppige Oase aus den 1830er-Jahren mit tollen Ausblicken und mäandernden Pfaden. (S. 295)

Prospect Park Brooklyns beliebtester Park für Picknicks und zum Joggen, Radeln und Spazierengehen. (S. 283)

Brooklyn Botanic Gardens Kirschblüte im Frühjahr, bunte Sommerblumen und Herbstlaub in Rot, Gold und Gelb. (S. 294)

Weitere Highlights:
- ➡ Essen (S. 38)
- ➡ Ausgehen & Nachtleben (S. 42)
- ➡ Schwulen- & Lesbenszene (S. 45)
- ➡ Unterhaltung (S. 47)
- ➡ Shoppen (S. 50)
- ➡ Sport & Aktivitäten (S. 53)

Geschichte

Ellis Island Das Tor zur Freiheit und zu ungeahnten Möglichkeiten für unzählige Einwanderer. (S. 64)

Frick Collection Die Villa aus dem Gilded Age behauptet sich als Museum auf der Upper East Side. (S. 231)

Gracie Mansion Der elegante Bau im Federal Style dient heute als Wohnsitz des Bürgermeisters. (S. 232)

Jane's Carousel Denkmalgeschütztes Karussell von 1922 im Brooklyn Bridge Park. (S. 280)

Morris-Jumel Mansion Museum Das älteste Haus von Manhattan in einem Mix aus georgianischer Architektur und Federal Style. (S. 269)

Historic Richmond Town Historisches Dorf auf Staten Island mit dem ältesten Schulhaus der USA. (S. 72)

Ziele abseits des Touristenrummels

Flushing Auf Gourmetsafari in einer weniger bekannten Chinatown tief im Herzen von Queens. (S. 324)

New York Botanical Garden Ausgedehnter Garten in der Bronx mit 20 ha Wald und einem Glashaus im viktorianischen Stil. (S. 274)

Inwood Hill Park Diese herrliche Wildnis gehört noch zu Manhattan, fühlt sich aber überhaupt nicht so an. (S. 269)

Queens Museum Exzellente Exponate ohne das Tamtam und das Besuchergedränge mancher Museen in Manhattan. (S. 324)

Dyckman Farmhouse Museum Das letzte holländische Bauernhaus in Manhattan. (S. 269)

Gowanus Der alte Kanal ist beliebt bei Fans düsterer Industrieromantik, aber ein stetes Sorgenkind der Umweltbehörde. (S. 291)

Good old New York

Coney Island Zum Besuch des Vergnügungsparks aus dem frühen 20. Jh. gehören die Hotdogs von Nathan's Famous unbedingt dazu. (S. 284)

Barney Greengrass Auch nach einem Jahrhundert serviert BG mit den besten geräucherten Fisch der Stadt. (S. 250)

Russian & Turkish Baths Dampfender Stressabbau in diesem 120 Jahre alten Klassiker im East Village. (S. 132)

Katz's Rauchfleischspezialitäten für Kenner. (S. 121)

Marie's Crisis Musicalmelodien und singende Gäste in legendärer Gay-Bar im West Village. (S. 151)

Zabar's Das Feinkostgeschäft verköstigt die Feinschmecker der Upper West Side schon seit den 1930er-Jahren. (S. 247)

McSorley's Old Ale House Hier haben schon Abraham Lincoln, Boss Tweed und Woody Guthrie das eine oder andere Gläschen gekippt. (S. 125)

Das gewisse Extra

Shoppingrausch bei Barney's Der Traum aller Modejüngerinnen mit entsprechenden Preisen – aber auch für einen Schaufensterbummel nett. (S. 217)

Dough Auf nach Bed-Stuy für die besten Doughnuts der Welt (auch auf dem Brooklyn Flea). (S. 300)

Pegu Club Stylische, aber gradlinige Lounge mit tollem Ambiente (Cocktails kosten allerdings 15 $). (S. 96)

Brandy Library Für Gentlemen, die sich mit einem seltenen Armagnac zurückziehen möchten. (S. 80)

Exhale Das Zen-Spa auf der Upper East Side bietet Wellness komplett: von vierhändiger Massage über Yogakurse für Anfänger bis zu Akupunktur. (S. 239)

Geheimtipps

Beauty & Essex Hinter einem Pfandleiher versteckte reizende Kneipe. (S. 126)

Bathtub Gin Kredenzt hinter der Blendwand einer bescheidenen Kaffeestube Retro-Cocktails im Prohibitionszeit-Ambiente. (S. 156)

Mulberry Project Eine unauffällige Treppe führt zu dem coolen Cocktaillabor der internationalen Inhaber und ihrer Freundes-/Kellnerriege. (S. 97)

Smith & Mills Hinter einer anonymen Tür genießen Insider ihre Drinks im urigen Industriechick des 20. Jhs. (S. 80)

Freemans Am Ende eines Gässchens schmaust eine treue Brunchgemeinde in rustikaler Umgebung. (S. 121)

Little Branch Feine Cocktails in einem scheinbar verlassenen Gebäude im West Village. (S. 151)

Larry Lawrence Versteckte Bar in Williamsburg mit altmodischem Ambiente. (S. 308)

Monat für Monat

> **TOP EVENTS**
>
> **Tribeca Film Festival**, April
>
> **Cherry Blossom Festival**, April oder Mai
>
> **SummerStage**, Juni bis August
>
> **Independence Day**, Juli
>
> **Village Halloween Parade**, Oktober

Februar

Mit gelegentlichen Schneestürmen und Temperaturen unter Null ist der Februar eine gute Zeit, um sich in einer gemütlichen Bar oder einem Restaurant aufzuwärmen.

Winter Restaurant Week

Den trüben Februar feiert man am besten mit der dreiwöchigen Restaurant Week: mit Schlemmermahlzeiten zum Schnäppchenpreis bei einigen der tollsten Restaurants der Stadt. Ein Mittagessen mit drei Gängen kostet ca. 26 $, ein Abendessen 40 $.

Mercedes-Benz Fashion Week

Wenn sich die Couture-Welt bei den berüchtigten Modeschauen im Bryant Park (www.mbfashionweek.com) an neuen Looks ergötzt, bleibt das gemeine Publikum leider außen vor. Doch auch Nichtgeladene können in der prickelnden Atmosphäre der Modewoche schwelgen, vor allem wenn es ihnen gelingt, die Afterpartys aufzuspüren.

Lunar New Year

Eine der größten Feiern zum chinesischen Mondneujahr im ganzen Land. Feuerwerk und tanzende Drachen locken Horden von Schaulustigen nach Chinatown. Das Datum ändert sich von Jahr zu Jahr – meist wird jedoch Anfang Februar gefeiert.

März

Nach Monaten mit Frost und Wintermantel kündet ein gelegentlicher warmer Frühjahrstag von besseren Zeiten – jedoch oft gefolgt von einer Woche mit Temperaturen unter Null, da sich der Winter doch noch nicht verabschiedet.

St. Patrick's Day Parade

Aufgekratzte Menschenmassen mit leichter Schlagseite von zu viel grünem Bier säumen die Fifth Ave am 17. März anlässlich der beliebten Parade mit Dudelsackpfeifern, prächtigen Festwagen und irenfreundlichen Politikern. Der Umzug fand hier 1762 zum ersten Mal statt.

April

Der Frühling ist da: Optimistische Straßencafés stellen die ersten Stühle raus und an den Plätzen erblühen Tulpen und Bäume.

☆ Tribeca Film Festival

Das von Robert De Niro nach dem 11. September begründete Downtown-Filmfestival (www.tribeca film.com) wurde rasch zum renommierten Spektakel der Independentfilm-Szene mit rund 150 Filmen an zehn Tagen.

Mai

Auf den launischen April folgt der Wonnemonat Mai mit farbenprächtigen Blüten an Bäumen in der ganzen Stadt. Das Wetter ist angenehm warm und mild, ohne die drückende Sommerschwüle.

Cherry Blossom Festival

Mit dem Kirschblütenfest, das auf Japanisch *sakura matsuri* heißt, werden an einem Wochenende Ende April oder Anfang Mai die prächtigen Blüten der Kirschbäume im Brooklyn Botanic Garden begrüßt: Außer der tollen Blütenpracht gibt es ein Unterhaltungsprogramm (*taiko*-Trommeln, Volkstanz, Origami-Workshops, Ikebana-Ausstellungen, Samurai-Schwertkunst) und Erfrischungen.

Fleet Week

In dieser Woche am Monatsende wirkt Manhattan wie eine Filmkulisse der 1940er-Jahre: Grüppchen uniformierter Matrosen schwappen durch die Stadt, um einen draufzumachen (www.fleetweeknewyork.com). Außerdem hat man jetzt die Chance, kostenlos Schiffe aus aller Herren Ländern zu besichtigen: Diese liegen vor Manhattan (um Midtown) und Brooklyn (südlich des Pier 6 des Brooklyn Bridge Park) vor Anker.

Five Boro Bike Tour

Der Mai ist der Monat der Pedalritter, mit Zweiradtouren, -partys und anderen Events. Höhepunkt ist die TD Bank Five Boro Bike Tour (www.bikenewyork.org), bei der Tausende von Teilnehmern 42 Meilen (66 km) durch alle fünf Bezirke der Stadt strampeln, größtenteils über Uferwege und für den Verkehr gesperrte Straßen.

Juni

Endlich ist richtig Sommer und die Einheimischen krabbeln aus ihren Bürozellen, um in den Grünanlagen zu relaxen. Paraden ziehen über die Hauptstraßen und in den Parks werden mobile Kinoleinwände aufgespannt.

Puerto Rican Day Parade

Am zweiten Wochenende im Juni kommen Tausende Fahnen schwenkender Zuschauer zum jährlichen Umzug der Puerto-Ricaner (www.nationalpuertoricandayparade.org). Die fast 50 Jahre alte Parade zieht über die Fifth Ave von der 44th bis zur 86th St.

SummerStage

SummerStage (www.summerstage.org) im Central Park beeindruckt von Juni bis August mit einem wundervollen, meist kostenlosen Programm an Musik und Tanz. Django Django, Femi Kuti, Shuggie Otis und die Martha Graham Dance Company zählten zuletzt zu den Highlights. Für die Kleinen gibt es ein eigenes Kids-Programm. Auch in anderen Parks finden Veranstaltungen statt.

Gay Pride

Der Juni ist der Monat des Gay Pride. Höhepunkt ist der große Marsch die Fifth Ave hinunter am letzten Sonntag des Monats – ein fünfstündiges Spektakel (www.nycpride.org) mit Tänzern, Dragqueens, schwulen Polizisten, Ledertypen, lesbischen Fußballmamas und Vertreter/-innen praktisch jeder Szene unter dem Regenbogen.

HBO Bryant Park Summer Film Festival

Von Juni bis August werden im Bryant Park jeden Montag nach Sonnenuntergang beliebte Filmklassiker unter freiem Himmel vorgeführt. Früh da sein: Der Kinorasen wird um 17 Uhr geöffnet, ab 16 Uhr stehen die Leute Schlange.

Mermaid Parade

Die schräge Kostümparade zur Feier von Sand, Meer und Sommerbeginn wälzt sich am letzten Samstag des Monats nachmittags als Orgie von Glitter und Glamour über die Uferpromenade von Coney Island. Noch schöner als zuschauen ist mitmachen – jeder, der verkleidet ist, darf teilnehmen!

Juli

Die Stadt bruzzelt in der Sonne und die Einheimischen fliehen an die Strände von Long Island. New York selbst hingegen erlebt einen Ansturm von Besuchern aus Nordamerika und Europa.

Independence Day

Amerikas Unabhängigkeitstag wird am 4. Juli mit Pauken, Trompeten und atemberaubendem Feuerwerk gefeiert. Von 2009 bis 2013 fand das Feuerwerk über dem Hudson statt, kehrt aber vielleicht wieder zum East River zurück.

Shakespeare in the Park

Das überaus beliebte Programm (www.shakespeareinthepark.org) ehrt den großen Barden mit Gratisaufführungen im Central Park. Der einzige Haken: Man muss stundenlang Schlange stehen, um Tickets zu ergattern, oder sie in der Online-Lotterie gewinnen. Die Tickets wer-

(Oben) Mermaid Parade, Coney Island
(Unten) Kriegsschiffe auf dem Hudson River während der Fleet Week

den am Veranstaltungstag ab mittags ausgegeben – spätestens um 10 Uhr da sein!

August

Sommerhitze wabert zwischen den Wolkenkratzern. Wer kann, rettet sich ans nahe Meer; die anderen lassen die Klimaanlagen auf vollen Touren laufen. Unzählige Veranstaltungen im Freien bringen Leben in die träge Schwüle der Stadt.

☆ Fringe Festival

Das Theaterfestival (www.fringenyc.org) präsentiert alljährlich Mitte August Vorstellungen von Ensembles aus aller Welt. Hier gibt es die progressivsten, verrücktesten und kreativsten Newcomerproduktionen zu entdecken.

September

Zum Labor Day (1. Montag im September) kehren die Sommerfrischler von Long Island zurück. Die schlimmste Hitze ist vorbei; die Arbeitshektik geht wieder los, aber auch der Veranstaltungskalender wird wieder voller.

☆ BAM! Next Wave Festival

Schon seit 30 Jahren präsentiert die Brooklyn Academy of Music beim bis Dezember dauernden Next Wave Festival (www.bam.org) die Avantgarde der Bühnenkunst, Musik und Tanzszene.

☆ Electric Zoo

Am Labor-Day-Wochenende steigt im Randall's Island

Park das Elektronikmusikfestival Electric Zoo (www.madeevent.com/electriczoo). Zu den Topstars vergangener Jahre gehörten Moby, Afrojack, David Guetta, Martin Solveig und die Chemical Brothers.

Oktober

Die Bäume im Central und Prospect Park prunken mit goldenem Herbstlaub, es wird kühler und die Straßencafés schließen ihre Fenster. Zusammen mit dem Mai ist der Oktober einer der angenehmsten und reizvollsten Monate für einen New-York-Besuch.

☆ Open House New York

Das landesweit größte Architektur- und Designevent (www.ohny.org) lädt zu Architekturführungen, Vorträgen, Designworkshops und Atelierbesuchen in der ganzen Stadt ein.

☆ Comic-Con

Fans von Anime & Co. versammeln sich zu diesem jährlichen Highlight des Nerdtums (www.newyorkcomiccon.com), um sich wie ihre Lieblingsfiguren zu verkleiden und sich mit Gleichgesinnten auszutauschen.

🎆 Segnung der Tiere

Zum Festtag des hl. Franziskus am Monatsanfang schleppen Haustierhalter ihre Lieblinge – Pudel, Echsen, Papageien, Esel oder was auch immer – zur Cathedral Church of St. John the Divine, um sie beim jährlichen Blessing of the Animals segnen zu lassen. Ein wunderbar wilder Nachmittag für Teilnehmer und Zuschauer.

🎆 Village Halloween Parade

Am Abend des 31. Oktober geht's bunt zu in der Stadt: New Yorker kleiden sich in ihre wildesten Kostüme, zu sehen vor allem bei der Village Halloween Parade (www.halloween-nyc.com) entlang der Sixth Ave im West Village. Toll zum Zugucken, aber noch besser, wenn man mitmacht!

November

Die Blätter purzeln und leichte Jacken werden durch Wolle und Daunen ersetzt. Doch bevor das Wetter richtig winterlich wird, trabt noch schnell der große Marathon durch die Stadt, und danach kommen die Familien zum Erntedank zusammen.

🏃 NYC Marathon

Der jährliche Marathonlauf (www.nycmarathon.org) in der ersten Novemberwoche lockt Tausende von Läufern aus aller Welt und ebenso viele aufgeregte Zuschauer an, die sie vom Straßenrand anfeuern.

🎆 Macy's Thanksgiving Day Parade

Unter riesigen Heliumballons ziehen High-School-Kapellen und Festwagen die Straße hinab. Millionen warm eingemummelter Zuschauer säumen den Weg der weltberühmten, 4 km langen Parade.

☆ New York Comedy Festival

Beim New York Comedy Festival (www.nycomedyfestival.com) erobern die Spaßvögel die Stadt mit Stand-up-Sessions, Impro-Abenden und Großveranstaltungen, die von Lachprominenz wie Rosie O'Donnell und Ricky Gervais moderiert werden.

🎆 O Tannenbaum

Die Adventszeit beginnt mit dem Knopfdruck, der die 25 000 Lichter des gigantischen Christbaums im Rockefeller Center entzündet. Wer die Stadt im Dezember besucht, kommt an diesem inoffiziellen Mittelpunkt der New Yorker Weihnacht kaum vorbei.

Dezember

Das Wetter ist grimmig, doch die Weihnachtsatmosphäre wärmt die Seele. Lichterketten zieren viele Fassaden und die Konsumtempel an der Fifth Ave wie auch Macy's schaffen in ihren Schaufenstern aufwendige Weihnachtswelten.

🎆 New Year's Eve (Silvester)

Der Ort, um Silvester auf der nördlichen Erdhalbkugel zu begrüßen, ist der Times Square, auf dem sich Millionen Menschen wie Sardinen in der Dose drängen, um bei Strömen von Alkohol und arktischen Temperaturen zuzusehen, wie die Waterford-Kristallkugel herabgelassen wird, und im Chor den Countdown mitzuzählen: „10…9…8…"

Reisen mit Kindern

New York wartet mit jeder Menge Aktivitäten für Kinder auf; zum Herumtollen gibt's Spielplätze und Parks, dazu viele kinderfreundliche Museen und Sehenswürdigkeiten. Weitere Highlights sind Karussellfahrten, Puppentheater und Naschen auf den Märkten der Stadt.

Tukan, Bronx Zoo (S. 274)

Top-Attraktionen

Einige der New Yorker Top-Attraktionen sind auch für Kinder erste Sahne.

Tiere

New York besitzt mehrere Zoos. Der bei Weitem beste ist der Bronx Zoo (S. 274) mit seinen hervorragend gestalteten Gehegen, von denen der Kongo-Gorillawald am meisten beeindruckt. Wer nicht so viel Zeit hat, geht in die Zoos im Central Park und Prospect Park.

Freiheitsstatue

Die Überfahrt zur **Freiheitsstatue** (Karte S. 444; 201-604-2800, 877-523-9849; www.statuecruises.com; Erw./Kind 17/9 $; 9–17 Uhr alle 30 Min., im Sommer länger) bietet Gelegenheit, im New York Harbor herumzuschippern und ein weltberühmtes Wahrzeichen aus nächster Nähe zu erleben.

Blick von ganz oben

Ein Aufzug mit Glasdach fährt zum Aussichtspunkt Top of the Rock (S. 199), der einen phantastischen Blick über die Stadt bietet.

Coney Island

Hotdogs, Eiscreme, Achterbahnen: Coney Island (S. 284) ist das ideale Ziel für Familien mit Kindern.

Top-Museen

Nicht versäumen sollte man das American Museum of Natural History (S. 248) mit Dinosauriern, Meereswelt, Planetarium und IMAX-Filmen. Andere große Museen wie das Metropolitan Museum of Art, das Museum of Modern Art und das Guggenheim Museum haben alle Kinderprogramme, aber viele kleinere Museen sind für Kinder noch ansprechender gestaltet.

Für die Kleinsten

Knirpse von eins bis fünf amüsieren sich im Children's Museum of the Arts (S. 89) in West SoHo oder im Brooklyn Children's Museum (S. 294) in Crown Heights bei Märchen-, Bastel- und Malstunden.

Ab fünf

Größere Kinder können im New York Transit Museum (S. 289) in historische U-Bahnwagen klettern, die Rutschstange im New York City Fire Museum (S. 88) runterschlittern und im Miniatur-Streifenwagen des New York City Police Museum (S. 70) für Ruhe und Ordnung sorgen.

Top-Parks & -Spielplätze

Central Park

Über 340 ha Grünfläche, ein See mit Ruderbooten, ein Karussell, ein Zoo und eine große Statue von Alice im Wunderland. Der beste der 21 Spielplätze im Park (S. 242) ist der Heckscher Playground nahe Seventh Ave und Central Park South.

Prospect Park

Der gut 230 ha große, hügelige Prospect Park (S. 283) in Brooklyn bietet Kindern einen Zoo, das Lefferts Historic House mit allerlei Spielgeräten und eine Eislaufbahn, die im Sommer zum Wasserpark mutiert.

Brooklyn Bridge Park

Im Sommer kann man auf Pier 6 im Wasserpark herumplanschen (Schwimmzeug nicht vergessen!) und bei Fornino (S. 280) am Wasser Pizza verdrücken. Weiter nördlich locken die grünen Huckel von Pier 1 und Jane's Carousel.

Hudson River Park

Dieser Park (S. 73) auf der Westseite Manhattans beglückt Kinder mit Minigolf bei der Moore St (Tribeca), einem tollen Spielplatz bei der West St (West Village), einem Karussell Höhe W 22nd St, Wasserfreuden bei der W 23rd & Eleventh Ave und einem naturwissenschaftlich ausgerichteten Spielbereich bei der W 44th St.

Die High Line

Auf der erhöhten Grünanlage (S. 135) gibt's Essensstände, Wasserspiele zum Planschen und tolle Ausblicke und dazu bei gutem Wetter Veranstaltungen für Kinder wie Geschichtenerzählen, Wissenschafts- und Bastelprojekte und „Spaß mit Essen" – Näheres auf der Website (www.thehighline.org/public-programs/kids).

Riverside Park

Der Radweg im Riverside Park (S. 248) auf der Upper West Side eröffnet Blicke auf den Hudson. Gut für eine Pause ist der River Run Playground (Höhe W 83rd St) mit Springbrunnen zur Abkühlung.

South Street Seaport

Der **Imagination Playground** (Karte S. 444; www.imaginationplayground.com; South Street Seaport, East River Dr & John St; Mo–Fr 10–18, Sa & So 9–18.30 Uhr; A/C, 2/3, 4/5 bis Fulton St/Broadway–Nassau) in Lower Manhattan lässt Kindern freie Hand bei der Gestaltung eigener „Spielräume" aus großen Schaumstoff-Bauklötzen.

Kindertheater

Das winzige Puppentheater **Puppetworks** (Karte S. 478; 718-965-3391; www.puppetworks.org; 338 Sixth Ave Ecke 4th St, Park Slope; Erw./Kind 9/8 $) in Brooklyn bietet am Wochenende unterhaltsame Vorstellungen.

Snacks vom Markt

Die New Yorker Märkte sind wahre Paradiese für Naschkatzen, besonders der Flohmarkt Brooklyn Flea (S. 313): Hier gibt's alles von Eis am Stil und Doughnuts bis zu Tacos und Sandwiches mit Schweinefleischfüllung.

Auch der Chelsea Market (S. 137) wartet mit zahlreichen Versuchungen auf; mit Proviant vom Markt bietet sich ein schönes Picknick im Hudson River Park an.

Top-Tipps für Regentage

Bastelstunde

Beim **Craft Studio** (Karte S. 468; 212-831-6626; www.craftstudionyc.com; 1657 Third Ave zw. 92nd & 93rd St; Mo–Sa 10–18, So 11–18 Uhr; 6 bis 96th St) an der Upper East Side können Kinder an Ort und Stelle keramische Kunstwerke fabrizieren. Ab drei Jahren.

Dampf ablassen

Das **Little Athletes Exploration Center** (Karte S. 458; 212-336-6500, App. 0; www.

José de Creefts *Alice im Wunderland*, Central Park (S. 242)

chelseapiers.com; Chelsea Piers, Twelfth Ave Höhe 23rd St; pro Session 12 $; 9.30–12 & 13–17 Uhr; S C/E bis 23rd St) bei den Chelsea Piers ist ein bunter Indoor-Tummelplatz für Kinder bis vier Jahre.

Tierwelt
Bei der **Art Farm in the City** (Karte S. 468; 212-410-3117; www.theartfarms.org; 419 E 91st St zw. First & York Ave; S 4/5/6 bis 86th St) an der Upper East Side gibt es nicht nur Bastelzeug und -kurse, sondern auch einen kleinen Streichelzoo mit Kaninchen und Schildkröten. Für Kinder von sechs Monaten bis acht Jahre.

Geschichten
Viele Zweigstellen der New Yorker öffentlichen Büchereien bieten kostenlose Geschichtenerzählstunden jeweils für Babies, Kleinkinder und Kids im Vorschulalter. Siehe www.nypl.org/events/calendar für Manhattan und www.bklynpubliclibrary.org für Brooklyn.

Spartipps
Schiff ahoi
Die kostenlose Staten-Island-Fähre (S. 82) begeistert mit spektakulärem Blick auf den New York Harbor und die Freiheitsstatue.

Tolle Aussicht
Die Subway verspricht große Abenteuer. Über die Brücken fahren die Linien J, M und Z (Williamsburg Bridge) sowie B, D, N und Q (Manhattan Bridge). Ausblicke auf die Brooklyn Bridge und Lower Manhattan hat man von der Linie N und Q. Toll ist auch die Seilbahn zur Roosevelt Island (Abfahrt Nähe 60th St und Second Ave).

Vögel gucken
Beim Belvedere Castle (S. 259) im Central Park bekommen Kinder ein kostenloses Vogelbeobachter-Set – eine pfiffige Idee, um ihr Interesse an der Natur zu wecken.

> **GUT ZU WISSEN**
>
> ➡ **Autositze** Kinder unter sieben dürfen im Taxi bei Erwachsenen auf dem Schoß sitzen; man kann aber auch seinen eigenen Kindersitz mitbringen.
>
> ➡ **Kinderwagen** Kinderwagen dürfen in Linienbussen nur zusammengeklappt mitgenommen werden.
>
> ➡ **Babysitter** Die Baby Sitters' Guild (212-682-0227; www.babysittersguild.com) vermittelt Babysitter.
>
> ➡ **Internetadressen** Veranstaltungstipps gibt es bei Time Out New York Kids (www.timeout.com/new-york-kids) und Mommy Poppins (www.mommypoppins.com).

Wie die Einheimischen

Um das Nachtleben, die Restaurants und das umwerfende Kulturangebot zu genießen, haben die New Yorker ihre eigenen Strategien entwickelt. Vom Wochenendbrunch bis zu gemütlichen Frühlingstagen im Park bieten sich zahlreiche Möglichkeiten, es den Einheimischen gleichzutun.

Pendlerin in der Subwaystation Central Park West

Ein Vögelchen hat's mir gezwitschert

New Yorker Twitterati mit den aktuellsten „Geheimtipps" der Stadt:

Everything NYC (@EverythingNYC) Immer auf der Suche nach den besten Sehenswürdigkeiten, Aktivitäten und Esstipps im Big Apple.

Pete Wells (@pete_wells) Restaurantkritiker der *New York Times*.

New York Nightlife (@NYNightlife) Neuigkeiten aus der Party- und Clubszene.

Paper (@papermagazine) Neues aus Kunst, Kultur und Musik.

Guest of a Guest (@guestofaguest) Insiderinfos über die Party-, Society- und Modeszene.

Gothamist (@gothamist) Neues und Kurioses.

Hyperallergic (@Hyperallergic) Tweets vom liebsten Kunst-Blogazine der New Yorker.

Colson Whitehead (@colsonwhitehead) Ureinwohner von Manhattan, Schriftsteller und *New-Yorker*-Autor.

Paul Goldberger (@paulgoldberger) Pulitzerpreisträger und Architekturkritiker.

Tom Colicchio (@tomcolicchio) Starkoch und Betreiber der beliebten Craft-Franchise.

Sam Sifton (@samsifton) Chefredakteur bei der *New York Times*.

Wie die New Yorker

➡ Ein Taxi nur heranwinken, wenn die Dachleuchte an ist – sonst Arm runter!

➡ Nicht auf die „Walk"-Anzeige der Fußgängerampel warten, sondern einfach über die Straße gehen, wenn sich eine Lücke im Verkehr auftut.

➡ Im Fußgängerstrom auf dem Bürgersteig sollte man sich wie im Straßenverkehr verhalten – nicht plötzlich anhalten, sich dem allgemeinen Tempo anpassen und an die Seite treten, um den Stadtplan zu studieren. Die meisten New Yorker rücken einem nicht auf die Pelle, aber wer ihnen in die Quere kommt, wird gnadenlos angerempelt.

➡ Beim Besteigen der Subway zuerst die aussteigenden Fahrgäste rauslassen und dann höflich, aber energisch reindrängeln.

➡ Und übrigens wird die Houston Street „Hausten" und nicht „Ju-sten" ausgesprochen.

Mitmachen

Eigentlich ist es nicht sonderlich spannend, sich einen Umzug anzuschauen. Viel besser ist es teilzunehmen! Und teilnehmen kann man an vielem, z. B. wild kostümiert an der Village Halloween Parade oder der sommerlichen Mermaid Parade in Coney Island. Oder man läuft bei einem organisierten Stadtlauf mit – die New York Road Runners veranstalten Dutzende im Jahr. Bei Brooklyn Boulders oder den Cliffs in Queens kann man Felsklettern lernen. Wer ein Gedicht zum Besten geben möchte, kann das bei der offenen Bühne im Nuyorican tun, Musiker können das Sidewalk Cafe ansteuern. Ob Schach, Hip-Hop, Zeichnen, Architektur oder Bierbrauen – in New York gibt's alles und es gibt auch immer jede Menge Gleichgesinnte.

Saisonale Aktivitäten

Winter

Es gibt immer etwas, worauf man sich freuen kann – selbst im trübsten Winter: Eislaufen! Ab November oder Dezember bereiten die Eisbahnen der Stadt jede Menge Spaß und liefern eine gute Ausrede für den wärmenden Drink in einer gemütlichen Bar danach. Die Einheimischen meiden das touristengesättigte Rockefeller Center und den Bryant Park und steuern stattdessen den Central Park, McCarren Park oder Prospect Park an.

Frühling

Im Frühling locken die frischen Knospen in den Parks zu Picknicks, Spaziergängen in der Frühjahrssonne und faulem Herumlungern auf den Wiesen. Die schönste Blütenpracht bieten der New York Botanical Garden und der Brooklyn Botanic Garden. Die Brooklyner freuen sich jedes Jahr auf das Kirschblütenfest in ihrem Park.

Sommer

Der Sommer ist die Zeit der kostenlosen Veranstaltungen unter freiem Himmel: Filmvorführungen im Bryant Park, Straßenfeste in der ganzen Stadt und Konzerte im Central Park, Hudson River Park, Prospect Park und in anderen Grünanlagen der Stadt.

Herbst

Im Herbst läuft das Kulturprogramm wieder auf vollen Touren: Die Theater und Konzertsäle läuten ihre neue Spielzeit ein (die bis Mai dauert) und die Galerien warten mit neuen Ausstellungen auf – die Vernissagen finden meist donnerstags statt.

Essen & Trinken

Brunchkultur

Der Brunch ist ein nicht wegzudenkender Grundpfeiler der New Yorker Society, so etwas Ähnliches wie der Nachmittagstee der britischen Königsfamilie. Gewöhnlich wird er am Wochenende zwischen 11 und 16 Uhr zelebriert – wenn auch einige Lokale, vor allem in Brooklyn, inzwischen jeden Tag Brunch anbieten. Dieses Mahl gibt Freunden Gelegenheit, bei allerlei Gerichten aus Frühstückszutaten und einem wahllosen Mix aus Cocktails und Kaffee die Ereignisse der Woche und die Eskapaden des Wochenendes durchzuhecheln. Unsere Top-Brunch-Tipps siehe S. 41.

Das Wochenende ist für Amateure

Am Wochenende, wenn die Landeier in die Stadt drängen, meiden die New Yorker die großen Clubs, vollen Bars und auch bestimmte Viertel wie das East Village und die Lower East Side. Deshalb sind Abende unter der Woche auch teils tolle Ausgehabende – dann ist's nicht so voll, die Deppen vom Land sitzen brav zu Hause und es sind eher die kreativen Typen unterwegs, die nicht unbedingt geregelten Arbeitszeiten unterliegen. Und außerdem locken Happy-Hour- und Wochenanfangs-Deals.

Kneipenkost

In vielen der besten New Yorker Bars verschwimmt die Grenze zwischen Kneipe und Restaurant. Wer also auf seinem Barhocker hockend in die Karte blickt, findet darin oft ein tolles Angebot an Speisen, vielleicht Austern, kleine Teller, die man sich mit mehreren Personen teilt (mit Jakobsmuscheln, Sandwiches, Trüffelöl-Pommes), Käse- und Wurstteller und auch sonst alles Mögliche bis zum Lammkarree. Wer etwas zu essen sucht, muss also nicht unbedingt ein Restaurant ansteuern, sondern kann auch in einem Gastropub lecker satt werden.

New York gratis

New York ist nicht gerade ein Billigreiseziel. Doch gibt es jede Menge Möglichkeiten, die Schätze der Stadt zu erkunden, ohne arm zu werden: kostenlose Konzert-, Theater- und Filmdarbietungen, Billigabende in tollen Museen, Stadtfeste, kostenlose Fährfahrten plus jede Menge Grünflächen.

Hispanic Society of America (S. 268), Washington Heights

Livemusik, Theater & Film

Im Sommer finden in der ganzen Stadt kostenlose Events statt. Von Juni bis August bietet SummerStage (S. 257) in 17 Grünanlagen der Stadt wie dem Central Park über 100 kostenlose Veranstaltungen. Der Prospect Park wartet mit einem eigenen Sommerkonzertprogramm auf: **Celebrate Brooklyn** (bricartsmedia.org/performing-arts/celebrate-brooklyn).

Im Sommer finden im Hudson River Park (S. 140) in Manhattan und im Brooklyn Bridge Park (S. 280) kostenlose Filmvorführungen statt. Toll für Filmfreunde sind im Sommer auch die montäglichen Gratis-Filmabende im Bryant Park (S. 28).

Wer kostenlose Tickets für Shakespeare in the Park (S. 28) im Central Park ergattern will, muss schon sehr geduldig sein – aber es lohnt sich! Hier sind schon berühmte Schauspieler wie Meryl Streep und Al Pacino aufgetreten.

Einige Einrichtungen bieten das ganze Jahr über kostenlose Konzerte. Das BAMcafe (S. 311) in Brooklyn veranstaltet freitag- oder samstagabends manchmal Gratis-Konzerte (Weltmusik, R&B, Jazz, Rock). In Harlem lädt Marjorie Eliot (S. 275) sonntags zu kostenlosen Jazz-Sessions zu sich nach Hause.

Auf dem Wasser

Von der kostenlosen Staten Island Ferry (S. 82) bieten sich umwerfende Ausblicke auf die Freiheitsstatue und wer möchte, kann sich dazu ein Bierchen gönnen.

Ein bisschen mehr Abenteuer verspricht es, sich im Hudson River Park, im Brooklyn Bridge Park oder in Red Hook (S. 316) kostenlos ein Kajak zu leihen. Und für nur 4 $ kann man mit der East River Ferry (S. 415) von Lower Manhattan nach Brooklyn, Queens oder hoch zur 34th St schippern – eine tolle Alternative zur Subway. An Sommerwochenenden verkehrt außerdem eine kostenlose Fähre zur autofreien Oase Governors Island (S. 71).

Fernsehaufzeichnungen

Einige der beliebtesten Fernsehshows der USA werden in New York aufgezeichnet. Für die **Late Show** (www.cbs.com/shows/

late_show/), die **Daily Show with Jon Stewart** (www.thedailyshow.com/tickets) und die **Late Night with Jimmy Fallon** sind jeweils kostenlos Karten erhältlich. Plätze online reservieren!

Rundgänge

Eine tolle Art, New York zu entdecken, ist ein Spaziergang mit einem Einheimischen. Big Apple Greeter (S. 416) bietet sehr empfehlenswerte kostenlose Führungen mit echten New Yorkern. Oder man unternimmt einige unserer Stadtspaziergänge:

- Lower Manhattan (S. 77)
- Chinatown (S. 87)
- East Village (S. 117)
- Greenwich Village (S. 142)
- Union Square (S. 171)
- Midtown (S. 200)
- Upper East Side (S. 233)
- Brooklyn Heights (S. 288)
- South Brooklyn (S. 292)

Kostenlose Museen und Orte

Immer umsonst

- High Line (S. 135)
- National September 11 Memorial (S. 66)
- National Museum of the American Indian S. 68)
- Hispanic Society of America Museum & Library (S. 268)
- Museum at FIT (S. 206)
- Hamilton Grange (S. 268)
- American Folk Art Museum (S. 247)

Eintritt per Spende

- Metropolitan Museum of Art (S. 224)
- American Museum of Natural History (S. 248)
- Cloisters Museum & Gardens (S. 268)
- Brooklyn Museum (S. 282)
- Museum of the City of New York (S. 232)
- Nicholas Roerich Museum (S. 247)
- Brooklyn Historical Society (S. 289)

Kostenlos oder nach eigenem Ermessen an bestimmten Tagen

- Museum of Modern Art (MoMA; S. 190) Freitags 16–20 Uhr
- Guggenheim (S. 228) Samstags 17.45–19.45 Uhr
- Whitney Museum of American Art (S. 230) Freitags 18–21 Uhr
- Neue Galerie (S. 231) 1. Freitag des Monats 18–20 Uhr
- Frick Collection (S. 231) Sonntags 11–13 Uhr
- New Museum (S. 109) Donnerstags 19–21 Uhr
- New-York Historical Society (S. 247) Freitags 18–20 Uhr
- Jewish Museum (S. 231) Donnerstags & samstags 17–20 Uhr
- Rubin Museum of Art (S. 141) Freitags 18–22 Uhr
- Asia Society & Museum (S. 232) Freitags 18–21 Uhr
- Japan Society (S. 198) Freitags 18–21 Uhr
- Studio Museum in Harlem (S. 264) Sonntags
- MoMA PS1 (S. 319) Gratis mit MoMA-Ticket

Ermäßigte Tickets & Ermäßigungskarten

Preisgünstige Karten für Broadway-Shows gibt's am TKTS Booth im Times Square.

Wer sich viel ansehen möchte, kann mit einer dieser Rabattkarten Geld sparen. Näheres auf den Websites:

Downtown Culture Pass www.downtownculturepass.org

Explorer Pass www.smartdestinations.com

New York CityPASS www.citypass.com

The New York Pass www.newyorkpass.com

> **GUT ZU WISSEN**
>
> Gute Websites für die Suche nach kostenlosen oder ermäßigten Events in New York sind **Club Free Time** (www.clubfreetime.com) und **Free in NYC** (www.freeinnyc.net), mit Verzeichnissen kostenloser Touren, Konzerte, Vorträge, Vernissagen, Lesungen usw.

Italienisches Baguette-Brötchen

Essen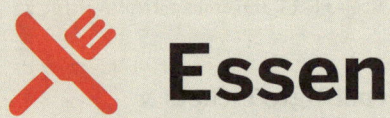

Von spannenden Neuinterpretationen internationaler Gerichte bis zu urtypischen lokalen Speisen ist die New Yorker Gastroszene grenzenlos, allumfassend und ein stolzes Spiegelbild des bunten Kaleidoskops von Erdenbürgern, die diese Stadt ihr Zuhause nennen. Besucher sollten sich unbedingt einen herzhaften Bissen vom Big Apple gönnen – sie werden es nicht bereuen.

Markt-Wirtschaft

Inmitten der New Yorker Betonwüste gedeiht eine vielfältige Grünzeugszene mit zahlreichen Märkten jeder Art und Größe. Ganz oben auf der Liste steht der Chelsea Market (S. 137) mit erstklassigen Lebensmitteln aller Couleur – und hier kann man sich sowohl mit Proviant für ein Picknick eindecken als auch direkt vor Ort schlemmen.

Viele Viertel haben ihren eigenen Markt. Einer der größten ist der Union Square Greenmarket (S. 180), der ganzjährig an vier Tagen der Woche stattfindet. Ein Verzeichnis der über 50 Märkte der Stadt bietet **Grow NYC** (www.grownyc.org/greenmarket).

Der beste Markt für Direktnascher (statt für Köche) ist der Wochenend-Flohmarkt Brooklyn Flea (S. 313) mit Dutzenden von Essensständen. Im Sommer ist auch die eigene Essensabteilung des Brooklyn Flea interessant, **Smorgasburg** (www.smorgasburg.com).

Auch sehr beliebt sind große Feinkostmärkte wie Eataly (S. 177) und Dean & DeLuca (S. 101) mit erstklassigem Angebot an Lebensmitteln und verzehrfertigen Speisen.

Ein weiteres Highlight ist **Whole Foods**, besonders die neue, regional ausgerichtete Filiale in Brooklyn (S. 304).

Außerdem soll Kochshow-Gastgeber Anthony Bourdain in Lower Manhattan demnächst einen Markt mit Straßenessen aus aller Welt eröffnen.

Top-Gerichte in New York

Hier einige unserer Lieblingsgerichte aus der fabelhaften New Yorker Restaurantszene:

Omakase, Tanoshi (S. 236) In diesem winzigen Lokal in der Upper East Side wechselt die unglaublich gute Sushi-Auswahl des Küchenchefs täglich.

Bong-smoked oysters, Desnuda (S. 307) Wer Austern mag, sollte sich den ungewöhnlichen rauchigen Geschmack von salzigen, über Teeblättern geräucherten Austern nicht entgehen lassen.

Grilled Korean BBQ shortrib tacos, Kimchi Grill (S. 305) Wer hätte gedacht, dass koreanisch und mexikanisch so gut zusammenpassen?

Chapulqueso, Casa Mezcal (S. 126) Abenteuerlustige Feinschmecker sollte sich diese Erfindung aus Oaxaca nicht entgehen lassen: frisches Grüngemüse und Tomate mit Schmelzkäse und gebratenen Heuschrecken. Dazu passt bestens ein rauchiger Mezcal-Margarita.

Ike's Vietnamese fish sauce wings, Pok Pok (S. 304) Diese komplex-aromatischen Hähnchenflügel sind das berühmteste Gericht in Andy Rickers gefeiertem neuem Restaurant.

Imbisswagen & -karren

Die Imbisskarren mit Bagels und Hotdogs sollte man einfach ignorieren, denn inzwischen mischen neue Imbisswagen die Essen-auf-Rädern-Kultur mit Gourmetsnacks und origineller Fusionskost auf. Sie befahren verschiedene Routen und halten an ausgewiesenen Stellen vor allem rund um den Union Square, in Midtown und im Financial District. Wer ein bestimmtes Snackmobil sucht, folgt der Szene am besten auf Twitter. Einige unserer Favoriten:

Cinnamon Snail Vegan Lunch Truck (www.twitter.com/VeganLunchTruck)

Kimchi Taco (www.twitter.com/kimchitruck)

Red Hook Lobster Pound (twitter.com/lobstertruckny)

Big Gay Ice Cream (www.twitter.com/biggayicecream)

GUT ZU WISSEN

Preiskategorien

Die Preissymbole gelten für ein Hauptgericht (ohne Steuern und Trinkgeld):

$	unter 10 $
$$	10–20 $
$$$	über 20 $

Öffnungszeiten

Die Essenszeiten der New Yorker sind so variabel wie ihre Tagesabläufe und gehen oft nahtlos ineinander über: Frühstück wird von 7 bis 12 Uhr serviert, Mittagessen von 11 bis 15 Uhr, Abendessen von 17 bis 23 Uhr. Der beliebte Sonntagsbrunch (oft auch samstags angeboten) zieht sich von 11 bis 16 Uhr.

Websites

➡ **Yelp** (www.yelp.com) Tipps und Infos von Restaurantbesuchern.

➡ **Open Table** (www.opentable.com) Reservierungsdienst für zahlreiche Restaurants.

➡ **Tasting Table** (www.tastingtable.com) Hier anmelden zu nützlichen News über aktuelle und tolle Lokale.

Trinkgeld

Üblich sind 15–20 % der Rechnungssumme. Beim Takeaway-Imbiss kann man einen oder zwei Dollar in die Trinkgeldkasse auf der Theke werfen.

Reservierungen

Beliebte Restaurants nehmen entweder Reservierungen an – dann muss man u. U. Wochen bis Monate vorausbuchen – oder vergeben ihre Tische an den, der zuerst kommt – dann sollte man da sein, wenn sie öffnen, und halt früh essen. Sonst muss man vielleicht zwei Stunden auf einen Tisch warten.

Korilla BBQ (www.twitter.com/korillabbq)

Calexico Cart (www.twitter.com/calexiconyc)

Kelvin Natural Slush (www.twitter.com/kelvinslush)

Wafels & Dinges (www.twitter.com/waffletruck)

Souvlaki GR (www.witter.com/souvlakitruck)

Essen nach Stadtviertel

Harlem & Upper Manhattan
Hausmannskost trifft karibische und lateinamerikanische Küche (S. 269)

Upper West Side & Central Park
Ein paar erstklassige Restaurants inmitten von Apartmentblocks (S. 249)

Upper East Side
Lunchende Ladys und Kaffeekultur (S. 232)

Queens
Ein multikulturelles Viertel, das alle Gelüste erfüllt (S. 325)

Midtown
Edle Restaurants, cocktailmixende Bistros und traditionelle Delis (S. 206)

Greenwich Village, Chelsea & Meatpacking District
Angesagte Brunchlokale, Weinbars und New-American-Lieblinge (S. 141)

Union Square, Flatiron District & Gramercy
Alles von After-Work-Tapas bis Burger am Park (S. 170)

East Village & Lower East Side
Imbisskultur von asiatisch bis arabisch (S. 115)

SoHo & Chinatown
Grabbeltischangebote neben Edelmärkten (S. 91)

Lower Manhattan & Financial District
Starköche und ein Markt mit regionalen Produkten (S. 76)

Brooklyn
Kleine Pizzerien, Sterneköche und New American Cuisine (S. 296)

Touren & Kurse

Am besten lernt man die Gastroszene kennen, indem man an kulinarischen Touren oder Kochkursen teilnimmt, die kundige Einheimische anbieten. Einige Top-Tipps:

Institute of Culinary Education (S. 180) Die größte Kochschule der USA bietet erstklassige Kochkurse sowie kulinarische Touren.

Urban Oyster (www.urbanoyster.com) Ausgezeichnete kulinarische Thementouren, hauptsächlich in Lower Manhattan und Brooklyn.

Scott's Pizza Tours (www.scottspizzatours.com) Schräg und mit Witz weiht Scott Außenseiter in die Geheimnisse der New Yorker Pizzakultur ein.

Joshua M. Bernstein (www.joshuambernstein.com) Der renommierte Gastrojournalist bietet Führungen zum Thema Craft-Biere und Eigengebräue.

I Want More Food (www.iwantmorefood.com) Rundgänge durch das Imbissmilieu von Queens.

Pizza A Casa (www.pizzaacasa.com) Die beliebte Pizzaschule auf der Lower East Side widmet sich dem Ausrollen und Belegen der Teigfladen.

Gastro-Kritiken & -Blogs

Die New Yorker tun ihre Meinung zu allem und jedem bereitwillig kund und breiten natürlich auch ihre kulinarischen Erfahrungen auf Dutzenden von Websites aus. Einige Top-Tipps:

Eater (http://ny.eater.com)

New York Magazine (www.nymag.com)

Serious Eats (http://newyork.seriouseats.com)

Grub Street (http://www.grubstreet.com/)

Gothamist (http://gothamist.com/food)

Immaculate Infatuation (www.immaculateinfatuation.com)

Checkmark Eats (http://chekmarkeats.com)

Top-Tipps

Le Bernardin (S. 209) New Yorker Gral der Haute Cuisine mit drei Michelinsternen.

Saxon + Parole (S. 94) Neu interpretierte Hausmannskost in raffinierter Bar in NoHo.

RedFarm (S. 144) Raffinierte chinesisch inspirierte Fusionsküche, die sich selbst nicht todernst nimmt.

Dovetail (S. 251) Schlichtheit ist das Motto dieses Superlokals auf der Upper West Side, wo Vegetarier montags ein göttliches Probiermenü erwartet.

Foragers City Table (S. 147) Tolle, geschmacksintensive *farm-to-table*-Küche.

Top-Preis-Leistung

$

Taïm (S. 143) Wunderbare Falafel-Sandwiches.

Le Grainne (S. 149) Preisgünstiges französisches Restaurant in Chelsea.

Golden Shopping Mall (S. 326) Alles Mögliche aus Asien in Queens, inklusive Essen.

Moustache (S. 141) Winziges Juwel im West Village mit guten Gerichten aus dem Nahen Osten.

$$

Upstate (S. 118) Seafood-Fest im East Village.

Jeffrey's Grocery (S. 144) Beliebtes Nachbarschaftslokal im West Village.

Amy Ruth's Restaurant (S. 270) Mit Flair servierte Südstaatenküche in Harlem.

Vinegar Hill House (S. 298) Phantasievolle Gerichte abseits der ausgetretenen Pfade in Brooklyn.

$$$

Rouge Tomate (S. 207) Köstliches gesundes Essen.

Café Boulud (S. 237) Bekanntes französisches Restaurant vom Meister Daniel Boulud.

Dutch (S. 94) Erstklassige *farm-to-table*-Kost in SoHo.

Restaurants

Asiatisch

Danji (S. 208) Exquisites koreanisches Essen.

Ippudo NY (S. 118) Gehobenes Ramen-Lokal im East Village.

Italienisch

Rosemary's (S. 144) Schönes Restaurant im West Village mit toller Küche.

Morandi (S. 144) Downtown-Juwel, das zum Verweilen einlädt.

Vegetarisch

Butcher's Daughter (S. 93) Phantasievolle vegetarische Speisen in Nolita.

Hangawi (S. 206) Fleischloses (und schuhloses) koreanisches Restaurant in Koreatown.

Zum Brunch

Balthazar (S. 94) Erstklassiges munteres Bistro in SoHo.

Cookshop (S. 149) Tolles Restaurant mit Terrasse im westlichen Chelsea.

Peaches (S. 300) Südstaatenkost in Perfektion im touristenarmen Bed-Stuy.

Cafe Mogador (S. 116) Eine Ikone der Brunchszene des East Village.

Café Luxembourg (S. 251) Malerisches französisches Bistro beim Lincoln Center.

Marseille (S. 210) Bestes Brunch-Lokal in Hell's Kitchen.

Traditionelle New Yorker Spezialitäten

Barney Greengrass (S. 250) Perfekter Räucherlachs und -stör seit über 100 Jahren.

Katz's Deli (S. 121) Vielleicht das berühmteste jüdische Lokal überhaupt.

Zabar's (S. 247) Feinkostladen mit koscheren Lebensmitteln seit den 1930er-Jahren.

El Margon (S. 208) Schnörkelloser kubanischer Mittagstresen in Midtown.

Sant Ambroeus (S. 237) Originelles Restaurant und Café an der Upper East Side.

Bäckereien

Dough (S. 300) Wahrscheinlich die besten Doughnuts der Stadt.

Billy's Bakery (S. 147) Cupcakes, Pasteten usw. in Chelsea.

Make My Cake Tolle süße Verführungen in Uptown.

City Bakery (S. 173) Dekadente heiße Schokolade, Backwaren und größere Gerichte.

Feinkostmärkte & -geschäfte

Chelsea Market (S. 137) Großer, stimmungsvoller Markt mit reichhaltigem Essensangebot

Eataly (S. 177) Ein Mekka für Freunde italienischen Essens.

Whole Foods (S. 304) Umweltfreundliches Shoppen in Gowanus.

Union Square Greenmarket (S. 180) Köstliches Gemüse und Gebäck.

Bartender, Brooklyn

Ausgehen & Nachtleben

Der Name „Manhattan" soll ja von dem Wort manahactanienk *kommen, das in der Munsee-Sprache „Ort der allgemeinen Trunkenheit" bedeutet. Kein Wunder also, dass New York seinem Beinamen als „Stadt, die nie schläft" alle Ehre macht. Schon rund 20 Jahre nach der Stadtgründung schimpfte Peter Stuyvesant, ein Viertel der Gebäude von New Amsterdam seien Schenken. Seitdem scheint sich nicht allzu viel verändert zu haben.*

Alte Cocktails, neue Craft-Biere
Im Geburtsland der Cocktails werden die Mixturen immer noch mit großer Hingabe zusammengerührt. Von Jack McGarry im Dead Rabbit (S. 79) bis zu Kenta Goto im Pegu Club (S. 96) – die Top-Barkeeper der Stadt sind echte Stars, deren Liebe zur Präzision einige der raffiniertesten Getränke der Welt hervorzaubert. Oft handelt es sich dank der New Yorker Leidenschaft für wiederentdeckte Rezepte und den Stil der Prohibitionszeit um im Glas konservierte Geschichte.

Gleichermaßen vital präsentiert sich die Craft-Beer-Szene der Stadt: In immer mehr Brauhäusern, Kneipen und Läden New Yorks ist heimisches handwerklich gefertigtes Bier erhältlich. Zwar ist Brooklyn nicht mehr der große Bierexporteur vergangener Tage, doch dank Hipster-Brauereien wie der Brooklyn Brewery (S. 285) und Sixpoint macht es wieder von sich reden. Das benachbarte Queens ist ebenfalls auf den Craft-Beer-Zug aufgesprungen, mit Brauereien wie den SingleCut Beersmiths und der Big Alice Brewery.

Die Kaffee-Revolution

Ein Boom bei kleinen Kaffeeröstereien hat die New Yorker Kaffeeszene kräftig aufgemischt. Jetzt dreht sich alles um Kaffeebohnen ganz bestimmter Herkunft und Aufgusstechniken. Viele Röstereien stammen aus bekannten Kaffeezentren, z. B. Stumptown (S. 210) aus Portland und Blue Bottle (S. 307) aus der Gegend von San Francisco. Auffallend ist auch der australische Einfluss, etwa beim Little Collins (S. 210) in Midtown.

Clubs

Die Clubszene der Stadt ist dauernd in Bewegung. Die Veranstalter scheuchen das Partyvolk zu wechselnden Veranstaltungen kreuz und quer durch die Bezirke. Und falls gerade mal nichts Besonderes ansteht, kann man immer noch auf bewährte Tanzschuppen ausweichen.

Eingefleischte Clubgänger planen voraus. Seinen Namen rechtzeitig auf die Gästeliste setzen zu lassen erspart Frust. Ortsunkundige Partywillige tun gut daran, sich vorsorglich in Schale zu schmeißen. Wenn man mit dem Hinweis auf eine „Privatparty" abgespeist wird, kann resolutes Bluffen helfen – oft ist das nur ein Abwimmelmanöver. Und immer reichlich Bargeld mitnehmen, da viele Clubs keine Kreditkarten akzeptieren und bei hauseigenen Geldautomaten astronomische Gebühren anfallen.

Ausgehen & Nachtleben nach Stadtvierteln

➜ **Lower Manhattan & Financial District** Die Bürosklaven lockern ihre Krawatten in allem von spezialisierten Bier- und Brandybars bis zu Cocktailbars im Flüsterkneipenstil. Wenn's wärmer ist, tummelt sich alles in der verkehrsberuhigten Stone St. (S. 78)

➜ **East Village & Lower East Side** Das East Village ist die Heimat uriger Absturz-Spelunken. In der coolen Lower East Side sind die Stanton und die Rivington St interessant. (S. 121)

➜ **Greenwich Village, Chelsea & Meatpacking District** Der Jetset vergnügt sich im Meatpacking District, dessen Weinbars, Hintertür-Lounges und Schwulentreffs bis ins West Village und nach Chelsea hinüberschwappen. (S. 150)

➜ **Union Square, Flatiron District & Gramercy** Alteingesessene Kneipen voller After-Work-Trinker, schicke Cocktailbars und einige witzige Studentenkneipen – in diesen drei Vierteln gibt's für jeden etwas. (S. 175)

GUT ZU WISSEN

Websites

➜ **New York Magazine** (www.nymag.com/nightlife) Glänzend ausgewählte Nachtschwärmertipps von Leuten, die die Szene wirklich kennen.

➜ **Thrillist** (www.thrillist.com) Superaktueller Überblick über die Barszene.

➜ **Urbandaddy** (www.urbandaddy.com) Topaktuelle Informationen und eine praktische „Hot right now"-Liste.

➜ **Time Out** (www.timeout.com/new york/clubs-nightlife) Artikel, Kritiken und aktuelle Verzeichnisse von Kneipen und Clubs.

Öffnungszeiten

Die Öffnungszeiten sind ganz unterschiedlich. Bei den meisten Lokalen geht es gegen 17 Uhr los; einige öffnen sogar ab 8 Uhr. Die meisten Bars bleiben bis zur Sperrstunde um 4 Uhr auf; manche machen schon um 2 Uhr dicht.

Preise

Zur Happy Hour ist das Bier für ab 2 $ zu haben. Sonst zahlt man etwa 6 $ für ein Bier vom Fass und 8 $ für die Flasche Importbier. Ein Glas Wein kostet ab 7 $, Cocktails ab 12 bis weit über 20 $.

Trinkgeld

Wer sich an der Theke Getränke holt, sollte *pro Getränk* mindestens 1 $ Trinkgeld geben, bei aufwendigeren Cocktails 2 bis 3 $. In Kneipen mit Bedienung wird wie in einem Restaurant eher ein 15- bis 20-prozentiges Trinkgeld erwartet, besonders wenn man auch noch eine Kleinigkeit gegessen hat.

➜ **Midtown** Dachbars mit Wolkenkratzerpanoramen, nostalgische Cocktailsalons oder Retro-Kneipen: willkommen in Midtown! (S. 210)

➜ **Harlem & Upper Manhattan** Nördlich des Central Park präsentiert sich die Ausgehszene als aufblühende Mischung aus Flüsterkneipen-Bars, Hipster-Treffs mit Craft-Bieren und altmodischen Kneipen mit starken, billigen Drinks, in denen Jazz und Blues läuft. Den Kern der Action bildet Harlem. (S. 275)

➜ **Brooklyn** Der Stadtbezirk bietet das ganze Spektrum der Nachtschwärmerszene, mit Williamsburg als Epizentrum. (S. 306)

Top-Tipps

Campbell Apartment (S. 196) Kentucky Gingers im opulenten Eisenbahnbüro eines Bonzen der 1920er.

Little Branch (S. 151) Flüsterkneipen-Schick ist angesagt – am besten ist dies Juwel im West Village.

Maison Premiere (S. 307) Absinth, Juleps und Austern in New-Orleans-Hommage in Williamsburg, Brooklyn.

Bohemian Hall & Beer Garden (S. 328) Tschechische Gebräue im beliebtesten New Yorker Biergarten im unterschätzten Queens.

Cocktails

Dead Rabbit (S. 79) Sorgfältig recherchierte Cocktails, Punsche und *pop-inns* – leicht gehopfte Biere mit verschiedensten Aromen versetzt – in einer gemütlichen Kneipe im Financial District.

Weather Up (S. 79) Gute Drinks in Tribeca – hier treffen sich gerne Barkeeper.

Angel's Share (S. 125) Perfekt Gemixtes in kleiner Bar im East Village.

Penrose (S. 237) Kunstvolle Mixturen in alter Upper-East-Side-Kneipe.

Mocktails

North End Grill (S. 78) Schöne Säfte und kunstvolle Aromen in Danny Meyers Bar und Grillrestaurant in Downtown.

NoMad (S. 209) Raffinierte Mocktails in opulenter viktorianischer Oase.

Flatiron Lounge (S. 175) Frische saisonale Mocktails und Déco-Design in Flatiron.

Clover Lounge (S. 309) Alte Klassiker (mit oder ohne Alkohol) in der Brooklyner Smith St.

Wein

Gramercy Tavern (S. 174) Ausgezeichnete teure und günstigere Weine in einer Mischung aus Bar und edlem Restaurant.

Barcibo Enoteca (S. 254) Beliebte Adresse für Weinfreunde vor oder nach einer Aufführung im Lincoln Center.

Immigrant (S. 125) Exzellenter Wein und Service im East Village.

Terroir (S. 211) Ausufernde Weinkarte in Murray Hill, Midtown East.

Craft Beer

Spuyten Duyvil (S. 308) Beliebte Kneipe in Williamsburg mit sehr guten Spezialbieren.

Astoria Bier & Cheese (S. 328) Craft-Biere und toller Käse in Astoria, Queens.

Birreria (S. 175) Ungefilterte, nicht pasteurisierte Biere aus Manhattan auf einem Dach in Flatiron.

Proletariat (S. 124) Winzige East-Village-Bar mit extrem seltenen Gebräuen.

Schnaps & Co.

Brandy Library (S. 80) Edle Cognacs, Brandys und mehr für Tribeca-Connaisseure.

Rum House (S. 211) Einzigartige, begehrte Rumsorten und ein Pianist in Midtown.

Mayahuel (S. 126) Kultivierter Mezcal- und Tequila-Tempel im East Village.

Dead Rabbit (S. 79) Das beste Angebot der Stadt an seltenem irischem Whiskey, im Financial District.

Kneipen

Spring Lounge (S. 96) Säufer, Krawattenträger und coole Kids in alter Kneipe in Nolita.

Malachy's Perfekt für einen mittäglichen Aufmunterungsdrink an der Upper West Side.

Sunny's (S. 309) Tolle Kneipe in Red Hook, nicht weit vom Wasser.

Fürs Rendezvous

Metropolitan Museum Roof Garden Café & Martini Bar (S. 237) An Austellungsthemen angelehnte Cocktails mit tollem Central-Park-Blick.

Pegu Club (S. 96) Gute Cocktails in einer birmanisch inspirierten Kneipe in SoHo.

Ten Bells (S. 126) Kerzenschein, tolle Drinks und Tapas in der Lower East Side.

Für Kaffee-Snobs

Stumptown Coffee Roasters (S. 210) Hippe Baristas servieren Portlands liebsten Kaffee.

Blue Bottle Coffee (S. 307) Vor Ort in Brooklyn geröstete Kaffeespezialitäten.

La Colombe (S. 79) Kräftige Röstungen für Kenner in Downtown.

Little Collins (S. 210) Australiens berühmte Kaffeekultur in Midtown East.

Dance Clubs

Cielo (S. 153) Ikone im Meatpacking District.

Le Bain (S. 152) Gut gewandetes Publikum in sehr beliebtem Club bei der High Line.

Output (S. 311) Großes Lagerhaus mit Dachterrasse mit Panoramablick in Williamsburg.

Schwule & Lesben

In New York ist die Zukunft schon Gegenwart: Männer finden andere Männer über Apps, Dragqueens sind so „out", dass sie praktisch schon wieder „in" sind, Türsteher blättern die Gästeliste auf ihren iPads durch und gleichgeschlechtliche Ehen sind an der Tagesordnung. Es ist nicht alles perfekt, aber nur wenige Städte auf der ganzen Welt sind solch ein Schwulen- und Lesbenmekka wie New York.

Unter der Woche ist Partytime

Jeder Abend der Woche ist recht, um den Big Apple unsicher zu machen, und gerade die Schwulen- und Lesbenszene geht auch unter der Woche gern auf die Piste. Beliebte Partytage sind Mittwoch und Donnerstag, auch am Sonntag steppt der Bär (vor allem im Sommer). Freitags und samstags kann man sich natürlich auch amüsieren, doch diese Abende sind eher etwas fürs „Brücken-und-Tunnel-Volk" (aus dem Umland). Wer in Manhattan wohnt, trifft dann eher Freunde, testet neue Restaurants aus oder geht zu privaten Partys.

Veranstalter

Mit den Infos der persönlichen Lieblingsveranstalter bleibt man am Puls der Partyszene:

Josh Wood (www.joshwoodproductions.com)

Rafferty Mazur Events (www.raffertymazurevents.com)

Spank (www.spankartmag.com)

Daniel Nardicio (www.danielnardicio.com)

Erich Conrad (Twitter @ZIGZAGLeBain)

Schwulen- & Lesbenszene nach Stadtvierteln

➜ **East Village & Lower East Side** Etwas rustikalere, grungigere Versionen der West-Side-Treffs.

➜ **Greenwich Village, Chelsea & Meatpacking District** Die Wiege der New Yorker Gay-Szene mit klassischen Bars und Clubs.

➜ **Union Square, Flatiron District & Gramercy** Die Schwulen- und Lesbenszene von East Village, West Village und Chelsea zieht sich bis hier rüber.

➜ **Midtown** Hell's Kitchen ist das neue homosexuelle Epizentrum der Stadt, mit gay-freundlichen Esslokalen, Bars, Clubs und Läden.

➜ **Brooklyn** Der breit gefächerte Bezirk ist Wohn- und Ausgehviertel für Gays aller Subkulturen.

INFOS & HILFE

Seit über 30 Jahren ist das **LGBT Community Center** (☏212-620-7310; www.gaycenter.org; 208 W 13th St zw. Seventh & Greenwich Ave; empfohlene Spende 5 $; ⓢMo–Sa 9–22, So bis 21 Uhr; Ⓢ1/2/3 bis 14th St) das Nervenzentrum der Gay-Szene im Village. Das zweitgrößte Schwulen- und Lesbenzentrum der Welt dient als Treffpunkt für über 300 Gruppen, gibt tonnenweise Informationsmaterial über einschlägige Veranstaltungen und das Nachtleben der Szene heraus und veranstaltet häufig Events, von Yogakursen, Kunstausstellungen und politischen Diskussionsforen bis zu Tanzpartys und Broadway-würdigen Aufführungen.

GUT ZU WISSEN

Websites

Massenweise Websites informieren über die Schwulen- und Lesbenszene der Stadt, z. B.:

➜ **Next Magazine** (www.nextmagazine.com) Onlineversion des gedruckten Führers zur Schwulenszene der Stadt.

➜ **Get Out!** (http://getoutmag.com) Onlineversion eines Szeneführers.

➜ **Gayletter** (www.gayletter.com) Newsletter zu Kultur, Partys und anderen Events der Szene.

Top-Tipps

NYC Pride Parade (S. 28) Kunterbunter Umzug unter der Regenbogenfahne.

LGBT Community Center (S. 45) New Yorker Zentrum für schwule Kultur und Politik.

Leslie-Lohman Museum of Gay & Lesbian Art (S. 88) Das weltweit erste LGBT-Kunstmuseum.

Industry (S. 212) Zählt immer noch zu den besten Bars/Clubs der Stadt.

Unter der Woche

Therapy (S. 212) Musik und Dragshows am späten Abend zum Abfeiern unter der Woche.

Flaming Saddles (S. 212) Stiefel tragende Barkeeper gießen einem Schnaps in den Rachen.

Boxers NYC (S. 176) Ob nach der Arbeit oder spät am Abend, ob im Ring oder außerhalb – hier sind immer Jungs im Einsatz.

Festivals

NYC Pride (S. 28) Einen Monat währendes Festival im Juni mit Partys, Kulturevents und dem berühmten Umzug die Fifth Ave hinunter.

NewFest New Yorks wichtigstes schwules Filmfest im Juli, mit einwöchigem Programm mit heimischen und ausländischen Streifen im September.

HOT! Festival Einen Monat lang LGBT-Theater und andere Kultur im Juli.

MIX New York Queer Experimental Film Festival Sechs Tage mit avantgardistischen und politischen Schwulenfilmen im November.

Zum Tanzen

XL Nightclub (S. 212) Großer Club mit vielen heißen, schweißnassen Muskeln im angesagten Hell's Kitchen.

Industry (S. 212) Am späten Abend verwandelt sich der beliebte Laden in Hell's Kitchen von einer munteren Bar in einen lauten Club.

Monster Freche Go-go-Boys und noch frechere Dragqueens halten die Gäste bei Laune.

BarTini Ultra Lounge Cocktails, Massen und Hymnen in ultraweißem Ambiente.

Tagsüber

Brunch an der Ninth Avenue Von einem Tisch an der Straße das Viertel beäugen – im Hell's-Kitchen-Stil.

Shoppen in Chelsea Bei Universal Gear und anderen phantastischen Boutiquen in Chelsea einen neuen Stil ausprobieren.

Pier 45 (Christopher Street Pier) (S. 139) Enge Shorts und verliebte Paare – toll zum Braten in der Sommersonne.

Fire Island Hier tummeln sich die Reichen und Schönen.

Für Frauen

Ginger's Happy-Hour-Specials, Karaoke und Sonntags-Bingo in Brooklyns Lesbentreff.

Cubbyhole Unprätentiöser Village-Veteran, mit Jukebox-Musik und geselligen Stammgästen.

Henrietta Hudson (S. 153) Nette klassische Kneipe voller supercooler Rockermädels.

Klassische Gay-Lokale

Marie's Crisis (S. 151) Früher Prostituiertentreff, heute Pianobar.

Stonewall Inn (S. 153) Hier randalierten 1969 bei den Stonewall Riots die Dragqueens.

Julius Bar Älteste Gay-Bar im Village.

Cock Lasterhöhle mit Augenzwinkern in Ex- Gay-/Punktreff.

Unterkünfte

Out NYC (S. 356) Das weltweit erste heterofreundliche Stadtresort im Schwulenviertel Hell's Kitchen.

Ink48 (S. 357) Skyline-Blicke und einen Katzensprung von den Bars und Clubs in Hell's Kitchen.

Standard East Village (S. 354) Frisches, schickes Boutiquehotel im funkigen East Village.

Chelsea Pines Inn (S. 353) Hollywood-Poster und Divenzimmer in Chelsea.

Hotel Gansevoort (S. 353) Cool und mit Dachpool im Meatpacking District.

Unterhaltung

Hollywood mag die Hauptstadt der Filmindustrie sein, doch New York ist die uneingeschränkte Königin der übrigen Künste. Schauspieler, Musiker, Tänzer und Künstler aller Art fliegen auf die grellen Lichter des Big Apple wie ein Mottenschwarm. Wie das alte Lied schon sagt: „Wenn du es hier schaffst, kannst du es überall schaffen!"

Comedy
Lachmuskeltraining gibt es reichlich in dieser Stadt, in der Comedians ihre Impro-Nummern polieren, neues Material austesten und hoffen, von einem Produzenten oder Agenten entdeckt zu werden. Immer für ein paar Lacher gut ist Downtown, besonders in und um Chelsea und Greenwich Village. Festivals wie die ComicCon locken das ganze Jahr über Prominenz in die Stadt. Mit Glück ergattert man Plätze bei Aufzeichnungen beliebter Fernsehshows. Näheres auf S. 216.

Tanz
Tanzfans haben die Qual der Wahl: Hier sind das New York City Ballet (S. 256) und das American Ballet Theatre (S. 256) zu Hause. Eine weitere wichtige Bühne für Tanz ist das Joyce Theater (S. 160), das moderne Inszenierungen von Tanzensembles aus aller Welt präsentiert. Dazu kommen noch jede Menge moderner Tanzgruppen, z. B. die der Großmeister Alvin Ailey, Paul Taylor, Merce Cunningham, Martha Graham, Bill T. Jones, Mark Morris sowie Gruppen aufstrebender Talente; allesamt treten sie oft in Downtown und in der Brooklyn Academy of Music (S. 312) auf.

Die Tanzsaison gliedert sich in eine Frühjahrssaison von März bis Mai und eine Spätherbstsaison von Oktober bis Dezember. Aber auch sonst gibt's eigentlich immer etwas zu sehen.

Kino
Ein Kinoerlebnis ist in New York etwas anderes als einfach ein Kassenschlager in einem Multiplexkino: Es ist ein ernsthaftes Unterfangen – dafür sorgen schon die vielen Häuser mit Independentfilmen, Klassikern, Avantgarde, ausländischer oder sonstwie ausgefallener Kinokost. Zahlreiche Filmfestivals zu verschiedenen Themen, wie das Tribeca Film Festival (S. 27), beleben die Kinoszene zusätzlich.

Zu den weniger bekannten Kinokleinodien gehört das Museum of Modern Art (S. 190), dessen umfangreiche Filmsammlung alle Gattungen und Weltgegenden umspannt. Die Film Society of Lincoln Center (S. 255) zeigt eine unglaubliche Palette an Dokumentar- und Kunstfilmen. Besuchenswert sind auch die BAM Rose Cinemas (S. 312) mit ähnlichem Angebot.

Livemusik
Als Amerikas Hauptstadt der Livemusik hat New York für praktisch jeden Geschmack etwas zu bieten. Aktuelle Konzerttipps gibt es im *New York Magazine* (www.nymag.com), der *Village Voice* (www.villagevoice.com) und im *Time Out* (http://newyork.timeout.com).

Jazz Bigband-Konzerte, Jazz-Brunches und elegante Clubs findet man an der Upper West Side und am Times Square. Eingefleischte Jazz-Viertel sind Harlem und das West Village.

Rock Bekannte Indie-Rocker haben sich in Downtown ihren Namen gemacht, doch heute spielt die Szene größtenteils in North Brooklyn.

GUT ZU WISSEN

Termine & Kritiken

➜ **Playbill** (www.playbill.com) Veröffentlicht die überall zu findenden gelb-weißen Programme; Theaternews, -termine und -karten.

➜ **Talkin' Broadway** (www.talkingbroadway.com) Eine weniger formelle Website mit klasse Kritiken und einem „Schwarzen Brett" für den Kauf und Verkauf von Tickets.

➜ Die wichtigsten Printmedien sind *Time Out*, *New York Magazine*, *New York Times* und *Village Voice*.

Websites & Tickets

Eintrittskarten gibt es an den Kassenschaltern des jeweiligen Veranstaltungsorts und bei den Vorverkaufsstellen (meist gegen Gebühr), entweder telefonisch oder online.

➜ **Broadway Line** (www.livebroadway.com)

➜ **SmartTix** (www.smarttix.com)

➜ **Telecharge** (www.telecharge.com)

➜ **Theatermania** (www.theatermania.com)

➜ **Ticketmaster** (www.ticketmaster.com) Verkauft Tickets für alle möglichen größeren Unterhaltungsveranstaltungen.

➜ An TKTS-Schaltern in **Midtown** und **Downtown** sind ermäßigte Karten für denselben Abend erhältlich.

Oper & klassische Musik

Bei der Oper beherrscht die Metropolitan Opera (S. 254) mit ihren aufwendigen Inszenierungen die Szene. Doch innerhalb der Stadtgrenzen existieren noch diverse andere Vertreter dieser Gattung. Das tolle Ensemble Amore Opera (S. 128) bringt im kleinen Connelly Theater in Downtown mit seinen 99 Plätzen eindrucksvolle Inszenierungen auf die Bühne. Die Operntruppe **Opera on Tap** (www.operaontap.org/newyork) spielt nicht in prächtigen Theatern, sondern in Kneipen in Brooklyn. Ein weiteres kreatives Ensemble aus Brooklyn ist **Loft-Opera** (www.loftopera.com), das getreu seinem Namen in einem Loft in Gowanus verdichtete Opern zu Gehör bringt.

Insgesamt ist die Auswahl an klassischen Konzerten und Opern überwältigend, wobei die progressiveren Ensembles den anderen oft die Schau stehlen. Top-Adressen für traditionelle Großinszenierungen sind das Lincoln Center (S. 246), die Brooklyn Academy of Music (S. 312) und die Carnegie Hall (S. 214).

Theater

Von den legendären Hitfabriken am Broadway bis zu den schmuddeligen Kleintheatern in ganz Downtown – New York bietet die gesamte Palette der Theaterkunst. Am berühmtesten ist natürlich die Szene am Broadway. Es ist schon eine märchenhafte Erfahrung, sich in einem der prunkvollen Häuser in eine andere Welt entführen zu lassen, wenn die Saallichter ausgehen.

„Off-Broadway" heißt eigentlich „abseits des Broadway", ist aber hier keine geografische Bezeichnung, sondern bezieht sich einfach auf kleinere Theater (200–500 Plätze) mit bescheidenerem Produktionsbudget. „Off-off-Broadway" bezeichnet dementsprechend noch kleinere Theater mit noch kleinerem Budget und einem Hang zu experimentellen Stücken.

Unterhaltung nach Stadtvierteln

➜ **East Village & Lower East Side** Experimentalbühnen, Poetry-Slams und Stand-up-Comedy. (S. 127)

➜ **Greenwich Village, Chelsea & Meatpacking District** Inoffizielles Zentrum der weltweiten Jazzclubszene; Chelsea ist zudem Heimat diverser Tanztruppen. (S. 158)

➜ **Midtown** Glanzvolle Spektakel, frisches amerikanisches Theater, Weltklassejazz und der Hochadel der Stand-up-Comedy – das „klassische New York" findet man nirgends besser als in Midtown. (S. 213)

➜ **Upper West Side & Central Park** Das Lincoln Center ist *die* Adresse der Hochkultur; Livekonzerte gibt's auch im kleineren Rahmen wie im Beacon Theatre und bei Cleopatra's Needle. (S. 254)

➜ **Brooklyn** Hier gibt es von allem etwas, von den Klassikdarbietungen der **BAM** (S. 312) und des **Theater for a New Audience** (S. 310) bis zu den Indierockbands in Williamsburg.

49

Top-Tipps

Book of Mormon (S. 214) Absolut geniales Broadway-Musical mit Witz, Charme und glänzenden Darstellern.

Kinky Boots (S. 213) Lebensbejahende Geschichte über eine alte englische Schuhfabrik, die von einer Dragqueen gerettet wird. Tolle Kostüme.

Jazz at Lincoln Center (S. 213) Das funkelnde Abendpanorama des Central Park und Musiker von Weltrang.

Carnegie Hall (S. 214) Legendärer Konzertsaal mit perfekter Akustik und vielfältigem Programm von Oper bis Jazz.

Brooklyn Academy of Music (S. 312) Renommierte Bühne mit modernen Werken, besonders beim berühmten Next Wave Festival.

Zum Lachen

Upright Citizens Brigade Theatre (S. 159) Irre witzige Sketche und tolles Stehgreiftheater.

Comedy Cellar (S. 159) Beliebter Kellerclub im Greenwich Village.

Caroline's on Broadway (S. 216) Top-Adresse für bekannte Comedians.

Comic Strip Live (S. 238) Bester Club für neue Talente.

Tanzbühnen

Joyce Theater (S. 160) New Yorks beste auf Tanz spezialisierte Bühne.

New York Live Arts (S. 160) Experimentelles von Ensembles aus aller Welt.

New York City Center (S. 217) Tolles Programm mit Tanztruppen und Mini-Festivals.

Brooklyn Academy of Music (S. 312) Die Mark Morris Dance Group und andere Ensembles.

Kinos

Angelika Film Center (S. 159) Ausländische und Indie-Filme in beliebtem Kino.

Anthology Film Archives (S. 128) Obskure Streifen und Revivals.

BAM Rose Cinemas (S. 312) Gute Mischung aus aktuellen und ausländischen Filmen in einem bemerkenswerten Gebäude.

Film Society of Lincoln Center (S. 255) Zwei hervorragende Säle im Epizentrum New Yorker Kreativität.

Broadway-Shows

Book of Mormon (S. 214) Sehr witzige, preisgekrönte Show der Schöpfer von South Park.

Chicago (S. 215) Eine der brillantesten Shows am Broadway.

Kinky Boots (S. 213) Tickets für dieses überdrehte Musical weit im Voraus buchen!

Matilda (S. 215) Bühnenversion von Roald Dahls Klassiker.

Theater (jenseits des Broadway)

Playwrights Horizons (S. 215) Bietet zeitgenössischen US-amerikanischen Autoren eine Bühne.

Signature Theatre (S. 215) Stücke von einigen der besten Autoren der Welt.

Flea Theater (S. 80) Einige der besten Off-Broadway-Shows der Stadt.

Theater for a New Audience (S. 310) Brooklyns neues Theater öffnete 2013 unter großem Trara die Pforten.

Jazz

Jazz at Lincoln Center (S. 213) Innovative Kost unter der Leitung der Jazzgröße Wynton Marsalis.

Village Vanguard (S. 158) Legendärer Jazzclub im West Village.

Smalls (S. 158) Winziger Kellerladen, der an vergangene Zeiten erinnert.

Birdland (S. 215) Schicker Club in Midtown mit Bigband-, afro-kubanischem und anderem Jazz.

Rock

Bowery Ballroom (S. 128) Berühmte Konzerthalle in Downtown.

Music Hall of Williamsburg (S. 310) Indie-Rock in Brooklyn.

Rockwood Music Hall (S. 128) Musik an der Lower East Side.

Bell House (S. 311) Charmanter Laden in South Brooklyn mit interessantem Indie- und Folk-Programm.

Klassische Musik & Oper

Metropolitan Opera House (S. 254) Reizendes Ambiente für Operninszenierungen von Weltrang.

Amore Opera (S. 128) Kleine Opernbühne in Downtown.

Brooklyn Academy of Music (S. 312) Innovative Werke in bekanntem Konzertsaal.

Bargemusic (S. 312) Streichquartette auf einem Kahn auf dem East River.

REISEPLANUNG UNTERHALTUNG

Barneys, Madison Ave (S. 217)

 # Shoppen

New York ist zweifellos eine der besten Shopping-Destinationen der Welt. Modeboutiquen, Flohmärkte, Buchhandlungen, Schallplattenläden, Antiquitätengeschäfte, asiatische Kaufhäuser und Feinkostgeschäfte sind nur einige Möglichkeiten für ein ausgedehntes Konsumabenteuer. Und natürlich kann man hier ein Vermögen ausgeben, aber Musterverkäufe und Designer-Outlets ermöglichen teils wunderbare Schnäppchen.

Boutiquen & Warenhäuser

Als eine der Modehauptstädte der Welt setzt New York immer wieder Maßstäbe für den Rest des Landes. Die aktuellsten Trends findet man in Modeboutiquen in der ganzen Stadt. Zu den beliebtesten Läden zählen die von Opening Ceremony, Issey Miyake, Marc Jacobs, Steven Alan, Rag & Bone, John Varvatos, By Robert James und Piperlime.

Wer nicht so viel Zeit hat oder sich einfach mehrere Labels nebeneinander anschauen möchte, der sollte eins der berühmten New Yorker Kaufhäuser aufsuchen: Die Konsumtempel wie Barneys (S. 217), Bergdorf Goodman (S. 218), Macy's (S. 219) und Bloomingdale's (S. 217) darf man als Shoppingfreak keinesfalls verpassen.

New Yorker Konsumikonen

Einige Läden der Stadt haben sich als wahre New Yorker Konsumikonen etabliert. Für Markenklamotten-Schnäppchenjäger ist Century 21 (S. 81) eine echte Big-Apple-Institution, mit Sachen von z. B. D&G, Prada und Marc Jacobs zu günstigen Preisen. Other Music (S. 103) ist ein alteingesessener Laden für CDs und -Schallplatten, der es trotz aller Widrigkeiten schafft zu überleben. Bücherfreunde treffen sich bei Strand (S. 161), dem größten und besten Buchladen der Stadt. Ein Mekka für Digital- und Audiofreaks ist das von chassidischen Juden betriebene B&H (S. 220). Für Kleidung, Möbel und Bücher aus zweiter Hand sind die in der ganzen Stadt zu findenden Housing-Works-Läden (S. 163) schon seit Langem eine beliebte Adresse.

Flohmärkte & Secondhand

So sehr sich die New Yorker zu allem hingezogen fühlen, was funkelnagelneu ist, so sehr haben sie einen Riesenspaß daran, sich durch Berge von Krempel und Vintage-Klamotten zu wühlen. Der beliebteste Flohmarkt ist Brooklyn Flea (S. 313), der je nach Jahreszeit seinen Standort wechselt. Das East Village ist die Gegend schlechthin für Secondhand-Klamotten – das Markenzeichen der New Yorker Hipster.

Wer gerne durch Antiquitäten und alle möglichen alten Sachen wie Schallplatten, Kunst, Bücher, Möbel und Spielzeug stöbert, sollte sich keinesfalls den großen Antiques Garage Flea Market (S. 164), der am Wochenende in Chelsea stattfindet, entgehen lassen.

Shoppen nach Stadtvierteln

→ **Lower Manhattan & Financial District** Nicht gerade ein Shopping-Hotspot, weist aber ein paar Ladenperlen auf, wo es alte Filmplakate, ausgefallene Weine, Hipster-Klamotten oder extravagante Retrostoffe gibt. (S. 81)

→ **SoHo & Chinatown** West Broadway ist eine Einkaufsstraße von gigantischen Dimensionen, so etwas wie der Olymp des Einzelhandels – was man hier nicht finden kann, ist noch nicht erfunden. Etwas überschaubarer ist das Angebot in der Mott St. (S. 97)

→ **East Village & Lower East Side** Fundgrube für Secondhand und Designerprodukte. Auf E 9th St, St. Marks Place und Orchard St können sich shoppingwütige Trendsetter austoben. (S. 129)

→ **Greenwich Village, Chelsea & Meatpacking District** Die Bleecker St abseits des Abingdon Sq ist von Boutiqen gesäumt, und dazu gibt's noch mehr in der nahen W 4th St. Weitere edle Läden locken in der Washington St, Hudson St und W 14th St im Meatpacking District. (S. 160)

GUT ZU WISSEN

Websites

→ **Racked** (www.ny.racked.com) Der informative Shoppingblog hat seinen Finger am Puls der Szene.

→ **New York Magazine** (www.nymag.com) Verlässliche Meinungen über das Shoppen im Big Apple.

→ **Daily Candy** (www.dailycandy.com) Sorgfältige Auswahl des Besten, was New York zu bieten hat.

Auf dem Laufenden

→ **Bill Cunningham** (www.nytimes.com/video/on-the-street) Legendärer Modefotograf, der für die *New York Times* den Zeitgeist einfängt.

→ **André Leon Talley** (twitter.com/OfficialAL) Anna Wintours Top-Mode-Redakteur bei der *Vogue*.

→ **Women's Wear Daily** (twitter.com/womensweardaily) Alles, was in der Modebranche passiert.

Öffnungszeiten

Die meisten Geschäfte öffnen werktags von 10 bis 19 Uhr und samstags von 11 bis 20 Uhr. Sonntags bleiben manche Läden zu; andere haben ihre normalen Öffnungszeiten. Die Läden in Downtown haben meist länger auf. Die Öffnungszeiten kleiner Geschäfte sind sehr individuell; manche machen erst mittags auf.

Mehrwertsteuer (Sales Tax)

In New York wird auf jeden Kauf 8,875 % *retail sales tax* aufgeschlagen – außer auf Kleidung und Schuhe bis zu einem Preis von unter 110 $.

→ **Midtown** Legendäre Kaufhäuser, internationale Ketten, historische Musikläden und hier und da ein Kleinod für Eingeweihte – ein Mekka für Schaufensterbummler! (S. 217)

→ **Upper East Side** Die teuersten Boutiquen des Landes säumen die Madison Ave, aber es gibt auch viele Secondhand-Shops für Preisbewusste aufzuspüren. (S. 239)

→ **Brooklyn** Guter Mix aus unabhängigen Boutiquen und gemeinnützigen Gebrauchtwarenläden. Gute Einkaufsstraßen sind Bedford Ave und Grand Ave in Williamsburg, Smith St in Boerum Hill und Fifth Ave in Park Slope. (S. 312)

Top-Tipps

Barneys (S. 217) Echte Modefreaks finden bei Barneys die topaktuellen Kollektionen der angesagtesten Labels.

Brooklyn Flea (S. 313) Die diversen Flohmärkte in Brooklyn verhökern mehr oder weniger antikes Mobiliar, Retroklamotten und Krimskrams jeder Art, und dazu gibt's tolle Essensstände.

ABC Carpet & Home (S. 177) Sechs Etagen voll mit großen (Möbel) und kleinen (Designerschmuck, Geschenkartikeln aus aller Welt) Juwelen.

MoMA Design & Bookstore (S. 100) Der perfekte Laden für Bildbände, Kunstdrucke, modernen Schmuck und tolle Haushaltswaren.

Idlewild Books (S. 180) Klasse Laden für Traveller und Träumer mit Sachbüchern und Belletristik über den gesamten Globus.

Chelsea Market (S. 137) Kulinarische Versuchungen aller Art auf wunderbarem Markt mit Schwerpunkt auf Lebensmitteln.

Modeboutiquen

Steven Alan (S. 81) Stylische, von alten Stilen inspirierte Mode.

Marc Jacobs (S. 161) Ein Favorit in Downtown und Uptown, besonders die Läden im West Village.

Rag & Bone (S. 100) Schöne Kleidung für Frauen und Männer.

John Varvatos (S. 130) Robust-schicke Bekleidung in ehemaligem Rockclub in Downtown.

Odin (S. 103) Winzige Herrenboutique in Downtown für einzigartige Kleidungsstücke.

Ausgefallene Souvenirs & Geschenke

MIN New York (S. 101) Einzigartige Düfte in apothekenähnlichem Ambiente.

De Vera (S. 103) Schöne Glas- und Kunstartikel.

Obscura Antiques (S. 130) Laden mit allerlei Kuriositäten.

Amé Amé (S. 219) Schöne Regenschirme und Regenbekleidung sowie Süßes!

Top Hat (S. 131) Sammlerartikel aus aller Welt.

Für Sie

Spiritual America (S. 131) Eine gute erste Adresse für den Einkaufsbummel durch die Lower East Side.

Verameat (S. 129) Exquisiter Schmuck auf der Linie zwischen schön und ausgefallen.

Beacon's Closet (S. 161) Ein Mekka für Freunde der Vintage-Mode mit mehreren Filialen.

Für Ihn

By Robert James (S. 131) Männerbekleidung von einem neuen New Yorker Designer.

Nepenthes New York (S. 219) Japanisches Kollektiv mit angesagten Labels.

Musik

Rough Trade (S. 312) In diesem großen neuen Musikladen mit Bühne in Williamsburg ist die Schallplatte noch lange nicht tot.

Other Music (S. 103) Tolle Auswahl an seltenen Klängen in Downtown.

A-1 Records Jede Menge Schallplatten im East Village.

Lesestoff

Strand Book Store (S. 161) Bei Weitem das beste Bücherantiquariat in New York.

McNally Jackson (S. 102) Toller Laden in SoHo mit Lesungen.

Housing Works Book Store Secondhand-Bücher und ein Café in stimmungsvollem Ambiente in SoHo.

Für Kinder

Dinosaur Hill (S. 129) Spielzeug, Bücher und Musik für wache junge Geister.

FAO Schwarz (S. 218) Berühmtes Spielwarengeschäft beim Central Park.

Yoyamart (S. 161) Hübscher kleiner Spielzeug- und Bekleidungsladen im Meatpacking District.

Books of Wonder (S. 180) Tolle Geschenke für Kinder; auch Lesungen.

Vintage-Mode

Beacon's Closet (S. 161) Neue Outfits zu günstigen Preisen.

Screaming Mimi's (S. 104) Schöne Klamotten aus alter Zeit.

Resurrection (S. 104) 1a-Stücke von bekannten Modelabels.

Tokio 7 (S. 130) Edle Labels im East Village.

Haushaltswaren & Designerartikel

Shinola (S. 81) Ungewöhnliche Accessoires von einem modernen Detroiter Designhaus.

Adobe New York (S. 314) Einrichtungsgegenstände in Brooklyn.

Sport & Aktivitäten

Sich in New York ein Taxi zu sichern, ist schon fast eine Kampfsportübung, und bei Sommerschwüle kommt man auf dem U-Bahnsteig heftiger ins Schwitzen als in der Sauna. Trotzdem betätigen sich die New Yorker auch in ihrer Freizeit gern sportlich. Angesichts der knappen Grünflächen der Stadt ist es geradezu erstaunlich, wie viel Aktivität sie dabei entwickeln.

Zuschauersport

BASEBALL
New York ist eine der letzten Bastionen der USA, wo Baseball wichtiger ist als Football oder Basketball. Tickets gibt's schon für ab ca. 15 $ – eine tolle Möglichkeit, die New Yorker Teams in ihren neuen Stadien zu sehen. Die beiden Baseballteams der Spitzenliga tragen während der Saison von April bis Oktober 162 Spiele aus; danach beginnen die Playoffs.

New York Yankees (www.yankees.com) Die „Bronx Bombers" haben seit 1900 schon 27-mal den World-Series-Titel gewonnen.

New York Mets (www.mets.com) Obwohl sie seit 1962 in der National League spielen, bleiben die Mets das „neue" Baseballteam New Yorks.

EISHOCKEY
Drei Clubs aus dem Großraum New York spielen in der NHL (National Hockey League). Jedes Team absolviert von September bis April drei oder vier Spiele pro Woche.

New York Rangers (www.nyrangers.com) Manhattans liebste Eishockeymannschaft.

New York Islanders (www.newyorkislanders.com) In den 1980er-Jahren gewannen die Islanders viermal in Folge den Stanley Cup, aber seitdem hält sich die Begeisterung für das Team in Grenzen. Wieder aufwärts geht's hoffentlich, wenn man 2015 ins Brooklyner Barclay Center umzieht.

New Jersey Devils (www.newjerseydevils.com) Die Devils sind zwar keine New Yorker, fahren dafür aber mehr Siege ein als ihre Nachbarn.

BASKETBALL
In New York sind zwei Teams der NBA (National Basketball Association) zu Hause, die Knicks und die Nets. Die Saison geht von Oktober bis Mai oder Juni.

New York Knicks (S. 220) Trotz vereinzelter Skandale lieben die New Yorker das blau-orangefarbene Team.

Brooklyn Nets Das neue Brooklyner NBA-Team, die früheren New Jersey Nets (und das erste, seit die Dodgers der Stadt den Rücken gekehrt haben), haben sich eine große Fangemeinde erspielt.

AMERICAN FOOTBALL
Die Footballsaison geht von August bis Januar oder Februar. Die meisten New Yorker halten zu ihren NFL-Teams (National Football League), den Giants und den Jets, die im neuen Metlife Stadium des Meadowlands Sports Complex in New Jersey spielen (von Manhattan mit NJ Transit über Seacaucus Junction zu erreichen, 10,50 $ hin und zurück). Im Metlife Stadium fand 2014 der Super Bowl statt.

Die NFL-Saison umfasst 16 reguläre Spiele (sonntag- oder montagabends) und bis zu drei Playoffs vor dem Super Bowl (Finale).

New York Giants (www.giants.com) Eins der ältesten Teams der NFL, mit vier Super-Bowl-Siegen, zuletzt 2011.

New York Jets (www.newyorkjets.com) Bei ihren Spielen ist es immer rappelvoll, und auch neue Fans lassen sich von den „J-E-T-S!"-Gesängen anstecken.

GUT ZU WISSEN
Websites
➜ **NYC Parks** (www.nycgovparks.org) Infos über die Parkeinrichtungen wie kostenlose Pools und Basketballplätze sowie Fahrrad-Stadtpläne.

➜ **New York Road Runners Club** (www.nyrrc.org) Organisiert Wochenendläufe in der ganzen Stadt.

➜ **MeetUp** (www.meetup.com) Wer sich hier registriert, hat Zugang zu Tausenden von Sport- und sonstigen Aktivitätsgruppen in ganz New York.

➜ **Groupon** (www.groupon.com) Jede Menge Ermäßigungen in New York, z. B. für Yoga, Pilates, Kickboxing und Wellness.

Ticketkauf
Bei so vielen Teams und Spielzeiten steht immer irgendein Spiel an. Manche Clubs vertreiben ihre Tickets über Hotlines oder Kassenschalter (auf der Website unter „Tickets"), die meisten aber über **Ticketmaster** (www.ticketmaster.com). Noch eine große Ticketbörse ist **StubHub** (☎866-788-2482; www.stubhub.com; 539 Atlantic Ave zw. 3rd & 4th Ave; ⊙Mo–Sa 10–18 Uhr).

Outdoorsport
JOGGEN
Die Rundstraßen des Central Park sind in den verkehrsfreien Zeiten gut zum Laufen, auch wenn man sie mit Radlern und Inlinern teilt. Der knapp 2,6 km lange Weg um das Jacqueline Kennedy Onassis Reservoir ist Läufern und Spaziergängern vorbehalten; Zugang zwischen 86th u. 96th St. Noch eine beliebte Laufstrecke ist am Hudson entlang, am besten von etwa der 30th St bis hinunter zum Battery Park. Auf der Upper East Side führt ein Weg am FDR Dr und East River entlang von der 63rd zur 115th St. Mehrere Wege gibt es auch im Prospect Park in Brooklyn; vom 2 km langen Brooklyn Bridge Park bieten sich umwerfende Ausblicke auf Manhattan (wer über die Brooklyn Bridge herjoggt, macht noch mehr Strecke).

Der **New York Road Runners Club** (Karte S. 468; www.nyrr.org; 9 E 89th St zw. Madison & Fifth Ave; ⊙Mo–Fr 10–20, Sa bis 17, So bis 15 Uhr; S4/5/6 bis 86th St) organisiert Wochenendläufe in der ganzen Stadt sowie den New York Marathon.

RADFAHREN
In New York ist man sehr bemüht, die Stadt fahrradfreundlicher zu machen, und hat in den letzten fünf Jahren über 400 km neue Radwege und -spuren angelegt. Auswärtige tun aber gut daran, sich an die stressfreieren Wege in den Parks und am Wasser zu halten wie Central Park, Prospect Park, **Manhattan Waterfront Greenway** (www.nyc.gov/html/dcp/html/mwg/mwghome.shtml) und **Brooklyn Waterfront Greenway** (www.brooklyngreenway.org).

Die neuen Citi Bikes sind praktisch für kurze Strecken, aber für längere Touren braucht man ein vernünftiges Mietrad. **Bike and Roll** (www.bikenewyorkcity.com) bietet zahlreiche Verleihstationen, z. B. am Columbus Circle beim Central Park. Weitere Fahrradverleihe sind in den Stadtteilkapiteln aufgeführt.

STRASSENSPORT
Bei so viel Beton rundum haben sich viele New Yorker auf Sportarten verlegt, die direkt auf der Straße gespielt werden.

Fans der Korbakrobatik finden überall in der Stadt spontane Basketballmatches. Die berühmtesten Plätze sind die West 4th Street Basketball Courts (S. 165), auch „the Cage" (der Käfig) genannt. Im **Holcombe Rucker Park** (Karte S. 472; www.nycgovparks.org/parks/holcomberuckerpark; W 155th St Höhe Frederick Douglass Blvd; SB/D bis 155th St) in Harlem haben viele bekannte NBA-Spieler ihre Laufbahn begonnen. Spontane Spiele laufen auch im Tompkins Square Park (S. 112) und Riverside Park (S. 248). Im Hudson River Park (S. 140) gibt's Plätze in Höhe Canal St und an der W11th Ave Höhe 23rd St.

Handball und Stickball (eine Art Baseball) sind ebenfalls in New York beliebt – hierfür gibt es einwandige Plätze in diversen Parks. Die **Emperors Stickball League** (☎201-658-1871; www.stickball.com) ist in der Bronx daheim und spielt in der warmen Jahreszeit immer sonntags.

Indooraktivitäten
In New York stolpert man auf Schritt und Tritt über Yoga- oder Pilateszentren. **Yelp** (www.yelp.com) ist eine gute Informationsquelle, um einen geeigneten Anbieter in der gewünschten Gegend zu finden.

Top-Tipps

Central Park (S. 242) Der tolle Tummelplatz für die ganze Stadt wartet mit sanften Hügeln für Spaziergänge, Grünflächen und einem idyllischen See auf.

New York Yankees (S. 53) Selbst für Leute, die mit Baseball nichts am Hut haben, lohnt die besondere Yankees-Fankultur den Trip in die Bronx.

Chelsea Piers Complex (S. 164) Nur einen Katzensprung von der High Line entfernt sind alle erdenklichen Aktivitäten – von Kickboxen bis Eishockey – unter einem riesigen Dach vereint.

New York Spa Castle (S. 329) Das gigantische Badeparadies mit zivilen Preisen ist von alten koreanischen Wellness-Traditionen inspiriert. Hier könnte man Tage zubringen.

Brooklyn Bridge Park (S. 280) Diese nagelneue Grünanlage ist der ganze Stolz Brooklyns.

Prospect Park (S. 283) Im schönen Brooklyner Park mit seinen Wegen, Hügeln, einem Kanal, See und Wiesen kann man den Massen entkommen.

Grünanlagen

Governors Island (S. 71) Nur einen Katzensprung von Lower Manhattan oder Brooklyn entfernte autofreie Insel.

Bryant Park (S. 199) Nette kleine Oase inmitten der Wolkenkratzer von Midtown.

Madison Square Park (S. 170) Hübscher kleiner Park zwischen Midtown und Downtown.

Flushing Meadows Corona Park (S. 324) Große Grünanlage mit Relikten der Weltausstellung von 1939.

Inwood Hill Park (S. 269) Stiller Wald und Salzmarschen in Upper Manhattan.

Franklin D Roosevelt Four Freedoms Park (S. 202) Malerischer neuer Park mit tollem Blick auf Manhattan.

Für Gartenfreunde

Brooklyn Botanic Garden (S. 294) Japanische Gärten, heimische Flora und fotogene Kirschblüte im Frühjahr.

New York Botanical Garden (S. 274) 20 ha großer Primärwald in der Bronx.

Cloisters Museum & Gardens (S. 268) Hübsche Gärten bei mittelalterlichen Gebäuden.

Indooraktivitäten

Cliffs (S. 329) Großes neues Kletterzentrum in Long Island City, Queens.

Brooklyn Boulders (S. 316) Eine weitere tolle Halle für Felskletterer – diese ist im südlichen Brooklyn.

Jivamukti (S. 181) Opulentes Yogazentrum beim Union Square.

Area Yoga (S. 316) Toll für Yoga im gesundheitsbewussten Cobble Hill.

24 Hour Fitness (S. 220) Workouts rund um die Uhr (und in zahlreichen Filialen) in voll ausgestattetem Fitness-Center.

Ausgefallene Aktivitäten

Kanufahren auf dem Gowanus Canal (S. 291) Kanutouren auf dem Gowanus Canal inklusive Müllbeseitigung.

New York Trapeze School (S. 165) Trapezschule mit zwei Niederlassungen.

Gotham Girls Roller Derby (S. 316) Roller-Derbys an verschiedenen Orten in New York.

Bowling

Brooklyn Bowl (S. 310) Ein Williamsburger Klassiker – Hipstertreff, Konzertbühne und Bowlingbahn in einem.

Bowlmor Lanes (S. 165) Lockt seit 1938 Studenten der New York University und andere junge Leute an.

Wellness

New York Spa Castle (S. 329) Reizendes Wunderland mit Wasserfällen und Schwitzstuben draußen in Queens.

Russian & Turkish Baths (S. 132) East-Village-Ikone seit 1892.

Great Jones Spa (S. 105) Massagen, Dampfbäder, Whirlpools und Felssauna.

Zuschauersport

New York Yankees (S. 53) Eins der erfolgreichsten Baseballteams der USA.

New York Giants (S. 53) American-Football-Gigant, der seine Heimspiele trotz des Namens in New Jersey austrägt.

New York Knicks (S. 220) 3-Punkte-Würfe der Knicks gibt's im Madison Square Garden zu bestaunen.

Brooklyn Nets (S. 53) Das neue NBA-Team der Stadt und ein Symbol für die Wiederauferstehung Brooklyns.

Brooklyn Cyclones (S. 316) Minor League Baseball bei der Promenade von Coney Island.

New York Mets (S. 329) Das zweite Baseballteam der Stadt spielt im Citi Field in Queens.

New York erkunden

Stadtviertel im Überblick 58	Ausgehen & Nachtleben.. 150	Essen 249
	Unterhaltung 158	Ausgehen & Nachtleben..254
Lower Manhattan & Financial District.............60	Shoppen 160	Unterhaltung 254
	Sport & Aktivitäten 164	Shoppen 257
Highlights 62		Sport & Aktivitäten .. 258
Sehenswertes........... 68	**Union Square, Flatiron District & Gramercy**..........166	
Essen 76		**Harlem & Upper Manhattan**.........260
Ausgehen & Nachtleben... 78	Highlights 168	
Unterhaltung 80	Sehenswertes........... 170	Highlights 262
Shoppen 81	Essen 170	Sehenswertes........... 265
Sport & Aktivitäten 82	Ausgehen & Nachtleben.. 175	Essen 269
	Unterhaltung .... .177	Ausgehen & Nachtleben...275
SoHo & Chinatown...83	Shoppen .... .177	Unterhaltung 275
Highlights 85	Sport & Aktivitäten 180	Shoppen 276
Sehenswertes........... 88		Sport & Aktivitäten 276
Essen 91	**Midtown**..........183	
Ausgehen & Nachtleben... 96	Highlights 185	**Brooklyn** 278
Shoppen 97	Sehenswertes........... 198	Highlights 280
Sport & Aktivitäten 105	Essen 206	Sehenswertes........... 285
	Ausgehen & Nachtleben.. 210	Essen 296
East Village & Lower East Side 106	Unterhaltung 213	Ausgehen & Nachtleben..306
	Shoppen 217	Unterhaltung 310
Highlights 108	Sport & Aktivitäten 220	Shoppen 312
Sehenswertes............113		Sport & Aktivitäten 315
Essen 115	**Upper East Side** 222	
Ausgehen & Nachtleben...121	Highlights 224	**Queens**............ 317
Unterhaltung 127	Sehenswertes...........230	Highlights 319
Shoppen 129	Essen 232	Sehenswertes...........320
Sport & Aktivitäten 132	Ausgehen & Nachtleben...237	Essen 325
	Unterhaltung 238	Ausgehen & Nachtleben...328
Greenwich Village, Chelsea & Meatpacking District 133	Shoppen 239	Sport & Aktivitäten 329
	Sport & Aktivitäten 239	
		Ausflüge..........330
Highlights 135	**Upper West Side & Central Park** 240	
Sehenswertes........... 139		**Schlafen**...........345
Essen 141	Highlights 242	
	Sehenswertes........... 247	

NEW YORK HIGHLIGHTS

Freiheitsstatue	62
Ellis Island	64
National September 11 Memorial & Museum	66
Lower East Side Tenement Museum	108
High Line	135
Chelsea Market	137
Washington Square Park	138
Union Square	168
Flatiron Building	169
Times Square	185
Empire State Building	188
Museum of Modern Art	190
Chrysler Building	192
Rockefeller Center	194
Grand Central Terminal	195
Metropolitan Museum of Art	224
Guggenheim Museum	228
Central Park	242
Lincoln Center	246
Studio Museum in Harlem	264
Brooklyn Bridge Park	280
Brooklyn Museum of Art	282
Coney Island	284

Stadtviertel im Überblick

❶ Lower Manhattan & Financial District (S. 60)

Der Südzipfel von Manhattan lockt mit Wahrzeichen wie der Wall Street, dem National September 11 Memorial und der Freiheitsstatue. Auf geschäftiges Treiben folgt hier eine ruhige Nacht. Tribeca hingegen ist dank seiner Restaurants und Lounges auch nach Sonnenuntergang quicklebendig.

❷ SoHo & Chinatown (S. 83)

Tempelanlagen, Nippeshändler und dampfende *dim-sum*-Läden prägen die hektischen Straßen von Chinatown, während SoHo gleich nebenan mit Mainstream-Durchgangsstraßen aufwartet, auf deren Ladenfronten die großen internationalen Namen prangen. Irgendwo dazwischen liegt Little Italy, das in der Tat ziemlich winzig ist.

❸ East Village & Lower East Side (S. 106)

Diese Innenstadtviertel im Doppelpack sind eine Kombi aus Alt und Neu und ziehen mit brandheißem Nachtleben und günstigen Restaurants Studis und Banker, aber auch ziemlich abgerissene Typen an.

❹ Greenwich Village, Chelsea & Meatpacking District (S. 133)

Idyllische Straßen und restaurierte Stadthäuser bieten eine schöne Kulisse für ein Date in den Restaurants und Bars des West Village. Gleich nebenan bietet der Meatpacking District trendiges Nachtleben. Noch ein Stück weiter folgt mit Hunderten von Kunstgalerien Chelsea, die inoffizielle Hauptstadt der Schwulenszene.

❺ Union Square, Flatiron District & Gramercy (S. 166)

In der Gegend um den Union Square ist jede Menge los, auf dem Platz selbst tummeln sich Demonstranten, Straßenmusiker und Geschäftsleute. Nördlich liegt der Madison Square Park, eine elegante Oase auf dem Weg nach Midtown. Die stillen Straßen von Gramercy sind größtenteils Wohnstraßen mit einigen teuren Restaurants und Bars.

❻ Midtown (S. 183)

Postkartenmotive en masse: Times Square, Empire State Building, Broadway-Theater, Wolkenkratzerschluchten und Gewusel auf den Straßen. Hier befinden sich auch das Museum of Modern Art (MoMA), der Bryant Park, die edlen Läden der Fifth Ave und die Schwulenkneipen von Hell's Kitchen.

❼ Upper East Side (S. 222)

Teure Boutiquen säumen die Madison Ave, während mondäne Villen die Fifth Ave entlang stehen. Sie mündet in die Museum Mile, ein Architekturjuwel, an dem sich Kultur ballt wie sonst fast nirgends in der Stadt.

❽ Upper West Side & Central Park (S. 240)

Der Central Park, eine grüne Oase inmitten hupender Autos und Straßen ohne Sonnenlicht, ist New Yorks Heilmittel gegen die endlosen Betonwüsten. Die Upper West Side begrenzt den Park mit interessanten Wohnblöcken; hier steht auch das Lincoln Center.

❾ Harlem & Upper Manhattan (S. 260)

Harlem und Hamilton Heights sind eine wahre Hochburg der afroamerikanischen Kultur, mit guten Restaurants und Jazzlokalen. Schattige Parks gibt's in Inwood, quirliges Studentenleben in Morningside Heights.

❿ Brooklyn (S. 278)

Brooklyn ist ein Schachbrett unterschiedlicher Viertel – dreimal so groß wie Manhattan und facettenreicher. Eine schöne Skyline mit einer Prise Geschichte bietet Brooklyn Heights mit seinen braunen Sandsteinbauten. Wer auf Vintage-Artikel oder eine späte Sauftour aus ist, geht nach Williamsburg.

⓫ Queens (S. 317)

Queens setzt sich aus den verschiedensten Gemeinden zusammen. Astoria bietet Ethno-Delikatessenläden, Long Island City zeitgenössische Kunst, Flushing dampfgegarte Brötchen mit Schweinefleisch und Rockaway Beach ist das Lieblingskind der Surfer.

Lower Manhattan & Financial District

WALL STREET | FINANCIAL DISTRICT | NEW YORK HARBOR | BATTERY PARK CITY | EAST RIVER WATERFRONT | CITY HALL & CIVIC CENTER | TRIBECA

Highlights

❶ Die **Freiheitsstatue** (S. 62) erklimmen und auf eine der wundervollsten Städte der Welt blicken.

❷ Sich am **National September 11 Memorial & Museum** (S. 66) Gedanken über Verlust und Hoffnung machen.

❸ Die Aussicht von der kostenlosen **Staten Island Ferry** (S. 82) auf die im Sonnenlicht funkelnden Wolkenkratzer genießen.

❹ Auf der stimmungsvollen **Ellis Island** (S. 64) die Geister der Vergangenheit heraufbeschwören.

❺ Im günstigen, aber schicken Klamottenladen **Century 21** (S. 81) auf Schnäppchenjagd gehen.

Details s. Karte S. 444

Rundgang: Lower Manhattan & Financial District

Mit etwas Vorausplanung lässt sich in Lower Manhattan einiges an Zeit sparen. Eintrittskarten für Ellis Island und die Freiheitsstatue bucht man am besten online oder nimmt gleich die erste Fähre und meidet die Wochenenden. Um diese Sehenswürdigkeiten eingehender zu erkunden, benötigt man mindestens vier Stunden. Bei Erscheinen dieses Buches sollte es nicht mehr notwendig sein, sich für einen Besuch des 9/11 Memorial am World Trade Center vorher im Internet Karten zu besorgen. Um den Financial District bei der Arbeit zu erleben, sucht man ihn während der Geschäftszeiten auf; nach Feierabend kann man die Häuser im Federal Style, die Greek-Revival-Tempel und die Wolkenkratzer der frühen Moderne in Ruhe genießen. Um dem Ansturm der Massen im Shopping-Mekka Century 21 zu entgehen, sollte man sich wochentags vor 8 Uhr aufkreuzen. Bei gutem Wetter hat man vom Pier 15 am South Street Seaport einen tollen Blick auf den Fluss. Abends locken dann die vielen angesagten Cocktailbars und Restaurants von Tribeca.

Lokalkolorit

➡ **Kaffee** Weg von den Ketten, hin zu den Kaffeetempeln Kaffe 1668 (S. 79) und La Colombe (S. 79).

➡ **Wein** Sonntagnachmittags gibt's bei Pasanella & Son (S. 81) kostenlosen Rebensaft.

➡ **Cocktails** Im Dead Rabbit (S. 79) werden erstklassige Mixturen kredenzt.

➡ **Kultur** Tolles Theater präsentiert das Flea Theater (S. 80).

➡ **Kleine Auszeit** Radfahren, Entspannung und Kunst auf der renovierten Sommeroase Governors Island.

Anfahrt

➡ **Subway** Der Financial District ist von Manhattan, Brooklyn, Queens und der Bronx gut per Subway zu erreichen. Der wichtigste Knotenpunkt ist der Bahnhof Fulton St; hier verkehren die Linien A/C, J/Z, 2/3 und 4/5. Die Linie 1 endet beim Bahnhof South Ferry, wo die Fähre zur Staten Island abfährt.

➡ **Bus** Vom Fährterminal der Staten Island Ferry fährt die Linie M15 zum East Village, nach Midtown East, zur Upper East Side und nach East Harlem, die M20 nach Tribeca, zum West Village, nach Chelsea und nach Midtown West.

➡ **Schiff/Fähre** Das Staten Island Ferry Terminal liegt am südlichen Ende der Whitehall St. Die Fähren zur Governors Island fahren vom benachbarten Battery Maritime Building. Die Fähren zur Freiheitsstatue und nach Ellis Island fahren vom nahen Battery Park.

Top-Tipp

Fans der Broadway-Shows steuern für billige Tickets besser nicht den TKTS-Kiosk im Times Sq an, sondern die TKTS-Zweigstelle am South Street Seaport: Hier geht's etwas schneller voran und es gibt auch Karten für Matineen am nächsten Tag (die es am Times Sq nicht gibt). Mit der TKTS-Smartphone-App kann man genau sehen, welche Karten noch zu haben sind.

Gut essen

➡ Locanda Verde (S. 78)
➡ North End Grill (S. 78)
➡ Les Halles (S. 78)

Mehr dazu s. S. 76 ➡

Schön ausgehen

➡ Dead Rabbit (S. 79)
➡ Weather Up (S. 79)
➡ Brandy Library (S. 80)

Mehr dazu s. S. 78 ➡

 Die Vergangenheit heraufbeschwören

➡ Ellis Island (S. 64)
➡ Historic Richmond Town (S. 72)
➡ Fraunces Tavern Museum (S. 68)
➡ South Street Seaport (S. 73)

Mehr dazu s. S. 68

HIGHLIGHT
FREIHEITSSTATUE

Schon seit 1886 blickt „Lady Liberty" streng über das Meer nach Europa. Die auch „Mutter der Exilierten" genannte Statue dient als Mahnmal für die rigiden sozialen Strukturen der Alten Welt. „Gib mir deine Müden, deine Armen, Deine niedergedrückten Massen, die sich danach sehnen, frei zu atmen, das armselige Strandgut deiner überfüllten Küsten. Sende sie, die Heimatlosen, die vom Sturm Gestoßenen zu mir, Ich erhebe meine Fackel neben dem goldenen Tor!", erklärt die Dame der Freiheit in dem berühmten Gedicht „The New Colossus" von Emma Lazarus aus dem Jahr 1883. Allerdings wurden die Zeilen erst 1903, über 15 Jahre nach dem Tod der Dichterin, in den Sockel der Statue gemeißelt.

Von Ägypten in die USA

Was viele nicht wissen: Das französische Mega-Geschenk an die Vereinigten Staaten war ursprünglich gar nicht für die USA gedacht. Als der Bildhauer Frédéric-Auguste Bartholdi mit der Planung des Werks begann, wollte er ein Monumentalstandbild für den Eingang zum ägyptischen Suezkanal schaffen, einem der größten Meisterwerke der französischen Ingenieurskunst des 19. Jhs. Bartholdis Huldigung an den gallischen Erfindergeist sollte Elemente von zweien der sieben Weltwunder der Antike in sich vereinen: des Kolosses von Rhodos und des Leuchtturms von Alexandria. Jedoch konnte für das gewaltige Monument nicht genügend Geld aufgebracht werden, weder von Frankreich noch von Ägypten – Bartholdis Traum schien zum Scheitern verurteilt. Die Lösung hatte jedoch Bartholdis Freund Edouard René Lefèbvre de Laboulaye parat. Der französische Jurist, Schriftsteller und Sklaveneigner schlug vor, die Statue den Vereinigten Staaten als Sinnbild für den Triumph des Republikanismus und für die demokratischen Werte, die Frankreich und die

SCHON GEWUSST?

Bis zur Spitze der Fackel ist die Freiheitsstatue 93 m hoch und wiegt 225 t.

PRAKTISCH & KONKRET

➤ Karte S. 444
➤ ☏ 877-523-9849
➤ www.nps.gov/stli
➤ Liberty Island
➤ Erw./Kind inkl. Ellis Island 17/9 $, inkl. Krone & Ellis Island 20/12 $
➤ ⏲ 9.30–17.30 Uhr, saisonale Abweichungen siehe Website
➤ Ⓢ 1 bis South Ferry, 4/5 bis Bowling Green

USA teilten, zu schenken. Bartholdi erkannte seine einmalige Chance, machte sich an die Arbeit, passte seine Pläne entsprechend an und machte aus seinem Suez-Flop ein wundervolles Geschenk zur Hundertjahrfeier der Unabhängigkeitserklärung der USA im Jahr 1876: „Die Freiheit erleuchtet die Welt".

Der Bau der Statue

Der Künstler verbrachte fast 20 Jahre damit, seinen Traum – das Denkmal zu vollenden und es im Hafen von New York aufzustellen – Wirklichkeit werden zu lassen. Geldnöte standen dem Traum im Weg, aber Bartholdi wurde unterstützt durch den Zeitungsverleger Joseph Pulitzer, der zu Spenden aufrief. Als Unterstützerin betätigte sich auch die Dichterin Emma Lazarus, deren oben erwähnte Ode an Lady Liberty Teil einer Spendenaktion für den Sockel der Statue war, den der amerikanische Architekt Richard Morris Hunt entwarf. Bartholdi hatte außerdem Konstruktionsprobleme mit der Statue, die dann durch den Meister des Metallgerüstbaus, Eisenbahningenieur Gustave Eiffel, gelöst wurden. Das Kunstwerk wurde schließlich 1884 in Frankreich vollendet, etwas verspätet für die Hundertjahrfeier. Es wurde dann in 350 Einzelstücken in 214 Kisten verpackt nach New York verschifft, über einen Zeitraum von vier Monaten wieder zusammengesetzt und auf einen in den USA gefertigten Granitsockel gestellt, um schließlich im Oktober 1886 spektakulär eingeweiht zu werden, u. a. mit der ersten Konfettiparade New Yorks und einer Flotte von fast 300 Schiffen. 1933 wurden die Statue und die Liberty Island der Verwaltung der National Park Services unterstellt; 1984 begann man mit der Restaurierung der oxidierten Kupferhaut und im selben Jahr erklärte die Unesco die Statue zum Weltkulturerbe.

Die Freiheitsstatue heute

Besucher können die 354 steilen Stufen bis zur Krone der Freiheitsstatue hinaufklettern und den grandiosen Ausblick auf den Hafen genießen. Allerdings ist der Zugang zur Krone extrem beschränkt und der Aufstieg muss im Voraus gebucht werden – je früher, desto besser. Reservierungen sind bis zu einem halben Jahr im Voraus möglich, Kinder müssen für die Krone mindestens vier Fuß (1,22 m) groß sein. Wer bei den Tickets für die Krone kein Glück hatte, ist vielleicht beim Sockel erfolgreicher, doch auch diese Tickets sind nur begrenzt erhältlich und müssen reserviert werden. Nur mit Ticket für Krone oder Sockel kommt man ins Museum im Sockel.

Wer leer ausgegangen ist, hat mit seinem Fährticket immerhin Zugang zu den Außenanlagen und kann sich einer Führung der Ranger anschließen oder einen Rundgang per Audioguide unternehmen. Zudem gibt's einen Andenkenladen und ein Café.

GUT ZU WISSEN

Die Fähre vom Battery Park in Lower Manhattan braucht zwar nur 15 Minuten, doch ist für eine Tour zur Freiheitsstatue inkl. Besuch von Ellis Island ein ganzer Tag einzuplanen. Nur wer vor 13 Uhr mit der Fähre aufbricht, darf beide Attraktionen besuchen. Allein der Sicherheitscheck am Fähranleger kann bis zu 90 Minuten dauern. Eine Reservierung ist sehr zu empfehlen: Damit bekommt man eine feste, garantierte Besuchszeit zugewiesen. Eine weitere Möglichkeit ist der Kauf eines Flex Ticket (Erw./Kind 17/9 $) am Fährschalter, mit dem man in einem Zeitraum von drei Tagen jederzeit die Außenanlagen (ohne Krone, Sockel und Museum) besuchen kann.

Das Gesetzbuch in der linken Hand der Statue trägt die Inschrift „July IV MDCCLXXVI" (4. Juli 1776), das Datum der amerikanischen Unabhängigkeitserklärung. Die Strahlen an ihrer Krone repräsentieren die sieben Weltmeere und Kontinente, die 25 Fenster der Krone symbolisieren Edelsteine. Die Ketten und der zerbrochene Bügel zu ihren Füßen stehen für die Freiheit von Unterdrückung und Knechtschaft. Die Originalfackel wurde 1986 ersetzt und befindet sich heute im Museum auf der Insel.

HIGHLIGHT
ELLIS ISLAND

Ellis Island ist das berühmteste und historisch bedeutendste Tor nach Amerika – hier traf die Verzweiflung der Alten Welt auf das Versprechen einer Neuen Welt. Zwischen 1892 und 1954 durchliefen über 12 Mio. Einwanderer mitsamt ihrer Träume diese Aufnahmestation. Darunter befanden sich z. B. der Ungar Erik Weisz (der Zauberkünstler Harry Houdini), Rodolfo Guglielmi (der Schauspieler vieler Stummfilmklassiker Rudolph Valentino) und der Brite Archibald Alexander Leach (Cary Grant). Geschätzte 40 % aller Amerikaner haben heute mindestens einen Vorfahren, der Ellis Island durchlief: Diese Zahl verdeutlicht die Bedeutung dieser winzigen Insel im Hafen von New York.

Nach einer 160 Mio. $ teuren Renovierung wurde das Immigration Center 1990 wieder eröffnet. Wer heute mit der Fähre zur Insel hinüberfährt, kann die historische Ankunft der Einwanderer in einer aufgehübschten, modernen Version nachempfinden, und zwar dank des beeindruckenden Immigration Museum: Dessen interaktive Exponate vermitteln einen Eindruck von den Hoffnungen, Freuden und manchmal bitteren Enttäuschungen der Millionen Menschen, die hier einen neuen Anfang suchten.

Ausstellungen im Immigration Museum

Das dreistöckige Immigration Museum ist eine ergreifende Würdigung der Erfahrungen der Einwanderer. Am besten besorgt man sich in der Museumslobby einen Audioführer (mit Fährticket kostenlos) für einen 50-minütigen Rundgang. Der Führer bietet Beiträge aus unterschiedlichsten Quellen, so etwa von Historikern, Architekten und auch Einwanderern selbst, und lässt so die umfassende Sammlung an persönlichen Gegenständen, offiziellen Dokumenten, Fotos und Filmen lebendig werden. Persönliche Erinnerungen nachzuerleben – sowohl gute als auch schlechte –, und zwar in denselben Hallen und Korridoren, in denen sie passierten, ist ein bewegendes Erlebnis.

Die Sammlung selbst teilt sich in verschiedene Dauer- und Wechselausstellungen. Wer nicht viel Zeit hat, sollte die Ausstellung „Journeys: The Peopling of America 1550–1890" im Erdgeschoss *(1st floor)* auslassen und sich auf die Ausstellungen im 1. Stock *(2nd floor)* konzentrieren. Hier befinden sich zwei der faszinierendsten Ausstellungen des Komplexes: „Through America's Gate" befasst sich Schritt für Schritt mit der Einwanderungsprozedur, der sich die Neuankömmlinge unterziehen mussten: der Markierung mit Kreide derjenigen, die unter dem Verdacht standen, krank zu sein, einer etwas schauderhaften Augenuntersuchung sowie 29 Fragen im schönen Registry Room. Die zweite wirklich tolle Ausstellung, „Peak Immigration Years", untersucht die Motive der Einwanderer und die Herausforderungen, denen sie sich in den USA gegenübersahen. Mit der Geschichte des Gebäudes selbst beschäftigt sich die Abteilung „Restoring a Landmark" im 2. Stock *(3rd floor)*; die Ansammlungen von kaputten Schreibtischen, Stühlen und anderen zurückgelassenen Gegenständen sind auf merkwürdige Weise anrührend. Für alle, die sich näher mit den Sammlungen und der Geschichte der Insel befassen möchten, bietet der Audioführer detailliertere Informationen. Wem ein Audioführer nicht zusagt, kann sich in den verschiedenen Ausstellungen über die dort vorhandenen Telefonhörer Informationen beschaffen und sich in den 1980er-Jahren aufgenommene anrührende Erinnerungen echter Ellis-Island-Immigranten anhören. Eine weitere Möglichkeit ist eine kostenlose 45-minütige Führung mit einem Ranger.

NICHT VERSÄUMEN

→ Ausstellungen im Immigration Museum
→ Architektur des Main Building
→ American Immigrant Wall of Honor & Ruinen des Fort Gibson

PRAKTISCH & KONKRET

→ Karte S. 444
→ ☎212-363-3200
→ www.nps.gov/elis
→ Eintritt frei, Fähre (inkl. Freiheitsstatue) Erw./Kind 17/9 $
→ ⊙9.30–17.30 Uhr, saisonale Abweichungen siehe Website
→ Ⓢ1 bis South Ferry, 4/5 bis Bowling Green

Architektur des Hauptgebäudes

Mit dem Main Building (Hauptgebäude) schufen die Architekten Edward Lippincott Tilton und William A. Boring ein eindrucksvolles, imposantes Tor nach Amerika. Ein Neubau war notwendig geworden, nachdem das ursprüngliche Holzgebäude 1897 abgebrannt war. Beide Architekten hatten an der École des Beaux-Arts in Paris studiert, sodass die Wahl des Beaux-Arts-Stils nicht überraschen. Das Gebäude wirkt wie ein großer Bahnhof, mit majestätischen dreibogigen Eingängen, dekorativem flämischem Backsteinmauerwerk und Ecksteinen und Türmen aus Granit. Im Inneren des Gebäudes ist vor allem der 103 m lange Registry Room (auch als Great Hall bekannt) im 1. Stock *(2nd floor)* atemberaubend. Unter der schönen Gewölbedecke mussten sich die Neuankömmlinge anstellen, um ihre Papiere checken zu lassen. Polygamisten, Arme, Kriminelle und Anarchisten wurden ausgesondert und zurückgeschickt. Die ursprüngliche Gipsdecke wurde durch eine Explosion auf Munitionsschiffen an der nahen Black Tom Wharf schwer beschädigt. Das erwies sich am Ende jedoch als Segen, denn es bescherte dem Saal wunderschöne Kacheln im Fischgrätenmuster von Rafael Guastavino. Der in Katalonien gebürtige Ingenieur schuf übrigens auch die schöne Kacheldecke in der Grand Central Oyster Bar mit Restaurant (S. 196) im Grand Central Terminal.

American Immigrant Wall of Honor & Ruinen des Fort Gibson

Von der Ausstellung „Journeys: The Peopling of America 1550–1890" im Erdgeschoss gelangt man nach draußen zur American Immigrant Wall of Honor mit über 700 000 Namen von Einwanderern. Diese Ehrenwand soll die größte ihrer Art weltweit sein; es handelt sich dabei um ein Spendenprojekt: Gegen eine Spende kann jeder US-Bürger den Namen eines mit ihm verwandten Einwanderers auf der Wand verewigen lassen. Beim Bau der Mauer in den 1990er-Jahren wurden die Überreste des ersten Bauwerks auf der Insel zutage gefördert, des Fort Gibson – die Ruinen sind an der südwestlichen Ecke des Denkmals zu sehen. Die 1808 errichtete Festung war Teil eines Hafenverteidigungssystems gegen die Briten, zu dem auch das Castle Clinton im Battery Park und das Castle Williams auf Governors Island gehörten. Zu jener Zeit war Ellis Island gerade einmal 1,3 ha groß und bestand aus Sand und Schlick. Zwischen 1892 und 1934 wurde die Insel erheblich vergrößert, indem Schiffsballast und die beim Bau der New Yorker Subway ausgehobene Erde hierher verfrachtet wurden.

EIN IRISCHES DEBUT

Die erste Einwanderin, die auf Ellis Island ankam, war die 15 Jahre alte Anna (Annie) Moore. Nach einer zwölf Tage langen Überfahrt vom irischen County Cork auf dem Dampfschiff *Nevada* betrat sie am 1. Januar 1892 die Insel in Begleitung ihrer Brüder Phillip und Anthony. Die drei Geschwister waren auf dem Weg zu ihren Eltern, die vier Jahre zuvor nach New York ausgewandert waren. Nach ihrer Heirat mit dem deutschen Immigranten Joseph Augustus Schayer gebar Annie mindestens elf Kinder, von denen nur fünf überlebten. Annie starb am 6. Dezember 1924 und wurde auf dem Calvary Cemetery in Queens beigesetzt.

An der Wende zum 20. Jh. war das ehemalige Krankenhaus auf Ellis Island eines der größten der Welt. Es bestand aus 22 Gebäuden und wurde das „Krankenhaus aller Nationen" genannt, das die erste Verteidigungslinie der USA gegen eingeschleppte Krankheiten darstellte. Die faszinierende Geschichte der Institution wird anschaulich erzählt in dem Dokumentarfilm und Begleitbuch *Forgotten Ellis Island* von Lorie Conway. Näheres zum Projekt auf www.forgottenellisisland.com.

HIGHLIGHT
NATIONAL SEPTEMBER 11 MEMORIAL & MUSEUM

Streitigkeiten über die Gestaltung, überschrittene Budgets und Verzögerungen beim Bau – nach einigem Hin und Her wurde der Kern des Neubaus des World Trade Center (WTC), das National September 11 Museum and Memorial, mittlerweile eröffnet. Die beiden großen Reflexionsbecken – *Reflecting Absence* – sind nicht nur ein Symbol der Hoffnung und der Erneuerung, sondern auch eine Würdigung der Tausenden von Menschen, die durch den Terror ihr Leben ließen. Daneben steht das hypermoderne Memorial Museum, ein augenfälliges, würdevolles Gebäude, in dem an die Ereignisse des schicksalhaften Tages im Jahr 2001 und deren Folgen erinnert wird.

NICHT VERSÄUMEN

➡ Reflecting Pools
➡ Memorial Museum
➡ Santiago Calatravas Oculus

PRAKTISCH & KONKRET

➡ Karte S. 444
➡ www.911memorial.org
➡ Ecke Greenwich & Albany St
➡ Eintritt 24 $
➡ S A/C/E bis Chambers St, R bis Rector St, 2/3 bis Park Pl

Reflecting Pools

Die Reflexionsbecken des 9/11 Memorial sind von einem mit 400 Zweifarbigen Eichen bepflanzten Platz umgeben. Die Pools befinden sich genau auf den Grundflächen der eingestürzten Twin Towers. Von ihrem Rand ergießt sich ununterbrochen Wasser 9 m hinunter in eine Vertiefung in der Mitte. Der Fluss des Wassers ist sehr symbolisch; er beginnt als Hunderte kleiner Ströme, die sich zu einem großen Strom kollektiver Verwirrung vereinen, und endet mit einer langsamen Reise Richtung Abgrund. Die Becken sind von Bronzeplatten umgeben, auf denen die Namen derjenigen verzeichnet sind, die bei den Anschlägen des 11. September 2001 und beim Bombenanschlag auf das World Trade Center am 26. Februar 1993 umkamen. Die von Michael Arad und Peter Walker entworfenen Pools sind nicht nur ein faszinierendes, sondern auch sehr ergreifendes Werk.

Memorial Museum

Der besinnliche Aspekt des Monuments wird noch gestärkt durch das **National September 11 Memorial Museum** (Karte S. 444; www.911memorial.org/museum). Der gläserne Eingangspavillon des Museums zwischen den beiden Reflexionsbecken erinnert auf subtile und etwas unheimliche Art an einen umgestürzten Turm. Drinnen führt eine leicht abfallende Rampe zu den unterirdischen Ausstellungsräumen des Museums. Wenn sie hinuntergehen, befinden sich die Besucher im Schatten der beiden gut 20 m hohen Stahlträger, die ursprünglich im Fels am Fuß des Nordturms verankert waren. Sie sehen wie riesige rostige Gabeln aus und sind nur zwei von zahlreichen Gegenständen, die stummes Zeugnis von den Terrorangriffen ablegen. Dazu zählt auch die „Überlebendentreppe", über die Hunderte von Angestellten aus dem World Trade Center flohen. Außerdem findet sich hier der letzte bei den Aufräumarbeiten beseitigte Stahlträger, geschmückt mit Nachrichten und Hinterlassenschaften von Arbeitern, Ersthelfern und Angehörigen der Opfer. Und schließlich gibt's noch die Engine Company 21 des New York City Fire Department, deren ausgebranntes Führerhaus an das Inferno gemahnt, dass die Helfer vor Ort erwartete. Mit Videos, Bildern, persönlichen Gegenständen und Audiomitschnitten bieten die Ausstellungen eine Möglichkeit zu einer würdevollen, nachdenklichen Erkundung der Tragödie, der Ereignisse davor (wie des Anschlags auf das World Trade Center des Jahres 1993) sowie einer Begegnung mit Geschichten der Trauer, Widerstandskraft und Hoffnung in der Zeit nach den Anschlägen.

One World Trade Center

An der Nordwestecke des WTC-Geländes strebt das 104-stöckige **One World Trade Center** (Karte S. 444; One WTC; Vesey St) des Architekten David M. Childs gen Himmel, eine umgestaltete Version von Daniel Libeskinds ursprünglichem Entwurf von 2002. Dies ist nicht nur das höchste Gebäude der USA, sondern der gesamten westlichen Hemisphäre. Weltweit ist es das vierthöchste. Zusammen mit der vom Bildhauer Kenneth Snelson mitgestalteten Schrägseilantenne ist das Gebäude insgesamt 1776 Fuß (541 m) hoch – eine symbolische Anspielung auf das Jahr der amerikanischen Unabhängigkeit. Auch andere Elemente des Bauwerks sind symbolträchtig: So ist die Grundfläche identisch mit derjenigen der ursprünglichen beiden Türme und die Aussichtsplattform befindet sich auf derselben Höhe wie die der zerstörten Gebäude. Die Aussichtsetagen, die 2015 eröffnet werden sollen, werden die Etagen 100 bis 102 einnehmen und herrliche Panoramablicke bieten. Das One WTC wurde mit ganz neuen Sicherheitskonzepten erbaut; dazu zählen ein 60 m hoher bombensicherer Sockel sowie 1 m dicke Betonwände um alle Fahrstühle, Treppenhäuser und Kommunikations- und Sicherheitssysteme. Was die Architekten und Ingenieure jedoch nicht voraussahen, war der durch die Antenne verursachte Lärm: Die starken Winde, die durch ihr Gitterwerk toben, erzeugen ein unheimliches Heulen, das den Anwohnern den Schlaf raubt.

WORLD TRADE CENTER (WTC) TRANSPORTATION HUB

Zu seinem Oculus (Ochsenauge) über dem neuen WTC Transportation Hub inspirierte Santiago Calatrava das Bild eines Kindes, das eine Taube fliegen lässt. Zwar wurde die Schöpfung des spanischen Architekten aus Kostengründen leicht abgewandelt, sodass sie von einigen als „bewegungsunfähiger Stegosaurus" bezeichnet wird, doch zweifellos ist sie faszinierend.
Das Bauwerk leitet natürliches Licht in den mindestens 3,74 Mio. $ teuren Umsteigebahnhof, der ab seiner Fertigstellung 2015 jeden Tag 200 000 Subway- und PATH-Bahnpendler zu Diensten sein soll. Er ist zweieinhalb Mal so groß wie der Grand Central Terminal und wird außerdem jede Menge Platz für Geschäfte und Restaurants bieten.

Eines der kuriosesten und berühmtesten Objekte im Memorial Museum ist der sogenannte „Engel von 9/11", das unheimliche, angstverzerrte Gesicht einer Frau auf einem verbogenen Träger, der von der Stelle stammen soll, an der der American-Airlines-Flug Nr. 11 in den Nordturm einschlug. Experten haben jedoch eine banalere Erklärung für die Erscheinung: Korrosion und Zufall.

SEHENSWERTES

Wall Street & Financial District

NATIONAL SEPTEMBER 11 MEMORIAL & MUSEUM MONUMENT, MUSEUM
Siehe S. 66.

FRAUNCES TAVERN MUSEUM MUSEUM
Karte S. 444 (www.frauncestavernmuseum.org; 54 Pearl St zw. Broad St & Coenties Slip; Erw./Kind 7 $/frei; 12–17 Uhr; [S] J/Z bis Broad St, 4/5 bis Bowling Green) Diese einzigartige Kombination aus Museum und Restaurant und Bar in einem Komplex aus fünf Gebäuden aus dem frühen 18. Jh. ist den für die Geschichte der USA bedeutsamen Ereignissen des Jahres 1783 gewidmet: Die Briten verabschiedeten sich am Ende des Unabhängigkeitskrieges aus New York und General George Washington hielt am 4. Dezember im Speisesaal im 1. Stock vor seinen Offizieren eine Abschiedsrede.

Ursprünglich diente das Gebäude als schickes Wohnhaus für den Kaufmann Stephan Delancey und seine Familie. Schankwirt Samuel Fraunces kaufte es 1762 und machte daraus zu Ehren des Siegs der Vereinigten Staaten im Unabhängigkeitskrieg eine Taverne. Nach dem Krieg, als New York die erste Hauptstadt der USA war, wurden die Räumlichkeiten vom Kriegs-, Finanz- und Außenministerium genutzt. Im 19. Jh. wurde die Taverne geschlossen und das Gebäude verfiel zusehends. In der Folgezeit wurde es durch Großfeuer beschädigt, die mehrfach in der historischen Altstadt wüteten und die meisten Kolonialbauten sowie fast alle holländischen Häuser zerstörten. 1904 kaufte die historische Gesellschaft Sons of the Revolution das Gebäude, restaurierte es und gab ihm sein Erscheinungsbild während der Kolonialzeit zurück (wahrscheinlich die erste bedeutende Denkmalschutzmaßnahme in den USA). Heute bietet das Museum Vorträge, Gemälde zum Thema Unabhängigkeitskrieg, manchmal historische Stadtrundgänge sowie einige überraschende Washington-Memorabilien wie etwa eine Haarlocke und ein Stückchen von seinem Sarg.

NATIONAL MUSEUM OF THE AMERICAN INDIAN MUSEUM
Karte S. 444 (www.nmai.si.edu; 1 Bowling Green; Fr–Mi 10–17, Do bis 20 Uhr; [S] 4/5 bis Bowling Green, R bis Whitehall St) GRATIS Dieses elegante Museum gehört zur Smithsonian Institution und ist in Cass Gilberts spektakulärem Custom House von 1907 untergebracht, einem der schönsten Beaux-Arts-Gebäude der Stadt. Hinter einer großen elliptischen Rotunde werden in eleganten Galerien wechselnde Ausstellungen zu Kunst und Kultur, zum Alltag und zu den Glaubensvorstellungen der amerikanischen Ureinwohner präsentiert. Zur ständigen Sammlung des Museums zählen wunderbare Werke der dekorativen Kunst, Textilien und zeremonielle

---

SPUREN EINES ANSCHLAGS

Wer am ehemaligen Hauptsitz der JP Morgan Bank an der Südostecke der Kreuzung Wall und Broad St vorbeigeht, sollte sich kurz die Kalksteinfassade an der Wall St anschauen. Die hier zu sehenden Löcher stammen von einem Bombenanschlag auf die Bank – dem verheerendsten Anschlag in der amerikanischen Geschichte vor Oklahoma 1995.

Der Tag des Geschehens war Donnerstag, der 16. September 1920: Genau um 12.01 Uhr explodierten auf einem Pferdewagen rund 230 kg Bleiteile und 45 kg Dynamit. 38 Menschen wurden getötet und etwa 400 verletzt. Zu den Verletzten zählte auch der Vater von John F. Kennedy, Joseph P. Kennedy.

Die Explosion der Bombe vor der wichtigsten Finanzinstitution der USA jener Zeit führte dazu, dass vor allem antikapitalistische Gruppen verdächtigt wurden, von italienischen Anarchisten bis zu den Bolschewisten. Jedoch ist das Verbrechen bis heute nicht aufgeklärt: Da sowohl die Bank als auch die New Yorker Börse am nächsten Tag wiedereröffnet werden sollten, wurde schnell aufgeräumt und somit wurden auch wichtige Spuren beseitigt. Fast 100 Jahre nach dem Terroranschlag sind die Spuren an der Fassade immer noch zu sehen; Banker Jack Morgan ließ sie absichtlich nicht beseitigen, als Akt des Gedenkens und des Trotzes.

Objekte, die allesamt die unterschiedlichen Kulturen der Ureinwohner beleuchten.

Das führende Museum des Landes zur Kunst der amerikanischen Ureinwohner wurde 1916 von dem Ölerben George Gustav Heye gegründet und ist paradoxerweise ein seltsam feudaler Ausstellungsort für dieses Thema. Die vier großen Frauenskulpturen vor dem Gebäude stammen von Daniel Chester French, der später auch die Sitzstatue von Abraham Lincoln im Lincoln Memorial in Washington schuf. Die Statuen repräsentieren (von links nach rechts) Asien, Nordamerika, Europa und Afrika und vermitteln einen aufschlussreichen Einblick in die amerikanische Weltsicht zu Beginn des 20. Jhs.: Asien ist durch seine Religionen gefesselt, Amerika erscheint jugendlich und männlich-tatkräftig, Europa ist weise, aber auf dem absteigenden Ast, und das barbarische Afrika schläft. Im Museum finden auch Kulturveranstaltungen statt, darunter Tanzevents, Konzerte, Lesungen für Kinder, handwerkliche Vorführungen, Filme und Workshops. Ein Museumsshop bietet indianischen Schmuck, Bücher, CDs und Kunsthandwerk.

TRINITY CHURCH KIRCHE

Karte S. 444 (www.trinitywallstreet.org; Broadway Höhe Wall St; ⊙Kirche Mo–Fr 7–18, Sa 8–16, So 7–16 Uhr, Kirchhof Mo–Fr 7–16, Sa 8–15, So 7–15 Uhr; [S]R bis Rector St, 2/3, 4/5 bis Wall St) Bei ihrer Fertigstellung 1846 war die Trinity Church mit ihrem 85 m hohen Glockenturm das höchste Gebäude der Stadt. Außerdem gibt es hier über dem Altar ein fesselndes Buntglasfenster und dazu ein kleines Museum mit alten kirchlichen Gegenständen. Auf dem stillen Friedhof liegt z. B. der US-Gründungsvater Alexander Hamilton bestattet. In der Kirche finden hervorragende Konzerte statt, darunter die Concerts at One (donnerstags um 13 Uhr) und tolle Chorkonzerte, z. B. jeden Dezember eine Aufführung von Händels *Messias*.

Diese erste anglikanische Gemeindekirche wurde 1697 vom englischen König Wilhelm III. begründet. Ihr unterstanden einst mehrere andere Kirchen, darunter auch die St. Paul's Chapel an der Ecke Fulton St & Broadway. Dank ihres gewaltigen Landbesitzes in Lower Manhattan galt die Kirchengemeinde der Trinity Church im 18. Jh. als die reichste und einflussreichste der USA. 1776 brannte die Kirche ab, ihre Nachfolgerin wurde 1839 abgerissen. Die heutige – dritte – Trinity Church wurde von dem englischen Architekten Richard Upjohn gebaut und war eine der Wegbereiterinnen für die malerische amerikanische Neugotik.

ST. PAUL'S CHAPEL KIRCHE

Karte S. 444 (www.trinitywallstreet.org; Broadway Höhe Fulton St; ⊙Mo–Fr 10–18, Sa bis 16, So 8–16 Uhr; [S]A/C, J/Z, 2/3, 4/5 bis Fulton St) Die klassizistische Kirche aus rötlich braunem Sandstein war lange Zeit vor allem dafür bekannt, dass George Washington nach seiner Amtseinführung 1789 in dieser Kirche betete. Das änderte sich mit dem schicksalhaften 11. September: Das World Trade Center stand nur einen Block entfernt. Danach wurde die Kirche zu einem Zentrum für alle, die in ihrer Trauer geistlichen Beistand suchten, und ein Zentrum für die ehrenamtlichen Helfer – dokumentiert in der bewegenden Ausstellung „Unwavering Spirit: Hope & Healing at Ground Zero".

Anhand von Fotos, persönlichen Gegenständen und tröstenden Botschaften ehrt die Ausstellung sowohl die Opfer als auch die Freiwilligen, die die Rettungskräfte rund um die Uhr mit Mahlzeiten, provisorischen Betten, Massagen und psychologischer Unterstützung versorgten.

FEDERAL HALL MUSEUM

Karte S. 444 (www.nps.gov/feha; 26 Wall St, Eingang in der Pine St; ⊙Mo–Fr 9–17 Uhr; ☎; [S]J/Z bis Broad St, 2/3, 4/5 bis Wall St) GRATIS Die Federal Hall, ein Greek-Revival-Meisterwerk, zeigt in ihrem Museum zur postkolonialen Geschichte New Yorks u. a. eine Ausstellung zur Vereidigung von George Washington, zu Alexander Hamiltons Verhältnis zu NYC und zum Kampf von John Peter Zenger, der hier angeklagt, inhaftiert und schließlich vom Vorwurf der Verleumdung freigesprochen wurde: Er hatte die Regierung in seiner Zeitung der Korruption bezichtigt. Außerdem gibt's ein Besucherzentrum mit Informationen zu Kulturveranstaltungen in Downtown Manhattan.

Das Gebäude selbst, bewacht durch die riesige Statue von George Washington, steht an der Stelle des früheren Rathauses, wo einst der erste US-Kongress tagte und Washington am 30. April 1789 seinen Amtseid als erster Präsident der Vereinigten Staaten leistete. Zur Sammlung des Museums zählt auch jene Steinplatte, auf der Washington stand, als er seinen Eid schwor. Nach dem Abriss Anfang des 19. Jhs. wurde zwischen 1834 und 1842 das jetzige Gebäude erbaut, das bis 1862 die US-Zollbehörde beherbergte.

NEW YORK STOCK EXCHANGE BEMERKENSWERTES GEBÄUDE

Karte S. 444 (www.nyse.com; 11 Wall St; ⊙nicht öffentlich zugänglich; Ⓢ J/Z bis Broad St, 2/3, 4/5 bis Wall St) Die Wall St ist das Symbol schlechthin für den US-amerikanischen Kapitalismus, da hier die berühmteste Börse der Welt steht, die New York Stock Exchange (NYSE). Das Gebäude mit der bombastischen neoromanischen Fassade, in dem jeden Tag etwa eine Milliarde Aktien gehandelt werden, ist aus Sicherheitsgründen für die Öffentlichkeit gesperrt. Weiterhin gestattet es jedoch, sich vor der durch Absperrungen und wachsame Polizisten geschützten Börse umzuschauen.

Kaufen und Verkaufen, wenn Händler mit puterroten Gesichtern am Rande der Verzweiflung „Sell! Sell!" schreien, spielt sich auch in der **New York Mercantile Exchange** (Karte S. 444; ☎212-299-2000; www.nymex.com; 1 North End Ave; Ⓢ 2/3 bis Park Pl, E bis World Trade Center) unweit der Vesey St ab. In dieser Warenbörse wird mit Gold, Gas und Öl gehandelt, inzwischen aber ebenfalls unter Ausschluss der Öffentlichkeit, denn sie ist wie die NYSE für Besucher geschlossen.

BOWLING GREEN PARK

Karte S. 444 (Ecke Broadway & State St; 🚇; Ⓢ 4/5 bis Bowling Green) New Yorks ältester – und vielleicht kleinster – öffentlicher Park ist überliefert als der Ort, an dem der holländische Siedler Peter Minuit amerikanischen Ureinwohnern die Insel Manhattan für umgerechnet etwa 24 $ abgekauft haben soll. Am nördlichen Rand des Parks steht die berühmte, über 3 t schwere Skulptur *Charging Bull* von Arturo Di Modica. Der Bronzestier wurde endgültig an diesen Ort verfrachtet, nachdem er 1989 (zwei Jahre nach einem Börsencrash) auf rätselhafte Weise vor der New Yorker Börse aufgetaucht war.

1733 pachteten die Bewohner New Yorks das baumgesäumte Dreieck von der englischen Krone für den symbolischen Betrag von einem Pfefferkorn pro Einwohner. Ermutigt dadurch, dass George Washington ganz in der Nähe gerade die Unabhängigkeitserklärung verlesen hatte, machte sich 1776 dennoch ein wutentbrannter Mob daran, den Platz zu stürmen und eine große Statue von König Georg III. niederzustürzen. An ihrer Stelle steht heute ein Springbrunnen.

MUSEUM OF AMERICAN FINANCE MUSEUM

Karte S. 444 (www.moaf.org; 48 Wall St zw. Pearl & William St; Erw./Kind 8 $/frei; ⊙Di–Sa 10–16 Uhr; Ⓢ 2/3, 4/5 bis Wall St) In diesem Museum dreht sich alles ums Geld: Die Ausstellungen befassen sich mit wichtigen Episoden der amerikanischen Finanzgeschichte. Die ständige Sammlung beinhaltet seltene historische Banknoten (u. a. Banknoten der Konföderierten aus dem Bürgerkrieg), Aktien- und Bond-Zertifikate aus dem „Vergoldeten Zeitalter" (Gilded Age), das älteste bekannte Foto der Wall St und einen Börsenticker, Baujahr etwa 1875.

Das Museum befindet sich in der einstigen Zentrale der Bank of New York, einem prachtvollen Gebäude mit über 9 m hohen Decken, großen Bogenfenstern, einer majestätischen Treppe zum Zwischenschoss, Kronleuchtern aus Glas und Wandmalereien mit historischen Szenen zum Thema Finanzen und Handel.

NEW YORK CITY POLICE MUSEUM MUSEUM

Karte S. 444 (www.nycpolicemuseum.org; 45 Wall St Höhe William St; Eintritt 5 $; ⊙Mo–Sa 10–17, So 12–17 Uhr; 🚇; Ⓢ J/Z bis Broad St; 2/3, 4/5 bis Wall St) Dieses Museum zur New Yorker Polizeigeschichte bleibt so lange hier an der Wall St, bis das eigentliche Haus am 100 Old Slip, das vom Hurrikan Sandy beschädigt wurde, wieder nutzbar ist. Es wartet mit Fotos und Waffen berüchtigter New Yorker Verbrecher, historischen Uniformen und seltenen Fotos zu den Anschlägen vom 11. September 2001 auf. Wann das Museum wieder an seine alte Adresse zurückkehrt, ist der Website zu entnehmen.

FEDERAL RESERVE BANK OF NEW YORK BEMERKENSWERTES GEBÄUDE

Karte S. 444 (☎212-720-6130; www.newyorkfed.org; 33 Liberty St Höhe Nassau St, Eingang über 44 Maiden Lane; ⊙Buchung erforderlich, Führungen Mo–Fr 11.15, 12.45, 13.30, 14.15 & 15 Uhr, Museum 10–15 Uhr; Ⓢ A/C, J/Z, 2/3, 4/5 bis Fulton St) GRATIS Der gewichtigste Grund für einen Besuch der US-Zentralbank ist die Chance, einen Blick auf den streng gesicherten Tresorraum zu werfen: Hier werden in 25 m Tiefe über 10 000 t Goldreserven gelagert. Besucher bekommen zwar nur einen kleinen Teil des Goldes zu sehen, jedoch sind die kostenlosen Führungen (Zutritt zum Tresor nur mit einer Führung) durchaus lohnenend; wer teilnehmen möchte, muss mehrere Monate im Voraus reservieren!

Ins interaktive Museum der Bank, das sich mit der Geschichte der Bank befasst, gelangt man auch ohne Führung, jedoch muss man online einen festen Zeitpunkt buchen. Den Pass oder einen anderen Ausweis mitnehmen!

⊙ New York Harbor

FREIHEITSSTATUE WAHRZEICHEN
Siehe S. 62.

ELLIS ISLAND WAHRZEICHEN, MUSEUM
Siehe S. 64.

⊙ Battery Park City

★ **MUSEUM OF JEWISH HERITAGE** MUSEUM
Karte S. 444 (www.mjhnyc.org; 36 Battery Pl; Erw./Kind 12 $/frei, Mi 16–20 Uhr frei; ☻April–Sept. So–Di & Do 10–17.45, Mi bis 20, Fr bis 17 Uhr, Okt.–März Fr bis 15 Uhr; 🛈; Ⓢ4/5 bis Bowling Green) Dieses stimmungsvolle Museum am Wasser erkundet anhand vieler bewegender persönlicher Gegenstände, Fotos und Dokumentarfilme sämtliche Aspekte des modernen jüdischen Selbstverständnisses. Draußen befindet sich der Garden of Stones, ein von dem Künstler Andy Goldsworthy als Gedenkstätte geschaffener Garten. 18 Felsblöcke bilden eine schmale Gasse, die zum Nachdenken über die Fragilität des Lebens anregt; die Felsblöcke sind den Menschen gewidmet, die unter

---

ABSTECHER

GOVERNORS ISLAND

Der 200 Jahre lang für die Öffentlichkeit gesperrte Militärposten **Governors Island** (☎212-514-8285; www.nps.gov/gois; Eintritt frei; ☻Ende Mai–Ende Sept. Sa & So 10–19 Uhr; Fähren ab Battery Maritime Building, Slip 7, Mai–Okt. Fr 10–15 Uhr stündl., Sa & So 10–17 Uhr alle 30 Min., Ⓢ4, 5 bis Bowling Green, 1 bis South Ferry) ist heute eines der beliebtesten Sommerausflugsziele der Stadt: In der wärmeren Zeit des Jahres verkehren kostenlose Fähren in sieben Minuten von Lower Manhattan zur knapp 70 ha großen Oase. 2014 wurden 12 ha Parklandschaft für die Öffentlichkeit freigegeben: die 2,4 ha große, kunstgeschmückte Liggett Terrace, der 4 ha große Hammock Grove (mit 50 Hängematten) und der 5,7 ha große Play Lawn mit zwei Spielfeldern, eins für Softball für Erwachsene, eines für Baseball für Kinder. Noch besser wird das Ganze 2015: Dann werden auch The Hills fertiggestellt, vier künstliche Hügel mit spektakulären Ausblicken auf die Stadt und das Wasser und mit Rutschen und Kunstwerken.

Das interaktive Festival Figment (www.figmentproject.org) an einem Wochenende im Juni steht ganz im Zeichen der Kunst. Tolle Aussichten eröffnen sich außerdem entlang der 3,5 km langen Great Promenade, mit Blick auf Lower Manhattan und Brooklyn sowie Staten Island und New Jersey. Wer möchte, kann bei Bike and Roll für 20 $ für einen halben Tag Fahrräder ausleihen.

Die historische Bedeutung der Insel ist vielfältig: Während des Unabhängigkeitskrieges diente sie als wichtiges militärisches Fort und während des Sezessionskrieges war sie zentrale Rekrutierungsstelle der Unionsarmee. Hier startete Wilbur Wright 1909 seinen berühmten Flug um die Freiheitsstatue und 1988 signalisierte ein Gipfeltreffen zwischen Reagan und Gorbatschow auf der Insel das Ende des Kalten Krieges. Wer mag, kann das **Admiral's House** besuchen, in dem dieses Gipfeltreffen stattfand: eine Militärresidenz, die zur eleganten „Geisterstadt" Nolan Park gehört. Andere historische Stätten sind das **Fort Jay**, das 1776 angelegt wurde, um die Briten daran zu hindern, Manhattan einzunehmen – was aber vergeblich war; die **Colonel's Row**, eine Reihe von hübschen Backstein-Offiziershäusern aus dem 19. Jh.; und das unheimliche **Castle Williams**, ein Fort aus dem 19. Jh., das schließlich als Militärgefängnis genutzt wurde. Am besten lässt sich das Ganze mit dem **National Park Service** (www.nps.gov/gois/planyourvisit) erkunden, dessen Ranger 45- bis 60-minütige Führungen durch den historischen Bezirk der Insel anbieten – Termine und Zeiten siehe Website.

ABSTECHER

STATEN ISLAND

Die meisten Besucher kommen mit der Fähre nach Staten Island – die in St. George an der Nordspitze der 150 km² großen Insel anlegt – und fahren dann sofort wieder zurück. Ohne die Staten Island Ferry – oder Robert Redfords und Jane Fondas wilden Abend mit Armeniern in *Barfuß im Park* – wäre New Yorks „vergessener Borough" vielleicht wirklich völlig unbekannt. Obwohl Staten Island als vorstadttypisch und konservativ gilt, hat die Insel auch ihre Vorzüge; wer hier einen Tag verbringt, erlebt New York einmal von einer ganz anderen Seite.

Vom Fähranleger geht man links in die Richmond Terrace (die zur Bay St wird) und erreicht nach 500 m die **Staten Island Chamber of Commerce** (718-727-1900; www.sichamber.com; 130 Bay St; Mo–Fr 9–17 Uhr) mit der Touristeninformation. Biokaffee, Bücher, politische Vorträge und am Abend Livemusik bietet das gut 300 m weiter südlich gelegene **Everything Goes Book Café & Neighborhood Stage** (www.etgstores.com/bookcafe; 208 Bay St; Di–Do 10.30–18.30, Fr & Sa 10.30–22, So 12–17 Uhr;), eine Art Kulturzentrum. Ganz in der Nähe verkauft **Everything Goes Furniture & Gallery** (718-273-0568; 17 Brook St; Di–Sa 10.30–18.30 Uhr) Antiquitäten, Sammelobjekte und Kunst. 500 m nordwestlich des Fährterminals wartet das **Staten Island Museum** (718-727-1135; www.statenislandmuseum.org; 75 Stuyvesant Pl Höhe Wall St; Erw./Kind 5 $/frei; Mo–Fr 11–17, Sa 10–17, So 12–17 Uhr) mit Lokalgeschichte, Naturkunde und Kunst auf; außerdem bietet das Museum auch Ausstellungen in seinem neuen Gebäude in Snug Harbor.

Die abgelegeneren Sehenswürdigkeiten der Insel erreicht man am besten mit dem Bus; er fährt vor dem Fährterminal ab, die MTA MetroCard wird als Fahrkarte akzeptiert. Wichtigste Attraktion ist das **Snug Harbor Cultural Center & Botanical Garden** (718-448-2500; www.snug-harbor.org; 1000 Richmond Tce; Museen & Gärten Erw./Kind 8 $/frei, nur Gärten 5 $/frei, nur Museen 5 $/frei; Außenanlagen tgl. Sonnenaufbis Sonnenuntergang, Chinese Scholar's Garden Di–So 10–16 Uhr, Museen Mi–So 12–17 Uhr; S40 bis Snug Harbor), ein schöner Komplex mit Themengärten, historischen Gebäuden, Ausstellungsflächen und Museen gut 3 km westlich des Fähranlegers. Zu den Highlights hier zählen ein Gelehrtengarten im altchinesischen Stil, ein toskanischer Garten nach dem Vorbild der Villa Gamberaia in Florenz und das Newhouse Center for Contemporary Art mit wechselnden Ausstellungen zu moderner Kunst. Von der Henderson St am Südrand des Snug-Harbor-Komplexes fährt der Bus S44 Richtung Staten Island Mall und zu **Denino's Pizzeria & Tavern** (www.deninos.com; 524 Port Richmond Ave; Pizzas 11,50–20 $; Mo–Do 10–22, Fr–So bis 23 Uhr; S44). Die Pizza hier ist wirklich ausgezeichnet und in der ganzen Stadt berühmt.

Die **Historic Richmond Town** (718-351-1611; www.historicrichmondtown.org; 441 Clarke Ave; Erw./Kind 8/5 $; Sept.–Juni Mi–So 13–17 Uhr, Juli & Aug. Mi–Sa 10–17, So 13–17 Uhr; S74 bis Richmond Rd & St. Patrick's Pl) mitten auf der Insel besteht aus 27 historischen Gebäuden – einige davon stammen aus einer holländischen Siedlung der 1690er-Jahre – auf einem 40 ha großen Gelände, das von der Staten Island Historical Society unterhalten wird. In der historischen Stadt steht auch der ehemalige Verwaltungssitz der Insel. Das berühmteste Gebäude, das zweistöckige Voorlezer's House aus Redwood-Holz, ist das älteste Schulgebäude der USA: Es stammt von etwa 1695. Im Eintrittsgeld inbegriffen ist eine Führung (14 und 15.30 Uhr). Von der Fähre fährt der Bus S74 in 40 Minuten hierher.

Ein weiteres kulturelles Highlight ist das **Alice Austen House** (718-816-4506; www.aliceausten.org; 2 Hylan Blvd; Eintritt 3 $; März–Dez. Di–So 11–17 Uhr; S51 bis Hylan Blvd & Bay St). In diesem Haus am Wasser lebte Alice Austen, eine Fotografin aus dem frühen 20. Jh. Das Museum ermöglicht einen Einblick in ihre Welt und ihr Leben auf Staten Island; außerdem sind viele ihrer Arbeiten zu sehen. Das Haus befindet sich etwas nördlich der Verrazano-Narrows Bridge, vom Fährterminal mit dem Bus S51 in einer Viertelstunde zu erreichen.

dem Naziterror Angehörige und Freunde verloren.

Das Gebäude selbst symbolisiert als dreistufiges Sechseck den Davidstern und erinnert an die 6 Mio. Juden, die im Holocaust umkamen. Im Museum finden auch Filmvorführungen, Konzerte, Vortragsreihen und zu bestimmten Feiertragen spezielle Darbietungen statt. Oft werden auch kostenlose Workshops für Familien mit Kindern angeboten. Ein Café serviert leichte koschere Mahlzeiten.

SKYSCRAPER MUSEUM MUSEUM

Karte S. 444 (www.skyscraper.org; 39 Battery Pl; Eintritt 5 $; Mi–So 12–18 Uhr; 4/5 bis Bowling Green) Freunde phallischer Architektur werden sicher Gefallen finden an diesem kompakten, schicken Museum, in dem Wolkenkratzer als Objekte des Designs, der Ingenieurskunst und der städtischen Erneuerung erkundet werden. Der größte Teil des Museums wird von wechselnden Ausstellungen eingenommen; zuletzt gab's z. B. eine über die neue Generation ultraschlanker Wohntürme in New York. Die Dauerausstellung hält u. a. Infos zu Architektur und Bau des Empire State Building und des World Trade Center bereit.

Ein Glanzstück des Museums stellt die brandneue Technologie VIVA (Visual Index to the Virtual Archive) dar, ein Interface auf der Website mit einem 3-D-Computermodell von Manhattan, das als anklickbarer Stadtplan funktioniert. So können die Besucher die Entwicklung der Stadt verfolgen und haben über eine Online-Datenbank Zugriff auf die Sammlungen des Museums.

CASTLE CLINTON HISTORISCHE STÄTTE

Karte S. 444 (www.nps.gov/cacl; Battery Park; 8.30–17 Uhr; 1 bis South Ferry, 4/5 bis Bowling Green) Die Festung wurde während des Kriegs von 1812 zur Verteidigung des New Yorker Hafens errichtet. Nach verschiedenen Nutzungen als Oper, Unterhaltungskomplex und Aquarium wurde das Fort inzwischen als nationales Denkmal restauriert. Heute ist es ein Besucherzentrum mit historischen Exponaten, einem Ticketschalter für Fähren zur Freiheitsstatue und nach Ellis Island sowie einer Freilichtbühne, auf der Sommerkonzerte unterm Sternenhimmel stattfinden.

Der Rundbau bekam seinen heutigen Namen 1817 zu Ehren des damaligen Bürgermeisters DeWitt Clinton. Später, aber noch bevor Ellis Island seine Pforten für Einwanderer öffnete, diente der Castle Garden (wie er damals hieß) als Hauptabfertigungsstation für Immigranten; zwischen 1855 und 1890 wurden hier über 8 Mio. Neuankömmlinge ins Land gelassen. Täglich um 10, 12 und 14 Uhr bieten Ranger historische Führungen durch die Anlage (falls genügend Personal vorhanden ist).

IRISH HUNGER MEMORIAL DENKMAL

Karte S. 444 (290 Vesey St Höhe North End Ave; Eintritt frei; 2/3 bis Park Pl) Dieses kompakte Labyrinth aus niedrigen Kalksteinmauern und Grasflächen ist ein Werk des Künstlers Brian Tolle. Es erinnert an die große irische Hungersnot (1845–52), wegen der damals Hunderttausende Menschen flohen, die sich in der Neuen Welt ein besseres Leben erhofften. Das Labyrinth stellt verlassene Cottages, Steinmauern und Kartoffelfelder dar und wurde mit Steinen aus allen 32 Grafschaften Irlands geschaffen.

HUDSON RIVER PARK PARK

Karte S. 444 (www.hudsonriverpark.org; auf der Westseite von Manhattan vom Battery Park bis zur 59th St; 1 bis Franklin St, 1 bis Canal St) Dieser 8 km lange und 222 ha große Uferpark erstreckt sich an der unteren westlichen Seite Manhattans vom Battery Park bis nach Hell's Kitchen. Zu den Einrichtungen zählen Fahrrad-, Lauf- und Skatingwege über die gesamte Länge des Parks, Gärten, Spielplätze, Skulpturen und renovierte Piers mit Uferpromenaden, Minigolfplätzen, Freilichtkinos und Konzertbühnen. Eine detaillierte Karte des gesamten Parks kann auf der Website aufgerufen werden; nähere Infos gibt's zudem auf S. 140.

East River Waterfront

SOUTH STREET SEAPORT STADTVIERTEL

Karte S. 444 (www.southstreetseaport.com; A/C, J/Z, 2/3, 4/5 bis Fulton St) Diese elf Häuserblocks große Enklave mit Kopfsteinpflasterstraßen, Lagerhäusern und Geschäften vereint gute wie auch schlechte Beispiele historischer Denkmalpflege. Die meisten New Yorker haben das Areal gar nicht auf dem Schirm, aber Touristen lassen sich vom nautischen Flair, den vielen Straßenkünstlern und den vollen Restaurants anlocken.

Bei Redaktionsschluss war der historische Pier 17 der Abrissbirne überantwortet, denn hier soll nun ein neuer Geschäfts-, Unterhaltungs- und Bootskomplex entste-

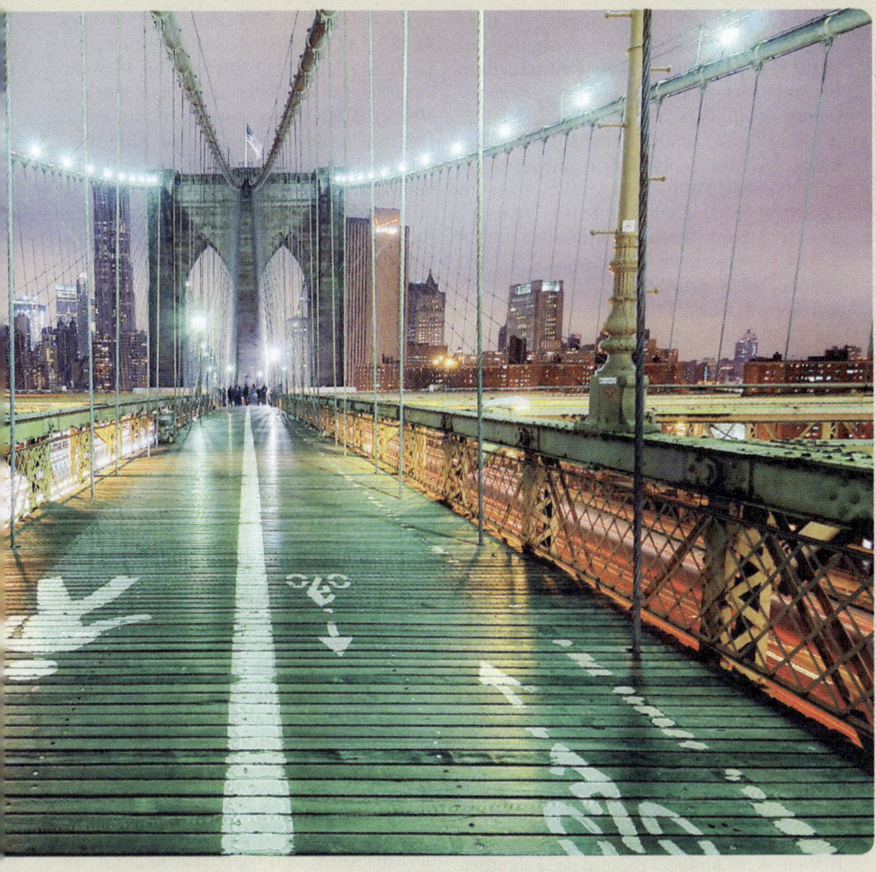

ANDREW C MACE / GETTY IMAGES ©

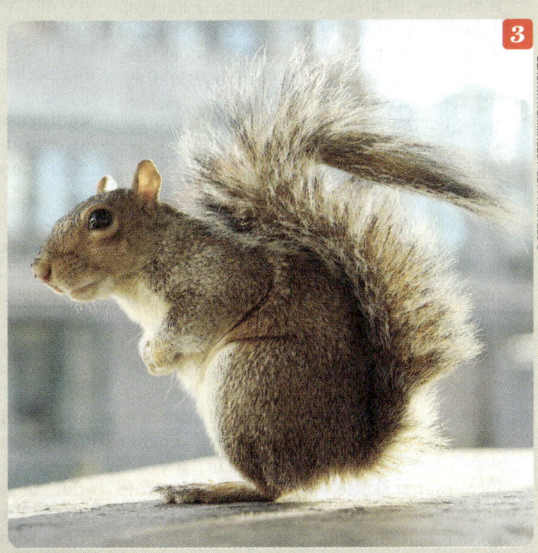

1. Hudson River Park (S. 73)
Fünf Meilen Park warten an Manhattans Westseite auf Erkundung.

2. Brooklyn Bridge (S. 281)
Die Brücke ist der perfekte Ort, um den Sonnenuntergang über Lower Manhattan zu beobachten.

3. Eichhörnchen im Battery Park (S. 71)
Das Besucherzentrum im Castle Clinton im Battery Park verkauft Tickets für Freiheitsstatue und Ellis Island.

4. One World Trade Center (S. 67)
Das One WTC ist der höchste Wolkenkratzer der Stadt.

3

BLACKWATERIMAGES / GETTY IMAGES ©

hen. Die Einheimischen hegen darüber unterschiedliche Ansichten. Auch die Zukunft des benachbarten **New Amsterdam Market** (Karte S. 444; www.newamsterdammarket.org; South St zw. Peck Slip & Beekman St; [S]A/C, J/Z, 1/2, 4/5 bis Fulton St), eines beliebten sonntäglichen Lebensmittelmarkts vor dem alten Fulton Fish Market, stand in den Sternen. Das von Geldnöten geplagte **South Street Seaport Museum** (Karte S. 444; www.seany.org; 12 Fulton St; Erw./Kind 5 $/frei; [S]2/3, 4/5, A/C, J/M/Z bis Fulton St) mit seinen Ausstellungen zur Geschichte der Schifffahrt war bei Redaktionsschluss bis auf Weiteres geschlossen. Zum Museum gehört auch die mit einem Eisenrumpf ausgestattete **Pioneer** (Karte S. 444; 212-742-1969; www.nywatertaxi.com; Pier 16, South Street Seaport; Erw./Kind 45/35 $) am Pier 16, ein Segelschiff aus dem 19. Jh., das in der wärmeren Jahreszeit wunderbare zweistündige Rundfahrten unternimmt. Schön ist auch der benachbarte zweistöckige **Pier 15** (Karte S. 444; South St zw. Fletcher & John St; 6 Uhr bis Sonnenuntergang) mit seinem Rasen zum Relaxen und spektakulären Ausblicken aufs Wasser.

◉ City Hall & Civic Center

WOOLWORTH BUILDING
BEMERKENSWERTES GEBÄUDE

Karte S. 444 (http://woolworthtours.com; 233 Broadway Höhe Park Pl; 30-/60-/90-minütige Führungen 15/30/45 $; Zeiten der Führungen variieren; [S]R bis City Hall, 4/5/6 bis Brooklyn Bridge–City Hall) Cass Gilberts 57-stöckiges, über 240 m hohes Woolworth Building, bei seiner Fertigstellung 1913 das höchste Gebäude der Welt, ist ein Wunderwerk der Neugotik, elegant in Stein und Terrakotta gekleidet. Erst 1930 wurde der Turm vom Chrysler Building als höchstes Gebäude der Welt abgelöst. In die wunderschöne Lobby mit ihren byzantinischen Mosaiken können Besucher nur im Rahmen von vorgebuchten Führungen, auf denen man auch Einblick in weitere spezielle Einrichtungen des Gebäudes wie eine eigene Subway-Station und ein geheimes Hallenbad erhält.

Bei seiner Einweihung wurde das Bauwerk als „Cathedral of Commerce" bezeichnet, was eigentlich als Beleidigung gemeint war. Doch F. W. Woolworth, Chef der Billigwarenhauskette, der hier seine Zentrale einrichtete, münzte den Titel zum Kompliment um und warf damit geradezu um sich.

AFRICAN BURIAL GROUND
DENKMAL

Karte S. 444 (www.nps.gov/afbg; 290 Broadway zw. Duane & Elk St; Denkmal tgl. 9–17 Uhr, Besucherzentrum Di–Sa 10–16 Uhr; [S]4/5 bis Wall St) GRATIS Bauarbeiter entdeckten hier 1991 nur 5 bis 8,5 m unter der Erde mehr als 400 gestapelte Holzsärge. In den Kisten befanden sich die sterblichen Überreste afrikanischer Sklaven (damals weigerte sich die nahe Trinity Church, Afrikaner kirchlich zu bestatten). Ein Mahnmal und ein Besucherzentrum erinnern an die etwa 15 000 Afrikaner, die hier im 17. und 18. Jh. begraben wurden.

Am Eingang sind Sicherheitschecks wie am Flughafen erforderlich (Nagelfeilen im Hotel lassen!).

◉ Tribeca

HARRISON STREET HOUSES
HISTORISCHES GEBÄUDE

Karte S. 444 (Harrison St; [S]1 bis Franklin St) In der Harrison St, unmittelbar westlich der Greenwich St, stehen acht Stadthäuser, die zwischen 1804 und 1828 erbaut wurden: Sie sind in New York die bedeutendste Ansammlung von Gebäuden im Federal Style. Jedoch stehen nur die Häuser Nr. 31 und 33 noch an ihrem ursprünglichen Ort. Die anderen sechs standen früher zwei Straßen weiter an einem Abschnitt der Washington St, den es heute nicht mehr gibt.

Anfang der 1970er-Jahre befand sich dort der Obst- und Gemüsegroßmarkt Washington Market, bis neue Bauprojekte am Ufer (das Borough of Manhattan Community College und ein sozialistisch anmutender Apartmentkomplex aus Beton, der die Stadthäuser heute überragt) die Verlegung des Marktes und der historischen Häuserreihe erforderlich machten.

✕ ESSEN

Der Ansturm hektischer Finanzjongleure in der Mittagspause hat in Lower Manhattan zwei Extreme hervorgebracht: Fastfoodbuden und deftige Speiselokale, in denen Manager ihr Steak herunterschlingen. In beiden Kategorien kommt man auf seine Kosten, sei es bei einem *faux filet Bercy* im Les Halles oder einem *frozen custard* im Shake Shack. Ein Stück weiter nördlich, in Tribeca, wimmelt es dagegen von modern

Spaziergang
Lower Manhattan

START LA COLOMBE
ZIEL FEDERAL HALL
LÄNGE/DAUER 4 KM; 3 STUNDEN

Los geht's mit einem Kaffee im ❶ **La Colombe** (S. 79). Im 19. Jh. war dies eine Station auf der „Underground Railway", einem geheimen Netz von Routen und sicheren Unterkünften, mit dessen Hilfe Afroamerikaner in sklavenfreie US-Staaten und nach Kanada gelangen konnten. Eine Tafel an der Gebäudeseite zur Lispenard St erinnert daran. Weiter westlich befindet sich an der Kreuzung von Varick und N Moore St ❷ **Hook & Ladder 8**, besser bekannt als Geisterjägerhauptquartier im Film *Ghostbusters* aus den 1980er-Jahren. Weiter geht's die Varick St entlang nach Süden, dann links in die Leonard St bis zur Kreuzung mit der Church St. An der Südostecke steht das 1901 erbaute ❸ **Textile Building**. Architekt Henry J. Hardenbergh entwarf später das monumentale Plaza Hotel in Midtown. Weiter südlich die Church St entlang geht's links in den Park Place und rechts auf den Broadway. Vor einem erhebt sich das neugotische ❹ **Woolworth Building** (S. 76), bei seiner Fertigstellung 1913 der höchste Wolkenkratzer der Welt. Weiter geht's auf dem Broadway Richtung Süden, und hinter der Vesey St präsentiert sich rechts die ❺ **St. Paul's Chapel** (S. 69) – die einzige noch intakte Kirche in New York aus der Zeit vor dem Unabhängigkeitskrieg. Dahinter befindet sich das Areal des World Trade Center mit dem ❻ **National September 11 Memorial & Museum** (S. 66). Das Museum ist den Anschlägen des Jahres 2001 gewidmet. Daneben erhebt sich der höchste Wolkenkratzer Amerikas, das 541 m hohe One World Trade Center. Weiter Richtung Süden steht am Broadway die ❼ **Trinity Church** (S. 69), bei ihrer Fertigstellung 1846 das höchste Gebäude der Stadt; auf dem Friedhof liegt der Erfinder der Dampfschiffe Robert Fulton begraben. Von hier führt der Rundgang nach Osten in die Wall St mit ❽ **New York Stock Exchange** (S. 70) und ❾ **Federal Hall** (S. 69). Letztere kann man besichtigen – hier wurde John Peter Zenger 1735 vom Vorwurf der umstürzlerischen Verleumdung freigesprochen – nach Ansicht einiger Historiker der erste Schritt hin zu einer Demokratie, die die freie Presse schützt.

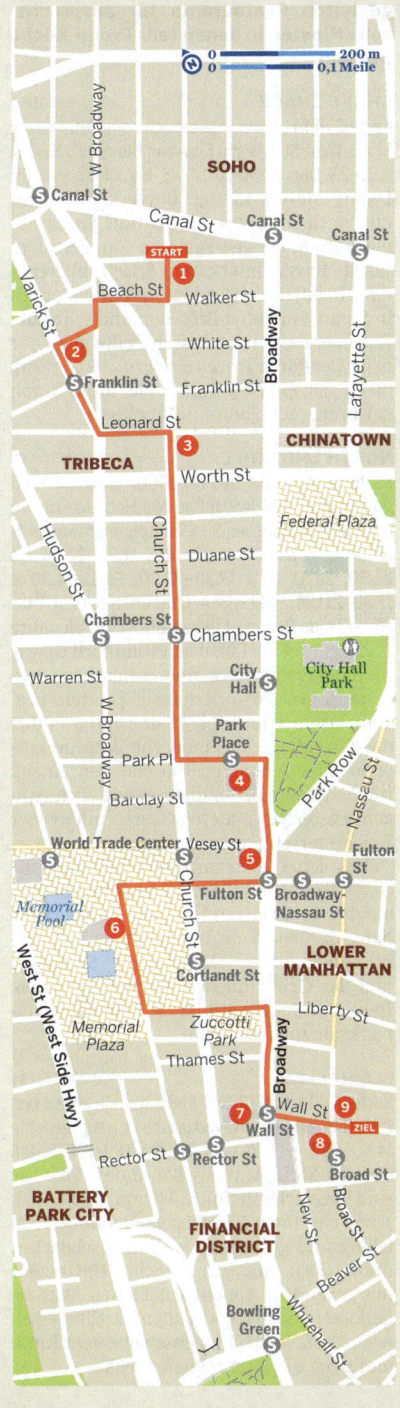

gestylten Restaurants für anspruchsvolle Hipster, in denen teils Promi-Köche werkeln.

SHAKE SHACK
BURGER $

Karte S. 444 (www.shakeshack.com; 215 Murray St zw. West St & North End Ave; Burger ab 3,60 $; ⏱11–23 Uhr; ⓈA/C, 1/2/3 bis Chambers St) Danny Meyers kultige Burgerkette bringt nun auch in Lower Manhattan Speck auf die Hüften. Dies ist Fastfood vom Feinsten: saftige Burger mit bestem, frisch zubereitetem Hackfleisch, Hotdogs im Chicagoer Stil in Sesam-Kartoffel-Brötchen und sehr gute Käsepommes. Platz lassen sollte man für den legendären *frozen custard;* als Getränk bietet sich ein New Yorker Bier an, z. B. von der Brauerei Sixpoint in Brooklyn.

NORTH END GRILL
AMERIKANISCH $$

Karte S. 444 (☏646-747-1600; www.northendgrillnyc.com; 104 North End Ave Höhe Murray St; 3-Gänge-Mittagessen 39 $, Hauptgerichte abends 17–34 $; ⏱Mo-Do 11.30–14 & 17.30–22, Fr bis 22.30, Sa 11–14 & 17.30–22.30, So 11–14.30 & 17.30–21 Uhr; Ⓢ1/2/3, A/C bis Chambers St, E bis World Trade Center) Dieses hübsche, elegante und freundliche Lokal ist Promikoch Danny Meyers Version eines amerikanischen Grillrestaurants. Nur allerfeinste Zutaten, u. a. vom Dachgarten des Restaurants, bilden die Grundlage für moderne Interpretationen alter Klassiker, die von den Anzug tragenden Finanzjongleuren wie auch einigen legerer gewandeten Gästen mit großer Freude verschlungen werden.

Das feine Raucharoma bekommen die Gerichte entweder im Holzkohleofen oder auf dem rauchigeren Holzgrill; zu den Highlights zählen Venusmuschel-Pizza mit Chiliflocken, ganzer Europäischer Seebarsch und das Grillhähnchen für zwei Personen. In echtem Meyer-Stil ist die Bedienung aufmerksam und charmant.

LES HALLES
FRANZÖSISCH $$

Karte S. 444 (☏212-285-8585; www.leshalles.net; 15 John St zw. Broadway & Nassau St; Hauptgerichte 14,50–32 $; ⏱7–24 Uhr; 📶; ⓈA/C, J/Z, 2/3, 4/5 bis Fulton St) In Anthony Bourdains Brasserie sind Vegetarier definitiv fehl am Platze. Zwischen eleganten Kugelleuchten, dunkler Täfelung und gestärkten weißen Tischdecken drängt sich hier eine gut betuchte Gästeschar mit gesundem Appetit auf Fleisch. Was sie herlockt, sind deftig-dekadente Delikatessen wie *côte de bœuf* (Rippenscheibe vom Rind) und *steak au poivre* (Pfeffersteak).

Klassiker wie *moules frites* (Miesmuscheln mit Pommes frites) oder Nizzasalat sind ebenfalls wunderbar. Die Auswahl an Wein, schottischem Single-Malt-Whisky und sonstigem Hochprozentigen ist eindrucksvoll.

★ LOCANDA VERDE
ITALIENISCH $$$

Karte S. 444 (☏212-925-3797; www.locandaverdenyc.com; 377 Greenwich St Höhe Moore St; mittags 19–29 $, Hauptgerichte abends 28–34 $; ⏱Mo-Fr 7–23, Sa & So 8–23 Uhr; ⓈA/C/E bis Canal St, 1 bis Franklin St) Wer das Restaurant durch die roten Samtvorhänge betritt, findet eine muntere, sexy Szenerie vor, geprägt von gelockerten Brown-Brothers-Hemden, schwarzen Kleidern und schicken Barkeepern hinter einer langen, gut frequentierten Bar. Die Brasserie gehört zum Greenwich Hotel (S. 444) und ist die Domäne des Starkochs Andrew Carmellini, mit zeitgenössischem italienischem Essen wie Kürbis-Agnolotti mit Salbei und Amaretti oder gerösteten Jakobsmuscheln mit sizilianischem Blumenkohl, Pinienkernen und Kapern.

Reservierung empfohlen.

TINY'S & THE BAR UPSTAIRS
AMERIKANISCH $$$

Karte S. 444 (☏212-374-1135; 135 W Broadway zw. Duane & Thomas St; Hauptgerichte 22–36 $; ⏱Mo-Do 11.30–23, Fr bis 24, Sa 10.30–24, So 10.30–23 Uhr; ⓈA/C, 1/2/3 bis Chambers St) Das süße kleine Tiny's (reservieren!) wartet im Hinterzimmer mit einem knisternden Kaminfeuer auf sowie oben mit einer intimen Bar. Auf altem Porzellan werden hier schöne, neu und leicht interpretierte Köstlichkeiten serviert: Burrata mit Dattelpüree, Zitronen-Honig-Glasur und Pistazien oder in der Pfanne scharf angebratene Jakobsmuscheln mit Grapefruit und thailändischer Chili-Ingwer-Kokos-Sauce.

AUSGEHEN & NACHTLEBEN

Nicht alle Krawattenträger, die im Finanzbusiness tätig sind, verkriechen sich nach Feierabend gleich in ihre Vororte. Wer einen Feierabend-Drink sucht, findet rund um die Stone St, die Wall St und den South Street Seaport ein paar Weinbars und Kneipen. Weiter nördlich gibt sich Tribeca mit seinen Cafés für

Kaffeegenießer, seinen schicken Lounges und schicken Cocktailbars weiterhin cool. Und die Drinks sind hier in der Regel mit etwas mehr Präzision kredenzt als an der East Side.

★ DEAD RABBIT   COCKTAILBAR
Karte S. 444 (www.deadrabbitnyc.com; 30 Water St; ⊙11–4 Uhr; ⓢR bis Whitehall St, 1 bis South Ferry) Dieser Neuling in der Cocktailszene hat gleich ein paar Preise eingeheimst, z. B. beim Tales of the Cocktail Festival 2013 World's Best New Cocktail Bar, Best Cocktail Menu und International Bartender of the Year.

Tagsüber steht der mit Sägespänen bestreute Schankraum ganz im Zeichen von Bierspezialitäten, historischen Punschen und *pop-inns*, leicht gehopften Ales mit verschiedenen Geschmacksnoten. Abends zieht es die Gäste dann nach oben in den gemütlichen Parlour, in dem 72 wunderbare Cocktails kredenzt werden.

LA COLOMBE   CAFÉ
Karte S. 444 (www.lacolombe.com; 319 Church St Höhe Lispenard St; ⊙Mo–Fr 7.30–18.30, Sa & So 8.30–18.30 Uhr; ⓢA/C/E bis Canal St) In dieser Rösterei gibt's zwar nur Kaffee und ein paar Backwaren – aber die haben's in sich! Der Espresso ist dunkel und stark und wird von hippen Baristas gebrüht. Ein endloser Strom von schicken Typen und eingeweihten Europäern fühlt sich vom Angebotenen magnetisch angezogen. Mitnehmen kann man auch eine Flasche „Pure Black Coffee", 16 Stunden lang gereift in luftdichten Edelstahl-Weintanks.

★ KAFFE 1668   CAFÉ
Karte S. 444 (www.kaffe1668.com; 275 Greenwich St zw. Warren & Murray St; ⊙Mo–Fr 6.30–22, Sa & So 7–21 Uhr; ☎; ⓢA/C, 1/2/3 bis Chambers St) Ein Laden für echte Kaffeefreaks, mit allen möglichen Spezialkaffeemaschinen für phantastischen Kaffeegenuss. Die Gäste sitzen u. a. an einem großen Gemeinschaftstisch – Büroangestellte im Anzug und kreative Typen mit ihren Laptops – und weitere Sitzmöglichkeiten gibt's unten. Der dreifache Ristretto lässt einem die Haare zu Berge stehen.

WEATHER UP   COCKTAILBAR
Karte S. 444 (www.weatherupnyc.com; 159 Duane St zw. Hudson St & W Broadway; ⊙17–2 Uhr;

INSIDERWISSEN

AUSGEHEN IN DOWNTOWN

Sean Muldoon, Miteigentümer der preisgekrönten Bar Dead Rabbit, verrät uns seine Lieblingsbars in Downtown:

Die besten Cocktails
Meine Lieblingsbar ist das Mayahuel (S. 126) im East Village. Von den Cocktails und Barkeepern bis zum Essen und zur Musik – so muss eine Tequila-Cocktailbar aussehen. Sie verwenden eine Menge Mezcal, einen rauchigen, tequilaähnlichen Schnaps. Den besten Negroni in New York gibt's im nahen **PDT** (Karte S. 450; ☏212-614-0386; www.pdtnyc.com; 113 St. Marks Pl zw. First Ave & Ave A; ⓢL bis 1st Ave).

Die besten Newcomer
Interessante Neulinge sind z. B. **Pouring Ribbons** (Karte S. 450; www.pouringribbons.com; 225 Avenue B, 1. Stock; ⊙18–2 Uhr; ⓢL bis 1st Ave) in Alphabet City, vom Team, das auch Death & Co betreibt, und **Attaboy** (Karte S. 452; 134 Eldridge St zw. Delancy & Broome St; ⊙18.45–4 Uhr; ⓢB/D bis Grand St) in der Lower East Side.

Klassiker
Das Employees Only (S. 152) im West Village bietet eine etwas andere Version einer Flüsterkneipe, mit interessanten Art-déco-Elementen. Früher war der Laden nur für Leute geöffnet, die in der Gastronomie arbeiteten, daher der Name. Die Drinks dort mag ich zwar nicht so sehr – normalerweise trinke ich hier Bier –, aber die Barkeeper, die Musik und die Stimmung sind phantastisch.

Weiter südlich in Tribeca zeichnen sich das Macao durch seine Einrichtung und das Weather Up durch seine ungezwungene Coolness aus.

[S]1/2/3 bis Chambers St) Sanft beleuchtete Subway-Kacheln, schickes Thekenpersonal und verführerische Drinks sorgen für die besondere Magie des Weather Up. Bei einem Whizz Bang (Scotch, trockener Wermut, hausgemachte Grenadine, Orangenbitter und Absinth) kann man nett mit den Barkeepern plaudern. Oder man hält sich an die sehr guten Barspeisen wie die spektakulären Austern mit Gin-Martini-Granita.

WARD III COCKTAILBAR
Karte S. 444 (www.ward3tribeca.com; 111 Reade St zw. Church St & W Broadway; Mo-Fr 16-4, Sa & So 17-4 Uhr; [S]A/C, 1/2/3 bis Chambers St) Das Ward III zielt mit seinen eleganten Cocktails, einem altmodischen Ambiente (Zinndecken, dunkles Holz und alte Singer-Nähtische hinter der Theke) sowie einer Hausordnung nach Gentleman-Manier (Regel Nr. 2: „Belästigen Sie nicht Ihre Nachbarn!") auf althergebrachte Lässigkeit. All dem kann man bei einem marokkanischen Martini nachsinnen oder man füllt den Magen zunächst mit dem erstklassigen Baressen, das es jeden Tag bis zum Ende der Öffnungszeit gibt.

MACAO COCKTAILBAR
Karte S. 444 (212-431-8750; www.macaonyc.com; 311 Church St zw. Lispenard & Walker St; Bar 16-5 Uhr; [S]A/C/E bis Canal St) Das „Spielsalon"-Restaurant im Stil der 1940er-Jahre ist zwar auch schön, doch so richtig angetan hat es uns die „Opiumhöhle" (geöffnet Do-Sa) im Untergeschoss. Mit seiner Mischung aus portugiesischem und chinesischem Essen und Alkohol ist das Ensemble ein Top-Plätzchen für einen Drink und Snack am späten Abend - besonders für Leute, die auf der Zunge prickelnde Drinks mögen.

BRANDY LIBRARY BAR
Karte S. 444 (www.brandylibrary.com; 25 N Moore St Höhe Varick St; So-Mi 17-1, Do 16-2, Fr & Sa 16-4 Uhr; [S]1 bis Franklin St) Die Brandy Library ist der richtige Laden für jene, die es ernst meinen mit dem Feierabenddrink: Flaschen verzieren die deckenhohen Regale, Clubsessel laden ein zum Trinken mit Niveau. Die Preisspanne für die teilweise edlen Cognacs, Malt Whiskys und alten Brandys reicht von 9 bis 235 $. Zu den zu den Getränken gereichten Snacks zählt die Spezialität des Hauses, Gougères (Gruyère-Käsebällchen). Reservierung empfohlen.

KEG NO. 229 BIERKNEIPE
Karte S. 444 (www.kegno229.com; 229 Front St zw. Beekman St & Peck Slip; So-Mi 12-24, Do-Sa bis 2 Uhr; [S]A/C, J/Z, 1/2, 4/5 bis Fulton St) Kenner, die bei Flying Dog Raging Bitch gleich an ein exzellent gebrautes Bier denken, sind in dieser Kneipe genau richtig. Von Mother's Milk Stout bis zu Abita Purple Haze - die Fass-, Flaschen- und Dosenbiere hier bieten eine Topauswahl an Gerstensäften aus amerikanischen Kleinbrauereien. Die Schwesterbar Bin No. 220 auf der anderen Straßenseite verfolgt ein ähnliches Konzept, jedoch für Weinfreunde.

SMITH & MILLS COCKTAILBAR
Karte S. 444 (www.smithandmills.com; 71 N Moore St zw. Hudson & Greenwich St; Mo-Mi 11-2, Do-Sa bis 3, So bis 1 Uhr; [S]1 bis Franklin St) Dieser winzige Laden erfüllt alle Coolness-Kriterien: kein Schild draußen, eine Einrichtung im Fabrikschick und fachkundig gemixte Cocktails - unter denen ist das „Carriage House" eine Hommage an die frühere Funktion der Räumlichkeit als Kutschenhaus. Es gibt nicht viel Platz, wer also auf einer bequemen Sitzbank Platz nehmen möchte, sollte früh da sein. Auf der saisonalen Karte stehen kleine Snacks wie auch ein besonders toller Burger.

⭐ UNTERHALTUNG

FLEA THEATER THEATER
Karte S. 444 (www.theflea.org; 41 White St zw. Church St & Broadway; [S]1 bis Franklin St, A/C/E, N/Q/R, J/Z, 6 bis Canal St) Das Flea Theater ist eine der besten Off-Broadway-Bühnen: Es zeigt in zwei Sälen innovative, zeitgemäße neue Stücke. Hier haben schon Größen wie Sigourney Weaver und John Lithgow auf den Brettern gestanden. Zum ganzjährigen Programm zählen auch Musik- und Tanzveranstaltungen.

TRIBECA CINEMAS KINO
Karte S. 444 (www.tribecacinemas.com; 54 Varick St Höhe Laight St; [S]A/C/E, N/Q/R, J/Z, 6 bis Canal St) Hier ist das Tribeca Film Festival (S. 27) zu Hause, das 2003 von Robert De Niro und Jane Rosenthal ins Leben gerufen wurde. Das ganze Jahr über finden verschiedene größtenteils öffentliche Filmveranstaltungen und Diskussionsforen statt. Festivals sind Themen wie Architektur und Design gewidmet. Die entsprechenden Infos gibt's im Internet.

🛍 SHOPPEN

Obwohl der Financial District nicht gerade als Shoppingmekka bekannt ist, gibt's hier den Billigmodetempel Century 21. In Tribeca regieren am unteren Ende der Hudson St und in den umliegenden Straßen angesagte Einrichtungsgeschäfte, Antiquitätenläden und ein paar trendige Boutiquen.

⭐ CENTURY 21   MODE
Karte S. 444 (www.c21stores.com; 22 Cortlandt St zw. Church St & Broadway; ⊙Mo–Mi 7.45–21, Do & Fr bis 21.30, Sa 10–21, So 11–20 Uhr; Ⓢ A/C, J/Z, 2/3, 4/5 bis Fulton St, N/R bis Cortlandt St) Für Modefreaks mit kleinem Geldbeutel ist dieser Billigladen das Gelobte Land. Hier quellen die Ständer über von Designer-Mangelware mit bis zu 70 % Rabatt. Nicht alles ist toll oder günstig, aber wer sucht, findet auch was Gutes. Außerdem im Angebot: Accessoires, Schuhe, Kosmetik, Haushaltswaren und Spielzeug.

PHILIP WILLIAMS POSTERS   VINTAGE-ARTIKEL
Karte S. 444 (www.postermuseum.com; 122 Chambers St zw. Church St & W Broadway; ⊙Mo–Sa 11–19 Uhr; Ⓢ A/C, 1/2/3 bis Chambers St) In dieser riesigen Fundgrube gibt's über eine halbe Million Poster, von übergroßen französischen Werbeplakaten für Parfüm und Cognac bis zu sowjetischen Filmplakaten und Retro-Werbung für TWA. Die Preisspanne liegt bei 15 bis mehrere Tausend Dollar und die meisten Poster sind Originale. Es gibt einen zweiten Eingang, der sich in der 52 Warren St befindet.

STEVEN ALAN   MODE
Karte S. 444 (www.stevenalan.com; 103 Franklin St zw. Church St & W Broadway; ⊙Mo–Mi, Fr & Sa 11.30–19, Do 11.30–20, So 12–18 Uhr; Ⓢ A/C/E bis Canal St, 1 bis Franklin St) In dieser Boutique für Damen- und Herrenmode finden Kenner neben hippen, an alte Stile angelehnten Klamotten des New Yorkers Steven Alan auch skandinavische Indie-Schick-Labels wie Hope, Our Legacy und Won Hundred. An Accessoires werden schwer zu findende Parfüms, Taschen, Schmuck sowie Schuhe von Liebhabermarken wie Common Projects und No. 6 angeboten.

SHINOLA   ACCESSOIRES
Karte S. 444 (www.shinola.com; 177 Franklin St zw. Greenwich & Hudson St; ⊙Mo–Sa 11–19, So 12–18 Uhr; Ⓢ 1 bis Franklin St) Die für ihre begehrten Armbanduhren bekannte Marke Shinola aus Detroit bietet inzwischen auch supercoole amerikanische Lifestyle-Accessoires: Tablet- und Zeitschriftenhüllen aus Leder, in kleiner Stückzahl gefertigte Fahrräder mit maßgeschneiderten Taschen und sogar Schmuck mit Metall aus abgerissenen Detroiter Gebäuden.

Außerdem gibt's hier die Espressobar **Smile** (Karte S. 444; ⊙Mo–Sa 7–19, So bis 18 Uhr).

MYSTERIOUS BOOKSHOP   BÜCHER
Karte S. 444 (www.mysteriousbookshop.com; 58 Warren St Höhe W Broadway; ⊙Mo–Sa 11–19 Uhr; Ⓢ 1/2/3, A/C bis Chambers St) Hier gibt's mehr Verbrechen als sonst wo in der Stadt: Dieser Krimi-Buchladen verkauft alles von klassischen Spionage-Thrillern bis zu skandinavischen Krimis, neu oder gebraucht, darunter seltene Erstausgaben, signierte Exemplare, obskure Zeitschriften und Bilderbücher für kleine Detektive.

Über Veranstaltungen im Laden informiert die Website.

PASANELLA & SON   WEIN
Karte S. 444 (www.pasanellaandson.com; 115 South St zw. Peck Slip & Beekman St; ⊙Mo–Sa 10–21, So 12–19 Uhr; Ⓢ A/C, J/Z, 2/3, 4/5 bis Fulton St) In diesem Paradies für Weinkenner stehen über 400 Tropfen zur Auswahl, von teuer bis erschwinglich. Der Schwerpunkt liegt auf kleinen Winzereien und es sind auch biodynamische und Bio-Weingüter vertreten. Beeindruckend ist auch das Angebot an amerikanischen Whiskeys. Sonntags kann man kostenlos die Neuankömmlinge der vergangenen Woche probieren und ganzjährig finden thematische Wein- und Käseverkostungen statt.

BEST MADE COMPANY   ACCESSOIRES, MODE
Karte S. 444 (www.bestmadeco.com; 36 White St Höhe Church St; ⊙Mo–Sa 12–19, So bis 18 Uhr; Ⓢ A/C/E bis Canal St, 1 bis Franklin St) Diese Mischung aus Geschäft und Designatelier verzaubert mit coolen, handgefertigten Äxten, Rucksäcken, Sonnenbrillen und sogar Designer-Dartscheiben und -Verbandskästen. Zum kleinen, aber schicken Sortiment an Bekleidung zählen Designer-T-Shirts, Sweatshirts, Flanell-Pullover und robuste Strickwaren von den Dehen Knitting Mills aus Portland.

CITYSTORE   SOUVENIRS
Karte S. 444 (www.nyc.gov/citystore; Municipal Bldg, North Plaza, 1 Centre St; ⊙Mo–Fr 10–17 Uhr;

[S]J/Z bis Chambers St, 4/5/6 bis Brooklyn Bridge-City Hall) Dieser Laden bietet alle möglichen New-York-Andenken wie authentische Taxischilder, Gullydeckel-Untersetzer, Brooklyn-Bridge-Poster, NYPD-Baseballkappen und echte Straßenschilder („No Parking", „Don't Feed the Pigeons"). Außerdem gibt's ein tolles Angebot an Büchern zu New York.

SPORT & AKTIVITÄTEN

★ STATEN ISLAND FERRY   FÄHRFAHRT
Karte S. 444 (www.siferry.com; Whitehall Terminal Höhe Whitehall & South St; ⊙24 Std.; [S]1 bis South Ferry) GRATIS Die Bewohner von Staten Island kennen die großen, orangefarbenen Fähren als Pendlerboote, die Bewohner von Manhattan sehen sie als ihre geheime, romantischen Vehikel für die spontane Stadtflucht an einem Frühlingstag. Auch viele Touristen entdecken den Charme der Staten Island Ferry: Die gut 8 km lange Überfahrt von Lower Manhattan nach St. George auf Staten Island gehört zu den schönsten kostenlosen Unternehmungen der Stadt.

Die seit 1905 bestehende Fährverbindung befördert jedes Jahr rund 20 Mio. Passagiere. Ob man einfach nur hin- und zurückfährt und dabei Panoramablicke auf die Skyline von Manhattan, die Verrazano-Narrows Bridge (die Staten Island mit Brooklyn verbindet) und die Freiheitsstatue genießt oder ob man an Land geht und den am wenigsten bekannten Borough von New York erkundet – die Fahrt ist ein denkwürdiges Erlebnis.

BIKE AND ROLL   FAHRRADVERLEIH
Karte S. 444 (☎212-260-0400; www.bikenewyorkcity.com; State & Water St; Leihräder pro Tag ab 44 $, geführte Touren ab 50 $; ⊙Ende Mai–Aug. 8–20 Uhr, im Winter kürzer; [S]4/5 bis Bowling Green, 1 bis South Ferry) Dieser Verleih unmittelbar nördlich des Terminals der Staten Island Ferry ist eine von mehreren Bike-and-Roll-Filialen in der Stadt. Bike and Roll veranstaltet auch geführte Radtouren, z. B. über die Brooklyn Bridge und am Hudson entlang.

BATTERY PARK CITY
PARKS CONSERVANCY   UNTERRICHT, TOUREN
(☎212-267-9700; www.bpcparks.org) Bietet verschiedene kostenlose und kostenpflichtige Aktivitäten wie Zeichenunterricht, Stadtrundgänge, Yoga für Eltern und Babys, Geschichtenerzählen und Gärtnern. Näheres auf der Website.

SoHo & Chinatown

SOHO | NOHO | NOLITA | CHINATOWN | LITTLE ITALY

Highlights

❶ Auf den Betonlaufstegen von SoHo die Kreditkarte bis zum Anschlag einsetzen, gefolgt von einem Mittagessen mit Wein im New Yorker Klassiker **Balthazar** (S. 94) und dann nach coolen Sachen im Nolita stöbern.

❷ Inmitten der strahlenden Lichter von **Chinatown** (S. 85) Klößchensuppe schlürfen und um Designerwaren von zweifelhafter Herkunft feilschen.

❸ Im geschichtsträchtigen **Merchant's House Museum** (S. 89) umherschlendern und sich das New Yorker Leben im wilden und staubigen 19. Jh. vorstellen.

❹ Mit einem der legendären *porchetta*- (Schweinsbraten-)Sandwiches von **Di Palo** (S. 95) in der Hand die turbulente Vergangenheit von Little Italy nachempfinden.

❺ Dem Stadtrummel für einen meditativen Moment im **Mahayana Buddhist Temple** (S. 86) entfliehen, dem größten in Chinatown.

Details s. Karten S. 446 und 449

Top-Tipp

Echte Schnäppchenjäger sollten sich vor einer Einkaufstour durch SoHo und Umgebung auf den einschlägigen Shopping-Blogs umschauen – es gibt immer den einen oder anderen „Sample Sale" (Verkauf der Musterkollektion) und Sonderangebote, ganz zu schweigen von der einen oder anderen neuen Boutique mit aktuellen Sachen junger Designer. Ein Verzeichnis der besten Blogs steht auf S. 51.

Gut essen

- Dutch (S. 94)
- Saxon + Parole (S. 94)
- Balthazar (S. 94)
- Public (S. 94)
- Joe's Shanghai (S. 95)

Mehr dazu s. S. 91 ➡

Schön ausgehen

- Pegu Club (S. 96)
- Spring Lounge (S. 96)
- Mulberry Project (S. 97)
- Madam Geneva (S. 97)

Mehr dazu s. S. 96 ➡

Toll shoppen

- MoMA Design Store (S. 100)
- Rag & Bone (S. 100)
- MIN New York (S. 101)
- Piperlime (S. 102)
- INA Men (S. 102)

Mehr dazu s. S. 97 ➡

Rundgang: SoHo & Chinatown

Die Viertel, die SoHo (SOuth of HOuston St) wie ein kunterbunter Flickenteppich umgeben, wirken jeweils wie eigene kleine Republiken. Stilexperten durchstöbern die Boutiquen im boomenden Nolita (NOrth of LIttle ITAly), Italo-Amerikaner bringen einen Hauch Neapel ins schrumpfende Little Italy und chinesische Großfamilien plaudern bei *xiao long bao* (Klößchensuppe) im hyperaktiven Chinatown.

Niedrigere Gebäude verleihen diesen Straßen eine behäbige, dorfähnliche Atmosphäre. Prominente, Fabriketagen-Lofts und Edelboutiquen sind in den gepflasterten Seitenstraßen von SoHo zu finden, das benachbarte Nolita hingegen besitzt bescheidenere Mietshäuser aus dem 19. Jh. und originellere, unabhängige Boutiquen.

In Chinatown, wo wuselnde Menschenmassen und Straßenhändler unter verblichenen Reklametafeln aufeinandertreffen und feilschen, herrscht ein Geist der unendlichen Möglichkeiten. Am besten geht's hier zu Fuß durchs Gewimmel. Und einen Plan kann man ganz vergessen. Stattdessen weisen die Sinne den Weg: Ob der Geruch frisch gebackener Schweinefleischbrötchen in den Gassen oder der Gebetsgong in einem buddhistischen Tempel – Überraschungen warten an jeder Ecke.

Lokalkolorit

➡ **Nach Familienart** Wer mit ein paar Freunden Chinatowns quirlige kleine Restaurants (S. 95) besucht, bestellt am besten „nach Familienart" einen Haufen Gerichte und probiert von allem ein bisschen. Ob der Kellner wohl eine Null hinter der Rechnungssumme vergessen hat?

➡ **Seitenstraßen** Auf den großen Durchgangsstraßen SoHos tummeln sich die Touristen – die New Yorker suchen in den Nebenstraßen nach eigenwilligen Läden mit tollen Angeboten.

➡ **Kulturpausen** Nicht alles dreht sich in SoHo ums Shoppen. Es lohnt sich, das künstlerische Schaffen der Gegend im Artists Space (S. 89), New York Earth Room (S. 88) und dem Leslie-Lohman Museum of Gay & Lesbian Art (S. 88) zu erkunden.

Anfahrt

➡ **Subway** Mehrere Subway-Linien (J/Z, N/Q/R und 6) halten an verschiedenen Punkten entlang der Canal Street. Von da aus geht's am besten zu Fuß weiter. Dank seiner Lage in Downtown ist das Viertel gut von Midtown und Brooklyn aus zu erreichen.

➡ **Bus und Taxi** Taxis und Busse sollte man am besten meiden, um nicht im – in Chinatown besonders dichten – Verkehr stecken zu bleiben.

HIGHLIGHT
CHINATOWN

Das bunteste und wohl auch vollste Viertel New Yorks sorgt für zahllose exotische Überraschungen – hier ist jeder Streifzug eine neue Entdeckungsreise. In den Straßen duftet es nach frischem Fisch und reifen Kakifrüchten, ertönt das Klacken von Mahjongg-Spielsteinen auf improvisierten Tischen und hängen geröstete Enten in Schaufenstern; und man kann alles nur Erdenkliche kaufen, von Reispapierlaternen und gefälschten Uhren bis zu Reifenmontierhebeln und Muskatnusspulver. Das größte chinesische Viertel der USA wartet darauf, erkundet zu werden.

Canal Street

Die Canal Street entlangzugehen ist wie eine Partie Frogger auf den Straßen von Shanghai. Diese breite Straße bildet das Rückgrat des Viertels und man muss sich durch die Menschentrauben in die Seitenstraßen kämpfen, in denen die wahren Schätze des Fernen Ostens verborgen sind. Vorbei geht's an stinkenden Fischständen mit glitschigen Meeresfrüchten, an kleinen Kräuterläden mit geheimnisvollen Wurzeln und Arzneien, Bäckereien mit beschlagenen Fenstern und den leckersten 70-Cent-Schweinefleischtaschen, Restaurants mit ganzen gerösteten Enten und Schweinen im Fenster, Obst- und Gemüsemärkten mit haufenweise frischen Litschis, *bok choy* und japanischen Birnen. Dazwischen verkaufen fliegende Händler alle möglichen Imitate, z. B. Gucci-Sonnenbrillen oder Prada-Handtaschen.

Buddhistische Tempel

In Chinatown gibt es viele große und kleine, augenfällige und versteckte buddhistische Tempel. Bei einem ausgedehnten Spaziergang durch das Viertel kommt man automatisch an ihnen vorbei. Die bekanntesten sind der **Eastern States Buddhist Temple** (Karte S. 449;

NICHT VERSÄUMEN

➔ Eine Mahlzeit auf Familienart in einem vollen Esslokal in einer Nebenstraße
➔ Museum of Chinese in America
➔ Verkäufer und Straßenleben in der Canal St
➔ Mahayana Buddhist Temple

PRAKTISCH & KONKRET

➔ Karte S. 449
➔ www.explorechinatown.com
➔ südlich der Canal St & östlich des Broadway
➔ Ⓢ N/Q/R, J/Z, 6 bis Canal St, B/D bis Grand St, F bis East Broadway

GESCHICHTE

Die Geschichte der chinesischen Einwanderung nach New York ist lang und turbulent. Die ersten Chinesen kamen nach Amerika, um unter schwierigen Bedingungen beim Bau der Central Pacific Railroad mitzuarbeiten; andere wurden von den Goldfunden an der Westküste angezogen. Später zogen viele ehemalige Goldsucher nach New York, um hier in Fabriken und den Wäschereien von New Jersey zu arbeiten.

Zunehmender Rassismus führte schließlich zum Chinese Exclusion Act (1882–1943): Durch dieses Gesetz wurde eine Einbürgerung von Chinesen unmöglich gemacht und es war für Festlandchinesen sehr schwer, Arbeit in den USA zu bekommen. Nach Aufhebung des Verbots wurde den Chinesen eine beschränkte Einwanderungsquote zugestanden, die schließlich erhöht wurde. Man schätzt, dass in den aus allen Nähten platzenden Wohnblocks um die Mott Street herum über 150 000 Menschen leben.

64 Mott St zw. Bayard & Canal St; ⊙9–18 Uhr; ⓈJ/M/Z, 6 bis Canal St) mit Hunderten von Buddhas und der **Mahayana Buddhist Temple** (Karte S. 449; 133 Canal St, an der Manhattan Bridge Plaza; ⊙8–18 Uhr; ⓈB/D bis Grand St, J/Z, 6 bis Canal St) mit einer goldenen, fast 5 m hohen Buddhafigur im Lotussitz, die von Opfergaben (frischen Orangen, Äpfeln und Blumen) umgeben ist. Der Eingang des Mahayana, des größten buddhistischen Tempels in Chinatown, liegt direkt an der hektischen Zufahrt zur Manhattan Bridge und wird von zwei stolzen und stattlichen Löwen bewacht. Der Innenraum ist schlicht: Holzböden und rote Papierlaternen, die vom prachtvollen goldenen Buddha des Tempels, mutmaßlich der größte der Stadt, überstrahlt werden.

Essen vom Feinsten

Die beste Art für Chinatown-Neulinge, sich dieser wilden und wunderbaren Welt anzunähern, ist über die Geschmacksnerven. Hier haben weder Ambiente oder Hype noch Renommee die Preise in die Höhe getrieben, nirgends in Manhattan lässt sich günstiger schlemmen. Jenseits der niedrigen Preise besticht dieses Viertel mit der Vielzahl traditioneller Rezepte, die von Generation zu Generation und von Kontinent zu Kontinent weitergereicht werden. Präsentation und Zubereitung der Speisen wurden nicht an amerikanische Geschmäcker angepasst: Hier ist es nichts Ungewöhnliches, an Schaufenstern mit glacierten Hühnern, Kaninchen und Enten vorbeizugehen, fertig zubereitet für die Verarbeitung bei einer Familienfeier. An dampfenden Straßenständen gibt's Schweinefleischtaschen und andere Speisen auf die Hand. In den Nebensträßchen finden sich Läden mit allerlei leuchtend bunten Gewürzen und Kräutern zur Abrundung eigener fernöstlicher Gerichte.

Museum of Chinese in America

Von der Architektin Maya Lin, die das berühmte Vietnam Memorial in Washington DC entworfen hat, stammt auch das 1150 m² große **Museum of Chinese in America** (Karte S. 449; ☎212-619-4785; www.mocanyc.org; 211–215 Centre St zw. Grand & Howard St; Erw./Kind 10 $/frei, Do frei; ⊙Di, Mi & Fr–So 11–18, Do bis 21 Uhr; ⍾; ⓈN/Q/R, J/Z, 6 bis Canal St), ein facettenreiches Gebäude mit Ausstellungsgalerien, Buchladen und Besucherlounge, die alle zusammen als nationales Informationszentrum über das Leben von Chinesen in Amerika dienen. Es gibt interaktive Multimediaexponate, Karten, Zeitleisten, Fotos, Briefe, Filme und Artefakte. Das Kernstück ist die interaktive Ausstellung „With a Single Step: Stories in the Making of America", die Themen wie Einwanderung, Politik, Geschichte und Essen behandelt.

Spaziergang
Chinatown

START CHATHAM SQUARE
ZIEL MUSEUM OF CHINESE IN AMERICA
LÄNGE/LÄNGE 1,4 KM; 1½ STUNDEN

Los geht's am ❶ **Chatham Square** mit dem Kim Lau Memorial Arch, 1962 für die gefallenen chinesischen Amerikaner erbaut. Dort steht auch eine Statue von Lin Ze Xu, einem Gelehrten aus der Qing-Dynastie.

Vom Chatham Square führt der Weg über die Worth Street nach Nordwesten bis zum ❷ **Columbus Park**. Im 19. Jh. befand sich hier der berüchtigte Slum Five Points, über den Charles Dickens schrieb: „Verderbtheit hat selbst die Häuser frühzeitig altern lassen." Die ❸ **Mosco St** an der Ostseite wurde im 19. Jh. Bandits Roost („Banditennest") genannt und war das Revier irischer Banden. Weiter geht's links in die Mott St, rechts in die Pell St und dann nochmals rechts in die ❹ **Doyers St**, wegen der vielen Friseure „Barbers Row" genannt. Anfang des letzten Jahrhunderts Tummelplatz sich bekämpfender *tongs* (Geheimgesellschaften), erhielt die Gasse den Spitznamen Bloody Angle („blutiger Winkel"). Der amerikanische Musiker und Textdichter Irving Berlin probte oben in Nr. 10. In Nr. 12 befindet sich das älteste chinesische Restaurant des Viertel (seit 1920).

Nun geht's links in die Bowery und weiter nach Norden. An der südwestlichen Ecke von Pell St und Bowery steht das ❺ **Edward Mooney House**, New Yorks ältestes Stadthaus, das der Metzger Edward Mooey 1785 baute. Der georgianische Federal-Style-Veteran hat schon einen Laden, ein Hotel, eine Billardhalle und einen chinesischen Freizeitclub beherbergt; heute ist es eine Bank. Weiter nach Norden auf der Bowery folgt die Canal St, wo die Manhattan Bridge und gleich dahinter der ❻ **Mahayana Buddhist Temple** zu sehen sind. Nach Besichtigung des massiv goldenen Buddhas im Tempel geht's rein in die ❼ **Canal St**, das hyperaktive Rückgrat Chinatowns und einstiger jüdischer Diamond District New Yorks. Rechts in die Mott St warten im ❽ **Golden Steamer** gedämpfte *bao* (Teigtaschen). Links in die Grand St und nochmals links in die Centre St ist im ❾ **Museum of Chinese in America** mehr über das Leben der chinesischen Amerikaner zu erfahren.

SEHENSWERTES

SoHo, NoHo & Nolita

SoHo (SOuth of HOuston), NoHo (NOrth of HOuston) und Nolita (NOrth of LIttle ITAly) stehen für drei der coolsten Viertel der Stadt. Bekannt sind sie für ihre vielen angesagten Boutiquen, Bars und Restaurants. Dies ist das New York der Promis, die mit Kaffeebecher in der Hand inkognito unterwegs sind, und der begehrten Fabriketagen-Lofts. Aber es gibt auch etliche kulturelle Überraschungen. Also Sonnenbrille und den gekonntesten Schmollmund aufgesetzt und ab für eine Dröhnung New Yorker Downtown-Coolness.

DRAWING CENTER — GALERIE

Karte S. 446 (212-219-2166; www.drawingcenter.org; 35 Wooster St zw. Grand & Broome St; Erw./Kind 5 $/frei; Mi & Fr-So 12–18, Do bis 20 Uhr; S A/C/E, 1 bis Canal St) Das Drawing Center ist Amerikas einziges gemeinnütziges Institut, das sich ausschließlich auf Zeichnungen konzentriert. Es benutzt Werke sowohl von Meistern als auch unbekannten Künstlern, um die verschiedenen Stilformen des Mediums darzustellen. Neben historischen Ausstellungen mit Werken von Michelangelo, James Ensor und Marcel Duchamp wurden auch zeitgenössische Arbeiten von Schwergewichten wie Richard Serra, Ellsworth Kelly und Richard Tuttle gezeigt. Die Themen selbst decken von Skurrilen bis zum politisch Kontroversen alles ab.

Sehr guten Zuspruchs erfreuen sich die Vorträge der Künstler und Performance-Veranstaltungen – genauso wie das Kulturereignis „Big Draw", meist im Sommer: Menschen jeden Alters werden dazu eingeladen, ihren Zeichenblock einzupacken und bei Happenings mit Künstlern in der ganzen Stadt mit Hand anzulegen.

NEW YORK CITY FIRE MUSEUM — MUSEUM

Karte S. 446 (212-219-1222; www.nycfiremuseum.org; 278 Spring St zw. Varick & Hudson St; Erw./Kind 8/5 $; 10–17 Uhr; S C/E bis Spring St) Diese Hommage an Feuerwehrleute in einer prachtvollen alten Feuerwache von 1904 hat eine phantastische Sammlung historischer Geräte, von goldenen, pferdebespannten Löschfahrzeugen bis zu alten Schutzausrüstungen wie zylindrigen Feuerwehrhüten. Die Exponate zeigen die Entwicklung der New Yorker Feuerwehr und nette Museumsmitarbeiter (und große Maschinen) machen es auch für Kids spannend.

Beim Einsturz des World Trade Center am 11. September 2001 verlor das Fire Department New York (FDNY) die Hälfte seiner Mitglieder; eine Dauerausstellung erinnert an die schrecklichen Ereignisse. Im Museumsshop können sich Fans mit Büchern zur Geschichte der Brandbekämpfung und offizieller FDNY-Kleidung und -Aufnähern eindecken.

NEW YORK EARTH ROOM — GALERIE

Karte S. 446 (www.earthroom.org; 141 Wooster St zw. Prince & W Houston St; Mi–So 12–18 Uhr, Mitte Juni–Mitte Sept, 15–15.30 Uhr gesch.; S N/R bis Prince St) GRATIS Der eigenwillige New York Earth Room ist das Werk des Künstlers Walter De Maria. Seit 1980 lockt er Neugierige mit etwas an, was in der Stadt nicht so leicht zu finden ist: Erde. Und zwar gleich 197 m³ oder 127 t, um genau zu sein. Diesen kleinen Raum zu betreten ist ein berauschendes Erlebnis, da der Geruch den Eindruck erweckt, einen feuchten Wald zu betreten. Der Anblick der schönen, puren Erde inmitten dieser verrückten Stadt ist überraschend bewegend.

Ein kurzes Stück weiter befindet sich De Marias gleichermaßen fesselnder **Broken Kilometer** (Karte S. 446; 393 W Broadway zw. Spring & Broome St; Mi–So 12–18 Uhr, Mitte Juni–Mitte Sept. 15–15.30 Uhr geschl.; S N/R bis Prince St), fünf Reihen Messingstangen in einem kahlen SoHo-Loft, die mit der Wahrnehmung spielen.

AMERICAN NUMISMATIC SOCIETY — MUSEUM

Karte S. 446 (212-234-3130; www.numismatics.org; 1 Hudson Sq Höhe Varick & Watts St; Mo–Fr 9–17 Uhr; S 1 bis Houston St) GRATIS Die Sammlung von mehr als 800 000 Münzen, Medaillen und Banknoten – es gibt nur in Europa eine ähnlich umfangreiche Sammlung – umfasst Exponate aus aller Herren Länder und aus allen Zeiten, u. a. griechische, römische, ostasiatische, mittelalterliche und islamische Stücke. Kleine Sonderausstellungen und Vorträge des Zentrums drehen sich um die Geschichte des Geldes. Wer sich für einen besonderen Teil der Ausstellung interessiert, sollte am besten frühzeitig einen Termin abmachen.

LESLIE-LOHMAN MUSEUM OF GAY & LESBIAN ART — MUSEUM

Karte S. 446 (212-431-2609; www.leslielohman.org; 26 Wooster St zw. Grand & Canal St; Di–

Sa 12–18 Uhr; S A/C/E bis Canal St) GRATIS Das erste Museum der Welt zu LGBT-Themen zeigt sechs bis acht Ausstellungen mit US-amerikanischer und internationaler Kunst pro Jahr. Bislang gehörten dazu Retrospektiven einzelner Künstler oder thematische Ausstellungen wie Kunst und Sex im New Yorker Hafengebiet. Viele der ausgestellten Werke stammen aus der museumseigenen Sammlung aus über 50 000 Werken. Hinzu kommen schwulenbezogene Vorträge, Lesungen, Filme und Aufführungen; das aktuelle Programm steht auf der Website.

ARTISTS SPACE   GALERIE
Karte S. 446 (212-226-3970; www.artistsspace.org; 38 Greene St, 2. Stock zw. Grand & Broome St; Mi–So 12–18 Uhr; S A/C/E, J/Z, N/Q/R, 1, 6 bis Canal St) GRATIS Artists Space besteht seit 1972 und ist eine der ersten alternativen Galerien in New York. Ihr Anliegen war die Unterstützung zeitgenössischer Künstler der bildenden Kunst, von Video, elektronischen Medien und Performance bis zu Architektur und Design. Nach über 40 Jahren ist sie noch immer eine gute Adresse für alle, die brandaktuelle, provokative und experimentelle Kreativität schätzen.

CHILDREN'S MUSEUM
OF THE ARTS   MUSEUM
Karte S. 446 (212-274-0986; www.cmany.org; 103 Charlton St zw. Greenwich & Hudson St; Eintritt 11 $, Do 16–18 Uhr mit Spende; Mo & Mi 12–17, Do & Fr 12–18, Sa & So 10–17 Uhr; ; S 1 bis Houston St, C/E bis Spring St) Das kleine, aber lohnende Museum zeigt Gemälde, Zeichnungen und Fotografien von Schulkindern aus der Umgebung, wobei die ausgestellten Kunstwerke schöne Titel wie „Hinter der Kühlschranktür" tragen. Für Kids, die selbst aktiv werden möchten, bietet das Museum ein riesiges Programm an Aktivitäten, darunter Workshops zu verschiedenen Kunstformen wie Bildhauerei oder gemeinschaftlicher Wandmalerei, außerdem Kinoabende und andere tolle Sachen.

ST. PATRICK'S OLD CATHEDRAL   KIRCHE
Karte S. 446 (www.oldsaintpatricks.com; 263 Mulberry St, Eingang in der Mott St; 8–18 Uhr; S N/R bis Prince St) Die St. Patrick's Cathedral steht

---

HIGHLIGHT
MERCHANT'S HOUSE MUSEUM

Die Backsteinvilla kaufte sich der Handelsmagnat Seabury Tredwell 1821. Von den etwas 300 Häusern im Federal Style, die es in der Stadt noch gibt, ist es das authentischste. In diesem Traum für Geschichtsfans lässt sich die Kaufmannsvergangenheit ebenso gut studieren wie die edle Möblierung des 19. Jhs. Alles in dem Haus zeugt von Reichtum, von den Schiebetüren aus Mahagoni, den Gaslampen aus Bronze und Kaminsimsen aus Marmor bis hin zu den eleganten Salonstühlen, die dem bekannten Möbeldesigner Duncan Phyfe zugeschrieben werden. Selbst das ausgefeilte System mehrstufiger Dienstbotenklingeln funktioniert bis heute.

Viele glauben, dass einige der alten Tredwells in dem alten Gemäuer herumspuken und sich spät abends und manchmal bei öffentlichen Veranstaltungen kurz blicken lassen. In der Tat bemerkten mehrere Zuhörer bei einem Valentinstagskonzert vor ein paar Jahren den Schatten einer Frau, der zu den Aufführenden hinging und sich auf einen Salonstuhl setzte – angeblich der Geist von Gertrude Tredwell, Seaburys jüngster Tochter und letzte Bewohnerin des Hauses. Entsprechend bietet das Museum nachts **Geistertouren** an (meist Ende Oktober), ebenso wie Vorträge, Fachveranstaltungen und historische Stadtrundgänge durch NoHo. Infos auf der Website.

NICHT VERSÄUMEN
➡ Stühle von mutmaßlich Duncan Phyfe
➡ Dienstbotenklingel
➡ Dienstmädchenzimmer
➡ Geistertouren

PRAKTISCH & KONKRET
➡ Karte S. 446
➡ 212-777-1089
➡ www.merchantshouse.org
➡ 29 E 4th St, zw. Lafayette St & Bowery
➡ Erw./Kind 10 $/frei
➡ Do–Mo 12–17 Uhr, Führungen 14 Uhr
➡ S 6 bis Bleecker St

zwar heute in der Fifth Ave in Midtown, doch ihre erste Gemeinde traf sich in dieser Kirche, die zwischen 1809 und 1815 im neugotischen Stil nach Plänen von Joseph-François Mangin erbaut wurde. In ihrer Blütezeit war die Kirche Sitz der Erzdiözese New York und ein wichtiger Anlaufpunkt für neue Einwanderer, vor allem aus Irland.

Als die Kirche gebaut wurde, hatte sich die Stadt noch nicht so weit nach Norden ausgedehnt. Die bewusste Absonderung schützte vor der Feindseligkeit der protestantischen Mehrheit New Yorks. Die antikatholische Stimmung war auch Grund für die Ziegelmauer um die Kirche, die Steinewerfer abhalten sollte.

Die Kirche und ihr schöner Friedhof kamen auch in Martin Scorseses Filmklassiker *Hexenkessel* (1973) vor. Der italo-amerikanische Autorenfilmer kannte den Ort gut, da er in der benachbarten Elisabeth Street aufwuchs.

◉ Chinatown & Little Italy

Chinatown und Little Italy sind zwar recht gegensätzliche Einwandererviertel, haben aber doch einiges gemeinsam: Beide Viertel eignen sich wunderbar zum ziellosen Herumbummeln. Also weg mit dem Reiseführer und hinein in die Straßen und Gassen mit ihren herrlichen Gerüchen.

CHINATOWN STRASSE
Siehe S. 85.

CANAL STREET STRASSE
Siehe S. 85.

MUSEUM OF CHINESE IN AMERICA MUSEUM
Siehe S. 86.

MAHAYANA TEMPLE TEMPEL
Siehe S. 86.

MULBERRY STREET STRASSE
Karte S. 449 (Ⓢ N/Q/R, J/Z, 6 bis Canal St, B/D bis Grand St) Die Mulberry Street erhielt ihren Namen von den Maulbeerbaumplantagen, die hier einst standen, ist heute aber besser bekannt als die Essenz von Little Italy. In der lebhaften Straße wimmelt es von einschmeichelnden Restaurantwerbern (besonders zwischen Hester und Grand St), witzelnden Baristas und reichlich kitschigen Souvenirs.

Geschichte ist hier noch stark zu spüren, obwohl das Viertel über die Jahre viele Veränderungen erfuhr. Im Restaurant **Da Gennaro** (Karte S. 449; 129 Mulberry St Höhe Hester St), ehemals Umberto's Clam House, wurde am 2. April 1972 „Crazy Joe" Gallo niedergeschossen, eine unerwartete Geburtstagsüberraschung für den in Brooklyn geborenen Mafioso. Einen Block weiter nördlich befindet sich das **Alleva** (Karte S. 449; 188 Grand St Höhe Mulberry St), einer der ersten Käseläden der Stadt, der in vierter Generation geführt wird und berühmt für seinen Mozzarella ist. Gegenüber ist gleich ein weiterer Veteran, das **Ferrara Café & Bakery** (Karte S. 449; 195 Grand St), hoch geschätzt für klassische italienische Backwaren und Eis. Die alte **Mulberry Street Bar** (Karte S. 449; ☎ 212-226-9345; 176½ Mulberry St zw. Broome & Grand St) in der Mulberry St war eine Lieblingskneipe von Frank Sinatra und sie tauchte auch in Fernsehserien wie *Law & Order* und *Die Sopranos* auf. Während der Prohibition wurde an der Ecke Mulberry und Kenmare St offen Alkohol verkauft, was dem Haus den Spitznamen „Curb Exchange" (Bordsteinbörse) verlieh. Dass die Polizeidirektion nur einen Block weiter in der Center St 240 war, beweist die Macht der guten alten Schmiergelder. Ab hier Richtung Norden weichen die altmodischen Delis und Restaurants von Little Italy den modernen Galerien und Restaurants von Nolita. Einen kurzen Blick verdient der einstige **Ravenite Social Club** (Karte S. 446; 247 Mulberry St; Ⓢ 6 bis Spring St, N/R bis Prince St). Hier ist zu sehen, wie sich die Dinge in der Gegend wirklich verändert haben: Heute ist er ein Laden für Designerschuhe, aber einst war er das Stammlokal von Gangstern (ursprünglich mit dem Namen Alto Knights Social Club). Genau hier hielten sich auch Gangsterbosse wie Lucky Luciano und John Gotti auf – ebenso das FBI, das vom Gebäude gegenüber aus die Jungs im Auge behielt. Aus dieser Zeit stammt nur noch der Fußboden des Ladens, die Schaufenster ersetzen die einstige einschüchternde Ziegelmauer.

COLUMBUS PARK PARK
Karte S. 449 (Mulberry & Bayard St; Ⓢ J/Z, N/Q/R, 6 bis Canal St) Mahjongg-Meister, Leute, die Tai-Chi in Zeitlupe praktizieren, und alte Frauen, die bei hausgemachten Klößchen schwatzen: Es mag wie Shanghai wirken, aber die grüne Oase ist tiefste New Yorker Geschichte. Im 19. Jh. war der Park

Teil des berüchtigten Viertels Five Points, des ersten Mietskasernenslums der Stadt und Inspiration für Martin Scorseses Film *Gangs of New York.*

Die „fünf Punkte" waren die fünf Straßen, die hier aufeinandertrafen; heute sind davon nur noch die Mosco, Worth und Baxter St übrig. Der Park bietet neben seinem faszinierenden multikulturellen Leben auch eine öffentliche Toilette, ideal also für eine kleine Pause.

CHURCH OF THE TRANSFIGURATION KIRCHE

Karte S. 449 (212-962-5157; www.transfigurationnyc.org; 29 Mott St zw. Bayard & Mosco St; Spende willkommen; Sa 14–17 Uhr; SJ/Z, N/Q/R, 6 bis Canal St) Die Church of the Transfiguration (Verklärungskirche) dient den New Yorker Einwanderergruppen schon seit 1801 als Gemeindekirche und passt sich stets an die gewandelten Verhältnisse an. Erst beteten hier Iren, dann Italiener und nun Chinesen. Ein und derselbe Priester predigt auf Kantonesisch, Englisch und manchmal sogar Latein. Dieses kleine Wahrzeichen steht nicht weit entfernt von der Pell und der Doyers St, zwei gewundenen Sträßchen, die eine Erkundung lohnen.

ESSEN

Das Gebiet mit den merkwürdig abgekürzten Namen ist ein Paradies für den Gaumen. Zwar gibt's hier nicht die berühmten angesagten Läden wie im benachbarten East und West Village, aber immerhin noch reichlich lohnenswerte tolle Lokale. Und wer aufs Geld achten muss: In Chinatown gibt's für wenig Bares jede Menge Kalorien auf den Teller.

SoHo, NoHo & Nolita

TACOMBI MEXIKANISCH $

Karte S. 446 (www.tacombi.com; 267 Elizabeth St zw. E Houston & Prince St; Tacos ab 3,95 $; Mo–Fr 11 Uhr bis spät, Sa & So ab 9 Uhr; SB/D/F/M bis Broadway–Lafayette St, 6 bis Bleecker St) Lichterketten, Klappstühle und Mexikaner, die in einem alten VW-Bulli Tacos brutzeln: Wer es nicht bis Yucatan schafft, findet hier Ersatz. Das lässige, fröhliche und seit je beliebte Tacombi serviert gute, frische Tacos und auch Frühstücksgerichte wie *huevos con chorizo* (Eier mit Chorizo). Kommt noch eine Kanne Sangria hinzu, träumt jeder von Mexiko.

LOVELY DAY THAILÄNDISCH $

Karte S. 446 (www.lovelydaynyc.com; 196 Elizabeth St zw. Spring & Prince St; Gerichte 5,50–15 $; So–Do 11–23, Fr & Sa bis 24 Uhr; S6 bis Spring St, J bis Bowery, N/R bis Prince St) Das absolut hinreißende Lokal, eine Mischung aus Puppenhaus und Retro-Diner, scheint nicht ganz zu den preiswerten und köstlichen Thai-Gerichten zu passen. Aber das Leben steckt voller Überraschungen. Stammgäste empfehlen besonders das hervorragende Phat Thai, scharfes grünes Thai-Curry oder süß-saures *chow fun* (Bandnudeln aus Reis mit chinesischem Brokkoli und Hoisin-Sauce).

Die Fusionsgerichte sind auch sehr lecker, von gebratenem Hühnerfleisch mit Ingwer und Aioli bis zum Armen Ritter aus Vollkorn-*challah* mit einer Mischung aus Kokos, Honig und Orangenmarmelade.

RUBY'S CAFÉ $

Karte S. 446 (www.rubyscafe.com; 219 Mulberry St zw. Spring & Prince St; Frühstück 5–12 $, Mittags- & Abendgerichte 9,50–13,50 $; 9.30–22.30 Uhr; S6 bis Spring St, N/R bis Prince St) Klein, aber fein gilt für dieses australisch angehauchte Café mit fünf Tischen. Bezahlt wird in bar. Alles stimmt hier, vom „Avo-Toast" (Avocadocreme und frische Tomaten auf Siebenkorn-Toast) bis zu Buttermilch-Pfannkuchen, Edel-Paninis, Pasta, Salaten und herzhaften Hamburgern, die nach australischen Surferstränden benannt sind.

Australische Cappuccinos und Biere und ein Surfbrett hinter der Tür machen das australische Feeling komplett.

ESTELA MODERN AMERIKANISCH, MEDITERRAN $$

Karte S. 446 (212-219-7693; www.estelanyc.com; 47 E Houston St zw. Mulberry & Mott St; Gerichte 12–32 $; Mo–Do 17.30–23, Fr & Sa bis 23.30, So bis 22.30 Uhr; SB/D/F/M bis Broadway-Lafayette St, 6 bis Bleecker St) Das Estela versucht zwar vergeblich, sich zu verstecken (die unscheinbare Treppe kann die Hipster wirklich nicht austricksen), aber die viel besuchte, schmale Weinbar ist bei den Speisen unschlagbar. Gekonnte Speisen aus frischen Zutaten und mit mediterranem Touch auf verschiedenen Tellern verführen zum Naschen und Teilen. Gut zubereitete Meeresfrüchte und Fleischspezialitäten stehen an erster Stelle, wie hervor-

HIGHLIGHT
LITTLE ITALY

In den letzten 50 Jahren schrumpfte Little Italy von einem großen, ungestümen Stiefel zu einer ultraschmalen Sandale. Mitte des letzten Jahrhunderts zogen viele Bewohner in die Vorstädte von Brooklyn und weiter hinaus; das einst solide italienische Viertel wandelte sich zu einem verkleinerten Abklatsch seines früheren Selbst. Tatsächlich besteht Little Italy heute aus kaum mehr als der **Mulberry Street** (S. 90), einer liebenswert kitschigen Straße mit Karotischdecken, Mandolinengedudel und Nostalgie für die alte Heimat.

Ende September jedoch tobt in der Straße elf Tage lang ein ausgelassenes Stadtteilfest zum **San Gennaro Festival**, dem Festtag zu Ehren des Schutzheiligen von Neapel. Es ist eine lärmende und gesellige Party mit Imbiss- und Kirmesbuden, kostenloser Unterhaltung und mehr aufgedonnertem Volk als bei *Jersey Shore*.

Ebenfalls in der Mulberry St befindet sich das winzige **Italian American Museum** (Karte S. 449; www.italianamericanmuseum.org; 155 Mulberry St Höhe Grand St; erwünschte Spende 5 $; Sa & So 12–18 Uhr; J/Z, N/Q/R, 6 bis Canal St, B/D bis Grand St) GRATIS, ein wahlloses Sammelsurium historischer Gegenstände und Dokumente, von sizilianischen Marionetten bis zu alten italienischen Comics über den berühmten New Yorker Anti-Mafia-Polizisten Giuseppe „Joe" Petrosino. Das Gebäude war einst die Banca Stabile, eine Bank, die Immigranten bei ihren Geldangelegenheiten half und den Kontakt mit der Heimat erleichterte.

NICHT VERSÄUMEN
- Mulberry Street
- San Gennaro Festival im September
- Pizza aus der Hand

PRAKTISCH & KONKRET
- Karte S. 449
- N/Q/R, J/Z, 6 bis Canal St, B/D bis Grand St

---

ragendes Tatar mit Rinderherz, eingelegten Holunderbeeren und Fischsauce.

Wenn es das gerade nicht gibt, lohnen sich auch die Kroketten aus Stockfisch und Kartoffeln mit *borani* (ein Dip aus Joghurt und Gemüse) oder die herrlich weichen Ricotta-Klößchen mit Pilzen und *pecorino sardo* (italienischer Hartkäse aus Schafsmilch). Reservierung ratsam.

IL BUCO ALIMENTARI & VINERIA
ITALIENISCH $$

Karte S. 446 (www.ilbucovineria.com; 53 Great Jones St zw. Bowery & Lafayette St; mittags 15–32 $, abends 19–42 $; Café Mo–Fr 7 Uhr bis spät, Wochenende ab 9 Uhr, Restaurant Mo–Fr 12–14 & 17.30 Uhr, Wochenende 11–15 & 17.30 Uhr bis spät; ; 6 bis Bleecker St, B/D/F/M bis Broadway–Lafayette St) Ob ein schneller Espresso an der Bar, ein Panino zum Mitnehmen aus dem Deli oder ein geruhsames italienisches Essen im Speiseraum – die trendigere Filiale des Il Buco erfüllt alle Erwartungen. Sichtmauerwerk, Sackleinen und riesige Industrielampen sorgen für ein cooles und rustikales Ambiente, was seine Entsprechung in den deftigen, nostalgischen Speisen findet.

Hier gibt's zuerst knuspriges Casareccio-Brot, dann excellente Pasta und schließlich Hauptgerichte wie ein ganzer Branzino (Europäischer Wolfsbarsch) in Salzkruste mit Thymian und gegrillten Zitronen.

RUBIROSA
PIZZERIA $$

Karte S. 446 (212-965-0500; www.rubirosanyc.com; 235 Mulberry St zw. Spring & Prince St; Pizza 16–26 $, Hauptgerichte 12–28 $; 11.30 Uhr bis spät; N/R bis Prince St, B/D/F/M bis Broadway–Lafayette St, 6 bis Spring St) Das Familienrezept des Rubirosa für den absolut perfekten dünnen Pizzaboden lockt Genießer aus der ganzen Stadt an. Diese können es sich auf Barhockern bequem machen oder in heimeliger Atmosphäre an einem der Tische. Genügend Platz für die leckeren Vorspeisen mitbringen! Es gibt auch eine Extrakarte mit glutenfreien Speisen.

BUTCHER'S DAUGHTER VEGETARISCH $$

Karte S. 446 (www.thebutchersdaughter.com; 19 Kenmare St Höhe Elizabeth St; Mahlzeiten 9–16 $; ⊙Mo 8–15.45 Uhr, Di–Sa bis spät; 🛜✍; Ⓢ J bis Bowery, 6 bis Spring St) Die „Metzgertochter" hat offenbar rebelliert, da sie nichts als frische pflanzliche Kost in ihrem weiß gestrichenen Café feilbietet. Es ist zwar gesund, aber deswegen keineswegs langweilig: Alles ist irre lecker, vom Biomüsli über den Cäsarsalat aus Grünkohl mit Mandelparmesan bis hin zum Butcher's Burger (Frikadellen aus Buchweizengrütze und Portobello-Pilzen mit Cashew-Cheddar).

Ganz Heilige wählen dazu eine Saftschorle, fröhlicher wird's mit einem Bier aus der Kleinbrauerei oder einem Biowein. Warnung: Die Bedienung kann nervtötend langsam sein.

LA ESQUINA MEXIKANISCH $$

Karte S. 446 (✆646-613-6700; www.esquinanyc.com; 114 Kenmare St, am Petrosino Sq; Tacos ab 3,25 $, Hauptgerichte 12–32 $; ⊙12 Uhr bis spät; Ⓢ 6 bis Spring St) Der megabeliebte und schräge kleine Laden besteht eigentlich aus drei Teilen: einem Taco-Imbiss zum Essen im Stehen (bis 2 Uhr geöffnet), einem zwanglosen mexikanischen Café und unten einer schummrigen, schniekten und riesigen Brasserie, für die reserviert werden muss. Zu den Highlights zählen Tacos mit Chorizo oder mit gewürztem Schweinefleisch sowie Salat aus Mango und Yambohnen und andere authentische und köstliche Gerichte (viele sind auch oben im Café erhältlich).

SIGGI'S CAFÉ $$

Karte S. 446 (www.siggysgoodfood.com; 292 Elizabeth St zw. E Houston & Bleecker St; Gerichte 10–

> **INSIDERWISSEN**
>
> ## KULTURSCHÄTZE
>
> Massimiliano Gioni – Kunstkritiker, stellvertretender Direktor des New Museum und Kurator der Biennale in Venedig – benennt einige seiner liebsten Kulturschätze.
>
> ### Unterschätzte Glanzstücke
>
> Walter De Marias New York Earth Room (S. 88) ist eines der bestgehütesten Geheimnisse New Yorks. Er ist wie eine mysteriöse Kapelle oder eine Vision aus grauer Vorzeit, ein Minimalismus der erdigsten und reinsten Art. Seit Walter De Maria verstarb, ist er auch zugleich eine unbeabsichtigte Gedenkstätte für einen der größten Künstler unserer Zeit. In De Marias Broken Kilometer (S. 88) in der Nähe kommt Minimalismus gotischer Ekstase am nächsten. Ebenfalls in SoHo ist Donald Judds jüngst restauriertes **Home Studio** (Karte S. 446; ✆212-219-2747; www.juddfoundation.org/new_york; 101 Spring St Höhe Mercer St; Erw. 25 $; ⊙nur vorangemeldete Führungen Di & Do–Sa 13, 15 & 17, Sa 11 Uhr; Ⓢ N/R bis Prince St, 6 bis Spring St). Zwischen Meisterwerken von Judd, Dan Flavin und Carl Andre ist auch zu sehen, wie der Hohepriester des Minimalismus lebte, was ziemlich cool ist ... falls man gerne ohne Vorhänge und auf dem Boden im Licht einer Neonröhrenskulptur schläft. Das Drawing Center (S. 88) veranstaltet kleine, schillernde Ausstellungen mit Werken historischer und zeitgenössischer Künstler, und der Artists Space (S. 89) zählt zu den legendärsten gemeinnützigen Galerien New Yorks.
>
> ### Persönliche Favoriten
>
> Im Metropolitan Museum of Art (S. 224) schaue ich immer gerne die wunderbaren Gemälde von Florine Stettheimer an. Und James Turrells *Meeting* im MoMA PS1 (S. 319) ist eine ganz eigene Art, den Himmel über New York zu betrachten. In Chelsea ist das wohl unsichtbarste Kunstwerk New Yorks zu finden, nämlich Joseph Beuys' Installation *7000 Oaks*, eine Kombination aus Bäumen und Basaltsäulen in der West 22nd St (zwischen 10th und 11th Ave). Sie ist praktisch nicht zu erkennen, aber erinnert daran, wie Kunst klammheimlich eine Stadt transformieren kann.
>
> ### New Museum: Eine einzigartige Galerie
>
> Das New Museum (S. 109) liegt weit entfernt von der „Museumsmeile" und hat keine eigene Sammlung. Stattdessen konzentriert es sich darauf, neue Werke von meist jungen oder unentdeckten Künstlern in Auftrag zu geben.

22 $; Mo–Sa 11–22.30 Uhr; ; S 6 bis Bleecker St, B/D/F/M bis Broadway–Lafayette St) Das Café hängt voll mit Kunst (Pluspunkt ist der Kamin im Winter). Geboten werden Ökoköstlichkeiten, die alle Ansprüche befriedigen, von Suppen und Salaten bis hausgemachten Hamburgern, vegetarischer Lasagne und sogar Eintopfgerichte aus Biozutaten. Zum Getränkeangebot gehören Smoothies und frisch gepresste Säfte mit optionalen gesundheitsfördernden Zusätzen. Vegane und glutenfreie Kost gibt's auch.

CAFÉ GITANE — MAROKKANISCH, MEDITERRAN $$

Karte S. 446 (212-334-9552; www.cafegiantenyc.com; 242 Mott St Höhe Prince St; Hauptgerichte 14–16 $; So–Do 8.30–24, Fr & Sa bis 0.30 Uhr; S N/R bis Prince St, 6 bis Spring St) Wer glaubt, sich in Paris zu befinden, sollte sich den Gauloise-Rauch aus den Augen wedeln und nochmals genau hinschauen: Das bistroartige Gitane hat nämlich dieses dekadente Flair, *mon amour*. Sehen und gesehen werden: Dafür ist dies ein klassisches Lokal, beliebt bei Salat mümmelnden Models und dem einen oder anderen Hollywoodstar. Mit den Schönen und ihrem Anhang kann man sich hier Sachen wie *friands* (kleine französische Kuchen) mit Blaubeeren und Mandeln, Palmherzensalat oder marokkanisches Couscous mit Biohühnchen schmecken lassen.

★ SAXON + PAROLE — MODERN AMERIKANISCH $$$

Karte S. 446 (212-254-0350; www.saxonandparole.com; 316 Bowery Höhe Bleecker St; Mittagsgerichte 8–17 $, Abendgerichte 18–37 $; Fr 11.30 Uhr bis spät, am Wochenende ab 10 Uhr; S 6 bis Bleecker St, B/D/F/M bis Broadway–Lafayette St) Eine tolle, angesagte Bistro-Bar, die nach den zwei Rennpferden Saxon und Parole („pörl" ausgesprochen) aus dem 19. Jh. benannt ist und mit gekonnten Varianten von reichhaltigen Gerichten die Nase vorn haben. Gut sind z. B. Thunfischtartar mit *yuzu* (Zitrushybrid), Avocado-Wasabi und frittiertem Wurzelgemüse oder eine perfekt geräucherte Long-Island-Ente.

Die Desserts sind ebenso verlockend: Das Schokoladensoufflé kriegt mit Marmelade und Whiskey-Eis seinen Kick. Mit vollem Magen geht's dann durch die Geheimtür zur Cocktailbar Madam Geneva (S. 97).

★ BALTHAZAR — FRANZÖSISCH $$$

Karte S. 446 (212-965-1414; www.balthazarny.com; 80 Spring St zw. Broadway & Crosby St; Hauptgerichte 17–45 $; Mo–Fr 7.30 Uhr bis spät, am Wochenende ab 8 Uhr; S 6 bis Spring St, N/R bis Prince St) Das umtriebige (na gut, laute) Balthazar ist noch immer der König der Bistros und immer voller anspruchsvoller Gäste – und das dank dreier überzeugender Fakten: die Lage im Kaufrauschzentrum von SoHo, das anregende Paris-New-York-Ambiente und natürlich die super Speisekarte, die für jeden etwas bietet.

Zu den Highlights gehören die herausragende Meeresfrüchtebar, Steak mit Pommes frites, Salade Niçoise und der Salat aus gerösteter Roter Bete. Die Küche ist freitags bis samstags bis 1 Uhr geöffnet und der Brunch am Wochenende ist üppig und köstlich. Himmlische Leckereien zum Mitnehmen gibt's in der zugehörigen Bäckerei nebenan.

★ DUTCH — MODERN AMERIKANISCH $$$

Karte S. 446 (212-677-6200; www.thedutchnyc.com; 131 Sullivan St zw. Prince & Houston St; Hauptgerichte 19–52 $; Mo–Fr 11.30–15 & 17.30 Uhr bis spät, am Wochenende 10–15 Uhr; S C/E bis Spring St, N/R bis Prince St, 1 bis Houston St) Ob nun vorne an der Bar oder gemütlich im Hinterzimmer, das Essen ist in dem angesagten und etablierten Lokal immer farmfrisches Soul Food. Zum Angebot gehören weiche Maine-Austern, saftige Hamburger aus abgehangenem Fleisch oder leichte Speisen wie zarte Jakobsmuscheln gewürzt mit scharfer Chili-Salsa. Reservierung ist ratsam.

PUBLIC — MODERN AMERIKANISCH $$$

Karte S. 446 (212-343-7011; www.public-nyc.com; 210 Elizabeth St zw. Prince & Spring St; Hauptgerichte 21–34 $; Mo–Fr 18 Uhr bis spät, Sa & So 10.30–15.30 & 18 Uhr bis spät; S 6 bis Spring St, N/R bis Prince St) Die ehemalige Muffinfabrik ist heute ein elegantes Feinschmeckerlokal samt sinnlicher Bar, Industriecharme und meisterhaften Gerichten, die ihren Michelinstern verdienen. Die internationalen Variationen sind überraschend und genüsslich, sei es Kängurufleisch mit Koriander-Falafel oder neuseeländische Wildlende mit Klößchen aus Cabrales-Käse.

Hinzu kommen die flinke Bedienung und eine wunderbare Weinkarte – also ein ideales Lokal für ein Date.

CHARLIE BIRD — ITALIENISCH, MODERN AMERIKANISCH $$$

Karte S. 446 (www.charliebirdnyc.com; 5 King St, Eingang in der Sixth Ave; kleine Portionen 12–16 $,

Hauptgerichte 27–39 $; ⏰17.30 Uhr bis spät; Ⓢ C/E bis Spring St, 1 bis Houston St) Die Leidenschaft für lokale Erzeugnisse, solides italienisches Know-how und pfiffige Eigenkreationen bringen dem lauten und schmalen Charlie Bird am westlichen Rand SoHos Stammgäste ins Haus. An der Marmorbar oder auf handgenähten Lederstühlen genießen Gäste kunstvolle Gerichte wie gegrillter Pfirsich mit Prosciutto und frischem Basilikum oder Spaghetti mit Guanciale (italienischer Speck) und Enteneiern, eine raffinierte Abwandlung der klassischen römischen Carbonara. Die Weinkarte steckt voller netter Überraschungen.

TORRISI ITALIAN SPECIALTIES   ITALIENISCH $$$

Karte S. 446 (📞212-965-0955; www.torrisinyc.com; 250 Mulberry St zw. Spring & Prince St; Degustationsmenü 100 $; ⏰Mo–So 18–22.30, Fr–So auch 12–14 Uhr; Ⓢ N/R bis Prince St, B/D/F/M bis Broadway–Lafayette St; 6 bis Spring St) Das italienisch inspirierte und michelinbesternte Torrisi legt höchsten Wert auf perfekte Zutaten; die berühmten 8- und 10-Gänge-Menüs wechseln täglich, je nach dem besten Marktangebot. Diese Besessenheit für Frische und unmittelbare Verarbeitung überträgt sich auch auf das Esserlebnis selbst, da die Gerichte oft von den Chefköchen selbst zubereitet, angerichtet und erklärt werden.

🍴 Chinatown & Little Italy

JOE'S SHANGHAI   CHINESISCH $

Karte S. 449 (📞212-233-8888; www.joeshanghairestaurants.com; 9 Pell St zw. Bowery & Doyers St; Hauptgerichte 5–26 $; ⏰11–23 Uhr; Ⓢ N/Q/R, J/Z, 6 bis Canal St, B/D bis Grand St) Das aus Flushing hierher gezogene Lokal wird am besten mit einer Gruppe Freunden besucht, die sich von der Plastikdrehplatte auf dem Tisch einige der saftigsten *xiao long bao* (gedämpfte Teigtäschchen) der Stadt schmecken lassen können. Abgesehen von den Täschchen gibt's auch preisgünstige Leckereien wie scharfer Buffalo Fish oder gebratenes Schweinefleisch mit Peperoni und Tintenfische mit Tofustangen: Nur Barzahlung.

DI PALO   DELI $

Karte S. 449 (📞212-226-1033; www.dipaloselects.com; 200 Grand St Höhe Mott St; Sandwiches ab 7 $; ⏰Mo–Sa 9–18.30, So bis 16 Uhr; Ⓢ B/D bis Grand St, N/Q/R, J/Z, 6 bis Canal St) Food-Blogger verehren das *porchetta*-Sandwich aus diesem Familienbetrieb: knuspriges Baguette mit zartem Schweinebraten, gewürzt mit Knoblauch, Fenchel und Kräutern. Nicht nur ist es sündhaft gut, es ist auch riesig, also nur eine Scheibe *porchetta* verlangen. Das begehrte Fleisch gibt es üblicherweise ab 13.30 Uhr, ist aber meist nach 20 Minuten ausverkauft. Am besten also schon um 13.15 Uhr antreten oder vorbestellen. Montags ist es nicht erhältlich.

PHO VIET HUONG   VIETNAMESISCH, CHINESISCH $

Karte S. 449 (📞212-233-8988; www.phoviethuong.com; 73 Mulberry St zw. Bayard & Walker St; Hauptgerichte 5,50–17,50 $; ⏰11–22.30 Uhr; Ⓢ N/Q/R, J/Z, 6 bis Canal St) Die umwerfend billigen, absolut leckeren vietnamesischen und chinesischen Klassiker, wie köstliche Schüsseln mit *pho* (Nudelsuppe) und triefendem *bánh mì* (vietnamesische Baguettes mit gebratenem Schweinefleisch und massenhaft Gurkenscheiben, eingelegten Möhren, scharfer Sauce und Koriander) lassen Gäste immer wieder in das bewährte Lokal in Chinatown strömen und sich über das gesparte Kleingeld freuen.

BÁNH MÌ SAIGON BAKERY   VIETNAMESISCH $

Karte S. 449 (📞212-941-1514; www.banhmisaigonnyc.com; 198 Grand St zw. Mulberry & Mott St; Sandwiches 3,50 5,75$, ⏰8–18 Uhr; Ⓢ N/Q/R, J/Z, 6 bis Canal St) Der schlichte Laden verkauft mit die besten *bánh mì* der Stadt – knusprige, getoastete Baguette dick belegt mit scharfen Chilis, eingelegten Karotten, asiatischem Rettich, Gurke, Koriander und Fleisch nach Wahl. Spitzennote erhält die klassische Version mit gegrilltem Schweinefleisch. Ein Essen für unter 6 $? Aber immer!

GREAT NEW YORK NOODLE TOWN   CHINESISCH $

Karte S. 449 (📞212-349-0923; www.greatnynoodletown.com; 28 Bowery St Höhe Bayard St; Gerichte 3,50–16 $; ⏰9–16 Uhr; Ⓢ N/Q/R, J/Z, 6 bis Canal St) Der Chinatown-Veteran verkauft endlose Variationen der langen und glitschigen Fäden, ob Nudelsuppe mit gebratenem Schweinefleisch oder Ente, Rindfleisch *chow-fun*, scharfes Singapur-*mai-fun* (Reisnudeln), breite kantonesische Nudeln mit Garnelen und Ei oder *lo mein* (Weizenmehlnudeln) nach Hongkong-Art mit Ingwer und Zwiebeln. Was dem Laden an Ambiente fehlt, machen die Gestalten, die hier essen, wieder wett, besonders nach 2 Uhr. Wirklich.

GOLDEN STEAMER CHINESISCH $

Karte S. 449 (143a Mott St zw. Grand & Hester St; Teigtaschen ab 0,70 $; ⏰7–19.30 Uhr; Ⓢ B/D bis Grand St, N/Q/R, 6 bis Canal St, J bis Bowery) In dem winzigen Lokal warten die lockersten und leckersten *bao* (gedämpfte Teigtaschen) in Chinatown, hausgemacht von brüllenden chinesischen Köchen. Gefüllt sind sie jeweils mit saftigem gebratenen Schweinefleisch, chinesischer Wurst, gesalzenen Eiern oder, Favorit bei den Gästen, mit Kürbis. Wer es süßer mag, sollte das traumhafte Puddingtörtchen probieren.

NICE GREEN BO CHINESISCH $

Karte S. 449 (New Green Bow; ☎212-625-2359; www.nicegreenbo.com; 66 Bayard St zw. Elizabeth & Mott St; Hauptgerichte 3,75–12,95 $; ⏰11–23 Uhr; Ⓢ N/Q/R, J/Z, 6 bis Canal St, B/D bis Grand St) Nichts wurde unternommen – es gibt noch nicht mal ein neues Schild (man lasse sich überraschen!) –, um das Nice Green Bo aufzupeppen, und deswegen mögen wir es. Hier dreht sich alles ums Essen: wunderbare *xiao long bao* in dampfenden Behältern, große Portionen Nudeln und leckere Pfannkuchen mit Frühlingszwiebeln.

ORIGINAL CHINATOWN ICE CREAM FACTORY EIS $

Karte S. 449 (☎212-608-4170; www.chinatownicecreamfactory.com; 65 Bayard St; Portion 4 $; ⏰11–22 Uhr; 🚻; Ⓢ N/Q/R, J/Z, 6 bis Canal St) Der beliebteste chinesische Eisladen Chinatowns bleibt mit Geschmäckern wie grüner Tee, Ingwer, Durian und Lychee-Sorbet bei seinen Wurzeln. Ganz Mutige können die Zen-Butter probieren (sahniges Erdnussbuttereis mit gerösteten Sesamsamen). Die Factory verkauft auch irrsinnig niedliche Marken-T-Shirts mit einem glücklich Eis schleckenden Drachen drauf.

NYONYA MALAYSISCH $$

Karte S. 449 (☎212-334-3669; 199 Grand St zw. Mott & Mulberry St; Hauptgerichte 6,75–24 $; ⏰11 Uhr bis spät; Ⓢ N/Q/R, J/Z, 6 bis Canal Street, B/D bis Grand St) Der quirlige Tempel chinesisch-malaysischer Nyonya-Küche (nur Barzahlung) führt auf eine kulinarische Reise ins schwüle Malakka. Serviert werden süße, saure und scharfe Klassiker wie kräftiges *kangkung belacan* (gedünsteter Wasserspinat mit scharfem malaysischem Krabbenmus), deftiges Rinds-*rendang* (scharfes Curry) und erfrischender *rojak* (herzhafter Obstsalat in einer pikanten Tamarindensauce).

Für Vegetarier gibt es allerdings nicht viel Auswahl.

AUSGEHEN & NACHTLEBEN

LA COLOMBE CAFÉ

Karte S. 446 (www.lacolombe.com; 270 Lafayette St zw. Prince & Jersey St; ⏰Mo–Fr 7.30–18.30, Sa & So ab 8.30 Uhr; Ⓢ N/R bis Prince St, 6 bis Spring St) Erschöpfte SoHo-Käufer beleben sich in dieser winzigen Espressobar. Das Gebräu ist stark, vollmundig und jeder Bar in Italien würdig (siehe das coole Rom-Wandbild). Eine Kleinigkeit zu essen ist auch im Angebot, wie Kekse und Croissants. Eine größere Filiale mit mehr Tischen, aber längeren Schlangen befindet sich im benachbarten **NoHo** (Karte S. 446; 400 Lafayette St Höhe 4th St; ⏰Mo–Fr 7.30–18.30, Sa & So 8.30–18.30 Uhr; Ⓢ 6 bis Bleecker St).

PEGU CLUB COCKTAILBAR

Karte S. 446 (www.peguclub.com; 77 W Houston St zw. W Broadway & Wooster St; ⏰So–Mi 17–2, Do–Sa bis 4 Uhr; Ⓢ B/D/F/M bis Broadway–Lafayette St, C/E bis Spring St) Der elegante Pegu Club (benannt nach einem legendären Herrenclub aus der Kolonialzeit in Rangun) ist ein Muss für Cocktailkenner. Auf weichen Samtsofas schlürfen Gäste perfekte Mixturen des preisgekrönten Barkeepers Kenta Goto – uns schmeckte besonders der angenehm süffige Earl Grey MarTEAni (Gin mit Tee, Zitronensaft und rohem Eiweiß).

Gaumenfreuden sind asiatisch angehaucht, darunter vietnamesische Frühlingsrollen und „Sloppy Duck" (geschmorte Ente mit Barbecuesauce aus tropischen Früchten auf getoasteter Mini-Brioche).

SPRING LOUNGE KNEIPE

Karte S. 446 (www.thespringlounge.com; 48 Spring St Höhe Mulberry St; ⏰Mo–Sa 8–4, So 12–4 Uhr; Ⓢ 6 bis Spring St, N/R bis Prince St) Der neonrote Rebell hat sich seinen Spaß nie verderben lassen. Während der Prohibition verkaufte er eimerweise Bier. In den 1960er-Jahren diente der Keller als Spielhölle. Heute beruht sein Ruhm auf seinen irren ausgestopften Haien, Stammkunden, die schon morgens einen kippen, und nächtliche, allumfassende Partystimmung.

Anreiz für das Gelage sind billige Drinks und ein kostenloser Imbiss (mittwochs ab 17 Uhr Hot Dogs, sonntags ab 12 Uhr Bagels, solange sie reichen). Prost allerseits!

MULBERRY PROJECT COCKTAILBAR

Karte S. 449 (646-448-4536; www.mulberryproject.com; 149 Mulberry St zw. Hester & Grand St; So–Do 18–1, Fr & Sa bis 4 Uhr; N/Q/R, J/Z, 6 bis Canal St) Die intime, großräumige Cocktailbar hinter einer nicht beschilderten Tür ist mit ihrem stimmungsvollen „Gartenpartyhof" eine der besten Locations im Viertel zum Chillen. Cocktails nach Wunsch sind die Spezialität, dem Barkeeper muss man nur seine Vorlieben mitteilen und er erledigt den Rest. Hungrige haben die Auswahl zwischen gekonnten Häppchen, wie Wassermelonensalat mit Ziegenkäse oder in Speck gewickelte Datteln.

MADAM GENEVA COCKTAILBAR

Karte S. 446 (www.madamgeneva-nyc.com; 4 Bleecker St Höhe Bowery; 18–2 Uhr; 6 bis Bleecker St, B/D/F/M bis Broadway–Lafayette St) Hängende Laternen, Ledersofas und Strukturtapeten erinnern in dieser dunklen und schwülen Cocktailbar an das chinesische Nanyang der Kolonialzeit. Cocktails auf Ginbasis stehen im Vordergrund, akkurat gemixt und passend gepaart mit asiatisch inspirierten Häppchen wie gedämpften Ententeigtaschen, Garnelenklößchen und Hühnerflügel mit Tamarinde. Nebenan befindet sich das angesagte Schwesterrestaurant Saxon + Parole (S. 94).

JIMMY COCKTAILBAR

Karte S. 446 (212-201-9118; www.jimmysoho.com; James Hotel, 15 Thompson St Höhe Grand St; So–Mi 17–1, Do–Sa bis 2 Uhr; A/C/E, 1 bis Canal St) Das Jimmy ganz oben im Hotel James in SoHo beeindruckt mit weiten Ausblicken auf die Stadt. Im Sommer tummeln sich beschwipste Gäste auf der offenen Terrasse; bei kühlerem Wetter schlürft man seinen Drink drinnen an der Bar in der Mitte, mit deckenhohen Fenstern drum herum.

APOTHÉKE COCKTAILBAR

Karte S. 449 (212-406-0400; www.apothekenyc.com; 9 Doyers St; Mo–Sa 18.30–2, So 20–2 Uhr; J bis Chambers St, 4/5/6 bis Brooklyn Bridge–City Hall) Es erfordert etwas Einsatz, diese ehemalige Opiumhöhle und spätere Apotheke in der Doyers St zu finden. Drinnen kredenzen Barkeeper wie umsichtige Apotheker aus lokalen Bioerzeugnissen vom Markt oder dem Dachkräutergarten starke, schmackhafte „Rezepturen". Ein Prost auf die Gesundheit mit dem belebenden Harvest of Mexico (gerösteter Mais, Herba Sainte, Meskal, Limette und Magenbitter mit Habanero-Chili)!

RANDOLPH CAFÉ, COCKTAILBAR

Karte S. 449 (www.randolphnyc.com/broome; 349 Broome St zw. Bowery & Elizabeth St; Mo–Mi 10–2, Do–Sa bis 4, So bis 24 Uhr; ; J bis Bowery) Das relaxte Randolph kocht Kaffee am Tag und mixt Cocktails bei Nacht. Die Bohnen stammen aus erstklassigen Röstereien wie Intelligentsia, die Cocktails sind saisonal und kreativ. Ein paar Brettspiele sind das Sahnehäubchen für schlichte, gesellige Abende bei ein paar Drinks.

MILADY'S KNEIPE

Karte S. 446 (212-226-9340; 160 Prince St Höhe Thompson St; 10.30–4 Uhr; ; 1 bis Houston St, N/R bis Prince St) MiLady's ist die letzte der Kneipen in SoHo, in der mittellose Rentner neben SoHo-Yuppies trinken. Im Fernseher laufen Sportübertragungen, manche spielen Billard und es herrscht eine altmodische Vorstadtstimmung. Wer hungrig ist, sollte sich an die Salate, Hühnerflügel und Käsemakkaroni halten, ideal zu einem billigen Bierchen.

🛍 SHOPPEN

🛍 SoHo

Die Kreditkarte kommt in SoHo, einer Gegend voller schicker Läden in allen Variationen, garantiert unermüdlich zum Einsatz. Weniger teure Läden gibt es am Broadway, hochwertige Mode, Accessoires und Innenausstattung sind in den Straßen westlich davon zu finden. Bei schönem Wetter tummeln sich hier auch Straßenhändler, die Schmuck, Kunst, T-Shirts, Mützen und anderen Schnickschnack verkaufen. Die Läden in der Lafayette St haben alles für die DJ- und Skaterszene, außerdem sind dort Indie-Labels und Vintage-Mode zu haben.

1. Cannoli
In Little Italy lockt authentische italienische Küche (S. 95).

2. Mahayana Buddhist Temple (S. 86)
Im größten buddhistischen Tempel von Chinatown wird man von einer knapp 5 m hohen Buddha-Statue begrüßt.

3. Chinatown (S. 85)
Bunte Straßen und Imbissbuden warten auf Erkundung.

4. Shoppen in SoHo (S. 97)
In SoHo wimmelt es nur so von aufstrebenden Design-Talenten und coolen Boutiquen.

5. Wohnhäuser in SoHo
Backstein-Apartmentblocks säumen SoHos Kopfsteinpflasterstraßen.

3

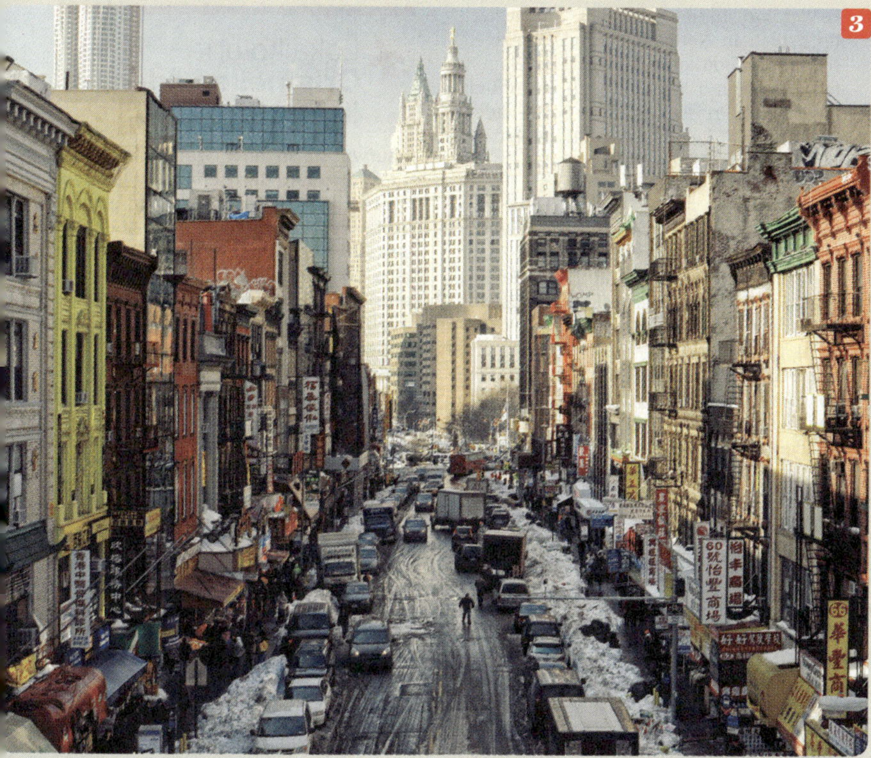

ANDREW C MACE / GETTY IMAGES ©

4

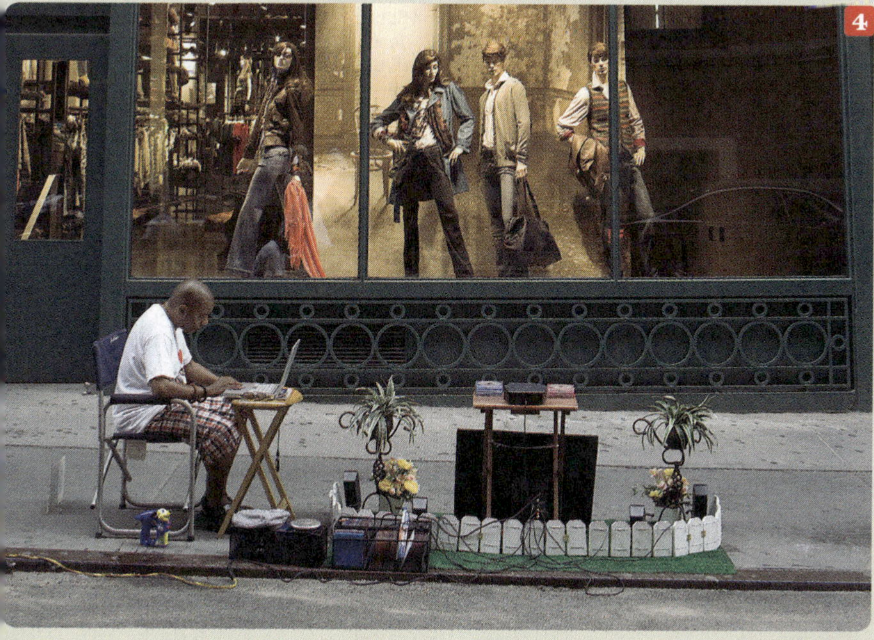

WAYNE FOGDEN / GETTY IMAGES ©

Wer auf Indie-Chic steht, findet weiter östlich in Nolita mit seinen winzigen, schmucken Boutiquen einzigartige Klamotten, Schuhe und Accessoires zu geringfügig niedrigeren Preisen als in den SoHo-Läden. Viel Auswahl hat die Mott St, gefolgt von Mulberry und Elizabeth St.

RAG & BONE — MODE
Karte S. 446 (www.rag-bone.com; 119 Mercer St zw. Prince & Spring St; ⊙Mo-Sa 11-20, So 12-19 Uhr; ⓈN/R bis Prince St) Das Label Rag & Bone ist ein Hit bei vielen der coolsten und trendigsten Modefans New Yorks, sowohl bei Frauen als auch bei Männern. Die Stücke mit Auge fürs Detail reichen von adretten Hemden und Blazern bis zu bedruckten T-Shirts, federleichten Trägerkleidern, Lederwaren und Rag & Bones hoch geschätzten Jeans. Die Verarbeitung ist generell exzellent, hochwertige Anzüge werden vom Brooklyner Schneidermeister Martin Greenfield handgeschneidert.

Auf der Website stehen alle Filialen in der Stadt.

MOMA DESIGN STORE — EINRICHTUNG, GESCHENKE
Karte S. 446 (☎646-613-1367; www.momastore.org; 81 Spring St Höhe Crosby St; ⊙Mo-Sa 10-20, So 11-19 Uhr; ⓈN/R bis Prince St, 6 bis Spring St) Der Laden des Museum of Modern Art steckt voller schicker, eleganter und raffinierter Sachen für Haus, Büro und Kleiderschrank. Es gibt modernistische Wecker, Vasen mit schrägen Formen, Designerhaushaltswaren und surreale Lampen sowie geistreiche Spiele, Handpuppen, phantasievolle Schals, Bildbände und jede Menge anderer Geschenkideen.

SATURDAYS — MODE, ACCESSOIRES
Karte S. 446 (www.saturdaysnyc.com; 31 Crosby St, zw. Broome & Grand St; ⊙Mo-Fr 8.30-19, Sa & So 10-19 Uhr; ⓈN/Q/R, J/Z, 6 bis Canal St) SoHos Version eines Surferladens verkauft neben Brettern, Wachs und Neoprenanzügen auch Designerkosmetika, Grafiken und Surferbücher sowie die eigene Linie hochwertiger Klamotten für modebewusste Kerle. Aufgestylt und mit einem Kaffee von der hauseigenen Espressobar bewaffnet geht es ab in den Garten, um sich verrückte Geschichte über beinahe tödliche Abenteuer mit Haien anzuhören. Eine weitere Filiale gibt's im **West Village** (Karte S. 454; 17 Perry St; ⊙Mo-Fr 8.30-19, Sa & So 10-19 Uhr; Ⓢ1/2/3 bis 14th St).

🏃 Lokalkolorit
Originelle Läden in SoHo

Kaufwütige in aller Welt schwärmen von SoHo und den schicken Flagship-Stores, begehrten Labels und umherstolzierenden Fashionistas. Aber jenseits der großen globalen Marken ist eine ganz andere Shoppingszene zu entdecken, in der begabte Kunstgewerbler und unabhängige, individuelle Läden lokal erzeugte, einzigartige und absolut spannende Dinge feilbieten.

❶ Ein sortenreiner Laden
Sortenreiner Kaffee erfrischt im **Café Integral** (Karte S. 446; www.cafeintegral.com; 135 Grand St zw. Crosby & Lafayette St; ⊙Mo-Fr 8-18, Sa 10-18, So 12-17 Uhr; ⓈN/Q/R, J, 6 bis Canal St), einer winzigen Espressobar in der abgedrehten Ladengalerie American Two Shot. Die Maschine bedient meist der Besitzer César Martin Vega, ein Twen, der sich für nicaraguanische Kaffeebohnen begeistert.

❷ Perfekte Jeans
3x1 (Karte S. 446; www.3x1.us; 15 Mercer St, zw. Howard & Grand St; ⊙Mo-Sa 11-19, So 12-18 Uhr; ⓈN/Q/R, J, 6 bis Canal St) lässt Kunden selbst die eigenen perfekten Jeans entwerfen. Für Konfektionsjeans (Frauen ab 195 $, Männer ab 285 $) können sie Knöpfe und Säume auswählen, für bestehende Schnitte (525-750 $) Stoff und Verzierungen oder sie bestellen ein Beinkleid ganz nach Wunsch (1200 $).

❸ Designertreter
Handwerkskunst zeigt sich auch bei den Schuhen des angehenden Stars **Alejandro Ingelmo** (Karte S. 446; www.alejandroingelmo.com; 51 Wooster St zw. Broome & Grand St; ⊙Mo-Fr 11-19, Sa & So 12-19 Uhr; Ⓢ1, A/C/E bis Canal St). Seine kreativen Treter reichen von glitzernden basketballähnlichen Stiefeln und Stöckelschuhen mit Schmetterlingsmotiven bis zu althergebrachten amerikanischen Slippern, die mit einer dicken Sohle aufgepeppt sind. Sneaker kosten um die 600 $.

❹ Bordsteinkunst
Die Gravuren auf dem Bürgersteig an der Nordwestecke von Prince St und Broadway sind das Werk des japanischstäm-

Mercer St, SoHo

migen Bildhauers Ken Hiratsuka, der seit seiner Ankunft in New York 1982 fast 40 Bürgersteige graviert hat. Diese Gravur brauchte zwar nur etwa fünf Stunden, aber die tatsächliche Vollendung dauerte zwei Jahre (1983–1984), da Hiratsukas illegale nächtliche Meißelei oft von der Polizei unterbrochen wurde.

❺ Gourmethäppchen

New York liebt seine Gourmetläden und **Dean & DeLuca** (Karte S. 446; 212-226-6800; www.deananddeluca.com; 560 Broadway Höhe Prince St; Mo–Fr 7–20, Sa & So 8–20 Uhr; S N/R bis Prince St, 6 bis Spring St) ist eine der feinsten Adressen der Stadt. Im Angebot sind Leckereien wie frisch gebackene Käsestangen, Gourmet-Quesadillas oder Mandelcroissants.

❻ Schnuppererlebnis

In der bibliotheksartigen Apotheke **MIN New York** (Karte S. 446; www.minnewyork.com; 117 Crosby St zw. Jersey & Prince St; Mo–Sa 11–19, So 12–18 Uhr; S B/D/F/M bis Broadway–Lafayette St, N/R bis Prince St) werden kostenlose „Fragrance Flights" angeboten, eine Führung durch die Sammlung an seltenen, exklusiven Parfüms und Kosmetika des Ladens. Interessant sind z. B. die amerikanischen Duftlinien, wie MCMC aus Brooklyn und Kerosene aus Detroit. Die Preisspanne reicht von erschwinglich bis astronomisch.

ADIDAS ORIGINALS   SCHUHE, MODE

Karte S. 446 (☎212-673-0398; 136 Wooster St zw. Prince & W Houston St; ⌚Mo-Sa 11–19, So 12–18 Uhr; ⓈN/R bis Prince St) Hier gibt es die kultigen Sportschuhe mit den drei Streifen, von denen viele an die glanzvolle Adidaszeit von den 1960er- bis 1980er-Jahre erinnern. Man kann sie sich sogar nach eigenen Wünschen designen lassen. Abgesehen von den Tretern können sich Kunden auch mit Hoodies, Trainingsklamotten, T-Shirts und Accessoires eindecken, wie Brillen, Uhren und abgefahrene Retrotaschen. Manchmal drehen hier auch Djs ihre Scheiben.

Noch größer ist das 2740 m² große Sportschuhwarenhaus von **Adidas** (Karte S. 446; ☎212-529-0081; 610 Broadway Höhe Houston St; ⌚Mo-Sa 10–22, So bis 20 Uhr; ⓈN/R bis Prince St, B/D/F/M bis Broadway–Lafayette St) ein paar Straßen weiter.

PIPERLIME   MODE, SCHUHE

Karte S. 446 (www.piperlime.com; 121 Wooster St zw. Prince & Spring St; ⌚Mo-Sa 10–20, So 11–19 Uhr; ⓈN/R bis Prince St, C/E bis Spring St) Piperlime verkauft coole, zeitgenössische Damenkleidung im mittleren Preissegment. Der Laden, der bekanntermaßen neuere Designer präsentiert, ordnet sein Angebot nach Kategorien wie „Shortcut to Chic" (Abkürzung zum Chic), „Girl on a Budget" (Frau mit wenig Geld) und „Guest Editor's Picks" (Auswahl von Gaststars). Letzteres sind Stücke, die von Leuten wie der Stylistin Rachel Zoe und Schauspielerin/Model Jessica Alba eigenhändig ausgewählt wurden. Ach, und erwähnten wir die fabelhaften Schuhe?

INA MEN   VINTAGE

Karte S. 446 (www.inanyc.com; 19 Prince St Höhe Elizabeth St; ⌚Mo-Sa 12–20, So bis 19 Uhr; Ⓢ6 bis Spring St, N/R bis Prince St) Das INA ist etwas für stilbewusste Männer, die die Luxuskleidung, -schuhe und -accessoires aus zweiter Hand lieben. Die Teile sind durchweg hochwertig, darunter gefragte Sachen wie Jeans von Rag & Bone, Wollhosen von Alexander McQueen, Burberry-Hemden und Schuhe von Church. Das Damengeschäft ist nebenan. Filialen für Männer und Frauen gibt's in **NoHo** (Karte S. 446; 15 Bleecker St) und **Chelsea** (Karte S. 458; 207 West 18th St) sowie ein weiteres Damengeschäft in **SoHo** (Karte S. 446; 101 Thompson Street).

MCNALLY JACKSON   BÜCHER

Karte S. 446 (☎212-274-1160; www.mcnallyjackson.com; 52 Prince St zw. Lafayette & Mulberry St; ⌚Mo-Sa 10–22, So bis 21 Uhr; ⓈN/R bis Prince St, 6 bis Spring St) Der geschäftige, unabhängige Buchladen führt eine tolle Auswahl an Zeitschriften und Büchern (zeitgenössische Belletristik und Sachbücher zu Themen wie Kochen, Architektur, Design, Kunst und Geschichte). In dem gemütlichen Café im Laden kann man wunderbar schmökern oder sich zu einer der zahlreichen Lesungen und Signierstunden einfinden.

SCHOLASTIC   BÜCHER, KINDER

Karte S. 446 (www.scholastic.com/sohostore; 557 Broadway zw. Prince & Spring St; ⌚Mo-Sa 10–19, So 11–18 Uhr; ⓈN/R bis Prince St) Der helle, weitläufige Buchladen ist ein Wunderland für junge (und jung gebliebene) Leser. Die Bücher sind nach Altersgruppen sortiert, auch gibt es eine phantastische Abteilung mit spannenden und lehrreichen Spielsachen, darunter Lego und Experimentierkästen. Auf der Website des Ladens sind kostenlose wöchentliche Events angekündigt, wie Geschichtenerzähler, Besuche von fiktiven Gestalten und gemeinsames Singen.

KIOSK   GESCHENKE

Karte S. 446 (☎212-226-8601; www.kioskkiosk.com; 1. Stock, 95 Spring St zw. Mercer St & Broadway; ⌚Mo-Sa 12–19 Uhr; ⓈN/R bis Prince St, B/D/F/M bis Broadway–Lafayette St) Die Kiosk-Betreiber suchen überall nach den interessantesten und ungewöhnlichsten Gegenständen (von Büchern und Lampenschirmen bis zur Zahnpasta) und bringen diese dann nach SoHo, wo sie sie mit museumstauglichem Scharfsinn verkaufen. Von ihren Einkaufsabenteuern haben sie Designersachen z. B. aus Japan, Island, Schweden und Hongkong mitgebracht.

JOE'S JEANS   MODE

Karte S. 446 (☎212-925-5727; www.joesjeans.com; 77 Mercer St zw. Spring & Broome St; ⌚Mo-Sa 11–19, So 12–18 Uhr; ⓈN/R bis Prince St, 6 bis Spring St) Ein paar Jeans von diesem Kultlabel aus L.A. macht noch jedes Bein sexy. Zur Wahl stehen Vintage-Denims und Skinny Jeans, deren Schnitte eine gute Figur machen – und zwar nicht nur bei brasilianischen Supermodels. Ergänzt werden sie mit superbequemen Hemden, Hoodies, Pullis und der einen oder anderen unwiderstehlichen Lederjacke.

JACK SPADE   ACCESSOIRES, MODE

Karte S. 446 (www.jackspade.com; 56 Greene St zw. Broome & Spring St; ⓈN/R bis Prince St, 6 bis

Spring St) Von Wildlederbeuteln und Ledertaschen bis zu auffälligen Brieftaschen und superknuffigen Mützen und Handschuhen – Jack Spade hat alle angesagten Accessoires für den urbanen Herrn. Die Bekleidung umfasst rustikale Karohemden, verspielt adrette Pullis und Blazer, Jeans aus Edeldenim und klassische Anzüge.

UNIQLO — MODE
Karte S. 446 ([☎]917-237-8811; www.uniqlo.com; 546 Broadway zw. Prince & Spring St; ⊙Mo–Sa 10–21, So 11–20 Uhr; [S]N/R bis Prince St, 6 bis Spring St) Seine Popularität verdankt das riesige, dreistöckige japanische Kaufhaus den ansprechenden, hochwertigen Klamotten zu Discountpreisen. Verkauft werden japanische Jeans, mongolischer Kaschmir, bedruckte T-Shirts, elegante Röcke und haufenweise poppige Konfektionsware – das meiste unter 100 $.

UNITED NUDE — SCHUHE
Karte S. 446 ([☎]212-420-6000; www.unitednude.com; 25 Bond St zw. Lafayette St & Bowery; ⊙So & Mo 12–19, Di–Do 11–19, Fr & Sa 11–20 Uhr; [S]6 bis Bleecker St, B/D/F/M bis Broadway–Lafayette St) Der Flagship-Store führt unwahrscheinlich schöne, auffallende Schuhe – extravagant, klassisch, businessmäßig oder sportlich. Ob man Riemchensandalen, hohe Stöckelschuhe oder solide Keilabsatzpumps sucht – hier wird man fündig. Die Abteilung für Männerschuhe ist kleiner, aber ebenso auffallend.

OTHER MUSIC — MUSIK
Karte S. 446 ([☎]212-477-8150; www.othermusic.com; 15 E 4th St zw. Lafayette St & Broadway; ⊙Mo–Fr 11–21, Sa 12–20, So 12–19 Uhr; [S]6 bis Bleecker St) Der alternative CD-Laden hat eine treue Anhängerschaft. Die engagierten Mitarbeiter kennen ihr Sortiment an Offbeat Lounge, Psychedelic, Electronica, Indie-Rock und dergleichen (neu und gebraucht) so gut, dass sie meist genau die CD aus dem Ständer ziehen, die den individuellen Geschmack der Kunden trifft. Es gibt auch eine kleine, aber erstklassige Auswahl an neuem und gebrauchtem Vinyl.

ETIQUETA NEGRA — MODE, SCHUHE
Karte S. 446 ([☎]212-219-4015; www.etiquetanegra.us; 273 Lafayette St Höhe Prince St; ⊙Mo–Sa 11–19, So ab 12 Uhr; [S]N/R bis Prince St, B/D/F/M bis Broadway–Lafayette St) Der Bugatti-Rennwagen nahe der Kasse ist zwar super, aber der eigentliche Grund für den Besuch dieser argentinischen Boutique sind die zeitlosen, preisgünstigen Männerklamotten: schöne Wollanzüge, Hemden, weiche Polohemden und elegante Lederstiefel. Unten gibt's eine kleinere Damenabteilung.

ATRIUM — MODE, SCHUHE
Karte S. 446 ([☎]212-473-3980; www.atriumnyc.com; 644 Broadway Höhe Bleecker St; ⊙Mo–Sa 10–21, So 11–20 Uhr; [S]6 bis Bleecker St, B/D/F/M bis Broadway–Lafayette St) Ein interessantes Angebot an Unisex-Klamotten von detailorientierten Designern – auch Schuhe und Accessoires – von Labels wie Drome, Canada Goose und T by Alexander Wang. Besondere Beachtung verdienen die hochwertigen Jeans von PRPS, Adriano Goldschmied und Nicolas Andreas Taralis.

DE VERA — ANTIQUITÄTEN
Karte S. 446 ([☎]212-625-0838; www.deveraobjects.com; 1 Crosby St Höhe Howard St; ⊙Di–Sa 11–19 Uhr; [S]N/Q/R, J/Z, 6 bis Canal St) Federico de Vera bereist die ganze Welt, immer auf der Suche nach seltenen und erlesenen Schmuckstücken, Schnitzereien, Lackarbeiten und anderen Kunstobjekten für seinen feinen Laden. 200 Jahre alte Buddhas, venezianisches Glas und vergoldete Intarsienkästchen aus der Meiji-Zeit in beleuchteten Glasvitrinen sowie Ölgemälde und Schnitzarbeiten an den Wänden verbreiten eine Atmosphäre wie im Museum.

ODIN — KLEIDUNG, ACCESSOIRES
Karte S. 446 ([☎]212-966-0026; www.odinnewyork.com; 199 Lafayette St zw. Kenmare & Broome St; ⊙Mo–Sa 11–20, So 12–19 Uhr; [S]6 bis Spring St, N/R bis Prince St) Odins Männerboutique, benannt nach dem nordischen Gott, führt angesagte Labels wie 3.1 Phillip Lim, Rag & Bone und Death to Tennis, aber hier sind auch Nachwuchsdesigner vertreten. Verlockend sind auch die Kerzen, Parfums und Skateboards von Odin, die Sonnenbrillen von Cutler & Gross und Schuhe von Kultlabels wie Common Projects und Grenson.

Weitere Filialen gibt's im **East Village** (Karte S. 450; [☎]212-475-0666; www.odinnewyork.com; 328 E 11th St, East Village; ⊙Mo–Sa 12–21, So bis 19 Uhr; [S]L bis First Ave, L, N/Q/R, 4/5/6 bis 14th St–Union Sq) und im **West Village** (Karte S. 454; [☎]212-243-4724; 106 Greenwich Ave; ⊙Mo–Sa 12–20, So bis 19 Uhr; [S]1/2/3 bis 14th St).

OPENING CEREMONY — MODE
Karte S. 446 ([☎]212-219-2688; www.openingceremony.us; 35 Howard St zw. Broadway & Lafayette

St; ⏰Mo–Sa 11–20, So bis 19 Uhr; Ⓢ N/Q/R, J/Z, 6 bis Canal St) Das Opening Ceremony ist berühmt für seine nie langweiligen Indie-Labels und präsentiert stets wechselnde Namen aus der ganzen Welt, ergänzt von hauseigenen Kreationen. Egal, was gerade vorhanden ist, es sind immer umwerfende und augenfällige Klamotten, die angesagt, pfiffig und erfrischend avantgardistisch sind.

SCREAMING MIMI'S   VINTAGE
Karte S. 446 (☎212-677-6464; 382 Lafayette St zw. E 4th & Great Jones St; ⏰Mo–Sa 12–20, So 13–19 Uhr; Ⓢ 6 bis Bleecker St, B/D/F/M bis Broadway–Lafayette St) Wer auf Vintage-Klamotten steht, flippt hier aus. Der klasse Laden führt exzellente alte Teile, die genial nach Dekaden sortiert sind, von den 1950er- bis zu den 1990er-Jahren (oder nach der gebunkerten Kleidung aus den 1920er- bis 1940er-Jahren fragen).

Alles ist im besten Zustand, von sittsamen, perlenbestickten Wolljacken bis zu Velourminikleidern und kniehohen Stiefeln. Accessoires und Schmuck ergänzen jeden Retro-Look.

RESURRECTION   VINTAGE
Karte S. 446 (☎212-625-1374; www.resurrectionvintage.com; 217 Mott St zw. Prince & Spring St; ⏰Mo–Sa 11–19, So 12–19 Uhr; Ⓢ 6 bis Spring St, N/R bis Prince St) Das sinnlich rote Resurrection verleiht innovativen Kreationen aus vergangenen Dekaden neues Leben. Die ausgefallenen, fast neuwertigen Teile stammen aus der Zeit der Mods, des Glamrock und des New Wave. Designgötter wie Marc Jacobs ließen sich hier inspirieren. Spitzenstücke sind Kleider von Halston und Jacken und Mäntel von Courrèges.

SHAKESPEARE & CO   BÜCHER
Karte S. 446 (☎212-529-1330; www.shakeandco.com; 716 Broadway Höhe Washington Pl; ⏰Mo–Sa 10–21, So 12–19 Uhr; Ⓢ N/R bis 8th St, 6 bis Astor Pl) Der beliebte Buchladen ist eine der unabhängigen Institutionen New Yorks. Er hat Filialen u. a. in der **Upper East Side** (Karte S. 468; ☎212-570-0201; www.shakeandco.com; 939 Lexington Ave Höhe 69th St; ⏰Mo–Fr 9–20, Sa 10–19, So 11–18 Uhr; Ⓢ 6 bis 68th St). Im Angebot sind zeitgenössische Romane und Sachbücher, Kunstbände und Bücher über New York. Und unten suchen angehende Schauspieler und Regisseure nach dem perfekten Drehbuch.

SCOOP   MODE
Karte S. 446 (☎212-925-3539; www.scoopnyc.com; 473 Broadway zw. Broome & Grand St; ⏰Mo–Sa 11–20, So bis 19 Uhr; Ⓢ N/Q/R bis Canal St, 6 bis Spring St) Aktuelle Klamotten von Designern wie Theory, Diane von Furstenberg, Michael Kors und J. Brand sind in dem praktischen Laden unter einem Dach zu finden. Besonders trendig ist hier nichts, aber dafür ist das Angebot groß (über 100 Designer für Männer- und Frauenkleidung). Oft gibt es auch gute Deals bei Schlussverkäufen. Das Scoop hat mehrere Filialen in der Stadt.

EVOLUTION   GESCHENKE
Karte S. 446 (☎212-343-1114; www.theevolutionstore.com; 120 Spring St zw. Mercer & Greene St; ⏰11–19 Uhr; Ⓢ N/R bis Prince St, 6 bis Spring St) Was normalerweise in den Vitrinen der Naturkundemuseen herumliegt, gibt es hier zu kaufen (oder zu bestaunen): aufgespießte Käfer und Schmetterlinge, in Bernstein erstarrte Fliegen, ausgestopfte Papageien, Zebrafelle, Haifischzähne und die seltsamsten Steine, darunter Meteoriten, Bruchstücke vom Mars und 100 Mio. Jahre alte Fossilien.

PURL SOHO   KUNSTHANDWERK
Karte S. 446 (www.purlsoho.com/purl; 459 Broome St zw. Greene & Mercer St; ⏰Mo–Fr 12–19, Sa & So bis 18 Uhr; Ⓢ N/R bis Prince St, 6 bis Spring St) Purl ist die Erfindung einer ehemaligen Redakteurin von Martha Stewart Living. Es wirkt wie eine bunte Bibliothek der Stoffe und Garne und hält jede Menge Ideen für eigene Projekte sowie auch einige fertige Produkte bereit, die sich toll als Geschenke eignen.

🔒 Chinatown

Chinatown ist herrlich zum Bummeln, besonders wenn man es auf aromatische Kräuter, exotische Früchte (je nach Saison z. B. Litschis und Durians), frische Nudeln oder köstliche Backwaren abgesehen hat. Haupteinkaufsmeile ist die Canal St, wo Touristenartikel und kopierte Designerwaren die Gehsteige verstopfen. Der wahre Genuss sind jedoch die Nebenstraßen mit ihren Cafés (in denen „Bubble Tea" serviert wird), Parfümerien, Videospielhallen, Blumenläden und Fischhändlern.

Chinatown

AJI ICHIBAN
LEBENSMITTEL

Karte S. 449 (212-233-7650; 37 Mott St zw. Bayard & Mosco St; 10–20 Uhr; S N/Q/R, J/Z, 6 bis Canal St) Der Name bedeutet im Japanischen „phantastisch", was Süßmäulern auch gleich in den Sinn kommt, wenn sie den Hongkonger Süßwarenladen betreten. Zahnärzte werden entsetzt sein angesichts der Marshmallows mit Sesamgeschmack, thailändischen Durian-Bonbons, eingelegten Pflaumen, kandierten Mandarinenschalen, getrockneten Guaven und Fruchtgummis aus schwarzer Johannisbeere. Wer's herzhafter mag, kann asiatische Snacks wie knusprig-würzigen Kabeljau, Krabbenchips, Wasabi-Erbsen oder getrocknete Anchovis mit Erdnüssen knabbern.

KAM MAN
HAUSHALTSWAREN

Karte S. 449 (212-571-0330; 200 Canal St zw. Mulberry & Motts St; 9–20.30 Uhr; S N/Q/R, J/Z, 6 bis Canal St) Wer sich in diesem klassischen Lebensmittelladen, in dem die Enten von der Decke baumeln, ins Untergeschoss begibt, findet preisgünstige chinesische und japanische Teeservices und Küchenutensilien wie Essstäbchen, Schalen, Reiskocher und Wokzubehör.

SPORT & AKTIVITÄTEN

GREAT JONES SPA
TAGESSPA

Karte S. 446 (212-505-3185; www.greatjonesspa.com; 29 Great Jones St zw. Lafayette St & Bowery; Mo 16–22, Do–So ab 9 Uhr; S 6 bis Bleecker St, B/D/F/M bis Broadway–Lafayette St) Das Verwöhnprogramm dieses Feng-Shui-Meisters samt dreistöckigem Wasserfall sollte sich niemand entgehen lassen. Wer über 100 $ investiert, kann es sich zwei Stunden im Whirlpool der Water Lounge, in der Felssauna, im Chakra-Licht-Dampfraum und im Abkühlbecken gut gehen lassen. Ein Schnäppchen, wenn man bedenkt, dass eine Stunde Massage erst ab 140 $ und Gesichtsbehandlung ab 130 $ zu haben ist. Badekleidung ist vorgeschrieben.

BUNYA CITISPA
TAGESSPA

Karte S. 446 (212-388-1288; www.bunyacitispa.com; 474 W Broadway zw. Prince & W Houston St; Mo–Sa 10–22, So bis 21 Uhr; S N/R bis Prince St, C/E bis Spring St) Ex-Models und erschöpfte Shopper ziehen sich in dieses schicke, asiatisch angehauchte Spa zurück, um sich ein wenig fernöstlich pflegen zu lassen. Zu den entspannenden Angeboten gehören Reflexzonenmassage, Kopfmassage mit Haarpflege aus Grüntee, heiße Steine und die beliebte thailändische Kräutermassage (1 Std. 120 $).

SCOTT'S PIZZA TOURS
TOUR

(212-913-9903; www.scottspizzatours.com; Touren ab 38 $) Pizzafreak Scott stellt die Idee des Pizzabringdienstes auf den Kopf und bringt die Leute zur Pizza. Die Touren führen durch unterschiedliche Teile der Stadt, haben aber stets dasselbe Ziel: die beste Pizza New Yorks zu finden.

East Village & Lower East Side

EAST VILLAGE | LOWER EAST SIDE

Highlights

❶ Staunend vor der Fassade des **New Museum** (S. 109) stehen, um anschließend genauso fasziniert die vielfältigen Kunstwerke im Inneren zu bewundern.

❷ Die entsetzlich beengten Lebensbedingungen der ersten Einwanderer nachempfinden im hervorragend kuratierten **Lower East Side Tenement Museum** (S. 108).

❸ Die Nippesläden und Sake-Bars am **St. Marks Place** (S. 111) links liegen lassen, um in den angrenzenden Straßen in Ruhe etwas zu knabbern und die Boutiquen abzuklappern.

❹ Eine Kneipentour durch das East Village unternehmen mit Boxenstopps im **Immigrant** (S. 125) und **McSorley's Old Ale House** (S. 125).

❺ Spezialitäten aus aller Welt probieren wie etwa ukrainische Klöße im **Veselka** (S. 116).

Details s. Karten S. 450 und S. 452

Rundgang: East Village & Lower East Side

Alles, was als „typisch New York" gilt, ist im East Village zu haben: Graffiti auf roten Backsteinmauern, endlos hohe Wolkenkratzer, Punks und Omas in trauter Eintracht und schöne Cafés mit wackligen Tischen auf dem Gehsteig. In der Gegend um den Tompkins Square Park und in den durchbuchstabierten Avenues (der sogenannten *Alphabet City*) im Osten des Parks gibt's noch viele kleine Ecken, in denen man die Atmosphäre des Viertels genießen kann. Hier laden eine Reihe kleiner Gemeinschaftsgärten zu Pausen im Schatten, zum Teil sogar mit Livedarbietungen. Die Straßen unterhalb der 14th St und östlich der First Ave strotzen vor coolen kleinen Boutiquen und tollen Imbisslokalen, in denen Aromen aus der ganzen Welt die Nase kitzeln. Das Viertel ist bunt zusammengewürfelt und in diesem Sinne vielleicht eine Miniaturausgabe von ganz New York.

Lokalkolorit

➡ **Ein Block weiter** Alle wollen zum Shoppen und Ausgehen zum St. Marks Place (S. 111) und dementsprechend viel los ist hier auch. Wer Läden und Restaurants mit weniger Rummel bevorzugt, muss nur einen Häuserblock weiter gehen – egal in welche Richtung.

➡ **Alles, was der Gaumen begehrt** East Village und Lower East Side sind konkurrenzlos, wenn es darum geht, die besten Küchen aus allen Ecken der Erde zu probieren. Da eine Reservierung oft nicht möglich ist, sollte man einfach umherstöbern und nach einem freien Tisch Ausschau halten, um sich dann quer durch alle Kontinente zu schlemmen.

Anfahrt

➡ **Subway** Für die meisten Ziele im East Village fahren die Züge nicht weit genug. Aber von den Haltestellen der Linie 6 am Astor Pl, der Linie F oder V an der Lower East Side–Second Ave oder der L an der First oder Third Ave ist es nur ein kurzer Spaziergang (mit Taxi und Bus geht's noch schneller). Die Linie F (Haltestelle an der Lower East Side–Second Ave oder Delancey St) bringt Besucher mitten in die Lower East Side.

➡ **Bus** Wer von Westen kommt, nimmt besser die Buslinie M14 (die 14th St entlang) oder die M21 (die Houston St entlang).

Top-Tipp

In vielen Restaurants dieser Gegend kann nicht reserviert werden. Wer aber am frühen Nachmittag im Restaurant seiner Wahl vorbeischaut (14 Uhr ist meist eine gute Zeit) und seinen Namen auf die Liste fürs Abendessen schreiben lässt, hat gute Chancen, abends sofort einen Tisch zu bekommen.

Gut essen

- ➡ Upstate (S. 118)
- ➡ Cafe Mogador (S. 116)
- ➡ Tacos Morelos (S. 115)
- ➡ Calliope (S. 116)
- ➡ Lavagna (S. 116)

Mehr dazu s. S. 115

Schön ausgehen

- ➡ Death + Co (S. 125)
- ➡ Angel's Share (S. 125)
- ➡ Golden Cadillac (S. 124)
- ➡ Wayland (S. 124)
- ➡ Ten Bells (S. 126)

Mehr dazu s. S. 121

Schön shoppen

- ➡ Obscura Antiques (S. 130)
- ➡ Top Hat (S. 131)
- ➡ Still House (S. 129)
- ➡ Tokio 7 (S. 130)
- ➡ John Varvatos (S. 130)

Mehr dazu s. S. 129

HIGHLIGHT
LOWER EAST SIDE TENEMENT MUSEUM

Kein anderes Museum in New York bringt Besuchern die wechselhafte Geschichte der Stadt so nahe wie das Lower East Side Tenement Museum. Es beleuchtet das Erbe dieses Viertels anhand mehrerer rekonstruierter Mietskasernen. Diese beherbergen u. a. die Wohnung der deutsch-jüdischen Familie Gumpertz aus den 1870er-Jahren sowie die Wohnung der italienischen Familie Baldizzi aus der Zeit der Großen Depression von 1929. Das Museum wird permanent erweitert und bietet auch außerhalb der Museumsmauern diverse Touren und Vorträge an.

NICHT VERSÄUMEN

- Führungen durch das Stadtviertel
- Ein Blick in die 1870er- und 1930er-Jahre auf der Führung „Hard Times"
- Der 30-minütige Film, der im Besucherzentrum gezeigt wird
- Die Plumpsklos

PRAKTISCH & KONKRET

- Karte S. 452
- ☎ 212-982-8420
- www.tenement.org
- 103 Orchard St zw. Broome & Delancey St
- Eintritt 22 $
- ⌚ 10–18 Uhr
- Ⓢ B/D bis Grand St, J/M/Z bis Essex St, F bis Delancey St

In den Mietskasernen

Diverse Touren führen durch die Mietskasernen, in denen im Lauf der Jahre Hunderte von Immigrantenfamilien wohnten und arbeiteten. „Hard Times", eine der beliebtesten Führungen, präsentiert Wohnungen aus zwei verschiedenen Epochen, den 1870er- und den 1930er-Jahren. Hier erlebt man hautnah die unwürdigen Bedingungen, in denen die Bewohner hausten – ohne Strom und fließendes Wasser und anfangs nur mit einem Gemeinschaftsklo draußen –, und wie das Leben der Familien aussah, die hier wohnten. Andere Führungen thematisieren die irischen Einwanderer, die brutale Ausbeutung der Arbeiter und das Leben von Händlern und Kneipiers (mit einer Führung durch eine nachgebaute deutsche Kneipe der 1870er-Jahre).

Im Stadtteil

Auf einer Führung durchs Viertel erhält man einen wunderbaren Einblick in das Leben der Einwanderer. Diese 75-minütigen bis zweistündigen Touren behandeln eine Vielzahl von Themen. „Then & Now" z. B. erkundet, wie sich das Viertel im Verlauf der Jahrzehnte veränderte; „Outside the Home" betrachtet den Lebensalltag außerhalb der Wohnblocks – wo die Einwanderer ihre Ersparnisse aufbewahrten, die für das Gemeinschaftsleben so wichtigen Kirchen und Synagogen sowie die Säle, in denen sich die schlecht bezahlten Arbeiter trafen, um für bessere Lebensbedingungen zu kämpfen.

103 Orchard Street

Das Besucherzentrum in der Orchard St 103 verfügt über einen Museumsshop und einen kleinen Vorführraum, in dem ein Film gezeigt wird. An mehreren Abenden des Monats veranstaltet das Museum hier Vorträge, die sich oft mit dem Dasein von Immigranten in den heutigen USA befassen. Das Gebäude selbst war natürlich auch einst eine Mietskaserne; das Personal weiß eine Menge über die interessanten osteuropäischen und italienischen Familien, die hier gelebt haben, zu erzählen. Schwarz-Weiß-Portraits ehemaliger Bewohner sind auch unter www.tenement.org/103-Orchard.html zu sehen.

Treffen mit Victoria

Eine Zeitreise führt zurück ins Jahr 1916: Dabei trifft man Victoria Confino, ein 14-jähriges Mädchen aus einer griechischen sephardischen Familie. Sie wird von einer kostümierten Führerin gespielt und beantwortet gern Besucherfragen über ihr Leben zur damaligen Zeit. Diese einstündige Führung ist besonders für Familien mit Kindern interessant, denn man darf auch alle möglichen Haushaltsgegenstände in die Hand nehmen. Die Tour wird im Sommer täglich und ansonsten am Wochenende angeboten.

HIGHLIGHT
NEW MUSEUM

Wie jedes andere moderne Museum, das etwas auf sich hält, ist auch hier die Architektur genauso wichtig wie die darin ausgestellte Kunst. In dieser Hinsicht schneidet das New Museum mit dem inspirierenden Design des berühmten japanischen Architekturbüros SANAA mehr als gut ab. In den letzten zwanzig Jahren hat sich in der Lower East Side einiges verändert, seitdem die großflächige Gentrifizierung ihre Schmuddelecken in glitzernde Wohnblöcke verwandelt hat. Das New Museum setzt einen ganz einmaligen Akzent – und die ausgestellten Kunstwerke werden Besucher ebenso verwirren und in den Bann ziehen wie die Fassade.

Museum mit Sendungsbewusstsein

Das Museum, 1977 von Marcia Tucker gegründet und über die Jahre an fünf Standorten ansässig geworden, hat sich ein einfaches Motto auf die Fahnen geschrieben: „Neue Kunst, neue Ideen". Es hat Künstlern wie Keith Haring, Jeff Koons, Joan Jonas, Mary Kelly und Andres Serrano zu Beginn ihrer Karrieren Ausstellungsfläche geboten und zeigt auch weiterhin Größen der Gegenwart. Das einzige Museum für zeitgenössische Kunst in New York präsentiert seit jeher innovative Arbeiten in neuen Formen, wie etwa die vermeintlich zufällig zusammengefügten ausrangierten Materialien, die in der Mitte eines riesigen Raumes ausgestellt wurden.

Im Museumscafé, dem Hester Street Cafe, kann man wunderbare New Yorker Lebensmittel wie Backwaren des Cafe Grumpy, Tees von McNulty, Kaffee von Intelligentsia und Sandwiches der Duck's Eatery probieren.

NICHT VERSÄUMEN

➡ Blick auf die Fassade von der anderen Straßenseite
➡ *Pay what you wish* am Donnerstagabend
➡ Hester Street Cafe
➡ New Museum Store

PRAKTISCH & KONKRET

➡ Karte S. 452
➡ 212-219-1222
➡ www.newmuseum.org
➡ 235 Bowery zw. Stanton & Rivington St
➡ Erw./Kind 16 $/frei, Do 19–21 Uhr nach eigenem Ermessen
➡ Mi & Fr–So 11–18, Do 11–21 Uhr
➡ N/R bis Prince St, F bis 2nd Ave, J/Z bis Bowery, 6 bis Spring St

NEW MUSEUM SHOP

Wer nichts mit der aktuellen Ausstellung anfangen kann, findet im Museumsshop eine Auswahl schönster Bildbände. Teilweise entstanden die raffinierten Souvenirs in Zusammenarbeit mit den dargestellten Künstlern. Der Laden hat die gleichen Öffnungszeiten wie das Museum.

ERMÄSSIGTER EINTRITT

Donnerstags zwischen 19 und 21 Uhr ist der Eintritt erheblich günstiger – man bezahlt, was man möchte. Je nach Ausstellung kann es dann sehr voll werden: Es ist also Schlangestehen angesagt und es empfiehlt sich, gegen 18.45 Uhr da zu sein.

ERSTER SAMSTAG

Am ersten Samstag des Monats veranstaltet das New Museum besondere Events für kleine Künstler zwischen 4 und 15 Jahren, bei denen diese schöpferisch aktiv werden können. Für erwachsene Begleitpersonen ist der Eintritt dann frei (Kinder kommen sowieso immer umsonst rein).

Kreativer Kosmos

Seit einigen Jahren ist das New Museum nun derartig im Viertel „angekommen", dass Neubauten in der Umgebung beginnen, das ätherische Design zu imitieren. Noch interessanter ist jedoch seine Anziehungskraft auf Künstler: Wie ein großer Himmelskörper zieht es kleine Ateliers und Ausstellungsflächen an, die sich in seiner Umlaufbahn aufhalten. Näheres zu diesen anderen Galerien an der Lower East Side siehe S. 114.

Die Vision von SANAA

Während im Museum die Exponate regelmäßig wechseln und damit den Charakter des Ausstellungsraumes verändern, bleibt die geniale architektonische Aussage des umgebenden Baus eine Konstante. Im facettenreichen Gesicht der Stadt bildet er ein einzigartiges strukturelles Element. Und doch bringt er gleichzeitig die ausgestellten Kunstwerke optimal zur Geltung, ohne sich selbst in den Vordergrund zu drängen.

Die Struktur des Baus ist eine Schöpfung des japanischen Architekturbüros SANAA, eines Gespanns der beiden architektonischen Leuchten Sejima Kazuyo und Nishizawa Ryue. 2010 räumte SANAA für seinen Beitrag zur Designlandschaft sozusagen den Oskar der Architektur ab: den begehrten Pritzker-Preis. Markenzeichen des Architektenteams sind „verschwindende" Fassaden, die weltweit dafür bekannt sind, dass sie sich strikt an das Prinzip *Form follows Function* (die Form folgt der Funktion) halten und dabei manchmal sogar den Umriss des Grundstücks in die Form des Bauwerks integrieren. Das bauklötzchenartige Schema bildet einen auffälligen Kontrast zu den dunkelroten Backsteinbauten mit ihren Feuerleitern aus Eisen und spielt gleichzeitig auf die geometrischen Ausstellungsräume im Inneren an.

HIGHLIGHT
ST. MARKS PLACE

Eine der bestechendsten Eigenschaften von New York ist, dass jede Straße etwas ganz Eigenes erzählt – vom Treiben auf und zwischen ihren Gehsteigen zur verdichteten Geschichte hinter den bunten Fassaden. Vielleicht der beste Geschichtenerzähler ist St. Marks Place, wo fast jedes Gebäude der berühmten Häuserblocks tausend Schauermärchen aus einer Zeit zu erzählen weiß, als das East Village vor allem für Anarchie stand.

Offiziell bezeichnet St. Marks Place die 8th St von der Third Ave bis zur Avenue A. Der heilige Name stammt von der gleichnamigen Kirche in der nahe gelegenen 10th St.

Astor Place

Westlich von St. Marks Place liegt das lebhafte Straßenkarree des **Astor Place** (Karte S. 450; 8th St zw. Third & Fourth Ave; S N/R bis 8th St–NYU, 6 bis Astor Pl). In der Mitte steht eine seltsame quadratische Skulptur, die in New York den liebevollen (und treffenden) Beinamen *The Cube* trägt – der Würfel. Die über 815 kg schwere Plastik besteht komplett aus Cortenstahl und heißt in Wirklichkeit *Alamo*. Für die Anwohner ist sie ein beliebter Treffpunkt.

Ursprünglich stand am Astor Place das Astor Opera House, wo sich Mitte des 19. Jhs. die Geldelite der Stadt zu regelmäßigen Vorführungen einfand. Hier war außerdem der Schauplatz der berüchtigten Astor-Place-Ausschreitungen. Damals protestierte die irische Bevölkerung New Yorks derart heftig gegen die Hungersnot in ihrer Heimat, dass die Polizei in die Menge schoss. Hunderte von Menschen wurden verletzt, mindestens 18 getötet.

Heute ist der Platz hauptsächlich bekannt als Adresse des *Village Voice* sowie des Designinstituts **Cooper Union** (Karte S. 450; www.cooper.edu; 51 Astor Pl).

NICHT VERSÄUMEN

- Die Fassaden der Hausnummern 96 und 98, die auf Led Zeppelins LP *Physical Graffiti* zu sehen sind
- Brunch in einem der guten Cafés
- Tompkins Square Park am Ende der Straße
- Sake in einem der japanischen Bars
- Schnickschnack und ausgefallene Souvenirs shoppen

PRAKTISCH & KONKRET

- Karte S. 450
- St. Marks Pl, Ave A bis Third Ave
- S N/R/W bis 8th St–NYU, 6 bis Astor Pl

ESSEN AM ST. MARKS PLACE

St. Marks Place ist nicht nur voller kurioser und historischer Wahrzeichen; inzwischen kann man da auch ganz wunderbar essen. Am Wochenende lohnt sich ein Brunch im East Village unbedingt, dort es hier meist günstiger (und weniger szenig) ist als in den angrenzenden Vierteln. Gut sind etwa das Cafe Mogador (S. 116) und das Yaffa (S. 116), die beide eine Mischung amerikanischer Standards und verschiedener orientalischer Gerichte servieren.

Neonschild am Trash & Vaudeville

Einst war das East Village die Keimzelle neuer Punk-Talente. Viele bezogen die Ausstattung für ihren ureigenen Look aus den Klamottenläden am St. Marks Place. Die meisten sind leider Mainstream-Ware gewichen, die sich am Touristengeschmack orientiert, aber einige wie das Trash & Vaudeville in Nr. 4 (Karte S. 450) haben überlebt.

Third Ave bis Avenue A

St. Marks Place, mit nur drei Häuserblocks zwischen Astor Place und Tompkins Square Park eine der kürzesten Straßen New Yorks, ist zugleich eine der bekanntesten Straßen der Stadt. An der 2 St. Marks Place steht St. Mark's Ale House, das eine Zeit lang unter dem berühmten Namen Five Spot firmierte, wo Jazz-Schwergewicht Thelonious Monk in den 1950er-Jahren erstmals bekannt wurde. Die Nr. 4 hat einen bunten Strauß bekannter Namen gesehen: Gebaut wurde das Haus vom Sohn Alexander Hamiltons, in den 1830er-Jahren lebte hier der Schriftsteller James Fenimore Cooper und in den 1960er-Jahren fiel Yoko Onos Künstlergruppe Fluxus über das Gebäude her. Die Fassaden der Hausnummern 96 und 98 sind auf dem Plattencover des Led-Zeppelin-Albums *Physical Graffiti* verewigt. An der 122 St. Marks Place befand sich bis zu seiner Schließung in den 1990er-Jahren das beliebte Café Sin-é, in dem Jeff Buckley und David Gray oft aufgetreten sind.

Tompkins Square Park

St. Marks Place endet an einer grünen Oase tief im Herzen des East Village, dem knapp 6,5 ha großen Tompkins Square Park. Hier findet jedes Jahr im September das Howl! Festival of East Village Arts statt. Im Rahmen dieses Festivals, das vom Werk Allen Ginsburgs inspiriert ist, finden im Park Theater-, Musik-, Film- und Tanzveranstaltungen und Lesungen statt. Zudem dient der Park als Kulisse für das Charlie Parker Jazz Festival, bei dem sich jeden August einige echte Jazzgrößen ein Stelldichein geben.

◉ SEHENSWERTES

◉ East Village

ST. MARKS PLACE *STRASSE*
Siehe S. 111.

TOMPKINS SQUARE PARK *PARK*
Karte S. 450 (www.nycgovparks.org; E 7th & 10th St zw. Ave A & B; ⊙6–24 Uhr; ⑤6 bis Astor Pl) Dieser gut 4 ha große Park erinnert an Daniel Tompkins, der von 1807 bis 1817 Gouverneur von New York und danach unter James Monroe Vizepräsident der USA war. In dem freundlichen Nachbarschaftspark treffen sich die Anwohner zum Schachspielen an Betontischen, zum Picknick auf dem Rasen oder zu spontanen Gitarren- und Schlagzeugsessions auf einem der grünen kleinen Hügel. Hier gibt's außerdem Basketballplätze, eine eingezäunte Auslauffläche für Hunde, im Sommer regelmäßig Konzerte und einen gut besuchten Kinderspielplatz.

Aber der kürzlich umgestaltete Park war nicht immer solch ein gepflegtes Örtchen. In den 1980er-Jahren war er eine dreckige, nadelübersäte Heimstatt für Obdachlose und in keinster Weise für Spaziergänge oder Picknicks geeignet. Der umstrittene Wendepunkt kam 1988 (und dann noch einmal 1991), als die Polizei den Musikpavillon niederriss und mehr als 100 Bewohner der Zeltstadt im Park vertrieb. Die erste Polizeiaktion endete mit gewalttätigen Auseinandersetzungen, dem sogenannten Tompkins Square Riot. Danach kamen die ersten Yuppies, Modefreaks und Drogenpolizisten, die versuchten, sich als Punks auf der Suche nach Drogen auszugeben.

ST. MARK'S IN THE BOWERY *KIRCHE*
Karte S. 450 (☎212-674-6377; www.stmarksbowery.org; 131 E 10th St Höhe Second Ave; ⊙Mo–Fr 10–18 Uhr; ⑤L bis 3rd Ave, 6 bis Astor Pl) Diese Kirche mögen die Anwohner vor allem wegen des kulturellen Angebots, darunter Gedichtlesungen des Poetry Project oder supermoderne Tanzperformances von Danspace und dem Ontological Hysteric Theater. Aber dies ist auch ein historischer Ort, denn die Episkopalkirche steht dort, wo sich früher die Farm (oder *bouwerij*) von Peter Stuyvesant befand. Der frühere niederländische Gouverneur liegt hier in einer Gruft begraben.

EAST RIVER PARK *PARK*
Karte S. 450 (FDR Dr & E Houston St; ⑤F bis Delancey-Essex St) Neben tollen Spielfeldern für diverse Ballspiele, Rad- und Joggingwegen, einem Amphitheater für Konzerte (5000 Sitzplätze) und ausgedehnten Grünflächen lockt dieser Park mit einer kühlen Brise vom Wasser und atemberaubenden Aus-

---

GEMEINSCHAFTSGÄRTEN

Nach so viel Naturabstinenz in New York City sorgen die Gemeinschaftsgärten in der Alphabet City für eine Überraschung. Hier wurden verlassene Grundstücke in Gärten verwandelt, damit einkommensschwache Viertel in den Genuss gemeinschaftlich nutzbarer Hinterhöfe kommen. Auf Grünflächen zwischen einzelnen Gebäuden oder ganzen Blocks werden Bäume und Blumen gepflanzt, Sandkästen gebaut, irgendwo abgestaubte Skulpturen installiert und Dominotische aufgestellt. Und obwohl einige Gärten unter heftigem Protest zerstört wurden, um Bauprojekten Platz zu machen, konnten sich viele Grünflächen behaupten. Am Wochenende, wenn die meisten Gärten öffentlich zugänglich sind, bewundern Besucher die Pflanzungen und plaudern mit den Hobbygärtnern, von denen viele lokalen Bürgerinitiativen angehören und sich gut in der Kommunalpolitik auskennen.

Le Petit Versailles (Karte S. 450; www.lpvtv.blogspot.com; 346 E Houston St Höhe Ave C; ⑤F bis Delancey St, J/M/Z bis Essex St) ist eine einzigartige Verschmelzung einer üppig-grünen Oase mit einer engagierten Kunstorganisation; hier werden schräge Performances und Filmvorführungen geboten. Im gut organisierten **6th & B Garden** (Karte S. 450; www.6bgarden.org; E 6th St & Ave B; ⊙Sa & So 13–18 Uhr; ⑤6 bis Astor Pl) werden kostenlose Konzerte, Workshops und Yogastunden veranstaltet (Einzelheiten auf der Website). Drei spektakuläre Trauerweiden, ein sehr seltener Anblick in der Stadt, zieren die Zwillingsgärten **9th St Garden and La Plaza Cultural** (Karte S. 450; www.laplazacultural.com; E 9th St Höhe Ave C; ⊙April–Okt. Sa & So 12–17 Uhr). Ebenfalls sehenswert sind der **All People's Garden** (Karte S. 450; E 3rd St zw. Ave B & C) und **Brisas del Caribe** (Karte S. 450 237 E 3rd St).

sichten auf drei Brücken über den East River (Williamsburg, Manhattan und Brooklyn Bridge).

Fazit: Trotz der Lage zwischen einer hoch aufragenden Wohnsiedlung am verstopften FDR Drive und dem alles andere als sauberen East River ein toller Ort für einen Spaziergang oder eine morgendliche Joggingrunde.

◉ Lower East Side

LOWER EAST SIDE TENEMENT MUSEUM MUSEUM
Siehe S. 108.

NEW MUSEUM MUSEUM
Siehe S. 109.

MUSEUM AT ELDRIDGE STREET SYNAGOGUE MUSEUM
KarteS. 452(☏212-219-0302;www.eldridgestreet.org; 12 Eldridge St zw. Canal & Division St; Erw./Kind 10/6 $; ⊙So–Do 10–17, Fr bis 15 Uhr; Ⓢ F bis East Broadway) Diese berühmte Synagoge wurde 1887 erbaut und war einst Mittelpunkt des jüdischen Lebens in der Stadt, bevor sie in den 1920er-Jahren verlotterte. Das zwischenzeitlich stark verfallene Gebäude ist erst vor Kurzem wiederhergestellt worden, erstrahlt aber heute in seiner ganzen ursprünglichen Pracht. Das hauseigene Museum bietet jede halbe Stunde Führungen an; die letzte beginnt um 16 Uhr.

ESSEX STREET MARKET MARKT
Karte S. 452 (☏212-312-3603; www.essexstreetmarket.com; 120 Essex St zw. Delancey & Riving-

GALERIEN DER LOWER EAST SIDE

Chelsea ist zwar das Schwergewicht der New Yorker Galerienszene, aber auch die Lower East Side hat Dutzende richtig gute Adressen zu bieten. Einer der Pioniere der hiesigen Galerieszene eröffnete 1975 seine Pforten: **Sperone Westwater** (Karte S. 452; www.speronewestwater.com; 257 Bowery; Ⓢ F bis 2nd Ave) stellt Größen wie William Wegman und Richard Long aus und residiert heute in neuen Räumen im Design des berühmten Norman Foster, der in New York bereits mit seinen Entwürfen für das Hearst Building und die Avery Fisher Hall Furore gemacht hat. Die avantgardistische Galerie **Salon 94** betreibt in der Lower East Side zwei Filialen: eine versteckt in der **Freeman Alley** (Karte S. 452; www.salon94.com; 1 Freeman Alley, abseits der Rivington St; Ⓢ F bis 2nd Ave, J/Z bis Bowery) und die andere an der **Bowery** (Karte S. 452; www.salon94.com; 243 Bowery Ecke Stanton St; Ⓢ F bis 2nd Ave, J/Z bis Bowery) beim New Museum. Letztere verfügt über eine 6 m große LCD-Videowand, auf der Videokunst auf die Straße projiziert wird. Ein paar Blocks weiter nördlich ist die 370 m² große **Hole** (Karte S. 450; www.theholenyc.com; 312 Bowery Höhe Bleecker; Ⓢ 6 bis Bleecker St, B/D/F/M bis Broadway–Lafayette St) – gleichermaßen bekannt für ihre Kunst wie für ihre lauten Vernissagen, zu denen sowohl Typen aus der Kunstszene wie auch bekannte Gesichter wie Courtney Love und Salman Rushdie auftauchen.

Die Broome St zwischen Chrystie und Bowery entwickelt sich immer mehr zum Zentrum der Kunstszene der Lower East Side: Bekannte Galerien wie **White Box**, **Canada**, **Jack Hanley** und **Marlborough** residieren hier Seite an Seite. Eine weitere quirlige Galeriemeile ist die Orchard St zwischen Rivington und Canal St.

Die zweistöckige, 2013 eröffnete Galerie **Rox** (Karte S. 452; www.roxnyc.com; 86 Delancey St zw. Orchard & Ludlow St; Ⓢ F bis Delancey St, J/M/Z bis Essex St) präsentiert provokante Ausstellungen – bei der Eröffnung sorgte sie durch ein großformatiges Foto einer nackten Frau im Fenster für einiges Aufsehen – das Foto gehörte zur Ausstellung, war aber für die vielen Fußgänger auf der Delancey St nicht zu übersehen.

Außerdem gibt es in der Gegend noch einige beliebte, hier nur vorübergehend existierende Galerien:

Lehmann Maupin (Karte S. 452; www.lehmannmaupin.com; 201 Chrystie St; Ⓢ F bis Delancey–Essex St)

Mark Miller Gallery (Karte S. 452; www.markmillergallery.com; 92 Orchard St zw. Delancey & Broome St)

Untitled (Karte S. 452; www.nyuntitled.com; 30 Orchard St zw. Canal & Hester St)

Lesley Heller (Karte S. 452; www.lesleyheller.com; 54 Orchard St zw. Grand & Hester St)

ton St; Mo–Sa 8–19 Uhr; SF bis Delancey St, J/M/Z bis Essex St) Dieser 1940 gegründete Markt versorgt das Viertel mit Lebensmitteln wie Meeresfrüchten, Fleisch, Wurst und Käse, und es gibt auch lateinamerikanische Lebensmittel und sogar einen Friseur. Zwar präsentiert sich die Markthalle drinnen eher unscheinbar, doch sind hier einige ausgezeichnete Leckereien zu haben, z. B. geräucherter Fisch bei Rainbo's und handgefertigter Käse, Räucherwurst und hausgemachte Pasteten bei den Saxelby Cheesemongers. Pain d'Avignon backt frisches Brot und Boubouki zaubert Spinattaschen und Baklava, während Roni-Sue's Chocolates mit süßen Versuchungen lockt. Man kann auch direkt etwas essen, etwa beim Shopsin's General Store, der Brooklyn Taco Company oder der Davidovich Bakery.

ORCHARD STREET BARGAIN DISTRICT STADTVIERTEL

Karte S. 452 (Ludlow & Essex St zw. Houston & Delancey St; So–Fr; SF, J/M/Z bis Delancey–Essex St) Früher verkauften osteuropäische und jüdische Kaufleute an dieser großen Kreuzung buchstäblich alles auf ihren Handkarren. Heute sind hier gut 300 Läden – nicht ganz so malerisch, aber eine gute Adresse für preiswerte Lederjacken, Hemden und Hosen.

KEHILA KEDOSHA JANINA SYNAGOGUE & MUSEUM RELIGIÖS, SPIRITUELL

Karte S. 452 (212-431-1619; www.kkjsm.org; 280 Broome St Höhe Allen St; So 11–16 Uhr, Gottesdienst Sa 9 Uhr; SF, J/M/Z bis Delancey–Essex St) Diese kleine Synagoge ist das Zuhause eines obskuren Zweigs des Judentums, der Romanioten. Ihre Vorfahren waren Sklaven, die es durch einen Sturm nach Griechenland verschlug, als sie mit dem Schiff nach Rom transportiert werden sollten. Dies ist ihre einzige Synagoge in der westlichen Hemisphäre. Zum Gotteshaus gehört ein kleines Museum mit Stücken wie handgemalten Geburtsurkunden, einer Kunstgalerie, einem Holocaustmahnmal im Gedenken an griechische Juden und Trachten aus Ioannina, der romaniotischen Hauptstadt Griechenlands.

SARA D. ROOSEVELT PARK PARK

Karte S. 452 (Houston St Höhe Chrystie St; SF bis Delancey–Essex St) In dem drei Häuserblocks langen Park, der in den vergangenen Jahren einer Verjüngungskur unterzogen wurde, ist am Wochenende jede Menge los, denn hier gibt's Basketballplätze, einen kleinen Fußballplatz mit Kunstrasen und unmittelbar nördlich der Hester St einen beliebten Spielplatz. Tai-Chi-Jünger, Gemüsehändler (in den Nebenstraßen der Umgebung) und Spaziergänger aller Altersgruppen und jeglicher Herkunft komplettierten die bunte Szene.

ESSEN

Hier findet sich der Inbegriff dessen, was am Essengehen in New York so schön ist: die schiere Vielfalt. Innerhalb eines einzigen Häuserblocks können sämtliche Kontinente und Preisklassen vertreten sein. Vom ukrainischen Piroggen-Palast über unzählige Sushi-Theken bis zum Pizzabäcker oder Falafel-Verkäufer – hier ist für jeden Geschmack etwas dabei. Inder sind auch zahlreich vertreten, vor allem auf der kunterbunten E 6th St zwischen First und Second Ave. Hier gibt es sogar so viele günstige, gute Lokale aus dem indischen Subkontinent, dass man die Straße auch *Curry Row* nennt.

East Village

ABRAÇO CAFÉ $

Karte S. 450 (www.abraconyc.com, 86 E 7th St zw. First & Second Ave; Snacks 2–3 $; Di–Sa 8–16, So 9–16 Uhr; SF bis 2nd Ave, L bis 1st Ave, 6 bis Astor Pl) Das Abraço im East Village ist so klein, dass man kaum stehen, geschweige denn sitzen kann. Aber der Kaffee sucht in der ganzen Stadt seinesgleichen. Zu einem perfekten Cappuccino passt z. B. ein Stück vom hervorragenden Olivenkuchen.

MINCA NUDELN $

Karte S. 450 (212-505-8001; www.newyorkramen.com; 536 E 5th St zw. Ave A & B; Ramen 11–14 $; 12–23.30 Uhr; SF bis Second Ave, J/M/Z bis Essex St, F bis Delancey St) Wie viele Läden im East Village ist das Minca winzig. Aber auf die Größe kommt es auch nicht an, sondern auf das Essen, in diesem Fall riesige Schüsseln mit dampfenden *ramen*. Besonders gut dazu sind *gyoza* als Beilage.

TACOS MORELOS MEXIKANISCH $

Karte S. 450 (438 E 9th St zw. First Ave & Ave A; Tacos ab 2,50 $; So–Do 12–24, Fr & Sa bis 2 Uhr; SL bis 1st Ave) Ein berühmter Imbisswagen schlug 2013 schließlich in einem schnörkellosen Laden im East Village Wurzeln und entwickelte sich rasch zu einem der beliebtesten Tacos-Lokale in Manhattan. Tacos gibt's mit Huhn, Steak, Schweinebratenfleisch, Rinderzunge und auch vegetarisch. Tipp: Der Aufpreis von 50 Cent für hausgemachte Tortillas lohnt sich auf jeden Fall!

KANOYAMA SUSHI $

Karte S. 450 (212-777-5266; www.kanoyama.com; 175 Second Ave Nähe E 11th St; Rollen ab 5 $; 17.30–23 Uhr; ; L bis Third Ave, L, N/Q/R/W, 4/5/6 bis 14th St–Union Sq) Schnörkelloses Sushi mit frischen Tagesgerichten im Herzen des East Village. Bisher ist dieser Schatz des Viertels den renommierten Restaurantkritikern der Stadt entgangen – daher vielleicht das unprätentiöse Flair. Sushi gibt's *à la carte* oder als Rolle. Wer mag, kann auch einen der vielen *tempura*-Platten bestellen.

VESELKA UKRAINISCH $

Karte S. 450 (212-228-9682; www.veselka.com; 144 Second Ave Höhe 9th St; Hauptgerichte 10–18 $; 24 Std.; L bis 3rd Ave, 6 bis Astor Pl) Diese belebte Hommage an die ukrainische Vergangenheit des Viertels hat neben der üblichen öligen Nervennahrung z. B. *varenyky* (handgemachte Klöße) und Kalbsgulasch im Programm. Die dicht an dicht stehenden Tische laden Kalorienhungrige die ganze Nacht hindurch zum Schlemmen, aber das Lokal ist eigentlich zu jeder Tageszeit gut besucht.

YAFFA AMERIKANISCH $

Karte S. 450 (212-677-9001; www.yaffacafe.com; 97 St. Marks Pl zw. First Ave & Ave A; Hauptgerichte 12–18 $; 9–18 Uhr; L bis First Ave, F bis Second Ave, 4/6 bis Astor Pl) Das freundliche Yaffa präsentiert sich als ein bunter Strauß aus wilden Mustern, Plastiklüstern und Nippes aus farbigem Glas. Die Speisekarte ist eine Synthese aus amerikanischer und orientalischer Küche. Der ruhige Innenhof ist eine friedliche Oase.

RAI RAI KEN RAMEN $

Karte S. 450 (212-477-7030; 214 E 10th St zw. First & Second Ave; Ramen 10–13 $; Mo–Do 12–24, Fr & Sa 12–2 Uhr; L bis First Ave, 4/6 bis Astor Pl) Die Ladenfront von Rai Rai Ken ist zwar nicht größer als die Eingangstür, aber trotzdem nicht zu übersehen: Davor lungert nämlich meist die hauseigene Fangemeinde herum. Innen stehen niedrige Holzstühle um die Nudelbar, wo Köche die laufende Produktion der Schweinefleischsuppe in Gang halten, die siedend heiß auf den Tisch kommt.

ANGELICA KITCHEN VEGAN, CAFÉ $$

Karte S. 450 (212-228-2909; www.angelicakitchen.com; 300 E 12th St zw. First & Second Ave; Hauptgerichte 11–19 $; 11.30–22.30 Uhr; ; L bis 1st Ave) Dieser unverwüstliche Veteran der vegetarischen Szene beglückt mit wohltuender Atmosphäre – Kerzen, geeigneten Tischen für traute Zweisamkeit oder Geselligkeit und freundlichem, altbewährtem Personal – und einer schwindelerregenden Auswahl an kreativen Rezepten. Manche Gerichte tragen etwas überkandidelte Namen (Goodnight Mushroom, Thai Mee Up), aber alle sind wahre Wunderwerke aus Tofu, Seitan, Gewürzen, Sojaprodukten und einer Fülle frischer Zutaten.

CALLIOPE FRANZÖSISCH $$

Karte S. 450 (84 E 4th St Höhe Second Ave; Hauptgerichte mittags 12–17 $, abends 26–39 $; mittags & abends; F bis 2nd Ave) Dieser rustikal-schicke Charmeur serviert französische Bauernküche mit moderner Note. Die Gerichte auf der kleinen Karte sind wirklich gut zubereitet: pikante Makrele mit Avocado und schwarzem Sesam, Rinderzunge mit eingelegten Zwiebeln, delikate Kaninchen-Pappardelle und eine wunderbar zarte *tête de porc* (Schweinekopf). Für weniger Abenteuerlustige gibt's knuspriges Grillhühnchen, Newport-Steak und Muscheln.

LAVAGNA ITALIENISCH $$

Karte S. 450 (212-979-1005; www.lavagnanyc.com; 545 E 5th St zw. Ave A & B; Hauptgerichte 15–30 $; Mo–Do 18–23, Fr–So bis 24 Uhr; ; F bis 2nd Ave) Dunkles Holz, flackernde Kerzen und ein feuriges Glühen aus der teils offenen Küche machen das heimelige Lavagna zu einem spätabendlichen Versteck für Liebespaare. Aber es ist auch locker genug für einen Besuch mit Kindern, zumindest früh am Abend, bevor sich das kleine Lokal füllt. Köstliche Pastagerichte, dünne Pizzas und herzhafte Hauptgerichte wie z. B. das Karree vom Lämmchen bilden den Grundstock des Angebots.

CAFE MOGADOR MAROKKANISCH, NORDAFRIKANISCH $$

Karte S. 450 (212-677-2226; 101 St. Marks Pl; Hauptgerichte mittags 8–14 $, abends 17–21 $; So–Do 9–1, Fr & Sa bis 2 Uhr; 6 bis Astor Pl) Das von einer Familie betriebene Mogador ist schon seit Langem ein New Yorker Klassi-

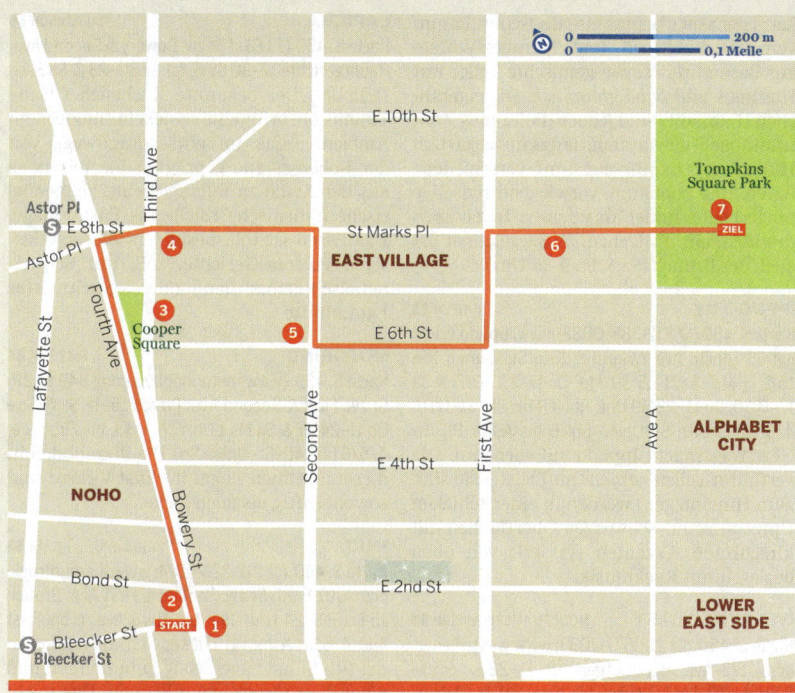

🏃 Spaziergang
East-Village-Nostalgie

START CBGB
ZIEL TOMPKINS SQUARE PARK
LÄNGE/DAUER 2,4 KM; 1½ STUNDEN

Von der Subway-Station Bleecker St führt die Tour ein paar Blocks ostwärts an der Bleecker St entlang zum früheren ❶ **CBGB**. Der berühmte, 1973 eröffnete Musikklub, in dem die Ramones dem Punk auf die Sprünge halfen, hat heute einer John-Varvatos-Boutique Platz gemacht. Die Wände mit ihren verblichenen Postern und wilden Graffiti wurden im Originalzustand belassen. Die Ecke gleich nördlich von hier markiert den Beginn des ❷ **Joey Ramone Place**, benannt nach dem Ramones-Sänger, der 2001 an Krebs starb. Weiter geht's auf der Bowery Richtung Norden zum Astor Place, dann rechts über den Platz bis zur ❸ **Cooper Union** (S. 111), wo der Präsidentschaftsaspirant Abraham Lincoln 1860 eine skeptische New Yorker Menge mit einer aufrüttelnden Anti-Sklaverei-Rede auf seine Seite zog und sich so die Kandidatur sicherte. Am St. Marks Place entlang geht's weiter Richtung Osten, vorbei an reichlich Tattoo-Salons und billigen Lokalen, die sich seit den 1980er-Jahren kaum verändert haben. Nach einem Blick in den berühmten Grufti- und Punkshop ❹ **Trash & Vaudeville** geht's südwärts die Second Ave entlang bis zur Nr. 105, wo Bill Graham 1968–1971 die Konzerthalle ❺ **Fillmore East** (105 Second Ave) mit 2000 Plätzen betrieb. In den 1980er-Jahren wurde daraus der legendäre Club Saint, der den Beginn einer fröhlichen, drogenlastigen, schwulen Diskokultur markierte. Auf Höhe der 6th St geht's über die Second Ave und dann in der 6th St an einer Reihe von indischen Restaurants und Läden vorbei, anschließend weiter links in die First Ave bis zum St. Marks Pl und dort rechts. Diese Wohnblocks sind auf dem Cover des Led-Zeppelin-Albums ❻ **Physical Graffiti** (96–98 St. Marks Pl) abgebildet, und hier saßen Mick Jagger und Keith Richards in dem Stones-Video für *Waiting on a Friend*. Der Spaziergang endet am ❼ **Tompkins Square Park** (S. 113), wo Dragqueens an der Konzertmuschel, in der Jimi Hendrix in den 1960er-Jahren spielte, das Sommerfestival Wigstock ins Leben riefen.

ker: Hier gibt's bergeweise Couscous, Lamm vom Holzkohlegrill und Merguez-Würste auf Basmatireis sowie gemischte Teller mit Hummus und *baba ghanoush*. Die eigentlichen Highlights sind jedoch die Tajines – mit traditionell gewürztem, langsam gegartem Huhn oder Lamm auf fünf verschiedene Arten. Das Publikum, vorwiegend redselige junge Leute, findet an warmen Tagen auch draußen ein Plätzchen. Ausgezeichnet ist auch der Brunch (Sa & So 9–16 Uhr).

IPPUDO NY NUDELN $$

Karte S. 450 (212-388-0088; www.ippudo.com/ny; 65 Fourth Ave zw. 9th & 10th St; Ramen 15–16 $; Mo-Sa 11–15.30, Mo-Do 17–23.30, Fr & Sa 17–0.30, So 11–22.30 Uhr; N/R bis 8th St–NYU, 4/5/6 bis 14th St–Union Sq, 6 bis Astor Pl) In New York macht Ippudo auf vornehm: Die verführerischen *ramen* (im Ernst – sie sind zum Hineinlegen) werden in einer schicken Umgebung aus schwarzen Oberflächen mit kirschroten Akzenten serviert, von oben berieselt mit Rockmusik.

WESTVILLE EAST MODERN AMERIKANISCH $$

Karte S. 450 (212-677-2033; www.westvillenyc.com; 173 Ave A; Hauptgerichte 11–22 $; 10–23 Uhr; L bis 1st Ave, 6 bis Astor Pl) Im Westville stehen marktfrisches Gemüse und leckere Hauptgerichte auf der Tagesordnung, der unbestrittene Charme des Landhausambientes tut ein Übriges.

LUZZO'S PIZZERIA $$

Karte S. 450 (212-473-7447; 211-213 First Ave zw. 12th & 13th St; Pizzas klein/medium ca. 19/26 $; Di-So 12–23, Mo 17–23 Uhr; 1st Ave) Das allseits beliebte Luzzo's steht auf einem schmalen Grundstück im East Village und ist jeden Abend gesteckt voll mit anspruchsvollen Gästen, die die hauchdünnen Pizzaböden aus dem irreal schönen Holzkohleofen mit ihrem Belag aus reifen Tomaten zu schätzen wissen.

REDHEAD SÜDSTAATENKÜCHE $$

Karte S. 450 (212-533-6212; www.theredheadnyc.com; 349 E 13th St zw. First & Second Ave; Hauptgerichte 12–24 $; Mo-Sa 17.30–1, So 17–22 Uhr; L bis First Ave, L bis Third Ave, 6 bis Astor Pl) Gemütliche Ecken mit Backsteinwänden und der herzliche Empfang des Personals passen zur guten Hausmannskost mit deutlichem Südstaateneinschlag. Auf jedem Tisch sieht man massenhaft Brathühnchen und säuerliche Cocktails – womit man auch schleunigst den eigenen Tisch füllen sollte.

L'APICIO ITALIENISCH $$

Karte S. 450 (13 E 1st St zw. Bowery & Second Ave; Hauptgerichte 17–30 $; tgl. 17.30–23 & Sa & So 11–15 Uhr) Der bekannte Küchenchef Gabe Thompson bringt in schickem, modernem Ambiente, das im einst durchwegs von der Bohèmeszene geprägten Viertel etwas aus der Reihe zu fallen scheint, zeitgenössische italienische Küche ins East Village. Das Essen ist toll, besonders die erstklassigen Polenta-Gerichte, z. B. mit Schweinefleisch-Frikadellen oder geschmorter Lammhüfte.

MOTORINO PIZZERIA $$

Karte S. 450 (www.motorinopizza.com; 349 E 12th St zw. First & Second Ave; Pizzas 15–18 $; So-Do 11–24, Fr & Sa bis 1 Uhr; L bis First Ave, 4/5/6 bis 14th St–Union Sq) Die Pizzaböden in diesem intimen Lokal im East Village sind sowohl saftig als auch locker.

MUD CAFÉ $$

Karte S. 450 (212-228-9074; www.themudtruck.com; 307 E 9th St zw. Second & First Ave; Brunch 15 $; 8–24 Uhr; L bis Third Ave, L bis First Ave, 4/6 bis Astor Pl) Dieser Schlupfwinkel in der 9th St hat zuverlässig gute Bohnen und einen beeindruckenden Brunch. Das reicht schon, um ihn für East-Village-Bewohner auf der Suche nach einem schnellen Kaffee oder einem gemütlichen Ort zum Lesen zum Favoriten zu machen. Zum Laden gehört auch eine Flotte Kaffee-Trucks, und auf dem kleinen Platz an der Ecke First Ave und 1st St, der inzwischen „Mud Park" genannt wird, gibt's einen praktischen Kiosk.

BRICK LANE CURRY HOUSE INDISCH $$

Karte S. 450 (306 E 6th St zw. First & Second Ave; Hauptgerichte 16–25 $; So-Do 12–23, Fr & Sa bis 1 Uhr) Das Brick Lane serviert im Stil Ostlondoner Curry-Restaurants authentische Speisen wie Tikka Masala, Vindaloo und Tandoori – weitaus besser als in den indischen Lokalen an der E 6th St, was sich aber auch in den Preisen niederschlägt. Die Gerichte kommen mit komplexen Aromen und recht viel Feuer auf den Tisch, perfekt also für Freunde schärferen Essens. Die Qualität des Mittagsbuffets schwankt, also kommt man besser abends.

UPSTATE SEAFOOD $$

Karte S. 450 (www.upstatenyc.com; 95 First Ave zw. 5th & 6th St; Hauptgerichte 15–30 $; 17–23 Uhr; F bis 2nd Ave) Das kleine und oft übersehene Upstate serviert ausgezeichnete

Seafood-Gerichte und Craft-Biere. Auf der kleinen, oft wechselnden Karte stehen vielleicht in Bier gedämpfte Muscheln, Meeresfrüchte-Eintopf, Jakobsmuscheln auf Pilzrisotto, Blaukrabbe und eine tolle Auswahl an Austern. Hier gibt's keinen Gefrierschrank – das Meeresgetier kommt jeden Tag frisch vom Markt, sodass man sich darauf verlassen kann, dass nur die allerfrischesten Zutaten im Kochtopf landen.

HEARTH ITALIENISCH $$$
Karte S. 450 (646-602-1300; www.restauranthearth.com; 403 E 12th St Höhe First Ave; Hauptgerichte 21–48 $; So-Do 18–22, Fr bis 23, Sa 11–14 & 18–23, So 11–14 Uhr; L bis 1st Ave; L, N/Q/R, 4/5/6 bis 14th St–Union Sq) Unverzichtbar für anspruchsvolle, gut betuchte Gäste mit Vorliebe für gemütliche, backsteinbetonte Atmosphäre. Auf der Saisonspeisekarte stehen Tagesgerichte wie gebratener Stör mit Linsen und Speck, mit Zucchini gefüllte Ravioli und Pappardelle mit Kaninchen und dicken Bohnen.

PRUNE AMERIKANISCH $$$
Karte S. 450 (212-677-6221; www.prunerestaurant.com; 54 E 1st St zw. First & Second Ave; Hauptgerichte Brunch/Abendessen ab 12/25 $; tgl. 17.30–23, Sa & So 10–15.30 & 17.30–23 Uhr; F/V bis Lower East Side–Second Ave) Am Wochenende, wenn die Katergeschädigten einen Brunch oder einen der zehn verschiedenen Bloody Marys brauchen, um wieder auf die Füße zu kommen, stehen hier die Gäste um den ganzen Häuserblock Schlange. Auf der Karte stehen z. B. Barsch aus der Pfanne mit Porree, scharf angebratene Entenbrust und reichhaltiges Kalbsbries: Kein Wunder, dass der Laden immer voll ist.

Lower East Side

DIMES CAFÉ $
Karte S. 452 (212-240-9410; 143 Division St zw. Canal & Ludlow St; Hauptgerichte 8–12 $; Mo-Fr 8–16, Sa & So ab 9 Uhr;) Dieses winzige Café mit nur 20 Plätzen hat sich nach der Eröffnung 2013 mit seinem freundlichen Service und seinen gesunden, preisgünstigen Gerichten schnell eine loyale Kundschaft erkämpft. Hier gibt's den ganzen Tag eierlastiges Frühstück, außerdem Schüsseln mit Acai-Beeren (der geschmacksintensiven, vitaminreichen Frucht vom Amazonas), kreative Salate (mit Fenchel, Blutorangen, Rosenkohl, Kürbiskernen), geröstetes Gemüse und Sandwiches mit gezupftem Huhn.

DONUT PLANT DESSERTS $
Karte S. 452 (379 Grand St Höhe Norfolk; Donuts 2,75 $; 6.30–18.30 Uhr) Phantasievoll gefüllte Donuts (z. B. mit Erdnussbutter und Marmelade) aus rein natürlichen Zutaten. Eine weitere Filiale befindet sich im Chelsea Hotel (S. 140) in der 222 W 23rd St.

MEATBALL SHOP ITALIENISCH $
Karte S. 452 (212-982-8895; www.themeatballshop.com; 84 Stanton St zw. Allen & Orchard St; Hauptgerichte ab 10 $; So-Do 12–2, Fr-Sa bis 4 Uhr; 2nd Ave, F bis Delancey St, J/M/Z bis Essex St) Im Meatball Shop wird aus dem bescheidenen Fleischklops ein echtes Kunstwerk: Hier werden Frikadellen in fünf Saftigkeitsstufen serviert, auch vegetarisch. Wer seine Klopse auf einem Baguette mit Mozzarella und pikanter Tomatensauce bestellt, bekommt eine köstliche, preisgünstige Mahlzeit serviert. Die Filiale in der Lower East Side gibt sich mit tätowiertem Personal und lauter Musik rockermäßig; dazu verteilen sich noch vier weitere Filialen in der Stadt, u. a. eine in Williamsburg (S. 296).

VANESSA'S DUMPLING HOUSE CHINESISCH $
Karte S. 452 (212-625-8008; 118 Eldridge St zw. Grand & Broome St; Klöße 1–6 $; 7.30–22.30 Uhr; B/D bis Grand St, J bis Bowery, F bis Delancey St) Die köstlichen Klöße sind gedünstet, gebraten oder in einer Suppe zu haben. Der Koch bastelt sie in Windeseile in einer Eisenpfanne und verfüttert sie zu unschlagbaren Preisen an die hungrigen Mäuler.

CLINTON STREET BAKING COMPANY AMERIKANISCH $
Karte S. 452 (646-602-6263; www.clintonstreetbaking.com; 4 Clinton St zw. Stanton & Houston St; Hauptgerichte ab 9–17 $; Mo-Sa 8–16 & 18–23, So 9–18 Uhr; J/M/Z bis Essex St, F bis Delancey St, F bis Second Ave) Ein Familienbetrieb allererster Güte, der in unendlich vielen Kategorien Lorbeeren verdient: die besten Pfannkuchen (Heidelbeer! Schwelg!), die besten Muffins, die besten *po'boys* (Sandwiches im Stil der Südstaaten), die besten Kekse – die Liste ist endlos. Egal zu welcher Tageszeit, hier gibt's immer ein Essen mit Topqualität. Montags und dienstags wird das Ganze auch noch durch Wein zum halben Preis versüßt, sodass die Eingangstür die ganze Woche über niemals zum Stillstand kommt.

INSIDERWISSEN

TIPPS VOM MEISTER DER KLOPSE

Michael Chernow – Restaurantbetreiber, Kulinarikautor und Miteigentümer des Meatball Shop – spricht mit Cristian Bonetto von Lonely Planet über seine Lieblingsspeisen und -lokale in New York.

Ein perfekter Tag in New York

Mein New Yorker Lieblingstag ist der Sonntag. Meine Frau und ich leben in Brooklyn, also beginnen wir den Tag mit Joghurt, Obst und Müsli im **Roebling Tea Room** (Karte S. 474; www.roeblingtearoom.com; 143 Roebling St, Brooklyn; Mittagessen 6–18 $, Hauptgerichte abends 15–24 $; ⊗So–Do 10–23, Fr & Sa bis 23.30 Uhr; ⓈL bis Bedford Ave, G bis Metropolitan Ave). Danach holen wir uns bei Toby's Estate (S. 307), das inzwischen auch in Manhattan (S. 175) eine Filiale hat, einen Kaffee auf die Hand. Dann geht's zum Flohmarkt, wo wir ein wenig nach Antiquitäten und alten Klamotten stöbern und etwas essen, bevor es weiter geht ins West Village, um ein bisschen zu shoppen. Von dort gehen wir hinunter zu Balthazar (S. 94) für mehr Koffein und etwas zur Stärkung aus der Bäckerei. Auf den Bänken vor dem Balthazar lässt sich wunderbar das städtische Treiben beobachten. Zu Abend essen wir schließlich vielleicht im **Tomoe** (Karte S. 454; ☏212-777-9346; www.tomoesushi.com; 172 Thompson St zw. Houston & Bleecker St; Sushirollen ab 4,50 $, Kombo-Teller 19,95 $; ⊗Mo–Sa 17–23, Di–Sa 13–15, So 17–22 Uhr; ⓈA/C/E bis Spring St, N/R bis Prince St, B/D/F, M bis Broadway–Lafayette St) im Greenwich Village, wo ein phantastisches Lachs-Ceviche serviert wird.

Auf keinen Fall versäumen!

In Manhattan sollte man sich auf keinen Fall die Burger im Spotted Pig (S. 144) entgehen lassen. Das Fleisch ist wunderbar zart und dazu gibt's eine gesunde Portion Roquefort-Käse. Köstlich sind auch die dünnen Pommes frites mit geröstetem Knoblauch. In Brooklyn besticht die Pizzeria **Motorino** (Karte S. 474; www.motorinopizza.com; 139 Broadway Höhe Bedford Ave, Williamsburg; Pizzas 10–18 $; ⊗So–Do 11–24, Fr & Sa bis 1 Uhr; ⓈJ/M bis Marcy Ave) mit der perfekten Kombination von Sauce, Teig und Kruste. In meinem eigenen Restaurant ist der *meatball smash* mit Schweinefleisch-Frikadellen, Provolone-Käse und scharfer Fleischsauce eine echte Geschmacksexplosion!

Und zum Schluss

Früh essen! Wenn man keinen Tisch reservieren kann, sollte man um 18 Uhr im Restaurant sein. Wer später am Abend wieder hungrig ist, kann dann noch eine kleine Mahlzeit hinterherschieben.

KUMA INN ASIATISCH $$

Karte S. 452 (☏212-353-8866; 113 Ludlow St zw. Delancey & Rivington St; kleine Gerichte 8–14 $; ⊗Di–So abends; ⓈF, J/M/Z bis Delancey–Essex St) Reservierung ist ein Muss bei diesem unerhört beliebten Lokal, das im 1. Stock versteckt liegt und fast wie eine umgemodelte Privatwohnung wirkt (Erkennungszeichen ist eine kleine, rote Tür mit auf dem Türstock aufgemaltem „Kuma Inn"). Das Repertoire an philippinisch und thailändisch inspirierten Tapas reicht von vegetarischen Sommerrollen (mit exotischen Yambohnen) bis zu pikanten *drunken shrimps* und in der Pfanne gerösteten Jakobsmuscheln mit Schinken und Sake.

Bier, Wein oder Sake kann man selbst mitbringen (Korkgebühr!).

BOIL SEAFOOD $$

Karte S.452 (139 Chrystie St zw. Delancey & Broome St; Shrimps/Krebse ab 12/30 $ pro 450 g; ⊗Mo–Fr 17–23, Sa & So bis 24 Uhr) Wird man von der Bedienung gefragt, ob man Gummihandschuhe und Lätzchen haben möchte, weiß man, dass einem ein kulinarisches Abenteuer ins Haus steht. Natürlich ist man wegen der Krustentiere hier, und wer sich durch saftige Dungeness-Krebse, Hummer, Langusten, Shrimps und Venusmuscheln kämpft, hinterlässt immer ein wahres Schlachtfeld. Eine gute Begleitung zum Gelage bilden die Craft-Biere. Nur Barzahlung.

'INOTECA ITALIENISCH $$

Karte S. 452 (☏212-614-04/3; 98 Rivington St Höhe Ludlow St; Hauptgerichte 7–17 $; ⊗12–1 Uhr;

S F/V bis Lower East Side–2nd Ave) Es ist die Mühe wert, sich in die Schlange an der Theke des Ecklokals mit anheimelnder dunkler Holzvertäfelung einzureihen, um zwischen *tramezzini* (kleinen Sandwiches aus Weiß- oder Vollkornbrot), Panini und diversen *bruschetta*-Variationen zu wählen – allesamt deliziös und erschwinglich. Beliebte Spezialität des Hauses ist der getrüffelte Eier-Toast, ein ausgehöhltes Stück Brot mit einer Füllung aus Ei, Trüffel und Fontina.

Aber auch sonst schmeckt hier eigentlich alles, vom Salat mit Roter Bete, Orangen und Minze über die Gemüselasagne mit Auberginenschichten statt Nudelblättern bis zu den Knoblauchmuscheln. Dazu werden 200 Weine gereicht, darunter 25 offene (also glasweise zu konsumieren).

HOTEL CHANTELLE FRANZÖSISCH $$
Karte S. 452 (92 Ludlow St zw. Broome & Delancey St; Hauptgerichte Brunch 15–19 $, abends 15–27 $; Mo-Fr 18–23, Sa 12–17 & 18–23, So 12–17 Uhr) Der besondere Reiz des Hotel Chantelle, das eigentlich gar kein Hotel ist, ist seine hübsche Dachterrasse. Das Abendessen ist hier eher durchschnittlich und auch die Bar unten muss man nicht frequentiert haben – stattdessen sollte man zum Wochenendbrunch auflaufen: Dann kann man nämlich scharfe Bloody Marys schlürfen, lockeren French Toast genießen und dazu altmodischem Live-Jazz lauschen. Für einen Brunch unter freiem Himmel gibt's in Downtown kein besseres Angebot.

KATZ'S DELICATESSEN DELIKATESSEN $$
Karte S. 452 (212-254-2246; www.katzsdelicatessen.com; 205 E Houston St Höhe Ludlow St; Pastrami auf Roggenbrot 17 $; Mo-Mi & So 8–22.45, Do-Sa bis 2.45 Uhr; S F bis 2nd Ave) Vom traditionellen Speiseangebot aus der jüdischen Ära der Lower East Side ist nicht viel übrig geblieben, mal abgesehen vom berühmten Katz's Deli, wo Meg Ryan (im Film *Harry und Sally* von 1989) ihren berühmten Orgasmus simulierte. Ähnliche Wirkung könnte dieser Laden auf Fans von Deli-Klassikern wie Pastrami und Salami auf Roggenbrötchen haben.

FAT RADISH MODERN BRITISCH $$$
Karte S. 452 (17 Orchard St zw. Hester & Canal St; Hauptgerichte 18–28 $; tgl. 12–15.30, Mo-Sa 17.30– 24, So bis 22 Uhr; S F bis East Broadway, B/D bis Grand St) Das schummrig beleuchtete Restaurant mit nackten weißen Ziegelsteinwänden und industriellen Akzenten quillt stets vor Jungen und Schönen über. Hier geht's immer recht laut zu und man beäugt sich neugierig, aber Aufmerksamkeit können auch die Hauptgerichte für sich in Anspruch nehmen: typisches gehobenes Kneipenessen nach der modernen Losung „lokal und saisonal". Los könnte es mit großen Austern gehen, gefolgt von einem herzhaften Streuselkuchen mit Roter Bete und Schnittmangold oder Rochen mit Honigäpfeln. Es gibt auch ein gutes vegetarisches Angebot.

FREEMANS AMERIKANISCH $$$
Karte S. 452 (212-420-0012; www.freemansrestaurant.com; am Ende der Freeman Alley; Hauptgerichte mittags 12–19 $, abends 22–32 $; Mo-Fr 11–23.30, Sa & So ab 10 Uhr; S F bis 2nd Ave) Das hübsch gelegene Freeman's versteckt sich in einer kleinen Gasse. Die Kundschaft besteht vorwiegend aus Hipstern, deren Klunker auf den Tischen klappern, wenn sie sich zu ihrem gut eingeschenkten Cocktail vorbeugen. Topfpflanzen und Jagdtrophäen verleihen dem Laden die sympathische Atmosphäre einer Jagdhütte. Ein schöner Ort, um der Hektik der Stadt zu entfliehen (vorausgesetzt, es ist nicht voll).

AUSGEHEN & NACHTLEBEN

East Village

Die Faustregel im East Village ist, dass die Lokale mit jedem Schritt nach Osten weniger vornehm werden. Was für die Restaurants im Viertel gilt, gilt auch für die Bars: Die ganze Bandbreite ist geboten. Neben schmuddeligen Spelunken voller NYU-Studenten verstecken sich auch protzige Lounges hinter japanischen Restaurants. Und das teilweise direkt nebeneinander. Am Wochenende ist alles gerammelt voll.

OST CAFE CAFÉ
Karte S. 450 (441 E 12th St, Ecke Ave A; Mo-Fr 7.30–22, Sa & So ab 8.30 Uhr; S L bis First Ave) Auf der Suche nach einem netten Café für einen schaumigen Latte? Dann ist man hier richtig! Dank nackten Backsteinwänden, samtigen Sesseln und Tischen mit Marmorplatte verströmt das Ost Cafe Klasse. Dazu kommen ausgezeichneter, schön präsentierter Kaffee und offene Weine (ca. 11 $).

1

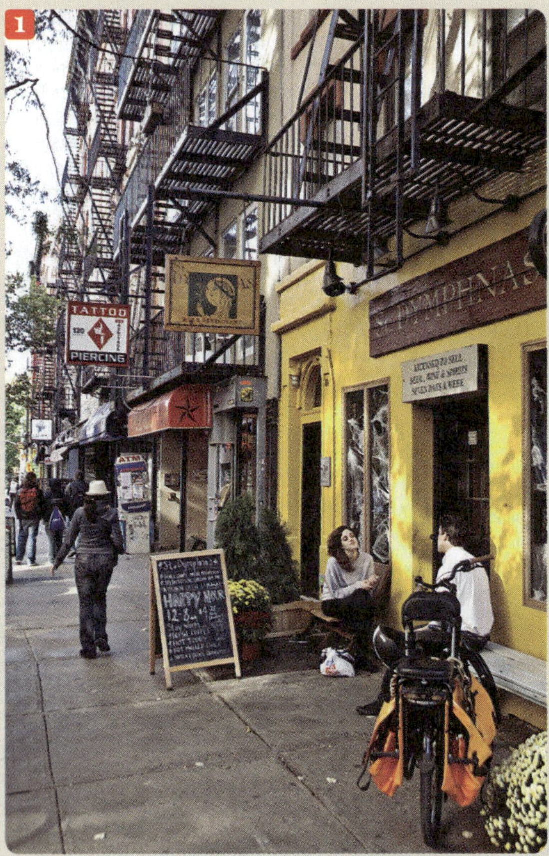

GARDEL BERTRAND / GETTY IMAGES ©

2

4

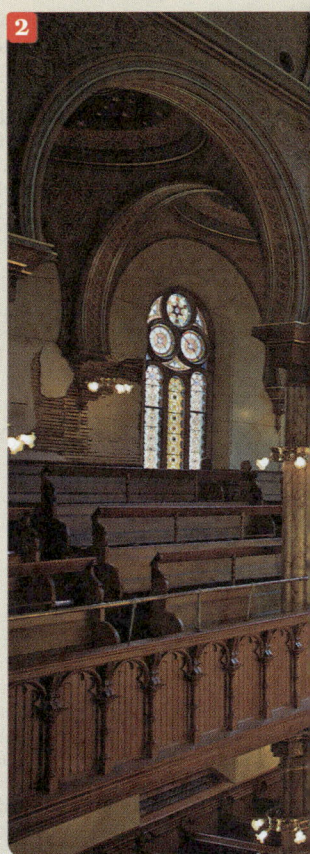

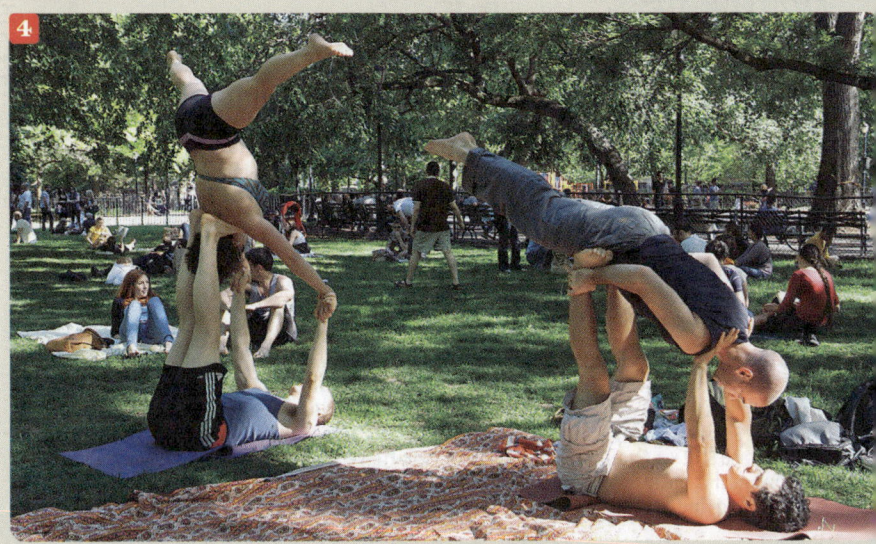

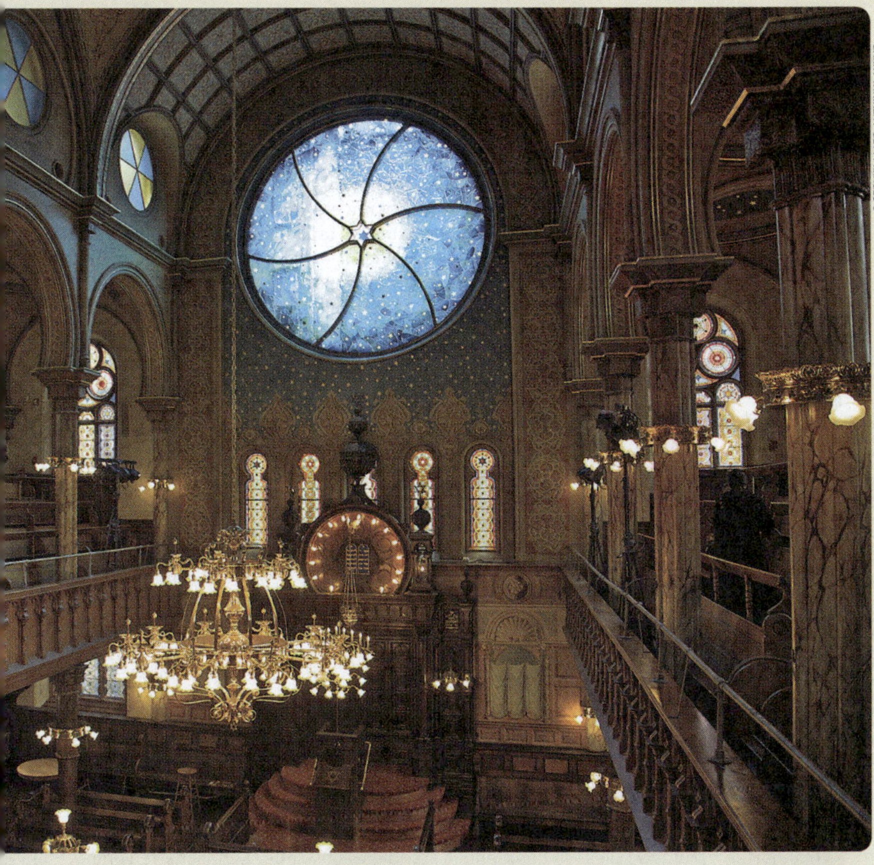

BARRY WINIKER / GETTY IMAGES ©

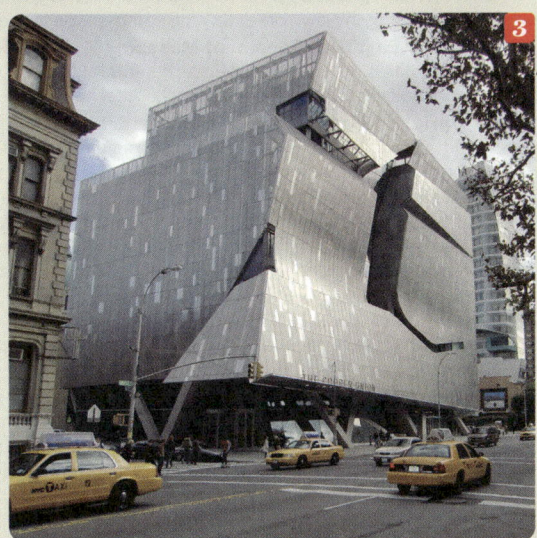

1. St. Marks Place (S. 111)
Die Straße, die zu den berühmtesten New Yorks gehört, ist voller historischer Bezüge.

2. Eldridge Street Synagogue (S. 114)
Das frisch renovierte Gebetshaus mit hauseigenem Museum erstrahlt heute wieder in altem Glanz.

3. Cooper Union (S. 111)
Am Astor Place beeindruckt die kühne Architektur des Designinstituts Cooper Union.

4. Tompkins Square Park (S. 113)
Im Herzen des East Village bieten gut 4 ha Parkfläche Gelegenheit zur Erholung.

JACQUES BEAUCHAMP / GETTY IMAGES ©

WAYLAND — BAR
Karte S. 450 (700 E 9th St, Ecke Ave C; ⏱17–4 Uhr; Ⓢ L bis 1st Ave) Weiß getünchte Wände, verwitterte Holzböden und aus dem Müll gerettete Lampen verleihen dieser Kneipe ein Mississippiflair. Dazu passt dann auch die Livemusik, die hier unter der Woche erklingt: Bluegrass, Jazz, Folk. Die eigentliche Anziehungskraft üben aber die Drinks aus, besonders der „I hear banjos" mit *apple pie moonshine*, Roggenwhiskey und Apfelholz-Rauch – das Ganze schmeckt wie ein Lagerfeuer. Unter der Woche werden von 17 bis 19 Uhr gute Getränke-Specials und 1-$-Austern geboten.

PROLETARIAT — BAR
Karte S. 450 (102 St. Marks Pl zw. First Ave & Ave A; ⏱17–2 Uhr; Ⓢ L bis 1st Ave) Diese winzige Bar mit nur zehn Stühlen unmittelbar westlich des Tompkins Park Square lockt echte Bierkenner an. Das Proletariat verspricht „seltene, neue und ungewöhnliche" Biere und hält dies Versprechen mit wechselnden Gebräuen, die es sonst nirgends gibt. Zu den Hits der letzten Zeit zählten Biere von handwerklich arbeitenden Brauereien wie Hitachino Nest aus Japan, BFM aus der Schweiz und Mahrs Bräu aus Bamberg.

GOLDEN CADILLAC — BAR
Karte S. 450 (13 First Ave, Ecke 1st St; ⏱So–Mi 17–2, Do–Sa bis 4 Uhr; Ⓢ 2nd Ave) Diese einladende neue Bar huldigt den härteren, alkoholgetränkteren Tagen der 1970er-Jahre mit wunderschöner Holzvertäfelung, gemusterten Tapeten und Disco und Funk aus den 70ern – und die Toilette ist mit Playboy-Covern der 1970er-Jahre geschmückt. Die köstlichen, tropisch anmutenden Cocktails (ca. 14 $) sind wirklich süffig – wie der Mezcal Mule (Mezcal, Passionsfrucht, Ingwer und Gurke) – und dazu gibt's aufgepeppte traditionelle Kneipenkost (Steak Diane mit Pilzsauce, gefüllte Eier mit Seeigel und Kaviar, Gemüse-Hackbraten sowie zum Nachtisch Götterspeise).

ABC BEER CO — BAR
Karte S. 450 (96 Ave C zw. 6th & 7th St; ⏱So–Do 12–24, Fr & Sa bis 2 Uhr) Auf den ersten Blick sieht das ABC wie ein schummriger Bierladen aus – und tatsächlich kann man auch Flaschenbier kaufen –, aber weiter hinten

---

INSIDERWISSEN

WAS TUN BEI REGEN?
Teresa Soroka, Hohepriesterin des Regentags und Inhaberin des Amé Amé (S. 219), gibt Insidertipps zum Überleben an feuchten Tagen.

➔ **Circle Line** (S. 450) Die Fähren der Circle Line schippern ihre Passagiere um Manhattan herum, wo diese in den Genuss ständig wechselnder Landschaften und der großartigen New Yorker Skyline kommen. Besonders zauberhaft bei Regen.

➔ **Lower East Side Tenement Museum** (S. 108) Während alle anderen im Met oder MoMA sind, ist dieses wunderbar interaktive Museum über die Geschichte amerikanischer Einwanderer eine tolle Alternative.

➔ **Upright Citizens Brigade Theatre** (S. 159) Eines der besten Improtheater der Stadt und das beste Heilmittel für alle, die das Gefühl haben, das nasse Wetter schlage ihnen aufs Gemüt.

➔ **Grand Central Station** (S. 195) Dass sich das Tempo der New Yorker bei Regen verändert, spürt man am deutlichsten im Grand Central. Besonders schön ist außerdem die historische Himmelsdecke – und wer entsprechend angezogen ist, kann im Campbell Apartment noch einen schicken Cocktail trinken.

➔ **American Museum of Natural History** (S. 248) Besucher aller Altersklassen geraten in eine andere Welt, wenn sie die Dinoexponate im American Museum of Natural History sehen. Unter dem großen Blauwal lässt sich das schlechte Wetter auch ganz wunderbar verschlafen.

➔ **Cloisters Museum & Gardens** (S. 268) Nieselregen ist der perfekte Hintergrund für die mittelalterliche Architektur im Cloisters Museum & Gardens, wo man innerhalb von Manhattan kurz der Stadt entfliehen kann. Ein Spaziergang durch den Fort Tryon Park lässt einen in die Welt der Schlösser und mysteriösen Torbögen eintauchen.

kommt man in ein kleines Gastropub, in dem Indie-Rock gespielt wird, mit langem Gemeinschaftstisch und ein paar gemütlichen Ledersofas und Sesseln an den Backsteinwänden. Das generell jüngere Publikum kommt wegen der Auswahl an guten Bieren (350 Flaschenbiere plus zwölf ständig wechselnde Biere vom Fass); dazu werden Käse- und Wurstteller sowie leckere Sandwiches gereicht (für 8 $ ein guter Deal). Hinter der Kneipe gibt's noch eine kleine Terrasse.

TERROIR   WEINBAR
Karte S. 450 (646-602-1300; www.wineisteroir.com; 413 E 12th St zw. First Ave & Ave A; Mo–Sa 17–2, So bis 24 Uhr; L bis 1st Ave, 6 bis Astor Pl) Das Terroir ist eine erfrischend unprätentiöse Weinbar, die ihre Weine an langen Gemeinschaftstischen aus unregelmäßigen Holzstücken serviert. Antialkoholiker können aber trotzdem ihre weinseligen Freunde hierher begleiten, denn auch die Barsnacks (z. B. die hervorragenden Panini) sind nicht von schlechten Eltern. Es gibt noch drei weitere Filialen sowie eine saisonale Niederlassung unter freiem Himmel auf der High Line.

MCSORLEY'S OLD ALE HOUSE   BAR
Karte S. 450 (212-474-9148; 15 E 7th St zw. Second & Third Ave; Mo–Sa 11–1, So ab 13 Uhr; 6 bis Astor Pl) Etwa seit 1854 existiert McSorley's; entsprechend gleichgültig ist dem Laden auch die coole Szene im East Village. Hier trifft man eher auf Feuerwehrleute, Wall-Street-Flüchtlinge und ein paar Touristen. Dieser Schuppen ist wirklich schwer zu schlagen: Spinnweben, Sägemehlfußboden und wieselflinkes Personal, das zwei Krüge Ale des Hauses auf den Tisch knallt, obwohl man nur einen bestellt hat.

DEATH + CO   LOUNGE
Karte S. 450 (212-388-0882; www.deathandcompany.com; 433 E 6th St zw. First Ave & Ave A; Mo–Do & So 18–1, Fr & Sa bis 2 Uhr; F bis 2nd Ave, L bis 1st Ave, 6 Astor Pl) Bei gedämpftem Licht lässt es sich zwischen den massiven Holzleisten prima entspannen, während die Profis hinter der Bar perfekt gemixte Cocktails (14–16 $) aus dem Shaker zaubern.

ANGEL'S SHARE   BAR
Karte S. 450 (212-777-5415; 1. Stock, 8 Stuyvesant St Nähe Third Ave & E 9th St; 17–24 Uhr; 6 bis Astor Pl) Bei diesem verborgenen Juwel hinter dem japanischen Restaurant auf dem gleichen Stockwerk ist es ratsam, frühzeitig da zu sein. Bleiben darf nämlich nur, wer einen Tisch oder einen Platz an der Theke ergattert – und die sind leider schnell weg. Das ruhige, elegante Lokal serviert kreative Cocktails.

EASTERN BLOC   SCHWUL
Karte S. 450 (222-777-2555; www.easternblocnyc.com; 505 E 6th St zw. Ave A & B; 19–4 Uhr; F bis 2nd Ave) Das Motto dieser Schwulenbar im East Village ist zwar der Eiserne Vorhang, aber die real existierenden Vorhänge sind eher aus Samt und Taft. Am „Goat Czech" kann man seine Jacke abgeben, um ins wogende Meer schöner Jünglinge zu springen, die teilweise mit den knackigen Exemplaren flirten, die oben ohne hinter der Bar bedienen, und teilweise so tun, als würden sie nicht auf die Pornos aus den 1970er-Jahren starren, die über die Bildschirme flimmern.

TEN DEGREES BAR   WEINBAR
Karte S. 450 (212-358-8600; www.10degreesbar.com; 121 St. Marks Pl zw. First Ave & Ave A; Mo–So 12–4 Uhr; F bis Second Ave, L bis First Ave, L bis Third Ave) Diese reizende kleine kerzenbeschienene Weinbar an der Straße St. Marks Place eignet sich mit ihren Ledersofas, freundlichen Barkeepern und ausgezeichneten Weinen und Cocktails wunderbar dafür, den Abend einzuläuten. Von 12 bis 20 Uhr gibt's zwei Drinks zum Preis von einem (ansonsten kosten Cocktails rund 10–13 $) und montagabends kosten Flaschenweine nur die Hälfte. Gemütlich sind die Sofas im vorderen Bereich, aber an den winzigen Tischen hinten ist es genauso nett.

IMMIGRANT   WEIN & BIER
Karte S. 450 (212-677-2545; www.theimmigrantnyc.com; 341 E 9th St zw. First & Second Ave; Mo–Mi & So 17–1, Do bis 2, Fr & Sa bis 3 Uhr; L bis 1st Ave, 4/6 bis Astor Pl) Diese gänzlich unprätentiöse Bar wird schnell zum Stammlokal für alle, die länger in der Stadt bleiben. Das freundliche Personal kennt sich gut aus, unterhält sich mit den Stammgästen, serviert würzige Oliven und schenkt den Gästen den guten Importwein nach.

Rechts geht's in die Weinbar mit ihrem exzellenten Angebot an offenen Weinen. Der linke Eingang führt zum Schankraum, in dem auf einzigartige Biere aus kleinen Brauereien Wert gelegt wird. Beide Immigrant-Teile sind ähnlich eingerichtet, mit Kronleuchtern, nackten Backsteinwänden und jeder Menge altmodischem Charme.

CIENFUEGOS BAR

Karte S. 450 (212-614-6818; www.cienfuegosny.com; 95 Ave A zw. 6th & 7th St; So–Do 18–2, Fr & Sa bis 3 Uhr; F bis Second Ave, L bis First Ave, 4/6 bis Astor Pl) Hätte Fidel Castro eine Stretchlimousine, würde sie innen wohl so ähnlich aussehen wie die Nummer eins unter New Yorks kubanischen Bars. Spezialität des Hauses sind die Rumcocktails, aber auch das leckere kubanische Essen ist perfekt für einen Mitternachtssnack. Wem es hier gefallen hat, der fühlt sich wahrscheinlich auch im verschwisterten **Amor y Amargo** (Karte S. 450; www.amoryamargo.com; 443 E 6th St zw. Ave A & First Ave; Mo–Mi & So 17–23, Do bis 24, Fr–Sa bis 1 Uhr; F bis 2nd Ave, L bis 1st Ave, 4/6 bis Astor Pl) wohl, das sich auf Cocktails mit Bitters spezialisiert hat.

JIMMY'S NO. 43 BAR

Karte S. 450 (212-982-3006; www.jimmysno43.com; 43 E 7th St zw. Third & Second Ave; Mo–Do & So 12–2, Fr & Sa bis 4 Uhr; N/R bis 8th St-NYU, F bis Second Ave, 4/6 bis Astor Pl) Zwischen Fässern und Hirschgeweihen schlürfen die Kiezbewohner in dieser Kellerkneipe ihr Bier. Auf der Karte stehen über 50 Importbiere (darunter ein Dutzend vom Fass) neben diversen köstlichen Snacks.

MAYAHUEL COCKTAILBAR

Karte S. 450 (212-253-5888; 304 E 6th St Höhe Second Ave; 18–2 Uhr; L bis 3rd Ave, L bis 1st Ave, 6 bis Astor Pl) Viel weiter kann man sich von der Vorstellung der klassischen mexikanischen Tequilabar nicht entfernen – sieht eher aus wie der Keller eines Klosters. Liebhaber des fermentierten Agavensaftes können hier Dutzende von Sorten durchprobieren (alle Cocktails 14 $); dazwischen kann man ja auch mal ein paar *quesadillas* und *tamales* essen.

Lower East Side

Die Lower East Side hat noch immer den Ruf als coolstes Viertel Manhattans. Manche Bars werden eher von New Yorkern frequentiert, die außerhalb der Insel wohnen (von Touristen ganz zu schweigen, hüstel). Aber die Einheimischen Manhattans lieben immer noch die neu entdeckten Clubs, in denen die nächsten Indie-Könige der Insel auf die Bühne steigen. Hier gibt es für jeden etwas und die Getränke sind üblicherweise auch billiger als anderswo. Ein kleiner Spaziergang durch die winzigen Häuserblocks genügt, um das Richtige zu finden.

TEN BELLS TAPAS-BAR

Karte S. 452 (212-228-4450; 247 Broome St zw. Ludlow & Orchard St; Mo–Fr 17 –2, Sa & So ab 15 Uhr; F bis Delancey St, J/M/Z bis Essex St) Diese reizend versteckte Tapas-Bar wartet mit einem Grottendesign auf, mit flackernden Kerzen, dunklen Decken, Backsteinwänden und einer U-förmigen Theke, an der man sich schön mit seinen Sitznachbarn unterhalten kann. Auf der Schiefertafel sind ausgezeichnete Weine per Glas verzeichnet, dazu passen z. B. *boquerones* (marinierte Sardellen), *txipirones en su tinta* (Tintenfisch in eigener Sauce), regionale Käsesorten und erfrischende Austern (vor 19 Uhr nur 1,25 $ das Stück). Der nicht beschilderte Eingang ist leicht zu übersehen – er befindet sich gleich rechts vom Geschäft Top Hat.

STANTON SOCIAL LOUNGE

Karte S. 452 (99 Stanton St zw. Orchard & Ludlow St; 17–1 Uhr) Das Restaurant unten kann man links liegen lassen und sich gleich in die stylische Lounge oben mit Flüsterkneipenflair begeben – eine unscheinbare Stahltür führt in die Räumlichkeiten. Hier stößt man auf ein gut gewandetes Downtown-Völkchen, das sich bei schönen Cocktails (je 13 $) und groovigen DJ-Sounds vergnügt.

CASA MEZCAL BAR

Karte S. 452 (86 Orchard St zw. Broome & Grand St; So–Do 12–2, Fr & Sa bis 4 Uhr) Das dreistöckige Kulturzentrum widmet sich den Ess-, Trink- und Musiktraditionen Mexikos – und ganz besonders denen von Oaxaca. Der Hauptraum mit seiner hohen Decke ist mit bunten Papiergirlanden, Masken, Tag-der-Toten-Schädeln und anderer Volkskunst dekoriert. Unten ist das Obra Negra (schwarze Schaf), wo Konzerte, DJ-Nächte und hin und wieder eine Varieté-Schau stattfinden. Oben befindet sich die loungige Galerie mit Live-Jazz an jedem Mittwochabend.

BEAUTY & ESSEX BAR

Karte S. 452 (212-614-0146; www.beautyandessex.com; 146 Essex St zw. Stanton & Rivington St; 17–1 Uhr; F bis Delancey St, J/M/Z bis Essex St) Dieser Neuling versteckt seinen Glamour hinter der öden Fassade eines Pfandleihers. Dahinter verbergen sich 930 m² an

UNTERHALTUNG

★ East Village

schicken Lounge-Räumlichkeiten, mit Ledersofas und -bänken, eindrucksvoller Beleuchtung im Bernsteinton und einer Rundtreppe, die in einen weiteren Lounge- und Barbereich führt.

Durstige Damen können an der Theke vorbei gleich die Toilette ansteuern: Da gibt's nämlich Gratis-Sekt!

CAKE SHOP — BAR, CAFÉ
Karte S. 452 (152 Ludlow St zw. Stanton & Rivington St; ⊙So–Do 9–2, Fr & Sa bis 4 Uhr; Ⓢ F bis Second Ave, F bis Delancey St, J/M/Z bis Essex St) Dieses kleine Café verströmt ein bisschen Künstlerflair; vorne wird eine kleine Auswahl an LPs zum Verkauf angeboten, hinten stehen ein paar Tische, wo man sich ein abendliches Bier oder auch etwas Gebäck – es heißt schließlich nicht umsonst Cake Shop – einverleiben kann. Auf der Bühne unten gastieren Indie-Bands (Eintritt 10 $), aber in dem kleinen Raum kann's schnell eng werden.

BARRIO CHINO — COCKTAILBAR
Karte S. 452 (☎212-228-6710; 253 Broome St zw. Ludlow & Orchard St; ⊙11.30–16.30 & 17.30–1 Uhr; Ⓢ F, J/M/Z bis Delancey–Essex St) Dieses Restaurant kann auch gerne mal zum Partyschuppen mutieren. Die Atmosphäre ist ein lockerer Havanna-Beijing-Mix und der Schwerpunkt im Angebot liegt auf leckeren Tequilas. So manch einer hält sich da vielleicht lieber an frische Margaritas mit Blutorange oder Pflaumen, dazu gibt's Snacks wie Chicken-Tacos und Guacamole.

WELCOME TO THE JOHNSONS — BAR
Karte S. 452 (☎212-420-9911; 123 Rivington St zw. Essex & Norfolk St; ⊙Mo–Fr 16.30–4, Sa & So ab 13 Uhr; Ⓢ F, J/M/Z bis Delancey–Essex St) Eine echte Spelunke, die aussieht wie ein Gameroom aus den 1970er-Jahren. Der Retro-Stil kommt bei den treuen Fans zwischen 20 und 30 gut an: billiges Bier, Poolbillard, Sofas mit Plastikbezügen und dröhnender Garage-Rock aus der Jukebox.

BARRAMUNDI — LOUNGE
Karte S. 452 (☎212-529-6999; 67 Clinton St zw. Stanton & Rivington St; ⊙18–4 Uhr; Ⓢ F, J/M/Z bis Delancey–Essex St) Die australischen Besitzer haben ihre künstlerisch angehauchte Kneipe in einem renovierten Miethaus eingerichtet: gesellige Sitzecken, Biere aus Down Under zu vernünftigen Preisen und einige ziemlich coole Tische aus Baumstämmen. Happy Hour 18–21 Uhr.

STONE — LIVEMUSIK
Karte S. 450 (www.thestonenyc.com; Ave C Höhe 2nd St; Eintritt 15–25 $; ⊙Konzerte 20 Uhr & manchmal 22 Uhr; Ⓢ F/V bis Lower East Side–Second Ave) Inhaber des Stone ist die Downtown-Jazzgröße John Zorn, und wie nicht anders zu erwarten, geht's hier wirklich um Jazz, Jazz und nochmals Jazz – Experimental und Avantgarde in Reinkultur. Irgendeine Bar oder Schnickschnack sucht man hier umsonst, auf dem nackten Betonboden stehen Klappstühle.

SIDEWALK CAFÉ — COUNTRY, FOLK
Karte S. 450 (☎212-473-7373; www.sidewalkmusic.net; 94 Ave A Höhe 6th St; Ⓢ F/V bis Lower East Side–Second Ave; 6 bis Astor Pl) Es lebe die Anti-Folk-Bewegung! Dass das Sidewalk aussieht wie ein Burgerladen, ist reine Makulatur. Drinnen lebt die Hochburg der New Yorker „Anti-Folk"-Szene, wo die Moldy Peaches an ihrer Karriere bastelten, bevor Juno groß rauskam. Montagabends steigt die Open-Mic-Sause „Anti-hootenanny". Dienstags wird meistens zum Poetry Slam geladen.

LA MAMA ETC — THEATER
Karte S. 450 (☎212-475-7710; www.lamama.org; 74A E 4th St; Fintritt 10 20 $, Ⓢ F bıs Second Ave) La MaMa ist längst etabliert als Heimat des experimentellen Theaters (ETC steht ja auch für *Experimental Theater Club*). Heute gehören drei Theater, ein Café, eine Kunstgalerie und ein getrenntes Studiogebäude zum Komplex, das Avantgardestücke, Comedysketche und Lesungen aller Art veranstaltet.

NEW YORK THEATER WORKSHOP — THEATER
Karte S. 450 (☎212-460-5475; www.nytw.org; 79 E 4th St zw. Second & Third Ave; Ⓢ F bis 2nd Ave) Das innovative Studiotheater, das gerade sein 25-jähriges Jubiläum feierte, ist ein Kleinod für alle, die topaktuelle, zeitgenössische Stücke mit Sendungsbewusstsein suchen. Die beiden großen Broadwayhits *Rent* und *Urinetown* entstanden hier und überhaupt wird nonstop Spitzentheater inszeniert.

ANTHOLOGY FILM ARCHIVES — KINO
Karte S. 450 (☎212-505-5181; www.anthologyfilmarchives.org; 32 Second Ave Höhe 2nd St; Ⓢ F bis 2nd Ave) Das Kino wurde 1970 eröffnet und

widmet sich dem Film als Kunstform. Es zeigt Independentfilme neuer Filmemacher und führt auch Klassiker und unbekannte Oldies vor, von Luis Buñuel bis zu Ken Browns psychedelischen Werken.

NUYORICAN POETS CAFÉ — KULTUR

Karte S. 450 (212-780-9386; www.nuyorican.org; 236 E 3rd St; Eintritt 10–20 $; Vorstellungen 21 oder 22 Uhr; F bis Lower East Side–Second Ave) Das legendäre Nuyorican eilt auch nach 40 Jahren immer noch mit Volldampf voraus und bietet Poetry Slams, Hip-Hop-Konzerte, Theateraufführungen und Film- und Video-Events. Dies ist ein Stück East-Village-Geschichte, aber auch eine muntere und immer noch wichtige gemeinnützige Kultureinrichtung. Wer sich im Internet VIP-Tickets besorgt, spart sich langes Schlangestehen.

AMORE OPERA — OPER

Karte S. 450 (www.amoreopera.org; Connelly Theater, 220 E 4th St zw. Ave A & B; Tickets 40 $; F bis 2nd Ave) Das Ensemble, das von mehreren Mitgliedern der geschlossenen Amato Opera gegründet wurde, bietet auf dieser Bühne im East Village Inszenierungen bekannter Werke wie *Die Zauberflöte*, *La Bohème*, *Der Mikado* und *Hänsel und Gretel*. Den Reiz dieser Aufführungen machen nicht nur die preisgünstigeren Eintrittskarten aus, sondern auch das recht intime Ambiente.

SING SING KARAOKE — KARAOKE

Karte S. 450 (212-387-7800; www.karaokesingsing.com; 9 St. Marks Pl; N/R bis 8th St–NYU, L bis 3rd Ave, 6 bis Astor Pl) Kleines Wortspielchen am Rande: Der Name Sing Sing ist nicht nur ein augenzwinkernder Seitenhieb auf das nahe gelegene Staatsgefängnis, sondern tatsächlich auch ein Ort, um sich die Stimmbänder wund zu singen.

☆ Lower East Side

SWEET — COMEDY

Karte S. 452 (Slipper Room; 212-253-7246; www.slipperroom.com; 167 Orchard St Höhe Stanton St; Eintritt 5 $; Vorstellungen Di 21 Uhr; F bis 2nd Ave, F bis Delancey St, J/M/Z bis Essex St) Tonnenweise kleine Comedy-Häuser sind über die Stadt verstreut, aber diesen Gig kennt noch kaum einer. Er steigt jeden Dienstag im Slipper Room unter der Leitung von Seth Herzog und seinen Freunden – und auch seine Mutter liebt es, sich vor das kleine Publikum zu stellen und die Missstände der Woche zu diskutieren.

BOWERY BALLROOM — LIVEMUSIK

Karte S. 452 (212-533-2111; www.boweryballroom.com; 6 Delancey St Höhe Bowery St; J/Z bis Bowery) Diese grandiose, mittelgroße Location mit perfektem Sound ist die ideale Bühne für bekannte Indie-Größen wie The Shins, Stephen Malkmus oder Patti Smith.

DELANCEY — LIVEMUSIK

Karte S. 452 (212-254-9920; www.thedelancey.com; 168 Delancey St Höhe Clinton St; F bis Delancey St, J/M/Z bis Essex St) Dieser Liveclub hat erstaunlich viel Stil für die Lower East Side. Eingefleischte Indie-Fans sehen hier Konzerte beliebter Bands aus der Stadt. Der Laden ist auch eine gute Adresse für einen Drink am frühen Abend, vor allem auf der palmengesäumten Dachterrasse im ersten Stock.

PIANOS — LIVEMUSIK

Karte S. 452 (212-505-3733; www.pianosnyc.com; 158 Ludlow St Höhe Stanton St; Eintritt 8–10 $; 12–4 Uhr; F bis 2nd Ave) Das Schild an der Tür stammt noch aus früheren Zeiten, als hier ein Klavierladen war. Irgendwie hat nie einer dran gedacht, es auszuwechseln. Heute sind hier alle möglichen Musikrichtungen zu Hause, aber tendenziell am ehesten Pop, Punk und New Wave (wobei hier und da etwas Hiphop und Indie auch nicht verschmäht werden). Manchmal läuft ein „Double Feature" – eine Band im ersten Stock, eine andere im Erdgeschoss.

SLIPPER ROOM — VARIETÉ

Karte S. 452 (www.slipperroom.com; 212-253-7246; 167 Orchard St, Eingang in der Stanton St; Eintritt 7–15 $; F bis 2nd Ave) Der 2010 geschlossene Slipper Room ist zurück und sieht dank einer umfassenden Sanierung jetzt besser aus als je zuvor. Im zweistöckigen Club finden alle möglichen Veranstaltungen statt, so Seth Herzogs beliebte Show *Sweet* und mehrmals pro Woche Varieté-Shows mit Akrobatik, Anzüglichem, Comedy und Absurdem – lohnt in der Regel auf jeden Fall den Eintritt. Tickets gibt's im Internet.

ROCKWOOD MUSIC HALL — LIVEMUSIK

Karte S. 452 (212-477-4155; www.rockwoodmusichall.com; 196 Allen St zw. Houston & Stanton St; F/V bis Lower East Side–Second Ave) Das winzige Konzerthaus mit drei Bühnen hat Indie-Rocker Ken Rockwood eröffnet und es bietet etwa so viel Platz wie ein Schuhkarton. Dafür ist mächtig was los. Die Bands und Liedermacher geben hier einander das Mikro in die Hand, der Eintritt ist frei. Hartgesottene können sich an einem Abend fünf oder mehr Bands geben: Klingt doch wie ein guter Deal! Gespielt wird am Wochenende ab 15 Uhr, unter der Woche ab 18 Uhr.

LANDMARK SUNSHINE CINEMA   KINO

Karte S. 452 (212-260-7289; www.landmarktheatres.com; 143 E Houston St zw. Forsyth & Eldridge St; S F/V bis Lower East Side–Second Ave) Das wunderbare Landmark, ein renoviertes jiddisches Theater, zeigt auf riesigen Leinwänden ausländische Filme und Premieren von populären Kunstfilmen. Die Besucher lieben die steile Bestuhlung – selbst Riesen vor einem stören nicht, wenn das Licht ausgeht.

ABRONS ARTS CENTER   THEATER, KUNST

Karte S. 452 (212-598-0400; www.abronsartscenter.org; 466 Grand St, Ecke Pitt St; S F, J, M, Z bis Delancey St–Essex St) Dieses altehrwürdige Kulturzentrum wartet mit drei Bühnen auf; die größte davon ist das denkmalgeschützte Harry de Jur Playhouse mit eigener Lobby, ansteigenden, fest installierten Sitzreihen, einer großen, tiefen Bühne und gutem Blick auf selbige. Das Abrons Art Center ist ein zentraler Veranstaltungsort beim Fringe Festival und hier hat man auch beste Chancen, experimentelle und Community-Inszenierungen geboten zu bekommen. Dazu gibt's hier Avantgarde-Jazz, veranstaltet vom ehemaligen Club Tonic, der aufgrund steigender Mieten aus der Lower East Side flüchten musste. Das Abrons scheut sich nicht vor schwierigen Themen und bietet Theater- und Tanzaufführungen sowie Fotoausstellungen einen Raum, die es ansonsten schwer haben.

SHOPPEN

East Village

Das East Village – einst Archetyp des (Downtown)-Underground – hat immer noch jede Menge Szene- und Individualistenklamotten im Angebot, doch neue einheimische Designer, schickere Geschäfte und sogar Großketten haben die einst schräge Modewelt des Viertels verwässert.

VERAMEAT   SCHMUCK

Karte S. 450 (212-388-9045; 315 E 9th St zw. First & Second Ave; 12–20 Uhr; S 6 bis Astor Pl) Designerin Vera Balyura kreiert in diesem reizenden kleinen Laden in der 9th St exquisite Stücke mit einem schwarzen Sinn für Humor. Die winzigen, kunstvoll gestalteten Anhänger, Ringe, Ohrringe und Armreife erscheinen fast zu edel zum Tragen, bis sie sich bei näherem Blick als Zombies, Godzilla-Roboter, Tierköpfe, Dinosaurier und Tierklauen herausstellen – und so auf dem Gebiet des Schmucks ein völlig neues Niveau an miniaturisierter Komplexität schaffen.

DINOSAUR HILL   KINDER

Karte S. 450 (212-473-5850; www.dinosaurhill.com; 306 E 9th St; 11–19 Uhr; S 6 bis Astor Pl) Der kleine, altmodische Spielwarenladen lässt sich weniger von Disney-Filmen als von der Phantasie beflügeln und wartet mit jeder Menge toller Geschenkideen auf: tschechische Marionetten, Schattenpuppen, kleine Bauklötze, Kalligraphiesets, Spielzeugpianos, Kunst- und Naturwissenschaftskästen, Kindermusik-CDs aus aller Welt sowie Kinderkleidung aus natürlichen Stoffen.

STILL HOUSE   GLASARTIKEL

Karte S. 450 (212-539-0200; 117 E 7th St; 12–20 Uhr; S 6 bis Astor Pl) In dem kleinen, stillen Laden kann man Glas- und Töpferwaren bestaunen: handgeblasene Vasen, geometrische Tischartikel, Keramikschüsseln sowie Becher und anderes fürs Zuhause. Daneben gibt es noch minimalistischen Schmuck, fein gebundene Notizbücher und kleine gerahmte Kunstwerke zum Aufhängen. Insgesamt steckt das Still House voller Geschenkideen und die Dinge sind klein genug, um sie mit nach Hause zu nehmen (allerdings auch recht zerbrechlich, also gut einpacken!).

NO RELATION VINTAGE   VINTAGE-MODE

Karte S. 450 (212-228-5201; 204 First Ave zw. 12th & 13th St; So–Do 12–20, Fr & Sa bis 21 Uhr; S L bis First Ave) Unter den vielen Vintage-Läden im East Village hebt sich No Relation durch ein breites Sortiment heraus: Hier gibt's alles von Jeans- und Lederjacken bis zu Flanell- und Karohemden, Turnschuhen, Levi's-Jeans, bonbonfarbenen T-Shirts, Unijacken und Clutches. Am Wochenende wird es hier voll: Dann ist Ellbogenausfahren angesagt!

TOKIO 7
KONSIGNATIONSLAGER

Karte S. 450 (212-353-8443; www.tokio7.net; 83 E 7th St Nähe First Ave; 12–20 Uhr; S 6 bis Astor Pl) Dieses kultige, hippe Konsignationslager in einem schattigen Teil der E 7th St bietet gut erhaltene Designerware für Damen und Herren zu recht heftigen Preisen. Der Laden in japanischem Besitz bietet oft hübsche Stücke von Issey Miyake und Yohji Yamamoto, außerdem ein gut bestücktes Sortiment an Bekleidung von Labels wie Dolce & Gabbana, Prada und Chanel. Die Alien-Figur vorm Laden besteht übrigens aus zweckentfremdeten Maschinenteilen.

SUSTAINABLE NYC
BEKLEIDUNG

Karte S. 450 (212-254-5400; 139 Ave A zw. St. Marks Pl & 9th St; Mo–Fr 8–22, Sa & So 9–22 Uhr; S 6 bis Astor Pl) Ob für zu Hause oder fürs Büro – dieser umweltfreundliche Laden gegenüber vom Tompkins Square Park hat alles, was das grüne Herz begehrt: Bio-T-Shirts, Radios und Taschenlampen zum Aufziehen (ohne Batterien), Soja- und Bienenwachskerzen, Uhren aus alten LPs. Zum Shop gehört ein kleines Café.

ST. MARK'S BOOKSHOP
BÜCHER

Karte S. 450 (212-260-7853; www.stmarksbookshop.com; 31 Third Ave zw. St. Marks Pl & 9th St; Mo–Sa 10–24, So 11–24 Uhr; S 6 bis Astor Pl) Früher lag diese Buchhandlung direkt beim St. Mark's Place um die Ecke (deshalb der Name), aber bis heute pflegt sie ihr sehr spezielles Sortiment an politischer Literatur, Lyrik, modernen Romanen und Sachbüchern sowie wissenschaftlichen Magazinen. Erwähnenswert ist auch die große Auswahl an trivialen und anspruchsvollen Zeitschriften.
Bei Redaktionsschluss wollte der Buchladen in billigere Räumlichkeiten ein paar Straßen weiter Richtung Osten ziehen – aktuelle Infos auf der Website.

JOHN DERIAN
HAUSHALTSWAREN

Karte S. 450 (212-677-3917; 6 E 2nd St zw. Bowery & Second Ave; Di–So 12–19 Uhr; S F/V bis Lower East Side–Second Ave) John Derian hat sich vor allem mit seinen Decoupage-Objekten einen Namen gemacht. Hierfür arbeitet er alte Originaldrucke von Pflanzen und Tieren in gläserne Briefbeschwerer, Untersetzer, Lampen, Schalen und Vasen ein.

PATRICIA FIELD
MODE

Karte S. 450 (212-966-4066; 306 Bowery St Höhe 1st St; So–Do 11–20, Fr & Sa bis 21 Uhr; S F bis 2nd Ave) Patricia Field, Modestylistin für *Sex and the City*, hat keine Angst vor Glitzerkitsch, wenn es um Federboas, rosa Jacken, Diskokleider, bunt bedruckten T-Shirts und Stöckelschuhe mit Leopardenmuster geht. Auch gut für wuschelige Perücken, silberne Elastanleggins und abgefahrene Geschenkartikel.

OBSCURA ANTIQUES
ANTIQUITÄTEN

Karte S. 450 (212-505-9251; 207 Ave A zw. 12th & 13th St; Mo–Sa 12–20, So bis 19 Uhr; S L bis 1st Ave) Dieses kleine Kuriositätenkabinett ist sowohl für die Liebhaber des Makabren als auch für notorische Antiquitätenjäger eine wahre Fundgrube. Zu bestaunen gibt es hier Tierpräparate, Schmetterlingssammlungen in Glaskästen, Fotos von verstorbenen Menschen, verstörende kleine (Zahnarzt?)-Instrumente, deutsche Minenflaggen, alte Giftflaschen, Glasaugen, Riesenkröten-Portemonnaies, Feuerzeuge von Vietnam-Soldaten, anatomische Zeichnungen, ein zweiköpfiges Kalb, eine ausgestopfte Hyäne und andere Artikel, die normale Kaufhäuser heutzutage nicht mehr vorrätig haben.

KIEHL'S
BEAUTY

Karte S. 450 (212-677-3171; 109 Third Ave zw. 13th & 14th St; Mo–Sa 10–20, So 11–18 Uhr; S L bis 3rd Ave) Schon seit der Eröffnung 1851 als Apotheke produziert und verkauft Kiehl's Hautpflegeprodukte. Mittlerweile hat sich der Verkaufsraum des Stammgeschäfts verdoppelt, und die Firma unterhält Filialen in aller Welt. Trotzdem blieb der persönliche Touch erhalten und es gibt weiterhin die begehrten, großzügigen Produktproben.

JOHN VARVATOS
MODE, SCHUHE

Karte S. 450 (212-358-0315; 315 Bowery zw. 1st & 2nd St; Mo–Sa 12–20, So bis 18 Uhr; S F bis 2nd Ave, 6 bis Bleecker St) In den geheiligten Hallen des alten Punkclubs CBGB in der Bowery residiert dieser John-Varvatos-Laden und gibt sich viel Mühe, Mode und Rock'n'Roll miteinander zu verknüpfen. So kann man hier neben Jeans, Lederstiefeln, Gürteln und bedruckten T-Shirts auch Platten, Audiogeräte aus den 1970er-Jahren und sogar E-Gitarren erstehen.

🔒 Lower East Side

Ob coole Hipster auf der Suche nach dem experimentellen Look oder Oldschool-Hip-Hop-Fans – alle strömen sie in Scharen in die Szeneläden der Lower East Side. Zwischen den vielen Bars und Restaurants des Viertels verkaufen Dutzende Geschäfte Vintage-Kleidung, vegane Schuhe, altmodische Süßigkeiten, Sexspielzeug, linke Literatur und mehr. Wem der Magen knurrt: Auf dem Essex Street Market (S. 114) gibt's Bagels, Räucherlachs, Tacos, tollen Käse, Eiscreme und andere Leckereien.

TOP HAT ACCESSOIRES

Karte S. 452 (212-677-4240; 245 Broome St zw. Ludlow & Orchard St; 12–20 Uhr; B/D bis Grand St) Der urige kleine Laden bietet Kurioses aus aller Welt in Hülle und Fülle: von alten italienischen Bleistiften und hübschen kleinen Lederjournalen bis zu schön geschnitzten hölzernen Vogelpfeifen. Wer nach einer Aufnahme von endlosem Regen, einer Spielzeug-Klarinette, japanischen Stoffen, einer zerknüllten Karte des Sternenhimmels oder geometrischen spanischen Tassen und Untertassen sucht – bei Top Hat findet man all dies und noch viel mehr.

BY ROBERT JAMES MODE

Karte S. 452 (212-253-2121; www.byrobert james.com; 74 Orchard St; Mo–Sa 12–20, So bis 18 Uhr; F bis Delancey St, J/M/Z bis Essex St) Robuste, schön geschneiderte Herrenkleidung ist das Markenzeichen von Robert James, der sein Designatelier direkt über dem Laden hat und auch alles in New York herstellen lässt. Hier hat man die Qual der Wahl aus Jeans für schlanke Beine, hübschen Hemden und klassischen Sakkos. Manchmal erkundet Lola, James' schwarzer Labrador, den Laden. Ein weiteres Geschäft gibt's in Williamsburg.

EDITH MACHINIST VINTAGE-MODE

Karte S. 452 (212-979-9992; 104 Rivington St Höhe Essex St; Di–Sa 12–19, So bis 18 Uhr; F bis Delancey St, J/M/Z bis Essex St) Wer in der Lower East Side modisch dazugehören will, muss sich entsprechend kleiden. Hierbei hilft schnell Edith Machinist; sie sorgt für einen lässigen, aber stilvollen Look – ein bisschen Vintage-Glamour mit kniehohen, weichen Wildlederstiefeln, Seidenkleidern aus den 1930er-Jahren und Ballerinas.

DRESSING ROOM BEKLEIDUNG

Karte S. 452 (212-966-7330; www.thedressing roomnyc.com; 75a Orchard St zw. Broome & Grand St; Di & Mi 13–24, Do–Sa 13–2, So 13.30–20 Uhr; F, J/M/Z bis Delancey–Essex St) Das Dressing Room ist eine originelle Mischung aus Indie-Modeboutique und zwangloser Bar. Verschiedene New Yorker Nachwuchslabels wie Out of Print mit T-Shirts, die mit alten Buchumschlägen bedruckt sind, bestimmen das ständig wechselnde Angebot im Erdgeschoss; hier findet man außerdem z. B. schwarze Rüschenkleider und diverse wild gemusterte Strickwaren. Im Keller findet man eine kleine Auswahl an Vintage-Mode.

In der angrenzenden Bar können Shoppingmuffel gut bei einem Drink entspannen, während die bessere Hälfte sich im Laden umschaut.

REED SPACE MODE, ACCESSOIRES

Karte S. 452 (212-253-0588; www.thereedspace. com; 151 Orchard St zw. Stanton & Rivington St; Mo–Fr 13–19, Sa & So 12–19 Uhr; F bis Delancey–Essex St) Turnschuhe, Accessoires, jugendliche T-Shirts, Hosen und Jacken für beide Geschlechter füllen die bunten und variantenreichen Regale im Reed Space. Der Designer Jeff Ng hat hier ein Modell für legere Stadtmode entwickelt.

MOO SHOES SCHUHE

Karte S. 452 (212-254-6512; www.mooshoes. com; 78 Orchard St zw. Broome & Grand St; Mo–Sa 11.30–19.30, So 12–18 Uhr; F bis Delancey St, J/M/Z bis Essex St) Die umwelt- und tierfreundliche Boutique Moo Shoes ver-

---

ANGESAGTE MODEBOUTIQUEN FÜR FRAUEN

In New Yorks kurzlebiger Shoppingszene können Boutiquen – genau wie die Trends, die sie verkaufen – im Handumdrehen kommen und gehen. Die folgenden drei Läden sind ein guter Startpunkt auf der Suche nach den heißesten Modetrends der Stadt:

Spiritual America (Karte S. 452; 212-960-8564; www.spiritualameri.ca; 5 Rivington St zw. Bowery & Chrystie St; Mo–Fr 12–20, Sa & So 11–19 Uhr; F bis Lower East Side–2nd Ave)

Reformation (Karte S. 452; 646-448-4925; www.thereformation.com; 156 Ludlow St zw. Rivington & Stanton St; Mo–Sa 12–20, So bis 19 Uhr; F bis Delancey St, F bis 2nd Ave, J/M/Z bis Essex St)

Yumi Kim (Karte S. 452; 212-420-5919; www.yumikimshop.com; 105 Stanton St zw. Ludlow & Essex St; 12–19 Uhr; F bis Delancey St, F bis 2nd Ave, J/M/Z bis Essex St)

kauft erstaunlich stylische Schuhe, Hand- und Brieftaschen aus Mikrofaser (Kunstleder). So gibt es hier Ballettschuhe von Love Is Mighty, rustikale Novacas-Herrenschuhe und coole Brieftaschen von Matt & Nat.

BLUESTOCKINGS BÜCHER
Karte S. 452 (212-777-6028; www.bluestockings.com; 172 Allen St zw. Stanton & Rivington St; 11–23 Uhr; ⓢF/V bis Lower East Side–Second Ave) Der ursprünglich auf lesbische Literatur spezialisierte Buchladen hat sein Spektrum erweitert und deckt nun alternative Themen aller Art ab, neben Feminismus auch z. B. Globalisierung und Afroamerikanisches. Das integrierte Café serviert Fair-Trade-, Veganer- und Bioprodukte und bietet darüber hinaus jede Menge Lesungen und Vorträge an.

SPORT & AKTIVITÄTEN

RUSSIAN & TURKISH BATHS DAMPFBAD
Karte S. 450 (212-674-9250; www.russianturkishbaths.com; 268 E 10th St zw. First Ave & Ave A; pro Besuch 35 $; Mo–Di & Do–Fr 12–22, Mi ab 10, Sa ab 9, So ab 8 Uhr; ⓢL bis First Ave, 6 bis Astor Pl) Seit 1892 heißt das Dampfbad alle willkommen, die die Klamotten von sich werfen (oder auch den Badeanzug anziehen) und sich ins Dampfbad, die Fluten des eiskalten Tauchbeckens oder die Sauna stürzen wollen. Auf der Sonnenterrasse kann man sich auch noch aalen. Meistens ist gemischter Betrieb; während dieser Zeit ist Badekleidung Pflicht. Näheres zu den Öffnungszeiten auf der Website.

Greenwich Village, Chelsea & Meatpacking District

GREENWICH VILLAGE | MEATPACKING DISTRICT | CHELSEA

Highlights

❶ Picknickzutaten auf dem Chelsea Market erstehen und auf dem schmalen Grünstreifen der High Line (S. 135) hoch über dem Verkehr der Stadt eine idyllische Auszeit genießen.

❷ Die hellsten Sterne des New Yorker Kunsthimmels bei einem Galerienbummel in Chelsea (S. 148) bestaunen.

❸ Durch den Washington Square Park (S. 138) schlendern, unter dem berühmten Triumphbogen ein Päuschen einlegen und am Springbrunnen dem Tratsch der Studis lauschen.

❹ Faszinierende Kunst aus dem Himalaya im **Rubin Museum of Art** (S. 141) entdecken.

❺ Im West Village (S. 150) auf gepflasterten Plätzen einen Latte macchiato schlürfen und die neuesten Boutiquen durchstöbern.

Details s. Karten S. 454 und 458

Top-Tipp

In den netten kleinen Sträßchen des West Village ist die Navigation nicht immer ganz einfach – selbst die Kiezbewohner haben manchmal damit Probleme. Hier einen Stadtplan (oder ein Smartphone) zur Hilfe zu nehmen, ist also wahrhaft keine Schande. Immer dran denken, dass die 4th St diagonal nach Norden abbiegt und damit eine Ausnahme zum üblichen Ost-West-Straßennetz bildet. Der Rest findet sich dann schon.

Gut essen

- Jeffrey's Grocery (S. 144)
- Rosemary's (S. 144)
- RedFarm (S. 144)
- Chelsea Market (S. 137)
- Foragers City Table (S. 147)

Mehr dazu s. S. 141

Schön ausgehen

- Bell Book & Candle (S. 150)
- Buvette (S. 151)
- Jane Ballroom (S. 151)
- Top of the Standard (S. 152)
- Marie's Crisis (S. 151)

Mehr dazu s. S. 150

Tolle Buchläden

- Printed Matter (S. 164)
- Strand Book Store (S. 161)
- Three Lives & Company (S. 162)
- Posman Books (S. 164)
- Bonnie Slotnick Cookbooks (S. 162)

Mehr dazu s. S. 160

Rundgang: Greenwich Village, Chelsea & Meatpacking District

Dass sich dieses Stadtviertel als „Dorf" bezeichnet, ist nicht ganz an den Haaren herbeigezogen – es sieht wirklich so aus. Zwischen Stadthäusern aus braunem Backstein schlängeln sich idyllische, ruhige Gassen, in denen sich bei schönem Wetter Einheimische die Beine vertreten und Touristen die Lage peilen. Kein Zweifel: Hier ist es wirklich malerisch. Wer die Schätze des Village aufstöbern will, lässt sich am besten durch die Kopfsteinpflaster-Gassen treiben, um sich anschließend bei einem Cappuccino oder einem Glas Wein im Café auszuruhen.

Ein Bummel durch den Meatpacking District – einst voller Schlachthäuser, heute voller schicker Boutiquen und wilder Clubs – führt zum nördlich gelegenen Chelsea. Chelsea liegt seinerseits zwischen West Village und Midtown und zeigt hier und da auch seine Verwandtschaft mit beiden. Seine breiten Alleen sind voller unbeschwerter Cafés, Konzeptbars und schweißtreibender Clubs, denn hier lebt und feiert die kontaktfreudige Schwulengemeinde der Stadt. Die ausufernde Galerienszene liegt rund um die westlichen 20er-Straßen.

Lokalkolorit

- **Brunch in der Eighth Ave** Boys auf der Suche nach anderen Boys, denen der Sinn nicht so nach Abschleppbars steht, werden am Wochenende in der Brunchszene entlang der Eighth Ave fündig – und sei es nur zum Gucken. Hier therapieren scharenweise freundliche Chelsea-Jungs in engen Jeans und noch engeren T-Shirts den Kater von gestern.
- **Cafés im West Village** Die Umfragen können nicht so falsch liegen – das West Village ist eines der gefragtesten Wohngebiete in Manhattan. Also sollte man wie die Einheimischen das malerische Viertel mit seinen vielen hübschen Cafés ausgiebig genießen: Latte macciato bestellen, ein Buch lesen und Leute beobachten.

Anfahrt

- **Subway** Sixth Ave, Seventh Ave und Eighth Ave haben eigene Subway-Stationen. Weiter im Westen machen sich die Verkehrsmittel jedoch zunehmend rar. Die Linien A, C und E sowie 1, 2 und 3 fahren zu diesen vielseitigen Stadtvierteln. Ein guter Ausgangspunkt für einen Bummel ist die Haltestelle an der 14th St.
- **Bus** Wer quer durch die Stadt zu den westlichsten Ecken von Chelsea und West Village will, ist mit den Linien M14 und M8 am besten beraten. Per Bus oder Taxi durch das West Village zu fahren, ist allerdings schade: Die charmanten Gässchen sind einfach perfekt für einen Spaziergang.

HIGHLIGHT
DIE HIGH LINE

Anfang des 20. Jhs. war die Gegend um den Meatpacking District und Chelsea Manhattans größtes Industriegebiet. Um die ohnehin verstopften Straßen vom Frachtverkehr zu entlasten, wurde damals ein Hochbahnsystem errichtet. Allmählich veränderte sich jedoch das Gesicht der Stadt und die Frachtbahn wurde nicht mehr gebraucht. 1999 wurde schließlich der Plan vorgelegt, der den verwahrlosten Bahndamm in einen öffentlichen Grünstreifen verwandeln sollte. Am 9. Juni 2009 wurde dann mit viel Trara der erste Abschnitt des beliebten Städtebauprojekts eröffnet, das heute eines von New Yorks größten Attraktionen ist.

Industrielle Vergangenheit

Heute kann man sich kaum vorstellen, dass dieses glänzende Beispiel für gelungene Stadtsanierung einst eine schäbige Bahnlinie im Mittelpunkt einer eher zwielichtigen Gegend war, die sich vor allem durch Schlägertypen, Transen und Schlachthäuser auszeichnete. Die Schienen der zukünftigen High Line wurden in den 1930er-Jahren in Auftrag gegeben, als die Stadtverwaltung beschloss, den vielen Unfällen der letzten Jahre durch eine erhöhte Bahnlinie ein Ende zu setzen. Bis dahin verlief der Schienenverkehr mitten durch die Tenth Ave, was ihr den makabren Beinamen Death Avenue eintrug. Der Bau kostete über 150 Mio. $ (umgerechnet auf den heutigen Geldwert wären das 2 Mrd. $) und dauerte etwa fünf Jahre. 20 Jahre lang tat die Frachtlinie effizient ihren Dienst. Mit zunehmender Verlagerung des Lastverkehrs auf Lkws wurde sie jedoch immer weniger genutzt und in den 1980er-Jahren schließlich stillgelegt. Anwohner sammelten Unterschriften für den Abriss dieses Schandflecken, bis Joshua David und Robert Hammond 1999 ein Ko-

NICHT VERSÄUMEN

➜ Die amphitheaterähnlichen Aussichtsplattformen in der 17th und 26th St

➜ Spencer Finchs Kunstinstallation *The River That Flows Both Ways* zwischen 15th und 16th St

PRAKTISCH & KONKRET

➜ Karte S. 454
➜ 212-500-6035
➜ www.thehighline.org
➜ Gansevoort St
➜ 7–19 Uhr
➜ M11 bis Washington St, M11, M14 bis 9th Ave, M23, M34 bis 10th Ave, S L oder A/C/E bis 14th St–8th Ave, C/E bis 23rd St–8th Ave

ÖFFENTLICHE KUNSTAUS-STELLUNGEN

Die High Line ist nicht nur eine schwebende Oase, sondern auch ein informeller Ausstellungsraum mit verschiedenen Installationen, die teilweise eine Verbindung zu ihrem Standort herstellen, teilweise ganz unabhängig davon entstanden sind. Weitere Infos zur aktuell ausgestellten Kunst gibt's unter www.art.thehighline.org.

Aber nicht nur Kunst ist verstreut über die High Line zu finden – auch der Gaumen kommt nicht zu kurz. Vertreter der Gastronomie aus der ganzen Stadt sind eingeladen, Verkaufsstände aufzustellen, sodass Spaziergänger unterwegs leckere Snacks probieren können. In den Sommermonaten sind auch gute Cafés und Eisdielen vertreten.

mitee namens Friends of the High Line ins Leben riefen. Die Gruppe hatte das Ziel, die rostigen Schienen zu retten und den Bahndamm in eine einmalige, erhöhte Grünanlage zu verwandeln.

Grüne Zukunft

An einem warmen Frühlingstag im Jahr 2009 wurde die High Line – bepflanzt mit Blumen und Laubbäumen – offiziell eröffnet. Damit war der erste von drei geplanten Abschnitten fertiggestellt, die eines Tages den Meatpacking District mit Midtown verbinden sollen. Der erste Abschnitt beginnt an der Gansevoort St und verläuft parallel zur Tenth St bis zur West 20th S. Mit den vielen verschiedenen Sitzgelegenheiten (von der Riesen-Chaiselongue bis zu einer Art Zuschauertribüne mit Bänken) wurde er schnell zum Schauplatz diverser öffentlicher Veranstaltungen und Aktivitäten, die oft auf die wachsende Zahl an Familien im Stadtviertel zugeschnitten sind. Zwei Jahre später wurde der zweite Abschnitt des Grünstreifens über zehn Häuserblocks fertiggestellt. Der letzte Abschnitt soll Ende 2014 eröffnet werden. Hier schlängelt sich die High Line von der 30th zur 34th St und in U-Form um das West Side Rail Yards. Das Teilstück nach Westen Richtung 12th Ave liegt näher am Fluss als die bisher realisierten Abschnitte. Falls der Plan nicht geändert wird, soll der letzte Teil wie echte Wildnis wirken, welche die alten originalen Schienen überwuchert. Geplant ist auch eine Art Dschungelspielplatz, auf dem Kinder an freigelegten, aber weich ummantelten Balken herumturnen können.

Mehr als nur ein öffentlicher Raum

Die High Line ist nicht nur der Trendsetter unter Manhattans Begrünungsprojekten; ihre Bedeutung ist noch viel größer. Mit der Wiederauferstehung von West Village und Chelsea als beliebte Wohngebiete wird die High Line zunehmend jenseits der bloßen Grünfläche zum spannenden Treffpunkt für Familien und Freunde. Wer hier spazieren geht, trifft früher oder später auf High-Line-Angestellte (Erkennungszeichen: das Logo mit dem doppelten H), die Auskunft über die Geschichte der umgewidmeten Schienen geben oder einfach nur darüber, wo's lang geht. Weniger sichtbar sind hingegen die unzähligen Mitarbeiter, die öffentliche Kunstausstellungen und Aktivitäten für Familien und Freunde organisieren. In der wärmeren Jahreszeit werden dienstags um 18.30 Uhr kostenlose Führungen angeboten. Die Anmeldung ist nahe dem Eingang in der 14th St. Frühe Ankunft ist ratsam, um noch einen Platz zu bekommen. Hinzu kommen weitere Führungen und Events mit Themen wie Geschichte, Gartenbau, Design, Kunst und Essen. Auf der Website sind die aktuellen Veranstaltungen angekündigt.

HIGHLIGHT
CHELSEA MARKET

Eine gelungene Kombination aus Stadtsanierung und Denkmalschutz: In einer ehemaligen Fabrik des Keksgiganten Nabisco hat sich der Chelsea Market etabliert, eine 250 m lange Einkaufshalle für Gourmets. Und das ist nur der untere Teil einer größeren Fläche (knapp 93 000 m²), die sich über einen ganzen Häuserblock erstreckt. Im oberen Stockwerk sind momentan mehrere TV-Sender zu Hause, darunter das Food Network und der örtliche Nachrichtenkanal NY1.

National Biscuit Company
In den 1990er-Jahren wurde das alte – und neue – Wahrzeichen umbenannt in „Chelsea Market", in dem sich Gourmetläden und Kleiderboutiquen niederließen.

Backwaren in der Neuauflage
Vorbei sind die Tage der alten Fabriköfen, die hier früher Kekse als Massenware produzierten. Heute füllen Gourmetbäckereien die renovierten Hallen dieses Feinschmecker-Paradieses. **Eleni's** (Karte S. 458; ☎212-255-6804) verdient dabei besondere Erwähnung. Eleni Gianopulos war unter den Ersten, die hier einen Laden aufmachten, und ihre meisterhaft verzierten Plätzchen sind ein Hit. Das leckere Brot von **Amy's Bread** (Karte S. 458; www.amysbread.com) ist eine wunderbare Hommage an die Hunderte von Öfen, die einst die Hallen füllten.

Toll ist auch der **Tuck Shop** (Karte S. 458; www.tuckshopnyc.com) mit australischen Spezialitäten wie herzhaften Törtchen, gefüllten Teigrollen (Wurst und Salbei oder Spinat und Ricotta), Lamingtons (Schoko-Kokos-Kuchen) und hausgemachten Limonaden. Süßmäuler werden vom Eisladen **l'Arte Del Gelato** (Karte S. 458; www.lartedelgelato.com) begeistert sein. Über 20 Eissorten werden täglich frisch hergestellt. Frischer Fisch und Krustentiere sowie eine Sushi-Theke locken im **Lobster Place** (Karte S. 458; www.lobsterplace.com).

NICHT VERSÄUMEN
- Amy's Bread
- Lobster Place
- Die High Line hinter der Halle

PRAKTISCH & KONKRET
- Karte S. 458
- www.chelseamarket.com
- 75 Ninth Ave Höhe 15th St
- Mo–Sa 7–22, So 8–21 Uhr
- Ⓢ A/C/E bis 14th St, L bis 8th Ave

HIGHLIGHT
WASHINGTON SQUARE PARK

Der einstige Armenfriedhof und öffentliche Hinrichtungsplatz ist heute der inoffizielle Dorfplatz des Village: Hier lümmeln NYU-Studenten, versammeln sich Feuerschlucker, neugierige Hunde mit Besitzer im Schlepptau und ganze Horden von Blitzschachprofis. Gepflegte Stadthäuser und großartige moderne Gebäude (alle im Besitz der NYU) bilden den Rahmen des Washington Square Park, der eine der beeindruckendsten Grünflächen der ganzen Stadt ist. Wahrzeichen und Sahnehäubchen des Parks ist jedoch der Stanford White Arch an seiner Nordseite.

NICHT VERSÄUMEN
➡ Stanford White Arch
➡ Zentraler Springbrunnen
➡ Häuser im Greek-Revival-Stil

PRAKTISCH & KONKRET
➡ Karte S. 454
➡ Fifth Ave Höhe Washington Sq North
➡ Ⓢ A/C/E, B/D/F/M bis W 4th St–Washington Sq, N/R bis 8th St–NYU

Geschichte
So hinreißend der Washington Square Park heute ist, so erbärmlich ist seine lange Vorgeschichte, bevor er (hauptsächlich dank der 16 Mio. $ teuren Sanierung, die 2007 begann) in seiner heutigen Gestalt als Musterbeispiel städtischer Grünanlagen erstrahlte.

Als die Niederländer im Namen der Holländischen Ostindien-Kompanie Manhattan besiedelten, übergaben sie den Grund des heutigen Parks an ihre befreiten schwarzen Sklaven, wo es als eine Art Pufferzone genau zwischen den verfeindeten Siedlungen der Niederländer und der Ureinwohner lag. Das Land war zwar etwas sumpfig, aber fruchtbar, und wurde etwa 60 Jahre lang als Ackerland genutzt.

Ende des 19. Jhs. kaufte die Stadt New York den Grund als Friedhof an der Stadtgrenze. Der ursprünglich hauptsächlich für mittellose Arbeiter genutzte Gottesacker erreichte nach einer Gelbfieberepidemie jedoch schnell sein Limit. Auch heute liegen noch über 20 000 Leichen unter dem Park begraben.

1830 fand der ehemalige Friedhof als Aufmarschplatz für Militärparaden Verwendung und wurde dann zügig zu einem Park für die wohlhabende Elite erklärt, die inzwischen luxuriöse Stadthäuser in den umgebenden Straßen baute.

Stanford White Arch
Der über 20 m hohe Triumphbogen Stanford White Arch – allgemein bekannt als Washington Square Arch – beherrscht den Park mit seinem glänzend weißen Dover-Marmor. Ursprünglich stand hier ein Bogen aus Holz, errichtet zur Feier des hundertsten Jubiläums der Amtseinführung von George Washington im Jahr 1889. Er war so beliebt, dass er sechs Jahre später durch eine Steinkonstruktion ersetzt und mit Statuen des Generals in Krieg und Frieden versehen wurde. 1916 sorgte der Maler und Bildhauer Marcel Duchamp für Aufsehen, indem er über die Treppe im Inneren des Triumphbogens hinaufkletterte und den Park zur „Freien und unabhängigen Republik Washington Square" erklärte.

Gegenwart
Bald war der Park nicht mehr aus dem Stadtbild wegzudenken. Er wurde zum Anziehungspunkt für Beatniks und politische Protestler – vor allem, als Städteplaner die Form und Nutzung der Grünfläche verändern wollten. Die Anwohner protestierten vehement und so blieb die Form des Platzes seit dem 19. Jh. weitgehend unverändert.

Die politische Tradition lebte in jüngster Zeit wieder auf: Barack Obama rührte 2007 hier die Trommel für seine Präsidentschaftskampagne. Die Veranstaltung war überwältigend gut besucht – was allerdings keine wirkliche Überraschung war.

SEHENSWERTES

Greenwich Village & Meatpacking District

DIE HIGH LINE PARK
Siehe S. 135.

WASHINGTON SQUARE PARK PARK
Siehe S. 138.

NEW YORK UNIVERSITY UNIVERSITÄT
Karte S. 454 (NYU; 212-998-2222; www.nyu.edu; Informationszentrum 50 W 4th St A/C/E, B/D/F/M bis W 4th St–Washington Sq, N/R bis 8th St–NYU) 1831 gründete Albert Gallatin, ehemals Finanzminister unter Präsident Thomas Jefferson, eine kleine und gehobene Bildungseinrichtung. Sie sollte allen Studenten offen stehen, unabhängig von Hautfarbe oder Herkunft. Heute würde er die Uni wohl kaum wiedererkennen, denn sie hat inzwischen gut 54 000 Studenten, über 16 000 Angestellte und Institute an sechs verschiedenen Standorten Manhattans.

Und sie wächst noch weiter, zur Bestürzung von Denkmalschützern und Geschäftsbesitzern. Die mussten zusehen, wie der akademische Gigant ein Gebäude nach dem anderen aufkaufte, um sie flugs durch hässliche Wohnheime oder Verwaltungsbauten zu ersetzen. Oder sie fallen wie das historische Provincetown Playhouse einer achtlosen Planung zum Opfer. Doch verfügt die Uni über durchaus reizvolle Ecken, so z. B. den schattigen Innenhof der School of Law, und auch über beeindruckend moderne Gebäude wie das Skirball Center for the Performing Arts, wo in einem Saal mit 850 Plätzen erstklassige Tanz-, Theater-, Musik- und Literaturveranstaltungen stattfinden. Das akademische Angebot der Uni ist hoch angesehen und breit gefächert, besonders an den Fakultäten für Film, Theater, Literatur, Medizin und Recht. Eine einzigartige Gelegenheit, schnell Einheimische kennenzulernen, sind die öffentlichen Tages- oder Wochenendkurse (von amerikanischer Geschichte bis Fotografie) an der School of Professional Studies and Continuing Education.

GRACE CHURCH KIRCHE
Karte S. 454 (212-254-2000; www.gracechurchnyc.org; 802 Broadway Höhe 10th St; 10–17 Uhr, Gottesdienste tgl.; N/R bis 8th St–NYU, 6 bis Astor Pl) Die neugotische Episkopalkirche wurde 1843 von James Renwick Jr. entworfen. Der verwendete Marmor wurde von Gefangenen in Sing Sing abgebaut, dem Staatsgefängnis in Ossining 50 km flussaufwärts am Hudson River. Nach Jahren der Vernachlässigung wurde die Grace Church umfassend restauriert. Heute ist sie denkmalgeschützt und mit ihren kunstvollen Steinmetzarbeiten, ihrem hohen Turm und dem grünen, gepflegten Kirchhof ein wahres Kleinod in diesem ansonsten eher gewöhnlichen Teil des Village. Die bunten Fenster im Inneren sind atemberaubend und das hoch aufstrebende Kirchenschiff bietet einen perfekten Rahmen für die Orgel- und Chorkonzerte, die hier regelmäßig stattfinden. Sonntags um 13 Uhr werden kostenlose Führungen angeboten.

FORBES COLLECTION MUSEUM
Karte S. 454 (212-206-5548; www.forbesgalleries.com; 62 Fifth Ave Höhe 12th St; Di–Sa 10–16 Uhr; L, N/Q/R, 4/5/6 bis 14th St–Union Sq) GRATIS In diesen Räumen im Hauptsitz der Zeitschrift Forbes werden wechselnde Ausstellungen und Kuriositäten aus der persönlichen Sammlung des verstorbenen Großverlegers Malcolm Forbes gezeigt. Unter den bunt zusammengewürfelten Objekten befinden sich Fabergé-Eier, Spielzeugschiffe, alte Monopoly-Ausgaben und über 10 000 Zinnsoldaten.

ABINGDON SQUARE PLATZ
Karte S. 454 (Hudson St Höhe 12th St; A/C/E bis 14th St, L bis Eighth Ave) Dieser gerade einmal 1000 m² große historische Park ist ein reizendes Fleckchen Grün – mit seinen Blumenbeeten, graswachsenen Hügeln und gewundenen Wegen aus blauen Pflastersteinen und dem beliebten Wochenmarkt am Samstag. Der Park eignet sich bestens für ein Picknick oder eine Pause nach einem anstrengenden Bummel durch das Straßenlabyrinth des West Village. Aus der beschaulichen Horizontalen schweift der Blick zum südlichen Ende des Parks, wo die Bronzestatue Abingdon Doughboy an Soldaten aus diesem Viertel erinnert, die im Ersten Weltkrieg gefallen sind (Soldaten wurden damals *doughboys* genannt).

PIER 45 PARK
Karte S. 454 (W 10th St, am Hudson River; 1 bis Christopher St–Sheridan Sq) Der knapp 260 m lange Betonfinger, der vielen immer noch als Christopher Street Pier bekannt ist, wurde im Rahmen des Hudson-River-Park-Projekts schick mit Rasen, Blu-

HIGHLIGHT
HUDSON RIVER PARK

Die High Line mag zwar derzeit schwer angesagt sein, aber nur einen Block weiter erstreckt sich ein 8 km langer Grünstreifen, der die Stadt in den vergangenen zehn Jahren dramatisch verändert hat.

Der 2,2 km² große Hudson River Park vom Battery Park am Südzipfel Manhattans bis zur 59th St in Midtown ist ein herrlicher Garten in Manhattan. Der lange Uferpfad am Fluss ist wunderbar zum Joggen, Spazierengehen und Radfahren geeignet. Der **Waterfront Bicycle Shop** (Karte S. 454; www.bikeshopny.com; 391 West St zw. W 10th & Christopher St; Rad pro 1/4 Std. 10/20 $; 10–19 Uhr) verleiht dort Fahrräder. Mehrere Bootshäuser (S. 165) haben einen Kajakverleih und bieten längere Exkursionen für geübte Paddler. Es gibt auch Beachvolleyball-, Basketball- und Tennisplätze sowie einen Skatepark. Für Familien mit Kindern gibt es zahllose Angebote, darunter vier nagelneue Spielplätze, ein Karussell (an der W 22nd St) und einen Minigolfplatz (Pier 25 an der West St nahe der N Moore St).

Diejenigen, die nur eine Auszeit von der Stadt brauchen, lungern auf dem Rasen herum. Wer es weniger geruhsam mag, kann sich im Frying Pan (S. 158) am Ufer ins sangriaselige Getümmel stürzen. Und natürlich gibt es am Fourth of July keinen besseren Ort in der Stadt.

NICHT VERSÄUMEN

- Kajakfahren auf dem Fluss
- Spaziergänge bei Sonnenuntergang
- Drinks im Frying Pan im Sommer

PRAKTISCH & KONKRET

- Karte S. 454
- www.hudsonriverpark.org

---

menbeeten, einer Toilette, einem Café mit Terrasse, schattigen Zeltunterständen und einer Haltestelle des New York Water Taxi ausgestattet. Jetzt ist er ein Magnet für alle möglichen Leute aus Downtown Manhattan, tagsüber für Familien mit Kleinkindern und abends für Gruppen schwuler Jugendlicher aus der ganzen Stadt, denn der Pier hat eine lange Geschichte als Homosexuellen-Treffpunkt. Der Pier bietet wunderbare Ausblicke auf den Hudson und im Hochsommer eine kühle wohltuende Brise.

WHITE COLUMNS   GALERIE
Karte S. 454 (212-924-4212; www.whitecolumns.org; 320 W 13th St, Eingang in der Horatio St zw. Hudson St & Eighth Ave; Di-Sa 12–18 Uhr; A/C/E, L bis Eighth Ave–14th St) GRATIS Geografisch gehört White Columns zum Meatpacking District, rein ästhetisch aber eher zu Chelsea. Die ruhige, mehrräumige Galerie präsentiert eine breite Palette an Ausstellungen und Installationen, oft von recht bekannten Künstlern wie Andrew Serrano, Alice Aycock, Lorna Simpson und Gordon Matta-Clark, einem Gründungsmitglied der White Columns.

Chelsea

CHELSEA MARKET   MARKT
Siehe S. 137.

CHELSEA HOTEL   HISTORISCHES GEBÄUDE
Karte S. 458 (212-243-3700; 222 W 23rd St zw. Seventh & Eighth Ave; 1, C/E bis 23rd St) Als Hotel ist es sicher nichts Besonderes – zumal hier hauptsächlich Langzeitgäste wohnen. Aber als mythenumwobener Ort spielt es in der ersten Liga. Das rote Ziegelgebäude mit reich verzierten Eisenbalkonen und nicht weniger als sieben Tafeln, die es zum literarischen Denkmal erklären, spielte in der Geschichte der Popkultur eine wichtige Rolle.

Hier waren Schriftsteller wie Mark Twain, Thomas Wolfe, Dylan Thomas und Arthur Miller zu Gast. Angeblich schuf Jack Kerouac hier in einer einzigen Mammutsession Unterwegs. Und Arthur C. Clarke schrieb hier seine Odyssee im Weltraum. 1953 starb Dylan Thomas im Hotel an Alkoholvergiftung und 1978 wurde hier Nancy Spungen von ihrem Freund Sid Vicious, dem Bassisten der Sex

Pistols, erstochen. Zu den vielen Prominenten, die zeitweise im Chelsea Hotel gewohnt haben, zählen Joni Mitchell, Stanley Kubrick, Dennis Hopper, Edith Piaf, Bob Dylan und Leonard Cohen, dessen Song *Chelsea Hotel* an ein Techtelmechtel mit Janis Joplin erinnert, die hier ebenfalls zeitweise wohnte.

Dem Chelsea stehen große Veränderungen ins Haus. 2011 wurde das Hotel an einen Luxussanierer verkauft und wegen Renovierung geschlossen. Die Dauermieter blieben jedoch im Haus – hauptsächlich, da ihre Vertreibung illegal wäre. Das Gebäude wurde 2013 an einen anderen Luxussanierer weiterverkauft. Die Zukunft des Chelsea ist nach wie vor ungewiss.

GENERAL THEOLOGICAL SEMINARY KIRCHENGEBÄUDE

Karte S. 458 (212-243-5150; www.gts.edu; 440 W 21st St zw. Ninth & Tenth Ave; Mo–Fr 10–17.30 Uhr; S C/E bis 23rd St) GRATIS Das 1817 gegründete Priesterseminar ist das älteste der amerikanischen Episkopalkirche. Die Schule, die mitten im schönen historischen Teil von Chelsea liegt, hat in letzter Zeit viel Mühe darauf verwendet, ihren größten Schatz zu bewahren, den gartenähnlichen Campus mit einem Ring von Gebäuden rund herum – während in der Umgebung die Immobilienhaie schon ihr Unwesen treiben.

Dieser friedliche Ort ermöglicht einen Moment der Ruhe, entweder vor oder nach einem Galerienbummel durch das Viertel. Wer rein will, muss nur am Gartentor klingeln, das auf halber Strecke die 21st St runter zwischen Ninth und Tenth Ave zu finden ist.

RUBIN MUSEUM OF ART MUSEUM

Karte S. 458 (212-620-5000; www.rmanyc.org; 150 W 17th St Höhe Seventh Ave; Erw./Kind 10 $/frei, Fr 18–22 Uhr Eintritt frei; Mo & Do 11–17, Mi bis 21, Fr bis 22, Sa & So bis 18 Uhr; S1 bis 18th St) Das Rubin ist das erste Museum in der westlichen Welt, das sich der Kunst aus dem Himalaya widmet. Die beeindruckende Sammlung beinhaltet Stickarbeiten aus China, Metallskulpturen aus Tibet, Steinplastiken aus Pakistan, komplexe Gemälde aus Bhutan sowie Ritualobjekte und Tanzmasken aus den verschiedenen Regionen Tibets, alles von der 2. bis 19. Jh.

Zu den interessanten Sonderausstellungen zählten die zum „Roten Buch" von C. G. Jung und *Victorious Ones,* mit Skulpturen und Gemälden der Jainas, den Gründern des Jainismus. Das Café Serai serviert traditionelle Gerichte aus dem Himalaya mit Livemusik am Mittwoch ab 17 Uhr. Freitags verwandelt sich das Café in die K2 Lounge, in der nach dem abendlichen Museumsbesuch Wein und Martinis erfrischen.

ANDREA ROSEN GALLERY GALERIE

Karte S. 458 (212-627-6000; www.andrearosengallery.com; 525 W 24th St; Di–Sa 10–18 Uhr; S C/E, 1 bis 23rd St) Übergroße Installationen sind der Normalfall in dieser geräumigen Galerie, in der die Kuratoren jedes Eckchen (und die angegliederte Gallery 2 nebenan) auf interessante Weise mit Kunst füllen. Rosen eröffnete ihre Galerie 1990 und machte sich schnell einen Namen. Sie zeigte bereits John Currins „blasse Porträts", Felix Gonzalez-Torres' „Vultures" und Tetsumi Kudos Ölgemälde, um nur einige der Künstler zu nennen.

ESSEN

Während das West Village für seine stilvollen, gemütlichen Lokale bekannt ist, sind die Restaurants im benachbarten Meatpacking District pompöser: Hinter Samtkordeln stehen die Leute Schlange wie vor einem Club, die Einrichtung ist grell und das Publikum trendbesessen. Chelsea bildet zwischen den beiden den Mittelweg. Hier wird eine wilde Mischung aus sehr schwulen Lokalen in der total angesagten Eighth Ave (Pflichtprogramm zum Sehen und Gesehenwerden beim Brunch) und den weiter westlich gelegenen Cafés in der Ninth Ave geboten. In den Sommermonaten öffnen sich alle Fenster und Türen und Tische und Stühle wandern nach draußen, ob nun auf dem Beton von Chelsea oder dem Kopfsteinpflaster des Village.

Greenwich Village & Meatpacking District

★ MOUSTACHE ORIENTALISCH $

Karte S. 454 (212-229-2220; www.moustachepizza.com; 90 Bedford St zw. Grove & Barrow St; Hauptgerichte 8–17 $; 12–24 Uhr; S1 bis Christopher St–Sheridan Sq) Das kleine und reizende Moustache serviert deftige, schmackhafte Sandwiches (Lammkeule, *merguez-*

Spaziergang
Die Village-Tour

START COMMERCE ST
ZIEL WASHINGTON SQUARE PARK
LÄNGE 1,5 KM; 1 STUNDE

Greenwich Village weicht mit seinen verwinkelten Straßen deutlich vom Schachbrettmuster der restlichen Insel ab und ist das fußgängerfreundlichste aller New Yorker Stadtviertel. Die Tour beginnt am 1924 erbauten ❶ **Cherry Lane Theater** (S. 159). Keine andere Off-Broadway-Bühne bringt schon so lange ununterbrochen Stücke auf die Bühne wie dieses kleine Theater, das in den 1940er-Jahren im Zentrum des kreativen Geschehens stand. Der Abzweig links in die Bedford St führt zum Apartmentblock ❷ **90 Bedford** rechts an der Ecke Grove St. Wer die TV-Serie *Friends* schaut, wird ihn vielleicht kennen (das Café Central Perk war leider nur eine Erfindung der Autoren). Weiter geht's auf der Bleecker St und rechts in die Perry St zu einem weiteren TV-Wahrzeichen, der ❸ **66 Perry St**. Hier wurden Fassade und Aufgang für die Wohnung von Carrie Bradshaw aus *Sex and the City* verwendet. Danach auf die W 4th St abbiegen bis zum ❹ **Christopher Park**, der von zwei weißen, lebensgroßen gleichgeschlechtlichen Paaren bewacht wird. An der Nordseite dieser Grünfläche steht das Stonewall Inn, in dem 1969 eine Gruppe entnervter Dragqueens einen Aufstand anzettelte und damit die Lunte an die schwule Revolution legten. Der Spaziergang führt weiter über die Christopher St bis zur Sixth Ave. Hier steht die ❺ **Jefferson Market Library**. Der Turm im Stil der „Ruskinschen Gotik" war einst ein Feuerwachturm. Der Bau wurde in den 1870er-Jahren als Gerichtsgebäude genutzt; heute beherbergt er eine Filiale der Stadtbibliothek. Weiter geht's über die Sixth Ave und dann links in die Minetta Lane ins ❻ **Cafe Wha?** - diese Institution hat viele junge Musiker und Komiker (z. B. Bob Dylan und Richard Pryor) bekannt gemacht. Schließlich geht's entlang der MacDougal St zum ❼ **Washington Square Park** (S. 138), wo der Rundgang endet. Hier hängen NYU-Studenten und Straßenmusikanten ab und auch immer ein paar Demonstranten, die gegen diverse globale und städtische Ungerechtigkeiten protestieren.

Wurst, Falafel), Pizzas mit dünnem Boden, würzige Salate und herzhafte Spezialitäten wie *ouzi* (Filorollen mit Huhn, Reis und Gewürzen gefüllt) und Moussaka. Die beste Vorspeise: ein Teller Hummus oder *baba ghanoush* (Auberginencreme) mit lockeren, ofenheißen Pitas. Es ist ein warmes, uriges Lokal mit Ziegelmauern und Kupfertischen.

OTTO ENOTECA PIZZERIA
PIZZERIA, ITALIENISCH $

Karte S. 454 (212-995-9559; www.ottopizzeria.com; 1 Fifth Ave Höhe 8th St; Hauptgerichte 9–15 $; mittags & abends; SA/C/E, B/D/F/M bis W 4th St–Washington Sq) Die Pizzeria gleich nördlich des Washington Square Park ist ein erfreulich erschwinglicher Teil von Mario Batalis Imperium, in dem dünne Teigfladen auf Eisenplatten zu perfekter Knusperkonsistenz gebacken werden. Der Belag geht weit über das Standardrepertoire der meisten Pizzerias hinaus – Fenchel, Ziegenkäse, Eier, frische Chilis, Kapern, der beste frische Mozzarella – und die Sauce trifft die perfekte Balance zwischen herzhaft und süß.

Die Pastagerichte (für nur 11 $) haben einen Hang zum Exotischen, wie etwa Penne mit Haselnüssen und Butternut-Kürbis. Und wer den Laden verlässt, ohne das hausgemachte Eis zu probieren, dem ist nicht mehr zu helfen.

CAFÉ BLOSSOM
VEGAN $

Karte S. 454 (www.blossomnyc.com; 41 Carmine St zw. Bleecker & Bedford St; kleine Portionen 8–16 $; Mo–Fr 17–22, Sa 12–22, So bis 21 Uhr; ; SA/C/E, B/D/F/M bis W 4th St) Das romantische, kerzenbeleuchtete Lokal serviert wie das besser bekannte Blossom in Chelsea erstklassige vegane Biokost. Der Schwerpunkt liegt auf kreativen kleinen Speisen zum Teilen: Tarte mit gebratenen Austern und Pilzen, Pizza mit Cashews, Ricotta und geräuchertem Fenchel oder paniertes und frittiertes Tofu mit rotem Thai-Curry. Im Angebot sind auch Bioweine, -biere und -cocktails sowie köstliche Desserts.

TAÏM
ISRAELISCH $

Karte S. 454 (212-691-1287; www.taimfalafel.com; 222 Waverly Pl zw. Perry & W 11th St; Hauptgerichte 6–12 $; 11–22 Uhr; S1/2/3 bis 14th St) Die Falafel aus dem winzigen Laden gehören zu den besten der Stadt. Es gibt sie in den Varianten „Green" (traditionell), „Harissa" (tunesisch gewürzt) oder „Red" (mit gerösteter Paprika). Alle werden mit cremiger Tahin-Sauce und einer ordentlichen Portion israelischen Salats in ein Pita-Brot gestopft. Es gibt auch gemischte Teller, pikante Salate und köstliche Smoothies (lecker: Dattel, Limette und Banane).

THELEWALA
INDISCH $

Karte S. 454 (112 MacDougal St zw. Bleecker & W 3rd St; Teigrollen 4–6 $; So–Do 11–2, Fr & Sa bis 5 Uhr; SA/C/E, B/D/F/M bis W 4th St) Das kleine, klasse Lokal serviert Straßenessen wie in Kalkutta: köstliche Teigrollen gefüllt mit Lammhack, Panir-Käse, knuspriger Okra und anderen Zutaten. Es gibt auch *chaats* (pikante Snacks) und Gerichte wie Kichererbsen-Curry. Viel Platz gibt es nicht, nur ein paar Hocker an der Theke. Am besten verspeist man gleich mehrere Rollen (sie schmecken nach mehr) im benachbarten Washington Square Park.

VICTORY GARDEN
EIS $

Karte S. 454 (31 Carmine St zw. Bleecker & Bedford St; Eis 4–6 $; Mo–Sa 12–23, So bis 22 Uhr; SA/C/E, B/D/F/M bis W 4th St) Wer noch nie Eis aus Ziegenmilch probiert hat, wird hier eine Überraschung erleben. Das kleine zauberhafte Café verkauft köstliches Softeis in den Varianten salziges Karamell, Schokolade aus steingemahlenen mexikanischen Kakaobohnen und Fruchtsorten nach Saison (Wassermelone, Zitrone-Mohn, geröstete Pflaumen). Die Sorten wechseln wöchentlich, etwa vier gibt es täglich.

SAIGON SHACK
VIETNAMESISCH $

Karte S. 454 (212-228-0588; www.saigonshacknyc.com; 114 MacDougal St zw. Bleecker & 3rd St; Hauptgerichte 7–10 $; So–Do 11–23, Fr & Sa bis 1 Uhr; SA/B/C, B/D/F/M bis W 4th St) Dampfende Schalen mit *pho* (Nudelsuppe), würziges *bánh mì* (belegte Baguettes) und knusprige Frühlingsrollen gehören zum Angebot in diesem quirligen, holzverkleideten Lokal nur ein paar Schritte vom Washington Square Park. Die Preise sind in Ordnung und die Speisen kommen schnell. Der einzige Nachteil: Tische sind manchmal Mangelware, da der Laden bei den NYU-Studenten sehr beliebt ist.

BONSIGNOUR
SANDWICHES $

Karte S. 454 (212-229-9700; 35 Jane St Höhe Eighth Ave; Hauptgerichte 7–12 $; 7.30–22, So bis 20 Uhr; SL bis 8th Ave, A/C/E, 1/2/3 bis 14th St) Der Sandwichladen in einer ruhigen Straße des Village hat ein umfangreiches und köstliches Sortiment. Daneben gibt's noch Salate, Frittata und wundervolles Chili mit Rindfleisch. Ein Sandwich oder ein Geflügel-Curry-Salat zum Mitnehmen schmeckt auf dem Abingdon Square besonders gut.

JOE'S PIZZA
PIZZA $

Karte S. 454 (212-366-1182; www.joespizzanyc.com; 7 Carmine St zw. Sixth Ave & Bleecker St; Stück ab 3 $; 10–4.30 Uhr; A/C/E, B/D/F/M bis W 4th St; 1 bis Christopher St–Sheridan Sq oder Houston St) Die schlichten Stücke bekommt jeder, ob Student, Tourist oder Promi – und hier war auch wirklich schon jeder, von Kirsten Dunst bis Bill Murray.

★ REDFARM
FUSIONSKÜCHE $$

Karte S. 454 (212-792-9700; www.redfarmnyc.com; 529 Hudson St zw. 10th & Charles St; Hauptgerichte 19–49 $; Mo-Sa 17–23.45, So bis 23 & Sa & So 11–14.30 Uhr; A/C/E, B/D/F/M bis W 4th St, 1 bis Christopher St–Sheridan Sq) Das kleine, geschäftige Lokal in der Hudson St erhebt chinesische Küche zur reinen und köstlichen Kunstform. Bruschetta mit frischem Krebsfleisch und Auberginen, saftiges Hochrippensteak (über Nacht in Papaya, Ingwer und Sojasauce mariniert) und Frühlingsrollen mit Pastrami gehören zu den kreativen Gerichten, die Ost und West genial verbinden. Weitere Highlights sind scharfes, knuspriges Rindfleisch, gebratene Teigtaschen mit Lamm und das rote Curry mit gegrillten Riesengarnelen.

Die Wartezeit kann lang sein, frühe Ankunft ist also ratsam (Reservierungen gibt's nicht). Ansonsten helfen auch ein paar Cocktails an der Bar im unteren Bereich (Scotch-Freunde werden sich über den Suntory Old-Fashioned freuen).

★ JEFFREY'S GROCERY
MODERN AMERIKANISCH $$

Karte S. 454 (646-398-7630; www.jeffreysgrocery.com; 172 Waverly Pl Höhe Christopher St; Hauptgerichte 18–35 $; So-Mi 8–23, Do-Sa bis 2 Uhr; 1 bis Christopher St–Sheridan Sq) Das quirlige Jeffrey's ist ein Klassiker im West Village, in dem rundum alles stimmt. Meeresfrüchte stehen im Mittelpunkt: Es gibt eine Austernbar und wunderbar zubereitete Gerichte wie Scheidenmuscheln mit Kaviar und Dill, gebratene Dorade mit Curry und Meeresfrüchteplatten für mehrere Personen. Zu den Fleischgerichten zählen Brathuhn mit Topinambur und ein schlichter, dafür aber saftiger Pastrami-Hamburger.

Das Ambiente: Sichtmauerwerk, riesige Fenster, Holzboden und eine lebhafte Bar, die im Lauf des Abends mehr Schluckspechte als Speisegäste anlockt. Der Brunch ist phantastisch.

ROSEMARY'S
ITALIENISCH $$

Karte S. 454 (212-647-1818; www.rosemarysnyc.com; 18 Greenwich Ave Höhe W 10th St; Hauptgerichte 12–26 $; 8–24 Uhr; 1 bis Christopher St–Sheridan Sq) Rosemary's ist derzeit das angesagteste Restaurant im West Village und die italienische Edelküche wird dem Hype mehr als gerecht. In einem eher rustikalen Ambiente werden große Portionen hausgemachter, üppiger Salate sowie Käse und *salumi* (Wurst) serviert. Zu den aktuellen Hits gehören *acqua pazza* (Meeresfrüchtetopf) und geschmorte Schweineschulter mit gebratenem Gemüse.

Das Gemüse kommt teilweise aus eigenem Anbau, auf einem hochmodernen Dachgarten gedeihen knackige Löwenzahnblätter, dicke Zucchini und leckere Tomaten. Es ist meist sehr voll hier (keine Reservierung möglich), am besten früh hingehen.

MORANDI
ITALIENISCH $$

Karte S. 454 (212-627-7575; www.morandiny.com; 211 Waverly Pl zw. Seventh Ave & Charles St; Hauptgerichte 17–30 $; Mo-Fr 8–24, Sa 10–24, So 10–23 Uhr; 1 bis Christopher St–Sheridan Sq) Im sanft beleuchteten Morandi des bekannten Gastronomen Keith McNally erschallt zwischen Ziegelsteinen, Dielenböden und rustikalen Kronleuchtern die Klangkulisse angeregt redender Gäste. An der Bar gibt's Wein, gute Cocktails und leichte Speisen (gefüllte Oliven, Antipasti, Minestrone mit Pesto), an den Tischen werden größere Mahlzeiten serviert (handgerollte Spaghetti mit Zitrone und Parmesan; Hackbällchen mit Pinienkernen und Rosinen oder gegrillte ganze Dorade).

SPOTTED PIG
PUB $$

Karte S. 454 (212-620-0393; www.thespottedpig.com; 314 W 11th St Höhe Greenwich St; Hauptgerichte 16–35 $; 11–2 Uhr; A/C/E bis 14th St, L bis 8th Ave) Das mit einem Michelinstern ausgezeichnete Gastropub mit seiner Mischung aus gehobener italienischer und britischer Küche ist im Village sehr beliebt. Die zwei Stockwerke sind mit altmodischem Krimskrams geschmückt, was dem ganzen Lokal eine zwanglose Eleganz verleiht. Reservierungen werden nicht angenommen, Gäste müssen also oft auf ei-

> **INSIDERWISSEN**
>
> ## DER PARK IM HIMMEL
>
> Robert Hammond, Gründungsmitglied und Geschäftsführer der Friends of the High Line erklärt, was den „Park im Himmel" und dessen Umgebung seiner Meinung nach so besonders macht.
>
> ### Highlights rund um die High Line
> Für mich symbolisiert die High Line sowohl New Yorks industrielle Vergangenheit als auch seine Zukunft als Wohngebiet. Am meisten liebe ich aber an der High Line die versteckten Details. Bei dem ausgefrästen Ausguck auf die 17th St setzen sich die meisten Leute z. B. auf die Sitzränge. Wer sich aber umdreht, sieht weit weg in der Bucht die Freiheitsstatue. Architekturfans werden den Blick in die 18th St lieben. Meine Lieblingsstelle ist allerdings an der 30th St: eine stählerne Plattform, unter der man die Autos durchfahren sieht.
>
> ### Zwischenstationen
> Mittagessen in der Nähe der High Line? Da würde ich **Hector's Café & Diner** (Karte S. 454; 44 Little W 12th St; Hauptgerichte 8–13 $; Mo-Sa 2–22 Uhr) empfehlen. Es ist günstig, kein Touristenladen – Sehen und Gesehenwerden ist hier echt nicht angesagt. Und die Cookies sind großartig! Und wer schon mal in der Gegend ist, sollte unbedingt ein paar der über 300 Galerien in Chelsea besuchen; auch die Künstlerlebücher bei Printed Matter (S. 164) sind einen Blick wert. Um abends einen draufzumachen, ist der Boom Boom Room oben im Hotel Standard (S. 152) die richtige Adresse. Allerdings sollte man frühzeitig da sein und reservieren.
>
> ### Familienfreundliche Aktivitäten
> Die High Line ist immer auch toll für Kinder: Samstags und Mittwochs gibt's regelmäßig ein Kinderprogramm.

nen Tisch warten. Mittags unter der Woche ist es weniger voll.

MINETTA TAVERN   BISTRO **$$**
Karte S. 454 (212-475-3850; www.minettatavernny.com; 113 MacDougal St; Hauptgerichte 19–35 $; Mo & Di 17.30–1, Mi–So 11–15 & 17.30–1 Uhr; A/C/E, B/D/F/M bis W 4th St) Wer einen Platz will, sollte entweder reservieren oder früh kommen: Im Minetta Tavern ist es unter der Woche oft rappelvoll. Angelockt werden die Gäste von den gemütlichen Sitzbänken aus rotem Leder, den dunkel getäfelten Wänden mit Schwarz-Weiß-Fotos und dem gelben Schein der Bistrolampen. Die schmackhaften Bistrogerichte (gebratene Markknochen, Brathähnchen und unwiderstehliche heiße Sandwiches mit Roastbeef) lassen manchen wünschen, gleich im Haus zu wohnen.

MALAPARTE   ITALIENISCH **$$**
Karte S. 454 (212-255-2122; www.malapartenyc.com; 753 Washington St Höhe Bethune St; Hauptgerichte 14–26 $; Mo–Fr 17.30–24, Sa & So ab 12 Uhr; A/C/E bis 14th St, L bis Eighth Ave) Das Malaparte ist eine zauberhafte kleine Trattoria in einer stillen Ecke des West Village. Es gibt einfache, wunderbar zubereitete italienische Gerichte – *garganelli* (Röhrennudeln) mit Steinpilzen und Trüffelöl, Pizza mit weichem Teig, Fenchel- und Rucolasalat, gebratene Stubenküken und zum Nachtisch (natürlich) Tiramisu. Der Brotkorb mit Focaccia, der sofort serviert wird, ist eine nette Geste. Nur Bargeld.

FATTY CUE   PANASIATISCH **$$**
Karte S. 454 (212-929-5050; www.fattycue.com; 50 Carmine St zw. Bedford & Bleecker St; Hauptgerichte mittags 12–23 $, abends 16–38 $; 12–23 Uhr; A/C/E bis 14th St, L bis Eighth Ave) Das Fatty Cue an einem Abschnitt der Carmine St mit vielen Restaurants serviert üppige Teller Grillfleisch mit asiatischem Touch. Mittags lohnen hier Rinderbrust und Pulled Pork („zerrupftes Schweinefleisch"), abends Brathuhn, Schweinerippchen in Trockenmarinade und scharfes Thai-Lamm. Hinter der Bar des stilvollen Lokals mixen geschickte Barkeeper kreative Cocktails.

DOMA NA ROHU
MITTELEUROPÄISCH $$

Karte S. 454 (📞212-929-4339; www.domanyc.com; 27½ Morton St Höhe 7th Ave; Hauptgerichte 15–21 $; ⏰Mo-Fr 12–23, Sa & So 9–24 Uhr; 🚇1 bis Houston St) Das Doma mit seinem reizenden Wirtshausambiente nahe der belebten Seventh Ave serviert deutsche und tschechische Gerichte mit einem Lächeln. Hier gibt's Bratwurst, Rindergulasch und hausgemachte Spätzle mit saisonalem Gemüse und während der Happy Hour Bier für 3 $ und Snackangebote. Mittwochs locken Wildgerichte und am Wochenende zum Brunch Kartoffelpuffer.

Samstag Abend gibt es „Gipsy-Jazz" und wer sich am letzten Donnerstag im Monat noch etwas Speck anfuttern will, kann sich den üppigen Schweinebraten bei Livemusik gönnen.

CAFÉ CLUNY
BISTRO $$

Karte S. 454 (📞212-255-6900; www.cafecluny.com; 284 W 12th St; Hauptgerichte mittags 14–24 $, abends 18–34 $; ⏰Mo-Fr 8–23.30, Sa & So 9–23 Uhr; 🚇L bis 8th Ave, A/C/E, 1/2/3 bis 14th St) Das Café Cluny bringt Pariser Flair ins West Village – Bistrostühle mit geflochtener Sitzfläche, helle Holzmöblierung und Gerichte, die definitiv für *joie de vivre* sorgen: *steak frites* (Steak mit Pommes), gemischte grüne Salate und Brathähnchen.

ALTA
TAPAS $$

Karte S. 454 (📞212-505-7777; www.altarestaurant.com; 54 W 10th St zw. Fifth & Sixth Ave; kleine Portionen 5–19 $; ⏰18–23, Fr-Sa bis 24 Uhr; 🚇A/C/E, B/D/F/V bis W 4th St-Washington Sq) Das hinreißende Stadthaus unterstreicht den Charakter dieses Viertels und besticht innen mit Sichtmauerwerk, Holzbalken, flackernden Kerzen, riesigen Spiegeln und einem romantischen Kaminfeuer. Die Speisekarte ist so lang, wie die Gerichte klein sind. Unsere Tipps, um die Entscheidung zu erleichtern: saftige Lammfleischbällchen, gebratener Schnapper mit Artischockenpüree, gebratene wilde Pilze, gebratener Ziegenkäse und schwarze Tintenfisch-Paella. Die Weinkarte ist ebenfalls herausragend.

BARBUTO
MODERN AMERIKANISCH $$

Karte S. 454 (📞212-924-9700; www.barbutonyc.com; 775 Washington St zw. 12th & Jane St; Hauptgerichte 19–27 $; ⏰Mo-Mi 12–23, Do-Sa bis 24, So bis 22 Uhr; 🚇L bis 8th Ave, A/C/E bis 14th St, 1 bis Christopher St-Sheridan Sq) Das Barbuto ist in einer riesigen Autowerkstatt mit verglasten Toren untergebracht, die während der Sommermonate hochgezogen werden. Serviert wird eine herrliche Auswahl an italienischer Nouvelle Cuisine, wie Schweinelendchen mit Polenta und Apfel oder Bruschetta mit Entenleber, Pistazien und Balsamico.

EMPELLON
MEXIKANISCH $$

Karte S. 454 (📞212-367-0999; www.empellon.com; 230 W 4th St zw. Seventh Ave & 10th St; Hauptgerichte 10–24 $; ⏰Mo-Mi 17–23, Do-Sa bis 24 Uhr; 🚇1/2 bis Christopher St-Sheridan Sq, A/C/E, B/D/F, M bis W 4th St, 1/2/3 bis 14th St) Chefkoch Alex Stupak hat aus der allgegenwärtigen Avocado die einfallsreichste und leckerste Guacamole der Stadt gemacht. Was anderswo „Tex-Mex" ist, ist hier nur noch „Mex" – eine phantasievolle, südlich inspirierte Küche, die ebenso elegant schmeckt, wie sie aussieht. Die weißen Backsteinwände setzen das Wandgemälde aus üppigen roten Blütenblättern aufs Schönste in Szene.

FATTY CRAB
PANASIATISCH $$

Karte S. 454 (📞212-352-3590; www.fattycrab.com; 643 Hudson St zw. Gansevoort & Horatio St; Hauptgerichte 16–35 $; ⏰So-Mi 12–23, Do-Sa bis 24 Uhr; 🚇L bis 8th Ave, A/C/E, 1/2/3 bis 14th St) Schon wieder ein Erfolgsrezept: Das malaysisch inspirierte Lokal mitten in der Westside ist wahnsinnig hip und immer voll besetzt mit Leuten aus dem Viertel, die scharenweise kommen, um Fischcurry und Schweinebauch mit den berühmten Cocktails des Hauses herunterzuspülen.

SNACK TAVERNA
GRIECHISCH $$

Karte S. 454 (📞212-929-3499; www.snacktaverna.com; 63 Bedford St; kleine Portionen 12–14 $, große Portionen 22–28 $; ⏰Mo-Fr 7.30–23, Sa 11–23, So bis 22 Uhr; 🚇A/C/E, B/D bis W 4 St, 1/2 bis Christopher St-Sheridan Sq) Mehr als nur ein Grieche. Gyros sucht man hier umsonst – dafür gibt's eine leckere Auswahl kleiner saisonaler Gerichte und köstliche Hauptgerichte aus frischen Marktzutaten. Die regionalen Weine kann man getrost vergessen, aber die mediterranen Biere sind erstaunlich erfrischend.

MURRAY'S CHEESE BAR
KÄSE $$

Karte S. 454 (www.murrayscheesebar.com; 246 Bleecker St; Hauptgerichte 12–17 $, Käseplatten 12–16 $; ⏰So-Do 12–22, Mi-Sa bis 24 Uhr; 🚇A/C/E, B/D/F/M bis W 4th St) Käsefreunde müssen sich nicht mehr damit begnügen, den Käse in Murray's bekannter *fromagerie*

(S. 162) im West Village einfach nur zu kaufen. Gourmetmakkaroni mit Käse, überbackene Käsesandwiches, französische Zwiebelsuppe und andere käsige Gerichte dominieren das Angebot in dem gekachelten Lokal. Der Hit sind jedoch die Käseplatten (besonders die Cheesemongers Choice mit fünf bis acht Käsesorten plus Wurst und Schinken). Hinzu kommt eine gepflegte Weinkarte (Glas ab 9 $) und Vorschläge zur Kombination mit den Käseplatten.

Am Wochenende ab 10 Uhr wird Brunch serviert.

SUSHI NAKAZAWA — SUSHI $$$
Karte S. 454 (📞212-924-2212; www.sushinakazawa.com; 23 Commerce St zw. Bedford St & Seventh Ave; Festpreis 120–150 $; ⊙Mo-Sa 17–22 Uhr; [S]1 bis Christopher St–Sheridan Sq) Der Preis ist hoch, aber die Qualität ist schlichtweg phänomenal in diesem kleinen Sushi-Lokal, das 2013 unter großem Beifall eröffnet wurde. Es gibt keine gekochten Gerichte und kaum individuelle Wahlmöglichkeiten. Das Essen besteht stattdessen aus einem 20-Gänge-Menü zum festen Preis. Chefkoch Daisuke Nakazawa (der unter Jiro Ono arbeitete, dem wohl besten Sushi-Koch der Welt) serviert köstliche Happen aus Thunfischbauch, in Heu geräucherten Bonito, glänzende Krabben und süße, eierreiche *tamago* (japanisches Omelette). Getrunken wird dazu japanisches Bier aus Kleinbrauereien oder eine Sake Palette (sechs kleine Gläser um 40 $)

BLUE HILL — AMERIKANISCH $$$
Karte S. 454 (📞212-539-1776; www.bluehillfarm.com; 75 Washington Pl zw. Sixth Ave & Washington Sq W; Hauptgerichte 32–38 $; ⊙abends; [S]A/C/E, B/D/F/M bis W 4th St–Washington Sq) Slow-Food-Fans mit dicker Brieftasche sind die Zielgruppe des Blue Hill, das sich schon früh für Produkte aus der Region stark machte. Der talentierte Küchenchef Dan Barber wuchs auf einer Farm in den Berkshires (Massachusetts) auf und verarbeitet Erzeugnisse von dort und von den umliegenden Farmen zu hochgelobten Kreationen wie Kabeljau in Mandelbrühe mit perfekt gereiftem, sparsam gewürztem Gemüse, Schmortopf vom Berkshire-Schwein mit vier Bohnensorten und Weidelamm mit weißen Bohnen und neuen Kartoffeln. Die Räumlichkeiten knapp unter Straßenniveau in einer denkmalwürdigen ehemaligen Flüsterkneipe an einer urigen Ecke des Village strahlen kultivierte Ruhe aus.

BABBO — ITALIENISCH $$$
Karte S. 454 (📞212-777-0303; www.babbonyc.com; 110 Waverly Pl; Hauptgerichte 19–34 $; ⊙11.30–23.15, So ab 17 Uhr; [S]C/E, B/D/F bis W 4th St, 1 bis Christopher St–Sheridan Sq) Starkoch Mario Batali besitzt zwar in Manhattan mehrere Restaurants, aber es drängt sich der Verdacht auf, dass dieses Schmuckstück auf zwei Ebenen eines Stadthauses sein Liebling ist. Ob scharfe Lammwurst mit „Mint Love Letters" (Ravioli mit Minzfüllung), francobolli (kleine Ravioli) mit Lammhirn oder Schweinehaxe milanese, hier bekommt man das Allerbeste aus Batalis innovativer, eklektischer Küche. Reservierungen sind ein Muss.

✕ Chelsea

CHELSEA MARKET — MARKT $
Siehe S. 137.

BILLY'S BAKERY — BÄCKEREI $
Karte S. 458 (📞212-647-9956; www.billysbakerynyc.com; 184 Ninth Ave zw. 21st & 22nd St; Cupcakes 3 $; ⊙Mo–Do 8.30–23, Fr & Sa bis 24, So 9–22 Uhr; [S]A/C/E, 1/2 bis 23rd St, A/C/E bis 14th St) Die durch *Sex and the City* ausgelöste Cupcake-Welle ist zwar schon wieder abgeebbt, aber im Billy's werden die himmlischen Winzlinge immer noch produziert. Auf den ersten Plätzen stehen (die rot gefärbten) *red velvet* und Cupcakes mit Bananencreme. Hinten kreieren die lässig gekleideten Hipster verschiedene Retro-Teilchen.

★ FORAGERS CITY TABLE — MODERN AMERIKANISCH $$
Karte S. 458 (www.foragerscitygrocer.com; 300 W 22nd St Ecke Eighth Ave; Hauptgerichte 22–28 $; ⊙Di–Sa 18–22, Sa & So ab 10.30 Uhr; 🍴; [S]C/E, 1 bis 23rd St) Die Besitzer des neuen Restaurants in Chelsea bewirtschaften eine 11 ha große Farm im Hudson Valley, von der viele ihrer Zutaten stammen (und einige auch wild gesammelt werden). Alles ist ökologisch nachhaltig, aus lokalem Anbau und, vielleicht am wichtigsten, extrem schmackhaft. Ein paar Anreize: Kürbissuppe mit Topinambur und schwarzen Trüffeln, Brathuhn mit Polenta, Schweinelende aus alten Schweinerassen sowie buntes Gemüse der Saison mit gerösteter Quinoa. Der Brunch ist ebenfalls beliebt.

Nebenan befindet sich der Gourmetladen, wo viele Köstlichkeiten verkauft werden, von Biogemüse bis zu himmlischen Sü-

🏃 Lokalkolorit
Galerien in Chelsea

In keinem anderen Stadtviertel liegen die Kunstgalerien so dicht beieinander wie in Chelsea. Die meisten liegen in den 20er-Straßen zwischen der Tenth und der Eleventh Ave. Vernissagen finden meist am Donnerstagabend statt. Das Heft Art Info's Gallery Guide (mit Stadtplan) liegt in den meisten Galerien kostenlos aus. Infos gibt's auch auf www.westchelseaarts.com.

❶ Pace Gallery
Die **Pace Gallery** (Karte S. 458; 534 W 25th St zw. Tenth & Eleventh Ave; ⏱Di–Sa 10–18 Uhr; 🚇C/E bis 23rd St) in einer spektakulär umgebauten Autowerkstatt hat bereits mit einigen der führenden Künstlern der jüngeren Zeit zusammengearbeitet, darunter Sol LeWitt, David Hockney, Chuck Close und Robert Rauschenberg. Sie hat drei Filialen in der W 25th St und eine in Midtown.

❷ Gagosian
Gagosian (Karte S. 458; ☎212-741-1111; www.gagosian.com; 555 W 24th St; ⏱Di–Sa 10–18 Uhr; 🚇C/E bis 23rd St) unterscheidet sich von den meisten Galerien, da sie zu einer Vereinigung gehört, die Ausstellungsräume in der ganzen Welt umfasst. Lohnend ist auch der Standort in der 21st St, die es mit ihren Großinstallationen durchaus mit den Museen der Stadt aufnehmen kann.

❸ Barbara Gladstone
Die Kuratorin der gleichnamigen **Barbara Gladstone Gallery** (Karte S. 458; ☎212-206-9300; www.gladstonegallery.com; 515 W 24th St, zw. Tenth & Eleventh Ave; ⏱Di–Sa 10–18 Uhr, Juli & Aug. am Wochenende geschl.; 🚇C/E, 1 bis 23rd St) hat in 30 Jahren in der Kunstszene Manhattans reichlich Erfahrung gesammelt. Ihre Ausstellungen erhalten die besten Kritiken.

❹ Stärkung auf spanische Art
Das schuhkartongroße Tía Pol (S. 150) mit seinen Tapas ist der Hit, wie massenhaft Kundschaft bezeugen kann.

❺ Matthew Marks
Matthew Marks (Karte S. 458; ☎212-243-0200; www.matthewmarks.com; 522 W 22nd St; ⏱Di–Sa 10–18 Uhr; 🚇C/E bis 23rd St), berühmt für seine Ausstellungen von Größen wie Jasper Johns und Ellsworth Kelly, ist ein echter Chelsea-Pionier. Neben dieser gibt es noch drei weitere Niederlassungen in der Nähe (in der 22nd und der 24th St).

❻ Printed Matter
Der winzige Laden (S. 164) bietet eine schöne Atempause von all den Galerien.

Galerie Gagosian, Chelsea

Er führt eine faszinierende Auswahl an Künstlermonografien, Magazinen und anderen gedruckten Kuriosa.

❼ Paula Cooper
Paula (Karte S. 458; 534 W 21st St zw. Tenth & Eleventh Ave; ⏱Di–Sa 10–18 Uhr; ⓢC/E bis 23rd St) ist eine Ikone der Kunstwelt und eine der ersten Galerien, die von SoHo nach Chelsea zogen. Sie sprengt noch immer Grenzen und ist ein Publikumshit, wie 2011 mit ihrer Ausstellung *The Clock*, als die Galerie an Wochenenden rund um die Uhr geöffnet blieb.

❽ David Zwirner
David Zwirner (Karte S. 458; www.davidzwirner.com; 537 W 20th St zw. Tenth & Eleventh Ave; ⏱Di–Sa 10–18 Uhr; ⓢC/E bis 23rd St), einer der Hauptakteure in der Kunstwelt, eröffnete 2013 eine fünfstöckige, umweltzertifizierte Galerie mit 2800 m² Ausstellungsfläche. Er inszeniert einige der besten Ausstellungen New Yorks. *Infinity Mirrored Room* war das bislang wichtigste Event. Drei Stunden standen Menschen in der Schlange, um Yayoi Kusumas überirdische Lichtinstallationen zu sehen. Es gibt noch eine Niederlassung in der 525 W 19th St.

ßigkeiten; es gibt auch einen Weinladen mit preisgünstigen Flaschen kleiner Erzeuger.

HEATH
SUPPER CLUB $$

Karte S. 458 (📞212-564-1622; www.mckittrickhotel.com; 542 W 27th St zw. Tenth & Eleventh Ave; Hauptgerichte 24–32 $; ⏱18–2 Uhr; ⓢC/E bis 23rd St) Ende 2013 eröffneten die Macher des erfolgreichen interaktiven Theaterstücks *Sleep No More* neben ihrem Theaterhaus in einer Lagerhalle ein Restaurant. Wie das fiktive McKittrick Hotel in dem Stück ist das Heath in eine andere Zeit und einen anderen Ort versetzt (ungefähr das Großbritannien der 1920er-Jahre): Barkeeper mit Hosenträgern, historische Möbel, eine Jazzband auf der Bühne und (falscher) Rauch im Speiseraum. Schauspieler als Bedienung interagieren mit den Gästen, die schnell Teil des Theatererlebnisses werden.

Auf der Karte stehen englische Traditionsgerichte (Lammkeule vom Spieß, Pasteten, Rind- und Ale-Terrine, Jakobsmuscheln), die meist nichts Besonderes sind. Aber der Abend ist ziemlich unvergesslich, vorausgesetzt man schätzt Drama und Überraschungen.

COOKSHOP
MODERN AMERIKANISCH $$

Karte S. 458 (📞212-924-4440; www.cookshopny.com; 156 Tenth Ave zw. 19th & 20th St; Hauptgerichte 15–35 $; ⏱tgl. 11.30–16 & 17.30–23.30, Sa & So ab 10.30 Uhr; ⓢL bis 8th Ave, A/C/E bis 23rd St) Ein toller Ort zum Brunchen vor (oder nach) einem Spaziergang über die High Line auf der anderen Straßenseite. Das Cookshop kennt seine Pappenheimer und stellt sich optimal auf sie ein. Der Service ist hervorragend, das frischgebackene Brot ein Gedicht, die Cocktails sind eine Offenbarung und die einfallsreichen Hauptgerichte aus Ei allesamt lecker. Perfekt für einen Sonntagnachmittag in Chelsea – wobei das Abendessen auch nicht von schlechten Eltern ist. An warmen Tagen stehen reichlich Tische draußen.

LE GRAINNE
FRANZÖSISCH $$

Karte S. 458 (📞646-486-3000; www.legrainnecafe.com; 183 Ninth Ave zw. 21st & 22nd St; Hauptgerichte 10–24 $; ⏱8–24 Uhr; ⓢC/E, 1 bis 23rd St, A/C/E bis 14th St) Wer erinnert sich noch an die stets optimistische Amélie, wie sie die Karamellkruste auf ihrer Crème brûlée aufbricht? Ähnlich geht's den Gästen des Le Grainne bei der Käsehaube der französischen Zwiebelsuppe. Le Grainne transportiert die Sinne aus dem belebten Chelsea in die Sträßchen von Paris. Mittags brilliert das beengte Lokal mit der Blechdecke mit belegten Baguettes und herzhaften Crêpes. Abends wehen Knoblauchschwaden durch den Laden, wenn deftige Pastagerichte in der Küche zubereitet werden.

CO
PIZZERIA $$

Karte S. 458 (212-243-1105; www.co-pane.com; 230 Ninth Ave Höhe 24th St; Pizzas 15–20 $; Mo 17–23, Di–So 11.30–23 Uhr; C/E bis 23rd St) Meisterhafte Pizzas werden in einem adretten Holzambiente serviert, das an ein skandinavisches Bauernhaus erinnert. Die Pizza ist eine getreue Kopie der EU-geschützten neapolitanischen dünnbodigen Pizza mit erntefrischen Belägen wie Fenchel und Büffelmozzarella. Salate mit Artischocken, Roter Bete oder Radicchio sowie Weine aus aller Welt und ein paar Desserts runden das Angebot ab.

TÍA POL
TAPAS $$

Karte S. 458 (212-675-8805; www.tiapol.com; 205 Tenth Ave zw. 22nd & 23rd St; kleine Portionen 4–16 $; Mo 17.30–23, Di–So 12–23 Uhr; C/E bis 23rd St) Tía Pol ist nicht viel größer als eine Abstellkammer, serviert aber derart authentische spanische Tapas, dass der Laden immer voll ist. Die Weinkarte ist super, ebenso die leckeren Kleinigkeiten: spanische Tortilla, zitroniger Salat mit Thunfisch, Bruschetta mit Püree aus Limabohnen und gebratene Herz- und Schwertmuscheln.

Das ideale Lokal nach einer Vernissage. Wer einen der wenigen Tische im hinteren Bereich ergattern will, kommt besser frühzeitig.

BLOSSOM
VEGAN $$

Karte S. 458 (212-627-1144; www.blossomnyc.com; 187 Ninth Ave zw. 21st & 22nd St; Hauptgerichte mittags 12–18 $, abends 19–23 $; mittags & abends; C/E bis 23rd St) Diese vegane Oase (mit einer sündhaften Schokoladen- und Weinbar) bietet in entspanntem, romantischem Ambiente einfallsreiche Kreationen aus Tofu, Seitan (Weizengluten) und Gemüse, darunter viel Rohkost und alles koscher. Die herausragenden Autumn Sweet Potato Rolls aus saftigen Kokosnuss-, Möhren- und Paprikastückchen umhüllt von rohen Süßkartoffelstreifen entfachen wahre Geschmacksexplosionen.

Die Seitan-*scaloppine* (Schnitzel) sind genau die richtige Mischung aus reichhaltig und zitronig-leicht, dem über Hickoryholz gegrillten Tempeh verleiht die mit Meerrettich abgeschmeckte Crème fraîche etwas Pepp. Die Desserts sind so üppig, dass jeder darin Berge von Butter und Sahne vermuten würde.

AUSGEHEN & NACHTLEBEN

Das entscheidende Wort in „West Village" ist „West": Je weiter man nämlich Richtung Hudson geht, desto eher entgeht man der Gefahr, auf die Partyszene der Studenten rund um den Campus der New York University zu stoßen. So richtig gut wird's in aller Regel rund um die verwinkelten Gassen westlich der Sixth Ave. Unmittelbar nördlich davon liegt der Meatpacking District, der sich ganz modern gibt: geräumige, moderne Locations mit großem Cocktailangebot, Eingänge mit Samtkordeln und über allem ein Höllenlärm. Chelsea ist zwar immer noch das Revier der Schwulen, bietet aber das Eine oder Andere für jeden Geschmack, von Bars im Flüsterkneipenchic bis zur schäbigen Spelunke.

Greenwich Village & Meatpacking District

CLARKSON
BAR

Karte S. 454 (225 Varick St Höhe Clarkson St; Mo 11–1.30, Di–Sa bis 2.30, So bis 22 Uhr; 1 bis Houston St) Der stylische, wenn auch spartanische Neuling hat eine hufeisenförmige Bar aus poliertem Holz, die perfekt zum diskreten Beobachten der gesprächigen Gäste ist, die sich hier jeden Abend einfinden. Es gibt auch ein Nebenzimmer mit Tischen zwischen zebragestreiften Säulen, wo kreative französische Bistroküche (scharfes Tatar, Muscheln mit scharfen Pimientos) plus eine Abendkarte geboten wird. Die Cocktails (13–15 $) sind kreativ und gut gemixt.

BELL BOOK & CANDLE
BAR

Karte S. 454 (141 W 10th St zw. Waverley Pl & Greenwich Ave; A/B/C, B/D/F/M bis W 4th St, 1 bis Christopher St–Sheridan Sq) Unten in dem kerzenbeleuchteten Gastropub gibt es starke, einfallsreiche Getränke (z. B. Canela Margarita mit Zimt und Tequila) und deftiges Kneipenessen. Die Gäste (meist Twens) drängen sich um die kleine, brechend volle

Bar (zur Happy Hour mit billigen Getränken und Austern für 1 $), aber es gibt hinten auch Tische und große Sitznischen, die ideal für große Gruppen sind. Ein Großteil des Gemüses wird übrigens auf dem Dachgarten sechs Stockwerke höher gezogen.

ARIA — WEINBAR

Karte S. 454 (212-242-4233; 117 Perry St zw. Greenwich Ave & Hudson St; 16–1 Uhr; S 1 bis Christopher St–Sheridan Sq) Aria im westlichen Bereich des Village ist eine einladende, musikbeschallte Bar. Das Ambiente prägen Ziegel- und Kachelwände und rustikale Holztische. Das Weinangebot ist recht gut, besonders die Ökoweine; pro (kleinem) Glas kosten sie etwa 7 $. Die empfehlenswerten *cicchetti* (italienische Tapas) bestehen aus mit Gorgonzola gefüllten Datteln, Krabbenküchlein und geschmorten Calamari. Meistens ist hier eine Menge los und es kann sehr voll werden.

COMMERCE — BAR

Karte S. 454 (212-524-2301; 50 Commerce St; Mo–Fr 17.30–24, Sa 11–1, So bis 23 Uhr; S 1 bis Christopher St–Sheridan Sq) Das Art-déco-Juwel in der gewundenen Commerce St wechselt seit seiner Zeit als Flüsterkneipe während der Depression regelmäßig sein Gesicht. Heute verströmt die lebhafte Bar mit ihren grellen Wandbildern im Stil Diego Riveras, der hinreißenden Beleuchtung und schön präsentierten (wenn auch teuren) Speisen einen unbestreitbaren Reiz. Wir kommen am liebsten für einen Drink an der Bar. Mit ihrer kreativen Cocktailkarte ist sie dafür ideal.

JANE BALLROOM — LOUNGEBAR

Karte S. 454 (113 Jane St Ecke West St; S L bis 8th Ave, A/C/E, 1/2/3 bis 14th St) Die hohe Lounge im Jane Hotel ist eine wilde Designexplosion: ein Mischmasch aus Ledersofas und Veloursesseln, Stoffen mit Tierfellmuster, Topfpalmen und verschiedenen ausgestopften Tieren (ein Pfau, ein Widderkopf über dem flackernden Kamin) – und darüber eine riesige Diskokugel. Von der Empore aus ist das Geschehen gut zu beobachten: Während der Woche es ruhig und gemächlich, aber an Wochenenden artet es zur ausgewachsenen Party aus, wenn die Gäste auf den Möbeln tanzen (wir haben gewarnt!).

HIGHLANDS — SCHOTTISCHE BAR

Karte S. 454 (212-229-2670; 150 W 10th St; S 1 bis Christopher St–Sheridan Sq) In der hübschen Kneipe mit schottischem Touch lässt sich gut ein Abend vertrödeln. Sichtmauerwerk, Kamin, diverse Tierköpfe, Tapete mit Fasanenmotiv, Ölgemälde und Schottenkaro aus Edinburgh an den Wänden vermitteln mehr als nur einen Hauch der alten Heimat. Schottische Biere und Spirituosen sowie *haggis*, Schottische Eier, *shepherd's pie* und andere traditionelle Gerichte runden die ganze Sache ab.

LITTLE BRANCH — COCKTAILBAR

Karte S. 454 (212-929-4360; 22 Seventh Ave Höhe Leroy St; 19–3 Uhr; S 1 bis Houston St) Nur der Türsteher lässt vermuten, dass sich hinter der schlichten Metalltür an dieser dreieckigen Kreuzung eine reizende Bar verbirgt. Wer eingelassen wird, findet sich in einer Kellerbar wieder, die wie aus der Zeit der Prohibition wirkt. Klassischer Jazz tönt leise durch den Raum, wo Gäste kreative, raffiniert zubereitete Cocktails schlürfen.

BUVETTE — WEINBAR

Karte S. 454 (212-255-3590; www.ilovebuvette.com; 42 Grove St zw. Bedford & Bleecker St; Mo–Fr 8–2, Sa & So ab 10 Uhr; S 1 bis Christopher St–Sheridan Sq, A/C/E, B/D/F/M bis W 4th St) Die rustikal-schicke Ausstattung (feine Blechfliesen an der Decke und ein ewig langer Marmortresen) in der selbst ernannten gastrotèque ist das ideale Ambiente für ein Glas Wein, egal zu welcher Tageszeit. Richtig genießen lassen sich die europäischen Weine (meist aus Frankreich und Italien) an einem der Tische mit einem kleinen Imbiss.

MARIE'S CRISIS — BAR

Karte S. 454 (212-243-9323; 59 Grove St zw. Seventh Ave & Bleecker St; 16–4 Uhr; S 1 bis Christopher St–Sheridan Sq) Alternde Broadway-Queens, schwule Großstadtneulinge, kichernde Touristen und diverse andere Sorten von Musicalfan stehen um das Klavier und singen abwechselnd kitschige Songs. Oft grölt der ganze Laden mit. Es ist ein richtig schöner, altmodischer Spaß. Auch wer erschöpft reingeht, kommt begeistert wieder raus.

ART BAR — BAR

Karte S. 454 (212-727-0244; 52 Eighth Ave, nahe Horatio St; 16–4 Uhr, Happy Hour 16–19 Uhr; S L bis 8th Ave–14th St; A/C/E bis 14th St) Vorne sieht die Art Bar eher unspektakulär aus (eine hölzerne Bar, die von zu vielen Sitznischen eingekesselt ist), hinten hat sie etwas mehr zu bieten. Die Klientel ist eher unkonventionell. Auf einem der Sofas unter dem riesigen Wandgemälde des *Letzten Abendmahls* mit (unter anderen) James Dean und Marilyn Monroe ist ein Bier oder Tagescocktail (meist ein Martini) eine ganz entspannte Sache. Im Winter prasselt ein Kamin.

VIN SUR VINGT — WEINBAR
Karte S. 454 (212-924-4442; www.vinsur20nyc.com; 201 W 11th St zw. Seventh Ave & Waverly Pl; Mo-Fr 17-2, Sa 11-2, So bis 24 Uhr; S 1/2/3 bis 14th St; 1 bis Christopher St–Sheridan Sq; L bis 8th Ave) Die schmale, aber gemütliche Weinbar gleich abseits der Hektik an der Seventh Ave hat sowohl Stühle an der Bar als auch eine Reihe hübscher Tische für zwei – wie gemacht für ein erstes Date. Wer aber meint, er kann vor dem Essen hier schnell einen Drink zischen, wird unweigerlich vom Charme des Vin Sur Vingt dazu verführt, sich durch die hervorragenden Barsnacks zu futtern und das Abendessen zu vergessen. Die preisgünstigen französischen Weine lassen die Gäste immer wieder herkommen.

VOL DE NUIT — PUB
Karte S. 454 (212-982-3388; 148 W 4th St; S A/C/E, B/D/F/M bis W 4th St–Washington Sq) Selbst all die NYU-Studenten stören nicht weiter in der gemütlichen belgischen Bierbar. Hier gibt es Delirium Tremens vom Fass und ein paar Dutzend Flaschenbiere – wie Duvel und Lindemans Framboise (Himbeerbier!). Hungrige können sich *moules* (Muscheln) und *frites* (Pommes) bestellen und sie sich vorne auf der Terrasse, in der Lounge, an den großen Holztischen oder an der Bar unter roten Hängelampen teilen.

TOP OF THE STANDARD — LOUNGEBAR
Karte S. 454 (212-645-4646; www.standardhotels.com/high-line; 848 Washington St zw. 13th & Little W 12th St; 16-2 Uhr; S L bis 8th Ave, 1/2/3, A/C/E bis 14th St) Hier trinkt die Elite: Elegante cremefarbene Ausstattung, softe Musik und viel Platz, um entspannt am erstklassigen Drink zu nippen. Wer *en vogue* ist (oder auch für *Vogue* arbeitet) chillt bevorzugt im Top of the Standard (auch Boom Boom Bar genannt); darunter sind immer Models, Fotografen und der eine oder andere Promi. Alle, die nicht zu den angesagten Gesichtern New Yorks gehören, sollten sich gehörig aufbrezeln und vorab reservieren. Sonst ist Hineinkommen aussichtslos.

LE BAIN — BAR, CLUB
Karte S. 454 (212-645-4646; 848 Washington St zw. 13th & Little W 12th St; Mi-Fr 22-4, Sa & So 14-4 Uhr; S L bis 8th Ave, 1/2/3, A/C/E bis 14th St) In der großen Dachbar des fürchterlich hippen Standard Hotels tummeln sich schrille Partygänger, die ihr Ding jeden Tag der Woche durchziehen. Zu erwarten sind ein umwerfender Blick auf die Skyline, eine stark genutzte Nebelmaschine für die Tanzfläche, ein riesiger Whirlpool, der in die Tanzfläche eingelassen ist, und Vertreter aller New Yorker Gesellschaftsschichten, die sich mit teurem Alkohol betrinken.

EMPLOYEES ONLY — BAR
Karte S. 454 (212-242-3021; 510 Hudson St, nahe Christopher St; 18-4 Uhr; S 1 bis Christopher St–Sheridan Sq) Die Kneipe versteckt sich hinter der Neonreklame mit der Aufschrift „Psychic". Die Barmixer sind echte Profis, deren verrückte Kreationen Suchtpotenzial haben (z. B. *Ginger Smash* oder *Mata Hari*). Nachteulen werden die Bar lieben – nicht nur wegen der Drinks, sondern auch, weil die Küche noch nach Mitternacht serviert. Je später der Abend, desto mehr ist hier los.

KETTLE OF FISH — BAR
Karte S. 454 (212-414-2278; www.kettleoffishnyc.com; 59 Christopher St, nahe Seventh Ave; Mo-Fr 15-4, Sa & So 14-4 Uhr; S 1 bis Christopher St–Sheridan Sq) Wer erst einmal in die schummerig beleuchtete Bar voller Sofas und gemütlicher Sessel geraten ist, kommt so schnell nicht wieder heraus – schon weil die Leute viel zu spannend sind. Die Kombi aus Kneipe, Sportbar und Schwulenbar funktioniert und alle verstehen sich prächtig. Außerdem liegen stapelweise Brettspiele wie Monopoly und Dame bereit und ein Dartbrett gibt's auch. Für Hungrige hat der Barkeeper die Speisekarten benachbarter Restaurants, die hierher liefern. Der Inhaber ist ein Fan der Green Bay Packers – an Tagen mit Football-Spielen ist also mächtig was los.

124 OLD RABBIT CLUB — BAR
Karte S. 454 (212-254-0575; 124 MacDougal St; 18-4 Uhr; S A/C/E, B/D/F/M bis W 4th St, 1 bis Houston St) Wer die gut versteckte Bar gefunden hat, kann sich selbst gratulieren (Tipp: nach der winzigen Aufschrift „Rabbit Club Craft Beer Bar" über der Tür

Ausschau halten). Endlich drinnen in dem schmalen, höhlenartigen Raum mit der gedämpften Atmosphäre ist eine Belohnung in Form eines erfrischenden Starkbiers oder eines der Dutzend Importbiere an der schummrigen Bar fällig.

BRASS MONKEY BAR
Karte S. 454 (212-675-6686; www.brassmonkeybar.com; 55 Little W 12th St Höhe Washington St; 11–4 Uhr; S A/C/E bis 14th St; L bis 8th Ave) Die meisten Bars im Meatpacking District setzen eher auf die schicke Schiene. Der „Messingaffe" versorgt dagegen lieber passionierte Biertrinker als Leute, die sich nicht entscheiden können, welches Paar Schuhe sie heute anziehen sollen. Das Lokal hat mehrere Ebenen und ist locker und bodenständig, nicht zuletzt dank der knarzenden Holzböden und der langen Liste an Bier- und Whiskysorten. Bei schönem Wetter ist auch die Dachterrasse nicht zu verachten.

675 BAR LOUNGEBAR
Karte S. 454 (212-699-2410; www.675bar.com; 675 Hudson St zw. 13th & 14th Sts; Mo-Sa 18–2 Uhr; S L bis 8th Ave; 1/2/3, A/C/E bis 14th St) Dieser schlichte Laden unter Bill's Bar & Burger im Meatpacking District wirkt wie eine Kreuzung aus einem 70er-Jahre-Partykeller und der altmodischen Bücherei eines alten Onkels. Als aufregende Begleitung der günstigen Weine und Fassbiere empfiehlt sich ein spannendes Mancala-Spiel.

STANDARD BAR
Karte S. 454 (212-645-4646, 877-550-4646; www.standardhotels.com; 848 Washington St; S A/C/E bis 14th St, L bis 8th Ave) Das Standard ragt auf Betonstelzen über der High Line empor und ist mit Schicki-Lounge und Club in den oberen Stockwerken - Top of the Standard (S. 152) und Le Bain (S. 152) – ein Tummelplatz der Promis. Hinzu kommen ein Grillrestaurant, eine Piazza (die im Winter zur Eisbahn wird) mit Restaurantbetrieb und ein Biergarten mit typischen deutschen Speisen und gut gezapften Bieren.

HENRIETTA HUDSON LESBEN
Karte S. 454 (212-924-3347; 438 Hudson St; S 1 bis Houston St) Junge süße Lesben aller Art, viele aus dem benachbarten New Jersey und Long Island, stürmen diese schicke Bar, in der Themennächte mit DJs auf dem Programm stehen, die einem bestimmten Musikstil (Hip-Hop, House, Rock) frönen. Die Besitzerin, Lisa Canistraci aus Brooklyn, ist eine beliebte Organisatorin in der Welt des lesbischen Nachtlebens und stürzt sich oft selbst ins Getümmel mit ihren Fans.

CORNER BISTRO BAR
Karte S. 454 (www.cornerbistrony.com; 331 W 4th St zw. Jane & 12th St; 12–4 Uhr; S L bis 8th Ave, 1/2/3, A/C/E bis 14th St) Eine altmodische Kneipe mit günstigen Fassbieren. Klingt eher uninteressant, bis man den Hamburger des Corner Bistros probiert hat. Dieses saftige Fleischsandwich mit knusprigen Pommes ist wirklich schwer zu toppen.

STONEWALL INN SCHWULE
Karte S. 454 (53 Christopher St; S 1 bis Christopher St–Sheridan Sq) Die historisch bedeutsame Bar, Stätte des Stonewall-Aufstands von 1969, verlor ihre Stammgäste allmählich an trendigere Bars, bis die neuen Besitzer sie renovierten und vor ein paar Jahren für ein begeistertes Publikum neu eröffneten. Seitdem kommen die unterschiedlichsten Leute zu den täglichen Partys, die für jeden unter dem schwul-lesbischen Regenbogen etwas zu bieten haben.

ONE IF BY LAND, TWO IF BY SEA BAR
Karte S. 454 (212-255-8649; 17 Barrow St; abends; S 1 bis Christopher St–Sheridan Sq; A/C/E, B/D/F/V bis W 4th St–Washington Sq) Die Bar ist für ihr Rinderfilet Wellington und ihr elegantes, altes Ambiente in Aaron Burrs ehemaligem Kutschenhaus berühmt. Für ein romantisches Date ist es eins der Lieblingsrestaurants der New Yorker. Noch besser ist es jedoch für einen ruhigen Drink abseits der stressigen Straßen der Stadt.

WHITE HORSE TAVERN BAR
Karte S. 454 (212-243-9260; 567 Hudson St Höhe 11th St; S 1 bis Christopher St–Sheridan Sq) Ein bisschen touristisch, doch das vermag die Atmosphäre dieser über hundert Jahre alten Bar nicht zu schmälern. Zwischen den dunklen Holzwänden und unter der Zinndecke genehmigte sich Dylan Thomas seinen letzten Drink (die vielen Biere bezahlte er 1953 mit dem Leben). Ein beschwipster Jack Kerouac wurde kurzerhand vor die Tür gesetzt. Sitzgelegenheiten gibt's am langen Eichentresen und an Tischen auf dem Gehweg.

CIELO CLUB
Karte S. 454 (212-645-5700; www.cieloclub.com; 18 Little W 12th St; Eintritt 15–25 $; Mo-Sa

1. Washington Square Park (S. 138)
In dem einladenden Park trifft man auf Straßenmusiker, Studenten und Schachspieler.

2. Rubin Museum of Art (S. 141)
Das Museum beeindruckt mit einer umfangreichen Sammlung von Kunst aus der Himalaya-Region.

3. The Spotted Pig (S. 144)
Im beliebten Gastropub gibt's italienische und britische Küche.

4. Pier 45 (S. 139)
Der knapp 260 m langen Pier, auch Christopher Street Pier genannt, bietet eine tolle Aussicht auf den Hudson River.

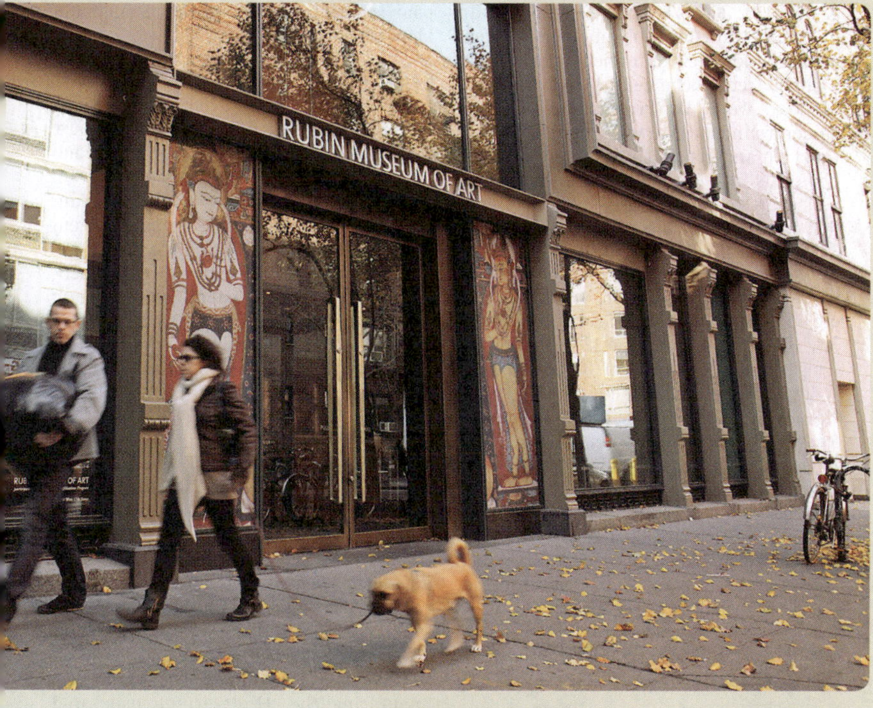

STEVEN GREAVES / GETTY IMAGES ©

LONELY PLANET / GETTY IMAGES ©

LONELY PLANET / GETTY IMAGES ©

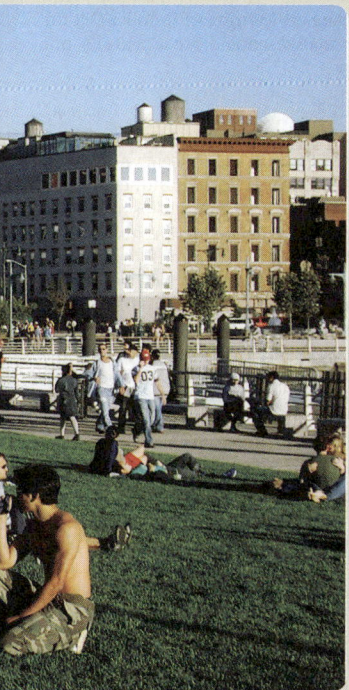

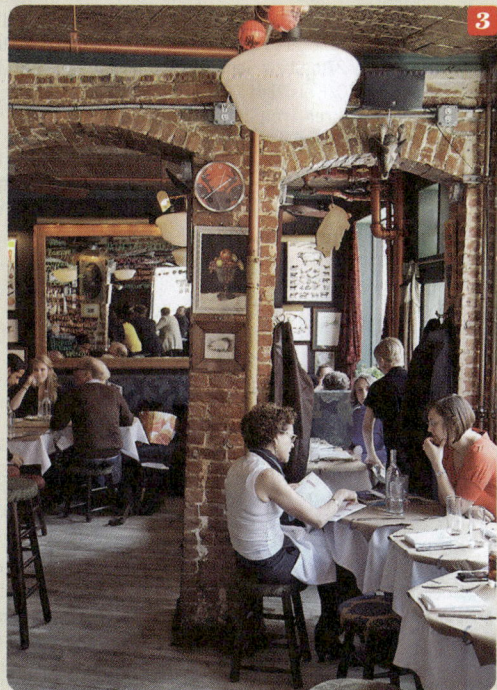

22.30–5 Uhr; S A/C/E, L bis 8th Ave–14th St) In dem altbewährten Club mit hervorragendem Soundsystem tummeln sich hauptsächlich freundliche Leute. Am Deep Space Monday, wenn DJ François K Dub und Underground auflegt, wird hier fröhlich getanzt. In anderen Nächten treten verschiedene DJs aus Europa auf, die betörende, verlockende Sounds mischen, die alle auf den Tanzboden zwingen.

FAT CATS   KNEIPE
Karte S. 454 (212-675-6056; www.fatcatmusic.org; 75 Christopher St, nahe Seventh Ave; Eintritt 3 $; Mo–Fr 14–5, Sa & So 12–5 Uhr; S 1 bis Christopher St–Sheridan Sq, A/C/E, B/D/F/M bis W 4th St) Wenn Cocktails für 14 $ und Schickimicki-Village-Chic frustrieren, ist es vielleicht Zeit, diese abgehalfterte kleine Ping-Pong-Halle zu besuchen. Das Fat Cats ist eine Kellerkneipe mit jungen, anspruchslosen Gästen, die nur rumhängen und etwas Billard, Shuffleboard oder sogar Ping-Pong spielen wollen. Auch gibt es hier billiges Bier, jeden Abend Livemusik und eine total lockere Lebenshaltung.

🍷 Chelsea

GALLOW GREEN   BAR
Karte S. 458 (212-564-1662; www.mckittrickhotel.com; 542 W 27th St zw. Tenth & Eleventh Ave; Mai–Okt.; S C/E bis 23rd St, 1 bis 28th St) Die vom gleichen kreativen Team des *Sleep No More* (S. 160) betriebene Dachbar ist mit Kletter- und Topfpflanzen und Lichterketten geschmückt. Sie ist eine prima Ergänzung vor oder nach der Show: Die Bedienung ist kostümiert, eine Liveband spielt an den meisten Abenden und es gibt leckere Rum-Cocktails (15 $).

ELECTRIC ROOM   CLUB
Karte S. 458 (355 W 16th St zw. Eighth & Ninth Ave; 22–4 Uhr; S A/C/E bis 14th St) Die behagliche, holzgetäfelte Lounge unten im Dream Downtown Hotel ist auf britischen Indie-Rock gemacht: Die Sofas sind mit Union Jacks geschmückt und die Wandbilder erinnern an Banksy. In einer erhöhten Nische dreht ein DJ Rock, Funk und Britpop der 1960er-Jahre für ein bunt gemischtes Publikum aus Models, alternden Rockern und Künstlern, die so gegen 2 Uhr eintrudeln. Da nur 100 Leute reinpassen, ist es schwierig, eingelassen zu werden. Im besten Glam-Rock-Outfit und mit ein paar schwedischen Models im Schlepptau klappt's vielleicht.

EAGLE NYC   CLUB, SCHWULE
Karte S. 458 (646-473-1866; www.eaglenyc.com; 555 W 28th St zw. Tenth & Eleventh Ave; Mo–Sa 22–4 Uhr; S C/E bis 23rd St) Der Club in einem umgebauten Stall aus dem 19. Jh. (Insiderwitz: Die Hengste kommen) ist zum Bersten gefüllt mit heißen Typen in engem Leder, denn hier trifft sich die stolze Fetisch-Szene. Zwei Ebenen und eine Dachterrasse lassen den Gästen mehr als genug Platz zum Tanzen und Trinken – was sie auch mit Hingabe tun. Donnerstags ist „Dresscode" angesagt, was hier bedeutet: Lederkluft oder Adamskostüm.

BATHTUB GIN   COCKTAILBAR
Karte S. 458 (646-559-1671; www.bathtubginnyc.com; 132 Ninth Ave zw. 18th & 19th St; So–Di 18–1.30, Mi–Sa bis 3.30 Uhr; S A/C/E bis 14th St, L bis 8th Ave, A/C/E bis 23rd St) Inmitten der New Yorker Begeisterung für Bars im Flüsterkneipenstil schafft es das Bathtub Gin, sich von der Masse abzuheben. Der superheimliche Eingang verbirgt sich in der Wand eines unscheinbaren Cafés. Drinnen finden sich dann chillige Sitzgelegenheiten, unaufdringliche Hintergrundmusik und freundliche Servicekräfte. Ein toller Ort für ein paar maßgeschneiderte Cocktails mit Freunden.

G LOUNGE   SCHWULE
Karte S. 458 (212-929-1085; www.glounge.com; 225 W 19th St zw. Seventh & Eighth Ave; 16–4 Uhr; S 1 bis 18th St) Heterofreundlicher als in dieser schicken und unprätentiösen Schwulenbar geht's fast nicht – hier dreht sich alles um die Musik. Die Website informiert darüber, wer wann spielt. Wer sich bei freiem Eintritt die Kante geben will, ist hier richtig, muss aber möglicherweise vor der Tür Schlange stehen. Gelegentlich wird auch eine Varieté- oder Drag-Show geboten. Zahlung nur in bar.

CHELSEA BREWING COMPANY   PUB
Karte S. 458 (212-336-6440; West Side Hwy Höhe W 18th St, Chelsea Piers, Pier 59; 12–1 Uhr; S C/E bis 23rd St) Der weitläufige Biergarten dieser Hausbrauerei liegt direkt am Wasser und ist der perfekte Ort für ein richtig gutes Bier. Für alle, die den ganzen Tag im Chelsea Piers Complex (S. 164) schwimmen oder klettern waren, ist dies der beste Ort, um wieder zur Erde zurückzufinden.

CAFÉKULTUR

New York ist in Sachen Kaffee schon längst nicht mehr zweitrangig. Gefeierte „Braumeister" haben mit technischem Hokuspokus und hochwertigen, sortenreinen Kaffeebohnen die schlichte Tasse Kaffee neu erfunden. Das West Village ist ein exzellenter Startpunkt, um eine Mischung aus klassischen und innovativen Cafés zu erleben.

Stumptown Coffee Roasters (Greenwich Village) (Karte S. 454; 30 W 8th St Höhe MacDougal St; 7–20 Uhr; S A/C/E, B/D/F/M bis W 4th St) Die bekannte Rösterei aus Portland trägt mit ihren erlesenen Kaffees zur Erneuerung der New Yorker Cafészene bei. Das Café ist mit Kassettendecke und Walnusstheke elegant eingerichtet, aber die wenigen Tische sind oft von Leuten mit ihren Laptops besetzt.

Café Minerva (Karte S. 454; 302 W 4th St zw. W 12th & Bank St; Hauptgerichte 10–25 $;) Das zauberhafte Stadtteilcafé an einem ruhigen Abschnitt der W 4th St ist ideal, um sich mit einem Freund zu treffen oder, wenn allein, etwas Zeit bei einer leichten Mahlzeit zu verbringen (Panini, Muscheln, Salate). Tagsüber sitzen an den kleinen Tischen und an der zentralen marmornen Barinsel Leute beim Cappuccino und einem Snack, abends wird hier Wein geschlürft. Die 20 $ für eine Flasche oder 9 $ für ein Glas Wein sind recht preisgünstig.

Whynot Coffee & Wine (Karte S. 454; 14 Christopher St Höhe Gay St; Mo–Do 8–24, Fr–Sa bis 1 Uhr) Das Whynot an einer der hübschesten Ecken des West Village ist ein luftiger Raum mit hohen Decken und übergroßen Fenstern, die zum Tagträumen wie geschaffen sind, während draußen das Leben gemächlich entlangfließt. Die Musik kommt meist vom Plattenteller, serviert werden hier erstklassiger Kaffee von Blue Bottle Coffee und süße Versuchungen der Bäckerei Millefeuille. Nach 17 Uhr ist Wein das bevorzugte Getränk. Er wird allerdings sehr maßvoll genossen, selbst an Wochenenden.

Joe the Art of Coffee (Karte S. 454; 212-924-7400; www.joetheartofcoffee.com; 141 Waverly Pl; Mo–Fr 7–20, Sa & So ab 8 Uhr; S A/C/E, B/D/F/M bis W 4th St–Washington Sq) In dem stets betriebsamen Café direkt am idyllischen Waverly Pl im Herzen des Village gibt's hervorragenden Kaffee. Einige behaupten, es sei der beste der Stadt.

Third Rail (Karte S. 454; 240 Sullivan St zw. Bleecker & W 3rd St; Mo–Fr 7–20, Sa & So ab 8 Uhr) Das winzige Third Rail nahe der NYU nimmt den Kaffee außerordentlich ernst: Es verwendet nur sortenreine Bohnen aus der Stumptown-Rösterei und mehrere unterschiedliche Espresso-Mischungen (jede mit eigener Mühle). Der Cortado (Espresso mit etwas wärmerer Milch) ist zugleich kräftig und süffig – der perfekte Muntermacher nach einem Tag auf Tour. Eine weitere Filiale befindet sich im East Village.

Grounded Organic Coffee & Tea House (Karte S. 454; 212-647-0943; 28 Jane St; Hauptgerichte 7–9 $; 7–20 Uhr; S A/C/E, L bis 14th St) Gäste dieses Kaffeehauses bekommen spontan Lust, ihre alten Grunge-Klamotten aus den 1990er-Jahren wieder auszugraben. Kein Wunder: Der Schuppen sieht so aus, als wäre er seit den Tagen von *Reality Bites* unverändert konserviert worden. Grounded kann nicht nur auf seinen Kaffee und losen Tee zurecht stolz sein; die Mittagsgerichte sind ebenfalls lecker und aus gesunden Zutaten wie Quinoa.

Caffe Reggio (Karte S. 454; 212-475-9557; www.caffereggio.com; 119 MacDougal St, nahe W 3rd St; Mo–Do & So 8–3, Fr & Sa bis 4.30 Uhr; S A/C/E, B/D/F/M bis W 4th St) Das Café ist mit seinen Renaissancegemälden und Marmortischen ein Augenschmaus. Das Reggio serviert seit 1927 frisches Gebäck, Panini, Kuchen, italienische Milchshakes (gut: der „Delizioso") und köstlichen Kaffee und behauptet, das erste amerikanische Café zu sein, das Cappuccino servierte.

BARRACUDA SCHWULE

Karte S. 458 (212-645-8613; 275 W 22nd St Höhe Seventh Ave; S C/E bis 23rd St) Neuere, ausgefallenere Lokale kommen und gehen – diese beliebte Lounge aber bleibt ein Dauerbrenner. Dahinter steckt ein einfaches und bestechendes Rezept: bezahlbare Cocktails, gemütliche Wohnzimmeratmosphäre und kostenlose Unterhaltung durch ein paar der besten Dragqueens der Stadt.

PETER MCMANUS TAVERN — BAR
Karte S. 458 (☎212-929-9691; 152 Seventh Ave Höhe 19th St; ⏱Mo–Sa 10–4, So 12–4 Uhr; Ⓢ A/C/E bis 14th St) Dieser Familienbetrieb zapft seit den 1930er-Jahren Bier für seine Gäste und ist eine Art Museum für die Welt der McManuses, mit alten Fotos, einer alten Telefonzelle und Tiffanyglas. In den gemütlichen grünen Sitzecken bekommt man auch fettiges Kneipenessen.

BAR VELOCE — BAR
Karte S. 458 (☎212-629-5300; 176 Seventh Ave, nahe 20th St; ⏱17–3 Uhr; Ⓢ C/E bis 23rd St) Einen Wein trinken, ein paar Panini essen, gut gekleidete Passanten beobachten, mit ein, zwei interessanten Leuten ein paar Worte wechseln. In der kleinen, freundlichen Bar Veloce treffen sich anspruchsvolle Gäste, die sich nach einem anstrengenden Tag bei einem Wein amüsieren wollen.

FRYING PAN — BAR
Karte S. 458 (☎212-989-6363; Pier 66 Höhe W 26th St; ⏱12–24 Uhr; Ⓢ C/E bis 23rd St) Die *Frying Pan* wurde vom Grund des Ozeans geborgen (bzw. vom Grund der Chesapeake Bay). Das ehemalige Feuerwehrschiff und die zweistöckige Hafenbar daneben sind ein toller Ort für einen Dämmerschoppen. Sobald es draußen warm wird, wirkt die rustikale Open-Air-Bar wie ein großer Magnet. Mit einem frisch gegrillten Burger und einem eiskalten Bier (7 $ für ein Glas, 25 $ für einen Krug) kann man sich ganz entspannt in einen Liegestuhl lümmeln und übers Wasser nach New Jersey schauen.

⭐ UNTERHALTUNG

⭐ Greenwich Village & Meatpacking District

LE POISSON ROUGE — LIVEMUSIK
Karte S. 454 (☎212-505-3474; www.lepoissonrouge.com; 158 Bleecker St; Ⓢ A/C/E, B/D/F/M bis W 4th St–Washington Sq) Der Konzeptladen (samt baumelndem Aquarium) hat ein sehr bunt gemischtes Konzertprogramm, u. a. mit Deerhunter, Marc Ribot und Cibo Matto. Hier mischen sich oft auf experimentelle und genreübergreifende Art Klassik, Folk, Oper und andere Richtungen.

VILLAGE VANGUARD — JAZZ
Karte S. 454 (☎212-255-4037; www.villagevanguard.com; 178 Seventh Ave Höhe 11th St; Eintritt 25–30 $, plus mind. 1 Getränk; Ⓢ 1/2/3 bis 14th St) Das Vanguard hat buchstäblich alle großen Namen der letzten 50 Jahre auf die Bühne gebracht und ist wohl der renommierteste Jazzclub der Stadt. Ursprünglich war es eher dem gesprochenen Wort gewidmet; manchmal besinnt es sich seiner Wurzeln, aber meist spielt die ganze Nacht wilder, ausdrucksstarker Jazz. Vorsicht auf der steilen Treppe und Augen zu vor den Abnutzungserscheinungen: Akustisch ist das hier eine der großartigsten Bühnen der Welt.

SMALLS — JAZZ
Karte S. 454 (☎212-252-5091; www.smallsjazzclub.com; 183 W 4th St; Eintritt 19.30–0.30 20 $, danach 10 $; Ⓢ 1 bis Christopher St–Sheridan Sq) In dem engen, aber einladenden Jazzkeller treten jeden Abend unterschiedlichste Jazzkünstler auf. Eintritt für den ganzen Abend kostet 20 $. Wer zwischendurch eine Pizza braucht, kommt problemlos wieder rein.

BLUE NOTE — JAZZ
Karte S. 454 (☎212-475-8592; www.bluenote.net; 131 W 3rd St zw. Sixth Ave & MacDougal St; Ⓢ A/C/E, B/D/F/M bis W 4th St–Washington Sq) Der mit Abstand berühmteste (und teuerste) Jazzclub der Stadt kassiert 30 $ für einen Platz an der Bar und 45 $ am Tisch, der Eintritt kann noch höher liegen, wenn Superstars des Jazz auftreten. Es gibt auch ein paar billigere Konzerte für 20 $ sowie einen Jazz-Brunch sonntags um 11.30 Uhr. Am besten ist ein normaler Abend mit voller Konzentration auf die Bühne.

CORNELIA ST CAFÉ — LIVEMUSIK
Karte S. 454 (☎212-989-9319; www.corneliastreetcafe.com; 29 Cornelia St zw. Bleecker & W 4th St; Ⓢ A/C/E, B/D/F/M bis W 4th St–Washington Sq) Das kleine Café ist bekannt für seine lauschigen Konzerte innovativer Jazztrios, genreübergreifender Sänger und anderer Musik- und Kunstcombos. Das Cornelia St widmet sich auch der Literatur: Es veranstaltet jeden Monat einen Erzählertreff sowie open-mic-Gedichtabende und Lesungen.

BAR NEXT DOOR — LIVEMUSIK
Karte S. 454 (☎212-529-5945; 129 MacDougal St zw. W 3rd & W 4th St; Eintritt 12–15 $; ⏱So–Do 18–2, Fr & Sa bis 3 Uhr; Ⓢ A/C/E, B/D/F/M bis W 4th St) Diese Kellerbar in einem restaurierten Stadthaus ist mit ihren niedrigen Decken, Backsteinwänden und romantischer Beleuchtung eine der schönsten Bars im

Viertel. Jeden Abend gibt's entspannten Jazz, begleitet von den leckeren Gerichten auf der Speisekarte des Italieners nebenan (La Lanterna di Vittorio).

13TH ST REPERTORY COMPANY — THEATER
Karte S. 454 (📞212-675-6677; www.13thstreet rep.org; 50 W 13th St zw. Fifth & Sixth Ave; Ⓢ L bis Sixth Ave; F/M, 1/2/3 bis 14th St) Das 1972 gegründete Repertoiretheater hat das ganze Jahr über regelmäßige Aufführungen, darunter auch Kindertheater und am Wochenende eine Lesereihe für neue Werke. Die Truppe führt auch das Theaterstück *Line* auf, das von allen Off-Off-Broadway-Stücken am längsten gespielt wird.

BARROW STREET THEATER — THEATER
Karte S. 454 (📞212-243-6262; www.barrowstreet theatre.com; 27 Barrow St zw. Seventh Ave & W 4th St, Ⓢ1/2 bis Christopher St–Sheridan Sq, A/C/E, B/D/F/M bis W 4th St, 1/2 bis Houston St) Ein phantastisches Off-Broadway-Haus im Herzen des West Village mit Fokus auf amerikanische wie internationale Stücke.

CHERRY LANE THEATER — THEATER
Karte S. 454 (📞212-989-2020; www.cherrylane theater.org; 38 Commerce St; Ⓢ1 bis Christopher St–Sheridan Sq) Das Cherry Lane tief im West Village hat eine lange, herausragende Vergangenheit und ist ein Theater mit einem ganz eigenen Charme. Seit seiner Gründung durch die Dichterin Edna St Vincent Millay hat es zahlreiche Autoren und Schauspieler auf die Bühne gebracht. Dabei ist es stets dem „lebendigen" und offenen Theater verpflichtet geblieben. Auf dem Spielplan stehen häufig wechselnde Lesungen, Theaterstücke und sonstige Aufführungen des gesprochenen Worts.

DUPLEX — CABARET, KARAOKE
Karte S. 454 (📞212-255-5438; www.theduplex. com; 61 Christopher St; Eintritt 5–15 $, mind. 2 Getränke; ⊘16–4 Uhr; Ⓢ1 bis Christopher St–Sheridan Sq) Im legendären Duplex sind Cabaret, Karaoke und tanzende Tunten angesagt. Von allen Wänden blickt Joan Rivers herab – und auch die Performer ahmen gerne ihre kecke Selbstironie nach, wenn sie nicht gerade das Publikum auf den Arm nehmen. Lustig und unprätentiös, aber ganz bestimmt nichts für Schüchterne.

55 BAR — LIVEMUSIK
Karte S. 454 (📞212-929-9883; www.55bar.com; 55 Christopher St Höhe Seventh Ave; Eintritt 5–10 $, mind. 2 Getränke; ⊘13–4 Uhr; Ⓢ1 bis Christopher St–Sheridan Sq) Die Geschichte dieser einladenden Kellerbar reicht bis in die Zeit der Prohibition zurück. Es gibt regelmäßig zwei Liveshows pro Abend von guten, fest engagierten Jazzern, manchmal auch Bluesbands und Mike Stern (Supergitarrist bei Miles Davis in den 1980er-Jahren). Eine tolle Adresse für unprätentiöse Konzerte bei moderatem Eintritt ohne Dresscode.

IFC CENTER — KINO
Karte S. 454 (📞212-924-7771; www.ifccenter.com; 323 Sixth Ave Höhe 3rd St; Ⓢ A/C/E, B/D/F/M bis W 4th St–Washington Sq) Das Programmkino zeigt eine bestens sortierte Palette an Indie-Filmen, Kultklassikern und ausländischen Streifen. Dazu kommen Kurz- und Dokumentarfilme, alte Schätze aus den 1980er-Jahren, Regisseursreihen, Klassiker am Wochenende und viele Sonderreihen, wie z. B. mitternächtliche Kultfilme (*Shining, Taxi Driver, Alien*).

ANGELIKA FILM CENTER — KINO
Karte S. 454 (📞212-995-2570; www.angelikafilm center.com; 18 W Houston St Höhe Mercer St; Karte 10–14 $; 🎫; Ⓢ B/D/F/M bis Broadway–Lafayette St) Spezialität des Angelika sind ausländische und Indie-Filme. Auch das Kino selbst hat einen etwas unkonventionellen Charme (z. B. das Rattern der Subway, lange Schlangen und teilweise schlechter Sound). Dafür ist die Schönheit des von Stanford White entworfenen Beaux-Arts-Gebäudes ganz unbestritten und das große Café ist ein idealer Treffpunkt.

COMEDY CELLAR — COMEDY
Karte S. 454 (📞212-254-3480; www.comedycellar. com; 117 MacDougal St zw. W 3rd & Minetta Ln; Eintritt 12–24 $; ⊘Veranstaltungsbeginn So–Fr ca. 21, Sa 19 & 21.30 Uhr; Ⓢ A/C/E, B/D/F/M bis W 4th St–Washington Sq) Der alteingesessene Kellerclub in Greenwich Village zeigt Mainstream-Shows und verfügt über ein ansehnliches Stammpersonal, darunter Colin Quinn, Darrell Hammond (*Saturday Night Live*) und Wanda Sykes, gelegentlich auch Hochkaräter wie Dave Chappelle. Der Erfolg dauert an: Der Comedy Cellar hat jetzt auch einen weiteren Standort um die Ecke in der W 3rd St.

☆ Chelsea

★UPRIGHT CITIZENS BRIGADE THEATRE — COMEDY
Karte S. 458 (📞212-366-9176; www.ucbtheatre. com; 307 W 26th St zw. Eighth & Ninth Ave; Eintritt 5–10 $; Ⓢ C/E bis 23rd St) Profis für Comedy-Sketches und haarsträubende Improvisatio-

nen geben in dem beliebten Laden mit nur 74 Sitzen den Ton an. Der Eintritt ist günstig, ebenso Bier und Wein. Sonntags nach 21.30 und mittwochs nach 23 Uhr ist der Eintritt frei, wenn hier Neulinge auftreten. Die Website liefert Infos über die beliebten Sketch- und Improvisationskurse, die auch im Nebengebäude in der W 30th St stattfinden.

SLEEP NO MORE — THEATER

Karte S. 458 (www.sleepnomorenyc.com; McKittrick Hotel, 530 W 27th St; Karten ab 106 $; ⊙Mo-Sa 19–24 Uhr; ⓈC/E bis 23rd St) *Sleep No More* ist eines der ganzheitlichsten Theatererlebnisse, die je konzipiert wurden, ein Stück frei nach *Macbeth*, das in mehreren Lagerhäusern in Chelsea spielt, die so umgebaut wurden, dass sie wie ein verlassenes Hotel aussehen. Zuschauer können frei in den aufwendig gestalteten Räumen (Ballsäle, Friedhöfe, Tierpräparationsläden, Irrenanstalten) umherlaufen und mit den Schauspielern interagieren, die verschiedene Szenen spielen, die ans Bizarre und Frivole grenzen. Vorsicht: Gäste müssen bei Eintritt alles abgeben (Jacken, Taschen, Handys usw.) und eine Maske tragen – wie im Film *Eyes Wide Shut*.

JOYCE THEATER — TANZ

Karte S. 458 (☎212-242-0800; www.joyce.org; 175 Eighth Ave; ⓈC/E bis 23rd St, A/C/E bis Eighth Ave–14th St, 1 bis 18th St) Die kleine Bühne in einem renovierten Kino mit 472 Sitzen ist wegen der guten Sicht und des ausgefallenen Programms bei unverbesserlichen Tanzfans beliebt. Schwerpunkte sind traditionell moderne Theatergruppen wie Pilobolus, die Stephen Petronio Company und Parsons Dance sowie internationale Stars wie DanceBrazil, das Ballet Hispanico und die MalPaso Dance Company.

NEW YORK LIVE ARTS — TANZ

Karte S. 458 (☎212-924-0077; www.newyorklivearts.org; 219 W 19th St zw. Seventh & Eighth Ave; Ⓢ1 bis 18th St) Das moderne Tanzzentrum unter der künstlerischen Leitung von Carla Peterson hat jährlich ein Repertoire von über 100 experimentellen, zeitgenössischen Aufführungen. Internationale Tanztruppen aus Serbien, Südafrika, Korea und anderen Ländern bringen frischen Wind auf die Bühne. Oft gibt's vor und nach der Aufführung Diskussionen mit Choreografen oder Tänzern.

IRISH REPERTORY THEATER — THEATER

Karte S. 458 (☎212-727-2737; www.irishrep.org; 132 W 22nd St zw. Sixth & Seventh Ave; Ⓢ1/2, F/M bis 23 St, 1/2 bis 18th St) Das Repertoiretheater in einem renovierten Lagerhaus in Chelsea konzentriert sich auf bestes Theater aus der irischen und irisch-amerikanischen Ecke.

ATLANTIC THEATER COMPANY — THEATER

Karte S. 458 (☎212-691-5919; www.atlantictheater.org; 336 W 20th St zw. Eighth & Ninth Ave; ⓈC/E bis 23rd St, 1 bis 18th St) Das 1985 von David Mamet und William H. Macy gegründete Atlantik Theater ist Dreh- und Angelpunkt der Off-Broadway-Gemeinde und hat in den letzten 25 Jahren viele Preisträger des Tony Awards und des Drama Desk Awards auf die Bühne gebracht.

KITCHEN — THEATER, TANZ

Karte S. 458 (☎212-255-5793; www.thekitchen.org; 512 W 19th St zw. Tenth & Eleventh Ave; ⓈA/C/E bis 14th St, L bis 8th Ave) In dem experimentellen Haus in West Chelsea, das auch innovatives Theater, Lesungen und Konzerte bietet, gibt's neue, progressive Stücke und Werkkonzepte von lokalen Machern.

GOTHAM COMEDY CLUB — COMEDY

Karte S. 458 (☎212-367-9000; www.gothamcomedyclub.com; 208 W 23rd St zw. Seventh & Eighth Ave; Ⓢ1, C/E bis 23rd St) Der Club versteht sich als Comedy-Hall-of-Fame und unterstreicht diesen Anspruch regelmäßig mit großen Namen und New Yorker Stars. Der Club präsentiert auch Comedians, die bereits bei HBO, Letterman und der Tonight Show erste Erfahrungen gesammelt haben.

CHELSEA BOW TIE CINEMA — KINO

Karte S. 458 (☎212-777-3456; www.bowtiecinemas.com; 260 W 23rd St zw. Seventh & Eighth Ave; ⓈC/E bis 23rd St) Neben Premieren zeigt das Multiplexkino am Wochenende Mitternachtsvorstellungen der *Rocky Horror Picture Show*. Donnerstags abends gibt's die großartige Reihe *Chelsea Classics*: Der New Yorker Drag-Star Hedda Lettuce präsentiert tuntige Darstellungen von Joan Crawford, Bette Davis, Barbra Streisand und dergleichen.

SHOPPEN

🛍 Greenwich Village & Meatpacking District

In den malerischen, stillen Straßen des West Village lassen sich einige herrliche Boutiquen entdecken. Aber es gibt auch ein paar

Antiquitätenhändler, Buch- und Plattenläden sowie schräge Geschenk- und Kuriositätenläden, die ein bisschen Abwechslung in das ansonsten eher auf Mode fixierte Viertel bringen. Luxusshopper halten sich an die Edelmarkengeschäfte in der Bleecker St zwischen Bank und W 10th St. Viel bunter ist die Christopher St mit ihren Läden für sexy Ledersachen und Regenbogen-T-Shirts.

Schicker und großräumiger Industriechic kennzeichnet den Meatpacking District, wo die innovativsten Designer in großen Boutiquen die Zügel in der Hand halten. Diese Läden gehören zu den angesagtesten in der ganzen Stadt (einige traumhaft-futuristische Exemplare könnten ohne Weiteres auch als Kulissen für die stilisierten Kubrick-Filme herhalten).

★ STRAND BOOK STORE   BÜCHER
Karte S. 454 (📞212-473-1452; www.strandbooks.com; 828 Broadway Höhe 12th St; ⏰Mo–Sa 9.30–22.30, So 11–22.30 Uhr; Ⓢ L, N/Q/R, 4/5/6 bis 14th St–Union Sq) New Yorks populärster Buchladen, der neben neuen und gebrauchten Büchern auch Raritäten verkauft, ist ein Muss für Büchernarren (und auch für Leute, die nur gelegentlich eins durchblättern). Das 1927 gegründete Strand führt auf knapp 13 km Regalfläche über drei labyrinthartige Stockwerke mehr als 2,5 Mio. Bücher.

Lohnenswert sind auch Titel in ausländischen Sprachen im Untergeschoss, diverser Krimskrams (Smartphone-Cover, Stoffbeutel, Kuriertaschen) oder der Verkaufs- und Tauschschalter für ausgelesene Bücher, der montags bis samstags geöffnet ist.

MONOCLE   ACCESSOIRES, MODE
Karte S. 454 (535 Hudson St Höhe Charles St; ⏰Mo–Sa 11–19, So 12–18 Uhr; Ⓢ 1 bis Christopher St–Sheridan Sq) Tyler Brûlé, Herausgeber einer der großartigsten Zeitschriften des 21. Jhs., eröffnete 2010 diesen winzigen Laden mit stilvollen, qualitätsvollen Produkten für Städter ebenso wie für Globetrotter (ledergebundene Tagebücher, elegante Schreibwaren, japanische Seifen, Reisepasshüllen, Badehosen). Wer noch nichts von der Zeitschrift *Monocle* gehört hat, erhält hier ein Exemplar (sogar alte Nummern).

BEACON'S CLOSET   SECONDHAND
Karte S. 454 (10 W 13th St zw. Fifth & Sixth Ave; ⏰11–20 Uhr; Ⓢ L, N/R, 4/5/6 bis Union Sq) Der Laden führt eine gute Auswahl an leicht gebrauchten Klamotten (die ersichtlich unter Hipstern aus Downtown und Brooklyn angesagt sind), die nur wenig mehr kosten als in der Filiale in Williamsburg. Secondhandläden gibt es in der Gegend nur wenige, was Beacon's umso attraktiver macht. Besser ist ein Besuch unter der Woche, am Wochenende ist es hier stets voll.

PERSONNEL OF NEW YORK   MODE, ACCESSOIRES
Karte S. 454 (9 Greenwich Ave zw. Christopher & W 10th St; ⏰Mo–Sa 11–20, So 12–19 Uhr; Ⓢ A/C/E, B/D/F/M bis W 4th St, 1 bis Christopher St–Sheridan Sq) Der kleine, reizende Laden wurde 2013 eröffnet und verkauft Designermode für Männer und Frauen von einzigartigen Labels von der Ost- und Westküste und darüber hinaus. Zu entdecken sind hier wunderbar gemusterte Webwaren von Ace & Jig, robuste Männermode von Hiroshi Awai, Couture-Kleidung von Rodobjer und Batikhemden von All Nations. Hinzu kommen ein paar Haushaltswaren und witzige Geschenke wie der auffallende Flaschenöffner in Vogelform von Tadanori.

YOYAMART   KINDER
Karte S. 454 (📞212-242-5511; www.yoyamart.com; 15 Gansevoort St; ⏰Mo–Sa 11–19, So 12–18 Uhr; Ⓢ A/C/E bis 14th St, L bis Eighth Ave) Yoyamart richtet sich zwar eindeutig an die jüngere Kundschaft, aber der Laden macht auch Erwachsenen Spaß, die kein Kind im Schlepptau haben. Natürlich finden sich hier süße Klamotten für Babys und Kleinkinder, aber auch knuffige Roboter, Gloomy-Bear-Handschuhe, Plüsch-Ninjas, Ukulele-Baukästen, Mix-CDs und noch jede Menge Manga-Zeug. Noch mehr Kinderklamotten und -accessoires gibt es ganz in der Nähe bei **Yoya** (Karte S. 454; 📞646-336-6844; www.yoyanyc.com; 636 Hudson St; ⏰Mo–Sa 11–19, So 12–17 Uhr; Ⓢ A/C/E bis 14th St; L bis 8th Ave).

MARC BY MARC JACOBS   MODE
Karte S. 454 (📞212-924-0026; www.marcjacobs.com; 403–405 Bleecker St; ⏰Mo–Sa 12–20, So bis 19 Uhr; Ⓢ A/C/E bis 14th St, L bis 8th Ave) Marc Jacobs hat sich mit seinen fünf kleinen Läden im betuchten West Village fest etabliert. Die großen Schaufenster erlauben einen guten Einblick, vorausgesetzt es steht kein „Sale" an, denn dann sind nur Horden von Kaufsüchtigen zu sehen.

Das Ganze ist folgendermaßen aufgeteilt: Die Damenkollektion ist in der Bleecker St Nr. 403, Edelhandtaschen und Hauptpflegeprodukte gibt es in Nr. 385 und die Herrenkollektion in Nr. 382. In Nr. 400 befindet sich auch ein BookMarc (Bücher, Schreibwaren und Nippes). Einen Block weiter werden in der 301 W 4th St Damenaccessoires und in der 298 W 4th St die Kinderkollektion (Little Marc) verkauft. Die Marc Jacobs Collection für Damen und Herren (die teuersten Stücke des Designers) gibt es in der SoHo-Filiale **Marc Jacobs** (Karte S. 446; 212-343-1490; 163 Mercer St; Mo-Sa 11–19, So 12–18 Uhr; B/D/F/M bis Broadway–Lafayette St, R bis Prince St).

MCNULTY'S TEA & COFFEE CO, INC ESSEN & GETRÄNKE

Karte S. 454 (212-242-5351; 109 Christopher St; Mo-Sa 10–19, So 13–19 Uhr; 1 bis Christopher St–Sheridan Sq) Nicht weit von ein paar Sexshops lässt McNulty mit abgewetzten Bodendielen, duftenden Kaffeesäcken und großen Gläsern voller Tee das Greenwich Village von einst wieder auferstehen. Seit 1895 verwöhnt er Genießer mit Kaffee und Tee bester Qualität.

BONNIE SLOTNICK COOKBOOKS BÜCHER

Karte S. 454 (212-989-8962; www.bonnieslotnickcookbooks.com; 163 W 10th St zw. Waverly Pl & Seventh Ave; 1/2 bis Christopher St–Sheridan Sq, A/C/E, B/D/F/M bis W 4th St) Kunden auf der Suche nach dem passenden Kochbuch werden von der freundlichen Bonnie liebevoll bedient. Der Laden sieht aus wie Omas Speisekammer und ist bis unter die Decke vollgestopft mit den besten Rezepten der Erde. Es hat auch wirklich Einmaliges zu bieten, von themenbezogenen Rezepten (jüdisch, schwul, suppenspezifisch etc.) bis zum antiquarischen Rezeptwälzer.

CASTOR & POLLUX KLEIDUNG

Karte S. 454 (212-645-6572; www.castorandpolluxstore.com; 238 W 10th St; Di-Sa 12–19 Uhr; 1/2 bis Christopher St–Sheridan Sq oder Houston St, A/C/E, B/D/F/M bis W 4th St) Kerrilynn lässt sich vom Mythos der Zwilinge Castor und Pollux inspirieren, um ihre wunderbaren Modeartikel zu entwerfen und zu verfeinern. Die sorgfältig ausgearbeiteten Modelle sind ohne jeden Zweifel todschick und trotzdem tragbar.

THREE LIVES & COMPANY BÜCHER

Karte S. 454 (212-741-2069; www.threelives.com; 154 W 10th St zw. Seventh Ave & Waverly Pl; So-Di 12–19, Mi-Sa 11–20.30 Uhr; 1/2 bis Christopher St–Sheridan Sq, A/C/E, B/D/F/M bis W 4th St, 1/2/3 bis 14th St) Der außergewöhnliche Nachbarschaftsbuchladen ist wahrhaft ein Ausflug in die magische Welt der Buchstaben. Der Laden selbst ist schon ganz wunderbar und das erstaunlich belesene Personal ist beseelt von der Liebe zum Buch.

BATHROOM KOSMETIK, HAUSHALTSWAREN

Karte S. 454 (212-929-1449; http://store.inthebathroom.com; 94 Charles St zw. W 4th & Bleecker St; Mo-Fr 12–20, Sa 11–20, So 12–19 Uhr; 1/2 bis Christopher St–Sheridan Sq, A/C/E, B/D/F/M bis W 4th St) Die meisten Haushaltswarenläden in New York sind zwar auf Küchen fixiert, aber Colin Heywoods Boutique ist eine Hommage an das bescheidene Badezimmer. Der Laden selbst sieht aus wie eine altmodische Apotheke und bietet seinen Kunden eine charmante Sammlung handgemachter Waren von Accessoires bis zur Luxusseife.

JEFFREY NEW YORK MODE, ACCESSOIRES

Karte S. 454 (212-206-1272; www.jeffreynewyork.com; 449 W 14th St; Mo-Sa 10–20, So 12.30–18 Uhr; A/C/E bis 14th St, L bis Eighth Ave) Jeffrey gehörte zu den Ersten, die das Potenzial des rundernuerten Meatpacking District erkannten und nutzten. Nun warten hier noble Designerlabels wie Versace, Pucci, Prada oder Michael Kors auf kaufkräftige Kunden. Neben Klamotten gibt's auch Accessoires, Schuhe und ein kleines Sortiment an Kosmetika. Für die richtigen Vibes sorgen DJs mit Pop- und Indie-Sounds.

MURRAY'S CHEESE ESSEN & GETRÄNKE

Karte S. 454 (212-243-3289; www.murrayscheese.com; 254 Bleecker St zw. Sixth & Seventh Ave; Mo-Sa 8–20, So 10–19 Uhr; 1 bis Christopher St–Sheridan Sq) Das 1914 eröffnete Geschäft ist eine der besten Adressen New Yorks für Käse. Der Besitzer Rob Kaufelt ist bekannt für seine unfehlbare Nase für die absolut köstlichsten Sorten aus aller Welt. Sein Angebot (das auch probiert werden darf) umfasst Nussiges, Mildes und Deftiges aus Europa wie auch von den kleinen Farmen in Vermont und im New York State.

Außerdem gibt es Prosciutto und geräucherte Wurst, frisch gebackenes Brot, Oliven, Antipasti, Schokolade und alle möglichen anderen Leckerbissen für ein Gourmetpicknick sowie einen Tresen für frisch zubereitete und überbackene Sandwiches. Murray's führt auch das Restaurant Cheese Bar (S. 146) ein paar Häuser weiter.

CO BIGELOW CHEMISTS GESUNDHEIT, KOSMETIK
Karte S. 454 (212-473-7324; 414 Sixth Ave zw. 8th & 9th St; Mo–Fr 7.30–21, Sa 8.30–19, So 8.30–17.30 Uhr; 1 bis Christopher St–Sheridan Sq, A/C/E, B/D/F/M bis W 4th St–Washington Sq) „Amerikas älteste Apotheke" ist zu einem (teuren) Paradies für Kosmetikbesessene mutiert (in den Verkaufsräumen befindet sich aber auch weiterhin eine richtige Apotheke, die rezeptpflichtige Arzneimittel und gängige Drogerieartikel anbietet). Neben der Eigenmarke CO Bigelow (Lippenbalsam, Hand- und Fußcreme, Rasiercreme, Rosenwasser) werden Bodylotions, Shampoos, Parfums und Kosmetikprodukte von Weleda, Yu-Be, Vichy und vielen anderen Herstellern verkauft.

GREENWICH LETTERPRESS SCHREIBWAREN
Karte S. 454 (212-989-7464; www.greenwichletterpress.com; 39 Christopher St zw. Seventh Ave & Waverly Pl; Sa–Mo 12–18, Di–Fr 11–19 Uhr; 1/2 bis Christopher St–Sheridan Sq, A/C/E, B/D/F/M bis W 4th St, 1/2/3 bis 14th St) Der süße Grußkartenladen wurde von zwei Schwestern gegründet und ist auf Hochzeitsannoncen und andere individuelle Drucksachen spezialisiert. Ist doch viel schöner, den Lieben zu Hause eine ganz individuelle Grußkarte zu schicken – oder?

EARNEST SEWN MODE, ACCESSOIRES
Karte S. 454 (212-242-3414; www.earnestsewn.com; 821 Washington St; So–Fr 11–19, Sa 11–20 Uhr; A/C/E bis 14th St, L bis Eighth Ave) Die Jeans von Earnest Sewn sind wegen ihrer hervorragenden Verarbeitung berühmt, deshalb tragen sich Kunden auf lange Wartelisten für maßgeschneiderte Hosen ein. In dem ansprechenden Laden mit den alten (noch funktionierenden) Maschinen verführt eine ungewöhnliche Mischung aus erlesenem Schmuck, Oberbekleidung und Taschenmessern zum Stöbern nach Herzenslust. Einen weiteren Laden mit einer kleineren Auswahl (vor allem Jeans) gibt es in der **Lower East Side** (Karte S. 452; 212-979-5120; 90 Orchard St; Mo–Sa 12–20, So bis 19 Uhr; F, J/M/Z bis Essex St–Delancey St).

FLIGHT 001 REISEAUSSTATTUNG
Karte S. 454 (212-989-0001; www.flight001.com; 96 Greenwich Ave; Mo–Sa 11–20, So 12–18 Uhr; A/C/E bis 14th St, L bis Eighth Ave) Reisen macht Laune – aber noch mehr Spaß macht es, sich mit Reiseutensilien einzudecken. Flight 001 führt Reisetaschen aller Größen von Bree bis Rimowa, kitschige „shemergency"-Notfallsets (die Atemerfrischer, Lippenbalsam, Fleckenentferner und vieles mehr enthalten), mit Pin-up-Girls verzierte Flakons, knallbunte Reisepasshüllen und lederne Gepäckanhänger, Reiseliteratur, Kulturbeutel, Zahnpasta in Minituben, Augenmasken, Pillendöschen und und und.

FORBIDDEN PLANET COMICS
Karte S. 454 (212-473-1576; 840 Broadway; So–Mi 9–22, Do–Sa bis 24 Uhr; L, N/Q/R, 4/5/6 bis 14th St–Union Sq) Angesichts der Stapel von Comics, Mangas, Comicromanen, Postern und Spielfiguren (von *Star Trek* bis *Doctor Who*) hat hier jeder heimliche Science-Fiction-Fan sein Coming-out. Im Laden oder auf der Website gibt es auch Infos zu aktuellen Büchersignierungen und andere Events.

AEDES DE VENUSTAS KOSMETIK
Karte S. 454 (212-206-8674; www.aedes.com; 9 Christopher St; Mo–Sa 12–20, So 13–19 Uhr; A/C/E, B/D/F/M bis W 4th St; 1 bis Christopher St–Sheridan Sq) Der liebevoll dekorierte „Tempel der Schönheit" bietet über 40 verschiedene europäische Luxusparfums, darunter Hierbas de Ibiza, Mark Birley for Men, Costes, Odin und Shalini, außerdem Pflegeprodukte von Susanne Kaufmann und Acqua di Rose und die begehrten Duftkerzen von Diptyque.

Chelsea

Chelsea ist zwar eher bekannt für seine Restaurantszene und sein Nachtleben, hat aber auch ein paar gute Antiquitätengeschäfte, Discount-Mode, Großketten und Kitschläden zu bieten, außerdem einen versteckten Buchladen und ein gut bestücktes Secondhand-Geschäft. Highlight des Viertels ist aber der beliebte Chelsea Market (S. 137), eine riesige Halle voll mit Läden, die frische Backwaren, Wein, Obst und Gemüse, importierten Käse und andere Leckereien verkaufen.

HOUSING WORKS THRIFT SHOP VINTAGE
Karte S. 458 (718-838-5050; 143 W 17th St zw. Sixth & Seventh Ave; Mo–Fr 10–19, Sa bis 18, So 12–17 Uhr; 1 bis 18th St) Mit seinen prachtvoll dekorierten Schaufenstern macht der Laden überhaupt nicht den Eindruck eines Secondhandshops, aber das Sortiment (Klamotten, Accessoires, Möbel, Bücher und Schallplatten) ist sehr preisgünstig.

Alle Einkünfte kommen einer Wohltätigkeitsvereinigung zugute, die sich um obdachlose HIV-Infizierte und AIDS-Kranke kümmert. Es gibt zehn weitere Filialen in der Stadt.

POSMAN BOOKS BÜCHER
Karte S. 458 (212-627-0304; www.posmanbooks.com; 75 Ninth Ave zw. 15th & 16th St; Mo-Fr 10–21, Sa bis 20, So bis 19 Uhr; SA/C/E bis 14th St, L bis Eighth Ave, 1/2 bis 18th St) Der Familienbetrieb Posman im Chelsea Market ist ein gepflegt eingerichtetes Lesezentrum und einladender sozialer Treffpunkt mit Vorträgen und Aktivitäten für die Kleinen.

PRINTED MATTER BÜCHER
Karte S. 458 (212-925-0325; 195 Tenth Ave zw. 21st & 22nd St; Sa & Mo-Mi 11–19, Do-Fr bis 20 Uhr; SC/E bis 23rd St) Printed Matter ist ein sagenhafter Laden für limitierte Künstlermonografien und merkwürdige kleine Zeitschriften. In den zwei Räumen gibt es nichts von dem, was in den Mainstream-Buchläden zu haben ist. Stattdessen bergen die ordentlichen Regale Revolutionsmanifeste, kritische Essays über Comichefte, Daumenkinos, die Jesus Gesicht hinter einem Strichcode offenbaren, und Ratgeber, die von Häftlingen geschrieben wurden.

192 BOOKS BÜCHER
Karte S. 458 (212-255-4022; www.192books.com; 192 Tenth Ave zw. 21st & 22nd St; 11–19 Uhr; SC/E bis 23rd St) Mitten im Galerieviertel behauptet sich dieser unabhängige Buchladen mit Abteilungen für Literatur, Geschichte, Reisen, Kunst und Philosophie. Er bietet auch interessante Wechselausstellungen, zu denen die Besitzer eine Auswahl an Büchern zusammenstellen, die thematisch zu den Kunstwerken oder dem Künstler passen. Außerdem finden hier wöchentlich Lesungen statt, die von gefeierten Autoren (oft mit Wohnsitz in New York) bestritten werden.

UNIVERSAL GEAR MODE
Karte S. 458 (212-206-9119; www.universalgear.com; 140 Eighth Ave zw. 16th & 17th St; SA/C/E bis 14th St, L bis Eighth Ave) Ein passenderer Name wäre wohl „Chelsea Gear", da der Laden voll ist mit allen Klamotten, die angesagt sind für attraktive Chelsea-Boys und solche, die es gerne wären. Hier kann man alles kaufen, was das Chelsea-Schnuckelchen so braucht: Jeans von G-Star und Diesel, figurbetonte Unterwäsche von 2(x)IST, Hemden von Ben Sherman, Mützen von Penguin sowie Badehosen, Jacketts, Schuhe und Accessoires.

ANTIQUES GARAGE FLEA MARKET ANTIQUITÄTEN
Karte S. 458 (112 W 25th St Höhe Sixth Ave; Sa & So 9–17 Uhr; S1 bis 23rd St) Auf dem Flohmarkt in einem zweistöckigen Parkhaus verkaufen am Wochenende über 100 Händler ihre Waren. Wer Trödel und Antiquitäten mag, sollte hier unbedingt herumstöbern. Es gibt Kleidung, Schuhe, Schallplatten, Bücher, Globen, Möbel, Teppiche, Lampen, Glaswaren, Gemälde, Kunstwerke und viele andere alte Sachen. Ein weiteres lohnendes Ziel für die wochenendliche Antiquitätenjagd ist der dazugehörige Hell's Kitchen Flea Market.

NASTY PIG KLEIDUNG
Karte S. 458 (212-691-6067; 265 W 19th St zw. Seventh & Eighth Ave; SA/C/E bis 14th St, 1 bis 18th St) T-Shirts, Socken und Unterwäsche mit Schweinelogo, aber auch ein bisschen Gummi- und Lederfetisch. Der ideale Ausstatter also für Chelsea-Boys und ihre Liebhaber.

BEHAVIOUR KLEIDUNG, ACCESSOIRES
Karte S. 458 (212-352-8380; 231 W 19th St zw. Seventh & Eighth Ave; Mo-Fr 12–20, Sa & So bis 19 Uhr; SA/C/E bis Eighth Ave–14th S, 1/2 bis 18th St, 1/2 bis 23rd St) Ein gepflegter Laden für den schicken Dandy. Von der Sonnenbrille bis zum T-Shirt ist hier alles erstklassig. Im Frühjahr sind üblicherweise Seersuckerwaren im Programm.

SPORT & AKTIVITÄTEN

CHELSEA PIERS COMPLEX SPORT
Karte S. 458 (212-336-6666; www.chelseapiers.com; Hudson River am Ende der W 23rd St; SC/E bis 23rd St) Dieses gigantische Sportzentrum am Wasser befriedigt die Bedürfnisse von Athleten jeder Art. Sie können auf der vierstöckigen Driving Range eimerweise Golfbälle schlagen, in der Eishalle Schlittschuhe laufen oder Inlineskates ausleihen, um über den neuen Radweg im Hudson River Park zu fahren. Außerdem gibt's eine tolle Bowlingbahn, die Hoop City für Basketballer, eine Segelschule

für Kids, einen Baseballkäfig, ein riesiges Fitnesscenter mit Hallenbad (Tageskarte für Nichtmitglieder 50 $), eine Halle mit Felskletterwänden und und und.

Direkt am Wasser serviert die Chelsea Brewing Company ausgezeichnete Snacks und leckere Biere aus der Kleinbrauerei für den Hunger und Durst nach dem Sport. Der Komplex ist zwar durch den viel befahrenen West Side Hwy (Twelfth Ave) ein wenig von den Wohnvierteln abgeschnitten, aber die Massen kommen allein schon wegen der Vielzahl an Attraktionen. Der Bus M23 fährt direkt zum Haupteingang und erspart den langen Fußmarsch von der Subway über vier Avenues.

WEST 4TH STREET BASKETBALL COURTS — BASKETBALL

Karte S. 454 (Sixth Ave zw. 3rd & 4th St; unterschiedliche Öffnungszeiten; [S] A/C/E, B/D/F/V bis W 4th St–Washington Sq) Dieser kleine, auch als „The Cage" bekannte Basketballplatz ist mit Maschendraht eingezäunt und Treffpunkt einiger der besten Streetballer der USA. Dieser Court mitten im Village ist touristischer als der ähnliche Rucker Park in Harlem; doch das hat auch seinen Reiz, denn hier stehen die begeisterten Zuschauer oft in Fünferreihen hintereinander, um die talentierten und ehrgeizigen Spieler anzufeuern. Hochsaison ist im Sommer, wenn jeden Tag die W 4th St Summer Pro-Classic League ausgespielt wird. 2001 kommerzialisierte Nike die große Energie des populären Courts, um hier einen Werbespot zu drehen. Am Wochenende versammeln sich regelmäßig Basketballfans um den Platz.

BOWLMOR LANES — BOWLING

Karte S. 454 (212-255-8188; www.bowlmor.com; 110 University Pl; pro Pers. ab 12 $, Schuhverleih 6 $; Mo–Do 13–24, Fr & Sa 12–2, So 12–24 Uhr; [S] L, N/Q/R, 4/5/6 bis 14th St–Union Sq) Unter den retro-begeisterten New Yorkern sind Bowlingabende der absolute Renner. Die bereits 1938 eröffnete Bahn ist erste Wahl in Manhattan für Stars, Bar-Mitzwa-Partys und bierdurstige NYU-Studenten. Jeden Montag ab 21 Uhr legt ein DJ beim Glow-in-the-dark-Bowling auf: unbegrenzte Spiele für 25 $ inkl. Schuhverleih, Zutritt ab 21 Jahre.

NEW YORK TRAPEZE SCHOOL — SPORT

Karte S. 454 (www.newyork.trapezeschool.com; Pier 40 Höhe West Side Hwy; Kurse ab 50 $; [S] 1 bis Houston St) Jeder kann sich seinen persönlichen Traum vom Zirkus erfüllen, nicht nur Carrie in *Sex and the City*. In dieser Anlage direkt am Fluss darf man sich wagemutig von Trapez zu Trapez schwingen. Die Schule ist am oberen Ende von Pier 40 und von Mai bis September geöffnet. Es gibt auch einen **überdachten Bereich** (Karte S. 482; 53-21 Vernon Blvd, Long Island City, Queens; [S] 7 bis Vernon Blvd–Jackson Ave) im Circus Warehouse in Long Island City, Queens, der von Oktober bis April geöffnet ist. Anfangszeiten des täglichen Unterrichts sind telefonisch zu erfragen oder der Website zu entnehmen, einmalige Registrierungsgebühr 22 $.

DOWNTOWN BOATHOUSE — KAJAKFAHREN

Karte S. 454 (www.downtownboathouse.org; Pier 40, nahe Houston St; Touren kostenlos; Mitte Mai–Mitte Okt. Sa & So 10–18, Do 17–19 Uhr; [S] 1 bis Houston St) Am Wochenende und an einigen Abenden unter der Woche bietet New Yorks lebhaftestes öffentliches Bootshaus kostenlose 20-minütige Kajakfahrten inklusive Ausrüstung in einer geschützten Bucht des Hudson River. Anmeldungen sind nicht erforderlich. Startpunkt für dreistündige Touren am Wochenende ist meistens die Basis in Midtown an der **Clinton Cove** (Karte S. 466; Pier 96 Höhe W 56th St; Mitte Juni–Aug. Sa & So 9–18, Mo–Fr 17–19 Uhr; [S] A/C, B/D, 1 bis 59th St–Columbus Circle). Ein weiteres Bootshaus befindet sich am **Riverside Park** (Karte S. 470; W 72nd St; So 10–17 Uhr; [S] 1/2/3 bis 72nd St) in der Upper West Side und eines auf **Governor's Island** (Juni–Aug. Sa 10.30–16 Uhr), das nur im Sommer geöffnet ist.

TONY DAPOLITO RECREATION CENTER — SCHWIMMEN

Karte S. 454 (212-242-5228; 3 Clarkson St; Mo–Fr 7–22, Sa & So 9–16.30 Uhr; [S] 1 bis Houston St) Das Zentrum (das ehemalige Carmine) hat eines der besten öffentlichen Schwimmbäder Manhattans, ist aber nur für Mitglieder zugänglich (75 $ für sechs Monate Mitgliedschaft. Es gibt ein Hallen- und ein Freibad, Letzteres war in der Poolszene von *Wie ein wilder Stier* zu sehen.

Union Square, Flatiron District & Gramercy

Highlights

❶ Im noblen Einkaufstempel **ABC Carpet & Home** (S. 177) durch die Etagen mit sündhaft teuren Einrichtungsgegenständen schlendern.

❷ An den Ständen des **Union Square Greenmarket** (S. 180), der sich im Winter in einen bunten Weihnachtsmarkt verwandelt, frische Lebensmittel bewundern und handwerklich hergestellte Leckereien probieren.

❸ Hoch oben im **Birreria** (S. 175), dem versteckt gelegenen Biergarten des Eataly, zwischen den Uhrtürmen des Flatiron District Craft-Biere zischen.

❹ Bei einem Spaziergang rund um den eleganten **Gramercy Park** (S. 171) eine der ruhigsten Ecken der Stadt genießen.

❺ Zwischen Kunstinstallationen im schattigen Madison Square Park beim berühmten **Shake Shack** (S. 172) einen Burger futtern.

Details s. Karte s. S. 460

Rundgang: Union Square, Flatiron District & Gramercy

Das Viertel um den Union Square ist in vielerlei Hinsicht die Vereinigung *(union)* zahlreicher unterschiedlicher Teile der Stadt und fungiert als eine Art urbaner Klebstoff zwischen ungleichen Geschwistern. Manche mögen der Gegend einen Mangel an Flair vorwerfen, aber genauer betrachtet scheinen sich Union Square und Flatiron District bedacht und durchaus wählerisch bei den Nachbarn die Rosinen herauszupicken.

Das Gebiet ist recht überschaubar. Am besten nimmt man die beiden größeren öffentlichen Plätze – Union Square und Madison Square Park – als Eckpfeiler. Am Union Square spürt man angesichts der urigen Cafés, hip dekorierten Schaufenster und dreadgelockten Straßenkünstler auf dem Platz die Vibes vom Village herüberwehen. Nördlich Richtung 23rd St thront das Flatiron Building über dem Einkaufsviertel, wo es von gut besuchten Lunchspots und Feierabendkneipen wimmelt. Östlich der beiden Plätze liegt Gramercy, das sich trotz der vielen Restaurants eher wie ein Wohnviertel anfühlt.

Lokalkolorit

➡ **Mad Sq Eats** Jedes Jahr im Frühling und Herbst zieht es Gourmets auf den winzigen General Worth Square – gegenüber vom Madison Square Park eingeklemmt zwischen Fifth Ave und Broadway. Dann findet hier der **Mad Sq Eats** (Karte S. 460; www.madisonsquarepark.org/tag/mad-sq-eats; General Worth Sq; ⓈN/R, F/M, 6 bis 23rd St) statt, ein einen Monat währender Lebensmittelmarkt. An den rund 30 Ständen sind einige der Top-Restaurants der Stadt vertreten. Von echter Pizza bis zu Ochsenbrust-Tacos wird hier alles geboten, zubereitet mit besten regionalen Zutaten.

➡ **Gourmetlebensmittel** Eataly (S. 177) hat sich als *die* Einkaufsadresse für Liebhaber italienischer Kochzutaten etabliert. Aber die Einheimischen erledigen ihre Tageseinkäufe überwiegend beim Bio-Supermarkt Whole Foods (S. 180).

Anfahrt

➡ **Subway** Unter dem Union Square verlaufen diverse Subway-Linien. Die Linien 4, 5 und 6 führen Manhattans East Side hoch direkt nach Williamsburg an der L-Linie, die Linien N, Q oder R führen nach Norden und hinüber nach Queens. Mit der L geht's auch rüber zur West Side, mit der Q schnell zum Herald Square und Times Square.

➡ **Bus** Die Linien M14 und M23 queren die Stadt auf der 14th St bzw. 23rd St. Wer zwischen zwei östlichen Punkten von Manhattan unterwegs ist, nimmt besser den Bus als die Subway.

Top-Tipp

Am Union Square kann extrem dichtes Gedränge herrschen, insbesondere auf der 14th St. Wer es eilig hat oder alles zu Fuß bewältigen möchte, wechselt hinüber zur 13th St. Hier lassen sich größere Entfernungen schneller bewältigen.

Gut essen

➡ Eleven Madison Park (S. 173)
➡ Maialino (S. 173)
➡ ABC Kitchen (S. 174)
➡ Ess-a-Bagel (S. 172)

Mehr dazu s. S. 170

Schön ausgehen

➡ Birreria (S. 175)
➡ Flatiron Lounge (S. 175)
➡ Raines Law Room (S. 175)
➡ Beauty Bar (S. 176)
➡ Gramercy Tavern (S. 174)

Mehr dazu s. S. 175

Tolle Fotospots

➡ Von der Nordseite des Gramercy Park die Lexington Ave hoch Richtung Chrysler Building
➡ Vom Dachgarten der Birreria (S. 175)
➡ An der Südseite des Madison Square Park (S. 170) frontal aufs Flatiron Building
➡ Von den Steinstufen am Südende des Union Square (S. 168), um die stets wechselnde Szene mit Demonstranten, Straßenkünstlern und ganz normalen Exzentrikern einzufangen

Mehr dazu s. S. 170

HIGHLIGHT
UNION SQUARE

Der Union Square ist so etwas wie die Arche Noah von New York, in der mindestens ein Paar von jeder Art vor den Wogen des Betonmeeres Zuflucht findet. Wahrscheinlich tummelt sich auf keinem anderen öffentlichen Platz ein dermaßen repräsentativer Querschnitt durch die gesamte Bevölkerung. Hier, zwischen einer Kulisse aus Steinstufen und eingezäunten Sträuchern, finden sich gewöhnlich Exemplare jeder Gattung: Angestellte im Anzug, die während ihrer Mittagspause Luft schnappen, Lebenskünstler mit Dreadlocks, die ihrer Tabla ein paar Töne entlocken, junge Skateboarder, die auf den Treppen in der Südostecke ihre akrobatischen Fähigkeiten unter Beweis stellen.

NICHT VERSÄUMEN

- ➜ Union Square Greenmarket
- ➜ Statue von Mahatma Gandhi
- ➜ Kunstinstallation *Metronome*
- ➜ Demos, Sit-ins und Straßenkünstler

PRAKTISCH & KONKRET

- ➜ Karte S. 460
- ➜ www.unionsquarenyc.org
- ➜ 17th St zw. Broadway & Park Ave S
- ➜ Ⓢ L, N/Q/R, 4/5/6 bis 14th St–Union Sq

Arm & Reich

Schon bald nach seiner Eröffnung 1831 wurde der Union Square zum Treffpunkt der Bewohner der nahe gelegenen hochherrschaftlichen Villen. Konzertsäle und Künstlerklubs verstärkten die gediegene Atmosphäre und bald schossen am Broadway exklusive Geschäfte wie Pilze aus dem Boden, die ihm den Spitznamen „Ladies' Mile" einbrachten.

Bei Ausbruch des Bürgerkriegs diente der große öffentliche Platz („groß" für New Yorker Verhältnisse natürlich) als zentrale Schaubühne für Demonstranten jeglicher Couleur – von Gewerkschaftlern bis Politaktivisten. Auf dem Höhepunkt des Ersten Weltkriegs war das Viertel ziemlich verwaist, was politischen und sozialen Organisationen wie der American Civil Liberties Union, der Kommunistischen und der Sozialistischen Partei sowie der Gewerkschaft der Textilarbeiterinnen ermöglichte, hier ihr Aktionsfeld zu finden.

Bis heute finden auf dem Union Square Demonstrationen statt.

Die Factory

Nach über einem Jahrhundert kontinuierlichem Hin und Her zwischen Wohlstandsbürgertum und politischem Protest, floss noch eine dritte – künstlerische und ziemlich hippiemäßige – Komponente in die Mischung ein, als Andy Warhol seine Factory in den fünften Stock des Decker Building am 33 Union Sq West verlegte. Hier schoss am 3. Juni 1968 die Schriftstellerin Valerie Solanas, die sich von ihm verschaukelt fühlte, dreimal auf Warhol und verletzte ihn schwer. Heute ist in dem Gebäude ein Puma-Sportbekleidungsgeschäft untergebracht – so ändern sich die Zeiten.

Metronome

Auf dem Union Square sind auch einige originelle Kunstwerke zu besichtigten. Zu den dauerhaft hier weilenden Statuen zählen eine Reiterstatue George Washingtons und eine Statue des Friedensstifters Mahatma Gandhi. Doch am Südrand des Platzes befindet sich eine massive Kunstinstallation, die entweder ratloses Staunen hervorruft oder einfach übersehen wird. *Metronome* ist ein Symbol für das Verstreichen der Zeit und besteht aus zwei Teilen: einer Digitaluhr mit einer verwirrenden Anordnung von Ziffern und einer zauberstabähnlichen Apparatur, aus der in konzentrischen Kreisen Dampf entweicht. Was Letztere bedeuten soll, lassen wir jeden selbst herausfinden, verraten aber, was es mit den blinkenden orangefarbenen Ziffern auf sich hat: Die fünfzehn Zahlen müssen in zwei Gruppen aufgeteilt werden. Die sieben linken Zahlen zeigen die aktuelle Zeit an (Stunde, Minute, Sekunde, Zehntelsekunde) und die acht rechten Zahlen müssen von rechts nach links gelesen werden, dann zeigen sie an, wie viel Zeit noch bis zum Ende des Tages verbleibt.

HIGHLIGHT
FLATIRON BUILDING

Das 20-stöckige Flatiron Building wurde 1902 nach Plänen von Daniel Burnham erbaut. Mit seinem einzigartigen schmalen, dreieckigen Grundriss erinnert es an einen riesigen Schiffsbug. Je länger man die Kalkstein- und Terrakottafassade im traditionellen Beaux-Arts-Stil betrachtet, desto schöner und komplexer erscheint sie. Bis 1909 war das Flatiron das höchste Gebäude der Welt.

Eine echte Legende

Einer der ersten Mieter, die in das Hochhaus einzogen, war der Verleger Frank Munsey. Im 17. Stock wurde damals *Munsey's Magazine* produziert, in dem William Sydney Porter alias O. Henry seine Kurzgeschichten veröffentlichte. Porters Betrachtungen (in beliebten Geschichten wie „The Gift of the Magi") sowie die Gemälde von John Sloan und die Fotografien von Alfred Stieglitz ließen das Flatiron jener Tage unsterblich werden. Die Schauspielerin Katherine Hepburn sagte einmal, sie würde sich wünschen, genauso bewundert zu werden wie das prachtvolle, altehrwürdige Gebäude.

Heute & Morgen

Zwar soll das Gebäude irgendwann in ein Fünfsternehotel umgewandelt werden, aber die Pläne liegen auf Eis, bis der letzte Mieter freiwillig auszieht. In der Zwischenzeit ist das Erdgeschoss des „Bugs" des Gebäudes in einen gläsernen Ausstellungsraum verwandelt worden, in dem die Werke von Gastkünstlern zu sehen sind. Im Jahr 2013 war hier ein lebensgroßer 3-D-Nachbau des Gemäldes *Nighthawks* von Edward Hopper aus dem Jahr 1942 ausgestellt – der kantige Diner des Gemäldes ähnelt stark der einzigartigen Form des Flatiron.

NICHT VERSÄUMEN

→ Den Blick auf die Fassade vom Madison Square Park aus
→ Eine Betrachtung ganz aus der Nähe, um die kunstvollen Details der Außenfassade gebührend würdigen zu können
→ Flatiron Prow Artspace

PRAKTISCH & KONKRET

→ Karte S. 460
→ Broadway, Ecke Fifth Ave & 23rd St
→ Ⓢ N/R, F/M, 6 bis 23rd St

⦿ SEHENSWERTES

UNION SQUARE — PLATZ
Siehe S. 168.

FLATIRON BUILDING — WAHRZEICHEN
Siehe S. 169.

MADISON SQUARE PARK — PARK
Karte S. 460 (www.madisonsquarepark.org; 23rd bis 26th St zw. Fifth & Madison Ave; 6–23 Uhr; ; N/R, F/M, 6 bis 23rd St) Dieser Park bildete die Nordgrenze Manhattans, bis die Stadtbevölkerung nach dem Amerikanischen Bürgerkrieg förmlich explodierte. Heute ist er eine sehr willkommene Oase inmitten des Trubels von Manhattan: Auf der beliebten Hundewiese lassen Anwohner ihre Vierbeiner von der Leine, Kinder toben kreischend auf dem tollen Spielplatz herum und hungrige Mäuler stellen sich beim Burgerladen Shake Shack (S. 172) an.

Es ist ein tolles Plätzchen, um zu den Wahrzeichen hochzuschauen, die den Park umgeben, darunter im Südwesten das Flatiron Building, im Südosten der Metropolitan Life Insurance Tower im Art-déco-Stil und im Nordosten das New York Life Insurance Building mit seiner vergoldeten Turmspitze.

Von 1876 bis 1882 war hier der Arm der Freiheitsstatue mit der Fackel in der Hand ausgestellt, und 1879 entstand an der Ecke Madison Ave und 26th St der erste Madison Square Garden. In den wärmeren Monaten finden im Park verschiedene Veranstaltungen wie Konzerte und Lesungen statt, darunter viele für Kinder, und das ganze Jahr über sind alle möglichen Skulpturen ausgestellt. In der Südwestecke des Parks befindet sich eine der wenigen selbstreinigenden öffentlichen Münzbetrieb-Toiletten der Stadt.

TIBET HOUSE — KULTURZENTRUM
Karte S. 460 (212-807-0563; www.tibethouse.org; 22 W 15th St zw. Fifth & Sixth Ave; empfohlene Spende 5 $; Mo–Fr 11–18, So bis 16 Uhr; F bis 14th St, L bis 6th Ave) Unter der Schirmherrschaft des Dalai Lama widmet sich diese gemeinnützige Organisation alten tibetischen Traditionen. Zum Programm zählen Kunstausstellungen, eine wissenschaftliche Bibliothek, eigene Publikationen, Bildungsworkshops, offene Meditationen, Einkehrwochenenden und Reisen mit Dozenten nach Tibet, Nepal und Bhutan. Die Ausstellungen hier decken eine große Bandbreite ab, von traditionellen tibetischen Tangka-Malereien und Skulpturen bis zu zeitgenössischer tantrischer Kunst des tibetischen Buddhismus und des Hinduismus.

THEODORE ROOSEVELT BIRTHPLACE — HISTORISCHE STÄTTE
Karte S. 460 (212-260-1616; www.nps.gov/thrb; 28 E 20th St zw. Park Ave S & Broadway; Erw./Kind 3 $/frei; Führungen Di–Sa 10, 11, 13, 14, 15 & 16 Uhr; N/R/W, 6 bis 23rd St) Dieses Haus ist, obwohl als nationalhistorische Stätte ausgewiesen, nicht das originale Geburtshaus des 26. US-Präsidenten, denn das wurde bereits zu dessen Lebzeiten abgerissen. Jedoch ist es ein würdiger Nachbau, der von seinen Erben mit einem benachbarten Haus der Familie zusammengelegt wurde.

Wer sich für Roosevelts außergewöhnliches Leben interessiert – das ein wenig von dem nachhaltigen Vermächtnis seines jüngeren Cousins Franklin D. in den Schatten gestellt wird – sollte sich diesen Ort nicht entgehen lassen. Dies gilt erst recht, wenn keine Zeit bleibt, Roosevelts spektakuläre Sommerresidenz in der Oyster Bay auf Long Island zu besichtigen. Die Führungen über das Anwesen dauern eine halbe Stunde.

NATIONAL ARTS CLUB — KULTURZENTRUM
Karte S. 460 (212-475-3424; www.nationalartsclub.org; 15 Gramercy Park S; 6 bis 23rd St) Dieser 1898 zur Förderung des öffentlichen Interesses an der Kunst gegründete Club wartet in seinem bildergesäumten vorderen Salon mit einer schönen gewölbten Buntglasdecke über der hölzernen Bar auf. Das Gebäude wurde von Calvert Vaux, der auch an der Schaffung des Central Park beteiligt war, entworfen. Im Club finden Kunstausstellungen von Skulptur bis Fotografie statt, die montags bis freitags zwischen 9 und 17 Uhr für die Öffentlichkeit zugänglich sind (Infos auf der Website).

Außerdem wurde montagabends von 19 bis 21 Uhr Zeichenkurse angeboten (nähere Informationen siehe www.simonlevenson.com).

ESSEN

Das Viertel mit den vielen Namen, das sich von der E 14th St bis ungefähr zu den mittleren 30er-Straßen erstreckt,

Spaziergang
Von Parks und Plätzen

START MADISON SQUARE PARK
ZIEL DSW
LÄNGE/DAUER 3,2 KM; 2 STUNDEN

Los geht's im ❶ **Madison Square Park** (S. 170) mit seinen alten Statuen und neuen Skulpturen. Hungrige holen sich im ❷ **Shake Shack** (S. 172) einen Gourmetburger und Pommes. Vom Südwestende des Parks hat man einen tollen Blick auf das ❸ **Flatiron Building** (S. 169). Das dreieckige Gebäude mit seiner Beaux-Arts-Architektur ist die geniale Lösung des Chicagoer Architekten Daniel Burnham für die ungünstige Grundfläche an der Ecke Fifth Ave und Broadway. Weiter geht's auf dem Broadway Richtung Süden, dann links in die 21st St. Hinter der Park Ave S erstreckt sich rechts der ❹ **Gramercy Park**, 1831 von Samuel Ruggles geschaffen. Der Park ist privat, sodass nur ein Blick durchs Tor möglich ist. Im Haus 36 Gramercy Park E lebte übrigens einst der Großvater der Schauspielerin Drew Barrymore, John Barrymore, auch er Schauspieler. Im Haus 15 Gramercy Park S befindet sich der National Arts Club, ursprünglich die Privatresidenz von Samuel J. Tilden, Gouverneur von New York und 1876 gescheiterter Präsidentschaftskandidat. Jetzt führt die Tour auf der 20th St wieder zurück nach Westen zum Nachbau von ❺ **Theodore Roosevelts Geburtshaus**, durch das stündlich Führungen angeboten werden. An der Südwestecke der Kreuzung Broadway und E 20th St erhebt sich das ❻ **Lord & Taylor Building**, früher war hier das berühmte Midtown-Warenhaus. Das neogotische Gemäuer steht in einem Gebiet, das wegen der vielen Geschäfte hier früher „Ladies' Mile" genannt wurde. Anschließend geht's zurück zum Broadway und dann nach Süden zur nordwestlichen Ecke des ❼ **Union Square** (S. 168). Hier kann man auf dem Greenmarket Obst, Gemüse und Blumen vom Bauern kaufen, der Gandhi-Statue in der Südwestecke des Platzes die Ehre erweisen oder sich in einem der umliegenden Lokale etwas für ein Picknick im Park besorgen. Wer mag, kann am Union Sq South (14th St) noch im ❽ **DSW** herumstöbern, einem Kaufhaus mit reduzierten Designerschuhen und -accessoires.

ist eine kulinarische Goldmine. Ein besonderes Kleinod ist der ausgedehnte Union Square Greenmarket, ein Fest für die Sinne, das montags, mittwochs, freitags und samstags zelebriert wird. Hier nehmen Sterne- und Amateurköche die landwirtschaftlichen Produkte der Umgebung unter die Lupe und holen sich Inspirationen für ihre nächsten Kreationen. Abgesehen von diesem Bauernmarkt existiert ein breites Angebot an kostspieliger Erlebnisgastronomie sowie an ganz schlichten, aber hervorragenden Esslokalen. Im Madison Square Park steht der heiß begehrte Shake Shack, wo sich im Freien Feinschmecker-Burger und Ähnliches verspeisen lassen. Und die weiter nördlich gelegene Lexington Ave wird in den höheren 20er-Straßen wegen des großen Schwerpunkts auf indischer Küche Curry Hill genannt.

DOS TOROS TAQUERIA MEXIKANISCH $

Karte S. 460 (212-677-7300; www.dostoros.com; 137 Fourth Ave zw. 13th & 14th St; Burritos ab 7 $; Mo 11.30–22.30, Di–Fr bis 23, Sa 12–23, So 12–22.30 Uhr; SL, N/Q/R, 4/5/6 bis Union Sq) Statt der landesweit vertretenen mexikanischen Restaurantkette Geld in den Rachen zu schmeißen, sollte man es lieber halten wie die New Yorker und der Dos Toros Taqueria mit Ablegern überall in der Stadt den Vorzug geben. Hier gibt's qualitativ hochwertiges Fleisch und dazu jede Menge sämige Guacamole und leckeres Bohnenpüree. Manchmal bildet sich eine lange Warteschlange (die denkbar beste Empfehlung), aber die flinken Mitarbeiter bringen die Tex-Mex-Leckerbissen in absoluter Rekordzeit auf den Tisch.

SHAKE SHACK BURGER $

Karte S. 460 (212-989-6600; www.shakeshack.com; Madison Square Park, Ecke 23rd St & Madison Ave; Burger ab 3,60 $; 11–23 Uhr; SN/R, F/M, 6 bis 23rd St) Das Shake Shack, das Aushängeschild der Gourmetburger-Kette von Erfolgskoch Danny Meyer, lockt mit frischen Burgern, handgeschnittenen Pommes und einem ständig wechselnden Angebot an *frozen custards*. Vegetarier können einen knackigen Portobello-Burger bestellen. Die Schlangen sind lang, aber das Warten lohnt sich.

ESS-A-BAGEL DELIKATESSEN $

Karte S. 460 (212-260-2252; www.ess-a-bagel.com; 359 First Ave Höhe 21st St; Bagels ab 1,65 $; Mo–Fr 6–21, Sa & So bis 17 Uhr; SL, N/Q/R, 4/5/6 bis Union Sq) Die nach geröstetem Sesam duftenden Schwaden, die über die First Ave wabern, sind einfach unwiderstehlich. Drinnen ordern die Massen, denen schon das Wasser im Mund zusammenläuft, lautstark bei den Bagelverkäufern den großzügig mit Frischkäse belegten Klassiker unter den New York Snacks. Und die protzigen, mit Diamantentropfen verzierten Kronleuchter, die von der Styropor-Decke baumeln? Ess-a-Bagel hat eben Klasse.

ARTICHOKE BASILLE'S PIZZA PIZZERIA $

Karte S. 460 (212-228-2004; www.artichokepizza.com; 328 E 14th St zw. First & Second Ave; Pizzastücke ab 4,50 $; 11–5 Uhr; SL bis First Ave) Die Pizzeria wird von zwei Italienern aus Staten Island betrieben und die Pizza ist entsprechend authentisch, gut gewürzt und großzügig mit allen möglichen verschiedenen Toppings beladen. Die Spezialität des Hauses ist eine Köstlichkeit mit Artischocken, Spinat und reichlich Käse; die schlichte Pizza Siciliana ist dünner und überzeugt allein durch ihre Knusperkruste und die leckere Sauce. Öffnungszeit ist von ungefähr 12 Uhr bis gegen Mitternacht,

---

CURRY HILL

Politisch korrekt ist es wahrscheinlich nicht, aber den kleinen, vier Häuserblöcke umfassenden Abschnitt nördlich von Union Square und Gramercy, der eigentlich Murray Hill heißt, nennen viele einfach Curry Hill – das muss wohl an den hier zahlreich vertretenen indischen Restaurants, Geschäften und Delis liegen. Ab ungefähr E 28th St und von hier auf der Lexington Ave nordwärts bis etwa E 33rd St finden sich einige der besten indischen Esslokale der Stadt, die obendrein fast alle spottbillig sind. Das Dauerbrenner-Lieblingslokal der Einheimischen? **Curry in a Hurry** (Karte S. 462; 212-683-0900; www.curryinahurrynyc.com; 119 Lexington Ave Höhe E 28th St; 11–22 Uhr; S 6 bis 28th St) in Midtown. Es ist zwar kein Trendspot, aber sogar Bono von U2 wurde hier schon beim Futtern gesichtet.

aber manchmal öffnet das Lokal erst um 15 Uhr. Meistens bildet sich schnell eine Warteschlange.

MAX BRENNER   DESSERTS $
Karte S. 460 (Chocolate by the Bald Man; ☎646-467-8803; www.maxbrenner.com; 841 Broadway zw. 13th & 14th St; Desserts ab 8,50 $; ⏰Mo–Do 9–24, Fr & Sa bis 2, So bis 23 Uhr; Ⓢ L, N/Q/R, 4/5/6 bis 14th St–Union Sq) Der „süße" Max Brenner aus Downunder sorgt mit seinem Café plus Schokoladenbar dafür, dass die New Yorker mehr Speck auf die Rippen bekommen. Dies ist ein echtes Mekka für Schoko-Junkies, die sich hier Schokoladen-Martinis, Erdnussbutter-Bananen-Schokoladen-Crêpes oder auch Schokoladentrüffel einverleiben können. Es gibt auch eine ganz normale Speisekarte (hervorragendes Frühstück!), aber wirklich umhauen tut einen die Schokolade.

CITY BAKERY   BÄCKEREI $
Karte S. 460 (☎212-366-1414; www.thecitybakery.com; 3 W 18th St zw. Fifth & Sixth Ave; Backwaren ab 3 $, Cafeteria-Lunch 15 $ pro 450 g; ⏰Mo–Fr 7.30–19, Sa 8–19, So 9–18 Uhr; Ⓢ L, N/Q/R, 4/5/6 bis 14th St–Union Sq) Die City Bakery bietet eine gelungene Verbindung aus Gourmetgerichten und Cafeteria. Berühmt ist sie vor allem für ihren köstlichen frisch gebrühten Kaffee (bei dem zuerst die Milch eingeschenkt wird – hmmm!) und die hausgemachte heiße Schokolade. Zum Frühstück gibt's z. B. Joghurt mit frischem Obst, Muffins, Croissants und Rührei; besonders beliebt ist der Sonntagsbrunch.

REPUBLIC   ASIATISCH $$
Karte S. 460 (www.thinknoodles.com; 37 Union Sq W; Hauptgerichte 12–15 $; ⏰So–Mi 11.30–22.30, Do–Sa bis 23.30 Uhr; Ⓢ L, N/Q/R, 4/5/6 bis 14th St–Union Sq) Das Republic verköstigt Hungrige mit frischen und köstlichen asiatischen Klassikern wie wärmenden Nudeln in Fleischbrühe, saftigem *pad thai* und grünem Papaya-Mango-Salat. Direkt am Union Square und sehr praktisch für eine billige, unkomplizierte Stärkung.

BOQUERIA FLATIRON   TAPAS $$
Karte S. 460 (☎212-255-4160; www.boquerianyc.com; 53 W 19th St zw. Fifth & Sixth Ave; Hauptgerichte 5–22 $; ⏰So–Mi 12–22.30, Do–Sa bis 23.30 Uhr; Ⓢ F/M, N/R, 6 bis 23rd St) Die Boqueria mit ihrer unschlagbaren Kombination aus Tapas nach spanischem Vorbild und marktfrischen Zutaten verwöhnt die Feierabendgäste mit einer erstklassigen Auswahl an kleinen Tapas und größeren *raciones*. Geboten werden Leckereien wie sautierte Waldpilze mit Manchego-Käse und Thymian oder zarter Baby-Tintenfisch *a la plancha* mit Tomaten-Confit und knusprigen Schalotten.

Abgerundet wird das Ganze durch eine hervorragende Auswahl an spanischem Käse und spanischen Weinen. *¡Buen provecho!*

★ ELEVEN
MADISON PARK   MODERN AMERIKANISCH $$$
Karte S. 460 (☎212-889-0905; www.elevenmadisonpark.com; 11 Madison Ave zw. 24th & 25th St; Probiermenü 225 $; ⏰Do–Sa 12–13, Mo–So 17.30–22 Uhr; Ⓢ N/R, F/M, 6 bis 23rd St) Das Eleven Madison Park, ein früher in dieser an Sternerestaurants überreichen Stadt oft übersehenes Art-déco-Paradies, hat die Hitlisten gestürmt und belegte 2013 unter den „San Pellegrino World's 50 Best Restaurants" den fünften Rang! Und das ist kaum überraschend: Dieses aufgefrischte Aushängeschild der modernen, nachhaltigen amerikanischen Küche ist eines von nur sieben Restaurants in New York mit drei Michelin-Sternen.

Hinter der Erfolgsgeschichte verbirgt sich Miteigentümer und Küchenchef Daniel Humm. Er verarbeitet makellose regionale Zutaten zu unbeschreiblich unverfälschten, sublimen kulinarischen Statements. Hier ist eine Karotte nicht einfach eine Karotte, sondern sie wird zu einem einer Offenbarung gleichkommenden Tatar, am Tisch zermahlen und mit Gewürzen verfeinert, um daraus ein Gericht zu zaubern, das die feinsten Fleisch-Tatars um Längen hinter sich lässt. Im Voraus buchen!

★ MAIALINO   ITALIENISCH $$$
Karte S. 460 (☎212-777-2410; www.maialinonyc.com; 2 Lexington Ave Höhe 21st St; Hauptgerichte mittags 19–26 $, abends 28–72 $; ⏰morgens, mittags & abends; Ⓢ 6, N/R bis 23rd St) Danny Meyer hat wieder zugeschlagen – im ewig angesagten Gramercy Park Hotel dürfen die Gäste ihre Geschmacksknospen auf Italienreise schicken und exquisite Erscheinungsformen italienischer Landkost schlemmen, deren Zutaten vom Greenmarket unten an der Straße auf dem Union Square stammen. Ein Häppchen vom wundervollen *brodetto* (Meeresfrüchte-Eintopf), und man kommt

nicht umhin zuzustimmen: wirklich phantastisch!

Das freundliche Personal kennt sich mit der Auswahl an Weinen bestens aus. Sehr preisgünstig ist das *prix-fixe*-Mittagsmenü zu fairen 35 $ – besonders, wenn man sich die teureren Sachen aussucht.

GRAMERCY TAVERN AMERIKANISCH $$$
Karte S. 460 (212-477-0777; www.gramercytavern.com; 42 E 20th St zw. Broadway & Park Ave S; Probiermenü mittags/abends 58/120 $; Taverne So–Do 12–23, Fr & Sa bis 24 Uhr, Speiseraum Mo–Do 12–14 & 17.30–22, Fr bis 23, Sa 17.30–23, So 17.30–22 Uhr; N/R, 6 bis 23rd St) Saisonale regionale Zutaten prägen die Karte in diesem Restaurant im ländlichen Schick mit kupfernen Kerzenhaltern, bunter Wandmalerei und umwerfendem Blumendekor. Die Gäste haben die Wahl zwischen zwei Speiseräumen: der Taverne (keine Reservierungen) mit ihrem Angebot *à la carte* und dem eleganteren Restaurant mit seinen ambitionierteren Festpreis- und Probiermenüs.

Auf jeden Fall zaubern wundervolle Gerichte wie Huhn und Wurst aus Freilandhaltung mit Äpfeln, Kohlrabi und Buchweizen-Klößen den Gästen ein Lächeln aufs Gesicht. Die Nachspeisen sind von angemessener Dekadenz und die Weinkarte ist eine der besten der Stadt.

CASA MONO TAPAS $$$
Karte S. 460 (212-253-2773; www.casamononyc.com; 52 Irving Pl zw. 17th & 18th St; kleine Teller 9–24 $; 12–24 Uhr; L, N/Q/R, 4/5/6 bis Union Sq) Eine weitere Erfolgsstory von Mario Batali und Koch Andy Nusser: In der Casa Mono können die Gäste an der wunderbaren langen Theke sitzen und dabei zusehen, wie die Michelin-besternten Tapas zubereitet werden; wer es ruhiger mag, findet an einem der Tische Platz. Wie auch immer: Es erwarten einen geschmacksintensive Häppchen wie Blumenkohl-Crema mit rohem Seeigel und Vadouvan. Um die Ecke liegt Batalis gesellige **Bar Jamón** (Karte S. 460; 125 E 17th St; Mo–Fr 17–2, Sa & So 12–2 Uhr).

CRAFT AMERIKANISCH $$$
Karte S. 460 (212-780-0880; www.craftrestaurantsinc.com; 43 E 19th St zw. Park Ave S & Broadway; Hauptgerichte 29–41 $, Probiermenü 150 $; So–Do 17.30–22, Fr & Sa bis 23 Uhr; L, N/Q/R, 4/5/6 bis 14th St–Union Sq) Als Starkoch Tom Colicchio diesen Gourmetpalast vor einigen Jahren eröffnete, war das Konzept noch ganz neu: Hier stellen sich die Gäste ihre individuelle Mahlzeit aus Zutaten à la carte zusammen und können sich sicher sein, dass kein Gericht auf dem Tisch „von der Stange" kommt. Trotz vieler Nachahmer überall in der Stadt konnte das Craft seine Spitzenstellung halten.

Die Zutaten sind nach Kategorien aufgelistet – Fisch und Schalentiere, Fleisch, Pasta, Salat, Gemüse – und können von den Essern nach Lust und Laune kombiniert werden (auf Wunsch gibt's aber auch fachmännische Beratung). Dabei kann dann so etwas herauskommen wie gerösteter Schwertfisch mit sautiertem Schweizer Mangold oder gebratene Rohan-Ente mit gerösteten Baby-Karotten. Wem die Entscheidung schwerfällt, der kann sich auch an das Probiermenü halten: ein siebengängiges Schlemmerfest mit dazu passenden Weinen.

ABC KITCHEN MODERN AMERIKANISCH $$$
Karte S. 460 (212-475-5829; www.abckitchennyc.com; 35 E 18th St Höhe Broadway; Pizzas 15–19 $, Hauptgerichte abends 24–34 $; Mo–Mi 12–15 & 17.30–22.30, Do bis 23, Fr bis 23.30, Sa 11–15.30 & 17.30–23.30, So bis 22 Uhr; ; L, N/Q/R, 4/5/6 bis Union Sq) Das ABC Kitchen sieht teils wie eine Galerie und teils wie ein rustikales Bauernhaus aus und ist der kulinarische Avatar des schicken Einrichtungshauses ABC Carpet & Home. Hier wird Biokost zur Haute Cuisine, in Gerichten wie handgefischten rohen Jakobsmuscheln mit Markttrauben und Zitronen-Verbene oder sättigendem gerösteten Spanferkel mit Schmorrüben und Räucherschinken-Marmelade. Wer nicht so viel Hunger hat, ist vielleicht auch mit einer köstlichen Vollkornpizza zufrieden.

PURE FOOD & WINE VEGETARISCH $$$
Karte S. 460 (212-477-1010; www.oneluckyduck.com; 54 Irving Pl zw. 17th & 18th St; Hauptgerichte 19–26 $; 12–16 & 17.30–23 Uhr; ; L, N/Q/R, 4/5/6 bis 14th St–Union Sq) Das schicke Pure macht das scheinbar Unmögliche möglich und komponiert extrem köstliche Kreationen aus lauter rohen Biozutaten, die lediglich Mixer, Dörrgeräte und die fähigen Hände des Küchenpersonals durchlaufen. Die Ergebnisse sind verführerisch und erfrischend wie z. B. Paranuss-Meeresgemüse-Kroketten oder der tolle Zitronenriegel

mit Mandel-Kokos-Kruste und pikantem Zitronenpudding.

Mittags gibt's ein dreigängiges Festpreismenü für günstige 30 $; hinter dem Restaurant lädt eine schattige Terrasse zur Erholung vom Großstadttrummel ein.

TRATTORIA IL MULINO   ITALIENISCH $$$

Karte S. 460 (212-777-8448; www.trattoriailmulino.com; 36 E 20th St zw. Broadway & Park Ave; Pastagerichte 24 $, Hauptgerichte 28–45 $; So–Do 11.30–23, Fr & Sa bis 2 Uhr; 6, N/R bis 23rd St) Dass Küchenchef Michele Mazza dem italienischen Filmstar Marcello Mastroianni unheimlich ähnlich sieht, scheint nur angemessen – seine wunderschön zubereiteten Gerichte verkörpern italienisches Dolce Vita pur. Besonders gut sind die Pastagerichte und die Pizzas aus dem Holzofen. Verschiedene regionale Einflüsse verschmelzen im köstlichen Limoncello-Tiramisu. Ein aufmerksamer Service und ein schickes, aber freundliches Ambiente machen dieses Restaurant *perfetto* für ein besonderes Mahl.

AUSGEHEN & NACHTLEBEN

An der Schnittstelle von Village und Midtown finden sich zahlreiche unterschiedliche Lokale für einen gepflegten Drink, von stylischen Hotellounges bis zu den Bars trendiger Restaurants, und zum Ausgleich dazwischen auch ein paar schummrige (Schwulen-)Kneipen. Wer ein stinknormales Irish Pub sucht, wird in der Third Ave nördlich der 14th St fündig.

★ BIRRERIA   BIERKNEIPE

Karte S. 460 (www.eataly.com/birreria; 200 Fifth Ave Höhe 23rd St; Hauptgerichte 17–26 $; So–Mi 11.30–24, Do–Sa bis 1 Uhr; N/R, F/M, 6 bis 23rd St) Das Tüpfelchen auf dem I des italienischen Feinschmeckermarktes Eataly (S. 177) ist sein zwischen den Bürotürmen des Flatiron versteckter Dach-Biergarten. Von einer Bierkarte in enzyklopädischen Ausmaßen können Biertrinker einige der besten Brauerzeugnisse der Welt bestellen. Beliebter Begleiter des eiskalten Gebräus ist die berühmte Schweineschulter.

Übrigens: Wer den Aufzug zum Dach nicht findet – er versteckt sich bei den Kassen auf der zur 23rd St gewandten Seite des Geschäfts.

★ FLATIRON LOUNGE   COCKTAILBAR

Karte S. 460 (www.flatironlounge.com; 37 W 19th St zw. Fifth & Sixth Ave; Mo–Mi 16–2, Do bis 3, Fr bis 4, Sa 17–4, So 17–2 Uhr; F/M, N/R, 6 bis 23rd St) Bis es Zeitmaschinen gibt, bietet diese muntere Cocktailkneipe eine tolle Alternative. Wer den dramatischen Bogen durchschritten hat, gelangt in dunkle, vom Art déco inspirierte Räumlichkeiten mit lippenstiftroten Sitznischen, flotten Jazz-Tönen und einem schicken Publikum, das sich an saisonalen Drinks labt. Köstlich ist z. B. der Beijing Mule (Jasminwodka, Limettensaft, Ingwersirup und Granatapfel-Melasse), für ins Blut gehende Erleuchtung sorgt der nette „Flight of the Day", bestehend aus drei kleinen Cocktails.

TOBY'S ESTATE   CAFÉ

Karte S. 460 (www.tobysestate.com; 160 Fifth Ave zw. 20th & 21st St; Mo–Fr 7–21, Sa 9–21, So 10–19 Uhr; N/R, F/M, 6 bis 23rd St) Toby's Estate, das das Licht der Welt in Sydney erblickte und in Williamsburg röstet, ist ein weiteres Beispiel dafür, dass sich in Manhattan eine echte Gourmetkaffeekultur ausbreitet. Mit seiner maßgeschneiderten Strada-Espressomaschine versteckt sich das Café im Geschäft Club Monaco. Hier werden geschmacksintensive Gebräue wie der Plantagenkaffee Flatiron Espresso Blend kredenzt. Dazu gibt's Backwaren und Sandwiches.

71 IRVING PLACE   CAFÉ

Karte S. 460 (Irving Farm Coffee Company; www.irvingfarm.com; 71 Irving Pl zw. 18th & 19th St; Mo–Fr 7–22, Sa & So 8–22 Uhr; 4/5/6, N/Q/R bis 14th St–Union Sq) Irving Farm hat die Kaffeerösterei zur Kunst erhoben und hier ein schnuckliges Café aufgemacht, nur ein paar Schritte vom friedlichen Gramercy Park entfernt. Die von Hand gepflückten Bohnen werden auf einer Farm im Hudson Valley (rund 150 km von NYC) liebevoll geröstet und Kenner schmecken das sofort – eines der besten Kaffee-Erlebnisse in Manhattan.

RAINES LAW ROOM   COCKTAILBAR

Karte S. 460 (www.raineslawroom.com; 48 W 17th St zw. Fifth & Sixth Ave; Mo–Do 17–2, Fr & Sa bis 3, So 20–1 Uhr; F/M bis 14th St, L bis 6th Ave, 1 bis 18th St) Ein Meer aus Samtvorhängen und Ledersesseln, die perfekte Zahl freigelegter Backsteine und fachmännisch gemixte Cocktails unter Verwendung perfekt abgelagerter Spirituosen – wenn es um gediegene Atmosphäre geht, bleibt hier nichts dem Zufall überlassen. Wer die Schwelle des unscheinbaren Eingangs überschritten hat, kann sich vom Raines Law Room in eine weitaus opulentere Epoche entführen lassen.

BEAUTY BAR THEMENBAR
Karte S. 460 (212-539-1389; www.thebeautybar.com; 531 E 14th St zw. Second & Third Ave; Mo-Fr 17–4, Sa & So 14–4 Uhr; SL bis 3rd Ave) Diese kitschige Anlehnung an einen altmodischen Schönheitssalon ist seit den 90er-Jahren ein Burner. Mit dem schrägen Soundtrack, dem Nostalgieambiente und einer Maniküre (plus kostenloser Blue-Rinse-Margarita) für rund 10 $ wochentags von 18 bis 23 Uhr und am Wochenende von 15 bis 23 Uhr zieht der Laden jede Menge coole New Yorker an. Die Abendveranstaltungen reichen von Comedy bis Karaoke.

BOXERS NYC SCHWUL
Karte S. 460 (212-255-5082; www.boxersnyc.com; 37 W 20th St zw. Fifth & Sixth Ave; Mo-Mi 16–2, Do & Fr bis 4, Sa 13–4, So 13–2 Uhr; SF/M, N/R, 6 bis 23rd St) Dave & Busters meets David Bowie in dieser selbst ernannten Gay-Sportsbar mitten im Flatiron District. Im Fernsehen gibt's Football und an der Bar *buffalo wings*. Oben-ohne-Kellner sorgen dafür, dass die Billardstöcke immer gut poliert sind. Die montäglichen Drag-Themenabende beweisen, dass Boxers ein ganz eigenes Verständnis von innigen Männerbeziehungen hat.

Zwar gibt es jetzt eine zweite Boxers-Filiale in **Hell's Kitchen** (Karte S. 460; 742 Ninth Ave Höhe 50th St; Mo-Mi 16–2, Do & Fr bis 4, Sa 13–4, So 13–2 Uhr; SC/E, 1 bis 50th St), doch die Kenner sind der Meinung, dass das Original immer noch am besten ist.

CROCODILE LOUNGE LOUNGE
Karte S. 460 (212-477-7747; www.crocodileloungenyc.com; 325 E 14th St zw. First & Second Ave; 12–4 Uhr; SL bis 1st Ave) Sehnsucht nach Williamsburg, aber zu faul, um die Fluss zu überqueren? Die Brooklyn-Erfolgsstory Alligator Lounge – ein Twen-Treff mit kostenloser Pizza – hat in der 14th St einen Außenposten eingerichtet. Das Konzept geht auch im East Village wunderbar auf: gratis mampfen, eine Partie Skee-Ball und gezapfte Biere aus Kleinbrauereien vom Fass.

OLD TOWN BAR & RESTAURANT BAR
Karte S. 460 (212-529-6732; www.oldtownbar.com; 45 E 18th St zw. Broadway & Park Ave S; Mo-Fr 11.30–23.30, Sa 10–23.30, So 11–23.30 Uhr; SL, N/Q/R, 4/5/6 bis 14th St-Union Sq) Hier sieht es immer noch aus wie 1892: Mit seinen original Fliesenböden und Zinndecken ist das Old Town ein altmodischer Klassiker für passionierte Trinker (und Trinkerinnen: In ihrem Video zu *Bad Girl* rauchte Madonna an dieser Bar, als man hier noch rauchen durfte). Es gibt auch Cocktails, aber die meisten Leute kommen nachmittags auf ein Bier und einen Burger (ab 11,50 $) vorbei.

PETE'S TAVERN BAR
Karte S. 460 (212-473-7676; www.petestavern.com; 129 E 18th St Höhe Irving Pl; 11–2 Uhr; SL, N/Q/R, 4/5/6 bis 14th St-Union Sq) Diese dunkle, stimmungsvolle Kneipe mit viel Zinn, geschnitztem Holz und einem Hauch von Literaturgeschichte existiert seit 1864 und ist ein New Yorker Klassiker. Die Burger sind hier genauso lecker wie die 17 verschiedenen Fassbiere. Das Publikum ist gemischt: Paare, die nach einem Theaterbesuch hereinschneien, treffen auf irische Einwanderer und NYU-Studenten.

NOWHERE SCHWUL
Karte S. 460 (212-477-4744; www.nowherebarnyc.com; 322 E 14th St zw. First & Second Ave; 15–4 Uhr; SL bis First Ave) Dunkel und voller freundlicher Typen in Flanellhemden: alles, was Mann von einer Schwulenkneipe erwartet – und es gibt auch einen Billardtisch. Alkoholika sind erschwinglich und für den Hunger gibt's ganz in der Nähe eine Pizzeria, und alles zusammen hält die Massen bis in die frühen Morgenstunden bei Laune.

ROLF'S BAR & GERMAN RESTAURANT THEMENBAR
Karte S. 460 (212-477-4750; www.rolfsnyc.com; 281 Third Ave Höhe 22nd St; 12–24 Uhr; SN/R, 6 bis 23rd St) In den sechs Wochen vor Weihnachten mutiert Rolf's von einer ganz normalen deutschen Kneipe in ein irrwitziges Christkindlspektakel und präsentiert sich dann als irgendwas zwischen dem Arbeitszimmer vom Weihnachtsmann und einer Party bei den Addams Family. Alles voll mit

Christbaumkugeln und Hunderten Puppen, die einen aus Glasaugen beim Biertrinken anstarren.

UNTERHALTUNG

PEOPLES IMPROV THEATER COMEDY

Karte S. 460 (PIT; 212-563-7488; www.thepitnyc.com; 123 E 24th St zw. Lexington & Park Ave; 6, N/R, F/M bis 23rd St) Dieser in rotem Neonlicht erstrahlende, quirlige Comedy-Club serviert erstklassige Lachnummern zu supergünstigen Preisen – von null bis bescheidenen 20 $. Geboten wird alles von Stand-up- bis zu Musik-Comedy, entweder auf der Hauptbühne oder in der Keller-Lounge.

Außerdem bietet das PIT in Midtown in den **Simple Studios** (Karte S. 466; 134 W 29th St zw. Sixth & Seventh Ave; 1, N/R bis 28th St) professionelle Kurse in allem von Schauspielen bis zum Schreiben von Sketchen, u. a. dreistündige Improvisations-Workshops, an denen man ohne Anmeldung teilnehmen kann, perfekt für Komiker mit Zeitdruck. Näheres auf der Website.

SHOPPEN

Dieses große Karree unterschiedlichster Nachbarn übt auf Shopper zwar nicht ganz denselben Magnetismus wie SoHo, Nolita oder Midtown aus, doch sind auch hier einige Schätze zu entdecken, von unabhängigen Buchläden bis zum Käsefachgeschäft. Auf dem Union Square lockt das ganze Jahr über mehrmals die Woche ein angesagter Lebensmittelmarkt. Den Norden und Süden des Parks säumen riesige Ableger von Kaufhausketten für Bücher, gesunde Lebensmittel und Discountmode. Die Fourteenth St (die westliche mehr als die östliche) ist an sich schon ein Shoppingabenteuer. Hier reihen sich Geschäfte mit Discount-Elektroartikeln, Billigwäsche sowie einer Riesenauswahl an Schuhen und mehr oder weniger tollen Klamotten aneinander, von günstigen No-Name-Produkten bis zu Diesel. Filialen noblerer Geschäfte finden sich weiter oben an der Fifth Ave, insbesondere von Paul Smith, Anthropologie und Intermix.

★ **EATALY** ESSEN & GETRÄNKE

Karte S. 460 (www.eatalyny.com; 200 Fifth Ave Höhe 23rd St; 8–23 Uhr; F/M, N/R, 6 bis 23rd St) Mario Batalis Lebensmittelparadies, eine 1500 m² große Hommage an das süße Leben, ist eine auf New York zugeschnittene Version jener traumhaften toskanischen Märkte, wie sie in Filmen mit Diane Lane vorkommen. Das vom Boden bis zur Decke mit Feinkost vollgestopfte Eataly ist ein absolutes Muss für den Picknicklunch-einkauf. Aber noch etwas Platz für ein Stück Schweineschulter im Dach-Biergarten Birreria (S. 175) lassen!

Eataly bietet außerdem Kochkurse und kulinarische Workshops – Näheres auf der Website.

ABC CARPET & HOME HAUSHALTSWAREN, GESCHENKE

Karte S. 460 (212-473-3000; www.abchome.com; 888 Broadway Höhe 19th St; Mo-Mi, Fr & Sa 10–19, Do bis 20, So 12–18 Uhr; L, N/Q/R, 4/5/6 bis 14th St–Union Sq) Inneneinrichter und Ausstatter kommen gern hier her, um sich ein paar Anregungen zu holen: Das sechsstöckige ABC quillt über vor sorgfältig ausgewählten Einrichtungsgegenständen aller Formen und Größen, einschließlich Designerschnickschnack, -schmuck und Geschenkartikeln zum gleich Mitnehmen, aber auch schicke Möbel und Lampen sowie alte Teppiche. Besonders prächtig wird es zur Weihnachtszeit, wenn die Dekorateure das ganze Haus in ein einziges Lichtermeer verwandeln.

BEDFORD CHEESE SHOP ESSEN

Karte S. 460 (www.bedfordcheeseshop.com; 67 Irving Pl zw. 18th & 19th St; Mo–Sa 8–21, So bis 20 Uhr; L, N/Q/R, 4/5/6 bis 14th St–Union Sq) Ob man nach in Absinth gewaschenem Rohmilch-Kuhkäse oder Ziegenkäse mit Knoblauch-Infusion aus Australien sucht – die Chancen, solcherlei Spezialitäten unter den 200 Käsesorten in diesem Ableger des bekannten Käsehändlers aus Brooklyn zu entdecken, stehen nicht schlecht. Neben Käse gibt's hier auch gute Wurst, köstliche Delikatessen und Sandwiches (9 $) sowie ein Sortiment an in Brooklyn produzierten Lebensmitteln.

Das Geschäft bietet außerdem Kurse an, etwa zur Käseherstellung, sowie Wein- und Olivenölverkostungen (nähere Infos siehe Website).

1. Eataly (S. 177)
Auf 1500 m² Verkaufsfläche kann man Leckereien probieren oder an einem Kochkurs teilnehmen.

2. Madison Square Park (S. 170)
Der von berühmten Gebäuden umgebene Park lockt mit Skulpturen, darunter *Echo* von Jaume Plensa, sowie Lesungen und Konzerten.

3. Union Square Greenmarket (S. 180)
Auf dem bekanntesten Lebensmittelmarkt der Stadt ist von frischem Obst und Gemüse bis zu heimischem Honig so ziemlich alles im Angebot.

4. Metronome (S. 168)
Die Kunstinstallation *Metronome* von Kristin Jones und Andrew Ginzel symbolisiert das Verstreichen der Zeit.

UNION SQUARE GREENMARKET   MARKT

Karte S. 460 (17th St zw. Broadway & Park Ave S; ⏰Mo, Mi, Fr & Sa 8–18 Uhr; ⓢL, N/Q/R, 4/5/6 bis 14th St–Union Sq) Hier nehmen einige der Spitzenköche New Yorks Lebensmittel unter die Lupe: Der Markt auf dem Union Square ist vielleicht der berühmteste der ganzen Stadt. Hier wird alles angeboten, von Obst und Gemüse aus dem Bundesstaat New York bis zu handwerklich gefertigtem Brot, Cidre und sogar Honig von den Dächern der Stadt. Wem hier nicht das Wasser im Munde zusammen läuft …

IDLEWILD BOOKS   BÜCHER

Karte S. 460 (☎212-414-8888; www.idlewildbooks.com; 12 W 19th St zw. Fifth & Sixth Ave; ⏰MoDo 12–19.30, Fr & Sa bis 18, So bis 17 Uhr; ⓢL, N/Q/R, 4/5/6 bis 14th St–Union Sq) Der nach dem ursprünglichen Namen des JFK Airport benannte Reisebuchladen lässt echtes Fernweh aufkommen. Die Bücher sind nach Regionen sortiert und die Auswahl umfasst Reiseführer, Romane, Reiseberichte, Geschichts- und Kochbücher und noch viel mehr Lesestoff. Auf der Website sind Lesungen und Booklaunch-Partys aufgelistet.

BOOKS OF WONDER   BÜCHER

Karte S. 460 (☎212-989-3270; www.booksofwonder.com; 18 W 18th St zw. Fifth & Sixth Ave; ⏰Mo–Sa 11–19, So bis 18 Uhr; 🍴; ⓢF/M, L bis 6th Ave-14th St) Ob Kind oder Erwachsener – in diesen kleinen, fröhlichen Buchladen für Kinder- und Jugendliteratur verliebt sich jeder auf Anhieb. Er ist der ideale Ort, um den Nachwuchs an Regentagen zu beschäftigen – vor allem wenn gerade ein Kinderbuchautor aus seinen Werken vorliest oder jemand Märchen erzählt. In der beeindruckenden Auswahl von New-York-Bilderbüchern finden sich wunderbare Andenken und Mitbringsel.

WHOLE FOODS   ESSEN & GETRÄNKE

Karte S. 460 (☎212-673-5388; www.wholefoodsmarket.com; 4 Union Sq S; ⏰7.30–23 Uhr; 📶; ⓢL, N/Q/R, 4/5/6 bis 14th St–Union Sq) Eine von mehreren Filialen der Biolebensmittelkette, die sich schnell in der Stadt ausbreitet, und eine ausgezeichnete Adresse, um Zutaten für ein Picknick zu erstehen. Hier warten endlose Regalreihen mit köstlichem Obst und Gemüse (Bio- wie auch konventionelle Ware), außerdem eine Fleischtheke, Backwaren, verzehrfertige Gerichte, Gesundheits- und Kosmetikprodukte und ganze Gänge voll mit abgepackten Bioprodukten.

ABRACADABRA   ACCESSOIRES

Karte S. 460 (☎212-627-5194; 19 W 21st St zw. Fifth & Sixth Ave; ⏰Mo–Fr 11–19, Sa & So 12–17 Uhr; ⓢN/R, 4/6 bis 23 St) Bei Abracadabra handelt es sich nicht nur um einen Song der Steve Miller Band, sondern auch um ein Spezialgeschäft für Horror, Verkleidung und Zauberei. Wer derlei mag, verlässt diesen Laden wohl kaum, ohne seine Kreditkarte gezückt zu haben.

SPORT & AKTIVITÄTEN

INSTITUTE OF CULINARY EDUCATION   KOCHKURSE

Karte S. 460 (ICE; http://recreational.ice.edu; 50 W 23rd St zw. Fifth & Sixth Ave; Kurse 30–605 $; ⓢF/M, N/R, 6 bis 23rd St) Bei einem Kochkurs am Institute of Culinary Education kann man seinem inneren Jean-Jacques auf die Spur kommen. Das Institut wartet mit dem landesweit größten Programm an Koch-, Back- und Weinkursen auf. Das Format reicht von 90-minütigen Sessions bis zu mehrtägigen Kursen, die angebotene Themenvielfalt von toskanischer Küche über japanischen Straßenessen, kalifornische Weine bis zur Kaffeepräsentation. Wer lieber unterwegs ist, kann darüber hinaus aus zahlreichen kulinarischen Stadttouren wählen.

SOUL CYCLE   RADFAHREN

Karte S. 460 (☎212-208-1300; www.soul-cycle.com; 12 E 18th St zw. Fifth Ave & Broadway; Kurse 34 $; ⏰Kurse 6–21.30 Uhr; ⓢL, N/Q/R, 4/5/6 bis Union Sq) „Boutique-Fitness" ist in New York gerade total im Trend und die momentan angesagteste Adresse dafür ist das Soul Cycle, dessen Wellness-Erfolgsrezept (ein Teil Spinningtraining, ein Teil Tanzparty, ein Teil Therapiesitzung) aus Sport einen leicht verdaulichen Spaß macht. Es werden keine Mitgliederbeiträge erhoben, daher sind Einheimische und Besucher gleichermaßen willkommen. Vielleicht ist sogar ein Promi zugegen – Jake Gyllenhaal frequentiert bekanntermaßen diese Einrichtung.

JIVAMUKTI YOGA

Karte S. 460 (②212-353-0214; www.jivamukti yoga.com; 841 Broadway zw. 13th & 14 St; Kurse 20 $; ⊙Kurse Mo–Do 7–21, Fr 7–20, Sa & So 8–20 Uhr; ⓈL, N/Q/R, 4/5/6 bis 14th St–Union Sq) *Der* Yogaspot in Manhattan: das Jivamukti – in einem 365 m² großen Studio am Union Sq untergebracht – ist ein nobles Etablissement, wo *vinyasa-* und Hatha-Kurse (mit Sprechgesang) stattfinden. Die „offenen Klassen" eignen sich sowohl für Anfänger als auch Leute mit Erfahrung und es gibt auch ein veganes Bio-Café. Und hier gleich auch noch ein bisschen Promi-Klatsch: Uma Thurmans jüngerer Bruder Dechen gibt hier Unterricht.

Midtown

MIDTOWN EAST | FIFTH AVENUE | MIDTOWN WEST | TIMES SQUARE

Highlights

❶ Wahrzeichen entdecken – ein wunderbares Spiel auf dem **Top of the Rock** (S. 199), der atemberaubenden Aussichtsplattform des Rockefeller Centers. Das Empire State Building mag ja berühmter sein, aber von hier sieht man's erst.

❷ Im Publikumsmagnet **Museum of Modern Art** (MoMA; S. 190) mit Picasso, Warhol und Rothko abhängen.

❸ Sich auf der Fifth und Madison Ave und drumherum einem kleinen **Kaufrausch** (S. 217) hingeben.

❹ Dekadente Martinis, Skylinepanorama und am Abend heiße Saxophonklänge im **Jazz at Lincoln Center** (S. 213).

❺ Bei einer mitreißenden Show am **Broadway** (S. 213) einfach bloß Spaß haben.

Details s. Karten S. 462 und 466

Top-Tipp

In einem der Toprestaurants von Midtown zu essen, ohne gleich eine Hypothek aufs Eigenheim aufnehmen zu müssen, ist machbar. Einige haben nämlich Festpreis-Mittagsmenüs im Angebot, darunter die mit Michelin-Sternen ausgezeichneten Restaurants Le Bernardin (S. 209) und A Voce (S. 210), die Mittagsgerichte von der Abendkarte anbieten. Wie früh reserviert werden muss, ist je nach Restaurant verschieden. Während ein Mittagstisch im A Voce meistens nur ein paar Tage im Voraus reserviert werden muss, kann die Wartezeit für das Le Bernardin einen ganzen Monat betragen. Bei beiden ist Online-Reservierung möglich.

 Gut essen

→ Le Bernardin (S. 209)
→ Danji (S. 208)
→ Betony (S. 209)
→ A Voce (S. 210)

Mehr dazu s. S. 206 →

Schön ausgehen

→ Campbell Apartment (S. 196)
→ Rum House (S. 211)
→ Middle Branch (S. 211)
→ Jimmy's Corner (S. 212)

Mehr dazu s. S. 210 →

 Toller Blick auf die Skyline

→ Top of the Rock (S. 199)
→ Empire State Building (S. 188)
→ Top of the Strand (S. 210)
→ Robert (S. 211)

Mehr dazu s. S. 198 →

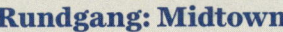 Rundgang: Midtown

Midtown ist groß und selbstbewusst und lässt sich am besten portionsweise zu Fuß genießen. Ein hervorragender Einstieg ist das obere Ende der Fifth Ave (etwa bei den 50er-Straßen). Hier befinden sich Tiffany & Co, das Plaza Hotel, das Museum of Modern Art (MoMA) und die Aussichtsplattform Top of the Rock des Rockefeller Center. Zu den Höhepunkten eines Tages in Midtown East zählen die seltenen Manuskripte in der Morgan Library & Museum, die Beaux-Arts-Architektur des Grand Central Terminal, das Art-déco-Foyer im Chrysler Building und eine Führung durch das United Nations. Und wenn es regnet, ist da immer noch die prachtvolle New York Public Library.

In Midtown West dürfen Design- und Modefans das Museum of Arts & Design und das Museum at FIT nicht verpassen. Zwischen den beiden liegt der Times Square, der nachts am spektakulärsten ist. Hier gibt's am Schalter von TKTS Booth verbilligte Broadwaytickets. Die Schlangen sind nach 17.30 Uhr meist kürzer, ganz Schlaue kaufen ihre Tickets in weniger besuchten Filialen im South Street Seaport. Weiter westlich liegt Hell's Kitchen, bekannt für seine Restaurants und seine Schwulenszene.

Lokalkolorit

→ **Kneipen** Starke Drinks, gelockerte Krawatten und ein Hauch Nostalgie erwarten die Gäste in bodenständigen Bars wie Jimmy's Corner (S. 212) und Subway Inn (S. 211).
→ **Theater** Innovatives Schauspiel jenseits vom Glamour und Kitsch des Broadway im Playwrights Horizons (S. 215) zu erleben.
→ **Essen** Alle sozialen Schichten treffen sich im altmodischen kubanischen El Margon (S. 208).

Anfahrt

→ **Subway** Die wichtigsten Umsteigestationen sind Times Sq–42nd St, Grand Central–42nd St und 34th St–Herald Sq. Die Linien A/C/E und 1/2/3 verlaufen in Nord-Süd-Richtung durch Midtown West, die zentralen Linien 4/5/6 in Nord-Süd-Richtung durch Midtown East. Die zentralen Linien B/D/F/M führen die Sixth Ave entlang und die Linien N/Q/R folgen dem Verlauf des Broadway. Die Linien 7, E und M verlaufen quer durch die Stadt.
→ **Bus** Nützlich am West- und Ostrand von Midtown, z. B. die Route M11 (über die Tenth Ave nach Norden und die Ninth Ave nach Süden), die M101, M102 und M103 (über die Third Ave nach Norden und die Lexington Ave nach Süden) und die M15 (über die First Ave nach Norden und die Second Ave nach Süden). Busse fahren auch über die 34th und die 42nd St.
→ **Bahn** Endstation der Fernzüge von Amtrak und Long Island Rail Road (LIRR) ist die Penn Station. Die PATH-Züge aus Jersey halten an der 33rd St, die Pendlerzüge von Metro-North am Grand Central Terminal.

HIGHLIGHT
TIMES SQUARE

„Ich war achttausend Meilen auf dem amerikanischen Kontinent herumgefahren, und jetzt war ich wieder auf dem Times Square, und sogar mitten in der Rushhour, um mit meinen unschuldigen Tramper-Augen den völligen Wahnsinn und das phantastische Chaos von New York zu sehen, mit seinen Millionen und Abermillionen Menschen, die auf der Jagd nach dem Dollar hin und her hetzten, der irre Traum ..." Jack Kerouac, *Unterwegs*.

Die einen lieben ihn, die anderen hassen ihn. Am Times Square an der Kreuzung von Broadway und Seventh Ave schlägt das hyperaktive Herz von New York City: eine hypnotisierende Sturzflut flackernder Lichter, bombastischer Reklametafeln und ungebremster urbaner Energie. Er ist weder hip noch modern oder angesagt, aber voll mit NYC-Typischem: gelben Taxis, goldenen Bögen und grellen Broadway-Markisen. Hier ist das New York der kollektiven Phantasie – der Ort, an dem der Fotojournalist Alfred Eisenstaedt am Victory over Japan Day 1945 den innigen Kuss eines Matrosen und einer Krankenschwester fotografierte und den Alicia Keys und Jay-Z poetisch besangen als den „Betondschungel, in dem Träume gemacht werden".

Mehrere Jahrzehnte lang ging der amerikanische Traum hier erbärmlich den Bach runter. Die Finanzkrise Anfang 1970 hatte einen wirtschaftlichen Massenexodus am Times Square zur Folge. Neonröhren gingen aus, Läden machten dicht und aus einstmals glanzvollen Hotels wurden billige Einzimmerapartments. Im benachbarten Theater District teilten sich seine namhaften Schauspielhäuser das Pflaster mit Pornokinos und Stripclubs. Das alles änderte in den 1990er-Jahren die Politik der harten Hand von Oberbürgermeister Rudolph Giuliani. Er stockte die Polizeikräfte auf und lockte zahlreiche „respektable" Ladenketten, Restaurants und Attraktionen an. An der Jahrtausendwende war der Times Square von „X-rated" (nur

NICHT VERSÄUMEN

➡ Der Blick auf den Times Sq von der Treppe des TKTS Booth

➡ Ermäßigte Karten für eine Broadwayshow

➡ Ein Drink in der R Lounge des Renaissance Hotel

➡ Der Centennial Dropping Ball, Times Square Visitor Center

PRAKTISCH & KONKRET

➡ Karte S. 466

➡ www.timessquare.com

➡ Broadway Höhe Seventh Ave

➡ Ⓢ N/Q/R, S, 1/2/3, 7 bis Times Sq–42nd St

BRILL BUILDING

Das **Brill Building** (Karte S. 466) an der Nordwestecke von Broadway und 49th St gilt weithin als erfolgreichste Popsong-Talentschmiede der westlichen Welt. Um 1962 gab es hier mehr als 160 Musikunternehmen, von Songwritern und Managern bis Schallplattengesellschaften und Promotern. Künstler konnten unter einem Dach an einem Song arbeiten, Studiomusiker mieten, ein Demoband schneiden und einen Produzenten dafür finden. Zu den Poplegenden, die genau so vorgingen, zählen Carole King, Bob Dylan, Joni Mitchell und Paul Simon. Eines der wenigen Überbleibsel jener goldenen Jahre ist die Musikalienhandlung Rudy's Music (S. 219) in der nahe gelegenen W 48th St, die früher als Music Row bekannt war.

Manche Leute wünschen sich etwas beim Anblick einer Sternschnuppe. Andere kritzeln ihre Träume auf einen Konfettizettel und heften ihn an die Wishing Wall im Times Square Museum & Visitor Center. Silvester Punkt Mitternacht flattern die zahllosen bunten Hoffnungsträger auf den Platz hinab. Wünsche können auch über die Website eingereicht werden.

---

für Erwachsene) zu „G-rated" (jugendfrei) aufgestiegen und zog rund 40 Mio. Besucher pro Jahr an.

Bei einem Drink in der **R Lounge** (Karte S. 466; www.rloungetimessquare.com; Two Times Square, 714 Seventh Ave Höhe 48th St; ☉So–Do 11–24, Fr & Sa 11.30–1 Uhr; ⓢN/Q/R bis 49th St) des Renaissance Hotels erlauben die bodentiefen Fenster volle Aussicht auf das neonbeleuchtete Spektakel unten. Zwar sind die Getränke sind nicht gerade die billigsten, aber wer wollte sich bei einem derartigen Ausblick darüber beschweren?

Eine U-Bahn, eine Zeitung & die berühmte Times Square Silvesterkugel

Zu Beginn des 20. Jhs. hieß der Times Square noch Longacre Square und war eine unscheinbare Kreuzung weitab vom Geschäftszentrum in Lower Manhattan. Das änderte sich durch einen Deal zwischen dem U-Bahn-Pionier August Belmont und dem Herausgeber der *New York Times* Adolph Ochs. Belmont, verantwortlich für den Bau der ersten Subway-Linie New Yorks (von Lower Manhattan zur Upper West Side und nach Harlem) war klar, dass eine Midtown-Einkaufsmeile entlang der 42nd St der Subway-Strecke mehr Geld und Fahrgäste bescheren würde. Also bemühte er sich, Unternehmern die Gegend schmackhaft zu machen und wandte sich auch an Ochs, der erst kürzlich die *New York Times* vor dem Bankrott gerettet hatte. Belmont überzeugte Ochs vom Umzug: Eine Subway-Station direkt im Haus würde eine schnellere Verteilung der Zeitung in der Stadt bedeuten und die aus der Subway auf den Platz strömenden Pendler würden sich direkt vor der Tür eine Zeitung kaufen. Belmont schaffte es sogar, den New Yorker Bürgermeister George B. McClellan Jr. zu überreden, den Platz zu Ehren des Blattes umzutaufen. Es war ein unwiderstehliches Angebot: Im Winter 1904–1905 eröffnete sowohl die Subway-Station als auch der neue Hauptsitz der *Times* am One Times Square. Anlässlich des Umzugs veranstaltete die *Times* 1904 eine Neujahrsparty und ließ auf dem Dach des Wolkenkratzers ein Feuerwerk abbrennen. Aber 1907 war der Platz schon so zugebaut, dass Feuerwerkskörper zu gefährlich waren und die Zeitungsmacher nach einer zuschauerträchtigen Alternative suchten: eine 317 kg schwere Kugel aus Holz und Eisen, die vom Dach des One Times Square herabgelassen wurde, um die Ankunft von 1908 zu begehen.

Die *Times* hat das Gebäude zwar verlassen (sie ist heute in dem von Renzo Piano entworfenen Wolkenkratzer in der 620 Eighth Ave), aber in jeder Silvesternacht versammeln sich immer noch bis zu eine Million Menschen auf dem Times Square, um dabei zu sein, wenn um Mitternacht eine Kugel aus Waterford-Kristall herabgelassen wird. Das Ganze dauert schlappe 90 Sekunden und gehört wohl zu den New-York-Erlebnissen, die die großen Erwartungen nicht erfüllen können. Glücklicherweise muss niemand das Gedränge und die Winterkälte erdulden, um das kurzlebige Spektakel zu goutieren: Das **Times Square Museum & Visitor Center** (Karte S. 466; ☏212-452-5283; www.timessquarenyc.org; 1560 Broadway zw. 46th & 47th St, Midtown West; ⊙8–20 Uhr; ⓢN/Q/R, S, 1/2/3, 7 bis Times Sq–42nd St) bietet das ganze Jahr über alle 20 Minuten eine simulierte Silvester-Lightshow sowie einen Blick aus der Nähe auf den Centennial Dropping Ball, der 2007 zum Einsatz kam – eine 5386 kg schwere geodätische Kugel aus Waterford-Kristall und mehr als 32 000 LEDs.

Am Broadway

Um 1920 hatten sich Belmonts Zukunftsvisionen bezüglich des Times Square mehr als erfüllt. Der Platz war nicht nur das Herzstück eines aufstrebenden Geschäftsbezirks geworden, sondern hatte auch den Union Square als das New Yorker Theaterviertel abgelöst. Das erste Schauspielhaus hier war das 1893 am Broadway zwischen 40th und 41 St eröffnete, inzwischen längst wieder verschwundene Empire. Zwei Jahre später richtete Zigarrenhersteller und nebenberuflicher Musicalautor und Librettist Oscar Hammerstein das Olympia ein, ebenfalls am Broadway, und 1900 das Republic (heute das Kindertheater **New Victory** (Karte S. 466; www.newvictory.org; 209 W 42nd St zw. Seventh & Eighth Ave, Midtown West; ⓢN/Q/R, S, 1/2/3, 7 bis Times Sq–42nd St, A/C/E bis 42nd St–Port Authority Bus Terminal). Diese Häuser zogen eine Reihe weiterer neuer Theater nach sich, darunter die immer noch bespielten Bühnenhäuser **New Amsterdam Theatre** (Karte S. 466; www.new-amsterdam-theatre.com; 214 W 42nd St zw. Seventh & Eighth Ave, Midtown West; ♿; ⓢN/Q/R, S, 1/2/3, 7 bis Times Sq–42nd St) und **Lyceum Theatre** (Karte S. 466; 149 W 45th St zw. Sixth & Seventh Ave, Midtown West; ⓢN/Q/R bis 49th St).

Der Broadway der 1920er-Jahre war für seine beschwingten Musicals berühmt, üblicherweise eine Mischung aus traditionellem Varieté und Bigbandmusik, die klassische Musikstücke wie Cole Porters *Let's Misbehave* hervorbrachte. Zeitgleich entwickelte sich Midtowns Theaterbezirk zur Bühne neuer amerikanischer Dramatiker. Einer der bedeutendsten war Eugene O'Neill. Der 1888 am Times Square im längst verschwundenen Barrett Hotel (1500 Broadway) geborene Bühnenautor führte viele seiner Werke zum ersten Mal hier auf, darunter die mit dem Pulitzer Prize ausgezeichneten Stücke *Beyond the Horizon* und *Anna Christie*. O'Neills Erfolg am Broadway ebnete den Weg für andere amerikanische Größen wie Tennessee Williams, Arthur Miller und Edward Albee – diese Flut großer Dramatiker führte 1947 zur Einführung der jährlichen Tony-Awards-Verleihung.

Heutzutage umfasst der New Yorker Theater District ungefähr das Gebiet von der 40th St bis zur 54th St zwischen Sixth und Eighth Ave. Hier bedienen Dutzende Broadway- und Off-Broadway-Bühnen die ganze Bandbreite von Blockbustermusicals über klassische bis zeitgenössische Werke. Wenn es nicht unbedingt ein ganz bestimmtes Stück sein soll, bekommt man in dieser Ecke der Stadt am besten (und billigsten) Karten bei der **TKTS Booth** (www.tdf.org). Wer sich in die Schlange stellt, kann hier am Tag der Vorstellung Karten zum ermäßigten Preis für erstklassige Broadway- und Off-Broadway-Shows ergattern. Smartphone-Nutzer können auch die kostenlose TKTS-App herunterladen. Sie bietet einen Überblick über alle Broadway- und Off-Broadway-Shows sowie ständig aktualisierte Angaben darüber, welche Karten an diesem Tag noch zu haben sind. Für den Fall, dass das Lieblingsstück ausverkauft ist, sollte man Plan B haben – und sich niemals ein Ticket von Fremden auf der Straße andrehen lassen.

Die TKTS Booth ist eine Attraktion für sich. Sie liegt unter einem „Dach" aus 27 knallroten, illuminierten Stufen, deren höchste fast 50 m über den Bürgersteig der 47th St herausragt.

HIGHLIGHT
EMPIRE STATE BUILDING

Das Chrysler Building ist vielleicht schöner und das One World Trade Center inzwischen höher, aber Superstar der New Yorker Skyline ist und bleibt das Empire State Building, das in rund 100 Filmen eine wichtige Rolle gespielt hat, von *King Kong* bis *Independence Day*. Kein anderes Gebäude ruft so laut „New York" wie dieses hier, und ein Abstecher nach oben gehört zum New-York-Besuch wie Pastrami, Roggenbrot und Pickles bei Katz's Delicatessen.

Die Fakten sind überwältigend: 10 Millionen Ziegelsteine, 60 000 Tonnen Stahl, 6400 Fenster und über 30 000 m² Marmor. Es wurde dort erbaut, wo ursprünglich das Hotel Waldorf-Astoria stand, die Bauzeit betrug nur sensationelle 410 Tage mit insgesamt 7 Mio. Arbeitsstunden und kostete nicht mehr als 41 Mio. $. Das hört sich vielleicht nach viel Geld an, lag aber weit unterhalb des veranschlagten Budgets von 50 Mio. $ (das war auch gut so, denn es wurde während der Weltwirtschaftskrise hochgezogen). Der 102 Stockwerke umfassende, von Kopf bis Fuß 447 m messende Kalksteinphallus öffnete seine Türen am 1. Mai 1931. Generationen später sind Deborah Kerrs Worte zu Cary Grant in *Die große Liebe meines Lebens* immer noch wahr: „Hier ist New York dem Himmel am nächsten".

Aussichtsplattformen

Wer nicht gerade Ann Darrow (die bedauernswerte Blondine in den Klauen von King Kong) ist, wird auf dem Weg zur Spitze des Empire State Building wahrscheinlich vor Freude strahlen. Das Gebäude hat zwei Aussichtsdecks. Auf dem Freiluftdeck im 85. Stock *(86th floor)* gibt's Münzfern-

NICHT VERSÄUMEN

➜ Aussichtsplattformen bei Sonnenuntergang
➜ Livejazz von Donnerstag- bis Samstagabend

PRAKTISCH & KONKRET

➜ Karte S. 462
➜ www.esbnyc.com
➜ 350 Fifth Ave Höhe 34th St
➜ Aussichtsplattform im 85. Stock *(86th floor)* Erw./Kind 27/21 $, inkl. Aussichtsplattform im 101. Stock *(102nd floor)* 44/38 $
➜ 8–2 Uhr, letzter Aufzug nach oben 1.15 Uhr
➜ S B/D/F/M, N/Q/R bis 34th St–Herald Sq

rohre, durch die sich das Treiben in der Metropole heranzoomen lässt. Die umschlossene Plattform weiter oben im 101. Stock *(102nd floor)* ist die zweithöchste New Yorks nach dem Aussichtsdeck des One World Trade Center. Der Ausblick über die fünf Stadtbezirke (und fünf Nachbarstaaten, sofern es das Wetter erlaubt) ist phantastisch. Besonders spektakulär ist die Aussicht von beiden Plattformen bei Sonnenuntergang, wenn die Stadt vor dem letzten Lichtstreif am Horizont langsam ihr nächtliches Gewand anlegt. Wer ein wenig *Arthur's-Theme*-Magie erleben möchte, kann von Donnerstag bis Samstag zwischen 22 und 1 Uhr in den 85. Stock *(86th floor)* fahren. Dann gibt's zum glitzernden Lichtermeer auch noch Saxophonklänge live (ja, Wünsche werden angenommen). Doch leider steht vor dem Aufstieg zum Himmel der Gang durchs Fegefeuer: Die Warteschlangen sind berüchtigt. Wartezeiten lassen sich verkürzen, wenn man sehr früh oder kurz vor Schließung kommt oder sein Ticket online bucht (die Online-Buchungsgebühr von 2 $ ist eine wirklich gute Investition).

Eine ambitionierte Antenne

Eine verschlossene, nicht gekennzeichnete Tür auf der Aussichtsplattform im 101. Stock *(102nd-floor)* führt zu einem der bis heute waghalsigsten Luftschlösser New Yorks: einer schmalen Terrasse, die als Anlegestelle für Zeppeline vorgesehen war. Geistiger Urheber des Traums war Alfred E. Smith, der sich vom gescheiterten Präsidentschaftskandidaten von 1928 zum Oberboss des Empire State Building-Projekts emporschwang. Als der Architekt William Van Alen die bis dato geheim gehaltene Spitze seines konkurrierenden Chrysler Building präsentierte, setzte Smith noch eins drauf. Er verkündete, dass die Spitze des Empire State Building ein noch höherer Ankermast für Transatlantikluftschiffe zieren würde. Auf Papier sah der Entwurf gut aus, nur wurden zwei (wichtige) Dinge nicht berücksichtigt: Erstens müssen Luftschiffe an beiden Enden (nicht wie geplant nur vorne) festgemacht werden und zweitens können die in der Gondel des Zeppelins reisenden Passagiere das Luftschiff nicht durch den riesigen, mit Helium gefüllten Ballon verlassen. Ein Versuch sollte trotzdem gewagt werden. Im September 1931 schlug das *New York Evening Journal* alle Bedenken in den Wind und es gelang tatsächlich, einen Zeppelin anzudocken und einen Stapel druckfrischer Zeitungen aus Lower Manhattan zuzustellen. Jahre später war einem Flugzeug bei der Berührung mit dem Gebäude weniger Glück beschieden: 1945 krachte an einem nebligen Tag ein B-25-Bomber ins 78. Stockwerk des Wolkenkratzers. Es 14 Menschen kamen ums Leben.

DIE SPRACHE DES LICHTS

Seit 1976 werden die oberen 30 Stockwerke des Gebäudes jede Nacht in verschiedenen Farben angestrahlt, die je nach Anlass unterschiedlich ausfallen. Berühmte Flutlichtkombis sind z. B. Rot und Pink am Valentinstag, Orange, Weiß und Grün am St. Patrick's Day, Rot und Grün zu Weihnachten oder Regenbogenfarben zum Gay Pride Weekend im Juni. Eine ausführliche Erklärung der Farbspiele gibt's auf www.esbnyc.com.

Das Empire State Building wurde von dem produktiven Architekturbüro Shreve, Lamb and Harmon entworfen. Der Legende nach wurde die Idee für den Wolkenkratzer bei einem Treffen zwischen William Lamb und dem Gebäude-Mitfinanzierer John Jakob Raskob geboren, als Raskob einen Bleistift auf den Tisch stellte und fragte: „Bill, wie hoch kannst du ihn machen, ohne dass er umfällt?" Zu Shreve, Lamb and Harmons weiteren Projekten gehört der Wolkenkratzer an der 500 Fifth Ave. Die beiden Türme lassen sich am besten von der Nordostecke der Fifth Ave und 40th St vergleichen.

HIGHLIGHT
MUSEUM OF MODERN ART

Die vom MoMA, dem Superstar der modernen Kunstszene, angehäuften Schätze lassen viele andere Sammlungen direkt bemitleidenswert aussehen. Hier geben sich mehr hochrangige Promis ein Stelldichein als auf der Party nach einer Oscar-Verleihung: Van Gogh, Matisse, Picasso, Warhol, Lichtenstein, Rothko, Pollock und Bourgeois. Seit seiner Gründung 1929 hat das Museum über 150 000 Kunstwerke angesammelt, die von den kreativen Ideen und Bewegungen des späten 19. Jhs. bis zu den heutigen Strömungen künden. Für Kunstliebhaber ist dies das Paradies. Und solche, die es werden wollen, bekommen im MoMA einen Crashkurs in allem, was Kunst so schön und faszinierend macht.

Highlights der Sammlung

In der Riesensammlung des MoMA verliert man sich leicht. Um die Zeit am besten zu planen, lohnt es sich, zuvor die kostenlose Smartphone-App des Museums von der Website runterzuladen. Die ständige Sammlung des MoMa verteilt sich auf vier Ebenen. Im 1. Stockwerk *(2nd floor)* befinden sich Drucke, Buchillustrationen und die Galerien für zeitgenössische Kunst, im 2. *(3rd floor)* folgen Architektur, Design, Zeichnungen und Fotografie und im 3. und 4. *(4th and 5th floor)* Malerei und Bildhauerei. Die beiden letzteren Etagen beherbergen viele der ganz großen Renner, weshalb Besucher das Museum am besten von oben nach unten erkunden, bevor die Müdigkeit einsetzt. Zu den Highlights gehören Van Goghs *Sternennacht,* Cézannes *Der Badende,* Picassos *Les Demoiselles d'Avignon* und Henri Rousseaus *Die schlafende Zigeunerin,* ganz zu schweigen von epochemachenden amerikanischen Werken wie Warhols *Campbell's Soup Cans* und *Gold Marilyn Monroe,* Lichtensteins

NICHT VERSÄUMEN

➡ Highlights der Sammlung
➡ Abby Aldrich Rockefeller Sculpture Garden
➡ Museumslokale
➡ Filmvorführungen

PRAKTISCH & KONKRET

➡ MoMA
➡ Karte S. 466
➡ www.moma.org
➡ 11 W 53rd St zw. Fifth & Sixth Ave
➡ Erw./Kind 25 $/frei, Fr 16–20 Uhr frei
➡ ⏱Sa–Do 10.30–17.30, Fr bis 20 Uhr; Juli–Aug. Do bis 20 Uhr
➡ 🛜
➡ Ⓢ E, M bis 5th Ave–53rd St

comicartiges Gemälde *Mädchen mit Ball* und Hoppers schwermütiges *Haus am Bahndamm*.

Abby Aldrich Rockefeller Sculpture Garden

Der viel gerühmte Museumsumbau durch den Architekten Yoshio Taniguchi 2004 veränderte den Skulpturengarten gemäß des ursprünglichen, größeren Entwurfs von Philip Johnson aus dem Jahr 1953. Johnson beschrieb die Anlage als „eine Art Zimmer im Freien". Ein Bewohner, der gar nicht genug von diesem Freiluftrefugium bekommen kann, ist Aristide Maillols *Der Fluss*, eine überlebensgroße Frauenstatue, die schon in Johnsons Originalgarten stand. Sie befindet sich übrigens in guter Gesellschaft, d. h. zwischen Werken von Größen wie Auguste Rodin, Alexander Calder und Henry Moore. Über dem östlichen Ende des Gartens thront der *Water Tower*, eine transparente Gießharzinstallation der britischen Künstlerin Rachel Whiteread. Der Skulpturengarten ist täglich von 9 bis 10.15 Uhr geöffnet, außer bei schlechtem Wetter und während Instandhaltungsarbeiten; der Eintritt ist frei.

Raffinierte Häppchen

Die Restaurants im MoMA haben einen erstklassigen Ruf. Das **Cafe 2** (Karte S. 466; ⊙Sa–Mo, Mi & Do 11–17, Fr bis 19.30 Uhr) bietet Gemeinschaftstische und eine relaxte Atmosphäre bei Panini, Pastagerichten, Salaten, *salumi* und Käse. Bedienung am Tisch, Gerichte à la carte und dänisches Design gibt es im **Terrace Five** (Karte S. 466; Hauptgerichte 11–18 $; ⊙Sa–Mo, Mi & Do 11–17, Fr bis 19.30 Uhr) mit Terrasse und Blick auf den Skulpturengarten. Wer Luxusessen bevorzugt, bestellt einen Tisch im noblen **Modern** (Karte S. 466; ☎212-333-1220; www.themodernnyc.com; 3-/4-Gänge-Mittagsmenü 62/76 $, 4-Gänge-Abendmenü 108 $; ⊙Restaurant Mo–Fr 12–14 & 17–22.30, Sa 17–22.30 Uhr; Bar Mo–Sa 11.30–22.30, So bis 21.30 Uhr). Und für Fans von *Sex and the City*: Hier kündigte Carrie ihre bevorstehende Hochzeit mit „Mr. Big" an. (Wer wirklich von einem Autorengehalt leben muss, entscheidet sich wohl eher für das schlichtere, billigere französisch-amerikanische Angebot im angrenzenden Bar Room.)

Filmvorführungen

Das MoMA ist nicht nur ein Palast der bildenden Künste, sondern zeigt im Museumskino ein vielfältiges Programm aus seinem Archiv mit über 22 000 auf Zelluloid-Schätzen. Das Publikum darf sich überraschen lassen – von Academy-Award-nominierten dokumentarischen Kurzfilmen und Hollywoodklassikern über experimentelle Arbeiten und internationale Retrospektiven ist alles drin. Und das Beste: die Museums-Eintrittskarte gilt auch fürs Kino.

GALERIE-GESPRÄCHE

Wer Genaueres über die MoMA-Sammlung erfahren möchte, kann an den mittäglichen Gesprächen und Lesungen des Museums teilnehmen, bei denen Schriftsteller, Künstler, Kuratoren und Designer Hintergrundwissen zu bestimmten Werken und aktuellen Ausstellungen vermitteln. Die Gesprächsrunden finden jeden Tag um 11.30 und 13.30 Uhr statt. Was als Nächstes auf dem Programm steht, erfährt man auf dem „Learn"-Link der MoMA-Website, dort den Links „Lectures & Events" und „Talks & Readings" folgen.

Ein Schwerpunkt der MoMA-Sammlung liegt auf abstraktem Expressionismus, einer radikalen Stilrichtung, die sich in den 1940er-Jahren in New York entwickelte und eine Dekade später boomte. Gekennzeichnet durch ihren Hang zu kompromisslosem Individualismus und Monumentalwerken verhalf die sogenannte New Yorker Schule der Metropole zum Status eines Epizentrums zeitgenössischer westlicher Kunst. Zu den Highlights zählen Rothkos *Magenta, Black, Green on Orange*, Pollock's *One:Number 31, 1950* und de Koonings *Painting*.

HIGHLIGHT
CHRYSLER BUILDING

Das 77-stöckige Chrysler Building lässt die meisten anderen Wolkenkratzer wie Langweiler aussehen. Das 1930 von William Van Alen entworfene aufregende Bauwerk verschmilzt Art déco und Gotik. Das mit majestätischen stählernen Adlern verzierte und von einer Stahlspitze gekrönte Gebäude wurde als Hauptsitz von Walter P. Chryslers Automobilimperium errichtet. Da er qua Fahrzeugproduktion nicht mit seinen mächtigen Rivalen Ford und General Motors konkurrieren konnte, wollte Chrysler sie wenigstens in der Skyline übertreffen. Mehr als 80 Jahre später ist Chryslers ehrgeiziges 15-Millionen-Dollar-Statement immer noch eines der ergreifendsten Symbole für New York City.

NICHT VERSÄUMEN

- Die Lobby
- Die Spitze
- Die Wasserspeier
- Die Aussicht von der Ecke Third Ave–44th St und vom Empire State Building
- Chanin Building

PRAKTISCH & KONKRET

- Karte S. 462
- Lexington Ave Höhe 42nd St, Midtown East
- Lobby Mo–Fr 8–18 Uhr
- S, 4/5/6, 7 bis Grand Central–42nd St

Die Lobby

Das Chrysler Building hat weder Restaurant noch Aussichtsplattform, aber dafür eine noble Eingangshalle. Ihr nostalgisches Jazz-Age-Feeling spiegelt sich im Design: Dunkle, afrikanische Hölzer und Marmor bilden einen Kontrast zum schnörkellosen Stahl des amerikanischen Industriezeitalters. Schön sind die reich verzierten Fahrstühle mit ägyptischen Lotusmotiven und Intarsien aus japanischer Esche, orientalischem Walnussholz und kubanischem Mahagoni. Über allem spannt sich Edward Trumbulls Deckengemälde *Transport and Human Endeavor (Verkehr und menschliches Bemühen)*. Mit ca. 30 x 30 m ist es angeblich das größte der Welt. Das Loblied auf die Verheißungen des Industriezeitalters zeigt Gebäude, Flugzeuge und eifrige Arbeiter an den Chrysler-Fertigungsbändern.

Die Spitze

Die 56 m hohe Spitze des Chrysler Building aus sieben Stahlbögen war zugleich ein gelungener Racheakt wie auch ein Bravourstück moderner Technik. Die 60 m hohe Kreation („Vertex") wurde unter strengster Geheimhaltung im Treppenhaus zusammengeschraubt, durch eine spezielle Öffnung in die Höhe gestemmt und in nur 1½ Stunden aufgestellt. Die neuartige Konstruktion schockte und empörte den Architekten H. Craig Severance, der gehofft hatte, sein Wolkenkratzer der Manhattan Company in der Wall St würde das höchste Gebäude der Welt. Der *fait accompli* war besonders schmachvoll, da Severance mit dem Architekten William Van Alen, einem ehemaligen Kollegen, persönlich zerstritten war. Als 1931 das noch höhere Empire State Building entstand, war das karmische Gleichgewicht zwischen den Architekten wohl wieder hergestellt, doch Van Alens krönendes Glanzstück ist bis heute ein atemberaubendes Symbol für den Wagemut des 20. Jhs.

Die Wasserspeier

Wenn die Spitze die Diva des Bauwerks ist, sind die Wasserspeier die Nebendarsteller. Stählerne amerikanische Adlerpaare scheinen von den Ecken des 60. Stockwerks abzuheben und verleihen dem Gebäude einen unheimlichen gotischen Touch. Weiter unten, im 30. Stock, erinnern riesige geflügelte Wasserspeier an Chrysler-Kühlerhauben aus den 1920er-Jahren. Sensationell ist der Blick von der Straße aus nach oben auf die Wasserspeier an der Ecke von Lexington Ave und 44th St.

Zwei überwältigende Ausblicke

Von der Third Ave Ecke 44th St bietet sich ein unvergleichlicher Blick von unten auf das Chrysler Building. Von hier aus kann man gleichzeitig die Schmalseite des Gebäudes, die Wasserspeier und die Spitze bewundern. Mit einem Fernglas lassen sich die Feinheiten der Fassade besser inspizieren, z. B. die Schachbrettmotive und ein Ring abstrakter Automobile. Oder man begibt sich aufs Dach des höheren Rivalen Empire State Building und schaut sich dort durchs Münzfernglas die glitzernde Stahlspitze des Chrysler Building aus der Nähe an.

Ein Juwel in der Nachbarschaft

Gegenüber vom Chrysler Building, an der Südwestecke von Lexington Ave und 42nd St, steht ein weiteres Art-déco-Schmuckstück: das **Chanin Building** (Karte S. 462; 122 E 42nd St Höhe Lexington Ave, Midtown East; S S, 4/5/6, 7 bis Grand Central–42nd St). Der 1929 fertiggestellte, 56 Stockwerke hohe Wolkenkratzer aus Backstein und Terrakotta ist das Werk von Irwin S. Chanin, der bei der lizenzierten Firma Sloan & Robertson einstieg, um seinen Traum Wirklichkeit werden zu lassen. Die Starattraktionen sind die exquisiten Reliefs von René Chambellan und Jacques Delamarre am Sockel des Gebäudes. Vögel und Fische verleihen der unteren Reihe etwas Spielerisches, aber die obere Terrakottareihe stiehlt ihr mit den überbordenden Botanikverzierungen die Schau.

CLOUD CLUB

Ganz oben im Chrysler Building befand sich zwischen 1930 und 1979 der berühmte Cloud Club. Zu seinen Stammgästen zählten der Großindustrielle John D. Rockefeller, Verlagsmagnat Condé Montrose und die Boxlegende Gene Tunney. Der Club auf den Stockwerken 65 bis 67 in einer Mischung aus Art déco und Jagdhüttenstil bestand aus einer Lounge und Speiseräumen (darunter einer exklusiv für Walter Chrysler) sowie Küchen, einem Friseursalon und einer Gärderobe mit Geheimschrank als Alkoholversteck während der Prohibition. Chrysler brüstete sich fröhlich als Besitzer der höchsten Toilette der Stadt.

Die Lobby und die Spitze des Chrysler Buildings spielen eine Rolle in *Cremaster 3* (2002), einem Avantgarde-Film des preisgekrönten Kunstschaffenden und Filmemachers Matthew Barney. In diesem dritten Teil eines insgesamt fünfteiligen Filmzyklus beleuchtet er auf surreale Weise die Zeit, in der das Chrysler Building erbaut wurde. Dabei verbindet er irische Mythologie mit Stilelementen aus Zombie- und Gangsterfilmen. Mehr zu dem Projekt steht auf www.cremaster.net.

HIGHLIGHT
ROCKEFELLER CENTER

Die 9 ha große „Stadt in der Stadt" debütierte nach neunjähriger Bauzeit inmitten der Weltwirtschaftskrise als Amerikas erster Komplex aus Geschäften, Unterhaltung und Büros. Es ist eine modernistische Baulandschaft mit 19 Gebäuden (14 davon noch im ursprünglichen Art déco), offenen Plätzen und berühmten Bewohnern. Bauherr John D. Rockefeller Jr. stöhnte bestimmt über die Kosten (schlappe 100 Mio. $), aber sie haben sich gelohnt: 1987 wurde das Center zum Nationaldenkmal erklärt.

NICHT VERSÄUMEN

- Top of the Rock
- Kunst im öffentlichen Raum
- NBC Studio Tour
- Rockefeller Plaza

PRAKTISCH & KONKRET

- Karte S. 462
- www.rockefellercenter.com
- Fifth bis Sixth Ave & 48th bis 51st St
- 24 Std., individuelle Öffnungszeiten
- S B/D/F/M bis 47th–50th St–Rockefeller Center

Top of the Rock

Es gibt schöne Aussichten – und es gibt die Aussicht vom Top of the Rock (S. 199). Vom 70. Stock des GE Building umfasst das atemberaubende Panorama ein Wahrzeichen, das selbst vom Dach des Empire State Building nicht zu sehen ist, nämlich – das Empire State Building. Das Chrysler Building ist teilweise verdeckt. Am besten ist es, kurz vor Sonnenaufgang hochzufahren, um die Stadt beim Übergang vom Tag in die glitzernde Nacht zu erleben.

Kunstwerke im öffentlichen Raum

Das Rockefeller Center zieren die Werke von 30 Künstlern zum Thema *Man at the Crossroads Looks Uncertainly But Hopefully at the Future* („Mann am Scheideweg blickt unsicher, aber hoffnungsvoll in die Zukunft"). Von Paul Manship stammen *Prometheus*, der auf die abgesenkte Plaza schaut, und *Atlas* vor dem International Building (630 Fifth Ave). Isamu Noguchis *News* thront über dem Eingang zum Associated Press Building (50 Rockefeller Plaza) und im Foyer des GE Building hängt José Maria Serts Ölgemälde *American Progress*. Letzteres ersetzte das Gemälde des mexikanischen Künstlers Diego Rivera, das die Rockefellers zu kommunistisch fanden.

NBC Studio Tour

Die TV-Comedy *30 Rock* erhielt ihren Namen vom GE Building, in dem der Sender NBC TV seine Studios hat. Die NBC Studio Tours (S. 220), die ab Ende 2014 wieder angeboten werden sollen, beginnen im NBC Experience Store und bieten einen kurzen Blick in Studio 8H, dem Set der legendären Show *Saturday Night Live*. Pinkelpausen sind auf der Tour nicht drin (also vorher erledigen!) und vorherige telefonische Anmeldung ist empfehlenswert. Auf der Website sind aktuelle Zeiten für die Wiederaufnahme der Touren zu erfahren. Auf der anderen Straßenseite der 49th St, gegenüber der Plaza, befindet sich das gläserne Studio der NBC-Show *Today*, die täglich von 7 bis 11 Uhr live ausgestrahlt wird. Wer auch mal ins Fernsehen will, sollte um 6 Uhr antreten, um einen Platz ganz vorne zu erwischen.

Rockefeller Plaza

Jedes Jahr wird auf der Rockefeller Plaza kurz nach Thanksgiving Ende November der berühmteste Weihnachtsbaum New Yorks feierlich erleuchtet. Diese Tradition reicht bis in die 1930er-Jahre, als Bauarbeiter hier einen kleinen Weihnachtsbaum aufstellten. Unter dem Baum befindet sich auch die berühmteste Eisbahn der Stadt, der Rink at Rockefeller Center (Karte S. 462; 212-332-7654; www.patinagroup.com; Erw./Kind 27/15 $, Schlittschuhverleih 12 $; Mitte Okt.–Anfang April 8.30–24 Uhr). Sie ist zwar klein und überfüllt, aber geradezu magisch. Wer die langen Warteschlangen umgehen möchte, muss gleich zur ersten Schlittschuhrunde (um 8.30 Uhr) aufkreuzen. Im Sommer verwandelt sich die Fläche in ein Café.

HIGHLIGHT
GRAND CENTRAL TERMINAL

Angesichts der drohenden Eröffnung des Konkurrenzbahnhofs Penn Station (dem majestätischen Originalbau), machte sich Schifffahrts- und Eisenbahnmagnat Cornelius Vanderbilt daran, sein aus dem 19. Jh. stammendes Grand Central Depot in ein dem 20. Jh. würdiges Vorzeigestück zu verwandeln. Das Ergebnis war der Grand Central Terminal, das atemberaubendste Beaux-Arts-Bauwerk von New York. Der Grand Central ist viel mehr als nur ein Bahnhof – er ist eine regelrechte Zeitmaschine. Mit seinen Kronleuchtern, Marmorverkleidungen, altehrwürdigen Bars und Restaurants erinnert er an die Ära, als sich Bahnfahren und Romantik noch nicht gegenseitig ausschlossen.

Heutzutage spielen sich hier keine tränenreichen Abschiedsszenen vor langen Reisen mehr ab. Auf den unterirdischen Schienen des Grand Central verkehren nämlich nur noch elektrische Pendlerzüge in die nördlichen Vororte und nach Connecticut. Aber auch wenn man nirgendwo hinfahren will – ein Besuch im Grand Central ist ein Muss.

Fassade zur 42nd Street
Die prächtige Fassade des Grand Central ist unten mit Connecticut-Granit vom Stony Creek und oben mit Kalkstein aus Indiana verkleidet. Gekrönt wird sie von der schönsten Monumentalplastik Amerikas, *The Glory of Commerce* (frei übersetzt: „Ein Lob auf den Handel"). Das von dem französischen Bildhauer Jules Félix Coutan entworfene Kunstwerk wurde in Long Island City von den amerikanischen Steinmetzen Donnely und Ricci hergestellt und 1914 Stück für Stück hochgehievt. Die Hauptgestalt ist Merkur mit dem Flügelhelm, der römische Gott des Handels und Gewerbes. Links von ihm zeigt sich Herkules in einer ungewöhnlich entspannten Pose, und Minerva, die Stadtgöttin im Alten Rom, schaut auf das chaotische Treiben der 42nd St hinab. Die Uhr unter Merkurs Fuß enthält das weltweit größte Stück Tiffany-Glas.

NICHT VERSÄUMEN
➡ Fassade zur 42nd St
➡ Haupthalle
➡ Whispering Gallery und Oyster Bar & Restaurant
➡ Campbell Apartment
➡ Grand Central Market

PRAKTISCH & KONKRET
➡ Karte S. 462
➡ www.grandcentralterminal.com
➡ 42nd St Höhe Park Ave, Midtown East
➡ ⏱ 5.30–2 Uhr
➡ ⓢ S, 4/5/6, 7 bis Grand Central–42nd St

FÜHRUNGEN

Die Municipal Art Society (S. 418) bietet täglich um 12.30 Uhr Führungen durch den Grand Central an. Sie beginnen am Informationsschalter in der Haupthalle. Die Grand Central Partnership (www.grandcentralpartnership.com) veranstaltet freitags um 12.30 Uhr kostenlose Führungen durch den Bahnhof und seine Umgebung, die im Skulpturengarten an der 120 Park Ave beginnen. Beide Führungen dauern etwa 1½ Stunden.

Der kaum bekannte Bahnsteig 61 des Grand Central verbirgt sich unter dem Hotel Waldorf-Astoria. Der durch Kinderlähmung behinderte Präsident Franklin D. Roosevelt kannte ihn allerdings gut. Um seine Behinderung zu verbergen, nutzte er stets den Lastenaufzug des Bahnsteigs. Bei Ankunft im Bahnhof wurde der Präsident direkt aus dem Zugabteil über den Bahnsteig in den Aufzug gefahren ... ohne dass die Öffentlichkeit etwas bemerkte.

Die Haupthalle

Das Prachtstück des Grand Central gleicht mehr einem Ballsaal als einem Bahnhofsgebäude. Der Boden ist aus pinkfarbenem Tennessee-Marmor, während die altehrwürdigen Fahrkartenschalter aus italienischem Bottocino-Marmor bestehen. Die Deckenkuppel ist mit einem Sternenhimmel in Türkis und Blattgold mit acht Sternbildern bemalt – allerdings seitenverkehrt. Ein Versehen? Weit gefehlt: Der französische Maler Paul César Helleu wollte die Sterne aus der Sicht Gottes darstellen, der von draußen reinschaut. Das Originalfresko nach dem Entwurf Helleus malten die New Yorker Künstler J. Monroe Hewlett und Charles Basing. Nach Wasserschäden wurde es 1944 von Charles Gulbrandsen originalgetreu nachgemalt (nur leider nicht als Fresko). Um 1990 war das Gemälde jedoch wieder ruiniert. Nun machte sich die auf Restaurierung spezialisierte Architekturfirma Beyer Blinder Belle ans Werk. Sie stellte den ursprünglichen Zustand wieder her, ließ aber (in der Nordwestecke) einen kleinen verrußten Flecken übrig, um zu beweisen, wie toll sie ihre Arbeit erledigt hat.

Whispering Gallery, Oyster Bar & Restaurant und Campbell Apartment

Der Bogengang direkt unter der Verbindungsbrücke zwischen Haupthalle und Vanderbilt Hall weist eine der witzigeren Eigentümlichkeiten des Grand Central auf, die sogenannte Whispering Gallery (Flüstergalerie). Wer in Begleitung ist, sollte sich an diagonal gegenüberliegenden Wänden aufstellen und etwas flüstern. Falls einem die Begleitperson einen Heiratsantrag macht (was hier unten oft passiert), gibt's eisgekühlten Champagner gleich hinter der Tür im **Grand Central Oyster Bar & Restaurant** (Karte S. 462; www.oysterbarny.com; Grand Central Terminal, 42nd St Höhe Park Ave; Hauptgerichte 14–37 $; ☺Mo-Sa 11.30–21.30 Uhr). Es hat mit seiner gekachelten Gewölbedecke des katalanischen Architekten Rafael Guastavino sehr viel Atmosphäre. Die herausragende Spezialität ist eindeutig: Austern. Ein Aufzug neben dem Restaurant führt hoch zu einem weiteren historischen Schmuckstück, der herrlich versnobten Bar **Campbell Apartment** (Karte S. 462; www.hospitalityholdings.com; Grand Central Terminal, 15 Vanderbilt Ave Höhe 43rd St; ☺Mo–Do 12–1, Fr bis 2, Sa 14–2, So 12–24 Uhr).

Grand Central Market

Gaumenfreuden warten auch im **Grand Central Market** (Karte S. 462; Grand Central Terminal, Lexington Ave Höhe 42nd St; ☺Mo–Fr 7–21, Sa 10–19, So 11–18 Uhr), einem über 70 m langen Gang mit Ständen voller frischem Gemüse und Leckereien von Kleinproduzenten. Hier gibt's alles, von Krustenbrot und Obstkuchen bis zu Hummer, Hühnerpasteten, spanischer Quittenpaste und gerösteten Kaffeebohnen.

HIGHLIGHT
RADIO CITY MUSIC HALL

Meine Damen und Herren, Jungen und Mädchen – willkommen in der einmaligen Radio City Music Hall! Dieser sensationelle Art-déco-Kinopalast mit 5901 Sitzplätzen ist dem Varietéproduzenten Samuel Lionel „Roxy" Rothafel zu verdanken. Roxy lebte nach dem Motto „klotzen statt kleckern" und weihte sein Lichtspielhaus am 23. Dezember 1932 mit ausgefallenen Darbietungen ein, darunter einer *Symphony of the Curtains* („Symphonie der Vorhänge"), bei der natürlich die Vorhänge im Mittelpunkt standen, und der beinewerfenden Showtanzgruppe Roxyettes (gnädigerweise mittlerweile in „Rockettes" umbenannt).

Um 1940 war die Radio City zur größten Einzelattraktion in New York geworden und ihr roter Teppich nach einer Reihe Filmpremieren schon ordentlich abgewetzt. Doch leider dauerten die guten Zeiten nicht lange. Schwindende Popularität und rasant steigende Mieten zwangen den Konzertsaal 1978 zur Schließung. Immerhin erhielt das Gebäude eine Galgenfrist und entkam in letzter Minute der Abrissbirne. Seine Innenräume wurden zum Denkmal erklärt, das eine 5-Millionen-Dollar-Restaurierung wert sei.

Wer sich etwas gönnen möchte, nimmt an einer Führung durch den verschwenderisch gestalteten, von Donald Deskey entworfenen Innenbereich teil. Aber nicht vergessen, vorher die Fassade des Gebäudes zur 50th St hin in Augenschein zu nehmen. Dort sind drei geniale runde Messingplatten von Hildreth Meière angebracht, die (von links nach rechts) Tanz, Schauspiel und Gesang repräsentieren. Auch das Innere wurde von berühmten Künstlern gestaltet. Einer von ihnen war der in Litauen geborene William Zorach, dessen Nacktenskulptur *Spirit of the Dance* so viel öffentliche Empörung auslöste, dass sie vorübergehend entfernt werden musste. Weniger skandalöse Schmuckstücke sind z. B. Stuart Davies' abstraktes Wandgemälde *Men Without Women* im Smoking Room und Witold Gordons *History of Cosmetics* in der Women's Downstairs Lounge. In der Toilette daneben (allgemein zugänglich) hängen die ersten modernen Handtrockner der Welt.

Die originalen, holzverschalten Aufzüge sind wunderschön, aber das eigentliche Prachtstück ist das Hauptauditorium, dessen Strebebögen den Strahlen der untergehenden Sonne nachempfunden sind. Hier befinden sich die legendäre Pfeifenorgel der Radio City Music Hall (die größte jemals für einen Kinopalast gebaute) und die noch immer für ihre hervorragende Hydraulik berühmte, denkmalgeschützte Große Bühne (Great Stage). Erheblich kleiner, aber *sehr* exklusiv, ist die VIP Roxy Suite mit Kirschbaumholzverkleidung, einer 60 m hohen Deckenkuppel, einem Speisesaal und einer wunderbaren Akustik.

Leider wird die Konzertatmosphäre dem prachtvollen Ambiente nicht gerecht, seit das Ganze vom Madison Square Garden mitbetrieben wird: Auch Nachzügler werden noch eingelassen und stören damit die Aufführung. Und in der Lobby werden im Dunkeln glühende Cocktails verkauft – und da sie auch mit in den Saal genommen werden dürfen, wogt ein hässliches Meer aus lila Drinks um einen herum, was mehr zu einem Rockkonzert im Stadion als zu einer ehrwürdigen Darbietung passt. Immerhin treten hier einige großartige Künstler auf, wie bereits Rufus Wainwright, Aretha Franklin oder Dolly Parton. Die meisten coolen New Yorker verdrehen beim Wort „Rockettes" zwar die Augen, aber wer ein Faible für Glamour und Kitsch hat, kann beim alljährlichen Weihnachtsspektakel der Tanztruppe ganz in seinem Element sein.

Tickets gibt's im Süßwarengeschäft neben dem Eingang in der Sixth Ave. Es lohnt sich aber, die 4,50 $ Gebühr für eine Online-Buchung zu zahlen, da Führungen schnell ausverkauft sind, besonders an regnerischen Tagen.

NICHT VERSÄUMEN
- Kunstwerke
- Hauptauditorium
- Roxy Suite
- Die klassischen Handtrockner

PRAKTISCH & KONKRET
- Karte S. 466
- www.radiocity.com
- 1260 Sixth Ave Höhe 51st St
- Führung Erw./Kind 19,95/15 $
- Führungen 11–15 Uhr
- S B/D/F/M bis 47th–50th St–Rockefeller Center

SEHENSWERTES

Midtown East

CHRYSLER BUILDING GEBÄUDE
Siehe S. 192.

GRAND CENTRAL TERMINAL GEBÄUDE
Siehe S. 195.

MORGAN LIBRARY & MUSEUM MUSEUM
Karte S. 462 (www.morganlibrary.org; 29 E 36th St Höhe Madison Ave, Midtown East; Erw./Kind 18/12 $; Di-Do 10.30–17, Fr bis 21, Sa 10–18, So 11–18 Uhr; S 6 bis 33rd St) Die prachtvolle Bücherei ist Teil der 45-Zimmer-Villa, die früher dem Stahlmagnaten J.P. Morgan gehörte. Sie beherbergt eine phänomenale Sammlung von Manuskripten, Gobelins und Büchern, darunter nicht weniger als drei Gutenberg-Bibeln. Es gibt ein Arbeitszimmer mit italienischer Renaissancekunst und eine Marmorrotunde, außerdem werden erstklassige Wechselausstellungen gezeigt, die durchgehend spannend sind.

UNITED NATIONS GEBÄUDE
Karte S. 462 (212-963-4475; http://visit.un.org; Besuchereingang First Ave Höhe 47th St, Midtown East; Führung Erw./Kind 20/11 $, Gelände Sa & So frei; Führungen Mo–Fr 9.15–16.15 Uhr, Besucherzentrum auch Sa & So 10–17 Uhr geöffnet; ; S, 4/5/6, 7 bis Grand Central–42nd St) Willkommen im Hauptsitz der Vereinten Nationen, einer weltweiten Organisation, die über die Einhaltung des Völkerrechts, die Sicherung des Weltfriedens und den Schutz der Menschenrechte wacht. In das jüngst renovierte, von Le Corbusier entworfene Sekretariatshochhaus kommen Besucher zwar nicht hinein, aber die einstündigen Führungen umfassen die Sitzungssäle des Sicherheitsrats, des Treuhandrats und des Wirtschafts- und Sozialrats. Ausstellungen beleuchten die Arbeit der UN und zeigen Kunstwerke, die Mitgliedsstaaten als Geschenke mitbrachten. Führungen an Werktagen müssen online gebucht werden (mindestens zwei Tage im Voraus); Keiner Kinder unter fünf Jahren.

Das Besucherzentrum ist nur am Wochenende kostenlos und frei zugänglich (Eingang in der 43rd St). Zur Zeit der Recherche war der Saal der Generalversammlung – Schauplatz der jährlichen Vollversammlung der Mitgliedsstaaten im Herbst – wegen Renovierung bis Ende 2014 geschlossen. Nördlich des UN-Komplexes, der offiziell auf internationalem Hoheitsgebiet steht, befindet sich ein stiller Park mit Henry Moores Plastik *Reclining Figure* sowie mehreren anderen Skulpturen zum Thema Frieden.

JAPAN SOCIETY KULTURZENTRUM
Karte S. 462 (www.japansociety.org; 333 E 47th St zw. First & Second Ave, Midtown East; Erw./Kind 12 $/frei, Fr 18–21 Uhr frei; Di–Do 11–18, Fr bis 21, Sa & So bis 17 Uhr; S, 4/5/6, 7 bis Grand Central–42nd St) Elegante Ausstellungen zu japanischer Kunst, Textilien und Design sind die Stärke dieses Kulturzentrums. Im Haustheater werden verschiedene Film-, Tanz-, Musik- und Theatervorstellungen gezeigt. Wer sich in die Materie vertiefen möchte, kann in den 14 000 Bänden der Nachschlagebibliothek stöbern oder sich bei einem der zahllosen Vorträge fortbilden.

Die 1907 von einer Gruppe New Yorker Geschäftsleute mit großer Affinität zu Japan gegründete gemeinnützige Gesellschaft hat eine wichtige Rolle in der Festigung der amerikanisch-japanischen Beziehungen gespielt. Nicht zuletzt dank der Unterstützung durch den Philanthropen und Japanliebhaber John D. Rockefeller III. entwickelte es sich zu einem Kunst- und Kulturzentrum.

MUSEUM OF SEX MUSEUM
Karte S. 462 (www.museumofsex.com; 233 Fifth Ave Höhe 27th St; Erw. 17,50 $; So–Do 10–20, Fr & Sa bis 21 Uhr; S N/R bis 23rd St) Die schicke, relativ kleine Ode an alles Schlüpfrige informiert umfassend zum Thema, von Online-Fetischen bis zur homosexuellen Nekrophilie unter Stockenten. Wechselausstellungen widmeten sich z. B. Erkundungen zum Cybersex und Retrospektiven kontroverser Künstler. Die ständige Sammlung hingegen zeigt u. a. erotische Lithografien und umständliche Vorrichtungen gegen Onanie.

Besucher können sich im designbewussten Museumsladen mit erotischer Literatur, Geschenken und ergonomischem Sexspielzeug eindecken oder einen Cocktail in der Lounge-Bar schlürfen.

Fifth Avenue

EMPIRE STATE BUILDING GEBÄUDE, AUSSICHTSPUNKT
Siehe S. 188.

ROCKEFELLER CENTER GEBÄUDE
Siehe S. 194.

TOP OF THE ROCK AUSSICHTSPUNKT

Karte S. 462 (www.topoftherocknyc.com; 30 Rockefeller Plaza Höhe 49th St, Eingang in der W 50th St zw. Fifth & Sixth Ave; Erw./Kind 27/17 $, Kombiticket Sonnenaufgang/-untergang 40/22 $; ⏰8-24 Uhr, letzter Aufzug 23 Uhr; Ⓢ B/D/F/M bis 47th-50th St-Rockefeller Center) Die Open-Air-Aussichtsplattform auf dem Rockefeller Center begeisterte die New Yorker erstmals 1933. Sie wurde als Hommage an die damals beliebten Ozeandampfer gestaltet und bot – 70 Stockwerke oberhalb von Midtown – eine unglaubliche Aussicht über die Stadt. Allerdings wurde sie 1986 für fast zwei Jahrzehnte geschlossen, als die Renovierung des herrlichen Restaurants Rainbow Room fünf Stockwerke tiefer den Zugang zum Dach abschnitt. Die Aussichtsplattform wurde 2005 mit viel Trara wiedereröffnet und erwies sich seither als bessere Wahl im Vergleich zum Empire State Building: Sie ist sehr viel weniger besucht und hat breitere Aussichtsdecks auf mehreren Ebenen – einige drinnen, einige draußen mit Plexiglaswänden, und die ganz oben sind völlig im Freien. Das Chrysler Building ist zwar nur teilweise zu sehen, aber der Blick auf das Empire State Building ist unverstellt, ebenso die perfekte grüne Fläche des Central Park. Ein toller Bonus ist die sehr coole Aufzugsfahrt nach oben mit multimedialen Effekten.

NEW YORK PUBLIC LIBRARY KULTURELLE EINRICHTUNG

Karte S. 462 (Stephen A Schwarzman Bldg; ☎917-275-6975; www.nypl.org; Fifth Ave Höhe 42nd St; ⏰Mo & Do-Sa 10-18, Di & Mi bis 20, So 13-17 Uhr, Führungen Mo-Sa 11 & 14, So 14 Uhr; 🛜; Ⓢ B/D/F/M bis 42nd St-Bryant Park; 7 bis 5th Ave) GRATIS Das Beaux-Arts-Prachtbauwerk wird von den berühmten, auf die Fifth Ave hinaus blickenden Marmorlöwen „Patience" (Geduld) und „Fortitude" (Tapferkeit) treu bewacht und ist eine der besten kostenlosen Sehenswürdigkeiten von New York. Bei ihrer Einweihung 1911 war die Vorzeigebibliothek der Stadt das größte jemals in den USA erbaute Marmorgebäude und bis zum heutigen Tag raubt der Rose Main Reading Room mit seiner sensationellen Kassettendecke Besuchern den Atem.

In der Exhibition Hall sind wertvolle Manuskripte praktisch aller englischsprachigen Autoren von Rang ausgestellt, darunter eine Originalabschrift der Unabhängigkeitserklärung und eine Gutenberg-Bibel. Genauso umwerfend ist auch die Kartenabteilung mit ca. 431 000 Landkarten, 16 000 Atlanten und Büchern über Kartografie vom 16. Jh. bis zur Gegenwart. Wer dieses Miniuniversum an Büchern, Kunst, Kronleuchtern und Kolonnaden gebührend erforschen möchte, schließt sich einfach einer der kostenlosen Führungen an, die am Informationsschalter in der Astor Hall beginnen.

BRYANT PARK PARK

Karte S. 462 (www.bryantpark.org; 42nd St zw. Fifth & Sixth Ave; ⏰April tgl. 7-22 Uhr, Mai & Okt. tgl. 7-23 Uhr, Juni-Sept. Mo-Fr 7-24, Sa & So bis 23 Uhr, Nov.-Feb. So-Do 7-22, Fr & Sa bis 24 Uhr, März 7-19 Uhr; 🛜; Ⓢ B/D/F/M bis 42nd St-Bryant Park, 7 bis Fifth Ave) Europäische Cafépavillons, Schachspiele im Freien, im Sommer Freiluftkino und im Winter Eislaufen – es ist kaum zu glauben, dass diese grüne Oase in den 1980er-Jahren wegen der vielen Drogensüchtigen den Beinamen „Needle Park" („Nadelpark") trug. Der Park hinter der prachtvollen New York Public Library ist ein eigenwilliges Plätzchen für eine kleine Auszeit vom Midtown-Trubel.

Zu den Attraktionen des Parks gehören das französisch anmutende, in Brooklyn hergestellte **Le Carrousel** (Karte S. 462; Fahrt 2 $; ⏰Juni-Okt. tgl. 11-20 Uhr, Nov. & Dez. So-Do 11-21, Fr & Sa 11-22 Uhr, restliches Jahr kürzere Zeiten) sowie häufige Sonderveranstaltungen, darunter das Bryant Park Summer Film Festival, beliebt bei Leuten, die nach der Arbeit mit Wein und Käse herbeiströmen. Zur Weihnachtszeit verwandelt sich der Park in ein Wintermärchenland: Am Rand des Parks werden Weihnachtsgeschenke verkauft und in der Mitte entsteht eine viel besuchte Eislaufbahn. Im wunderbaren **Bryant Park Grill** (Karte S. 462; www.arkrestaurants.com; 25 W 40th St zw. Fifth & Sixth Ave; ⏰11.30-23 Uhr; Ⓢ B/D/F/M bis 42nd St-Bryant Park, 7 bis Fifth Ave) wird im Frühjahr so manche Hochzeit gefeiert und die Terrassenbar ist, wenn sie nicht wegen einer Privatveranstaltung geschlossen ist, der ideale Ort für einen abendlichen Cocktail. Gleich nebenan liegt das zwanglosere **Bryant Park Café** (Karte S. 462; ⏰Mitte April-Mitte Nov. 11-23 Uhr; Ⓢ B/D/F/M bis 42nd St-Bryant Park, 7 bis Fifth Ave), ein allseits beliebter Freilufttreff nach Feierabend.

ST. PATRICK'S CATHEDRAL KIRCHE

Karte S. 462 (www.saintpatrickscathedral.org; Fifth Ave zw. 50th & 51st St; ⏰6.30-20.45 Uhr; Ⓢ B/D/F/M bis 47th-50th St-Rockefeller Center) Wenn Ende 2015 die Restaurierung beendet

Spaziergang
Ein Bummel durch Midtown

START GRAND CENTRAL TERMINAL
ZIEL ROCKEFELLER CENTER
LÄNGE/DAUER 2,9 KM; 3½ STUNDEN

Startpunkt ist der Beaux-Arts-Prachtbau des ❶ **Grand Central Terminal** (S. 195). Hier stehen in der Haupthalle ein Blick auf die Sterne, Liebesgeflüster in der Whispering Gallery und ein Gourmeteinkauf im Grand Central Market auf dem Programm. Dann geht's hinaus auf die Lexington Ave und einen Häuserblock auf der 44th St nach Osten zur Third Ave mit William Van Alens 1930 errichtetem Meisterwerk, dem ❷ **Chrysler Building**. Auf der Third Ave spaziert man bis zur 42nd St, biegt nach rechts ab und schlüpft in die Art-déco-Eingangshalle des Chrysler Buildings, die mit Intarsien aus exotischen Hölzern, Marmor und dem angeblich größten Deckengemälde der Welt auftrumpft. An der Ecke 42nd St und Fifth Ave steht die ❸ **New York Public Library** (S. 199). Dort befand sich zwischen den 1840er- und den 1890er-Jahren das Croton Distributing Reservoir, das die Stadt mit Trinkwasser versorgte. Nach einem Blick in den Rose Reading Room der Bibliothek geht's in den benachbarten ❹ **Bryant Park** (S. 199). An der Nordwestecke von 42nd St und Sixth Ave ragt der ❺ **Bank of America Tower** (S. 203) empor, das dritthöchste Gebäude New Yorks und eines der ökologischsten. Im nächsten Block auf der Sixth Ave Richtung Norden befindet sich das ❻ **International Center of Photography** (S. 201). Nach einem Besuch der aktuellen Ausstellung führt der Stadtbummel weiter nach Norden bis zur 47th St. Dort zwischen Sixth und Fifth Ave liegt der ❼ **Diamond District** (S. 201), wo über 2600 Händler Diamanten, Gold, Perlen, Edelsteine und Uhren verkaufen. Auf dem Weg Richtung Fifth Ave passiert man zahlreiche jüdische Geschäfte. Jetzt geht's nach links auf die Fifth Ave, um die Pracht der ❽ **St. Patrick's Cathedral** (S. 199) zu bewundern. Ihr Rosettenfenster ist das Werk des amerikanischen Künstlers Charles Connick. Letzter Halt ist das ❾ **Rockefeller Center** (S. 194), ein Komplex aus Art-déco-Wolkenkratzern und Skulpturen. Zwischen 49th und 50th St geht's zur großen Plaza und dann hinauf zum 69. Stock des GE Building mit der Aussichtsplattform Top of the Rock

und das Baugerüst abgebaut ist, wird Amerikas größte katholische Kathedrale wieder in all ihrer neugotisch Pracht die Fifth Ave zieren. Das für fast 2 Mio. $ während des Bürgerkriegs errichtete Bauwerk entstand ursprünglich ohne die beiden vorderen Türme; sie wurden erst 1888 hinzugefügt. Sehenswert im Kirchenschiff sind der von Louis Tiffany entworfene Altar und das phantastisch leuchtende Rosettenfenster von Charles Connick über der Kirchenorgel mit 7000 Pfeifen.

Eine Krypta im Keller hinter dem Altar birgt die Särge sämtlicher New Yorker Kardinäle und die sterblichen Überreste von Pierre Touissant, einem Kämpfer für die Armen und der erste Afroamerikaner, der heiliggesprochen wurde.

PALEY CENTER
FOR MEDIA   KULTUREINRICHTUNG

Karte S. 462 (www.paleycenter.org; 25 W 52nd St, zw. Fifth & Sixth Ave; Erw./Kind 10/5 $; Mi & Fr-So 12–18, Do bis 20 Uhr; E, M bis 5th Ave–53rd St) Das Computerarchiv der Popkultursammlung Paley Center umfasst über 150 000 TV- und Radioprogramme aus aller Welt. Sich an einem regnerischen Tag alte Lieblingsfernsehsendungen auf einer der Konsolen im Zentrum anzuschauen, ist eine wahre Wonne. Auch der Raum für Radiosendungen ist ein unerwartetes Vergnügen, ebenso die hervorragenden, regelmäßigen Filmvorführungen, Festivals, Vorträge und Bühnenvorstellungen.

◉ Midtown West & Times Square

MUSEUM OF MODERN ART   MUSEUM
Siehe S. 190.

RADIO CITY MUSIC HALL   GEBÄUDE
Siehe S. 197.

MUSEUM OF ARTS & DESIGN   MUSEUM

Karte S. 466 (MAD; www.madmuseum.org; 2 Columbus Circle zw. Eighth Ave & Broadway; Erw./Kind 16 $/frei; Di, Mi, Sa & So 10–18, Do & Fr bis 21 Uhr; A/C, B/D, 1 bis 59th St–Columbus Circle) Das MAD zeigt auf vier Etagen herausragendes Design und Kunsthandwerk, von mundgeblasenem Glas und Holzschnitzerei bis zu raffiniertem Metallschmuck. Die Wechselausstellungen sind spitzenmäßig und innovativ, z. B. jene, die sich mit der Kunst des Parfüms beschäftigte. Am ersten Sonntag des Monats führen professionelle Künstler durch das Museum, gefolgt von Workshops zum jeweiligen Thema aktueller Ausstellungen. Der Museumsladen verkauft phantastischen Schmuck und die Restaurant-Bar Robert (S. 211) im 8. Stock *(9th floor)* ist perfekt für einen Cocktail mit Panoramablick.

INTERNATIONAL
CENTER OF PHOTOGRAPHY   GALERIE

Karte S. 466 (ICP; www.icp.org; 1133 Sixth Ave Höhe 43rd St; Erw./Kind 14 $/frei, Fr 17–20 Uhr mit Spende; Di–Do, Sa & So 10–18, Fr bis 20 Uhr; ; B/D/F/M bis 42nd St–Bryant Park) Das ICP ist New Yorks führende Galerie für Fotografie, insbesondere für Fotojournalismus, und bietet Wechselausstellungen zu unterschiedlichsten Themen. Zuletzt waren im zweistöckigen Ausstellungsbereich Arbeiten von Henri Cartier-Bresson, Man Ray und Robert Capa zu sehen. Das Zentrum fungiert auch als Foto-Akademie und bietet Kurse (mit Bescheinigungen) und öffentliche Vortragsreihen an.

Der exzellente Laden der Galerie verkauft Instantkameras und Fotobände, coole kleine Geschenke und New-York-Souvenirs.

DIAMOND DISTRICT   STRASSE

Karte S. 466 (www.diamonddistrict.org; 47th St zw. Fifth & Sixth Ave; B/D/F/M bis 47th–50th St–Rockefeller Center) Wie die Winkelgasse *(Diagon Alley)* in *Harry Potter* ist auch der Diamond District eine Welt für sich, ein frenetischer Wirbel aus chassidisch-jüdischen Geschäftsleuten, nervtötenden Straßenverkäufern und verliebten Paaren auf der Suche nach dem perfekten Stein. In den mehr als 2600 Geschäften werden Diamanten, Gold, Perlen, Edelsteine und Armbanduhren in allen erdenklichen Versionen verscherbelt. Im Diamond District gehen ungefähr 90 % aller im Land verkauften geschliffenen Diamanten über den Ladentisch. Marilyn, hier kannst du dich austoben!

HERALD SQUARE   PLATZ

Karte S. 466 (Ecke Broadway, Sixth Ave & 34th St; B/D/F/M, N/Q/R bis 34th St–Herald Sq) Am bekanntesten ist dieser belebte Platz an der Kreuzung von Broadway, Sixth Ave und 34th St für das riesige Kaufhaus Macy's, wo immer noch einige original erhaltene Holzfahrstühle in Betrieb sind. Da die Stadtverwaltung den Times Square verkehrsberuhigt hat, kann man sogar versuchen, sich direkt vor dem Geschäft auf Liegestühlen zu entspannen – und das mitten auf dem Broadway.

Der Herald Square wurde nach der längst eingestellten Zeitung *New York Herald* (1835–1924) benannt. Dank einer längst überfälligen Sanierung ist jetzt in dem kleinen, schattigen Park während der Geschäftszeiten eine Menge los. In den Einkaufspassagen südlich von Macy's an der Sixth Ave reihen sich nur langweilige, spießige Ladenketten aneinander.

GARMENT DISTRICT STADTVIERTEL

Karte S. 466 (Seventh Ave zw. 34th St & Times Sq, Midtown West; [S]N/Q/R, S, 1/2/3 & 7 bis Times Sq–42nd St) Die manchmal auch Fashion District (Modebezirk) genannte Gegend hat sich den Textilien verschrieben. Die Abfolge von Modedesignern und Groß- und Einzelhandelsgeschäften sieht eigentlich recht gewöhnlich aus. Aber hier gibt es eine riesige Auswahl an Stoffen, Pailletten, Spitzen und vielleicht sogar diese fluoreszierenden Samtknöpfe, die man schon seit 1986 händeringend gesucht hat.

Im Vorfeld der Fashion Week (Februar und September) wimmelt es in der Gegend von Models mit ihren Portfolios, die hier von einem Casting zum nächsten hetzen. Zu jeder Jahreszeit lohnt ein Blick auf den Bürgersteig in der Seventh Ave und der 39th St mit dem Fashion Walk of Fame (Ruhmesweg der Mode), mit dem Betsey Johnson, Marc Jacobs, Geoffrey Beene, Bill Blass, Halston, Calvin Klein und andere Modeschöpfer geehrt werden. Er befindet sich an derselben Ecke wie Claes Oldenburgs Skulptur des größten Knopfes der Welt, der von einer knapp 10 m hohen Stahlnadel gehalten wird.

INTREPID SEA, AIR & SPACE MUSEUM MUSEUM

Karte S. 466 (www.intrepidmuseum.org; Pier 86, Twelfth Ave Höhe 46th St, Midtown West; Erw./Kind U-Boot Intrepid & Growler 24/12 $, inkl. Space Shuttle Pavilion 31/17 $; ⊙April–Okt. Mo-Fr 10–17, Sa & So bis 18 Uhr, Nov.–März tgl. 10–17 Uhr; [bus]M42, M50 Richtung Westen, [S]A/C/E bis 42nd St–Port Authority Bus Terminal) Die USS *Intrepid* überlebte sowohl einen Bombenangriff im Zweiten Weltkrieg als auch Kamikazefliegerangriffe. Heute ist der wuchtige Flugzeugträger zum Glück weitaus weniger Stress ausgesetzt. Er beherbergt ein interaktives Militärmuseum, das viele Mil-

---

ABSTECHER

FOUR FREEDOMS PARK

Spektakuläres Design, ein Präsident als Inspirationsquelle und ein ganz anderer Blick auf die New Yorker Skyline bilden ein faszinierendes Trio im **Franklin D Roosevelt Four Freedoms Park** (Karte S. 462; www.fdrfourfreedomspark.org; ⊙Mi–Mo 9–17 Uhr) GRATIS. Das bemerkenswerte Denkmal an der Südspitze der schmalen Insel Roosevelt Island im East River ehrt Amerikas 32. Präsidenten und seine Rede zur Lage der Nation von 1941. Darin drückte Franklin D. Roosevelt seinen Wunsch nach einer Welt aus, die auf den vier wesentlichen Freiheiten des Menschen beruht: Meinungsfreiheit, Glaubensfreiheit, Freiheit von Not und Freiheit von Furcht. Das vom renommierten Architekten Louis Kahn 1973 entworfene Denkmal wurde erst 2012, 38 Jahre nach Kahns Tod, vollendet.

Das Warten hat sich gelohnt. Kahns lichte Vision aus Granit ist in Ausmaß und Wirkung schlichtweg atemberaubend. Eine grandiose, schlichte Treppe führt hinauf zu einem dreieckigen Rasen, der von Linden gesäumt ist. Er fällt sanft hinab zu einer Bronzebüste Roosevelts des amerikanischen Bildhauers Jo Davidson. Die Skulptur wird von einer Mauer gerahmt, auf der Roosevelts zündende Rede per Hand eingemeißelt ist. Die Mauer dient auch dazu, die Büste von „The Room" zu trennen, einer beschaulichen Granitterrasse an der äußersten Spitze der Insel. Die Kombination aus plätschernden Wellen und himmelhoher Skyline ist absolut faszinierend.

Die Linie F der Subway fährt zwar zur Roosevelt Island, aber es macht viel mehr Spaß, mit der Seilbahn über den East River zu gleiten und die Skyline von Manhattan aus der Vogelperspektive zu genießen. Das Denkmal liegt 15 Minuten zu Fuß südlich der Seilbahn- und Subway-Stationen auf Roosevelt Island. Eine andere Möglichkeit ist der Island Red Bus (0,25 $), der in der Main St einen Block östlich der Subway-Station oder einen Block nördlich der Seilbahnstation auf Roosevelt Island abfährt.

NOCH MEHR MIDTOWN-WOLKENKRATZER

Die Skyline von Midtown besteht aus mehr als nur dem Empire State Building und dem Chrysler Building. Hier stehen genügend moderne und postmoderne Schönheiten, um auch die wildesten Hochhausträume zu erfüllen. Hier fünf der herausragendsten Wolkenkratzer von Midtown:

Seagram Building (1956–1958; 157 m)
Das 38-stöckige **Seagram Building** (Karte S. 462; 100 E 53rd St Höhe Park Ave; Midtown East; Ⓢ 6 bis 51st St; E, M bis Fifth Ave–53rd St) ist ein Lehrbuchbeispiel und eines der schönsten Exemplare des Internationalen Stils. Sein führender Architekt Ludwig Mies van der Rohe war für das Projekt von Arthur Drexler vorgeschlagen worden, dem damaligen Kurator für Architektur im MoMa. Mit dem niedrigen Podest, den Säulen und der Bronzeverkleidung würdigte Mies antike Einflüsse.

Lever House (1950–1952; 94 m)
Bei seiner Fertigstellung war das 21-stöckige **Lever House** (Karte S. 462; 390 Park Ave zw. 53rd & 54th St, Midtown East; Ⓢ E, M bis Fifth Ave–53rd St) das Nonplusultra. Der einzige andere Wolkenkratzer mit Glasfassade – eine Innovation, die den Städtebau revolutionierte – war damals das Sekretariatshochhaus der Vereinten Nationen. Mutig war auch die Gestalt des Gebäudes mit zwei gegeneinander versetzten rechteckigen Gebäudeteilen: ein schlanker Turm auf einem Sockel. In dem offenen Hof stehen Marmorbänke des japanisch-amerikanischen Bildhauers Isamu Noguchi. In der Eingangshalle wird zeitgenössische Kunst ausgestellt, die eigens für diesen Raum in Auftrag gegeben wurde.

Citigroup Center (1974–1977; 279 m)
Mit seinem markanten dreieckigen Dach und der gestreiften Fassade kennzeichnet das nach Plänen von Hugh Stubbins erbaute 59-stöckige **Citigroup Center** (Karte S. 462; 139 E 53rd St Höhe Lexington Ave, Midtown East; Ⓢ 6 bis 51st St, E, M bis Lexington Ave–53rd St) eine Abkehr von der schlichten Flachdachbauweise des Internationalen Stils. Ein noch größerer Hingucker ist der Sockel des Gebäudes. Er wurde an allen vier Ecken beschnitten, sodass der Turm waghalsig auf einer kreuzförmigen Basis ruht. Diese ungewöhnliche Anordnung wurde auch für den Bau der St Peter's Lutheran Church in der Nordwestecke gewählt. Sie ersetzte die ursprüngliche neugotische Kirche, die bei der Errichtung des Wolkenkratzers abgerissen wurde.

Hearst Tower (2003–06; 182 m)
Der **Hearst Tower** (Karte S. 466; 949 Eighth Ave zw. 56th & 57th Ave, Midtown West; Ⓢ A/C, B/D, 1 bis 59th St–Columbus Circle) von Foster & Partners ist unbestritten New Yorks kreativstes Beispiel zeitgenössischer Architektur. Mit seinen schräg verlaufenden Stahlträgern sieht er aus wie eine Honigwabe aus Glas und Stahl. Er wirkt am eindrucksvollsten ganz aus der Nähe und aus der Winkelperspektive. Der Wolkenkratzer erhebt sich über dem ausgehöhlten Kern des 1928 von John Urban erbauten steinernen Unterbaus des Hearst Magazine Building, das eigentlich selbst ein Wolkenkratzer werden sollte. Das 46 Etagen umfassende Bauwerk zählt zu den umweltbewusstesten der Stadt: Rund 90 % des Stützstahls stammt aus Recyclingmaterial. Die Lobby ziert *Riverlines*, ein Wandgemälde von Richard Long.

Bank of America Tower (2004–2009; 366 m)
Der **Bank of America Tower** (Karte S. 466; Sixth Ave zw. 42nd & 43rd St; Ⓢ B/D/F/M bis 42nd St–Bryant Park) macht mit seiner Glasverkleidung und der in den Himmel ragenden fast 78 m hohen Spitze richtig was her. Schlagzeilen machte er jedoch vor allem wegen seiner „grünen" Eigenschaften. Die Zahlen sprechen für sich: Eine abgasarme Heizkraftanlage auf dem Gelände liefert rund 65 % des jährlich im Hochhaus verbrauchten Stroms, bei Bedarf sorgen CO_2-sensible Luftfilter für saubere Luft und die Aufzüge sind so programmiert, dass unnötige Fahrten leerer Fahrstühle verhindert werden. Das 58-stöckige Prestigeobjekt der Firma Cook & Fox Architects erhielt 2010 vom Council on Tall Buildings & Urban Habitat die Auszeichnung als „bestes Hochhaus Amerikas".

1

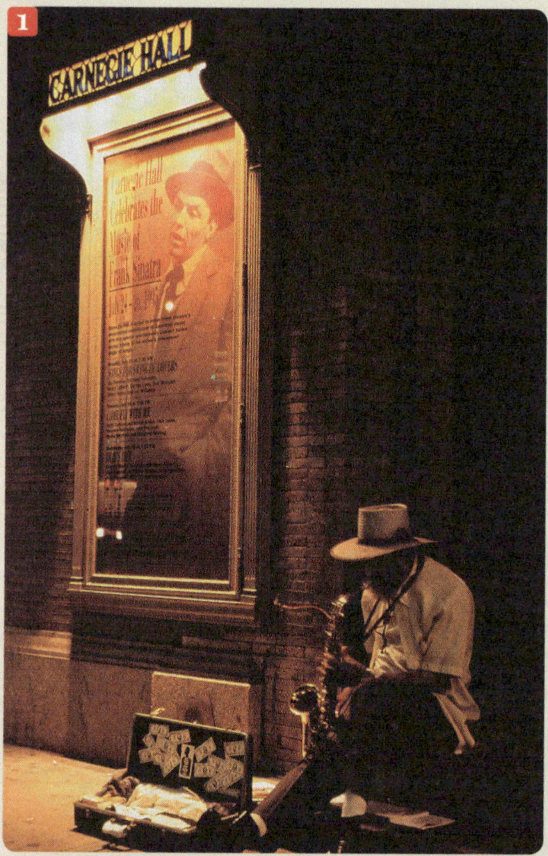

HIROYUKI MATSUMOTO / GETTY IMAGES ©

2

4

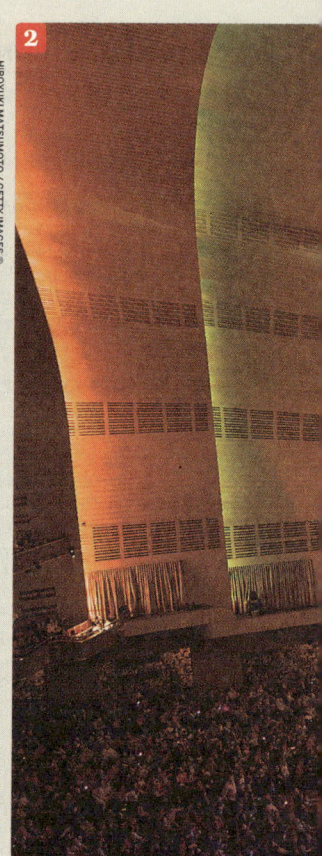

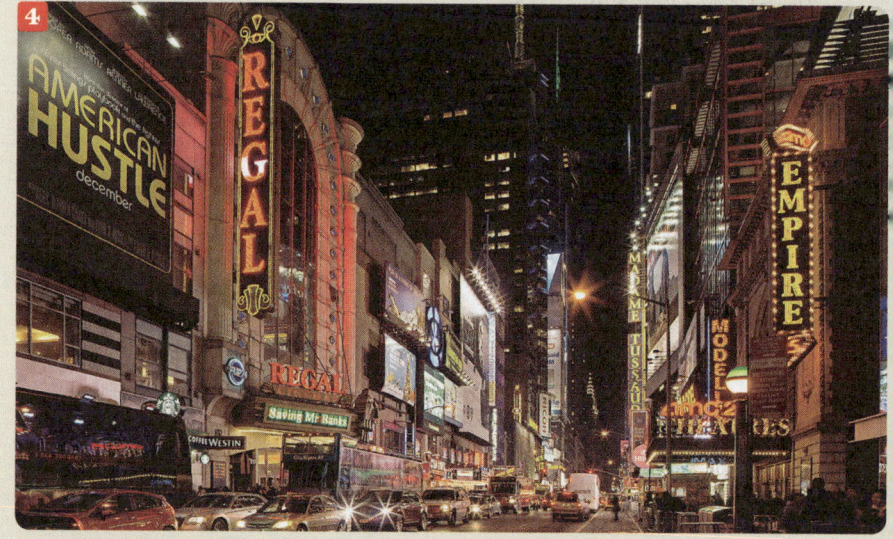

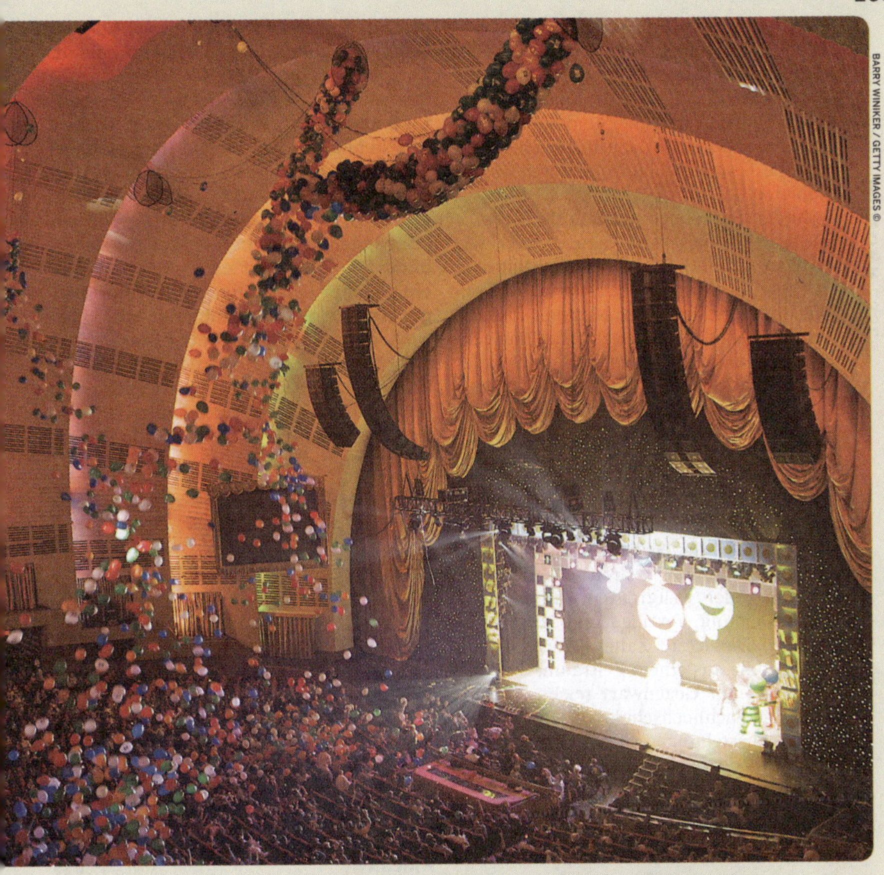

BARRY WINIKER / GETTY IMAGES ©

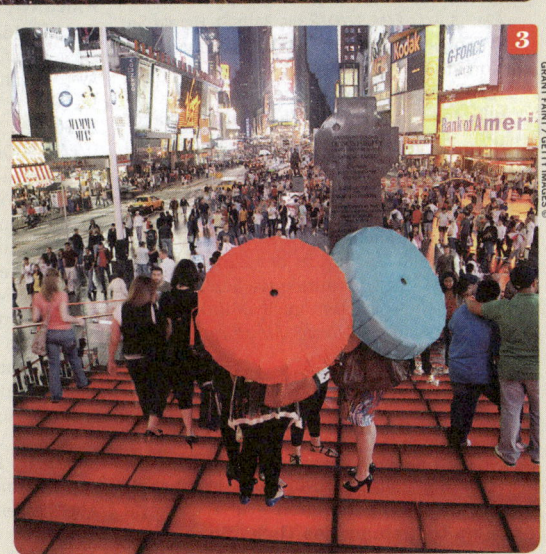

1. Carnegie Hall (S. 214)
Entweder man genießt die Akustik des legendären Konzerthauses bei einer Jazz-, Opern- oder Folk-Darbietung oder man hört einfach den Straßenmusikern vor der Tür zu.

2. Radio City Music Hall (S. 197)
Das üppige Art-déco-Interieur mit der denkmalgeschützten Great Stage soll an einen Sonnenuntergang erinnern.

3. Times Square (S. 185)
Dieses Wahrzeichen New Yorks lockt mit glitzernden Lichtern und bombastischen Reklametafeln.

4. 42nd St
Auf der geschäftigen 42nd Street, die von einigen der berühmtesten Gebäude New Yorks gesäumt wird, herrscht meist ein ziemliches Gedränge.

GRANT FAINT / GETTY IMAGES ©

lionen Dollar verschlungen hat und mittels Videos, historischen Artefakten und originalbelassenen Quartieren die Geschichte der *Intrepid* erzählt. Auf dem Flugdeck stehen Militärhubschrauber und Kampfflugzeuge, die vielleicht dazu inspirieren können, die Hightech-Flugsimulatoren auszuprobieren.

Zu den Spielereien gehören der G Force Encounter – hier kann man erleben, wie es sich anfühlt, ein Überschallflugzeug zu fliegen – und der Transporter FX, ein Flugsimulator, der „sechs Minuten absolute Reizüberflutung" verspricht. Im Museum sind auch das Lenkwaffen-U-Boot *Growler* (nichts für Klaustrophobiker), eine ausgemusterte Concorde, und die ehemalige NASA-Raumfähre *Enterprise* untergebracht.

MUSEUM AT FIT — MUSEUM

Karte S. 466 (www.fitnyc.edu/museum; 227 W 27th St Höhe Seventh Ave, Midtown West; Di-Fr 12–20, Sa 10–17 Uhr; S 1 bis 28th St) GRATIS Das Fashion Institute of Technology (FIT) darf sich einer der weltgrößten Sammlungen von Bekleidung, Textilien und Accessoires rühmen. Die letzte Zählung ergab rund 50 000 Teile aus einem Zeitraum, der vom 18. Jh. bis zur Gegenwart reicht. Im Museum der Fachhochschule sind innovative Wechselausstellungen zu sehen, die sowohl Stücke aus der eigenen Sammlung als auch geliehene Kuriositäten zeigen.

KOREATOWN — STADTVIERTEL

Karte S. 466 (31st bis 36th St & Broadway bis Fifth Ave; S B/D/F/M, N/Q/R bis 34th St–Herald Sq) Wenn es um Kimchi und Karaoke geht, ist Koreatown (Little Korea) kaum zu überbieten. „Klein-Korea" konzentriert sich vorwiegend auf die 32nd St, reicht aber auch noch ein wenig in die Straßen unmittelbar südlich und nördlich dieses Streifens hinein. Das Seoul in Kleinformat wimmelt von Restaurants, Geschäften, Salons und Spas mit koreanischen Besitzern.

In vielen Lokalen in der 32nd St gibt's rund um die Uhr authentisches BBQ und in manchen warten auch Mikrofon, Videoscreen und *Manic Monday* auf Gesangskünstler.

🍴 ESSEN

Trotz der allgegenwärtigen Imbissketten und Touristenfallen – überwiegend in der Umgebung des Times Square und im Theater District – ist Midtown keineswegs ein kulinarisches Niemandsland. Es gibt hier über 20 Michelin-Sterne-Restaurants, einige davon mit phantastischem Skylineblick. Hier warten Köstlichkeiten wie authentisches *chingudi jhola* (scharfes Garnelencurry) im „Curry Hill"-Bezirk (Lexington Ave Höhe 28th St), Bio-Zen-Nudeln in Koreatown oder legendäre *ramen*-Nudeln in der W 52nd St. Oder darf es vielleicht lieber ein weicher Cheeseburger in einer Burger-Kneipe oder ein kubanisches Sandwich in einem tollen Retro-Diner sein? Dann ist da noch die Ninth Ave in Hell's Kitchen, eine sich ständig entwickelnde beliebte Trink- und Fressmeile zum Sehen und Gesehenwerden. Auf die Plätze, fertig, mampf!

🍴 Midtown East & Fifth Avenue

99 CENT PIZZA — PIZZERIA $

Karte S. 462 (473 Lexington Ave Höhe 46th St; Pizzaschnitten 1 $; 6–4.30 Uhr; S, 4/5/6, 7 bis Grand Central–42nd St) Im schlichten 99 Cent Pizza herrscht eigentlich immer reger Betrieb – ein untrügliches Gütezeichen. Gourmetpizza ist nicht und will es auch gar nicht sein. Aber wer Appetit auf ein ordentliches Stück Pizza auf die Hand hat, liegt hier richtig.

HANGAWI — KOREANISCH $$

Karte S. 462 (212-213-0077; www.hangawirestaurant.com; 12 E 32nd St zw. Fifth & Madison Ave; Hauptgerichte mittags 10–16 $, abends 16–26 $; Mo-Do 12–14.45 & 17–22.15, Fr bis 22.30, Sa 13–22.30, So 17–21.30 Uhr; S B/D/F/M, N/Q/R bis 34th St–Herald Sq) Fleischfreie koreanische Küche ist die Attraktion im ambitionierten Hangawi. Bevor man in diesen Genuss kommt muss man sich am Eingang von seinen Schuhe trennen, dann geht es in einen Zen-artigen Raum mit meditativer Musik, weichen Sitzkissen und natürlichen, raffinierten Gerichten. Zu den Highlights zählen Lauchpfannkuchen und der verführerisch zarte Tofu aus dem Tontopf in Ingwersauce.

Biologische und glutenfreie Speisen auf der Karte unterstreichen das gesundheitsbewusste Konzept und das Mittagessen zum Festpreis von 22 $ ist sehr preiswert. Abendessen nur mit Tischreservierung möglich.

SMITH
AMERIKANISCH $$

Karte S. 462 (212-644-2700; www.thesmithnyc.com; 956 Second Ave Höhe 51st St, Midtown East; Hauptgerichte 17–33 $; Mo-Mi 7.30–24, Do & Fr bis 1, Sa 10–1, So 10–24 Uhr; ; 6 bis 51st St) Die coole, flippige Brasserie hat mit ihrem Industriechic, der kommunikativen Bar und dem gut zubereiteten Essen den äußersten Osten von Midtown aufgepeppt. Die meisten Gerichte sind hausgemacht und saisonal bei einer Mischung aus nostalgischen amerikanisch und italienisch inspirierten Speisen – wie heiße Kartoffelchips mit Schimmelkäsefondue, Hühnerpastete mit weichem Cheddar-Schnittlauch-Teig sowie handgemachte, mit Ziegenkäse gefüllte Ravioli.

Zum Sonntagsbrunch sollte reserviert oder mit Wartezeiten gerechnet werden.

DHABA
INDISCH $$

Karte S. 462 (www.dhabanyc.com; 108 Lexington Ave zw. 27th & 28th St, Midtown East; Hauptgerichte 11–23 $; Mo-Do 12–24, Fr & Sa bis 1, So bis 22.30 Uhr; 6 bis 28th St) In Murray Hill (alias Curry Hill) herrscht kein Mangel an Essen vom Subkontinent, aber das unkonventionelle Dhaba ist ein echter Geschmackshammer. Zu den köstlichen Leckereien gehören das würzige, herrlich knackige *lasoni gobi* (frittierter Blumenkohl mit Tomaten und Gewürzen) und das absolut verführerische *murgh bharta* (Hühnerhackfleisch mit geräucherter Aubergine).

Neben den überwiegend punjabischen Speisen gibt es auch etliche britische Curryhouse-Klassiker. Außerdem gibt's ein preisgünstiges Mittagsbüffet (Mo-Sa 10,95 $, So 12,95 $).

EL PARADOR CAFE
MEXIKANISCH $$

Karte S. 462 (212-679-6812; www.elparadorcafe.com; 325 E 34th St zw. First & Second Ave, Midtown East; Hauptgerichte 18–32 $; 12–24 Uhr, Juli & Aug. So geschl.; 6 bis 33rd St) Seinerzeit zog der abgelegene Standort dieses alteingesessenen Mexikaners besonders Ehemänner auf Abwegen an. Die geheimnistuerischen Stammgäste sind verschwunden, aber der altmodische Charme ist geblieben, von den funkelnden Kerzenhaltern und feschen Latinokellnern bis zu den überzeugenden mexikanischen Klassikern.

Immer wieder gern bestellt werden z. B. die *mejillones al vino* (Muscheln in Rotwein, Koriander und Knoblauch, dazu Maisbrot mit grünem Chili) und die Spezialität des Hauses: *Mole Poblano* (Hühnchen in einer schweren Sauce aus Chili und Schokolade). Als krönender Abschluss des Abends empfiehlt sich ein Glas vom hausgemachten Ananas-Tequila.

★ ROUGE TOMATE
MODERN AMERIKANISCH $$$

Karte S. 462 (646-237-8977; www.rougetomatenyc.com; 10 E 60th St zw. Fifth & Madison Ave; Abendgerichte 29–42 $; Mo-Sa 12–15 & 17.30–22.30 Uhr; ; N/Q/R bis Fifth Ave–59th St, 4/5/6 bis 59th St) Das gesundheitsbewusste, mit einem Michelin-Stern ausgezeichnete Rouge Tomate macht Nachhaltigkeit sexy. Um den maximalen Nährwert zu erhalten, werden die überwiegend lokalen und saisonalen Zutaten nie frittiert oder gegrillt. Diese scheinbare Einschränkung ist aber kein Hindernis für aufwendige, raffinierte Wunderwerke wie fleischiges, bissfestes Auberginenmus mit Knoblauchconfit.

Das außergewöhnliche Angebot von biologischen und biodynamischen Weinen ist genau das Richtige für die attraktiven, elegant gekleideten Gäste, die direkt aus *Sex and the City* stammen könnten. Das dreigängige „Business Lunch" für 32 $ ist recht preiswert. Auch ist es ratsam, drei oder vier Tage im Voraus zu reservieren, besonders dienstags und donnerstags abends. Ohne Reservierung sollte man früh kommen und sein Glück an der Bar versuchen.

JOHN DORY OYSTER BAR
FISCH & MEERESFRÜCHTE $$$

Karte S. 462 (www.thejohndory.com; 1196 Broadway Höhe 29th St; kleine Gerichte 9–28 $; 12–24 Uhr; N/R bis 28th St) Das laute und trendige John Dory in der Lobby des Ace Hotel (S. 359) ist ein schönes Lokal, um Sekt zu schlürfen und üppiges Seafood zu genießen. Rohes Meeresgetier wird in Gerichten wie Makrele mit Chili, Koriander und knuspriger Tintenfischen raffiniert zubereitet, aber auch die „kleinen Gerichte" sind oft kreativ (mit Chorizo gefüllter Tintenfisch mit geräucherter Tomate gefällig?)

Von 17 bis 19 und 23 bis 24 Uhr (am Wochenende 12 bis 19 Uhr) kosten sechs Austern oder Venusmuscheln mit einem Glas Sekt oder einem Pint Ale 18 $.

SPARKS
STEAKHAUS $$$

Karte S. 462 (212-687-4855; www.sparkssteakhouse.com; 210 E 46th St zw. Second & Third Ave, Midtown East; Abendgerichte 36–53 $; Mo-Do 11.30–23, Fr 11.30–23.30, Sa 17–23.30 Uhr; ; S, 4/5/6, 7 bis Grand Central–42nd St) Ein waschechtes New Yorker Steakhaus-Erlebnis verspricht dieses ehemalige Stammlokal der Mafia, das auf eine fast 50-jährige Geschichte zurückblickt und sich immer noch nicht über Gästemangel beschweren kann.

Überzeugte Fleischesser jeden Schlags genießen hier die Wahl zwischen saftigem Rumpsteak, Filet Mignon, Steak *fromage* (mit Roquefort) oder Rindermedaillons mit Sauce bordelaise. Dicke Kalbs- und Lammkoteletts und diverse Seafood-Alternativen runden das Angebot ab. Und für die besondere Atmosphäre sorgen schon die tüchtigen Profikellner.

✕ Midtown West & Times Square

★ TOTTO RAMEN — JAPANISCH $

Karte S. 466 (www.tottoramen.com; 366 W 52nd St zw. Eighth & Ninth Ave, Midtown West; Ramen ab 9,75 $; ⏰ Mo-Fr 12-24, Sa 12-23, So 17-23 Uhr; Ⓢ C/E bis 50th St) Gute Dinge kommen zu dem, der warten kann. So auch im winzigen Totto. Die Gäste schreiben ihren Namen und die Personenzahl auf das Clipboard an der Tür und warten auf ihre *ramen*-Offenbarung. Das Hühnchen ist längst nicht so toll wie das Schweinchen, das sich in Gerichten wie Miso-*ramen* (mit fermentierter Sojabohnenpaste, Ei, Frühlingszwiebeln, Sojabohnensprossen, Zwiebeln und hausgemachter Chilipaste) zu Höchstform aufschwingt.

Hinter der Theke werkeln die *ramen*-Köche an brodelnden Riesentöpfen mit duftender Brühe und rösten das zarte Schweinefleisch mit einem Gasbrenner. Die Tagesgerichte stehen auf den Korkpinnwänden; auf keinen Fall sollte man sich die *ika-yaki* (am Spieß geröstete Seeigel) entgehen lassen. Am Wochenende sind die Wartezeiten hier unerträglich.

BURGER JOINT — HAMBURGER $

Karte S. 466 (www.burgerjointny.com; Le Parker Meridien, 119 W 56th St zw. Sixth & Seventh Ave, Midtown West; Hamburger ab 7,80 $; ⏰ So-Do 11-23.30, Fr & Sa bis 24 Uhr; Ⓢ F bis 57th St) Die kneipenähnliche Imbissbude (nur Barzahlung), auf die nur ein kleiner Neonhamburger hinweist, versteckt sich hinter der Lobby im Hotel Le Parker Meridien. Sie ist zwar nicht mehr so „hip" oder „geheim" wie einst, aber bietet immer noch das gleiche überzeugende Konzept aus Graffiti-Wänden, Retro-Nischen und engagiertem Personal, das erstklassige Bulettenbrötchen zusammenbrutzelt.

Die Wahl wird einem leicht gemacht: Hamburger oder Cheeseburger, nach Geschmack und mit Zutaten nach Wunsch zubereitet. Dazu kann man eine Portion goldbraune Pommes und ein Bier bestellen und dann die Wände nach Kritzeleien von Promis absuchen. Am besten früh oder spät ankommen, um nicht warten zu müssen.

EL MARGON — KUBANISCH $

Karte S. 466 (136 W 46th St zw. Sixth & Seventh Ave, Midtown West; Sandwiches ab 4 $, Hauptgerichte 9-15 $; ⏰ 7-17 Uhr; Ⓢ B/D/F/M bis 47th-50th St-Rockefeller Center) In diesem kubanischen Lokal, wo orangefarbenes Laminat und köstliches Fettgebackenes nie aus der Mode kamen, ist die Zeit um das Jahr 1973 stehen geblieben. Am besten sind die legendären kubanischen Sandwiches (getoastete Brötchen mit reichlich saftigem Schweinebraten, Salami, Käse, Pickles, Mojosauce und Majo) bestellen. Es ist sündhaft lecker.

★ DANJI — KOREANISCH $$

Karte S. 466 (www.danjinyc.com; 346 W 52nd St zw. Eighth & Ninth Ave, Midtown West; Gerichte 6-20 $; ⏰ Mo-Do 12-14.30 & 17.15-22.45, Fr 12-14.30 & 17.15-23.45, Sa 17.15-23.45 Uhr; Ⓢ C/E bis 50th St) Der Nachwuchskoch Hooni Kim lässt mit seinen Michelin-besternten koreanischen „Tapas" den Gaumen jauchzen. Die himmlischen Häppchen in dem behaglich-schicken und modernen Lokal kommen in zwei Kategorien: traditionell und modern. Wir wollen hier zwar nur ungern etwas empfehlen, aber wir würden unsere Seele für die Mini-Burger verkaufen, eine köstliche Kombination aus Rindfleisch-*bulgogi* und Schweinebauch mit einer Frühlingszwiebelsauce auf gebutterten und gegrillten Brötchen. Früh ankommen oder Wartezeit einplanen.

★ VICEVERSA — ITALIENISCH $$

Karte S. 466 (📞 212-399-9291; www.viceversanyc.com; 325 W 51st St zw. Eighth & Ninth Ave, Midtown West; Pasta 10-22 $, Hauptgerichte 23-30 $; ⏰ Mo-Fr 12-14.30 & 17-23, Sa 17-23, So 11.30-15 & 17-22 Uhr; Ⓢ C/E bis 50th St) Das ViceVersa ist ein klassischer Italiener: zuvorkommend und kultiviert, leutselig und lecker. Auf der Karte stehen raffinierte Gerichte verschiedener Regionen, wie *arancini* gefüllt mit schwarzem Trüffel und Fontina-Käse oder Spanferkelbraten mit Fenchelsamen und gegrillten Endivien.

Ein beliebter Klassiker sind die *casoncelli alla bergamasca* (eine Art Ravioli gefüllt mit Hackfleisch, Rosinen und Amarettini, gewürzt mit Salbei, Butter, Pancetta und Grana Padano), ein Hinweis auf die lombardische Herkunft des Chefkochs Stefano Terzi. Ein Platz an der Bar ist ideal für Sologäste, der grüne Hof eignet sich prima zum Sehen und Gesehenwerden beim Sonntagsbrunch.

GAHM MI OAK KOREANISCH $$

Karte S. 466 (43 W 32nd St zw. Broadway & Fifth Ave; Hauptgerichte 10–22 $; 24 Std.; N/Q/R, B/D/F/M bis 34th St–Herald Sq) Wenn morgens um 3 Uhr der Hunger auf *yook hwe* (rohes Rindfleisch und asiatische Birnenstäbchen) zuschlägt, wartet Rettung in diesem K-Town-Lokal. Das Erfolgsrezept lautet „Authentizität", wie bei der Spezialität des Hauses *sul long tang* (eine milchige Fleischbrühe aus Ochsenknochen, die 12 Std. gekocht und mit Rinderbrust und Frühlingszwiebeln angereichert wird), die selbst den schlimmsten Kater kuriert.

★ **LE BERNARDIN** FISCH & MEERESFRÜCHTE $$$

Karte S. 466 (212-554-1515; www.le-bernardin.com; 155 W 51st St zw. Sixth & Seventh Ave, Midtown West; prix fixe Mittag-/Abendessen 76/135 $, Probiermenü 155–198 $; Mo–Do 12–14.30 & 17.15–22.30, Fr 12–14.30 & 17.15–23, Sa 17.15–23 Uhr; 1 bis 50th St, B/D, E bis 7th Ave) Das Interieur wurde dezent aufgepeppt, um auch einer „jüngeren Klientel" zu gefallen (das atemberaubende „Sturm"-Triptychon stammt vom Brooklyner Künstler Ran Ortner), aber ansonsten ist Le Bernardin mit drei Michelin-Sternen nach wie vor ein luxuriöser Gourmettempel. Das Küchenzepter schwingt Starkoch Eric Ripert, dessen trügerisch schlicht aussehendes Seafood oft schon an ein transzendentales Erlebnis grenzt.

Die Speisekarte ist überschaubar: Mittags gibt's drei Gänge für 76 $, abends vier Gänge für 135 $ und bei jedem Gang reichlich Auswahl. Wer mehr Zeit und Geld mitbringt, kann auch unter zwei Probiermenüs wählen. Die Gerichte selbst sind in drei Kategorien aufgeteilt: „Almost Raw", „Barely Touched", „Lightly Cooked" (fast roh, kaum verarbeitet, leicht zubereitet). Zwar sind die meisten Speisen köstlich, raffiniert und schlichtweg brillant, aber Riperts berühmte Kreation aus Thunfisch und Foie gras ist besonders herausragend. Fürs Abendessen muss mindestens drei Wochen im Voraus reserviert werden, fürs Mittagessen zwei Wochen.

★ **BETONY** MODERN AMERIKANISCH $$$

Karte S. 466 (212-465-2400; www.betony-nyc.com; 41 W 57th St zw. Fifth & Sixth Ave; Hauptgerichte 27–38 $; Mo–Do 17–22, Fr & Sa bis 22.30 Uhr; F bis 57th St) Eine spannende Speisekarte, tadelloser Service und ein verführerischer Downtown-Vibe: Willkommen im neuesten Geschenk des Himmels in Midtown. Mit riesigen Fenstern, Backsteinwänden und einer hohen Bar ist der vordere Teil des Betony ideal für einen abendlichen Cocktail. An einem Tisch im behaglichen, barock angehauchten Speiseraum lassen sich dagegen die raffinierten und dennoch verspielten Gerichte von Chefkoch Bryce Shuman hervorragend genießen.

Hier wird geräucherte Schweinshaxe mit scharf gebratener Foie gras kombiniert, die Saucen werden durch ein Sträußlein frischer Kräuter gegossen und Querrippchen marinieren zwei Tage lang in ausgelassenem Fett von abgehangenem Rindfleisch, bevor sie über glühend heißer japanischer Holzkohle gebraten werden. Das Ergebnis: spektakulär. Reservierung ist unbedingt erforderlich.

NOMAD MODERN AMERIKANISCH $$$

Karte S. 466 (347-472-5660; www.thenomadhotel.com; NoMad Hotel, 1170 Broadway Höhe 28th St; Hauptgerichte 20–37 $; Mo–Do 12–14 & 17.30–22.30, Fr bis 23, Sa 11–14 & 17.30–23, So 11–15 & 17.30–22 Uhr; N/R, 6 bis 28th St, F/M bis 23rd St) Das NoMad mit dem gleichen Namen wie das angesagte Hotel, in dem es sich befindet, hat sich seinen Ruf als eines der kulinarischen Highlights Manhattans gesichert. Das Restaurant ist in mehrere, höchst unterschiedliche Räumlichkeiten aufgeteilt, darunter befinden sich das Atrium zum Sehen und Gesehenwerden, der viktorianische Parlour und die Library nur mit Imbiss. Es ist das coolere und (etwas) zwanglosere Schwesterlokal des Michelinbesternten Eleven Madison Park. Die Speisen sind vielseitig, europäisch ausgerichtet und – getreu dem Ruf des Kochs Daniel Humm – ein kleines bisschen verspielt.

Die Imbissgerichte können zwar Glückssache sein, aber Vorspeisen und Hauptgerichte sind in der Regel herausragend – ob nun eine knusprige Chiffonade von Zuckererbsen mit Pancetta, Pecorino und Minze oder NoMads aufregendes „Hühnchen für Zwei", das im Holzofen gebraten und unter der knusprigen Haut mit einer Foiegras-Brioche-Mischung gefüllt ist. Reservierung erforderlich.

A VOCE — ITALIENISCH $$$

Karte S. 466 (☏212-823-2523; www.avocerestaurant.com; Time Warner Center, 10 Columbus Circle Höhe 59th St; Hauptgerichte 29–45 $; ⊙Mo–Do 11.30–14.30 & 17–22, Fr bis 22.30, Sa 11–15 & 17–22.30, So 11–15 & 17–22 Uhr; SA/C, B/D, 1 bis 59th St–Columbus Circle) Das Michelin-besternte A Voce in der feinen Time Warner Mall bietet bei weitem Blick auf den Central Park hochwertige Variationen italienischer Klassiker – z. B. mit Butternut-Kürbis gefüllte Ravioli mit Mandeln, mildem Gorgonzola und knusprigem Salbei. Auf der ansehnlichen Weinkarte stehen nahezu 20 verschiedene Tropfen, die glasweise ausgeschenkt werden. Bitte unbedingt reservieren.

MARSEILLE — FRANZÖSISCH, MEDITERRAN $$$

Karte S. 466 (www.marseillenyc.com; 630 Ninth Ave Höhe 44th St; Hauptgerichte 20–29 $; ⊙So–Di 11.30–23, Mi–Sa bis 24 Uhr; SA/C/E bis 42nd St–Port Authority Bus Terminal) Der Klassiker in Hell's Kitchen hat ein Ambiente irgendwo zwischen alter Kinolobby und Art-déco-Brasserie. Er ist ideal, um sich mit einem Le Pamplemousse (Wodka mit Grapefruitgeschmack, Campari, Holunderblüten und Zitrus) zu entspannen und schmackhafte französisch-mediterrane Gerichte zu essen, wie provenzalische Tarte mit Ziegenkäse oder toskanisches Hühnchen mit Trüffel-Jus.

AUSGEHEN & NACHTLEBEN

Im dicken Bauch von Manhattan ist für fast jeden Platz – anspruchslose Touris, Jungvolk aus der Vorstadt, Martiniprinzessinnen und so weiter. Die Kneipen östlich des Times Square sind vielleicht ein bisschen traditioneller als die weiter westlich, aber sie gehören zu den stimmungsvollsten der Stadt, von historischen Pubs bis zu vornehmen Refugien. In Midtown West gibt's jede Menge Auswahl, darunter Cocktailbars in luftiger Höhe, schäbige Kneipen und sogar eine Country-and-Western-Schwulenbar. Die Lokale um Seventh Ave, Times Square und Hell's Kitchen liegen ganz in der Nähe der Broadway-Bühnen.

Midtown East & Fifth Avenue

LITTLE COLLINS — CAFÉ

Karte S. 462 (www.littlecollinsnyc.com; 667 Lexington Ave zw. 55th & 56th St, Midtown East; ⊙Mo–Fr 7–18, Sa & So 9–16 Uhr; SE, M bis 53rd St, 4/5/6 bis 59th St) Little Collins, dessen Mitbesitzer Leon Unglik aus Australien stammt, gleicht den berühmten Cafés seiner Heimatstadt Melbourne: ein dezent cooles, freundliches Ambiente, in dem hervorragender Kaffee und ebenso leckeres Essen serviert werden. Das Café ist in Besitz der allererste Modbar New Yorks, eine Hightech-Espressomaschine mit Ausgüssen, die wie schicke Chrom-Wasserhähne aussehen.

TOP OF THE STRAND — COCKTAILBAR

Karte S. 462 (www.topofthestrand.com; Strand, 33 W 37th St zw. Fifth & Sixth Ave; ⊙Mo & So 17–24, Di–Sa bis 1 Uhr; SB/D/F/M bis 34th St) „Oh mein Gott, ich bin in New York!" Diesen Kick erleben Gäste der Dachbar des Hotel Strand (S. 358), wenn sie einen Martini („extra dirty" – mit Olivenwasser) bestellen und (diskret natürlich) staunend den Mund aufreißen. Der Ausblick von der Bar mit den neckischen Cabanas und dem gläsernen Schiebedach aufs Empire State Building ist unvergesslich.

DJs drehen ihre Platten und die Gäste setzen sich zusammen aus einer Mischung von Feierabend-New-Yorkern und internationalen Hotelgästen.

STUMPTOWN COFFEE ROASTERS — CAFÉ

Karte S. 462 (www.stumptowncoffee.com; 18 W 29th St zw. Broadway & Fifth Ave; ⊙Mo–Fr 6–20, Sa & So 7–20 Uhr; SN/R bis 28th St) Hipster-Baristas mit Hut, die einen Wahnsinnskaffee brauen? Nein, das hier ist nicht Williamsburg, es ist ein Manhattan-Außenposten von Portlands kultiger Kaffeerösterei. Die Warteschlange ist ein winziger Preis, den alle gern bezahlen, um an einen wirklich ordentlichen Espresso zu kommen, also bitte keine Klagen. Es gibt nur Stehplätze, aber Fußlahme finden vielleicht einen Sitzplatz im Foyer des benachbarten Ace Hotel (S. 359).

Im Greenwich Village (S. 157) gibt's eine zweite Niederlassung.

CULTURE ESPRESSO   CAFÉ
Karte S. 462 (www.cultureespresso.com; 72 W 38th St Höhe Sixth Ave; ⊙Mo–Fr 7–19, Sa & So ab 8 Uhr; ⊠; SB/D/F/M bis 42nd St–Bryant Park) Das Culture verkauft sortenreinen Espresso, der nussig, aromatisch und cremig schmeckt, handgefilterten Kaffee aus Third-Wave-Bohnen und kalte Variationen (himmlisch ist der Eiskaffee nach Kyoto-Art). Leckere kleine Speisen sind u. a. Gourmet-Panini (mit Kombinationen wie Prosciutto, Feigenmarmelade und Rucola), Gebäck aus lokalen Kleinbetrieben und die hausgebackenen, superweichen Schoko-Cookies.

PJ CLARKE'S   BAR
Karte S. 462 (www.pjclarkes.com; 915 Third Ave Höhe 55th St, Midtown East; ⊙11.30–4 Uhr; SE, M bis Lexington Ave–53rd St) Der liebenswert abgenutzte Holzsaloon, eine Bastion des alten New York, rockt die Szene schon seit 1884; Buddy Holly machte hier seiner Verlobten den Heiratsantrag und Frank Sinatra gehörte praktisch der Tisch Nr. 20. Einfach einen Song aus der Musikbox wählen, einen bombigen Hamburger bestellen und sich unter das bunt zusammengewürfelte Publikum aus Anzugträgern, Studenten und Städtern mit Heimweh nach der guten alten Zeit mischen.

MIDDLE BRANCH   COCKTAILBAR
Karte S. 462 (154 E 33rd St zw. Lexington & Third Ave, Midtown East; ⊙17–2 Uhr; S6 bis 33rd St) Das doppelstöckige Middle Branch, gegründet vom Cocktailgott Sasha Petraske, bringt den dringend benötigten Stil ins Murray Hill, das bisher allzu sehr auf Bier und Margaritas fixiert war. Ansehnliche Barkeeper mixen einige der elegantesten Getränke in Midtown, von vertrauten Klassikern bis zu kapriziösen Neuinterpretationen wie den Enzoni (eine Variante mit Zitronen und Trauben des klassischen Negroni). Nur Barzahlung.

SUBWAY INN   KNEIPE
Karte S. 462 (143 E 60th St zw. Lexington & Third Ave, Midtown East; ⊙Mo–Sa 11–4, So ab 12 Uhr; S4/5/6 bis 59th St, N/Q/R bis Lexington-Ave-59th St) So billiger Alkohol in dieser Ecke der Stadt? Wir sind dabei. Die Alte-Knacker-Kneipe gegenüber von Bloomingdale's ist eine Welt für sich. Das Überbleibsel aus den Zeiten, als man sich noch billig besaufen konnte, wähnt sich trotz der längst überholten Rockmusik und der verschrammten roten Nischen noch in den längst vergangenen Glanztagen, als immer wieder mal Marilyn Monroe hereingeschneit kam.

TERROIR   WEINBAR
Karte S. 462 (439 Third Ave zw. 30th & 31st St, Midtown East; ⊙Mo–Do 17–1, Fr & Sa bis 2, So bis 23 Uhr; S6 bis 28th St) Das lässige Terroir, das mit den tief hängenden Glühbirnen, Backstein und Gemeinschaftstischen einen Hauch Downtown bietet, ist eine Oase für Weinliebhaber in Murray Hill. Die gute, preisgünstige Weinkarte ist so dick wie Omas Familienalbum und hat ein beeindruckendes Angebot an Schankweinen. Hungrige haben die Wahl zwischen mehreren Kleinigkeiten, wie marinierte Oliven oder geröstete Rote Bete mit Orange und Haselnüssen.

📍 Midtown West & Times Square

ROBERT   COCKTAILBAR
Karte S. 466 (www.robertnyc.com; Museum of Arts & Design, 2 Columbus Circle zw. Eighth Ave & Broadway; ⊙Mo 11.30–22, Di–Fr 11.30–24, Sa 11–24, So 11–22 Uhr; SA/C, B/D, 1 bis 59th St–Columbus Circle) Das von den 1960er-Jahren inspirierte Robert im 8. Stock (9th floor) des Museum of Arts & Design (S. 201) ist eigentlich ein Nobelrestaurant mit moderner amerikanischer Küche. Das Essen ist nicht schlecht, aber viel besser ist ein Besuch am Spätnachmittag oder nach dem Abendessen, wo man sich dann ein Sofa aussucht und bei einem MAD Manhattan (Bourbon, Blutorangen-Vermouth und Amarenakirschen) auf den Central Park hinabschaut. Herrlich.

RUM HOUSE   COCKTAILBAR
Karte S. 466 (www.edisonrumhouse.com; 228 W 47th St zw. Broadway & Eighth Ave, Midtown West; ⊙13–4 Uhr; SN/Q/R bis 49th St) Vor nicht allzu langer Zeit war dies die schäbige alte Pianobar des Hotel Edison. Bis das kompetente Team von der Tribeca-Bar Ward III auftauchte, den schmuddeligen Teppich he-

rausriss, die kupferbeschlagene Theke poliert und diesem Stück altes New York neues Leben einhauchte. Abends spielt immer noch ein Pianist (Mi–Mo), aber inzwischen zu fachmännisch gemixten Getränken und einem beneidenswert vielfältigen Whiskey- und Rumangebot.

LANTERN'S KEEP COCKTAILBAR

Karte S. 466 (☎212-453-4287; www.thelanternskeep.com; Iroquois Hotel, 49 W 44th St zw. Fifth & Sixth Ave; ⊗Mo–Fr 17–24, Sa 18–1 Uhr; ⓢB/D/F/M bis 42nd St–Bryant Park) Wer ein Geheimnis bewahren kann, durchquert die Lobby des Iroquois Hotel (S. 360) und schlüpft in diesen schummrigen, romantischen Cocktailsalon. Die Spezialität des Salons sind Schlückchen aus Prä-Prohibitionszeiten, geschüttelt und gerührt von enthusiastischen und umgänglichen Mixologen. Allen, die es gern scharf mögen, sei das Groom's Breakfast (Bräutigamsfrühstück) empfohlen, eine feurige Mischung aus Gin, Chilisauce, Worcestershiresauce, zerdrückten Limonen, Gurke, Salz und Pfeffer. Reservierung empfohlen.

JIMMY'S CORNER KNEIPE

Karte S. 466 (140 W 44th St zw. Sixth & Seventh Ave, Midtown West; ⊗Mo–Sa 11.30–4, So ab 15 Uhr; ⓢN/Q/R, 1/2/3, 7 bis 42nd St–Times Sq, B/D/F/M bis 42nd St–Bryant Park) Diese einladende und total unprätentiöse Kneipe abseits vom Times Square wird von einem alten Boxsporttrainer geführt – keine große Überraschung angesichts der zahlreichen gerahmten Fotos von großen und kleinen Stars des Boxsports. Die Jukebox spielt Platten von Stax bis Miles Davis (dazu auch Suboptimales von Lionel Ritchie), aber leise genug, dass sich die Feierabendgäste unterhalten können.

INDUSTRY SCHWULE

Karte S. 466 (www.industry-bar.com; 355 W 52nd St zw. Eighth & Ninth Ave, Midtown West; ⊗16–4 Uhr; ⓢC/E, 1 bis 50th St) In der ehemaligen Parkgarage befindet sich heute einer der heißesten Schwulenbars von Hell's Kitchen – ein schicker, 370 m² großer Laden mit einladenden Loungebereichen, einem Billardtisch und einer Bühne für Drag-Diven erster Güte. Man kann entweder zwischen 16 und 21 Uhr zur Happy Hour herkommen oder sich später reinquetschen und unters attraktive Partyvolk mischen. Nur Barzahlung.

FLAMING SADDLES SCHWULE

Karte S. 466 (www.flamingsaddles.com; 793 Ninth Ave zw. 52nd & 53rd St, Midtown West; ⊗Mo–Fr 16–4, Sa & So 12–4 Uhr; ⓢC/E bis 50th St) Da wird doch der Hund in der Pfanne verrückt: In Midtown gibt's eine Schwulen-Country-and-Westernbar! *Coyote Ugly* trifft auf *Calamity Jane* in dieser neuen Bar in Hell's Kitchen mit scharfen, tanzenden Barmännern, städtischen Freizeitcowboys und raubeinigem Ambiente. Also rein in die Wranglers und ab in den Saddle, mein Freund. Das wird ein wilder, promilleträchtiger Ritt.

XL NIGHTCLUB SCHWULE

Karte S. 466 (www.xlnightclub.com; 512 W 42nd St zw. Tenth & Eleventh Ave, Midtown West; ⊗22–4 Uhr; ⓢA/C/E bis 42nd St–Port Authority Bus Terminal) Der Mega-Club voller Muskeljungs ist ein hedonistischer Tummelplatz mit zwei Tanzflächen, Kleinkunstbühne, Lounge-Bar und den üblichen Go-Go-Boys und sexy Barkeepern. Der Laden veranstaltet tolle Shows, von schwuler Comedy bis zu frechen Drag-Revuen.

THERAPY SCHWULE

Karte S. 466 (www.therapy-nyc.com; 348 W 52nd St zw. Eighth & Ninth Ave, Midtown West; ⊗So–Do 17–2, Fr & Sa bis 4 Uhr; ⓢC/E, 1 bis 50th St) Das mehrgeschossige Therapy war der erste schwule Lounge-Club, der die Massen nach Hell's Kitchen brachte. Die allnächtlichen Shows (von Musik bis Broadway-Bingo) und das gute Essen von Sonntag bis Freitag (Hühnchenspieße, Hamburger, Hummus, Salate) locken noch immer reichlich Gäste an. Die Getränkenamen passen zum Thema: Oral Fixation und Size Queen, um nur zwei Beispiele zu nennen.

RUDY'S KNEIPE

Karte S. 466 (www.rudysbarnyc.com; 627 Ninth Ave Höhe 44th St, Midtown West; ⊗Mo–Sa 8–4, So 12–4 Uhr; ⓢA/C/E bis 42nd St–Port Authority Bus Terminal) Das große unbehoste Plastikschwein mit der roten Jacke markiert den Eingang zur besten „Eckkneipe" in Hell's Kitchen. Hier gibt's zwei billige Biersorten im Krug, halbrunde, mit Klebeband geflickte Sitznischen und kostenlose Hotdogs. Bei Rudy trifft sich ein bunt gemischtes Publikum zum Flirten oder um auf dem Bildschirm ohne Ton, aber dafür bei klassischer Rockmusik Basketballspiele der New York Knicks zu verfolgen.

UNTERHALTUNG

★ Midtown East & Fifth Avenue

NEW YORK PUBLIC LIBRARY VORTRÄGE
Karte S. 462 (www.nypl.org/events; 42nd St Höhe Fifth Ave; S B/D/F/M bis 42nd St–Bryant Park, 7 bis Fifth Ave, S, 4/5/6 bis 42nd St–Grand Central) Die NYPL stillt in allen Filialen mit öffentlichen Vortrags- und Seminarreihen den Wissensdurst: Die unterschiedlichen Themen beleuchten etwa zeitgenössische Kunst oder die Werke von Jane Austen. Zu den besten zählen die in der Hauptbücherei in der 42nd St. Alle Veranstaltungen sind auf der Website gelistet.

ST. BARTHOLOMEW'S CHURCH KLASSISCHE KONZERTE
Karte S. 462 (www.stbarts.org; 109 E 50th St zw Park & Lexington Ave, Midtown East; S E, M bis 5th Ave–53rd St, 6 bis 51st St) In der berühmten anglikanischen Kirche haben mehrere kostenlose Konzertreihen einen ungewöhnlichen Veranstaltungsort gefunden. Die wunderbare Akustik verleiht den Chören, der Cello-, Piano- und Geigenmusik sowie den Orchesterdarbietungen einen besonders schönen Klang.

★ Midtown West & Times Square

★ **JAZZ AT LINCOLN CENTER** JAZZ
Karte S. 466 (♪ Tickets für Dizzy's Club Coca-Cola 212-258-9595, Tickets für Rose Theater & Allen Room 212-721-6500; www.jazzatlincolncenter.org; Time Warner Center, Broadway Höhe 60th St; S A/C, B/D, 1 bis 59th St–Columbus Circle) Das hoch oben im Time Warner Center residierende Jazz at Lincoln Center besteht aus drei hochmodern ausgestatteten Veranstaltungssälen: dem mittelgroßen Rose Theater, dem verglasten Allen Room mit Panoramablick und dem gemütlichen Dizzy's Club Coca-Cola. Dizzy's wird man wahrscheinlich am ehesten besuchen, denn hier finden regelmäßig Abendveranstaltungen statt. Die Auftritte sind oft erste Sahne und die Ausblicke auf den Central Park traumhaft.

★ **KINKY BOOTS** THEATER
Karte S. 466 (Hirschfeld Theatre; ♪ Tickets 212-239-6200; www.kinkybootsthemusical.com; 302 W 45th St zw. Eighth & Ninth Ave, Midtown West; S A/C/E bis 42nd St–Port Authority Bus Terminal) Der Publikumsrenner von Harvey Fierstein und Cyndi Lauper nach einer Vorlage eines britischen Indie-Films von 2005 erzählt die Geschichte einer maroden

---

ⓘ BILLIG ZUM BROADWAY

Die großen Broadway-Musicals können ungeheuer teuer sein, falls Karten nicht Monate im Voraus gebucht wurden. Der Ticketverkauf **TKTS** (www.tdf.org) hat täglich ein tolles Angebot ermäßigter Karten, aber selten für die begehrtesten Shows. Für diese ist es am besten, eine ermäßigte Last-minute-Karte an der Theaterkasse selbst zu erstehen.

Viele der angesagtesten Shows – z. B. *Kinky Boots*, *Book of Mormon* und *Matilda* (S. 215) – veranstalten im Theater 2½ Stunden vor der Aufführung eine Ticketlotterie. Die Gewinner können sich die Show für knapp 40 $ anschauen. Der Nachteil: Das Kontingent ist begrenzt und die Nachfrage hoch.

Für andere Shows, wie *Chicago* (S. 215), gibt es eine begrenzte Anzahl allgemeiner „Rush Tickets", die jeden Morgen bei Öffnung der Theaterkasse erhältlich sind. Auch hier ist das Kontingent begrenzt und die Nachfrage hoch, was sich in frühmorgendlichen Schlangen und langen Wartezeiten äußert.

Mehrere Shows bieten auch Karten für „Standing Room Only" (SRO; Stehplätze) an: Zuschauer können die Vorstellung auf nummerierten Stehplätzen ansehen. Die Plätze sind so breit wie ein Standardsitz und meist hinter dem Orchester. SRO-Karten kosten allgemein unter 30 $, sind aber nicht so einfach zu ergattern, da sie in der Regel nur ausgegeben werden, wenn die Show ausverkauft ist. Es ist zwar schwer vorherzusagen, ob eine Show ausverkauft sein wird oder nicht, aber die Chancen stehen gut bei *Book of Mormon*, *Kinky Boots* und *Matilda*. Die Regeln können sich ändern, also sollte vor dem Theaterbesuch immer die Website der gewünschten Show gecheckt werden – viel Glück!

INSIDERWISSEN

DIE NEW YORKER BÜHNENWELT

Jason Zinoman, Theaterkritiker der *New York Times*, plaudert aus dem Nähkästchen über die dynamische New Yorker Theaterszene..

Musicals, die man gesehen haben muss
The Book of Mormon (S. 214) ist eine respektlose, schamlose Satire, die im Gewand eines typischen altmodischen Broadwaymusicals daherkommt. Dies ist eine der wenigen Shows, die Fans von *South Park* und *The Music Man* begeistern wird. Wer keine Eintrittskarte bekommt (durchaus wahrscheinlich), sollte auf *Chicago* ausweichen, den Klassiker von Kander & Ebb, der am Broadway schon seit Jahren Erfolge feiert.

Zeitgenössisches amerikanisches Theater
Playwrights Horizons, Signature Theatre und Second Stage Theatre sind gute Bühnen, um hervorragende neue Stücke zu sehen. Wer jedoch etwas Ausgefalleneres sucht, sollte das Programm von PS 122 oder der Brooklyn Academy of Music (S. 312) studieren. Theatertruppen, wie die auf brisante Dokudramen spezialisierten **Civilians** (www.thecivilians.org) und die unbekümmerten Popkultur-Fans **Vampire Cowboys** (www.vampirecowboys.com), versprechen immer Theatergenuss.

New Yorks große Dramatiker
Es gibt viel zu viele, um sie alle aufzuzählen, aber Annie Baker und Young Jean Lee (YJL) sind jung, brillant und produktiv. Annie Baker ist für ruhigen, sorgfältigen Naturalismus bekannt. YJL dagegen ist experimenteller und provokativ und spielt mehr mit den Formen. Ansonsten sind wahrscheinlich Kenneth Lonergan, Edward Albee und Tony Kushner die bedeutendsten Stückeschreiber der Stadt, besondere Erwähnung verdient sicherlich auch Wallace Shawn.

Letzter Tipp
Den Broadway links liegenlassen und sich eine Show in Downtown anschauen, wo die Tickets oft kaum mehr als eine Kinokarte plus Popcorn kosten. Die Vorstellungen sind meistens sehr sehenswert und erschwinglicher als gedacht.

---

englischen Schuhfabrik, die überraschend von der geschäftstüchtigen Dragqueen Lola gerettet wird. Die glaubwürdigen Rollen und die mitreißende Dynamik kam auch bei den Kritikern an: Das Musical gewann sechs Tony Awards, darunter 2013 als bestes Musical.

Karten zum Standardpreis müssen mindestens sechs Monate im Voraus bestellt werden, danach kosten sie erheblich mehr. Risikofreudige gehen 2½ Stunden vor Vorstellungsbeginn ins Theater und nehmen an der Ticketlotterie teil. Die Karten kosten dann 37 $, allerdings gibt's nur wenige davon.

★ **BOOK OF MORMON** THEATER
Karte S. 466 (Eugene O'Neill Theatre; ♪Tickets 212-239-6200; www.bookofmormonbroadway.com; 230 W 49th St zw. Broadway & Eighth Ave, Midtown West; ⑤N/Q/R bis 49th St, 1 bis 50th St, C/E bis 50th St) Subversiv, obszön und zwerchfellerschütternd komisch ist diese beißende Musical-Satire aus der Feder der Erfinder von *South Park* Trey Parker und Matt Stone sowie des *Avenue Q*-Komponisten Robert Lopez. Das mit neun Tony Awards ausgezeichnete Stück erzählt die Geschichte zweier naiver Mormonen-Missionare, die ein ugandisches Dorf „retten" wollen.

Tickets zum Normalpreis müssen sechs Monate im Voraus bestellt werden, danach wird's teurer. Optimisten begeben sich 2½ Stunden vor Showbeginn zum Theater und reihen sich in die Lotterie-Warteschlage ein, um eine der verbilligten Eintrittskarten für 32 $ zu erstehen. Einige Karten für Stehplätze werden eine Stunde vor Vorstellungsbeginn verkauft.

★ **CARNEGIE HALL** LIVEMUSIK
Karte S. 466 (♪212-247-7800; www.carnegiehall.org; W 57th St Höhe Seventh Ave, Midtown West; Führung Erw./Kind 15/5 $; ⊙Führungen Okt.–Mai Mo–Fr 11.30, 12.30,14 & 15, Sa 11.30 & 12.30, So

12.30 Uhr; S N/Q/R bis 57th St–7th Ave) Der legendäre Konzertsaal mag weder die größte noch die eleganteste Musikhalle der Welt sein, aber sie gehört zweifellos zu denen mit der besten Akustik. Größen aus Oper, Jazz und Folk treten im Isaac Stern Auditorium auf, in der extrem beliebten Zankel Hall dagegen gibt's Freejazz, Pop, Klassik und Weltmusik.

Von Oktober bis Mai gibt's einstündige Führungen durch die Carnegie Hall mit Blick auf die geschichtsträchtige Vergangenheit des Hauses. Die Zeiten für die Führungen hängen vom Terminplan der Aufführungen und Proben ab, die auf der Website angekündigt sind.

SIGNATURE THEATRE THEATER

Karte S. 466 (tickets 212-244-7529; www.signaturetheatre.org; 480 W 42nd St zw. Ninth & Tenth Ave, Midtown West; S A/C/E bis 42nd St–Port Authority Bus Terminal) In seinem von Frank Gehry entworfenen Gebäude mit drei Bühnen, Buchladen und Café widmet das Signature Theatre jeweils eine ganze Saison dem Werk eines seiner einstigen und aktuellen hauseigenen Dramatiker. Bislang wurden hier Stücke von Dramatikern wie Tony Kushner, Edward Albee, Athol Fugard und Kenneth Lonergan aufgeführt. Karten sollten einen Monat im Voraus bestellt werden.

MATILDA THEATER

Karte S. 466 (Shubert Theatre; Tickets 212-239-6200; http://us.matildathemusical.com; 225 W 44th St zw. Seventh & Eighth Ave, Midtown West; S N/Q/R, S, 1/2/3, 7 bis Times Sq–42nd St, A/C/E bis 42nd St–Port Authority Bus Terminal) Das mehrfach preisgekrönte, hinreißend subversive Musical ist eine Adaption des Kinderbuchklassikers von Roald Dahl. Hauptfigur ist eine altkluge Fünfjährige, die sich mit Witz, Scharfsinn und ein bisschen Telekinese gegen elterliche Ignoranz, ungerechte Bestrafung und selbst die russische Mafia wehrt.

Beim täglichen Ticketlotto im Theater – 2½ Stunden vor der Aufführung – kosten die wenigen Karten 27 $. Ermäßigte Karten für Stehplätze gibt es nur bei ausverkauftem Haus.

CHICAGO THEATER

Karte S. 466 (Ambassador Theatre; Tickets 212-239-6200; www.chicagothemusical.com; 219 W 49th St zw. Broadway & Eighth Ave, Midtown West; S N/Q/R bis 49th St, 1, C/E bis 50th St) Für den beliebten Klassiker von Bob Fosse und Kander & Ebb sind die Karten ein bisschen einfacher zu haben als für die neueren Broadway-Musicals. Im Mittelpunkt stehen das Showgirl Velma Kelly, alias Roxie Hart, Rechtsanwalt Billy Flynn und die schmutzigen Umtriebe der Chicagoer Unterwelt. Die Neuinszenierung von Walter Bobbie entschädigt mit ihrer unbändigen, ansteckenden Energie reichlich für die engen Sitzplätze.

PLAYWRIGHTS HORIZONS THEATER

Karte S. 466 (Tickets 212-279-4200; www.playwrightshorizons.org; 416 W 42nd St zw. Ninth & Tenth Ave, Midtown West; S A/C/E bis 42nd St–Port Authority Bus Terminal) Eine hervorragende Bühne, um den womöglich nächsten großen Publikumserfolg zu sehen, denn dieses altbewährte „Autorentheater" hat sich der Förderung zeitgenössischer amerikanischer Werke verschrieben. Zu den zuletzt gezeigten herausragenden Produktionen zählen Bruce Norris' mit dem Tony Award ausgezeichneten Clybourne Park, sowie *I Am My Own Wife* und *Grey Gardens*, die es beide auf den Broadway geschafft haben

MAGNET THEATER COMEDY

Karte S. 466 (212-244-8824; www.magnettheater.com; 254 W 29th St zw. Seventh & Eighth Ave, Midtown West; S 1/2 bis 28th St, A/C/E bis 23rd St, 1/2/3 bis 34th St–Penn Station) Massenhaft Comedy in verschiedensten Formen (meist Improvisationen) finden in dem Theater plus Übungsbühne für Komiker ein begeistertes Publikum. Das Programm ändert sich wöchentlich, aber zu den beliebten Stammkünstlern zählen Megawitt (zusammen mit dem hauseigenen Ensemble) und The Friday Night Sh*w, die sich mit schriftlichen Schimpftiraden und Geständnissen des Publikums einen Jux machen.

BIRDLAND JAZZ, CABARET

Karte S. 466 (212-581-3080; www.birdlandjazz.com; 315 W 44th St zw. Eighth & Ninth Ave, Midtown West; Eintritt 20–50 $; 17–1 Uhr; S A/C/E bis 42nd St–Port Authority Bus Terminal) Das „Bird" sieht nicht nur schick aus, sondern hat auch Tradition: Sein Name stammt von der Bebop-Legende Charlie Parker (alias „Bird"), dem Star der früheren Location in der 52nd St, wo auch Miles, Monk und so ziemlich alle von Rang und Namen (deren

FERNSEHAUFZEICHNUNGEN

Wer immer schon mal bei einer amerikanischen Livesendung im Publikum sitzen wollte, hat in New York Gelegenheit dazu. Nachstehend eine Gebrauchsanweisung, wie sich Plätze in einigen der begehrtesten TV-Shows ergattern lassen.

➜ **Saturday Night Live** Eine der populärsten in NYC aufgenommenen Shows – es ist daher schwer, reinzukommen. Trotzdem lohnt es sich, bei der Lotterie im Spätsommer mitzumachen, bei der einige Plätze ausgelost werden. Interessierte schicken im August einfach eine E-Mail an snltickets@nbcuni.co oder reihen sich am Tag der Show gegen 7 Uhr morgens an der der 49th St zugewandten Seite der Rockefeller Plaza in die Warteschlange für Standby-Tickets ein (Mindestalter 16 Jahre). Tickets gibt es entweder für die Generalprobe um 20 Uhr oder für die Livesendung um 23.30 Uhr. Sie werden jeweils nur für eine Person und jeweils nach Eintreffen vergeben. Bei der Ausgabe und auch bei Eintritt zur Show muss ein Ausweis mit Foto vorgezeigt werden.

➜ **Late Show** Ebenfalls eine sehr begehrte Late-Night-Show. Wer Tickets für ein bestimmtes Datum haben möchte, kann sein Glück versuchen und das Onlineformular unter www.cbs.com/shows/late_show ausfüllen oder persönlich beim Theater (1697 Broadway zwischen 53rd und 54th St) vorsprechen. Bewerbungen werden Montag bis Donnerstag von 9.30 bis 12 Uhr und Samstag und Sonntag von 10 bis 18 Uhr entgegengenommen. Oder man versucht, am gewünschten Tag um 11 Uhr unter der Telefonnummer 212-247-6497 ein Standbyticket zu erwischen; Aufzeichnungsbeginn ist Montag bis Donnerstag um 17.30 Uhr.

➜ **Daily Show with Jon Stewart** Tickets für ein bestimmtes Datum sind über die Website www.thedailyshow.cc.com/tickets erhältlich. Sie sollte oft gecheckt werden, da die Termine manchmal schnell voll sind und keine Tickets mehr ausgegeben werden. Die Aufzeichnung beginnt montags bis donnerstags um 17.45 Uhr; Zuschauer sollten bis spätestens 16.30 Uhr eintreffen. Das Studio befindet sich in der 11th Ave zwischen 51st und 52nd St.

Mehr Infos zu Tickets für TV-Sendungen stehen auf den Websites der jeweiligen Fernsehsender oder auf www.tvtickets.com.

Fotos die Wände zieren) auftraten. Das Programm ist immer erstklassig.

Zu den regulären Highlights zählen David Ostwalds Louis Armstrong Eternity Band am Mittwoch und das Arturo O'Farrill Afro-Cuban Orchestra am Sonntag.

CAROLINE'S ON BROADWAY   COMEDY
Karte S. 466 (212-757-4100; www.carolines.com; 1626 Broadway Höhe 50th St; N/Q/R bis 49th St, 1 bis 50th St) Mancher kennt diesen großen, hellen, altbewährten Mainstreamclub von den Comedyspecials, die hier aufgenommen wurden. Es ist eine erstklassige Location, um US-Comedygrößen und Sitcomstars live zu sehen.

SECOND STAGE THEATRE   THEATER
Karte S. 466 (Tony Kiser Theatre; Tickets 212-246-4422; www.2st.com; 305 W 43rd St Höhe Eighth Ave, Midtown West; A/C/E bis 42nd St–Port Authority Bus Terminal) Das Second Stage ist bekannt als Debütbühne für Stücke begabter Nachwuchsautoren, zeigt aber auch Werke etablierter amerikanischer Autoren. Wer Lust auf gutes zeitgenössisches amerikanisches Theater hat, ist hier richtig.

DON'T TELL MAMA   KABARETT
Karte S. 466 (212-757-0788; www.donttellmamanyc.com; 343 W 46th St zw. Eighth & Ninth Ave, Midtown West; Mo–Do 16–3, Fr–So bis 4 Uhr; N/Q/R, S, 1/2/3, 7 bis Times Sq–42nd St) Das Don't Tell Mama, Pianobar und Kabarettbühne extraordinaire, ist ein unscheinbarer kleiner Eventspot, der sich schon seit über 25 Jahren behauptet. Ganz große Namen stehen normalerweise nicht auf dem Programm, aber dafür präsentieren sich Kabarettisten, die mit Leib und Seele bei der Sache sind.

Wer Kabarett gern etwas bissiger und erotischer mag, geht am besten ins **Box** (www.theboxnyc.com) auf der Lower East Side. Es ist nicht ganz salonfähig und ganz schön deftig, doch die (sehr späten) Late-

Night-Shows kommen bei vielen Leuten gut an.

NEW YORK CITY CENTER　　　TANZ
Karte S. 466 (212-581-1212; www.nycitycenter.org; 131 W 55th St zw. Sixth & Seventh Ave, Midtown West; N/Q/R bis 57th St–7th Ave) Der maurische Märchenbau mit der roten Kuppel wäre 1943 beinahe der Abrissbirne zum Opfer gefallen, wurde jedoch von Denkmalschützern gerettet, um bald darauf wieder vom Abbruch bedroht zu sein, als seine wichtigeren Ballettgruppen ins Lincoln Center umzogen. Heute ist es eine Bühne für Tanzensembles wie das Alvin Ailey American Dance Theater, Theateraufführungen, das New York Flamenco Festival im Februar oder März und das beliebte Fall for Dance Festival im September oder Oktober.

AMC EMPIRE 25　　　KINO
Karte S. 466 (www.amctheatres.com/empire; 234 W 42nd St Höhe Eighth Ave, Midtown West; N/Q/R, S, 1/2/3, 7 bis 42nd St–Times Sq) Es ist schon ziemlich cool, von diesem massiven Kinokomplex auf die Lichter der 42nd St hinaus zu schauen, und noch genialer, sich auf den Amphitheaterrängen niederzulassen. Es ist zwar nicht ideal für Mainstream-Hollywoodstreifen (der Saal kann sehr voll und laut werden), aber es ist ein Geheimtipp für Indie-Filme, da sie meist vor einer überschaubaren Menge gezeigt werden.

MADISON SQUARE GARDEN　　　STADION
Karte S. 466 (www.thegarden.com; Seventh Ave zw. 31st & 33rd St, Midtown West; 1/2/3 bis 34th St–Penn Station) In der wichtigsten Mehrzweckarena New Yorks (Teil des massiven Komplexes, der auch die Penn Station und das WaMu Theater beherbergt) treten die ganz Großen des Showgeschäfts auf, von Kanye West bis Madonna. Sie dient auch als Sportstadion für die Basketballvereine New York Knicks und New York Liberty sowie für Boxkämpfe und Events wie die Annual Westminster Kennel Club Dog Show.

SHOPPEN

Hier sind berühmte Geschäfte wie Bergdorf & Goodman in der Fifth Ave und Barneys in der Madison Ave angesiedelt. Rockstars sind in der W 48th St in ihrem Element und Edelsteinjäger durchstöbern den Diamond District in der W 47th St. Modeenthusiasten, die ihre eigenen Kreationen schneidern wollen, sehen sich im Garment District rund um die Seventh Ave auf Höhe der 30er-Straßen um, wo große Geschäfte alles dafür Erforderliche verkaufen. Am Herald Square steht das von den einen geliebte, von den anderen gehasste Macy's, das riesigste Kaufhaus der Welt.

Midtown East & Fifth Avenue

BARNEYS　　　KAUFHAUS
Karte S. 462 (www.barneys.com; 660 Madison Ave Höhe 61st St, Midtown East; Mo–Fr 10–20, Sa bis 19, So 11–18 Uhr; N/Q/R bis 5th Ave–59th St) Echte Fashionistas setzen ihre Kreditkarte bei Barneys ein, renommiert für die aktuellen Kollektionen von angesagten Labels wie Holmes & Yang, Kitsuné und Derek Lam. Weniger kostspielige und lässigere Angebote für eine jüngere Kundschaft gibt es im 7. Stock (*8th floor*). Zu den neueren Einrichtungen im Haus gehören die begehrte Kosmetikabteilung im Untergeschoss und das Genes, ein futuristisches Café mit einem großen Tisch mit Touchscreen zum Online-Shoppen.

Weitere Filialen gibt es in **SoHo** (Karte S. 446; 116 Wooster St; Mo–Sa 11–19, So 12–18 Uhr), in der **Upper West Side** (Karte S. 470; 2151 Broadway; Mo–Fr 10–20, Sa bis 19, So 11–19 Uhr) und in **Brooklyn** (Karte S. 476; 194 Atlantic Ave; Mo–Sa 10–20, So 11–19 Uhr).

BLOOMINGDALE'S　　　KAUFHAUS
Karte S. 462 (www.bloomingdales.com; 1000 Third Ave Höhe E 59th St, Midtown East; Mo–Sa 10–20.30, So 11–19 Uhr; 4/5/6 bis 59th St, N/Q/R bis Lexington Ave–59th St) Der Markttrenner „Bloomie's" ist für die Shoppingwelt so etwas wie das Metropolitan Museum of Art: historisch, weitläufig, überwältigend und rappelvoll. Trotzdem: Wer nicht reinschaut, wird es später bereuen. Hier warten Regale voller Kleidung und Schuhe darauf, geplündert zu werden. Das Angebot gleicht einem Who is Who nationaler und internationaler Modeschöpfer (darunter eine wachsende Zahl von Newcomern). Für die Stärkung zwischendurch steht u. a. eine Filiale des Cupcake-Paradieses Magnolia Bakery zur Verfügung.

BERGDORF GOODMAN KAUFHAUS
Karte S. 462 (www.bergdorfgoodman.com; 754 Fifth Ave zw. 57th & 58th St; ⊙Mo–Fr 10–20, Sa bis 19, So 12–18 Uhr; ⓈN/Q/R bis 5th Ave–59th St, F bis 57th St) Das noble BG ist nicht nur wegen seiner Weihnachtsfensterdekoration (der schönsten der Stadt) beliebt, es hat auch in Sachen Mode die Nase vorn – die Modechefin Linda Fargo gilt als eine Art Anna Wintour. Zu den Glanzlichtern zählen exklusive Kollektionen von Tom Ford und Schuhe von Chanel, eine ausgedehnte Damenschuhabteilung und der größte Bestand von Damen- und Herrenkleidung von Thom Browne.

Die Abteilung für Männer befindet sich gegenüber.

SAKS FIFTH AVE KAUFHAUS
Karte S. 462 (www.saksfifthavenue.com; 611 Fifth Ave Höhe 50th St; ⊙Mo–Sa 10–20, So 11–19 Uhr; ⓈB/D/F/M bis 47th–50th St–Rockefeller Center, E/M bis 5th Ave–53rd St) In Saks' zehnstöckigem Flagshipstore mit seinen schönen, alten Fahrstühlen befindet sich der „Shoe Salon", New Yorks größte Damenschuhabteilung (samt Expressaufzug und eigener Postleitzahl). Zu den weiteren Stärken gehören die Kosmetik- und die Herrenabteilung, in der auch der angesagte Pflegesalon John Allan's seinen Standort hat, sowie die trendbewussten Labels im „White Room". Der Schlussverkauf des Hauses im Januar ist legendär.

TIFFANY & CO SCHMUCK, WOHNACCESSOIRES
Karte S. 462 (www.tiffany.com; 727 Fifth Ave Höhe 57th St; ⊙Mo–Sa 10–19, So 12–18 Uhr; ⓈF bis 57th St, N/Q/R bis 5th Ave–59th St) Seit Audrey Hepburn sehnsüchtig durch die Schaufenster blickte, hat Tiffany & Co zahllose Herzen mit seinen glitzernden Diamantringen, Uhren, silbernen Herzketten von Elsa Peretti, Kristallvasen und Glaswaren erobert. Man darf hier schwärmen und schmachten, aber auf gar keinen Fall die Liftboys mit dem abgenutzten Witz „Wo gibt's das Frühstück?" belästigen.

FAO SCHWARZ KINDER
Karte S. 462 (www.fao.com; 767 Fifth Ave Höhe 58th St; ⊙So–Do 10–20, Fr & Sa bis 21 Uhr; Ⓢ4/5/6 bis 59th St, N/Q/R bis 5th Ave–59th St) Das ist der riesige Spielzeugladen, wo Tom Hanks im Film *Big* Fußbodenklavier spielt, und alle Kids, die New York besuchen, möchten da natürlich unbedingt hin. Warum auch nicht? Selbst Erwachsene sind fasziniert von diesem Konsumparadies mit Puppen, die „adoptiert" werden können, lebensgroßen Plüschtieren, benzinbetriebenen Kinder-Cabrios, Airhockey-Tischen und vielen weiteren Wunderdingen.

ARGOSY BÜCHER, KARTEN
Karte S. 462 (www.argosybooks.com; 116 E 59th St, zwischen Park & Lexington Ave, Midtown East; ⊙ganzjährig Mo–Fr 10–18 Uhr, Ende Sept.–Ende Mai Sa bis 17 Uhr; Ⓢ4/5/6 bis 59th St, N/Q/R bis Lexington Ave–59th St) Seit 1925 verkauft diese Institution für Secondhandbücher wunderschöne antiquarische Druckwerke wie Lederfolianten, alte Landkarten, Künstlermonografien und weitere Raritäten, die die Besitzer bei Versteigerungen und Räumungsverkäufen anderer Antiquariate ergattern konnten. Es gibt auch ein Sortiment interessanter Hollywood-Memorabilien, wie private Briefe, signierte Bücher, Verträge und Autogrammfotos. Die Preisspanne reicht von kostspielig bis schleuderpreisig.

UNIQLO MODE
Karte S. 462 (www.uniqlo.com; 666 Fifth Ave Höhe 53rd St; ⊙Mo–Sa 10–21, So 11–20 Uhr; ⓈE, M bis Fifth Ave–53rd St) Uniqlo ist die japanische Antwort auf H&M, und dies hier ist sein sensationeller, über 8000 m² großer Flagship-Megastore. Die Kunden bewaffnen sich am Eingang mit einem Einkaufskorb und lassen sich mit dem Aufzug gleich in die 2. Etage *(3rd floor)* bringen, wo die Schnäppchenjagd losgeht. Die große Stärke von Uniqlo ist erschwingliche, moderne, hochwertige Alltagskleidung, von T-Shirts und Unterwäsche bis zu japanischem Denim, Kaschmirpullovern und Hightech-Parkas.

DYLAN'S CANDY BAR SÜSSIGKEITEN
Karte S. 462 (www.dylanscandybar.com; 1011 Third Ave Höhe 60th St, Midtown East; ⊙Mo–Do 10–21, Fr & Sa bis 23, So 11–21 Uhr; ⓈN/Q/R bis Lexington Ave–59th St) Willy Wonkas Schokoladenfabrik ist nichts im Vergleich zu diesem Albtraum aller Zahnärzte aus Riesenlutschern, bunten Bonbongläsern, softballgroßen Cupcakes, knusprigen Schokoriegeln und der beleuchteten Treppe, in die leckere, aber unerreichbare Süßigkeiten eingelassen sind. Lieber nicht am Wochenende hingehen, um nicht von zuckersüchtigen kleinen Kindern über den Haufen gerannt zu werden. Im 1. Stock *(2nd floor)* gibt's ein Café.

🔒 Midtown West & Times Square

★ MOMA DESIGN & BOOK STORE BÜCHER, GESCHENKE
Karte S. 466 (www.momastore.org; 11 W 53rd St zw. Fifth & Sixth Ave; ◎Sa–Do 9.30–18.30, Fr bis 21 Uhr; ⑤E, M bis 5th Ave–53rd St) Der Flagshipstore im Museum of Modern Art ist super, um alle Souvenirs auf einen Schlag zu kaufen. Außer einem Sortiment toller Bücher (von Kunst- und Architekturbänden bis zu Popkultur- und Kinderbilderbüchern) laden Kunstdrucke und Poster und alle möglichen netten Kleinigkeiten zum Geldausgeben ein. Möbel, Lampen, Wohnaccessoires, Schmuck, Taschen und MUJI-Produkte gibt's im MoMA Design Store auf der anderen Straßenseite.

DRAMA BOOK SHOP BÜCHER
Karte S. 466 (www.dramabookshop.com; 250 W 40th St zw. Seventh & Eighth Ave, Midtown West; ◎Mo–Mi, Fr & Sa 11–19, Do 11–20, So 12–18 Uhr; ⑤A/C/E bis 42nd St–Port Authority Bus Terminal) Der große Buchladen, der sich seit 1917 dem Theater (Schauspiel und Musical) widmet, ist ein Nirwana für Broadwayfans. Die kompetenten Angestellten empfehlen gerne lohnenswerte Bücher, sei es über Kostüme, Bühnenbilder und andere Facetten der Theaterwelt, sowie auch Fachzeitschriften und Magazine. Auf der Website sind regelmäßige Events im Laden angekündigt.

RUDY'S MUSIC MUSIK
Karte S. 466 (www.rudysmusic.com; 169 W 48th St Höhe Seventh Ave, Midtown West; ◎Mo–Sa 10.30–19 Uhr; ⑤N/Q/R bis 49th St) Der direkt vom Times Square abgehende Abschnitt der 48th St wurde früher als Music Row bezeichnet. Hier deckten sich schon Rocklegenden wie die Beatles, Jimi Hendrix und die Stones mit Musikinstrumenten und -utensilien ein. Rudy's ist eines der letzten Überbleibsel dieser ehrwürdigen Straßenzeile und vor allem für seine exquisiten Akustik- und klassischen Gitarren berühmt.

Der neuere Laden in **SoHo** (Karte S. 446; ☎212-625-2557; 461 Broome St; ⑤N/R bis Prince St) ist noch eindrucksvoller. Er verfügt über die weltbeste Auswahl an D'Angelico-Gitarren und sogar ein paar Gitarren, die mit Swarovski-Kristallen veredelt sind.

NEPENTHES NEW YORK MODE, ACCESSOIRES
Karte S. 466 (www.nepenthesny.com; 307 W 38th St zw.Eighth & Ninth Ave, Midtown West; ◎Mo–Sa 12–19, So bis 17 Uhr; ⑤A/C/E bis 42nd St–Port Authority Bus Terminal) Das japanische Kultkollektiv in einer ehemaligen Schneiderei im Garment District vertreibt berühmte Marken wie Engineered Garments und Needles, die für ausgefallene Details und Handarbeit bekannt sind (so was wie Tweedhosen mit Schnüraufschlägen). Es gibt zwar eine kleine Damenabteilung, aber der Schwerpunkt liegt auf Herrenmode. Zu den Accessoires zählen Hand- und Umhängetaschen, Handschuhe und Schuhe.

AMÉ AMÉ MODE, ACCESSOIRES
Karte S. 466 (☎646-867-2342; www.amerain.com; 17 W 29th St Höhe Broadway; ◎12–19 Uhr; ⑤N/R bis 28th St) Regenkleidung und Süßigkeiten? Die freundliche Besitzerin Teresa erklärt allen, die von dieser ungewöhnlichen Kombination verblüfft sind, was Amé Amé bedeutet. Sie macht auch deutlich, warum es unsinnig ist, billige Wegwerfregenschirme zu kaufen. Hier wird nur hochwertige, haltbare Regenkleidung verkauft, für Männer maskuline Schnitte und für Frauen wunderschöne Farben.

Ebenfalls im Angebot: perfekt passende Stiefel von Le Chameau, stilvolle Schals und Hüte, robuste Barbour-Jacken, elegante Schreibwaren und köstliche Süßigkeiten aus aller Welt – alles inspiriert von Teresas vielen Reisen.

MACY'S KAUFHAUS
Karte S. 466 (www.macys.com; 151 W 34th St Höhe Broadway; ◎Mo–Fr 9–21.30, Sa 10–21.30, So 11–20.30 Uhr; ⑤B/D/F/M, N/Q/R bis 34th St–Herald Sq) Im jüngst endlich renovierten, größten Kaufhaus der Welt gibt es nahezu alles: Mode, Möbel, Küchenutensilien, Bettwäsche, Cafés, Friseursalons und sogar eine Filiale des Souvenirladens des Metropolitan Museum of Art. Das Preisniveau liegt eher im mittleren als im exklusiven Bereich, das Angebot umfasst Mainstreamlabel und Kosmetika bekannter Hersteller.

HOUSING WORKS VINTAGE
Karte S. 466 (www.housingworks.org; 730-732 Ninth Ave zw. 49th & 50th St, Midtown West; ◎Mo–Sa 11–20, So bis 18 Uhr; ⑤C/E bis 50th St) Wie es ein Kunde ausdrückte: „Die haben hier klasse Krempel". Willkommen in der Hell's-Kitchen-Filiale des beliebten Secondhandladens, wo Burberry-Hemden für 25 $

und Wildlederhosen von Joseph für 40 $ über die Ladentheke gehen. Es ist natürlich schon Glückssache, aber da täglich neue Sachen reinkommen, liegt ein Superschnäppchen immer im Bereich des Möglichen. Der Erlös kommt Obdachlosen mit HIV/Aids zugute.

B&H PHOTO VIDEO   ELEKTROGERÄTE

Karte S. 466 (www.bhphotovideo.com; 420 Ninth Ave zw. 33rd & 34th St, Midtown West; ⊙Mo–Do 9–19, Fr bis 13, So 10–18 Uhr; ⓈA/C/E bis 34th St–Penn Station) Schon der Besuch im beliebtesten Fotoladen der Stadt ist ein Erlebnis. In dem riesigen, gut besuchten Geschäft wimmelt es von schwarz gekleideten (sachverständigen) chassidisch-jüdischen Verkäufern. Der gewünschte Artikel wird in einen Korb gelegt, der nach oben und an der Decke entlang bis zur Kasse wandert, wo zum zweiten Mal Schlange stehen angesagt ist.

Alles ist faszinierend gut durchorganisiert und die Auswahl an Kameras, Camcordern, Computern und anderer Elektronik könnte nicht besser sein.

TIME WARNER CENTER   EINKAUFSZENTRUM

Karte S. 466 (www.theshopsatcolumbuscircle.com; Time Warner Center, 10 Columbus Circle; ⓈA/C, B/D, 1 bis 59th St–Columbus Circle) Ein Abstecher in den Central Park lässt sich gut mit einem Besuch des schicken Time Warner Center verbinden. Es beherbergt überwiegend noblere Geschäfte wie Coach, Stuart Weitzman, Williams-Sonoma, True Religion, Sephora und J Crew. Im Untergeschoss befindet sich der gigantische Biosupermarkt **Whole Foods** (www.wholefoodsmarket.com; ⊙7.30–23 Uhr), der köstliche Picknickzutaten führt.

SPORT & AKTIVITÄTEN

NBC STUDIO TOURS   FÜHRUNG

Karte S. 462 (☏Reservierung 212-664-6298; www.nbcstudiotour.com; 30 Rockefeller Plaza, 49th St; Führungen Erw./Kind 24/20 $; ⓈB/D/F/M bis 47th–50th St–Rockefeller Center) Die NBC Studio Tours, die Ende 2014 wieder aufgenommen werden sollen, führen TV-Fans durch Teile der NBC Studios, in denen die legendären Sendungen *Saturday Night Live* und *The Tonight Show Starring Jimmy Fallon* aufgezeichnet werden. Auf der Website der NBC Studio Tour stehen aktuelle Infos. Der Andrang ist groß für die Aufzeichnungen. Kinder unter sechs Jahren dürfen nicht teilnehmen.

CENTRAL PARK BIKE TOURS   FAHRRADVERLEIH

Karte S. 466 (www.centralparkbiketours.com; 203 W 58th St Höhe Seventh Ave, Midtown West; Verleih pro 2 Std./Tag 20/40 $, Touren Erw./Kind ab 49/40 $; ⊙April–Sept. Mo–Sa 8–19, So bis 17 Uhr, Okt.–März tgl. 9–17 Uhr; ⓈA/C, B/D, 1 bis 59th St–Columbus Circle) Das Unternehmen vermietet gute Fahrräder und bietet verschiedene Radtouren durch die Stadt an, darunter eine zweistündige durch den Park, eine dreistündige durch Midtown und Downtown sowie besondere Filmlocations- und Architekturexkursionen. Im Mietpreis sind Fahrradschloss und -helm inbegriffen. Die Abfahrtszeiten der Touren stehen auf der Website.

24 HOUR FITNESS   FITNESSCENTER

Karte S. 462 (☏212-401-0660; www.24hourfitness.com; 153 E 53rd St zw. Lexington & Third Ave, Midtown East; Tages-/Wochenkarte 30/100 $; ⊙Studio 24 Std., Pool 5–23 Uhr; ☏; ⓈE, M bis Lexington Ave–53rd St) Ab zum Workout in dieses gepflegte, gut ausgestattete Studio der bekannten Kette. Es bietet u. a. ein erstklassiges Cardioequipment, Gewichte, Kurse (z. B. BodyPump, BodyCombat und Pilates), eine Trocken- und eine Dampfsauna sowie einen Whirlpool. In dieser Filiale gibt es auch ein Langschwimmbecken. Näheres zu allen drei Studios in Manhattan steht auf der Website.

NEW YORK KNICKS   BASKETBALL

Karte S. 466 (www.nyknicks.com; Madison Sq Garden, Seventh Ave zw. 31st & 33rd St, Midtown West; Tickets ab 109 $; ⓈA/C/E, 1/2/3 bis 34th St–Penn Station) Trotz gelegentlicher Skandale liebt New York City sein blau-orangefarbenes Basketballteam. So war beispielsweise der erste Song, der den Hip-Hop berühmt machte, eine Liebeserklärung an die Knickerbockers (die Sugar Hill Gang sang: „Ich hab einen Farbfernseher, damit ich die Knicks Basketball spielen sehen kann"). Doch trotz der riesigen Zuschauermenge im Garden, bestehend aus Spike Lee und 18 999 anderen Fans, haben die Knicks seit 1973 keinen Meisterschaftswettkampf mehr gewonnen.

LUCKY STRIKE   BOWLING

Karte S. 466 (☏646-829-0170; www.bowllucky strike.com; 624 W 42nd St zw. Eleventh & Twelfth

Ave, Midtown West; Einzelspiel 10 $, Schuhverleih 6 $; ⊙So–Mi 12–24, Do bis 1, Fr & Sa bis 2 Uhr; 🛜; ⓢA/C/E bis 42nd St–Port Authority Bus Terminal) Lucky Strike zählt zu den wenigen Bowlingbahnen der Welt, in denen ein Dresscode herrscht. Dafür gibt's teure Getränke, eine noble Lounge und ein modebewusstes Publikum, was dem Ganzen eher den Anstrich eines Clubs als einer Bowlingbahn verleiht. Reservierung empfohlen.

Upper East Side

Highlights

❶ Ein paar Stunden inmitten der unbezahlbaren Schätze des **Metropolitan Museum of Art** (S. 224) verbringen, von faszinierenden ägyptischen Stücken bis zu Meisterwerken der Renaissance.

❷ Über die spiralförmige Rampe durch Frank Lloyd Wrights architektonisches Meisterwerk wandeln, das **Guggenheim Museum** (S. 228).

❸ In der **Neuen Galerie** (S. 231) die goldenen Meisterwerke von Gustav Klimt bewundern.

❹ Sonntags im Beaux-Arts-Palast der **Frick Collection** (S. 231) klassische Musik hören.

❺ Am frühen Abend in der eleganten **Bemelmans Bar** (S. 238) zwischen Wandgemälden einen Cocktail genießen.

Details s. Karte S. 468

Rundgang: Upper East Side

Zahllose Routen führen durch dieses große, wohlhabende Stadtviertel. Ein guter Einstieg ist ein Bummel auf der Fifth Ave Richtung Süden ab Höhe der 96th St. Er führt an der von Villen und Kunstgalerien gesäumten „Museumsmeile" entlang. Wer an der 72nd St nach Osten auf die Madison Ave abbiegt und Richtung Süden weiterwandert, trifft auf die extravaganten Flaggs-Ship-Boutiquen von Vera Wang, Prada, Lanvin und Co. Der Weg ist mit Cafés und edlen Restaurants gepflastert. Willkommen in der piekfeinen Luft von Uptown.

Lokalkolorit

➤ **Lunch mit der Hautevolee** An der Upper East Side spielt der Lunch eine zentrale Rolle, besonders bei makellos frisierten, mit riesigen Designerhandtaschen bewaffneten Damen der New Yorker Schickeria, die dafür bekannt sind, unentwegt Luftküsschen auszuteilen. Zu besichtigen sind sie unter der Woche beispielsweise im Sant Ambroeus (S. 237) und im Café Boulud (S. 237).

➤ **Shoppen (oder Schaufensterbummeln) bis zum Umfallen** Statt die edlen Boutiquen der Madison Ave sollte man besser die Nobelsecondhandläden des Viertels ansteuern. Läden wie Encore (S. 239) und Michael's (S. 239) bieten preiswerte, kaum getragene Klamotten, die von den oberen Zehntausend der Stadt ausgemustert wurden.

➤ **Im Koffeinrausch** Die Upper East Side ist wahrscheinlich das Viertel mit der höchsten Kaffeetempeldichte pro Kopf von ganz New York. Wenn die Anwohner nicht gerade auf Shoppingtour sind oder Pilates praktizieren, schlürfen sie dampfende Magermilch-Macchiatos z. B. im Via Quadronno (S. 236), Sant Ambroeus (S. 237) oder bei den Oslo Coffee Roasters (S. 238).

Anfahrt

➤ **Subway** Die Linien 4, 5 und 6 verlaufen entlang der Lexington Ave in Nord-Süd-Richtung. In der Rushhour stehen die Fahrgäste wie Sardinen in der Büchse. Wenn also nur eine oder zwei Stationen zurückzulegen sind, besser zu Fuß gehen. Ein neuer Subway-Abschnitt unter der Second Ave soll Ende 2016 fertig sein.

➤ **Bus** Die Busse M1, M2, M3 und M4 befahren die reizvolle Strecke über die Fifth Ave am Central Park vorbei. Der M15-Bus ist praktisch, um die entlegene östliche Seite zu umrunden: auf der First Ave hoch und die Second runter. An der 66th, 72nd, 79th, 86th und 96th St halten Stadtbusse, die durch den Park und in die Upper West Side fahren.

Top-Tipp

Die Upper East Side ist ein höllisch luxuriöses Pflaster, besonders die Gegend, die die Blocks von der 60th bis zur 86th Street zwischen Park und Fifth Ave umspannt. Wer kein Vermögen für Essen und Trinken hinlegen möchte, sollte sich östlich der Lexington Ave umschauen. Die First, Second und Third Avenue säumen Lokale, die auch für Otto Normalverbraucher erschwinglich sind.

🍴 Gut essen

- Tanoshi (S. 236)
- James Wood Foundry (S. 237)
- ABV (S. 237)
- Earl's Beer & Cheese (S. 232)
- Café Boulud (S. 237)

Mehr dazu s. S. 232

🍷 Schön ausgehen

- Metropolitan Museum Roof Garden Café & Martini Bar (S. 237)
- JBird (S. 237)
- Penrose (S. 237)
- Vinus and Marc (S. 238)

Mehr dazu s. S. 237

🛍 Schön shoppen

- Encore (S. 239)
- Crawford Doyle Booksellers (S. 239)
- Zitomer (S. 239)
- Housing Works Thrift Shop (S. 239)

Mehr dazu s. S. 239

HIGHLIGHT
METROPOLITAN MUSEUM OF ART (MET)

Das weitläufige Museum wurde 1870 gegründet und beherbergt eine der vielfältigsten kunsthistorischen Sammlungen der Welt. Der Bestand umfasst mehr als 2 Mio. Einzelkunstwerke, von ägyptischen Tempeln bis zu modernen Gemälden. Das von allen schlicht „Met" genannte Museum zieht jährlich mehr als 6 Mio. Besucher in seine über 130 000 m² große Ausstellungsfläche. Damit ist es die größte Einzelattraktion in New York City. Also viel Zeit einplanen.

Ägyptische Kunst
Das Museum besitzt eine unvergleichliche Sammlung altägyptischer Kunst; einige Stücke datieren bis in die Steinzeit zurück. Die 39 ägyptischen Galerien befinden sich nördlich der Great Hall. Dort wartet gleich eines der Highlights: die Mastaba des Perneb (um 2300 v. Chr.), ein Felsengrab aus dem Alten Reich. Dahinter erstrecken sich Räume mit Grabstelen, Reliefs und Fragmenten von Pyramiden (darunter die faszinierenden Modelle aus dem Grab des Mekrete in Galerie 105). Sie enden beim Dendur-Tempel (Galerie 131), einem der Göttin Isis geweihten Sandsteintempel, der in einem lichtdurchfluteten Atrium steht – ein Muss für alle, die zum ersten Mal da sind.

Europäische Malerei
Liebhaber der Renaissancekunst sind im Met richtig. Die Galerien für europäische Malerei im 1. Stock *(2nd floor)* beherbergen zahllose Meisterwerke. Dazu gehören mehr als 1700 Leinwandgemälde aus der rund 500 Jahre langen Periode, die ihren Ausgang im 13. Jh. nahm. Vertreten sind

NICHT VERSÄUMEN
- Dendur-Tempel
- Gemälde von Caravaggio, El Greco, Vermeer und anderen alten Meistern
- Damaskus-Saal in der Abteilung für islamische Kunst
- Roof Garden Café & Martini Bar

PRAKTISCH & KONKRET
- Karte S. 468
- 212-535-7710
- www.metmuseum.org
- 1000 Fifth Ave Höhe 82nd St
- empfohlene Spende Erw./Kind 25 $/frei
- So–Do 10–17.30, Fr & Sa bis 21 Uhr
- S 4/5/6 bis 86th St

sämtliche Meister, von Duccio bis Rembrandt. In Galerie 621 hängen mehrere Caravaggios, darunter die meisterhafte *Verleugnung des Hl. Petrus*. Die westlich gelegene Galerie 611 besticht mit spanischen Schätzen, u. a. El Grecos berühmter *Ansicht von Toledo*. Weiter südlich wartet die Galerie 632 mit verschiedenen Vermeers auf wie der *Jungen Frau mit Wasserkanne*. In der nahen Galerie 634 kann man mehrere Rembrandts bestaunen, z. B. ein *Selbstbildnis* von 1660. Und das ist nur der Anfang – man könnte Stunden damit zubringen, all die Meisterwerke auf sich wirken zu lassen.

Islamische Kunst

Im 1. Stock *(2nd floor)* residiert die islamische Abteilung des Museums mit 15 Räumen, in denen die umfangreiche Sammlung des Met von Kunst aus Nahost sowie Zentral- und Südasien zu sehen ist. Neben Kleidung, säkularen Gegenständen und Handschriften finden sich vergoldete und emaillierte Glaswaren (Galerie 452) und eine prächtige Gebetsnische *(mihrab)* mit aufwendig gemusterten bunten Kacheln (Galerie 455). Es gibt auch erlesene osmanische Textilien (Galerie 459), einen mittelalterlichen marokkanischen Patio (Galerie 456) und ein Zimmer aus dem Damaskus des 18. Jhs. (Galerie 461).

Amerikanischer Flügel

Die amerikanische Abteilung in der Nordwestecke zeigt nordamerikanische Malerei und Plastiken aus allen Epochen der US-Geschichte. Das reicht von kolonialer Porträtkunst über Meisterwerke der Hudson River School bis zu Hohn Singer Sargents erotischer *Madame X* (Galerie 771) und dem Riesengemälde *Washington Crossing the Delaware* (Galerie 760) von Emanuel Leutze.

Griechische & Römische Kunst

Ein weiteres Highlight des Met sind die 27 der Antike gewidmeten Säle. Von der Great Hall geht es durch einen Korridor in einen Raum, den gemeißelte Torsos griechischer Figuren flankieren, und dann geradewegs zu einer der bezauberndsten Stellen des Met: in den luftigen Hof mit römischen Skulpturen (Galerie 162), Marmorplastiken von Göttern und historischen Persönlichkeiten. Besonders eindrucksvoll ist die Statue eines bärtigen Herkules mitsamt Löwenfell von 68–98 n. Chr.

DAS MET FÜR KIDS

Bei Kindern kommen die ägyptische Abteilung, die Säle mit Kunst aus Afrika und Ozeanien (tolle Masken!) sowie die mittelalterlichen Waffen und Rüstungen am besten an. Im Met finden viele Events für Kinder statt (siehe Website), es gibt eine spezielle Broschüre.

Eins der schönsten Fleckchen des Museums ist der Dachgarten. Hier werden Skulpturen und Installationen von zeitgenössischen und Künstlern des 20. Jhs. gezeigt – zu sehen waren hier schon Jeff Koons, Andy Goldsworthy und Imran Qureshi. Überwältigend ist die Aussicht auf die City und den Central Park. Das Roof Garden Café & Martini Bar ist toll für einen Drink zum Sonnenuntergang. Der Dachgarten ist von April bis Oktober geöffnet.

MUSEUMSBESUCH

An einem Schalter in der Great Hall gibt's Audioguides in mehreren Sprachen (7 $). Universitätsdozenten veranstalten im Eintrittspreis enthaltene Führungen durch bestimmte Ausstellungsräume. Näheres auf der Website oder am Infoschalter. Unter der Woche geht es im Museum ruhiger zu.

Metropolitan Museum of Art

SCHLACHTPLAN

Von der hinter dem Haupteingang gelegenen, treffend benannten Great Hall führt der Weg in die Ägyptische Abteilung mit dem faszinierenden ❶ **Dendur-Tempel**.

Durch den Charles Engelhard Court, ein großes sonniges Atrium voller amerikanischer Skulpturen, geht's in die Säle mit Waffen und Rüstungen, z. B. der wunderbar gearbeiteten ❷ **Rüstung Heinrichs II. von Frankreich** aus dem 16. Jh. Im nächsten Saal (Galerie 371) finden sich vier Ritter zu Pferd in voller Rüstung.

Im Obergeschoss des Amerikanischen Flügels hängt das berühmte Gemälde ❸ **Washington Crossing the Delaware**. Ebenfalls im Obergeschoss lockt eine atemberaubende Sammlung mit Werken europäischer Meister, darunter in Galerie 621 Caravaggios ❹ **Die Verleumdung des Hl. Petrus**.

Auf der anderen Seite des Obergeschosses befindet sich die Abteilung mit islamischer Kunst mit einer reich verzierten ❺ **Mihrab** (Gebetsnische); sie steht direkt neben dem mittelalterlichen Marokkanischen Hof mit sprudelndem Brunnen (Galerie 456).

Ganz in der Nähe hängen Werke von Monet, Renoir, van Gogh und Gauguin. Eines der hier gezeigten Meisterwerke Picassos ist ❻ **Das Mahl des Blinden**.

Die Ozeanien-Säle im Erdgeschoss beeindrucken mit bunter Stammeskunst aus Neuguinea und anderen Ländern. Hier sieht man etwa eine ❼ **Asmat-Körpermaske**; an der Decke darüber hängen Schilde.

Das Met ist außerdem eine wahre Schatztruhe griechischer und römischer Kunst. Im größten Saal steht ein reich verzierter Marmorsarg, der den ❽ **Triumph des Dionysos und die Vier Jahreszeiten** zeigt.

Die Verleumdung des Hl. Petrus
Galerie 621
Das Werk, das in den letzten Monaten von Caravaggios kurzem, wildem Leben entstand, ist ein Meisterwerk der bildnerischen Erzählkunst.

Das Mahl des Blinden Galerie 830
Picassos Bildnis eines an einem Tisch sitzenden blinden Mannes ist ein Hinweis auf menschliches Leid im Allgemeinen; Brot und Wein spielen auf christliche Symbolik an.

Mihrab (Gebetsnische) Galerie 455
Diese persische Gebetsnische aus dem 8. Jh. ist eines der schönsten Werke sakraler Kunst überhaupt: Die glasierten Kacheln fügen sich zu einem wundervollen Mosaik zusammen.

Asmat-Körpermaske Galerie 354
Solche Ganzkörpermasken repräsentierten in Neuguinea den Geist eines kürzlich Verstorbenen und wurden vom Volk der Asmat bei rituellen Tänzen getragen.

Triumph des Dionysos und die Vier Jahreszeiten Galerie 162
Dieser Marmorsarkophag zeigt den Gott Dionysos auf einem Panther und daneben vier Figuren, die (von links nach rechts) den Winter, Frühling, Sommer und Herbst verkörpern.

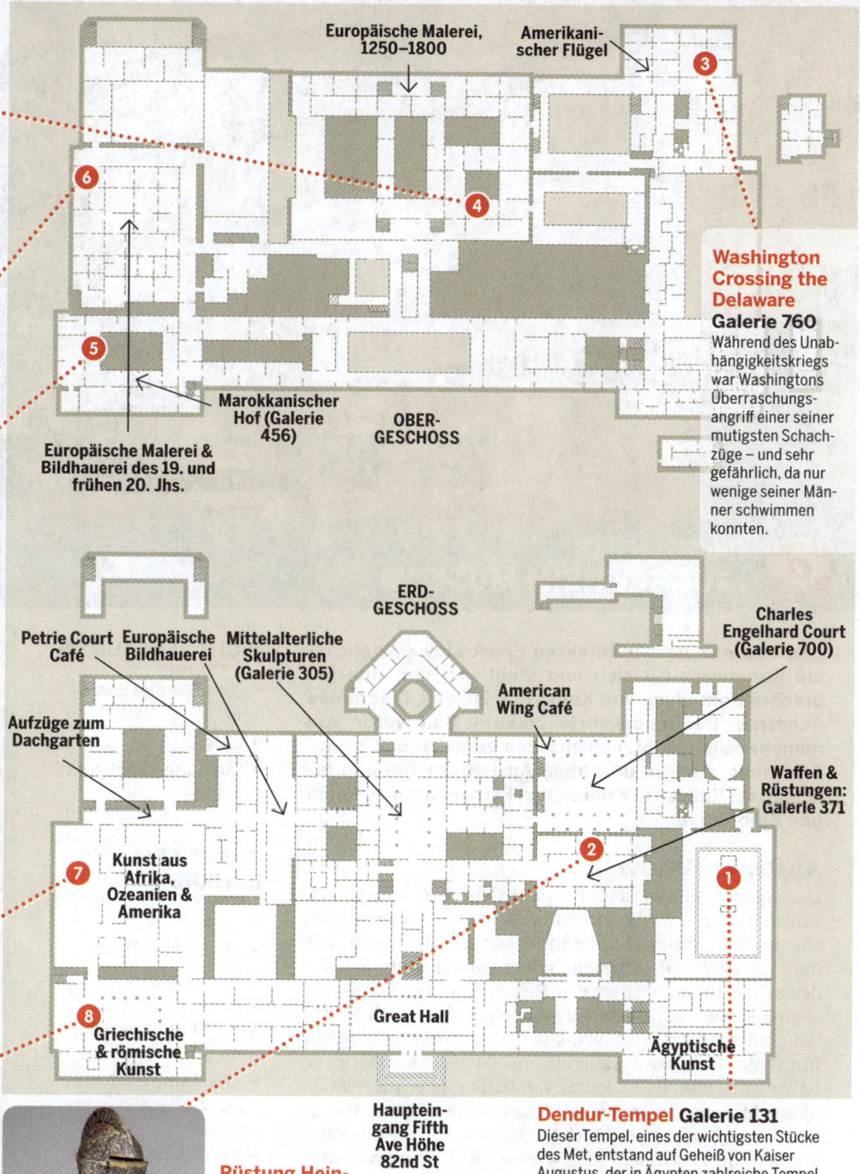

Obergeschoss

Europäische Malerei, 1250–1800

Amerikanischer Flügel

Washington Crossing the Delaware
Galerie 760
Während des Unabhängigkeitskriegs war Washingtons Überraschungsangriff einer seiner mutigsten Schachzüge – und sehr gefährlich, da nur wenige seiner Männer schwimmen konnten.

Marokkanischer Hof (Galerie 456)

Europäische Malerei & Bildhauerei des 19. und frühen 20. Jhs.

Erdgeschoss

Petrie Court Café

Europäische Bildhauerei

Mittelalterliche Skulpturen (Galerie 305)

Charles Engelhard Court (Galerie 700)

American Wing Café

Aufzüge zum Dachgarten

Waffen & Rüstungen: Galerie 371

Kunst aus Afrika, Ozeanien & Amerika

Great Hall

Ägyptische Kunst

Haupteingang Fifth Ave Höhe 82nd St

Griechische & römische Kunst

Rüstung Heinrichs II. von Frankreich
Galerie 374
Wer genau hinschaut, erkennt inmitten der dichten Blattrollen Kreaturen, Götter und Krieger; auf den Schultern jagt Apoll die Nymphe Daphne.

Dendur-Tempel Galerie 131
Dieser Tempel, eines der wichtigsten Stücke des Met, entstand auf Geheiß von Kaiser Augustus, der in Ägypten zahlreiche Tempel zu Ehren ägyptischer Götter bauen ließ.

BARRY WINKER / GETTY IMAGES ©

HIGHLIGHT
GUGGENHEIM MUSEUM

Das Bauwerk des Architekten Frank Lloyd Wright ist ein Kunstwerk für sich und stellt die hier untergebrachte Sammlung von Kunst des 20. Jhs. fast in den Schatten. Der umgekehrte Zikkurat-Bau wurde von manchen abgelehnt, von anderen gefeiert. Seit seiner Eröffnung ziert es unzählige Ansichtskarten und erschien als Kulisse in zahlreichen Fernsehproduktionen und Kinofilmen.

Abstrakte Wurzeln

Das Guggenheim verdankt seinen Grundstock einer Privatsammlung – in diesem Fall Solomon R. Guggenheim, einem New Yorker Kupferminenkönig. Er begann mit über sechzig auf Anraten seiner Kunstberaterin, der deutschen Baronin Hilla von Rebay, abstrakte Kunst zu sammeln. 1939 eröffnete Guggenheim in der 54th St das temporäre Museum of Non-Objective Painting (Museum für Gegenstandslose Malerei), als dessen Direktorin Rebay einsetzte. Es ist kaum vorstellbar, aber die Wände dieses Museums waren mit grauem Velours bespannt, in den Räumen brannten Räucherstäbchen, und die Besucher wurden mit klassischer Musik berieselt. Vier Jahre später erhielt Wright den Auftrag, eine feste Bleibe für die Sammlung zu entwerfen.

Was lange währt ...

Es dauerte eine kleine Ewigkeit bis zur Fertigstellung. Geldmangel, der Ausbruch des Zweiten Weltkriegs und Nachbarn, die wenig begeistert waren, ein architektonisches Raumschiff in ihrer Mitte zu haben, verzögerten den Baubeginn um fast 13 Jahre. Als das Museum 1959 eröffnet wurde, waren Wright und Guggenheim bereits verstorben.

NICHT VERSÄUMEN

- Die ständige Sammlung
- Cafe 3
- Die Außensicht aufs Gebäude

PRAKTISCH & KONKRET

- Karte S. 468
- 212-423-3500
- www.guggenheim.org
- 1071 Fifth Ave Höhe 89th St
- Erw./Kind 22 $/frei, Sa 17.45–19.45 Uhr per Spende
- So–Mi & Fr 10–17.45, Sa bis 19.45 Uhr
- S 4/5/6 bis 86th St

Für und Wider

Als „das Guggenheim" seine Pforten erstmalig öffnete, kostete der Eintritt 50 ¢. Zu den ausgestellten Werken zählten Gemälde von Kandinsky, Alexander Calder und den abstrakten Expressionisten Franz Kline und Willem De Kooning.

Das Bauwerk wurde von der *New York Times* verrissen. Sie bezeichnete es als einen „Krieg zwischen Architektur und Malerei, aus dem beide verletzt hervorgehen". Andere feierten es als „das schönste Bauwerk Amerikas". Wie auch immer – Wright hatte der Stadt eines seiner bedeutendsten Wahrzeichen beschert.

Von damals bis heute

Im Zuge einer Renovierung Anfang der 1990er-Jahre wurde im Ostteil ein achtstöckiger Turm hinzugefügt. In den Galerien sind die ständige Sammlung und andere Stücke zu sehen, auf den Rampen die Wechselausstellungen.

Zum Fundus des Museums zählen Werke von Kandinsky, Picasso und Jackson Pollock. Im Lauf der Zeit hat es weitere hochkarätige Stücke erworben, darunter Gemälde von Monet, van Gogh und Degas, Fotos von Robert Mapplethorpe und bahnbrechende surrealistische Arbeiten, geschenkt von Guggenheims Nichte Peggy.

Museumsbesuch

Die gewundene Rampe des Museums ist wechselnden Ausstellungen moderner und zeitgenössischer Kunst vorbehalten. Wright hatte sich vorgestellt, dass die Besucher zuerst hoch fahren und anschließend spiralförmig nach unten gehen, doch der einzige, obendrein auch noch enge Aufzug lässt das nicht zu. Deshalb sind die Ausstellungen von unten nach oben angeordnet.

Im Museum gibt es zwei gute Esslokale. Das **Wright** (Karte S. 468; 212-427-5690; www.thewrightrestaurant.com; Guggenheim Museum, 1071 Fifth Ave Höhe 89th St; Hauptgerichte 23–28 $; Fr & So–Mi 11.30–15.30, Sa bis 18 Uhr; 4/5/6 bis 86th St) im Erdgeschoss ist ein Space-Age-Lokal, wo dampfendes Risotto und klassische Cocktails aufgetischt werden; das **Cafe 3** (Karte S. 468; www.guggenheim.org; Guggenheim Museum, 1071 Fifth Ave Höhe 89th St; Sandwiches 9–10 $; Fr–Mi 10.30–17 Uhr; 4/5/6 bis 86th St) im 2. Stock *(3rd floor)* bietet prickelnde Aussichten auf den Central Park, exzellenten Kaffee und leichte Snacks.

DAS GUGGENHEIM IN PINK

Vor dem Bau des Museums erstellte Wright Hunderte Skizzen und erwog den Gebrauch verschiedenster Materialien. Eine Zeit lang überlegte er, die Fassade mit rotem Marmor zu verkleiden (eine Modellzeichnung von 1945 zeigt ein rosarotes Gebäude), doch diese Farbgebung wurde abgelehnt.

Wright war zwar über den Auftrag, ein Museum zu entwerfen, begeistert, doch nicht über die Aussicht, in Manhattan zu arbeiten. „Ich kann mir erstrebenswertere Orte auf der Welt vorstellen, um dieses großartige Museum zu bauen", schrieb der als übellaunig bekannte Architekt 1949, „aber wir werden mit New York vorlieb nehmen müssen."

ZEIT SPAREN

Die Warteschlange vor dem Museum kann extrem lang sein. Wer sich die Eintrittskarte vorher online besorgt, ist schneller drin.

🎯 SEHENSWERTES

METROPOLITAN MUSEUM OF ART MUSEUM
Siehe S. 224.

GUGGENHEIM MUSEUM MUSEUM
Siehe S. 228.

WHITNEY MUSEUM OF AMERICAN ART MUSEUM
Karte S. 468 (☎212-570-3600; www.whitney.org; 945 Madison Ave, Ecke 75th St; Erw./Kind 20 $/frei, Fr 18–21 Uhr per Spende; ⏰Mi, Do, Sa & So 11–18, Fr 13–21 Uhr; Ⓢ6 bis 77th St) Das Whitney macht keinen Hehl aus seinem Hang zur Provokation. Das beginnt schon mit dem markanten Gebäude im Architekturstil des Brutalismus. Es beherbergt Werke der großen Künstler des 20. Jhs., d. h. Edward Hopper, Jasper Johns, Georgia O'Keeffe und Mark Rothko. Zusätzlich zu Wechselausstellungen findet in Jahren mit gerader Zahl eine Biennale statt, ein ambitionierter Rundumschlag über zeitgenössische Kunst, der fast immer Kontroversen erzeugt.

Das Museum wurde 1931 von der High-Society-Doyenne Gertrude Vanderbilt Whitney eröffnet, die für ihre anregenden Salons in Greenwich Village bekannt war. Im Lauf ihres Lebens erwarb sie mehr als 600 Kunstwerke, darunter von Thomas Hart Benton und George Bellows. Diese Werke stellen den Grundstock der festen Sammlung des Museums dar, die im 4. Stock *(5th floor)* zu sehen ist.

Nachdem es mehrere Locations in Downtown bewohnt hatte, bezog das Whitney sein heutiges Domizil, das 1966 nach einem Entwurf von Marcel Breuer erbaut wurde. Doch auch hier ist es schon wieder zu eng geworden, und der nächste Umzug steht an. Ein im Meatpacking District nach Plänen von Renzo Piano errichtetes neues Gebäude stand bei Drucklegung des Buchs kurz vor der Fertigstellung. Der fast 20 000 m² große Bau direkt neben der High Line (Ecke Washington und Gansevoort St) soll 2015 eröffnen.

Für das leibliche Wohl im Museum sorgt Danny Meyers Restaurant **Untitled** (Karte

---

ABSTECHER

ROOSEVELT: DIE INSEL VOR MANHATTAN

Roosevelt Island, das winzige Fleckchen Erde im East River, hatte bisher nichts Großartiges zu bieten. Im 19. Jh. war sie unter der Bezeichnung Welfare Island („Wohlfahrtsinsel") bekannt, denn hier befanden sich zahlreiche Krankenhäuser, darunter ein psychiatrisches sowie eins für Pockenkranke. In den 1970ern entstanden an der einzigen Straße auf der Insel eine Reihe gleichförmiger Mietskasernen. Jahrelang war das Einzige, was Roosevelt Island zu bieten hatte, die tolle Aussicht auf Manhattan und die malerischen Ruinen des alten Pockenspitals (welches derzeit renoviert wird und schließlich für die Öffentlichkeit zugänglich sein wird).

Aber 2012 feierte die Insel ihren Auftritt auf der architektonischen Landkarte, denn es wurde an der Südspitze ein öffentlicher Park mit einem Denkmal (S. 202) für Präsident Franklin D. Roosevelt eröffnet. Der Bau des in den 1960er-Jahren von dem Architekten Louis Kahn entworfenen Parks wurde in den 1970er-Jahren auf Eis gelegt, als Kahn starb und New York City praktisch pleite war. William vanden Heuvel, Vorsitzender der Four Freedoms Park Conservancy und ehemaliger Diplomat, hielt den Traum lebendig, sammelte jahrelang Geld und betrieb Lobbyarbeit für die Fertigstellung des Parks.

Bemerkenswerterweise wurde der Park fast genauso angelegt, wie Kahn ihn sich vorgestellt hatte. Eine von Linden gesäumte, spitz zulaufende Rasenfläche führt hinunter zur Südspitze der Insel. Am Ende des V-förmigen Rasens gelangt man zu einer kleinen Aussichtsplattform mit riesigen Blöcken aus Granit aus North Carolina. Dieser Ort über dem Fluss ist „das Zimmer", aus dem sich durch schmale Öffnungen Blicke auf Manhattan eröffnen, besonders auf das Gebäude der Vereinten Nationen – als klare Referenz an eine der krönenden Leistungen Roosevelts. Dies ist ein friedvolles und nüchternes Monument mit vielen versteckten Anspielungen.

Roosevelt Island ist am besten im Rahmen der malerischen Vier-Minuten-Luftseilbahnfahrt über den East River zu erreichen. Abfahrt ist an der **Roosevelt Island Tramway Station** (☎212-832-4543; www.rioc.com/transportation.htm; 60th St Höhe Second Ave; einfache Fahrt 2,25 $; ⏰So–Do 6–2, Fr & Sa bis 3 Uhr alle 15 Min.). Ansonsten die Subway-Linie F bis Haltestelle Roosevelt Island nehmen.

S. 468; www.untitledatthewhitney.com; 945 Madison Ave, Whitney Museum of American Art; Hauptgerichte 13–24 $; Mi & Do 11–18, Fr bis 21, Sa & So 10–18 Uhr) im Untergeschoss. Auf die Zedernholzplanke gegarter Lachs, Gourmet-Burger, Räucherlachs-Sandwiches und ein ganztägig erhältliches Frühstück zählen zu den Highlights.

★ FRICK COLLECTION KUNSTGALERIE

Karte S. 468 (212-288-0700; www.frick.org; 1 E 70th St Höhe Fifth Ave; Eintritt 20 $, So 11–13 Uhr per Spende, keine Kinder unter 10 J.; Di-Sa 10–18, So 11–17 Uhr; 6 bis 68th St–Hunter College) Die spektakuläre Kunstsammlung des viel gehassten Stahlmagnaten Henry Clay Frick ist in einem Stadtpalais untergebracht, das zusammen mit vielen anderen ähnlich opulenten Herrenhäusern Teil der sogenannten Millionaires' Row ausmacht. Das Museum besitzt über zwölf prächtige Räume, in denen Meisterwerke von Tizian, Vermeer, Gilbert Stuart, El Greco und Goya ausgestellt sind.

Das Museum ist aus mehreren Gründen ein Muss. Erstens ist es in einem bezaubernden, weitläufigen Beaux-Arts-Gebäude untergebracht, das von Carrère and Hastings in den Jahren 1913 bis 1914 erbaut wurde. Zweitens ist es selten überlaufen – eine Ausnahme bilden allerdings beliebte Sonderausstellungen wie 2013 eine zu Vermeer und Rembrandt. Und drittens fühlt es sich im Unterschied zu anderen Museen fast heimelig an. Im überdachten Innenhof plätschert ein Brunnen und eine Grünanlage lädt an wärmeren Tagen zum Spaziergehen ein. In der schlichten neuen, 2011 eingeweihten Portico Gallery sind Kunsthandwerk und Skulpturen zu sehen.

Im Eintrittspreis ist ein ausgezeichneter, in mehreren Sprachen erhältlicher Audioguide enthalten. Sonntags finden oft Klavier- und Violinkonzerte statt – ein besonderes Bonbon für Freunde klassischer Musik.

NEUE GALERIE MUSEUM

Karte S. 468 (212-628-6200; www.neuegalerie.org; 1048 Fifth Ave, Ecke E 86th St; Eintritt 20 $, jeden 1. Fr des Monats 18–20 Uhr frei, keine Kinder unter 12 J.; Do-Mo 11–18 Uhr; 4/5/6 bis 86th St) Die restaurierte Carrère and Hastings-Stadtvilla Baujahr 1914 bildet eine wunderbare Kulisse für deutsche und österreichische Kunst, darunter Arbeiten von Paul Klee, Ernst Ludwig Kirchner und Egon Schiele. Einen Ehrenplatz im 1. Stock *(2nd floor)* nimmt Gustav Klimts goldenes, 1907 gemaltes Porträt von Adele Bloch-Bauer ein, das der Kosmetikriese Ronald Lauder zum Preis von 135 Mio. $ für das Museum kaufte.

Es ist ein kleines, entzückendes Gebäude mit Wendeltreppen und schmiedeeisernen Geländern. Im Erdgeschoss befindet sich das reizende Café Sabarsky (S. 236). Am Wochenende kann es in der Galerie allerdings mächtig voll werden.

JEWISH MUSEUM MUSEUM

Karte S. 468 (212-423-3200; www.jewishmuseum.org; 1109 Fifth Ave Höhe 92nd St; Erw./Kind 15 $/frei, Sa frei, Do 17–20 Uhr per Spende; Fr-Di 11–17.45, Do bis 20 Uhr; ; 6 bis 96th St) Das Jüdische Museum verbirgt sich in einem französisch-gotischen Herrenhaus Baujahr 1908, in dem 30 000 Judaica sowie Plastiken, Gemälde und Kultgegenstände untergebracht sind. Das Haus ist für seine exzellenten Wechselausstellungen bekannt, beispielsweise zum Lebenswerk bedeutender Persönlichkeiten wie Art Spiegelman, Marc Chagall, Édouard Vuillard und Man Ray.

Das Museum bietet oft Vorträge und Events sowie diverse Aktivitäten und Konzerte für Kinder. Jedes Jahr im Januar wird hier in Zusammenarbeit mit der Film Society of Lincoln Center das New York Jewish Film Festival abgehalten.

NATIONAL ACADEMY MUSEUM KUNSTGALERIE

Karte S. 468 (212-369-4880; www.nationalacademy.org; 1083 Fifth Ave Höhe 89th St; Erw./Kind 15 $/frei; Mi-So 11–18 Uhr; 4/5/6 bis 86th St) Das 1825 von dem Maler und Erfinder Samuel Morse mitbegründete National Academy Museum erfreut sich einer herausragenden Gemäldesammlung. Zum festen Bestand zählen u. a. Werke von Will Barnet, Thomas Hart Benton und George Bellows, darunter tolle Selbstporträts. Die in einem von Ogden Codman Jr. entworfenen Beaux-Arts-Bau untergebrachte Kunstinstitution besitzt ein marmorverkleidetes Foyer und eine Wendeltreppe.

TEMPLE EMANU-EL SYNAGOGE

Karte S. 468 (212-744-1400; www.emanuelnyc.org; 1 E 65th St, Ecke Fifth Ave; So-Do 10-16.30 Uhr; 6 bis 68th St–Hunter College) GRATIS Der 1845 als erste Reformsynagoge in New York gegründete und 1929 fertiggestellte Tempel ist heute eines der größten jüdischen Gebetshäuser der Welt. Das imposante, im romanischen Baustil gehaltene Gebäude ist über 50 m lang und mehr als

30 m hoch und weist eine erlesene bemalte Decke mit echtgoldenen Anteilen auf.

Des Weiteren besticht das Bauwerk durch 60 Bleiglasfenster und ein riesiges Rosettenfenster, dessen zwölf Verstrebungen für die zwölf Stämme Israels stehen. Weitere Buntglaselemente erinnern an berühmte Synagogen, darunter die Altneuschul in Prag (das älteste durchgehend genutzte jüdische Bethaus der Welt). Das Tonnengewölbe an der Ostmauer enthält die Thora-Rollen und ist mit einem Bogen aus buntem Glas und Marmormosaiken eingefasst.

In dem Tempel befindet sich das kleine **Herbert & Eileen Bernard Museum of Judaica** mit über 650 Exponaten, die bis ins 14. Jh. zurückreichen.

MUSEUM OF THE CITY OF NEW YORK MUSEUM
Karte S. 468 (212-534-1672; www.mcny.org; 1220 Fifth Ave zw. 103rd & 104th St; empfohlener Eintritt Erw./Kind 10 $/frei; 10–18 Uhr; 6 bis 103rd St) Das Stadtmuseum in einem im georgianischen Kolonialstil erbauten Stadthaus beschäftigt sich ausschließlich mit der Vergangenheit, Gegenwart und Zukunft von New York City. Keinesfalls versäumen sollte man den 22-minütigen Film *Timescapes* im ersten Stock (*2nd floor*), der einen Überblick über die Entwicklung New Yorks vom winzigen indianischen Handelsposten bis zur ausufernden Metropole gibt.

Eine der Attraktionen des Museums ist die 12-Zimmer-Puppenhausvilla, an deren Bau Carrie Stettheimer an der Wende zum 20. Jh. mehr als 25 Jahre lang arbeitete. Darin befinden sich sogar winzige Kunstwerke von Marcel Duchamp und Gaston Lachaise.

ASIA SOCIETY & MUSEUM MUSEUM
Karte S. 468 (212-288-6400; www.asiasociety.org; 725 Park Ave Höhe E 70th St; Eintritt 12 $, Mitte Sept.–Juni Fr 18–21 Uhr frei; Di–So 11–18 Uhr, Mitte Sept.–Juni Fr bis 21 Uhr; 6 bis 68th St–Hunter College) Das Kulturzentrum wurde 1956 von John D. Rockefeller ins Leben gerufen, einem begeisterten Sammler asiatischer Kunst. Hier finden faszinierende Ausstellungen statt – vorrevolutionäre Kunst des Iran, Retrospektiven führender chinesischer Künstler oder Blockdrucke aus dem Japan der Edo-Ära. Und es werden Kunstschätze wie Jain-Skulpturen und buddhistische Gemälde aus Nepal gezeigt. Ganzjährig werden dienstags um 14 Uhr Führungen (im Eintrittspreis enthalten) angeboten, außerdem außerhalb der Sommermonate freitags um 18.30 Uhr.

Dazu veranstaltet die Asia Society jede Menge Kultur: Konzerte, Filmvorführungen, Vorträge und kulinarische Events wie Teeverkostungen und Vorführungen zur *ramen*-Herstellung. Im kleinen Museumsshop bieten sich tolle Geschenkideen wie Seidenschals, feiner Schmuck, Kinderbücher und Musik aus dem Nahen und Fernen Osten.

GRACIE MANSION HISTORISCHES GEBÄUDE
Karte S. 468 (Reservierung von Führungen 311 oder 212-639-9675; www.nyc.gov/gracie; East End Ave Höhe E 88th St; Eintritt 7 $; Führungen Mi 10, 11, 13 & 14 Uhr; 4/5/6 bis 86th St) Das im Federal Style erbaute Wohnhaus war 1799 der Landsitz des Kaufmanns Archibald Gracie. Seit 1942 dient es als Residenz der New Yorker Bürgermeister – mit Ausnahme des Megamilliardärs Michael Bloomberg, der seine eigene noble Upper-East-Side-Behausung bevorzugte. Im Lauf der Jahre ist das Haus erweitert und renoviert worden. Besuch nur mit Voranmeldung für eine 45-minütige Führung.

An das Anwesen grenzt der am Fluss gelegene Carl Schurz Park.

COOPER-HEWITT NATIONAL DESIGN MUSEUM MUSEUM
Karte S. 468 (212-849-8400; www.cooperhewitt.org; 2 E 91st St Höhe Fifth Ave; 4/5/6 bis 86th St) Das Haus ist Teil des Smithsonian Institution in Washington, D.C., und das einzige Museum des Landes, das sich sowohl historischem als auch zeitgenössischem Design verschrieben hat. Die Sammlung ist in der 64-Zimmer-Villa untergebracht, die der Milliardär Andrew Carnegie 1901 erbauen ließ. Das Museum ist zwecks umfassender Renovierung und Erweiterung geschlossen, soll aber 2014 wiedereröffnen. Den aktuellen Stand der Dinge erfährt man auf der Website.

ESSEN

★ EARL'S BEER & CHEESE AMERIKANISCH $
Karte S. 468 (www.earlsny.com; 1259 Park Ave zw. 97th & 98th St; Grillkäse 6–8 $; Mo & Di 16–24, Mi–Do & So 11–24, Fr & Sa bis 2 Uhr; 6 bis 96th St) Chefkoch Corey Covas winziger Außenposten für echtes Wohlfühlessen hat das Erfolgsrezept gefunden, um Hipster vor das Wandgemälde mit Hirsch im Wald zu locken. Schlichter Grillkäse erscheint bei Earl's in ganz neuen Gewändern, z. B. mit Schweinebauch, Spiegelei und Kimchi.

🏃 Spaziergang
Manhattan im Film

START BLOOMINGDALE'S
ZIEL METROPOLITAN MUSEUM OF ART
LÄNGE/DAUER 2,4 KM; 2 STUNDEN

Die Erkundungstour führt vorbei an bekannten Drehorten.

Ausgangspunkt ist ❶ **Bloomingdale's**, wo Darryl Hannah und Tom Hanks in *Splash – Eine Jungfrau am Haken* (1984) Fernseher zerspringen ließen und Dustin Hoffman in *Tootsie* (1982) ein Taxi anhielt. Westlich, in der 10 E 60th St, befindet sich das ehemalige ❷ **Copacabana**, der Club (jetzt ein Restaurant mit Michelin-Stern), in dem sich Ray Liotta und Lorraine Bracco in *Good Fellas – Drei Jahrzehnte in der Mafia* (1990) und ein zwielichtiger Rechtsanwalt (Sean Penn) in *Carlito's Way* (1993) vergnügten. Weiter geht's zum ❸ **Central Park** (S. 242), der in *Die Royal Tenenbaums* (2001), *Ghostbusters – Die Geisterjäger* (1983), *Die Muppets erobern Manhattan* (1983), *Barfuß im Park* (1967) und *Die Warriors* (1979) eine Rolle spielt. Richtung Osten steht in der 620 Park Ave Höhe E 65th St das Gebäude, das in *Being John Malkovich* (1999) als ❹ **Malkovichs Wohnung** diente. Nördlich davon, in der 114 E 72nd St, erhebt sich das ❺ **Hochhaus**, wohin Sylvia Miles Jon Voight in *Asphalt-Cowboy* (1969) lockte. Einen Block nach Osten und dann nach Süden befindet sich in der 171 E 71st St ein Stadthaus, das in dem New-York-Kultstreifen *Frühstück bei Tiffany* (1961, mit Audrey Hepburn) vorkommt: Hier befand sich ❻ **Holly Golightlys Apartment**. Wer Richtung Third Ave weiter wandert, stößt an der Ecke E 74th St auf ❼ **JG Melon**, ein Bier-und-Burger-Restaurant – hier trafen sich Dustin Hoffman und Meryl Streep in *Kramer gegen Kramer* (1979). Nun spaziert man nach Westen zur Madison Ave. Dort steht an der Kreuzung 35 E 76th St das schicke Hotel ❽ **Carlyle**, wo Woody Allen und Dianne Wiest in *Hannah und ihre Schwestern* (1986) ein katastrophales Date hatten. Einen Steinwurf weiter westlich befindet sich das ❾ **Metropolitan Museum of Art** (S. 224) an der E 82nd St/Fifth Ave. Hier hatte Angie Dickinson in *Dressed to Kill* (1980) eine fatale Begegnung und baggerte Billy Crystal Meg Ryan in *Harry und Sally* (1989) an.

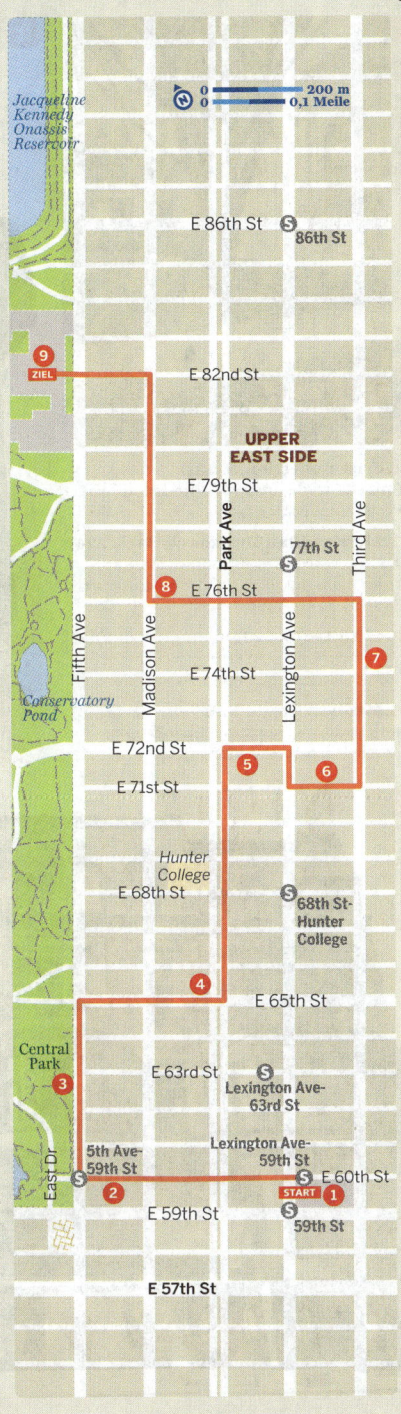

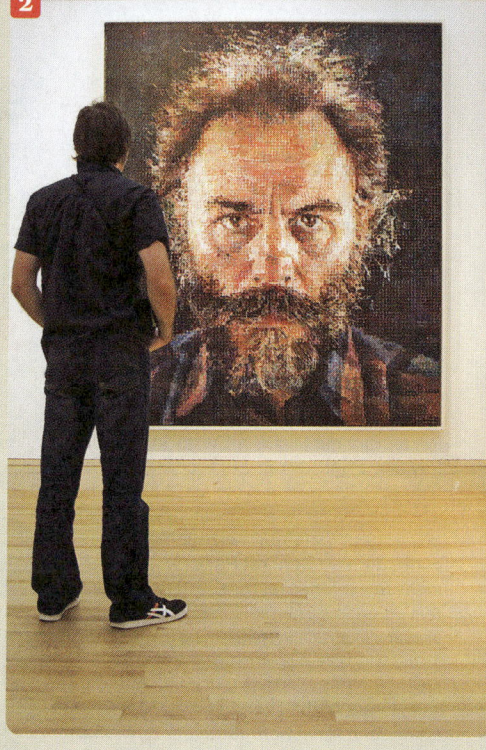

1. Frick Collection (S. 231)
Die spektakuläre Kunstsammlung residiert in einem Herrenhaus im Beaux-Arts-Stil.

2. Metropolitan Museum of Art (S. 224)
Im Met gibt es über zwei Millionen Kunstobjekte zu bewundern; Gemälde von Chuck Close mit freundlicher Genehmigung der Pace Gallery

3. Fifth Ave (S. 223)
Mit ihren diversen Kaufhäusern lädt die Fifth Ave zum Shoppen oder zu einem Schaufensterbummel ein.

4. Madison Ave (S. 239)
In der Madison Ave kann man in einigen der extravagantesten Boutiquen des Landes stöbern. .

> **INSIDERWISSEN**
>
> ## TANOSHI
>
> In der kleinen und äußerst populären Sushi-Bar **Tanoshi** (Karte S. 468; ☎646-727-9056; 1372 York Ave zw. 73rd & 74th St; 12 Stücke Sushi 50 $; ⊙Di–Sa 18–22 Uhr; Ⓢ6 bis 77th St) einen der zehn Hocker zu ergattern, ist fürwahr nicht einfach. Das Ambiente kommt vielleicht bescheiden daher, aber das Essen schmeckt wirklich phantastisch, z. B. Hokkaido-Jakobsmuscheln, Atlantik-Blaubarsch, scharf angebratener Lachsbauch oder göttlicher Seeigel. Angeboten wird nur Sushi und was der Chefkoch am Besonderheiten des Tages auswählt. Alkohol (Bier, Sake usw.) selbst mitbringen; weit im Voraus reservieren!

Außerdem gibt's *mac 'n' cheese* (Käsemakkaroni, in diesem Fall mit Ziegenkäse und Hähnchenfleisch) und Tacos mit geschmorter Schweineschulter und *queso fresco*, einem mexikanischen Käse. Und dazu werden Biere aus kleinen Brauereien ausgeschenkt.

WILLIAM GREENBERG DESSERTS
BÄCKEREI $

Karte S. 468 (www.wmgreenbergdesserts.com; 1100 Madison Ave zw. E 82nd & 83rd St; Backwaren ab 2 $; ⊙Mo–Fr 8–18.30, Sa bis 18, So 10–16 Uhr; ♿; Ⓢ4/5/6 bis 86th St) Hier gibt's die besten „Amerikaner" von ganz New York: weiche Vanilleplätzchen mit weißer Zucker- und schwarzer Schokoglasur. Nur zum Mitnehmen.

VIA QUADRONNO
CAFÉ $

Karte S. 468 (☎212-650-9880; www.viaquadronno.com; 25 E 73rd St zw. Madison & Fifth Ave; Sandwiches 8–15 $, Hauptgerichte 23–38 $; ⊙Mo–Fr 8–23, Sa 9–23, So 10–21 Uhr; ♿; Ⓢ6 bis 77th St) Das gemütliche Café-Bistro sieht aus, als wäre ein Stück Italien nach New York gebeamt worden. Es hat ausgezeichneten Kaffee und eine Riesenauswahl belegter Sandwiches, darunter eines mit Wildschwein-Prosciutto und Camembert. Außerdem im Angebot: Suppen, Pasta und eine sehr beliebte, täglich variierende Lasagne.

Wer es eilig hat, stellt sich an die Steintheke auf einen schnellen Espresso macchiato und einen Keks.

JG MELON
PUB $

Karte S. 468 (☎212-744-0585; 1291 Third Ave Höhe 74th St; Burger 10,50 $; ⊙11.30–4 Uhr; Ⓢ6 bis 77th St) JG ist ein geräuschvolles, altmodisches Pub, das sich dem Thema „Melone" verschrieben hat. Seit 1972 werden hier Burger auf Tellern serviert. Die New Yorker kommen gern zum Essen oder auf einen Drink her (die Bloody Marys sind der Renner). Nach Feierabend wird's voll. Wer klaustrophobisch veranlagt ist, wählt besser die Mittagszeit.

CANDLE CAFE
VEGAN $$

Karte S. 468 (☎212-472-0970; www.candlecafe.com; 1307 Third Ave zw. 74th & 75th St; Hauptgerichte 15–21 $; ⊙Mo–Sa 11.30–22.30, So bis 21.30 Uhr; ♿; Ⓢ6 bis 77th St) Der arrivierte Yoga-Jetset strömt in dieses attraktive Café mit einem großen Angebot an veganen Sandwiches, Salaten, Seelentrösteressen und spannenden Marktneuheiten. Spezialität des Hauses ist selbst gemachter Seitan (fleischähnliches Weizenerzeugnis). Sehr lecker schmeckt er z. B. mit Steinpilzkruste, dazu Kartoffelbrei und Sauce – das perfekte Gericht für kalte Tage. Es gibt auch eine Saftbar.

Wer's eine Nummer nobler möchte, begibt sich ins Schwesterrestaurant, das zwei Blocks weiter gelegene **Candle 79** (Karte S. 468; ☎212-537-7179; www.candle79.com; 154 E 79th St Höhe Lexington Ave; Hauptgerichte 19–24 $; ⊙mittags & abends; ♿; Ⓢ6 bis 77th St).

SANDRO'S
ITALIENISCH $$

Karte S. 468 (☎212-288-7374; www.sandrosnyc.com; 306 E 81st St Nähe Second Ave; Hauptgerichte 20–40 $; ⊙Mo–Sa 16.30–23, So bis 22 Uhr; Ⓢ6 bis 77th St) In der Wohlfühl-Trattoria werden frische römische Gerichte und von Küchenchef Sandro Fioriti höchstselbst hergestellte Pasta aufgetischt. Spezialitäten des Hauses sind knusprig gebratene Artischocken und Seeigelravioli.

CAFÉ SABARSKY
ÖSTERREICHISCH $$

Karte S. 468 (☎212-288-0665; www.kg-ny.com/wallse; 1048 Fifth Ave Höhe E 86th St; Hauptgerichte 15–30 $; ⊙Mo & Mi 9–18, Do–So bis 21 Uhr; ♿; Ⓢ4/5/6 bis 86th St) Die Leute stehen lange Schlange vor diesem beliebten Café, das ans glanzvolle Wien des Fin de Siècle erinnert. Doch die fachmännisch zubereiteten österreichischen Gerichte sind das Warten wert. Hier gibt's Köstlichkeiten wie mit Räucherforelle gefüllte Palatschinken (Pfannkuchen), Gulaschsuppe und Sahnespätzle. Aber noch Platz für den Nachtisch lassen, denn die Karte der süßen Spezialitäten ist lang und umfasst nicht zuletzt eine göttliche Sachertorte.

ABV
MODERN AMERIKANISCH $$

Karte S. 468 (212-722-8959; 1504 Lexington Ave Höhe 97th St; Mo-Do 17–24, Fr 16–1, Sa & So ab 11 Uhr; ; 6 bis 96th St) Das an der Grenze zu East Harlem gelegene ABV lockt ein junges, lockeres Publikum an, nicht zuletzt mit Platten für mehrere Personen (Fisch-Tacos, Foie-gras-Mousse, Jakobsmuscheln, Kalbsbries), Wein für 9–12 $ pro Glas und Bieren aus Mikrobrauereien. Hohe Decken und Backsteinwände laden zum Verweilen ein und montagabends gibt's außer in der Football-Saison ab 21 Uhr Livemusik.

JAMES WOOD FOUNDRY
BRITISCH $$

Karte S. 468 (212-249-2700; 401 E 76th St zw. First & York Ave; Hauptgerichte mittags 10–24 $, abends 18–32 $; 11–2 Uhr; ; 6 bis 77th St) Die James Wood Foundry in einem schmalen Backsteingebäude, in dem sich einst eine Gießerei befand, ist ein Gastropub im britischen Stil mit erstklassigen Fish 'n' Chips in Bierteig, Würstchen und Kartoffelpüree, Lamm-Rosmarin-Pastete und anderen Leckereien von der anderen Seite des Atlantiks. Wenn das Wetter es zulässt, sind auch die Tische draußen auf der ummauerten Terrasse schön.

SANT AMBROEUS
CAFÉ, ITALIENISCH $$$

Karte S. 468 (212-570-2211; www.santambroeus.com; 1000 Madison Ave zw. 77th & 78th St; Panini 12–18 $, Hauptgerichte 23–64 $; 7–23 Uhr; ; 6 bis 77th St) Hinter der bescheidenen Fassade verbirgt sich ein schmuckes mailändisches Bistro und Café mit europäischem Charme. An der langen Steintheke gibt's starken Cappuccino, Gebäck und Panini, z. B. mit Parmaschinken und Fontina. Im eleganten Speiseraum hinten kommen norditalienische Spezialitäten wie panierte Kalbskoteletts und Safranrisotto auf den Tisch. Auch das berühmte Eis sollte man sich auf jeden Fall gönnen.

CAFÉ BOULUD
FRANZÖSISCH $$$

Karte S. 468 (212-772-2600; www.danielnyc.com/cafebouludny.html; 20 E 76th St zw. Fifth & Madison Ave; Hauptgerichte 24–48 $; morgens, mittags & abends; ; 6 bis 77th St) Das Michelin-besternte Bistro, Teil von Daniel Bouluds Gastronomie-Imperium, zieht mit seiner panfranzösischen Küche unter der Leitung von Starkoch Gavin Kaysen scharenweise Gäste an. Auf der saisonal wechselnden Speisekarte stehen klassische Gerichte wie Coq au Vin, aber auch innovative wie rohe Jakobsmuscheln an Misopaste. Gourmets mit kleiner Börse wählen das mittägliche Festpreis-Menü für 43 $.

In der angrenzenden **Bar Pleiades** (Karte S. 468; www.barpleiades.com; 20 E 76th St; 12–24 Uhr) mit 40 Sitzplätzen gibt's saisonal wechselnde Cocktails und eine umfangreiche Speisekarte mit Kneipengerichten (etwa Mini-Burger mit Rinderhackbällchen und gegrillte Calamari).

AUSGEHEN & NACHTLEBEN

Eigentlich umfasste das Spektrum hier traditionell nur zwei Extreme: Luxuslounge oder Studentenkneipe. Jedoch ändern sich die Zeiten und in den vergangenen Jahren haben hier Cocktail-Bars und Gastropubs im Brooklyner Stil aufgemacht.

METROPOLITAN MUSEUM ROOF GARDEN CAFÉ & MARTINI BAR
COCKTAILBAR

Karte S. 468 (www.metmuseum.org; 1000 Fifth Ave Höhe 82nd St; So–Do 10–16.30, Fr & Sa bis 20 Uhr, Martini-Bar Mai–Okt. Fr & Sa 17.30–20 Uhr; 4/5/6 bis 86th St) Das ist die Art Location, von der man nie genug kriegt (nicht mal als alteingesessener New Yorker). Die Dachgartenbar des Met thront direkt über den Baumkronen des Central Park und erlaubt eine traumhafte Aussicht über den Park und auf die Cityskyline ringsum. Bei Sonnenuntergang tummeln sich hier Pärchen – trunken von der Liebe (oder doch von den Martinis)?

JBIRD
BAR

Karte S. 468 (212-288-8033; 339 E 75th St zw. First & Second Ave; Mo–Do 17.30–2, Fr & Sa bis 4 Uhr; 6 bis 77th St) Dieses seltene Uptown-Juwel serviert perfekt zubereitete Cocktails und saisonale Kneipenkost in einem bildschirmfreien Ambiente, das eigentlich mehr nach Downtown passt. Entweder man sitzt an der Marmortheke oder (kommt frühzeitig und) versinkt auf einer der Lederbänke. Zum Knabbern gibt's z. B. *pork sliders* (Brötchen mit Schweinegeschnetzeltem), gegrillten Tintenfisch oder Knoblauch-Pommes, zu trinken raffinierte Mixturen mit Roggenwhiskey, Mezcal, Jasminblütenrum und anderen ungewöhnlichen Spirituosen.

PENROSE
BAR

Karte S. 468 (212-203-2751; 1590 Second Ave zw. 82nd & 83rd St; Mo–Do 15–4, Fr 12–4, Sa &

So 10.30–4 Uhr; S 4/5/6 bis 86th St) Das seit 2012 bestehende Penrose bringt die bisher schmerzlich vermisste Prise Stil in die Upper East Side, mit Craft-Bieren, Backsteinwänden, alten Spiegeln, Blümchentapeten, Holzakzenten und freundlichen Barkeepern – gut für einen netten Abend mit Freunden.

Vom Fass gibt's Duvel und Murphy's, dazu eine gute Auswahl irischer Whiskeys und jede Menge gutes Kneipenessen wie gegrillte Portobello-Champignons, Lammpastete und Brathühnchen.

OSLO COFFEE ROASTERS   CAFÉ
Karte S. 468 (422 E 75th St zw. York & First Ave; Kaffee ab 2 $; Mo–Fr 7–18, Sa ab 8, So 8–15 Uhr; S 6 bis 77th St) Das Oslo, mit Stammsitz in Williamsburg, wo auch geröstet wird, besticht mit tollem Kaffee jeglicher Art – alles Fair Trade und Bio. Minuspunkte: nur wenige Plätze und kein WLAN.

VINUS AND MARC   LOUNGE
Karte S. 468 (646-692-9015; 1825 Second Ave zw. 95th & 94th St; So–Di 15–1, Mi & Do bis 2, Fr & Sa bis 3 Uhr; S 6 bis 96th St) Rote Wände, Spiegel im Goldrahmen, alte Einrichtungsgegenstände und eine lange dunkle Holztheke sorgen für schönes Ambiente in dieser einladenden neuen Lounge in Yorkville. Die Cocktails reichen von eleganten Schöpfungen wie dem würzigen Baby Vamp (Tequila, Mezcal, Erdbeere und Habanero-Bitters) bis zu Prohibitionsklassikern wie dem Scofflaw (Roggenwhiskey, trockener Wermut und hausgemachte Grenadine). Abgerundet wird das Ganze durch gute Bistrospeisen wie Muscheln, Shrimps mit Maisgrütze und Sandwiches mit Filetfleisch vom Angusrind.

DRUNKEN MUNKEY   LOUNGE
Karte S. 468 (338 E 92nd St zw. First & Second Ave; Mo–Do 11–2, Fr–So bis 3 Uhr; S 6 bis 96th St) Diese verspielte neue Lounge vermählt das Bombay der Kolonialzeit mit alten Tapeten, Kricketball-Türgriffen und witzig gewandetem Personal. Die Affenlüster sind vielleicht etwas schrullig, aber bei den Cocktails und den köstlichen Currys geht's ernsthaft zur Sache. Das Getränk der Wahl ist hier wenig überraschend Gin. Tipp: der Bramble mit Bombay-Gin, Brombeerlikör, frischem Zitronensaft und Brombeeren.

BEMELMANS BAR   LOUNGE
Karte S. 468 (212-744-1600; www.thecarlyle.com/dining/bemelmans_bar; Carlyle Hotel, 35 E 76th St Höhe Madison Ave; Mo–Sa 12–2, So bis 0.30 Uhr; S 6 bis 77th St) Am besten lässt man sich erst mal in ein schokobraunes Ledermöbel sinken und die glamouröse 1940er-Jahre-Atmosphäre dieser eleganten, berühmten Bar auf sich wirken. Das ist die Art Schuppen, wo die Kellner weiße Jacken tragen, ein Baby Grand Piano klimpert und die Decke mit 24-karätigem Blattgold überzogen ist. Reizend sind auch die Wandbilder von Ludwig Bemelmans, dem berühmten Schöpfer der *Madeline*. Wer den Eintritt (15–30 $ pro Pers.) sparen möchte, taucht vor 21.30 Uhr auf.

UNTERHALTUNG

CAFÉ CARLYLE   JAZZ
Karte S. 468 (www.thecarlyle.com/dining/cafe_carlyle; Carlyle Hotel, 35 E 76th St Höhe Madison Ave; Eintritt 110–185 $; S 6 bis 77th St) Die angesagte Location im Carlyle Hotel zieht Größen aus dem Showgeschäft an, z. B. Woody Allen, der hier montags um 20.45 Uhr (September bis Mai) in der Eddy Davis New Orleans Jazz Band Klarinette spielt. Ein gefülltes Portemonnaie mitbringen, denn im Eintrittspreis sind weder Essen noch Getränke enthalten.

FRICK COLLECTION   KLASSISCHE MUSIK
Karte S. 468 (www.frick.org; 1 E 70th St Höhe Fifth Ave; Eintritt 35 $; S 6 bis 68th St–Hunter College) In der prachtvollen Museumsvilla finden einmal pro Monat Sonntagskonzerte mit weltberühmten Künstlern wie dem Cellisten Yehuda Hanani und dem Violinisten Thomas Zehetmair statt.

92ND ST Y   KULTURZENTRUM
Karte S. 468 (www.92y.org; 1395 Lexington Ave Höhe 92nd St; S 6 bis 96th St) Abgesehen von einem breiten Spektrum erstklassiger Konzerte, Tanzdarbietungen und Autorenlesungen finden in diesem gemeinnützigen Kulturzentrum hochkarätige Vortrags- und Gesprächsreihen statt. Hier waren schon der Dramatiker Edward Albee, der Cellist Yo-Yo Ma, der Komiker Steve Martin und der Romanautor Gary Shteyngart zu Gast.

COMIC STRIP LIVE   COMEDY
Karte S. 468 (212-861-9386; www.comicstriplive.com; 1568 Second Ave zw. 81st & 82nd St; Eintritt 15–30 $ plus mind. 2 Getränke; Shows So–Do 20.30, Fr 20.30, 22.30 & 0.30, Sa 20, 22.30 & 0.30 Uhr; S 4/5/6 bis 86th St) In diesem Club standen bereits Chris Rock, Adam Sandler, Jerry Seinfeld und Eddie Murphy auf der

Bühne. Das ist zwar schon ein Weilchen her, aber fast jeden Abend tritt hier jemand auf, der sie kopiert. Reservierung erforderlich.

 SHOPPEN

Die Upper East Side ist nichts für Amateure. Die Madison Ave (von der 60th St bis zur 72nd St) rangiert unter den gleißendsten Einkaufsmeilen rund um den Globus. Hier haben sich die Flagg-Ship-Boutiquen der weltweit erfolgreichsten Fashiondesigner niedergelassen, darunter Gucci, Prada und Cartier. Diese Ecke ist auch ein gutes Revier, um Secondhandläden nach Designerschnäppchen zu durchforsten.

HOUSING WORKS THRIFT SHOP VINTAGE
Karte S. 468 (202 E 77th St zw. Second & Third Ave; Mo-Fr 11-19, Sa 10-18, So 12-17 Uhr; S 6 bis 77th St) Wie auch in den anderen Housing-Works-Läden der Stadt ist das Shoppen hier ein bisschen ein Vabanquespiel. An guten Tagen lässt sich durchaus eine Designer-Jacke, eine perfekt sitzende Jeans oder eine Handtasche von einem Top-Label finden. Die Kleidung ist in der Regel in sehr gutem Zustand – wenn nicht gar neu – und wird zu fairen Preisen verkauft. Außerdem gibt's hier Bücher, CDs und Haushaltswaren.

ENCORE BEKLEIDUNG
Karte S. 468 (www.encoreresale.com; 1132 Madison Ave zw. 84th & 85th St; Mo-Sa 10.30-18.30, So 12-18 Uhr; S 4/5/6 bis 86th St) In dem exklusiven Consignment Store (auf Kommissionsbasis) landen schon seit den 1950ern überflüssige Stücke aus den Kleiderschränken der Upper East Side (Jacqueline Kennedy Onassis brachte ihre Sachen immer hier her). Bei Encore wartet kaum getragene Markenware aus Traditionshäusern wie Louboutin, Fendi und Dior auf eine zweite Chance. Die Preise sind hoch, aber unendlich viel günstiger als im Einzelhandel.

MICHAEL'S BEKLEIDUNG
Karte S. 468 (www.michaelsconsignment.com; 2nd fl, 1041 Madison Ave zw. 79th & 80th St; Mo-Sa 9.30-18, Do bis 20 Uhr; S 6 bis 77th St) Die große Stärke des vielgepriesenen, seit den 1950er-Jahren auf der Upper East Side ansässigen Consignment Store sind High-End-Labels, darunter Chanel, Gucci und Prada. Fast alles, was hier hängt, ist keine zwei Jahre alt. Die Sachen sind teuer, aber immer noch billiger als die aktuelle Kollektion in den Boutiquen der Madison Ave.

CRAWFORD DOYLE BOOKSELLERS BÜCHER
Karte S. 468 (1082 Madison Ave zw. 81st & 82nd St; Mo-Sa 10-18, So 12-17 Uhr; S 6 bis 77th St) Der gemütliche Upper-East-Side-Buchladen mit stapelweise Lesefutter zur Kunst, Literatur und Geschichte New Yorks lädt zum Stöbern ein. Ein paradiesisches Plätzchen, um an einem frostigen Nachmittag auf Schatzsuche zu gehen.

BLUE TREE MODE, HAUSHALTSWAREN
Karte S. 468 (www.bluetreenyc.com; 1283 Madison Ave zw. 91st & 92nd St; Mo-Fr 10-18, Sa & So ab 11 Uhr; S 4/5/6 bis 86th St) Die charmante (teure) kleine Boutique hat ein verlockendes Sortiment an Damenmoden, Kaschmirschals, Acrylglasgegenständen, originellen Accessoires und witzigen Wohnaccessoires.

ZITOMER BEAUTY
Karte S. 468 (www.zitomer.com; 969 Madison Ave zw. 75th & 76th St; Mo-Fr 9-20, Sa bis 19, So 10-18 Uhr; S 6 bis 77th St) Die mehrstöckige Retrodrogerie/Apotheke führt wundervolle natürliche Hautpflegemittel von Marken wie Kiehl's, Clarins, Kneipp, Mustela und Ahava (aus verjüngenden Mineralien aus dem Toten Meer). Im zweiten Stock gibt's Kinderkleidung und Spielwaren.

 **SPORT & AKTIVITÄTEN**

ASPHALT GREEN SCHWIMMEN
Karte S. 468 (212-369-8890; www.asphaltgreen.org; 555 E 90th St zw. York & East End Ave; Fitnesscenter- & Poolpass 35 $; Mo-Fr 5.30-21.45, Sa & So 8-19.45 Uhr; S 4/5/6 bis 86th St) Das Fitnesscenter Asphalt Green ist in einer ehemaligen städtischen Teerfabrikanlage untergebracht. Es verfügt über einen 50 m langen Pool mit olympischen Ausmaßen sowie ein kleineres Becken, wo Schwimmkurse abgehalten werden.

EXHALE SPA
Karte S. 468 (212-561-6400; www.exhalespa.com; 980 Madison Ave zw. 76th & 77th St; 1-stündige Massage ca. 150 $; S 6 bis 77th St) In dem Zen-mäßigen Spa werden alle handelsüblichen Behandlungen angeboten, darunter Massagen, Gesichtsmasken und Peelings. Darüber hinaus gibt's Yoga, Akupunktur usw. Entspannung ist praktisch garantiert.

Upper West Side & Central Park

UPPER WEST SIDE | CENTRAL PARK

Highlights

❶ Dem Chaos der Stadt mit einem Tag im **Central Park** (S. 242) entfliehen – picknicken auf der Sheep's Meadow, Ruderboot fahren auf dem See und über den schönen Literary Walk bummeln.

❷ Im **Metropolitan Opera House** (S. 254) einer Inszenierung von Rigoletto, Carmen oder Figaros Hochzeit lauschen.

❸ Umherwandeln im Schatten der größten Dinosaurier der Welt im **American Museum of Natural History** (S. 248).

❹ Im **Nicholas Roerich Museum** (S. 247) eine Pilgerfahrt nach Tibet unternehmen, ohne New York City zu verlassen.

❺ Im **Zabar's** (S. 247) Marmorkuchen oder einen sättigenden *Knisch* verdrücken.

Rundgang: Upper West Side & Central Park

Die Upper West Side ist riesig – welche der zahllosen Angebote man nutzt, hängt von den persönlichen Vorlieben ab. Eltern können mit ihrem Nachwuchs ins Museum of Natural History (Naturkundemuseum) gehen und die Kleinen anschließend im Central Park, einer gewaltigen Abenteuerspielwiese, toben lassen. Kunstliebhaber sollten dem Lincoln Center einen Besuch abstatten. Dort versorgen die Metropolitan Opera, die New York Philharmonic und das New York City Ballet die Stadt mit einer großzügigen Dosis Kultur. Wer sich am liebsten treiben lässt, ist mit den Sehenswürdigkeiten am und rund um den Broadway in den 70er-Straßen gut beraten, einer Gegend voller gut besuchter Läden und toller Architektur.

Lokalkolorit

➡ **Leckerbissen „angeln"** Über Holz geräucherter Lachs, eingelegter Hering, Stör und andere Fischleckereien im Zabar's (S. 247) und Barney Greengrass (S. 250) – mehr Upper-West-Side-Feeling geht kaum!

➡ **Chillen im Central Park** Während die anderen Touris die Sehenswürdigkeiten abklappern, sucht man sich hier wie ein Einheimischer gemütlich ein Fleckchen Grün mit schönem Blick und lässt die Seele baumeln.

➡ **Ins Kino gehen** Manhattans eingefleischteste Filmfans treffen sich zum exquisiten Kinogenuss der Film Society im Lincoln Center (S. 255).

➡ **Mitternachtsimbiss** Nichts ist typischer für New York, als den Riesenkohldampf nach zu viel Alkohol mit einem Hotdog in Gray's Papaya (S. 249) zu stillen.

Anfahrt

➡ **Subway** In der Upper West Side sind die Subway-Linien 1, 2 und 3 ideal, um Ziele am Broadway oder im Westen zu erreichen. Wer zu verschiedenen Sehenswürdigkeiten und zum Central Park gelangen will, nimmt die Züge der Linien B und C. Zugang zum Park hat man auf allen Seiten, sprich: Alle Subways, die entlang der Nord-Süd-Achse durch Manhattan fahren, sind günstig. Die Linien A, C, B, D und 1 halten am Columbus Circle am südwestlichen Ende des Central Park, die Linien N, R oder Q steuern die Südostecke des Parks an. Nummer 2 oder 3 halten am Nordeingang in Harlem.

➡ **Bus** Die Linie M104 fährt den Broadway von Norden nach Süden ab, die M10 folgt einer hübschen Route entlang der Westseite des Parks. Die Busse, die von der 66th, 72nd, 79th, 86th und 96th St aus quer durch die Stadt fahren, durchqueren den Park zur Upper East Side. Achtung: Man kann bei diesen Bussen nur außerhalb der Parkgrenzen aus- und zusteigen.

Top-Tipp

Das 336 ha große Areal des Central Park erkundet man am besten per Drahtesel. Mieträder gibt's bei Bike & Roll (S. 258) am Columbus Circle und beim Loeb Boathouse (S. 258) im Park. Ab Letzterem strampelt man am besten auf dem East Drive nach Norden, um Great Lawn, Wasserreservoir, Conservatory Garden und Harlem Meer zu sehen. Vom Great Hill aus kann man auf dem West Drive herunterfahren, am Delacorte Theater vorbei, und landet zuletzt am Strawberry-Fields-Garten.

Gut essen

➡ Jacob's Pickles (S. 250)
➡ Burke & Wills (S. 250)
➡ Gastronomía Culinaria (S. 251)
➡ Kefi (S. 250)
➡ Dovetail (S. 251)

Mehr dazu s. S. 249

Schön ausgehen

➡ Ding Dong Lounge (S. 254)
➡ Dead Poet (S. 254)
➡ Barcibo Enoteca (S. 254)
➡ Manhattan Cricket Club (S. 254)
➡ West 79th St Boat Basin Café (S. 248)

Mehr dazu s. S. 254

Beste Musik

➡ Metropolitan Opera House (S. 254)
➡ SummerStage (S. 257)
➡ Smoke (S. 257)
➡ Cleopatra's Needle Club (S. 257)
➡ Beacon Theatre (S. 257)

Mehr dazu s. S. 254

HIGHLIGHT
CENTRAL PARK

Der Central Park umfasst mehr als 300 ha Wiesen, Teiche und Wälder. Da kommt schnell der Gedanke auf, dass früher einmal ganz Manhattan so ausgesehen hat. Stimmt aber nicht. Der Park wurde von Frederick Law Olmsted und Calvert Vaux gestaltet und ist das Ergebnis meisterlicher Ingenieurskunst: Tausende Arbeiter bewegten 10 Mio. Fuhren Erde, um ein Sumpfgebiet in den heutigen „Volkspark" zu verwandeln.

NICHT VERSÄUMEN
- The Mall
- The Reservoir
- Conservatory Garden
- Central Park Zoo

PRAKTISCH & KONKRET
- Karte S. 470
- www.centralparknyc.org
- 59th & 110th St zw. Central Park West & Fifth Ave
- 6–1 Uhr

Die Geburtsstunde des Parks

In den 1850er-Jahren belegten Schweinefarmen, eine Mülldeponie, eine Knochenkocherei und ein afroamerikanisches Dorf dieses Gebiet. Über 20 000 Arbeiter schufteten 20 Jahre lang, um das Areal in einen Park zu verwandeln. Heute stehen hier mehr als 24 000 Bäume, 54 ha sind Wald, es gibt 21 Spielplätze und sieben Seen. Jedes Jahr verzeichnet der Park mehr als 38 Mio. Besucher.

Strawberry Fields

Dieser tränenförmige **Garten** (Karte S. 470; www.centralparknyc.org/visit/things-to-see/south-end/strawberry-fields.html; Höhe 72nd St auf der Westseite; A/C, B bis 72nd St) ist ein Denkmal für Ex-Beatle John Lennon. Er umfasst einen Hain voller stattlicher Ulmen und ein Kachelmosaik mit der simplen Botschaft „Imagine".

Bethesda Terrace & die Mall

Die Arkaden der **Bethesda Terrace** (Karte S. 470), deren Prunkstück der Bethesda-Springbrunnen (auf Höhe der 72nd St) ist, sind schon lange ein beliebter Treffpunkt für New Yorker aller Couleur. Im Süden befindet sich die Mall (die in zahllosen Filmen zu sehen ist), eine von alten Ulmen gesäumte Promenade. Der südliche Abschnitt ist als **Literary Walk** (Karte S. 470) bekannt und wird von Statuen berühmter Schriftsteller flankiert.

Central Park Zoo

Die offizielle Bezeichnung, Central Park Wildlife Center, benutzt eigentlich niemand, stattdessen spricht man vom **Central Park Zoo** (Karte S. 470; 212-861-6030; www.centralparkzoo.com; 64th St Höhe Fifth Ave; Erw./Kind 12/7 $; April–Nov. 10–17.30, Nov.–April bis 16.30 Uhr; ; N/Q/R bis 5th Ave–59th St). Der kleine Tierpark bietet Pinguinen, Schneeleoparden, Pfeilgiftfröschen und roten Pandas ein Zuhause. Die Fütterungen im Seelöwen- und Pinguingehege sind ein echtes Spektakel! Die genauen Zeiten stehen auf der Webseite. Der angrenzende **Tisch Children's Zoo** (Karte S. 470; www.centralparkzoo.com/animals-and-exhibits/exhibits/tisch-childrens-zoo.aspx; Höhe 65th & Fifth Ave) ist ein Streichelzoo mit kuscheligen Alpakas und Zwergziegen – genau das Richtige für kleine Kinder.

Conservatory Water & Umgebung

Nördlich des Zoos auf Höhe der 74th St liegt Conservatory Water. Modellsegelboote treiben gemächlich auf dem Wasser und Kinder turnen auf einer mit Fliegenpilzen übersäten Statue von Alice im Wunderland herum. Samstags findet eine Märchenstunde an der Statue von Hans Christian Andersen westlich des Teichs statt (Juni–Sept. 11 Uhr).

Great Lawn & der Ramble

Der **Great Lawn** (Karte S. 470; zw. 79th & 86th St; B, C bis 86th St) ist ein riesiger smaragdgrüner Teppich im Herzen des Parks, umgeben von Spielfeldern und Platanen (hier gaben Simon & Garfunkel 1981 ein berühmtes Konzert). Unmittelbar südöstlich erheben sich das **Delacorte Theater** (Karte S. 470; Eingang W 81st St), Schauplatz des alljährlichen Spektakels *Shakespeare in the Park*, sowie das Belvedere Castle (S. 259), ein Aussichtspunkt zur Vogelbeobachtung. Weiter südlich erstreckt sich der baumbestandene **Ramble** (Karte S. 470; Parkmitte zw. 73rd & 79th St), der besonders viele Vögel anzieht (außerdem ist dies ein legendärer Schwulentreffpunkt). Am südöstlichen Ende befindet sich das Loeb Boathouse (S. 251) mit einem Restaurant am Wasser. Dort können Ruderboote und Fahrräder geliehen werden.

Jacqueline Kennedy Onassis Reservoir

Der See erstreckt sich auf Höhe der 90th St beinahe über die gesamte Breite des Parks, und die Skyline spiegelt sich in der Wasseroberfläche – der Effekt ist phantastisch! Ringsum verläuft ein ca. 2,5 km langer Pfad, auf dem in den wärmeren Monaten Legionen von Joggern trainieren. In der Nähe, auf Höhe der Kreuzung Fifth Ave und 90th St, steht eine Statue des Begründers des New York City Marathon, Fred Lebow (er wirft einen prüfenden Blick auf seine Uhr).

CONSERVATORY GARDEN

Auf der Suche nach Ruhe und Einsamkeit (im Sinne von: keine Lust auf Jogger, Radfahrer und Ghettoblaster)? Der 2,4 ha große Conservatory Garden ist eine der offiziellen Ruhezonen des Central Park und bildschön ist er obendrein: Überall stehen Holzapfel- und Buchsbäume und im Frühling blühen unzählige Blumen. Der Conservatory Garden befindet sich auf Höhe der 105th St (Ecke Fifth Ave). Ansonsten werden das Höchstmaß an Ruhe und das schönste Vogelkonzert jeweils kurz nach Sonnenaufgang geboten – im gesamten Park.

In den North Woods, an der Westseite des Parks zwischen 106th und 110th St, steht das älteste Bauwerk auf dem Gelände, das Blockhouse, eine Militärfestung aus dem Krieg von 1812.

EIN BESUCH IM PARK

Kostenlose und maßgeschneiderte Stadtspaziergänge können über die **Central Park Conservancy** (www.centralparknyc.org/walkingtours) arrangiert werden. Die gemeinnützige Organisation unterstützt die Instandhaltung des Parks.

Central Park

NEW YORKS GRÜNE LUNGE

Mitte des 19. Jhs. war die langgestreckte Grünfläche im Herzen von Manhattan noch ein Stück Sumpfland, das dann mit Bulldozern in einen Park verwandelt wurde. Seitdem das Gelände offiziell Central Park heißt, hat es New Yorker aller Couleur willkommen geheißen: Die Reichen stellten hier ihre schicken Kutschen zur Schau (1860er-Jahre), die Armen wohnten den kostenlosen Sonntagskonzerten bei (1880er-Jahre) und politische Aktivisten veranstalteten hier Demonstrationen gegen den Vietnamkrieg (1960er-Jahre).

Seitdem strömen die Menschen, Einheimische wie auch Besucher aus aller Welt, in Scharen hierher, um spazieren zu gehen, zu picknicken, in der Sonne zu liegen, Ballspiele zu spielen oder kostenlose Konzerte und Shakespeare-Aufführungen zu sehen.

Loeb Boathouse
Kaum ein Restaurant in New York hat eine idyllischere Lage als das historische Loeb Boathouse am Seeufer. Darüber hinaus kann man Ruderboote oder Räder leihen und mit einer venezianischen Gondel fahren.

Conservatory Garden
Der einzige formal angelegte Garten im Central Park ist wohl zugleich der ruhigste. Am Nordrand blühen Ende Oktober die Chrysanthemen, im Süden steht nahe der Burnett Fountain der höchste Holzapfelbaum im Park.

Jacqueline Kennedy Onassis Reservoir
Mit über 42 ha nimmt dieser See etwa ein Achtel der Gesamtfläche des Parks ein. Ursprünglich versorgte er die Stadt mit sauberem Wasser, heute lädt er dazu ein, Wasservögel zu beobachten.

Belvedere Castle
Ein Ausbund an viktorianischem Übermut ist dieses gotisch-romanische Schloss, das nur einem Zweck dient: Es ist ein ziemlich prunkvoller Aussichtspunkt. Erbauer war 1869 der Mitgestalter des Central Park, Calvert Vaux.

Der Park ist abwechslungsreich und bietet ganz unterschiedliche Bereiche: Im Norden findet man ruhige, bewaldete Hügel, im Süden erstreckt sich ein See, der bei Joggern hoch im Kurs steht. Es gibt europäische Gärten, einen Zoo und verschiedene Gewässer. Nicht verpassen: An sonnigen Tagen scheint sich ganz New York auf der Sheep Meadow zu tummeln.

Der Central Park ist viel mehr als nur eine Grünfläche: Er ist der Garten von New York.

ZAHLEN & FAKTEN

» **Landschaftsarchitekten** Frederick Law Olmsted und Calvert Vaux
» **Baubeginn** 1858
» **Fläche** ca. 340 ha
» **Filme** Hunderte Filme wurden hier gedreht, z. B. Kassenschlager aus der Zeit der Weltwirtschaftskrise wie *Goldgräber* (1933) und Monsterfilme wie *Cloverfield* (2008).

Conservatory Water
Das Design von Conservatory Water geht auf die Pariser Modellbootteiche des 19. Jhs. zurück. In den warmen Monaten setzen Kinder kleine Segelboote auf der Oberfläche aus. Der Teich wird übrigens in E. B. Whites Klassiker *Stuart Little* erwähnt.

Bethesda Fountain
Der neoklassizistische Springbrunnen (1868) geht auf das Konto der feministischen Bildhauerin Emma Stebbins und ist einer der größten von ganz New York. Er wird vom *Angel of the Waters* gekrönt; vier Cherubinen tragen die Engelfigur.

Strawberry Fields
Ein schlichtes Mosaik, inspiriert von dem Beatles-Song „Strawberry Fields Forever", erinnert an John Lennon, der auf der anderen Straßenseite, vor dem Dakota Building, erschossen wurde. Finanziert wurde das Denkmal von Yoko Ono.

The Mall/Literary Walk
Das südliche Ende der Promenade – die einzige gerade Flaniermeile im Park – wird von seltenen amerikanischen Ulmen und den Statuen berühmter Literaten gesäumt, darunter Robert Burns und Shakespeare.

HIGHLIGHT
LINCOLN CENTER

Dieses nüchterne Arrangement modernistischer Tempel birgt einige der wichtigsten Bühnen von ganz Manhattan: die Avery Fisher Hall (Sitz der New Yorker Philharmonie), das David H Koch Theater (Sitz des New York City Ballet) und das Metropolitan Opera House, ein Bauwerk mit Symbolcharakter, in dem farbenfrohe Wandgemälde von Marc Chagall zu bewundern sind. Auf dem 6,4 ha großen Gelände befinden sich noch weitere Veranstaltungsorte, darunter ein Theater, zwei Filmbühnen und die renommierte Juilliard School.

NICHT VERSÄUMEN

➡ Metropolitan Opera House
➡ Revson Fountain am Abend
➡ Alice Tully Hall

PRAKTISCH & KONKRET

➡ Karte S. 470
➡ ☎212-875-5456
➡ http://lc.lincolncenter.org
➡ Columbus Ave zw. 62nd & 66th St
➡ öffentliche Plazas kostenlos, Führungen Erw./Stud. 18/15 $
➡ Ⓢ1 bis 66th St–Lincoln Center

Entstehung & Modernisierung

Der beeindruckende Campus stammt aus den 1960er-Jahren. Zuvor hatte sich hier ein vornehmlich afroamerikanisches Viertel mit Namen San Juan Hill befunden. Dort entstanden die Außenaufnahmen zu dem Film *West Side Story*. Abgesehen davon, dass das Lincoln Center ein kontrovers diskutiertes Bauprojekt war, fand auch seine Ästhetik nicht viel Anklang – mit seinem konservativen, festungsähnlichen Design und der mangelhaften Akustik stieß es vielmehr auf heftige Kritik. Zum 50. Geburtstag des Centers (2009–10) sorgten Diller Scofidio + Renfro und andere Architekten für eine überfällige und von den Kritikern hochgelobte Modernisierung.

Highlights

Eine Besichtigung der Metropolitan Opera, der Avery Fisher Hall und des David H Koch Theater (ein Entwurf von Philip Johnson) an der Hauptplaza auf der Columbus Avenue (zw. 62nd und 65th St) gehört zum Pflichtprogramm. Die drei klassischen Bauten sind um die Revson Fountain angeordnet. An dem Springbrunnen findet abends eine spektakuläre Lichtershow à la Las Vegas statt.

Ebenfalls sehenswert sind ein paar der restaurierten Bauten wie etwa die **Alice Tully Hall** (Karte S. 470; ☎212-875-5050; Ecke 65th St & Broadway; Ⓢ1 bis 66 St–Lincoln Center), die heute mit einer sehr modernen, transparenten Fassade mit spitzen Winkeln aufwartet, und das **David Rubenstein Atrium** (Karte S. 470; Broadway zw. 62nd & 63rd St; Ⓢ1 bis 66th St–Lincoln Center), ein öffentlich zugängliches Gelände mit Loungebereich (kostenloses WLAN), einem Café, Informationsschalter und Ticketverkauf (dort gibt's ermäßigte Karten für Vorführungen des Lincoln Center am selben Tag). Donnerstagabends werden kostenlose Veranstaltungen geboten.

Darbietungen & Filmvorführungen

Im Lincoln Center gibt's allabendlich mindestens zehn Veranstaltungen, auch im Sommer: Dann locken das *Out of Doors* (eine Reihe von Tanz- und Musikevents) und der *Midsummer Night Swing* (Tanzabende unter freiem Himmel) die Park- und Kulturliebhaber ins Lincoln Center. Details zu den Spielzeiten, Tickets und Events, die alles von Oper und Tanz bis zu Theater und Ballett umfassen, siehe S. 254.

Führungen

Die täglichen Führungen umfassen das Metropolitan Opera House, die Revson Fountain und die Alice Tully Hall; sie sind ideal, um sich einen Überblick über das Gelände zu verschaffen.

⊙ SEHENSWERTES

Der Teil von Manhattan, der sich westlich des Central Park erstreckt, wurde einst von einer bunten Mischung aus afroamerikanischen, Latino- und deutsch-jüdischen Immigrantengemeinden bewohnt. Noch heute ist der jüdische Einfluss spürbar (in diesem Viertel gibt's den so ziemlich besten Räucherfisch der ganzen Stadt!), doch in den letzten Jahrzehnten haben sich auch immer mehr gut situierte Künstler, junge Karrieretypen und Familien hier angesiedelt. Immobilienentwickler haben viele Abschnitte des Broadway mit eher reizlosen Ladenketten erschlossen, doch das übrige Viertel ist eine architektonische Fundgrube: Wohnhäuser in den unterschiedlichsten Stilen, von Beaux Arts über Barock und Neugotik bis hin zu den Bauweisen der Nachkriegszeit. Die elegantesten Gebäude liegen am Central Park West, darunter das Dakota (an der Nordwestecke der 72nd St), in dem einst John Lennon wohnte.

CENTRAL PARK PARK
Siehe S. 242.

LINCOLN CENTER KULTURZENTRUM
Siehe S. 246.

NICHOLAS ROERICH MUSEUM MUSEUM
Karte S. 470 (www.roerich.org; 319 W 107th St zw. Riverside Dr & Broadway; empfohlene Spende 5 $; ⊙Di–Fr 12–17, Sa & So 14–17 Uhr; S 1 bis Cathedral Pkwy) Neben frühen modernen Figuren und religiösen Malereien (Letztere sind nicht so spannend) sind hier vor allem die Berglandschaften echte Hingucker: Die schneeüberzogenen tibetischen Gipfel in Blau-, Weiß-, Grün- und Purpurtönen erinnern an den Stil der amerikanischen Malerin Georgia O'Keeffe. Dies ist ein besonderes und faszinierendes Museum. Außerdem finden hier regelmäßig kostenlose klassische Konzerte statt – siehe Website.

NEW-YORK HISTORICAL SOCIETY MUSEUM
Karte S. 470 (www.nyhistory.org; 2 W 77th St Höhe Central Park West; Erw./Kind 18/6 $, Fr 18–20 Uhr per Spende, Bibliothek Eintritt frei; ⊙Di–Do & Sa 10–18, Fr bis 20, So 11–17 Uhr; S B, C bis 81st St–Museum of Natural History) Wie die altmodische Schreibung vermuten lässt (New York noch mit Bindestrich!), gibt es die Historical Society schon lange. Tatsächlich ist dies das älteste Museum der Stadt. Es wurde 1804 als Aufbewahrungsort für historische und kulturelle Artefakte gegründet. Die Sammlung zählt mehr als 60 000 ungewöhnliche und faszinierende Gegenstände, z. B. den Stuhl, auf dem George Washington bei seinem Amtsantritt saß, oder einen vergoldeten Tiffany-Eisbecher aus dem 19. Jh.

Weitere „Schätze" sind eine Orthese von Präsident Franklin D. Roosevelt, eine Spardose aus dem 19. Jh., die einen Politiker zeigt, der sich Münzen in die Tasche steckt, und die mit Graffitis übersäte Tür des Fotografen Jack Stewart aus den 1970er-Jahren (ein paar Tags stammen von bekannten Graffiti-Künstlern wie z. B. Tracy 168). In der Lobby unbedingt einen Blick nach oben werfen: Dort befindet sich das Deckengemälde aus Keith Harings 1986 eröffnetem „Pop Shop".

ZABAR'S MARKT
Karte S. 470 (www.zabars.com; 2245 Broadway Höhe 80th St; ⊙Mo–Fr 8–19.30, Sa bis 20, So 9–18 Uhr; S 1 bis 79th St) Eine Oase koscherer Gourmetlebensmittel ist dieser weitläufige Markt, der bereits seit den 1930er-Jahren eine feste Institution in der Upper West Side ist. Und was für eine! Die Besucher erwartet ein himmlisches Sortiment aus Käse, Fleisch, Oliven, Kaviar, geräuchertem Fisch, eingelegtem Gemüse, getrockneten Früchten, Nüssen und Backwaren, u. a. *Knisches* direkt aus dem Ofen. Diese osteuropäischen Kartoffelknödel im Teigmantel kann man überall in New York an Straßenständen kaufen. Oftmals handelt es sich um Tiefkühlware aus Fabrikherstellung mit dem Geschmack und der Konsistenz eines Eishockeypucks, aber bei Zabar's bekommt man das richtig gute Zeug.

AMERICAN FOLK ART MUSEUM MUSEUM
Karte S. 470 (www.folkartmuseum.org; 2 Lincoln Sq, Columbus Ave Höhe 66th St; ⊙Di–Sa 12–19.30, So bis 18 Uhr; S 1 bis 66th St–Lincoln Center) GRATIS Das winzige Museum beherbergt volkstümliche und andere Kunstschätze aus mehreren Jahrhunderten, u. a. Arbeiten von Henry Darger, der für seine Schlachtszenen mit zahlreichen Mädchenfiguren bekannt ist, und Martín Ramírez (auf sein Konto gehen die schrägen Darstellungen der *caballeros* – Ritter – auf dem Pferderücken). Darüber hinaus sind Holzschnitzereien, Bilder, von Hand kolorierte Fotografien und dekorative Gegenstände ausgestellt. Mittwochs finden Gitarrenkon-

zerte statt, freitags wird kostenlose Musik geboten.

RIVERSIDE PARK
PARK

Karte S. 470 (☎212-870-3070; www.riversidepark nyc.org; Riverside Dr zw. 68th & 155th St; ⊙6–1 Uhr; ; S1/2/3 bis zu jeder beliebigen Haltestelle zw. 66th & 157th St) Dieser klassische, herrlich grüne Park wurde von den Gestaltern des Central Park, Frederick Law Olmsted und Calvert Vaux, designt. Er erstreckt sich entlang der Upper West Side nach Norden, reicht von der 59th bis zur 158th St und wird im Westen vom Hudson River begrenzt. Wegen der vielen Fahrradwege und Spielplätze steht der Riverside Park bei Familien hoch im Kurs.

Das **West 79th Street Boat Basin Café** (Karte S. 470; ☎212-496-5542; www.boatbasin cafe.com; W 79th St Höhe Henry Hudson Parkway; Hauptgerichte 11–19 $; ⊙April–Okt. bei gutem Wetter mittags & abends; S1 bis 79th St) ist ein lautes Restaurant am Fluss auf Höhe der 79th St. Von Ende März bis Oktober werden (wenn es das Wetter zulässt) leichte Gerichte serviert. Zwei weitere Freiluftcafés am Hudson sind das **Hudson Beach Café** (Karte S. 470; www.hudsonbeachcafe.com; 105th St & Riverside Dr; Hauptgerichte ca. 14 $) und das **Pier i Café** (Karte S. 470; ☎212-362-4450; www.piericafe.com; W 70th St & Riverside Blvd; Hauptgerichte 11–20 $; ⊙mittags & abends; ; S1, 2, 3 bis 72nd St).

CHILDREN'S MUSEUM OF MANHATTAN
MUSEUM

Karte S. 470 (www.cmom.org; 212 W 83rd St zw. Amsterdam Ave & Broadway; Eintritt 11 $; ⊙Di–

HIGHLIGHT
AMERICAN MUSEUM OF NATURAL HISTORY

Dieses Museum öffnete 1869 seine Pforten. Es ist ein wahres Wunderland mit rund 30 Mio. Exponaten und einem Planetarium. Von Oktober bis Mai kann man das Butterfly Conservatory besichtigen, ein Treibhaus, in dem mehr als 500 Schmetterlingsarten aus der ganzen Welt herumflattern. In puncto Naturkunde sind die Fossil Halls wahrscheinlich am bekanntesten. Dort sind fast 600 Fossilienarten ausgestellt, u. a. Skelette eines riesigen Mammuts und eines Furcht einflößenden Tyrannosaurus Rex.

Daneben sind jede Menge Tiere zu sehen (besonders beliebt ist der ausgestopfte Alaska-Braunbär), und es gibt ein paar Edelsteingalerien und ein IMAX-Theater, in dem Filme über Naturphänomene gezeigt werden. Die Dioramen in der Milstein Hall of Ocean Life beleuchten Themen wie Ökologie, Wetter und Naturschutz, und man kann das knapp 29 m lange Modell eines Blauwals bestaunen. In der 77th St Lobby Gallery erwartet die Besucher ein gut 19 m langes Kanu, das Mitte des 19. Jhs. von den Haida aus British Columbia geschnitzt wurde.

Das Highlight für Liebhaber der unendlichen Weiten des Universums ist das Rose Center For Earth & Space. Es besitzt eine faszinierende Fassade aus Glas und bietet ein wahrhaft außerirdisches Ambiente für die Weltraum-Shows und das Planetarium. Im Halbstundentakt (10.30 bis 16.30 Uhr) kann man es sich in den bequemen Sitzen gemütlich machen, um *Dark Universe* (Dunkles Universum) zu sehen, das die Wunder und Geheimnisse des Kosmos erkundet.

Natürlich ist dieses Museum ein absoluter Hit bei den Kleinen, und an den Wochenenden ist der Teufel los. Am besten kommt man morgens unter der Woche.

NICHT VERSÄUMEN

- Tyrannosaurus Rex
- Milstein Hall of Ocean Life
- Big Bang Theater

PRAKTISCH & KONKRET

- Karte S. 470
- www.amnh.org
- Central Park West Höhe 79th St
- Empfohlene Spende Erw./Kind 22/12,50 $
- ⊙10–17.45 Uhr, Rose Center Fr bis 20.45 Uhr, Butterfly Conservatory Okt.–Mai
- S B, C bis 81st St–Museum of Natural History, 1 bis 79th St

Fr & So 10–17, Sa bis 19 Uhr; 🚻; Ⓢ B, C bis 81st St–Museum of Natural History; 1 bis 86th St) Die interaktiven Ausstellungen in dem kleinen Museum haben ein kleineres Format, extra für Kinder. Neben Lernprogrammen für die ganz Kleinen gibt es Exponate, die zum Ausprobieren und Entdecken anregen: Man kann z. B. ein riesiges Herz mit einem Pedal „antreiben". Das Ganze ist nicht allzu aufregend, kann aber an einem verregneten Tag die Rettung für Reisende mit hibbeligem Nachwuchs sein.

ESSEN

Das riesige Viertel ist nicht eben für seine Restaurantszene bekannt, dennoch bekommt man alles von Bagels über feine Cassoulets bis hin zu topmoderner amerikanischer Küche. Außerdem gibt's alles, was man für ein Picknick braucht: Einfach bei Zabar's (S. 247) oder Whole Foods (Karte S. 466; Time Warner Center, 10 Columbus Circle; ⏲7.30–23 Uhr) im Untergeschoss des Time Warner Center vorbeischauen und lauter kleine Leckerbissen für eine Mahlzeit im Central Park einkaufen.

LE PAIN QUOTIDIEN   SANDWICHES $

Karte S. 470 (www.lepainquotidien.com; Mineral Springs Pavilion, abseits West Dr, Central Park; Hauptgerichte 10–16 $; ⏲7–21 Uhr; 📶🚻Ⓢ; B, C bis 72nd St) Frische Salate und *tartines* (belegte Brote) bekommt man im luftigen Mineral Springs Pavilion oder auch draußen, wenn man das Glück hat, einen Platz auf der Terrasse zu ergattern. Andere Leckereien sind schöne Beerentörtchen, Bier vom Fass und Becher (eher Schüsseln) mit Café au lait (plus kostenloses WLAN). Oder man holt sich was zum Mitnehmen für ein Picknick auf der nahen Sheep Meadow.

GRAY'S PAPAYA   HOTDOGS $

Karte S. 470 (📞212-799-0243; 2090 Broadway Höhe 72nd St, Eingang in der Amsterdam Ave; Hotdog 2 $; ⏲24 Std.; Ⓢ A/B/C, 1/2/3 bis 72nd St) „Total New York" ist es, sich nach einer ordentlichen Biersause in diesem klassischen Stehlokal einzufinden. Hier erwarten einen helles Licht, die Farbpalette der 1970er-Jahre und natürlich gute Hotdogs.

Achtung: Der „Papaya Drink" ist mehr Drink als Papaya, mit dem berühmten „Recession Special" (Rezessionsangebot) kann man aber nichts falsch machen: 4,95 $ für zwei gegrillte Hotdogs und ein Getränk – wir sind begeistert.

SHAKE SHACK   BURGER $

Karte S. 470 (www.shakeshacknyc.com; 366 Columbus Ave zw. 77th & 78th St; Burger 4–9 $; Shakes 5–7 $; ⏲10.45–23 Uhr; 🚻; Ⓢ B, C, 1/2/3 bis 72nd St) Sehr zur Freude von Müttern, Vätern und Kindern aus der ganzen Upper West Side hat Biolebensmittel-Guru Danny Meyer eine Shake-Shack-Bude in ihrem Viertel eröffnet. Schwer zu toppen sind die 100 % biologischen Angus-Rindfleisch-Burger, besonders zusammen mit knusprigen „Korkenzieher"-Fritten und einem cremigen Milchshake – es gibt aber auch Bier vom Fass und Wein per Glas oder Flasche. Sehr gut ist auch der Burger mit Portobello-Champignons.

MOMOFUKU MILK BAR   ASIATISCH $

Karte S. 470 (www.momofuku.com; 561 Columbus Ave zw. 87th & 88th St; Schweinefleischbrötchen 8 $; ⏲9–23 Uhr; Ⓢ A/C, B bis 86th St) Wir sagen nur eins: *pork bun*. Und zwar nicht irgendein weiches Brötchen mit Schweinefleischfüllung, sondern David Changs langsam gegartes Schweinefleisch in einem fluffigen, gedämpften Brötchen – ach, zählte Schwein doch nur zu den Grundnahrungsmitteln! Abgesehen davon gibt es diverses Gebäck, das den Blutzuckerspiegel mächtig in die Höhe treibt, z. B. köstliche Kekse aus Cornflakes und Marshmallows (Achtung: Plombenzieher).

HUMMUS PLACE   NAHOST $

Karte S. 470 (www.hummusplace.com; 305 Amsterdam Ave zw. 74th & 75th St; Hummus ab 8 $; Hauptgerichte 8–13 $; ⏲mittags & abends; 📶; Ⓢ1/2/3 bis 72nd St) Der Hummus Place ist in puncto Ambiente nichts Besonderes – ca. acht Tische stehen vor einer engen, offenen Küche –, doch die Hummus-Platten sind phantastisch. Sie werden warm und mit verschiedenen Beilagen serviert, z. B. mit Kichererbsen oder Favabohneneintopf mit Ei. Außerdem gibt's leckere Salate, Couscous und gefüllte Weinblätter. Sehr günstig.

FAIRWAY   SELBSTVERSORGER $

Karte S. 470 (www.fairwaymarket.com/store-upper-west-side; 2127 Broadway Höhe 75th St; ⏲6–1 Uhr; Ⓢ1/2/3 bis 72nd St) Dieser unglaubliche Supermarkt ist wie ein Museum für leckeres Essen: In den Kisten am Bürgersteig stapeln sich die Lebensmittel, drinnen locken internationale Delikatessen, feine Öle zum Kochen, Nüsse, Käsesorten, abgepackte Gerichte sowie (oben) ein Biomarkt und ein Café.

KEFI
GRIECHISCH $$

Karte S. 470 (www.kefirestaurant.com; 505 Columbus Ave zw. 84th & 85th St; kleine Teller 7–10 $, Hauptgerichte 13–20 $; ⌚ tgl. mittags & abends, Sa & So Brunch; 🍴; ⓢ B, C bis 86th St) Michael Psilakis' heimeliges, weiß getünchtes Lokal hat ein cooles Tavernen-Flair. Serviert wird exzellente rustikale Küche aus Griechenland, z. B. scharfe Wurst aus Lammfleisch, Klöße aus Schafsmilch und gegrillter Oktopus. Sehr zu empfehlen sind die vier verschiedenen Aufstriche, aber auch die Bandnudeln mit Kaninchenschmorbraten. Auf der Weinkarte stehen jede Menge griechischer Tropfen (ab 24 $ pro Flasche).

JACOB'S PICKLES
AMERIKANISCH $$

Karte S. 470 (☎ 212-470-5566; 509 Amsterdam Ave zw. 84th & 85th; Hauptgerichte 14–21 $; ⌚ Mo-Do 11–2, Fr bis 4, Sa 9–4, So bis 2 Uhr) In diesem einladenden und gemütlich beleuchteten Lokal an einem Abschnitt der Amsterdam Ave mit zahlreichen Restaurants macht Jacob's aus dem bescheidenen Pickle ein wahres Kunstwerk. Außer eingelegten Gurken und anderem Eingemachtem gibt es hier Essen gehobener Qualität in großen Portionen, z. B. Catfish-Tacos, in Wein geschmorte Truthahnkeule und Makkaroni mit Käse und Pilzen. Auch die Brötchen sind erstklassig. Unter den rund zwei Dutzend Craft-Bieren vom Fass finden sich einzigartige Gebräue aus z. B. New York und Maine.

BARNEY GREENGRASS
DELI $$

Karte S. 470 (www.barneygreengrass.com; 541 Amsterdam Ave Höhe 86th St; Hauptgerichte 9–20 $, Bagel mit Frischkäse 5 $; ⌚ Di–So 8.30–18 Uhr; 🍴; ⓢ 1 bis 86th St) Der selbsternannte „Störkönig" (King of Sturgeon) Barney Greengrass serviert noch immer jene großen Portionen Eier mit Räucherlachs, üppigen Mengen Kaviar und zartschmelzenden Schokoladen-Babkas (süßer Hefekuchen), die dieses Restaurant bei seiner Eröffnung vor 100 Jahren berühmt gemacht haben. Morgens vorbeischauen, um die Grundlage für den Tag zu schaffen, oder mittags ein schneller Lunch verdrücken; neben den vollgestopften Warenregalen stehen ein paar wackelige Tische.

Neben einer Reihe jüdischer Delikatessen (den geräucherten Stör muss man probiert haben!) gibt's natürlich auch original New Yorker Bagel. An den Wochenenden werden frische Knoblauch-Bialys verkauft, eine Art weiches Brötchen.

FIVE NAPKIN BURGER
BISTRO $$

Karte S. 470 (☎ 212-333-4488; 2315 Broadway Höhe 84th St; Hauptgerichte 14–16 $; ⌚ 11.30–24 Uhr; ⓢ 1, 2, 3 bis 86th St) In diesem einladenden Lokal ist immer viel los: Es lockt mit saftigen Burgern und einem vornehm angehauchten Brasserie-Ambiente mit gemütlichen Ledersitznischen, großen Glasfenstern und bei gutem Wetter Tischen draußen. Der Spezialburger des Hauses kommt mit 10 Unzen (284 g) Fleisch und viel Gruyère, karamellisierten Zwiebeln und Aioli-Sauce und wird mit handgeschnittenen Pommes serviert. Aber es gibt auch jede Menge andere Möglichkeiten: Fisch-Tacos, Salat mit Ziegenkäse und Roter Bete und sogar Sushi. Gutes Angebot an Bier und Wein.

PEACEFOOD CAFE
VEGAN $$

Karte S. 470 (☎ 212-362-2266; www.peacefoodcafe.com; 460 Amsterdam Ave Höhe 82nd St; Panini 12–13 $, Hauptgerichte 10–17 $; ⌚ mittags & abends; 🍴; ⓢ 1 bis 79th St) In dieser hellen, geräumigen Oase für Veganer verwöhnt Eric Yu seine Gäste mit dem beliebten Seitan-Panino (eine hausgemachte Focaccia mit Cashewnüssen, Rucola, Tomaten und Pesto) sowie Pizzas, Platten mit Pfannengemüse und einem exzellenten Quinoa-Salat. Jeden Tag gibt's Rohkostangebote und eine köstliche Gebäckauswahl und der Kaffee ist garantiert bio. Gesund und gut.

BURKE & WILLS
MODERN AUSTRALISCH $$

Karte S. 470 (☎ 646-823-9251; 226 W 79th St zw. Broadway & Amsterdam Ave; Hauptgerichte 17–28 $; ⌚ Mo–Fr 16–2, Sa & So ab 12 Uhr; ⓢ 1 bis 79th St) Dieses 2013 eröffnete, auf rustikale Art schöne Bistro samt Bar bringt einen Touch Outback in die Upper West Side. Auf der Karte steht vor allem moderne australische Kneipenkost: saftige Känguru-Burger mit Pommes, gegrillte Garnelen, gemischter Salat mit Grünkohl, Merguez-Würste und gebratener Kabeljau mit Blumenkohl, Datteln und Granatapfel.

Gerahmte alte Kunst an den Wänden huldigt Australien, insbesondere den vom Unglück verfolgten europäischen Entdeckern, nach denen das Restaurant benannt

SALUMERIA ROSI PARMACOTTO ITALIENISCH $$

Karte S. 470 (212-877-4801; www.salumeriarosi.com; 284 Amsterdam Ave Höhe 73rd St; Hauptgerichte 12–17 $; 11–23 Uhr; S 1/2/3 bis 72nd St) Dies ist ein kleines Paradies für Fleischliebhaber. In persönlicher Atmosphäre kann man sich über Platten mit Käse, Salumi, langsam gegarter Schweinelende, Würstchen, geräuchertem Schinken und so ziemlich jedem anderen Stück vom Schwein hermachen. Es gibt aber noch mehr Leckereien nach toskanischem Vorbild, z. B. hausgemachte Lasagne, herzhafte Lauchtorte, Endiviensalat mit Anchovis und selbstgemachte Ricotta-Ziegenkäse-Gnocchi.

PJ CLARKE'S PUB $$

Karte S. 470 (212-957-9700; www.pjclarkes.com; 44 W 63rd St, Ecke Broadway; Burger 10–14 $, Hauptgerichte 18–42 $; 11.30–1 Uhr; S 1 bis 66th St–Lincoln Center) Gegenüber vom Lincoln Center wartet dieses Pub mit rot karierten Tischdecken und einem eher konservativ gekleideten Publikum auf, die Barkeeper sind nett und das Essen ist solide. Wer es eilig hat, könnte sich einen „Black Angus"-Burger und ein Brooklyn Lager an der Bar bestellen. An der Meeresfrüchtetheke bekommt man kleine Long-Island-Little-Neck- und größere Cherry-Stone-Muscheln sowie riesige Krabbencocktails – alles ganz frisch.

GASTRONOMÍA CULINARIA ITALIENISCH $$

Karte S. 470 (212-663-1040; 53 W 106th St zw. Columbus & Manhattan Ave; Hauptgerichte 14–23 $; So–Do 11.30–22, Fr & Sa bis 23 Uhr; S B, C, 1 bis 103rd St) Dieses von einem römischen Küchenmeister geführte italienische Restaurant verströmt mit seinem schmalen, von nackten Backsteinwänden gesäumten Speiseraum den Charme einer altmodischen Trattoria. Serviert werden aufwendig zubereitete Gerichte zu vernünftigen Preisen. Tipps: toskanischer Grünkohlsalat mit Anchovis und Pecorino, knusprige Artischocken auf jüdische Art, Pappardelle mit Lammragout und dünne Pizzas mit Mozzarella und San-Daniele-*prosciutto*. Die Weinkarte ist klein, aber gut, mit ebenfalls vernünftigen Preisen. Insgesamt ein sehr günstiges Restaurant.

ist. Nach dem Essen kann man sich oben im Manhattan Cricket Club auf ein Sofa sinken lassen und an einem Cocktail nippen.

LOEB BOATHOUSE AMERIKANISCH $$$

Karte S. 470 (212-517-2233; www.thecentralparkboathouse.com; Central Park Lake, Central Park Höhe 74th St; Hauptgerichte 24–47 $; ganzjährig tgl. mittags, Sa & So Brunch, April–Nov. tgl. mittags & abends; S A/C, B bis 72nd St, 6 bis 77th St) An der nordöstlichen Ecke des Central Park Lake steht das Loeb Boathouse. Es gewährt einen Blick auf die Skyline von Midtown und ist einer der idyllischsten Plätze zum Essen in ganz New York. Entsprechend ist das, wofür man zahlt, eigentlich die Lage. Das Essen ist generell gut (die Krebsküchlein stechen besonders hervor), aber uns kam die Bedienung öfters ein wenig desinteressiert vor.

Wer die Lage genießen will, ohne dabei arm zu werden, sollte die angrenzende Bar mit Grill ansteuern (Platten 16 $); auch hier gibt's Krebsküchlein und eine tolle Aussicht.

CAFÉ LUXEMBOURG FRANZÖSISCH $$$

Karte S. 470 (212-873-7411; www.cafeluxembourg.com; 200 W 70th St zw. Broadway & West End Ave; Hauptgerichte mittags 18–29 $, Hauptgerichte abends 25–36 $; tgl. morgens, mittags & abends, So Brunch; S 1/2/3 bis 72nd St) In diesem typisch französischen Bistro ist immer jede Menge los, und das nicht ohne Grund: Das Ambiente ist elegant, das Personal nett und die Speisekarte herausragend. Die Klassiker – Lachstatar, Cassoulet und *steak frites* (Steak mit Pommes frites) – werden formvollendet zubereitet und aufgrund der Nähe zum Lincoln Center ist dies die ideale Adresse für einen Happen vor einem Theaterstück o. Ä. Mittags gibt's leichtere Speisen und beim Sonntagsbrunch geht's dekadent zu – man probiere den Hummer Benedict.

DOVETAIL MODERN AMERIKANISCH $$$

Karte S. 470 (212-362-3800; www.dovetailnyc.com; 103 W 77th St, Ecke Columbus Ave; Probiermenü 88 $, Hauptgerichte 36–58 $; Mo–Sa 17.30–22, So 11.30–22 Uhr; S A/C, B bis 81st St–Museum of Natural History, 1 bis 79th St) Dieses mit einem Michelin-Stern gekürte Restaurant zeichnet sich durch Schlichtheit aus, angefangen beim Dekor (nackte Ziegelsteinwände, nackte Tische) bis hin zu der unkomplizierten, saisonal wechselnden Speisekarte. Es gibt z. B. Streifenbarsch mit Topinambur und Burgund-Trüffeln sowie Wild mit Schinken, Roter Bete und grünem Blattgemüse. Montags bereitet John Fraser ein viergängiges vegetarisches Probiermenü (58 $) zu, das auch überzeugte

DENNIS K. JOHNSON / GETTY IMAGES ©

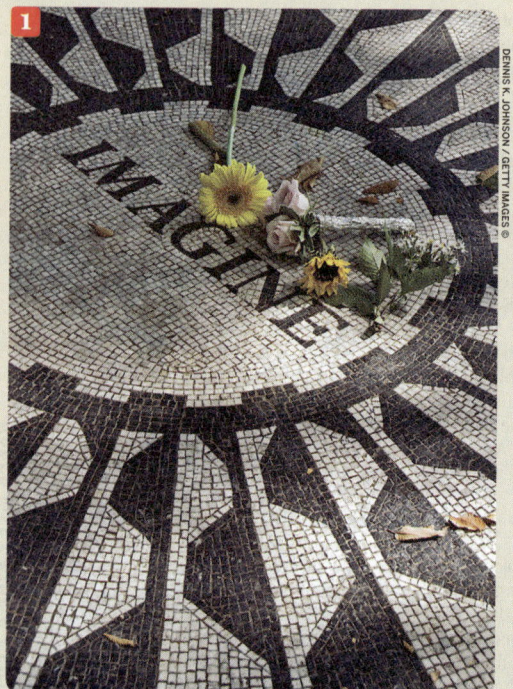

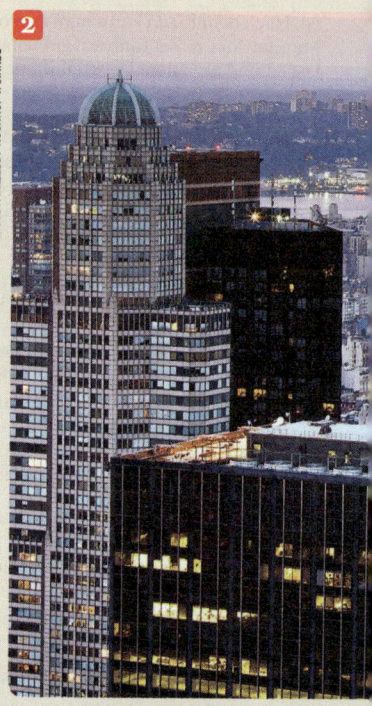

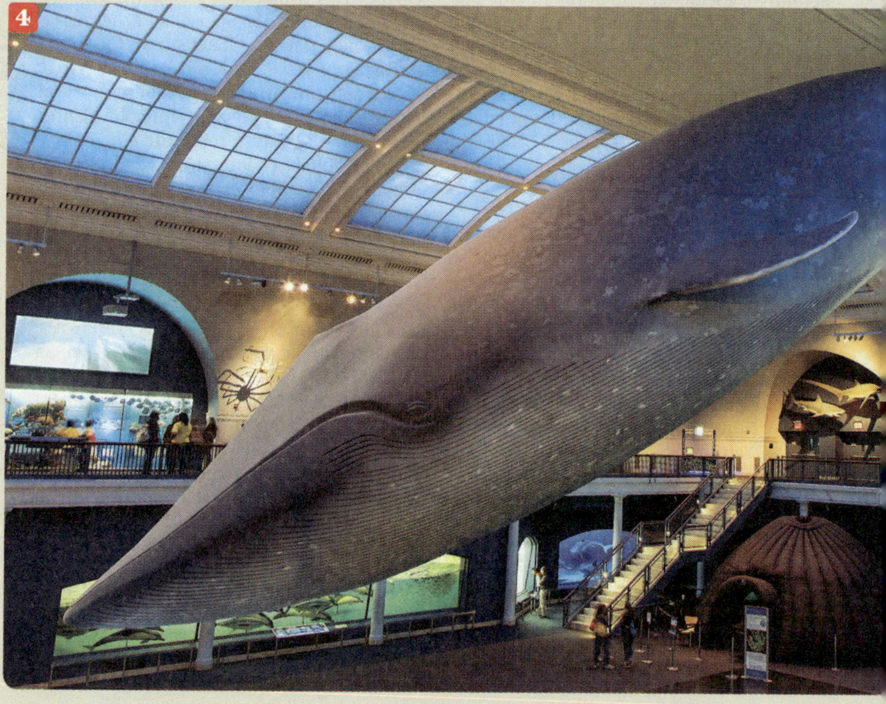

1. Strawberry Fields (S. 242)
Am Bodenmosaik in diesem Gedenkgarten kann man John Lennon seine Ehre erweisen.

2. Upper West Side
Prachtbauten in einem bunten Stilmix von Beaux Art bis Neogotik säumen die Straßen.

3. Belvedere Castle (S. 259)
Das Schloss am Turtle Pond bietet eine herrliche Aussicht auf den Central Park.

4. American Museum of Natural History (S. 248)
Die knapp 29 m lange Nachbildung eines Blauwals ist nur eines der 30 Millionen Ausstellungsobjekte.

Fleischesser mit Gerichten wie Laubporlingen mit Anjou-Birnen und grünen Pfefferkörnern begeistert.

Die Weinkarte ist ein richtiger Wälzer (ab ca. 40 $ pro Flasche) und umfasst Topweine aus aller Welt mit der einen oder anderen netten Anekdote zu verschiedenen Weingütern.

AUSGEHEN & NACHTLEBEN

Die Upper West Side ist ein Familienviertel und deshalb nicht unbedingt die Topadresse für das feierwütige Partyvolk. Das heißt aber nicht, dass es nicht auch hier ein paar nette Bars, Pubs und Weinlokale gäbe.

BARCIBO ENOTECA   WEINBAR
Karte S. 470 (www.barciboenoteca.com; 2020 Broadway, Ecke 69th St; ⊙Mo–Fr 16.30–0.30, Sa & So ab 15.30 Uhr; Ⓢ1/2/3 bis 72nd St) Gleich nördlich des Lincoln Center bietet diese lässig-schicke Enoteca mit den Marmortischen eine überschaubare Speisekarte mit ein paar kleinen Gerichten, dazu eine umfangreiche Auswahl italienischer Tropfen (allein 40 verschiedene offene Weine). Man kann ruhig nach einer Empfehlung fragen; das Personal kennt sich gut aus.

DEAD POET   BAR
Karte S. 470 (www.thedeadpoet.com; 450 Amsterdam Ave zw. 81st & 82nd St; ⊙12–4 Uhr; Ⓢ1 bis 79th St) Dieses mit Mahagoniholz vertäfelte Pub ist schon seit mehr als zehn Jahren eine der beliebtesten Bars im Viertel. Hier kippt eine Mischung aus Einheimischen und Studenten fleißig Guinness, und die Cocktails sind nach jenen namensgebenden toten Dichtern benannt. Da wäre die Jack-Kerouac-Margarita (12 $) und eine gewürzte Pablo-Neruda-Sangria mit Rum (9 $).

DING DONG LOUNGE   BAR
Karte S. 470 (www.dingdonglounge.com; 929 Columbus Ave zw. 105th & 106th St; ⊙16–4 Uhr; ⓈB, C, 1 bis 103rd St) Böse-Buben-Image und Upper West Side, das passt irgendwie nicht zusammen, aber diese Punkbar mit den graffitiüberzogenen Toiletten und nackten Ziegelsteinwänden schafft diesen Spagat. Schräg ist auch die Kuckucksuhrensammlung. Studenten der Columbia University kommen gern hierher, genauso wie Gäste aus den umliegenden Hostels; die Bier-und-Schnaps-Kombo ist der Renner (nur 7 $).

PROHIBITION   BAR
Karte S. 470 (☎212-579-3100; www.prohibition.net; 503 Columbus Ave Nähe W 84th St; ⊙17–4 Uhr; ⓈB, C, 1 bis 86th St) In dieser quirligen Kneipe spielt vorne fast jeden Abend eine Band, aber nicht so laut, dass einem die Ohren wegfliegen. Wer sich unterhalten will, kann sich nach hinten zurückziehen und für Sportfreunde gibt's einen Billardtisch. Ein bisschen Flair liefern sexy rote Wände und erfrischende Drinks (Passionsfrucht-Mojitos, Agavennektar-Margaritas) und die Burger bilden den perfekten Barsnack.

MANHATTAN CRICKET CLUB   COCKTAILBAR
Karte S. 470 (226 W 79th St zw. Amsterdam Ave & Broadway; ⊙Di–Sa 19–2 Uhr; Ⓢ1 bis 79th St) Diese elegante Lounge über dem australischen Bistro Burke & Wills (S. 250) ahmt die klassischen anglo-australischen Kricketclubs des frühen 20. Jhs. nach. Sepiafarbene Fotos von Schlagmännern und Werfern in Aktion zieren die goldenen Wände, während eine Mahagoni-Bücherwand, Chesterfield-Sofas und eine aufwendige Zinndecke ein schönes Ambiente zum Schlürfen der guten, aber auch teuren Cocktails (je 18 $) schaffen.

UNTERHALTUNG

⭐ Lincoln Center

Dieser riesengroße Kulturkomplex ist Manhattans Epizentrum der Hohen Kunst. Abgesehen von den nachfolgend genannten Bühnen und Ensembles sind auch das Vivian Beaumont Theater und das Mitzi E Newhouse Theater gute Anlaufstellen für Schauspiele und Musiktheater. Infos zu dortigen Veranstaltungen findet man auf der Hauptwebseite des Lincoln Center (http://lc.lincolncenter.org).

METROPOLITAN OPERA HOUSE   OPER
Karte S. 470 (www.metopera.org; Lincoln Center, 64th St Höhe Columbus Ave; Ⓢ1 bis 66th St–Lincoln Center) New Yorks Oper Nummer 1 ist die Bühne schlechthin für Klassiker wie *Carmen, Madame Butterfly* und *Macbeth*, aber auch Wagners *Ring der Nibelungen*. Außerdem finden hier Premieren und

Lincoln Center

Neuinszenierungen modernerer Stücke statt, z. B. Peter Sellars' *Nixon in China* (wurde 2011 gezeigt). Die Opernsaison geht von September bis April.

Tickets kosten ab 30 $ bis knapp 500 $. Logenplätze sind mitunter spottbillig, doch wenn sie sich nicht direkt über der Bühne befinden, sieht man so gut wie nichts.

Für Kurzentschlossene bestehen andere Möglichkeiten. Am Tag der Vorführung gibt's ab 10 Uhr Karten für den Stehraum (17–25 $). Die Sicht ist schlecht, aber man hört alles. Außerdem werden montags bis donnerstags zwei Stunden vor den Aufführungen 200 sogenannte *rush tickets* für „arme Schlucker" (die Künstlerbohème) verkauft – ein Sitzplatz am Orchestergraben kostet gerade mal 20 $ (nicht bei Galas und Premieren), man muss sich allerdings früh in der Schlange anstellen.

Ein Besuch im Andenkenladen voller Opern-Schnickschnack ist ein absolutes Muss. Dort gibt's Metropolitan-Vorhanghaken und „Rheintöchter"-Seife. Ernsthaft!

FILM SOCIETY OF LINCOLN CENTER   KINO
(212-875-5456; www.filmlinc.com; S 1 bis 66th St-Lincoln Center) Die Film Society bietet Filmen der unterschiedlichsten Genres (Dokumentarfilme, Independent Movies, ausländische und avantgardistische Streifen etc.) eine Plattform. Im Lincoln Center gibt es zwei Bühnen: das neue **Elinor Bunin Munroe Film Center** (Karte S. 470; 212-875-5601, Filmprogramm 212-875-5600; www.filmlinc.com; Lincoln Center, 144 W 65th St; S 1 bis 66 St–Lincoln Center) mit einer experimentierfreudigen, persönlichen Atmosphäre und das **Walter Reade Theater** (Karte S. 470; 212-875-5600; www.filmlinc.com; Lincoln Center, 165 W 65th St; S 1 bis 66th St–Lincoln Center) mit wunderbar breiten Sitzen.

Jedes Jahr im September steigt in den beiden Lichtspielhäusern das New York Film Festival mit New Yorker und Weltpremieren en masse. Der März steht im Zeichen der New Directors/New Films-Reihe. Ein Leckerbissen für Kinofans!

NEW YORK PHILHARMONIC   KLASSISCHE MUSIK
Karte S. 470 (www.nyphil.org; Avery Fisher Hall, Lincoln Center, Ecke Columbus Ave & 65th St; S 1 bis 66 St–Lincoln Center) Heimatbühne des ältesten Berufsorchesters der USA (seit 1842) ist die Avery Fisher Hall. Unter der Leitung von Alan Gilbert, Sohn zweier Philharmoniker, werden klassische Stücke (Tschaikowski, Mahler, Haydn), vereinzelte moderne Kompositionen und Konzerte speziell für Kinder gespielt.

Für die Karten zahlt man zwischen 35 und 125 $. Wer aufs Geld achten muss, könnte sich für 20 $ die öffentlich zugänglichen Proben am Donnerstag (tagsüber) ansehen. Studenten mit einem gültigen

INSIDERWISSEN

DIE TOPADRESSEN FÜR LIVEMUSIK

Nate Chinen ist Kritiker für Jazz und Popmusik. Er arbeitet für die *JazzTimes* und die *New York Times*, schreibt aber nicht nur über die New Yorker Musikszene (bei Twitter: @natechinen). Hier sind seine Top 6 für Livemusik in NYC.

Village Vanguard (S. 158) Das Vanguard wird von Lorraine Gordon geleitet, einer echten New Yorker Persönlichkeit, die voll und ganz für die Musik lebt. Ihr Club ist der älteste Jazzschuppen der Stadt und eher nüchtern, aber die Akustik ist perfekt und die Stimmung großartig. Für mich die beste Musikbühne der Welt.

Jazz Standard (Karte S. 462; 212-576-2232; www.jazzstandard.net; 116 E 27th St zw. Lexington & Park Ave; S 6 bis 28th St). Noch ein genialer Jazzclub ist das Jazz Standard in Midtown. Der Service ist tadellos, das Essen phantastisch und es gibt keinen Mindestverzehr. Fürs Programm verantwortlich ist Seth Abramson, ein echter Profi.

Bowery Ballroom (S. 128) Meine liebste Bühne für Rock und Pop ist der historische Bowery Ballroom, der in den 1920er-Jahren gebaut wurde. Der Sound ist super. Hier geben namhafte Größen gern mal kleinere Konzerte.

Brooklyn Bowl (S. 310) Die Brooklyn Bowl ist ein schräger Veranstaltungsort, weil die Leute auch zum Bowlen kommen, aber es finden hier viele coole Gigs statt, u. a. Auftritte von Jam-Bands. Questlove, der Drummer von den Roots, legt hier jeden Donnerstagabend auf.

Joe's Pub (Karte S. 446; 212-539-8778; www.joespub.com; Public Theater, 425 Lafayette St zw. Astor Pl & 4th St; S R/W bis 8th St–NYU, 6 bis Astor Pl) In einem gemütlichen und zugleich eleganten Ambiente wartet Joe's Pub in NoHo mit satirischem Kabarett und jungem Flair auf. Die Nähe zum Public Theater unterstützt die theatralische Ausrichtung.

Beacon Theatre (S. 257) Das Beacon tendiert generell zu klassischer Rockmusik und ist eine geniale Konzerthalle, ein bisschen wie eine Radio City Music Hall im Kleinformat – sie „verschluckt" die Künstler nicht. Die Renovierung hat Wunder gewirkt.

Ausweis können bis zehn Tage vor einer Aufführung *rush tickets* für gerade mal 13,50 $ ergattern.

NEW YORK CITY BALLET TANZ

Karte S. 470 (212-496-0600; www.nycballet.com; David H Koch Theater, Lincoln Center, Columbus Ave Höhe 62nd St; S 1 bis 66th St–Lincoln Center) Der erste Leiter dieses angesehenen Ensembles war der angesehene, in Russland geborene Choreograph George Balanchine in den 1940er-Jahren. Heutzutage ist das New Yorker Ballett mit 90 Tänzern die größte Ballettorganisation in den USA. 23 Wochen im Jahr wird im David H Koch Theater des Lincoln Center performt. Besonders bekannt ist die alljährliche Inszenierung des Nussknackers zur Weihnachtszeit.

Je nach Aufführung zahlt man zwischen 29 und 159 $ für eine Eintrittskarte. *Rush tickets* für Studenten (nur mit gültigem Schüler- oder Studentenausweis) können montags abgeholt werden (20 $). Die *fourth-ring*-Sitzplätze sind oft ein echtes Schnäppchen, man sieht allerdings zumeist nicht viel.

AMERICAN BALLET THEATRE TANZ

Karte S. 470 (212-477-3030; www.abt.org; Lincoln Center, 64th St Höhe Columbus Ave; S 1 bis 66th St–Lincoln Center) Diese Ballettkompanie gibt es schon seit 70 Jahren. Jedes Jahr im Frühling (üblicherweise im Mai) gastiert sie im Metropolitan Opera House und führt dort klassisches Ballett auf. Tickets gibt es nur für Abonnenten. Die beste Sicht hat man in den Bereichen Orchestra, Parterre und Grand Tier. Im obersten Rang sieht man von den Tänzern hingegen nur die Köpfe! Auch die hinteren Logenplätze sind nicht zu empfehlen.

☆ Upper West Side

Neben dem Lincoln Center gibt es in der Upper West Side noch zahlreiche andere Einrichtungen für Kulturbegeisterte.

BEACON THEATRE — LIVEMUSIK
Karte S. 470 (www.beacontheatre.com; 2124 Broadway zw. 74th & 75th St; S1/2/3 bis 72nd St) Das historische Theater (1929 erbaut) hat mit 2600 Sitzplätzen (die allesamt gut sind) die ideale Durchschnittsgröße. Hier treten unablässig berühmte Musiker auf, von Nick Cave bis zu den Allman Brothers. Seit der 15 Mio. US-Dollar teuren Renovierung von 2009 erstrahlen die vergoldeten Design-Elemente im griechischen, romanischen, Renaissance- und Rokoko-Stil wieder in ihrem früheren Glanz.

CLEOPATRA'S NEEDLE — CLUB
Karte S. 470 (www.cleopatrasneedleny.com; 2485 Broadway zw. 92nd & 93rd St; 16 Uhr bis spät; S1/2/3 bis 96th St) „Kleopatras Nadel" ist nach dem ägyptischen Obelisken im Central Park benannt. In dem passenderweise kleinen und schmalen Club muss kein Eintritt gezahlt werden, aber es gibt einen Mindestverzehr von 10 $. Wer früh genug kommt, kann während der Happy Hour (15.30 bis 18 oder 19 Uhr) ausgewählte Cocktails zum halben Preis schlürfen. Richtig los geht's aber erst zu vorgerückter Stunde: Cleopatra's ist bekannt für seine nächtelangen Jam Sessions. Der Höhepunkt wird gegen 4 Uhr morgens erreicht.

SMOKE — JAZZ
Karte S. 470 (www.smokejazz.com; 2751 Broadway zw. 105th & 106th St; Mo–Fr 17.30–3, Sa & So 11–3 Uhr; S1 bis 103rd St) Diese mondäne und zugleich entspannte Lounge wird von Oldtimern und Lokalmatadoren frequentiert (George Coleman, Wynton Marsalis etc.). Auf den eleganten Sofas hat man einen guten Blick auf die Bühne. An den meisten Abenden muss man 10 $ Eintritt zahlen und der Mindestverzehr liegt bei 20–30 $. Der Name lässt etwas anderes vermuten, aber das Smoke („Rauch") ist Nichtraucherzone – wie ganz NYC. Für Konzerte am Wochenende sollte man sich Tickets vorher im Internet besorgen.

MERKIN CONCERT HALL — KLASSISCHE MUSIK
Karte S. 470 (www.kaufman-center.org/mch; 129 W 67th St zw. Amsterdam Ave & Broadway; S1 bis 66th St–Lincoln Center) Gleich nördlich des Lincoln Center befindet sich dieser Konzertsaal mit 450 Sitzplätzen. Er gehört zum Kaufman Center und ist einer der lauschigsten Veranstaltungsorte für Klassik, Jazz, Weltmusik und Pop in der Stadt. Bei den Dienstagsmatineen für supergünstige 18 $ treten vor allem Nachwuchs-Klassik-Solisten auf. Im Januar findet hier das alljährliche New Yorker Gitarrenfestival statt.

SYMPHONY SPACE — LIVEMUSIK
Karte S. 470 (212-864-5400; www.symphonyspace.org; 2537 Broadway zw. 94th & 95th St; S1/2/3 bis 96th St) Symphony Space hat eine Affinität zu Weltmusik, Theater, Film, Tanz und Literatur – hier lesen z. T. berühmte Autoren. Dieser interdisziplinäre Tausendsassa wird von der Gemeinde unterstützt. Hier finden z. B. regelmäßige dreitägige Programme zu Ehren einzelner Musiker statt.

> **SOMMERPROGRAMM IM CENTRAL PARK**
>
> In den wärmeren Monaten finden zahllose Kulturveranstaltungen im Central Park statt – viele davon sind kostenlos! Am populärsten sind *Shakespeare in the Park* (S. 28), organisiert vom Public Theater, und **SummerStage** (www.summerstage.org), eine Reihe von Gratiskonzerten.
>
> Die Shakespeare-Tickets (kostenlos) sind am Tag der Veranstaltung um 13 Uhr erhältlich; wer einen Sitzplatz ergattern will, sollte allerdings um 8 Uhr auf der Matte stehen und irgendetwas mitbringen, auf dem man es sich während der langen Wartezeit gemütlich machen kann. Es gibt nur ein Ticket pro Person, daher hilft nur persönliches Erscheinen.
>
> Zu den Veranstaltungsorten der SummerStage-Konzerte hat man generell 1½ Stunden vor Beginn der Show Zutritt. Wenn bekannte Bands auftreten, muss man sich aber früh anstellen, um auch wirklich hineinzukommen.

SHOPPEN

In der Upper West Side dominieren die Ladenketten und ausgefallenere Shops mit New Yorker Charme sind bisweilen schwer zu finden. Es gibt aber dennoch ein paar gute Adressen.

GREENFLEA — MARKT
Karte S. 470 (212-239-3025; www.greenfleamarkets.com; Columbus Ave zw. 76th & 77th St;

☼ So 10–17.30 Uhr; Ⓢ B, C bis 81st St–Museum of Natural History, 1 bis 79th St) Dieser nette, vielseitige Flohmarkt ist eins der ältesten New Yorker Shoppingparadiese unter freiem Himmel – der perfekte Ort für einen gemütlich-faulen Sonntagvormittag in der Upper West Side. Hier gibt's ein bisschen was von allem, auch alte und neue Möbel, antike Karten, geschliffene Sonnenbrillen, handgewebte Schals und selbst gemachten Schmuck. In den warmen Monaten ist auch hin und wieder samstags Markt – einfach telefonisch nachfragen.

WESTSIDER BOOKS   BÜCHER

Karte S. 470 (www.westsiderbooks.com; 2246 Broadway zw. 80th & 81st St; ☼ 10–22 Uhr; Ⓢ 1 bis 79th St) Dieser tolle kleine Laden ist vollgestopft mit seltenen und gebrauchten Büchern, darunter eine gute Auswahl an Romanen, illustrierten Bildbänden und Erstauflagen.

WESTSIDER RECORDS   MUSIK

Karte S. 470 (☎ 212-874-1588; www.westsiderbooks.com/recordstore.html; 233 W 72nd St zw. Broadway & West End Ave; ☼ Mo–Do 11–19, Fr & Sa bis 21, So 12–18 Uhr; Ⓢ 1/2/3 bis 72nd St) Mit mehr als 30 000 LPs deckt dieser Shop ein breites Spektrum von Funk über Jazz bis Klassik ab, es gibt auch Hörbücher, Filmmusik und anderes. Dies ist ein Ort, an dem man leicht die Zeit vergisst.

CENTURY 21   KAUFHAUS

Karte S. 470 (www.c21stores.com; 1972 Broadway zw. 66th & 67th St; ☼ Mo–Sa 10–22, So 11–20 Uhr; Ⓢ 1 bis 66th St–Lincoln Center) Die Century-21-Warenhäuser sind extrem beliebt bei trendbewussten Einheimischen und Reisenden. Sie bieten eine Fülle stark reduzierter Marken- und Designerkleidung (von Missoni bis Marc Jacobs) aus der letzten Saison. Vielleicht kommen einem die Preise immer noch astronomisch hoch vor, aber im Vergleich zum Einzelhandel sind sie tatsächlich harmlos.

COMPTOIR DES COTONNIERS   DAMENBEKLEIDUNG

Karte S. 470 (184 Columbus Ave zw. 68th & 69th St; ☼ Mo–Fr 11–20, Sa ab 10, So 12–19 Uhr) Diese französische Kette brachte 2010 eine dringend benötigte Dosis Stil ins Viertel. Die Bekleidung hier möchte zeitlos und unangestrengt wirken: schön geschnittene Strickjacken, Röcke, Blusen und Kleider, die nie aus der Mode kommen.

HARRY'S SHOES   SCHUHE

Karte S. 470 (www.harrys-shoes.com; 2299 Broadway Höhe 83rd St; ☼ Di, Mi, Fr & Sa 10–18.45, Mo & Do bis 19.45, So 11–18 Uhr; Ⓢ 1 bis 86th St) Harry's gibt es schon seit den 1930er-Jahren – ein echter Klassiker. Wahre Gentlemen messen die Füße mit einer altmodischen Metallvorrichtung aus und kümmern sich dann geduldig um die Kunden, um sicherzustellen, dass der Schuh auch wirklich nirgendwo drückt. Apropos: Hier gibt's robustes, komfortables Schuhwerk für ausgedehnte Stadtspaziergänge (Merrel, Dansko, Birkenstock).

TIME FOR CHILDREN   SPIELWAREN

Karte S. 470 (☎ 212-580-8202; www.atimeforchildren.org; 506 Amsterdam Ave zw. 84th & 85th St; ☼ Mo–Sa 10–19, So 11–18 Uhr; ♿; Ⓢ 1 bis 86th St) In dem kleinen Geschäft bekommt man entzückende Kleidung für Babys und Kleinkinder, bunte Bücher und Stofftiere, Bauklötze, handgefertigte Karten und andere Schätze für Kinder unter sechs Jahren. Der gesamte Erlös geht an die New Yorker Children's Aid Society (ein Kinderhilfswerk). Falls man nicht finden kann, was man sucht: Einen größeren, ebenfalls unabhängigen Spielwarenladen gibt's ein paar Türen weiter, **West Side Kids** (Karte S. 470; 498 Amsterdam Ave).

🏃 SPORT & AKTIVITÄTEN

LOEB BOATHOUSE   KAJAKFAHREN, RADFAHREN

Karte S. 470 (☎ 212-517-2233; www.thecentralparkboathouse.com; Central Park zw. 74th & 75th St; Bootfahren 12 $ pro Std., Leihfahrrad 9–15 $ pro Std.; ☼ April–Nov. 10 Uhr bis Sonnenuntergang; ♿; Ⓢ B, C bis 72nd St, 6 bis 77th St) Die „Flotte" des Bootshauses im Central Park besteht aus 100 Ruderbooten und drei Kajaks. Sie können, genauso wie die Leihräder (Helm inkl.), von April bis November gemietet werden (nur bei gutem Wetter, nach Vorlage eines Ausweises und der Kreditkarte). Im Sommer kommt auch die venezianische Gondel für bis zu sechs Personen zum Einsatz (30 Min. 30 $).

BIKE AND ROLL   RADFAHREN

Karte S. 470 (www.bikeandroll.com/newyork; Columbus Circle Höhe Central Park West; ab 14/44 $ pro Std./Tag; ☼ März–Mai 9–19, Juni–Aug. 8–20, Sept.–Nov. 10–16 Uhr; ♿; Ⓢ A/C, B/D, 1/2 bis 59th St–Columbus Circle) An dem kleinen

Kiosk am Südwesteingang des Central Park kann man Beach Cruiser und Zehngangräder mieten. Ebenfalls vorhanden: Kindersitze und Tandemräder.

CHAMPION BICYCLES INC   RADFAHREN

Karte S. 470 (212-662-2690; www.champion bicycles.com; 896 Amsterdam Ave Höhe 104th St; Leihfahrrad ab 7/40 $ pro Std./24 Std.; Mo-Fr 10-19, Sa & So bis 18 Uhr; 1 bis 103rd St) Hat verschiedene Arten von Leihrädern und gibt die kostenlose **NYC Cycling Map** (www.nyc.gov/bikes) mit mehreren Hundert Meilen an Radwegen in ganz New York City aus.

TOGA BIKE SHOP   RADFAHREN

Karte S. 470 (www.togabikes.com; 110 West End Ave zw. 64th & 65th St; Leihfahrrad 35-75 $ pro 24 Std.; Mo-Fr 11-19, Sa 10-18, So 11-18 Uhr; 1 bis 66th St-Lincoln Center) Dieser nette, alteingesessene Fahrradladen liegt günstig zwischen dem Central Park und dem Hudson-River-Radweg. Im Preis ist ein Helm inbegriffen.

FIVE BOROUGH BICYCLE CLUB   RADFAHREN

(www.5bbc.org) Wer die Jahresgebühr von 25 $ gezahlt hat, kann sich den diversen Tages- und längeren Touren anschließen. Welche Touren gerade stattfinden und wo man sich trifft, steht auf der Website.

CHARLES A DANA
DISCOVERY CENTER   ANGELN

Karte S. 470 (www.centralparknyc.org; Central Park Höhe 110th St zw. Fifth & Lenox Ave; Mo-Sa 10-15, So bis 13 Uhr; 2/3 bis Central Park North) Von April bis Oktober besteht die Möglichkeit, eine Angelrute zu leihen und mit Ködern (Maiskörnern) „bewaffnet" am Harlem Meer auf Fischfang zu gehen (nach der Methode „fangen und wieder freilassen"). Personen über 15 Jahre müssen einen Lichtbildausweis und eine Angellizenz vorlegen (15 $ pro Tag, www.dec.ny.gov). Außerdem werden kostenlose Vogelbeobachtungstouren für Familien angeboten; sie beginnen hier von März bis Mai und September bis November sonntags zwischen 10 und 11 Uhr.

BELVEDERE CASTLE   VOGELBEOBACHTUNG

Karte S. 470 (212-772-0210; Central Park Höhe 79th St; Di-So 10-15 Uhr; B, C, 1/2/3 bis 72nd St) GRATIS Lust auf eine individuelle Vogelbeobachtungstour, um den Nachwuchs auf Trab zu halten? Dann auf zum Belvedere Castle (im Central Park) und dort ein „Discovery Kit" besorgen (nur mit Fotoausweis): Es umfasst ein Fernglas, ein Vogelbuch, bunte Stifte und Papier.

WEST SIDE YMCA   FITNESSCENTER

Karte S. 470 (212-912-2600; www.ymcanyc.org/west-side; 5 W 63rd St zw. Central Park West & Columbus Ave; Tagespass 25 $; Mo-Fr 5-22.45, Sa & So 8-19.45 Uhr; A/C, B/D 1 bis 59th St-Columbus Circle) Das West Side Y nahe dem Central Park ist eins von 20 YMCAs in der Stadt. Es wartet mit zwei Swimmingpools, einer Indoor-Laufstrecke, einem Basketballplatz, sechs Feldern für Racquetball/Squash und einem großen Kraftraum auf. Die Mitgliedschaft kostet 95 $ pro Monat (plus einer Aufnahmegebühr von 125 $).

WOLLMAN
SKATING RINK   SCHLITTSCHUHLAUFEN

Karte S. 470 (212-439-6900; www.wollmans katingrink.com; Central Park zw. 62nd & 63rd St; Erw. Mo-Do/Fr-So 11/18 $, Kind 6 $, Leihschlittschuhe 8 $, Schließfach 5 $, Zuschauer 5 $; Nov.-März; F bis 57 St, N/Q/R bis 5th Ave-59th St) Diese Schlittschuhbahn an der Südostecke des Central Park ist noch größer als die des Rockefeller Center. Sie bietet einen netten Blick und man darf den ganzen Tag laufen. Nur Barzahlung.

CENTRAL PARK
TENNIS CENTER   TENNIS

Karte S. 470 (212-280-0205; www.centralpark tenniscenter.com; Central Park zw. 94th & 96th St, Eingang 96th St & Central Park West; April-Okt. oder Nov. 6.30 Uhr bis Sonnenuntergang; B, C bis 96th St) Die Anlage (nur tagsüber geöffnet) umfasst 26 Sandplätze (öffentlich zugänglich) und vier Hartplätze für Tennisunterricht. Tickets für die einmalige Nutzung gibt's hier (15 $). Wer sich im **Arsenal** (Karte S. 470; 212-360-8131; www.nycgovparks.org; Central Park Höhe 5th Ave & E 64th St; Mo-Fr 9-16 Uhr, April-Mai bis 12 Uhr; N/R/Q bis 5th Ave-59th St) GRATIS eine Genehmigung (15 $) holt, kann auch einen Platz reservieren. Am wenigsten los ist gewöhnlich an Wochentagen zwischen 12 und 16 Uhr.

Harlem & Upper Manhattan

MORNINGSIDE HEIGHTS | HARLEM | EAST HARLEM | HAMILTON HEIGHTS | SUGAR HILL | WASHINGTON HEIGHTS | INWOOD | WEST HARLEM

Highlights

❶ Und Größe ist doch nicht egal: Die mächtige, immer noch unvollendete **Cathedral Church of St. John the Divine** (S. 262) ist das größte Gotteshaus der USA.

❷ Im kleinen, aber klug gemachten **Studio Museum in Harlem** (S. 264) die Welt durch afroamerikanische Augen sehen.

❸ Im **Cloisters Museum & Gardens** (S. 268), einem architektonischen Klostermischmasch voller mittelalterlicher Kunst, der Hektik der Moderne entfliehen.

❹ Kostenlose sonntägliche Jazz-Jams in der Wohnung von **Marjorie Eliot** (S. 275) erleben.

❺ Mit Goya, El Greco, Velázquez und Freunden im oft übersehenen **Hispanic Society of America Museum & Library** (S. 268) eine Auszeit nehmen.

Details s. Karte S. 472 ➡

Rundgang: Harlem & Upper Manhattan

Die obere Hälfte von Manhattan ist ein ziemlich großes Gebiet mit zahlreichen Sehenswürdigkeiten. Viele davon liegen recht weit voneinander entfernt, weshalb man sich am besten auf ein Viertel (oder noch besser: auf ein paar aneinander angrenzende Viertel) konzentriert. Wer es gern ein wenig „ländlicher" hat, sollte seine Entdeckungstour in Inwood starten. Dort befinden sich hübsche Parks und ein extravagantes Museum. Anschließend könnte man sich entlang der West Side zu der imposanten Cathedral Church of St. John the Divine vorarbeiten. Eingefleischte Großstadtfans werden sich in Harlem und Hamilton Heights wohlfühlen, Zentren der afroamerikanischen Kultur mit tollen Restaurants, quirligen Bars und einigen architektonischen Juwelen.

Lokalkolorit

➔ **Augenweide** Wenn die Bewohner von Harlem ausgehen, schmeißen sie sich gewöhnlich richtig in Schale. Eine tolle Einkaufsmeile ist die 125th St. Schuhe ohne Ende bekommt man bei Atmos (S. 276). Mit edler Kleidung zu günstigen Preisen wartet der Geheimtipp Trunk Show Designer Consignment (S. 276) in der 113th St auf.

➔ **Ohrenschmaus** In puncto ausgefallene Musikbühnen ist Morningside Heights einfach unschlagbar. Regelmäßig finden Konzerte in der Riverside Church (S. 266), der Cathedral Church of St. John the Divine (S. 262) und der Columbia University (S. 265) statt.

➔ **Workout** Sonntags findet man im Inwood Hill Park (S. 269) vor allem eins: joggende, spazierende und radelnde New Yorker. Mitmachen!

Anfahrt

➔ **Subway** Harlems Hauptverkehrsader, die 125th St, ist nur eine Subway-Station von der 59th St–Columbus Circle Station in Midtown entfernt (mit der Linie A oder D fahren). Andere Teile von Harlem und Nord-Manhattan können mit den A/C-, B/D-, 1/2/3- und 4/5/6-Zügen erreicht werden.

➔ **Bus** Dutzende Buslinien verkehren entlang der großen Avenues zwischen Upper und Lower Manhattan. Die M10 folgt einer hübschen Route an der Westseite des Central Park vorbei nach Harlem. Die M100 und die M101 fahren auf der 125th St von Osten nach Westen.

➔ **Taxi** Sollten die gelben Taxis einmal Mangelware sein, kann man auch die *livery cabs* nehmen, große Stadtautos, die mit einem Firmennamen und einer Nummer versehen sind; den Preis vor der Abfahrt vereinbaren.

Top-Tipp

Die Bewohner von Uptown Manhattan haben zumeist ein ausgeprägtes „Kiezbewusstsein", und Bars, Restaurants und Shops sind auf die Nachbarschaft zugeschnitten. Am wenigsten los ist vormittags unter der Woche, am meisten abends und an den Wochenenden.

Um das Meiste aus dem Besuch herauszuholen, sollte man eins der Museen oder eine historische Stätte am Nachmittag besichtigen und bis zum Dinner bleiben, denn abends erwachen die Straßen zum Leben.

Gut essen

➔ Charles' Pan-Fried Chicken (S. 275)
➔ Red Rooster (S. 274)
➔ Dinosaur Bar-B-Que (S. 270)

Mehr dazu s. S. 269

Schön ausgehen

➔ Ginny's Supper Club (S. 275)
➔ Harlem Public (S. 275)
➔ Bier International (S. 275)

Mehr dazu s. S. 275

Gelungene Überraschungen

➔ Marjorie Eliot Jazz Performance (S. 275)
➔ Sylvan Terrace (S. 269)
➔ Hispanic Society of America Museum & Library (S. 268)

Mehr dazu s. S. 265

HIGHLIGHT
CATHEDRAL CHURCH OF ST. JOHN THE DIVINE

Der Bau der größten Kathedrale der USA ist noch nicht abgeschlossen. Das dauert wohl auch noch etwas. Dennoch ist diese berühmte Episkopalkirche mit der reich verzierten gotischen Fassade, der altmodischen Orgel und dem bombastischen Kirchenschiff (doppelt so breit wie das der Westminster Abbey) ein echter Hingucker.

Die unendliche Geschichte

Der erste Eckstein der Kathedrale wurde am Johannistag 1892 gelegt. Der Bau verlief jedoch alles andere als reibungslos. Davon zeugt auch der aktuelle, unvollendete Zustand der Kirche. Die Ingenieure mussten über 20 m tief graben, bis sie auf festes Gestein stießen, in dem sie das Fundament verankern konnten; Architekten starben bzw. wurden gefeuert und im Jahre 1911 wurde das ursprünglich romanische Design durch einen pompöseren gotischen Stil ersetzt.

Der Bau wurde wiederholt unterbrochen – immer dann, wenn die Geldmittel erschöpft waren. Bis heute fehlt der Nordturm, und das „Übergangsdach", das 1909 aus Terrakottaschindeln gefertigt wurde, überspannt nach wie vor die Vierung. 2001 wütete zu allem Überfluss ein verheerendes Feuer. Besonders stark beschädigt wurde das nördliche Querschiff, das bis heute nicht wieder aufgebaut worden ist.

Falls die mehr als 180 m lange Kathedrale jemals fertiggestellt werden sollte, wird sie die drittgrößte Kirche der Welt sein, überflügelt nur vom Petersdom in Rom und der Basilika Notre-Dame-de-la-Paix in Yamoussoukro (Elfenbeinküste).

Die Skulpturen am Portal

Zwei Reihen von Skulpturen umgeben den Westeingang. Der britische Künstler Simon Verity gestaltete sie in den 1980er- und 1990er-Jahren. Auf der zentralen Säule steht der Apostel Johannes höchstpersönlich, der Verfasser der *Offenbarung*. Man beachte die vier

---

NICHT VERSÄUMEN

➡ Skulpturen am Portal
➡ Große Fensterrose
➡ Große Orgel
➡ Keith Harings Triptychon

PRAKTISCH & KONKRET

➡ Karte S. 472
➡ ♪Führungen 212-932-7347
➡ www.stjohndivine.org
➡ 1047 Amsterdam Ave Höhe W 112th St, Morningside Heights
➡ empfohlene Spende 10 $, Highlights-Tour 6 $, „vertikale Führung" 15 $
➡ ⏰7.30–18 Uhr
➡ ⓈB, C, 1 bis 110th St–Cathedral Pkwy

Innenansicht, Cathedral Church of St. John the Divine

apokalyptischen Reiter unter seinen Füßen. Das Motiv der Apokalypse ist omnipräsent, am beunruhigendsten ist jedoch die Statue von Jeremiah (die Dritte von rechts); sie steht auf einem Sockel, der die Zerstörung der New Yorker Skyline zeigt, inkl. der Twin Towers.

Das Kirchenschiff

Dem Kirchenschiff spendet die **Große Fensterrose** Licht, das größte Buntglasfenster der USA. Gesäumt wird das Kirchenschiff von prächtigen Wandteppichen aus dem 17. Jh. Auf den Barberini-Wandteppichen sind Szenen aus dem Leben Jesu dargestellt, die Mortlake-Teppiche hingegen zeigen die *Apostelgeschichte des Lukas* nach Zeichnungen von Raffael.

Die große Orgel

Die Kathedrale beherbergt eine der imposantesten Orgeln der Welt. Sie stammt aus dem Jahre 1911. 1952 wurde sie erweitert und umgebaut und umfasst heute 8500 Pfeifen, die in 141 Reihen angeordnet sind. Bei dem Brand 2001 wurde das Instrument beschädigt, doch fünf Jahre sorgfältiger Restaurierung haben es wieder auf Vordermann gebracht.

Das Triptychon von Keith Haring

Hinter dem Chor ist das Weißgold- und Bronze-Triptychon „Life of Christ" (Leben Christi) zu sehen, das der Pop-Art-Künstler Keith Haring (1958–90) schuf. Es ist eine seiner letzten Arbeiten; er starb im Alter von nur 31 Jahren an den Folgen seiner AIDS-Erkrankung.

EIN BESUCH IN DER KATHEDRALE

Highlights-Touren finden montags um 11 und 14 Uhr, dienstags bis samstags um 11 und 13 Uhr und an ausgewählten Sonntagen um 13 Uhr statt. „Vertikale Führungen" zum Dach der Kathedrale (nach steilem Aufstieg) werden mittwochs um 12 Uhr und samstags um 12 und 14 Uhr angeboten – Taschenlampe mitbringen! Zwei besonders sehenswerte Gottesdienste sind die alljährliche Segnung der Tiere – am ersten Sonntag im Oktober strömen die Leute mit ihren Haustieren in die Kirche – und die Segnung der Fahrräder an einem Samstag Mitte bis Ende April: Dann kommen New Yorker Radler mit ihren ultraschicken Rennrädern oder alten Schlachtrössern hierher.

In den frühen 1950er-Jahren spielte die Kathedrale eine Rolle für die Bürgerrechtsbewegung. Sie setzt sich regelmäßig mit Gemeindemitgliedern gegen Diskriminierung ein und dient schon lange als Veranstaltungsort für Konzerte, Lesungen oder Ausstellungen. Zudem finden hier Gedenkgottesdienste für berühmte New Yorker statt, z. B. für den Jazztrompeter Louis Armstrong oder den Künstler Keith Haring.

HIGHLIGHT
STUDIO MUSEUM IN HARLEM

Dieses kulturelle Kleinod bietet afroamerikanischen Künstlern schon seit mehr als 40 Jahren eine Plattform. Doch das Museum ist noch viel mehr als eine bloße Kunstgalerie: Es ist ein wichtiger Treffpunkt für die unterschiedlichsten Kulturschaffenden aus Harlem. Sie besuchen Shows und nehmen an Filmvorführungen und Vorträgen teil.

NICHT VERSÄUMEN
➜ African-American Flag (afroamerikanische Flagge)
➜ Fotografien von James Van Der Zee
➜ Der gut sortierte Andenkenladen

PRAKTISCH & KONKRET
➜ Karte S. 472
➜ ☎212-864-4500
➜ www.studiomuseum.org
➜ 144 W 125th St Höhe Adam Clayton Powell Jr Blvd, Harlem
➜ empfohlene Spende 7 $, So frei
➜ ⊙Do & Fr 12–21, Sa 10–18, So 12–18 Uhr
➜ Ⓢ2/3 bis 125th St

Aus einem Loft wird ein Museum
Das Museum wurde 1968 gegründet und nahm ursprünglich ein kleines Loft zwischen ein paar Bekleidungsfabriken und einem Supermarkt nahe der 125th St ein. Die Kunde von den durchdachten, modernen Ausstellungen und lebendigen Events, die hier stattfanden (Konzerte, Dichterlesungen, Vorträge u. Ä.), verbreitete sich schnell. Etwa zwölf Jahre nach der Einweihung erfolgte der Umzug in das aktuelle Gebäude, eine renovierte Bank, in der mehr Platz für die Exponate, Archive und die wachsende ständige Sammlung vorhanden war.

Neben der Lobby befindet sich der gut sortierte **Shop** des Museums. Hier wird alles geboten von Kunstbänden und Ausstellungskatalogen bis zu „Black is Beautiful"-T-Shirts.

Ein Fundus afroamerikanischer Kunst
Die ständige Sammlung ist übersichtlich (ca. 2000 Exponate), aber abwechslungsreich. Das Studio Museum ist seit jeher ein wichtiger Mäzen afroamerikanischer Künstler gewesen und zeigt Werke von mehr als 400 von ihnen, darunter wichtige Arbeiten des Malers Jacob Lawrence, des Fotografen Gordon Parks und des Collagisten Romare Bearden. Diese Künstler sind auch in anderen großen Museen in den USA vertreten.

Der Fotobestand umfasst zahlreiche Bilder von **James Van Der Zee** (1886–1983), einem unvergleichlichen Chronisten des Harlemer Alltags im frühen 20. Jh. Er machte Porträtaufnahmen von prominenten Entertainern und farbigen Nationalisten und fotografierte noch, als er bereits weit über 90 Jahre alt war. Eine bekannte Aufnahme zeigt Jean-Michel Basquiat, einen Graffiti-Künstler und Maler der 1980er-Jahre, in nachdenklicher Pose mit einer Siamkatze auf dem Schoß.

Die afroamerikanische Flagge
Auf dem Weg ins Gebäude hinein sollte man den Blick nach oben richten: Eins der symbolträchtigsten Exponate hängt gleich außerhalb des Eingangs: Auf David Hammons' *African-American Flag* (1990) sind die Sterne und Streifen der amerikanischen Flagge nicht in den Farben Rot, Weiß und Blau gehalten, sondern im Rot, Grün und Schwarz der panafrikanischen Flagge. Es ist eine Anspielung auf die afroamerikanische Präsenz in den USA.

Artists in Residence (Förderprogramm für Künstler)
Das Programm „Artists in Residence" gibt es schon lang; es hat sehr vielen bekannten Künstlern die dringend benötigte finanzielle Unterstützung beschert, u. a. dem Konzeptkünstler David Hammons, der Malerin Mickalene Thomas und dem Porträtisten Kehinde Wiley. Die Arbeiten der geförderten Künstler sind häufig in der Kellergalerie oder in einem der kleinen Ausstellungsbereiche oben zu sehen. Das Museum bietet außerdem regelmäßig Veranstaltungen, von Diskussionen bis zu Konzerten (siehe Website).

SEHENSWERTES

Morningside Heights

Dieses Viertel ganz im Westen erstreckt sich zwischen der 110th und der 125th St. Hier dominieren die Studenten: Die Columbia University nimmt die südliche Hälfte von Morningside Hights ein.

**CATHEDRAL CHURCH OF
ST. JOHN THE DIVINE** KIRCHE
Siehe S. 262.

COLUMBIA UNIVERSITY UNIVERSITÄT
Karte S. 472 (www.columbia.edu; Broadway Höhe 116th St, Morningside Heights; S 1 bis 116th St–Columbia University) GRATIS Die älteste Universität von New York wurde 1754 als King's College in Downtown gegründet. Sie ist eine der Top-Forschungseinrichtungen der Welt. Der Umzug in die heutigen Gebäude (eine ehemalige Nervenheilanstalt) erfolgte 1897. Der Campus strahlt ein seriöses New-England-Flair aus und bietet jede Menge kulturelle Zerstreuung.

Am interessantesten ist der Haupthof (am College Walk auf Höhe der 116th St). Er ist von verschiedenen Bauten im italienischen Renaissance-Stil umgeben. Hier findet man z. B. die Statue der *Alma Mater*, die mit geöffneten Armen vor der Low Memorial Library sitzt. Am südlichen Ende des College Walk (Ecke Amsterdam Ave) steht die Hamilton Hall, die eine wichtige Rolle beim Studentenaufstand von 1968 spielte.

Es gibt noch ein paar neuere Bauwerke von namhaften Architekten. Um sich auf dem Gelände zurechtzufinden, lädt man am besten die Audiotour des Architekturhistorikers Andrew Dolkart auf der Website der Columbia University herunter.

**GENERAL ULYSSES S
GRANT NATIONAL MEMORIAL** DENKMAL
Karte S. 472 (www.nps.gov/gegr; Riverside Dr Höhe 122nd St; Do–Mo 9–17 Uhr; S 1 bis 125th St)

HIGHLIGHT
APOLLO THEATER

Das Apollo Theater in Harlem ist nicht nur kulturgeschichtlich bedeutsam, sondern es zeugt auch auf sehr lebendige Weise vom außergewöhnlichen musikalischen Erbe des Stadtteils. Ursprünglich ein Varietétheater nur für Weiße, erfand das neoklassizistische Haus sich 1934 mit „Jazz à la Carte" neu. Kurz danach trat hier so gut wie jeder bekannte farbige Künstler auf, von Duke Ellington und Louis Armstrong bis zu Count Basie und Billie Holiday.

Das restaurierte Apollo erfand außerdem die legendäre „Amateur Night", bei der damals völlig unbekannte Namen wie Ella Fitzgerald, Gladys Night, Jimi Hendrix, die Jackson 5 und Lauryn Hill ihr Bestes gaben. Sie findet noch immer jeden Mittwochabend statt, und das wilde, unbarmherzige Publikum ist mindestens genauso unterhaltsam wie die Künstler in spe. Dazu wird das ganze Jahr über ein buntes Programm mit Musik, Tanz, Meisterklassen und besonderen Events geboten – von kubanischer Salsa bis zu afrolateinamerikanischen Jazz-Suiten.

Führungen werden zwar erst ab einer Teilnehmerzahl von 20 oder mehr nach vorheriger Reservierung angeboten, doch einzelne Interessenten können sich, wenn möglich, Gruppentouren anschließen. Wer an einer solchen Führung teilnimmt, sieht auch ein Fragment des „Tree of Hope" (Baum der Hoffnung), einer schon vor langer Zeit verschwundenen Ulme, die die Künstler vor ihrem Auftritt berührten – das sollte Glück bringen.

NICHT VERSÄUMEN
- „Amateur Night"
- Das bekannte Vordach des Theaters
- Führungen
- Tree of Hope

PRAKTISCH & KONKRET
- Karte S. 472
- 212-531-5300
- www.apollotheater.org
- 253 W 125th St Höhe Frederick Douglass Blvd, Harlem
- Eintritt unterschiedlich; Führungen wochentags/Wochenende 16/18 $
- S A/C, B/D bis 125th St

GRATIS Dieses Wahrzeichen wird oft als Grant's Tomb (Grant's Grab) bezeichnet. Hier ruhen die sterblichen Überreste des Bürgerkriegshelden und 18. Präsidenten der Vereinigten Staaten Ulysses S. Grant sowie seiner Frau Julia. Der imposante Granitbau wurde 1897 vollendet, zwölf Jahre nach Grants Tod, und ist das größte Mausoleum des Landes.

Ringsum stehen 17 Mosaikbänke, die an den Stil Gaudís erinnern. Sie wurden in den 1970er-Jahren von dem chilenischen Künstler Pedro Silva gestaltet. Dies ist ein Ort wie von einem anderen Stern. Der großartige Komiker George Carlin ist hier in seinen späten Jahren öfters mal gesichtet worden.

RIVERSIDE CHURCH KIRCHE

Karte S. 472 (www.theriversidechurchny.org; 490 Riverside Dr Höhe 120th St; 8–17 Uhr; S 1 bis 116th St) GRATIS Die Rockefeller-Familie ließ diese neogotische Schönheit 1930 errichten. Die 74 Glocken mit einer außergewöhnlichen, 20 t schweren Bassglocke (der größten weltweit) sind sonntags um 10.30, 12.30 und 15 Uhr zu hören. Interkonfessionelle Gottesdienste finden immer sonntags um 10.45 Uhr statt. Direkt im Anschluss kann man sich einer kostenlosen Führung anschließen. Die Kirche ist oft Veranstaltungsort qualitativ hochwertiger Events (Konzerte, Lesungen etc.).

⊙ Harlem

Harlem atmet Geschichte, und was für eine! Das Viertel ist nach wie vor eins der legendärsten Zentren afroamerikanischer Kultur des Landes. Doch so wie auch das restliche New York ist Harlem im Wandel begriffen. Ladenketten säumen die 125th St, die historische Hauptverkehrsader. Darüber hinaus prägen trendige Restaurants, Luxusapartments und junge Berufstätige das Bild. Das Viertel hat sich dennoch seinen charakteristischen Charme bewahrt: Die Straßenverkäufer bieten T-Shirts mit dem Konterfei von Malcolm X feil und Weltuntergangsprediger schwadronieren über die Hölle.

STUDIO MUSEUM IN HARLEM MUSEUM

Siehe S. 264.

MALCOLM SHABAZZ HARLEM MARKET MARKT

Karte S. 472 (52 W 116th St zw. Malcolm X Blvd & Fifth Ave; 10–20 Uhr; ; S 2/3 bis 116th St)

> ### ⓘ DIE STRASSEN VON HARLEM
>
> Zahlreiche große Avenues sind zu Ehren prominenter Afroamerikaner umbenannt worden, viele Einheimische verwenden aber nach wie vor die früheren Namen – z. B. hört man statt Malcolm X Blvd häufig Lenox Ave.

GRATIS Auf diesem teilweise überdachten Markt bekommt man so ziemlich alles: Lederwaren, Kunsthandwerk, Textilien, Öle, Trommeln, Kleidung, Skulpturen und eine verblüffende Vielfalt afrikanischer Waren. Wer sich schon immer mal die Haare einflechten lassen wollte, ist hier ebenfalls an der richtigen Adresse. Der Markt wird von der Malcolm-Shabazz-Moschee betrieben, in der Malcolm X vor seiner Ermordung predigte.

SCHOMBURG CENTER FOR RESEARCH IN BLACK CULTURE KULTURZENTRUM

Karte S. 472 (212-491-2200; www.nypl.org/research/sc/sc.html; 515 Malcolm X Blvd Höhe W 135th St; Mo, Fr & Sa 10–18, Di–Do 12–20 Uhr; S 2/3 bis 135th St) GRATIS Die größte Sammlung von Dokumenten, seltenen Büchern und Fotos zur afroamerikanischen Geschichte und Kultur ist in diesem Wissenschaftszentrum untergebracht, das von der New York Public Library betrieben wird. Arthur Schomburg war ein schwarzer Aktivist aus Puerto Rico, der eine einzigartige Kollektion aus Manuskripten, Berichten von Sklaven und weiteren wichtigen Artefakten zusammentrug. Im Schomburg Center finden regelmäßig Konzerte, Vorträge und Ausstellungen statt.

CRACK IS WACK PLAYGROUND PARK

Karte S. 472 (www.nycgovparks.org/parks/M208E; Harlem River Park, E 127th St & 2 Ave; Sonnenauf- bis Sonnenuntergang; S 4/5/6 bis 125th St) GRATIS Dieser kleine Spielplatz liegt etwas weitab vom Schuss. Er ist nach dem grell orangen Wandbild „Crack is Wack" benannt, das der Pop-Art-Künstler Keith Haring im Oktober 1986 auf einem Handballspielfeld malte. Das Bild ist inzwischen restauriert worden. Es erinnert an die Zeit, als Harings Werke noch ganz New York zierten.

⊙ East Harlem

Das Arbeiterviertel East Harlem nördlich der 96th St und östlich der Fifth Ave wird im täglichen Sprachgebrauch Spanish Harlem oder El Barrio genannt. Hier lebt schon seit den 1950er-Jahren eine der größten puerto-ricanischen Gemeinden der Stadt. Es ist bis heute ein lebendiges Latino-Viertel, in dem neben puerto-ricanischen, dominikanischen und mexikanischen Immigranten auch sämtliche anderen südamerikanischen Nationalitäten vertreten sind.

EL MUSEO DEL BARRIO MUSEUM
Karte S. 472 (www.elmuseo.org; 1230 Fifth Ave zw. 104th & 105th St; empfohlene Spende Erw./Kind 9 $/frei; ⊗Mi–Sa 11–18 Uhr, jeder 3. Mi des Monats bis 21 Uhr; Ⓢ6 bis 103rd St) Dieses Museum ist eine der New Yorker Top-Institutionen der Latino-Gemeinde. Neben einem gut durchdachten Ausstellungsprogramm von Malerei und Fotografie bis zu Videokunst und Installationen wartet El Museo mit einer tollen ständigen Sammlung auf, die präkolumbianische Artefakte, traditionelle volkstümliche Kunst und eine brillante Auswahl von Arbeiten aus der Nachkriegszeit umfasst, alle geschaffen von lateinamerikanischen Künstlern.

Bei manchen von ihnen handelt es sich um bekannte historische Persönlichkeiten wie etwa den chilenischen Surrealisten Roberto Matta oder um gestandene zeitgenössische Künstler wie Félix González-Torres und Pepón Osorio. In der Cafeteria gibt's Essen aus ganz Lateinamerika.

⊙ Hamilton Heights & Sugar Hill

Hamilton Heights ist die nordwestliche Verlängerung von Harlem und nach dem früheren Anwesen von Alexander Hamilton

---

VOLLES HAUS: MESSE MIT GOSPELCHOR IN HARLEM

Was als gelegentliche Pilgerfahrt begann, hat sich mittlerweile zu einem wahren Touristenspektakel entwickelt: Ganze Busladungen von Reisenden machen sich sonntags auf den Weg nach Harlem, um eine Messe mit Gospelchor zu sehen. Die Besucher erscheinen so zahlreich, dass manchmal Leute aufgrund von Platzmangel abgewiesen werden müssen, und es ist schon vorgekommen, dass mehr Touristen als Gemeindemitglieder in der Kirche saßen!

Das hat natürlich Ärger gegeben. Viele Einheimische sind aufgebracht angesichts knapp bekleideter Touris. Zudem hinterlässt das Gefühl, dass afroamerikanische Spiritualität „konsumiert" wird wie eine Broadway-Show, einen eigenartigen Geschmack. In den Kirchen sind Besucher aber unverändert willkommen. Wer an einer Messe teilnehmen möchte, sollte sich konservativ kleiden (die Sonntagsklamotten rausholen!), keine Fotos schießen und bis zum Ende bleiben.

Die Sonntagsmesse beginnt gewöhnlich um 11 Uhr und kann zwei Stunden oder länger dauern. Im Folgenden haben wir ein paar der um die fünf Dutzend teilnehmenden Kirchen aufgeführt.

Abyssinian Baptist Church (Karte S. 472; www.abyssinian.org; 132 W 138th St zw. Adam Clayton Powell Jr & Malcolm X Blvd; Ⓢ2/3 bis 135th St) Diese Gemeinde gibt es schon seit über 100 Jahren. Sie steht bei den Touristen besonders hoch im Kurs (es gibt daher einen separaten Sitzbereich für Besucher). So hoch, dass man vielleicht nicht reinkommt.

Canaan Baptist Church (Karte S. 472; www.cbccnyc.org; 132 W 116th St zw. Adam Clayton Powell Jr & Malcolm X Blvd; ♿; Ⓢ2/3 bis 116th St) Diese Nachbarschaftskirche wurde 1932 gegründet.

Convent Avenue Baptist Church (Karte S. 472; ☏212-234-6767; www.conventchurch.org; 420 W 145th St Höhe Convent Ave; ⓈA/C, B/D oder 1 bis 145th St) Traditionelle Baptistengottesdienste seit den 1940er-Jahren.

Greater Hood Memorial AME Zion Church (Karte S. 472; www.greaterhood.org; 160 W 146th St zw. Adam Clayton Powell Jr & Malcolm X Blvd; ♿; Ⓢ3 bis 145th) „Hip-Hop-Messen" finden am Donnerstag um 19 Uhr statt.

benannt. Er war Mitverfasser der US-amerikanischen Verfassung.

Zu Zeiten der Harlem Renaissance wurde der nördliche Teil des Viertels Sugar Hill (Zuckerhügel) getauft, denn hier gab sich die Elite von Harlem dem „süßen Leben" hin. Die Gegend ist mit der Geschichte des Hip-Hops verknüpft: Der Name der Band, die den ersten kommerziell erfolgreichen Hip-Hop-Song schrieb („Rapper's Delight") und die hier ihre Heimat hatte, lautet Sugarhill Gang.

HAMILTON GRANGE HISTORISCHES GEBÄUDE
Karte S. 472 (www.nps.gov/hagr; St. Nicholas Park Höhe 141st St; Mi–So 9–17 Uhr, Führungen 11, 12, 13, 14 & 16 Uhr; S A/C, B/D bis 145th St) GRATIS Dieses Haus im Federal Style gehörte Alexander Hamilton, einem der Gründungsväter der USA. Er besaß Anfang des 19. Jhs. Ländereien in dieser Gegend. Leider konnte Hamilton sein Anwesen nur zwei kurze Jahre lang genießen: Bei einem Duell mit seinem politischen Rivalen Aaron Burr verlor er sein Leben. Das Gebäude wurde von der Convent Ave an den heutigen Standort versetzt und könnte vor allem Geschichts- und Architekturfans interessieren.

STRIVERS' ROW VIERTEL
Karte S. 472 (W 138th & W 139th St zw. Frederick Douglass & Adam Clayton Powell Jr Blvd; S B, C bis 135th St) Diese Straßen waren in den 1920er-Jahren bei der Harlemer Oberschicht sehr beliebt. Sie werden auch als St. Nicholas Historic District bezeichnet. Die eleganten Reihenhäuser und Apartments (viele stammen aus den 1890er-Jahren) wurden von drei der wichtigsten Architekten der Zeit entworfen: James Brown Lord, Bruce Price und Stanford White.

Am schönsten sind vielleicht Whites elegante Häuser im italienischen Stil an der Nordseite der W 139th St. Man sollte auf die historischen Schilder achten, die Besucher z. B. dazu anhalten, ihre Pferde zu führen („walk your horses").

HAMILTON HEIGHTS
HISTORIC DISTRICT VIERTEL
Karte S. 472 (Convent Ave & Hamilton Tce zw. 141st & 145th St; S A/C, B/D bis 145th St) In zwei Parallelstraßen in Hamilton Heights (Convent Ave und Hamilton Tce) findet man einige sehenswerte historische Stadthäuser aus Kalk- und Sandstein. Sie wurden zwischen 1866 und 1931 errichtet. Filmfans erkennen das mit Türmchen versehene Gebäude an der Südostecke der Kreuzung Convent und 144th Ave aus den *Royal Tenenbaums*.

◉ Washington Heights & Inwood

Washington Heights liegt in dem schmalen nördlichen Teil von Manhattan (nördlich der 155th St) und ist nach dem ersten Präsidenten der USA benannt, der hier während des Amerikanischen Unabhängigkeitskriegs ein Fort für die Kontinentalarmee errichten ließ. Im 20. Jh. war diese Gegend vor allem von dominikanischen Einwanderern geprägt, unlängst hat es aber auch zunehmend Hipster auf der Suche nach erschwinglicheren Mieten aus den Downtown-Bezirken hierher verschlagen.

Inwood, an der Nordspitze Manhattans (nördlich der 175th St) gelegen, ist ein Wohnviertel mit chilliger Vorort-Atmosphäre.

CLOISTERS MUSEUM & GARDENS MUSEUM
(www.metmuseum.org/cloisters; Fort Tryon Park; empfohlene Spende Erw./Kind 25 $/frei; März–Okt. 10–17.45 Uhr, Nov.–Feb. bis 16.45 Uhr; S A bis 190th St) Die faszinierende Klosteranlage besteht aus Fragmenten verschiedener europäischer Klöster und anderer historischer Gebäude und erhebt sich auf einem Hügel mit Blick auf den Hudson River. Sie entstand in den 1930er-Jahren als Aufbewahrungsort für die mittelalterlichen Schätze des Metropolitan Museum. Die Fresken, Wandteppiche und Gemälde sind in Galerien mit Terrakottadächern im maurischen Stil ausgestellt, die um einen romantischen Hof angeordnet und durch prächtige Kreuzgänge miteinander verbunden sind. Zu den hiesigen Kostbarkeiten zählt die Wandteppichreihe *The Hunt of the Unicorn* (16. Jh.).

Sehr interessant ist auch das gut erhaltene Verkündigungs-Triptychon (Mérode-Triptychon) aus dem 15. Jh. Und dann gibt's natürlich noch den atemberaubenden Saint-Guilhem-Kreuzgang (12. Jh.) und den Trie-Klostergarten mit allerlei mittelalterlichen Heil- und Zauberpflanzen.

HISPANIC SOCIETY OF AMERICA
MUSEUM & LIBRARY MUSEUM
Karte S. 472 (www.hispanicsociety.org; Broadway Höhe 155th St, Washington Heights; Di–Sa 10–16.30, So 13–16 Uhr; S 1 bis 157th St) GRATIS

Dieses Museum ist in einem Beaux-Arts-Gebäude untergebracht, in dem einst der Naturforscher John James Audubon lebte. Heute beherbergt das Haus die größte Sammlung spanischer Kunst und Schriftstücke des 19. Jhs. außerhalb Spaniens – u. a. zahlreiche Arbeiten von El Greco, Goya und Velázquez sowie eine Bibliothek mit 600 000 seltenen Büchern und Manuskripten. Gleich am Eingang stolpert man über Goyas Meisterwerk *Die Herzogin von Alba* (1797). Der Außenhof wird von Anna Hyatt Huntingtons majestätischer Skulptur von El Cid dominiert.

DYCKMAN FARMHOUSE MUSEUM MUSEUM

(www.dyckmanfarmhouse.org; 4881 Broadway Höhe 204th St; Erw./Kind 1 $/frei; ✆Fr–So 11–17 Uhr; Ⓢ A bis Inwood–207th St) Das Dyckman House (1784 auf einem mehr als 11 ha großen Stück Farmland erbaut) ist das einzige erhaltene niederländische Bauernhaus in Manhattan. Ausgrabungsfunde haben spannende Einblicke in den Alltag während der Kolonialzeit ermöglicht. Das Museum umfasst altmodische Zimmer mit zeitgenössischem Mobiliar, Kunst, einen großen Garten und eine Ausstellung zur Geschichte des Viertels. Um zum Dyckman House zu gelangen, nimmt man die U-Bahn bis zur Haltestelle Inwood–207th St (nicht Dyckman St) und spaziert einen Häuserblock nach Süden.

INWOOD HILL PARK PARK

(www.nycgovparks.org/parks/inwoodhillpark; Dyckman St am Hudson River; Ⓢ A bis Inwood–207th St) In dem fast 80 ha großen Park erstreckt sich die letzte natürliche Waldfläche und Salzmarsch Manhattans. Im Sommer ist er ein angenehm kühler Rückzugsort, ein Besuch lohnt sich aber jederzeit, da reichlich hügelige Wanderwege, nette Grasflächen und Bänke zum Sitzen und Denken bereitstehen. Die Anlage ist so friedlich, dass in den Baumkronen regelmäßig Weißkopfadler nisten!

Wer Lust darauf hat, sich sportlich zu betätigen, findet Basketballplätze, Reitwege, Fußball- und Football-Felder. Alternativ kann man es den Einheimischen gleichtun und an Sommerwochenenden die ausgewiesenen Grillplätze nutzen. Bei Redaktionsschluss war das sehr informative **Inwood Hill Nature Center** aufgrund der Sturmschäden durch Hurrikan Sandy leider noch geschlossen.

MORRIS-JUMEL MANSION MUSEUM HISTORISCHES GEBÄUDE

Karte S. 472 (www.morrisjumel.org; 65 Jumel Tce Höhe 160th St, Washington Heights; Erw./Kind 5/4 $, Führungen 6 $ pro Pers.; ✆Mi–So 10–16 Uhr, sonst nach Vereinbarung; Ⓢ C bis 163rd St–Amsterdam Ave) Das Herrenhaus mit den Säulen entstand 1765 als Landsitz von Roger und Mary Morris. Damit ist es das älteste Gebäude in Manhattan. Nachdem es die Kontinentalarmee 1776 eingenommen hatte, diente es George Washington als Hauptquartier. In den Zimmern stehen noch viele Originalmöbel, u. a. ein Bett, das angeblich Napoleon gehörte.

Gegenüber befindet sich in der **Jumel Terrace 10–18** (Karte S. 472) eine Reihe von Stadthäusern, die der renommierte Architekt Henri Fouchaux in den 1890er-Jahren entwarf. In Nr. 16 lebte der Entertainer und Bürgerrechtsaktivist Paul Robeson, der später in die Edgecombe Ave 555 (S. 276) zog.

Gleich um die Ecke liegt die idyllische **Sylvan Terrace** (Karte S. 472) mit ihren Original-Gaslaternen aus dem späten 19. Jh. Die Holzhäuser der Straße mit ihren hohen schmalen Zugangstreppen, Zahnschnitt-Baldachinen und bunten Holztüren waren die ersten Versuche, in New York erschwingliche Häuser für Stadtangestellte zu bauen. Einzigartig ist auch das Kopfsteinpflaster der Straße: Im Unterschied zu dem in Lower Manhattan und Brooklyn ist dieses nicht niederländisch, sondern belgisch.

ESSEN

Morningside Heights & West Harlem

TOM'S RESTAURANT DINER $

Karte S. 472 (www.tomsrestaurant.net; 2880 Broadway Höhe 112th St; Burger mit Pommes ab 6,50 $; ✆So–Mi 6–1.30, Do–Sa 24 Std.; Ⓢ 1 bis 110th St) Fans der TV-Serie *Seinfeld* wird die Fassade von Tom's vielleicht bekannt vorkommen. Drinnen ist alles genau so, wie man sich einen griechischen Imbiss in New York vorstellt – vor allen Dingen *busy*. Auf der Speisekarte stehen typische Gerichte wie Burger und Gyros, aber auch hausgemachte Suppen (die Brokkolicremesuppe ist besonders gut). Frühstück wird den ganzen Tag über serviert. Nur Barzahlung.

DINOSAUR BAR-B-QUE STEAKHAUS $$
Karte S. 472 (www.dinosaurbarbque.com; 700 W 125th St Höhe Twelfth Ave; Mahlzeiten 6,95–26,95 $; Mo-Do 11.30–23, Fr & Sa bis 1, So 12–22 Uhr; 1 bis 125th St) Sportler, Hipster, Mamas und Papas – alle zieht es in dieses tolle Grillrestaurant. Hier kann man sich die Finger schmutzig machen mit langsam gegarten Rippchen, saftigem Steak und üppigen Burgern oder man achtet auf die Figur und wählt die leicht gewürzten Brathähnchen. Zu den wenigen vegetarischen Angeboten zählt eine phantastische Version kreolisch gewürzter gefüllter Eier.

COMMUNITY FOOD & JUICE AMERIKANISCH $$
Karte S. 472 (www.communityrestaurant.com; 2893 Broadway zw. 112th & 113th St, Morningside Heights; Sandwiches 11–15 $, Hauptgerichte abends 14–29 $; Mo-Do 8–15.30 & 17–21.30, Fr bis 22, Sa 9–15.30 & 17–22, So 9–15.30 & 17–21.30 Uhr; 1 bis 110th St) Dieses gesellige Restaurant ist eine super Adresse zum Brunchen für Familien, aber auch für verkaterte Studenten der Columbia University. Man sollte allerdings vor 10.30 Uhr eintrudeln, andernfalls wird man ein wenig auf sein ersehntes Gemüse-Rührei warten müssen. Noch besser ist es, den hektischen Wochenendbetrieb ganz zu umschiffen und stattdessen ein Abendessen bei Kerzenlicht zu genießen. Der warme Linsensalat und die Burger (mit Fleisch von glücklichen Kühen) sind ein Gedicht.

Harlem

AMY RUTH'S RESTAURANT SÜDSTAATENKÜCHE $$
Karte S. 472 (www.amyruthsharlem.com; 113 W 116th St Nähe Malcolm X Blvd; Waffeln 8,95–16,95 $, Hauptgerichte 12,25–21,95 $; Mo 11–23, Di–Do 8.30–23, Fr 8.30–5, Sa 7.30–5, So 7.30–23 Uhr; B, C, 2/3 bis 116th St) Dieses stets gut besuchte Restaurant ist die angesagte Adresse für klassisches Soul Food (Südstaatenküche) wie gebratenen Wels, Makkaroni mit Käse und Brötchen mit lockerem Teig. Am beliebtesten sind aber die Waffeln. Es gibt 14 verschiedene Sorten, z. B. mit Krabben, unser Favorit ist allerdings „Rev. Al Sharpton": Waffeln mit saftigem gebratenen Hähnchenfleisch.

Lokalkolorit
Harlem Soul

Harlem – das Viertel, in dem Cab Calloway sang, in dem Ralph Ellison *Der unsichtbare Mann* schrieb, sein monumentales Werk über Wahrheit und Intoleranz, und in dem der Künstler Romare Bearden seine ersten Collagen anfertigte. Harlem ist zugleich vital und überschwänglich und grüblerisch und melancholisch – ein echtes Abbild der New Yorker Seele.

❶ Kaffee am Campus
Um den Motor zu starten, genehmigt man sich zunächst zusammen mit Studenten der Columbia University bei Community Food & Juice (S. 270) einen Kaffee. Gegenüber ist der neonrote Schriftzug von Tom's Restaurant zu sehen, das immer wieder Schauplatz in der TV-Comedy-Serie *Seinfeld* war. Das Restaurant wurde außerdem in Suzanne Vegas Song *Tom's Diner* verewigt.

❷ Jesus ruft dich
In Vegas Song gibt's die Zeile: „I'm listening to the bells of the cathedral" (Ich lausche den Glocken der Kathedrale). Bei der fraglichen Kathedrale handelt es sich um die gigantische Cathedral Church of St. John the Divine (S. 262). Das größte Gotteshaus der USA ist eine Mischung aus Neogotik und -Romanik und immer noch unvollendet.

❸ Jede Menge Cornrows
Lohnend ist auch ein Bummel über den Malcolm Shabazz Harlem Market (S. 266) mit afrikanischem Kunsthandwerk und afrikanischer Kleidung, schwatzenden Anwohnern und Männern auf dem Weg zum Gebet. Der Markt befindet sich im Herzen von Little Senegal (oder *Le Petit Senegal*), ein paar Häuserblocks um die W 116th St herum voller bunter Läden und Lokale westafrikanischer Zuwanderer.

❹ Kunst & Community
Das kleine Studio Museum in Harlem (S. 264) spielt eine wichtige Rolle bei der Förderung und Erhaltung afroamerikanischer Kunst. Die wechselnden Ausstellungen präsentieren oft in der ständigen Sammlung vertretene Künstler wie den Collagekünstler Romare Bearden, den satirischen Maler Robert Colescott und

Apollo Theater (S. 265)

den international bekannten Bildhauer Richard Hunt.

❺ Strivers' Row
Die Strivers' Row (S. 268) an der 138th und 139th St zieren Stadthäuser der 1890er-Jahre. Ihren Spitznamen („Streberreihe") erhielten diese Häuserreihen in den 1920er-Jahren, als aufstrebende Afroamerikaner hierherzogen. In diesen Gebäuden haben einige der bekanntesten Bewohner Harlems gewohnt wie die Songwriter Eubie Blake und Noble Sissle, der Bluesveteran WC Handy und der Sänger und Tänzer Bill „Bojangles" Robinson.

❻ Jesus ruft dich
Die Sonntagsgottesdienste in der Abyssinian Baptist Church (S. 267) sind wohl die bekanntesten ganz Harlems – es gibt sogar eine gesonderte „Touristen"-Abteilung. Lange Warteschlangen können selbst die geduldigsten Seelen auf den Prüfstand stellen, also kommt man vielleicht besser zum kürzeren Gottesdienst mittwochs um 19 Uhr – der gewaltige Gesang des Chors ist dann genauso fesselnd.

❼ Kikeriki!
Das „neue Harlem" kann man im Red Rooster (Roter Hahn; S. 274) probieren: Hier zaubert der äthiopischstämmige, in Schweden aufgewachsene Koch Marcus Samuelsson kompetent respektvolle Neuinterpretationen von afroamerikanischer Nervennahrung. Das Maisbrot mit Honigbutter ist schon allein einen Besuch wert. Und Ginny's Supper Club (S. 275) im Untergeschoss versorgt seine Gäste bis in die frühen Morgenstunden mit Drinks und Musik.

❽ Bravos & Buhrufe
Den besten Abschluss eines Tages in Harlem bildet auf jeden Fall ein Besuch im Apollo Theater (S. 265) – „wo Stars geboren und Legenden geschrieben werden". Ella Fitzgerald legte hier bei einer der ersten „Amateur Nights" des Theaters im November 1934 ihr Gesangsdebüt hin. Und auch noch 80 Jahre später geben jeden Mittwoch Amateure vor dem berüchtigten Publikum ihr Bestes.

1

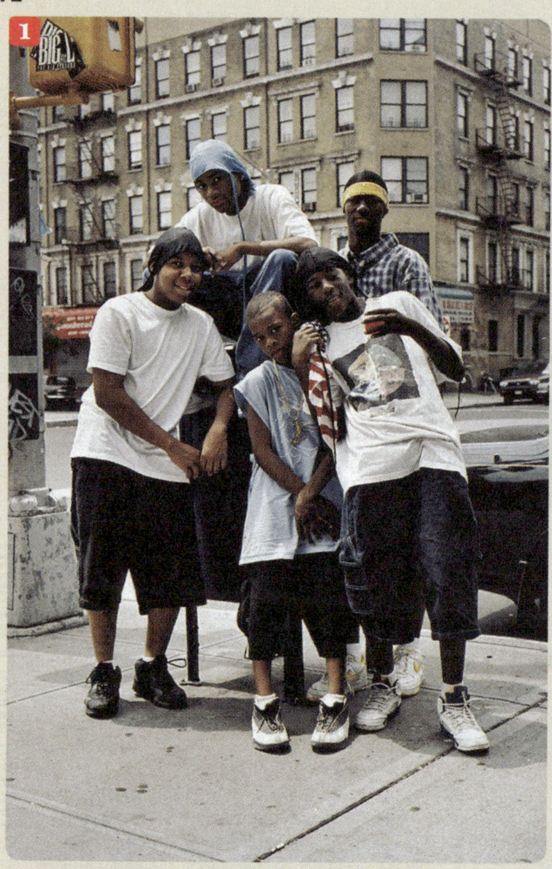

ALICE ATTIE / GETTY IMAGES ©

2

4

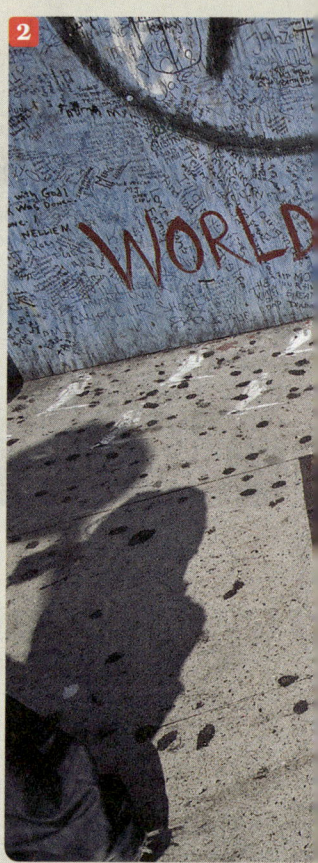

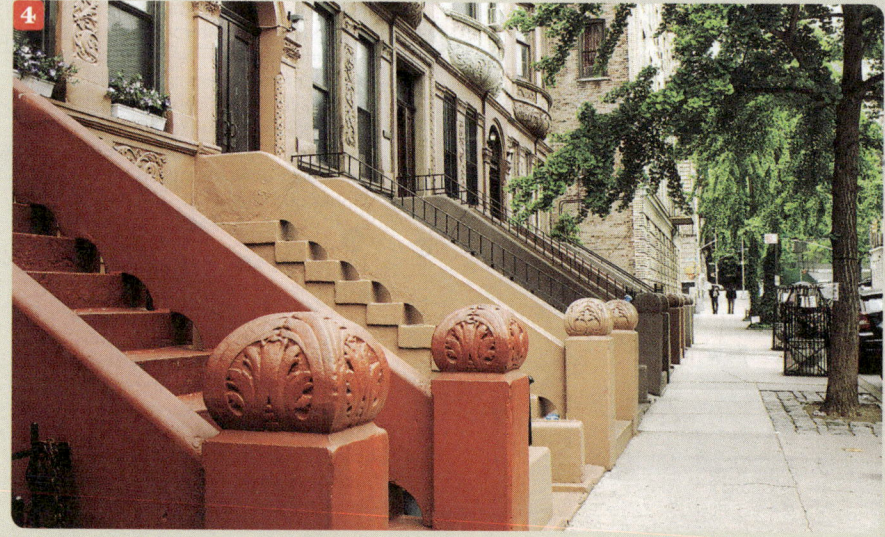

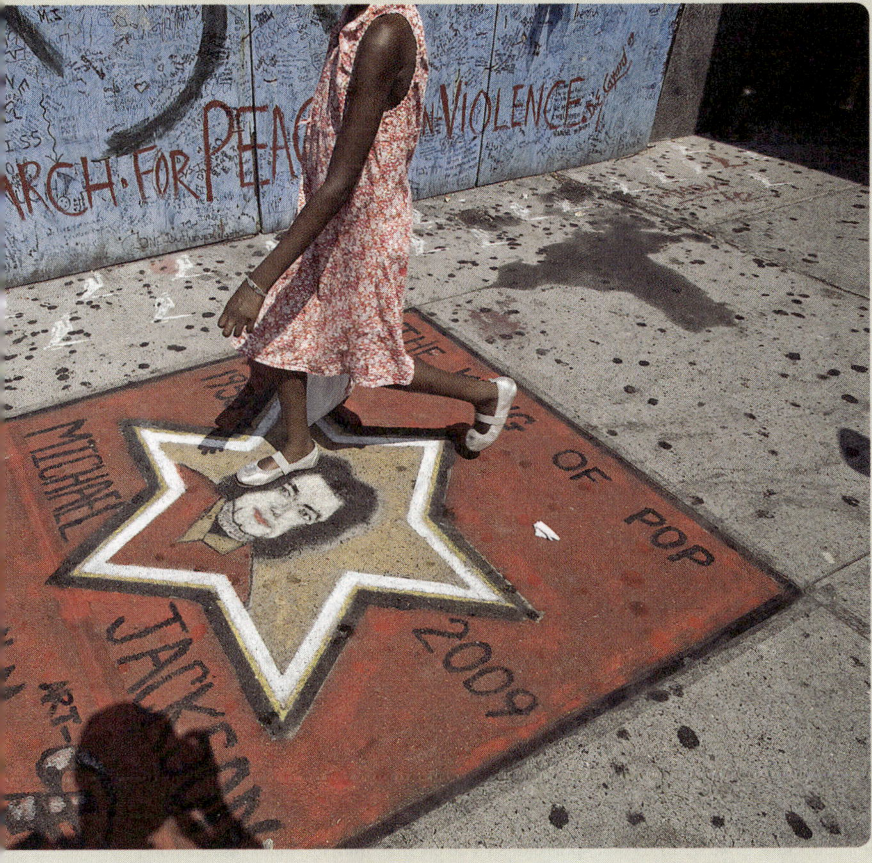

LOU JONES / GETTY IMAGES ©

RIEGER BERTRAND / GETTY IMAGES ©

1. Harlem
Hier posieren einige Protagonisten eines wichtigen Zentrums afroamerikanischer Kultur der Vereinigten Staaten.

2. 125th St
Im belebten Einkaufsviertel um die 125th St sind das Apollo Theater und ein Michael-Jackson-Memorial zu finden.

3. Gospel-Gottesdienste (S. 267)
Beim sonntäglichen Gottesdienst kann man der stimmungsvollen Musik der Gospel-Chöre lauschen.

4. Brownstones
Die Straßen sind gesäumt von viktorianischen Brownstone-Reihenhäusern.

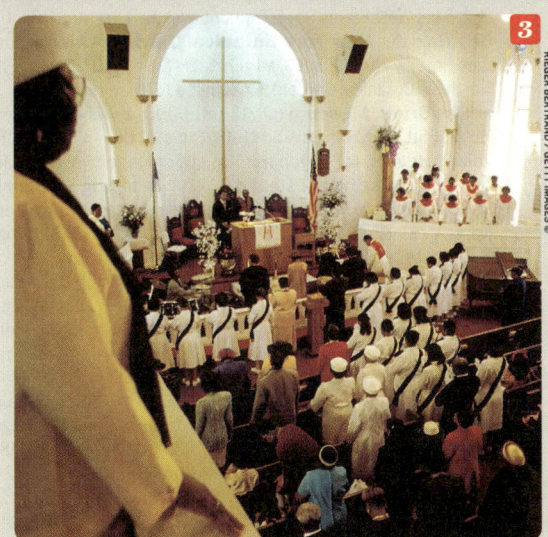

⭐ **RED ROOSTER** MODERN AMERIKANISCH $$$
Karte S. 472 (www.redroosterharlem.com; 310 Malcolm X Blvd zw. 125th & 126th St; Hauptgerichte abends 17–36 $; ⏰Mo–Fr 11.30–22.30, Sa & So 10–23 Uhr; Ⓢ2/3 bis 125th St) Starkoch Marcus Samuelsson verpasst in seiner quirligen, coolen Brasserie gediegener Hausmannskost das gewisse Etwas: Käsemakkaroni tun sich hier mit Hummer zusammen, der Dirty Rice besteht aus altem (im Sinne von lange gereiftem und deshalb aromatischerem) Basmatireis und die spektakulären schwedischen Fleischbällchen erinnern an Samuelsson Heimat. Ein besonders guter Deal ist das mittägliche Festpreismenü für 25 $; der sonntägliche Gospel-Brunch in Ginny's Supper Club im Untergeschoss verleiht der Seele Flügel.

🍴 East Harlem

EL AGUILA MEXIKANISCH $
Karte S. 472 (137 E 116th St Ecke Lexington Ave; Tacos 2,50 $, Burritos 7 $; ⏰24 Std.; Ⓢ6 bis 116th St) In der schnörkellosen Taqueria mit Kacheldekor gibt's erschwingliche, solide Tacos mit Huhn, Zunge oder *bistec* (gegrilltes Steak) sowie leckere Tamales, Tostadas, Tortas (Sandwiches) und Gemüse-Burritos, alles serviert mit lauter mexikanischer Musik und mexikanischen Seifenopern. Zum

---

ABSTECHER

DIE BRONX

Die ca. 110 km² große und 1,4 Mio. Einwohner zählende Bronx ist der einzige New Yorker Stadtbezirk (engl. *borough*) auf dem Festland; sie liegt gleich nördlich von Manhattan und wird vom Hudson, Harlem und East River und dem Long Island Sound begrenzt. Der Name geht auf den skandinavischen Kapitän Jonas Bronck zurück, der sich hier 1639 niederließ. Vor seiner Ankunft hatten die Lenape-Indianer dieses Gebiet bewohnt.

Das **Yankee Stadium** (📞718-293-4300, Tickets 212-926-5337; www.yankees.com; E 161st St Höhe River Ave; Führungen 20 $, Tickets 20–235 $; ⓈB/D, 4 bis 161st St–Yankee Stadium) ist für seine extrem hohen Baukosten (1,5 Mrd. Dollar) und das sehr teure Baseball-Team bekannt, das die World Series bislang 27 Mal gewonnen hat. Das 2009 eröffnete Stadion mit 52 000 Sitzplätzen strahlt das gleiche persönliche Flair aus wie das Original von 1923. Wer Baseball mag, muss es einfach gesehen haben!

Mit Kindern bietet sich ein Besuch des **Bronx Zoo** (📞718-220-5100; www.bronxzoo.com; 2300 Southern Blvd; einfaches Ticket Erw./Kind 16,95/12,95 $, Mi empfohlene Spende; ⏰Mo–Fr 10–17 Uhr, April–Okt. Sa & So bis 17.30 Uhr, Nov.–März bis 16.30 Uhr; Ⓢ2, 5 bis West Farms Sq–E Tremont Ave) an. Direkt nördlich liegt in einem 20 ha großen Wald der **New York Botanical Garden** (www.nybg.org; Bronx River Pkwy & Fordham Rd; Erw./Kind 20/8 $, Mi ganztägig & Sa 9–10 Uhr frei; ⏰Di–So 10–18 Uhr; ♿; 🚆Metro-North bis Botanical Garden). Er öffnete 1891 seine Pforten.

Das **Bronx Museum** (📞718-681-6000; www.bronxmuseum.org; 1040 Grand Concourse Höhe 165th St; ⏰Do, Sa & So 11–18, Fr bis 20 Uhr; ⓈB/D bis 167th St) GRATIS zeigt ausgezeichnete Ausstellungen mit Kunst der Gegenwart und des 20. Jhs. Ein Stück weiter den Concourse hinauf steht das renovierte **Edgar Allan Poe Cottage** (📞718-881-8900; www.bronxhistoricalsociety.org/poecottage; 2640 Grand Concourse Höhe Kingsbridge Rd; Erw./Kind 5/3 $; ⏰Sa 10–16, So 13–17 Uhr; ⓈB/D bis Kingsbridge Rd), in dem einst der Schriftsteller Edgar Allan Poe (1809–49) wohnte.

Am Nordrand des Stadtbezirks erstreckt sich der malerische **Woodlawn Cemetery** (www.thewoodlawncemetery.org; ⏰8.30–17 Uhr; Ⓢ4 bis Woodlawn), ein Friedhof aus der Zeit des Bürgerkriegs (1863). Hier ruhen z. B. die sterblichen Überreste der kubanischen Sängerin Celia Cruz, der Jazzlegenden Miles Davis und Duke Ellington und des Schriftstellers Herman Melville (*Moby Dick*).

Mit das beste italienische Essen der Bronx findet sich auf der Arthur Ave, der hiesigen Antwort auf Little Italy. Steinofenpizza und Pasta gibt's z. B. bei **Zero Otto Nove** (www.089bx.roberto089.com; 2357 Arthur Ave Höhe 186th St; Pizzas 8,95–15,95 $, Hauptgerichte 14,95–28,95 $; ⏰Mo–Do 12–14.30 & 16.30–22, Fr & Sa bis 23, So 13–21 Uhr; 🚆Metro-North bis Fordham).

Frühstück kann man *pan dulce* (süßes mexikanisches Brötchen) bestellen.

🍴 Hamilton Heights

⭐ CHARLES' PAN-FRIED CHICKEN   SÜDSTAATENKÜCHE $

Karte S. 472 (2839-2841 Frederick Douglass Blvd zw. 151st & 152nd St; Brathähnchen mit 2 Beilagen 12 $; ⊙Mo–Do 11–23, Fr & Sa bis 1, So bis 20 Uhr; Ⓢ B/D bis 155th St) Ein kleiner Laden, aber der charismatische Charles Gabriel bereitet das beste Hühnchen zu, das wir je gegessen haben: Es ist knusprig, herrlich gewürzt und wird mit jeder Menge Kohl, Makkaroni, Käse und Maisbrot serviert. Das Ambiente ist nicht besonders gediegen (die Gerichte werden auf Styroportellern serviert) und es gibt nur vier Tische, aber das Essen schmeckt ausgezeichnet und die Portionen reichen für zwei Personen.

HARLEM PUBLIC   AMERIKANISCH $

Karte S. 472 (www.harlempublic.com; 3612 Broadway Höhe 149th St; Mahlzeiten 8,95–13,95 $; ⊙Mo & Di 15–2, Mi, Do & So 12–2, Fr & Sa 12–4 Uhr; 📶; Ⓢ 1, A/C, B/D bis 145th St) Freundliche Hipster an der Theke, altmodischer Funk aus den Lautsprechern und köstliches Kneipenessen: Gentrifizierung ist nicht *immer* schlecht. Neuanfänge kann man hier mit leckerer Nervennahrung feiern, ob mit verführerischem Erdnussbutter-Burger (mit Erdnussbutter, Rohzucker-Schinken und Cheddar) oder modernem saisonalen Salat. Bei den Getränken liegt der Schwerpunkt auf US-Amerikanischem, mit Bieren kleiner Brauereien und Wein aus den USA und in kleinen Mengen erzeugten Spirituosen aus New York.

🍴 Inwood

NEW LEAF CAFE   MODERN AMERIKANISCH $$

(📞212-568-5323; www.newleafrestaurant.com; 1 Margaret Corbin Dr; Hauptgerichte mittags 12–20 $, Hauptgerichte abends 18–30 $; ⊙Mo 12–15.30, Di–Do 12–21, Fr 12–22, Sa 11–15.30 & 18–22, So 11–15.30 & 18–21 Uhr; Ⓢ A bis 190th St) Im Fort Tryon Park, ein kleines Stück vom Cloisters Museum & Gardens (S. 268) entfernt, steht dieses Steingebäude aus den 1930er-Jahren, das an ein schickes Gasthaus auf dem Lande erinnert. Die saisonal wechselnde Speisekarte umfasst klassische Salate und Pastagerichte sowie regionale Seafood-Speisen wie Maryland-Krabbenküchlein. Bei schönem Wetter lädt der Sitzbereich draußen zum Brunchen ein.

AUSGEHEN & NACHTLEBEN

GINNY'S SUPPER CLUB   COCKTAILBAR

Karte S. 472 (www.ginnyssupperclub.com; 310 Malcolm X Blvd zw. 125th & 126th St; ⊙Do 19–2, Fr & Sa 18–3 Uhr, Sonntagsbrunch 10.30 & 12.30 Uhr, So abends geschl.; Ⓢ 2/3 bis 125th St) Dieser beliebte Supper Club könnte direkt aus der TV-Serie *Boardwalk Empire* stammen: Hier schlürfen stilvoll rausgeputzte Gäste Cocktails, knabbern Südstaaten- und anderes Essen (aus der kompetenten Küche des Red Rooster) und tanzen zu sinnlichen Jazz-, Blues- oder lauten DJ-Klängen. Zu den Highlights zählen das Rakiem Walker Project (ein Ensemble aus Red-Rooster-Personal) montagabends sowie der die Lebenslust stärkende Sonntagsbrunch.

PARIS BLUES   BAR

Karte S. 472 (2012 Adam Clayton Powell Jr Blvd Ecke 121st St; ⊙So–Mi 12–2, Do–Sa bis 4 Uhr; Ⓢ A/C, B bis 116th St, 2/3 bis 125th St) Das Paris Blues ist nach dem Film mit Sidney Poitier und Paul Newman von 1961 benannt, in dem es um zwei Auswanderer in Paris geht. Die bodenständige Bar zeigt erste Alterserscheinungen und die Getränkeauswahl ist nicht so umfangreich, das wird aber durch viel Charme, großzügig eingeschenkten Gläser und allabendlichen Live-Jazz wieder wettgemacht.

BIER INTERNATIONAL   BIERKNEIPE

Karte S. 472 (www.bierinternational.com; 2099 Frederick Douglass Blvd Höhe 113th St; ⊙Mo 16–1, Di–Do 16–2, Fr 16–4, Sa 12–4, So 12–1 Uhr; Ⓢ B, C, 1 bis 110th St–Cathedral Pkwy, 2/3 bis 110th St–Central Park North) Netter Biergarten mit munterer Atmosphäre, in dem neben mehr als ein Dutzend Bieren vom Fass eine umfangreiche Speisekarte geboten wird. Die Trüffel-Pommes-frites mit Parmesan (7 $) passen ausgezeichnet zum „Bierstiefel" (15 $).

⭐ UNTERHALTUNG

MARJORIE ELIOT   JAZZ

Karte S. 472 (📞212-781-6595; Apt. 3F, 555 Edgecombe Ave Höhe 160th St, Washington Heights;

> **INSIDERWISSEN**
>
> ### 555 EDGECOMBE AVENUE
>
> Wenn Häuser sprechen könnten, hätte das Haus **555 Edgecombe Ave** (Karte S. 472; 555 Edgecombe Ave Höhe 160th St, Washington Heights) viel zu erzählen. Das mächtige Beaux-Arts-Backstein-Gemäuer in Washington Heights war das erste luxuriöse Apartmenthaus des Viertels. Als es 1916 fertiggestellt wurde, prunkte es mit einer Concierge, einem separaten Handwerkereingang und sage und schreibe drei Aufzügen. Ursprünglich durften hier nur Weiße wohnen, aber als sich das Viertel von einem vorwiegend irischen und jüdischen zu einem afroamerikanischen wandelte, wurde auch dieses Haus in den 1940er-Jahren überwiegend von Schwarzen bewohnt. Zu den Bewohnern zählten einige der prominentesten Afroamerikaner der Stadt, darunter Boxer Joe Louis und Musikstars Lena Horne, Count Basie, Duke Ellington und Billy Strayhorn. Das kulturelle Erbe des Gebäudes wird heute jeden Sonntagnachmittag fortgeführt: Dann veranstaltet die Musikveteranin Marjorie Eliot (S. 275) in ihrer Wohnung Jazz-Konzerte, die jedem offenstehen.

S A/C bis 163rd St–Amsterdam Ave, 1 bis 157th St) GRATIS Jeden Sonntag um 15.30 Uhr bietet die reizende Ms Eliot eines der zauberhaftesten New-York-Erlebnisse: kostenlose, sehr persönliche Jazz-Jams in ihrer Wohnung. Die ihren beiden verstorbenen Söhnen gewidmeten informellen Konzerte werden von verschiedenen begabten Musikern gespielt, denen nette Gäste aus aller Welt lauschen.

MAYSLES DOCUMENTARY CENTER KINO
Karte S. 472 (www.maysles.org; 343 Malcolm X Blvd zw. 127th & 128th St, Harlem; empfohlene Spende 10 $; S 2/3 bis 125th St) Gründer des kleinen gemeinnützigen Kinos ist Albert Maysles, der Regisseur von *Grey Gardens*. Hier werden Dokumentarfilme und andere Independent-Streifen gezeigt, darüber hinaus finden aber auch Live-Shows, Vorträge und Präsentationen statt. Auf der Webseite ist Genaueres über anstehende Filmvorführungen und Events zu erfahren.

SHOPPEN

JUMEL TERRACE BOOKS BÜCHER
Karte S. 472 (212-928-9525; www.jumelterracebooks.com; 426 W 160th St, Washington Heights; nach Vereinbarung; S C bis 163rd St–Amsterdam Ave) Dieser Buchladen ist in einem Sandsteinhaus von 1891 untergebracht und auf Afrikathemen, die Geschichte Harlems und afroamerikanische Literatur spezialisiert. Man muss anrufen und einen Termin ausmachen. Der Besuch lohnt sich, wenn einem seltene Bücher (und die Aussicht darauf, ein wunderschönes Haus zu sehen) gefallen.

TRUNK SHOW DESIGNER CONSIGNMENT VINTAGE-MODE
Karte S. 472 (212-662-0009; www.trunkshowconsignment.com; 275–277 W 113th St Höhe Eighth Ave; Di–Fr 13–20.30, Sa bis 19.30, So bis 18.30 Uhr; S B, C bis 110th St–Cathedral Parkway, 2/3 bis 110th St–Central Park North) Dieser angesagte kleine Consignment Store wartet mit fabelhafter gebrauchter Kleidung auf, von Christian-Louboutin-Stilettos und Louis-Vuitton-Taschen bis zu Gucci-Poloshirts und Balmain-Jeans. Die Öffnungszeiten variieren, also vielleicht vorher anrufen.

ATMOS SCHUHE
Karte S. 472 (www.atmosnyc.com; 203 W 125th St Höhe Adam Clayton Powell Jr Blvd, Harlem; Mo–Sa 11–20, So 12–19 Uhr; S A/C, B/D, 2/3 bis 125th St) Dieser strahlend weiße Schuhtempel zieht Sneaker-Fetischisten von überallher an, auch Promis: Method Man vom Wu-Tang Clan ist z. B. schon mal hier gesichtet worden. Eine super Adresse für edle Treter, limitierte und neu aufgelegte Kollektionen.

SPORT & AKTIVITÄTEN

TREAD FAHRRADVERLEIH
(www.treadbikeshop.com; 250 Dyckman St, Inwood; 8 $ pro Std., 30 $ pro Tag; Mo–Sa 10–19, So bis 18 Uhr; S A bis Dyckman St) Im Inwood Hill Park, in unmittelbarer Nähe des New York Greenway Bike Trail, befindet sich dieser familienfreundliche Fahrradverleih. Von hier aus kann man sich daran machen, die langen, gewundenen Fahrradwege in Upper Manhattan zu erkunden.

RIVERBANK STATE PARK SPORT
Karte S. 472 (www.nysparks.com/parks/93; 679 Riverside Dr Höhe 145th St, Hamilton Heights; Pool Erw./Kind 2/1 $, Fitnessraum 10 $, Rollschuh-/Eislaufen 1,50/5 $, Leihschlittschuhe 6 $; ◉Park 6–23 Uhr; Ⓢ1 bis 145th St) Die mehr als 11 ha große Anlage mit den fünf Gebäuden befindet sich oberhalb einer Müllfabrik (nicht ganz so verrückt, wie es klingt) und umfasst ein Hallenbad mit olympischen Maßen, ein Becken im Freien zum Bahnenschwimmen, einen Fitnessraum, Basketball- und Tennisfelder, eine Laufstrecke rund um einen Fußballplatz, einen Bereich für Kinder und eine Bahn zum Rollerbladen (Schlittschuh laufen je nach Wetter von November bis März).

Brooklyn

WILLIAMSBURG | GREENPOINT | BUSHWICK | BROOKLYN HEIGHTS | DUMBO | DOWNTOWN BROOKLYN | FORT GREENE | CLINTON HILL | BOERUM HILL | COBBLE HILL | CARROLL GARDENS | RED HOOK | GOWANUS | PARK SLOPE | PROSPECT HEIGHTS | BEDFORD-STUYVESANT | CROWN HEIGHTS | CONEY ISLAND | BRIGHTON BEACH |

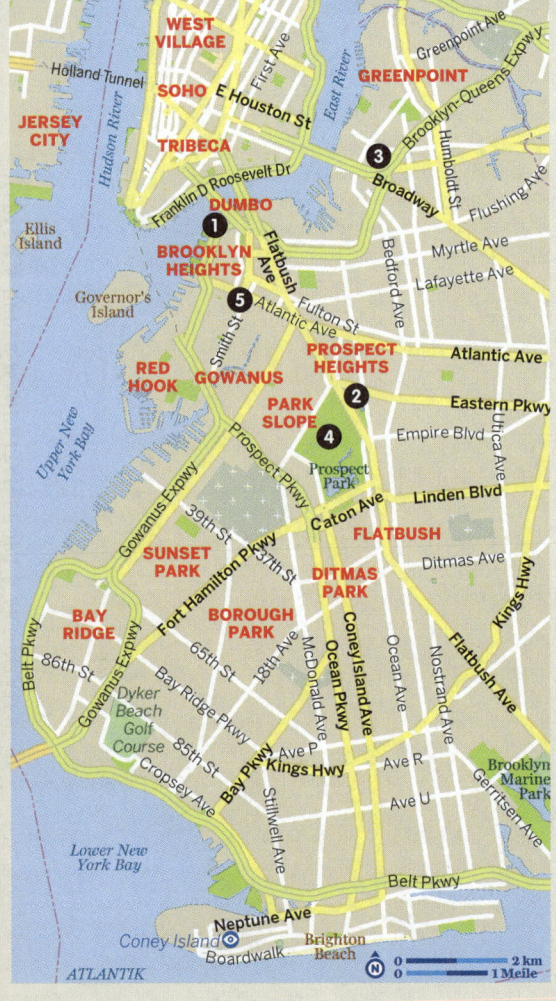

Highlights

❶ Vom neuen **Brooklyn Bridge Park** (S. 280) die phantastische Kulisse von Lower Manhattan genießen.

❷ Sich im **Brooklyn Museum** (S. 282) eine hochkarätige Ausstellung ansehen und anschließend bei Saul speisen.

❸ Essen und trinken in den originellen Gastropubs und Cocktailbars in **Williamsburg** (S. 306).

❹ Im **Prospect Park** (S. 283) an Wiesen, Seen, Brücken und bewaldeten Hügelchen vorbeibummeln.

❺ Die Boutiquen und Antiquitätenläden an der **Atlantic Ave** durchstöbern und danach an der **Smith St** essen und trinken.

Details s. Karten S. 474, 476, 478, 480 und 481 ➡

Rundgang: Brooklyn

Wäre Brooklyn eine unabhängige Stadt, wäre sie die viertgrößte des Landes – größer als Houston, Philadelphia und Phoenix. Hier leben über 2,5 Mio. Menschen auf einer Fläche von gut 250 km² (mehr als das Dreifache von Manhattan). Die Subway trennt das Viertel in zwei Teile: Einige Linien bedienen den Norden von Brooklyn, andere steuern Ziele im Süden an.

Wer sich pro Tag nur einen Teil des Viertels vornimmt, ist gut bedient. South Brooklyn, vor allem Brooklyn Heights, hat eine Menge historischer Plätze und bietet tolle Ausblicke auf Manhattan. Freunde altmodischer Vergnügen sollten nach Coney Island aufbrechen und Nachteulen zieht es nach Williamsburg, das nur eine Subway-Station von Manhattan entfernt liegt und mit Bars und Restaurants übersät ist.

Lokalkolorit

→ **Rock 'n' roll** In Williamsburg und Bushwick ertönen in den heißesten Musikläden die aktuellen Indie-Grooves.
→ **Parkbummel** Im Prospect Park drehen Spaziergänger ihre Runden. Oder man macht in Park Slope einen Schaufensterbummel samt Cafébesuch an der Fifth Ave.
→ **Bauernmärkte** Mit Proviant von einem der Samstagsmärkte (Grand Army Plaza, Fort Greene Park, Borough Hall, McCarren Park) kann man in einem nahen Park ein schönes Picknick veranstalten.

Anfahrt

→ **Subway** 16 Subway-Linien durchqueren Manhattan und Brooklyn, eine weitere Linie (G) verbindet Park Slope in Brooklyn mit Williamsburg und Queens. Praktische Linien sind die A/C nach Brooklyn Heights, Downtown und Dumbo, die 2/3 und 4/5 nach Brooklyn Heights und Prospect Heights, die D/F und N/Q nach Park Slope, Fort Greene und Coney Island und die F nach Dumbo, Downtown, Carroll Gardens und Cobble Hill. Williamsburg und Bushwick im Norden von Brooklyn werden vor allem von der Linie L angefahren.
→ **Bus** Nützliche Buslinien sind die B61 (Atlantic Ave) und die B57 (Court St) nach Red Hook. Die B62 verkehrt zwischen Brooklyns Downtown (Smith & Fulton) und Williamsburg (Driggs St).
→ **Boot/Fähre** Die East River Ferry (S. 415) fährt sowohl in Richtung Norden als auch in Richtung Süden. Nach Norden fahren Boote von der Wall St (Pier 11) in Manhattan nach Brooklyn Bridge Park/Dumbo (Pier 1), South Williamsburg (S 8th St), North Williamsburg (N 6th St), Greenpoint (India St) und Long Island City in Queens, dann hinüber zur E34th St in Manhattan.
→ **Taxi** Neue grüne Boro Taxis fahren durch Brooklyn und die äußeren Bezirke. Man hält sie an der Straße an.

Top-Tipp

Wer einen Eindruck davon bekommen möchte, wie es im alten New York aussah, sollte die Gegend um Brighton Beach besuchen. Unterhalb der Hochbahn entlang der Brighton Beach Ave liegt das geschäftige Russische Viertel „Little Odessa". In den unzähligen Lebensmittelläden und Geschäften werden geräucherter Fisch und Piroggen verkaufen. Auf den Straßen tummelt sich ein bunter Querschnitt der Menschheit – von der Großmutter bis zum genervten Teenager. Während über der Straße die Hochbahn vorbeipoltert, ertönen unten bestimmt eine Million verschiedene Sprachen. Das ist New York, keine Frage.

Gut essen

- → Battersby (S. 304)
- → Frankies Spuntino (S. 304)
- → Pok Pok (S. 304)
- → Water Table (S. 298)
- → Roberta's (S. 298)

Mehr dazu s. S. 296

Schön ausgehen

- → Maison Premiere (S. 307)
- → OTB (S. 307)
- → Hotel Delmano (S. 307)
- → 61 Local (S. 309)
- → Sunny's (S. 309)

Mehr dazu s. S. 306

 Tolle Livemusik

- → Bell House (S. 311)
- → Brooklyn Bowl (S. 310)
- → Cubana Social (S. 297)
- → Jalopy (S. 312)
- → Barbes (S. 311)

Mehr dazu s. S. 310

HIGHLIGHT
BROOKLYN BRIDGE PARK

Dieser 34 ha große Park gehört zu den neuesten Highlights von Brooklyn. Entlang einer Kurve des East River erstrecken sich über 2 km von der Jay St in Dumbo bis zum westlichen Ende der Atlantic Ave in Cobble Hill öde Uferflächen und verlassene Hafenanleger, die begrünt und nach und nach zu einem öffentlichen Park umgestaltet werden. Der fast fertiggestellte Park wird nach dem von Calvert Vaux und Frederick Olmsted entworfenen, 236 ha großen Prospect Park aus dem 19. Jh. der größte neuangelegte Park Brooklyns sein.

Empire Fulton Ferry

Östlich der Brooklyn Bridge, im nördlichen Teil von Dumbo, befindet sich am East River ein Park. Nicht weit vom Wasser entfernt steht **Jane's Carousel** (Karte S. 480; www.janescarousel.com; Tickets 2 $; ⊙Mi–Mo 11–19, Nov.–April bis 18 Uhr). Das liebevoll restaurierte Karussell von 1922 steht in einem Glaspavillon des Architekten Jean Nouvel, der mit dem Pritzker-Preis ausgezeichnet wurde. Der Park grenzt an der einen Seite an eine Reihe von Gebäuden aus der Zeit des Bürgerkriegs, **Empire Stores & Tobacco Warehouse** (Karte S. 480), in die Restaurants, Geschäfte und ein Theater einziehen sollen.

Pier 1

Der gut 3 ha große Pier südlich der Empire Fulton Ferry umfasst einen Park mit einem Spielplatz, Spazierwegen und den Harbor-View- und Bridge-View-Wiesen, beide mit einem tollen Blick über den Fluss. Der Bridge View Lawn ist auch Standort der 9 m hohen kinetischen Skulptur *Yoga* (1991) des Künstlers Mark di Suvero. Im Juli und August werden auf dem Harbor View Lawn vor der atemberaubenden Kulisse Manhattans kostenlos Filme gezeigt. Andere kostenlose Freiluft-Events (Tanzpartys,

NICHT VERSÄUMEN

➜ Blick auf Downtown Manhattan von Pier 1
➜ Empire Fulton Ferry bei Sonnenuntergang
➜ Eine Stärkung bei Fornino oder der Brooklyn Bridge Wine Bar
➜ Ein Bummel über die Brooklyn Bridge

PRAKTISCH & KONKRET

➜ Karte S. 480
➜ ☏718-222-9939
➜ www.brooklynbridgeparknyc.org
➜ East River Waterfront zw. Atlantic Ave & Adams St
➜ ⊙6–1 Uhr
➜ ⓢA/C bis High St, 2/3 bis Clark St, F bis York St

Yoga-Sessions, Geschichtsführungen) werden den ganzen Sommer über angeboten. Am nördlichen Ende des Piers öffnet in der wärmeren Jahreszeit die **Brooklyn Bridge Wine Bar** (Karte S. 480; Pier 1; ⊙ Mai–Okt.). Hier fährt auch die East River Ferry (S. 415) ab.

Pier 5 & 6

Pier 6 am südlichen Ende des Parks, am Ende der Atlantic Ave, wartet mit einem tollen Spielplatz und einem kleinen Wasserspielplatz für Kleinkinder auf (Badesachen und Handtücher mitbringen). Der benachbarte Pier 5 verfügt über Spazierwege, Felder für Beachvolleyball, Fußballplätze und Grillstellen. Zwischen Mai und Oktober bieten verschiedene Stände Speisen und Getränke. Das **Fornino** (Karte S. 480; www.fornino.com) lockt z. B. mit Holzofenpizza, Bier und italienischen Leckereien auf die Dachterrasse. An Sommerwochenenden verkehrt vom Pier 6 eine kostenlose Fähre nach **Governors Island** (www.govisland.com; ⊙ 25. Mai–29. Sept. Sa & So 10–19 Uhr).

Die Arbeit geht weiter

2013 wurde zwischen Brooklyn Heights und dem Park eine Fußgängerbrücke eröffnet. Das westliche Ende von Pier 6 soll mit Wiesen, Bäumen und einer dreieckigen Aussichts-Plattform umgestaltet werden.

Brooklyn Bridge

Der Star des Parks ist jedoch das architektonische Meisterwerk, das Brooklyn mit Manhattan verbindet. Die Brooklyn Bridge war, als sie 1883 eröffnet wurde, die erste Stahlhängebrücke der Welt und mit 486 m Spannweite zwischen ihren beiden Stützpfeilern die längste Brücke aller Zeiten. Obwohl ihr Bau von Katastrophen überschattet war, wurde sie ein großartiges Stück urbaner Architektur, das viele Dichter, Schriftsteller und Maler inspirierte. Und noch immer verzaubert die Brooklyn Bridge die Menschen.

Die Pläne für das Bauwerk lieferte der aus Preußen stammende Ingenieur John Roebling. Der verunglückte jedoch 1869 und starb an Wundstarrkrampf, noch bevor die Bauarbeiten begonnen hatten. Sein Sohn Washington übernahm die Aufsicht über den Bau, der nach 14 Jahren trotz großer Widrigkeiten schließlich vollendet wurde (die Baukosten waren aus dem Ruder gelaufen und 20 Arbeiter tödlich verunglückt). Der junge Roebling litt an der Taucherkrankheit, nachdem er bei den Grabearbeiten für den Westturm im Flussbett geholfen hatte. In den langen Phasen, in denen er ans Bett gefesselt war, übernahm seine Ehefrau Emily die Bauaufsicht. Die vorerst letzte Tragödie ereignete sich im Juni 1883 bei der Eröffnung der Brücke für den Fußgängerverkehr: Als jemand in der Menge schrie, die Brücke würde einstürzen, brach eine Massenpanik aus, bei der zwölf Menschen zu Tode getrampelt wurden.

ZU FUSS ÜBER DIE BROOKLYN BRIDGE

Zu Fuß erreicht man die Brücke über die Treppe am nordöstlichen Ende der Cadman Plaza (mit dem Fahrrad ist der Zugang an der Ecke Tillary und Adams St). Von Dumbo aus geht man die Washington St schnurstracks bergan.

Der Weg über die Brücke ist gut anderthalb Kilometer lang – 20 bis 40 Minuten zu Fuß, je nachdem, wie oft man stehen bleibt, um den Ausblick zu bestaunen. Auf der Manhattaner Seite erreicht man den City Hall Park, zehn Minuten zu Fuß von Tribeca (Richtung Westen), Chinatown (Norden) oder der Wall St (Süden).

Vom Fußgängerweg bieten sich herrliche Ausblicke auf Lower Manhattan. Unter den Brückenpfeilern befinden sich Aussichtspunkte mit Messingtafeln, auf denen verschiedene Ansichten der Skyline im Wandel der Zeit dargestellt sind. Fußgänger sollten unbedingt darauf achten, auf den markierten Fußwegen zu bleiben, denn daneben verläuft ein viel befahrener Radweg. Wer es auf der Brücke gern ruhiger haben möchte, sollte frühmorgens kommen: Dann kann man das Panorama fast ganz für sich allein genießen.

HIGHLIGHT
BROOKLYN MUSEUM OF ART

Dieses umfangreiche Museum liegt in einem fünfstöckigen Beaux-Arts-Gebäude mit einer Grundfläche von 52 000 m², das von McKim, Mead & White entworfen wurde. Der Bau begann Anfang der 1890er-Jahre (als Brooklyn noch selbstständige Stadt war). Das Gebäude sollte das weltweit größte Museum an einem Standort werden. Der Plan verlor an Fahrt, als Brooklyn 1898 eingemeindet wurde. Heute beherbergt das Gebäude mehr als 1,5 Mio. Objekte, darunter antike Artefakte, Zimmereinrichtungen aus dem 19. Jh. sowie Skulpturen und Malereien aus verschiedenen Jahrhunderten.

NICHT VERSÄUMEN

- Ägyptische Sammlung
- Elizabeth Sackler Center for Feminist Art
- Visible Storage
- Amerikanische Sammlung

PRAKTISCH & KONKRET

- Karte S. 478
- 718-638-5000
- www.brooklynmuseum.org
- 200 Eastern Pkwy
- Empfohlener Eintritt 12 $
- Mi & Fr–So 11–18, Do bis 22 Uhr
- S 2/3 bis Eastern Pkwy–Brooklyn Museum

Ägyptische Kunst

Zu den Höhepunkten gehört die ausgezeichnete Sammlung ägyptischer Kunstwerke, die insgesamt einen Zeitraum von 5000 Jahren abdeckt. Die Räume im 3. Stock zeigen Flachreliefs und Porträts aus der Zeit der Römer – einige stammen von noch andauernden Ausgrabungen in Ägypten. In einer Mumienkammer stehen Sarkophage und rituelle Gegenstände. Am eindrucksvollsten ist aber die sogenannte Bird Lady, eine grazile Terrakotta-Figurine mit abstraktem Gesicht und klauenartigen Händen aus der Zeit zwischen 3650 und 3300 v. Chr. Sie hat eine Vitrine ganz für sich allein.

US-amerikanische Kunst

Das Museum kann sich rühmen, eine der größten Sammlungen amerikanischer Kunst zu besitzen – im 4. Stock *(5th floor)*, nicht versäumen! Zu den Highlights zählen ein Porträt des standhaften George Washington von Gilbert Stuart, die berühmte Stadtlandschaft *Late Afternoon, New York, Winter* von Childe Hassam aus dem Jahr 1900 und Dutzende Gemälde des Porträtmalers John Singer Sargent aus dem späten 19. Jh.

Ein Raum nur für sie

Das Brooklyn Museum of Art ist eine der wenigen etablierten Kunstinstitutionen, die einen Teil ihrer Dauerausstellung den Künstlerinnen widmet. Auf 770 m² im 3. Stock *(4th floor)* präsentiert das **Elizabeth Sackler Center for Feminist Art** die bezaubernde Verwandlung einer Person sowie historische Themenausstellungen, wie z. B. Frauen im Video oder in der Pop-Art. Im Herzen der Ausstellungsräume können Besucher die bahnbrechende Installation *The Dinner Party* von Judy Chicago aus dem Jahr 1979 bewundern.

Wissenswertes

Weitere sehenswerte Ausstellungsräume zeigen afrikanische Skulpturen, lateinamerikanische Textilien und zeitgenössische Kunst. Wer hinter die Kulissen schauen möchte, sollte zum Visible Storage and Study Center im 4. Stock *(5th floor)* gehen. Hier bergen gläserne Kisten allerlei Ausstellungsstücke, wie ein altmodisches Fahrrad oder eine wulstige Skulptur von Gaston Lachaise.

Für Hungrige gibt's eine Imbisstheke sowie für gehobene Ansprüche das elegante, Ende 2013 eröffnete **Saul** (Karte S. 478; 718-935-9842; www.saulrestaurant.com; Brooklyn Museum; Hauptgerichte 25–32 $; Mi–So 12–15 plus Mi & So 17.30–21, Do 17.30–22, Fr & Sa 17.30–23 Uhr; S F bis Bergen St).

Am ersten Samstag des Monats veranstaltet das Museum von 17 bis 23 Uhr kostenlose Abende mit Kunst, Darbietungen und Livemusik. Das Ganze ist sehr beliebt bei Familien.

HIGHLIGHT
PROSPECT PARK

Die Landschaftsarchitekten des 236 ha großen Prospect Park, Calvert Vaux und Frederick Olmsted, betrachteten diesen Park als einen Fortschritt gegenüber ihrem anderen New Yorker Projekt, dem Central Park. Der 1866 gegründete Park ist ähnlich gestaltet: Es gibt eine Wiese, einen hübschen See, baumgesäumte Wege und weitläufige, von Spazierwegen durchzogene Hügel. Etwa 10 Mio. Besucher kommen jedes Jahr in den Park.

NICHT VERSÄUMEN
- Die friedvolle Aussicht vom Boathouse
- Ein Spaziergang am Lullwater Creek entlang
- Picknicken auf der Long Meadow

PRAKTISCH & KONKRET
- Karte S. 478
- 718-965-8951
- www.prospectpark.org
- Grand Army Plaza
- 5–1 Uhr
- S 2/3 bis Grand Army Plaza, F bis 15th St–Prospect Park

Grand Army Plaza
Der große Kreisverkehr mit einem massiven Triumphbogen dominiert die Kreuzung Flatbush Ave und Prospect Park West. Er markiert den Anfang des Eastern Parkway und den Eingang zum Prospect Park. Das Denkmal wurde 1890 im Andenken an die im Amerikanischen Sezessionskrieg gefallenen Soldaten der Unionsstaaten errichtet.

Samstags findet hier das ganze Jahr über von 8 bis 16 Uhr ein Bauernmarkt statt. Von Mai bis September locken am ersten und dritten Sonntag des Monats an der Plaza jeweils einige Food Trucks mit ihren Köstlichkeiten.

Long Meadow
Die 36 ha umfassende Long Meadow liegt südlich des Eingangs an der Grand Army Plaza. Die Wiese ist perfekt zum Faulenzen und Herumtollen, es gibt viel Platz zum Spielen und überall sind Familien, die Drachen steigen lassen. Am südlichen Ende steht ein Picknickhaus mit einem Imbissstand und öffentlichen Toiletten.

Children's Corner
In der Nähe der Flatbush Ave lädt die Children's Corner zur Fahrt in einem herrlichen Karussell aus dem Jahr 1912 ein. Das Karussell stammt ursprünglich von Coney Island. Und im **Prospect Park Zoo** (Karte S. 478; 718-399-7339; www.prospectparkzoo.com; Erw./Kind 8/5 $; April–Okt. 10–17.30 Uhr, Nov.–März bis 16.30 Uhr) tummeln sich Seelöwen, Paviane und kleine Kängurus neben den Tieren im Streichelzoo. Nordöstlich vom Karussell gibt's in **Lefferts Historic House** (Karte S. 478; 718-789-2822; www.prospectpark.org; April–Nov. Do–So 12–17 Uhr, Dez.–März Sa & So 12–16 Uhr; S B, Q bis Prospect Park) GRATIS aus dem 18. Jh. eine große Sammlung mit altem Kinderspielzeug, mit dem man herumalbern kann.

Audobon Center Boathouse
Am nördlichen Ufer des Prospect Park Lake vermietet das Bootshaus in den Sommermonaten Elektro- und Ruderboote. Hier ist auch der Ausgangspunkt eines 4 km langen Netzes von Waldwanderwegen (die Route entlang des **Lullwater Creek** ist besonders idyllisch). Karten zum Herunterladen findet man auf der Website oder man fragt im Bootshaus nach.

Prospect Park Bandshell
Südwestlich der Long Meadow liegt die Konzertmuschel, in der im Sommer kostenlose Konzerte stattfinden. Das Programm gibt's online und am Audubon Center Boathouse.

Lakeside Complex
Nach mehrjähriger Bauzeit (und einer Investition in Höhe von 74 Mio. $) eröffnete Ende 2013 die neueste Attraktion im Prospect Park. Der gut 10 ha große Lakeside Complex wartet mit einer Eislaufbahn für den Winter und einer Skaterbahn für den Sommer auf, außerdem mit einem Café, neuen Spazierwegen und einer kleinen Konzertbühne.

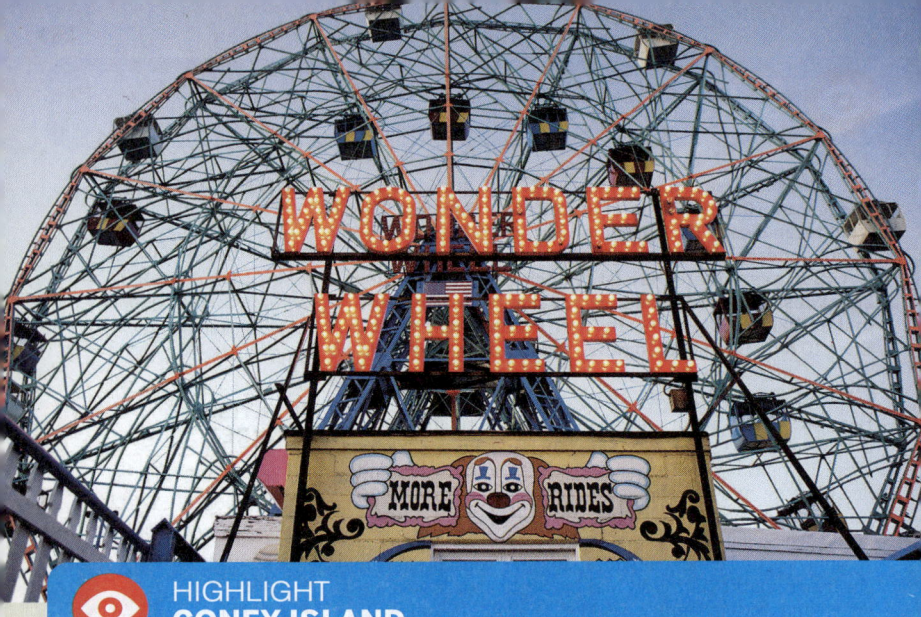

HIGHLIGHT
CONEY ISLAND

Coney Island wurde zu Beginn des 20. Jhs. als Freizeitpark für die Arbeiterklasse weltweit bekannt. Selbst wenn die Halbinsel nicht mehr den Glanz der frühen Jahre hat, kommen immer noch zahlreiche Besucher auf der Suche nach einfachen Vergnügungen hierher – einer Achterbahnfahrt, einem Hotdog und einem Bier auf der Seepromenade.

Historische Fahrgeschäfte

Der **Luna Park** (Karte S. 481; www.lunaparknyc.com; Surf Ave Höhe 10th St; Ende März–Okt.; S D/F, N/Q bis Coney Island–Stillwell Ave) gehört zu den beliebtesten Vergnügungsparks von Coney Island und ist Heimat der legendären Cyclone (9 $), einer hölzernen Achterbahn, die Geschwindigkeiten von bis zu 96 km/h erreicht und sich fast vertikal in die Tiefe stürzt. Das rosa-minzgrüne Riesenrad **Deno's Wonder Wheel** (Karte S. 481; 718-372-2592; www.wonderwheel.com; W 12th St zw. Surf Ave & Boardwalk; Fahrt 6 $; Mitte März–Okt.; S D/F, N/Q bis Coney Island–Stillwell Ave) stammt aus dem Jahr 1920. Von oben kann man wunderbar auf Coney Island hinabsehen.

Hotdogs & Bier

Der Hotdog wurde 1867 auf Coney Island erfunden. Es ist also quasi Pflicht, hier einen zu essen, am besten bei **Nathan's Famous** (Karte S. 481; 1310 Surf Ave Ecke Stillwell Ave; Hotdogs ab 4 $; morgens, mittags & abends bis spät; S D/F bis Coney Island–Stillwell Ave), der seit 1916 seine Würstchen an den Mann bringt. Seinen Durst kann man bei **Ruby's** (Karte S. 481; www.rubysbar.com; 1213 Boardwalk zw. Stillwell Ave & 12th St; April–Okt. Mo–Do & So 11–22, Fr & Sa bis 1 Uhr; S D, N/Q bis Coney Island–Stillwell Ave) stillen, einer legendären Kneipe an der Promenade.

NICHT VERSÄUMEN

➔ Die Achterbahn Cyclone
➔ Ein kühles Bier bei Ruby's
➔ Nathan's Famous Hotdogs

PRAKTISCH & KONKRET

➔ Karte S. 481
➔ www.coneyisland.com
➔ Surf Ave & Boardwalk zw. W 15th & W 8th St
➔ S D/F, N/Q bis Coney Island–Stillwell Ave

SEHENSWERTES

Williamsburg

Williamsburg ist in Sachen Essen, Trinken und Shoppen eines der angesagtesten Viertel von Brooklyn. Nach gewisser Zeit mag es ein wenig eintönig erscheinen: Man sieht viele Hipster mit Bärten und engen Hochwasser-Jeans, aber unter der Oberfläche lebt sich jede Menge Kreativität aus. Eigentliche Sehenswürdigkeiten gibt es hier jedoch kaum. Am besten kommt man am späten Nachmittag, bummelt durch die Geschäfte und gönnt sich danach ein Essen, ein paar Drinks und vielleicht ein Konzert. Am Wochenende bietet sich ein Marktbesuch mit anschließendem Brunch an.

Ein Großteil des Viertels liegt am Ufer des East River, nördlich der Williamsburg Bridge. Bedford Ave ist die Hauptstraße mit Cafés, Boutiquen und Restaurants in dichter Folge zwischen North 10th St und Metropolitan Ave.

WILLIAMSBURG BRIDGE — BRÜCKE

Karte S. 474 (www.nyc.gov/html/dot/html/bridges/willb.shtml; Fahrradzugang bei S 5th St & S 5th Pl; Fußgängerzugang an der Bedford Ave zw. S 5th & S 6th St; **S** J/M/Z bis Marcy Ave) Diese Stahlskelett-Hängebrücke wurde 1903 gebaut, um Williamsburg mit der Lower East Side zu verbinden. Sie trug dazu bei, dass sich das Viertel in ein aufstrebendes Industriezentrum verwandelte. Von den Fuß- und Radwegen der Brücke bieten sich großartige Aussichten auf Manhattan und den East River. Weiterer Vorteil: Im Gegensatz zur hübscheren Brooklyn Bridge, die eher uninteressante Teile der Stadt miteinander verbindet, liegt die Williamsburg Bridge zwischen zwei Vierteln mit zahlreichen Bars und Restaurants.

EAST RIVER STATE PARK — PARK

Karte S. 474 (www.nysparks.com/parks/155; Kent Ave zw. 8th & 9th St; 9 Uhr bis Sonnenuntergang; **S** L bis Bedford Ave) Der fast 3 ha große East River State Park ist in Williamsburg der angesagteste Ort für Partys im Freien und kostenlose Sommerkonzerte. Außerdem gibt es auf seinen Rasenflächen unzählige andere Möglichkeiten, sich auszutoben oder zu entspannen. Im Sommer findet hier der Flohmarkt **Brooklyn Flea** (S. 313) statt und es gibt Fähren nach Manhattan und Governors Island. Haustiere sind nicht erlaubt.

MCCARREN PARK — PARK

Karte S. 474 (www.mccarrenpark.com; 776 Lorimer St; Eintritt zum Pool frei, Eislaufen Erw./Kind 8/4 $, Leihschlittschuhe 5 $; **S** G bis Nassau) Die Rasenflächen des 14 ha großen McCarren Park bieten an warmen Tagen wunderbare Picknickplätze. An heißen Tagen verheißt das große alte Schwimmbad, das 2012 nach fast 30 Jahren Schließung wiedereröffnet wurde, eine Abkühlung. Wer größeren Menschenmengen und von Zeit zu Zeit ausbrechenden handgreiflichen Auseinandersetzungen aus dem Weg gehen möchte, sollte früh da sein. Von Mitte November bis Januar gibt's hier außerdem eine Eislaufbahn.

CITY RELIQUARY — MUSEUM

Karte S. 474 (718-782-4842; www.cityreliquary.org; 370 Metropolitan Ave, Nähe Havemeyer St; Eintritt per Spende; Do–So 12–18 Uhr; **S** L bis Lorimer Ave) In einer früheren Bodega befindet sich das City Reliquary, ein kleines Nachbarschaftsmuseum, das allerlei New Yorker Alltagsgegenstände und Souvenirs angehäuft hat. Schaukästen und Regale sind vollgestopft mit alten Ladenschildern, Postkarten der Freiheitsstatue, uralten Bleistiftanspitzern, Subway-Münzen, Seltersflaschen und abgeblättertem Lack des L-Train.

BROOKLYN BREWERY — BRAUEREI, PUB

Karte S. 474 (718-486-7422; www.brooklynbrewery.com; 79 N 11th St zw. Berry St & Wythe Ave; Führung Sa & So frei, Mo–Do 10 $; Führungen Mo–Do 17, Sa 13–17, So 13–16 Uhr; Verkostungsraum Fr 18–23, Sa 12–20, So 12–18 Uhr; **S** L bis Bedford Ave) Die Brooklyn Brewery erlaubt eine Zeitreise zurück in die Zeit, als die Gegend das Bierbrauerzentrum New Yorks war. Hier werden nicht nur köstliche Biere produziert und serviert, es werden auch Führungen durch die Brauerei angeboten.

Bei den Führungen montags bis donnerstags können Teilnehmer vier Biere verkosten und erhalten einen Einblick in die Geschichte und Gegenwart der Brauerei – Platz online buchen! Am Wochenende sind die Touren kostenlos und man braucht sich nicht anzumelden, sie umfassen aber keine Verkostungen. Stattdessen kann man Biermarken kaufen (je 5 $ oder 5 für 20 $), um dann Biere zu probieren. Oder man schenkt sich die Führung ganz und macht sich im schnörkellosen Verkostungsraum einen netten Nachmittag.

Lokalkolorit
Was geht in Williamsburg?

Williamsburg ist seinem Wesen nach eine College-Stadt ohne College. Der Stadtteil hat eine unwiderstehliche Anziehungskraft auf Vertreter der städtischen Bohème – auf verschlafene, milchbärtige Künstler, Musiker, Schriftsteller und Grafiker. Wo früher vor allem Arbeiterfamilien aus Lateinamerika wohnten, tummeln sich heute beliebte Restaurants und angesagte Bars und Clubs.

❶ Auf ins Grüne
Vom East River State Park (S. 285) bieten sich fabelhafte Ausblicke auf Manhattan und im Sommer tummelt sich in den offenen Grünanlagen jede Menge Volk, besonders wenn der Flohmarkt Brooklyn Flea stattfindet.

❷ Bier aus Brooklyn
Die Brooklyn Brewery (S. 285) erinnert an die Zeit, als dies das Brauereizentrum New Yorks war; hier kann man an Führungen teilnehmen und Gerstensäfte probieren.

❸ Hipster-Klamotten
Wer sich wie ein Hipster kleiden möchte, sollte Buffalo Exchange (S. 313) aufsuchen, einen beliebten Laden für ausgefallene Vintage-Mode für Damen und Herren.

❹ Der Reiz alter Dinge
Faszinierende alte Sachen aus vergangener Zeit hortet das City Reliquary (S. 285), darunter New-York-Relikte wie Ausstellungsstücke von der Weltausstellung 1939.

❺ Abstecher nach Lateinamerika
Fuego 718 (S. 314), ein witziger kleiner Laden, in dem man nett herumstöbern kann, entführt Besucher mit Tag-der-Toten-Kästchen, bunten Rahmen und Spiegeln sowie Kitsch und Kunsthandwerk aus z. B. Mexiko und Peru nach Lateinamerika.

❻ Cocktails & Austern
Eine Zeitreise in die Vergangenheit lässt sich im Maison Premiere (S. 307) mit maßgeschneiderten Cocktails, Austern und anderen Leckereien unternehmen.

❼ Brooklyn Art Library
Mit einer kostenlosen Benutzerkarte ausgestattet kann man hier (S. 287) massenhaft Skizzenbücher von Künstlern aus aller Welt in Augenschein nehmen oder auch ein eigenes zur Sammlung hinzufügen. Ein paar Türen weiter befinden sich die Manu-

Auch interessant: Das verschnörkelte Logo der Brauerei wurde von keinem Geringeren als Milton Glaser entworfen, berühmt durch die „I Heart New York"-T-Shirts. Als Honorar für den Entwurf sicherte er sich einen Anteil am Gewinn und lebenslanges Freibier.

BROOKLYN ART LIBRARY GALERIE, BIBLIOTHEK
Karte S. 474 (☎718-388-7941; www.sketchbookproject.com; 103 N 3rd St zw. Berry St & Wythe Ave; ⊙12–20 Uhr) GRATIS Die Wände dieser interessanten Einrichtung säumen über 30 000 Skizzenbücher mit einer wilden Mischung aus Grafikdesign, Collagen, Kunst, Gedichten, frechen Comics und persönlichen Essays. Wer sich in der Sammlung umschauen möchte, besorgt sich einen kostenlosen Bibliotheksausweis und kann dann eine Suche nach Thema, Künstler oder Land starten. Menschen aus über 100 Ländern haben ihre Skizzen- und Notizbücher der Bibliothek vermacht. Fragen Sie den freundlichen Chefbibliothekar Chris Hueberger nach seinen persönlichen Lieblingsbüchern!

Wer sich nach der Durchsicht einiger Bücher inspiriert fühlt, kann sich ein Skizzenbuch kaufen (25 $ für ein einfaches 32-Seiten-Buch), das man dann später der Sammlung hinzufügen lassen kann. Für den Inhalt gibt's keinerlei Vorgaben und wer das Buch nicht selbst vorbeibringen kann, kann es auch per Post schicken.

faktur und der Laden von Mast Brothers Chocolate.

❽ Brooklyn Oenology
Vom prätentiösen Namen sollte man sich nicht abschrecken lassen: Das freundliche **Brooklyn Oenology** (Karte S. 474; 209 Wythe Ave zw. 3rd & 4th St; ⊙Mo 16–22, Di–Fr 14–22, Sa & So 12–22 Uhr) bietet Proben von Weinen, Whiskeys, Bieren, Ciders und anderen köstlichen Getränken aus New York.

❾ Rough Trade
Williamsburgs riesiger neuer Plattenladen (S. 312) ist ein echtes Paradies für Vinylsammler. Außerdem finden hier oft Konzerte statt, viele davon kostenlos.

◉ Bushwick

Nach ein paar Subway-Stationen auf der Linie L tauchen östlich von Williamsburg die schmuddeligen Straßenblocks von Bushwick auf, wo eine gemischte Gemeinde aus Afroamerikanern und Lateinamerikanern zu Hause ist. Das Viertel war im 19. Jh. und Anfang des 20. Jhs. ein wichtiges Bierbrauereizentrum, wovon noch immer die stattlichen, wenn auch teilweise baufälligen Villen der damaligen Bierbarone entlang der Bushwick Ave zeugen.

In den letzten Jahren sind viele Musiker und Künstler auf der Suche nach günstigen Wohnungen in das Viertel gezogen, sodass im Westen inzwischen schon einige Bars und durchgestylte Restaurants entstanden sind. Tagsüber ist die Gegend Industriegebiet. Aber wenn die Bars, Konzertläden und Bühnen am Freitag- und Samstagabend ihre Tore öffnen, wird es hier munter.

Spaziergang
Brownstones & Brücken

START ST. GEORGE HOTEL
ZIEL JANE'S CAROUSEL
LÄNGE/DAUER 3,2 KM; 2 STUNDEN

Die Wanderung beginnt an der Ecke Clark und Henry St im Erdgeschoss des 30-stöckigen ❶ **St. George Hotel**. Das zwischen 1880 und 1930 hochgezogene Hotel war mit seinen 2632 Zimmern einst das größte der Stadt. Zwei Blocks nördlich, an der Ecke Orange und Hicks St, liegt die ❷ **Plymouth Church**. Mitte des 19. Jhs. predigte Henry Ward Beecher hier gegen die Sklaverei. Weiter geht's auf die Orange St in westlicher Richtung, dann an der Willow St nach Süden abbiegen. Nr. 70 Willow St ist das gelbe, elf Zimmer große Herrenhaus, in dem ❸ **Truman Capote** wohnte, als er *Frühstück bei Tiffany* schrieb. Geradeaus weiter Richtung Süden, an der Pierrepont St rechts abbiegen und der Straße auf dem Schwenk nach links in die ❹ **Montague Terrace** folgen, eine kurze Straße mit alten Brownstone-Häusern. In Nr. 5 hat Thomas Wolfe *Von Zeit und Strom* verfasst. Von hier geht's weiter auf der Remsen St in westlicher Richtung bis zur ❺ **Brooklyn Heights Promenade**. Dieser sehenswerte Park mit seinen tollen Blicken auf Manhattan wurde 1942 von Robert Moses gebaut, um die Bewohner des Viertels wegen des Baus des lärmigen Expressways darunter zu besänftigen. Dann der Promenade und der Columbia Heights in nördlicher Richtung folgen und die 2013 eröffnete Fußgängerbrücke ❻ **Squib Park Bridge** hinunter in den ❼ **Brooklyn Bridge Park** nehmen. Unten angekommen kann man vom begrünten Pier 1 den Ausblick bewundern. Ganz in der Nähe befindet sich der Fähranleger ❽ **Fulton Ferry Landing**. George Washington befahl hier 1776 während der Schlacht von Long Island einen wichtigen und hastigen Rückzug. Von hier geht es weiter auf der Water St unter der ❾ **Brooklyn Bridge** (vollendet 1883) hindurch und vorbei am ❿ **Empire Stores & Tobacco Warehouse**, zwei Backsteingebäuden aus der Zeit des Bürgerkriegs. Der Spaziergang endet an der Empire Fulton Ferry im Brooklyn Bridge Park im Glanz von ⓫ **Jane's Carousel**.

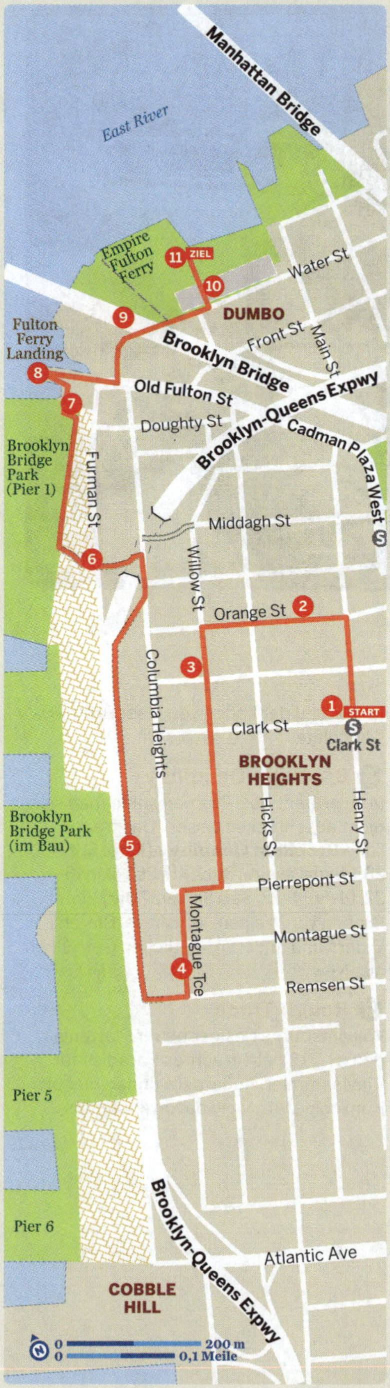

👁 Brooklyn Heights

Der erste Vorort New Yorks ist auch das erste Viertel der Stadt, das als historischer Bezirk ausgewiesen wurde. Hier stehen viele Brownstone-Häuser aus dem 19. Jh. (einige reichen bis in die 1820er-Jahre zurück) in vielfältigen architektonischen Stilen: viktorianisch, neuromanisch, klassizistisch, italienisch oder Federal Style, um nur einige zu nennen. Die Straßen hier sind schmal und werden von großen Platanen überdacht – das lädt zum Spaziergang ein.

BROOKLYN
HEIGHTS PROMENADE　　　AUSSICHTSPUNKT
Karte S. 480 (zw. Orange & Remsen St; ⏰24 Std.; 🚶; Ⓢ2/3 bis Clark St) Alle Straßen in Ost-West-Richtung (wie Clark und Pineapple St) führen zur Topattraktion des Viertels: einem schmalen Park mit atemberaubenden Blicken auf Manhattan und New York Harbor. Trotz seiner Lage oberhalb des stark befahrenen Brooklyn-Queens Expressway (BQE) ist die Promenade ein Stück urbaner Perfektion und ein wunderbarer Ort für einen Spaziergang bei untergehender Sonne.

BROOKLYN HISTORICAL SOCIETY　MUSEUM
Karte S. 480 (📞718-222-4111; www.brooklynhistory.org; 128 Pierrepont St, Nähe Clinton St; empfohlener Eintritt 10 $; ⏰Mi–So 12–17 Uhr; Ⓢ A/C, F bis Jay St, M, R bis Court St, 2/3, 4/5 bis Borough Hall) Bibliothek und Museum in diesem 1881 im Queen-Anne-Stil erbauten, denkmalgeschützten Gebäude (das selbst ein wahres Schmuckstück ist, mit interessanten Terrakotta-Verzierungen an der Fassade) widmen sich voll und ganz dem Bezirk Brooklyn. Zur unbezahlbaren Sammlung gehören u. a. eine seltene Karte von New York aus dem Jahr 1770 und eine signierte Kopie der Freiheitserklärung.

Die altmodische Bibliothek mit ihrer Galerie aus Schwarzesche aus dem 19. Jh. ist besonders sehenswert. Die Gesellschaft bietet regelmäßig Ausstellungen und Spaziergänge durch das Viertel an. Infos dazu gibt's auf der Website.

👁 Dumbo

Dumbo – eine Abkürzung für Down Under the Manhattan Bridge Overpass – ist ein Straßenzug mit Kopfsteinpflaster und Lagerhäusern aus dem 19. Jh. (noch keine luxuriösen Eigentumswohnungen). Vom Ufer hat man herrliche Blicke auf Manhattan. Es ist nicht leicht, sich zurechtzufinden, längere (Um)wege sollten eingeplant werden.

Besucher aus Manhattan verknüpfen den Abstecher nach Dumbo häufig mit einem Besuch in Brooklyn Heights.

BROOKLYN BRIDGE PARK　　　　PARK
Siehe S. 280.

👁 Downtown Brooklyn

Das moderne Zentrum von Brooklyn zwängt sich auf eine Fläche zwischen Cadman Plaza West und Flatbush Ave. Hier stehen vor allem Verwaltungsgebäude des Viertels (Gerichte u. Ä.) und funktionale Bürohäuser. In der Fußgängerzone auf der Fulton St Mall drängeln sich billige Klamotten- und Sneakerläden.

NEW YORK TRANSIT MUSEUM　MUSEUM
Karte S. 480 (📞718-694-1600; www.mta.info/mta/museum; Schermerhorn St Höhe Boerum Pl; Erw./Kind 7/5 $; ⏰Di–Fr 10–16, Sa & So 11–17 Uhr; 🚶; Ⓢ2/3, 4/5 bis Borough Hall, R bis Court St) Dieses kinderfreundliche Museum in einem alten U-Bahnhof (1936 gebaut und 1946 stillgelegt) beschäftigt sich mit über 100 Jahren Verkehr in New York. Am schönsten ist es unten am Bahnsteig, wo man in 13 originale Subway- und Hochbahnwaggons aus dem Jahr 1904 klettern kann. Im Souvenirshop des Museums gibt es beliebte Andenken mit alten Subway-Motiven.

👁 Fort Greene & Clinton Hill

Diese hübschen Wohnviertel erstrecken sich östlich und südlich der Manhattan Bridge (östlich der Flatbush Ave). Am südwestlichen Ende der Viertel steht der **Williamsburgh Savings Bank Tower** (Karte S. 476; 1 Hanson Pl Höhe Ashland Pl; Ⓢ2/3, 4/5 bis Atlantic Ave, D, N/R bis Atlantic Ave–Pacific St) GRATIS aus dem Jahr 1927. Der Turm war jahrzehntelang das höchste Gebäude von Brooklyn und erleichtert die Orientierung, falls man sich verlaufen hat.

Wer sich für grandiose Architektur aus dem 19. Jh. interessiert, kommt in den Washington und Clinton Avenues in Clinton Hill auf seine Kosten, wo einige wunder-

ABSTECHER

HARBOR DEFENSE MUSEUM

Unterhalb der atemberaubenden Verrazano-Narrows Bridge liegt mitten im Fort Hamilton ein militärisches Kleinod, das **Harbor Defense Museum** (www.harbordefensemuseum.com; 101st St & Fort Hamilton Pkwy; Mo–Fr 10–16 Uhr; S R bis Bay Ridge–95 St) GRATIS, das einzige Armeemuseum New Yorks.

Der Ziegelsteinbau mit runden Torbögen wurde zwischen 1825 und 1831 hochgezogen und wird noch heute als Basis der US Army genutzt (zum Eintritt den Pass nicht vergessen). Das Museum ist in der historischen Kaponniere, einer freistehenden Bastei, untergebracht. Zur Sammlung gehören Helme, Waffen und Uniformen aus der Zeit vom Unabhängigkeitskrieg bis zum Zweiten Weltkrieg. Eine Abteilung widmet sich der altehrwürdigen Artillerie.

Einige Blocks westlich schmiegt sich die 4 km lange Promenade des Shore Parkway an den Hafen – ideal für einen Spaziergang. Nördlich des Fort Hamilton befindet sich das ehemalige italienische Viertel von Bay Ridge, wo sich zwischen 76th und 95th St zahlreiche Restaurants und Pubs entlang der Third Ave aufreihen.

Mit der R-Linie fährt man bis Bay Ridge–95 St und läuft dann ein halbes Dutzend Blocks in südwestlicher Richtung auf der Fourth Ave. Das Museum liegt in einem kleinen Park direkt neben der Verrazano-Narrows Bridge.

---

bare Reihenhäuser aus der Zeit nach dem Bürgerkrieg stehen.

BROOKLYN ACADEMY OF MUSIC — KULTURZENTRUM

Karte S. 476 (BAM; 718-636-4100; www.bam.org; 30 Lafayette Ave Höhe Ashland Pl, Fort Greene; S 2/3, 4/5, B, Q bis Atlantic Ave) Die BAM wurde 1861 gegründet und ist damit das älteste Zentrum der darstellenden Künste des Landes. Die Akademie versorgt New York City mit ausgefallenen Vorführungen im Modernen Tanz, Musik und Theater. Zum Komplex gehören eine Oper mit 2109 und ein Theater mit 874 Plätzen sowie das Rose Cinema mit vier Kinosälen, außerdem ein Theater mit 250 Plätzen um die Ecke. Aufgeführt wurden bisher z. B. eine Retrospektive der Choreografien von Mercer Cunningham, moderner afrikanischer Tanz und Avantgarde-Interpretationen von Shakespeare.

Jedes Jahr findet im BAM von September bis Dezember das Next Wave Festival statt. Dann gibt es Vorführungen und Ausstellungen avantgardistischer Kunst und Vorträge von Künstlern. Im BAMcafé (S. 311), Bar und Restaurant in einem, sind an den Wochenenden Free Jazz, R&B und Popkonzerte im Angebot.

FORT GREENE PARK — PARK

Karte S. 476 (zw. Myrtle & DeKalb Ave & Washington Park & Edward's St, Fort Greene; 6–1 Uhr; S B, Q/R bis DeKalb Ave) Dieses 12 ha große Parkgelände wurde über ehemaligen Militärbefestigungen aus der Zeit des Unabhängigkeitskriegs angelegt. 1847 wurde das Gelände als erste Parkfläche Brooklyns ausgewiesen (unterstützt von Zeitungsredakteur Walt Whitman) und bis 1867 verwandelten die Landschaftsarchitekten Calvert Vaux und Frederick Olmsted den Ort in eine schöne Hügellandschaft mit Spazierwegen, Spiel- und Sportplätzen.

Im Zentrum des Parks steht das 1905 errichtete Prison Ship Martyrs' Monument, mit 45 m Höhe die wahrscheinlich weltgrößte dorische Säule. Stanford White hat das Denkmal entworfen, das an 11 500 amerikanische Kriegsgefangene erinnern soll, die während des Unabhängigkeitskriegs in britischen Gefangenenschiffen starben.

BRIC HOUSE — KULTURZENTRUM

Karte S. 476 (www.bricartsmedia.org; 647 Fulton St, Ecke Rockwell Pl; Galerie Di–So 10–20 Uhr;) Diese alteingesessene Brooklyner Kultureinrichtung, die u. a. die kostenlosen Sommerkonzerte im Prospect Park organisiert, fand 2013 schließlich ein dauerhaftes, 3700 m² großes Zuhause. Im Kulturkomplex mit seinem 400 Zuschauer fassenden Saal finden neben Kunstausstellungen und Medienevents alle möglichen Kulturveranstaltungen wie Konzerte und Theater- und Tanzaufführungen statt. Außerdem befindet sich hier ein Ableger des Cafés Hungry Ghost sowie nebenan eine Glasbläserei, in der ebenfalls Ausstellungen stattfinden.

◎ Boerum Hill, Cobble Hill & Carroll Gardens

Gleich südlich von Brooklyn Heights und Downtown Brooklyn liegen diese drei Neighborhoods mit unzähligen Brownstone-Häusern an baumgesäumten Straßen – Boerum Hill (östlich der Court St), Cobble Hill (westlich der Court St) und Carroll Gardens (südlich der Degraw St). Zwar gibt es kaum besondere Sehenswürdigkeiten, aber es ist eine gute Gegend für gemütliche Restaurantbesuche und einen Einkaufsbummel.

In Boerum Hill sind die 13 Blocks entlang Smith St bis zur Atlantic Ave im Süden mit den vielen Restaurants, Bars und schicken Boutiquen besonders verlockend – die entspanntere Alternative zum schwindelerregenden Kaufparadies Manhattan. Die Atlantic Ave ist breiter und geschäftiger mit Bars, Restaurants, arabischen Lebensmittelgeschäften, Boutiquen und Antiquitätenläden, die sich alle um die Blocks zwischen Boerum Place und Third Ave tummeln.

Südlich von Cobble Hill liegt Carroll Gardens, früher ein italienisches Viertel, das sich bis zum Gowanus Expressway erstreckt.

INVISIBLE DOG   GALERIE
Karte S. 476 (www.theinvisibledog.org; 51 Bergen St; ⓈF, G bis Bergen St) Das vielseitige Kulturzentrum Invisible Dog in einer umgebauten Fabrik nahe der Smith St verkörpert den kreativen Geist Brooklyns. Im Erdgeschoss finden oft Ausstellungen statt und die Künstlerateliers darüber öffnen manchmal ihre Pforten zu Gruppenausstellungen. Theater, Film und Musik sowie der gelegentliche Markt runden das kulturelle Angebot dieses Zentrums ab.

◎ Red Hook

Seit über einem Jahrhundert richtet die Freiheitsstatue ihren Blick auf dieses raue Viertel mit Hafenlagerhäusern und zerbröselnden Backsteinstraßen. Das Viertel hat zwei Gesichter: Es gibt „the Back", die beliebte Ufergegend mit ihrer verwegenen Atmosphäre der 1940er-Jahre (die das Filmdrama *On the Waterfront* von 1954 mit Marlon Brando inspirierte). Und es gibt im Süden ein Gebiet mit den sogenannten Red Hook Houses, kargen Blöcken mit Sozialwohnungen aus den 1930er-Jahren.

Die Gentrifizierung hat in den letzten Jahren vor „the Back" nicht haltgemacht. So steht am Ufer ein glänzendes Ikea-Möbelhaus, ebenso wie der mit Gourmet-Lebensmitteln vollgestopfte Fairway-Supermarkt. Dazu haben hier auch immer mehr Cafés, Restaurants und Kneipen aufgemacht – für einen schönen Bummel bietet sich besonders die Van Brunt St an. Nur die abgeschiedene Lage von Red Hook – die nächste Subway-Station liegt etwa ein Dutzend Blocks entfernt – hält die Entwicklung in Schach.

Die Ufergegend eignet sich bei gutem Wetter bestens für einen entspannten Spaziergang. Am schönsten ist es am Abend, wenn die Sonne langsam hinter der Freiheitsstatue verschwindet. Danach kann man sich in einem der stimmungsvollen Restaurants von Red Hook ein schönes Abendessen oder ein paar Drinks gönnen.

Die Busse der Linie B61 (auf der Atlantic Ave Richtung Westen) und B57 (die Court St entlang nach Süden) fahren nach Red Hook. Oder man nimmt das **Wassertaxi** (Karte S. 476; www.nywatertaxi.com/tours/ikea; einfache Fahrt Mo-Fr 5 $, Sa & So frei; ⊙Mo-Fr 14–19.40, Sa & So 11.20–21 Uhr) vom Pier 11 in Lower Manhattan zu Ikea. Zu Fuß ist es von der Subway-Station Smith–9th St der Linien F und G ein langer Weg durch ein trostloses Industriegebiet – bei Dunkelheit ist Vorsicht geboten.

WATERFRONT MUSEUM   MUSEUM
Karte S. 476 (☎718-624-4719; www.waterfrontmuseum.org; 290 Conover St Höhe Pier 44; ⊙ganzjährig Sa 13–17 Uhr, Mai–Sept. Do 16–20 Uhr; ⓕ; ⓑB61 Bus bis Coffey St, ⓈF bis Smith St) GRATIS
Die ehemalige Lehigh Valley Railroad Barkasse Nr. 79 wurde vom derzeitigen Besitzer für einen Dollar erstanden. Der ehemalige Gaukler hat sie unterhalb der George Washington Bridge ausgebuddelt. Heute dient der alte Kahn als schwimmendes Museum mit wechselnden Ausstellungen und Veranstaltungen. Der Eintritt ist frei, für eine Spende gibt es ein wieder abwaschbares Tattoo. Keine große Attraktion, aber verrückt genug, um interessant zu sein.

◎ Gowanus

Östlich der Hochbahnstation Smith–9th St liegt inmitten heruntergekommener Industriegebäude der Gowanus-Kanal, der

 Lokalkolorit
Süd-Brooklyn

Dieser gut 6 km lange Rundgang führt durch einige der interessantesten Viertel Brooklyns, in denen neue Restaurants, Geschäfte, Bars und Cafés die Stadtlandschaft in rasantem Tempo verändern. Es geht durch Viertel mit schönem Baumbestand und Straßenzügen voller Brownstone-Häuser und durch zwei hübsche Parks. Wer auch über die genannten Floh- und Lebensmittelmärkte bummeln möchte, sollte den Spaziergang an einem Samstag unternehmen.

❶ Ein Morgen im Park
Mit einem Bummel durch den 12 ha großen Fort Greene Park beginnt der Tag entspannt. Vom Hügel mit dem Prison Ship Martyr's Monument eröffnen sich Ausblicke auf Manhattan. Samstags findet an der Cumberland St ein Wochenmarkt statt – unbedingt die Cider-Donuts probieren!

❷ Fort Greene
Das Viertel um den Park herum heißt ebenfalls Fort Greene. Seine Hauptstraße ist die von diversen Restaurants gesäumte DeKalb Ave; für eine Kaffeepause bietet sich das **Smooch** (Karte S. 476; 264 Carlton Ave zw. DeKalb & Willoughby; S C bis Lafayette Ave, G bis Fulton St) an. Die Nebenstraßen sind einige der hübschesten Straßen Brooklyns.

❸ New Yorks bester Markt
Auf dem auf einem Schulgelände stattfindenden Flohmarkt Brooklyn Flea (S. 313) verhökern über 200 Händler alles Mögliche von Antiquitäten und Vintage-Mode bis zu appetitlichen Snacks.

❹ Prospect Heights
Auf der anderen Seite der Atlantic Ave liegt Prospect Heights, ein weiteres charmantes Brooklyner Viertel. Die Hauptschlagader ist die Vanderbilt Ave mit jeder Menge Geschäften, Restaurants und Cafés. Moderne amerikanische Küche mit saisonalen Zutaten bietet das **Vanderbilt** (Karte S. 478; 570 Vanderbilt Ave, Ecke Bergen St; Brunch-Hauptgerichte 10–15 $; ⊙tgl. 17–23 & Sa & So 11–15 Uhr).

❺ Grand Army Plaza
Weiter geht's hinunter zur **Grand Army Plaza** (Karte S. 478; Prospect Park, Prospect Park West & Flatbush Ave; ⊙6–24 Uhr; ⓘ; S 2/3 bis Grand Army Plaza, B, Q bis 7th Ave), einem großen Kreisverkehr mit einem hoch aufragenden Bogen. Gleich südlich hiervon findet in Höhe des Eingangs zum Prospect Park samstags ein Lebensmittelmarkt statt.

❻ Brooklyns grüne Lunge
Der Prospect Park (S. 283), Brooklyns Version des Central Park, ist dem Manhattaner Park in Vielem ähnlich, doch weitaus ruhiger.

Prison Ship Martyrs' Monument, Fort Greene Park (S. 290)

Hauptanziehungspunkte sind eine große Wiese, auf der man wunderbar picknicken und Drachen steigen lassen kann, sowie schattige Pfade und ein hübscher See.

❼ Schaufensterbummel an der Fifth Avenue

Westlich des Parks liegt das Viertel Park Slope mit baumgesäumten Straßen und jeder Menge alten Brownstone-Häusern. Eine der Hauptstraßen des Viertels ist die Fifth Ave (eine weitere die Seventh Ave). Der originelle Laden **Brooklyn Superhero Supply Co** (Karte S. 478; www.superherosupplies.com; 372 Fifth Ave zw. 5th & 6th St; Ⓢ R bis 9th St, F, G bis 4th Ave) verkauft Umhänge, Verkleidungen und Spielzeugknarren.

❽ Abstecher nach Gowanus

Gleich westlich von Park Slope schließt sich Gowanus an, ein aufstrebendes einstiges Industriegebiet. Benannt ist es nach dem verseuchten Kanal, der hier – mehr oder weniger – fließt. Von einer malerischen Holzbrücke an der Carroll St bietet sich ein Blick aufs Wasser; im Sommer lockt die Bar **Lavender Lake** (Karte S. 476; www.lavenderlake.com; 383 Carroll St zw. Nevins & Bond St; ⏰Mo–Fr 17–2, Sa & So ab 14 Uhr; Ⓢ F, G bis Carroll St, R bis Union St) mit einer netten Terrasse.

nach dem Indianerhäuptling Gouwane (Häuptling der Canarsee-Indianer) benannt wurde. An dem ehemaligen Meeresarm wurden früher Schiffe entladen, aber auch Industrieabfälle entsorgt. Heute steht das Gebiet unter besonderem Schutz der Umweltbehörde und trotz des giftigen Erbes haben sich hier zahlreiche Künstlerateliers angesiedelt. Auch unerschrockene städtische Entdeckungsreisende zieht es auf der Suche nach stimmungsvollen Wassermotiven immer wieder in diese Gegend. Seit der Eröffnung neuer Restaurants und eines Ladens der gehobenen Supermarktkette Whole Foods steht Gowanus als nächstes auf der Liste der aufstrebenden Stadtviertel.

⊙ Park Slope

Für junge Paare, die eine Familie gründen wollen, ist dies die erste Adresse. In dem grünen Viertel erfüllt sich vor allem die Mittelschicht ihren Traum vom Brownstone-Haus aus dem 19. Jh. und einer kinderfreundlichen Umgebung.

Die meisten Geschäfte befinden sich in der Seventh Ave, während sich die jungen Bars, Restaurants und Geschäfte vor allem in der Fifth Ave niedergelassen haben. Die hübschesten Gebäude (Beaux-Arts, neoromanisch und neogotisch) liegen an der Prospect Park West und Eighth Ave, zwischen Union und Ninth St.

OLD STONE HOUSE KULTURGESCHICHTLICHES GEBÄUDE

Karte S. 478 (☎718-768-3195; www.theoldstonehouse.org; Washington Park/JJ Byrne Playground, 3rd St, abseits Fifth Ave; empfohlene Spende 3 $; ⏰Sa & So 11–16 Uhr; 🚼; Ⓢ F, R bis 4th Ave) Das Steinhaus ist der von Robert Moses initiierte Nachbau eines holländischen Bauernhauses aus dem Jahr 1699. Es gibt eine Dauerausstellung, die sich mit der Schlacht von Long Island beschäftigt (so hieß Brooklyn 1776) und u. a. Kleidungsstücke und Waffen aus jener Zeit präsentiert. Außerdem gibt es hier einen fabelhaften Kinderspielplatz.

MONTGOMERY PLACE VIERTEL

Karte S. 478 (zw. Prospect Park West & Eighth Ave; Ⓢ 2/3, 4 bis Grand Army Plaza) An diesem schattigen Straßenblock liegen begehrte Beaux-Arts-Reihenhäuser. Die meisten wurden in den 1880er-Jahren von dem in Paris ausgebildeten Charles Pierrepont Henry Gilbert gebaut.

◉ Prospect Heights

Von Park Slope gesehen auf der anderen Seite der Flatbush Ave liegt das legere Prospect Heights. Einst das Viertel italienischer, jüdischer und irischer Einwanderer, zogen Mitte des 20. Jhs. vermehrt Afroamerikaner und Menschen aus der Karibik hierher. Heute wohnen hier vor allem junge Familien und Selbstständige, die die Nähe zum Prospect Park schätzen. Geschäfte gibt's vor allem entlang Vanderbilt und Washington Ave.

BROOKLYN MUSEUM MUSEUM
Siehe S. 282.

BROOKLYN BOTANIC GARDEN GARTEN
Karte S. 478 (www.bbg.org; 1000 Washington Ave Höhe Crown St; Erw./Kind 10 $/frei, Di ganztägig & Sa 10–12 Uhr frei; ⊙Di–Fr 8–18, Sa & So 10–18 Uhr; ♿; ⓈL2/3 bis Eastern Pkwy–Brooklyn Museum) Der 21 ha große Garten ist einer der malerischsten Orte Brooklyns. Tausende von Pflanzen und Bäumen verzücken die Besucher ebenso wie ein japanischer Garten mit Tabascoschildkröten, die am Shintoschrein entlangplanschen. Beste Besuchszeit ist Ende April oder Anfang Mai zur **Kirschblüte**. Die Bäume sind ein Geschenk Japans.

Vom japanischen Garten führen verschiedene Wege zu den anderen beliebten Abteilungen, die sich der einheimischen Flora und der Zucht von Bonsaibäumen widmen, zu einem Wald in einem Meer von Blauglöckchen und zu einem Rosengarten.

Es gibt mehrere Eingänge. Am günstigsten ist der an der Washington Ave südlich des Brooklyn Museum, der zu einem 2012 eröffneten, spektakulären neuen Besucherzentrum führt. Das von Weiss/Manfredi entworfene Gebäude wird von einem begrünten Dach gekrönt, auf dem 40 000 Pflanzen wachsen.

BROOKLYN PUBLIC LIBRARY BIBLIOTHEK
Karte S. 478 (☎718-230-2100; www.brooklynpubliclibrary.org; 10 Grand Army Plaza zw. Flatbush & Eastern Pkwy; ⊙Mo–Do 9–21, Fr & Sa 10–18, So 13–17 Uhr; ♿; ⓈB, Q bis 7th Ave, 2/3 bis Eastern Pkwy–Brooklyn Museum) GRATIS Die Bibliothek ist ein Art-déco-Meisterwerk aus dem Jahr 1941, in dem über eine Million Bücher, Magazine und Multimediaeinheiten verwahrt werden. Die Kalksteinfassade des Gebäudes hat die Form eines offenen Buchs und das 15 m hohe Eingangstor wird von 15 Bronzeplatten mit Abbildungen literarischer Figuren wie Tom Sawyer und Moby Dick eingerahmt. Das ganze Jahr über werden kostenlose Veranstaltungen geboten wie Filmvorführungen, klassische Konzerte und jede Woche Geschichtenerzählen für Babys, Kleinkinder und Kinder im Vorschulalter.

◉ Bedford-Stuyvesant & Crown Heights

Bedford-Stuyvesant ist New Yorks größtes afroamerikanisches Viertel. Notorious BIG ist hier aufgewachsen und Spike Lee hat hier seinen Film *Do the Right Thing* gedreht. Das Viertel besetzt zwischen Flushing und Atlantic Ave eine gewaltige Fläche inmitten von Brooklyn und besteht aus einer Mischung von herausgeputzten historischen Blocks, verschlafenen Straßenzügen mit maroden Reihenhäusern und trostlosen Neubauanlagen mit Sozialwohnungen. Der Stuyvesant Heights Historic District (Ecke Lewis Ave und Decatur St; Subway A/C bis Utica Ave) liegt an der südlichen Grenze von Bed-Stuy und wetteifert mit Brooklyn Heights und Park Slope um die herrlichsten Brownstone-Häuser vom Ende des 19. Jhs.

Südlich der Atlantic Ave liegt Crown Heights, ein afrokaribisches und afroamerikanisches Viertel, das für die prächtige West Indian Day Parade bekannt ist (jährlich am Labor Day, 1. September).

Einige Gegenden an der Grenze zu Bushwick und East New York können etwas ungemütlich werden. Abenteuerlustige sollten sich umhören, bevor sie hierhin aufbrechen.

BROOKLYN CHILDREN'S MUSEUM MUSEUM
(www.brooklynkids.org; 145 Brooklyn Ave Höhe St Marks Ave, Crown Heights; Eintritt 9 $, Do 15–17 Uhr frei; ⊙Di–So 10–17 Uhr; ♿; ⓈC bis Kingston–Throop Ave; 3 bis Kingston Ave) Kinder lieben das 1899 gegründete, verspielte Museum in dem hellgelben, L-förmigen Gebäude. Zur Sammlung gehören fast 30 000 kulturgeschichtliche (Musikinstrumente, Masken, Puppen) und naturhistorische Objekte (Steine, Mineralien und das komplette Skelett eines asiatischen Elefanten). Das Museum liegt neben dem Brower Park und etwa 1,6 km von der Grand Army Plaza entfernt.

GREEN-WOOD CEMETERY

Wer ein wirklich schönes und friedliches Plätzchen in Brooklyn erleben möchte, sollte den **Green-Wood Cemetery** (Karte S. 478; www.green-wood.com; 500 25th St Höhe Fifth Ave; 7.45–17 Uhr; R bis 25th St) GRATIS besuchen. Der historische Friedhof liegt am höchsten Punkt des Stadtviertels und erstreckt sich über hügelige 200 ha. Die unzähligen Gräber, Mausoleen und Waldstücke sind durch ein verworrenes Straßen- und Wegenetz verbunden – perfekt fürs zielloses Schlendern.

Der Friedhof wurde 1838 gegründet und ist letzte Ruhestätte diverser bekannter Persönlichkeiten. Insgesamt liegen hier um die 600 000 Menschen begraben – das entspricht etwa einer Länge von 850 km, wenn man sie hintereinander legt. Bekanntere „Bewohner" sind der Erfinder Samuel Morse, der Gangster Joey Gallo, der Sklavenbefreier Henry Ward Beecher und Jean-Michel Basquiat, Graffitikünstler der 1980er-Jahre und ein Sohn Brooklyns.

Der beste Ort des Friedhofs ist sein höchster Punkt, **Battle Hill**, wo die Kontinentalarmee die britischen Truppen 1776 bei der Schlacht von Long Island zurückschlug. An das Ereignis erinnert eine 2 m hohe Statue der Minerva, der römischen Göttin der Weisheit, die der Freiheitsstatue in der Ferne zuwinkt.

Am Eingang liegen kostenlose Pläne des Friedhofs aus. Mittwochs um 13 Uhr wird eine Führung mit dem Bus angeboten (15 $ pro Person). Die Besucher sollten sich nicht von den kreischenden grünen Papageien erschrecken lassen, die auf dem gotischen Eingangstor nisten. Sie sind 1980 aus einem Verschlag am Flughafen ausgebüxt und leben seitdem hier.

Tipp: Im Sommer Mückenschutzmittel nicht vergessen.

WEEKSVILLE HERITAGE CENTER HISTORISCHE STÄTTE

(718-765-5250; www.weeksvillesociety.org; 1698 Bergen St zw. Rochester & Buffalo Ave, Crown Heights; Eintritt 5 $; Führungen Di–Fr 15 Uhr; A/C bis Utica Ave) 1838 kaufte ein freier Afroamerikaner namens James Weeks am Rand der bewohnten Gebiete Brooklyns ein Stück Land, um dort eine Siedlung freier, afroamerikanischer Unternehmer, Ärzte, Arbeiter und Handwerker zu gründen. Das Dorf wurde nach und nach von Brooklyn übernommen, aber drei der historischen Holzhäuser (Hunterfly Road Houses) stehen noch und können besichtigt werden.

Und das Zentrum wächst immer weiter: Inzwischen sollte ein über 1700 m² großes, energieeffizientes und umweltfreundliches Gebäude eröffnet haben, mit Oral-History-Labor, Medienzentrum, Ausstellungsräumen und Aufführungssaal; außerdem soll es eine neue Kleinfarm und eine botanische Sammlung geben. Der Anfahrtsweg ist recht lang, aber für Geschichtsfans lohnt er sich allemal. Wer an einer Führung teilnehmen möchte, sollte sich vorher telefonisch anmelden.

WYCKOFF HOUSE HISTORISCHES GEBÄUDE

(718-629-5400; www.wyckoffassociation.org; 5816 Clarendon Rd zw. 59th St & Ralph Ave, East Flatbush; Erw./Kind 5 $/frei; Führungen Fr & Sa 13 & 15 Uhr sowie nach Vereinbarung; B8 bis Beverley Rd/Ralph Ave, B, Q bis Newkirk Plaza) Das 1652 gebaute Pieter Claesen Wyckoff House ist das älteste Gebäude New Yorks. In und um das Bauernhaus im holländischen Kolonialstil wurde noch bis 1901 landwirtschaftlich gearbeitet. Die Außenwände sind mit Holzschindeln verkleidet und die Türen sind im holländischen Stil geteilt („Klöntür"). Das Haus befindet sich in East Flatbush. Reservierung erforderlich. Eine Wegbeschreibung zum Haus befindet sich auf der Website oder man fragt telefonisch nach.

◉ Coney Island & Brighton Beach

Aus Lower Manhattan fährt die Subway etwa eine Stunde bis zu diesen zwei benachbarten Ortsteilen am Atlantik. Brighton Beach im Osten ist ruhiger mit Cafés und Lebensmittelläden, die in kyrillischer Schrift beworben werden und sich an die großen russisch- und ukrainischstämmigen Bevölkerungsteile wenden. Coney Island, etwa 1,5 km westlich, ist schillernder, mit Vergnügungsfahrten, Bars entlang der Promenade und einem wundersamen Defilee der bunten Menschheit.

Die beiden Gemeinden sind durch die Promenade miteinander verbunden, die sich den ganzen Strand entlang erstreckt. Im Sommer ist das der ideale Ort zum Sehen und Gesehenwerden.

CONEY ISLAND VIERTEL
Siehe S. 284.

NEW YORK AQUARIUM AQUARIUM
Karte S. 481 (www.nyaquarium.com; Surf Ave & W 8th St; Eintritt 10 $; ⏱Juni–Aug. 10–18 Uhr, Sept.–Mai bis 16.30 Uhr; 🚻; ⓈF, Q bis W 8th St-NY Aquarium) Dieses kinderfreundliche Aquarium lädt dazu ein, die Kreaturen der Ozeane zu entdecken. Höhepunkte sind die Seehund-Shows, die in einem Freiluft-„Aquatheater" mit Stadionsitzen stattfinden. Freitags ab 15 Uhr (im Sommer ab 16 Uhr) ist der Eintrittspreis eine Spende.

Leider wurde das New York Aquarium durch den Hurrikan Sandy schwer beschädigt. Bei Redaktionsschluss waren einige Teile des Aquariums geschlossen und rund die Hälfte der Tiere an andere Orte ausgelagert (daher der reduzierte Eintrittspreis – vor Sandy kostete der Eintritt 15 $). Neben den Instandsetzungsarbeiten stehen aber noch weitere Baumaßnahmen auf den Plan: Das Aquarium wird für 150 Mio. $ ausgebaut und 2016 soll eine tolle neue Haiabteilung eröffnet werden, „Ocean's Wonders: Sharks!".

ESSEN

Hochwertige Küche, Retrostyle und exquisite Menüs, aber auch unzählige kulinarische Varianten der einfachen und unaufgeregten Multikulti-Küche. Nach Brooklyn fährt man am besten mit gutem Appetit – und mit gut gefülltem Portemonnaie.

Williamsburg, Greenpoint & Bushwick

PETER PAN BAKERY BÄCKEREI $
Karte S. 474 (727 Manhattan Ave, Brooklyn; ⏱9–19 Uhr; ⓈG bis Nassau Ave) Die Peter Pan Bakery an der Hauptstraße von Greenpoint erfreut sich dank ihrer schnörkellosen, aber guten Backwaren und ausgezeichneten belegten Brötchen und Bagels (z. B. einem getoasteten Mohnbrötchen mit Schinken, Ei und Käse) und dank der sehr günstigen Preise schon seit Langem großer Beliebtheit. Sitzplätze gibt's nur am Tresen oder man nimmt sich das Erworbene mit und verschlingt es im McCarren Park.

MEATBALL SHOP ITALIENISCH $
Karte S. 474 (☎718-551-0520; www.themeatballshop.com; 170 Bedford Ave zw. 7th & 8th St, Williamsburg; Frikadellen 10–11 $; ⏱So–Do 12–2, Fr & Sa bis 4 Uhr; ⓈL bis Bedford Ave) Dieser Williamsburger Favorit mit Fleischwölfen an den Wänden überredet den stetigen Gästestrom mit heißen und leckeren Fleischbällchen zu immer neuen Besuchen. Mit Ablegern in der Lower East Side (S. 119) und im West Village.

CHAMPS VEGETARISCH $
Karte S. 474 (www.champsdiner.com; 176 Ainsle St Höhe Leonard St; Sandwiches & Salate 9–12 $; ⏱9–23 Uhr; 📶🍴; ⓈL bis Lorimer, G bis Metropolitan) Dieser helle Vegetarierimbiss verkauft Gebäck (die Croissants sind besonders beliebt) und eine Auswahl an Sandwiches und Salaten. Gute Preise und das Frühstück, das den ganzen Tag serviert wird, halten den Laden am Laufen.

PIES-N-THIGHS AMERIKANISCH $
Karte S. 474 (www.piesnthighs.com; 166 S 4th St Höhe Driggs Ave; Hauptgerichte 8–15 $; ⏱morgens, mittags & abends, So Brunch; ⓈJ/M/Z bis Marcy Ave, L bis Bedford Ave) Die Karte scheint darauf ausgerichtet, die Grundlage für ein ordentliches Trinkgelage zu bieten: Es gibt viel gebratenes Hühnchen und mächtige Käsemakkaroni und dazu zahlreiche süße Sachen. Am beliebtesten sind die Brathühnchen-Box (drei Stücke mit einer Beilage) und das Brötchen mit Hühnchen, ein lockeres, frisch gebackenes Brötchen, gefüllt mit gebratener Hühnerbrust mit einer scharfen Sauce und Honig. Platz lassen für die Bourbon-Pekannuss-Pastete!

MARLOW & SONS MODERN AMERIKANISCH $$
Karte S. 474 (☎718-384-1441; www.marlowandsons.com; 81 Broadway zw. Berry St & Wythe Ave; Hauptgerichte mittags 13–16 $, abends 17–27 $; ⏱8–24 Uhr; ⓈJ/M/Z bis Marcy Ave, L bis Bedford Ave) Das schummrig beleuchtete, holzverkleidete Restaurant wirkt wie ein altes Bauernhauscafé. Hier treffen sich jeden Abend zahlreiche Gäste, um Austern und erstklassige Cocktails zu schlürfen oder sich an dem wechselnden Angebot an Spezialitäten aus regionalen Zutaten zu ergötzen wie geräucherter Schweinelende,

DIE BESTEN PIZZABÄCKER BROOKLYNS

New York ist für viele Dinge bekannt: quietschende Subways, riesige Wolkenkratzer, blinkende Lichter und auch für seine Pizza, die in allerlei Varianten – von klebrig-weich bis saucengetränkt – zubereitet wird. Hier eine Liste einiger der besten Pizzerien der Stadt:

DiFara Pizza (www.difara.com; 1424 Ave J, Ecke E 15th St; 12–16 & 19–21 Uhr; B/Q bis Avenue J) In Midtown Brooklyn backt der Eigentümer Dom De Marco seit 1964 noch eigenhändig und liebevoll Pizzas nach traditionellen Rezepten. Warteschlangen sind nahezu garantiert.

Totonno's (S. 306) In dieser klassischen Coney-Island-Pizzeria gibt's Pizza nur, solange der Teig reicht.

Grimaldi's (Karte S. 480; 718-858-4300; www.grimaldisbrooklyn.com; 1 Front St, Ecke Old Fulton St, Brooklyn Heights; Pizza 12–16 $; mittags & abends; A, C bis High St) Legendäre Warteschlangen für legendäre Pizza in Dumbo.

Juliana's (S. 299) 2013 kehrte Pizzalegende Patsy Grimaldi nach Brooklyn zurück.

Lucali (S. 300) Der bekannte *pizzaiolo* in Caroll Gardens begann mit dem Backen seiner neapolitanischen Pizza einst als Hobby.

Franny's (S. 306) Ein modernes Bio-Restaurant in Park Slope bietet einfache Pizzastücke.

Roberta's (S. 298) Göttliche Pizzas mit frechen Namen wie „Gorgon Ramsay" aus dem Künstlerviertel Bushwick.

Wer mehrere Pizzas auf einmal probieren möchte, sollte sich bei Scott's Pizza Tours (S. 105) anmelden. Die Führung klappert die berühmtesten Ofenbäcker der Stadt ab – zu Fuß oder mit dem Bus.

---

knuspriger Pizza, karamellisierten Rüben oder lockeren spanischen Tortillas. Beliebt ist auch der Brunch – dabei muss man sich aber auf Wartezeiten einstellen.

RYE
MODERN AMERIKANISCH $$

Karte S. 474 (718-218-8047; 247 S 1st St zw. Roebling & Havemeyer St; Hauptgerichte 16–28 $; Mo–Fr 18–23, Sa & So ab 12 Uhr; L bis Lorimer St, J/M bis Marcy Ave) Eine weitere Williamsburger Zeitreise: Dieses einladende Lokal mit langer Mahagonitheke verströmt ein Ambiente, das ans frühe 20. Jh. erinnert. Das Angebot an Speisen ist eher klein, dafür sind diese gut zubereitet: Long-Island-Entenbrust, geschmorte flache Rippe und pfannengebratener Rochen, dazu Klassiker wie Käsemakkaroni, Schweinebauch-Sandwiches und eine Fischtheke mit z. B. Austern und Shrimps-Cocktails.

Zur Happy Hour unter der Woche von 17.30 bis 19 Uhr gibt's den Whiskey-Cocktail Old Fashioned und Burger für je 5 $.

MISS FAVELA
BRASILIANISCH $$

Karte S. 474 (718-230-4040; www.missfavela.com; 57 S 5th St, Ecke Wythe St; Hauptgerichte 16–30 $; 12–24 Uhr; J/M bis Marcy Ave, L bis Bedford Ave) Dieses kleine Lokal bei der Williamsburg Bridge serviert herzhafte brasilianische Kost wie *moqueca* (Fischeintopf mit Kokosmilch) und *picanha* (saftiges Steak); als Vorspeise bieten sich *bolinhos de bacalhau* (Kabeljaubällchen) an und zum Essen passt bestens ein Caipirinha (oder auch drei). Samstags wird Live-Samba und *feijoada* (Schwarzbohnen-Schweinefleisch-Eintopf) geboten, sonntags Live-*forró* (Musik aus Nordostbrasilien). Bei gutem Wetter auch Tische draußen.

CUBANA SOCIAL
KUBANISCH $$

Karte S. 474 (718-782-3334; 70 N 6th St zw. Kent & Wythe; Hauptgerichte 12–21 $; Mo–Do 12–24, Fr bis 4, Sa 10–4, So 10–24 Uhr; L bis Bedford Ave) Getreu seinem Namen bietet das Cubana Social ein altmodisches Havanna-Flair der 1950er-Jahre. In einem offenen Raum mit kleiner Bühne werden an kleinen, kerzenbeschienenen Tischen langsam geröstetes Schweinefleisch, *ropa vieja* (eine Art Rindfleischeintopf) und Empanadas serviert. Donnerstags bis samstags erklingt an den Abenden außerdem Livemusik (Jazz, afrokubanisch, Latino).

ROBERTA'S
PIZZERIA $$

Karte S. 474 (www.robertaspizza.com; 261 Moore St, Nähe Bogart St, Bushwick; Pizzas 9–17 $, Hauptgerichte 13–28 $; ⏱11–24 Uhr; ✐; Ⓢ L bis Morgan Ave) In diesem bei Hipstern äußerst beliebten Restaurant in einem alten Lagerhaus gibt es zuverlässig einige der besten Pizzas von New York. Die Bedienung kommt vielleicht etwas affektiert daher und es gibt lange Wartezeiten (mittags geht's noch), aber die Pizzas aus dem Steinofen haben genau die richtige Konsistenz: weich und saftig. Die klassische Margherita ist souverän einfach. Abenteuerlustigere Gaumen können sich an die Darkwing (Mozzarella, gepökelte Ente, Rosenkohl) wagen.

Es gibt eine Bar im Garten, an der man bei einem Bier, Wein oder Cocktail auf seine Bestellung warten kann. Auch der Wochenend-Brunch ist sehr beliebt.

MOMO SUSHI SHACK
JAPANISCH $$

Karte S. 474 (www.momosushishack.com; 43 Bogart St zw. Moore & Seigel St, Bushwick; Sushirollen 5–12 $; ⏱tgl. 12–15.30 & Mo–Do 18–22.30, Fr & Sa bis 24 Uhr; ✐; Ⓢ L bis Morgan Ave) Drei Gemeinschaftstische stehen in diesem Laden mit Industrielook, in dem die einfallsreichen japanischen Tapas gleich mit einer Anleitung zum Essen serviert werden. Von den Feinschmeckerallüren abgesehen, ist das Essen erstaunlich gut – die Klassiker sind superfrisch, die modernen Gerichte ein Augenschmaus, darunter Reiskroketten mit Kürbis, Salbei, Walnuss und Mozzarella. Es gibt auch ein vegetarisches Angebot und eine gute Auswahl an Sake. Nur Barzahlung.

FETTE SAU
BARBECUE $$

Karte S. 474 (☎718-963-3404; www.fettesaubbq.com; 354 Metropolitan Ave zw. Havenmeyer & Roebling St, Williamsburg; Schweinerippen oder Brust 22 $ pro 450 g; ⏱Mo–Fr 17–23, Sa & So ab 12 Uhr; Ⓢ L bis Bedford Ave) BBQ-hungrige Bewohner von Brooklyn fallen in Massen bei der Fetten Sau ein. In der ehemaligen Autokarosseriewerkstatt mit Zementboden und Holzbalken kommen Rippen, Brust und Pastrami auf den Teller. Alles wurde im Haus geräuchert und dazu gibt es verschiedene Beilagen – nicht verpassen sollte man die besonders lecker zubereitete Rinderbrust (*burnt ends*) mit weißen Bohnen: pfeffrig, nicht zu süß und zum Überlaufen voll mit Fleischstücken. Außerdem gibt es eine gute Auswahl an Bourbon, Whiskey und Bier.

WATER TABLE
MODERN AMERIKANISCH $$$

(www.thewatertablenyc.com; India St Pier, Greenpoint; Festpreismenü 75 $; ⏱Fr & Sa 19.30–22 Uhr; Ⓢ G bis Greenpoint Ave) Das Water Table punktet besonders durch Originalität: Es befindet sich in einem rustikal umgebauten Patrouillenboot der Kriegsmarine aus dem Zweiten Weltkrieg. Das dreigängige Abendmenü (zuletzt gab's z. B. Grünkohlsalat, Venusmuschelsuppe, Bouillabaisse und Ricotta-Fleischbällchen) schiene überteuert, würde man nicht an in der Dunkelheit glitzernden Wolkenkratzern und der Freiheitsstatue vorbeischippern. Reservierung über die Website erforderlich.

PETER LUGER STEAKHOUSE
STEAKHAUS $$$

Karte S. 474 (☎718-387-7400; www.peterluger.com; 178 Broadway, Nähe Driggs Ave, Williamsburg; Porterhouse für 2 Pers. 100 $; ⏱mittags & abends; Ⓢ J/M/Z bis Marcy Ave) New Yorks berühmtestes Steakhouse (seit 1887) serviert ein unglaublich zartes Porterhousesteak. Vorab reservieren, nur Barzahlung.

🍴 Brooklyn Heights, Downtown Brooklyn & Dumbo

BROOKLYN ROASTING COMPANY
CAFÉ $

Karte S. 480 (25 Jay St, Ecke John St; Kaffee 1,50–4 $; ⏱7–19 Uhr; 📶; Ⓢ F bis York St, A/C bis High St) Diese große Café ist zugleich Hauptquartier einer der besten Röstereien Brooklyns. Hier wird Kaffee sehr ernst genommen – alle Bohnen stammen aus Fair-Trade-Handel und sind bio –, und wer hier einen Kaffee getrunken (und vielleicht dazu einen Donut von Dough gegessen) hat, ist bestimmt versucht, das eine oder andere Päckchen Kaffee mit nach Hause zu nehmen.

BROOKLYN ICE CREAM FACTORY
EISCREME $

Karte S. 480 (www.brooklynicecreamfactory.com; Fulton Landing, Water & Old Fulton St, Brooklyn Heights; Kugeln/Shakes 4/7 $; ⏱12–22 Uhr; 👪; Ⓢ A/C bis High St) In Sichtweite der Manhattan und der Brooklyn Bridge bietet dieser Laden in einem alten Löschbootschuppen Eis und Milchshakes.

⭐ VINEGAR HILL HOUSE
AMERIKANISCH $$

Karte S. 480 (www.vinegarhillhouse.com; 72 Hudson Ave zw. Water & Front St, Vinegar Hill; Brunch 12–14 $, Hauptgerichte abends 25–30 $; ⏱Mo–

Do 18–23, Fr & Sa bis 23.30, So ab 11 Uhr; 🚇; Ⓢ F bis York St) Etwas ab vom Schuss in Vinegar Hill hat sich dieses gemütliche Lokal in einer bezaubernden Gegend mit lauter Secondhand- und Krimskramsläden niedergelassen. Gäste sollten sich von der bescheidenen Ausstattung nicht täuschen lassen. Chefkoch Brian Leth zaubert ausgefeilte Gerichte, die belebend frisch und schnörkellos sind, wie die flache Rippe vom Kalb mit Pfifferlingen, Möhren und Kohl oder der Seesaibling mit Roter Bete, Joghurt, Mohnsamen und Müsliflocken.

Es gibt eine lange Weinkarte mit französischen Tropfen (ab 38 $ pro Flasche) sowie traditionelle Cocktails. Das Lokal ist beliebt, besonders im Sommer, wenn auch im Hinterhof serviert wird. Wer nicht warten möchte, sollte zur Öffnung des Lokals da sein.

GANSO   JAPANISCH $$

Karte S. 480 (25 Bond St zw. Fulton & Livingston St; ramen 13–15 $; ⏰12–22 Uhr; Ⓢ 2/3 bis Hoyt St; A/C, G bis Hoyt-Schermerhorn) Das Ganso ist in einer Ecke von Brooklyn (bei der Fulton St Mall) versteckt, wo man es nicht erwarten würde. Es ist ein gemütliches, holzverkleidetes Restaurant, in dem mit das *ramen* in Brooklyn serviert wird. Ein Hit ist die pikante Miso-Suppe mit Schweinebauch (es gibt auch eine vegetarische Variante) und auch die Vorspeisen sind köstlich: *gyoza* (Klößchen) mit knusprigem Schweinefleisch, Salat mit *hijiki*-Algen und Brötchen mit Fleisch von der flachen Rippe oder Schweinebauch.

ALMAR   ITALIENISCH $$

Karte S. 480 (📞718-855-5288; 111 Front St zw. Adams & Washington St, Dumbo; Hauptgerichte 14–26 $; ⏰Mo–Do 8–22.30, Fr bis 23, Sa 9–23, So 10–17 Uhr; 🚇; Ⓢ F bis York St, A/C/E bis High St) Ein einladendes italienisches Restaurant in Dumbo, das Frühstück, Mittag- und Abendessen in einem gemütlichen, holzgetäfelten Raum serviert. Alfredos Fleischbällchen sind erstklassig, ebenso wie die mächtige, fleischlastige Lasagne Bolognese. Und wer Meeresfrüchte bevorzugt, sollte die einfachen und delikaten Cavatelli mit Muscheln, Krabben und Kirschtomaten probieren – hier wird nicht an Krustentieren gespart. Zum Frühstück gibt's Muffins und Kaffee, zum Mittag Panini, und die kleine, einladende Bar ist perfekt für einen Schluck Wein und ein Schälchen Oliven.

JULIANA'S   PIZZERIA $$

Karte S. 480 (19 Old Fulton St zw. Water & Front St; Pizza 16–30 $; ⏰11.30–23 Uhr; Ⓢ A/C bis High St) Der legendäre, über 80 Jahre alte Pizza-Maestro Patsy Grimaldi ist triumphal nach Brooklyn zurückgekehrt, und zwar mit dem 2012 eröffneten und nach seiner verstorbenen Mutter benannten Juliana's.

Patsy und seine Frau Carol waren die ursprünglichen Eigentümer des Grimaldi's. Sie verkauften es an Frank Ciolli, der das immer noch berühmte Restaurant seitdem betreibt. Da es nun zwei tolle Pizzerien nebeneinander gibt, sind die Warteschlangen nicht mehr gar so lang, doch ist es nach wie vor besser, früh da zu sein, wenn man nicht lange warten möchte. Und wo ist die Pizza besser? Für unseren Geschmack im Juliana's, wo perfekte Pizzas serviert werden, sowohl klassisch belegt als auch kreativ wie die Nr. 5 mit Räucherlachs, Ziegenkäse und Kapern.

SUPERFINE   MODERN AMERIKANISCH $$

Karte S. 480 (📞718-243-9005; 126 Front St Ecke Pearl Pl, Dumbo; Hauptgerichte 15–30 $; ⏰Di–So mittags & abends; Ⓢ F bis York St) Dieser lässige Treffpunkt ist für seinen sonntäglichen Brunch berühmt. Dann sitzen hier die Einwohner von Dumbo, schlürfen an ihrer Bloody Mary und lauschen den relaxten Sounds der DJs. Es gibt zwei Fensterfronten und die über die Manhattan Bridge rumpelnde Hochbahn verleiht dem Ganzen ein besonderes Flair. Es gibt mediterrane, mexikanische und amerikanische Gerichte.

RIVER CAFÉ   AMERIKANISCH $$$

Karte S. 480 (📞718-522-5200; www.rivercafe.com; 1 Water St, Brooklyn Heights; Brunch 55 $, Hauptgerichte mittags 23–30 $, Festpreismenü abends 3/6 Gänge 100/135 $; ⏰tgl. mittags & abends, Sa & So Brunch; 🚇; Ⓢ A, C bis High St) Am Fuß der Brooklyn Bridge liegt dieses schwimmende Wunder, von dem Gäste einen herrlichen Blick auf Downtown Manhattan haben. Und auch die moderne amerikanische Küche kann sich sehen lassen. Hurrikan Sandy setzte dem Restaurant arg zu, das erst Anfang 2014 wieder eröffnete. Zu den Spezialitäten des Hauses gehören Wagyu-Tatar, Foie gras aus dem Hudson Valley, Entenbrust mit Lavendelglasur und Nova-Scotia-Hummer. Die Atmosphäre ist etwas steif (nach 17 Uhr herrscht Jackettzwang), aber ausgesprochen romantisch.

✗ Fort Greene, Clinton Hill & Bedford-Stuyvesant

★ DOUGH BÄCKEREI $
(305 Franklin Ave, Ecke Lafayette Ave, Clinton Hill; Donuts um 3 $; ⏰7–17 Uhr; 📞; Ⓢ G bis Classon Ave) An der Grenze von Clinton Hill und Bed-Stuy liegt dieser kleine Laden, etwas abseits, aber für Backwarensüchtige ein absolutes Muss. Die lockeren Donuts werden in unübersehbar viele verschiedene Glasuren getunkt – es geht klassisch mit Zucker bis hin zu exotischen Geschmacksrichtungen wie Pistazie, Blutorange und Hibiskus. Göttliche Donuts für jeden Geschmack.

PEACHES SÜDSTAATENKÜCHE $$
(www.peachesbrooklyn.com; 393 Lewis Ave, Bedford-Stuyvesant; Hauptgerichte 14–21 $; ⏰mittags & abends; Ⓢ A/C bis Utica) Dank gemütlicher Atmosphäre und leckerer Südstaatenküche gehört das Peaches zu den beliebten Lokalen von Bed-Stuy. Die in der Steinmühle gemahlene Maisgrütze mit scharf angebratenem Seewolf ist zu jeder Stunde ein beliebtes Essen, während der French Toast vor allem zum Brunch bestellt wird. Der Teller mit drei gemischten Beilagen bietet eine leckere vegetarische Alternative: Die Gäste können sich dabei nach Wunsch einen Teller zusammenstellen, z. B. mit süßem Mais-Bohnen-Eintopf, gedünstetem Spinat und klebrigen Käsemakkaroni.

NO 7 FUSIONSKÜCHE $$
Karte S. 476 (📞718-522-6370; www.no7restaurant.co; 7 Greene Ave, Fort Greene; Hauptgerichte 18–25 $; ⏰Di–Sa 17.30–23, So 16–21, Sa & So 12–15 Uhr; 🍴; Ⓢ C bis Lafayette Ave) Dieses lauschige Fort-Greene-Urgestein präsentiert das Können des Chefkochs Tyler Kord. Es gibt vor allem ausgefallene Kreationen wie einen Ingwer-Hühnchen-Tortilla-Auflauf und Fisch-Tacos mit Wassermelonenrinde, Mayonnaise mit *yuzu* (einer asiatischen Zitrusfrucht) und Cheddar. Dazu kommen noch frech benannte Cocktails.

WALTER'S MODERN AMERIKANISCH $$
Karte S. 476 (166 DeKalb Ave, Ecke Cumberland St; Hauptgerichte 16–34 $; ⏰Mo–Fr 11–24, Sa & So ab 9 Uhr; Ⓢ B, Q/R bis DeKalb Ave) Das an einer idyllischen Ecke gleich beim Fort Greene Park gelegene altmodische Walter's serviert schwere Südstaaten- und Bistrokost mit einigen kreativen Einschlägen. Tipps: scharf angebratener Wels mit Rotkohlsalat, würziger Fischeintopf und zuverlässig gute Burger (wer's etwas dekadenter mag, bestellt sie mit Frühstücksspeck).

Toll sind auch die *raw bar* (Seafoodtheke) mit Austern, Hummer und Sandklaffmuscheln, die Cocktails und der Brunch, dabei besonders das Brathuhn und die Waffeln.

ROMAN'S ITALIENISCH $$
Karte S. 476 (243 DeKalb Ave zw. Clermont & Vanderbilt; Hauptgerichte 16–28 $; ⏰tgl. 17–23 & Sa & So 12–16.30 Uhr; Ⓢ G bis Clinton–Washington Ave) Das kleine, muntere Roman's an der Gastromeile DeKalb Ave feiert mit seiner kleinen, allabendlich wechselnden Karte saisonale und regionale Zutaten von nachhaltig wirtschaftenden Farmen. Die Gerichte sind phantasievoll zusammengestellt und schön angerichtet: Rote Bete mit Orangen und Anchovis, *maccheroni* (Makkaroni-ähnliche Nudeln) mit Schweinswurst und Ricotta oder Wolfsbarschfilet mit grünen Oliven. Abgerundet wird das tolle Angebot durch kunstvoll gefertigte Cocktails und eine esoterische Weinkarte.

✗ Boerum Hill, Carroll Gardens, Gowanus & Red Hook

LUCALI PIZZERIA $
Karte S. 476 (📞718-858-4086; 575 Henry St Höhe Carroll St, Carroll Gardens; Pizzas 24 $, kleine Calzone 10 $, Beläge 3 $; ⏰Mi–Mo 18–22 Uhr; 🍴; Ⓢ F, G bis Carroll St) Kaum zu glauben: Aus diesem Lokal von Mark Iacono (das aussieht wie ein Wohnzimmer) kommen einige der leckersten Pizzas New Yorks. Alle haben eine einheitliche Größe und glänzen mit weicher Kruste, frischer Tomatensauce und superfrischem Mozzarella. Die Auswahl der Beläge ist nicht riesig, aber dafür hört man hier den authentischen Brooklyn-Akzent. Nur Barzahlung; Bier und Wein müssen mitgebracht werden.

Dieses Restaurant ist extrem beliebt: Man muss um 18 Uhr da sein, dem Personal seine Handynummer geben und sich darauf einstellen, erst ein paar Stunden später speisen zu können.

GOVINDA'S INDISCH, VEGAN $
Karte S. 476 (305 Schermerhorn zw. Nevins & Bond St; Mittagessen 7–8 $; ⏰Mo–Fr 12–15 Uhr; 🍴; Ⓢ 2/3, 4/5 bis Nevins St; A/C, G bis Schermer-

horn St) Govinda's residiert im Erdgeschoss eines Hare-Krishna-Tempels. Hier werden jeden Tag fünf oder sechs vegane Gerichte zubereitet wie Auberginen mit Parmesan, Gemüse-Curry, Linsensuppe, Samosas u. Ä. Außerdem gibt's cremige Desserts und alles wird im Cafeteria-Stil serviert. Das Ambiente ist nicht gerade umwerfend, aber für Veganer ist dieses Lokal ein echtes Geschenk Gottes.

MILE END DELI $

Karte S. 476 (www.mileendbrooklyn.com; 97a Hoyt St, Boerum Hill; Sandwiches 9–14 $; ⊙Di–So 11–16 & 17–22 Uhr; ⓢA/C/G bis Hoyt Schermerhorn St) Der Duft der geräucherten Würste begrüßt jeden, der dieses kleine Lokal in Boerum Hill betritt. Ziegelsteinwände und eine Handvoll großer Tische bestimmen die Atmosphäre im Mile End. Bei der geräucherten Rinderbrust auf Roggenbrot mit Senf (14 $) ist das Brot klebrig weich und das Fleisch zergeht im Mund. Außerdem gibt's hier klassische Bagels im Montrealer Stil sowie das wunderbare Matschessen *poutine* – Pommes frites mit Bratensauce und Käse – aus Quebec.

SAHADI'S SELBSTVERSORGER $

Karte S. 476 (www.sahadis.com; 187 Atlantic Ave zw. Court & Clinton St, Boerum Hill; ⊙Mo–Sa 9–19 Uhr; ⓢ2/3, 4/5 bis Borough Hall) In diesem arabischen Spezialitätengeschäft schlägt den Besuchern der Duft von frisch geröstetem Kaffee und von Gewürzen entgegen. An der Olivenbar gibt es zwei Dutzend verschiedene Sorten zur Auswahl und ebenso groß ist das Angebot an Broten, Käsen, Nüssen oder Hummus – mehr als genug, um die Versorgung eines ganzen Bataillons zu sichern.

FAIRWAY SUPERMARKT $

Karte S. 476 (718-254-0923; 480-500 Van Brunt St, Red Hook; ⊙8–22 Uhr; B61 bis Ecke Coffey & Van Brunt St, ⓢF, G bis Carroll St) Dieser weitläufige Supermarkt bietet eine große Auswahl an Broten, Käse, Oliven und geräuchertem Fleisch sowie leckere vorgekochte Gerichte. Das Café im Markt (8–20 Uhr) serviert ein einfaches Frühstück

---

SO KOCHT BROOKLYN

Regionale Zutaten, Nachhaltigkeit und jede Menge Kreativität – das sind die Kennzeichen der neuen kulinarischen Szene Brooklyns. Wer tiefer in die Materie eintauchen und vielleicht auch sehen möchte, wie die Köstlichkeiten zubereitet werden, sollte sich einmal die folgenden Bücher anschauen:

➤ *The New Brooklyn Cookbook* (2010) Rezepte, Geschichten und kulinarisches Wissen von 31 der besten Restaurants in Brooklyn.

➤ *Pok Pok* (2013) Andy Ricker taucht tief in die thailändische Küche ein, mit genauen Anweisungen zur Zubereitung dieser fabelhaft raffinierten Gerichte.

➤ *Roberta's Cookbook* (2013) Per Hand gefischte Jakobsmuscheln in Pflaumensaft, Orecchiette mit Ochsenschwanz-ragù und wunderbare Pizzen.

➤ *Four and Twenty Blackbirds Pie Book* (2013) Mit diesen verführerischen Rezepten der Elsen-Schwestern lässt sich die eigene Backkunst noch verfeinern.

➤ *Franny's: Simple, Seasonal, Italian* (2013) Ein wichtiger Leitfaden für grandiose Pizzas, Pastagerichte und Eiscremes.

➤ *The Frankies Spuntino Kitchen Companion & Cooking Manual* (2010) Schön gestaltetes Kochbuch voller Rezepte für neu interpretierte italo-amerikanische Klassiker.

➤ *One Girl Cookie* (2012) Saftige, zarte whoopie pies und andere süße Verführungen.

➤ *The Mile End Cookbook* (2012) Traditionelle jüdische Speisen neu erfunden.

➤ *Brooklyn Brew Shop's Beer Making Book* (2011) Klar verständliche Anleitungen zum Bierbrauen in den eigenen vier Wänden.

➤ *Mast Brothers Chocolate* (2013) Die fesselnde Geschichte des Schokoladenimperiums zweier Brüder; die Rezepte jedoch sind eher durchwachsen.

Das Allerneueste zur kulinarischen Szene Brooklyns bietet die Zeitschrift *Edible Brooklyn* (www.ediblebrooklyn.com).

1

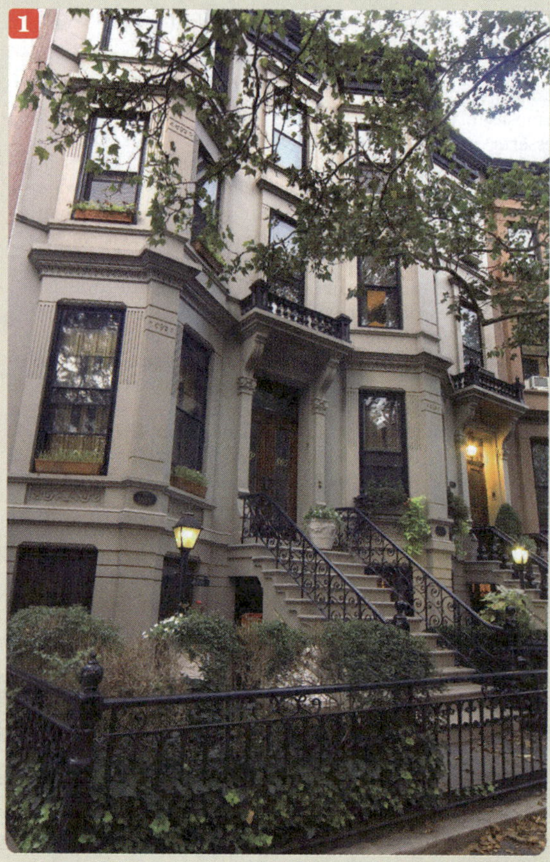

RUDI VON BRIEL / GETTY IMAGES ©

2

4

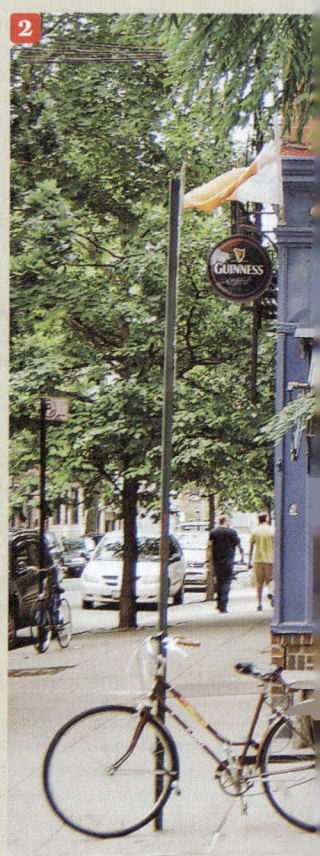

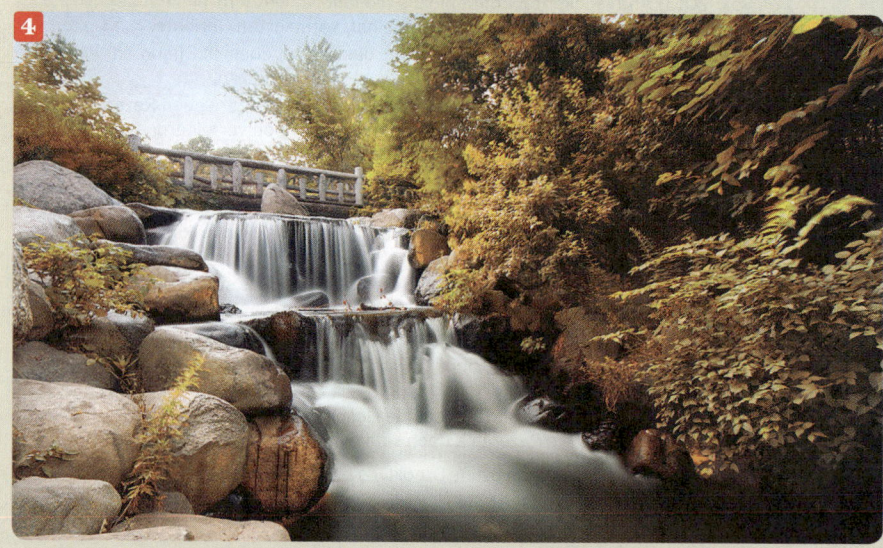

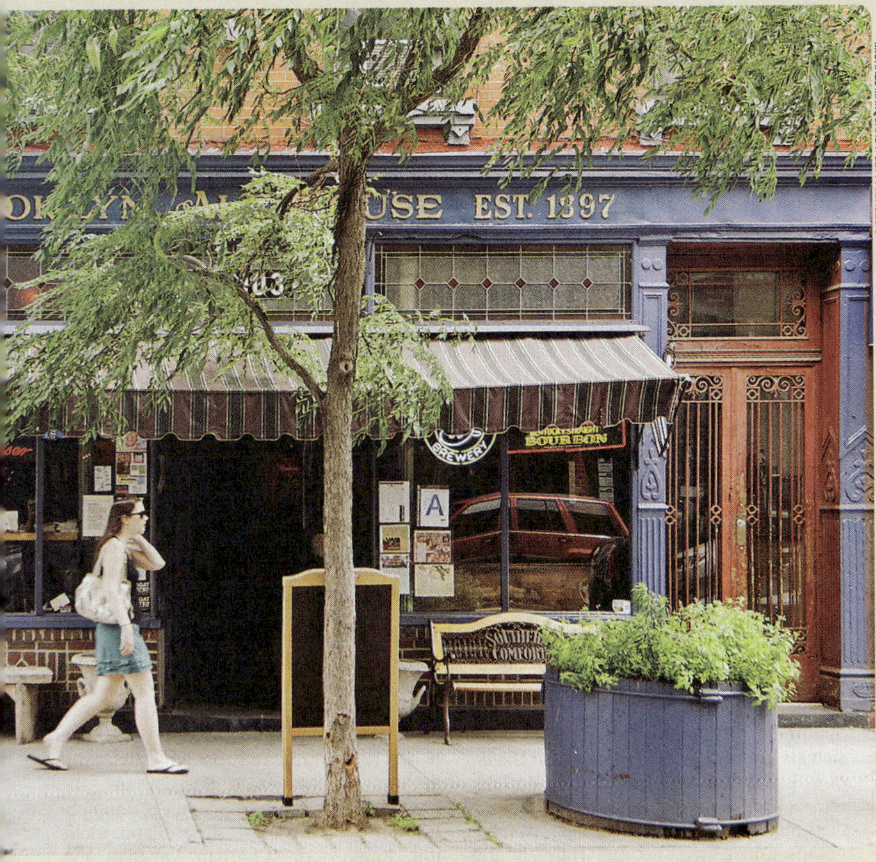

MICHAEL MARQUAND / GETTY IMAGES ©

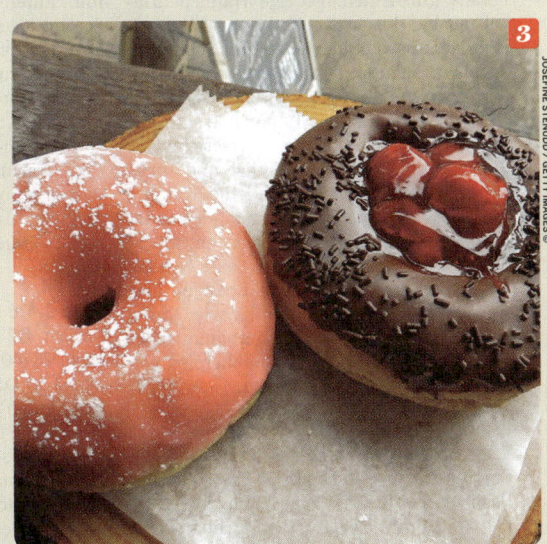

1. Prospect Heights (S. 294)
In diesem stimmungsvollen Teil Brooklyns wimmelt es von Läden, Restaurants und Cafés.

2. Williamsburg (S. 285)
Hippe Einheimische treffen sich in den trendigen Bars und Kneipen des Viertels.

3. Doughnuts
Hier locken Backwaren und Leckereien in einer Williamsburger Bäckerei.

4. Prospect Park (S. 283)
Der 236 ha große Park wurde mit Wasserfällen, Waldwegen und weitläufigen Hügeln einladend gestaltet.

3

JOSEFINE STENUDD / GETTY IMAGES ©

und Mittagessen und bietet darüber hinaus einen tollen Blick auf das Hafengebiet von Red Hook.

WHOLE FOODS   SUPERMARKT $

Karte S. 476 (214 3rd St zw. Third Ave & Bond St; 8–23 Uhr; R bis Union) Brooklyns erste Whole-Foods-Filiale ist ziemlich eindrucksvoll: Hier gibt's all jene Leckereien, die man hier erwartet, plus ein paar Überraschungen, u. a. ein 1850 m² großes Gewächshaus, in dem ein Teil der verkauften Lebensmittel angebaut wird, eine eigene Kaffeerösterei und einen großen Tresen mit Speisen – und man kann sogar Schallplatten kaufen. Wer sich von dem umwerfenden Angebot erschlagen fühlt, kann nach oben in die kleine Bar mit Essenstheke flüchten.

Hier kann man Burger, Pommes mit Trüffelölgeschmack, Käsemakkaroni oder Grünkohlsalat bestellen und aus über einem Dutzend Bieren aus Mikrobrauereien wählen. Von einer Terrasse bieten sich schöne Ausblicke – auf den dreckigsten New Yorker Wasserweg.

★ POK POK   THAI $$

Karte S. 476 (117 Columbia St, Ecke Kane St; Platten für mehrere Pers. 10–18 $; 17.30–22.30 Uhr; F bis Bergen St) Andy Rickers mit großer Spannung erwartetes New-York-Debüt hat sich als grandioser Erfolg erwiesen: Die der nordthailändischen Straßenküche entlehnten vielfältigen Aromen verleiten Freunde des guten Essens dazu, den langen Weg hier heraus anzutreten. Feurige Hähnchenflügel mit viel Fischsauce, pikanter Salat mit grüner Papaya und gesalzenen Schlammkrabben, Salat mit rauchig gegrillten Auberginen und süßer Schweinebauch mit Ingwer, Kurkuma und Tamarinde sind nur einige der vielen einzigartigen Gerichte.

Das Ambiente ist vergnüglich und etwas rümpelig und es gibt eine kleine Terrasse mit Lichterketten. Unter Umständen muss man lange auf einen Tisch warten; glücklicherweise gibt's gegenüber eine schöne kleine Bar, die Whiskey Soda Lounge – hier werden phantasievolle Drinks wie Tamarinden-Whiskey-Sour oder vietnamesischer Kaffee mit Brandy sowie Knabbereien von der Karte des Pok Pok serviert.

FRANKIES SPUNTINO   ITALIENISCH $$

Karte S. 476 (www.frankiesspuntino.com; 457 Court St zw. 4th Pl & Luquer St, Caroll Gardens; Hauptgerichte 16–22 $; 11–23 Uhr; F, G bis Carroll St) Frankies ist in der Nachbarschaft beliebt bei Paaren und Familien, aber auch aus Manhattan kommen viele Gäste wegen der herzhaften Pastagerichte, wie den Cavatelli mit heißen Würsten oder den Pappardelle mit geschmortem Lamm. Als *spuntino* (Imbiss) stehen hier aber vor allem die kleineren Gerichte im Vordergrund. Die saisonal zusammengestellte Karte bietet ausgezeichnete frische Salate, Käse, gepökeltes Fleisch und herrliche Crostini.

BROOKLYN CRAB   SEAFOOD $$

Karte S. 476 (24 Reed St zw. Conover & Van Brunt St; Hauptgerichte 16–30 $; Mi–So 11.30–22 Uhr; B61 bis Van Brunt & Coffey St, F, G bis Carroll St) Das gegenüber vom Fairway gelegene Brooklyn Crab ist ein lockeres dreistöckiges Restaurant, in dem an Picknicktischen gedämpfte Krebse, Austern, gebratener Kabeljau, selbst gepulte Shrimps und andere Köstlichkeiten aus dem Meer vertilgt werden. Mit Blick aufs Wasser, zarten Krustentieren und erfrischendem Allagash-White-Bier ist dies an einem sonnigen Tag ein wundervolles Plätzchen.

BATTERSBY   MODERN AMERIKANISCH $$

Karte S. 476 (718-852-8321; 255 Smith St zw. Douglass & Degraw St; Hauptgerichte 16–34 $, Probiermenü 75–95 $; 17.30–23 Uhr; F, G bis Bergen St) Das Battersby, eins der besten neuen Restaurants in Brooklyn, wartet mit großartigen saisonalen Speisen auf. Die kleine Karte wechselt regelmäßig; empfehlenswert sind etwa Kalbsbries, Pappardelle mit Enten-*ragù*, Chatham-Kabeljau mit geschmortem Fenchel und köstlich zartes Lamm. Die Räumlichkeiten präsentieren sich im urigen Brooklyn-Stil mit Plankenböden, nackten Backsteinwänden und Zinndecke, sind jedoch klein und eng.

Wer ohne lange zu warten einen Tisch ergattern möchte, sollte zur Öffnungszeit hier sein und einen Tisch reservieren – nur möglich für Gäste, die sich das Probiermenü gönnen.

DOVER   MODERN AMERIKANISCH $$$

Karte S. 476 (347-987-3545; www.doverbrooklyn.com; 412 Court St zw. 1st & 2nd Pl; Hauptgerichte 28–40 $; 17.30–22.30 Uhr; F, G bis Carroll St) Das Dover, betrieben von denselben Leuten wie das Battersby, öffnete Ende 2013 die Pforten: Hier gibt's mehr Platz, eine Terrasse und ansonsten gleichermaßen eindrucksvolle Braten-, Pasta- und Meeresfrüchtegerichte – die Preise sind allerdings hoch. Echte Gourmets verwöhnen sich mit dem siebengängigen Verkostungsmenü (95 $). Reservierung über die Website.

✕ Park Slope & Prospect Heights

SOUTHSIDE COFFEE CAFÉ $
Karte S. 478 (☏347-599-0887; 652 Sixth Ave zw. 19th & 20th St, Park Slope; 🛜; ⓢF bis 7th Ave, R bis Prospect Ave) Dieses kleine Lokal am südlichen Ende von Park Slope hat mit leckeren Pasteten, ausgezeichnetem Kaffee und freundlichen Baristas eine begeisterte, eingefleischte Stammkundschaft gewonnen. Die Cappuccinos mit kleinen Bildern im Schaum haben etwas Künstlerisches und sonntags gibt es frisch gebackene Zimtschnecken.

BIERKRAFT SANDWICHES, BIER $
Karte S. 478 (191 Fifth Ave zw. Berkeley Pl & Union St; Sandwiches 11 $; ⊘12–23 Uhr; 🛜; ⓢR bis Union St) Mit seinen Hunderten verschiedenen Bieren und den regelmäßigen Bierverkostungen (zurzeit dienstags 19 Uhr) rangiert Bierkraft bei den Brooklyner Bierfreunden ganz oben. Aber hier werden auch ausgezeichnete belegte Baguettes dargeboten, mit vor Ort geröstetem Fleisch, Parmaschinken, höhlengereiftem Gruyère u. Ä. In Sachen Nachtisch hinterlassen die Eiscreme-Sandwiches einen tiefen Eindruck. Für warme Tage gibt's eine Terrasse oder man nimmt sich was mit und macht sich bergan auf den Weg zum Prospect Park.

KIMCHI GRILL FUSIONSKÜCHE $
Karte S. 478 (www.kimchitacotruck.com; 766 Washington Ave zw. Sterling & Park Pl; Hauptgerichte 8–10 $; ⊘12–22 Uhr; ⓢ2/3 bis Eastern Pkwy-Brooklyn Museum) Was als der berühmte Food Truck Kimchi Taco begann, ist nun ein kleines, quirliges Lokal mit bemalten Backsteinwänden und nur ein paar wenigen Tischen – man kann sich auch Speisen zum Prospect Park mitnehmen. Die interessante Korea-Mexiko-Kombo umfasst ausgezeichnete Tacos mit gegrillter flacher Rippe vom Rind und Kimchi sowie erstklassige Kimchi-*arancini* (Reisbälle); im Angebot sind auch vegane und glutenfreie Gerichte.

TOM'S RESTAURANT DINER $
Karte S. 478 (☏718-636-9738; 782 Washington Ave Höhe Sterling Pl, Prospect Heights; ⊘6–16 Uhr; ⓢ2/3 bis Eastern Pkwy–Brooklyn Museum) Dieser Diner liegt nur drei Blocks vom Brooklyn Museum entfernt. Es gibt ihn seit 1936, und so sieht es hier auch aus – wie Omas vollgestelltes Wohnzimmer. Das Essen ist gut und einfach und das spottbillige Frühstück gibt es den ganzen Tag lang: zwei Eier, Toast und Kaffee mit Bratkartoffeln oder Grütze für nur 4 $. Handgemalte Wandtafeln werben für die Spezialitäten des Hauses; die Blaubeer-Ricotta-Pancakes mit Zitronenschale sind ein Knüller.

Aber auch Traditionelles ist im Angebot, z. B. *egg cream* (Eiersahne, Milch, Mineralwasser und Schokoladensirup). Für den Wochenendbrunch gibt's laaaaange Warteschlangen.

CHUKO JAPANISCH $
Karte S. 478 (www.barchuko.com; 552 Vanderbilt Ave, Ecke Dean St, Prospect Heights; ramen 13 $; ⊘Di–So 17.30–24 Uhr; 🛜; ⓢB/Q bis 7th Ave, 2/3 bis Bergen St) Mit diesem gemütlichen, mit Holz ausgekleideten *ramen*-Imbiss hat Propect Heights eine erstklassige Nudeladresse. Dampfende Schüsseln mit auf den Punkt gekochten Nudeln werden in einer der vielen herrlichen, cremigen Brühen (aus Schweinebraten oder vegetarisch) serviert. Auch die Vorspeisen sind wirklich lecker, besonders die aromatischen Hühnchenflügel mit Salz und Pfeffer.

LOT 2 MODERN AMERIKANISCH $$
Karte S. 478 (☏718-499-5623; www.lot2restaurant.com; 687 Sixth Ave zw. 19th & 20th St, Park Slope; Hauptgerichte 15–27 $, Abendmenü So Erw./Kind 30/12 $; ⊘18–22 Uhr; ⓢF bis 7th Ave,

---

INSIDERWISSEN

24 AMSELN

Bei **Four and Twenty Blackbirds** (Karte S. 476; 439 Third Ave, Ecke 8th St; Pastetenstücke 5 $; ⊘Mo–Fr 8–19, Sa ab 9, So 10–18 Uhr; 🛜; ⓢR bis 9th St) schaffen die beiden Eigentümerinnen und Schwestern Emily und Melissa Elsen flockige, buttrige Krusten und verarbeiten oft saisonale, regionale Zutaten zu den bei Weitem besten Pasteten in New York. In diesem anheimelnden, altmodischen Café kann man jederzeit ein Stück Pastete und dazu eine Tasse Iriving-Farm-Kaffee genießen. Außerdem gibt es Quiches, herzhafte Galettes, Sandwiches und andere kleine Speisen.

R bis Prospect Ave) In diesem kleinen, rustikalen Lokal am südlichen Ende von Park Slope kommt in der Region gezogenes oder angebautes, exklusives Essen für Genießer auf den Tisch. Das Angebot ist übersichtlich, aber geschmackvoll; lecker sind z. B. gegrilltes Käsesandwich mit Rübensuppe, in der Pfanne scharf angebratene Flunder mit Arborio-Reis oder saftige Burger von glücklichen Kühen mit breiten, in Entenfett gebackenen Pommes.

FRANNY'S
PIZZERIA $$

Karte S. 478 (www.frannysbrooklyn.com; 348 Flatbush Ave zw. Sterling & St Johns Pl, Park Slope; Pizza ab 16 $; ⊙Mo–Fr 17.30–23, Sa & So 12–23 Uhr; ⊙; ⓈB, Q bis 7th Ave) Diese bekannte Pizzeria in Park Slope serviert dampfende Pizzas mit dünnem, knusprigen Boden aus dem Ziegelofen. Es gibt eine einfache Auswahl an Biobelägen wie Büffelmozzarella und Oregano. Im Angebot sind außerdem Vorspeisen (z. B. Hühnchenleber-*arancini* und über Holz geröstete Rüben) und einige gut zubereitete Pastagerichte.

CHERYL'S GLOBAL SOUL
CAFÉ $$

Karte S. 478 (www.cherylsglobalsoul.com; 236 Underhill Ave zw. Eastern Pkwy & St. Johns Pl, Prospect Heights; Sandwiches 8–14 $, Hauptgerichte 15–25 $; ⊙Mo 8–16, Di–So bis 22 Uhr; ⊙ ⊙; Ⓢ2/3 bis Eastern Pkwy–Brooklyn Museum) In unmittelbarer Nähe vom Brooklyn Museum und dem Brooklyn Botanic Garden liegt dieses gemütliche, mit Holz verkleidete Lokal. Die Küche bereitet frische und einfache Gerichte zu, die von den Geschmäckern der Welt beeinflusst sind. Die Karte bietet allerlei vom Sake glasierten Lachs über außergewöhnliche, hausgemachte Quiche bis zu einer langen Liste leckerer Sandwiches. Es gibt Angebote für Vegetarier sowie kinderfreundliche Alternativen wie Käsemakkaroni und Fish 'n' Chips.

MARCO'S
ITALIENISCH $$

Karte S. 478 (295 Flatbush Ave zw. St. Marks Pl & Prospect Pl; Hauptgerichte 18–32 $; ⊙tgl. 17.30–23 & Sa & So 12–14.30 Uhr; ⓈB, Q bis 7th Ave, 2/3 bis Bergen St) Diese winzige Trattoria wird von denselben Leuten betrieben wie das Franny's. Sie wurde 2013 eröffnet und heimste gleich viel Lob ein. Hier gibt's keine Pizza und auch fast keine Gerichte mit irgendeiner roten Sauce, dafür jedoch phantasievolle italienische Gerichte wie gegrillte Lammkoteletts, ligurischen Fischeintopf und *bigoli* mit Blumenkohl und Anchovis. Immer voll, also früh da sein.

Coney Island & Brighton Beach

In Brighton Beach wird's slawisch und Coney Island bietet Jahrmarktatmosphäre. Weitere Lokale in Coney Island stehen unter „Coney Island" (S. 284).

VARENICHNAYA
RUSSISCH $

Karte S. 481 (☎718-332-9797; 3086 Brighton 2nd St, Brighton Beach; Hauptgerichte ca. 10 $; ⊙mittags & abends; ⓈB, Q bis Brighton Beach) Der kleine Familienbetrieb serviert durchweg frische Teigtaschen in allerlei Variationen der ehemaligen Sowjetrepubliken. Es gibt *pelmeni* (sibirische Fleischtaschen), *vareniki* (ukrainische Ravioli) und *mantis* (usbekische Lammtaschen). Der Borschtsch ist göttlich, ebenso wie der Stör- und Lammkebab. An Wochenenden sollte man Wartezeiten für den Tisch einplanen.

TOTONNO'S
PIZZERIA $$

Karte S. 481 (☎718-372-8606; 1524 Neptune Ave, Ecke 16th St, Coney Island; Pizza 17–20 $; ⊙Mi–So 12–20 Uhr; ⊙; ⓈD/F, N/Q bis Coney Island–Stillwell Ave) Diese traditionelle Pizzahütte ist täglich geöffnet – solange der frische Teig reicht. Die Belagauswahl auf der Tafel über der offenen Küche ist klein, aber der Pizzateig ist so gut, dass er nicht über alle Maßen belegt werden muss. Der Teig wird erst mit Mozzarella belegt, dann erst kommt die Tomatensauce, so wird die Kruste beim Backen über der Holzkohle nicht labbrig-feucht. Eine echte New Yorker Pizzapilgerstätte.

AUSGEHEN & NACHTLEBEN

Kellerbars, Cocktaillounges, unaufdringliche Nachbarschaftskneipen – Brooklyn hat von allem etwas – und dazu noch unzählige Retro-Schuppen (als hätte alle Welt beschlossen, dass die Wiederbelebung der 1920er-Jahre eine gute Idee wäre). Williamsburg ist der Teil Brooklyns mit dem lebendigsten Nachtleben.

Williamsburg & Bushwick

Auf den kostenlosen Websites von Free Williamsburg (www.freewilliamsburg.com) und von Wagmag (www.wagmag.org) gibt es immer die aktuellsten Infos über Konzerte, Vernissagen usw.

★ MAISON PREMIERE   COCKTAILBAR
Karte S. 474 (www.maisonpremiere.com; 298 Bedford Ave zw. 1st & Grand St, Williamsburg; ⊙So–Mi 16–2, Do–Sa bis 4 Uhr; ⓈL bis Bedford Ave) Niemand würde sich wundern, wenn Dorothy Parker plötzlich durch die Tür käme. Die guten alten Zeiten bestimmen das Ambiente: Die elegante Bar erinnert mit den vielen Sirupflaschen an ein Chemielabor, die Barkeeper tragen Hosenträger und es läuft Jazz. Cocktails spielen hier eindeutig die erste Geige – auf der ellenlangen Karte stehen allein mehr als ein Dutzend Absinthmischungen, mehrere Juleps und eine ganze Reihe spezieller Cocktails.

An der Fischtheke locken köstliche Austern, größere Gerichte werden hinter der Bar serviert (wo auch die Terrasse lockt).

DESNUDA   BAR
Karte S. 474 (221 S 1st St zw. Roebling St & Driggs Ave; ⊙So & Mo 18–23, Di–Do bis 24, Fr & Sa bis 2 Uhr; ⓈJ/M bis Marcy Ave, L bis Lorimer St, G bis Metropolitan Ave) Hier in diesem reizenden, 2013 eröffneten Lokal köstliche Austern, pikante Ceviches und raffinierte Cocktails zu vertilgen ist eine wunderbare Art, den Abend einzuläuten. (Es gibt auch ein Desnuda im East Village.) Sonntags und montags sind den ganzen Abend Austern für 1 $ erhältlich, die mit köstlichen Chutneys und scharfen Dips serviert werden; an den restlichen Wochentagen gilt derselbe Deal von 17 bis 20 Uhr.

Abenteuerlustige sollten sich nicht die „bong-smoked" Austern entgehen lassen, die ein wenig rauchig schmecken wie Lapsang-Teeblätter. Essen kann man in der Austernbar vorne oder in der diskreteren Cocktailbar hinten, inmitten von Tapeten im Stil alter Landkarten und einer dezent kolonialen Einrichtung.

BLUE BOTTLE COFFEE   CAFÉ
Karte S. 474 (www.bluebottlecoffee.net; 160 Berry St zw. 4th & 5th St, Williamsburg; Kaffee ab 4 $; ⊙Mo–Fr 7–19, Sa & So ab 8 Uhr; ⓈL bis Bedford Ave) Kaffeekenner schätzen die alte Kaffeeröstmaschine von Probat, die in diesem erstklassigen Williamsburger Außenposten (in einem ehemaligen Geschäft für Seile und Taue) benutzt wird. Alle Bestellungen werden nacheinander aufgebrüht, Wartezeiten sollten daher eingeplant werden. Dazu gibt es eine kleine Auswahl gebackener Leckereien, wie Kaffeekuchen, in dem Schokoladenbier der Brooklyn Brewery verarbeitet wird. Nachbarschaftshilfe der ganz eigenen Art.

HOTEL DELMANO   COCKTAILBAR
Karte S. 474 (82 Berry St Höhe N 9th St; ⊙Mo–Fr 17 Uhr bis spät, Sa & So ab 14 Uhr; ⓈL bis Bedford Ave) Diese dezent beleuchtete Cocktailbar imitiert mit alten Spiegeln, unpolierten Holzböden und alten Kronleuchtern den Stil einer alten Flüsterkneipe. Wer sich nicht in einer der Ecken im hinteren Bereich versteckt, sondern sich an der bogenförmigen Marmortheke platziert, kann den Barkeepern beim Mixen der phantasievollen Cocktails zuschauen – Roggenwhiskey, Gin und Mezcal sind diejenigen Spirituosen, die am meisten zum Einsatz kommen.

Außerdem gibt's Wurst- und Käseplatten sowie eine *raw bar* mit Austern, Sandklaffmuscheln und Krabbencocktails. Der Eingang ist in der N 9th St.

TOBY'S ESTATE   CAFÉ
Karte S. 474 (125 N 6th St zw. Bedford & Berry; Kaffee ab 4 $; ⊙Mo–Do 7–19, Sa & So ab 8 Uhr; ⓢ; ⓈL bis Bedford Ave) Diese kleine Rösterei bringt mit ihren aromatischen Aufgüssen, cremigen Milchkaffees und sämigen *cortados* (Espresso mit einem Schuss Milch) wundervolle Aromen in die Straßen Billyburgs. Sitzen kann man auf ein paar Sofas oder an Gemeinschaftstischen, die oft von MacBook-Nutzern in Beschlag genommen sind.

KINFOLK STUDIOS   LOUNGE
Karte S. 474 (www.kinfolklife.com; 90 Wythe Ave zw. 11th & 10th St; ⊙Mo–Fr 8.30 Uhr bis spät, Sa & So ab 10 Uhr) Kinfolk ist ein tolles kleines Lokal für gesellige Treffen, wenn es auch zuweilen ein bisschen *zu* cool anmutet. Was tagsüber ein Café mit hohen Decken und Kunst ist, verwandelt sich abends in eine stilvolle Bar, in der DJs seltene Töne erklingen lassen und Hipster an japanischen Bieren nuckeln.

OTB   BAR
Karte S. 474 (141 Broadway zw. Bedford & Driggs Ave; ⊙So–Do 17–2, Fr & Sa bis 4 Uhr; ⓈJ/M bis Marcy Ave) Das OTB, kurz für „off-track betting" (Wetten abseits der Rennbahn), erinnert an die Vollblüter, auf die sich das Wetten lohnte, mit einer pferdelastigen Einrichtung – Wettformular-Speisekarten, Schwarzweißfotos von hübschen Ponys und

Pferdetapeten auf den Toiletten; gleichzeitig sorgen schummrige Lüster, flackernde Kerzen und dunkles Holzmobiliar für ein stilvolles Ambiente. Dazu kommen freundliche Bedienungen, ein fröhliches Publikum, tolles Bier, maßgeschneiderte Cocktails sowie Austern (1 $ ab 23 oder 24 Uhr).

Zur Stärkung werden allerlei Knabbereien wie Froschschenkel, Schnecken, scharf angebratene Jakobsmuscheln und Hähnchenflügel angeboten.

LARRY LAWRENCE BAR

Karte S. 474 (www.larrylawrencebar.com; 295 Grand St zw. Roebling & Havemeyer St; ⏱18–4 Uhr; Ⓢ L bis Lorimer St) Diese Bar im Flüsterkneipenstil lädt bei einem abendlichen Bummel durch Williamsburg zu einem tollen Abstecher ein. Wer den Laden findet, kommt auch rein: Hier gibt's keine Türpolizei, nur eine große, dezent beleuchtete Kneipe mit freundlicher Atmosphäre und lockerem Publikum und ohne aufdringliche Musik. Der Eingang ist jedoch etwas schwer zu finden: Über einer unscheinbaren Tür steht klein „Bar" geschrieben, dann geht's durch einen langen Betonflur.

Rauchern steht ein Balkon zur Verfügung.

CLEM'S PUB

Karte S. 474 (☎718-387-9617; 264 Grand St Höhe Roebling St, Williamsburg; ⏱14–4, Sa & So ab 12 Uhr; Ⓢ L bis Bedford Ave, J/M/Z bis Marcy Ave) Dieses saubere Pub pflegt eine unaufgeregte Atmosphäre. Es gibt eine lange Bar, freundliche Barkeeper und einige Tische vor der Tür, die perfekt für die sommerliche Menschenschau sind. Bier und Schnaps gibt's für nur 5 $.

IDES BAR

Karte S. 474 (www.wythehotel.com/the-ides/; 80 Wythe Ave; ⏱Mo–Fr 17–2, Sa & So ab 14 Uhr) Die Dachbar des Wythe Hotel bietet großartige Ausblicke auf Manhattan. Wer den Massen aus dem Weg gehen möchte, sollte früh da sein.

BERRY PARK BAR

Karte S. 474 (www.berryparkbk.com; 4 Berry St, Ecke 14th St; ⏱Mo–Fr 14 Uhr bis spät, Sa & So ab 11 Uhr; Ⓢ G bis Nassau Ave) Diese Sportbar wartet mit mehreren großen Bildschirmen für Fußball- und Football-Übertragungen auf. Den Durst stillen 14 Biere vom Fass, den Hunger jede Menge Barsnacks – Brunch gibt's täglich bis 16 Uhr. Das Beste ist jedoch die große Dachterrasse mit fabelhaften Ausblicken auf die Stadt.

An Sommertagen gibt's in Williamsburg keinen besseren Ort für einen Drink.

PINE BOX ROCK SHOP BAR

Karte S. 474 (www.pineboxrockshop.com; 12 Grattan St zw. Morgan Ave & Bogart St, Bushwick; ⏱Mo–Fr 16–2, Sa 14–4, So 12–2 Uhr; Ⓢ L bis Morgan Ave) Die kahle Pine Box ist in eine ehemalige Sargfabrik in Bushwick eingezogen. Es gibt 16 verschiedene Biere vom Fass sowie feurige, winzige Bloody Marys. Die Betreiber sind ein freundliches Musikerpärchen, an den Wänden hängt Kunst aus dem Bezirk und im hinteren Teil gibt es eine kleine Bühne mit regelmäßigen Auftritten. Die leckeren Barsnacks sind herzhafte, vegane Empanadas.

RADEGAST HALL & BIERGARTEN BIERKNEIPE

Karte S. 474 (www.radegasthall.com; 113 N 3rd St Höhe Berry St, Williamsburg; ⏱12 Uhr bis spät; Ⓢ L bis Bedford Ave) Die österreichisch-ungarische Bierhalle in Williamsburg serviert eine große Auswahl bayrischer Biere sowie leckere Fleischgerichte. Gäste haben die Wahl zwischen der dunkleren, holzverkleideten Bar oder dem angrenzenden Saal mit Dachfenstern und großen Gemeinschaftstischen, und dazu dann Brezeln, Wurst und Burger.

METROPOLITAN SCHWUL & LESBISCH

Karte S. 474 (559 Lorimer St Höhe Metropolitan Ave, Williamsburg; ⏱15–4 Uhr; Ⓢ L bis Lorimer St, G bis Metropolitan Ave) Diesen unauffälligen Laden steuern vor allem herausgeputzte Schwulen und Lesben an. Es gibt coole Mitarbeiter, günstige Drinks, eine Terrasse im Hof und groovige DJs. Im Sommer ist das Metropolitan für seine Grillpartys im Hof bekannt; die Mittwochnacht gehört den Frauen.

SPUYTEN DUYVIL BAR

Karte S. 474 (www.spuytenduyvilnyc.com; 359 Metropolitan Ave zw. Havemayer & Roebling, Williamsburg; ⏱Mo–Fr ab 17, Sa & So ab 12 Uhr; Ⓢ L bis Lorimer St, G bis Metropolitan Ave) Diese bescheidene Bar sieht aus, als hätte sie ihr Interieur auf dem Sperrmüll zusammengeklaubt. Die Decken sind rot angemalt, an den Wänden hängen alte Karten und das Mobiliar besteht aus ramponierten Armsesseln. Aber das Bierangebot ist hervorragend, die Menschen aus der Nachbarschaft kommen zum Plausch und es gibt einen schönen Hof mit grünen Bäumen, der bei gutem Wetter geöffnet ist.

HAREFIELD ROAD   PUB
Karte S. 474 (769 Metropolitan Ave zw. Graham Ave & Humboldt St, Williamsburg; ⊘Mo–Fr 12–4, Sa & So 11–4 Uhr; ⑤L bis Graham Ave) Ein heiteres Publikum trifft sich in dieser Bar in East Williamsburg, die an eine minimalistisch-mittelalterliche Taverne erinnert. Abgesehen von ein paar Weinsorten dreht sich hier alles um Bier – im Angebot sind über ein Dutzend verschiedene Fassbiere. Es gibt auch eine gute Auswahl an Single Malt Scotch und für Hungrige auch Panini.

Nach hinten raus geht's einen gepflasterten Hof; am Wochenende ist zwischen 11 und 16 Uhr Brunch.

SPRITZENHAUS   BIERKNEIPE
Karte S. 474 (33 Nassau Ave; ⊘Mo–Mi 16–4, Do–So 12–4 Uhr; ⑤G bis Nassau Ave) Ein Mekka für Bierfreunde am Rand des McCarren Park: Diese offene, industriell anmutende und über 500 m² große Bierkneipe bietet rund 20 Biere vom Fass und Dutzende weitere in der Flasche. Es dominieren feine deutsche, belgische und amerikanische Gerstensäfte und dazu ist fleischlastige Kneipenkost wie Würstchen oder belgische Fritten mit Trüffelöl erhältlich.

Die Gäste sitzen an einer langen runden Theke oder an rustikalen Picknicktischen; im Winter lockt ein Kaminfeuer.

🍷 Fort Greene

DER SCHWARZE KÖLNER   PUB
Karte S. 476 (www.derschwarzekoelner.com; 710 Fulton St, Ecke Hanson Pl; ⊘Mo–Do 17–1, Fr bis 4, Sa 14–4, So 14–1 Uhr; ⑤C bis Lafayette Ave) Fußboden im Schachbrettmuster, viele Fenster sowie eine lustige und bunt gemischte Gästeschar sind die Aushängeschilder dieser lässigen Bierhalle, die nur wenige Blocks von der Brooklyn Academy of Music entfernt liegt. Es gibt 18 Sorten Fassbier und heiße Brezeln sowie den ganzen Abend hindurch verschiedene andere Kleinigkeiten.

🍷 Brooklyn Heights

FLOYD   BAR
Karte S. 480 (131 Atlantic Ave zw. Henry & Clinton St; ⊘Mo–Do 17–4, Fr 16–4, Sa & So 11–4 Uhr; ⑤2/3, 4/5 bis Borough Hall) In der Bar mit den großen Glasfenstern turteln frisch Verliebte auf betagten Sofas, während sich die Biertrinker rund um das Bocciafeld im Raum versammeln. Ein netter Laden.

🍷 Cobble Hill, Carroll Gardens & Red Hook

CLOVER LOUNGE   BAR
Karte S. 476 (☎718-855-7939; 210 Smith St zw. Baltic & Butler St; ⊘Mo–Do 16–2, Fr 12–4, Sa 10.30–4, So 10.30–1 Uhr; ⑤F, G bis Bergen) Diese reizende Cocktailbar verströmt mit ihrer schönen Mahagonitheke, den alten Einrichtungsgegenständen und den Westen tragenden Kellnern die Eleganz des 19. Jhs. Die schön zubereiteten Cocktails locken überwiegend Gäste aus der Nachbarschaft an, die sich hier munter unterhalten, während sie nach verfeinerten Rezepturen gemixte Drinks wie einen neu interpretierten Whiskey-Cocktail (Roggenwhiskey, Maraschino, Absinth und Bitters) genießen. Die Clover Lounge beeindruckt zudem mit einem reichhaltigen Wochenend-Brunch, zu dem exzellente Bloody Marys und andere Getränke passen.

61 LOCAL   BAR
Karte S. 476 (www.61local.com; 61 Bergen St zw. Smith St & Boerum Pl, Cobble Hill; Snacks 2–5 $, Sandwiches 5–10 $; ⊘Mo–Fr 7 Uhr bis spät, Sa & So ab 9 Uhr; 🛜; ⑤F, G bis Bergen) Der geräumige Saal mit Ziegelsteinen und viel Holz in Cobble Hill schafft es, gleichzeitig schick und warm zu wirken. An langen Gemeinschaftstischen wird in angenehmer Atmosphäre am Bier genippt. Es gibt eine ordentliche Auswahl an Bieren von kleinen Brauereien (darunter KelSo, Ommegang und Allagash). Auf der einfachen Karte stehen Wurst- und Käseteller sowie kleine Gerichte wie Sandwiches mit geräuchertem Schinken und Käse, Quinoa-Salate und Mezze-Platten (Hummus, *baba ghanoush*, Oliven).

SUNNY'S   BAR
Karte S. 476 (☎718-625-8211; 253 Conover St zw. Beard & Reed St, Red Hook; ⊘Mi–Fr 20–4, Sa 16–4, So bis 23 Uhr; 🚌B61 bis Coffey & Conover St, ⑤F, G bis Carroll St) Diese äußerst einladende Hafenspelunke (auf dem Schild steht schlicht „Bar") in Red Hook könnte glatt aus dem Film *Die Faust im Nacken* stammen. Samstags steigen hier ab 22 Uhr laute Bluegrass-Sessions.

🍷 Park Slope

FREDDY'S
BAR

Karte S. 478 (www.freddysbar.com; 627 Fifth Ave zw. 17th & 18th St; ⊙12–4 Uhr; [S]R bis Prospect Ave) In dieser altmodischen Bar in Park Slope können Gäste an der alten Mahagonitheke sitzen und sich die verrückten Videos anschauen, die Mitbesitzer Donald fabriziert – wie z. B. das mit der trinkenden Katze hinter der Bar. Außerdem finden hier Konzerte (Ukulele-Sessions, Honky Tonk), Comedy-Abende und manchmal Filmvorführungen statt.

DER KOMMISSAR
BAR

Karte S. 478 (www.derkommissar.net; 559 Fifth Ave & 15th St; ⊙Mo-Mi 15 Uhr bis spät, Do-So ab 12 Uhr; [S]F, G, R bis 4th Ave, R bis Prospect Ave) Diese lange, schmale Park Slope Bar punktet mit gutem Sound (eher Beatles als Falco), alten Filmen wie *Dr. Seltsam oder: Wie ich lernte, die Bombe zu lieben*, acht verschiedenen Bieren vom Fass, einer riesigen Schnapsauswahl sowie tollen österreichischen Würsten. Zum Gösser-Bier passt wunderbar eine leckere Wiener mit Käse (6 $).

GREENWOOD PARK
BIERKNEIPE

Karte S. 478 (www.greenwoodparkbk.com; 555 Seventh Ave zw. 19th & 20th St; ⊙Mo-Fr 16-2, Sa & So ab 12 Uhr; 🐕; [S]F, G bis Prospect Park) Die große Bierkneipe um die Ecke vom schattigen Greenwood-Friedhof residiert in einer clever umgebauten ehemaligen Tankstelle und Autowerkstatt. In luftigem Industrieambiente werden über zwei Dutzend Fassbiere geboten und dazu Panini, Burger, Salate und andere Kneipenkost.

Im Sommer lockt die Terrasse mit ihren drei Boccia-Feldern und Grilltreffs am Wochenende ein lockeres Publikum an. Tagsüber eine familienfreundliche Kneipe, nach 19 Uhr aber Zugang strikt erst ab 21 Jahren.

⭐ UNTERHALTUNG

BROOKLYN BOWL
LIVEMUSIK

Karte S. 474 (☎718-963-3369; www.brooklynbowl.com; 61 Wythe Ave zw. 11th & 12th St; Bowlingbahn 40-50 $ pro Std., Schuhverleih 5 $; ⊙Mo-Do 18-2, Fr bis 4, Sa 12-4, So 12-2 Uhr; [S]L bis Bedford Ave, G bis Nassau Ave) Auf den 2130 m² des ehemaligen Werks von Hecla Iron Works finden Nachtschwärmer ein Bowlingzentrum (S. 315), Biere aus Mikrobrauereien, ein Restaurant und zünftige Livemusik. Neben den Bands, die hier regelmäßig auftreten, gibt es außerdem NFL-Liveübertragungen, Karaoke und DJ-Nächte. Außer am Wochenende zwischen 12 und 18 Uhr muss, wer rein will, mindestens 21 sein.

MUSIC HALL OF WILLIAMSBURG
LIVEMUSIK

Karte S. 474 (www.musichallofwilliamsburg.com; 66 N 6th St zw. Wythe & Kent Ave, Williamsburg; Konzerte 15-35 $; [S]L bis Bedford Ave) Dieser beliebte Musikschuppen in Williamsburg ist der angesagte Ort, um in Brooklyn Indie-Bands live zu erleben. (Für viele Gruppen, die durch New York kommen, ist dies der einzige Ort, der zählt.) Klein, aber fein. Zuletzt ausverkaufte Shows waren z. B. die von Hold Steady aus Brooklyn und die der australischen Roots-Rocker John Butler Trio.

THEATER FOR A NEW AUDIENCE
DARSTELLENDE KÜNSTE

Karte S. 476 (☎866-811-4111; www.tfana.org; 262 Ashland Pl Ecke Fulton St) Das Ende 2013 eröffnete Theater gehört zum immer größer werdenden Kulturviertel um die BAM und residiert in einem prächtigen neuen Gebäude, das sich das Londoner Cottesloe Theatre zum Vorbild nahm. Aufgeführt werden hier Shakespeare- und andere klassische Stücke. Die erste Spielzeit des Theaters wurde mit Julie Taymors wild umgemodeltem und begeistert gefeiertem *Sommernachtstraum* eröffnet.

KNITTING FACTORY
LIVEMUSIK

Karte S. 474 (☎347-529-6696; www.knittingfactory.com; 361 Metropolitan Ave Höhe Havemayer St, Williamsburg; Konzerte 5-20 $; [S]G, L bis Lorimer St) Lange war dies eine Außenstelle für New Yorker Folk, Indie und experimentelle Musik, heute bekommen Fans in der Knitting Factory von Williamsburg alles von Cosmic-Space-Jazz bis Rock. Die Bühne ist klein und intim, vom Barraum kann man durch das schallgeschützte Fenster auf die Bühne schauen.

WARSAW
LIVEMUSIK

Karte S. 474 (www.warsawconcerts.com; Polish National Home, 261 Driggs Ave Höhe Eckford St, Greenpoint; [S]L bis Bedford Ave, G bis Nassau Ave) Das Warsaw residiert im Gebäude des Polish National Home und entwickelt sich

BROOKLYN IN DER LITERATUR

Brooklyns literarische Wurzeln reichen tief. Der ehemalige Bezirksbürgermeister Marty Markowitz beschrieb Brooklyn als die „New Yorker Rive Gauche". Angesichts der vielen Autoren aus Brooklyn, die Eingang in die Literaturgeschichte der USA gefunden haben, und der unzähligen Schriftsteller, die heute hier wohnen, hat er wohl nicht ganz unrecht.

Hier einige wichtige Brooklyn-Bücher von gefeierten Brooklyner Autoren aus Vergangenheit und Gegenwart:

- *Grashalme* (1855) Walt Whitmans poetische Feier des Lebens. Besonders einprägsam: „Crossing Brooklyn Ferry".
- *Ein Baum wächst in Brooklyn* (1943) Betty Smiths ergreifende Geschichte des Erwachsenwerdens spielt in den abgewrackten Mietskasernen von Williamsburg.
- *Sophies Entscheidung* (1979) William Styrons Bestseller spielt in einer Pension im Flatbush der Nachkriegszeit.
- *Motherless Brooklyn* (1999) Jonathan Lethems brillante und düster-komische Kleingangstergeschichte spielt in Carroll Gardens und anderen Teilen Brooklyns.
- *Literary Brooklyn* (2011) Evan Hughes zeigt die bekanntesten Brooklyner Schriftsteller und ihre Stadtviertel im Wandel der Zeit – von Henry Millers Williamsburg bis zu Truman Capotes Brooklyn Heights.

---

immer mehr zu einem New Yorker Klassiker. Auf der Bühne in einem alten Ballsaal stehen Lieblinge der Indieszene (die Dead Milkmen) ebenso wie Legenden (George Clinton). Polnische Kellnerinnen servieren unter der Diskokugel Piroggen und Bier.

OUTPUT   CLUB
Karte S. 474 (74 Wythe Ave zw. N 12th & 11th St; Eintritt 20–30 $; ⓈL bis Bedford, G bis Nassau) Das Output besticht durch ein erstklassiges Soundsystem (Function-One) und lockt damit ein lockeres, aber tanzverrücktes Völkchen an. Die Getränke sind teuer, aber dafür ist der Blick vom Dach umwerfend. Wenn bekannte DJs auflegen, sollte man früh da sein, um sich langes Warten zu ersparen – und wer Geld sparen möchte, kauft sich Karten im Voraus.

BAMCAFÉ   LIVEMUSIK
Karte S. 476 (☏718-636-4100; www.bam.org; 30 Lafayette Ave Höhe Ashland Pl, Fort Greene; ⓈD, N/R bis Pacific St, B, Q, 2/3, 4/5 bis Atlantic Ave) Unter der hohen Decke des Restaurants und der Lounge im oberen Geschoss der Brooklyn Academy of Music steigen jeden Freitag- und Samstagabend kostenlose Shows. Der Raum ist herrlich und die Auswahl der Künstler ausgewogen – es gibt Jazz, R&B, Weltmusik und experimentellen Rock.

Donnerstags findet im BAMcafé außerdem die Veranstaltung „Eat Drink & Be Literary" statt – Lesung mit Dinner (55 $ pro Pers. inkl. Essen). Aufgetreten sind hier u. a. die Autoren Salman Rushdie, Jeffrey Eugenides und Jonathan Franzen.

BARBES   LIVEMUSIK
Karte S. 478 (☏347-422-0248; www.barbesbrooklyn.com; 376 9th St Höhe Sixth Ave; empfohlene Spende für Livemusik 10 $; ◔Mo–Do 17–2, Fr & Sa 14–4, So bis 2 Uhr; ⓈF bis 7th Ave) Bar und Bühne gehören zwei französischen Musikern und langjährigen Bewohnern von Brooklyn. Das Barbes hat einen Hang zur Weltmusik in einem schrägen Stilmix, der von der libanesischen Diva Asmahan über traditionelle mexikanische *bandas* und venezuelische *joropos* bis zur rumänischen Brassband reicht. Außerdem gibt's Lesungen und Filmvorführungen.

BELL HOUSE   LIVEMUSIK
Karte S. 476 (www.thebellhouseny.com; 149 7th St, Gowanus; ◔17–4 Uhr; ☏; ⓈF, G, R bis 4th Ave–9th St) Dieser große, alteingesessene Veranstaltungsort in der trostlosen Gegend von Gowanus bietet eine bunte Palette an Liveauftritten, DJ-Nächten, Indierock-Konzerten, Burlesquepartys und Comedyshows. Das freundlich umgestaltete Lagerhaus verfügt über einen großen Konzertsaal und eine nette, kleine Bar im vorderen Raum, mit flackernden Kerzen, Ledersesseln und etwa einem Dutzend Fassbieren.

JALOPY
LIVEMUSIK

Karte S. 476 (www.jalopy.biz; 315 Columbia St Höhe Woodhull St, Red Hook; ⓢF, G bis Carroll St) Dieses Banjogeschäft an der Grenze von Carroll Gardens und Red Hook hat auch eine kleine Bühne für Bluegrass, Country und Ukulele-Shows, dazu wird kaltes Bier ausgeschenkt. Mittwochnachts steigen Wohlfühl-Shows mit Roots'n'Ruckus.

BARGEMUSIC
KLASSISCHE MUSIK

Karte S. 480 (www.bargemusic.org; Fulton Ferry Landing, Brooklyn Heights; Tickets 35–45 $; ⓘ; ⓢA/C bis High St) Die Kammermusikkonzerte auf einem umgebauten Frachtkahn (aus dem Jahr 1899) sind ein einzigartiges, inniges Erlebnis. Seit fast 40 Jahren ist der 125 Zuschauer fassende Saal ein beliebter Veranstaltungsort, mit herrlichen Blicken über den East River und hinüber nach Manhattan. Samstags gibt's kostenlose Konzerte für Kinder.

★ BROOKLYN ACADEMY OF MUSIC
DARSTELLENDE KÜNSTE

Karte S. 476 (BAM; www.bam.org; 30 Lafayette Ave Höhe Ashland Pl, Fort Greene; ⓘ; ⓢD, N/R bis Pacific St, B, Q, 2/3, 4/5 bis Atlantic Ave) In diesem Zentrum der darstellenden Künste teilen sich das Howard Gilman Opera House und das Harvey Lichtenstein Theater Räume und Programm mit klassischem Ballett sowie modernen und folkloristischen Tanzaufführungen. Aufgetreten sind bisher u. a. das Alvin Ailey American Dance Theater, die Mark Morris Dance Group und das Tanztheater Pina Bausch.

Tickets fürs **Next Wave Festival** (September bis Dezember) mit modernem Theater und Tanz aus aller Welt sollte man sich frühzeitig besorgen. Auch hier: das elegante **BAM Howard Gilman Opera House** (Karte S. 476) und die **BAM Rose Cinemas** (Karte S. 476), die aktuelle, unabhängig produzierte und ausländische Filme zeigen. Um die Ecke ist das **BAM Fisher Building** (Karte S. 476; http://www.bam.org/fisher; 321 Ashland Pl) mit seinem kleineren, 250 Zuschauer fassenden Theatersaal.

ST. ANN'S WAREHOUSE
THEATER

Karte S. 480 (☏718-254-8779; www.stannswarehouse.org; 29 Jay St, Dumbo; ⓢA/C bis High St) Dieses Avantgarde-Ensemble veranstaltet innovative Theater- und Tanzhappenings und ist Anziehungspunkt der Brooklyner Literaturszene. Auf dem Programm standen schon Rockopern, genreübergreifende Musik junger Komponisten und originelles, wundersames Puppentheater.

BROOKLYN PUBLIC LIBRARY
DARSTELLENDE KÜNSTE

Karte S. 478 (www.brooklynpubliclibrary.org; 10 Grand Army Plaza zw. Flatbush Ave & Eastern Pkwy, Prospect Heights; ⓘⓘ; ⓢ2/3 bis Grand Army Plaza) Am nordöstlichen Ende von Park Slope liegt diese große Bibliothek, in der regelmäßig Lesungen stattfinden, darunter auch Veranstaltungen speziell für Kinder. Das Programm steht auf der Website.

SHOPPEN

Wer sucht, findet's bestimmt in Brooklyn. Williamsburg platzt vor Designerläden, Secondhandgeschäften, Buchläden und Boutiquen. In South Brooklyn gibt es eine ordentliche Auswahl (und gute Kommissionsgeschäfte) rund um Boerum und Cobble Hills. Die Atlantic Ave, die bei Brooklyn Heights von Osten nach Westen verläuft, hat jede Menge Antiquitätengeschäfte und Park Slope einige schöne und unaufgeregte Klamottenläden.

Williamsburg & Umgebung

ROUGH TRADE
MUSIK

Karte S. 474 (☏718-388-4111; www.roughtradenyc.com; 64 N 9th St zw. Kent & Wythe; ⊙Mo–Sa 9–23, So 10–21 Uhr; ⓢL bis Bedford Ave) Dieser große, 930 m² große Plattenladen, ein Import aus London, eröffnete 2013 und wurde sogleich begeistert aufgenommen. Neben Tausenden von Alben auf Vinyl und CD gibt's hier DJs, Hörstationen, Kunstausstellungen sowie Kaffee und Tee von Five Leaves in Greenpoint. In einem angeschlossenen kleinen Konzertsaal finden die ganze Woche lang Konzerte statt (Eintritt je nach Konzert).

MAST BROTHERS
ESSEN

Karte S. 474 (111 N 3rd St zw. Berry St & Wythe Ave; ⊙12–19 Uhr; ⓢL bis Bedford Ave) Himmlische Aromen erfüllen diesen Laden für handwerklich gefertigte und schön verpackte Schokolade. Die ist nicht gerade billig (rund 8 $ für 70 g), jedoch geben sich die Mast Brothers jede nur erdenkliche Mühe, an hochwertige Kakaobohnen von kleinen

Plantagen in z. B. Belize, Madagaskar und Papua-Neuguinea zu kommen.

Wer möchte, kann den Chocolatiers bei der Arbeit zuschauen, kostenlose Proben verkosten und diverse Köstlichkeiten wie Brownies, Pralinen und Kekse erstehen.

SPOONBILL & SUGARTOWN   BÜCHER
Karte S. 474 (www.spoonbillbooks.com; 218 Bedford Ave Höhe 5th St, Williamsburg; 10–22 Uhr; S L bis Bedford Ave) Der Lieblingsbuchladen der Williamsburger beeindruckt mit einer großen Sammlung von Kunst- und Coffee-Table-Büchern, Kulturjournalen, gebrauchten und seltenen Titeln und im Bezirk hergestellten Arbeiten, die nur hier angeboten werden.

BUFFALO EXCHANGE   BEKLEIDUNG
Karte S. 474 (504 Driggs Ave Höhe 9th St, Williamsburg; Mo–Sa 11–20, So 12–19 Uhr; S L bis Bedford Ave) In dem großen Laden gibt es Neues und Gebrauchtes – eine gute Adresse für Schnäppchen bei Klamotten (Designerstücke und andere), Schuhen, Schmuck und Accessoires. Die guten Stücke herauszupicken kann etwas dauern – also ruhig ein bisschen Zeit einplanen.

BROOKLYN INDUSTRIES   BEKLEIDUNG
Karte S. 474 (www.brooklynindustries.com; 162 Bedford Ave Höhe 8th St, Williamsburg; 10.30–21 Uhr; S L bis Bedford Ave) Hier kaufen die coolen Kids Kapuzenshirts, bedruckte T-Shirts und hautenge Strickkleider. Sicher ist es eine

---

MÄRKTE IN BROOKLYN

Am Wochenende ist ganz Brooklyn auf den Beinen. Neben den Märkten laden auch private Trödelstände zum Stöbern ein, die vor zahlreichen Haustüren aufgebaut werden. An folgenden Orten lassen sich ungewöhnliche Mitbringsel (und nebenbei auch leckere Snacks) erstehen:

Brooklyn Flea, Fort Greene (Karte S. 476; www.brooklynflea.com; 176 Lafayette Ave zw. Clermont & Vanderbilt Ave, Fort Greene; April–Nov. Sa 10–17 Uhr; ; S G bis Clinton–Washington Ave) Auf dem Gelände einer Schule in Fort Greene bieten von April bis November jeden Samstag etwa 200 Verkäufer ihre Waren feil. Hier gibt's Antiquitäten, Platten, Vintage-Mode, Kunsthandwerk und verlockende Essensstände mit vielen leckeren Sachen. Im Winter zieht der Markt in Räumlichkeiten in Williamsburg oder Fort Greene um (siehe Website).

Brooklyn Flea, Williamsburg (Karte S. 474; www.brooklynflea.com; East River Waterfront zw. 6th & 7th St, Williamsburg; April–Dez. So 10–17 Uhr; S L bis Bedford Ave) Im Sommer und Herbst ist sonntags auf diesem Gelände am Ufer des East River in Williamsburg jede Menge los: Unmengen an Antiquitäten, Secondhandklamotten und allerlei Schnickschnack werden angeboten. Natürlich kommt auch der Gaumengenuss nicht zu kurz angesichts einer großen Auswahl von Fischbrötchen, gefüllten Tortillas, Tamales oder Schokolade. Samstags findet hier auch der beliebte Smorgasburg-Markt statt, dann kommen Lebensmittelhändler aus ganz New York hierher und bieten ihre leckersten Sachen an.

Artists & Fleas (Karte S. 474; www.artistsandfleas.com; 70 N 7th Ave zw. Berry St & Wythe Ave, Williamsburg; Sa & So 10–19 Uhr; S L bis Bedford Ave) Diesen beliebten Kunst-, Designer- und Vintage-Markt mit einem guten Angebot an Kunsthandwerk gibt es seit 2003 in Williamsburg.

Grand Army Plaza Greenmarket (Karte S. 478; Grand Army Plaza, Prospect Park West & Flatbush Ave; Sa 8–16 Uhr; S 2/3 bis Grand Army Plaza) Das ganze Jahr über ist dieser Lebensmittelmarkt an Samstagen eine gute Gelegenheit, sich mit allem Notwendigen für ein spontanes Picknick im Prospect Park einzudecken.

Weitere Lebensmittelmärkte, die das ganze Jahr über stattfinden: dienstags, donnerstags und samstags bei der **Brooklyn Borough Hall** (Downtown Brooklyn; S 2/3, 4/5 bis Borough Hall), sonntags am **Carroll Park** (Carroll Gardens; S F, G bis Carroll St) und samstags am **Fort Greene Park** (Fort Greene; S B, Q/R bis DeKalb Ave). Ein Verzeichnis weiterer Märkte in New York findet man auf www.grownyc.org.

Ladenkette, aber diese Filiale hat den Vorteil, tatsächlich in Brooklyn zu liegen.

DESERT ISLAND COMICS — BÜCHER
Karte S. 474 (www.desertislandbrooklyn.com; 540 Metropolitan Ave zw. Union Ave & Lorimer St, Williamsburg; Mo-Sa 12–21, So bis 19 Uhr; SL bis Lorimer St, G bis Metropolitan Ave) Dieser unabhängige Comicladen ist in eine ehemalige Bäckerei in Williamsburg gezogen. Im Angebot sind Hunderte von Graphic Novels, lokale Heftchen, Drucke und Karten. Außerdem gibt's Originaldrucke und Lithographien von Künstlern wie Adrian Tomine und Peter Bagge. Für gute Musik sorgt ein hinten im Laden stehender Plattenspieler.

ACADEMY ANNEX — MUSIK
(718-218-8200; 85 Oak St Höhe Franklin St; 12–20 Uhr; SG bis Greenpoint Ave) Passionierte Vinylsammler pilgern in dieses Mekka in Greenpoint (früher in Williamsburg), um in den unzähligen Kästen nach Rock-, Hip-Hop-, Jazz-, Blues-, Electronica- oder Weltmusikscheiben zu suchen.

BEACON'S CLOSET (GREENPOINT) — SECONDHANDLADEN
Karte S. 474 (www.beaconscloset.com; 74 Guernsey St zw. Nassau & Norman Ave, Greenpoint; Mo-Fr 11–21, Sa & So bis 20 Uhr; SL bis Bedford Ave) Dieses riesige Williamsburger Lagerhaus ist gleichermaßen Goldgrube wie Resterampe. Unmengen an Mänteln, Polyester-Tops und T-Shirts aus den 1990ern werden nach Farbe sortiert präsentiert – da müssen die jungen Hipster allein schon wegen der gigantischen Auswahl viel Zeit einplanen. Das früher in Williamsburg ansässige Beacon's Closet zog Anfang 2014 in 700 m² große Räumlichkeiten in Greenpoint um.

FUEGO 718 — KUNSTHANDWERK
Karte S. 474 (249 Grand St zw. Roebling St & Driggs Ave, Williamsburg; 12–20 Uhr; SL bis Bedford Ave) Das Kitsch- und Kunsthandwerkmekka Fuego 718 wartet mit einem kunterbunten Sortiment auf, von Tag-der-Toten-Kästchen und -Figurinen, haitianischer Metallkunst aus recycelten Materialien und italienischen *milagros* (Metallamuletten) bis zu Lotería-Brettern aus Mexiko und reich verzierten Spiegeln mit bunt bemalten Rahmen. Es gibt aber auch die kleinen originellen Gemälde von Andras Bartos (für recht günstige 48 $) und von anderen Künstlern und handgefertigten Schmuck von einheimischen und internationalen Designern.

ADOBE NEW YORK — HAUSHALTSWAREN
Karte S. 474 (www.abode-newyork.com; 179 Grand St nahe Bedford Ave, Williamsburg; Mo & Mi-Sa 12–19.30, So bis 18 Uhr; SL bis Bedford Ave) Ein modernes Einrichtungshaus für Stadtbewohner mit einem tollen Angebot an kleinen Mitbringseln – von hübschen Holztabletts im dänischen Stil, feinen Karaffen und Gläsern und kunstvollen Vasen und Teetassen bis zu kreativen Geschenken für Kinder wie Tischsets zum Bemalen.

🔒 Park Slope

BEACON'S CLOSET (PARK SLOPE) — SECONDHANDLADEN
Karte S. 478 (718-230-1630; 92 Fifth Ave, Ecke Warren St; Mo-Fr 12–21, Sa & So 11–20 Uhr; S2/3 bis Bergen St) Ein ausgezeichneter Secondhandladen, vollgestopft mit Schuhen, Schmuck und herrlichen alten Stücken. Dies ist das kleinere Geschwistergeschäft des Beacon's Closet in Greenpoint.

FLIRT — BEKLEIDUNG
Karte S. 478 (www.flirt-brooklyn.com; 93 Fifth Ave zw. Park Pl & Prospect Pl; 11.30–19.30 Uhr; SB/D, N/Q/R, 2/3, 4/5 bis Atlantic Ave/Pacific St, G bis Bergen St) Der Name sagt's schon – diese Park Slope Boutique setzt vor allem auf sexy Girliesachen. Das Besitzertrio verkauft abgefahrene, aber feminine Kreationen, wie individuell gestaltete T-Shirts (man kann Schnitt und Stoff bestimmen) sowie enge Tops und weiche Strickklamotten.

🔒 Cobble Hill, Carroll Gardens & Gowanus

NO RELATION VINTAGE — SECONDHANDLADEN
Karte S. 476 (654 Sackett St zw. Third & Fourth Ave; SR bis Union St) Dieser riesige Laden für Vintage-Mode, den es seit Ende 2013 in Gowanus gibt, beeindruckt durch ein umwerfend reichhaltiges Sortiment – hier muss man schon einiges an Zeit investieren – sowie durch tolle Angebote für Schnäppchenjäger.

DRY GOODS — ACCESSOIRES
Karte S. 476 (362 Atlantic Ave zw. Hoyt & Bond St; Di-So 12–19 Uhr; SA/C, G bis Hoyt–Schermerhorn St) Dieser reizende kleine Laden,

geführt von einem Mutter-Tochter-Team, ermöglicht eine Zeitreise in vergangene Tage. Die alten Holzregale und -schränke sind vollgestopft mit kuriosen Dingen.

Alte Schreibwaren und Bleistifte, schön gefertigte Kent-Haarbürsten, Papierherstellungskästen für Kinder, Eiweißseife aus Belgien, Mundwasser aus dem 18. Jh. (angeblich das Lieblingswasser von Ludwig XV.), Meridian-Shirts von Saint James, wie sie Brigitte Bardot und James Dean trugen, und Legacy-Glockenkleider – das sind nur einige Sachen, die man hier findet. Der Schwerpunkt liegt auf alten Marken, die Produkte für die Ewigkeit herstellten.

SMITH + BUTLER — BEKLEIDUNG
Karte S. 476 (www.smithbutler.com; 225 Smith St Ecke Butler St, Caroll Gardens; ⏰Mo–Sa 11–19, So 12–18 Uhr; ⓈF, G bis Bergen St) Dieser Modeladen in Caroll Gardens verkauft robuste Kleidung, die vom Brooklyner-Biker-Ambiente inspiriert ist. Die Sachen hier sind etwas teurer, aber es gibt für Männer wie für Frauen einige wirklich gute Stücke (etwa Jägerklamotten, Handschuhe, Wollschals und jede Menge Decken).

★ BLACK GOLD — MUSIK
Karte S. 476 (www.blackgoldbrooklyn.com; 461 Court St zw. 4th Pl & Luquer St, Carroll Gardens; ⏰Mo 7–14, Di–Fr bis 20, Sa 10–21, So bis 19 Uhr; ⓈF, G bis Carroll St) Dieser kleine Laden leistet mit Schallplatten, Kaffee, Antiquitäten und ausgestopften Tieren seinen Beitrag zur ständig wachsenden Szene rund um die Court St in Carroll Gardens. Auf dem Plattenspieler kann man Scheiben von John Coltrane bis Ozzy Osborne lauschen und dazu einen richtig guten, frisch gemahlenen und individuell zubereiteten Kaffee genießen. Und vielleicht wird gerade eine ausgestopfte Hyäne aus den Ozark Mountains gebraucht? Die gibt's hier auch.

🔒 Dumbo

POWERHOUSE BOOKS — BÜCHER
Karte S. 480 (www.powerhousebooks.com; 37 Main St; ⏰Mo–Mi 10–19, Do & Fr bis 20, Sa 11–20, So bis 19 Uhr; 📞; ⓈA/C bis High St, F bis York St) Powerhouse Books ist ein nicht wegzudenkender Bestandteil der Kulturszene in Dumbo. Auf einer Fläche von 465 m² finden Wechselausstellungen, Buchpräsentationen und schräge, kreative Events statt. Spannend sind die Bücher über urbane Kunst, Fotografie und Popkultur – allesamt von dem hauseigenen und hochgelobten Verlag herausgegeben.

PS BOOKSHOP — BÜCHER
Karte S. 480 (www.psbnyc.com; Ecke 76 Front & Washington St; ⏰10–20 Uhr; ⓈA/C bis High St, F bis York St) Diese antiquarische Buchhandlung bietet eine ausgezeichnete Auswahl an Kunstmonografien, Kinderbüchern und alten Reiseberichten.

🏃 SPORT & AKTIVITÄTEN

BROOKLYN BRIDGE PARK — PARK
Karte S. 480 (East River Waterfront) 2013 wurde an den Piers 3 und 4 des Brooklyn Bridge Park (S. 280) ein hübscher, 2,4 ha großer Grünzug eröffnet, sodass ein Bummel oder eine Fahrradfahrt zum nördlichen Ende des Parks jetzt netter gestaltet. Inzwischen sollte Pier 2 über Plätze für Basketball, Handball und Boccia verfügen sowie eine Bahn für Inlineskater. Kajakfahrer haben hier außerdem Zugang zum Wasser.

BROOKLYN BOWL — BOWLING
Karte S. 474 (www.brooklynbowl.com; 61 Wythe Ave zw. 11th & 12th St, Williamsburg; Bowlingbahn 40–50 $ pro Std., Schuhverleih 5 $; ⏰Mo–Do 18–2, Fr 18–4, Sa 12–4, So 12–2 Uhr; ⓈL bis Bedford, G bis Nassau Ave) Die 16 Bahnen dieser eindrucksvollen Bowlinghalle befinden sich auf dem 2130 km² großen Gelände der ehemaligen Hecla Iron Works, in denen Anfang des 20. Jhs. Ornamente für verschiedene Wahrzeichen New Yorks hergestellt wurden. Das Ambiente ist geprägt von bequemen Sofas und Ziegelsteinwänden; außerdem gibt es verschiedene Musikangebote.

ON THE MOVE — RADFAHREN
Karte S. 478 (📞718-768-4998; www.onthemovenyc.com; 400 Seventh Ave zw. 12th & 13th St, Park Slope; Leihräder 35 $ pro Tag inkl. Helm; ⏰Mo–Fr 14–19, Sa & So 12–17 Uhr; ⓈF bis 7th Ave) Einige Blocks südlich des Prospect Park in Brooklyn verleiht und verkauft On the Move verschiedenste Fahrräder und Zubehör. Bei schlechtem Wetter ist der Laden geschlossen und zwischen Oktober und März sind die Öffnungszeiten kürzer.

BIKE AND ROLL — FAHRRADVERLEIH
Karte S. 480 (www.bikenewyorkcity.com; Old Fulton St, Brooklyn Bridge Park; Leihräder 10/34 $

pro Std./Tag; März–Nov.; A/C bis High St) Hier kann man Räder für eine Tour durch den Brooklyn Bridge Park (und vielleicht hinunter nach Red Hook), durch Dumbo oder hoch auf die bei Radlern sehr beliebte Brooklyn Bridge leihen.

GOTHAM GIRLS ROLLER DERBY ROLLER DERBY
(888-830-2253; www.gothamgirlsrollerderby.com; im Vorverkauf 20 $, vor Ort 25–35 $; April–Nov.;) Die einzige New Yorker Roller-Derby-Liga nur für Frauen besteht aus vier Teams: den Bronx Gridlock, Brooklyn Bombshells, Manhattan Mayhem und Queens of Pain. Außerdem gibt es mit den All Stars und den Wall Street Traitors zwei Teams ohne feste Halle. Spiele finden an verschiedenen Orten in der Stadt statt.

BROOKLYN CYCLONES BASEBALL
Karte S. 481 (718-372-5596; www.brooklyncyclones.com; MCU Park, 1904 Surf Ave Höhe 17th St, Coney Island; Tickets ab 15 $, Mi 10 $; D/F, N/Q bis Coney Island–Stillwell Ave) Diese Minor-League-Mannschaft spielt in der New York-Penn League auf einem Feld am Strand, nur wenige Schritte von der Promenade von Coney Island.

RED HOOK BOATERS KAJAKFAHREN
Karte S. 476 (www.redhookboaters.org; Louis Valentino Jr Pier Park, Coffey St, Red Hook; B61 bis Van Dyke St, F, G bis Smith–9th St) GRATIS Dieses Bootshaus liegt etwas abgelegen in Red Hook und bietet in der kleinen Bucht beim Louis Valentino Jr Pier Park zwischen Mai und Oktober mehrere Male pro Woche kostenlose Kajakausflüge an – Infos auf der Website.

BROOKLYN BOULDERS FELSKLETTERN
Karte S. 476 (www.brooklynboulders.com; 575 Degraw St Höhe Third Ave, Boerum Hill; Tagespass 25 $; 8–24 Uhr; R bis Union St) In der größten Kletterhalle Brooklyns messen sich die Kletterfreaks und versuchen sich an neuen Höhenrekorden. Die Decken in der 1600 m² großen Halle sind bis zu 9 m hoch; es gibt Höhlen, frei stehende 5-m-Felsen und Kletterwände mit Routen für jedes Niveau sowie Überhänge von 15, 30 und 45 Grad. Wer mag, kann auch Kletterstunden nehmen.

GOWANUS DREDGERS CANOE CLUB BOOTFAHREN
Karte S. 476 (718-243-0849; www.gowanuscanal.org; 2nd St Höhe Gowanus Canal; empfohlene Spende 5 $; F, G bis Carroll St oder Smith–9th St) Dieser ungewöhnliche Verein stellt das Zubehör (Kanu und Karte) für Leute bereit, die den Kanal und die Umgebung auf eigene Faust entdecken wollen. Teilnehmer werden gebeten, den Müll, der ihnen unterwegs begegnet, einzusammeln. Nur zwischen April und Oktober, vorab anmelden.

LAKESIDE SKATING, BOOTFAHREN
Karte S. 478 (www.lakesideprospectpark.com; Prospect Park, Nähe Ocean & Parkside Ave; Mo-Do 11–18, Fr & Sa 9–22, So bis 20 Uhr; ; B, Q bis Prospect Park) Ende 2013 eröffneten im Prospect Park als Teil des Lakeside Center, eines 74 Mio. $ teuren Projekts, mit dem gut 10 ha Park wunderschön und naturfreundlicher umgestaltet wurden, zwei nagelneue Anlagen, eine unter freiem Himmel, eine überdacht. Im Sommer können Kinder in Planschbecken und unter Fontänen herumtollen; die andere Anlage ermöglicht Inlineskating unter freiem Himmel.

Im Sommer sind für gemächliche Runden auf dem See Tretboote erhältlich.

PROSPECT PARK TENNIS CENTER TENNIS
Karte S. 478 (718-436-2500; www.prospectpark.org/tennis; Prospect Park Ecke Parkside & Coney Island Ave; 7–23 Uhr; F bis Fort Hamilton Pkwy, Q bis Parkside Ave) Die elf Plätze sind ganzjährig geöffnet. Von Mitte Mai bis Mitte November gelten Dauerkarten oder Einzeltickets. Die Preise liegen zwischen 38 und 82 $ pro Stunde.

AREA YOGA CENTER YOGA
Karte S. 476 (www.areayogabrooklyn.com; 320 Court St, 1. Stock, Cobble Hill; Unterricht 12 $; Unterricht 7–20 Uhr; F, G bis Carroll St) Mit einem Spa, ein paar Geschäften und einem Yoga-Studio bietet Area in Cobble Hill ein Gesamtpaket für Seele und Körper.

BARCLAYS CENTER BASKETBALL
Karte S. 478 (www.barclayscenter.com; Ecke Flatbush & Atlantic Ave, Prospect Heights; B/D, N/Q/R, 2/3, 4/5 bis Atlantic Ave) Die Dodgers spielen in Los Angeles Baseball, aber die NBA-Basketballer der Brooklyn Nets (früher die New Jersey Nets) spielen jetzt in diesem 2012 eröffneten Hightech-Stadion. Außerdem finden hier große Konzerte und Shows statt – Vampire Weekend, Coldplay, Cirque du Soleil, Disney on Ice … À propos Eis: Ab 2015 trägt die Eishockey-Mannschaft New York Islanders hier ihre Heimspiele aus.

Queens

LONG ISLAND CITY | ASTORIA | FLUSHING | CORONA | WOODSIDE

Highlights

❶ Inspirierendes bietet das **MoMA PS1** (S. 319), die Schwester des Museum of Modern Art drüben in Manhattan. Ob Malerei, Skulptur oder Installationen, dieses Kultur-„It-Girl" zeigt erstklassige progressive Kunst, veranstaltet aber auch Vortragsreihen, Performances und Sommerpartys mit elektronischer Musik.

❷ Im **Museum of Moving Image** (S. 321) kann jeder seine Lieblingsszenen aus Film und Fernsehen wieder zum Leben erwecken.

❸ Eine Wasserwunderwelt mit Schwitz- und Verwöhngarantie gibt es im **New York Spa Castle** (S. 329).

❹ Bis spät in die Nacht geht der Aufmarsch der Latino-Imbisswagen in der bunten **Roosevelt Ave**.

❺ Asiatischer Trubel und billige chinesische Lokale prägen das Straßenleben in **Flushing**.

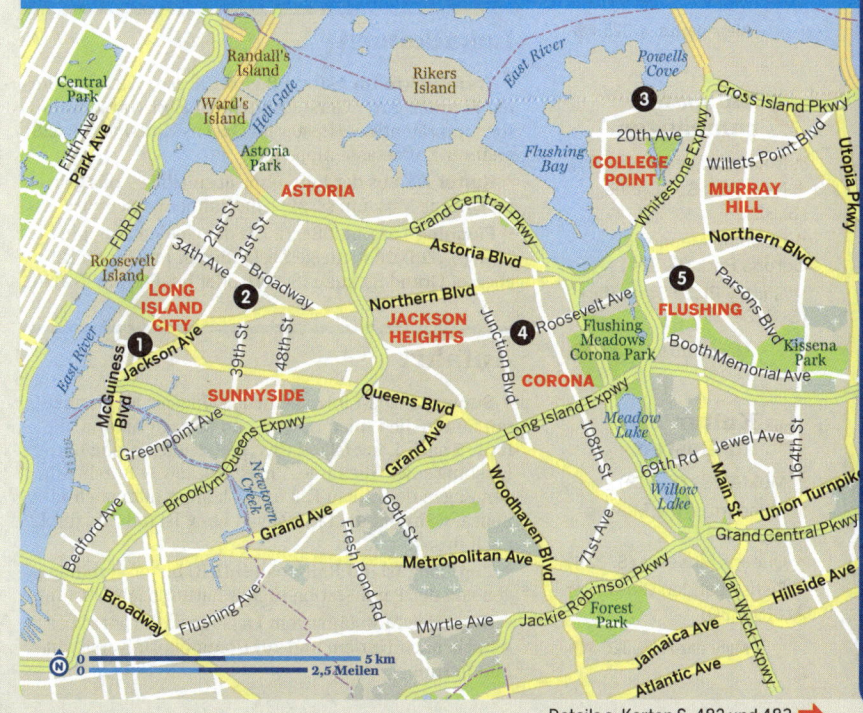

Details s. Karten S. 482 und 483

Top-Tipp

Im Fisher Landau Center for Art (S. 320) gibt's moderne Kunst – ohne Besuchermassen und ganz umsonst. Auf zwei Geschossen einer ehemaligen Fallschirmseilfabrik in Long Island City findet sich eine herausragende Sammlung mit Gemälden, Fotos, Skulpturen und Installationen, die von den 1960er-Jahren bis heute reicht. Die Wechselausstellungen warten mit Meistern wie Robert Rauschenberg, Cy Twombly und Jasper Johns auf.

Gut essen

- Sripraphai (S. 326)
- Fu Run (S. 326)
- M. Welles Dinette (S. 325)
- Rockaway Taco (S. 321)
- Roosevelt Ave (S. 327)

Mehr dazu s. S. 325

Entspannt rumhängen

- Rockaway Beach (S. 321)
- New York Spa Castle (S. 329)
- Flushing Meadows Corona Park (S. 324)
- Gantry Plaza State Park (S. 320)

Mehr dazu s. S. 320

Kultur auskosten

- MoMA PS1 (S. 319)
- Museum of the Moving Image (S. 321)
- Queens Museum (S. 324)
- Fisher Landau Center for Art (S. 320)

Mehr dazu s. S. 320

Rundgang: Queens

Von den fünf Boroughs der Stadt hat Queens flächenmäßig die Nase vorn und liegt bei der Einwohnerzahl an zweiter Stelle; überall sonst wäre Queens eine Großstadt für sich. Also wo anfangen?

Wenn nicht gerade Dienstag oder Mittwoch ist (an diesen Tagen haben viele Galerien geschlossen), könnte man mit einem Tag in Long Island City beginnen, wo interessante Adressen für zeitgenössische Kunst zu finden sind: MoMA PS1, SculptureCenter und Fisher Landau Center for Art. Vom Gantry Plaza State Park ist der Sonnenuntergang besonders malerisch und für das kulinarische Glück sorgen die Restaurants am Vernon Blvd.

Das angrenzende Astoria ist ein bis zwei weitere Tage wert: Hier locken Multikulti-Lokale, vor Ort gebrautes Bier und das Museum of Modern Art.

Ein Stück weiter in Flushing liegt die größte Chinatown New Yorks mit Straßenimbissen, Asialäden und kitschigen Verkaufsgalerien – das lohnt einen weiteren Tag in Queens. Wer nicht so viel Zeit hat, verbringt den Vormittag auf der Main St und der Roosevelt Ave und besucht danach im benachbarten Corona das Queens Museum oder das Louis Armstrong House.

Wenn es sehr heiß ist, könnten dem Wellen am Rockaway Beach genau das Richtige sein. Dies ist der beste Strand der Stadt und hier gibt's leckerste Fisch-Tacos.

Lokalkolorit

- **Treffpunkte** Im Astoria Bier & Cheese (S. 328) schlürfen Freunde guter Gerstensäfte ihr Leibgetränk, während unprätentiöse Hipster im Queens Kickshaw (S. 328) an ihrer Kaffeetasse nippen.
- **Kultur** NY aus der Luft, ohne abzuheben – das geht im Queens Museum (S. 324), das immer besser wird.
- **Flushing** Lammklöße im UG der Golden Shopping Mall (S. 326) und feurige Leckerbissen im Hunan Kitchen of Grand Sichuan (S. 326) oder bei Fu Run (S. 326).

Anfahrt

- **Subway** Zwölf Linien bedienen Queens; ab Manhattan fahren die Linien N, Q, R und M nach Astoria, die Linie 7 nach Long Island City, Woodside, Corona und Flushing sowie die Linie A nach Rockaway Beach. Mit den Zügen der Linien E, J und Z kommt man nach Jamaica, während die Linie G von Long Island City direkt nach Brooklyn fährt.
- **Zug** Long Island Rail Road (LIRR) bietet Verbindungen von der Penn Station in Manhattan nach Flushing.
- **Bus** Linie M60 fährt vom La Guardia Airport über Astoria nach Harlem und zur Columbia University in Manhattan.

HIGHLIGHT
MOMA PS1

Die kleinere, aber angesagtere Schwester des Museum of Modern Art in Manhattan, das MoMA PS1, schafft es meisterhaft, frische und kühne zeitgenössische Kunst zu entdecken und in einer ehemaligen Schule auszustellen. Seerosenteiche und Goldrahmen sucht man hier vergebens. Die Besucher spähen durch Dielen auf Videobildschirme und diskutieren über die Bedeutung von nichtstatischen Strukturen, während sie durch ein Loch in der Wand starren. Nichts ist vorhersehbar. Mit einem MoMA-Ticket ist der Eintritt frei.

Wurzeln, Radikalität & PS1-Klassiker

Das PS1 betrat die Kunstszene in den 1970er-Jahren. Dies war die Zeit von Dia, Artists' Space und dem New Museum – neue Formen, um den in New York aufblühenden Keim experimenteller und multimedialer Kunst zu zeigen. 1976 nahm Alanna Heis – eine Befürworterin von Kunst an ungewöhnlichen Orten – sich eines verlassenen Schulgebäudes in Queens an und lud Künstler wie Richard Serra, James Turell und Keith Sonnier ein, Werke speziell für diesen Ort zu schaffen. Das Ergebnis war die Gründungsausstellung des PS1, *Rooms*. Einige Werke der ersten Stunde sind heute noch zu sehen, z. B. die ovalen Wand-„Blimps" von Richard Artschwager oder im 2. Stock des Nordflügels das mit Licht spielende *The Hole at P.S.1, Fifth Solar Chthonic Wall Temple* von Alan Saret. Sie gehören zur Dauerausstellung der Galerie, ebenso wie das Video *Selbstlos im Lavabad* von Pipilotti Rist, das durch die Diele in der Lobby betrachtet werden kann, und James Turrells inspirierendes *Meeting*, bei dem der Himmel zum Meisterwerk wird.

NICHT VERSÄUMEN

➜ Wechselnde & ständige Ausstellungen
➜ Sommerliche „Warm-Up"-Partys
➜ Sonntagssessions

PRAKTISCH & KONKRET

➜ Karte S. 482
➜ www.momaps1.org
➜ 22–25 Jackson Ave Höhe 46th Ave, Long Island City
➜ Erw./Kind 10 $/ frei, Eintritt mit MoMA-Ticket frei, Eintritt Warm-Up-Partys online/vor Ort 15/18 $
➜ ⏲ Do–Mo 12–18 Uhr, Warm-Up-Partys Juli–Anfang Sept. Sa 15–21 Uhr
➜ 🚇 E, M bis 23rd St–Ely Ave, G bis 21st St, 7 bis 45th Rd–Court House Sq

Sommerliche „Warm-Up"-Partys

Von Juli bis Anfang September findet hier jeden Samstagnachmittag eine der aufregendsten Musikkultur-Veranstaltungen New Yorks statt. Die Partys sprechen wirklich jeden an, vom schrägen Hipster bis zum Musikfreak, den man nur mit Stöpseln im Ohr sieht. Alle strömen in den Hof des MoMA PS1, essen, trinken und genießen das großartige Programm mit Bands, experimenteller Musik und DJs. Bisher sind hier Künstler wie Acid-House-Maestro DJ Pierre und Techno-Pionier Juan Atkins aufgetreten. Es ist wie eine große Blockparty, nur mit besserer Musik und besserer Kunst als sonst bei Nachbarschaftspartys. Zum jährlichen Programm gehört auch der Wettbewerb des Young Architects Program (YAP), bei dem Architekten sich darum bewerben, den Hof des MoMA PS1 mit einer großen Installation umzugestalten. 2013 staubte das Büro CODA aus Ithaca den Preis ab.

Sonntagssessions

Von September bis Mai finden jeden Sonntag die sogenannten Sunday Sessions statt, ein weiteres Angebot für Kulturfreaks. Die Sessions bestehen aus Vorträgen, Filmvorführungen, Musikkonzerten und architektonischen Projekten. Zum Programm gehörten bisher experimentelle Comedy, postindustrielle Noise-Jams oder Abende mit Latin Art House Dance. In der einen Woche kann die Premiere einer Symphonie stattfinden, in einer anderen gibt's vielleicht eine Architektur-Performance aus Madrid. Aktuelle Termine stehen auf der Website des MoMA PS1.

⊙ SEHENSWERTES

Die Website des Queens Tourism Council (www.itsinqueens.com) bietet Infos über Sehenswürdigkeiten und Events, während der Queens Council on the Arts (☏347-505-3010; www.queenscouncilarts.org) die Kunst im Viertel bewirbt. Jack Eichenbaum, Professor für Stadtgeographie am Hunter College, bietet individuelle Stadtspaziergänge (☏718-961-8406; www.geognyc.com; Führungen 39 $) durch die ethnisch geprägten Viertel von Queens an, u. a. eine Ganztagestour mit Fahrten und Spaziergängen entlang der Subway-Linie 7.

⊙ Long Island City

MOMA PS1   GALERIE
Siehe S. 319.

★ FISHER LANDAU CENTER FOR ART   MUSEUM
Karte S. 482 (www.flcart.org; 38-27 30th St; ⊙Do–Mo 12–17 Uhr; ⑤N/Q bis 39th Ave) GRATIS Verblüffend: Dieses private Kunstmuseum ist noch weitgehend unentdeckt. Freunde der modernen Kunst dürfen es auf keinen Fall versäumen. Wann immer sie ihren Besuch planen, sie werden sicher wichtige Werke einiger der bedeutendsten Künstler aus dem 20. und 21. Jh. zu sehen bekommen.

Das Gebäude entwarf u. a. der inzwischen verstorbene britische Architekt Max Gorden (von dem auch die Saatchi Gallery in London stammt). Jeden Mai zeigt das Museum bei der Columbia University School of Visual Arts MFA Thesis Exhibition die Abschlussarbeiten der vielversprechenden Künstlertalente.

NOGUCHI MUSEUM   MUSEUM
Karte S. 482 (www.noguchi.org; 9-01 33rd Rd Höhe Vernon Blvd; Erw./Kind 10 $/frei, 1. Fr des Monats per Spende; ⊙Mi–Fr 10–17, Sa & So 11–18 Uhr; ⑤N/Q bis Broadway) Kunst und Haus stammen aus der Hand des japanisch-amerikanischen Bildhauers, Möbeldesigners und Landschaftsarchitekten Isamu Noguchi – beide strahlen eine Zen-artige Feinfühligkeit aus. Die abstrakten Steinskulpturen des Künstlers werden in kahlen Betonräumen und in einem Felsgarten präsentiert – als Meditation über den Kampf zwischen Natur und der durch den Menschen künstlich erschaffenen Welt.

Das Gebäude war früher eine Lichtdruckfabrik und liegt direkt gegenüber von Nogushis Atelier. Neben der Kunst gibt es auch ein kleines Café und einen Souvenirladen, in dem Lampen und Möbel aus Noguchis Feder sowie eine kleine Anzahl von anderen Designstücken des 20. Jhs. verkauft werden. Das Museum liegt zehn Blocks von der Subway-Station entfernt; es gibt einen Shuttlebus (einfach/hin & zurück 5/10 $), der sonntags viermal von der nordöstlichen Ecke der E 70th St und Park Ave in Manhattan losfährt. Die genauen Zeiten stehen auf der Website.

SCULPTURECENTER   GALERIE
Karte S. 482 (www.sculpture-center.org; 44-19 Purves St, Nähe 43rd Ave; empfohlene Spende 5 $; ⊙Do–Mo 11–18 Uhr; ⑤7 bis 45th Rd–Court House Sq, E, M bis 23rd St–Ely Ave, G bis Long Island City–Court Sq) Am Ende einer Sackgasse hat das SculptureCenter eine ehemalige Garage in Besitz genommen und erinnert mit seiner Mischung aus schräger Kunst und industrieller Kulisse an Berlin. Die Ausstellungsflächen – eine großräumige Hauptgalerie und ein höhlenartiges Kellergeschoss – sorgen für das passende atmosphärische Umfeld für die wechselnden Ausstellungen neu entdeckter und bekannter Künstler. Die Besucher können hier alles erwarten: von speziell für diesen Ort konzipierten Installationen bis hin zur Videokunst.

SOCRATES SCULPTURE PARK   KUNST
Karte S. 482 (www.socratessculpturepark.org; Broadway Höhe Vernon Blvd; ⊙10 Uhr bis Sonnenuntergang; ⑤N/Q bis Broadway) GRATIS Schräge Skulpturen locken Besucher auf dieses 1,8 ha große Freiluftgelände direkt am East River in der Nähe des Noguchi-Museums. Besonders schön ist der Park zu kostenlosen Veranstaltungen – wie von Mitte Mai bis Ende September am Wochenende mit Yoga und Tai Chi oder von Anfang Juli bis Ende August mittwochs zu Filmvorführungen. Die begleitenden Darbietungen beginnen um 19 Uhr, die Filme selbst bei Sonnenuntergang. Auch für Kulinarisches ist gesorgt.

GANTRY PLAZA STATE PARK   PARK
Karte S. 482 (www.nysparks.com/parks/149; 4-09 47th Rd; ⑤7 bis Vernon Blvd–Jackson Ave) Dieser knapp 5 ha große Uferpark mit Designelementen bietet wunderbare unverstellte Blicke auf die Skyline von Manhattan (zu sehen z. B. im Film *Die Dolmetscherin* von 2005 mit Sean Penn und Nicole Kid-

man) und vier Piers mit öffentlichen Sonnenliegen zum Relaxen mit Panoramablick. Die restaurierten Portalkräne (die bis 1967 noch in Betrieb waren) sind ein Überbleibsel der Zeit, als das Gelände noch Ladestation für Güterzüge und Frachtkähne war.

Das riesige Pepsi-Cola-Schild am nördlichen Ende stammt aus dem Jahr 1936 und krönte damals die nahe gelegene Pepsi-Abfüllfabrik, die inzwischen nicht mehr steht.

● Astoria

★ MUSEUM OF THE MOVING IMAGE
MUSEUM

Karte S. 482 (www.movingimage.us; 36-01 35th Ave Höhe 37th St; Erw./Kind 12/6 $, Fr 16–20 Uhr Eintritt frei; ⊙Mi & Do 10.30–17, Fr bis 20, Sa & So 11.30–19 Uhr; 🕾; ⓈM/R bis Steinway St) Nach einer 65 Mio. $ teuren Sanierung

---

ABSTECHER
ROCKAWAY BEACH

Der größte Stadtstrand der USA – und der beste New Yorks – liegt nur eine 2,50 $ teure Fahrt mit der Subway-Linie A vom Zentrum entfernt. An Sommerwochenenden kann man von Lower Manhattan auch schön mit der **Fähre** (Karte S. 444; www.newyorkbeachferry.com; Pier 11; hin & zurück Erw./Kind 30/15 $; ⊙im Sommer Sa, So & Feiertage) fahren, mit zwei Stopps am Rockaway Beach: Riis Landing und Beach 108th St.

Hier herrscht nicht so viel Betrieb wie in Coney Island, dafür ist der Rockaway Beach bekannt für seine überraschend natürliche Landschaft und seine guten Surfspots. Das Sommerausflugsziel ist ein Mekka für Hipster, Künstler und Gastronomen, die Wert auf Zutaten aus regionalem Anbau legen. Im Herzen der Umwälzungen pulsiert die Tacohütte **Rockaway Taco** (www.rockawaytaco.com; 95-19 Rockaway Beach Blvd; ⊙11–20 Uhr; ⓈA, S bis Beach 98th St), deren Fischtacos mit Guacamole allein schon den Weg wert sind. Nicht weit entfernt reihen sich an der Promenade Betonbuden, in denen angesagte Lokale wie die Pizzabäcker von Roberta's aus Brooklyn (S. 298) ihre Spezialitäten feilbieten.

Abgesehen von der Zeit zwischen Mai und September, wenn eingeölte Körper, Surfbretter und Fahrräder die Szenerie dominieren, ist dies ein natürliches Wunderland, das unendlich weit vom städtischen Chaos in New York entfernt scheint. Ein Großteil der Fläche gehört zur **Gateway National Recreation Area**. Dieses über 10 500 ha große Erholungsgebiet setzt sich aus mehreren Parks zusammen. Einer davon liegt unweit der Südspitze der Rockaways und heißt **Jacob Riis Park**. Er ist nach einem Mann benannt, der sich Ende des 19. Jhs. als Anwalt und Fotograf von Immigranten einen Namen machte. In diesem Park steht auch das Fort Tilden, ein stillgelegter Küstenartilleriestützpunkt aus dem Ersten Weltkrieg.

Unweit vom JFK beginnt das Salzmarschen-Naturschutzgebiet **Jamaica Bay Wildlife Refuge**. Es ist eines der bedeutendsten Feuchthabitate für Zugvögel an der Ostküste. Im Frühjahr und im Herbst machen hier mehr als 325 Vogelarten Zwischenstation und stärken sich mit allen möglichen Meeresbewohnern wie Muscheln, Schildkröten, Garnelen und Austern. Jede Jahreszeit bringt andere Besucher: Im Frühjahr kommen Grasmücken und Singvögel, Ende März Kanadaschnepfen. Mitte August beginnen die Küstenvögel mit ihrem Zug nach Süden und legen auf ihrem Weg von Kanada nach Mexiko hier einen Zwischenstopp ein. Im Herbst machen sich Wanderfalken und Raubvögel auf den Weg und fallen zusammen mit Enten, Gänsen und Monarchfaltern sowie Abertausenden von Libellen ein. Vogelkundler und Naturfreunde kommen vor allem am Ost- und am Westteich auf ihre Kosten; zwar wurde der Uferbereich am Westteich durch den Hurrikan Sandy stellenweise zerstört, doch der 2,5 km lange Weg um den Ostteich ist nach wie vor begehbar. Festes Schuhwerk sowie Insekten- und Sonnenschutzmittel sind dabei jedoch unverzichtbar; außerdem sollte man Wasser mitnehmen und sich vor Gifteefeu in Acht nehmen.

Um zum **Visitor Center** (Jamaica Bay Wildlife Refuge; ⊙8.30–17 Uhr) zu gelangen, folgt man von der Subway-Station Broad Channel der Noel Rd Richtung Westen bis zum Cross Bay Blvd, geht dann rechts (Richtung Norden) und folgt dem Boulevard einen guten Kilometer; das Besucherzentrum liegt dann auf der linken Seite der Straße.

1

ERIN PATRICE O'BRIEN / GETTY IMAGES ©

2

4

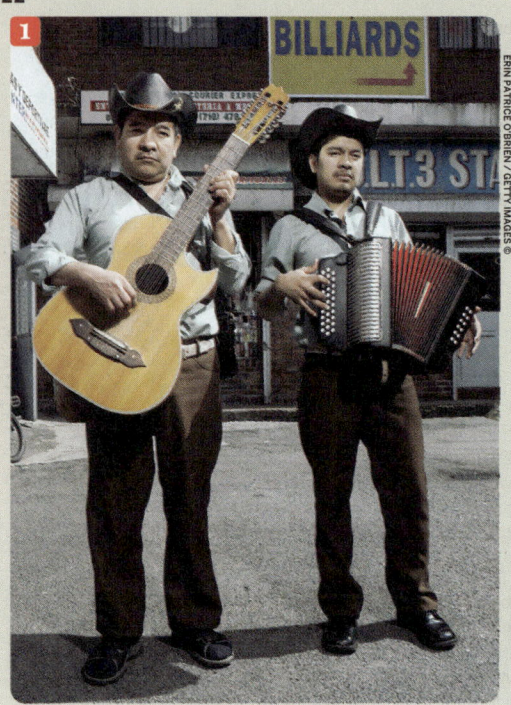

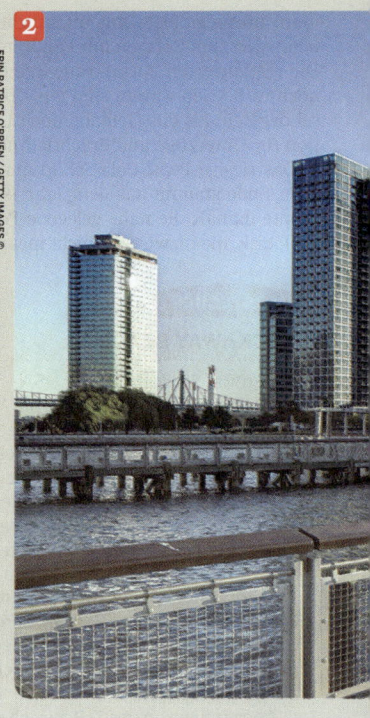

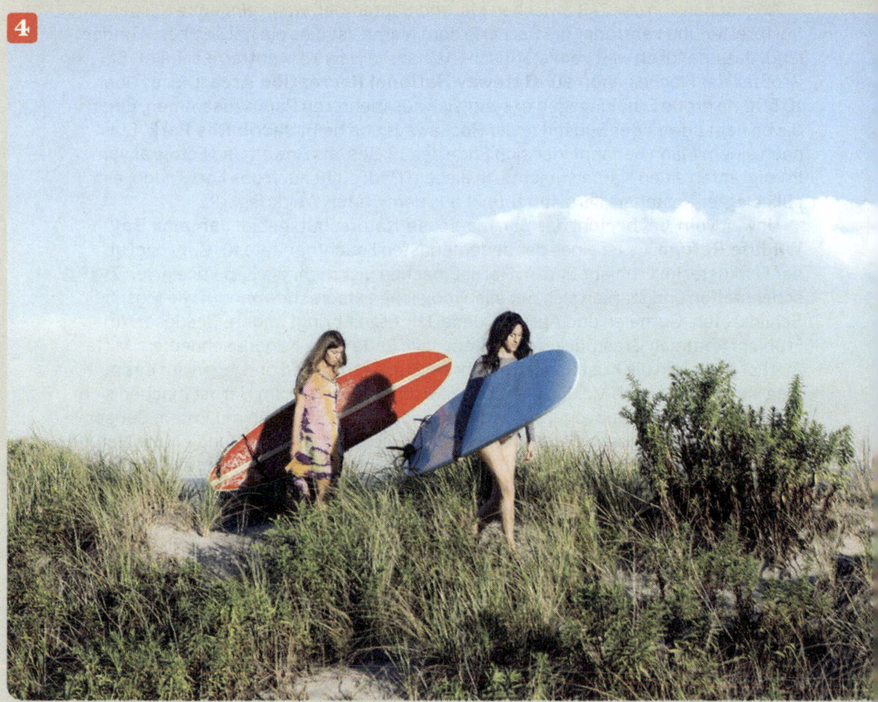

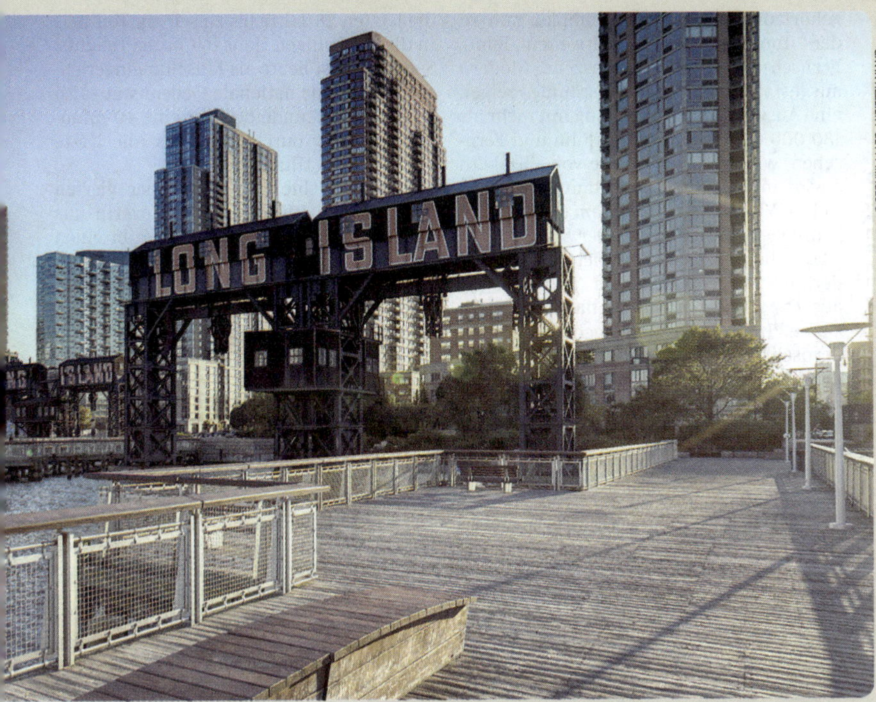

GAVIN HELLIER / GETTY IMAGES ©

JAMIE GRILL / GETTY IMAGES ©

BARRY WINIKER / GETTY IMAGES ©

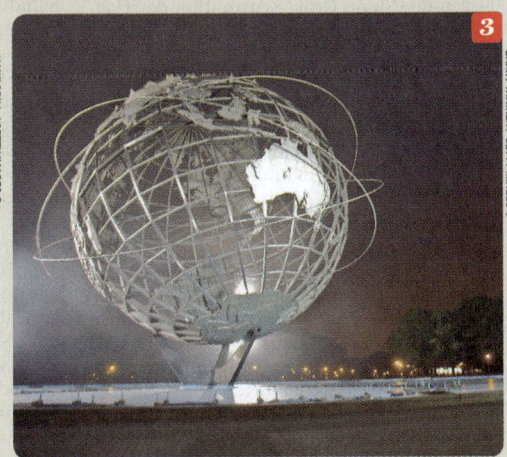

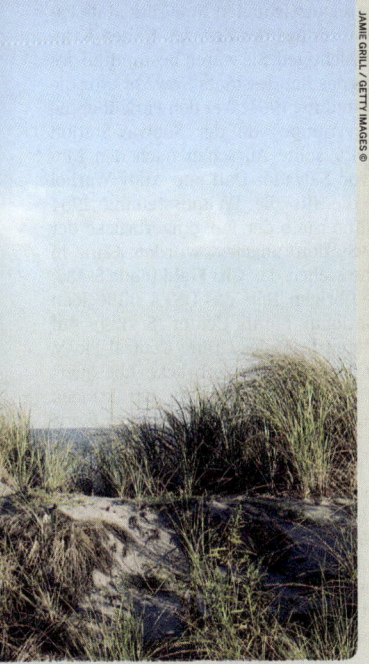

1. Queens
Straßenmusiker sorgen für Unterhaltung in Queens.

2. Gantry Plaza State Park (S. 320)
In Long Island City laden öffentliche Liegestühle mit Blick auf den East River zur Erholung ein.

3. Flushing Meadows Corona Park (S. 324)
Queens' Wahrzeichen, die *Unisphere* von Gilmore David Clarke, ist der größte Globus der Welt.

4. Rockaway Beach (S. 321)
New Yorks schönster Stadtstrand lockt mit einer überraschend naturnahen Landschaft..

gehört dieser supercoole Komplex nun zu den Topadressen der weltweiten Film-, Fernseh- und Videomuseenszene. Modern ausgestattete Ausstellungsräume zeigen eine Auswahl einer Sammlung mit mehr als 130 000 Gegenständen aus Film und Fernsehen, wie z. B. die Perücke von Elizabeth Taylor in *Kleopatra*, den Raumanzug von Robin Williams aus *Mork vom Ork* oder die gruselige Stuntpuppe aus *Der Exorzist*.

Die Besucher können sich im Schneideraum ausprobieren und Textpassagen aus *Der Zauberer von Oz* nachsynchronisieren. Interessant sind auch die uralten Fernsehkameras und Videospiele von anno dazumal. Die Wechselausstellungen sind meist großartig, ebenso wie die regelmäßigen Filmvorführungen – Infos dazu stehen auf der Website.

◉ Flushing & Corona

QUEENS MUSEUM MUSEUM
Karte S. 483 (QMA; www.queensmuseum.org; Flushing Meadows Corona Park; Erw./Kind 8 $/frei; ⊙Mi–So 12–18 Uhr; 📞; S7 bis 111th St) Das kürzlich erweiterte Queens Museum ist eine der größten freudigen Überraschungen der Stadt. Größte Attraktion des Hauses ist das Panorama von New York City in einem verblüffenden, 870 m² großen Miniaturnachbau der Stadt mit allen Gebäuden und der 15-minütigen Simulation eines New Yorker Tages von Sonnenauf- bis Sonnenuntergang. Außerdem finden im Museum erstklassige Ausstellungen moderner Kunst statt – von zeitgenössischer Fotografie bis hin zu speziell für den Standort entwickelten Installationen.

Das Queens Museum liegt in einem historischen Gebäude, das für die Weltausstellung 1939 erbaut wurde und in dem auch die UN schon zu Hause war. Es gibt eine herrliche Sammlung von Erinnerungsstücken der Weltausstellungen von 1939 und 1964 zu sehen, von denen auch Nachbildungen im Souvenirladen erstanden werden können.

LOUIS ARMSTRONG HOUSE KULTURGESCHICHTLICHES GEBÄUDE
Karte S. 483 (www.louisarmstronghouse.org; 34-56 107th St, Corona Heights; Eintritt 10 $; ⊙Di–Fr 10–17, Sa & So 12–17 Uhr; S7 bis 103rd St–Corona Plaza) Auf dem Höhepunkt seiner Karriere erkor der weltberühmte Louis Armstrong Queens zu seinem Wohnsitz und verbrachte die letzten 28 Jahre bis zu seinem Tod 1971 in diesem ruhigen Haus in Corona Heights. Sein Heim ist heute als Museum eingerichtet und gilt als nationale Gedenkstätte. Zu jeder vollen Stunde beginnt eine 40-minütige Führung durch das Haus (die letzte startet um 16 Uhr).

Satchmo lebte hier mit seiner vierten Frau, Lucille Wilson, einer Tänzerin aus dem Cotton Club. Die Führung gibt einen Einblick in ihr glückliches Leben, erzählt witzige Anekdoten und zeigt einige Heimvideos. Armstrong war sehr stolz auf seinen Schlupfwinkel; in den Räumen hängt u. a. ein Porträt von ihm, gemalt von keinem anderen als Benedetto (alias Tony Bennett).

FLUSHING MEADOWS CORONA PARK PARK
Karte S. 483 (www.nycgovparks.org/parks/fmcp; Grand Central Pkwy; S7 bis Mets–Willets Point) Das Schönste an der Gegend ist dieser 500 ha große Park, angelegt anlässlich der Weltausstellung 1939. Dominiert wird er vom berühmtesten Wahrzeichen Queens: Gilmore David Clarkes **Unisphere** (Karte S. 483) aus rostfreiem Stahl ist mit 36,5 m Höhe und 380 t Gewicht der größte Globus der Welt. Gegenüber steht das ehemalige New York City Building, das heute das fabelhafte Queens Museum beherbergt.

Unmittelbar südlich davon sind die drei vom Wetter gezeichneten New York State Pavilion Towers aus der Zeit des Kalten Krieges zu besichtigen. Sie waren Bestandteil des Pavillons des Bundesstaats New York für die Weltausstellung 1964. Wer den Park über die Fußgängerrampe von der Subway-Station her betritt, sollte Ausschau nach den Mosaiken von Salvador Dalí und Andy Warhol halten, die für die Weltausstellung 1964 (gleich unterhalb der Fußgängerbrücke der Subway-Station) angelegt wurden. Ganz in der Nähe stehen das **Citi Field** (Karte S. 483) und die übrigen Teile des USTA Billie Jean King National Tennis Center (S. 329). Auf der anderen Seite des Grand Central Pkwy, der auf einer Fußgängerbrücke überquert wird, warten ein paar weitere Attraktionen wie die **New York Hall of Science** (Karte S. 483; ☎718-699-0005; www.nysci.org; 47-01 111th St; Erw./Kind 11/8 $, Sept.–Juni Fr 14–17, So 10–11 Uhr, Ende Aug.–Anfang Sept. tgl. Eintritt frei; ⊙April–Aug. Mo–Fr 9.30–17, Sa & So 10–18 Uhr, Sept.–März Mo geschl.; S7 bis 111th St). Der Park hat tatsächlich auch Grünflächen, und zwar an seinem östlichen und südlichen Rand. Die erstklassigen Fußballplätze mit Astroturf-Rasenmatten sind beliebte Treffpunkte für organisierte und spontane Fußballspiele, bei denen jeder mitmachen kann. Außerdem gibt's noch einen Übungsgolfplatz, der abends für die Spieler beleuchtet ist.

ESSEN

Spanakopita? Gai kua? Sopa de mariscos? In Queens findet man so ziemlich jedes Gericht der Welt. Während in Long Island City die einheimische Küche im Vordergrund steht, bietet Astoria das ganze Spektrum von griechisch bis Bagel – vor allem auf der 30th Ave, dem Broadway (zw. 31st und 35th St) und der 31st Ave. „Little Cairo" liegt in Astoria an der Steinway Ave (zw. Astoria Blvd und 30th Ave). Im Osten säumen lateinamerikanische Imbisswagen die Roosevelt Ave, während am Ende der Subway-Linie 7 in Flushing die „New Yorker Chinatown ohne Touristen" liegt. Wer einen guten Überblick über die kulinarische Vielfalt des Viertels bekommen möchte, sollte sich den World's Fare Tours (www.worlds faretours.com; Führungen ab 75 $) von Restaurantkritiker und Autor Joe Stefano anschließen – von ihm haben sich schon die Starköche Eric Ripert und Anthony Bourdain beraten lassen.

Long Island City & Astoria

BROOKLYN BAGEL & COFFEE COMPANY   BÄCKEREI $

Karte S. 482 (www.brooklynbagelandcoffeecompany.com; 35-05 Broadway, Astoria; Bagels 1,20 $; ⏲6-16.30 Uhr; ⓈN/Q bis Broadway, M, R bis Steinway St) Sicher, das ist hier nicht Brooklyn, sondern Queens. Aber von der kleinen örtlichen Verwirrung mal abgesehen, sind die Bagels hier definitiv gut – weich, intensiv und lecker. Es gibt sie in unzähligen verlockenden Varianten, mit Sesam, Zwiebel, Knoblauch oder Vollkorn und Rosinen. Der Frischkäse ist unwiderstehlich, mit wechselnden Geschmacksnoten wie Wasabi-Lachs oder Bratapfel.

★ M. WELLES DINETTE   KANADISCH $$

(www.magasinwells.com; MoMA PS1, 22-25 Jackson Ave, Long Island City; Hauptgerichte 9-29 $; ⏲Do-Mo 12-18 Uhr; ⓈE, M bis 23rd St-Ely Ave, G bis 21st St, 7 bis 45th Rd-Court House Sq) In diesem Kultrestaurant fühlt man sich in seine Schulzeit zurückversetzt: Es residiert im MoMA PS1, einer in eine Galerie verwandelten Schule. Die schreibtischähnlichen Tische sind zur offenen Küche hin ausgerichtet, wo der Quebecer Koch Hugue Dufour regionale Zutaten in mutiger französisch-kanadischer Manier verarbeitet. Hier wird das komplette Tier von der Nase bis zum Schwanz zu wunderbar raffinierten, sättigenden und kreativen saisonalen Speisen verarbeitet.

Laben können sich die Gäste u. a. an Friséesalat mit Entenherzen, geräuchertem Ei und gebratenem Brot, clever gepaart mit einer kleinen, aber interessanten Auswahl an Weinen per Glas.

VESTA TRATTORIA & WINE BAR   ITALIENISCH $$

Karte S. 482 (www.vestavino.com; 21-02 30th Ave, Astoria; Pizzas 13-16 $, Hauptgerichte abends 11-26 $; ⏲Mo-Do 17-22, Fr bis 23, Sa 11-15 & 16-23, So 11-15 & 16-22 Uhr; ⓈN/Q bis 30th Ave) Das Vesta ist eines dieser gemütlichen Lokale von nebenan, in denen sich Stammgäste zum Quatschen an der Bar treffen und wo an den Wänden Werke von Künstlern aus dem Viertel hängen und Bioprodukte von Brooklyner Dachgärten verarbeitet werden. Die Karte ist einfach und auf das saisonale Angebot abgestimmt: nahrhafte *zuppe* (Suppen), brodelnde Pizza mit dünnen, krossen Boden und leckere Hauptgerichte, vor allem Pasta und Risotto-Variationen.

Der Star des beliebten Wochenendbrunchs ist „Warm Bankie", ein reichhaltiges Katerfrühstück mit Spiegelei, cremiger Polenta, Spargel, wilden Pilzen und Trüffelöl.

TAVERNA KYCLADES   GRIECHISCH $$

Karte S. 482 (☎718-545-8666; www.tavernakyclades.com; 33-07 Ditmars Blvd Höhe 33rd St, Astoria; Hauptgerichte 11,50-35 $; ⏲Mo-Sa 12-23, So bis 22 Uhr; ⓈN/Q bis Astoria-Ditmars Blvd) Das Kyclades hat zweifellos die beste griechische Küche in Queens. Frische Fische und Meeresfrüchte gehören zu den Spezialitäten, z. B. saftiger, gegrillter Tintenfisch, gebackene Kalamari und andere Klassiker. Die Gerichte mit gegrilltem Fisch sind ein Beweis für die Maxime „weniger ist mehr", während der *saganaki* (gebratener Käse) sündhaft gut ist. Das Kyclades Special ist seinen Preis leider nicht wert.

LIC MARKET   CAFÉ $$

Karte S. 482 (☎718-361-0013; www.licmarket.com; 21-52 44th Dr, Long Island City; mittags

8–12 $, Hauptgerichte abends 15–24 $; Mo 7–15.30, Di–Sa bis 22, So 10–15.30 Uhr; ; E, M bis 23rd St–Ely Ave, 7 bis 45th Rd–Court House Sq) Kunst an den Wänden und dampfende Töpfe bestimmen das Ambiente in dem angesagten kleinen Café, in dem sich sowohl kreative Köpfe als auch geschäftige Businessmenschen gut aufgehoben fühlen. Zum Frühstück überzeugt *sausage and onions* (Spiegeleier, Würstchen, Cheddar und karamellisierte Zwiebeln auf einem Brioche-Brötchen). Die Mittags- und Abendgerichte mit ausschließlich saisonalen Zutaten reichen von Jakobsmuscheln aus Nantucket bis zu gehaltvollen Risottos mit Wild.

EL AY SI AMERIKANISCH $$
Karte S. 482 (www.elaysi.com; zw. 47th Rd & 48th Ave, Long Island City; Hauptgerichte 10–21 $; Mi & Do 17–22, Fr bis 24, Sa 11–24, So 11–22 Uhr; 7 bis Vernon Blvd–Jackson Ave) Leckeres, sättigendes Essen, freundschaftliche Atmosphäre und Musik der Generation X lauern hinter den Samtvorhängen dieser Wohlfühlmixtur aus Bar und Restaurant. Die Besucher zwängen sich an die Bar oder versuchen eine der Nischen zu ergattern, um sich an superleckeren Speisen wie frittiertem Jalapeño-Mais oder zartem, langsam gegartem Schweinebauch mit karamellisierten Äpfeln zu laben. Wer nicht lange warten möchte, sollte früh kommen.

 Woodside

SRIPRAPHAI THAI $$
Karte S. 482 (www.sripraphairestaurant.com; 64-13 39th Ave; Hauptgerichte 9–23 $; Do–Di 11.30–21.30 Uhr; 7 bis 69th St) Wer glaubt, NYC sei eine Niete in Sachen südostasiatischer Küche, sollte sich in dieser immer gut besuchten Thai-Legende auf etwas gefasst machen: Das Essen hier ist günstig und wirklich himmlisch. Empfehlenswert sind der krosse Wels mit Mangosalat und Cashewkernen oder die gebackenen Butterkrebse. Wer früh kommt, muss nicht warten. Nur Barzahlung.

Flushing & Corona

GOLDEN SHOPPING MALL CHINESISCH $
Karte S. 483 (41-28 Main St, Flushing; Mahlzeiten ab 3 $; 7 bis Flushing–Main St) Der Food Court im Erdgeschoss der Golden Mall, ein überladenes Wirrwarr aus herabhängenden Enten, fliegenden Nudeln und schmierigen Kunststofftischen, bietet phantastisches Imbissessen. Niemand sollte sich vom Fehlen englischsprachiger Karten irritieren lassen. An den meisten Ständen arbeitet mindestens eine Person, die englisch spricht. Aber auch die vielen Stammgäste helfen gerne aus und zeigen an, was besonders gut ist – seien es handgezogene Lanzhou-Nudeln oder würzige Schweineohren.

Nicht versäumen sollte man die Lammklöße von Xie Family Dishes (Stand 38), am besten mit schwarzem Essig, Sojasauce und Chiliöl, oder den scharfen Kreuzkümmel-Lamm-Burger von Xi'an Famous Foods gleich nebenan.

TORTILLERIA NIXTAMAL MEXIKANISCH $
Karte S. 483 (www.tortillerianixtamal.com; 104-5 47th Ave, Corona; Gerichte 2,50–13 $; Mo–Mi 11–19, Do & So bis 21, Fr & Sa bis 23 Uhr; 7 bis 103rd St–Corona Plaza) In diesem schlichten Lokal drängeln sich auf roten und gelben Picknickbänken Feinschmecker, um sich wahrhaft authentisches mexikanisches Essen zu gönnen. Geheimwaffe des Lokals ist die Tortilla-Maschine, die aus reinem Maisteig (d. h. ohne Zusatzstoffe) wunderbar leckere Tacos und Tamales zaubert.

Die Betreiber sind Puristen: Ihre Tacos sind einfach mit Koriander, Zwiebeln und Limette garniert. Empfehlenswert ist auch die Schweinefleisch-Pozole (Suppe) mit Zwiebeln, Radieschen, Oregano und zerdrückten roten Paprika. Zum Ablöschen gibt's eine *horchata fresca* (würziges Milchgetränk mit Reis und Mandeln), während man die mexikanische Fußballnationalmannschaft („El Tricolor") anfeuert.

FU RUN CHINESISCH $$
Karte S. 483 (www.furunflushing.com; 40-09 Prince St, Flushing; Hauptgerichte 8,95–28,95 $; 11.30–24 Uhr; 7 bis Flushing–Main St) Fu Run ist Kult, und völlig zu Recht: Seine nordostchinesische Küche ist ein Erlebnis. Bei Schweinsklößen auf Sauerkraut, Kompassquallenrosen mit Schalotten oder dem unvergesslichen Lammkotelett (frittierte Rippen in getrocknetem Chilimantel mit Kreuzkümmel- und Sesamsamen) lernen die Gäste ganz neue Seiten der chinesischen Küche kennen.

HUNAN KITCHEN OF GRAND SICHUAN CHINESISCH $$
Karte S. 483 (www.thegrandsichuan.com; 42-47 Main St, Flushing; Hauptgerichte 9,50–23 $; 11–

0.30 Uhr; S7 bis Flushing–Main St) In diesem respektablen Restaurant kommen die Gäste ins Schwitzen, vor allem wegen der scharfen Spezialitäten aus der südchinesischen Provinz Hunan. Zu den herausragenden Gerichten gehören ein leckeres mit Salz und weißem Pfeffer geräuchertes Rind, zartes Hühnchen mit scharfem rotem Pfeffer und ein unglaublich würziges Lamm mit Kreuzkümmel. Wer mit einer großen Gruppe kommt, sollte die Spezialität des Hauses bestellen: BBQ-Ente nach Hunan-Art.

IMBISSBUMMEL ÜBER DIE ROOSEVELT AVENUE

Bei der schnellen Küche für unterwegs ist die Roosevelt Ave mit ihrem nächtlichen Auflauf der lateinamerikanischen Imbisswagen, -karren und -stände ungeschlagen. Allein auf dem Weg von der 90th St zur 103rd St kann sich jeder an *champurrados* (warmer, dickflüssiger Schokolade auf Maisbasis), *cemita* (mexikanischem Sandwich) oder ecuadorianischem Fischeintopf in kürzester Zeit satt essen. Günstig, authentisch und ein Stück echtes Queens. Hungrig? Dann nichts wie los ins Geschmacksabenteuer Roosevelt Ave.

Im **Maravillas Restaurant** (37-64 90th St Höhe Roosevelt Ave; 10–3 Uhr; S7 bis 90th St–Elmhurst Ave) gibt's zum Essen in den Innenräumen Karaoke mit mexikanischen Cowboys. Wer darauf keine Lust hat, bestellt das Essen am Straßentresen. Die Karte ist auf Spanisch, El Pastor (2,50 $) und Arabes (3,50 $) sind zwei Tacovarianten mit Schweinefleisch in Chilimarinade (besonders scharfer *costeño*-Chili), Tomaten, frischem Oregano, Ananas und Achiote-Samen. Dazu dann ein *champurrado* zum Runterspülen.

Vom Maravillas geht's zurück zur Roosevelt Ave, hinüber auf die südliche Seite der Avenue und einen Block in östlicher Richtung bis zur Kreuzung Benham St. Hier steht der legendäre Imbiss **Tia Julia** (Benham St Höhe Roosevelt Ave; 10–17 Uhr; S7 bis 90th St–Elmhurst Ave), der nicht zu Unrecht für seine *cemitas* (8 $) berühmt geworden ist.

Einige Schritte weiter Richtung Osten entlang der Roosevelt Ave steht der Imbissstand von **El Coyote Dormilon** (Roosevelt Ave zw. Benham & Aske St; Mo & Di 13–23, Mi–So bis 4 Uhr; S7 bis 90th St–Elmhurst Ave). Der Koyote mag vielleicht schlafen, nicht aber sein Betreiber und seine Köche, die fleißig Teig zu warmen, frischen Tortillas verarbeiten. (Hinweis am Rande: Frischer Maisteig, *masa*, und eine Tortillapresse sind in einem Imbiss immer ein gutes Zeichen.) Spezialität des Hauses sind Quesadillas (3 $) – verführerisch ist die besondere Kombination aus *cuitlacoche* (Pilz) und *quesillo* (zähem Kuhmilchkäse). Wirklich gut.

Danach geht's weiter auf der Roosevelt Ave bis zu Warren St. Hier stehen am Straßenrand aneinandergereiht riesige Imbisswagen, darunter auch der herausragende **Hornado Ecuatoriano** (Warren St Höhe Roosevelt Ave; So–Do 6–24, Fr & Sa bis 4 Uhr; S7 bis Junction Blvd). Wer sich traut, sollte die *guatita* (dampfendes ecuadorianisches Gericht mit zarten, in milder Curry-Erdnusssauce gekochten Kutteln, 9 $) probieren. Das Essen in der Warren St ist etwas teurer, hat aber auch mehr zu bieten.

Ein weiterer Star der Warren St ist **El Guayaquileño** (Warren St zw. Roosevelt Ave & 40th Rd; So–Do 8–22.30, Fr & Sa bis ca. 4 Uhr; S7 bis Junction Blvd), der mit einem ecuadorianischen Fischeintopf mit Palmlilien, Thunfisch, Koriander, Zwiebeln, Zitrone, Kreuzkümmel und gerösteten Maiskörnern berühmt geworden ist. Die Suppe ist lecker, hat eine herrliche Konsistenz und ist ein vollwertiges Essen. Dennoch sollte man noch Platz für *bollos de pescado* (Püree aus grüner Kochbanane mit Thunfisch, in einem Bananenblatt gedämpft und mit Tomaten und gehackten Zwiebeln serviert, 10 $) lassen.

Wer sich mit lateinamerikanischem Essen nicht so gut auskennt oder einfach gerne zusammen mit anderen unternehmungslustigen Feinschmeckern isst, kann sich dem **Queens Midnight Street Crawl** (www.jeffreytastes.com; Führungen 59 $) anschließen. Jeff Orlick, Blogger und Kenner der Restaurantszene in Queens, führt die Teilnehmer in einer lockeren nächtlichen Runde zu den besten Straßenimbissen. Wie auch immer: ¡Buen provecho!

AUSGEHEN & NACHTLEBEN

★ BOHEMIAN HALL & BEER GARDEN
BIERKNEIPE

Karte S. 482 (www.bohemianhall.com; 29-19 24th Ave zw. 29th & 31st St, Astoria; ⊙Mo–Do 17–1, Fr bis 3, Sa 12–3, So 12–1 Uhr; ⑤N/Q bis Astoria Blvd) Dieser Biergarten ist sicherlich eines der fröhlichsten Lokale New Yorks und mit seinem Garten bei warmen Wetter ein geradezu genialer Ort. Es gibt tschechisches Bier vom Fass, das mit tschechischem Akzent serviert wird, dazu Schnitzel, Gulasch und Klöße. In warmen Sommernächten spielen Folkloregruppen auf (meist zu einem Eintritt von etwa 5 $). Früh kommen, um sich einen Platz zu sichern.

ASTORIA BIER & CHEESE
BIERKNEIPE

Karte S. 482 (www.astoriabierandcheese.com; 3414 Broadway zw. 34th & 35th St, Astoria; ⊙Mo–Do 12–23, Fr & Sa bis 24, So bis 22 Uhr; ⑤N/Q bis Broadway) Diese kuriose Kneipe mit angeschlossenem Laden in Astoria steht ganz im Zeichen von Käse und Bier. Schaum an die Oberlippen bekommt man mit einem der zehn saisonalen, größtenteils aus der Region stammenden Biere vom Fass oder man stellt sich der Qual der Wahl aus Hunderten von Flaschen- und Dosenbieren, die man gleich vor Ort leeren oder aber mit nach Hause nehmen kann. Käsekönig Mike Fisher (früher beim Bedford Cheese Shop) sorgt beim interessanten Angebot an Käse immer wieder für Überraschungen und es werden zu Weinen passende Käseteller gereicht.

QUEENS KICKSHAW
CAFÉ, BAR

Karte S. 482 (www.thequeenskickshaw.com; 40-17 Broadway, Astoria; ⊙Mo–Fr 7.30–1, Sa & So 9–1 Uhr; ☎; ⑤M/R bis Steinway St) Wenn Queens das „neue Brooklyn" ist, ist dieser Laden in Astoria das Sahnehäubchen: eine Bar aus recyceltem Holz, Indiemusik und große Gemeinschaftstische, an denen die digitale Bohème über ihren MacBooks brütet.

INSIDERWISSEN

QUEENS: DAS NEUE BROOKLYN

Der Künstler Julian Lesser verrät, warum Queens sein Lieblingsbezirk in New York ist.

Das Beste in Queens
Die kulturelle Vielfalt. In Astoria lebten anfänglich vor allem Menschen aus Griechenland, inzwischen kommen sie von überall her, aus Kolumbien, Brasilien oder Ägypten. Auf der Steinway Ave, zwischen Astoria Blvd und 30th Ave, gibt es sogar ein „Little Egypt" mit großartigen Kebabimbissen und starkem Kaffee. Queens ist heute bunt gemischt, nur Flushing ist noch ausgesprochen asiatisch. Deswegen kann man hier noch wirklich authentisch einkaufen – riesige asiatische Lebensmittelläden verkaufen exotische Früchte und alle möglichen Arten noch zappelnder Fische. Die Flugzeuge fliegen ziemlich tief über Flushing, das ist immerhin für Flugzeugfans interessant.

Unbedingt probieren
Ich liebe die Brooklyn Bagel & Coffee Company (S. 325). Die haben unglaublich große Bagels und eine große Auswahl an verschiedensten Käsekuchen. Jede Woche probieren sie eine neue Geschmacksrichtung aus. Toll ist auch Queens Kickshaw: Die Betreiber verarbeiten viele Produkte direkt aus der Region. In Long Island City ist LIC Market (S. 325) mein Favorit – man fühlt sich wie in einem winzigen Café unter Freunden, aber sie bieten das komplette Programm und bereiten das Essen mit viel Liebe zu. Es liegt auch günstig, wenn man gerade aus dem MoMA PS1 kommt. Richtig gut dinieren kann man im El Ay Si (S. 326) – die *tater tots* (frittierte Kartoffelbällchen) machen süchtig. Und auch abends ist es nett bei ein paar Drinks.

Kulturhighlights
Spektakuläre moderne Kunst gibt's im MoMA PS1 (S. 319) und im nahe gelegenen SculptureCenter (S. 320) in Long Island City zu sehen. Auch das eindrucksvolle Museum of the Moving Image (S. 321) in Astoria beglückt mit seinen Requisiten aus Filmklassikern und Fernsehshows. Etwas weniger bekannt sind die faszinierenden Stadtspaziergänge der **Greater Astoria Historical Society** (www.astorialic.org).

Hausgebrautes Bier, Ale oder Wein feuern die Inspiration an oder sorgen für Entspannung. Feste Nahrung gibt's in Form von phantastischen gegrillten Sandwiches (z. B. Gouda mit Hummus aus schwarzen Bohnen, Guavenmarmelade und eingelegten Jalapeños). Nur Barzahlung.

 SPORT & AKTIVITÄTEN

NEW YORK SPA CASTLE — TAGESSPA

(www.nyspacastle.com; 131-10 11th Ave, College Point; Eintritt unter der Woche/Wochenende 35/45 $; 6–24 Uhr; 7 bis Flushing–Main St) Diesem Spa- und Wellness-Komplex diente ein koreanisches Badehaus als Vorbild. Auf 9000 m² verteilen sich blubbernde und dampfende Mineral- und Massagepools, „heilende" Saunas, Dampfbäder und Wasserfälle. Dazu gibt's einen Food Court, Massagebehandlungen (ab 40 $) und einen Fitnessraum (5 $). Im Angebot ist außerdem ein kostenloser Busshuttle von/zur Ecke 39th & Union St, eine Straße östlich der Subway-Station Flushing–Main St. Die Shuttlebusse fahren jeweils um 10 und 40 Minuten nach der vollen Stunde.

Am Wochenende wird es hier richtig voll.

CLIFFS — KLETTERHALLE

Karte S. 482 (718-729-7625; www.thecliffsclimbing.com; 1-11 44th Dr Höhe 23rd St, Long Island City; Eintritt 25 $, Leihschuhe/-gurte 6/5 $; Mo–Fr 10–23, Sa 9–23, So 9–20 Uhr; E, M bis 23rd St–Ely Ave, 7 bis 45th Rd–Court House Sq) New Yorks neueste und größte Kletterhalle bietet rund 2800 m² Kletterfläche, mit mehr als 125 Toprope-Stationen, 5-m-Topout-Bouldern und einem Abseilturm. Wem das nicht reicht: Es gibt auch noch ein Fitnesszentrum mit allen möglichen Höllenmaschinen.

USTA BILLIE JEAN KING NATIONAL TENNIS CENTER — TENNIS

Karte S. 483 (718-760-6200; www.usta.com; Flushing Meadows Corona Park; 7 bis Mets–Willets Pt) Ende August finden hier die US Open statt. In der Regel werden ab April oder Mai über Ticketmaster die Eintrittskarten für das Spektakel verkauft. Für Spiele auf dem Center Court ist es allerdings fast unmöglich, Karten zu bekommen, für Spiele der Vorrunden dafür umso einfacher – kostet etwa 80 $ (nicht überdacht, ganz oben auf Platz 7, bis zu fünf Spiele auf einmal). Aktuelle Infos stehen ab Januar/Februar auf der USTA-Website.

Das USTA hat eine Tennishalle mit zwölf Plätzen, 19 Plätze im Freien, vier klimatisierte Sandplätze in aufblasbaren Tennishallen sowie drei Stadionplätze, die alle gemietet werden können (im Freien 22–32 $/Std., Halle 24–66 $/Std.). Reservierungen sind ab zwei Tage im Voraus möglich. Unterricht kostet zwischen 90 und 120 $ pro Stunde.

NEW YORK METS — BASEBALL

Karte S. 483 (718-507-8499; www.mets.com; Citi Field, 123-01 Roosevelt Ave, Flushing; Tickets 19–130 $; 7 bis Mets–Willets Pt) Die Mets, in der National League seit 1962, sind nach wie vor New Yorks „neues" Baseballteam. Die Fans träumen immer noch von 1986, als die Mets zum letzten Mal die World Series gewannen – nach einer grandiosen Aufholjagd. Also auf ins Stadion Citi Field, 35 Minuten mit der Subway von Midtown, um die Jungs anzufeuern (und dabei das eine oder andere Bierchen zu trinken)!

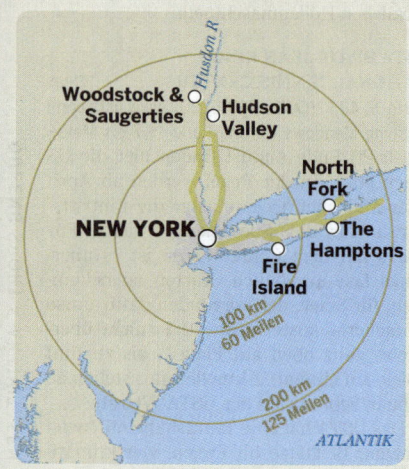

Ausflüge

Die Hamptons S. 331
Die New Yorker Version von Malibu: ein promilastiger Küstenstreifen mit prächtigen Villen und Schickimicki-Partys, aber auch jeder Menge Überraschungen: indianischen Stätten, reizenden Dorfhauptstraßen und windgepeitschten State Parks.

Fire Island S. 335
Lieblingsschlupfwinkel der Schwulen und viel Getöse mit tanzenden Dragqueens und einer sorglosen, sommerlichen Clubszene. Dem Trubel entgeht, wer am scheinbar endlosen Strand spazieren geht.

North Fork S. 337
Ein schöner Tagesausflug führt zu Weinproben auf den Weingütern von Long Island und nach Greenport. In dem am Wasser gelegenen Örtchen lohnen ein Bummel durch die Hauptstraße und ein Essen unter freiem Himmel.

Hudson Valley S. 339
Diese Landschaft könnte man wochenlang erkunden, mit tollen Wandermöglichkeiten, überwältigenden Kunstinstallationen und den historischen Häusern amerikanischer Größen wie den Irvings, Roosevelts und Vanderbilts.

Woodstock & Saugerties S. 342
Hippies, Antiquitäten und ruhige Spaziergänge in Naturparks – Pilgerfahrt und Zeitreise in einem.

Die Hamptons

Die Hamptons entdecken

Jeden Sommer mutiert die lang gestreckte Insel zu einem trubeligen Sommerurlaubsziel für Jetsetter, Promis und abgefahrene Möchtegernstars. Zum Glück bieten sich aber auch noch jede Menge Möglichkeiten für Outdooraktivitäten, ob im Kanu oder auf dem Mountainbike – und es gibt tatsächlich noch ein paar Strände, an denen man sich nicht auf die Füße tritt. Im Sommer gibt's Boutiquen, trendige Restaurants und Promiclubs en masse, aber Reisende mit kleinem Budget seien gewarnt: Die Gegend ist unglaublich teuer (die meisten kleinen Hotels verlangen für eine Übernachtung weit über 300 $). Im Sommer ist Hochsaison, während ungefähr einen Monat nach Labor Day die Preise ein wenig nachlassen und auch keine Staus mehr zu befürchten sind. Eine schöne Zeit für einen Besuch ist der Herbst, wenn die Touristenströme verebben und die Temperaturen noch mild sind.

Das Beste
→ **Sehenswert** Southampton Historical Museum (S. 332)
→ **Essen** Lobster Roll (S. 334)
→ **Ausgehen** Sloppy Tuna (S. 335)

Top-Tipp

Wer sommerliche Idylle sucht, sollte an einem Wochentag kommen, denn am Wochenende stapeln sich hier die New Yorker, um sich bei einer erfrischenden Meeresbrise von der stickigen Hitze der Stadt zu erholen.

Anfahrt

→ **Auto** Von Manhattan durch den Midtown Tunnel auf den I-495/Long Island Expressway, nach ca. 1½ Stunden an der Ausfahrt 70 (Sunrise Highway East/Rte 24) abfahren. Nach rund 10 Meilen (16 km) auf den Montauk Hwy/Rte 27 abbiegen, der direkt nach Southampton und in alle Orte weiter östlich führt.

→ **Bus** Die Montauk-Linie der „luxuriösen" Expressbusse von Hampton Jitney (212-362-8400; www.hamptonjitney.com; einfache Fahrt 30 $) fährt an der 86th St in der East Side von Manhattan zwischen Lexington und Third Ave (vor Victoria's Secret) ab. Weitere Haltestellen sind an der 69th, 59th und 40th St. Der Bus hält in allen Orten an der Rte 27 in den Hamptons.

→ **Zug** Die Long Island Rail Road (LIRR; 718-217-5477; www.mta.info/lirr; einfache Fahrt Nebenzeit/Stoßzeit 20/27 $) fährt von der Penn Station in Manhattan, von der Huntspoint Ave Station und der Jamaica Station in Queens nach West Hampton, Southampton, Bridgehampton, East Hampton und Montauk. Tickets gibt's online; im Sommer kann man auch eine Fahrt hin und zurück buchen (am Sonntagabend ein Riesenvorteil).

Gut zu wissen
→ **Vorwahl** 631
→ **Lage** East Hampton: 100 Meilen (161 km) östlich von Manhattan; Fahrtzeit 2½ Stunden
→ **Informationen** (631-283-0402; www.southamptonchamber.com; 76 Main St, Southampton; ⊙Mo–Fr 10–16, Sa bis 14 Uhr)

ABSTECHER: LONG BEACH

Der wunderschöne Long Beach, 30 Meilen (48 km) von New York City, zählt zu den besten Stränden weit und breit und liegt sogar noch ein gutes Stück näher an der Stadt als Jones Beach oder Fire Island. Der Ort ist einfach mit dem Zug zu erreichen und bietet als Attraktionen saubere Strände, einen lebendigen Stadtkern mit Geschäften und Restaurants (nur einen Steinwurf vom Meer entfernt), eine muntere Surferszene und viel urbanes Szeneflair. Der Nachteil: Die Stadt verlangt von Auswärtigen 12 $ Eintritt. Die **Long Island Rail Road** (LIRR; 718-217-5477; www.mta.info/lirr; einfache Fahrt nach Long Beach 9–12,50 $, „summer beach getaway" inkl. Hin- & Rückfahrt und Eintritt zum Strand 23 $) bietet im Sommer Ausflugstickets inklusive ermäßigtem Eintritt zum Strand und Hin- und Rückfahrt an; Abfahrt von der Penn Station und vom Atlantic Terminal in Brooklyn.

SEHENSWERTES

Die Hamptons sind im Grunde eine Aneinanderreihung kleinerer Orte, die meist den Namenszusatz „Hampton" tragen. Die Ortschaften im Westen (von Einheimischen als „west of the canal" bezeichnet, weil sie diesseits des Shinnecock Canal liegen), darunter Hampton Bays, Quogue und Westhampton, sind nicht so überdreht wie die auf der Ostseite des Kanals, wo das Städtchen Southampton die Kette fortsetzt.

Southampton

Southampton, mit seinen großen alten Villen und reizenden Stränden in der Umgebung, war immer schon wohlhabend und im Vergleich zu einigen Nachbarorten sehr konservativ, so ist z. B. auf der Hauptstraße keine Strandkleidung erlaubt. Landkarten und Broschüren gibt's im Büro der Southampton Chamber of Commerce, die sich zwischen hochpreisigen Läden mit Kunst und Kunsthandwerk und ordentlichen Restaurants versteckt.

SOUTHAMPTON HISTORICAL MUSEUM   MUSEUM
(631-283-2494; www.southamptonhistoricalmuseum.org; 17 Meeting House Lane; Erw./Kind 4 $/frei; Mi-So 11-16 Uhr) Unbedingt empfehlenswert ist das Historical Museum, das gleich mehrere Attraktionen zu bieten hat: Rogers Mansion, eine Villa, die für einen Walfänger-Kapitän der Region gebaut wurde; Pelletreau Store, ein Laden, in dem ein Juwelier ehemals seinen Gold- und Silberschmuck schmiedete; Whaley House, die Residenz eines der ersten Siedler in Southampton; und schließlich Conscience Point, die Anlegestelle für Pilger aus Lynn, Massachusetts, die hier auf eine größere Religionsfreiheit hofften. Diese historischen Stätten liegen rings um Southampton verteilt; das Museum, das für ihre Verwaltung zuständig ist, hat zu allen Orten Informationen parat.

SHINNECOCK NATION CULTURAL CENTER AND MUSEUM   MUSEUM
(631-287-4923; www.shinnecockmuseum.com; Montauk Hwy; Eintritt Museum/Dorf 8/10 $, Kombiticket 15 $; Fr-So 11-17 Uhr) Im Ort Southampton, hinter dem Stonybrook College, gibt es ein kleines Indianerreservat der Shinnecock. Die Gemeinde leitet das winzige Shinnecock Museum, das sich ganz der Erhaltung traditioneller indianischer Kunst aus der Region verschrieben hat. Neben dem Museum befindet sich das neue Wikun Village, ein nachgebautes indianisches Dorf des 18. Jhs. in einem 0,8 ha großen Waldstück. Informationen über Kunsthandwerksmärkte, Tanzprogramme, Aktivitäten für Kinder und andere Events gibt's auf der Website.

PARRISH ART MUSEUM   MUSEUM
(631-283-2118; www.parrishart.org; 279 Montauk Hwy, Water Mill; Erw./Kind 10 $/frei, Mi frei; Mi-Mo 10-17, Fr bis 20 Uhr) Das Parrish Art Museum zeigt ausgezeichnete Ausstellungen lokaler Künstler und hat einen süßen Geschenkeladen mit Hochglanzpostern berühmter Landschaften von Long Island.

ÜBERNACHTEN IN DEN HAMPTONS

Hochsaison ist zwischen Ende Mai und Mitte September.

Easterner Motel (631-283-9292; www.theeasternermotel.com; 639 East Montauk Hwy; DZ ab 170 $;) Das 5 Meilen (8 km) von Southampton entfernte Easterner bietet gemütliche, wenn auch etwas altmodische Zimmer am Highway. Insgesamt ein guter Deal für die Gegend.

1708 House (631-287-1708; www.1708house.com; 126 Main St, Southampton; Zi./Cottage ab 200/300 $;) Geschichtsfans werden sich von diesem örtlichen Aushängeschild angezogen fühlen. Es liegt im Zentrum von Southampton und brüstet sich mit seinem Charme aus vergangenen Jahrhunderten.

American Hotel (631-725-3535; www.theamericanhotel.com; Main St, Sag Harbor; Zi. Nebensaison 250-350 $, Hochsaison 350-450 $) Ein Old-World-Hotel (aber mit Klasse und moderner Ausstattung) mit einem beliebten Restaurant im Erdgeschoss und einer Bar, die seit vielen Jahren Treffpunkt der lokalen Szene ist. Perfekt für Liebhaber von europäischer Eleganz und Effizienz. Schicke Zimmer in hervorragender Lage.

◉ Bridgehampton & Sag Harbor

Östlich von Southampton liegt Bridgehampton. Die Einkaufsstraße ist gesäumt von trendigen Boutiquen und Restaurants. Gut sieben Meilen (11 km) nördlich von Bridgehampton liegt der alte Walfanghafen Sag Harbor an der Peconic Bay. Der Ort besticht durch etliche historische Wohnhäuser und geschichtsträchtige Plätze. Die Sag Harbor Chamber of Commerce an der Long Wharf (am Ende der Main St) hält einen Plan für einen historischen Stadtspaziergang bereit.

Besonders faszinierend ist das **Sag Harbor Whaling Museum** (✆631-725-0770; www.sagharborwhalingmuseum.org; 200 Main St Höhe Garden St; Erw./Kind 6/2 $; ⊙April–Sept. Sa & So 10–17 Uhr), aber auch die kleinen, idyllischen Dorfstraßen machen den Stadtbummel zu einem Genuss. Apropos Genuss: Der kommt hier nicht zu kurz, denn es gibt viele ausgezeichnete Restaurants. **Sag Harbor Cycle** (✆631-725-1110; www.sagharborcycle.com; 34 Bay St) verleiht Fahrräder (45–70 $ pro Tag) und verkauft Radkarten.

Eine kurze Überfahrt mit der South Ferry (S. 338) führt von North Haven (das an Sag Harbor grenzt) nach Shelter Island. Die verschlafene Insel besteht fast zu einem Drittel aus dem Naturschutzgebiet **Mashomack Nature Preserve** (✆631-749-1001; www.naturc. org; Rte 114; ⊙März–Sept. 9–17 Uhr, Okt.–Feb. bis 16 Uhr), das von Fahrrad- und Wanderwegen durchzogen ist. Vorsicht beim Wandern: Die Zecken sind überall. Außerhalb des Mashomack Preserve gibt's auf Shelter Island jede Menge historische B&Bs und romantische Restaurants. Wer also einfach nur ein paar Tage in Natur und Geschichte schwelgen will – nichts leichter als das! Der gemeinnützige Shelter Island Club pflegt die Website www.shelter-island.org, auf der stets die neuesten Infos zu finden sind.

◉ East Hampton

Das Städtchen East Hampton ist der angesagteste Ort auf Long Island.

EAST HAMPTON HISTORICAL SOCIETY — MUSEUM
(✆631-324-6850; www.easthamptonhistory.org; 101 Main St; Erw./Kind 4/2 $; ⊙unterschiedlich) Wer einen Ausflug in die koloniale Vergangenheit East Hamptons machen möchte, tut das am besten bei der East Hampton Historical Society. Die Gesellschaft pflegt fünf historische Sehenswürdigkeiten rund um East Hampton, darunter mehrere Bauernhäuser und Villen aus der Kolonialzeit sowie ein Meeresmuseum.

POLLOCK-KRASNER HOUSE — MUSEUM
(✆631-324-4929; http://sb.cc.stonybrook.edu/pkhouse; 830 Springs-Fireplace Rd; Eintritt 5 $; ⊙Juni–Aug. Do–Sa 13–17 Uhr, Mai, Sept. & Okt. nach Vereinbarung) Wer donnerstags bis samstags im Ort ist, kann das Pollock-Krasner House besichtigen: Hier lebte und arbeitete der Maler Jackson Pollock.

GUILD HALL — KULTURZENTRUM
(✆631-324-0806; www.guildhall.org; 158 Main St) In der Guild Hall werden Lesungen und Kunstausstellungen veranstaltet.

◉ Montauk

Heute lockt das an der Ostspitze von Long Island gelegene Montauk, einst die verschlafene und bescheidene Stiefschwester der Hamptons, ein modebewusstes junges Publikum an seine schönen Strände, ja sogar ein paar Hipster. Alteingesessene, Angler und eifersüchtig über ihre Spots wachende Surfer ergänzen die bunte Mischung – so präsentiert sich die hiesige Restaurant- und Kneipenszene volksnaher als in anderen Orten der Hamptons.

MONTAUK POINT STATE PARK — PARK
(✆631-668-3781; Eintritt 8 $ pro Fahrzeug) Die Ostspitze der South Fork nimmt der Montauk Point State Park mit seinem beeindruckenden Leuchtturm ein. Camping im Sand ermöglicht der windgepeitschte **Hither Hills State Park** (✆631-668-2554; www.nysparks.com; 164 Old Montauk Hwy; Eintritt 10 $ pro Fahrzeug), eine großartige Naturlandschaft, die von allem etwas bietet: ganzjährig Gelegenheit zum Fischen, Camping am Strand, die einzigartigen Wanderdünen von Napeague Harbor am östlichen Ende des Parks und ausgedehnte Wälder zum Wandern.

ESSEN

ROUND SWAMP FARM — MARKT $
(✆631-324-4438; 184 Three Mile Rd, East Hampton; ⊙Do–Sa 8–18, So bis 14 Uhr) Auf diesem reizen-

ABSTECHER: JONES BEACH

Das Angebot des **Jones Beach State Park** (☎516-785-1600; www.nysparks.com/parks/10/; 1 Ocean Pkwy) ist so schlicht wie erfolgreich: 6½ Meilen (10 km) sauberer Sandstrand plus jede Menge Badegäste. Es gibt verschiedene Typen Strand, je nachdem, für welches „Field" man sich entscheidet. Field 2 ist beispielsweise bei Surfern sehr beliebt, Field 6 bei Familien. Weiter östlich gibt's noch einen Schwulenstrand und dahinter einen FKK-Strand. Doch egal, wo man seine Decke ausbreitet – es herrscht echtes Szeneflair. Im Hochsommer wird der Ozean recht warm (Wassertemperatur über 20 °C) und die vielen Rettungsschwimmer passen auf die Badenden auf. Für Abwechslung zwischen Sonnenbaden und Wellenreiten sorgen zwei riesige Swimmingpools, Shuffleboard-Felder und Basketballplätze am Strand. Weitere Attraktionen sind eine 3 km lange hölzerne Strandpromenade und die Bucht mit ihrem plätschernden Wasser.

Radfahren und Joggen sind auf einem speziellen Weg erlaubt, der sich 4 Meilen (6,4 km) durch den Park schlängelt. Am Strand gibt's mehrere Möglichkeiten, ein Fahrrad zu mieten. Nach Sonnenuntergang laden viele ausgewiesene Grillplätze am Strand zum Barbecue. Alternativen bieten ein paar Restaurants in Strandnähe oder das **Jones Beach Theater** (☎516-221-1000; www.jonesbeach.com), das Open-Air-Konzerte von berühmten Popgrößen aus den 1980er- und 1990er-Jahren oder Altstars wie der Steve Miller Band, Phish, Jimmy Buffett und Depeche Mode veranstaltet.

Jones Beach liegt rund 33 Meilen (53 km) östlich von New York. Mit öffentlichen Verkehrsmitteln dauert die Fahrt etwa 45 Minuten. Die **Long Island Rail Road** (LIRR; ☎718-217-5477; www.mta.nyc.ny.us/lirr; Hin- und Rückfahrt 18,75 $) fährt von der Penn Station in Manhattan und vom Bahnhof Flatbush Ave in Brooklyn (umsteigen in Jamaica) nach Freeport auf Long Island. Von Memorial Day bis Labor Day gibt es von dort einen kostenlosen Anschluss mit einem Shuttlebus nach Jones Beach.

Wer mit dem eigenen Fahrzeug unterwegs ist, fährt von Manhattan durch den Midtown Tunnel auf den I-495/Long Island Expressway (LIE). An der Ausfahrt 38 nach Osten auf den Northern State Parkway abbiegen; weiter bis zur Ausfahrt 33, dann auf den Wantagh Parkway, der direkt zum Jones Beach State Park führt. Ein anderer Weg zum Wantagh Parkway führt über den LIE zur Ausfahrt 31S, anschließend über den Southern State Parkway bis zur Ausfahrt 25A.

---

den Gourmetmarkt kann man sich wunderbar für ein Picknick am Strand eindecken, z. B. mit essfertigen Speisen wie Jakobsmuscheln, hausgemachten Pastagerichten, tollen Salaten, Bratenfleisch sowie mit köstlichen Pasteten und Backwaren.

SCOOP DU JOUR   EISCREME $

(☎631-329-4883; 35 Newton Lane, East Hampton; Eiscreme 4–9 $) Diese beliebte Eisdiele wartet mit dekadenten Eissorten wie Pistazie und Kuchenteig auf sowie mit den berühmten Donuts von Dreesen's, die schon seit den 1950er-Jahren wunderbares Backwerk zaubern.

★ LOBSTER ROLL   SEAFOOD $$

(☎631-267-3740; 1980 Montauk Hwy; Hauptgerichte 14–28 $; ⏱Sommer 11.30–22 Uhr) Entlang der Rte 27, zwischen den Orten Amagansett und Montauk, stehen einige Fischbuden, darunter auch dieser Klassiker mit dem unverwechselbaren „Lunch"-Schild auf dem Dach. Das Lobster Roll serviert ein gleichnamiges Hummerbrötchen sowie frische, im Dampf gegarte oder gebratene Gerichte.

LT BURGER   AMERIKANISCH $$

(☎631-899-4646; 62 Main St, Sag Harbor; Hauptgerichte 11–15 $; ⏱Mi–Mo 8–21, Fr & Sa bis 23 Uhr; ♣) Dieses reizende kinderfreundliche Lokal an der von Restaurants gesäumten Main St in Sag Habor besticht mit tollen Burgern, ausgezeichnetem Frühstück und am Wochenende schönem Brunch.

NICK & TONI'S   ITALIENISCH $$$

(☎631-324-3550; 136 N Main St, East Hampton; Hauptgerichte 23–39 $) Tadelloses italienisches Restaurant im Stil eines alten toskanischen Bauernhauses.

AUSGEHEN & NACHTLEBEN

Das Nachtleben in den Hamptons ist stark saisonabhängig (Juni bis August) und eine ziemlich kurzlebige Angelegenheit. Montauk verfügt über eine muntere Ausgehszene, während in Bridgehampton jede Saison neue Clubs entstehen und danach wieder verschwinden.

SLOPPY TUNA BAR
(631-647-8000; www.thesloppytuna.com; 148 Emerson Ave, Montauk) Drinks am Strand und eine chaotische Tanzfläche.

MEMORY MOTEL BAR
(631-668-2702; 692 Montauk Hwy, Montauk) Für einen Drink bietet sich das leicht gammelige Memory Motel an. In den 1970er-Jahren war hier häufig Mick Jagger zu Gast und holte sich in dem Motel die Inspiration für den gleichnamigen Song der Rolling Stones.

STEPHEN TALKHOUSE BAR
(631-267-3117; www.stephentalkhouse.com; 161 Main St, Amagansett; Eintritt 10–20 $) Diese Bar in Amagansett (4 Meilen/6,4 km westlich von East Hampton) veranstaltet auch Rockkonzerte.

MURF'S BACKSTREET TAVERN BAR
(631-725-8355; www.murfstavern.com; 64 Division St, Sag Harbor) Murf's in Sag Harbor ist ein lockeres, angenehm schnörkelloses Pub mit einem guten Bierangebot.

SURF LODGE BAR
(631-483-5037; www.thesurflodge.com; 183 Edgemere St, Montauk) Für Sundowner und Konzerte am Wasser.

Fire Island

Fire Island entdecken

Fire Island liegt auf einer schmalen Sanddüne, die parallel zur Long Island verläuft. Einige Gemeinden auf der Insel sind Stammsommersitz der New Yorker Schwulenszene, aber hier gibt's etwas für jeden, auch für Familien mit Kindern, Paare und Einzelreisende, ob schwul oder nicht. Auf kargen 80 km Länge verteilen sich winzige Ortschaften, wilde Dünen, Kiefernwälder, Wanderwege, unzählige Postkartenmotive und weicher, weißer Strand. Die Insel gehört zum nationalen Schutzgebiet **Fire Island National Seashore** (631-687-4750; www.nps.gov/fiis). Deshalb sind auf dem größten Teil der Insel keine Autos zugelassen, sodass sich zum wilden Charme der Insel eine angenehme Ruhe gesellt. Im Sommer allerdings geben in den Ortschaften lärmende Clubs den Ton an, während neben den vielen Zelten am Strand die Rehe weiden – ein merkwürdiges Nebeneinander. Mückenschutz sollte man auf keinen Fall vergessen: Die Mücken auf Fire Island sind nicht nur zahlreich, sondern auch ziemlich aggressiv.

Das Beste

➡ **Sehenswert** Sunken Forest (S. 336)
➡ **Essen** Sand Castle (S. 337)
➡ **Ausgehen** Surf's Out (S. 337)

Top-Tipp

Wer im Sommer am Wochenende auf die Insel kommt, sollte auf jeden Fall am Sonn-

---

ÜBERNACHTEN AUF FIRE ISLAND

Watch Hill Campground (631-567-6664; www.watchhillfi.com; Watch Hill; Zeltstellplätze 25 $;) Hier muss man auf jeden Fall reservieren, da die Stellplätze Monate im Voraus ausgebucht sein können. Es gibt einen einfachen Laden für Dinge wie Eis, Holzkohle und Snacks sowie ein gutes, eher gehobenes Restaurant. Die Stellplätze selbst sind sandig und bieten keinerlei Schatten. Anfahrt mit der Davis Park Ferry.

Grove Hotel (631-597-6600; www.grovehotel.com; Cherry Grove; Zi. ab 120 $;) Einfache, strandnahe Zimmer und hauseigener Club.

Madison Fire Island (631-597-6061; www.themadisonfi.com; 22 Atlantic Walk, The Pines; Zi. 200–500 $;) Das erste „Boutiquehotel" von Fire Island kann sich mit allem messen, was Hotels in Manhattan an Annehmlichkeiten zu bieten haben, besticht aber zusätzlich durch sagenhafte Ausblicke von der Dachterrasse und einen herrlichen Pool.

tag frühzeitig zurückreisen (vor 15 Uhr) oder noch eine Nacht dranhängen und erst am Montag fahren – sonntagabends bilden sich endlose Warteschlangen an den Fähranlegern.

Anfahrt

→ **Auto** Von Manhattan durch den Midtown Tunnel auf den I-495/Long Island Expressway. Wer eine der Fähren von Sayville Ferry (nach The Pines, Cherry Grove und Sunken Forest) zum Ziel hat, nimmt Ausfahrt 57 vom Long Island Expressway auf den Vets Memorial Hwy; dann rechts auf die Lakeland Ave abbiegen, bis zum Ende durchfahren und der Beschilderung zur Fähre folgen. Wer die Davis Park Ferry (von Patchogue nach Watch Hill) nehmen möchte, verlässt den Long Island Expressway an der Ausfahrt 63 Richtung Süden (North Ocean Ave). Wer zur Bay Shore Ferry (alle anderen Ziele auf Fire Island) möchte, nimmt die Ausfahrt 30E und folgt dem Sagtikos Parkway bis zur Ausfahrt 42, von dort geht's die Fifth Ave Richtung Süden bis zum Fähranleger in Bay Shore. Wer mit dem Auto zum Robert Moses State Park möchte, nimmt Ausfahrt 53 vom Long Island Expressway und folgt dem Moses Causeway Richtung Süden.

→ **Zug** Die Long Island Rail Road (S. 331) hält in Bay Shore, Sayville und Patchogue, wo man im Sommer einen Shuttlebus zu den Fähranlegern nehmen kann (oder man geht zu Fuß oder nimmt ein Taxi).

→ **Fähre** Der Fire Island Ferry Service (☎631-665-3600; www.fireislandferries.com; Bay Shore) verkehrt nach Kismet, Ocean Beach und zu anderen Orten im Westen. Der Sayville Ferry Service (☎631-589-0810; www.sayvilleferry.com) hat Fähren nach Cherry Grove und Fire Island Pines. Davis Park Ferry (☎631-475-1665; www.davisparkferry.com) fährt nach Davis Park und Watch Hill, dem östlichsten Fähranleger der Insel. Dazu bietet Fire Island Water Taxi (☎631-665-8885; www.fireislandwatertaxi.com) Bootsverbindungen zwischen den Orten der Insel.

Gut zu wissen

→ **Vorwahl** ☎631

→ **Lage** 60 Meilen (97 km) östlich von Manhattan; Fahrtzeit 2 Stunden (inkl. Fähre)

→ **Informationen** (www.fireisland.com)

SEHENSWERTES

Die wirklichen Schmuckstücke auf Fire Island liegen im Osten des Robert Moses State Park: Die ruhigen, autofreien Dörfer Davis Park, Fair Harbor, Kismet, Ocean Bay Park und Ocean Beach bestehen im Wesentlichen aus kleinen Ferienhäusern und einem winzigen Ortskern mit Lebensmittelläden, Kneipen, Clubs und Restaurants. Aber Achtung: Ein paar Wochen nach Labor Day werden hier die Bürgersteige bis zur nächsten Saison hochgeklappt. Für den Transport zwischen den Dörfern sorgt **South Bay Water Taxi** (☎631-665-8885; www.fireislandwatertaxi.com; 133 Ocean Ave; Fahrkarten 10–20 $).

Die wohl berüchtigtsten Orte sind zwei Ausflugsziele, die mittlerweile ausschließlich in schwuler Hand sind: **Cherry Grove** (www.cherrygrove.com) und **The Pines** (www.thepinesfireisland.com). Ein Tagesausflug nach Fire Island ist leicht zu bewerkstelligen, aber eine Übernachtung in dieser autofreien Oase, wo Holzpromenaden die Dünen und Häuser miteinander verbinden, ist ein echter Traum.

ROBERT MOSES STATE PARK NATUR
(☎631-669-0449; www.nysparks.state.ny.us) Der Robert Moses State Park ist der einzige Teil der Insel, der mit dem Auto zugänglich ist. Er liegt am westlichen Ende und hat breite Sandstrände, an denen weniger los ist als am Jones Beach. Hier steht auch das Fire Island Lighthouse, in dem ein Geschichtsmuseum untergebracht ist.

SUNKEN FOREST PARK
(☎631-597-6183) Wer keine Lust auf Szene hat und einfach nur in die Natur möchte, findet diese auf einem Spaziergang durch den Sunken Forest, einen Wald mit 300 Jahre alten Bäumen und dem Fähranleger Sailor's Haven. Wer in der Wintersaison kommt, wenn keine Fähre mehr fährt, muss zu Fuß gehen: Der Wald liegt rund 2,5 km östlich vom Ocean State Park.

OTIS PIKE FIRE ISLAND WILDERNESS NATUR
Ganz im Osten der Insel liegt das Naturschutzgebiet Otis Pike Fire Island Wilderness. Auf dem 526 ha großen Gebiet gibt es in Watch Hill einen Strand-Campingplatz und ein nettes Marina-Restaurant. Wer wandert oder zeltet: Hier treiben gefräßige Stechmücken und Zecken ihr Unwesen.

ESSEN & TRINKEN

Auf Fire Island sind die Preise höher – bei schlechterer Qualität.

SAND CASTLE SEAFOOD $$

(http://firelsandsandcastle.com; 106 Lewis Walk, Cherry Grove; Hauptgerichte 15–30 $) Das Sand Castle, eines der wenigen am Ozean (und nicht an der Bucht) gelegenen Restaurants auf Fire Island, serviert gute Vorspeisen (gebratene Calamari, Portobello-Fritten) und jede Menge köstliches Seafood wie Muscheln, Krebsküchlein und scharf angebratene Jakobsmuscheln. Dazu gibt's schöne Cocktails und es macht Spaß, die Leute zu beobachten.

SURF'S OUT AMERIKANISCH $$

(631-583-7400; www.surfsout.com; 1 Bay Walk; Hauptgerichte 18–30 $) Das lockere Restaurant am Wasser beim Fähranleger in Kismet bietet ziemlich gute Meeresfrüchte und italienische Gerichte und manchmal gibt's dazu Livemusik. Gut für ein Mittagessen nach der Besichtigung des nahen Fire Island Lighthouse – oder man kommt zum Sonnenuntergang bei Austern und Weißwein.

CASTAWAY AMERIKANISCH $$

(631-583-0330; 310 Bay Walk, Ocean Beach; Hauptgerichte 12–24 $) Das pubähnliche Castaway liegt in Ocean Beach, einem für klassischen Rock berühmten Ort. Serviert werden Burger, Seafoodplatten und andere schnörkellose Gerichte zu recht vernünftigen Preisen (die Happy Hour lockt mit Venusmuscheln-Specials). Oder man ordert an der Theke einfach ein Glas Montauk, Driftwood oder ein anderes New Yorker Gebräu. In der Nähe gibt's auch noch weitere Restaurants und Kneipen.

North Fork

Die North Fork entdecken

Das einst für seine lauschigen Strände beliebte Long Island ist heute vor allem für seine großartigen Trauben bekannt. In den letzten drei Jahrzehnten hat sich aus einer einsamen Kellerei eine florierende Industrie entwickelt, die heute über 1200 ha Land bewirtschaftet. Viele Weingüter liegen auf der **North Fork** an der Nordostspitze der Insel. Hinter Riverhead beginnt eine Weinroute, die an der Rte 25 durch grüne Schilder mit der Aufschrift „Wine Trail" gekennzeichnet ist. Auf der **South Fork** liegen die Weinkellereien **Duck Walk Vineyards** (631-726-7555; www.duckwalk.com; Southampton, South Fork) und **Wölffer Estate Vineyards** (631-537-5106; www.wolffer.com; Sagaponack, South Fork); wer sie besichtigen möchte, kann anschließend mit zwei Fähren via Shelter Island zur North Fork übersetzen.

Der reizendste Ort der Gegend ist Greenport mit einem malerischen Hafen, wo es Kinder zu einem hundert Jahre alten Karussell zieht. Die friedlichen, fußgängerfreundlichen Straßen in der Nähe sind von Geschäften, Cafés und Restaurants gesäumt.

Das Beste

➡ **Sehenswert** Greenport
➡ **Essen** First and South (S. 339)
➡ **Ausgehen** Die Weingüter (freie Auswahl!)

Top-Tipp

Eine Tour zu den Weingütern der North Fork ist leicht selbst zu organisieren. Am einfachsten ist es, mit dem Zug nach Long

---

ÜBERNACHTEN AUF DEN WEINGÜTERN VON NORTH FORK

Quintessentials B&B Spa (631-477-9400; www.quintessentialsinc.com; 8585 Main Rd, East Marion; Zi. 200–350 $) Viktorianisches Anwesen in East Marion mit noblen Zimmern und großem Wellnessangebot auf einem idyllischen Gelände mit blühenden Gärten.

Greenporter Hotel (631-477-0066; www.greenporterhotel.com; 326 Front St; Zi. ab 170 $; ❄ 🐾 ≋) Gradliniges Hotel mit gutem Preis-Leistungs-Verhältnis in praktischer zentraler Lage in Greenport vier Straßen von der Long Island Rail Road (LIRR) entfernt.

Pridwin Beach Hotel & Cottages (631-749-0476; www.pridwin.com; 81 Shore Rd, Shelter Island; Zi. & Cottages 185–355 $; ❄ 🐾) Mit einem breiten Angebot an Zimmern (teils mit Blick aufs Wasser) auf baumbestandenem Gelände auf Shelter Island.

Island rauszufahren und sich dort ein Auto zu mieten (z. B. in Riverhead). Die Preise sind günstiger als in Manhattan und man spart Zeit, Benzin und Stress.

Anfahrt

➡ **Bus** Der Hampton Jitney (☎212-362-8400; www.hampton-jitney.com) fährt an der 86th St in Manhattan zwischen der Lexington und Third Ave sowie an der 69th, 59th und 44th St ab und hält in zehn Orten auf der North Fork.

➡ **Auto** Von Manhattan durch den Midtown Tunnel auf den I-495/Long Island Expressway; diesen bis zum Ende durchfahren und ab Riverhead der Beschilderung zur Rte 25 folgen, die in alle Orte auf der North Fork führt.

➡ **Zug** Die Long Island Rail Road (LIRR; ☎718-217-5477; www.mta.nyc.ny.us/lirr; einfache Fahrt nach Greenport ab 20 $) fährt von der Penn Station und Brooklyn zur North Fork (die Linie wird oft als Ronkonkoma Branch bezeichnet). Die Endhaltestelle der Linie ist Greenport.

➡ **Fähre** Zwischen North Fork und South Fork pendelt die North Ferry (☎631-749-0139; www.northferry.com), während die South Ferry (☎631-749-1200; www.southferry.com; Rte 114, North Haven; einfache Fahrt Fußgänger/Fahrzeug 1/17 $) Verbindungen von/nach Shelter Island anbietet.

Gut zu wissen

➡ **Vorwahl** ☎631

➡ **Lage** 100 Meilen (161 km) östlich von Manhattan; Anfahrt 2¼ Stunden

➡ **Informationen** (☎631-722-2220; www.liwines.com)

🎯 SEHENSWERTES

Die meisten Kellereien haben das ganze Jahr über geöffnet, aber die schönste Zeit für einen Besuch der North Fork ist der Herbst. Dann steht die Weinlese und die Kürbisernte an und das Laub färbt sich bunt. Wenn Weinproben auf der Agenda stehen, ist Autofahren wahrscheinlich nicht die klügste Wahl. Eine gute Alternative ist eine Weintour. **Vintage Tours** (☎631-765-4689; www.vintagetour1.com; Touren inkl. Mittagessen 88–100 $ pro Pers.) karrt seine Kundschaft im Kleinbus durch die Gegend. Bei der **North Fork Trolley Co** (☎631-369-3031; www.northforktrolley.com; Touren 79 $ pro Pers.) wird die Kundschaft in umgebauten Trolleybussen herumkutschiert. Wer es gern etwas aktiver mag, kann mit **Long Island Bicycle Tours** (☎631-824-3360; www.longislandbicycletours.com; Mattituck; Touren inkl. Mittagessen & Leihrad 160 $ pro Pers.) die Weingüter auch mit dem Fahrrad abklappern.

Die Weingüter haben im Allgemeinen von 11 bis 17 Uhr geöffnet, im Sommer eine Stunde länger, aber nicht überall gibt's täglich eine Führung oder Weinprobe. Wer etwas Wein trinken möchte, ohne erst die Weinroute zu erkunden, macht sich direkt auf zum **North Fork Tasting Room** (☎631-727-9513; www.northforktastingroom.com; 3225 Sound Ave, Riverhead; Flaschen ab 24 $; ⏱Fr–So 12–21 Uhr), 4,5 Meilen (7,2 km) nordwestlich von Riverhead. Hier kann man eine ganze Reihe von Weinen verkosten, zudem es gibt auch Bier aus der Region und Snacks.

Ein Abstecher entlang der kleinen Nebenstraßen der North Fork führt an malerischen Bauernhäusern und ländlichen Wohngegenden vorbei. Wer zu groggy ist, die Tour von New York und zurück an einem Tag zu absolvieren (machbar, aber anstrengend), findet hier viele traditionelle Inns für eine gemütliche Übernachtung.

Mehrere Winzer veranstalten Führungen mit allem Drum und Dran, darunter die **Bedell Cellars** (☎631-734-7537; www.bedellcellars.com; Main Road, Rte 25, Cutchogue; Weinproben ab 15 $), **Pindar Vineyards** (☎631-734-6200; www.pindar.net; Peconic; Weinproben 10 $) und **Raphael Vineyard & Winery** (☎631-765-1100; www.raphaelwine.com; 39390 Rte 25, Peconic; Weinproben ab 2 $ pro Glas, Führung inkl. Verkostung von 6 Weinen ab 25 $).

🍴 ESSEN & TRINKEN

LOVE LANE KITCHEN   MODERN AMERIKANISCH $$
(www.lovelanekitchen.com; 240 Love Lane, Matituck; Hauptgerichte mittags 12–15 $, abends 24–30 $; ⏱Fr–Mo 8–21.30, Di–Do 7–16 Uhr) Die Love Lane Kitchen in Matituck serviert köstliches Frühstück und hat gute Sandwiches und wechselnde Dinner-Specials im Angebot.

LUNCH TRUCK   AMERIKANISCH $$
(www.nofoti.com; 57225 Main Rd, Southold; Hauptgerichte 10–17 $; ⏱Do–So 11.30–15.30 Uhr) Der Lunch Truck bietet auf dem Parkplatz des

teuren North Fork Table & Inn in Southold Hummerbrötchen, Fisch-Tacos und saftige Burger.

CLAUDIO'S CLAM BAR SEAFOOD $$
(www.claudios.com; 111 Main St, Greenport; Hauptgerichte 15 $; ⏱11.30–21 Uhr, Mi geschl.) Claudio's Clam Bar ist gut für einen Drink und schnörkelloses Seafood am Wasser.

FIRST AND SOUTH MODERN AMERIKANISCH $$$
(☎631-333-2200; www.firstandsouth.com; 100 S St, Greenport; Hauptgerichte ca. 30 $; ⏱Sa–Mo 11–16 & Do–Sa 17–22, So & Mo bis 21 Uhr) Greenport wartet mit ein paar guten Restaurants auf, z. B. dem tollen First and South, mit köstlichem Essen größtenteils aus regionalen Zutaten.

GREENPORT HARBOR BREWING CO KLEINBRAUEREI
(www.harborbrewing.com; 234 Carpenter St, Greenport) Erfrischende Gerstensäfte aus einer kleinen Brauerei.

Hudson Valley

Das Hudson Valley entdecken

Die kurvenreichen Straßen im Tal des Hudson führen vorbei an idyllischen Farmen, viktorianischen Cottages, Apfelplantagen und prächtigen alten Villen, die einst von der New Yorker Elite gebaut wurden. Die romantischen Landschaftsbilder der Maler der sogenannten Hudson River School sind sowohl in den Kunstmuseen der Region als auch in New York zu besichtigen. Vor allem der Herbst ist eine sehr schöne Zeit für einen Ausflug in diese Gegend. Das Ostufer des Flusses erscheint dichter besiedelt – je weiter nördlich, desto weniger –, während sich das Westufer, dessen Hügel dann in die Catskill Mountains übergehen, ländlicher präsentiert.

Das Beste
➜ **Sehenswert** Dia Beacon und Storm King Art Center (S. 340, 341)
➜ **Essen** Blue Hill at Stone Barns (S. 342)
➜ **Ausgehen** Hop (S. 341)

Top-Tipp
Feinschmecker steuern am besten Hudson oder Rhinebeck an: Hier gibt's einige der besten Restaurants der Region.

Anfahrt
➜ **Auto** Von Manhattan über den Henry Hudson Parkway und die George Washington Bridge (I-95) bis Palisades Parkway; diesem bis zum New York State Thruway folgen, der zur Rte 9W bzw. Rte 9 führt, den beiden landschaftlich schönsten Hauptstraßen parallel zum Fluss. Die meisten Städte sind auch über den schnelleren Taconic State Parkway zu erreichen,

---

ÜBERNACHTEN AM HUDSON

An der Rte 9 in Poughkeepsie, südlich der Mid-Hudson Bridge, konzentrieren sich mehrere billige Motelketten.

Bear Mountain Inn (☎845-786-2731; www.visitbearmountain.com; 55 Hessian Dr, Highland Falls; Zi. 100–220 $; 🅿) Dieses große Bergresort inmitten der schönen Landschaft des State Park ist ein Klassiker von 1915 mit einer Fassade aus Holz und Stein sowie weiten Ausblicken. Zur Anlage gehören ein Spa, mehrere Restaurants, komfortable Zimmer im Hotelstil sowie rustikalere Steincottages. Wanderwege gibt's direkt vor der Haustür.

Beekman Arms (☎845-876-7077; www.beekmandelamaterinn.com; 6387 Mill St, Rhinebeck; Zi. ab 175 $) Dieser Gasthof von 1766 ist das älteste durchgehend bewirtschaftete Gasthaus der USA. Er bietet gemütliche Zimmer (mit niedrigen Decken) und stimmungsvolle Gemeinschaftsbereiche und liegt im Zentrum von Rhinebeck.

Storm King Lodge (☎845-534-9421; www.stormkinglodge.com; 100 Pleasant Hill Rd, Mountainville; Zi. 170–250 $; 🅿) Die Zimmer der bezaubernden Storm King Lodge aus dem 19. Jh. sind geschmackvoll eingerichtet mit gemütlichen Decken, tiefen Ledersesseln, frischen Blumen und breiten, glänzenden Holzbalken an der Decke. Etwa 2,5 km südwestlich des Storm King Art Center.

der von Ossining Richtung Norden führt – im Herbst besonders hübsch.

➡ **Bus** Short Line Buses (212-736-4700; www.shortlinebus.com) fahren regelmäßig nach Rhinebeck (51 $).

➡ **Zug** Die Hudson Line der vorwiegend von Pendlern genutzten Regionalbahn Metro-North (212-532-4900, 800-638-7646; http://mta.info; einfache Fahrt nach Tarrytown/Cold Spring/Beacon/Poughkeepsie ab 9,75/13,25/15,25/17 $) hält an verschiedenen Orten im Lower und Middle Hudson Valley.

Gut zu wissen

➡ **Vorwahl** 845
➡ **Lage** Hyde Park: 95 Meilen (153 km) nördlich von Manhattan; Anfahrt 1¾ Stunden
➡ **Informationen** Dutchess County Tourism (800-445-3131; www.dutchessny.gov; 3 Neptune Rd), Hudson Valley Network (www.hvnet.com) und Hudson Valley Tourism (800-232-4782; www.hudsonvalley.org)

👁 SEHENSWERTES

In der Nähe von Tarrytown und Sleepy Hollow am Ostufer des Hudson befinden sich mehrere prachtvolle Villen und Gärten. Der weiter nördlich gelegene Ort Cold Spring ist wahrscheinlich das beste Ziel für Leute, die mit dem Zug ankommen. In fußläufiger Entfernung zum Bahnhof findet man hier das hübsche Flussufer und die Main St mit ihren Antiquitätenläden und Restaurants.

Die größte Stadt am Ostufer des Hudson ist Poughkeepsie (Aussprache etwa pa-*kip*-sie). Sie ist bekannt für das Vassar College, eine private Hochschule, auf der bis 1969 nur Studentinnen zugelassen waren. Weiter nördlich liegt Rhinebeck, mit einer reizenden Hauptstraße, Farmen und Weingütern. Auf der 9G N gelangt man bald nach Hudson, einem schönen Städtchen mit einer hippen, schwulenfreundlichen Ansammlung von Künstlern, Schriftstellern und Musikern, die vor der Großstadt geflohen sind. Die Hauptstraße, die Warren St, ist von Antiquitätenläden, teuren Möbelgeschäften, Galerien und Cafés gesäumt.

KYKUIT — HISTORISCHES GEBÄUDE

(914-631-9491; Pocantico Hills, Tarrytown; Erw./Kind/Sen. 22/18/20 $; ⌚Führungen 9.45, 13.45 & 15 Uhr) Eines der Anwesen der Familie Rockefeller, mit einer beeindruckenden Sammlung asiatischer und europäischer Kunst sowie sorgsam gepflegten Gärten mit atemberaubendem Ausblick.

LYNDHURST CASTLE — SCHLOSS

(914-631-4481; www.lyndhurst.org; Rte 9, Tarrytown; Schloss/Außenanlagen 12/6 $; ⌚Außenanlagen tgl. Sonnenauf- bis Sonnenuntergang) Die ehemalige Sommerresidenz des Eisenbahnzaren Jay Gould ist eine imposante neogotische Villa aus dem 19. Jh. auf einem 27 ha großen Anwesen.

SUNNYSIDE — HISTORISCHES GEBÄUDE

(914-591-8763, Mo–Fr 914-631-8200; 89 W Sunnyside Lane, Sleepy Hollow; Erw./Kind/Sen. 12/6/10 $; ⌚April–Okt. Mi–Mo 10–17 Uhr, Nov.–Dez. bis 16 Uhr; 👪) In Sunnyside oberhalb des Hudson River lebte und schrieb der Schriftsteller Washington Irving. Im Stil der Mitte des 19. Jhs. ausstaffierte Führer vermitteln jede Menge tiefe Einblicke in das Leben des großen Geschichtenerzählers und seine Zeit.

HUDSON HIGHLANDS STATE PARK — PARK

(www.nysparks.com) Der Hudson Highlands State Park unmittelbar nördlich von Cold Spring wartet mit jeder Menge Wanderwegen auf. Pfade in die bewaldeten Bergkämme oberhalb des Hudson beginnen einen knappen Kilometer vom Bahnhof entfernt (von der Main St links in die Fair St, dann weiter auf der Rte 9D und nach dem Parkplatz Bull Hill auf der rechten Seite Ausschau halten).

DIA BEACON — GALERIE

(Beacon; 845-440-0100; www.diaart.org; Erw. 10 $; ⌚Mitte April–Mitte Okt. Do–Mo 11–18 Uhr, Mitte Okt.–Mitte April Fr–Mo 11–16 Uhr) Nördlich von Cold Spring liegt die Kleinstadt Beacon mit dem bekannten Kunstzentrum Dia Beacon, einem Ableger des Dia Center for the Arts in New York. In einer alten Fabrik sind riesige Eisenskulpturen von Richard Serra sowie wechselnde Installationen zu sehen.

Der einst heruntergekommene Ort Beacon erfährt gerade eine Aufwertung: Es sind neue Restaurants, Kneipen und gute kleine Unterkünfte entstanden.

HARRIMAN STATE PARK — PARK

(845-786-5003; http://nysparks.state.ny.us/parks) Der 186 km² große Harriman State Park auf der Westseite des Hudson ist ein beliebtes Ziel zum Wandern. Der benachbarte **Bear Mountain State Park** (☎845-786-2701; http://nysparks.state.ny.us/parks; ⏱8 Uhr bis Sonnenuntergang) bietet großartige Ausblicke von seinem 400 m hohen Gipfel: Jenseits des Flusses und der grünen Landschaft erhebt sich die Skyline Manhattans.

STORM KING ART CENTER   GALERIE
(☎845-534-3115; www.stormking.org; Old Pleasant Hill Rd; Erw./Kind 12/8 $; ⏱April–Nov.) Das wundervolle Storm King Art Center in Mountainville nördlich des Harriman State Park ist ein über 200 ha großes, riesiges Freilichtmuseum. Kleine Bäche, Seen, Wiesen und Hügel bilden die Kulisse für mehr als 100 Großinstallationen von Alexander Calder, Mark di Suvero, Andy Goldsworthy, Isamu Noguchi und anderen bedeutenden Bildhauern aus Vergangenheit und Gegenwart.

WALKWAY OVER THE HUDSON   PARK
(www.walkway.org; ⏱7 Uhr bis Sonnenuntergang) Ein Bummel über den neuen Walkway Over the Hudson lohnt wegen der tollen Ausblicke. Die frühere Highland-Poughkeepsie-Eisenbahnbrücke ist seit 2009 mit einer Länge von 2 km die längste Fußgängerbrücke der Welt.

FRANKLIN D. ROOSEVELT HOME   HISTORISCHES GEBÄUDE
(☎845-229-5320; www.nps.gov/hofr; 4097 Albany Post Rd, Hyde Park; Erw./Kind 18 $/frei; ⏱9–17 Uhr) Das ausufernde moderne Hyde Park ist nicht unbedingt ein reizender Ort, doch wartet es mit mehreren historischen Stätten auf. Das schön erhaltene Franklin D. Roosevelt Home ermöglicht einen faszinierenden Einblick in das Leben eines der bedeutendsten Präsidenten der USA. Hier wurde er 1882 geboren, lebte er in seinen frühen Jahren und wohnte er nach seiner Hochzeit mit seiner Frau.

Das Gebäude kann nur im Rahmen von Führungen besichtigt werden (telefonisch buchen); damit hat man auch Zugang zu einer Bibliothek und einem Museum. Die Außenanlagen können gratis besichtigt werden.

VAL-KILL   HISTORISCHES GEBÄUDE
(☎845-229-9422; www.nps.gov/elro; 54 ValKill Park Rd, Hyde Park; Erw./Kind 10 $/frei; ⏱Mai–Okt. tgl. 9–17 Uhr, Nov.–April Do–Mo) Etwa 3 km östlich des Franklin D. Roosevelt Home liegt an der Rte 9G Eleanor Roosevelts Cottage Val-Kill – hierher floh sie vor Hyde Park, ihrer Schwiegermutter und sogar vor ihrem Mann.

VANDERBILT MANSION   HISTORISCHES GEBÄUDE
(☎877-444-6777; www.nps.gov/vama; 119 Vanderbilt Park Rd, Hyde Park; Erw./Kind 10 $/frei; ⏱April–Dez. tgl. 9–17 Uhr, Jan.–März Fr–Di) Die Vanderbilt Mansion, ein nationalhistorisches Denkmal 3 km nördlich des Franklin D. Roosevelt Home an der Rte 9, ist eine prächtige Villa, bei der sich Beaux Arts und diverse andere Architekturstile zu einem großartigen Prunkstück vereinen.

OLANA   HISTORISCHES GEBÄUDE
(☎518-828-0135; www.olana.org; Rte 9G, Hudson; Führungen Erw./Kind 12 $/frei, Außenanlagen 5 $ pro Fahrzeug; ⏱Außenanlagen tgl. 8 Uhr bis Sonnenuntergang, Führungen Di–So 10–17 Uhr) Rund 22 Meilen (35 km) nördlich von Rhinebeck befindet sich Olana, die wilde, im maurischen Stil gehaltene Villa vom Frederic Church, einem der bedeutendsten Künstler der Hudson River School. Auf einer Führung kann man sich seine gesamte ästhetische Vision zu Gemüte führen, außerdem sind auch Gemälde aus seiner eigenen Sammlung zu sehen.

ESSEN

HUDSON HIL'S CAFE & MARKET   AMERIKANISCH $
(www.hudsonhils.com; 129 Main St, Cold Spring; Hauptgerichte 9–14 $; ⏱Mi–Mo 8–16 Uhr) Vor oder nach einer Wanderung auf dem anspruchsvollen Breakneck Ridge Trail kann man sich in diesem tollen kleinen Café stärken: morgens mit Pfannkuchen, Frühstücks-Burritos und *eggs Benedict,* mittags mit Burgern mit Fleisch frisch von der Farm, Lachs-Sandwiches und Wraps mit Bratenfleisch.

HOP   MODERN AMERIKANISCH $$
(www.thehopbeacon.com; 458 Main St, Beacon; Teller für mehrere Pers. 8–15 $; ⏱Mo, Mi & Do 12–21, Fr & Sa bis 23, So bis 20 Uhr) Das Hop im Ort Beacon lockt mit seiner großen Auswahl an Bieren aus Mikrobrauereien Freunde des gepflegten Gerstensafts an. Dazu passen wunderbar Würste aus eigener Herstellung, handwerklich gefertigter Käse, Panini und Salate.

MARKET STREET
MODERN AMERIKANISCH $$

(☎845-876-7200; www.marketstrhinebeck.com; 19 W Market St, Rhinebeck; Hauptgerichte Brunch 10–13 $, abends 18–33 $; ⊙Mo–Do 17–22, Fr–So ab 11.30 Uhr) Das elegante Market Street hebt sich unter der eh schon ausgezeichneten kulinarischen Szene von Rhinebeck noch einmal hervor. Auf der Karte stehen fabelhafte Gerichte aus regionalen Zutaten wie langsam geröstete Entenkeule aus dem Hudson Valley oder hausgemachte Kürbis-Ravioli; dazu gibt's noch Pizza aus dem Holzofen und einen guten Brunch.

★ BLUE HILL AT STONE BARNS
MODERN AMERIKANISCH $$$

(☎914-366-9600; www.bluehillfarm.com; 630 Bedford Rd, Pocantico Hills; 8-Gänge-Menü 148 $; ⊙Mi–Sa 17–22, So 13–22 Uhr) 🌱 Das elegante Landrestaurant Blue Hill at Stone Barns ist ein Eckpfeiler der *farm-to-table*-Bewegung und ein Traum für alle Freunde superfrischer, regionaler Zutaten. Selbst wer im Restaurant keinen Tisch bekommt – den müsste man schon Wochen im Voraus reservieren –, der kann zumindest einen netten Bummel über die **Farm** (☎914-366-6200; www.stonebarnscenter.org; 630 Bedford Rd, Pocantico Hills; Eintritt 5 $ pro Fahrzeug; ⊙Mi–So 10–17 Uhr) unternehmen – besonders schön mit Kindern.

CULINARY INSTITUTE OF AMERICA
INTERNATIONAL $$$

(☎845-471-6608; www.ciarestaurants.com; Hyde Park; ⊙die meisten Restaurants Mo–Sa 11.30–13 & 18–20 Uhr) Bildet angehende Spitzenköche aus und erfüllt praktisch jeden kulinarischen Wunsch seiner Gäste. Auf dem Campus gibt's eigene Restaurants für französische, italienische und moderne amerikanische Küche.

Woodstock & Saugerties

Woodstock & Saugerties entdecken

Die Kleinstadt Woodstock in den südlichen Catskills ist der Inbegriff der wilden 1960er, als die amerikanische Jugend die Autorität infrage stellte, mit neuen Formen der persönlichen Freiheit experimentierte und die Popkultur neu definierte. Die heutige Atmosphäre ist eine Kombination aus Idylle und Szene – eine Künstlerkolonie, die sich aus jungen Großstädtern zusammensetzt. Die Woodstock Guild ist eine gute Informationsquelle für aktuelle Veranstaltungen der Kunst- und Kulturszene. Dazu zählt auch das Woodstock Film Festival, das jedes Jahr im Oktober Filmenthusiasten von überall her anlockt.

Das weit weniger von Touristen heimgesuchte Saugerties hat eine urige Hauptstraße und einen malerischen Leuchtturm.

Das Beste
- **Sehenswert** Overlook Mountain (S. 343)
- **Essen** Miss Lucy's Kitchen (S. 344)
- **Schlafen** Saugerties Lighthouse

Top-Tipp
Es ist immer gut, eine leere Tasche dabei zu haben – man weiß nie, was man in den vielen Antiquitätenläden und auf den Märkten der Gegend – ganz zu schweigen von den privaten Flohmärkten am Wochenende – so alles findet.

Anfahrt
- **Auto** Über den New York State Thruway (von Manhattan via Henry Hudson Hwy Richtung Norden) oder den I-87 bis zur Rte 375 (nach Woodstock), Rte 32 (nach Saugerties) oder Rte 28 (in andere Städte).
- **Bus** Busse von Adirondack Pine Hill Trailways (☎800-858-8555; www.trailwaysny.com; Hin- & Rückfahrt ab 58 $) fahren häufig nach Saugerties und Woodstock.

Gut zu wissen
- **Vorwahl** ☎845
- **Lage** Saugerties: 110 Meilen (177 km) nördlich von Manhattan
- **Informationen** (☎845-679-2079; www.woodstockguild.org; 34 Tinker St, Woodstock; hMo–Fr 9–17 Uhr)

⊙ SEHENSWERTES

Woodstock kennt natürlich jeder: Da war doch 1969 das berühmte Musikfestival! Äh … nein, war es nicht. Das Konzert fand

> ### ÜBERNACHTEN IN WOODSTOCK & SAUGERTIES
>
> **Village Green** (845-679-0313; www.villagegreenbb.com; 12 Tinker St; Zi. mit Frühstück 135–165 $; ❄🛜) Dreistöckiges viktorianisches Haus einen Katzensprung vom Hauptplatz von Woodstock und von der Bushaltestelle – zentraler geht's nicht.
>
> **Saugerties Lighthouse** (845-247-0656; www.saugertieslighthouse.com; DZ 230 $) Dieses malerische Gebäude von 1869 ist ein einzigartiges und ziemlich romantisches B&B mit nur zwei Gästezimmern. Weit im Voraus reservieren!

tatsächlich etwa 54 Kilometer weiter südöstlich in einem Örtchen namens Bethel statt. Aber was soll's, Woodstock hat sein Hippie-Erbe angetreten und bleibt ihm treu, wie man an den schrulligen Läden in der Tinker St und den vielen Biorestaurants unschwer erkennen kann. Und alles erstrahlt originalgetreu in psychedelischen Farben. Jeden Sonntag im Sommer von 16 bis 18 Uhr versammeln sich die Bewohner auf dem Dorfplatz (der selbstverständlich wie ein Peace-Zeichen geformt ist) zu einem Trommelkreis. Ein paar Kilometer weiter nordöstlich liegt Saugerties, das ebenfalls eine hübsche Innenstadt und eine kleinere Anzahl an Galerien, Cafés und Restaurants zu bieten hat. Schön ist ein knapp 1 km langer Spaziergang hinaus zum Saugerties Lighthouse (S. 343).

OPUS 40   KUNST
(845-246-3400; www.opus40.org; 50 Fite Rd; Frw./Kind 10/3 $; ⊙Mai–Sept. Do–So 11–17.30Uhr) Zwischen den beiden Ortschaften Woodstock und Saugerties versteckt sich eine Kunstinstallation. Sie ist nicht ganz leicht zu finden, aber die Suche lohnt sich. Opus 40 ist eine Skulptur, erschaffen vom Künstler Harvey Fite, der in den 1930er-Jahren einen alten Schiefersteinbruch in eine Freiluftinstallation verwandelte.

BETHEL WOODS CENTER FOR THE ARTS   KUNST
(866-781-2922; www.bethelwoodscenter.org; 200 Hurd Rd, Bethel) Nach den drei apokalyptischen Festivaltagen im Jahr 1969 geriet Bethel fast vollständig in Vergessenheit. Aber jetzt hat dort das phantastische Bethel Woods Center for the Arts eröffnet. Das Künstlerzentrum veranstaltet im Sommer oft Open-Air-Konzerte. Außerdem gibt es hier das **Museum at Bethel Woods** (866-781-2922; www.bethelwoodscenter.org; 200 Hurd Rd, Bethel; Erw./Kind 15/6 $; ⊙Mai–Sept. tgl. 10–19 Uhr, Okt.–April Do–So 10–17 Uhr), das sich ganz der Hippiebewegung und den 1960er-Jahren verschrieben hat. In den bewegenden Bildern und Multimediaexponaten lebt der Geist von Woodstock auch heute noch weiter.

CATSKILL FOREST PRESERVE   PARK
(www.dec.ny.gov/lands/5265.html) Wunderbare Wandermöglichkeiten eröffnet die Catskill Forest Preserve mit Hunderten von Kilometern an Wanderwegen. Das ausgedehnte Gebiet dient auch als lebenswichtiger Wasserspeicher, der den gewaltigen Durst New Yorks stillt.

Einer der am leichtesten zugänglichen Abschnitte des Parks bei Woodstock ist der **Overlook Mountain**. Zu ihm gelangt man von der Dorfmitte über die Rock City Rd, die dann zur Meads Mountain Rd wird. Den Parkplatz am Beginn des Wanderwegs erreicht man nach rund 3 km. Der 7,7 km lange Weg wartet mit schönen Ausblicken, den Ruinen einer Lodge der 1920er-Jahre und einem metallenen Feuerwachturm auf, den man erklimmen kann.

WINDHAM MOUNTAIN   NATUR
(518-734-4300; www.skiwindham.com) Wer im Winter Ski fahren möchte, fährt weiter nach Norden über die Rte 23 und 23A nach Windham Mountain. In der familienfreundlichen Ferienanlage werden ganzjährig alle möglichen Aktivitäten angeboten, darunter Golf, Wellness und Mountainbiken.

TOWN TINKER TUBE RENTAL   ABENTEUERSPORT
(845-688-5553; www.towntinker.com; 10 Bridge St; Reifenschläuche 15 $ pro Tag; 🚌) Einen faulen Tag unter freiem Himmel kann man in Phoenicia beim „Tubing" verbringen: Man lässt sich einfach in einem Reifenschlauch über den Esopus Creek treiben, der neben der Rte 28 verläuft. Der Anbieter Town Tinker sorgt für Schwimmwesten und den Transport zurück zum Auto.

 ESSEN

MISS LUCY'S KITCHEN   MODERN AMERIKANISCH $$

(☎845-246-9240; www.misslucyskitchen.com; 90 Partition St, Saugerties; Hauptgerichte mittags 11–12 $, abends 21–26 $; hMi–So mittags & abends) Alte Schürzen, Bücher und andere heimelige Akzente verleihen dem Miss Lucy's eine freundliche Landküchenatmosphäre, die aber nicht von dem guten saisonalen Essen ablenkt. Arme Ritter, Sandwiches mit Wildsalami und knuspriger Schweinebauch sind nur einige der Highlights.

GARDEN CAFE ON THE GREEN   VEGAN $$

(☎845-679-3600; www.woodstockgardencafe.com; 6 Old Forge Rd, Woodstock; Hauptgerichte 10–16 $; ◎Sa–Mo 9–21, Mi–Fr ab 11.30 Uhr) Dieses Café am Dorfplatz serviert gutes umweltfreundliches Essen wie Burger mit Schwarzbohnen und Süßkartoffeln, Tofu-Pfannen und kreative Salate sowie regionale Biere und Bio-Weine. Schön sitzt es sich im schattigen Garten.

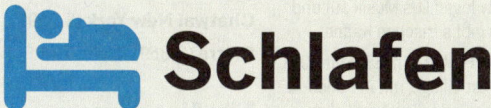
Schlafen

Wie ein Klassenstreber scheint auch NYC immer zu wissen, wie man's richtig macht – das gilt nicht zuletzt für die Unterkünfte. Brillante Köpfe haben der „Stadt, die niemals schläft" einige der einfallsreichsten und denkwürdigsten Orte für all diejenigen beschert, die während ihres Aufenthalts doch einmal ein Nickerchen machen wollen.

Unterkunft buchen

In New York liegt der Durchschnittspreis für ein Zimmer bei über 300 $. Nicht erschrecken – es gibt immer auch günstigere Angebote, die meist durch geschickte Online-Suche aufzuspüren sind.

Wer nach günstigen Schlafmöglichkeiten sucht, sollte mehrgleisig fahren: Wenn das Herz nicht an einer bestimmten Herberge hängt, sollte die Recherche bei Discount-Riesen wie **Booking** (www.booking.com), **Expedia** (www.expedia.com), **Orbitz** (www.orbitz.com) und **Priceline** (www.priceline.com) beginnen. Alle, die schon eine Idee haben, wo sie gerne übernachten wollen, sollten als erstes auf der Website des Hotels nachsehen. Viele Häuser setzen ihre Angebote und speziellen Übernachtungspakete direkt auf ihre Website.

Auch Online-Communitys können sich lohnen, wie z. B. **Jetsetter** (www.jetsetter.com), wo Mitgliedern spezielle Rabatte und „Flash Sales" (Angebote für eine befristete Zeit, ähnlich wie bei Groupon) angeboten werden. Wer sich ohne Unterkunft in der Stadt wiederfindet, kann es mit der App **Hotel Tonight** (www.hoteltonight.com) versuchen – tolle Deals, die sich jedoch frühestens mittags für eine Übernachtung am selben Tag buchen lassen.

Zimmerpreise

New York hat keine Hauptsaison. Sicherlich gibt es Zeiten, zu denen mehr Touristen in die Stadt kommen als sonst, aber bei über 54 Millionen Besuchern im Jahr wird sich der Big Apple wohl nie darüber beklagen müssen, dass Betten leer bleiben. Die Zimmerpreise variieren entsprechend je nach Verfügbarkeit. Tatsächlich berechnen viele Hotels ihre Preise mithilfe eines Buchungsalgorithmus auf der Grundlage der für die jeweilige Nacht schon gebuchten Zimmer, d. h. je mehr Gäste schon angemeldet sind, desto höher liegt der Preis.

Wer nach den günstigsten Übernachtungspreisen sucht, muss flexibel sein: Unter der Woche ist es in der Regel billiger und im Winter liegen die Preise grundsätzlich etwas niedriger. Wer einen Wochenendtrip plant, sollte es bei den Geschäftshotels im Financial District versuchen, die sind nach Ende der Arbeitswoche meist weniger belegt.

Anders wohnen

Wohnen in einem New Yorker Luxushotel – wer hat nicht schon mal davon geträumt? In der Stadt, die niemals schläft, gibt es heutzutage glücklicherweise verschiedene Wege, einen Platz zum Schlafen zu finden, jenseits der traditionellen Hotels und Hostels.

Websites wie **Airbnb** (www.airbnb.com) bieten eine wahrhaft einzigartige – und nicht zu vergessen günstige – Alternative zu den die Geldbörsen sprengenden Glamourunterkünften. Bei Airbnb bieten Einheimische private Übernachtungsplätze an und manchmal sogar ihr ganzes Apartment, während sie selbst nicht in der Stadt sind. Reisende können so eine ganz besondere Unterbringung mieten. Airbnb ist ein Volltreffer für eine Stadt wie New York, wo Wohnungen übermäßig teuer sind und Einheimische ihre Wohnkosten dadurch senken können.

GUT ZU WISSEN

Preise

Die Preise in diesem Reiseführer geben die durchschnittlichen Preisspannen der jeweiligen Hotels an, unabhängig von der Jahreszeit. Frühstück ist, soweit nicht anders angegeben, nicht im Übernachtungspreis enthalten.

$	weniger als 150 $
$$	150 bis 350 $
$$$	mehr als 350 $

Reservierungen

Reservierungen sind unerlässlich, am besten erledigt man das frühzeitig. Es ist praktisch unmöglich, einfach ins Hotel zu gehen und ein Zimmer zu bekommen, die Standardpreise liegen zudem immer über den Online-Preisen. Eingecheckt wird gewöhnlich nachmittags, Check-Out ist am späten Morgen.

Websites

➜ **Lonely Planet** (hotels.lonelyplanet.com) Infos und Buchungsmöglichkeiten.
➜ **Playbill** (www.playbill.com) Mitglieder erhalten für verschiedene Hotels in Manhattan günstigere Preise.
➜ **Kayak** (www.kayak.com) Einfache Suchmaschine für Reisezwecke.

Trinkgeld

Das Zimmermädchen kriegt 3 bis 5 $ pro Nacht. Portiers sollten einen oder zwei Dollar Trinkgeld bekommen, und anderes Servicepersonal sollte ebenfalls ein Trinkgeld erhalten.

Top-Tipps

Ace Hotel (S. 359) Cooles Hotel für Szenetypen, auch fürs schmale Portemonnaie; in der Lobby legen DJs Musik auf und dazu gibt's frischen Kaffee.

Jade Hotel (S. 353) Seit 2013 im West Village, mit Art-déco-Akzenten und tollen Ausblicken von den oberen Etagen.

Wythe Hotel (S. 366) Boutiquehotel in Williamsburg mit Zimmern im Industrieschick, Dachterrasse und toller Lage.

Gramercy Park Hotel (S. 355) Eine Grande Dame mit wundervollen Bars und einer Dachterrasse nur für Gäste; bietet Gästen den Schlüssel zum begehrten Park vor der Tür.

Andaz Fifth Avenue (S. 358) Boutique-Hommage an den New Yorker Jetset, unverschämt schick und doch herrlich schlicht.

Hôtel Americano (S. 353) Boutiquehotel der Zukunft und ein Traum für Designbewusste, mit ausgesuchten internationalen und exklusiven Hochgenüssen.

Preiskategorien

$

Harlem Flophouse (S. 363)
Pod Hotel (S. 355)
East Village Bed & Coffee (S. 351)
3B (S. 364)
Jane Hotel (S. 352)

$$

Cosmopolitan Hotel (S. 348)
McCarren Hotel & Pool (S. 366)
Inn on 23rd St (S. 353)
Nu Hotel (S. 365)
Bubba & Bean Lodges (S. 361)
Yotel (S. 355)
Gild Hall Wall Street (S. 348)

$$$

Bowery Hotel (S. 351)
Greenwich Hotel (S. 348)
Standard (S. 354)
Chatwal New York (S. 359)
Pierre (S. 359)

Für die schönste Aussicht

Standard (S. 354)
Aloft New York Brooklyn (S. 365)
Langham Place (S. 358)
Z Hotel (S. 366)

Für Familien

Hotel Beacon (S. 363)
70 Park (S. 361)
Hotel Gansevoort (S. 353)
Belvedere Hotel (S. 357)
Bubba & Bean Lodges (S. 361)
Nu Hotel (S. 365)

Die schönsten Boutiquehotels

Library Hotel (S. 358)
McCarren Hotel & Pool (S. 366)
NoMad Hotel (S. 358)
Bowery Hotel (S. 351)

Für romantische Flitterwochen

Crosby Street Hotel (S. 349)
1871 House (S. 362)
Plaza (S. 360)

Für den Jetset

Standard (S. 354)
Dream Downtown (S. 354)
Wythe Hotel (S. 366)
Hotel Gansevoort (S. 353)

Wo übernachten?

Stadtviertel	Pro	Contra
Financial District & Lower Manhattan	Praktisch für die Ausgeh-Szene in Tribeca und die Fähren. Wochenendrabatte in Geschäftshotels.	Etwas nüchtern, businesslastig und außerhalb der Geschäftszeiten verlassen.
SoHo & Chinatown	Shoppen, bis der Arzt kommt – direkt vor der Tür.	Menschen (meist Touristen) strömen massenhaft und praktisch den ganzen Tag durch die Einkaufsstraßen von SoHo.
East Village & Lower East Side	Abgefahren und kurzweilig; hier fühlen sich Besucher wie im Herzen New Yorks.	Keine besonders große Auswahl, wenn es um Hotelzimmer geht.
Greenwich Village, Chelsea & Meatpacking District	Praktisch alles ist wunderbar nah in diesem florierenden, hübschen Teil der Stadt, der fast europäisch anmutet.	Höchstpreise für traditionelle Hotels, aber weiterhin vernünftig für B&Bs. Selbst für NYC-Standards können die Zimmer hier klein sein.
Union Square, Flatiron District & Gramercy	Praktische Subway-Verbindungen quasi überallhin; und nur wenige Schritte bis zum Village oder nach Midtown.	Hohe Preise und Kiezflair gegen Null.
Midtown	Im Herzen der Postkartenversion „New Yorker": Skyscraper, Museen, Einkaufen und Broadway Shows.	Eine der teuersten Gegenden der Stadt; eher kleine Zimmer. Wirkt häufig sehr touristisch und unpersönlich.
Upper East Side	Die Nähe zu den erstklassigen Museen und zum Central Park.	Wenige Unterkünfte und häufig Preise, die die Geldbörse sprengen, zudem nicht gerade die zentralste Lage.
Upper West Side & Central Park	Günstige Nähe zum Central Park und dem Museum of Natural History.	Für alle, die da sein wollen, wo was los ist, liegt es etwas zu weit vom Schuss.
Harlem & Upper Manhattan	Der Dollar reicht hier etwas länger und es gibt ein paar richtig gute Restaurants.	Egal, wo was los oder interessant ist, man erreicht es nur mit den Öffentlichen.
Brooklyn	Günstigere Preise; toll für die Erkundung einiger der buntesten Viertel New Yorks.	Teils lange Anfahrt nach Midtown Manhattan und zu Zielen weiter nördlich.
Queens	Viel günstiger als Manhattan. Herbergen in Long Island City liegen nur eine Subway-Station von Manhattan entfernt.	Wegen der vielen Industriegelände im Vergleich zu Brooklyn oder Manhattan nicht sehr charmant.

🛏 Lower Manhattan & Financial District

Ein trostloser Finanzbezirk, in dem nur das Geld eine Rolle spielt? Das hat sich geändert! Neuerdings gibt's hier Eigentumswohnungen, Hotels und Restaurants und an der beschaulichen Südspitze Manhattans haben sich sogar ein paar Clubs angesiedelt. Unter der Woche gehören die krumm und schief angeordneten Straßen des ehemaligen New Amsterdam vor allem der arbeitenden Bevölkerung; im Sommer mischen sich Horden von Touristen darunter, die auf dem Weg zur Freiheitsstatue und zum Battery Park sind. Ganz in der Nähe liegt auch Tribeca, ein Hotspot für schicke und angesagte Hotelrestaurants wie die im ewig coolen Greenwich Hotel und Smyth Tribeca.

CLUB QUARTERS WORLD TRADE CENTER   HOTEL $$

Karte S. 444 (📞212-577-1133; www.clubquarters.com; 140 Washington St Höhe Albany St; Zi. ab 147 $; ✳🌐; ⓢR bis Cortland St, A/C, 2/3, 4/5 bis Fulton St.) Das 252-Zimmer-Hotel Club Quarters direkt gegenüber vom World Trade Center bietet saubere, moderne Zimmer zu vernünftigen Preisen. Das Angebot umfasst kostenloses WLAN, gefiltertes Wasser und Kaffee, die kostenlose Nutzung von Computer-Arbeitsplätzen und Druckern, ein Fitnessstudio und Gelegenheiten zum Wäschewaschen. In fußläufiger Entfernung fahren zehn Subway-Linien.

COSMOPOLITAN HOTEL   HOTEL $$

Karte S. 444 (📞212-566-1900; www.cosmohotel.com; 95 W Broadway Höhe Chambers St; DZ ab 249 $; ✳🌐; ⓢ1/2/3 bis Chambers St) Das preiswerte Cosmo ist die perfekte Adresse für alle, die ihr Geld lieber für die schicken Restaurants und Boutiquen der Gegend aufsparen wollen. Das Haus mit seinen 129 Zimmern liegt an einer belebten Straßenecke und macht nicht allzu viel her. Die sauberen Zimmer mit Bad haben Teppichböden, ein oder zwei Doppelbetten und billige Ikea-Möbel, aber sie sind durchaus gepflegt und wohnlich. Außerdem liegen nicht nur einige der wichtigsten Subway-Linien vor der Tür, Tribeca, Chinatown und Lower Manhattan sind ebenfalls leicht zu Fuß erreichbar.

GILD HALL WALL STREET   BOUTIQUEHOTEL $$

Karte S. 444 (📞212-232-7700; www.wallstreetdistrict.com; 15 Gold St; Zi. ab 266 $; ✳🌐; ⓢ2/3 bis Fulton St) Ein feines, glanzvolles Hotel: Die Eingangshalle des Gild Hall führt in eine Bibliothek auf zwei Ebenen mit Weinbar. In den Zimmern trifft europäische Eleganz auf amerikanische Gemütlichkeit – hohe Kassettendecken, Wintergärten, Wäsche von Sferra und Minibars, die mit Feinkostprodukten von Dean & DeLuca aufgefüllt werden. Die Lederkopfteile der großen Betten wurden von Hermès designt und fügen sich elegant in das minimalistische Ambiente.

Am Wochenende erheblich günstiger.

WALL STREET INN   LUXUSHOTEL $$

Karte S. 444 (📞212-747-1500; www.thewallstreetinn.com; 9 S William St; Zi. ab 208 $; ✳🌐; ⓢ2/3 bis Wall St) Die nüchterne Steinfassade des Wall Street Inn lässt nicht vermuten, dass sich dahinter eine warme Unterkunft im Kolonialstil verbirgt. Die Zimmer haben luxuriös große Betten, eine glänzende Holzausstattung und lange Vorhänge. Viel Liebe zum Detail zeigen auch die Bäder, in den Luxuszimmern sind sie mit Whirlpools, in den übrigen mit Badewannen ausgestattet. WLAN und Frühstück gibt's umsonst.

Das ganze Gebäude atmet ein Stück Bankgeschichte (z. B. die Kachel mit den Initialen „LB" über dem Eingang). Das Haus gehörte nämlich früher dem Bankhaus Lehman Brothers.

★ GREENWICH HOTEL   BOUTIQUEHOTEL $$$

Karte S. 444 (📞212-941-8900; www.greenwichhotelny.com; 377 Greenwich St zw. N Moore & Franklin St; Zi. ab 635 $; ✳🌐; ⓢ1 bis Franklin St, A/C/E bis Canal St) Vom vornehmen Salon (inklusive knisterndem Kaminfeuer) bis hin zum stimmungsvoll beleuchteten Pool in einem nachgebauten japanischen Bauernhaus, nichts ist gewöhnlich im Greenwich Hotel von Robert De Niro. Jedes der 88 individuell gestalteten Zimmer hat deckenhohe Balkontüren, die sich zum blumenreichen Innenhof öffnen, dunkle, alte Holzfußböden und opulente Badezimmer mit Carrara-Marmor oder marokkanischen Fliesen. Kostenloses WLAN.

ANDAZ WALL ST   HOTEL $$$

Karte S. 444 (📞212-590-1234; http://andaz.hyatt.com; 75 Wall St Höhe Water St; Zi. ab 305 $; ✳🌐; ⓢ2/3 bis Wall St) Der neue Favorit der abgebrühten Downtown-Geschäftsmänner bietet 253 elegante und freundliche Zimmer in entspannter und moderner Atmosphäre. Gäste checken an iPads ein und können kostenlose Angebote nutzen, wie WLAN, Ortsgespräche sowie Wasser und Snacks aus der Minibar. Die Zimmer sind geräumig, modern und elegant zurückhaltend, mit 2 m hohen Fenstern, Eichenparkett, Entspannungsbad und herrlich bequemen Betten.

In der Bar Seven Five gibt es gut geschüttelte Cocktails, das Restaurant Wall & Water serviert Leckeres aus Zutaten direkt vom Bauernhof und im Fitnesscenter kann rund um die Uhr an der Figur gearbeitet werden. Gute Angebote findet man teils auf der Website: Zu ruhigeren Zeiten können die Preise unter 230 $ fallen.

SMYTH TRIBECA BOUTIQUEHOTEL **$$$**
Karte S. 444 (212-587-7000; www.thompson hotels.com; 85 W Broadway zw. Warren & Chambers St; Zi. ab 299 $; ❄☎; ⓢA/C, 1/2/3 bis Chambers St) Noch ein Boutiquehotel aus dem Hause Thompson mit der gleichen Kombination aus Luxus und entspanntem Schick wie bei den „Schwestern" Gild Hall, 6 Columbus, 60 Thompson und Thompson LES. Sexy Chesterfield-Sofas und Schottenmuster bestimmen die Lobby, während die ruhigen Zimmer mit einer Kombination aus grauem Teppich, Walnusspanelen, weißer Sferra-Bettwäsche und roten Saarinen-Sesseln als farbige Akzente für eine angenehm beruhigende Atmosphäre sorgen.

Zu den Extras des Hauses gehören ein lebhaftes französisches Bistro, zwei Bars und ein Fitnesscenter. WLAN kostet allerdings unverschämte 15 $ für 24 Std.

SoHo & Chinatown

Besucher lieben die schicken Straßen von SoHo und die Hotelbetreiber haben sich darauf eingestellt. In den von Promis übersäten Straßen gibt es eine große Auswahl toller Herbergen, allerdings nichts für schlecht gefüllte Reisekassen. Ist es die Investition wert? Absolut. Vor der Haustür liegen einige der weltbesten Gelegenheiten zum Essen, Trinken und Einkaufen und auch die anderen tollen Teile von Manhattan sind nur eine kurze Subway- oder Taxifahrt entfernt. Etwas günstiger wird's wenige Straßen weiter an der Grenze zu den anderen Vierteln der Gegend wie Nolita und Chinatown.

BEST WESTERN BOWERY HANBEE HOTEL HOTEL **$$**
Karte S. 449 (212-925-1177; www.bw-bowery hanbeehotel.com; 231 Grand St Höhe Bowery; Zi. ab 165 $; ❄☎; ⓢB/D bis Grand St, J bis Bowery) Saubere, gemütliche, einfache Zimmer – das können Gäste in diesem zuverlässigen Kettenhotel erwarten. Zwar mangelt es dem Hotel vollständig an Charme und Flair, jedoch ist es eine von nur wenigen Mittelklasseunterkünften in diesem Teil der Stadt, mitten in Chinatown und in Gehnähe zu den hippen Vierteln SoHo, Nolita und Lower East Side. Mit Fitnessstudio; Frühstück ist im Preis inbegriffen.

SOLITA SOHO HOTEL **$$**
Karte S. 446 (212-925-3600; www.solitasoho hotel.com; 159 Grand St Höhe Lafayette St; Zi. ab 289 $; ❄☎; ⓢN/Q/R, J/Z, 6 bis Canal St) Das Solita ist ideal für alle, die direkt am Puls von Chinatown und Little Italy leben wollen. Ansonsten bietet das Hotel als typisches Haus der Ascend-Kette keine Überraschungen: Durch eine kleine Säulenhalle mit Glasdach geht's hinein in eine saubere, funktionale Lobby. Die schwarz-weiß eingerichteten Zimmer sind eher klein und haben einen beinahe achteckigen Grundriss sowie breite Betten; die Bäder wurden bei unserem letzten Besuch gerade renoviert.

Last-Minute-Deals gibt's auf der Website – dann fallen die Preise teils bis auf 151 $.

LAFAYETTE HOUSE BOUTIQUEHOTEL **$$**
Karte S. 446 (212-505-8100; www.lafayettenyc. com; 38 E 4th St zw. Fourth Ave & Lafayette St; Suite 250–500 $; ⓢB/D/F/V bis Broadway–Lafayette St, 6 bis Bleecker St) Das Lafayette House im viktorianischen Stil ist ein ehemaliges Wohnhaus mit gemütlichen, geräumigen Suiten, allesamt mit funktionstüchtigem Kamin. Zur Ausstattung der Suiten gehören große Betten, Schreibtische, dicke Vorhänge und altmodische Kleiderschränke. Die großen Bäder zieren frei stehende Badewannen und einige Zimmer haben sogar eine kleine Küchenzeile.

Wer einen leichten Schlaf hat, sollte kein Zimmer zur Straße raus nehmen.

CROSBY STREET HOTEL BOUTIQUEHOTEL **$$$**
Karte S. 446 (212-226-6400; www.firmdaleho tels.com; 79 Crosby St zw. Spring & Prince St; Zi. ab 686 $; ❄☎; ⓢ6 bis Spring St, N/R bis Prince St) Wer sich zum Nachmittagstee ins Crosby Street Hotel verirrt, will höchstwahrscheinlich nicht mehr nach Hause. Es sind nicht nur die *scones* mit Sahne, auch die lustige, peppige Lobby und die schicke Bar sind einfach faszinierend. Die Zimmer sind ebenfalls einmalig: Manche sind streng

in Schwarz-Weiß gehalten, andere sind so hübsch und blumig wie ein englischer Garten – üppig, verspielt und mit wunderbaren Dingen des Londoner Parfümeurs Miller Harris ausgestattet.

NOLITAN HOTEL BOUTIQUEHOTEL $$$

Karte S. 446 (212-925-2555; www.nolitanhotel.com; 30 Kenmare St zw. Elizabeth & Mott St; Zi. ab 358 $; J/Z bis Bowery, 6 bis Spring St, B/D bis Grand St) Hinter der an Tetris-Steine erinnernden Fassade liegt diese tolle Entdeckung, direkt zwischen zwei der beliebtesten Stadtteile New Yorks: SoHo und dem Village. In der einladenden Lobby-Lounge versinken die Gäste gerne mal in einem Buch oder aber sie genießen ihre stilvollen Zimmer in den oberen Geschossen, die aussehen, als stammten sie aus einem Edelmöbelkatalog.

WLAN ist gratis und die Online-Zimmerpreise können unter 300 $ fallen, also Augen auf!

TRUMP SOHO NEW YORK LUXUSHOTEL $$$

Karte S. 446 (212-842-5500; www.trumphotelcollection.com/soho; 246 Spring St zw. Ave of the Americas & Varick St; Zi. ab 425 $; A/C/E bis Spring St, 1 bis Houston St) Klassischer amerikanischer Luxus in Form von sorgfältig ausgestatteten Zimmern mit übergroßen Betten, superplüschigen Teppichen und geräumigen Badezimmern mit dem allerneusten technischen Schnickschnack. Wirklich überflüssig sind die 14,95 $ fürs WLAN, schön sind dagegen der Pool, der Spa-Bereich und die erstklassigen Restaurants.

JAMES NEW YORK BOUTIQUEHOTEL $$$

Karte S. 446 (212-465-2000; www.jameshotels.com/new-york; 27 Grand St zw. Ave of the Americas & Thompson St; Zi. ab 325 $; A/C/E, 1 bis Canal St) Das James spielt an allen Orten des Hotels mit verschiedensten architektonischen Elementen und irgendwie scheint das zu funktionieren. Die öffentlichen Flächen – insbesondere die ausgewiesenen Lobbys – sind lichtdurchflutet und bezaubern durch verspielte Elemente wie einem Computertastatur-Wandbild. Die Zimmer sind hübsch mit schokoladenbraunen Möbeln eingerichtet und haben alte Holzböden, eine Schiebewand trennt die Zimmer vom angeschlossenen kupferfarbenen Bad.

Weitere Highlights sind der beheizte Dachpool mit schicker Bar zum Sehen und Gesehenwerden.

MONDRIAN SOHO BOUTIQUEHOTEL $$$

Karte S. 446 (212-389-1000; www.mondriansoho.com; 9 Crosby St zw. Howard & Grand St; Zi. ab 380 $; N/Q/R, J/Z, 6 bis Canal St) Das verspielte Mondrian verfügt über mehr als 250 Zimmer in einem herrlichen Gebäude in Downtown. Die Ausstattung variiert märchenhafte Farbkombinationen, kombiniert mit ungewöhnlichen *objets d'art*. In den oberen Geschossen bestimmen Cremeweiß und Purpur die Atmosphäre, wodurch Gäste das Gefühl bekommen, aus einer Wolke auf die Stadt hinabzuschauen. Das garteninspirierte Restaurant serviert unter Kristallkronleuchtern feine italienische Speisen. Im Winter können die Preise unter 300 $ fallen.

MERCER BOUTIQUEHOTEL $$$

Karte S. 446 (212-966-6060; www.mercerhotel.com; 147 Mercer St Höhe Prince St; Zi. 495–695 $; N/R bis Prince St) Mitten im Herzen des Gassengewirrs von SoHo: Im prachtvollen Mercer steigen die Stars ab! Über der gemütlichen Lobby mit üppigen Plüschsofas stehen 75 Zimmer zur Verfügung. Sie bieten eine schicke Loft-Atmosphäre in einer 100 Jahre alten Lagerhalle. Flachbildfernseher, dunkle Holzböden, Bäder mit weißem Marmor und Mosaikfliesen (einige davon mit Badewannen und Oberlicht) verleihen den Zimmern einen modernen Touch. Auch die industriellen Wurzeln des Gebäudes werden betont – mit riesigen ovalen Fenstern, Stahlsäulen und unverputzten Backsteinwänden.

60 THOMPSON BOUTIQUEHOTEL $$$

Karte S. 446 (212-431-0400; www.60thompson.com; 60 Thompson St zw. Broome & Spring St; Zi. 300–700 $; A/C/E, 1 bis Canal St) Im todschicken 60 Thompson mit seinen 100 Zimmern kann man sich auf jeden Fall bestens sehen lassen – ob man nun im futuristischen Thai-Restaurant Kittichai diniert oder in der den Hotelgästen vorbehaltenen Dachbar A60 einen Cocktail schlürft. Die Zimmer sind klein, aber komfortabel, die Betten haben Daunendecken und Lederkopfteile. Der Schwingsessel und das edle Sofa sind perfekt, um es sich gemütlich zu machen und eine DVD auf dem Flachbildfernseher anzuschauen.

Wer sich eine der superluxuriösen Suiten leisten kann, kommt in den Genuss von wesentlich mehr Platz und Komfort. WLAN steht in den öffentlichen Bereichen kostenlos zur Verfügung, im Zimmer kostet es 15 $.

🛏 East Village & Lower East Side

In diesen vormals eher düsteren Vierteln haben sich Gebäude mit besonderem Anstrich breit gemacht und der Gegend eine vergnügliche „Heile-Welt"-Atmosphäre verpasst, die sehr typisch für New York ist. Reisende, die die Stadt hautnah erleben wollen, werden sich in den Herbergen entlang der niedrigen Straßennummern wohl fühlen, besonders wenn das Reisebudget eine Übernachtung im Bowery oder im Cooper Square erlaubt. Wem eine gute Subway-Anbindung wichtig ist, sollte im westlichen Teil bleiben, in östlicher Richtung werden die Subway-Stationen immer seltener, vor allem jenseits der First Ave.

EAST VILLAGE BED & COFFEE   B&B $

Karte S. 450 (📞917-816-0071; www.bedandcoffee.com; 110 Ave C zw. 7th & 8th St; EZ/DZ mit Gemeinschaftsbad ab 130/140 $; ❄🛜; Ⓢ F/V bis Lower East Side–Second Ave) Die Inhaberin Anne hat ihr Zuhause in ein schrulliges, künstlerisch angehauchtes, unkonventionelles B&B verwandelt. Die farbenfrohen Privatzimmer bedienen individuelle Themen und teilen sich pro Stockwerk jeweils ein Badezimmer. Daneben gibt's tolle Extras wie kostenlose Fahrräder und WLAN sowie Insider-Tipps zu allem, was das East Village an Besonderheiten zu bieten hat. Im Erdgeschoss und 1. Stock sind die beiden Hunde des Hauses unterwegs, aber die oberen Stockwerke sind hundefrei. Die Zimmer eines Stockwerks teilen sich jeweils Küche und Wohnzimmer und jeder bekommt einen eigenen Hausschlüssel. Eine Sperrstunde gibt's nicht. Frühbucher sind im Vorteil: Das Haus ist schnell voll.

EAST VILLAGE B&B   B&B $

Karte S. 450 (📞212-260-1865; evbandb@juno.com; Apt. 5–6, 244 E 7th St zw. Ave C & D; Zi. 150–175 $; Ⓢ F/V bis Lower East Side–Second Ave) Dieses B&B in einem hübschen Wohnblock ist eine gefragte Oase für Frauen, die Frauen lieben. Die Paare genießen hier Ruhe und Frieden inmitten der lauten East-Village-Szene. Sie können zwischen drei kürzlich renovierten, stilvollen Zimmern wählen (zwei in Schwarz-Weiß, eins in Rot). Zur Ausstattung gehören auffällige Leinentücher, moderne Kunst und phantastische Holzböden. Der für New Yorker Verhältnisse riesige Gemeinschaftsraum besticht durch viel Licht, wunderschöne Gemälde aus aller Welt, unverputzte Ziegelwände und Großbild-TV. Mindestaufenthalt zwei Nächte.

BLUE MOON HOTEL   BOUTIQUEHOTEL $$

Karte S. 452 (📞212-533-9080; www.bluemoon-nyc.com; 100 Orchard St zw. Broome & Delancey St; Zi. mit Frühstück ab 210 $; ❄🛜; Ⓢ F bis Delancey St, J/M bis Essex St) Kaum zu glauben, aber dieses gastfreundliche und ganz in hübschen Gelb-, Blau- und Grüntönen gehaltene Backstein-Guesthouse war früher mal ein schäbiges Mietshaus – früher heißt in diesem Fall 1879. Mit original Fensterläden aus Holz und schmiedeeisernen Bettgestellen sind die sauberen, minimalistisch eingerichteten Zimmer altmodisch angehaucht und komfortabel: große Betten, toller Ausblick aus großen Fenstern und elegante Marmorbäder.

HOTEL ON RIVINGTON   BOUTIQUEHOTEL $$

Karte S. 452 (📞212-475-2600; www.hotelonrivington.com; 107 Rivington St zw. Essex & Ludlow St; Zi. ab 311 $; 🛜; Ⓢ F bis Delancey St, J/M/Z bis Essex St, F bis Second Ave) Das 20-stöckige Hotel thront über den Mietshäusern aus dem 19. Jh. wie eines dieser schillernden neuen Hochhäuser in Shanghai. Die „Unique"-Zimmer sind komplett verglast und bieten einen tollen Ausblick über den East River und Downtown. Außerdem hängt ein Flachbildfernseher an der Decke. Die Standardzimmer haben nur eine Glaswand (und nicht drei, deshalb auch nur Ausblick in eine Richtung) und sind deutlich kleiner.

BOWERY HOTEL   BOUTIQUEHOTEL $$$

Karte S. 450 (📞212-505-9100; www.theboweryhotel.com; 335 Bowery zw. 2nd & 3rd St; Zi. ab 395 $; ❄@🛜; Ⓢ F/V bis Lower East Side–Second Ave, 6 bis Bleecker St) Den altmodischen goldenen Zimmerschlüssel mit roter Troddel gibt's im ruhigen, dunklen Foyer mit antiken Samtstühlen und verblassten Perserteppichen. Von dort führen Flure mit Mosaikfußböden zu den luxuriös ausgestatteten Zimmern: Dockingstation für den iPod, WLAN-Zugang, 42-Zoll-Plasma-TV, DVD-Player und schöne Toilettenartikel aus der Drogerie CO Bigelow im Greenwich Village.

Die riesigen Fabrikfenster bieten freien Ausblick, die exquisiten Betten sind mit schlichter weißer Wäsche mit roten Paspeln ausgestattet. Die verzinkte Bar, die Gartenterrasse und das rustikale italienische Speiselokal Gemma's sind immer rappelvoll.

Greenwich Village, Chelsea & Meatpacking District

Die Immobilienpreise im begehrten West Village im Meatpacking District gehören zu den höchsten der Stadt und das schlägt sich auch auf die Hotelpreise nieder. Allerdings ist es das Viertel auch wert, etwas mehr auf den Tisch zu legen – hier stehen einige unvergessliche Häuser der Stadt und die Atmosphäre ist herrlich. Nur ein paar Blocks weiter, in Chelsea, hat eine neue Entwicklung eingesetzt und einige protzige Hotels hervorgebracht – mit neusten Designelementen wie aus einem skandinavischen Designmagazin. In Chelsea abends auszugehen ist kein Problem: Boutiquen, Restaurants und Bars sind alle zu Fuß erreichbar.

CHELSEA HOSTEL HOSTEL $

Karte S. 458 (212-647-0010; www.chelseahostel.com; 251 W 20th St zw. Seventh & Eighth Ave; B 40–70 $, EZ 70–95 $, DZ ab 120 $; ❄@🛜; ⓢA/C/E, 1/2 bis 23rd St, 1/2 bis 18th St) Diese alte Backpacker-Bastion sitzt in einem großen Gebäude im begehrten Chelsea und ist eine gute Wahl, wenn die Lage ausschlaggebend bei der Wahl der Unterkunft ist. Ins Village und nach Midtown kommt man locker zu Fuß. Allerdings hat der Standort seinen Preis, der etwas über dem Hosteldurchschnitt liegt. Aber die Zimmer sind sauber (manchmal fast steril) und es gibt gemeinschaftlich nutzbare Räume und Küchen, in denen man andere Traveller treffen kann.

LARCHMONT HOTEL HOTEL $

Karte S. 454 (212-989-9333; www.larchmonthotel.com; 27 W 11th St zw. Fifth & Sixth Ave; EZ/DZ mit Gemeinschaftsbad & Frühstück ab 90/119 $; ❄🛜; ⓢ4/5/6, N/Q/R bis 14th St–Union Sq) Das Larchmont residiert in einem Vorkriegsgebäude, das mit den anderen schönen Brownstones in der Straße wunderbar harmoniert, sodass das Larchmont vor allem mit seiner Lage punktet. Die mit Teppichboden ausgelegten Zimmer sind einfach und könnten eine Auffrischung vertragen, genauso wie die Gemeinschaftsbäder, aber für den Preis ist das Ganze ein guter Deal.

JANE HOTEL HOTEL $

Karte S. 454 (212-924-6700; www.thejanenyc.com; 113 Jane St zw. Washington St & West Side Hwy; Zi. mit Gemeinschaftsbad ab 99 $; P❄🛜; ⓢL bis Eighth Ave, A/C/E bis 14th St, 1/2 bis Christopher St–Sheridan Sq) Die winzigen Zimmer (4,5 m²) im Jane sind definitiv nichts für Klaustrophobiker. Aber Glanz ist auch in der kleinsten Hütte, und wer damit klarkommt, ist in dem kürzlich renovierten kleinen Juwel richtig.

Die kleinen Wohnkabinen haben Gemeinschaftsbäder, die etwas teureren Kapitänskajüten haben ein eigenes Bad. Die wunderbare Ballsaalbar sieht aus, als gehöre sie zu einem Fünfsternehotel.

CHELSEA LODGE HOTEL $

Karte S. 458 (212-243-4499; www.chelsealodge.com; 318 W 20th St zw. Eighth & Ninth Ave; EZ/DZ ab 130/140 $; ❄🛜; ⓢA/C/E bis 14th St, 1 bis 18th St) Die Chelsea Lodge hat 22 europäisch gestylte Zimmer und ist in einem denkmalgeschützten Brownstone-Haus im schönen historischen Chelsea untergebracht. Mit seinen wohnlichen, gepflegten Zimmern ist es ein tolles Schnäppchen! Die Räume sind klein – sie haben lediglich ein Bett und Kabel-TV auf einem alten Holzschränkchen. Duschen und Waschbecken sind im Zimmer, Toiletten auf dem Flur. Sechs geräumige Zimmer haben ein eigenes Bad, zwei davon direkten Zugang zum Garten.

COLONIAL HOUSE INN B&B $$

Karte S. 458 (800-689-3779, 212-243-9669; www.colonialhouseinn.com; 318 W 22nd St zw. Eighth & Ninth Ave; Zi. 150–350 $; ❄🛜; ⓢC/E bis 23rd St) Freundlich und schlicht: Diese Schwulenherberge mit 20 Zimmern ist ordentlich, wenn auch etwas abgenutzt und klein. Die meisten Zimmer haben kleine begehbare Schränke (mit kleinem Fernseher und Kühlschrank) und Waschbecken. Bei schönem Wetter ist auf der Dachterrasse FKK angesagt. Kleinere Zimmer haben Gemeinschaftsbäder, während die Luxussuite nicht nur ein eigenes Badezimmer, sondern auch einen separaten Zugang zum Garten hat.

INCENTRA VILLAGE HOUSE B&B $$

Karte S. 454 (212-206-0007; www.incentravillage.com; 32 Eighth Ave zw. 12th & Jane St; EZ/DZ ab 189/239 $; ❄🛜; ⓢA/C/E bis 14th St, L bis Eighth Ave) Von hier sind die Clubs in Chelsea leicht zu Fuß erreichbar: Die beiden denkmalgeschützten Stadthäuser aus rotem Backstein, 1841 erbaut, wurden später zum ersten schwulen Guesthouse der Stadt. Heute reservieren viele homosexuelle Traveller die elf Zimmer weit im Voraus; also frühzeitig anrufen, um sich eines der mit Antiquitäten ausgestatteten, uramerikanischen Zimmer zu sichern. Die Garden Suite hat einen Zugang zum kleinen Garten hinter dem Haus und im Salon gibt's WLAN.

CHELSEA PINES INN   B&B $$

Karte S. 454 (☎888-546-2700, 212-929-1023; www.chelseapinesinn.com; 317 W 14th St zw. Eighth & Ninth Ave; Zi. mit Frühstück ab 209 $; ❄️📶; ⓈA/C/E bis 14th St, L bis Eighth Ave) Diese fünfgeschossige Herberge ohne Aufzug hat sich voll und ganz der Regenbogenflagge verschrieben: Das Chelsea Pines mit 26 Zimmern lockt ein schwul-lesbisches Publikum an. Es sind aber Gäste von jedem Schlag willkommen. Man sollte sich mit den Hitchcock-Schönheiten auskennen: Alte Filmplakate schmücken die Wände und die Zimmer sind nach Stars wie Kim Novak, Doris Day und Ann-Margret benannt. Die Standardzimmer haben begehbare Schränke mit Waschbecken. Saubere Badezimmer befinden sich auf dem Flur.

Die kleine Lounge unten bietet Zugang zu einem winzigen Hinterhof.

MARITIME HOTEL   BOUTIQUEHOTEL $$

Karte S. 458 (☎212-242-4300; www.themaritimehotel.com; 363 W 16th St zw. Eighth & Ninth Ave; Zi. ab 220 $; ⓈA/C/E bis 14th St, L bis Eighth Ave) Dieser weiße Turm mit Bullaugenfenstern war ursprünglich der Hauptsitz der National Maritime Union (und in jüngerer Vergangenheit ein Unterschlupf für obdachlose Teenager). Inzwischen wurde er von einem hippen Architektenteam in eine Luxusherberge mit maritimem Motto umgewandelt. Drinnen erinnert das Hotel an ein feudales *Love Boat*: Seine 135 Zimmer – jedes davon mit eigenem runden Fenster – sind kompakt und mit Teakholz getäfelt. Zu den Extras gehören der Flachbildfernseher (20 Zoll) und der DVD-Player. Die teuersten Quartiere haben Open-Air-Duschen, einen eigenen Garten und eine herrliche Aussicht auf den Hudson River.

INN ON 23RD ST   B&B $$

Karte S. 458 (☎212-463-0330; www.innon23rd.com; 131 W 23rd St zw. Sixth & Seventh Ave; Zi. mit Frühstück ab 240 $; ❄️📶; ⓈF/V, 1 bis 23rd St) Dieses B&B-Juwel in Chelsea verfügt über 14 Zimmer in einem fünfstöckigen Stadthaus aus dem 19. Jh. in der lebhaften 23rd St. 1998 wurde das Haus von der Familie Fisherman gekauft und gründlich saniert (vernünftigerweise gleich mit Aufzug. In den geräumigen und einladenden Zimmern stehen große Betten mit Messingrahmen oder Himmel, drapiert mit phantasievollen Stoffen, und riesige Schränke, in denen sich der Fernseher versteckt. Wer will, kann sich an der „Bar des Vertrauens" erfrischen, auf dem alten Klavier in der Lounge herumklimpern oder im 1. Stock in der viktorianischen Bibliothek schmökern, die auch als Frühstückszimmer dient.

HÔTEL AMERICANO   HOTEL $$

Karte S. 458 (☎212-216-0000; www.hotel-americano.com; 518 W 27th St zw. Tenth & Eleventh Ave; Zi. ab 255 $; ⓈA/C/E bis 23rd St) Designfreaks werden ausflippen, wenn sie die perfekt polierten Zimmer des Hôtel Americano betreten. Man schläft wie in einer Bento-Box, nur dass das Essen durch sorgfältig ausgesuchte, minimalistische und dezente Möbel ersetzt wurde. Ach, und das Ding, das von der Decke herunter hängt und aussieht wie ein Roboterkopf? Das ist ein hängender Kamin, was sonst? Gäste bekommen türkische Handtücher, japanische Bademäntel und ein iPad, mit dem sie sämtliche Schalter bedienen können. Und wer bereit ist, seinen museumsalen Designkokon zu verlassen, kann auf einem Gästefahrrad durch die Umgebung von Chelsea radeln.

JADE HOTEL   BOUTIQUEHOTEL $$

Karte S. 454 (☎212-375-1300; www.thejadenyc.com; 52 W 13th St; Zi. ab 260 $; ❄️📶) Das 2013 eröffnete stilvolle 113-Zimmer-Boutiquehotel verschmilzt auf gekonnte Weise mit den Stadthäusern und alten Gemäuern um es herum. Über eine beleuchtete Onyx-Treppe erreicht man eine gemütliche Lounge und Lobby mit alten Möbeln; die Bar mit Backsteinwänden und Kamin ist ein tolles Plätzchen für einen abendlichen Drink. Darüber liegen die kleinen, aber schön eingerichteten Zimmer mit Art-déco-Akzenten wie Strukturtapeten über dem Bett, Telefonen mit Wählscheibe und schönen Nachttischlampen.

Von den oberen Etagen bieten sich schöne Ausblicke auf das Village. Die Badezimmerartikel liefert die legendäre Drogerie CO Bigelow ganz in der Nähe.

HOTEL GANSEVOORT   LUXUSHOTEL $$

Karte S. 454 (☎212-206-6700; www.hotelgansevoort.com; 18 Ninth Ave Höhe 13th St; Zi. ab 285 $; ❄️📶🏊; ⓈA/C/E, 1/2/3 bis 14th St, L bis Eighth Ave) Das 14-stöckige Gansevoort mit seiner zinkfarbenen Außenverkleidung lockt mit seiner Dachbar namens Plunge scharenweise Besucher an. Gäste können den kleinen Pool mit Blick auf den Hudson River nutzen. Seit seiner Eröffnung 2004 gilt das Hotel als der noble „Draufgänger" des Meatpacking District. Die Zimmer sind großzügig und luxuriös eingerichtet mit Bettenpolstern aus hellbraunem Veloursleder, Plasma-TV und beleuchteten Badezimmertüren.

DREAM DOWNTOWN HOTEL $$

Karte S. 458 (212-229-2559; www.dreamdowntown.com; 355 W 16th St zw. Eighth & Ninth Ave; Zi. ab 295 $; A/C/E bis 14th St, L bis Eighth Ave, 1/2 bis 18th St) Das neueste Glied in der Kette des Dreamteams ist ein hoch aufragender Gigant, der seinen kreisförmigen Fußabdruck tief in das Herz von Chelsea setzt. Die metallische Fassade wird von runden Bullaugen durchbrochen, die an Fenster von Kapitän Nemos U-Boot erinnern. Im ganzen Gebäude dominiert die Form der Ellipse, selbst in den Zimmerwänden und bei den raffinierten Fliesen des Pools, der eine erfrischende Oase an unerträglichen Sommertagen ist.

Es wurde viel Wert auf weitläufige Gemeinschaftsflächen gelegt, mehrere Cocktail-Lounges und Restaurants sind vor allem am Wochenende beliebte Anziehungspunkte.

STANDARD BOUTIQUEHOTEL $$$

Karte S. 454 (212-645-4646; www.standardhotels.com; 848 Washington St Höhe 13th St; Zi. ab 355 $; A/C/E bis 14th St, L bis Eighth Ave) Der neue Glaskasten des hippen Hoteliers André Balazs steht auf Stelzen und thront über der High Line, einer alten Hochbahntrasse. Alle Zimmer bieten Panoramablick über den Meatpacking District und so viel Sonnenlicht, dass die glänzenden Holzrahmen der Betten und die marmorierten Bäder besonders gut zur Geltung kommen. Im East Village gibt's außerdem noch das hypermoderne **Standard** (Karte S. 450; 212-475-5700; www.standardhotels.com; 25 Cooper Sq zw. Bowery & 4th St; Zi. ab 375 $; N/R bis 8th St–NYU; 4/6 bis Bleecker St; 4/6 bis Astor Pl).

Union Square, Flatiron District & Gramercy

Viele Touristen wollen gerne in der Nähe des glitzernden Times Square übernachten, weil von dort viele begehrte Orte in der Stadt günstig zu erreichen sind. Nun, Union Square und Umgebung sind mindestens genauso praktisch. Ein kurzer Blick auf den Subway-Plan zeigt, dass einige Linien diesen Teil von Downtown kreuzen – es gibt direkte Verbindungen nach Lower Manhattan und zu den Museen in der Upper East Side. Und die herrlichen Ecken im Village liegen quasi vor der Tür. Die zahlreichen „Inns", Boutiquehotels und anderen romantischen Herbergen sind einen Versuch wert und weniger grell als am glitzernden Broadway.

HOTEL 17 BUDGETHOTEL $$

Karte S. 460 (212-475-2845; www.hotel17ny.com; 225 E 17th St zw. Second & Third Ave; DZ 91–181 $; N/Q/R, 4/5/6 bis 14th St–Union Sq, L bis Third Ave) In diesem beliebten achtstöckigen Stadthaus direkt beim Stuyvesant Square drehte Woody Allen einst eine furchterregende Leichenszene für seinen Film *Manhattan Murder Mystery* (1993). Lediglich vier der 120 Zimmer (allesamt ohne Leichen!) haben eigene Bäder. Die Ausstattung der kleinen Zimmer ist schlicht, mit altmodischer Einrichtung und wenig natürlichem Licht.

Falls es ausgebucht ist, gibt es in Midtown unter derselben Leitung noch das **Hotel 31** (Karte S. 462; 212-685-3060; www.hotel31.com; 120 E 31st St zw. Lexington & Park Ave; Zi. 105–220 $; N/R/W, 6 bis 28th St).

WYNDHAM GARDEN HOTEL $$

Karte S. 460 (212-243-0800; www.wyndham.com; 37 W 24th St zw. Fifth & Sixth Ave; Zi. ab 200 $; F/M, N/R bis 23rd St) Auf etwa halbem Weg zwischen Chelsea und Union Square steht das Wyndham und passt mit seinem knallbunt gekachelten Eingang bestens zur ebenfalls bunten Mischung in der Gegend. Innen ist es allerdings schnell vorbei mit der Verspieltheit: beigefarbene Wände, braun-grau melierte Teppichböden und schlichte Arbeitstische – alles folgt dem Motto „Kettenhotel für Geschäftsleute". Aber die Lage ist phantastisch und die Zimmer sind tipptopp sauber. Kostenloses WLAN.

HOTEL GIRAFFE BOUTIQUEHOTEL $$$

Karte S. 460 (877-296-0009, 212-685-7700; www.hotelgiraffe.com; 365 Park Ave S Höhe 26th St; Zi. 339–475 $; N/R/W, 6 bis 23rd St) Etwas vornehmer als die meisten Boutiquehotels, die so weit im Süden der Stadt liegen: Das recht neue zwölfstöckige Giraffe punktet mit eleganten Zimmern, einer sonnigen Dachterrasse für Drinks und Tapas sowie kostenlosem Frühstück mit Wein und Käse zwischen 17 und 20 Uhr. Die meisten der 72 Zimmer haben einen kleinen Balkon. Alle haben Flachbild-TV und DVD-Player sowie Schreibtische aus Granit.

Ecksuiten haben zusätzlich einen Wohnraum mit Ausziehsofa.

GRAMERCY PARK HOTEL   BOUTIQUEHOTEL $$$

Karte S. 460 (212-920-3300; www.gramercyparkhotel.com; 2 Lexington Ave Höhe 21st St; Zi. ab 349 $; ❄🛜; S 6 bis 23rd St) Die alte Dame ist nach einer umfangreichen Schönheits-OP zu neuem Glanz gekommen. Schon in der Lobby (dunkle Holzvertäfelung und prächtige rote Wildlederteppiche) weht den Gästen ein Hauch von Luxus entgegen. Die Zimmer blicken auf den nahe gelegenen Gramercy Park, alle haben maßgefertigte Eichenmöbel, hochwertige italienische Bettwäsche (Fadenzahl 400) und große Betten mit Daunenmatratzen. Die satten Farben würden selbst einem spanischen Aristokraten zusagen.

Die Preise für die größten Zimmer (weitläufige Suiten mit raumhohen Flügeltüren zwischen Schlaf- und Wohnbereich) beginnen bei 799 $. Unbedingt anschauen: die Bars Jade und Rose (Promi-Magneten), die Dachterrasse (nur für Hotelgäste) und das Maialino (S. 173), ein rustikales italienisches Hotelrestaurant von Stargastronom Danny Meyer. WLAN kostet 16 $ pro Tag.

W NEW YORK UNION SQUARE   HOTEL $$$

Karte S. 460 (888-627-9104, 212-253-9119; www.whotels.com; 201 Park Ave S Höhe 17th St; Zi. ab 312 $; ❄🛜🐾; S L, N/Q/R/W, 4/5/6 bis 14th St–Union Sq) Ohne die richtige Garderobe und Kreditkarte geht im ultrahippen W gar nichts! Die Standardzimmer sind nicht gerade groß, haben aber allesamt hohe Decken, denn das Haus ist ein ehemaliges Versicherungsgebäude, Baujahr 1911. Auch an modernem Schnickschnack (von Flachbild-TVs, iPod-Dockingstation und WLAN bis zu Stimmungslicht und Kopfbrettern mit abstrakter Kunst) mangelt es nicht.

Die Suiten sind einfach nur unglaublich, mit riesigen dekadenten Badewannen.

🚩 Midtown

Wer sich gerne ins Getümmel stürzt, sollte Midtown East in Betracht ziehen. Das ist die Gegend rund um den Bahnhof Grand Central, wo sich auch der Sitz der UN befindet. Das Viertel ist nicht so crazy und bunt wie Midtown West, bietet aber massenhaft Übernachtungsmöglichkeiten. Das Angebot reicht von 75-Dollar-Schnäppchen mit Gemeinschaftstoiletten bis zu 1000-Dollar-Suiten mit eigener Terrasse, inklusive Blick auf die funkelnden Lichter der Skyline.

Leute mit einem leichten Schlaf seien gewarnt: Midtown West ist ein Viertel, in dem niemals die Lichter ausgehen – also lieber die Schlafbrille einpacken! Wer die Vorstellung, unter der Neonsonne des Times Square zu übernachten, nicht abschreckend, sondern eher verlockend findet, wird in Midtown West glücklich werden. Hier geht den ganzen Tag und die ganze Nacht unaufhörlich die Post ab, denn dies ist die Schnittstelle zwischen dem Broadway mit seinen phantastischen Theatern und dem Herzen der Geschäftswelt Manhattans. Und um noch eins draufzusetzen: In der Ninth Ave in Hell's Kitchen gibt's eine Riesenauswahl an Restaurants aus aller Welt.

POD 51   HOTEL $

Karte S. 462 (866-414-4617; www.thepodhotel.com; 230 E 51st St zw. Second & Third Ave, Midtown East; Zi. ab 89 $; ❄🛜; S 6 bis 51st St, E/M bis Lexington Ave–53rd St) Hier werden Träume wahr – jedenfalls für Gäste, die schon immer mal in ihrem iPod leben oder es sich zumindest mit ihm gemütlich machen und mit ihm schlafen wollten. In dieser bezahlbaren und angesagten Herberge gibt es verschiedene Zimmertypen. Die meisten sind gerade groß genug für ein Bett. Die „Pods" haben helle Bettbezüge, enge Arbeitsplätze, Flachbild-TV, iPod-Dockingstationen und Regenkopfbrausen.

★ YOTEL   HOTEL $$

Karte S. 466 (646-449-7700; www.yotel.com; 570 Tenth Ave Höhe 41st St, Midtown West; Zi. ab 149 $; ❄🛜; S A/C/E bis 42nd St–Port Authority Bus Terminal, 1/2/3, N/Q/R, S, 7 bis Times Sq–42nd St) Teils futuristisches Raumfahrtzentrum, teils Austin-Powers-Kulisse – diese hypercoole 669-Betten-Burg teilt seine Zimmer in Flugzeugklassen ein: Premium Cabin (Economy), First Cabin (Business) und VIP Suite (First Class). In den First Cabins gibt es private Terrassen mit Whirlpool. Die Premium Cabins sind klein, aber clever eingeteilt und bieten automatisch einstellbare Betten. Und alle Cabins haben zimmerhohe Fenster mit unglaublichem

Ausblick, blitzblanke Badezimmer und iPod-Dockingstationen.

In den gemeinschaftlichen „Bordküchen" gibt es Kaffee- und Teeautomaten, Mikrowellen und Kühlschränke. An Wochenenden legen in der Club-Lounge DJs auf und im vom Sumo-Ringen inspirierten Bar-Restaurant Dojo stehen latein-asiatische Gerichte auf der Karte. Außerdem gibt's einen Fitnessraum und die größte Hotelaußenterrasse der Stadt mit toller Hochhauskulisse im Hintergrund.

OUT NYC   BOUTIQUEHOTEL $$

Karte S. 466 (📞212-947-2999; http://theoutnyc.com; 510 W 42nd St zw. Tenth & Eleventh Ave, Midtown West; Zi. ab 207 $, Bett im 4BZ ab 106 $; ❄️📶; ⓈA/C/E bis 42nd St–Port Authority Bus Terminal) Das Out NYC, das sich stolz als das erste „heterofreundliche Resort" der Welt anpreist, ist wirklich fabelhaft und übrigens für alle geöffnet. Die schicken, stilvollen Zimmer umkreisen drei Innenhöfe: den Great Lawn mit Knautschsäcken auf Kunstrasen, den Speisehof Bamboo Garden und das schicke Spa Atrium mit Whirlpools, Cabanas und Wasserfall. Die Zimmer selbst sind auf schlichte Art elegant und in Anthrazit- und Weißtönen gehalten, mit himmlischen Betten und klar designten Bädern.

Wer mit nicht so prall gefüllter Reisekasse unterwegs ist, kann in einem von acht hostelähnlichen „Quads" nächtigen, in denen jedes Bett über einen Fernseher und einen Vorhang zum Schutz der Privatsphäre verfügt. Ansonsten wartet das Resort noch mit Wellnessanwendungen, Restaurant, Cocktaillounge und dem großen Schwulenclub XL Nightclub (S. 212; Leute mit leichtem Schlaf: Vorsicht!) auf. Last-Minute-Deals auf der Website.

NIGHT   BOUTIQUEHOTEL $$

Karte S. 466 (📞212-835-9600; www.nighthotelny.com; 132 W 45th St zw. Sixth & Seventh Ave, Midtown West; Zi. ab 180 $; ❄️📶; ⓈB/D/F/M bis 47th-50th St–Rockefeller Center) Dunkel, dekadent und delikat – eine Nacht im Night ist wie der Sprung in einen Vampirroman von Anne Rice: vom Glamrock-Eingang mit Samtvorhängen bis hin zu den ganz in Schwarz-Weiß gestylten Zimmern mit altdeutschen Schriftzeichen auf den Teppichen. Im grellen Schein der Neonlichter am Times Square wirkt das nüchterne Etablissement des gefeierten Hoteliers Vikram Chatwal umso ausgefallener. Die Zimmer sind klein, aber gemütlich. WLAN kostet 10 $ für 24 Std.

POD 39   HOTEL $$

Karte S. 462 (📞212-865-5700, 855-763-5700; www.thepodhotel.com; 145 E 39th St zw. Lexington & Third Ave, Midtown East; Zi. ab 119 $; ❄️📶; ⓈS, 4/5/6, 7 bis Grand Central–42nd St) Im funkigen Pod 39 kommen die guten Dinge in sehr kleiner Verpackung. Die neuere Schwester des Budget-Luxus-Hauses Pod 51 (S. 355) bietet in ihren 366 Zimmern mit Bad hippes, funktionelles Design und Ausblicke auf die Stadt, alles in den winzigen Pod-Dimensionen. Dazu gibt's eine farbenfrohe Taqueria, eine in einem bunten Stilmix eingerichtete Lobby-Lounge, eine Dachbar mit Lichterketten und ein Spielezimmer sogar mit einer guten alten Tischtennisplatte.

Kostenloses WLAN; Möglichkeiten zum Wäschewaschen vorhanden.

AMERITANIA HOTEL   HOTEL $$

Karte S. 466 (📞212-247-5000; www.ameritanianyc.com; 230 W 54th St Höhe Broadway, Midtown West; Zi. ab 195 $; ❄️📶; ⓈB/D, E bis Seventh Ave, N/Q/R bis 57th St–Seventh Ave) Dieses 219 Zimmer-Haus einen Katzensprung vom Theater District bietet die praktische Midtown-Lage zu Mittelklassepreisen. Das Ganze präsentiert sich schick und modern. Die Lobby zitiert mit retromäßigen Sofas das mittlere 20. Jh., während Mustern, Lampen und Sessel in den kleinen, aber gemütlichen Zimmern vom Art déco inspiriert sind. Die Bäder sind klein, aber stilvoll und die Betten wirklich grandios.

Leute mit leichtem Schlaf stört vielleicht der Lärm von der Straße.

414 HOTEL   HOTEL $$

Karte S. 466 (📞212-399-0006; www.414hotel.com; 414 W 46th St zw. Ninth & Tenth Ave, Midtown West; Zi. 180–370 $; ❄️📶; ⓈC/E bis 50th St) Eingerichtet wie ein Guesthouse bietet dieses tolle Schnäppchen 22 saubere Zimmer einige Blocks westlich vom Times Square. Die Zimmer sind einfach, aber geschmackvoll eingerichtet. Jedes Zimmer hat Kabelfernsehen, kostenloses WLAN und ein eigenes Bad, diejenigen zum begrünten Hof hinaus sind am ruhigsten. Der Hof selbst ist in den Sommermonaten der perfekte Ort für ein Frühstück im Freien.

HOTEL 373   HOTEL $$

Karte S. 462 (📞888-382-7111, 212-213-3388; www.hotel373.com; 373 Fifth Ave Höhe 35th St, Midtown East; Zi. 188–470 $; ❄️📶; ⓈN/Q/R, B/D/F/M bis 34th St–Herald Sq) Klaustrophobiker werden sich fernhalten von den winzigen Zimmern mit Mehrzweckmöbeln im Hotel 373. Aber wer ein tolles Preis-Leistungs-Verhältnis schätzt, wird Verständnis dafür aufbringen, dass ein preiswertes, sauberes und witziges Hotel nur wenige Schritte vom Empire State Building auch einen Nachteil haben muss. Kostenloses WLAN.

HOTEL METRO — HOTEL $$

Karte S. 462 (212-947-2500; www.hotelmetronyc.com; 45 W 35th St zw. Fifth & Sixth Ave, Midtown East; Zi. 140–495 $; N/Q/R, B/D/F/M bis 34th St–Herald Sq) Das 13-stöckige Metro mit 181 Zimmern glänzt mit einem leichten Art-déco-Touch aus den 1930er-Jahren. Die Zimmer sind eher schlicht, aber in jedem Fall gemütlich: Hier gibt's Karamelltöne, Flachbildschirm-TV und mehr Raum, um sich zu entfalten, als in den meisten anderen Hotels dieser Preisklasse. Zum Angebot gehören Frühstück, ein Fitnessraum und eine Bar auf der Dachterrasse mit einem erstklassigen Blick auf das Empire State Building.

BELVEDERE HOTEL — HOTEL $$

Karte S. 466 (888-468-3558, 212-245-7000; www.belvederehotelnyc.com; 319 W 48th St zw. Eighth & Ninth Ave, Midtown West; Zi. 199–599 $; C/E bis 50th St) Die Ursprünge (und die Fassade) des 1928 eröffneten Belvedere mit 345 Zimmern stammen aus der Art-déco-Periode – auch wenn spätere Umgestaltungen die damalige Pracht stark modernisiert haben. Wie in vielen alten Hotels ist Platz keine Mangelware; allein die Badezimmer sind größer als die Zimmer in manch einem Boutiquehotel. Die Zimmer sind klassisch eingerichtet und haben sogar eine kleine Küchenzeile.

In den teureren Zimmern ist WLAN kostenlos (ansonsten 9,95 $).

ECONO LODGE — BUDGETHOTEL $$

Karte S. 466 (212-246-1991; www.econolodge.com; 302 W 47th St Höhe Eighth Ave, Midtown West; Zi. ab 150 $; C/E bis 50th St; N/R bis 49th St) Die Econo Lodge ist ein einfaches Budgethotel in unmittelbarer Nähe des Times Square. Die kleine, schlichte Lobby führt zu kleinen, schlichten Zimmern. In die Zimmer mit Doppelbett passen bis zu vier Personen; die Zimmer mit Kingsize-Betten bieten gerade genug Platz für einen Kleiderschrank und ein halbwegs gut bemessenes Badezimmer. Das bescheidene kontinentale Frühstück ist im Preis enthalten.

Die Preise in der Nebensaison sind dem Leistungsangebot des Hotels angemessener.

IVY TERRACE — B&B $$

Karte S. 462 (516-662-6862; www.ivyterrace.com; 230 E 58th St zw. Second & Third Ave, Midtown East; Zi. 249–390 $; 4/5/6 bis 59th St; N/Q/R bis Lexington Ave–59th St) Ivy Terrace ist ein herrliches B&B, das vor allem bei Paaren sehr beliebt ist. Die geräumigen, viktorianisch inspirierten Zimmer schaffen eine behagliche Atmosphäre mit eleganten Vorhängen, antiken Möbeln (im Rose Room gibt es sogar ein Himmelbett), Dielenfußboden und Küchen mit Zutaten fürs Frühstück. Eine der Suiten hat sogar einen gefliesten Balkon. Gäste müssen mindestens drei Übernachtungen buchen (manchmal auch fünf bis sieben Nächte) und es gibt keinen Aufzug.

Die Herberge liegt östlich des Trubels von Midtown, aber ganz in der Nähe von Bloomingdales und den Einkaufsmeilen Madison und Fifth Ave.

INK48 — BOUTIQUEHOTEL $$

Karte S. 466 (212-757-0088; www.ink48.com; 653 Eleventh Ave Höhe 48th St, Midtown West; Zi. ab 255 $; C/E bis 50th St) Mit dem Ink48 hat sich die Hotelkette Kimpton in den Wilden Westen von Manhattan gewagt, wo kaum noch eine Subway hinfährt. Die Unterkünfte in einer umgebauten Druckerei bieten aber mit tollen Ausblicken auf die Skyline und den Hudson River eine Entschädigung. Dazu gibt's schicke, moderne Zimmer, einen Spabereich, ein Restaurant und eine erstaunliche Bar auf der Dachterrasse. Und es geht noch besser: die vielfältige Restaurantszene von Hell's Kitchen ist nur einen kurzen Fußweg entfernt.

HOTEL ELYSÉE — BOUTIQUEHOTEL $$

Karte S. 462 (212-753-1066; www.elyseehotel.com; 60 E 54th St zw. Madison & Park Ave, Midtown East; Zi. ab 279 $; E/M bis Lexington Ave–53rd St; 6 bis 51st St) Herrlich kultiviert und üppig mit Antiquitäten und klassischen Details ausgeschmückt, bietet dieses lauschige Hotel seit 1926 Schlafplätze für die Berühmten und Legendären. Abends kann man hier bei kostenlosem Wein und Käse in der Lounge oder in der durch *Mad Man* und *Sex and The City* aus Film und Fernsehen bekannten glamourösen Monkey Bar (Mitbesitzer ist der Chef von Vanity

Fair Graydon Carter) manche Berühmtheit erblicken.

Im Haus gibt es keinen Fitnessraum, dafür aber kostenlose Pässe für den NY Sports Club.

★ ANDAZ FIFTH AVENUE BOUTIQUEHOTEL $$$

Karte S. 462 (212-601-1234; http://andaz.hyatt.com; 485 Fifth Ave Höhe 41st St, Midtown East; DZ ab 380 $; ✴︎☎; S, 4/5/6 bis Grand Central–42nd St, 7 bis Fifth Ave) Superschick und jugendlich: Schon in der mit Kunst bestückten Lobby werden Gäste nicht am üblichen, angestaubten Empfangstresen begrüßt, sondern von dynamischen, sich im Raum frei bewegenden Mitarbeitern, bei denen man am iPad eincheckt. Die 184 Zimmer des Hotels sind modern und schick, mit New Yorker Details wie von der Modeindustrie inspirierten rollenden Regalen oder Lampen, deren Form der Subway entlehnt wurden. Besonders reizvoll sind die großen, sexy Badezimmer mit Regenkopfbrausen, Fußbädern aus schwarzem Porzellan und Badeprodukten von CO Bigelow.

Es gibt eine „geheime" Kellerbar, die ausgesuchte und seltene Alkoholika ausschenkt, ein Restaurant, das lokale Produkte bevorzugt (Gäste können den Chefs in der Showküche im 1. Stock über die Schulter schauen) und regelmäßige Vorträge von im Haus ausstellenden Künstlern und Kuratoren. In der Nebensaison können die Preise bis auf 195 $ fallen – Specials siehe Website.

★ NOMAD HOTEL BOUTIQUEHOTEL $$$

Karte S. 466 (212-796-1500; www.thenomadhotel.com; 1170 Broadway Höhe 28th St, Midtown West; Zi. 325–850 $; ✴︎☎; S N/R bis 28th St) Gekrönt von einem Kupfertürmchen und ausgestattet vom Franzosen Jacques Garcia gehört dieser Beaux-Art-Designtraum zu den heißesten Adressen der Stadt. Die Zimmer huldigen einer nostalgischen New-York-trifft-Paris-Ästhetik, mit recycelten Hartholzböden, in alten ledernen Reisekoffern untergebrachten Minibars und Klauenfußbadewannen einerseits und Flachbild-TVs und Hightech-LED-Beleuchtung andererseits. WLAN ist kostenlos und das Hausrestaurant NoMad (S. 209) samt Bar ist einer der angesagtesten Treffs in Manhattan.

STRAND BOUTIQUEHOTEL $$$

Karte S. 462 (212-448-1024; www.thestrandnyc.com; 33 W 37th St zw. Fifth & Sixth Ave, Midtown East; Zi. 255–630 $; ✴︎☎; S B/D/F/M, N/Q/R bis 34th St–Herald Sq) Dieses glänzende Boutiquejuwel liegt nur einen Katzensprung von Attraktionen wie dem Empire State Building, Bryant Park, Macy's, Grand Central und anderen Aushängeschildern von Midtown entfernt. Die effektvolle Lobby protzt mit einem Wasserfall, der über zwei Stockwerke herabrieselt, und einer klimpernden Pianobar, während die Standardzimmer groß genug für ein Sofa und einen Plüschsessel sind und so ganz automatisch ein Suiten-Feeling vermitteln.

Der Höhepunkt des Ganzen ist (im wahrhaft allerbesten Sinne des Wortes) eine überdachte Terrassenbar mit göttlichen Ausblicken.

LANGHAM PLACE LUXUSHOTEL $$$

Karte S. 462 (212-695-4005; http://newyork.langhamplacehotels.com; 400 Fifth Avenue Höhe 36th St, Midtown East; Zi. ab 650 $; ✴︎☎; S N/Q/R bis 34th St–Herald Sq) Die Zimmer in dem luxuriösen, in die Höhe ragenden Langham Place haben alle etwas Suite-ähnliches (das kleinste ist immer noch großzügige 37 m² groß). Sie sind alle in einem dezenten Schick in neutralen Farben gehalten mit stattlicher Holzvertäfelung, Duxiana-Matratzen und Nespresso-Maschinen. Die Badezimmer beeindrucken mit Marmorfußboden, großen Badewannen und einem Spiegel mit integriertem Fernseher. Ortsgespräche und Bügeln sind kostenlos. Und man kann früh ein- und spät auschecken.

Außerdem gibt's noch ein Luxusspa und einen ordentlichen Fitnessraum. In der schicken Lounge ertönt allabendlich Live-Jazz. Die Lage ist einmalig zentral und Gäste können sich im mit einem Michelin-Stern ausgezeichneten Restaurant Ai Fiori bekochen lassen.

LIBRARY HOTEL BOUTIQUEHOTEL $$$

Karte S. 462 (877-793-7323, 212-983-4500; www.libraryhotel.com; 299 Madison Ave Höhe 41st St, Midtown East; Zi. 279–799 $; ✴︎☎; S, 4/5/6, 7 bis Grand Central–42nd St) Jedes Stockwerk dieses unaufdringlich eleganten Hotels ist einer der zehn Ordnungskategorien des Dewey-Dezimalsystems gewidmet (Sozialwissenschaften, Literatur, Philosophie usw.). Insgesamt verteilen sich über 6000 Buchbände auf die Quartiere. Und auch die Ausstattung hat einen akademischen Touch: Mahagoniverkleidung, Leseräume mit gedämpftem Licht und dem Flair eines Herrenclubs.

Die kleinen Zimmer sind zwar raffiniert mit allen Annehmlichkeiten der größeren Suiten ausgestattet, aber für einen Erwachsenen reicht der Platz nur so gerade. Es gibt noch eine Dachterrasse und zwischen 17 und 20 Uhr werden Wein und Käse auf Kosten des Hauses serviert. Frühstück und WLAN sind ebenfalls gratis. Im Januar sinken die Zimmerpreise teils dramatisch.

ACE HOTEL   BOUTIQUEHOTEL $$$

Karte S. 462 (212-679-2222; www.acehotel. com/newyork; 20 W 29th St zw. Broadway & Fifth Ave, Midtown East; Zi. 199–799 $; N/R bis 28th St) Zahlungskräftige Kreative lieben die Standard- und Deluxe-Zimmer im Ace. Die gehobenen Junggesellenbuden schmücken sich mit karierten Tagesdecken, schnörkeligen Wandkritzeleien, Ledermöbeln und Kühlschränken. In einigen Zimmern gibt es sogar Gibson-Gitarren und -Plattenspieler, in allen kostenloses WLAN. Für die „coolen Kids" mit weniger Kohle gibt es auch Minizimmer und günstigere Kojen (Etagenbetten) – zuweilen für unter 200 $ im Winter.

Für Dynamik und Kurzweil sorgen auch zwei Designer-Läden, eine Lobby mit coolen Leuten, Live-Bands und DJs sowie das Stumptown Coffee Roasters (S. 210) und zwei der besten Restaurants der Gegend, das **Breslin** (Karte S. 462; 16 West 29th St; Hauptgerichte 18 $; 7–24 Uhr, N/R bis 28th St) und das Fisch- und Meeresfrüchtemekka John Dory (S. 207).

BRYANT PARK HOTEL   BOUTIQUEHOTEL $$$

Karte S. 462 (212-869-0100, 877-640-9300; www.bryantparkhotel.com; 40 W 40th St zw. Fifth & Sixth Ave, Midtown East; Zi. 370–800 $; B/D/F/M bis 42nd St–Bryant Park, 7 bis Fifth Ave) Südlich des kosmopolitischen Bryant Park ragt dieses modische 130-Zimmer-Hotel (komplett mit Aufzug in rotem Leder) empor und tischt minimalistische Zimmer auf, die meisten mit tollen Aussichten und großen Badewannen und alle mit einem Hightech-Soundsystem, Flachbildschirm-TV, Travertine-Badezimmer und Kaschmirbademänteln. Wer kann, sollte eine Suite mit Parkblick nehmen (die teureren haben Terrassen).

Das ehemalige American Standard Building (1934) mit schwarz-goldener Fassade bietet außerdem einen kleinen Fitnessraum, eine coole Bar im Kellergewölbe und ein superschickes Sushi-Restaurant, in dem sich auch die Prominenz satt isst.

PIERRE   LUXUSHOTEL $$$

Karte S. 462 (212-838-8000; www.tajhotels. com; 2 E 61st St Höhe Fifth Ave, Midtown East; Zi. ab 585 $; N/Q/R bis Fifth Ave–59th St) Opulent historisch und obszön romantisch ist das Pierre ein Ziel für sich. In der Lobby fühlt man sich in die amerikanische Blütezeit Ende des 19. Jhs. zurückversetzt; das Hotelrestaurant „Sirio Ristorante" gehört dem gefeierten Restaurantbetreiber Sirio Maccioni und die großzügigen Zimmer locken ihre Gäste mit breiten Betten, Panoramablick über den Central Park (der direkt vor der Tür liegt) und geräumigen Badezimmern. Farblich sind die Zimmer ebenfalls sehr geschmackvoll in gedeckten Tönen mit zarten Farbakzenten gehalten.

Außerdem hat das Pierre 49 großzügige Suiten mit elegantem, ruhigem Wohnbereich (manche mit offenem Kamin und antikem Schreibtisch). Im hauseigenen Spa locken Behandlungen, die sich an indischen Methoden, Kräutern und Ölen orientieren. WLAN kostet 12,95 $ pro Tag.

FOUR SEASONS   LUXUSHOTEL $$$

Karte S. 462 (212-758-5700; www.fourseasons. com/newyork; 57 E 57th St zw. Madison & Park Ave, Midtown East; Zi. ab 800 $; N/Q/R bis Fifth Ave–59th St) Das Fünf-Sterne-Haus im 52-geschossigen Turm von IM Pei bietet in 368 Zimmern makellosen Luxus in gedeckten Farben. Selbst das kleinste Zimmer hat eine ordentliche Größe, geräumige Schränke und Plasma-TV (10 Zoll) in den Marmorbädern. Von den „Park View"-Zimmern haben die Gäste einen unverschämt schönen Blick auf den Central Park.

Auch das weitere Angebot lässt nichts zu wünschen übrig: perfekter Service, Luxusspa und 24-Stunden-Fitnesscenter. WLAN kostet allerdings dreiste 12 $.

CHATWAL NEW YORK   LUXUSHOTEL $$$

Karte S. 466 (212-764-6200; www.thechatwalny.com; 130 W 44th St zw. Sixth Ave & Broadway, Midtown West; Zi. ab 540 $; N/Q/R, S, 1/2/3, 7 bis Times Sq–42nd St) Das restaurierte Art-déco-Juwel im Herzen des Theaterviertels ist so historisch wie stimmungsvoll. Im hauseigenen Restaurant mit Bar, dem Lambs Club, aßen, tranken und sangen einst Größen wie Fred Astaire und Irving Berlin. Alte Broadwayplakate preisen die superluxuriösen Zimmer an, zu denen große Schiffskoffer passen, aber auch 42-Zoll-Plasmabildschirme und feinste Leinenwäsche.

Weitere Pluspunkte sind die kostenlose Nutzung von iPads, Laptops und vorprogrammierten iPods sowie ein wohltuendes Luxusspa. Das Beaux-Art-Gebäude entstammt der Feder von Stanton White, der auch den Bogen auf dem Washington Square entwarf.

IROQUOIS   HOTEL $$$
Karte S. 466 (📞800-332-7220, 212-840-3080; www.iroquoisny.com; 49 W 44th St zw. Fifth & Sixth Ave, Midtown West; Zi. 289–559 $; 🛜; ⓢB/D/F/M bis 42nd St–Bryant Park) Das geschichtsträchtige Hotel (James Dean lebte zwischen 1951 und 1953 in Zimmer 803) mit seinen 114 klassischen Zimmern verströmt die Atmosphäre des alten New Yorks und liegt beneidenswert günstig im Herzen von Midtown.

Es ist ein herrlich stimmungsvoller Ort mit einer kleinen Eichenbibliothek, dem intimen Cocktailsalon Lantern's Keep (S. 212) und dem ganz ausgezeichneten französischen Restaurant Triomphe, in dem sich vor allem die fleißigen Theatergänger vor den Aufführungen stärken. Einige der Zimmer auf den drei obersten der zwölf Stockwerke schauen durch die Häuserschlucht von Midtown direkt auf das Chrystal Building. Die Zimmer sind in sanften Farben gehalten und mit klassischem Holzmobiliar ausgestattet. Darüber hinaus bieten sie Daunenkopfkissen und kleine, italienische Marmorbäder. Außerdem gibt's einen kleinen Fitnessraum mit Sauna und kostenlosen Schuhputzservice. Jimmy Dean muss das gefallen haben.

PLAZA   LUXUSHOTEL $$$
Karte S. 462 (📞888-850-0909, 212-759-3000; www.theplaza.com; 768 Fifth Ave Höhe Central Park South; Zi. ab 625 $; ❄🛜; ⓢN/R bis Fifth Ave–59th St) Das palastartige Plaza sieht nach einem 400-Mio.-$-Lifting herrlicher aus als je zuvor. Die 282 königlichen Zimmer mit prächtigem Mobiliar aus der Zeit Ludwig XV. und 24-karätig vergoldeten Badezimmerarmaturen passen perfekt in das Gebäude im Stil der französischen Renaissance. Auf der langen Liste der luxuriösen Trümpfe steht auch der sagenhafte Palm Court, der für seine verglaste Decke und den Nachmittagstee berühmt ist.

Dazu kommen Butler mit weißen Handschuhen, eine Weintherapie im Caudalié Spa, Luxusgeschäfte und exquisite Restaurants. Gäste laufen hier Gefahr, einen Königskomplex zu entwickeln.

RITZ-CARLTON   LUXUSHOTEL $$$
Karte S. 466 (📞866-671-6008, 212-308-9100; www.ritzcarlton.com; 50 Central Park South zw. Sixth & Seventh Ave; Zi. ab 800 $; ❄🛜; ⓢN/Q/R bis 57th St–Seventh Ave, F bis 57th St) Purer, unverfälschter Luxus sowie ein Ausblick auf den Central Park, der einen New York fast vergessen lässt. Alle 259 Zimmer in diesem denkmalgeschützten Gebäude bieten französisch-koloniale Akzente – Sessel mit Quasten, herrliche Badezimmer mit Schmuckfliesen und genug Platz für Berge von Shoppingschätzen. Zimmer mit Parkblick bieten außerdem ein Fernrohr und ein Vogelbestimmungsbuch für New Yorker Vogelarten.

Im Auden Bistro werden Neuinterpretationen klassischer Bistrospeisen serviert und wer will, kann sich hinterher im Luxus-Wellnessbereich mit Produkten von La Prairie verwöhnen und pflegen lassen.

LONDON NYC   LUXUSHOTEL $$$
Karte S. 466 (📞866-690-2029, 212-307-5000; www.thelondonnyc.com; 151 W 54th St zw. Sixth & Seventh Ave, Midtown West; Suite ab 399 $; ❄🛜; ⓢB/D, E bis Seventh Ave) Dieses Luxushotel salutiert der britischen Hauptstadt auf mondäne Art mit einer Darstellung des Hyde Park (oder ist es doch der Central Park?) auf bestickter Seidentapete in der Lobby und einem Michelin-besternten Restaurant von Gordon Ramsay. Die Hauptattraktion sind aber die riesigen, vornehmen Zimmer – alle heißen Suite und alle verfügen über ein separates Schlafzimmer und einen Wohnbereich. Die Preise sinken im Winter und beginnen bei Onlinebuchung ab 299 $.

Die Suiten sind dezent und raffiniert mit luxuriösen Elementen ausgestattet, wie Parkettfußböden, Bettwäsche mit einer Fadenzahl von 2000 und großen Badezimmern mit Duschen für zwei. Zu den Annehmlichkeiten gehören auch ein ebenso schickes Fitnesszentrum und kostenloses WLAN.

CHAMBERS   BOUTIQUEHOTEL $$$
Karte S. 462 (📞212-974-5656, 866-204-5656; www.chambershotel.com; 15 W 56th St zw. Fifth & Sixth Ave; Zi. ab 350 $; ❄🛜; ⓢF bis 57th St; N/Q/R bis Fifth Ave–59th St) Das Chambers ist schick und kuschelig. Die Lobby im Hochparterre wird von Anime-inspiriertem Wandschmuck und Teppichvorlegern aufgemotzt. Die 77 Zimmer sind einfach, aber elegant, mit feudalen Polstern auf

Holzrahmenbetten und Badezimmern mit Betonfußboden und riesigen Duschköpfen. Im Hotelrestaurant Ma Peche schwingt das kulinarische Genie David Chang den Kochlöffel, der durch das Momofuku im East Village berühmt wurde. Und auch die Luxusläden der Fifth Ave sind nur einen Katzensprung entfernt.

70 PARK HOTEL $$$
Karte S. 462 (877-707-2752, 212-973-2400; www.70parkave.com; 70 Park Ave Höhe 38th St, Midtown East; Zi. 266–665 $; ❄🔊; S, 4/5/6, 7 bis Grand Central–42nd St) Jenseits der eleganten und gemütlichen Lobby-Lounge mit Kalksteinkamin bietet die renovierte Schlafstätte 205 verführerische Zimmer in Schwarz, Weiß, Lila und Chrom, die mit modernster Technik (inkl. großartiger Musikanlage) und bequemen Betten ausgestattet sind. Nebeneinander liegende Zimmer können zu größeren Familiensuiten zusammengeschlossen werden. Haustiere sind willkommen und die Mitarbeiter sind freundlich.

ROYALTON BOUTIQUEHOTEL $$$
Karte S. 462 (800-635-9013, 212-869-4400; www.royalton.com; 44 W 44th St zw. Fifth & Sixth Ave, Midtown East; DZ 300–700 $; ❄🔊; S B/D/F/M bis 42nd St) Dieser Entwurf der modernen Klassik von Ian Schrager und Philippe Starck hat mit einer Lobby in Mahagoni und mit afrikanischer Kunst einen starken Auftritt. Über dunkle Flure gelangt man in die mittelgroßen Zimmer, wo die Gäste kurze, breite Betten und Möbel in sanften Pastellfarben erwarten. In manchen Zimmern stehen kreisrunde Badewannen, die Luxuszimmer haben außerdem einen Kamin und jedes Zimmer ein eigenes iPad. Im hauseigenen Fitnessraum können sich die Gäste verausgaben.

6 COLUMBUS BOUTIQUEHOTEL $$$
Karte S. 466 (212-204-3000; www.thompsonhotels.com; 6 Columbus Circle, Midtown West; Zi. 330–790 $; ❄🔊; S A/C, B/D, 1 bis 59th St–Columbus Circle) Dieses ultramoderne Boutiquehotel mit dem gleichen Management wie die begehrten Downtown-Häuser Smyth Tribeca, Gild Hall, Thompson LES und 60 Thompson schickt seine Gäste auf eine Zeitreise zurück in die 1960er-Jahre. Die Zimmer sind klein, aber heiter, mit witzigen Retro-Details und Hightech-Zubehör wie LCD-TV und iPod-Dockingstation. Die hypercoole, kleine Bar auf der Dachterrasse ist ein einzigartiger Ort für einen Drink bei Sonnenuntergang.

Und dann ist da noch die Lage, nur wenige Schritte vom Central Park entfernt und an einem Subway-Umsteigebahnhof neben Time Warner.

CASABLANCA HOTEL BOUTIQUEHOTEL $$$
Karte S. 466 (888-922-7225, 212-869-1212; www.casablancahotel.com; 147 W 43rd St zw. Sixth Ave & Broadway, Midtown West; Zi. 279–599 $; ❄🔊; S S, N/Q/R, 1/2/3, 7 bis Times Sq–42nd St) Das beliebte Casablanca, nur wenige Meter vom Times Square entfernt, ist unauffällig und richtet sich primär an Touristen. In seinen 48 Zimmern setzt es voll auf nordafrikanische Motive (mit Tigerstatuen, marokkanischen Wandbildern, gerahmten Wandteppichen und der Lounge „Rick's Cafe" im 1. Stock, die nach der Bar im Film Casablanca benannt ist). Die Zimmer sind klein, aber angenehm und gemütlich und haben sisalartige Teppichböden und einen Sitzbereich am Fenster. Außerdem gibt's kostenloses Frühstück und Internet, 24 Stunden lang Espresso und Wein und Käse um 17 Uhr.

🛏 Upper East Side

In der Upper East Side liegen einige der teuersten Adressen des Landes, günstige Übernachtungsmöglichkeiten sind hier eher unwahrscheinlich. Aber das ist der Preis dafür, nur einen Spaziergang entfernt von einigen der großartigsten Kulturhighlights von New York zu wohnen.

STAY THE NIGHT INN GÄSTEHAUS $
Karte S. 468 (212-722-8300; www.staythenight.com; 18 E 93rd St; Zi. mit Gemeinschaftsbad 100–125 $, Zi. 170–295 $; 🔊; S 6 bis 96th St) Das Stay the Night in einem 150 Jahre alten Brownstone-Haus nur einen halben Häuserblock vom Central Park bietet gemütliche, einfach eingerichtete Zimmer – für die Upper East Side ziemlich preisgünstig. Einige der Zimmer sind recht geräumig und können zwei Paare aufnehmen – gut für Freundesgrüppchen. Nachteile: Es gibt kein Frühstück, keine Gemeinschaftsbereiche und in unmittelbarer Nachbarschaft des Gästehauses nur wenige Essmöglichkeiten.

BUBBA & BEAN LODGES B&B $$
Karte S. 468 (917-345-7914; www.bblodges.com; 1598 Lexington Ave zw. 101st & 102nd St; Zi. 120–250 $; ❄🔊; S 6 bis 103rd St) Die Besitzer

Jonathan und Clement haben ein charmantes Manhattaner Townhouse in ein herrliches Heim fern der Heimat verwandelt. Die fünf modernen, fast jugendlich anmutenden Gästezimmer sind einfach eingerichtet mit frischen, weißen Wänden, Parkettfußboden und blauer Bettwäsche. Jedes Zimmer hat ein eigenes Bad und eine Küchenzeile mit Kochutensilien.

FRANKLIN
HOTEL $$

Karte S. 468 (212-369-1000, 800-607-4009; www.franklinhotel.com; 164 E 87th St zw. Lexington & Third Ave; Zi. ab 189 $; 🛜; S 4/5/6 bis 86th St) Hier herrscht das Flair der 1930er-Jahre: Über dem Eingang thront ein goldrotes Vordach und so geht es auch im Inneren weiter, z. B. beim altmodischen Aufzug. Wie in vielen der New Yorker Häuser aus der guten alten Zeit sind die Zimmer und Bäder winzig. Aber die Einrichtung ist modern, die Mitarbeiter sympathisch und die Lage einfach ideal; zum Central Park und zu vielen Museen kommt man leicht zu Fuß.

Am Abend werden Wein und Käse serviert. Die Zimmer nach hinten raus sind ruhiger.

1871 HOUSE
HISTORISCHES HOTEL $$

Karte S. 468 (212-756-8823; www.1871house.com; 130 E 62nd St zw. Park & Lexington Ave; Zi. ab 245 $; 🛜; S N/Q/R bis Lexington Ave–59th St) Wie man sich schon denken kann, entspricht der Name dieses altmodischen Gasthauses seinem Baujahr. Jede der fünf Wohneinheiten (darunter zwei mit mehr als einem Zimmer) ist wie ein kleines Apartment eingerichtet mit Küchenzeile, Badezimmer, Doppelbetten, funktionierendem Kamin und alten Möbeln. Alle Zimmer sind hell und haben hohe Decken (3½ m). In den Apartments mit mehreren Zimmern können bis zu fünf Personen übernachten.

In dieser Gegend ist dies eine supergünstige Übernachtungsmöglichkeit, aber es bleibt ein altes Gebäude, d. h. es gibt keinen Aufzug, die Böden knarzen und im Winter kommt die Wärme von dampfbetriebenen Heizkörpern.

🛏 Upper West Side & Central Park

INTERNATIONAL STUDENT CENTER
HOSTEL $

Karte S. 470 (212-787-7706; www.nystudentcenter.org; 38 W 88th St zw. Columbus Ave & Central Park West; B 30–40 $; S B, C bis 86th St) Das ISC residiert in einem umgebauten Brownstone-Haus nicht weit vom Central Park und wartet mit einfachen Dorms und Serviceeinrichtungen sowie im Erdgeschoss einer gemütlichen, wenn auch etwas verwohnten Lounge auf. Die Betreiber sind freundlich, aber die Regeln können nerven: Man darf keine Taschen mit auf die Zimmer nehmen und nur Leute zwischen 18 und 35 werden aufgenommen. Und es gibt kein WLAN. Dafür ist die Lage phantastisch.

JAZZ ON THE PARK HOSTEL
HOSTEL $

Karte S. 470 (212-932-1600; www.jazzhostels.com; 36 W 106th St zw. Central Park West & Manhattan Ave; B 44–70 $, DZ 125–200 $; 🛜; S B, C bis 103rd St) Diese in ein Hostel verwandelte Absteige direkt am Central Park ist grundsätzlich eine gute Bleibe. Die sauberen Schlafsäle bieten zwischen vier und zwölf Betten, sowohl gemischt als auch nach Geschlechtern getrennt. Hier kann man toll andere Reisende treffen: Jeden Abend wird ein kostenloses Programm geboten (Comedy- und Filmabende, Kneipentouren, im Sommer Grillen). In der Lounge unten, dem „Kerker", gibt's einen Billardtisch, Sofas und einen großen Fernseher. Dazu kommen noch ein Essbereich, Zugang zum Dach und mehrere kleine Terrassen.

HOSTELLING INTERNATIONAL NEW YORK
HOSTEL $

Karte S. 470 (HI; 212-932-2300; www.hinewyork.org; 891 Amsterdam Ave Höhe 103rd St; B 50 $, DZ ab 240 $; ❄🛜; S 1 bis 103rd St) Das Hostel ist in einer imposanten roten Backsteinvilla aus den 1880er-Jahren untergebracht und wartet mit 672 gut geschrubbten Kojen auf. Alles erinnert ein wenig an die Industriearchitektur des 19. Jhs., aber es gibt schöne Gemeinschaftsräume, einen Hof – in dem im Sommer gegrillt wird –, eine Gemeinschaftsküche und ein Café. Es wird außerdem ein Freizeitprogramm mit z. B. Stadtspaziergängen und Clubnächten geboten. Man kann auch schöne Zimmer mit Bad bekommen. Das Hostel ist alkoholfreie Zone. WLAN ist im gesamten Haus vorhanden.

HOTEL NEWTON
HOTEL $$

Karte S. 470 (212-678-6500; www.thehotelnewton.com; 2528 Broadway zw. 94th & 95th St; DZ 120–350 $; ❄🛜; S 1/2/3 bis 96th St) Das neunstöckige Hotel Newton wird ganz sicher keine Preise für seine Innenausstattung abräumen (geblümte Bettdecken!). Aber die supersauberen und gut erhaltenen Zimmer machen das Newton zu einer soliden Budgetunterkunft. Die 110 Zimmer sind klein und haben Fernseher, kleine Kühlschränke, Kaffeemaschinen und Mikrowellen. Die Badezimmer sind in einem guten Zustand; die größeren „Suiten" sind etwas geräumiger und bieten eine Sitzecke. WLAN kostet extra.

HOTEL BELLECLAIRE — HOTEL $$

Karte S. 470 (212-362-7700; www.hotelbelleclaire.com; 250 W 77th St Höhe Broadway; DZ 150–370 $, Suite 310–600 $; 🛜; S 1 bis 79th St) Das Hotel in einem denkmalgeschützten Beaux-Arts-Gebäude nach einem Entwurf des Architekten Emory Roth von 1903 bietet 230 Zimmer zu einem für diese Lage günstigen Preis. Die modernen Zimmer sind verschieden groß und unterschiedlich geschnitten: Einige sind größer, andere lassen mehr Tageslicht rein und einige Zimmer blicken auf einen düsteren Gang.

HOTEL BEACON — HOTEL $$

Karte S. 470 (212-787-1100, Buchungen 800-572-4969; www.beaconhotel.com; 2130 Broadway zw. 74th & 75th St; DZ 230–350 $, Suite 300–450 $; 🛜; S 1/2/3 bis 72nd St) Direkt neben dem Beacon Theatre (S. 257) bietet diese familienfreundliche Herberge eine überzeugende Mischung aus aufmerksamem Service, komfortablen Zimmern und einer praktischen Lage. Es gibt 260 Wohneinheiten (einschließlich Suiten mit einem oder zwei Schlafzimmern), die alle in einem dezenten Porzellangrün gehalten sind. Die Räume sind ordentlich und ruhig – und alle verfügen außerdem über Kaffeemaschine und Küchenzeile. Aus den oberen Stockwerken können Gäste auf den Central Park in der Ferne blicken. Insgesamt eine günstige Angelegenheit.

EMPIRE HOTEL — HOTEL $$

Karte S. 470 (212-265-7400; www.empirehotelnyc.com; 44 W 63rd St Höhe Broadway; Zi. 243–553 $; 🛜; S 1 bis 66th St–Lincoln Center) Dieses alte Hotel wurde vor ein paar Jahren generalüberholt und trumpft nun mit einem überdachten Pool, einer verführerischen Bar auf der Dachterrasse und einer schummrig beleuchteten Lobby-Lounge mit zebragestreiften Sitzmöbeln auf. Die über 400 Zimmer sind unterschiedlich geschnitten und bieten helle Wände und edle, dunkle Ledermöbel.

LUCERNE — HOTEL $$

Karte S. 470 (212-875-1000; www.thelucernehotel.com; 201 W 79th St, Ecke Amsterdam Ave; DZ 244–450 $, Suite 400–625 $; 🛜; S B, C bis 81st St) Dieses ungewöhnliche Gebäude aus dem Jahr 1903 im barocken Gewand mit verzierter terracottafarbener Fassade ist der Sitz eines stattlichen 200-Zimmer-Hotels. Die Lage in der Nähe des Central Parks und des American Natural History zieht in erster Linie Paare und Familien mit Kindern an. Es gibt neun verschiedene Formen von Gästezimmern im viktorianischen Stil, d. h. geblümte Bettdecken, verzierte Kopfteile und plüschige Kissen mit Bommeln. Der Service ist höflich und im Haus gibt es ein französisch-mediterranes Restaurant.

NYLO HOTEL — BOUTIQUEHOTEL $$$

Karte S. 470 (212-362-1100; www.nylo-nyc.com; 2178 Broadway Höhe 77th St; Zi. ab 300 $; 🛜; S 1 bis 77th St) Dieses moderne Boutiquehotel verfügt über 285 auf lockere Art stilvolle Zimmer in warmen Erdtönen. Zu den Annehmlichkeiten gehören weiche Betten, Holzböden, elegante Beleuchtungen, für New Yorker Verhältnisse geräumige Badezimmer, Kaffeemaschinen und Flachbildschirmfernseher. Die „Panoramic Deluxe"-Zimmer haben eigene, exklusive Terrassen mit extravaganten Blicken auf Manhattan. In den schönen Lounge- und Barbereichen im Erdgeschoss kann man sich nach einem anstrengenden Besichtigungstag wunderbar erholen. Der Service ist freundlich und die Lage ideal.

🛏 Harlem & Upper Manhattan

HARLEM FLOPHOUSE — GÄSTEHAUS $

Karte S. 472 (347-632-1960; www.harlemflophouse.com; 242 W 123rd St zw. Adam Clayton Powell Jr & Frederick Douglass Blvds, Harlem; Zi. mit Gemeinschaftsbad 125–150 $; 🛜; S A/B/C/D, 2/3 bis 124th St) Dieses prächtige Stadthaus aus den 1890er-Jahren mit vier Zimmern beschwört die Jazz-Ära wieder herauf – mit Betten im Messingrahmen, glänzenden Holzböden und altmodischen Radios, die auf einen lokalen Jazzsender eingestellt sind. Gäste reisen hier in die Vergangenheit, d. h. Gemeinschaftsbäder, keine Klimaanlage und keine Fernseher. Aber das authentische Retro-Ambiente macht das wett.

Der Besitzer informiert gerne über die Umgebung und sonntagnachmittags probt seine Band im Haus. Die freundliche Hauskatze Phoebe trägt das Ihre zum heimeligen und freundlichen Ambiente des Hauses bei.

⭐ ALOFT HARLEM   BOUTIQUEHOTEL $$

Karte S. 472 (📞212-749-4000; www.alofthotel. com; 2296 Frederick Douglass Blvd zw. 123rd & 124th St, Harlem; DZ 179–400 $; ❄️🛜; Ⓢ A/C, B/D, 2/3 bis 125th St) Das trendige, neue Hotel wendet sich an junge Traveller und bietet ein Ambiente wie im W Hotel – nur viel günstiger. Die 124 Zimmer sind klein (26 m²), aber schick ausgestattet mit frischen, weißen Laken, weichen Decken und hellen Kissen. Die modernen Bäder sind klein (keine Wannen), aber funktional und bieten Pflegeprodukte von Bliss.

In der Kellerlounge stehen Billardtische und es kann laut werden, aber die Zimmer sind weit genug davon entfernt. Insgesamt ist es eine günstige und praktische Unterkunft (das Apollo Theater und die lebhafte Geschäftsstraße 125th St sind ganz in der Nähe).

SUGAR HILL HARLEM   B&B $$

Karte S. 472 (📞212-234-5432; www.sugarhillharleminn.com; 460 W 141st St zw. Amsterdam & Convent Ave, Sugar Hill; Zi. 125–250 $; ❄️🛜; Ⓢ A/C, B/D bis 145th St) Das große, offene Stadthaus wurde restauriert und sieht jetzt wieder so elegant aus wie zu Beginn des letzten Jahrhunderts. In den schönen, nach afroamerikanischen Jazzgrößen benannten Suiten stehen antike Möbel, aber auch moderne Annehmlichkeiten wie Fernseher und Föhn. Jede Suite hat ihr eigenes Badezimmer und die meisten haben große Erkerfenster, wodurch viel Licht in die Räume fällt. Manche haben auch eine eigene Küche.

Außerdem gibt's einen schönen Garten, aber keinen Aufzug (bei drei Stockwerken). Weitere Zimmer sind in einem zweiten renovierten Stadthaus um die Ecke auf der Content Ave.

MOUNT MORRIS HOUSE B&B   GÄSTEHAUS $$

Karte S. 472 (📞917-478-6213; www.mountmorrishousebandb.com; 12 Mt Morris Park W zw. 121st & 122nd St, Harlem; Suite 125–325 $; ❄️🛜; Ⓢ 2/3 bis 116th St) Das gemütliche Gästehaus ist in einem wunderschönen Stadthaus aus dem Jahr 1888 untergebracht und bietet vier extravagante, geräumige Mega-Suiten: „Sage", „Jade", „Terracotta" und „Apartment". Jede ist mit antiken Möbeln ausgestattet sowie mit Himmelbetten, persischen Teppichen und Sesseln mit Brokatbezug. Außerdem haben sie je einen Kamin und eine alt anmutende Badewanne. Frühstück gibt's keins, dafür aber den ganzen Tag lang Kaffee, Tee und Kuchen gratis.

Das B&B liegt nur einen kleinen Spaziergang von der 125th St und nur einen Steinwurf von den Spielplätzen im Marcus Garvey Park entfernt. Barzahlung bevorzugt.

102 BROWNSTONE   HOTEL $$

Karte S. 472 (📞212-222-1212; www.102brownstone.com; 102 W 118th St zw. Malcolm X & Adam Clayton Powell Jr Blvd, Harlem; Zi. 157–211 $; ❄️🛜; Ⓢ A/C, B, 2/3 bis 116th St) Diese lauschige Pension ist ideal für alle, die die ganze Stadt erkunden, aber abends ihre Ruhe haben wollen. Die vier Zimmer sind mit antiken Möbeln ausgestattet, haben ein eigenes Bad und kleine Kühlschränke. Die Zen-Suite – ganz in Gelbtönen gehalten – bietet sogar eine komplette Küche und einen Whirlpool.

🛏️ Brooklyn

Die kurze Zugfahrt über den East River wird belohnt mit größeren, helleren Unterkünften und einem viel besseren Preis-Leistungs-Verhältnis.

Allerdings bedeuten die 180 km² von Brooklyn und die teilweise schwierigen Verkehrsverbindungen auch längere Fahrtzeiten. Die Unterkunft sollte also so gewählt werden, dass alle Sehenswürdigkeiten, die man sich vornimmt, auch gut erreicht werden können.

🛏️ South Brooklyn

Der Süden Brooklyns – Downtown, Brooklyn Heights, Cobble Hill, Carroll Gardens, Park Slope und darüber hinaus – ist mit B&Bs und schicken Häuser quasi übersät.

3B   B&B $

Karte S. 480 (📞347-762-2632; www.3bbrooklyn.com; 136 Lawrence St; B/Zi. mit Frühstück ab 60/150 $; ❄️🛜; Ⓢ A/C/F/N/R bis Jay St–Metro Tech) 🌿 Der 2. Stock dieses Brownstone-Hauses in Downtown Brooklyn ist in ein helles, modernes B&B mit vier Zimmern verwandelt worden, mit hohen Decken, Holzböden und gemütlicher Einrichtung. Nachteil: Keins der Zimmer hat ein eigenes

Bad und der Lärm von der Straße könnte empfindliche Schläfer stören.

Vom zentral gelegenen B&B sind Fort Greene, Carroll Gardens und Brooklyn Heights zu Fuß zu erreichen. Die Gastgeber sind freundlich und außerdem umweltbewusst eingestellt – der Strom kommt zu 100 % aus Windenergie. Gutes Frühstück.

ALOFT NEW YORK BROOKLYN BOUTIQUEHOTEL $$

Karte S. 480 (718-256-3833; www.aloftnewyorkbrooklyn.com; 216 Duffield St zw. Willoughby & Fulton St; DZ 135–320 $; 2 bis Hoyt St) Dieses fröhliche, moderne Boutiquehotel in Downtown liegt nur einen Fußweg von den Sehenswürdigkeiten in Cobble Hill und Carroll Gardens entfernt. Die 176 Zimmer sind einfach und gemütlich: 2,70 m Deckenhöhe, minimalistische Möbelwahl, helle Kissen und viel Holz. Im Bad warten Pflegeprodukte von Bliss, aber am besten ist die schwindelerregende Lounge auf der Dachterrasse, die an Wochenenden bis 4 Uhr morgens geöffnet hat.

HOTEL LE BLEU HOTEL $$

Karte S. 476 (718-625-1500; www.hotellebleu.com; 370 Fourth Ave, Park Slope; DZ mit Frühstück 140–380 $;) Trotz der Lage in einer trostlosen Industriestraße am Rand von Park Slope bietet dieses Hotel 48 attraktive Zimmer im schicken braun-weiß-blauen Farbspiel (es heißt nicht ohne Grund „Le Bleu"). Die Zimmer sind vollgestopft mit Annehmlichkeiten wie Bademantel oder Kaffeemaschine. Und im Preis ist ein leichtes Frühstück enthalten. In der Nebensaison wird das Haus mit niedrigen Preisen richtig attraktiv.

BPM HOTEL $$

(718-305-4182; www.hotelbpmbrooklyn.com; 139 E 33rd St zw. 4th Ave & Gowanus Expy; DZ 150–210 $;) Hip-Hop-Freunde sollten das schicke BPM – kurz für „beats per minute" – in Erwägung ziehen, das 2012 in Sunset Park eröffnete. Die 76 Zimmer sind winzig und haben dünne Wände, sind aber schön eingerichtet mit 37-Zoll-Smart-TVs, Mini-Stereoanlagen mit iPad-Anschluss und sehr guten Matratzen. In der Lobby und Lounge laufen vom Eigentümer DJ Bijal ausgewählte Grooves.

BLUE PORCH B&B $$

(718-434-0557; www.blueporchnyc.com; 15 DeKoven Court Höhe Foster Ave & Rugby Rd, Ditmas Park; Zi. 175 $; ; B/Q bis Newkirk Ave) Die hübsche viktorianische Villa von 1904 bietet zwei helle Gästezimmer und liegt im verschlafenen Viertel Ditmas Park (südlich vom Prospect Park). Die Badezimmer sind herrlich frisch, die Zimmer haben gebohnerte Holzfußböden und das kontinentale Frühstück ist großzügig. Es lohnt sich, wenn der 40-minütige Fußweg nach Manhattan okay ist. Mindestaufenthalt zwei Nächte.

NU HOTEL HOTEL $$

Karte S. 480 (718-852-8585; www.nuhotelbrooklyn.com; 85 Smith St; DZ mit Frühstück 175–400 $; ; F, G bis Bergen St) Die 93 Zimmer in diesem Hotel in Downtown Brooklyn sind mit viel frischem Weiß (Betttücher, Wände, Überdecken) von der minimalistischen Sorte. Die Möbel sind aus recyceltem Teakholz und die Fußböden aus Kork. Für Abenteuerlustigere gibt's die „Nu Perspectives"-Zimmer mit bunten Wandgemälden von Brooklyner Künstlern.

Es gibt eine kleine Lounge und Fahrräder für die Gäste. Die großen Fenster lassen viel Licht herein – aber leider auch viel Lärm. Wer Wert auf seine Nachtruhe legt, sollte sich ein Zimmer abseits der lebhaften Atlantic Ave geben lassen.

North Brooklyn

Im Norden von Brooklyn liegen die angesagten Viertel Williamsburg und Bushwick sowie das Wohnviertel Bedford-Stuyvesant.

★ NEW YORK LOFT HOSTEL HOSTEL $

Karte S. 474 (718-366-1351; www.nylofthostel.com; 249 Varet St zw. Bogart & White St, Bushwick; B 60–75 $; ; L bis Morgan Ave) Das 1913 erbaute, renovierte Lagerhaus in Bushwick ist eine günstige Angelegenheit für städtische Entdecker. Großzügige Schlafsäle mit Ziegelsteinwänden bieten Schlafplätze für 2 bis 3 Personen. Zu den Annehmlichkeiten gehören eine Gemeinschaftsküche, eine große Hofterrasse mit Picknicktischen und eine kleine Terrasse mit einem Whirlpool. Es werden jede Menge Aktivitäten angeboten wie Grillabende, Filmvorführungen und Kneipentouren, sodass man gut andere Reisende kennenlernen kann.

Dies ist nicht der schönste Teil von Brooklyn, aber in der Nähe gibt es eine ganze Reihe guter Restaurants und Bars. Ein guter Ort, mal die Sau raus zu lassen.

HOTEL LE JOLIE
BOUTIQUEHOTEL $$

Karte S. 474 (☎718-625-2100; www.hotellejolie.com; 235 Meeker Ave zw. Union Ave & Lorimer St, Williamsburg; DZ 150–400 $; ❄️📶; ⑤L bis Bedford Ave) Ein unauffälliges Hotel mit 54 Zimmern am Brooklyn Queens Expressway (Einheimische nennen es auch „Le Hotel BQE") mit komfortabler Ausstattung zu vernünftigen Preisen. Die Zimmer sind elegant und haben Betten, die mit ihrem monolithischen Kopfteil an *2001: Odyssee im Weltraum* erinnern. Es gibt Dockingstationen für den iPod und Flachbildschirm-TV. Am besten aber ist die Nähe zur Bedford Ave.

Die Zimmer in den oberen Geschossen bieten einen Blick auf Manhattan.

MCCARREN HOTEL & POOL
BOUTIQUEHOTEL $$

Karte S. 474 (☎718-218-7500; www.chelseahotels.com; 160 N 12th St zw. Bedford Ave & Berry St, Williamsburg; DZ 175–360 $; ❄️📶🐾; ⑤L bis Bedford, G bis Nassau) Dieses Hipster-Hotel am Rand von Williamsburg ist ungemein schick, mit minimalistischen Zimmern mit Bambusböden und Marmorbädern. Die teureren Zimmer verfügen über Balkone und Regenkopfbrausen. Der große Salzwasserpool ist von schicken Sonnenliegen umstellt und von der Dachbar und -lounge bieten sich umwerfende Ausblicke auf Manhattan. Außerdem gibt's hier das phantastische, von Starkoch Paul Liebrandt geführte Restaurant **The Elm** (theelmnyc.com), das 2013 zu einem der besten neuen Restaurants der Stadt gekürt wurde. Hotelgästen stehen kostenlos Fahrräder zur Verfügung.

AKWAABA MANSION INN
B&B $$

(☎866-466-3855, 718-455-5958; www.akwaaba.com; 347 MacDonough St zw. Lewis & Stuyvesant Ave, Bedford-Stuyvesant; Zi. 195 $; ❄️📶; ⑤A/C bis Utica Ave) Dieses herrliche B&B liegt in Bedford-Stuyvesant in einem von Bäumen gesäumten Block alter Stadthäuser in einem großzügigen Herrenhaus, das 1860 von einem ansässigen Bierbaron gebaut wurde. Die Ausstattung mit Messingbetten, Marmorkaminen, dem originalen Parkettboden und einem Wintergarten, der sich um das ganze Haus zieht, atmet noch die Atmosphäre der alten Zeit – perfekt, um sich mit einem Buch zurückzuziehen.

Afrikanische Stoffe und alte Fotografien geben dem Ganzen eine persönliche Note. Es gibt vier große Suiten, jede mit eigenem Bad. Einige haben außerdem ein Jacuzzi für zwei Personen.

WYTHE HOTEL
BOUTIQUEHOTEL $$

Karte S. 474 (☎718-460-8000; wythehotel.com; 80 Wythe Ave Höhe N 11th St, Williamsburg; Zi. 205–600 $; ❄️📶) Das Wythe Hotel residiert in einer umgebauten Fabrik von 1901. Seit 2013 bringt es einen guten Schuss Stil nach Williamsburg. Die im Industriechick gehaltenen Zimmer warten mit Betten aus recyceltem Holz, maßgefertigten Tapeten von Flavor Paper in Brooklyn, nackten Backsteinwänden, polierten Betonböden und knapp 4 m hohen Holzdecken auf.

Im Erdgeschoss serviert das Restaurant Reynard in hübschem Ambiente mit gefliesten Böden, Backsteinwänden, hohen Holzdecken und alten Einrichtungsgegenständen Brasserieklassiker. Die Ides Bar im obersten Stock eignet sich wunderbar für Sonnenuntergangs-Cocktails und das eine oder andere Craft-Bierchen. Tolle Ausblicke auf Manhattan gibt's gratis dazu.

🛏 Queens

Was das Boutiquehotel- und B&B-Angebot angeht, kann das riesige Queens nicht mit Manhattan und Brooklyn konkurrieren. Dafür gibt's hier teils wunderbare Ausblicke auf Manhattan, Midtown ist leicht zu erreichen und einige günstige Kettenhotels locken mit tollen Angeboten.

COUNTRY INN & SUITES
HOTEL $

Karte S. 482 (☎800-596-2375, 718-729-0111; www.countryinns.com; 40-34 Crescent St zw. 40th & 41st Ave, Long Island City; Zi. 90–205 $; ❄️📶; ⑤F bis 21st St, N/Q bis 39th Ave) Dieser Laden ist das ganze Jahr über ausgebucht – und das ist auch kein Wunder: Er ist nur einen Katzensprung von Manhattan entfernt, und die Zimmer sind extragroß (teilweise mit Küche und Wohnbereich). In der Nebensaison fallen die Preise unter 100 $, aber auch in der Hochsaison sind sie günstig für New Yorker Verhältnisse. Sicherlich sind hier keine Preise für schönes Design zu vergeben (die Einrichtung ist von der Stange), aber es ist sauber, die Betten sind gut und das Frühstück ist im Preis inbegriffen.

Z HOTEL
BOUTIQUEHOTEL $$

Karte S. 482 (☎877-256-5556, 212-319-7000; www.zhotelny.com; 11-01 43rd Ave Höhe 11th St, Long Island City; Zi. 180–375 $; ❄️📶; ⑤F bis 21st-Queensbridge; E, M bis 23rd St-Ely Ave) Die Lage schreit laut „Industriebrache", aber jedes der 100 Zimmer in diesem designbewussten Neuling bietet atemberaubende Blicke auf Manhattan. Sie sind eindrucksvoll und in dunklen, modernen Tönen gehalten sowie mit Designarmaturen und NYC-Wandbildern ausgestattet. Die besten Blicke (und einen Pizzaofen) hat man von der Dachterrassenbar, während das Bar-Restaurant im Untergeschoss eine eher bodenständige Kombination aus US-amerikanischem Essen und sonntäglichen Footballspielen bietet.

WLAN ist kostenlos, ebenso wie Orts- und Ferngespräche und Leihfahrräder. Gerüchte sagen, dass die Onlinepreise gelegentlich auf 99 $ pro Nacht sinken.

RAVEL
BOUTIQUEHOTEL **$$**

Karte S. 482 (☎718-289-6101; www.ravelhotel.com; 8-08 Queens Plaza South Höhe Vernon Blvd, Long Island City; Zi. ab 181 $; P❄︎🛜; ⓢF bis 21st St–Queensbridge) Die industrielle Umgebung mag etwas trostlos wirken, aber diese Herberge in Long Island City liegt nur zwei kurze Subway-Stationen von Midtown entfernt. Die Zimmer bieten nicht den Boutiqueluxus, der versprochen wird, aber alle sind schick und modern eingerichtet mit lebhaften Akzenten, eleganten Betten und Bädern mit Regenkopfbrausen (die supergroßen Superior-Zimmer haben auch Wannen). Das schicke Dachterrassen-Restaurant mit Bar bietet phantastische Blicke auf Manhattan.

MARCO LAGUARDIA
HOTEL & SUITES
BUSINESSHOTEL **$$**

Karte S. 483 (☎718-445-3300; www.marcolaguardiahotel.com; 137-07 Northern Blvd Höhe Farrington St, Flushing; Zi. 150–199 $; ❄︎🛜; ⓢ7 bis Flushing–Main St) Das einladende Marco LaGuardia ist die beste Wahl für Traveller, die wegen der Mets am Citi Field, zum Tennis in Flushing Meadows oder wegen der kulinarischen Vielfalt im Viertel gekommen sind. Weitere Vorteile sind die Nähe zu den Flughäfen LaGuardia (mit kostenlosem Shuttle) und JFK. Und mit der Linie 7 erreicht man Manhattan in 30 Minuten. Geschäftsleute sind die Hauptzielgruppe des Hotels, was sich deutlich in der Ausstattung widerspiegelt.

New York verstehen

NEW YORK AKTUELL 370
New York meldet sich nach dem Hurrikan Sandy mit kühnen neuen Gebäuden, hellblauen Fahrrädern und einem demokratischen Bürgermeister zurück.

GESCHICHTE 372
Gewaltige Triumphe, zwielichtige Geschäfte, einstürzende Türme und verheerende Stürme; die Geschichte des alten New Yorks liest sich spannender als ein Roman von Dickens.

ZU TISCH IN NEW YORK 385
Beliebtes Fast Food, eine Slow-Food-Revolution und elegante Cocktails, Bier und Kaffee: Schlemmen auf New Yorker Art.

KUNST & KULTUR 390
Aus Amerikas kultureller Quelle sprudelt so ziemlich alles, von abstrakten Pinselstrichen über schwungvolle Broadway-Shows bis zu Jazz-Jams im Hinterhof.

ARCHITEKTUR 395
Kolonialhäuser, neugotische Kirchen, Wolkenkratzer und Visionen von Stararchitekten: New Yorks Architekturkatalog ist dick.

EINE STADT IN ROSA 401
Stolz und unübersehbar feiert New York jede Farbe des Regenbogens. Es war nicht immer problemlos, aber stets ein Brüller.

NEW YORK IM FILM 404
Kein anderer Ort auf der Welt stellt für so viele Filme die Kulisse: New York ist ein routinierter Film- und Fernsehstar.

New York aktuell

Nicht einmal das Wüten von Hurrikan Sandy kann Amerikas größte und kühnste Metropole aufhalten. Die Stadt, die sich ständig neu erfindet, fasziniert die Welt mit ihren neuesten Publikumshits, dem Nationalmuseum zu den Terroranschlägen vom 11. September 2001 oder einem Bahnhof, der mehr als zweimal so groß ist wie der Grand Central Terminal. Auf den Straßen sind öffentliche Leihfahrräder der letzte Schrei und in der City Hall bläst mit einem neuen demokratischen Bürgermeister ein frischer Wind.

Die besten Filme

Der Stadtneurotiker (1977) Oscar-prämierte Liebeskomödie vom König der New-York-Neurosen Woody Allen.
Manhattan (1979) Ein weiterer Allen-Streifen: Liebeswirrungen zwischen New Yorker Hochhausschluchten.
Taxi Driver (1976) Scorseses Film über einen traumatisierten Taxifahrer und Vietnam-Veteranen.
West Side Story (1961) *Romeo und Julia* in den von Gangs beherrschten Straßen New Yorks.
Requiem for a Dream (2000) Story eines Junkies aus Brooklyn und seiner wahnsinnigen jüdischen Mutter.

Die besten Bücher

Die unglaublichen Abenteuer von Kavalier und Clay (Michael Chabon; 2000) Mit dem Pulitzer-Preis ausgezeichneter Roman über Brooklyn, Eskapismus und die Kernfamilie.
Ein Baum wächst in Brooklyn (Betty Smith; 1943) Über eine irisch-amerikanische Familie, die zu Beginn des 20. Jhs. in den Wohnblocks von Williamsburg wohnt.
Down These Mean Streets (Piri Thomas; 1967) Memoiren über die harte Jugend in Spanish Harlem.
Der unsichtbare Mann (Ralph Ellison; 1952) Roman über die Lage der Afroamerikaner zu Beginn des 20. Jhs.
Zeit der Unschuld (Edith Wharton; 1920) Das Leben der gesellschaftlichen Elite New Yorks am Ende des 19. Jhs.

Nach dem Sturm

Der Supersturm Hurrikan Sandy hat sich zwar nach Kräften bemüht, aber er konnte New York nicht unterkriegen. Seit er im Oktober 2012 durch die Stadt wütete, wurden Katastrophenschutzmaßnahmen für über 1 Mrd. $ initiiert oder bereits vollendet. Im Juni 2013 verkündete der damalige Bürgermeister Michael Bloomberg einen langfristigen Plan zum Schutz und zur Sicherung der 840 km langen Küste der Stadt. Er umfasst neue Dämme, Hochwassermauern, Flutwehre und Sanddünen. Der New Yorker Gouverneur Andrew Cuomo veranlasste darüber hinaus, dass das sumpfige Gebiet Oakwood Beach auf Staten Island wieder renaturiert werden soll. Bewohner sollen für ihre Häuser mit dem Marktwert aus der Zeit vor Sandy entschädigt werden. Um die Stadt vor zukünftigen großen Stromausfällen zu schützen, rüsten Energieversorger ihre Anlagen auf. Con Edison zum Beispiel installiert „Smart-Switches", um beschädigte Geräte abzutrennen, und Verizon tauscht seine Kupferleitungen gegen wasserfeste Glasfaserkabel aus. Die vollständige Regeneration ist ein langwieriger und unermüdlicher Prozess. Ende 2013 wurde noch immer an beschädigten Teilen der Stadt gearbeitet, darunter Battery Park, Ellis Island und South Street Seaport. Sicher ist jedoch, dass New York stärker und lebendiger als je zuvor wieder auf den Füßen steht.

WTC: Von Ground Zero zum Triumph

Nach über einem Jahrzehnt Streit, Knatsch und Kostenexplosionen sieht der Neubau des gigantischen World Trade Center endlich seiner Vollendung entgegen. 2006 wurde bereits der 52-stöckige Turm 7 World Trade Center fertiggestellt und im September 2011 das National September 11 Memorial eröffnet, dessen zwei riesige Wasserbecken in den ersten zwei Jahren seit Eröffnung über 10 Mio. Besucher angezogen haben. Im Oktober 2013 gab der 72-stöckige Wolkenkratzer 4 World Trade

Center von Fumihiko Maki seinen Einstand. Auch das National September 11 Memorial Museum ist nun endlich eröffnet, u. a. dank einer Finanzspritze in Höhe von 15 Mio. $ von Michael Bloomberg. Ebenfalls 2014 ist die Fertigstellung des 104-stöckigen One World Trade Center geplant, des höchsten Wolkenkratzers der westlichen Hemisphäre. Der Turm wird Besuchern den tollsten Aussichtspunkt der Stadt bieten, sobald die Aussichtsplattformen 2015 eröffnet werden. Im gleichen Jahr wird dort auch der ehrgeizige Bahnhofs- und Shoppingkomplex des Architekten Santiago Calatrava, der WTC Transportation Hub, eingeweiht. Ground Zero ist wieder auferstanden.

Ein neuer Bürgermeister

New York vollzog im November 2013 einen Linksruck und wählte mit Bill de Blasio den ersten demokratischen Bürgermeister der Stadt seit 1989. Der 52-Jährige ist auch der erste weiße Bürgermeister New Yorks mit einer afroamerikanischen Ehefrau. Diese Tatsache nutzte de Blasio in seinen Fernsehspots zur Wahlkampagne, die seine ethnienübergreifende Familie einer Stadt präsentierten, in denen Schwarze, Hispanoamerikaner und Asiaten seit den 1980er-Jahren Weiße an Zahl übertroffen haben. In seiner Kampagne griff er auch die wachsende Sorge um Bildung, bezahlbaren Wohnraum und zunehmende wirtschaftliche Ungleichheit auf. Er versprach u. a. die Steuern zu erhöhen, um Kindergartenplätze für alle zu finanzieren und um die umstrittene „stop and frisk"-Politik des damaligen Bürgermeisters Michael Bloomberg zu reformieren. Diese Maßnahme, die es der Polizei erlaubte, Passanten anzuhalten, zu vernehmen und zu durchsuchen, erachteten mehrere Kritiker als rassisch voreingenommen. Die Kampagne zahlte sich für de Blasio am Wahltag aus, als der selbst erklärte Progressive den republikanischen Kandidaten Joseph J. Lhota mit atemberaubenden 73 % der Stimmen schlug.

Pedalkraft

New Yorks Streben nach einer saubereren, grüneren Zukunft ging im Mai 2013 mit der Einführung von Citi Bike, einem höchst populären Fahrradverleihsystem, einen weiteren Schritt voran. Bis zum Ende des Jahres wurden bereits 4 Mio. Fahrten über 13 Mio. km gemacht, und 80 000 Menschen zahlten die 95 $ für die Jahresmitgliedschaft. Aber nicht alle freuen sich darüber. Viele Anwohner lehnen die Citi-Bike-Stationen in ihren Straßen ab und bezeichnen sie als Schandflecken. 45 % der ursprünglichen Stationen wurden daraufhin modifiziert, um missbilligende Bürger zu besänftigen. Trotz dieser Proteste ist Amerikas größtes Fahrradverleihsystem nicht mehr aufzuhalten. Ende 2013 wurden Pläne für zusätzliche 4000 Fahrräder in der ganzen Stadt verkündet, was die Gesamtzahl auf 10 000 Räder erhöht. Kein Zweifel, dass die New Yorker Kneipentourradler (die zu den regelmäßigsten Nutzern gehören) darauf anstoßen werden.

Gäbe es nur 100 New Yorker, wären ...

34 Kaukasier
28 Hispanics/Latinos
23 Afroamerikaner
13 Asiaten
2 Sonstige

Wohnsituation
(% der Bvölkerung)

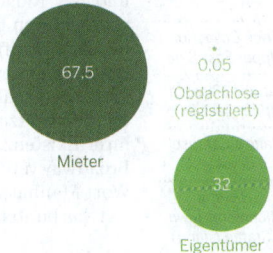

67,5 Mieter
0,05 Obdachlose (registriert)
32 Eigentümer

Einwohner pro km²

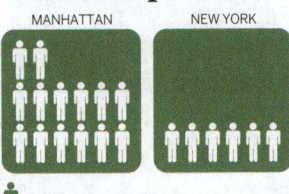

MANHATTAN   NEW YORK

≈ 5000 Personen

Geschichte

Dies ist die Geschichte einer Stadt, die nie schläft, eines Reichs der Magnaten und Weltpolitiker, eines Orts, der die höchsten Höhen und die tiefsten Abgründe erlebt hat. Und während all dem hat die Stadt stets gen Himmel gestrebt, sowohl wörtlich als auch sinnbildlich. Und alles fing an mit 24 $ und einem Haufen Glasperlen …

New York im Urzustand

Historische Sehenswürdigkeiten

Ellis Island (New York Harbor)

Frick Collection (Upper East Side)

Gracie Mansion (Upper East Side)

Jane's Carousel (Brooklyn)

Historic Richmond Town (Staten Island)

Lange vor der Landnahme durch die Europäer gehörte das Gebiet, auf dem sich heute New York City erstreckt, den amerikanischen Ureinwohnern, genauer: den Lenape (was so viel wie „die wahren Menschen" bedeutet). Sie lebten in wechselnden Siedlungen entlang der markant geformten Ostküste in einer Hügellandschaft, die von eiszeitlichen Gletschern geformt worden war. In New York sind heute noch Hügel aus Gletschergeröll vorhanden (die heutigen Viertel Hamilton Heights und Bay Ridge). Die Eismassen haben die weichen Gesteinsschichten abgeschliffen und Manhattans felsiges Fundament aus nacktem Gneis und Schiefer freigelegt. Rund 11 000 Jahre, bevor die ersten Europäer durch die Narrows segelten, sammelten, jagten und fischten die Lenape hier und ernährten sich vom Reichtum der Natur. Funde von Speer- und Pfeilspitzen, Knochenhaufen und Muschelbergen zeugen heute von ihrer Existenz. Einige ihrer Pfade liegen heute unter Straßen wie dem Broadway verborgen. In Munsee, der Sprache der Lenape, bedeutete das Wort Manhattan möglicherweise so viel wie „hügelige Insel" oder auch – etwas bunter – „Ort der allgemeinen Trunkenheit".

1524: Ein böses Erwachen

Die Lenape blieben ungestört, bis die ersten Entdecker eindrangen. Die Vorhut bildete das französische Schiff *La Dauphine* unter dem Kommando des Florentiners Giovanni da Verrazano. Er erkundete 1524 die Upper Bay, die er als „wunderschönen See" bezeichnete, und versuchte gleich ein paar Ureinwohner zu kidnappen, während er vor Staten Island ankerte. Das war der Auftakt zu jahrzehntelangen Überfällen europäischer Entdecker auf die Dörfer der Lenape, die ein tiefes Miss-

ZEITACHSE

ca. 1500 n. Chr.	1524	1625–1626
Etwa 15 000 Ureinwohner leben in 80 Ansiedlungen auf der Insel. Zu den Gruppen gehören die sich bekriegenden Irokesen und Algonkin.	Die ersten europäischen Entdecker unter Giovanni da Verrazano erkunden die Upper Bay.	Die Bevölkerung von Neu-Amsterdam wächst auf 200 an. Die Niederländische Westindien-Kompanie importiert Sklaven aus Afrika als Arbeitskräfte für Pelzhandel und Bauarbeiten.

trauen gegen alle Fremden bei den Ureinwohnern hinterließen. 1609, als Henry Hudson, Angestellter bei der Niederländischen Westindien-Kompanie, eintraf, wurden die Indianer bereits kategorisch in zwei Schubladen einsortiert: „reizende Primitive" oder „brutale Wilde".

Der Kauf von Manhattan

1624 schickte die Niederländische Westindien-Kompanie 110 Siedler in das Gebiet, um einen Handelsposten zu gründen. Sie ließen sich in Lower Manhattan nieder, nannten ihre Kolonie Neu-Amsterdam und lösten damit blutige Kämpfe mit den unbeugsamen Lenape aus. 1626 kam es zur Krise, als der erste Gouverneur der Kolonie, Peter Minuit, zum ersten – aber keineswegs letzten – skrupellosen Immobilienmakler der Stadt wurde: Er kaufte den Lenape das 57 km² große Manhattan für ganze 60 Gulden (24 $) und ein paar Glasperlen ab.

Mit Holzbein und eiserner Faust

Nach dem Kauf der Insel verfiel die Kolonie unter Gouverneur Willem Kieft zusehends. Dann trat Peter Stuyvesant auf den Plan und machte sich sofort mit Eifer an die Wiederaufrichtung der demoralisierten Siedlung. Er schloss Frieden mit den Lenape, gründete Märkte, stellte eine Nachtwache auf, reparierte das Fort, hob einen Kanal aus (unter der heutigen Canal St) und erteilte die Genehmigung für den Bau eines städtischen Schiffsanlegers. Seine Vision von einem florierenden Handelshafen gründete zum Teil auf seinen Erfahrungen als Gouverneur von Curaçao. Die expandierende Zuckerindustrie in der Karibik trug zu weiteren Investitionen in den Sklavenhandel bei, und schon bald betrug der Anteil der Sklaven an der Neu-Amsterdamer Bevölkerung 20 %. Einige Sklaven wurden nach langer Dienstzeit teilweise befreit und bekamen Grundstücke zugeteilt, die sogenannten „Negro Lots" (dort wo heute Greenwich Village, die Lower East Side und City Hall liegen). Die Niederländische Westindien-Kompanie förderte die profitablen Beziehungen zu den Plantagen auf den Westindischen Inseln und lockte Kaufleute mit der Aussicht auf Privilegien in die aufstrebende Hafenstadt. Die versprochenen „Freiheiten" galten anfangs nicht für die Juden, die vor der spanischen Inquisition flohen, aber die Niederländische Westindien-Kompanie schob der Intoleranz Stuyvesants später einen Riegel vor. In den 1650er-Jahren hatten sich die Lagerhäuser, Werkstätten und Giebelhäuser vom dicht besiedelten Flussufer in der Pearl St weiter ins Landesinnere ausgebreitet.

Als 1664 die kampfbereiten Engländer mit ihren Schlachtschiffen aufkreuzten, verzichtete der ermattete Stuyvesant auf jedes Blutvergießen und strich die Segel, ohne auch nur einen Schuss abzugeben. Sofort

New Yorker Namen niederländischen Ursprungs

Gramercy: Kromme Zee („krummer See")

Coney Island: Konijneneiland („Kanincheninsel")

Yonkers: jonker („Junker")

Bowery: bouwerij („Bauernhof")

Bronx: benannt nach Jonas Bronck

1646	1754	1776	1784
Die Niederländer gründen das Dorf Breuckelen am Ufer des East River auf Long Island und benennen es nach dem Ort Breukelen in ihrer Heimat. Es bleibt bis 1898 unabhängig.	Der britische König Georg II. gründet per königlicher Charta New Yorks erste höhere Bildungsanstalt, das King's College. Nach dem Unabhängigkeitskrieg wird es zur Columbia University.	Die britischen Kolonien in Amerika unterzeichnen am 4. Juli die Unabhängigkeitserklärung. Verfasser des Dokuments sind u. a. John Hancock, Samuel Adams und Benjamin Franklin.	Alexander Hamilton gründet Amerikas erste Bank, die Bank of New York. Knapp zehn Jahre später werden ihre Anteile als erste Unternehmensaktien an der New Yorker Börse gehandelt.

ließ König Karl II. die Kolonie nach seinem Bruder, dem Herzog von York, umbenennen. New York wurde ein florierender britischer Hafen, dessen Bevölkerung bis zur Mitte des 18. Jhs. auf 11 000 anwuchs, und entwickelte sich zu einem bedeutenden Umschlagplatz des Sklaven- und Güterhandels zwischen den Erdteilen.

Pressefreiheit & Steuer

Die wachsenden Spannungen machten sich auch in der Kolonialpresse bemerkbar: John Peter Zengers *New York Weekly Journal* verunglimpfte den König und seinen Gouverneur mit solcher Regelmäßigkeit, dass die Obrigkeit ihn wegen aufrührerischer Verleumdung verklagte – aber ohne Erfolg. Sein Freispruch wurde zur Geburtsstunde der Pressefreiheit.

Zur gleichen Zeit kämpften rund 2000 New Yorker Sklaven beharrlich gegen ihre unfreiwillige Knechtschaft. Der Handel mit der Karibik kam immer mehr in Schwung und der East River war nun gesäumt mit Kais, an denen die randvoll mit Waren gefüllten Handelsschiffe gelöscht wurden. Im 18. Jh. war die Wirtschaft so stark, dass die New Yorker sich einiges einfallen ließen, um den Reichtum nicht mit London teilen zu müssen. Schmuggel war an der Tagesordnung, um diverse Hafensteuern zu umgehen. Die zerklüftete Küste mit ihren unzähligen Buchten und Meeresarmen bot guten Schutz für illegale Aktivitäten. So wurde New York zur Brutstätte für Hitzköpfe und Steuerhinterzieher und schließlich zum Schauplatz für die schicksalhafte Konfrontation mit König Georg III.

Revolution & Krieg

Es kam zu öffentlichen Zusammenstößen zwischen amerikanischen Patrioten und königstreuen Loyalisten. Der intellektuelle Colonel Alexander Hamilton wurde zum erbitterten antibritischen Rädelsführer. Viele Zivilisten flohen vor dem bevorstehenden Krieg. Der revolutionäre Kampf begann im August 1776: General George Washington verlor innerhalb weniger Tage ein Viertel seiner Armee und trat den Rückzug an. Ein Großteil der Kolonie ging in Flammen auf, doch letztlich zogen die Briten ab und Washingtons Armee nahm die Stadt wieder in Besitz. Nach diversen Feierlichkeiten, Banketten und einem prächtigen Feuerwerk in Bowling Green verabschiedete sich General Washington im heutigen Fraunces Tavern Museum von seinen Offizieren und legte sein Amt als Oberbefehlshaber nieder.

Zu seiner eigenen Überraschung sprach der General a. D. 1789 jedoch wieder vor der Federal Hall zur Bevölkerung, die hier seiner Amtseinführung als Präsident beiwohnte. Alexander Hamilton machte sich unterdessen daran, New York neu aufzubauen, und begründete als Wa-

> New York war die erste Hauptstadt der USA – George Washington leistete 1789 in der Federal Hall seinen Amtseid.

1789	1791	1795	1811
George Washington wird nach einer siebentägigen Siegesfahrt ab seinem Wohnsitz in Mount Vernon in der Federal Hall feierlich in sein Amt als erster Präsident des Landes eingeführt.	Die Bill of Rights wird als Verfassungszusatz angenommen. Darin werden Bürgerrechte festgelegt, z. B. Rede-, Versammlungs-, Glaubens- und Pressefreiheit sowie das Recht auf Waffenbesitz.	Zwei Jahre, nachdem die Stadt Flüchtlinge aus dem gelbfiebergeplagten Philadelphia abgewiesen hat, wird New York selbst von einer Gelbfieberepidemie heimgesucht, die fast 750 Opfer fordert.	Bürgermeister DeWitt Clinton entwirft Pläne für Manhattans Straßenraster. Hügel werden daraufhin eingeebnet, Sümpfe trockengelegt und zukünftige Straßenverläufe abgesteckt.

shingtons Finanzminister die New Yorker Börse. Aber die Menschen misstrauten einer Regierung in unmittelbarer Nähe zur Finanzmacht der Wall-Street-Händler, weshalb die New Yorker den Hauptstadtstatus wenig später an Philadelphia abtreten mussten.

Bevölkerungsrückgang & Ausbau der Infrastruktur

Es gab im 19. Jh. eine Menge Rückschläge: die blutigen Draft Riots (Einberufungskrawalle) von 1863, verheerende Choleraepidemien, zunehmende Spannungen zwischen „alten" und neuen Einwanderern und die katastrophale Armut und Kriminalität in Five Points, dem ersten Slum der Stadt (dort, wo heute Chinatown ist). Schließlich jedoch wurde die Stadt reich genug, um Finanzmittel in groß angelegte öffentliche Bauprojekte pumpen zu können. Ein gewaltiges Aquäduktsystem versorgte die Bewohner mit Wasser aus dem Croton-Stausee. So konnte der Wassermangel behoben und die Cholera, die in der Stadt grassierte, ausgerottet werden. Irische Einwanderer hoben einen knapp 600 km langen „Graben" aus – den Eriekanal zwischen Hudson und Eriesee. Der größte Befürworter des Kanals, Bürgermeister deWitt Clinton, goss bei der feierlichen Eröffnung ein Fass Wasser aus dem Eriesee ins Meer. Clinton war auch der Vater des modernen Straßenrasters von Manhattan – ein Plan, den er mit einer Kommission erdacht hatte, um die Stadt organisatorisch auf die absehbare Bevölkerungsexplosion vorzubereiten.

Ein weiteres Mammutprojekt sollte der Gesundheit derjenigen New Yorker zugutekommen, die in den winzigen Wohnungen der Mietskasernen hausten: ein fast 350 ha großer öffentlicher Park. Mit der Anlage des Central Park wurde 1855 begonnen – auf einem Areal, das so weit im Norden der Stadt lag, dass einige Einwanderer dort noch Schweine, Schafe und Ziegen hielten. Er verkörperte die Vision einer grünen Stadt und war zugleich ein Segen für Grundstücksspekulanten.

Eine weitere Vision verwirklichte der deutschstämmige Ingenieur John Roebling: Um das Problem des Fährverkehrs lösen, der zwischen Manhattan und dem damals noch unabhängigen Brooklyn immer wieder durch strenge Winterfröste zum Erliegen kam, entwarf er eine beeindruckende Konstruktion aus Drahtgeflecht und gotischen Bögen als Brücke über den East River. Seine Brooklyn Bridge beschleunigte das Zusammenwachsen der beiden Nachbarstädte.

Die Brooklyn Bridge wurde am 24. Mai 1883 mit viel Trara eröffnet. Als erstes geleiteten der New Yorker Bürgermeister Franklin Edison und der Brooklyner Bürgermeister Seth Low Präsident Chester Arthur und Gouverneur Grover Cleveland über die Brücke, danach folgten 150 000 Bürger, die jeweils einen Penny für die Ehre zahlten.

Korruption & Immigration im 19. Jh.

Auf diesem Wachstum und dem neuen Wohlstand gründete der Aufstieg des berüchtigten William „Boss" Tweed: Der mächtige, charismatische Politiker hatte einen Sitz im US-Repräsentantenhaus inne, bevor

1825	1853	1861–1865	1863
Der Eriekanal wird feierlich eingeweiht. Er gilt als eine der größten Ingenieurbauleistungen seiner Zeit und ist von wesentlicher Bedeutung für New Yorks Handel und Wirtschaft.	Der Staat New York genehmigt die Umwidmung öffentlichen Baulands: Aus 17 000 potenziellen Baugrundstücken wird der Central Park.	Zwischen Nord- und Südstaaten bricht ein Bürgerkrieg aus. Das Ende des Krieges am 9. April 1865 wird überschattet durch die Ermordung Präsident Lincolns fünf Tage später.	Während des Bürgerkriegs brechen in New York die „Einberufungskrawalle" aus. Präsident Lincoln muss Soldaten von der Nordstaatenarmee abziehen, um die Ordnung wiederherzustellen.

er Vorsitzender der politischen Organisation Tammany Hall wurde, die die Interessen der Reichen vertrat. Er riss sich die Finanzverwaltung der Stadt unter den Nagel und unterschlug im Laufe der Jahre Unsummen (möglicherweise bis zu 200 Mio. $), was die Stadt in Schulden stürzte und die wachsende Armut der Bevölkerung verschärfte. Sein kriminelles Treiben wurde in den 1870er-Jahren von Thomas Nast in beißenden Karikaturen angeprangert. Zu guter Letzt landete Boss dann doch im Knast, wo er auch starb.

Anfang des 20. Jhs. beförderten die Hochbahnzüge bereits 1 Mio. Pendler täglich in die Stadt. Die Schnellbahn begünstigte die urbane Entwicklung der Bronx und von Upper Manhattan und kurbelte in der Gegend um die Bahntrassen kleine Baubooms an. Zu jener Zeit platzte New York fast aus allen Nähten. Einwanderer aus Süditalien und Osteuropa hatten die Einwohnerzahl der Metropole auf fast 3 Mio. hochschnellen lassen. Die Reise der Immigranten, die erstmals in Castle Garden und Ellis Island amerikanischen Boden betraten, führte direkt in die Lower East Side; dort ließ sich die unterschiedliche Herkunft der Bewohner an den jüdischen, italienischen, deutschen und chinesischen Schildern der Geschäfte ablesen.

Klassenkonflikte

Als Ende des 19. Jhs. die Einreisebehörde auf Ellis Island eröffnet wurde und schon im ersten Jahr 1 Mio. Neuankömmlinge durchschleuste, lebten Menschen verschiedenster Herkunft in Elend und Armut. Sie wohnten in überfüllten Mietskasernen, standen frierend vor Suppenküchen Schlange und schaufelten Schnee für Hungerlöhne. Kinder sammelten Lumpen und Flaschen, Jungs verkauften Zeitungen und Mädchen Blumen, um die Haushaltskasse aufzubessern. Viele Familien waren so knapp bei Kasse, dass sie vor dem Zahltag ihr Bettzeug ins Pfandhaus tragen mussten, um noch etwas Geld für Essen aufzubringen.

Zur gleichen Zeit kurbelte der Finanzier J. P. Morgan die Wirtschaft an, indem er bankrotte Eisenbahngesellschaften sanierte und New York zum Hauptsitz von Standard Oil und US Steel machte. Die Neureichen begannen, immer prächtigere Villen an der Fifth Ave zu bauen. Paläste wie die Vanderbilt-Villa (Ecke 52nd St & Fifth Ave) entstanden nach dem Vorbild europäischer Schlösser und erreichten neue Höhen der Opulenz: Gobelins schmückten die Marmorsäle, in verspiegelten Ballsälen vergnügten sich juwelenbehangene Partygäste, und Diener in Livree halfen vornehmen Ladys aus ihren vergoldeten Kutschen. In dieser besseren Gesellschaft gaben die Astors, Fricks und Carnegies den Ton an. Der Reporter und Fotograf Jacob Riis dokumentierte die wachsende Kluft zwischen den Klassen in seinen Artikeln für die *New York Tribune* und in seinem Klassiker *How the Other Half Lives* (Wie die

---

In New York City gibt es über 1000 km Subway-Strecken für den Personenverkehr. Zusammen mit den Betriebswerken und anderen Schienen, die nicht für den Personenverkehr gedacht sind, beträgt die Gesamtlänge über 1350 km.

1870	1882	1883	1886
Nach vierjähriger Lobbyarbeit einer Bürgerinitiative unter Führung des Anwalts John Jay für eine nationale Kunstinstitution wird das Metropolitan Museum of Art gegründet.	Thomas Edison schaltet das erste elektrische Licht der Stadt in der JP Morgan Bank in der 23 Wall St an. Am gleichen Novembertag werden 85 Häuser in Manhattan ans Stromnetz angeschlossen.	Die Brooklyn Bridge, deren Bau 15,5 Mio. $ (und 27 Menschenleben) gekostet hat, wird eröffnet. Schon bei der Einweihungsfeier wird sie von 150 000 Fußgängern überquert.	Der Sockel der Freiheitsstatue wird fertiggestellt. Danach wird die Riesendame in einer großen Zeremonie vor Tausenden von New Yorkern an die Stadt übergeben.

andere Hälfte lebt; 1890) und zwang die Stadt schließlich dazu, längst überfällige Reformen im Wohnungswesen einzuleiten.

1898: Die Eingemeindung der Boroughs

Das jahrelange Verwaltungschaos, das die 40 unabhängigen Gemeinden im Einzugsgebiet von New York verursacht hatten, fand 1898 ein Ende. Die *Charter of New York* wurde ratifiziert, die fünf *boroughs* (Stadtbezirke) Brooklyn, Staten Island, Queens, Bronx und Manhattan wurden zur größten Stadt Amerikas zusammengefasst. Die Eingemeindung brachte noch mehr Wachstum in die Stadt, diesmal in Form von Wolkenkratzern, bei deren Bau man sich die modernen Erzeugnisse der Stahlindustrie zunutze machte. Es entstand ein regelrechter Wettstreit darum, wer am höchsten in den Himmel vorstoßen konnte. Schon 1902 standen in New York fast 70 Wolkenkratzer.

Fabrikbrand & Frauenrechte

Die miserablen Arbeitsbedingungen Anfang des 20. Jhs. – schlechte Bezahlung, überlange Arbeitszeiten und ausbeuterische Arbeitgeber – kamen 1911 durch ein tragisches Ereignis ans Licht. Bei einem Brand in der Näherei der berüchtigten Triangle Shirtwaist Company gingen die Stoffballen der Manufaktur in Flammen auf; 146 der 500 Arbeiterinnen kamen ums Leben, die hinter verriegelten Türen gefangen waren. 20 000 Arbeiterinnen der Bekleidungsindustrie marschierten daraufhin vor die City Hall, was weitreichende Reformen des Arbeitsrechts nach sich zog. Gleichzeitig organisierten Suffragetten Kundgebungen an den Straßenecken, um das Frauenwahlrecht einzufordern. Die Krankenschwester und Hebamme Margaret Sanger eröffnete in Brooklyn die erste Klinik für Geburtenkontrolle, wo sie umgehend von der Sittenpolizei verhaftet wurde. Nach ihrer Haftentlassung gründete sie 1921 die American Birth Control League (heute Planned Parenthood), die jungen Frauen Beistand und Hilfe bot und nach zuverlässigen Verhütungsmethoden forschte.

Die Ära des Jazz

So viel Aufmüpfigkeit ebnete den Weg für die Ära des Jazz. Es war die Zeit der Prohibition mit ihrem Handelsverbot für Alkohol, die Blütezeit des Alkoholschmuggels, der Flüsterkneipen und des organisierten Verbrechens. 1925 wurde der sympathische James Walker zum Bürgermeister gewählt. Im Yankee-Stadion regierte die Baseball-Legende Babe Ruth und die große Einwanderungswelle aus den Südstaaten machte Harlem zum Zentrum der afroamerikanischen Kultur. Hier lag der Nährboden für eine innovative Künstlerszene, mit Dichtern, Mu-

New Yorks höchste Gebäude

Woolworth Building (1913–1930)

Chrysler Building (1930–1931)

Empire State Building (1931–1972 & 2001–2012)

World Trade Center (1972–2001)

One World Trade Center (2012–heute)

1898 — Ratifizierung der *Charter of New York*: Brooklyn, Staten Island, Queens, Bronx und Manhattan bilden zusammen die größte Stadt Amerikas.

1904 — Der Luna Park in Coney Island und der Vergnügungspark Dreamland werden eröffnet, während die erste Subway-Linie schon an ihrem ersten Betriebstag 150 000 Fahrgäste befördert.

1913 — Der noch nicht ganz fertige Grand Central Terminal wird am 2. Februar eröffnet. Über 150 000 Menschen besuchen den neuen Bahnhof am Tag seiner Eröffnung.

1917 — Die USA treten unter Präsident Woodrow Wilson in den Ersten Weltkrieg ein und mobilisieren 4,7 Mio. Soldaten; von den 9 Mio. gefallenen Soldaten sind 110 000 US-Bürger.

> **DREI FRAUEN, DIE NEW YORK VERÄNDERTEN**
>
> **Margaret Sanger** (1879–1966) Die Krankenschwester, Hebamme und Aktivistin eröffnete 1916 in New York die erste Klinik für Geburtenkontrolle der USA. Sie gründete später die American Birth Control League, Vorläufer der Familienplanungsorganisation Planned Parenthood.
>
> **Jane Jacobs** (1917–2006) Jacobs wehrte sich gegen Robert Moses' Pläne, einen Großteil ihres Viertels zu planieren und mit Sozialwohnungen zu bebauen. Sie plädierte für den Erhalt des Viertels und lieferte den Anstoß für die Gründung der Landmarks Preservation Commission (der ersten Denkmalschutzbehörde in den USA).
>
> **Christine Quinn** (geb. 1967) 2006 war sie die erste Frau und bekennende Lesbe auf dem Posten des New Yorker Stadtratssprechers und sprengte somit als zweitmächtigste Vertreterin der Stadt nach dem Bürgermeister die Grenzen von Geschlechterrollen und sexueller Orientierung.

sikern und Malern, die die amerikanische Gesellschaft bis heute beeinflussen und inspirieren. In den 1920er- und 1930er-Jahren lockte das wilde Harlemer Nachtleben so viele *flappers* – wie junge, moderne Frauen genannt wurden – und Gin trinkende Nachtschwärmer an, dass die Prohibition als totaler Fehlschlag zu den Akten gelegt werden musste. Damals wurde der Grundstein für das ausschweifende Nachtleben gelegt, dem die New Yorker heute noch frönen.

Harte Zeiten

Doch die große Sause war bald vorbei: Mit dem Börsenkrach von 1929 begann die Weltwirtschaftskrise der 1930er-Jahre. New York überstand diese Zeit mit einer Kombination aus Mumm, Durchhaltevermögen, spontanen „Rent-Partys" (zur Finanzierung der Mieten), Kampfgeist und zahlreichen öffentlichen Bauprojekten. Im zuvor glanzvollen Central Park breiteten sich armselige Hütten aus, die spöttisch als „Hooverville" bezeichnet wurden – nach dem Präsidenten, der sich geweigert hatte, den Bedürftigen zu helfen. Doch Bürgermeister Fiorello LaGuardia fand einen Freund in Präsident Franklin Roosevelt und nutzte seine guten Beziehungen nach Washington, um Hilfsgelder für seine Stadt abzuzweigen und ihr damit zu neuem Wohlstand zu verhelfen.

Der Zweite Weltkrieg führte massenhaft Soldaten in die Stadt, die ihren letzten Dollar auf dem Times Square in Alkohol umsetzten, bevor sie nach Europa verschifft wurden. Die Kriegsmaschinerie vereinnahmte die New Yorker Fabriken, und dort rauchten die Schornsteine. Unter den Arbeitern waren jetzt auch Frauen und Afroamerikaner, die

---

1919
Die Yankees kaufen den Baseballer „Babe" Ruth von Boston und gewinnen mit ihm ihre erste Meisterschaft. Die 85 Jahre andauernde Pleiteserie der Red Sox findet 2004 endlich ein Ende.

1931
Das Empire State Building (443 m hoch) überholt das Chrysler Building als höchster Wolkenkratzer der Welt; 1970 geht der Titel an den Nordturm des World Trade Center.

1939
Die Weltausstellung eröffnet in Queens. Mit ihrem Thema „Zukunft" lädt sie Besucher ein, einen Blick auf „die Welt von morgen" zu werfen.

1941
Duke Ellingtons Bandleader Billy Strayhorn lässt sich von der Subway-Linie nach Harlem zu dem Song *Take the A Train* inspirieren. Er wird zur Erkennungsmelodie der Band.

damit erstmals in großer Zahl einen gewerkschaftlich organisierten Arbeitsplatz fanden. Der industrielle Boom während des Krieges hatte eine enorme Wohnraumverknappung zur Folge, der New York sein Modell der Mietpreisbindung verdankt – bis heute vielfach kopiert.

Die Wirtschaft wurde offensichtlich kaum kontrolliert. In Midtown schoss nach dem Krieg ein Wolkenkratzer neben dem anderen aus dem Boden. Das Finanzzentrum wanderte weiter nach Norden ab, und der Bankier David Rockefeller und sein Bruder, Gouverneur Nelson Rockefeller, planten den Bau der Zwillingstürme des World Trade Centers, um Downtown neues Leben einzuhauchen.

Auftritt Robert Moses

LaGuardia wurde in seinen Bemühungen, die Stadt in die Moderne zu führen, unterstützt von Robert Moses, einem Stadtplaner, der das Gesicht der Stadt stärker veränderte als irgendjemand sonst im 20. Jh. – ob mit großartigen oder katastrophalen Resultaten, das sei mal dahingestellt. Auf sein Konto gehen die Triborough Bridge (heute die John F. Kennedy Bridge), der Jones Beach State Park, die Verrazano-Narrows Bridge, der West Side Highway und die Alleen von Long Island – ganz zu schweigen von den unzähligen Schnellstraßen, Tunneln und Brücken, die den größten Teil des Verkehrs dieser Transitstadt auf die Straße verlagerten. Moses hatte die Vision, die beschaulichen Viertel mit ihren gediegenen Brownstone- und Reihenhäusern durch weitläufige Parks und riesige Hochhaustürme zu ersetzen.

Die Bemühungen erboster Denkmalschützer, traditionelle Viertel vor Moses' Planierraupen zu retten, führten 1965 zur Gründung der Landmarks Preservation Commission (Denkmalschutzbehörde). Robert Caro dokumentierte Moses' langjähriges Wirken 1974 in seinem Buch *The Power Broker*, für das er den Pulitzerpreis erhielt. Es porträtiert Moses als gnadenlosen Modernisierer, der ohne Rücksicht ganze Ghettos räumen ließ, um Platz für Neubauprojekte zu schaffen. Moses selbst sagte dazu: „Ich erhebe meinen Bierkrug auf den Bauherren, der es schafft, Ghettos zu beseitigen, ohne Menschen umzusiedeln. Genauso würde ich einem Koch gratulieren, der Omeletts backen kann, ohne Eier zu zerschlagen."

> Forgotten-NY.com ist das Kompendium des in Queens gebürtigen Kevin Walsh zur Geschichte New Yorks. Es bietet einzigartige Geschichten über alles Mögliche von alten Subway-Stationen bis zu Friedhöfen.

Beatgeneration & Schwulenbewegung

In den 1960er-Jahren begann eine Zeit der legendären Kreativität und Auflehnung gegen das Establishment. Zentrum dieser Bewegung war Greenwich Village mitten in Downtown, und eine wichtige Strömung dieser Zeit war der Abstrakte Expressionismus, der sich unter den amerikanischen Malern schnell verbreitete und mit absurden Schnörkeln,

1945	1963	1969	1976–1977
Nach Unterzeichnung der UN-Charta durch 50 Staaten in San Francisco wird die UN mit Hauptsitz im Osten Manhattans gegründet.	Die alte Pennsylvania Station muss dem Madison Square Garden weichen. Die Entrüstung über den Abriss führt zur Gründung der Landmarks Preservation Commission (Denkmalschutzbehörde).	Am 28. Juni stürmen acht Polizisten das schwulenfreundliche Stonewall Inn. Die Gäste rebellieren und setzen damit tagelange Krawalle und die Geburt der modernen Schwulenbewegung in Gang.	David Berkowitz, der Serienmörder „Son of Sam", behauptet, ein Dämon in Hundegestalt habe ihn zu seinen Taten angestiftet. Er hatte sechs Menschen getötet und sieben weitere verletzt.

Klecksen und unbändiger Energie verstörte und faszinierte. Zu seinen Vertretern gehörten u. a. Mark Rothko, Jackson Pollock, Lee Krasner, Helen Frankenthaler und Willem de Kooning. Dann gab es da noch die Schriftsteller wie die Beatniks Allen Ginsberg und Jack Kerouac sowie die Roman- und Bühnenautorin Jane Bowles, die in den Kaffeehäusern des Village Ideen austauschten und Inspiration suchten – oft fanden sie beides in der Folkmusik aufstrebender Stars wie Bob Dylan. All dies ließ die Zeit reif werden für eine Rebellion. Diesmal war es das schwule Partyvolk, das seine Stimme erhob und eine neue politische Kraft etablierte. Der Widerstand gegen eine Polizeirazzia im Stonewall Inn 1969 – heute bekannt als Stonewall Riots und Anlass für die Feiern zum Christopher Street Day – demonstrierte der Stadt und der Welt, dass sich die Lesben- und Schwulenszene eine Behandlung als Bürger zweiter Klasse nicht mehr gefallen ließ.

„Geh zum Teufel!"

Anfang der 1970er-Jahre wuchsen sich Haushaltsdefizite zu einer ernsthaften Finanzkrise aus, die den gewählten Bürgermeister Abraham Beame zur Repräsentationsfigur degradierte, während die Finanzgeschäfte der Stadt praktisch in den Händen von Gouverneur Carey und seinen Handlangern lagen. Präsident Fords Weigerung, der Stadt finanziell unter die Arme zu greifen – die *Daily News* titelte damals: „Ford an City: Geh zum Teufel!" – markierte den Tiefpunkt in der Hassliebe zwischen den USA und der Stadt. Massenentlassungen dezimierten die New Yorker Arbeiterklasse und heruntergekommene Brücken, Straßen und Parks zeugten von harten Zeiten. Angesichts des Schuldenbergs ging natürlich auch die Kreditwürdigkeit der Stadt in den Keller.

Die traumatischen 1970er-Jahre – symbolisch waren 1977 ein stadtweiter Stromausfall und das Treiben des Serienmörders David Berkowitz – drückten immerhin die Mieten und ließen eine spannende Alternativszene entstehen. Leer stehende Schulen boten Raum für Performances, ungenutzte Geschäfte wurden in Galerien verwandelt und die Haarfärbebranche erlebte mit dem Punk-Rock-Look einen neuen Boom. Mit den Einnahmen aus den Dreharbeiten zum Film *Fame* im PS 122 an der Ecke 9th St & First Ave wurde die Renovierung dieses noch heute beliebten Veranstaltungsorts finanziert. Punks und Ramones-Fans machten aus ehemaligen Lagerhäusern aufregende Clubs und verwandelten die einstigen Industriebezirke SoHo und Tribeca. Diese Wiedergeburt, in Nan Goldins berühmter Fotoperformance *Die Ballade von der sexuellen Abhängigkeit* verewigt, stellte Geschlechterrollen infrage und transformierte das East Village in Amerikas Hochburg der Tätowierer und unabhängigen Filmemacher.

1977	1980	1988	1993
Nach einem Blitzeinschlag in ein Umspannwerk bleibt New York mitten in der schlimmsten Sommerhitze 24 Stunden lang ohne Strom. Krawalle in der ganzen Stadt sind die Folge.	Mark David Chapman erschießt John Lennon vor seinem Wohnhaus, dem Dakota Building in der Upper West Side von Manhattan.	Die Räumung eines großen Obdachlosenlagers im Tompkins Square Park (East Village) führt zu Straßenschlachten, als die Polizei die Besetzer aus ihrem De-facto-Wohnsitz vertreiben will.	Am 26. Februar zünden Terroristen eine Bombe unter dem Nordturm des World Trade Center. Die Explosion tötet sechs Menschen und verletzt mehr als 1000.

Wie Phönix aus der Asche

Unterdessen legte in der South Bronx eine Serie von Brandstiftungen mehrere Apartmentblocks in Schutt und Asche. Inmitten der Qualmwolken entstand dort und in Brooklyn eine einflussreiche Hip-Hop-Szene, die durch die hämmernden Rhythmen des puertoricanischen Salsa angeheizt wurde. „Crazy Legs" Richie Colon und seine Rock Steady Crew standen an der Spitze einer athletischen Breakdance-Bewegung, die richtige Wettkämpfe austrug. Kool DJ Herc legte auf Partys nächtelang Platten für die Breaker auf, das Gefühl für die richtigen Beats dafür hatte er sich auf Jamaika angeeignet. Afrika Bambaataa, ein weiterer Hip-Hop-DJ der ersten Stunde, führte mit der Gründung seiner Zulu Nation DJs Breakdancer und Graffitikünstler zusammen, um die Gewalt in den Straßen zu beenden. Mutige Sprayer verblüfften die Öffentlichkeit mit ihren Graffiti auf ganzen Zügen. Das wohl berühmteste „Meisterwerk", der X-mas Train, widerlegte den Ruf der Graffitikünstler als Vandalen: Der Sprayer Lee 163 verschönerte mit seiner Crew Fab 5 alle Wagen eines Zuges mit der Botschaft „Merry Christmas, New York". Einige Meister der Sprühdose hielten sogar Einzug in die Kunstwelt. Jean-Michel Basquiat war einst unter seinem Kürzel „Samo" bekannt. Er freundete sich mit Andy Warhol an und machte im florierenden Kunstbetrieb der 1980er-Jahre mit seinen Arbeiten eine Menge Geld.

Ein Teil des Geldes, das in den 1980er-Jahren auf den boomenden Aktienmärkten verdient wurde, ging in die Kunst, aber noch mehr ging durch die Nasen der jungen Broker. Manhattan wurde von einer wahren Crackepidemie heimgesucht. Drogen, Kriminalität und die Ausbreitung von AIDS in großen Bevölkerungsgruppen setzten der ganzen Stadt zu. Bürgermeister Edward Koch schaffte es kaum, seine Stadt auch nur halbwegs unter Kontrolle zu halten. Die Obdachlosigkeit nahm dramatisch zu, während immer mehr Immobilienbesitzer billige Einzelzimmer-Hotels zu Luxusapartments umbauen ließen. Im East Village lieferten sich 1988 Hausbesetzer Straßenschlachten mit der Polizei, als diese ein großes Obdachlosenlager im Tompkins Square Park räumen wollte.

Die Dotcom-Ära

Auf dem Cover des Nachrichtenmagazins Time erschien 1990 der Aufmacher zu einer Story, deren Titel übersetzt „New York: Der faulende Apfel" lautete. Die Stadt hatte sich noch nicht vom Immobiliencrash Ende der 1980er-Jahre erholt, Straßen und Brücken waren marode, Arbeitsplätze wurden gen Süden verlagert und die umsatzstärksten Unternehmen wanderten in die Vorstädte jenseits der Flüsse ab. Aber dann

---

Bücher zur New Yorker Geschichte

Im Rausch der Freiheit: Der Roman von New York (James Rutherford, 2012)

GEO Epoche. New York 1625–1945. Zwei Wahrzeichen und ihre Geschichte. Brooklyn Bridge & Empire State Building (2008)

The Historical Atlas of New York City: A Visual Celebration of 400 Years of New York City's History (Eric Homberger, 1998)

Gotham: A History of New York City to 1898 (Edwin G. Durrows und Mike Wallace, 2003)

The Restless City: A Short History of New York from Colonial Times to the Present (Joanne Reitano, 2006)

2001
Am 11. September lenken Terroristen zwei gekaperte Flugzeuge in die Zwillingstürme des World Trade Center. Der Gebäudekomplex wird völlig zerstört; fast 3000 Menschen sterben.

2002
Der legendäre Mafiaboss John Gotti alias „Dapper Don" stirbt an Krebs – im Gefängnis, wo er wegen Mordes, organisierter Kriminalität, Steuerhinterziehung und anderer Delikte einsaß.

2005
Trotz der fieberhaften NYC-2012-Kampagne unter Leitung des schwerreichen New Yorkers Daniel Doctoroff scheitert die Olympiabewerbung der Stadt für 2012.

2008–2009
Barack Obama wird erster afroamerikanischer Präsident der USA. Das Missmanagement großer amerikanischer Finanzinstitute führt zum Börsencrash.

kam der Internetboom, machte Computerfreaks zu Millionären und die New Yorker Börse zu einem Vergnügungspark für Spekulanten. Durch die Steuereinnahmen aus den Profiten der Börsengänge steigerte sich New York in einen Rausch aus Bautätigkeit, Shopping und Partys, wie ihn die Stadt seit den 1920er-Jahren nicht mehr gesehen hatte.

Unter dem unternehmerfreundlichen Law-and-Order-Bürgermeister Rudy Giuliani wurden die Ärmeren und Benachteiligten aus Manhattans gentrifizierten Straßen in die äußeren Bezirke vertrieben. Sie machten Platz für die Generation X, die sich die Apartments unter den Nagel riss und auf großem Fuß lebte. Aufsehen erregte Bürgermeister Giuliani besonders mit seiner Kampagne zur Ausmerzung der Kriminalität (inklusive der Sexshops auf der notorisch verruchten 42nd St). Der energische Bürgermeister schaffte es, New York zur sichersten Großstadt der USA zu machen. Er nahm Gegenden mit hoher Verbrechensrate besonders ins Visier und lenkte die Polizeipräsenz auf der Grundlage von Statistiken. Verhaften ließ er selbst Schwarzfahrer in der Subway und Leute, die kleine Ordnungswidrigkeiten begangen hatten, gegen die aber häufig noch andere Klagen anhängig waren. Die Kriminalitätsrate ging in den 1990er-Jahren zurück; gleichzeitig explodierte das Nachtleben in der Stadt, die niemals schläft. Restaurants boomten in der aufgebrezelten Metropole, die Modemesse Fashion Week gelangte zu Weltruhm und *Sex and the City* verbreitete in der ganzen Welt Phantasien von schicken Singles in teuren Manolo-Schuhen.

Die Stadt vergaß die Ungewissheit der Ära unter David Dinkins, einem zurückhaltenden Politiker und dem ersten afroamerikanischen Bürgermeister New Yorks, und die Bürger stellten ihren neuen Reichtum offen zur Schau. Zur Freude gewerkschaftlich organisierter Installateure, Elektriker und Schreiner schossen die Immobilienpreise in die Höhe und lösten einen Bauboom aus: Hochhäuser wurden neu erbaut, Lagerhäuser umgebaut und Mietskasernen saniert. Gegenden in der Lower East Side, wo sich in den 1970er- und 1980er-Jahren noch Künstlergalerien befanden, verwandelten sich über Nacht in gentrifizierte Wohnhäuser mit doppelten Sicherheitsstüren und Wartungskosten, die dem Nettolohn eines Normalsterblichen entsprachen. Doch bereits zu Beginn des neuen Jahrtausends geriet der Boom in New York ins Stocken und als jener verhängnisvolle Tag im September 2001 anbrach, veränderte er die Perspektive der Stadt und der Welt für immer.

11. September

Am 11. September 2001 lenkten Terroristen zwei entführte Flugzeuge in die Zwillingstürme des World Trade Center und legten den gesamten Gebäudekomplex in Schutt und Asche. Dabei kamen fast 3000 Men-

---

Der Terroranschlag vom 9. September verursachte Schäden von schätzungsweise 60 Mrd. $ am WTC, einschließlich Schäden an der Infrastruktur, dem Subway-Netz und den Gebäuden im Umfeld. 3,1 Mio. Arbeitsstunden und Kosten in Höhe von 750 Mio. $ wurden zur Beseitigung der 1,8 Mio. t Schutt benötigt.

2009	2010	2011	2011
Am 15. Januar muss der Flug 1549 der US Airways im Hudson River notlanden. Alle 150 Passagiere und fünf Besatzungsmitglieder werden erfolgreich evakuiert.	Michael Bloomberg tritt seine dritte Amtszeit als Bürgermeister an. Er hatte seine Kandidatur selbst ermöglicht, indem er das Gesetz zur Beschränkung der Amtsperioden abgeschafft hatte.	Am 24. Juni wird New York der sechste US-Staat, der gleichgeschlechtliche Ehen legalisiert. Gouverneur Andrew Cuomo setzt mit seiner Unterschrift das Gesetz in Kraft.	Der zweite Abschnitt der High Line wird eröffnet, wodurch sich die Länge des Grünstreifens fast verdoppelt. In Abschnitt Drei wird industrielles Brachland in den West 30er-Straßen umgestaltet.

schen ums Leben. Downtown Manhattan brauchte Monate, um sich von den entsetzlichen Qualmwolken zu erholen, die aus den Ruinen am Ground Zero aufstiegen. Während die Stadt ihre Toten betrauerte, sich die Helfer hustend ihren Weg durch die Trümmer bahnten und die Zettel mit Beschreibungen vermisster Personen an den Backsteinwänden langsam verblassten, musste die Bevölkerung fortwährend neue Warnungen vor Terroranschlägen und eine Anthrax-Drohung überstehen. Schock und Trauer ließen die Menschen zusammenrücken und vereinten die oft streitbaren Bürger im festen Bemühen, nicht in Verzweiflung zu versinken. Noch vor Jahresende trafen sich Gemeindegruppen zu Workshops mit dem Titel „Imagine New York", um gemeinsam Ideen für den Neuaufbau und eine Gedenkstätte am Ground Zero zu erarbeiten.

New York im 21. Jh.

Die zehn Jahre nach dem 11. September waren eine Zeit des Wiederaufbaus – sowohl in städtebaulicher als auch in emotionaler Hinsicht. Im Jahr 2002 machte sich der damalige Bürgermeister Michael Bloomberg an die wenig beneidenswerte Aufgabe, die Scherben einer traumatisierten Stadt zusammenzufegen. Die New Yorker stellten sich zu diesem Zeitpunkt voll und ganz hinter seinen Vorgänger Rudy Giuliani, dessen Popularität nach dem 11. September gestiegen war. Heftig kritisiert wurde Bloombergs vierjährige Kampagne für den Bau eines riesigen Sportstadions oberhalb des West Side Highway, mit dem die Jets aus Jersey zurückgebracht und die Olympischen Spiele 2012 an Land gezogen werden sollten. Viele New Yorker, die Staus und Kostenexplosionen fürchteten, waren erleichtert, als alle drei Anliegen fehlschlugen: Der Bundesstaat New York lehnte die Finanzierung in Höhe von schätzungsweise 2,2 Mrd. $ ab. Trotzdem gewann Bloomberg die Wahlen 2005 mit komfortablem Vorsprung vor dem demokratischen Kandidaten Fernando Ferrer aus der Bronx.

Sehr zur Freude Bloombergs wurde in New York jede Menge saniert und neu gebaut, besonders nachdem sich die Stadt wieder erholt hatte und die Besucherzahlen 2005 eine neue Höchstmarke erreichten. Das MoMA wurde komplett renoviert und gegen Ende von Bloombergs zweiter Amtsperiode als Bürgermeister glich die ganze Stadt einer Baustelle, da an allen Ecken neue Hochhäuser mit Luxuswohnungen aus dem Boden schossen.

2008 jedoch brach die Wirtschaft unter ihrem eigenen Gewicht zusammen und löste die globale Finanzkrise aus. Die Krise lähmte die Stadt, als Banken und Firmen in die Pleite gezwungen wurden. Die Wut auf den deutlich gewordenen Leichtsinn der amerikanischen Fi-

Seit der ersten Vertreibung aus dem Zuccotti Park im November 2011 haben die Demonstranten von Occupy Wall Street zahlreiche Demos an New Yorker Wahrzeichen organisiert, darunter die Brooklyn Bridge und der Grand Central Terminal. Weitere Infos zur Bewegung siehe www.occupy wallst.org.

2012	2013	2014	2015
Der Supersturm Sandy trifft im Oktober auf New York und verursacht Überflutungen, Gebäudeschäden und Stromausfälle. Die New Yorker Börse schließt zwei Tage.	Bill de Blasio gewinnt die Wahl zum Bürgermeister New Yorks. Er ist der erste demokratische Bürgermeister der Stadt nach fast 20 Jahren.	Der Neubau des World Trade Center ist mit der Eröffnung des National September 11 Memorial Museum und von One World Trade Center beinahe abgeschlossen.	Geplante Eröffnung der Aussichtsplattformen im One World Trade Center. Die Plattformen sind auf der gleichen Höhe wie die der ursprünglichen Zwillingstürme.

nanzinstitutionen brachte am 17. September 2011 Tausende zum Zuccotti Park im Financial District, wo sie gegen die ungerechte Verteilung des Privatvermögens protestierten. Der Protest, als Occupy Wall Street bekannt, breitete sich in der Folge auf Hunderte andere Städte in der ganzen Welt aus.

Im gleichen Monat wurde der zehnte Jahrestag der Anschläge vom 11. September mit der Eröffnung des National September 11 Memorial gewürdigt, das aus zwei gigantischen Wasserbecken auf den Grundrissen der eingestürzten Zwillingstürme besteht.

Hurrikan Sandy

Die Belastbarkeit New Yorks wurde 2012 vom Supersturm Hurrikan Sandy erneut auf die Probe gestellt. Am 28. Oktober wurde der Notstand ausgerufen und ein Großteil der Stadt praktisch stillgelegt. Tief liegende Gebiete wurden evakuiert, Brücken, Tunnel und Schulen geschlossen und der Zug-, Subway- und Flugverkehr unterbrochen. Am 28. Oktober verwandelte eine Flutwelle zunächst Teile von Brooklyn und New Jersey in ein amerikanisches Venedig. Den ultimativen Schlag hob sich Sandy aber für den folgenden Tag auf: Wirbelstürme und Regenmassen erschütterten die Stadt und verursachten schwere Überschwemmungen und Gebäudeschäden in allen fünf Stadtbezirken, einschließlich im Subway-Netz, Hugh L. Carey Tunnel und an der Baustelle des World Trade Center. Ein massiver Stromausfall tauchte einen Großteil von Lower Manhattan in surreale Dunkelheit und der Handel an der New Yorker Börse wurde für zwei Tage eingestellt, die erste wetterbedingte Schließung seit 1888. Im Stadtteil Breezy Point in Queens behinderte eine verheerende Sturmflut Feuerwehrleute darin, ein Feuer zu bekämpfen, das schließlich über 125 Wohnhäuser in Schutt und Asche legte. Das Feuer ging als schlimmster Brand New Yorks in die Geschichte ein. Der Sturm selbst forderte allein in der Stadt 44 Todesopfer.

Zu Tisch in New York

Im Gegensatz zu Kalifornien, den Südstaaten oder selbst dem Südwesten der USA gibt es in New York nicht *die* typische Küche. Wer nach einer „New Yorker Spezialität" fragt, muss sich auf alles Mögliche gefasst machen, vom Hotdog bis zu einem 190 $ teuren französisch angehauchten Probiermenü im Le Bernadin. In dieser multikulturellen Stadt ist auch die Kochkunst per se globalisiert und kennt keinen Stillstand. Wer trotzdem von New Yorker Spezialitäten spricht, hat dabei meist ein paar Leibgerichte mit besonders langer Geschichte im Sinn. Ganz oben auf der Liste stehen Pizza und Bagels – Mitbringsel der Italiener und der osteuropäischen Juden, die mit den frühesten Einwandererwellen kamen. Aber auch *egg cream*, Cheesecake und Hotdogs gehören zu den unbestrittenen Spezialitäten.

Spezialitäten

Hotdogs

Hotdogs kamen mit verschiedenen europäischen Metzgern im 19. Jh. nach New York. Ein gewisser Charles Feltman aus Deutschland soll sie als Erster von einem Handkarren am Strand von Coney Island verkauft haben. Doch dann eröffnete Nathan Handwerker, ein ehemaliger Angestellter von Feltman, seine eigene Bude auf der anderen Straßenseite mit Hotdogs zum halben Preis und drängte seinen ehemaligen Chef aus dem Geschäft. Der legendäre Originalimbiss von Nathan steht heute noch in Coney Island, während sein Hotdog-Imperium international expandierte. Es gibt kaum ein Viertel in New York, das nicht wenigstens ein paar Hotdog-Stände an seinen Straßenecken stehen hat. Manche Einheimische verschmähen allerdings diese „dirty-water dogs" (Würstchen aus schmutzigem Wasser) zugunsten der neuen Schickimicki-Hotdog-Läden in der ganzen Stadt. Aber egal woher: Hotdogs schmecken am besten mit „the works" (allem Drum und Dran) – also mit reichlich scharfem braunem Senf, Relish, Sauerkraut und Zwiebeln.

Jede Menge Bücher befassen sich mit der kulinarischen Geschichte New Yorks. Zu den besten zählen: *New York Deli* von Friedrich Bohlmann; *I love New York: Mein New York Kochbuch* von Daniel Humm und Will Guidara oder *Appetite City: A Culinary History of New York* von William Grimes.

Bagels

Der Bagel wurde vielleicht in Europa erfunden, aber in New York zu Beginn des 20. Jhs. perfektioniert. Wer einen der hiesigen Teigkringel gekostet hat, wird das, was anderswo als Bagel durchgeht, nicht mehr mögen. Es ist ein recht einfaches Meisterwerk, nämlich ein Ring aus Hefeteig, der erst gekocht und dann gebacken wird. Es gibt ihn pur oder mit allem Möglichen, von Sesam bis Schokostückchen, garniert. „Bagels" in anderen Teilen des Landes sind oft nur gebacken, aber nicht vorgekocht – also praktisch nur ein Brötchen mit einem Loch in der Mitte. Und außerdem behaupten die Bagelbäcker der Stadt, das New Yorker Wasser gebe den Bagels eine gewisse unnachahmliche Süße. Wer wiederum die „besten" Bagels in New York backt, ist heiß umstritten; für die meisten gehören Ess-a-Bagel in Manhattan, das Bagel Hole in Brooklyn und die Brooklyn Bagel & Coffee Company in Queens zu den Titelfavoriten. Die klassische Bagelbestellung in New York lautet „bagel and a schmear", also ein Bagel

New Yorker Pizza

ZU TISCH IN NEW YORK SPEZIALITÄTEN

Preisbewusste Gourmets lieben die zweimal im Jahr (Januar/Februar und Juli/August) stattfindende NYC Restaurant Week. Dabei bieten viele Restaurants der Stadt, darunter einige der besten, dreigängige Mittagsmenüs für 25 $ oder dreigängige Abendmenüs für 38 $. Nähere Informationen und Buchungsmöglichkeiten unter www.nycgo.com/restaurantweek.

mit einem dicken Klacks Frischkäse drauf. Luxuriöser ist die Variante mit *lox* (Räucherlachs), wie sie jüdische Einwanderer schon Anfang des 20. Jhs. von ihren Handkarren auf der Lower East Side verkauften.

Pizza

Die Pizza ist natürlich keine New Yorker Erfindung. Aber die New Yorker Pizza ist schon eine Sache für sich. Die allererste Pizzeria der USA war Lombardi's in Little Italy in Manhattan, die 1905 eröffnete.

Während Chicago auf *deep dish*-Pizza (in Tortenform) steht und die Kalifornier lockere, teigige Böden bevorzugen, besteht die New Yorker Pizza aus einem dünnen Boden mit noch dünnerem Belag, die in dreieckigen Stücken verkauft wird (nur nach sizilianischer Art sind sie rechteckig). Die Pizza kam im 20. Jh. mit den italienischen Einwanderern nach New York und nahm hier schon bald ihre lokaltypische Gestalt an: Der dünne Boden wurde einfach schneller gar, ein entscheidender Vorteil in dieser hektischen Stadt.

Heute findet sich an ungefähr jeder zehnten Straßenecke eine Pizzeria, vor allem in Manhattan und weiten Teilen von Brooklyn, wo ein Stück Pizza in Normalgröße um die 3 $ kostet. Jeder Laden hat seine eigene Zubereitungsart – bei manchen sind die Böden dünn wie Knäckebrot, bei anderen eine Spur dicker und weicher. Auch beim Belag gibt es jede Menge kreativer Kreationen von Krabben bis zu Kirschen. Auch die Tendenz zu lokalen Zutaten hat sich bemerkbar gemacht: Angesagte Pizzerien wie Roberta's in Brooklyn verkaufen Pizza aus dem Holzofen, belegt mit nachhaltigen, lokalen Erzeugnissen.

Kochbücher New Yorker Starköche

Daniel: My French Cuisine (Daniel Boulud & Sylvie Bigar)

The Babbo Cookbook (Mario Batali)

Momofuku (David Chang & Peter Meehan)

Payard Desserts (Francois Payard & Tish Boyle)

Egg cream

Dieses altmodische Schaumgetränk enthält in Wirklichkeit weder Eier noch Sahne, sondern nur Milch, Mineralwasser und jede Menge Schokosirup (am besten die klassische Sorte Fox's U-Bet aus Brooklyn). Doch als Louis Auster aus Brooklyn, Inhaber mehrerer Getränkespender in der Lower East Side, die Leckerei 1890 erfand, verwendete er einen mit Eiern zubereiteten Sirup und dickte das Ganze mit Sahne an. Der Name blieb hängen, auch wenn die Zutaten später geändert wurden. Bald gehörten *egg creams* zum Standardrepertoire eines jeden Getränkespenders in New York. Während Louis Auster sie noch für 3 ¢ das Glas verkaufte, kosten sie heute zwischen 1,50 und 4,50 $ – je nachdem, wo man sie zu sich nimmt – ob in altmodischen Einrichtungen wie Katz's Delicatessen in der Lower East Side oder in Tom's Restaurant in Brooklyn.

New Yorker Cheesecake

Natürlich gab es Käsekuchen in Europa in der einen oder anderen Form schon seit dem 15. Jh. Aber wie die New Yorker es mit vielen Dingen machen, haben sie auch diese Spezialität in Form des New Yorker Cheesecake übernommen.

Das Restaurant Lindy's in Midtown machte diese Version des Käsekuchens unsterblich, das Leo Lindemann 1921 eröffnete. Sein Spezialrezept – mit Frischkäse, fetter Sahne, einem Hauch Vanille und einem Boden aus Kekstteig – wurde in den 1940er-Jahren zum Renner. Heutzutage steht diese New Yorker Leibspeise auf vielen Dessertkarten, egal ob im griechischen Imbisslokal oder im Haute-Cuisine-Tempel. Den berühmtesten und zweifellos besten Cheesecake gibt es im alteingesessenen Restaurant Junior's in Brooklyn.

Von der Stadtfarm auf den Tisch

Nachdem in New York das schnelle Essen perfektioniert wurde, entdeckt man nun das langsame Speisen wieder. In den vergangenen Jahren ist eine wachsende Zahl von Dächern, Hinterhöfen und Gemeinschaftsgärten in städtische Bauernhöfe verwandelt worden und damit der größte Betondschungel Amerikas in einen unvermuteten Lebensmittellieferanten. Auf den Dächern ist alles möglich – von Biotomaten oben auf Delis in der Upper East Side bis zu Bienenstöcken auf Wohnblocks im East Village. Am eindrucksvollsten ist derzeit jedoch Brooklyn Grange (www.brooklyngrangefarm.com), eine große Biofarm auf zwei Lagerhäusern in Long Island und in den Brooklyn Navy Yards. Sie ist mit 10 000 m² die angeblich größte Dachfarm der Welt, wo von Möhren bis zu 40 verschiedenen Tomatensorten so ziemlich alles wächst. Das Projekt war die Idee des jungen Farmers Ben Flanner. Der frühere Marketingmanager von E*Trade ist Feuer und Flamme für farmfrische Erzeugnisse und gab 2009 mit seiner ersten Dachfarm, der Eagle Street Rooftop Farm im nahen Greenpoint, den Anstoß für die New Yorker Dächerrevolution. Zu den Mitstreitern Flanners gehören angesagte Restaurants wie Marlow & Sons in Brooklyn sowie Roberta's, wo auf den Speisekarten die selbst angebauten frischen Erzeugnisse stolz präsentiert werden.

Imbisswagen-Fans mit Smartphone können sich die kostenlose App Tweat.it runterladen. Sie bietet Echtzeitinfos zu den Standorten, Tages- und Sonderangeboten von Imbisswagen. Und wer kein Smartphone hat, besucht die Website www.tweat.it.

Getränkespezialitäten

Cocktails

New York ist das Mekka der Mixgetränke. Nicht umsonst ist es das Zuhause des Drinks Manhattan, der legendären Flüsterkneipen der Prohibitionszeit und der leidenschaftlichen Kolumnisten mit Vorliebe für Mode. Der Legende zufolge erblickte der Cocktail Manhattan, eine Mischung aus Whiskey, süßem Wermut und Angostura-Bitter, an der südöstlichen Ecke von 26th St und Madison Ave im seit Langem geschlossenen Manhattan Club das Licht der Welt. Der Anlass war eine Party im Jahr 1874, die angeblich Jennie Churchill (die Mutter des späteren britischen Premierministers Winston Churchill) aus Freude über Samuel J. Tildens Sieg bei der New Yorker Gouverneurswahl veranstaltete. Einer der Barkeeper kreierte zur Feier des Tages einen Cocktail und benannte ihn nach der Bar.

Im selben Jahr wurde ein weiterer New Yorker Klassiker geboren: der Sommercocktail Tom Collins, eine Mischung aus trockenem Gin, Zucker, Zitronensaft und Sodawasser. Der Name des Longdrinks stammt von einem ausgeklügelten Scherz: Hunderten von Einheimischen wurde erzählt, dass ein gewisser Tom Collins schlecht über sie rede. Während

ALLES ÜBER KAFFEE

Adam Craig, Gründer des Spezialitäten-Coffeeshops Culture Espresso, gibt Tipps zur New Yorker Kaffeeszene:

Welche Coffeeshops können Sie empfehlen? In Manhattan würde ich auf jeden Fall Ninth Street Espresso im East Village, Third Rail im West Village und Stumptown Coffee Roasters in Midtown probieren. In Brooklyn zählen zu den besten Läden mein altes Café Variety in Greenpoint, Cafe Peddler in Carroll Gardens und das wegweisende Cafe El Beit in Williamsburg. In Williamsburg hat außerdem der Kaffeeröster Blue Bottle Coffee aus San Francisco eine Niederlassung. In Astoria in Queens würde ich Queens Kickshaw empfehlen.

Was trinken wahre Kaffeekenner? Meistens trinken sie sortenreinen Kaffee aus einer Espressomaschine. Afrikanischer Kaffee schmeckt ein bisschen mehr nach Zitrusfrüchten, südamerikanische Sorten sind nussiger und vollmundiger und Kaffee aus Asien schmeckt oft ein bisschen nach Blaubeeren und Schokolade. Zu den Kaffees ohne Espressomaschine zählen die „pour over"-Methode mit einem Kaffeefilter – das heiße Wasser wird also einfach langsam, etwa zweieinhalb bis drei Minuten lang, über das Kaffeepulver gegossen – und der „Chemex coffee", ein Filterkaffee mit teeartiger Konsistenz, der die subtileren Aromen der Bohnen besser zum Tragen bringt.

Und an einem heißen Tag? Die Kenner trinken dann ein „cold brew", der auf zweierlei Art gemacht werden kann. Bei der ersten, der sogenannten „full immersion", lässt man grob gemahlenen Kaffee 16 Stunden lang in Wasser ziehen und erhält so ein Konzentrat. Das Konzentrat wird dann wieder mit Wasser verlängert und so erhält man ein vollmundiges, schokoladiges und säurearmes Getränk. Bei der zweiten Methode, dem „Kyoto cold drip", wird Kaffee 16 bis 18 Stunden lang mit einem Tropfen pro zwei Sekunden durch einen Keramikfilter gegossen. Das Resultat, das über Eis serviert wird, ist hochkonzentriert und hat eine Konsistenz wie Cognac.

---

sich viele daranmachten, diesen Menschen aufzutreiben, kreierten eingeweihte Barkeeper aus Spaß an dem Jux diesen Drink und benannten ihn nach dem fiktiven Stänkerer. Wenn die Betroffenen in die Kneipen stürmten und nach einem gewissen Tom Collins suchten, wurde ihnen der Cocktail serviert, um ihr Mütchen zu kühlen.

In der lebendigen Cocktailszene der Stadt dreht sich heutzutage alles um wiederentdeckte Rezepte, historische Anekdoten und den alten Flüsterkneipenstil. Einst unbekannte Barkeeper wie Harry Johnson und Jerry Thomas erstehen als Legenden wieder auf und ihre alten Kreationen werden von einer neuen Generation von Barkeepern mit Hosenträgern wiederbelebt. Alte Zutaten wie Crème de Violette, der Gin Old Tom und Batavia Arrack sind wieder angesagt. Die Cocktailbar Dead Rabbit im Financial District ging sogar noch weiter und führte die „pop inns" aus dem 17. Jh. wieder ein, Mixgetränke aus Ale, Schnäpsen, Gewürzen und Kräutern.

Dann gibt es noch die renommierten Bars, in denen es nur ein Gesöff gibt, wie die Tequila- und Mezcal-Bar Mayahuel im East Village und das Rum House in Midtown. Letzteres ist bekannt für seinen Black Tot, einen seltenen, von der Royal British Navy hergestellten Rum – ein Gläschen kostet schlappe 150 $.

Bier aus den Bezirken

Das Brauwesen war einst ein wichtiger Industriezweig in New York – in den 1870er-Jahren gab es in Brooklyn 48 Brauereien. Die meisten davon waren in Williamsburg, Bushwick und Greenpoint ansässig; dort wohnten zahlreiche deutsche Einwanderer mit jeder Menge Know-how in Sachen Bier. Am Vorabend der Prohibition 1919 war Brooklyn einer

---

City Harvest (www.cityharvest.org) ist eine gemeinnützige Organisation, die jedes Jahr übrig gebliebene Lebensmittel an über 1 Mio. bedürftige New Yorker verteilt. 57 000 kg werden täglich in Restaurants, Bäckereien und Cateringfirmen der Stadt eingesammelt. Wer Geld spenden will, kann dies über die Website von City Harvest.

der größten Bierproduzenten des Landes und genauso berühmt für seine Bierkrüge schleppenden Kinder wie für seine Brücken. Am Ende der Prohibitionszeit 1933 hatten die meisten Brauereien aufgegeben. Zwar erholte sich die Brauindustrie im Verlauf des Zweiten Weltkriegs, jedoch dominierten seither die Brauriesen aus dem Mittleren Westen der USA.

Heute ist Brooklyn erneut ein Synonym für gutes Bier: Eine Handvoll Kleinbrauereien hat sich wieder ganz dem Brauen als Handwerk verschrieben. Federführend bei den sogenannten Craft-Bieren ist die Brooklyn Brewery, zu deren saisonalen Bieren das Post Road Pumpkin Ale (erhältlich von August bis November) und ein köstliches Black Chocolate Stout (eine Version des Imperial Stout, erhältlich von Oktober bis März) zählen. Ganz oben mischen auch Sixpoint Craft Ales (www.sixpoint.com) und Kelso of Brooklyn (www.kelsoofbrooklyn.com) mit; beide Brauereien bieten sowohl ganzjährig erhältliche Klassiker als auch saisonale Biere.

Auch der Konkurrenzbezirk Queens hat etliche neue Kleinbrauereien zu bieten, von der Rockaway Brewing Company (www.rockawaybrewco.com) bis zum Fusionsmeister Beyond Kombucha (www.beyondkombucha.com), der für seine fermentierten Tees und das süß-saure Ale Mava Roka bekannt ist. An erster Stelle steht jedoch die 2012 eröffnete Brauerei SingleCut Beersmiths (www.singlecutbeer.com), die erste in Queens seit der Prohibition. Die derzeit größte Brauerei des Bezirks produziert u. a. das hopfenreiche Billy Half-Stack IPA und ein leicht nach Kaffee schmeckendes, saisonales dunkles Bier, das den Namen John Michael Dark Lyric Lagrrr! trägt.

Für Neugierige und Durstige gibt es keinen Mangel an Kneipen mit New Yorker Gebräuen, darunter das Spuyten Duyvil in Brooklyn, Astoria Bier & Cheese in Queens sowie Keg No 229 und Harlem Public in Manhattan.

> Die erste öffentliche Brauerei in Amerika wurde vom Kolonialgouverneur Peter Minuit (1580–1638) auf dem Market Field (Marckvelt) im heutigen Financial District in Lower Manhattan gegründet. Minuit gilt außerdem als derjenige, der im Mai 1626 Manhattan von den ortsansässigen Lenape „kaufte".

Kunst & Kultur

Broadway-Spektakel, strahlend weiß getünchte Galerien in Chelsea, Jazzkneipen, Musikhallen, aus denen düsterer Indie-Rock dröhnt, und Opernhäuser, in denen melodramatische Geschichten geschmettert werden: Seit mehr als 100 Jahren ist New York die kulturelle Hauptstadt der USA. Zwar sind viele Künstler durch die Gentrifizierung an die Stadtränder oder noch weiter weg gedrängt worden, doch New York ist weiterhin ein wichtiges Zentrum für die bildenden Künste, für Musik, Theater, Tanz und Literatur.

New York: Ein Schwerpunkt der Kunst

New York besitzt einige der großartigsten Kunstmuseen der Welt, ein Zeugnis des beneidenswerten künstlerischen Stammbaums der Stadt. Von Pollock und Rothko bis Warhol und Rauschenberg brachte New York viele der größten Künstler und Kunstbewegungen Amerikas hervor.

Die Geburt einer Kulturmetropole

Auf fast allen Gebieten der Kunst entwuchs New York im frühen 20. Jh. den Kinderschuhen: Damals zog die Stadt zahlreiche Denker, Künstler, Schriftsteller und Poeten an, die dann auch in New York blieben. So entwickelte sich zu dieser Zeit eine New Yorker Kunstszene. 1905 eröffnete der Fotograf (und Ehemann von Georgia O'Keeffe) Alfred Stieglitz an der Fifth Ave die Gallery 291, die amerikanischen Künstlern eine wichtige Plattform bot und dazu beitrug, die Fotografie als anerkannte Kunstform zu etablieren.

In den 1940er-Jahren brachten Künstler auf der Flucht vor dem Zweiten Weltkrieg neue Ideen in die Stadt – und New York entwickelte sich zu einer wichtigen Kulturmetropole. Peggy Guggenheim gründete in der 57th St die Galerie Art of This Century; diese Galerie half Malern wie Jackson Pollock, Willem De Kooning und Robert Motherwell dabei, sich als Künstler zu etablieren. Diese Maler aus Manhattan bildeten dann den Kern der Bewegung des Abstrakten Expressionismus – auch bekannt als New Yorker Schule –, einer explosiven, wilden Malerei, die die moderne Kunst wegweisend veränderte.

Eine amerikanische Avantgarde

Die Maler des Abstrakten Expressionismus trugen dazu bei, New York als globale Kunstmetropole zu etablieren und eine weitere Generation von Künstlern führte dieses Werk fort. In den 1950er- und 1960er-Jahren machten Robert Rauschenberg, Jasper Johns und Lee Bontecou aus Gemälden unorthodoxe plastische Gebilde, in die sie alles Mögliche integrierten, von geschweißtem Stahl bis zu ausgestopften Ziegen. Mitte der 1960er-Jahre war die Pop Art mit Andy Warhol an der Spitze etabliert, eine Kunstrichtung, die die Bildsprache und die Fertigungstechniken der Popkultur übernahm.

In den 1960er- und 1970er-Jahren, als die Wirtschaft in New York am Boden lag und ein großer Teil von SoHo verfiel, wurde die Stadt zu einem Zentrum der Konzept- und Aktionskunst. Gordon Matta-Clark zerstü-

---

In New York gibt es ständig zahllose Ausstellungen, Installationen und Performances. Was in der Kunstwelt gerade los ist, ist auf www.nyartbeat.com gelistet.

ckelte verlassene Gebäude mit Kettensägen und die Künstler des Fluxus veranstalteten auf den Straßen von Downtown Happenings. Carolee Schneeman organisierte Performances, bei denen der menschliche Körper als Medium eingesetzt wurde. Bei einem berühmten Event 1964 versammelte sie nackte Tänzer im Theater einer Kirche im Greenwich Village und ließ sie sich in einem unappetitlichen Mix aus Farbe, Würsten und toten Fischen herumwälzen.

Kunst heute

Heute ist die Kunstszene bunt und vielfältig. Die großen Einrichtungen – das Metropolitan Museum of Art, das Museum of Modern Art, das Whitney Museum, das Guggenheim Museum und das Brooklyn Museum – zeigen große Ausstellungen, von Porträts der Renaissance bis zu zeitgenössischen Installationen. Das New Museum in der Lower East Side ist ein wenig wagemutiger. Und zahlreiche kleinere Einrichtungen wie das Bronx Museum, El Museo del Barrio und das Studio Museum in Harlem beschäftigen sich mit kleineren Ausschnitten der Kunstgeschichte.

Genauso vielfältig präsentiert sich die Galerieszene: In der gesamten Stadt gibt's über 800 Galerien. Die gehobenen Kunsthäuser finden sich in Chelsea und an der Upper East Side. Galerien, die sich Nachwuchskünstlern und schon relativ etablierten Künstlern widmen, haben sich an der Lower East Side angesiedelt. Und die experimentellsten Happenings finden gewöhnlich in alten Lagerhäusern und Kellern im Brooklyner Stadtviertel Bushwick statt.

Graffiti & Straßenkunst

Zeitgenössische Graffiti, wie wir sie kennen, wurde in New York kultiviert. In den 1970er-Jahren wurden Graffiti-überzogene New Yorker Subway-Züge zu einem mächtigen Symbol der Stadt und Arbeiten von Leuten wie Dondi, Blade und Lady Pink wurden auf der ganzen Welt bekannt. Zusätzlich begannen Künstler wie Jean-Michel Basquiat, Kenny Scharf und Keith Haring, Graffiti-Elemente in ihre Kunst zu integrieren.

Ende der 1990er-Jahre wurde der Bewegung neues Leben eingehaucht: Eine neue Generation von Künstlern, viele mit Kunsthochschulabschlüssen, benutzte Materialien wie zerschnittenes Papier und skulpturale Elemente – alles unerlaubterweise im öffentlichen Raum. Bekannte New Yorker Künstler, die so arbeiten, sind etwa John Fekner, Stephen „Espo" Powers, Swoon und die Zwillingsbrüder Skewville. Weniger erbaulich war die Schließung des legendären 5Pointz 2013, einer Ansammlung von Lagerhäusern in Long Island City, die mit knallbunten Graffiti bemalt waren. Nicht einmal ein Appell des legendären britischen Künstlers Banksy konnte die veritable Galerie vor dem Abriss retten. Zentren der Sprühdosen- und Zeichenkunst sind heute die Brooklyn-Seite der Williamsburg Bridge und das Brooklyner Stadtviertel Bushwick.

Eine Musikmetropole

In New York sprengten Jazzmusiker wie Ornette Coleman, Miles Davis und John Coltrane in den 1950er-Jahren die Grenzen der Improvisationskunst. Auch verschmolzen hier die verschiedenen lateinamerikanischen Klänge wie Cha-Cha-Cha, Rumba und Mambo zum Salsa, Folksänger wie Bob Dylan und Joan Baez gaben in Cafés Protestsongs zum Besten und Bands wie die New York Dolls und die Ramones brachten in der rauen Downtown von Manhattan die Bühnen zum Beben. New York war außerdem die Wiege der Disco-Musik und es war der kultu-

Brooklyn verfügt über eine lebendige Indie-Szene; New Yorker Bands treten regelmäßig in Williamsburg und Bushwick auf. Die neuesten Sounds hört man auf www.newtownradio.com.

relle Schmelztiegel, in dem Hip-Hop entstand, gepflegt wurde – und dann explodierte.

Auch heute noch ist die Stadt ein Magnet für Musiker. Besonders munter zeigt sich die Indie-Rock-Szene der Stadt: Gruppen wie die Yeah Yeah Yeahs, LCD Soundsystem und Animal Collective sind alle in New York entstanden. Das Herz der Szene bilden Williamsburg mit jeder Menge Clubs und Kneipen sowie Indie-Plattenlabels und Internet-Radiosendern. Zu den besten Läden für Rock zählen die Music Hall of Williamsburg und die Brooklyn Bowl sowie der Bowery Ballroom in Manhattan.

Jazz und mehr

Einen umfassenden Überblick über die amerikanische Jazzszene bietet www.jazztimes.com mit vielen Berichten über die etablierten und neu entdeckten New Yorker Musiker.

Auch Jazz, von traditionell bis experimentell, ist nach wie vor wichtig. Die besten Veranstaltungsorte für Jazz sind das Village Vanguard im West Village und Jazz Standard nahe dem Madison Square Garden. Ein intellektuelleres Programm bietet Jazz at Lincoln Center in Midtown, geleitet vom Trompeter Wynton Marsalis, mit einem breiten Angebot an Solo-Auftritten bedeutender Musiker sowie Tribute-Konzerten für Größen wie Dizzy Gillespie und Thelonious Monk.

Konzert & Oper

Klassische Musik residiert im Lincoln Center. Hier bietet die Metropolitan Opera ein umfangreiches Angebot an berühmten Opern, von Verdis *Aida* bis zu Mozarts *Don Giovanni*. Es ist auch das Stammhaus der legendären New York Philharmonic – sie wurde einst von einem der großen Dirigenten des 20. Jhs. geleitet, Leonard Bernstein. Wunderbare kleinere Konzertsäle bieten die Carnegie Hall, die Merkin Concert Hall und die Frick Collection.

Mit avantgardistischeren Werken warten z. B. das Center for Contemporary Opera und die Brooklyn Academy of Music (BAM) auf – Letztere hat sich zu einem der bedeutendsten Opern- und Musikzentren der Stadt gemausert. Ein weiterer toller Veranstaltungsort für sehr experimentelle Musik ist St. Ann's Warehouse in Brooklyn. Wer exzentrische Vorstellungen mag, sollte dessen Programm im Auge behalten.

EINE NEW YORKER HIP-HOP-PLAYLIST

New York ist die Wiege des Hip-Hops. Klassiker der besten Künstler der Stadt:

„Rapper's Delight", Sugarhill Gang (1979) Die Single, die den Hip-Hop auf die kommerzielle Laufbahn schoss, von einem Trio aus New York und New Jersey.

„White Lines", Grandmaster Flash and the Furious Five (1983) Der ultimative Partysong der 1980er-Jahre aus der Bronx.

„It's Like That", Run DMC (1983) So ist es nun mal für das legendäre Trio aus Queens.

„Fat Boys", Fat Boys (1984) Brooklyns ultimative Beat-Boxer.

„No Sleep 'Til Brooklyn", Beastie Boys (1986) Ein Trio aus New York, das für sein Recht auf Partys kämpfte.

„Ain't No Half Steppin'", Big Daddy Kane (1988) Melodische Verse von einem Brooklyner Meister.

„Shoop", Salt-n-Pepa (1994) Die Königinnen des Rap aus Queens.

„In Da Club", 50 Cent (2003) Der globale Partyhit wurde von einem Rapper aus South Jamaica in Queens produziert.

„99 Problems", Jay-Z (2004) Der Junge aus Bed-Stuy in Brooklyn ist heute ein Musikmagnat.

Am Broadway & Umgebung

Anfang des 20. Jhs. ließen sich in der Gegend um den Times Square zahlreiche Theater nieder und brachten Boulevardtheater und anzügliche Komödien auf die Bühne – dies hatte seine Wurzeln im frühen Vaudeville. Bis zu den 1920er-Jahren entwickelten sich diese eher chaotischen Inszenierungen zu Bühnenspektakeln wie *Show Boat*, einer Oscar-Hammerstein-Produktion über das Leben von Varietékünstlern auf einem Raddampfer auf dem Mississippi. 1943 hatte der Broadway seinen ersten Megahit mit dem Musical *Oklahoma!*, das mit 2212 Aufführungen einen neuen Rekord aufstellte.

Broadway-Musicals zählen heute zu den wichtigsten Elementen der New Yorker Kulturszene und werden in 40 offiziellen Broadway-Theatern gespielt, den opulenten Schmuckstücken aus dem frühen 20. Jh. um den Times Square. Wer nicht so viel Geld investieren möchte, kann auf eine der Off-Broadway-Inszenierungen ausweichen: Die finden in der Regel in kleinerem Rahmen statt und sind billiger, aber oft genauso gut.

Aber auch jenseits des Broadways hat New York eine Menge Theater zu bieten, ob von Shakespeare, David Mamet oder jungen, experimentellen Dramatikern wie Young Jean Lee. Neben den etablierten Bühnen in Midtown, wie Playwrights Horizons und Second Stage Theatre, sind auch die Theater im Lincoln Center Hochburgen moderner und zeitgenössischer Bühnenautoren.

Das Public Theater, BAM, Performance Space 122 und St Ann's Warehouse bieten trendigere Bühnenprogramme. Zahlreiche Festivals, wie das Fringe NYC und Performa, die Biennale der Performance Art (jeden Herbst in ungeraden Jahren), bieten gute Gelegenheiten, neue Arbeiten zu erleben.

Ein umfassendes Theaterprogramm, Neuigkeiten und (begeisterte wie vernichtende) Kritiken gibt's auf www.nytimes.com/pages/theater.

Rhythmus im Blut: Tanz & die City

Seit fast 100 Jahren steht New York im Zentrum der amerikanischen Tanzszene. Hier wurde 1949 das vom legendären George Balanchine geleitete American Ballet Theatre (ABT) gegründet. Das Ensemble setzte sich für die Ausbildung amerikanischer Talente ein, stellte Tänzer aus den USA an und zeigte Arbeiten von Choreografen wie Jerome Robbins, Twyla Tharp und Alvin Ailey. Auch heute noch spielt dieses Tanztheater in New York sowie auf der ganzen Welt.

Am bekanntesten ist New York vielleicht als Nährboden einer Generation moderner Tanzchoreografen wie Martha Graham, die traditionelle Vorstellungen vom Tanz mit ruckhaften, industriellen Bewegungen auf kargen, fast abstrakten Bühnen herausforderten. Noch weiter wurden die Grenzen verschoben durch Merce Cunningham, der den Tanz von der Musik löste. Heute treiben Truppen wie STREB den Tanz bis an den Rand des Machbaren.

Tanzaufführungen finden regelmäßig im Lincoln Center und in der BAM statt, aufstrebende Ensembles bespielen das Chelsea's Kitchen, Joyce Theater und New York Live Arts und das Baryshnikov Arts Center in Midtown.

Das literarische New York

Die Stadt mit den größten Verlagen des Landes beherbergte auch einige der bekanntesten Schriftsteller der USA. Im 19. Jh. tummelten sich hier Herman Melville *(Moby Dick)*, Edith Wharton *(Das Haus der Freude)* und Walt Whitman *(Grashalme)*. Richtig los ging's jedoch erst zu Beginn des 20. Jhs. Da gab es in den 1910er-Jahren die alkoholbefeuerten literarischen Salons des Poeten und Kommunisten John Reed, in den 1920er-Jahren die scharfzüngigen Witze des Algonquin Round Table und in den 1940er-Jahren die kaum verschlüsselten Romane von Dawn Powell, die in ihren Büchern oft das New Yorker Medien-Establishment kritisierte.

In den 1950er- und 1960er-Jahren traten Autoren ins Rampenlicht, die den Status Quo hinterfragten. Der Dichter Langston Hughes untersuchte die Lage der Afroamerikaner in Harlem und Beat-Poeten wie Allen Ginsburg verwarfen traditionelle Reimkunst zugunsten frei fließender Grübeleien. In den letzten Jahrzehnten des 20. Jhs. war die gesamte Skala vertreten: So gab es Chronisten der Gier- und Kokain-befeuerten 1980er-Jahre wie Jay McInerney sowie neue Stimmen aus unterrepräsentierten Ecken der Stadt (Piri Thomas, Audre Lorde).

New Yorker Schriftsteller beschreiben in ihren Werken auch weiterhin eine Vielzahl unterschiedlichster Lebenswelten – so gibt es Zombies (Colson Whitehead), postmoderne Erzähltechniken (Jennifer Egan) und New York als Inbegriff des Verrückten (Michael Chabon). Tipp: *Die unglaublichen Abenteuer von Kavalier & Clay*.

Sehr gut besuchte Vorträge und Lesungen veranstalten die New York Public Library und die BAM.

Architektur

Die Architekturgeschichte New Yorks gleicht einer Schichttorte der Ideen und Stile und ist in den Straßen buchstäblich nachzulesen. Bescheidene koloniale Bauernhäuser und anmutige Gebäude im Federal Style finden sich neben reich verzierten Beaux-Arts-Palästen aus dem frühen 20. Jh. Neben den ganzen Anlehnungen an die Vergangenheit – Greek Revival, Neugotik, Neoromanik und Neorenaissance – gibt es die schlichten Formen des International Style. Und in den vergangenen Jahren kamen dazu noch die geschwungenen Formen dekonstruktivistischer Architekten. Für Architekturfreaks ist die Stadt eine Goldgrube. Willkommen in New York.

Kolonialzeit

Die architektonischen Wurzeln New Yorks sind eher bescheiden. Die holländischen Kolonialbauernhäuser waren rein funktionell konzipiert: Die Holzhäuser mit ihren schindelgedeckten Mansarddächern waren so ausgerichtet, dass sie das Tageslicht optimal nutzten und im Winter Wärme

Oben Grand Central Terminal (S.195)

speicherten. Ein paar dieser Häuser blieben irgendwie bis heute erhalten. Das bemerkenswerteste davon ist das Pieter Claesen Wyckoff House in East Flatbush, Brooklyn. Das ursprünglich 1652 errichtete Gebäude – das später immer wieder erweitert wurde – ist das älteste Haus der gesamten Stadt.

Nachdem 1664 aus der holländischen eine britische Kolonie geworden war, hielt die georgianische Architektur Einzug. Kastenförmige Bauten aus Back- und anderem Stein mit Walmdach tauchten auf. Die Morris-Jumel Mansion von 1765 in Inwood im nördlichen Manhattan ist ein – wenn auch leicht verändertes – Beispiel: Das Haus wurde im georgianischen Stil von Roger Morris errichtet, dann im 19. Jh. von Stephen Jumel erworben, der eine klassizistische Fassade hinzufügen ließ. Ein weiteres interessantes Gebäude aus der britischen Kolonialzeit ist die Fraunces Tavern; hier verabschiedete sich George Washington von seinen Offizieren, die ihn im Unabhängigkeitskrieg begleitet hatten. Heute sind hier ein Museum und ein Restaurant untergebracht.

Ein frühes sakrales Bauwerk ist die St. Paul's Chapel südlich des City Hall Park. Die in den 1760er-Jahren erbaute Kirche ist die älteste noch bestehende Kirche der Stadt. Ihre Architektur ist eine Anlehnung an die viel größere Kirche St. Martin-in-the-Fields in London.

Architektur in der jungen Republik

Der AIA Guide to New York (5. Ausgabe) ist ein umfassender Führer zu den wichtigsten Gebäuden der Stadt.

Im frühen 19. Jh. wurde die Architektur leichter und raffinierter. Der sogenannte Federal Style zeichnete sich durch klassizistische Anleihen aus: Eingänge mit schlanken Säulen, Giebeldreiecke an der Dachlinie und gerundete Oberlichter über den Türen und Fenstern. Einige der schönsten noch bestehenden Bauten aus dieser Zeit waren städtische Gebäude. Die City Hall von 1812 verdankt ihre französische Gestalt dem eingewanderten Architekten Joseph François Mangin und ihre Verzierungen im Federal Style dem Amerikaner John McComb Jr. Innen gibt es eine geräumige Rotunde und eine geschwungene freitragende Treppe zu bewundern.

Gracie Mansion in der Upper East Side, 1799 erbaut und seit 1942 offizielle Residenz des Bürgermeisters, ist mit einer breiten Veranda zur Flussseite und einer Tür mit Seitenfenstern aus Bleiglas ein schönes Beispiel für eine Residenz im Federal Style. Dieser Abschnitt des East River war einst mit zahlreichen Gebäuden dieser Art gesäumt – ein Anblick, der Alexis de Tocqueville auf seiner Reise durch die USA Anfang des 19. Jhs. stark beeindruckte.

Andere Bauten im Federal Style sind das James Watson House (1793), 7 State Street, direkt gegenüber vom Battery Park, und das Merchant's House Museum (1832) in NoHo. Letzteres verfügt noch über die Originaleinrichtung.

Alles Neo: Klassizismus, Gotik & Romanik

Nach der Veröffentlichung einer bedeutenden Abhandlung über griechische Architektur am Ende des 18. Jhs. wandten sich die Architekten vermehrt den reinen klassischen Formen zu. In den USA war ein wichtiger Förderer dieses Trends Minard Lafever, ein in New Jersey geborener Tischler, der sich zum Architekten und Verfasser von Musterbüchern aufschwang. In den 1830er-Jahren sprossen überall in New York säulengeschmückte klassizistische Bauten aus dem Boden.

In Manhattan stehen zahlreiche dieser Bauwerke, darunter die aus grauem Granit errichtete St. Peter's Church (1838) und die aus weißem Marmor erbaute Federal Hall (1842) – beide liegen im Financial District. Im Greenwich Village zeigt eine säulenbestandene Häuserzeile auf der Nordseite des Washington Square (Hausnummern 1–13) aus den 1820er-Jahren eine schöne Umsetzung dieses Stils bei Wohnhäusern.

Das Chrysler Building (S.192)

Gegen Ende der 1830er-Jahre machten der georgianische Stil und der Federal Style, beide eher schlicht, reicher verzierten Bauten Platz, die sich gotischer und romanischer Elemente bedienten. Dies zeigte sich besonders beim Kirchenbau. Ein frühes Beispiel ist die Church of the Ascension (1841) in Greenwich Village – ein imposanter Brownstone-Bau mit Spitzbögen und einem mit Zinnen bewehrten Turm. Derselbe Architekt – Richard Upjohn – entwarf im selben Stil die Trinity Church (1846) in Downtown Manhattan.

Ab den 1860er-Jahren wurden die Kirchen immer größer. Zu den prächtigsten Gotteshäusern zählen die St. Patrick's Cathedral (1853–1879), die an der Fifth Ave/51st St einen ganzen Straßenblock einnahm, und die Cathedral Church of St. John the Divine (1911–1941) in Morningside Heights, an der immer noch gebaut wird. Die Neugotik war so populär, dass eines der wichtigsten Wahrzeichen der Stadt, die Brooklyn Bridge (1870–1883), in diesem Stil erbaut wurde.

Romanische Elemente wie etwa Rundbögen sind an Bauten in der ganzen Stadt zu finden. Zu den bekanntesten Bauwerken in diesem Stil zählen das Joseph Papp Public Theater (früher die Astor Library) im Greenwich Village, erbaut zwischen 1853 und 1881, sowie der atemberaubende Temple Emanu-El (1927–1929) in der Fifth Ave an der Upper East Side.

Die bedeutende New Yorker Architekturkritikerin Ada Louise Huxtable hat einige ihrer wichtigsten Aufsätze in dem Buch *On Architecture: Collected Reflections on a Century of Change* gesammelt.

Die Schönheit der Beaux-Arts-Architektur

An der Wende zum 20. Jh. befand sich New York in einer Blütezeit. Räuberbarone wie J. P. Morgan, Henry Clay Frick und John D. Rockefeller – die dank ihrer Stahl- und Ölgeschäfte im Geld schwammen – ließen sich üppige Anwesen bauen. Auch öffentliche Gebäude wurden immer größer und extravaganter. Amerikanische Architekten, von denen viele in Frankreich studiert hatten, kamen mit europäischen Designidealen

One World Trade Center

zurück. Glänzender weißer Kalkstein ersetzte langsam den dunkleren Brownstone, die Erdgeschosse wurden höher gesetzt, um opulente Treppeneingänge bauen zu können, und die Gebäude wurden immer aufwendiger mit Skulpturenschmuck und korinthischen Säulen verziert.

Die Villard Houses von McKim Mead & White von 1884 (heute das Palace Hotel) verdeutlichen die frühen Wurzeln der Bewegung. Sie lehnen sich grob an den Palazzo della Cancelleria in Rom an und kopieren die Symmetrie und Eleganz der italienischen Renaissance. Andere Klassiker sind die Hauptstelle der New York Public Library (1911) von Carrère und Hastings, der Anbau des Metropolitan Museum of Art von Richard Morris Hunt (1902) und die atemberaubende Grand Central Station (1913) von Warren und Wetmore, gekrönt von einer Statue des Merkur, des Gotts des Handels.

Public Art: New York von Jean Parker Phifer, mit Fotos von Francis Dzikowski, ist ein informativer Führer zur Kunst im öffentlichen Raum in New York.

Griff in den Himmel

Zu Beginn des 20. Jhs. machte die Erfindung des Fahrstuhls und des Stahlskelettbaus es möglich: Die Stadt wuchs in die Höhe. In dieser Zeit gab es einen wahren Boom im Wolkenkratzerbau, angefangen mit Cass Gilberts neugotischem 57-stöckigem Woolworth Building (1913). Dieses Hochhaus zählt auch heute noch zu den 50 höchsten Gebäuden der USA.

Weitere Hochhäuser folgten. 1930 wurde das Chrysler Building fertiggestellt, das 77-stöckige Art-déco-Meisterwerk von William Van Alen, damals das höchste Gebäude der Welt. Als solches wurde es im folgenden Jahr vom Empire State Building abgelöst, einem Art-déco-Monolith mit klaren Linien aus Indiana-Kalkstein. Die Spitze sollte als Ankermast für Luftschiffe verwendet werden – die Idee sorgte für gute Publicity, erwies sich aber als nicht umsetzbar.

Modernismus & Weiterentwicklung

Während des Zweiten Weltkriegs entwickelte sich die Stadt zum Zentrum aller möglichen Strömungen. Vertriebene europäische Architekten und andere Intellektuelle trafen hier ein, und nach Ende des Krieges blieben viele in den USA und etablierten so einen lebendigen Dialog zwischen amerikanischen und europäischen Architekten. In dieser Zeit baute der Stadtplaner Robert Moses blindwütig große Teile von New York um – zum Schaden vieler Stadtviertel – und Designer und Künstler stürzten sich auf die klaren, schmucklosen Linien des International Style.

Eines der ersten Projekte in diesem Stil waren die Gebäude der Vereinten Nationen (1947–1952), die mehrere Architekten in Kooperation bauten, darunter der Schweizer Le Corbusier, der Brasilianer Oscar Niemeyer und der Amerikaner Wallace K. Harrison. Am Sekretariatshochhaus der UN entstand die erste große Glasfassade der Stadt; sie ragt hoch über das Gebäude der Generalversammlung mit seinem leicht geschwungenen Dach hinaus. Andere wichtige modernistische Gebäude aus dieser Zeit sind das Lever House (1950–1952) von Gordon Bunshaft, ein schwebender, verglaster Bau an der Park Ave Ecke 54th St, und Mies van der Rohes schnörkelloses, 38-stöckiges Seagram Building (1956–1959) nur zwei Blocks weiter südlich.

Diese Stilform ist zwar noch heute elegant, aber der Boom der Glaskastenarchitektur endete in zahllosen gleich aussehenden Gebäuden. Ende des 20. Jhs. begannen einige Architekten, gegen die kompromisslosen modernistischen Designs zu rebellieren. 1984 schuf Philip Johnson – der im Laufe seiner Karriere selbst zahlreiche Glaskästen errichtet hatte – aus rosa Granit das AT&T Building (heute das Sony Building) und verzierte den Wolkenkratzer oben mit einem neogeorgianisch schnörkeligen Giebel. Nicht jeder mag das Gebäude, aber es sticht auf jeden Fall hervor.

Die Ära der Stararchitekten

Nichtrechteckige dekonstruktivistische Gebäude, wie etwa Frank Gehrys welliges Museum in Bilbao, die um die Mitte der 1990er-Jahre in anderen Teilen der Welt auftauchten, kamen erst vergleichsweise spät nach New York. Angesichts des Mangels an freier Fläche, exorbitanter Grundstückspreise und labyrinthischer Bebauungs- und Bauvorschriften grenzt es an ein Wunder, dass überhaupt etwas gebaut wird. Ein gutes Beispiel hierfür ist das Gelände des World Trade Center, wo Daniel Libeskinds Entwurf für den gedrehten, kantigen Turm des One World Trade Center durch einen kastenförmigeren Allerwelts-Glasobelisken ersetzt wurde. Kostenüberschreitungen auf dem gleichen Baugelände führten zu Abstrichen bei Santiago Calatravas lichtem Entwurf für das WTC Transportation Hub. Kritiker sehen darin nun eher einen geflügelten Dinosaurier als eine Taube im Flug. Gehry immerhin durfte seine poststrukturalistischen Tendenzen mit dem New York by Gehry (2011) verwirklichen, einem geriffelten Wohnhochhaus mit 76 Stockwerken in Lower Manhattan.

Abgesehen von den umstrittenen Gebilden gab es in New York einige gewagte Neubauten, vom Barclays Center (2012) – einer futuristischen Arena mit Streifenfassade im Zentrum Brooklyns – bis zu Norman Fosters bahnbrechendem Hearst Tower (2006) in Midtown, einem gezackten Glasturm, der aus einem Sandsteinbau aus den 1920er-Jahren wächst. Dazwischen gibt es eine Reihe faszinierender Entwürfe, wie Gehrys IAC Building (2007), ein wallendes, weißes Glasgebilde, das die New Yorker mit einer Hochzeitstorte vergleichen, und Renzo Pianos New York Times Building (2007), ein 52-stöckiges, mit Keramikstangen verkleidetes Gebäude. Renzo Piano entwarf auch das neue Haus des Whitney Museum im Meatpacking District, ein auffallend asymmetrisches Bauwerk, das

---

Die wichtigsten Gebäude

Chrysler Building

Grand Central Terminal

Morris-Jumel Mansion

Empire State Building

Temple Emanu-El

New Museum of Contemporary Art

2015 fertiggestellt sein soll. Acht Blöcke weiter nördlich steht Jean Nouvels Gebäude 100 Eleventh Ave (2009) mit Luxuseigentumswohnungen, das mit seiner überbordenden Anordnung abgewinkelter Fenster hervorsticht. Aber selbst Nouvels Statementbau kann dem dramatischen Design des Architekten Thom Maynes 41 Cooper Square (2009) im East Village nicht das Wasser reichen. Das Gebäude erweckt mit seinen Faltungen und Schlitzen den Eindruck eines Erdbebens in Bewegung und dient als perfekte Metapher für eine rastlose Megametropole, die unablässig auf Wiederaufbau und Neuerfindung drängt.

Eine Stadt in Rosa

New York City ist schwul und stolz darauf. Hier fand der Stonewall-Aufstand statt, hier blühte die moderne Schwulenrechtsbewegung auf, hier ging Amerikas erste Gay-Pride-Demo auf die Straße. Doch schon vor den Zeiten der modernen Schwulenbewegung hatte die Stadt etwas übrig für alles Schräge und Schrille – es gab Sexsaloons an der Bowery, sapphische Poesie im Village und Dragqueen-Bälle in Harlem. Das war zwar zeitweise ein harter Kampf – aber dafür war das Leben immer berauschend.

Die Anfänge
Subversives Treiben in den Villages

In den 1890er-Jahren hatte die raubeinige Lower East Side wegen ihrer skandalträchtigen Szene aus Tanzlokalen, Saloons und Freudenhäusern für die Herren „vom anderen Ufer" einen gewissen Ruf erlangt. Von der Paresis Hall in der 5th St Ecke Bowery bis zum Slide in der Bleecker St 157 boten diese Lokalitäten alles von spektakulären Transvestitenshows und Tanz bis zum Hinterzimmer für gleichgeschlechtliche Spielchen. Nichtgeoutete, bürgerliche Männer kamen heimlich mit dem Zug, um sich einen Schuss Kameradschaft, Verständnis und ungehemmten Spaß zu holen, der nur in diesen „Lasterhöhlen" zu haben war. Neugierige Heteros aus der Mittelschicht zog der Voyeurismus hierher.

Dank der niedrigen Mieten und romantisch verwinkelten Sträßchen begannen sich Anfang des 20. Jhs. Schriftsteller und Künstler in Greenwich Village anzusiedeln. Die Zwanglosigkeit und der Freigeist, für die die Gegend bekannt wurde, machte das Village zum gelobten Land für Schwule und Lesben. Hier gab es jede Menge Junggesellenwohnungen, eine tolerante Einstellung und – mit Beginn der Prohibition – eine ungehemmte Flüsterkneipenszene. In der MacDougal St waren zahlreiche Geschäfte in schwullesbischer Hand, darunter in Nummer 129 das legendäre Eve's Hangout. Die Teestube gehörte der jüdischen Einwanderin Eva Kotchever (Eve Addams) und war vor allem für zwei Dinge bekannt: Dichterlesungen und das Schild an der Tür mit der Aufschrift „Männer erlaubt, aber nicht erwünscht". Es war also kaum zu erwarten, dass Eve den Polizisten eine Runde Willkommensdrinks spendieren würde, als diese im Juni 1926 eine Razzia bei ihr durchführten. Wegen ihrer Anthologie *Lesbian Love* wurde sie wegen „Obszönität" angeklagt und nach Europa zurückverfrachtet. Drei Jahre später ehrte sie eine Theatergruppe in Greenwich Village mit der Aufführung einer Bühnenversion ihres Buchs *Play Mart* in einem Kellerraum in der Christopher St.

Divas, Dragqueens & Harlem

In den 1920er-Jahren hatte zwar auch der Times Square einen Ruf als Anziehungspunkt für Schwule (die meist in den Theatern, Restaurants und Flüsterkneipen der Umgebung arbeiteten), aber das heißeste Schwulenzentrum lag weiter nördlich in Harlem. Das Viertel hatte eine florierende Musikszene, darunter zahlreiche schwule und lesbische Künstler wie Gladys Bentley und Ethel Waters. Bentley (die gern Anzug trug und für ihre Liebhaberin-

---

Amerikas erste Demonstration für Schwulenrechte fand 1964 in New York statt. Der Aufmarsch vor dem Army Induction Center an der Whitehall St wurde von der Homosexual League of New York und der League for Sexual Freedom organisiert, die schwulenfeindlichen Richtlinien des Militärs zu beenden.

GESCHICHTE DER LGBT-BEWEGUNG

1927
Als Reaktion auf die zunehmende Präsenz von Schwulen am Broadway erlässt der Staat New York ein Gesetz zur Verhinderung „öffentlicher Obszönität" und verbietet Schwulen Bühnenauftritte und öffentliche Diskussionen.

1966
Am 21. April veranstaltet die Schwulenrechtsorganisation Mattachine Society ein „Sip-In" in der Julius Bar, dem ältesten Schwulenlokal der Stadt, um gegen das Ausschankverbot an Schwule, Lesben, Bi- und Transsexuelle zu protestieren.

1969
Eine Polizei-Razzia am 28. Juni im Stonewall Inn in Greenwich Village löst einen mehrtägigen Aufstand aus und markiert den Beginn der modernen Schwulenrechtsbewegung.

1987
ACT UP wird gegründet, um auf die Aids-Problematik hinzuweisen. Am 24. März organisieren die Aktivisten auf der Wall Street ihre erste Großdemo.

2011
Am 24. Juli tritt das New Yorker Ehegleichstellungsgesetz in Kraft. Gleich nach Mitternacht gibt sich ein lesbisches Paar aus Buffalo das Jawort.

2013
Schwulenfeindliche Übergriffe nehmen in New York seit 2012 massiv zu. Am 18. Mai wird ein 32-jähriger Schwuler in Greenwich Village misshandelt und erschossen.

nen ebenso bekannt war wie für ihren Gesang) stieg von Auftritten in Kellerclubs und Mietskasernenpartys zum Star einer Revue im berühmten Ubangi Club an der 133rd St auf, wo zu ihren Vorgruppen auch eine Revuenummer aus Damenimitatoren gehörte.

Noch bekannter waren die Dragqueen-Bälle, die in den wilden 1920er-Jahren sowohl bei schwulen als auch bei heterosexuellen New Yorkern ein Riesenhit waren. Der größte von allen war der Hamilton Lodge Ball, der einmal jährlich im protzigen Rockland Palace an der 155th St stattfand. Der sogenannte Faggot's Ball („Schwuchtelball") erlaubte es Schwulen und Lesben ganz legal in die Kleider des anderen Geschlechts zu schlüpfen und mit dem eigenen Geschlecht zu tanzen. Trendige „Normalos" konnten ihren Voyeurismus pflegen. Hauptattraktion des Abends war die Schönheitswahl, bei der die Dragqueens um den Titel der „Queen of the Ball" konkurrierten. Der schwule Schriftsteller Langston Hughes, einer der vielen New Yorker Literaten, die am Ball teilnahmen, nannte ihn ein „kaleidoskopisches Schauspiel". Hier war so ziemlich jeder anwesend, von Prostituierten bis zur feinen Gesellschaft, darunter auch die Astors und die Vanderbilts. Das Spektakel wurde sogar von der Presse kommentiert, die ausgeflippten Kleider waren Stadtgespräch.

Der Stonewall-Aufstand

Auf die relative Freizügigkeit des frühen 20. Jhs. folgte für mehrere Jahrzehnte eine konservative Zeit, geprägt von der Großen Depression, dem Zweiten Weltkrieg und dem Kalten Krieg. Senator Joseph McCarthy etwa war überzeugt, dass Homosexuelle im Auswärtigen Amt Amerikas Sicherheit und Kinder bedrohen würden. Gleichzeitig gab es härtere Polizeimaßnahmen gegen Homosexuelle in der Öffentlichkeit, womit die Szene in den 1940er- und 50er-Jahren noch weiter in den Untergrund gedrängt wurde. Die schon immer üblichen Razzien in Schwulenlokalen wurden häufiger.

Als jedoch in den frühen Morgenstunden des 28. Juni 1969 Polizisten in das schwulenfreundliche Stonewall Inn in Greenwich Village eindrangen, taten die Gäste das Undenkbare: Sie revoltierten. Sie hatten die Nase voll von den Schikanen und korrupten Polizisten, die sich von den Barbesitzern (meist Vertreter des organisierten Verbrechens) schmieren ließen, und begannen, die Beamten mit Münzen, Flaschen und Ziegelsteinen zu bewerfen und „Schwulenpower!" oder „We shall overcome" zu rufen. Unterstützt wurden sie von Dragqueens, die ihre Beine hochwarfen und ihren heute legendären Spruch skandierten: „Wir sind die Stonewall-Girls, wir machen uns Locken ins Haar, wir tragen keine Unterwäsche, wir zeigen unsere Schamhaare, wir tragen unsere Arbeitshosen über unseren Tuntenknien ..."

Die kollektive Wut und Solidarität brachten den entscheidenden Wendepunkt und entfachten hitzige Debatten über Diskriminierung. Dies war der zündende Funke für die moderne Schwulenrechtsbewegung – und zwar quer durch die USA und alle Länder der Erde von den Niederlanden bis nach Australien.

Im Schatten von Aids

Der LGBT-Aktivismus verschärfte sich Anfang der 1980er-Jahre, als HIV und Aids weltweit in die Schlagzeilen gerieten. Viele sahen Aids als „Schwulenkrebs" an und reagierten mit Ignoranz, Angst und moralischer Entrüstung, während Schwulenaktivisten wie Larry Kramer versuchten, die wachsende Epidemie zu bekämpfen. Aus seinen Bemühungen entstand 1987 die ACT UP (Aids Coalition to Unleash Power; Aids-Koalition zur Freisetzung von Kräften). Sie kämpfte gegen die herrschende Homophobie, die Gleichgültigkeit des damaligen Präsidenten Ronald Reagan und die Wucherpreise, die Pharmakonzerne für Aids-Medikamente verlangte. Am 14. September 1989 ketteten sich bei einer der gewagtesten Protestaktionen sieben ACT-UP-Demonstranten an den VIP-Balkon der New Yorker Börse. Sie verlangten, dass der Pharmakonzern Burroughs Wellcome den Preis des Aids-Medikaments AZT senken sollte, der damals noch bei unbezahlbaren 10 000 $ pro Patient und Jahr lag. Innerhalb weniger Tage wurde der Preis auf 6 400 $ pro Patient gesenkt.

A Chorus Line war das erste Musical, das die Schwulenthematik aufgriff. Die Show wurde 1975 im Shubert Theatre uraufgeführt und lief 15 Jahre lang.

Die Krankheit Aids hatte erhebliche Auswirkungen auf die New Yorker Künstlerszene. Unter den prominentesten Opfern waren der Künstler Keith Haring, der Fotograf Robert Mapplethorpe und der Modedesigner Halston. Andererseits entstanden großartige Theaterstücke und Musicals zum Thema Aids, die nicht nur weltweit gefeiert, sondern auch Teil des kulturellen Mainstreams in Amerika wurden. Einige Beispiele sind Tony Kushners politisches Epos *Engel in Amerika* und Jonathan Larsons Rockmusical *Rent*. Beide Werke gewannen sowohl Tony Awards als auch den Pulitzer-Preis.

Hochzeitsglocken und Alarmglocken

2011 kam der Kampf um die völlige Gleichstellung zwei riesige Schritte voran: Am 20. September wurde das US-Gesetz gegen die Beschäftigung bekennender Schwuler oder Lesben beim Militär nach jahrelangem Ringen aufgehoben. Drei Monate zuvor hatte Beharrlichkeit zu einem noch größeren Sieg geführt – dem Recht zu heiraten. Am 15. Juni wurde das Ehegleichstellungsgesetz mit einer Mehrheit von 80 zu 63 in der New York State Assembly bewilligt. Am 24. Juni, am Vorabend der New Yorker Gay-Pride-Demo, wurde bekannt gegeben, dass dieses Gesetz endgültige Gesetzesvorlage der Legislaturperiode sein sollte. Nach seiner Prüfung und Novellierung wurde die Vorlage mit 33 zu 29 Stimmen gebilligt und um 11.55 Uhr vom New Yorker Gouverneur Andrew Cuomo als geltendes Gesetz unterzeichnet.

Schwule Literatur

Tänzer der Nacht (Andrew Holleran)

Letzte Ausfahrt Brooklyn (Hubert Selby)

Eine andere Welt (James Baldwin)

City Boy (Edmund White)

Weniger Jubel verursachte 2013 der beträchtliche Anstieg von schwulenfeindlichen Übergriffen in New York. Allein im Mai gerieten fünf Angriffe in die Schlagzeilen, die von Beschimpfungen und Tätlichkeiten bis zu den tödlichen Schüssen auf den 32-jährigen Mark Carson aus Brooklyn reichten. Carson und ein Freund liefen am 18. Mai nach Mitternacht durch die 8th St in Greenwich Village, als sie von einer Gruppe Männer mit homophoben Beschimpfungen angegriffen wurden. Unter ihnen war der 33-jährige Ex-Häftling Elliot Morales, der die beiden fragte: „Wollt ihr jetzt sterben?" Dann erschoss er Carson aus nächster Nähe. Der Überfall veranlasste eine Mitternachtswache zur Erinnerung an Carson und war zugleich eine ernüchternde Mahnung, dass die Stadt den Kampf für volle Gleichberechtigung noch lange nicht gewonnen hat.

New York im Kino

New York hat eine lange und bewegte Leinwandgeschichte. Auf diesen Straßen verliebte sich im Film *Annie Hall* ein tolpatschiger Woody Allen in Diane Keaton, täuschte Meg Ryan in *Harry and Sally* ihren Orgasmus vor und entwickelte Sarah Jessica Parker in *Sex and the City* ihre Philosophie zu den Themen Partnersuche und Pumps von Jimmy Choo. Für Fans des amerikanischen Films und Fernsehens kann ein Spaziergang durch die City zum endlosen Déjà-vu denkwürdiger Szenen, Charaktere und Filmzitate werden.

Hollywood: Wurzeln & Konkurrenten

> Metro Goldwyn Mayers berühmtes Logo mit „Leo, dem Löwen" entwarf Howard Dietz. Inspiriert hatte den Publizisten das Maskottchen der Columbia University in New York, an der er Journalismus studiert hatte. 1928 kam das berühmte Löwengebrüll erstmals im Kinovorspann vor.

Unglaublich, aber wahr: Die Wiege der amerikanischen Filmindustrie steht an der Ostküste. Anfang des 20. Jhs. wurden hier Fox, Universal, Metro, Selznick und Goldwyn gegründet; lange, bevor man dazu überging, Western in Kalifornien und Colorado zu drehen, wurden sie in der (inzwischen verschwundenen) Wildnis von New Jersey gefilmt. In den 1920er-Jahren hatte der immerwährende Sonnenschein den Großteil der Filmindustrie nach Hollywood gelockt. Trotzdem blieb das Kommando „Licht, Kamera, Action!" in New York noch lange an der Tagesordnung.

Das Erbe von Kaufman Astoria

Herzstück der New Yorker Szene waren die noch heute aktiven Kaufman Astoria Studios in Queens. Der 1920 von Jesse Lasky und Adolph Zukor für ihre Famous Players-Lasky Corporation gegründete Komplex sollte eine ganze Reihe erfolgreicher Stummfilme ins Kino bringen, darunter *Der Scheich* (1921) und *Monsieur Beaucaire* (1924), beide mit dem gebürtigen Italiener und Mädchenschwarm Rudolph Valentino in der Hauptrolle, sowie *Manhandled* (1924) mit der frühen Filmdiva Gloria Swanson. Das 1927 in Paramount Pictures umbenannte Studio wurde dafür bekannt, Broadway-Stars den Sprung ins große Kino zu ermöglichen. Dazu gehörten u. a. die Marx Brothers sowie Fred Astaire und Ginger Rogers – Letztere gab ihr Filmdebüt als Charleston-Girl in *Young Man of Manhattan* (1930).

> Die berühmt-berüchtigte Szene in *Das verflixte 7. Jahr*, bei der sich Marilyn Monroe dank der kühlen Brise eines U-Bahn-Lüftungsschachts unter den Rock schauen lässt, wurde an der 586 Lexington Ave gedreht, vor dem inzwischen abgerissenen Trans-Lux 52nd Street Theatre.

1932 verlegte dann auch Paramount alle Spielfilmdreharbeiten nach Hollywood. Trotzdem blieb der Gebäudekomplex (nun unter dem Namen Eastern Services Studio) das Hauptquartier seiner Nachrichtenberichterstattung. In den 1930er-Jahren war das Studio auch bekannt für seine Kurzfilme und half Talenten wie George Burns, Bob Hope und Danny Kaye in den Sattel. Nach einem Intermezzo im Dienste der US Army, für die die Filmschmiede vom Zweiten Weltkrieg bis 1970 unter dem Namen US Signal Corps Photographic Center Propaganda- und Ausbildungsfilme drehte, wurden die Studios 1983 vom Immobilienmakler George S. Kaufman umbenannt in Kaufman Astoria Studios. Das modernisierte und vergrößerte Studio brachte diverse Streifen in die Kinos, darunter *Hinter dem Rampenlicht* (1979), *Brighton Beach Memoirs* (1986), *Die Frauen von Stepford* (2004) und *Men in Black III* (2012). In den 1980er-Jahren lebten hier die Huxtables in der *Bill Cosby Show* ihr bürgerliches Leben in Brooklyn und bis heute werden hier auch die beliebten Sendungen *Sesamstraße* und *Nurse Jackie* gedreht.

Jenseits von Astoria

Aber die Konkurrenz schläft nicht: In New York sind noch zahlreiche andere Film- und TV-Studios zu Hause. Die jüngst auf über 10 ha Fläche erweiterten Steiner Studios mitten im historischen Brooklyn Navy Yard sind der größte Studiokomplex östlich von Los Angeles. Zu den Filmerfolgen der Steiner Studios gehören bis dato *The Producers* (2005), *Zeiten des Aufruhrs* (2008), *Sex & the City* 1 und 2 (2008, 2010) sowie *Mr. Poppers Pinguine* (2011). Zahlreiche TV-Sendungen wurden ebenfalls hier gedreht, darunter *Pan Am* und Martin Scorseses hochgelobtes Gangsterdrama *Boardwalk Empire*. In Queens ist ein weiterer dicker Fisch zu Hause: die Silvercup Studios. Zu seinen größten Spielfilmerfolgen gehören z. B. Francis Ford Coppolas *Der Pate – Teil III* (1990), Woody Allens *Broadway Danny Rose* (1984) und *The Purple Rose of Cairo* (1985) sowie TV-Highlights wie das Mafiadrama *Die Sopranos* und die ebenso hochgelobte Comedy-Serie *30 Rock*, in der Tina Fey eine Autorin für TV-Sketche und Alec Baldwin den Boss der Sendeaufnahmen im Rockefeller Center spielt.

In Wirklichkeit ist das Rockefeller Center die Heimat von NBC TV. Dessen langjähriger Renner *Saturday Night Live* ist das Vorbild für Feys Sitcom *30 Rock*. Zu den weiteren Medienanstalten Manhattans gehören außerdem das Food und das Oxygen Network, beide im Chelsea Market untergebracht, sowie Miramax und Robert De Niros Tribeca Productions, die beide im Tribeca Film Center zuhause sind.

Neben den Studios und Sendezentralen gibt's in New York einige der besten Filmschulen: die NYU Tisch Film School, die New York Film Academy, die School of Visual Arts, die Columbia University und die New School. Aber nicht nur Studierende können etwas über das Filmhandwerk erfahren: Sowohl das Museum of the Moving Image in Astoria in Queens als auch das Paley Center for Media in Midtown Manhattan bieten Filmmaterial und Seminare zu vergangenen und laufenden Produktionen an.

Licht, Kulisse, Action!
Vom Downtown-Drama zur Midtown-Romanze

Den meisten Besuchern, die zum ersten Mal in New York sind, kommt die Stadt seltsam vertraut vor. Kein Wunder: Die Stadt ist öfter über die Leinwand geflimmert als alle Hollywooddiven zusammen, und viele seiner Wahrzeichen gehören genauso zur amerikanischen Filmkultur wie seine Kinopromis. Zum Beispiel die Staten Island Ferry, mit der die gemobbte Sekretärin Melanie Griffiths in *Working Girl* (1988) von der Vorstadt zur Wall Street schippert. Oder der Battery Park, wo Madonna in *Susan ... verzweifelt gesucht* (1985) Aidan Quinn und Rosanna Arquette betört. Oder das New York County Courthouse, wo die Bösewichter in *Wall Street* (1987) und *Good Fellas – Drei Jahrzehnte in der Mafia* (1989) ihre gerechte Strafe erhalten und das auch in Serienklassikern wie *Cagney & Lacey*, *NYPD Blue* und *Die Aufrechten - Aus den Akten der Straße* keine wichtige Rolle spielt. Die Serie heißt im Original *Law & Order* und wurde so berühmt für ihr Porträt der Stadt New York und ihrer Einwohner, dass sogar eine Straße nach ihr benannt wurde – der Law & Order Way, der zum Pier 62 an den Chelsea Piers führt.

Kaum ein Wahrzeichen war so oft im Kino zu sehen wie das Empire State Building, das für die dramatische Schlussszene aus *King Kong* (1933, 2005) wie auch für zahllose romantische Begegnungen auf der Aussichtsplattform bekannt ist. Mit am berühmtesten ist das nächt-

---

2013 wurden 59 TV-Sendungen in New York gedreht, darunter Erfolgsserien wie *Good Wife* und *Elementary* und langjährige Klassiker wie *Late Night with Jimmy Fallon* und *Saturday Night Live*. Die TV-Industrie der Stadt ist etwa 5 Mrd. $ wert, sorgt für über 100 000 Arbeitsplätze und beschäftigt über ein Drittel aller professionellen Schauspieler der USA.

Filmfestivals in New York

Dance on Camera (Januar/Februar)

New York International Children's Film Festival (März)

Tribeca Film Festival (April)

Human Rights Watch International Film Festival (Juni)

NewFest: LGBT Film Festival (Juli)

New York Film Festival (September/Oktober)

liche Treffen von Meg Ryan und Tom Hanks aus *Schlaflos in Seattle* (1993). Die Szene (gedreht in der echten Lobby, aber auf einem Nachbau der Aussichtsplattform) ist eine Art Hommage an den Film *Die große Liebe meines Lebens* (1959), in dem sich Cary Grant und Deborah Kerr versprechen, sich am Gipfel des Empire State Building zu treffen, um dort (hoffentlich) ihre Liebe zu besiegeln.

Weniger Glück hat Sarah Jessica Parker in *Sex and the City* (2008), die in ihrem Hochzeitskleid von Vivienne Westwood von einem nervösen Chris Noth an der New York Public Library stehen gelassen wird. Vielleicht hatte er zu oft *Ghostbusters* (1984) gesehen, dessen gruselige

DIE BESTEN NEW-YORK-FILME

Alle Filme aufzuzählen, die mit New York in Verbindung stehen, würde den Rahmen sprengen. Zur Anregung hier ein paar Filmhits:

Taxi Driver (Martin Scorsese, 1976) Mit Robert De Niro, Cybill Shepherd und Jodie Foster. De Niro spielt einen psychisch labilen Vietnamkriegsveteranen, dessen gewalttätige Impulse sich durch die Spannungen in der Stadt zuspitzen. Der witzige, deprimierende und brillante Klassiker erinnert ausdrucksstark daran, wie viel rauer es früher in New York zuging.

Manhattan (Woody Allen, 1979) Mit Woody Allen, Diane Keaton und Mariel Hemingway. In dieser cineastischen Liebeserklärung an die Stadt New York verliebt sich ein geschiedener New Yorker, der mit einer Highschool-Schülerin (gespielt von der piepsstimmigen Hemingway) liiert ist, in die Geliebte seines besten Freundes. Mit im Bild: romantische Ansichten der Queensboro Bridge und der Upper East Side.

Susan... verzweifelt gesucht (Susan Seidelman, 1985) Mit Madonna, Rosanna Arquette und Aidan Quinn. Eine Verwechslung führt eine gelangweilte Hausfrau aus New Jersey auf eine wilde Abenteuertour durch Manhattans schillernde Subkultur. Hier werden das East Village aus der Mitte der 1980er-Jahre und der längst verschwundene Club Danceteria wieder lebendig.

Summer of Sam (Spike Lee, 1999) Mit John Leguizamo, Mira Sorvino und Jennifer Esposito. Spike Lee setzt den Sommer des Jahres 1977 historisch korrekt in Szene, indem er die *Son-of-Sam*-Mordserie, den Stromausfall, die Rassenunruhen und das Unglück eines ausgehsüchtigen Paares aus Brooklyn miteinander verwebt. Unter anderem spielt die Handlung im CBGB und im Studio 54.

Engel in Amerika (Mike Nichols, 2003) Mit Al Pacino, Meryl Streep und Jeffrey Wright. Die Verfilmung von Tony Kushners Broadway-Stück erinnert an das Manhattan des Jahres 1985: brüchige Beziehungen, die Aidsepidemie und Ronald Reagans heimlich schwuler Berater Roy Cohn, der nichts dagegen unternahm, außer schließlich selbst krank zu werden. Die Charaktere bewegen sich durch New York, von Brooklyn über Lower Manhattan bis zum Central Park.

Party Monster (Fenton Bailey, 2003) Mit Seth Green und Macauley Culkin, der den berühmten, mordlustigen Partyveranstalter Michael Alig spielt. Der Film wirft einen beunruhigenden Blick auf die drogenlastige Clubkultur der späten 1980er-Jahre. Groß im Bild ist der frühere Club Limelight.

Precious – Das Leben ist kostbar (Lee Daniels, 2009) Mit Gabourey Sidibe in der Hauptrolle und nach dem Roman Push der Autorin Sapphire. Die ungeschönte Geschichte eines übergewichtigen, analphabetischen und von den Eltern missbrauchten Teenagers spielt in Harlem, inmitten der Straßenschluchten und der New Yorker Ghetto-Kultur.

Der große Gatsby (Baz Luhrmann, 2013) Mit Leonardo DiCaprio, Carey Mulligan, Joel Edgerton und Tobey Maguire. Die hochdramatische Adaption von F. Scott Fitzgeralds amerikanischem Romanklassiker wurde zwar größtenteils in Australien gedreht, zeigt aber anschaulich Glanz und Elend New Yorks während der Prohibition.

Tom's Restaurant (S. 269)

Anfangsszene zwischen den berühmten Marmorlöwen und im Rose Main Reading Room spielt. In *Die Thomas Crown Affäre* (1999) gibt sich das Foyer hinterlistig als Metropolitan Museum of Art aus, wo der diebische Playboy Pierce Brosnan in der sinnlichen Detektivin Rene Russo eine ebenbürtige Gegenspielerin findet. Gleich daneben am Brunnen des Bryant Park klärt die selbst ernannte Detektivin Diane Keaton in *Manhattan Murder Mystery* (1993) ihren Mann Woody Allen über ihren angeblich blutrünstigen alten Nachbarn auf. Erwartungsgemäß setzt Woody Allen eine ganze Reihe New Yorker Schauplätze in seinem Film in Szene, darunter den National Arts Club in Gramercy Park und Elaine's an der 1703 Second Ave (eines seiner eigenen früheren Stammlokale). In diesem inzwischen geschlossenen Restaurant in der Upper East Side erklärt Keaton Allen und den übrigen Tischgästen Alan Alda und Ron Rifkin ihre Verbrechenstheorie. Das Restaurant tauchte oft in Allens Filmen auf, etwa in *Manhattan* (1979) und *Celebrity* (1998).

Der Central Park spielte in zahllosen Filmszenen mit, z. B. beim Ruderbootsausflug von Barbra Streisand und Robert Redford im auf die Tränendrüsen drückenden Film *So wie wir waren* (1973). An den Park grenzend steht das Dakota Building (1 W 72nd St Höhe Central Park West), der Schauplatz des Thrillerklassikers *Rosemaries Baby* (1968). Ebenfalls in der Upper West Side liegt Tom's Restaurant (Broadway Höhe 112th St), dessen Fassade regelmäßig in *Seinfeld* zu sehen ist. Ein weiterer Star des Viertels ist das elegante Lincoln Center, in dem Natalie Portman im Psychothriller *Black Swan* (2010) langsam den Verstand verliert und wo die verliebten Brooklyner Cher und Nicolas Cage in *Mondsüchtig* (1987) ihr erstes Date haben. Dort, wo heute das Lincoln Center steht, standen früher nur heruntergekommene Mietskasernen, die im oskargekrönten Bandenkriegsmusical *West Side Story* (1961) auf die Zelluloid gebannt wurden.

Klassische Filmschauplätze

Central Park Zahllose Kurzauftritte, darunter in Woody Allens Annie Hall, Manhattan und Hannah und ihre Schwestern

64 Perry St Carrie Bradshaws Hausfassade in Sex & the City

Katz's Delicatessen Wo Meg Ryan ihren Orgasmus in Harry und Sally vortäuscht

Tom's Restaurant Double für Monk's Café in Seinfeld

Tiffany & Co Wo Audrey Hepburn in Frühstück bei Tiffany tagträumt

Tanz auf den Straßen

Das Kultmusical *Fame* (1980) tauscht Messer gegen Trikots und lässt die Studenten der New York High School of Performing Arts auf den Straßen von Midtown tanzen (womit sie allerdings nicht unbedingt für fließenden Stadtverkehr sorgen). Der Inhalt des Films war dem städtischen Board of Education (Bildungsausschuss) zu anstößig, sodass die Dreharbeiten an der High School of Performing Arts (damals in der 120 W 46th St) verboten wurden. Daraufhin wurde die Tür einer ungenutzten Kirche auf der anderen Straßenseite als Eingangstür der Schule und Haaren Hall (Tenth Ave Ecke 59th St) für die Innenaufnahmen verwendet.

Fame und *West Side Story* waren jedoch nicht die einzigen Filme, die New York in einen spontanen Tanzsaal verwandelten. In *On the Town* (1949) tänzeln und singen die staunenden Seeleute Frank Sinatra, Gene Kelly und Jules Munshin von der Freiheitsstatue über die Rockefeller Plaza zur Brooklyn Bridge und sehen dabei aus, als wären sie frisch von einem Gay-Pride-Wagen heruntergestiegen. Noch tuntiger wird's auf der gleichen Brücke in *The Wiz – Das zauberhafte Land* (1978) mit Diana Ross und Michael Jackson. Der Film ist eine bizarre Version des *Zauberers von Oz*, mit Munchkins im Flushing Meadows Corona Park und einer Smaragdstadt im Schatten der Zwillingstürme des World Trade Center. Im Jahr zuvor wurde die Brücke zum Ort der Reifeprüfung für den jugendlichen Schlaghosenträger John Travolta, der in *Saturday Night Fever* (1977) die Sicherheit seiner Brooklyner Heimat für die größeren und heller glitzernden Diskokugeln Manhattans aufgibt. Der absolute Knüller ist jedoch die Schlussszene von Terry Gilliams *König der Fischer* (1991), in dem die große Bahnhofshalle des Grand Central in einen Ballsaal mit Walzer tanzenden Pendlern verwandelt wird.

Touren zu Filmschauplätzen

Führungen zu Film- und TV-Drehorten, wie On Location Tours (S. 418), eignen sich bestens, um einige bekannte Filmschauplätze zu sehen, wie z. B. aus *Der Teufel trägt Prada*, *Spider-Man* oder *How I Met Your Mother*. Wer mag, kann die Touren auch auf eigene Faust unternehmen: Die wunderbar umfassende Website On the Set of New York (www.onthesetofnewyork.com) bietet kostenlose Location-Pläne von fast ganz Manhattan zum Runterladen an.

Praktische Informationen

VERKEHRSMITTEL & -WEGE **410**

AN- & WEITERREISE ... **410**

John F Kennedy International Airport 410
LaGuardia Airport 410
Newark Liberty International Airport 411
Port Authority Bus Terminal 411
Penn Station 412
Busbahnhöfe 412

UNTERWEGS VOR ORT **412**

Subway & Busse 413
Taxi 414
Fähre 415
Zug 415

ALLGEMEINE INFORMATIONEN ... **416**

Botschaften & Konsulate 416
Internetzugang 416
Feiertage 416
Geführte Touren 416
Geld 418
Internetzugang 419
Medizinische Versorgung 419
Notfälle 420
Öffnungszeiten 420
Post 420
Rechtsfragen 420
Reisen mit Behinderung 420
Sicherheit 420
Steuern 420
Strom 421
Telefon 421
Toiletten 421
Touristeninformation 421
Visa 422
Zeit 422
Zoll 422

SPRACHE **423**

Verkehrsmittel & -wege

AN- & WEITERREISE

New York rollt seinen roten Teppich an drei geschäftigen Flughäfen, zwei Hauptbahnhöfen und einem riesigen Busbahnhof aus, um jährlich 50 Mio. Gäste zu begrüßen, die gerne einmal vom Big Apple kosten wollen.

Aus den meisten amerikanischen und internationalen Großstädten gibt es Direktflüge nach New York. Von Los Angeles dauert der Flug sechs Stunden, von London und Amsterdam sieben und von Tokio vierzehn Stunden. Wer mit dem Zug anreist, erlebt eine besondere Mischung aus ländlichen und städtischen Kulissen, ohne unnötige Verkehrsstaus und lästige Sicherheitschecks ertragen zu müssen oder übermäßigen CO_2-Verbrauch zu verursachen.

Flüge, Zugtickets und Touren können online auf lonelyplanet.com/bookings gebucht werden.

John F Kennedy International Airport

Der **JFK Airport** (☏718-244-4444; www.panynj.gov) liegt 15 Meilen (24 km) von Midtown im Südosten von Queens, hat acht Terminals und fertigt jährlich fast 50 Mio. Passagiere aus aller Welt ab.

Taxi

Die gelben Taxis in Manhattan, die Yellow Cabs, fahren mit Taxameter zum Flughafen. Die Preise schwanken je nach Verkehrslage (in der Regel ca. 60 $), die Fahrt dauert 45 bis 60 Minuten. Von JFK aus verlangen Taxis einen Festpreis von 52 $ zu den meisten Zielen in Manhattan. Von und nach Brooklyn sollte der Preis bei etwa 45 $ (Coney Island) bis 65 $ (Zentrum Brooklyn) liegen. Für die Brückenüberquerung der Williamsburg Bridge, Manhattan Bridge, Brooklyn Bridge und Queensboro–59th St Bridge wird keine Maut verlangt, der Queens–Midtown Tunnel und der Hugh L Carey Tunnel (alias Brooklyn–Battery Tunnel) kosten in Richtung Manhattan 7,50 $.

Kleinbusse & private Fahrdienste

Kleinbusse, wie die von **Super Shuttle Manhattan** (www.supershuttle.com), kosten 20 bis 25 $ pro Person, je nach Fahrtziel. Private Fahrdienste kosten bei Fahrten zum Flughafen ab New York einen Festpreis von 45 $.

Expressbus

Der **NYC Airporter** (www.nycairporter.com) fährt ab JFK zur Grand Central Station, Penn Station oder zum Port Authority Bus Terminal. Die einfache Fahrt kostet 16 $.

Subway

Bei knapper Kasse ist die Subway das billigste, wenn auch langsamste Verkehrsmittel nach Manhattan. Vom Flughafen fährt der AirTrain (5 $, bezahlt wird beim Ausstieg) zum Sutphin Blvd–Archer Ave (Jamaica Station) mit Anschluss an die Linien E, J oder Z (oder die Long Island Rail Road). Zum Anschluss an die Linie A geht's weiter mit dem AirTrain zum Bahnhof Howard Beach. Die Linie E nach Midtown hat die wenigsten Haltestellen und braucht mindestens 90 Minuten bis Midtown.

Long Island Rail Road (LIRR)

Die Bahn ist das gemütlichste Verkehrsmittel in die Stadt. Vom Flughafen geht's mit dem AirTrain (5 $, bezahlt wird beim Ausstieg) zur Jamaica Station. Von dort fahren häufige Züge der LIRR zur Penn Station in Manhattan oder zum Atlantic Terminal in Brooklyn (nahe Fort Greene, Boerum Hill und dem Barclay Center). Von Bahnhof zu Bahnhof dauert die Fahrt etwa 20 Minuten. Die einfache Fahrt zur Penn Station oder zum Atlantic Terminal kostet jeweils 7,50 $ (9 $ zu Spitzenzeiten).

LaGuardia Airport

Der hauptsächlich für Inlandsflüge interessante Flughafen **LaGuardia** (LGA; ☏718-533-

3400; www.panynj.gov) ist kleiner als JFK, liegt aber nur acht Meilen (13 km) von Midtown Manhattan entfernt. In LaGuardia werden jährlich rund 26 Mio. Passagiere abgefertigt.

Taxi
Die ungefähr halbstündige Fahrt nach/von Manhattan kostet rund 42 $.

Privater Fahrdienst
Ein privater Fahrdienst berechnet für die Fahrt nach LaGuardia etwa 35 $.

Expressbus
Der **NYC Airporter** (www.nycairporter.com) kostet 13 $.

Subway/Bus
LaGuardia ist nicht so gut in das öffentliche Verkehrsnetz eingebunden wie die beiden anderen Flughäfen. Die günstigste Subway-Verbindung bietet der Bahnhof 74th St–Broadway (Linie 7 oder Linien E, F, M und R ab Bahnhof Jackson Hts–Roosevelt Ave) in Queens; von dort geht's weiter mit dem neuen Expressbus Q70 zum Flughafen (etwa 10 Min. zum Flughafen).

Newark Liberty International Airport
Wer einen Flug nach New York bucht, sollte auch New Jersey auf dem Radar haben.

Newark (EWR; ☎973-961-6000; www.panynj.gov) liegt etwa genauso weit von Midtown entfernt wie JFK (16 Meilen/26 km) und wird von vielen New Yorkern genutzt. Er fertigt jährlich um die 36 Mio. Passagiere ab.

Privater Fahrdienst
Ein privater Fahrdienst verlangt für die 45-minütige Fahrt von Midtown zwischen 45 und 60 $. Ein Taxi kostet ungefähr das Gleiche. Die teure Mautgebühr von 13 $ wird in Richtung Manhattan/NYC fällig, und zwar am Lincoln Tunnel (an der 42nd St), am Holland Tunnel (an der Canal St) und weiter nördlich an der George Washington Bridge. Günstigere Mautgebühren fallen auf einigen Highways in New Jersey an; wer sie umgehen will, bittet den Fahrer, Hwy 1 oder 9 zu nehmen.

Subway
Züge der NJ Transit (mit Anschluss an den AirTrain) zwischen dem Flughafen Newark (EWR) und der Penn Station in New York kosten für die einfache Fahrt 12,50 $ und brauchen 25 Minuten. Sie fahren alle 20 bis 30 Minuten zwischen 4.20 Uhr und ca. 1.40 Uhr; das Ticket sollte gut aufbewahrt werden, denn es muss beim Aussteigen am Flughafen vorgezeigt werden.

Expressbus
Newark Liberty Airport Express betreibt eine Buslinie zwischen Flughafen und Port Authority Bus Terminal, Bryant Park und Grand Central Terminal in Midtown (16 $ einfach, Fahrtdauer 45 Min.). Abfahrt alle 15 Minuten zwischen 6.45 und 23.15 Uhr, alle 30 Minuten zwischen 4.45 und 6.45 Uhr sowie 23.15 und 1.15 Uhr.

Port Authority Bus Terminal
Start und Ziel aller Fernbusse ist der mit fast 70 Mio. Fahrgästen pro Jahr verkehrsreichste Busbahnhof der Welt, der **Port Authority Bus Terminal** (Karte S. 466; ☎212-564-8484; www.panynj.gov; 41st St Höhe Eighth Ave; SA, C, E, N, Q, R, 1, 2, 3, & 7). Er wird u. a. von den folgenden Busunternehmen genutzt:

Greyhound (☎800-231-2222; www.greyhound.com) verbindet New York mit größeren Städten im ganzen Land.

Peter Pan Trailways (☎800-343-9999; www.peterpanbus.com) Tägliche Expressbusse nach Boston (einfach 18–32 $), Washington, D. C. (16–25 $) und Philadelphia (12–16 $).

ShortLine Bus (☎201-529-3666, 800-631-8405; www.coachusa.com) Fährt ins nördliche New Jersey und zu Zielorten im New York State (Rhinebeck 25,30 $, Woodbury Common 21 $).

KLIMAWANDEL & REISEN

Jede Art der motorisierten Fortbewegung erzeugt CO_2, den Hauptverursacher der globalen Erwärmung. Reisen ist in unserer Zeit nur noch schwer ohne Flugzeuge denkbar. Sie verbrauchen zwar weniger Treibstoff pro Kilometer und Person als die meisten Autos, legen aber viel größere Entfernungen zurück. Außerdem setzen sie Treibhausgase in hohen Schichten der Atmosphäre frei, was den Treibhauseffekt verstärkt. Viele Websites bieten sogenannte CO_2-Rechner, mit denen jeder selbst errechnen kann, wie viel Treibhausgase seine Reise produziert. Häufig wird gleichzeitig angeboten, die errechneten Emissionen durch finanzielle Unterstützung von klimafreundlichen Initiativen und Projekten in der ganzen Welt auszugleichen. Alle Reisen von Mitarbeitern und Autoren von Lonely Planet werden auf diese Weise kompensiert.

Penn Station

Von der **Penn Station** (☎212-582-6875, 800-872-7245; W 33rd St zw. Seventh & Eighth Ave) fahren alle Züge der **Amtrak** (☎800-872-7245; www.amtrak.com) ab, auch der Acela Express nach Princeton, NJ, und Washington, D. C. (die Expresszüge kosten doppelt so viel wie ein normaler Zug). Die Fahrpreise sind je nach Wochentag und Tageszeit unterschiedlich. In der Penn Station gibt es keine Gepäckaufbewahrung.

Long Island Rail Road (LIRR; ☎718-217-5477; www.mta.info/lirr; einfach nach Long Beach 9–12,50 $, „Summer Beach Getaway" inkl. Hin- & Rückfahrt mit Strandeintritt 23 $) Die Züge der Long Island Rail Road befördern etwa 300 000 Pendler pro Tag. Es bestehen Verbindungen von der Penn Station nach Brooklyn und Queens sowie auf Long Island. Die Fahrpreise richten sich nach unterschiedlichen Zonen. Eine Fahrt in der Rushhour von Penn Station bis Jamaica Station (mit dem AirTrain Richtung JFK) kostet 9,50 $ bei Kauf im Bahnhof (oder aber satte 16 $ im Zug!).

New Jersey Transit (☎800-772-2287; www.njtransit.com) Fährt ebenfalls von der Penn Station in die Vororte und an die Küste von New Jersey.

New Jersey PATH (☎800-234-7284; www.panynj.gov/path) Eine Möglichkeit, per Bahn New Jerseys nördlichere Ziele wie Hoboken und Newark zu erreichen. Die Züge (2,50 $) fahren von der Penn Station entlang der Sixth Ave mit Haltestellen an der 33th, 23rd, 14th, 9th und Christopher St sowie am wiedereröffneten World Trade Center.

CHINATOWN-BUSSE

Die irrwitzigen Chinatown-Busse aus der Gegend um die Canal St waren einst das billigste und vermutlich gefährlichste Verkehrsmittel für Fahrten nach Boston, Philadelphia, Washington, D. C. und anderen Orten an der Ostküste. Nach einigen tödlichen Unfällen im letzten Jahrzehnt (2011 kamen bei einem Unfall 15 Menschen ums Leben) ging die Federal Motor Carrier Safety Administration (Bundesbehörde für Verkehrssicherheit) gegen diese Buslinien rigoros vor. Einige sind noch illegal in Betrieb, selbst nachdem ihnen die Lizenz entzogen wurde; andere änderten schlichtweg ihre Namen und Logos. Ende 2013 fuhren nur noch zwei Busunternehmen (beide mit mangelhafter Sicherheitsüberprüfung): Eastern Travel und Lucky Star. Neue Billigbuslinien haben jedoch Genehmigungen beantragt (und erhalten) und werden zweifellos wieder den Betrieb aufnehmen. Allerdings sollte das Risiko bei Fahrten mit einem dieser Billigunternehmen berücksichtigt werden.

Metro-North Railroad (☎212-532-4900; www.mta.info/mnr) Das letzte Bahnunternehmen, das noch den Grand Central Terminal nutzt. Die Züge fahren nach Connecticut, Westchester County und in das Hudson Valley.

Busbahnhöfe

Immer mehr Billigbuslinien bieten ihre Dienste an Haltestellen rund um den Bahnhof **Penn Station** (☎212-582-6875, 800-872-7245; W 33rd St zw. Seventh & Eighth Aves) an:

BoltBus (☎877-265-8287; www.boltbus.com) BoltBus, ein Unternehmen von Greyhound, bietet kostenloses WLAN in seinen Bussen an (was manchmal sogar funktioniert). Sie fahren von New York nach Philadelphia, Boston, Baltimore und Washington, D. C. Die Fahrkarten kosten zwischen 10 bis 27 $, noch billiger werden sie (manchmal kosten sie sogar nur 1 $!), wenn sie entsprechend früh gekauft werden. Die Busse fahren in der W 33rd St zwischen 11th und 12th Ave ab, die nach Philadelphia, Baltimore und D. C. auch in der Sixth Ave in Downtown zwischen Grand und Watts St. Fahrkarten gibt es online.

megabus (☎877-462-6342; http://us.megabus.com) Megabus hat ebenfalls kostenloses (manchmal funktionierendes) WLAN und ähnliche Preise und verkehrt zwischen New York und u. a. Boston, Washington, D. C. und Toronto.

Vamoose (☎212-695-6766, 877-393-2828; www.vamoosebus.com) Die Busse fahren nach Arlington in Virginia (einfach 30 $) in der Nähe von Washington, D. C. Abfahrt ist an der Nordwestecke von Seventh Ave und W 30th St (vor dem Café Bagel Maven).

UNTERWEGS VOR ORT

Wer erst einmal angekommen ist, hat es relativ einfach, sich zurechtzufinden und von A nach B zu kommen. Die Subway ist preisgünstig, (meistens) effizient und bringt Fahrgäste über ihr 1062 km langes Schienennetz in fast jeden Winkel der Stadt. Alternativ kann man mit Bussen, Fähren, Zügen, Fahrradrikschas und den allgegenwärtigen gelben Taxis (die bei Regenwetter aber fast immer besetzt sind) durch die City kurven oder die Stadtgrenzen hinter sich lassen.

Am allerbesten lässt sich New York jedoch zu Fuß erkunden und auch Radfahrer erobern sich immer mehr Raum im Verkehr: Im Laufe der letzten Jahre sind Hunderte Kilometer neuer Radwege und Grünstreifen entstanden.

Subway & Busse

Das Schienennetz der legendären New Yorker Subway wird von der **Metropolitan Transportation Authority** (MTA; 718-330-1234; www.mta.info) betrieben, ist billig (pro Fahrt 2,50 $, egal wie lang die Strecke ist), fährt rund um die Uhr und ist oft das schnellste und zuverlässigste öffentliche Verkehrsmittel der Stadt. Inzwischen sind die Wagen auch sicherer und ein bisschen sauberer als noch vor ein paar Jahren.

Hilfreich sind die kostenlosen Pläne von einem der Bahnhofsangestellten. Wer ein Smartphone hat, kann sich die nützliche App Next-Stop mit Plänen, Warnungen vor Streckenausfällen und aktuellen Ankunftszeiten runterladen. Im Zweifel kann man auch Passanten fragen, die den Eindruck machen, als würden sie sich auskennen. Vielleicht haben sie selbst keinen Schimmer, aber die allgemeine Konfusion und Aufregung über den Subway-Wirrwarr ist ein großer gemeinsamer Nenner in dieser vielfältigen Stadt. Neulinge im New Yorker Untergrund sollten keine Kopfhörer tragen, um keine wichtigen Ansagen über

SPICKZETTEL FÜR DIE SUBWAY

Es folgen ein paar Tipps, um den Wahnsinn der New Yorker Subway zu begreifen:

Nummern, Buchstaben, Farben

Die farblich gekennzeichneten Subway-Strecken sind nach Buchstaben oder Nummern benannt. Auf den meisten fahren zwei bis vier Linien.

Express- & Lokalzüge

Viele Touristen machen den Fehler, dass sie aus Versehen in einen Expresszug einsteigen und so die gewünschte kleinere Haltestelle verpassen. Es ist wichtig zu wissen, dass auf allen farblich gekennzeichneten Strecken sowohl Lokal- als auch Expresszüge verkehren; Expresszüge halten nur an bestimmten Bahnhöfen in Manhattan (auf den Subway-Plänen mit einem weißen Kreis markiert). Beispiel: Auf der roten Strecke sind die 2 und 3 Expresszüge, der langsamere Lokalzug 1 hält auch an kleineren Bahnhöfen. Wer größere Entfernungen zurücklegen möchte – etwa von der Upper West Side zur Wall St – kommt mit einem Expresszug schneller ans Ziel (Abfahrt meistens am Bahnsteig gegenüber vom Lokalzug).

Den richtigen Eingang finden

Einige Bahnhöfe, darunter Spring St Station an der Linie 6 in SoHo, haben separate Eingänge für Züge Richtung Downtown und Uptown (auf die Schilder achten). Wer den falschen Eingang erwischt – was selbst alten Hasen unter den New Yorkern gelegentlich passiert –, muss entweder bis zu einem Bahnhof fahren, der kostenloses Umsteigen erlaubt, oder man pfeift auf die 2,50 $ und betritt den Bahnhof durch den richtigen Eingang (meistens auf der anderen Straßenseite). Zu beachten sind auch die grünen und roten Lampen über den Treppen an allen Bahnhofseingängen: Grün bedeutet, dass der Bahnhof rund um die Uhr geöffnet ist; Rot heißt, dass der Eingang zu bestimmten Zeiten geschlossen wird, meist am späten Abend.

Wochenendchaos

Am Wochenende werden alle Regeln auf den Kopf gestellt. Einige Linien werden mit anderen kombiniert, einige werden eingestellt, einige Bahnhöfe werden einfach durchfahren, an anderen wird plötzlich gehalten. Dann stehen Einheimische und Touristen gleichermaßen verdutzt oder auch wütend auf den Bahnsteigen. Wochenendfahrpläne sind auf der Website www.mta.info zu finden. Eine Beschilderung taucht manchmal erst auf, wenn der Bahnsteig schon erreicht ist.

Streckenänderungen oder ausfallende Stationen zu überhören.

MetroCard für Touristen

Die guten alten Wertmünzen der New Yorker Subway sind Geschichte, denn inzwischen wurde für alle Busse und Subways die gelb-blaue **MetroCard** (☎718-330-1234; www.mta.info/metrocard) eingeführt. Sie ist an Automaten erhältlich, die einfach zu bedienen und an allen Bahnhöfen mehrfach zu finden sind. Dort lassen sie sich auch mit Guthaben aufladen (Bargeld, Bank- oder Kreditkarte): einfach „Get new card" wählen und den Anweisungen folgen. Tipp: Wenn der Automat nach der (amerikanischen) Postleitzahl fragt, geben Ausländer einfach 99999 ein.

Die Karte selbst kostet 1 $. Dann wird eine von zwei Varianten der MetroCard gewählt: Bei der ersten („payper-ride") wird nach Fahrten bezahlt (Einzelfahrschein 2,50 $). Die MTA schlägt bei Karten im Wert ab 5 $ einen Bonus von 5 % auf. Wer also eine Karte für 20 $ kauft, hat letztlich ein Guthaben von 21 $. Die zweite Variante ist eine Zeitkarte („unlimited ride"), die sich für alle lohnt, die viel mit der Subway fahren (30 $ für sieben Tage). Für Touristen ist das sehr praktisch, vor allem wenn an einem Tag viele verschiedene Orte auf dem Programm stehen.

Die MetroCard erlaubt auch kostenloses Umsteigen zwischen Bussen.

Taxi

Wer in New York ein Taxi heranwinkt und die Fahrt übersteht, hat eine Art Reifeprüfung bestanden – vor allem mit einem Fahrer, der ein neurotischer Raser ist, was häufig passiert. (Anschnallen nicht vergessen!) Ansonsten sind die meisten Taxis in New York sauber und gar nicht so teuer im Vergleich mit vielen anderen internationalen Großstädten.

Die Tarife werden vom Dachverband **Taxi & Limousine Commission** (TLC; ☎311) festgelegt. Bezahlung ist auch per Bank- oder Kreditkarte möglich. Die Grundgebühr inklusive der ersten 0,2 Meilen (0,32 km) beträgt 2,50 $, danach werden für jede weitere Einheit von 0,2 Meilen 0,50 $ fällig; hinzu kommen noch einmal 0,50 $ pro 60 Sekunden Wartezeit im ruhenden Verkehr. Zur Rushhour (werktags 16–20 Uhr) wird 1 $ Zuschlag verlangt, der Nachtzuschlag (20–6 Uhr) beträgt 0,50 $. Außerdem gibt es einen New York State Aufschlag von 0,50 $ pro Fahrt. Das Trinkgeld beläuft sich normalerweise auf 10 bis 15 % – aber nur, wenn alles reibungslos abgelaufen ist. Man sollte sich grundsätzlich eine Quittung geben lassen, auf der bei Unstimmigkeiten die Lizenznummer des Fahrers notiert werden kann.

Gemäß den in der „Passenger's Bill of Rights" der TLC verankerten Vorschriften hat der Fahrgast das Recht, dem Fahrer die gewünschte Route vorzuschreiben und zu verlangen, dass der Fahrer das Rauchen einstellt oder einen nervenden Radiosender abschaltet. Der Fahrer hat nicht das Recht, eine Fahrt wegen des Fahrtziels zu verweigern. Tipp: Erst einsteigen und dann das Fahrtziel angeben.

Seit 2014 gelten neue Regeln für die Freizeichen der Taxis. Ist die Dachleuchte eingeschaltet, ist es frei. Ein Taxi im Regen, in der Rushhour und gegen 16 Uhr zu erwischen, wenn viele Fahrer Schichtwechsel machen, ist besonders schwer.

In den äußeren Stadtbezirken sind private Fahrdienste eine verbreitete Alternative zu den gelben Taxis. Der Fahrpreis unterscheidet sich je nach Bezirk und Entfernung des Fahrtziels und wird im Voraus vereinbart, denn die Fahrzeuge haben kein Taxameter. Diese „black cars" sind in Brooklyn und Queens weit verbreitet. Es ist jedoch verboten, dass ein Fahrer einfach anhält und von sich aus eine Fahrt anbietet, egal in welcher Gegend. Zwei Anbieter sind **Northside** (Karte S. 474; ☎718-387-2222; 207 Bedford Ave) in Williamsburg und **Arecibo** (Karte S. 478; ☎718-783-6465; 170 Fifth Ave Höhe Degraw St) in Park Slope.

CITI BIKE

Hunderte Meilen ausgewiesener Fahrradwege wurden unter Bürgermeister Bloombergs sehr fahrradfreundlicher Administration in der ganzen Stadt angelegt. Und, womöglich sogar noch bedeutsamer, sie führte im Sommer 2013 **Citi Bike** (www.citibikenyc.com; 24 Std./ 7 Tage 11/27 $) ein, das lang erwartete öffentliche Fahrradverleihsystem, das größte in den USA.

In Hunderten Stationen in Manhattan und Teilen von Brooklyn stehen die leuchtend blauen und sehr stabilen Fahrräder, die bis zu 30 Minuten kostenlos geliehen werden können; danach kostet es. Strecken und Fahrradwege für jeden Stadtbezirk gibt es auf **NYC Bike Maps** (www.nycbikemaps.com). Stadtpläne und individuelle Fahrtrouten von A nach B können auf **NYC DOT** (www.nyc.gov/html/dot/html/bicyclists/bikemaps.shtml) runtergeladen werden. Kostenlose Fahrradkarten sind auch in den meisten Fahrradläden erhältlich.

Boro Taxis

Seit 2013 gibt es in den äußeren Stadtbezirken und in Upper Manhattan die hellgrünen Boro Taxis. Sie bieten einen Taxiservice in Stadtteilen, in denen „Yellow Cabs" nur selten verkehren. Sie haben die gleichen Preise und Merkmale wie die gelben Taxis und sind ein gutes Verkehrsmittel für die äußeren Stadtbezirke (z. B. von Astoria nach Williamsburg oder von Park Slope nach Red Hook). Die Fahrer der Boro Taxis machen nur ungern Fahrten nach Manhattan (sind aber dazu verpflichtet), da es ihnen nicht gestattet ist, auf dem Rückweg aus Manhattan Fahrgäste ab südlich der 96th St aufzunehmen.

Fähre

Die **East River Ferry** (www.eastriverferry.com) pendelt das ganze Jahr über zwischen verschiedenen Standorten in Manhattan, Queens und Brooklyn. **New York Water Taxi** (212-742-1969; www.nywatertaxi.com; Hop-on-hop-off-Service Tageskarte 26 $) bietet einen Service mit schnellen gelben Booten in Manhattan und Brooklyn mit beliebigem Ein- und Ausstieg.

Eine größere Fähre, die den New York Harbor kreuzt, ist die kostenlose **Staten Island Ferry** (Karte S. 444; www.siferry.com; Whitehall Terminal Höhe Whitehall & South St; 24 Std. S 1 bis South Ferry) GRATIS. Die orangefarbenen Schiffe werden vorwiegend von Pendlern genutzt.

Zug

Long Island Rail Road (LIRR; www.mta.nyc.ny.us/lirr), **New Jersey Transit** (www.njtransit.state.nj.us) und **New Jersey PATH** (800-234-7284; www.panynj.gov/path) bieten nützliche Verbindungen in und um New York City.

Allgemeine Informationen

Botschaften & Konsulate

Da die UNO ihren Sitz in New York hat, unterhalten fast alle Staaten der Welt eine diplomatische Vertretung in Manhattan. Adressen stehen in den *Yellow Pages* unter der Rubrik „Consulates".

Für den deutschsprachigen Raum sind die folgenden Vertretungen zuständig:

Deutschland (212-610-9700; www.germany.info; 871 UN Plaza, 1st Ave zw. 49th & 48th St; Mo-Fr 9-12 Uhr; S 4/5/6 bis Grand Central-42nd St)

Österreich (212-933-5140; www.austria-ny.org; 31 East 69th Street zw. Park & Madison Ave; Mo-Fr 9-12 Uhr)

Schweiz (212-933-5140; www.eda.admin.ch/newyork; 633 Third Ave, 30. Stock; Mo-Fr 8.30-12 Uhr)

Feiertage & Ferien

Nachstehend eine Liste der für New York wichtigen Feiertage und Sonderveranstaltungen. Möglicherweise sind einige Geschäfte an diesen Tagen geschlossen und die Straßen von Menschenmassen bevölkert. Plätze in Hotels und Restaurants werden dann oft knapp.

Neujahr 1. Januar
Martin Luther King Day Dritter Montag im Januar
Presidents' Day Dritter Montag im Februar
Ostern März/April
Memorial Day (Gedenktag für Kriegsgefallene) Ende Mai
Gay Pride (Schwulenparade) Letzter Sonntag im Juni
Independence Day (Unabhängigkeitstag) 4. Juli
Labor Day (Tag der Arbeit) Anfang September
Rosh Hashanah und Yom Kippur (jüdische Feiertage) Mitte September bis Mitte Oktober
Halloween 31. Oktober
Thanksgiving (Erntedankfest) Vierter Donnerstag im November
Weihnachten 25. Dezember
New Year's Eve (Silvester) 31. Dezember

Geführte Touren

Es gibt unzählige geführte Touren überall in der Stadt. Nachstehend führen wir einige der beliebtesten auf; weitere Empfehlungen stehen in den entsprechenden Abschnitten der Stadtviertel-Kapitel.

Sidetour (www.sidetour.com; Touren 50-60 $) Sidetour bietet einzigartige Führungen abseits der Touristenpfade für Leute an, die mehr über New York erfahren wollen. Die Auswahl an Touren ist enorm: eine Jazz-Session in einem Brownstone in Brooklyn, eine multikulturelle Feinschmeckertour durch Astoria, eine Kunsttour durch die Met oder in Galerien in Chelsea oder eine Tour zur Straßenkunst in der Lower East Side. Auch Kurse werden angeboten, u. a. für Metallarbeiten, Beatboxing, Fotografie, Bierbrauen, Zeichnen oder Origami. Auf der Website ist die ganze Palette aufgeführt.

Big Apple Greeter Program (212-669-8159; www.bigapplegreeter.org) Einen tieferen Einblick in New York bieten die Stadtspaziergänge durch Viertel nach Wahl mit einem ehrenamtlichen Einheimischen, der mit großer Begeisterung seine Stadt zeigt. Alle möglichen Wünsche werden erfüllt, beispielsweise behindertengerechte Führungen zu Sehenswürdigkeiten der Stadt, die auch per Rollstuhl zugänglich sind. Auch Guides mit Fremdsprachenkenntnissen und Führungen in Gebärdensprache sind im Angebot. Die Touren müssen Wochen im Voraus gebucht werden.

Bike the Big Apple (877-865-0078; www.bikethebigapple.com; Touren inkl. Fahrrad & Helm um 95 $) Mit dem Fahrrad lassen sich größere Strecken zurücklegen als zu Fuß – und sind auch gut für die Fitness. Der von NYC & Company (der offiziellen Tourismusbehörde von New York City und Betreiberin der Website www.nycgo.com) empfohlene Veranstalter bietet zehn feste Touren an. Die beliebteste ist die sechsstündige *Ethnic Apple Tour*, die über 24 km durch Teile von

PRAKTISCH & KONKRET

Zeitschriften
Magazine, die ein gutes Gefühl dafür vermitteln, wie New York City tickt:

New York Magazine (www.nymag.com) Eine zweiwöchentlich erscheinende Zeitschrift mit Reportagen und umfassenden Veranstaltungstipps sowie einer hervorragenden Website.

New Yorker (www.newyorker.com) Das anspruchsvolle Wochenmagazin widmet sich politischen und kulturellen Themen mit besonders langen Reportagen und veröffentlicht auch Erzählungen und Gedichte.

Time Out New York (http://newyork.timeout.com) Ein Wochenmagazin mit allem, was läuft; dazu gibt's Artikel und Interviews aus der Kulturszene.

Zeitungen
Der Blätterwald ist in New York besonders dicht – aber das ist in einer Welthauptstadt der Medien ja auch nicht anders zu erwarten. Eine Auswahl an Tageszeitungen und Zeitschriften:

New York Post (www.nypost.com) Bekannt für plakative Aufmacher, konservative politische Ansichten und die Klatschkolumne auf Seite sechs.

New York Times (www.nytimes.com) Nach einer Verjüngungskur macht die „graue Lady" mit neuen Rubriken über Technik, Kunst und Gastroszene von sich reden.

Village Voice (www.villagevoice.com) Seit die legendäre *Voice* der überregionalen privaten Mediengruppe New Times gehört, hat sie etwas an Biss verloren, bellt aber so laut wie eh und je.

Wall Street Journal (www.wallstreetjournal.com) Die Frühstückslektüre der Intellektuellen mit Schwerpunkt Finanzen; unter der Ägide des neuen Besitzers, Medienmogul Rupert Murdoch, mausert sich das Blatt dank einer breiter gefächerten Berichterstattung zur Konkurrentin der *Times*.

Radio
New York hat einige exzellente Radiosendungen jenseits der kommerziellen Popmusiksender. Ein ausgezeichnetes Programmheft veröffentlicht die *New York Times* in der Sonntagsausgabe unter der Rubrik „Entertainment". Besonders hörbar sind **WNYC** (820-AM & 93.9-FM; www.wnyc.org), New Yorks öffentliche Radiostation, die zur Senderfamilie National Public Radio (NPR) gehört und eine bunte Mischung aus lokalem und nationalem Talk, Interviews und Unterhaltungssendungen bietet. Die Station auf FM sendet tagsüber klassische Musik.

Rauchen
Rauchen ist an allen öffentlichen Plätzen der Stadt verboten, einschließlich Subway, Restaurants, Bars, Taxis und Parks.

Queens, den Norden Brooklyns und die Lower East Side in Manhattan führt. Weitere Touren besuchen Little Italy (Bronx), diverse Stadtparks oder die Schokoladengeschäfte von Brooklyn; hinzu kommen noch mehrere Nachttouren.

Circle Line Boat Tours (Karte S. 466; 212-563-3200; www.circleline42.com; Pier 83, 42nd St Höhe Twelfth Ave; Bootstouren 30–40 $; S A/C/E bis 42nd–Port Authority) Der Klassiker unter den Bootsrundfahrten führt an allen großen Sehenswürdigkeiten der fünf Stadtbezirke vorbei. Es gibt eine Bar an Bord und besonders die 90-minütige Abendkreuzfahrt ist für ihre Partyatmosphäre bekannt. Weitere Angebote sind eine 2½-stündige Tour um die ganze Insel und eine 90-minütige „halbe" Fahrt. Von Mai bis Oktober gibt's auch die aufregenden 30-minütigen Fahrten mit dem Schnellboot *Beast*.

Foods of New York (212-913-9964; www.foodsofny.com; Touren 52–65 $) Die offizielle Feinschmeckertour von NYC & Company veranstaltet diverse dreistündige Führungen durch die Delis und Restaurants im West Village, in Chelsea, Chinatown oder Nolita. Zum mobilen Festmahl gehören französisches Baguette, frische italienische Pasta, Sushi, Käsesorten aus aller Welt, echte New Yorker Pizza, Fisch aus einheimischen Gewässern und frische Backwaren.

Gray Line (212-397-2620; www.newyorksightseeing.com; 44–60 $) Dieser allgegenwärtige Veranstalter von Stadtrundfahrten ist dafür verantwortlich, dass es in New Yorks Straßen von den roten Doppeldeckerbussen wimmelt, die bei Einheimischen nicht sehr beliebt sind. Für einen Überblick über die Stadt sind sie aber nicht schlecht. Das

Unternehmen bietet verschiedene Routen an, die besten sind die beiden beliebten Rundfahrten durch Manhattan mit beliebigem Ein- und Ausstiegsort. Der Kommentar wird in mehreren Sprachen geliefert, darunter Spanisch, Französisch, Deutsch, Italienisch und Japanisch.

Liberty Helicopter Tours (Karte S. 466; 1-800-542-9933; www.libertyhelicopters.com; Pier 6, East River, Lower Manhattan; pro Pers. für 15 Min. 150 $; S 1 bis South Ferry, R bis Whitehall St) Sich einmal wie Donald Trump fühlen und New York aus der Vogelperspektive genießen: Wer mit dem Hubschrauber über die Wolkenkratzer Manhattans fliegen will, muss allerdings tief in die Tasche greifen.

Municipal Art Society (Karte S. 462; 212-935-3960; www.mas.org; 111 W 57th St; Touren Erw./Kind 20/15 $; S F bis 57th St) Bietet zu festen Zeiten verschiedene Touren zur Architektur und Geschichte der Stadt.

New York Gallery Tours (Karte S. 458; 212-946-1548; 526 W 26th St Höhe Tenth Ave; Touren 20 $; S C/E bis 23rd St) Die vielen modernen Kunstgalerien in Chelsea sind ein Muss – aber wo anfangen? Diese ausgezeichnete Führung zeigt mehrere Galerien und liefert dabei interessante Hintergrundinformationen. Zusätzlich werden schwullesbische Touren mit Schwerpunkt „Homosexuelle Ästhetik" angeboten.

On Location Tours (212-683-2027; www.screentours.com; Touren um 45 $) Wer sich als Fan von *Sex and the City* auf die Treppe zu Carries Apartment setzen oder das Designstudio aus *Will & Grace* besichtigen möchte, wird von diesem Tourveranstalter an verschiedene Locations geführt, u. a. von *Gossip Girl*, *Sex and the City*, *Die Sopranos* oder von Filmen, die im Central Park gedreht wurden. Ein paar Touren werden auch in deutscher Sprache angeboten.

Straydoots (877-787-2929; www.strayboots.com; Touren ab 12 $) Eine Mischung aus Stadtrundgang auf eigene Faust und Schnitzeljagd, mit der sich New-York-Novizen im Stadtviertel ihrer Wahl orientieren können. Das Tempo der Tour bestimmt jeder selbst, denn erst nach Eintippen der richtigen Antwort ins Handy bekommt man den nächsten Hinweis. Es lohnt sich, die App runterzuladen.

Wildman Steve Brill (914-835-2153; www.wildmanstevebrill.com; gestaffelte Preise bis 20 $) New Yorks bekanntester Naturforscher (die Spezies gibt es tatsächlich!) führt seit über 20 Jahren Naturliebhaber auf der Suche nach Essbarem durch die New Yorker Parks. Im Central Park, Prospect Park, Inwood Park und vielen anderen werden natürliche Nahrungsquellen identifiziert, darunter Sassafras, Sternmieren, Ginkgonüsse, Knoblauch und Pilze.

Geld

In New York City kann ausschließlich mit US-Dollar bezahlt werden. Bank- und Kreditkarten werden fast überall akzeptiert, aber einige Restaurants und Cafés nehmen nur Bargeld. Es ist sinnvoll, sowohl Karten als auch Bargeld dabei zu haben.

Geldautomaten

Geldautomaten gibt's in New York wie Sand am Meer. Bei Banken stehen oft ein Dutzend Automaten im meist rund um die Uhr zugänglichen Eingangsbereich. Auch viele Delis, Restaurants, Bars und Lebensmittelläden bieten diesen Service, nehmen dafür aber gepfefferte Gebühren, im Schnitt 3 $, manchmal auch bis 5 $.

Die meisten New Yorker Banken sind mit dem New York Cash Exchange (NYCE) vernetzt und ihre Karten werden von allen Automaten akzeptiert. Bei Karten von Banken, die diesem Verbund nicht angehören, wird ebenfalls eine Bearbeitungsgebühr fällig.

Geldumtausch

Zahlreiche Banken und Wechselbüros in der ganzen Stadt und an den Flughäfen tauschen Fremdwährungen zum aktuellen Wechselkurs.

Travelex (212-265-6049; 1578 Broadway Höhe 47th St; Mo–Sa 9–19, So 9–17 Uhr) Neben diesem Wechselbüro am Times Square gibt's noch sieben weitere Niederlassungen in New York.

Kreditkarten

Die meisten Hotels, Restaurants und Läden akzeptieren bekannte Kreditkarten. Bestimmte Transaktionen (z. B. Eintrittskarten kaufen oder ein Auto mieten) sind ohne Kreditkarte oft gar nicht möglich.

Visa, MasterCard und American Express sind die gängigsten Karten. An Orten, wo Visa und Master Card akzeptiert werden, reicht auch die einfache EC-Karte, mit der der entsprechende Betrag direkt vom Konto abgebucht wird. Allerdings ist es besser, sich vorher von seiner Bank bestätigen zu lassen, dass die EC-Karte auch im Ausland gilt – bei großen Geldinstituten ist das meist weltweit der Fall. Manche deutsche Institute schalten die EC-Karte allerdings erst auf Antrag für Länder außerhalb der Euro-Zone frei, daher unbedingt rechtzeitig nachfragen!

Wem die Karte gestohlen wird oder anderweitig abhandenkommt, der sollte umgehend sein Kreditinstitut kontaktieren. Nachfolgend die gebührenfreien Notfallnummern der bekanntesten Firmen:

American Express (📞800-528-4800)
Discover (📞800-347-2683)
MasterCard (📞800-622-7747)
Visa (📞800-847-2911)

Trinkgeld

Trinkgeldtipps siehe Kapitel „Gut zu wissen" auf S. 18.

Internetzugang

Es gibt kaum eine Unterkunft in New York, die kein WLAN anbietet, allerdings nicht immer kostenlos. Freien Zugang gibt's in öffentlichen Parks wie High Line, Bryant Park, Battery Park, Tompkins Square Park und Union Square Park. Internetzugang gibt es in stadtweiten Filialen von **Staples** (www.staples.com) und **FedEx Kinko** (www.fedexkinkos.com), ebenso in Apple Stores (www.apple.com).

Die **New York Public Library** (📞212-930-0800; www.nypl.org/branch/local; E 42nd St, Höhe Fifth Ave; SB, D, F oder M bis 42nd St–Bryant Park) bietet kostenlosen Internetzugang für Laptopbesitzer und Zugang für eine halbe Stunde an den hauseigenen Rechnern an fast allen Standorten in der Stadt. Mehr Infos auf der Website.

NYC Wireless (www.nycwireless.net) Eine lokale WLAN-Aktivistengruppe mit einem Online-Stadtplan, auf dem kostenlose Hotspots, allerdings mit Anmeldung, verzeichnet sind.

Weitere öffentliche Orte mit kostenlosem WLAN:

Columbia University (Karte S. 472; www.columbia.edu; Broadway Höhe 116th St, Morningside Heights; S1 bis 116th St–Columbia University)

South Street Seaport (Karte S. 444; www.southstreetseaport.com; SA/C, J/Z, 2/3, 4/5 bis Fulton St)

Medizinische Versorgung

Vor der Abreise sollte bei der Krankenversicherung nachgefragt werden, welche Art medizinischer Versorgung im Ausland übernommen wird. Auch eine Reiseversicherung kann sehr nützlich sein, weil abgesehen von Notfällen alle Behandlungen in den USA sehr teuer werden können, wenn man keine Versicherung hat. Wer in einem Krankenhaus behandelt werden möchte, muss eine Krankenversicherung nachweisen oder genügend Bargeld dabei haben. Doch selbst mit Versicherung wird man die Kosten in der Regel erst einmal aus eigener Tasche auslegen müssen, was beim Erstattungsantrag bei der heimischen Versicherung ziemlich nervig werden kann.

Kliniken

Bolte Medical Urgent Care Center (📞212-588-9314; www.boltemedical.com; 141 E 55th St Höhe Lexington Ave; ⊙Mo–Fr 9–20, Sa & So bis 17 Uhr; S6 bis 51st St; E, V bis Lexington Ave–53rd St) Bietet noch am selben Tag Termine zur Diagnose von Krankheitsbildern.

Callen-Lorde Community Health Center (📞212-271-7200; www.callen-lorde.org; 356 W 18th St zw. Eighth & Ninth Ave; SA/C/E, L bis 8th Ave-14th St) Die Klinik ist spezialisiert auf Schwule, Lesben, HIV-Infizierte und Aids-Kranke und behandelt alle, unabhängig von deren Zahlungsfähigkeit.

Duane Reade Walk-in Medical Care (www.drwalkin.com) Diese Praxis für unangemeldete Patienten ist ein neuer Service dieser Apothekenkette mit sechs Filialen in Manhattan. Für Diagnosen und Behandlungen stehen Krankenhausärzte zur Verfügung.

New York County Medical Society (📞212-684-4670; www.nycms.org) Wer hier anruft, bekommt die für sein Problem (und für seine Sprache) zuständigen Ärzte empfohlen.

Planned Parenthood (📞212-965-7000; www.plannedparenthood.org; 26 Bleecker St; SB/D/F/V bis Broadway-Lafayette St; 6 bis Bleecker St) Familienplanung, Geschlechtskrankheiten und gynäkologische Behandlungen.

Travel MD (📞212-737-1212; www.travelmd.com) Medizinische Versorgung für Touristen; auch Hausbesuche im Hotel.

Notaufnahmen

Notfalldienste können stressig und langsam sein (außer in wirklich akuten Fällen); die Notaufnahme sollte vermieden werden, wenn es andere medizinische Dienste zur Versorgung gibt.

Bellevue Hospital Center (📞212-562-5555; 462 First Ave Höhe 27th St; S6 bis 28th St)

Lenox Hill Hospital (📞212-434-2000; 100 E 77th St Höhe Lexington Ave, Upper East Side; S6 bis 103rd St)

Mount Sinai Hospital (📞212-241-6500; 1190 Fifth Ave zw. 98th & 101st St; S6 bis 103rd St)

New York-Presbyterian Hospital (📞212-305-2500; 630 W 168th St Höhe Ft Washington Ave; SA/C, 1 bis 168th St)

Apotheken

New York hat unzählige rund um die Uhr geöffnete Apotheken, die neben rezeptfreien Medikamenten auch alle möglichen anderen Artikel verkaufen. Die Öffnungszeiten der Schalter für verschreibungspflichtige Medikamente sind meist kürzer. Zu den größten Apothekenketten gehören (Standorte stehen auf den Websites):

CVS (www.cvs.com)
Duane Reade (www.duanereade.com)
Rite Aid (www.riteaid.com)
Walgreens (www.walgreens.com)

Notfälle

Polizei, Feuerwehr, Notarzt (☏911)
Giftnotruf (☏800-222-1222)

Öffnungszeiten

Abweichende Öffnungszeiten werden in den jeweiligen Abschnitten der Stadtviertel-Kapitel aufgeführt. Üblicherweise gelten folgende Öffnungszeiten:

Banken Mo–Fr 9–18, einige auch Sa 9–12 Uhr
Bars 17–4 Uhr
Firmen Mo–Fr 9–17 Uhr
Clubs 22–4 Uhr
Restaurants Frühstück gibt es von 6 bis 11 Uhr, Mittagessen von 11 bis etwa 15 Uhr und abends wird von 17 bis 23 Uhr serviert. Der beliebte Brunch am Wochenende dauert von 10 bis 14 Uhr, manchmal auch länger.
Läden Wochentags 10 bis etwa 19 Uhr, samstags 11 bis etwa 20 Uhr, sonntags variabel – einige Geschäfte bleiben geschlossen, während andere wie unter der Woche geöffnet haben. In den Vierteln im Stadtzentrum haben die Geschäfte meist länger auf.

Post

Aktuelle Infos zu Preisen und Standorten von Filialen stehen auf der Website des **US Postal Service** (www.usps.com).

Rechtsfragen

Wer verhaftet wird, hat das Recht, die Aussage zu verweigern. Niemand kann gezwungen werden, mit einem Polizisten zu sprechen, weil bekanntlich jede Aussage „gegen die Person verwendet werden kann und wird". Entfernen darf sich der Beschuldigte allerdings nur, wenn er dazu ausdrücklich die Genehmigung des Polizisten erhalten hat. Außerdem hat jeder das Recht auf ein Telefonat. Wer weder Anwalt noch Familienmitglied greifbar hat, ruft am besten sein Konsulat an. Die Nummer gibt's auf Anfrage bei der Polizei.

Reisen mit Behinderung

Die US-Bundesgesetze schreiben vor, dass alle Regierungsbehörden und -einrichtungen für Behinderte barrierefrei sein müssen. Wer Informationen zu bestimmten Orten braucht, wendet sich an das **Office for People with Disabilities** (Büro für Menschen mit Behinderungen, ☏212-639-9675; ◷ Mo–Fr 9–17 Uhr), eine Abteilung des Bürgermeisteramts, und bittet um die Zusendung der Gratisbroschüre Access New York.

Eine weitere gute Anlaufstelle ist die **Society for Accessible Travel & Hospitality** (SATH; Gesellschaft für behindertengerechte Reisen und Unterkünfte; ☏212-447-7284; www.sath.org; 347 Fifth Ave Höhe 34th St, New York, USA, Suite 605; ◷9–17 Uhr; ⓂM34 bis 5th Ave, M1 bis 34th St, Ⓢ6 bis 33rd St) mit Reisetipps für Rollstuhlfahrer, Nierenkranke, Seh- und Hörbehinderte.

Informationen über die Barrierefreiheit von Subway und Bussen gibt es telefonisch oder persönlich bei **Accessibility Line** (☏511; http://web.mta.info/accessibility/) oder auf www.nycgo.com/accessibility.

Sicherheit

Seit Jahren ist die Kriminalitätsrate in New York City erfreulich niedrig. Es gibt nur noch wenige Neighborhoods, die des Nachts angsteinflößend wirken (hauptsächlich in den äußeren Stadtbezirken). Subway-Stationen sind ebenfalls weitgehend sicher, aber auch hier kann es in einigen äußeren Stadtbezirken brenzlig werden. Es besteht kein Anlass zur Panik, aber Vorsicht ist besser als Nachsicht: niemals nachts in einer unbekannten, ausgestorbenen Gegend herumlaufen, besonders nicht als Frau. Das Tagesbudget sollte lieber unter der Kleidung oder in einer Vordertasche statt in der Handtasche oder in der Gesäßtasche mitgeführt werden, denn an überfüllten Orten wie Times Square oder der Penn Station zur Rushhour treiben Taschendiebe ihr Unwesen.

Steuern

In Restaurants und Läden ist die Verkaufssteuer (sales tax) von 8,875 % nie eingerechnet – also besser nicht das Lunch Special zu 4,99 $ bestellen, wenn im Geldbeutel nur noch ein 5-Dollar-Schein steckt. Bei verschiedenen sogenannten „Luxusprodukten" (z. B. Mietwagen oder Reinigung) wird noch eine städtische Extrasteuer von 5 % fällig, d. h., auf den Grundpreis für diese Dienstleistungen werden insgesamt 13,875 % aufgeschlagen. Bekleidung und Schuhe unter 110 $ sind steuerfrei, bei Artikeln mit einem höheren Warenwert wird eine staatliche Verkaufssteuer von 4,5 % aufgeschlagen. Bei Hotelzimmern werden 14,75 % Steuer berechnet, plus eine „Belegungsgebühr" von 3,50 $ pro Nacht. Da es in den USA keine einheitliche Mehrwertsteuerregelung gibt, können ausländische Besucher auch nicht „tax free" einkaufen.

Strom

120 V / 60 Hz

120 V / 60 Hz

Das Stromnetz der USA hat 110 bis 115 V, 60 Hz Wechselstrom. In die Steckdosen passen Flachstecker mit zwei Stiften (oft haben sie noch einen dritten, abgerundeten für die Erdung). Für den Betrieb deutscher Geräte ist ein US-Adapter nötig, der in Drogerien und Haushaltsgeschäften verkauft wird (25–60 $) – besser gleich aus Europa mitbringen (dort günstiger). Die meisten elektronischen Geräte (Laptops, Ladegeräte für Kamera-Akkus usw.) sind für unterschiedliche Spannungen ausgelegt und erfordern lediglich einen Adapter für den Stecker.

Telefon

Die Telefonnummern bestehen in den USA aus einer Ortsvorwahl (die ersten drei Zahlen), gefolgt von der siebenstelligen Teilnehmernummer. Wer ein Ferngespräch in die USA führen will, wählt zuerst 1, dann die dreistellige Ortsvorwahl und dann die siebenstellige Teilnehmernummer. Wer aus NYC ins Ausland anrufen möchte, wählt ☎011, dann die Landesvorwahl, die Ortsvorwahl und die Telefonnummer. Wer eine Nummer in Kanada anruft, kann die ☎011 weglassen.

Ortsvorwahlen in New York

Wer von New York aus eine andere New Yorker Nummer anrufen will, muss *grundsätzlich* – selbst wenn sie dieselbe Ortsvorwahl hat – zuerst die 1 und die Ortsvorwahl eintippen.

Manhattan ☎212, ☎646
Außenbezirke ☎347, ☎718, ☎929
Alle Bezirke (meistens Handy) ☎917

Handys

Die meisten US-Handys (mit Ausnahme des iPhones) nutzen CDMA, nicht den europäischen Standard GSM. In jedem Fall ist es ratsam, den eigenen Mobilfunkbetreiber nach Roaming-Gebühren zu fragen.

Wer ein Handy benötigt, kauft sich am besten in einem der vielen kleinen Läden – meist unter dem Logo von Verizon, T-Mobile oder AT&T – ein billiges Mobiltelefon und lädt es mit Prepaid-Guthaben auf, um einen langfristigen Vertrag zu vermeiden.

Vermittlerdienste

Ortsnummern ☎411
Öffentliche Behörden und Informationsdienste ☎311
Nationale Auskunft ☎1-212-555-1212
Vermittlung ☎0
Gebührenfreie Informationen ☎800-555-1212

Toiletten

Wenn man bedenkt, wie viele Menschen zu Fuß unterwegs sind, gibt es einen spürbaren Mangel an öffentlichen Toiletten in der Stadt. Möglichkeiten, sich zu erleichtern, bestehen im Grand Central Terminal, in der Penn Station und dem Port Authority Bus Terminal sowie in Parks wie Madison Square Park, Battery Park, Tompkins Square Park und Columbus Park in Chinatown. Auch im Central Park sind einige Toiletten. Die beste Möglichkeit ist jedoch, einen Starbucks (gibt's alle drei Straßenzüge), ein Kaufhaus (Macy's, Century 21, Bloomingdale's) oder einen Park wie den Tompkins Square im East Village oder den Bleecker Playground (W 11th & Hudson) im West Village aufzusuchen.

Touristeninformation

In der digitalisierten Welt gibt es einige Möglichkeiten, sich aktuell über New York zu informieren.

Wer es lieber persönlich mag, kann eines der fünf offiziellen Büros (das in Midtown ist das beste) der **NYC & Company** (☎212-484-1222; www.nycgo.com) besuchen:

Midtown (Karte S. 466; ☎212-484-1222; www.nycgo.com; 810 Seventh Ave zw. 52nd & 53rd St; ⊙Mo–Fr 8.30–18, Sa & So 9–17 Uhr; ⓢB/D, E bis 7th Ave)

Lower Manhattan (Karte S. 444; ☎212-484-1222; City Hall Park Höhe Broadway;

Mo–Fr 9–18, Sa & So 10–17 Uhr; **S** R/W bis City Hall)
Chinatown (Karte S. 449; 212-484-1222; Ecke Canal, Walker & Baxter St; 10–18 Uhr; **S** J/M/Z, N/Q/R/W, 6 bis Canal St)
Macy's Herald Square (Karte S. 466; 151 W 34th St; Mo–Fr 9–21.30, Sa 10–21.30, So 11–20.30 Uhr)
Times Square (Karte S. 466; 212-452-5283; www.timessquarenyc.org; 1560 Broadway, zw. 46th & 47th St, Midtown West; 8–20 Uhr; **S** N/Q/R, S, 1/2/3, 7 bis Times Sq–42nd St)
Das **Brooklyn Tourism & Visitors Center** (Karte S. 480; 718-802-3846; www.visitbrooklyn.org; 209 Joralemon St zw. Court St & Brooklyn Bridge Blvd; Mo–Fr 10–18 Uhr; **S** 2/3, 4/5 bis Borough Hall) bietet allerlei Informationen zu diesem beliebten Viertel.

Tourismusportale der Außenbezirke

Die Außenbezirke habe alle ihre eigenen Websites:
Bronx ilovethebronx.com
Queens itsinqueens.info
Staten Island statenisland usa.com

Tourismusportale der Stadtteile

Viele der beliebtesten Viertel der Stadt erleichtern mit ihren eigenen Websites (offizielle oder „inoffizielle") die Erkundung der Gegend. Unsere liebsten Seiten sind:
Lower East Side www.lowereastsideny.com
Chinatown www.explorechinatown.com
Upper East Side www.uppereast.com
Soho www.sohonyc.com
Williamsburg www.freewilliamsburg.com
Weitere Infos gibt's auf den folgenden Websites:

Lonely Planet www.lonelyplanet.com/usa/new-york-city
New York Magazine www.nymag.com
Village Voice www.villagevoice.com

Visa

Das Visa Waiver Program

Das Visa Waiver Program (VWP) der USA erlaubt Staatsbürgern aus 37 Ländern, ohne Visum in die USA einzureisen, sofern sie im Besitz eines maschinenlesbaren Reisepasses sind. Die aktuelle Liste der Länder und die geltenden Bedingungen dieses Programms stehen auf der Website des **US Department of State** (http://travel.state.gov/visa).

Bürger aus VWP-Ländern müssen sich drei Tage vor dem Besuch beim **US Department of Homeland Security** (http://esta.cbp.dhs.gov) registrieren. Für die Registrierung wird eine Gebühr von 14 $ pro Person fällig; wenn sie bestätigt wird, ist sie für zwei Jahre oder bis zum Ablaufen des Reisepasses gültig, je nachdem, was zuerst fällig wird.

Visumspflicht

Unter folgenden Bedingungen ist es notwendig, in der Botschaft oder in einem Konsultat der USA ein Visum zu beantragen:
➜ Kein Pass eines VWP-Landes
➜ Kein maschinenlesbarer Pass (trotz Staatsbürgerschaft eines VWP-Landes)
➜ Staatsbürgerschaft eines VWP-Landes, der Pass wurde zwischen dem 26. 10. 2005 und dem 25. 10. 2006 ausgestellt, hat kein digitalisiertes Fotos oder keinen integrierten Chip (seit dem 25. 10. 2006 ist der integrierte Chip bei allen maschinenlesbaren Pässen Pflicht)
➜ Längere Aufenthaltsdauer als 90 Tage

➜ Bei Plänen, in den USA zu arbeiten oder zu studieren

Zeit

In New York gilt die Eastern Standard Time (EST), die der Mitteleuropäischen Zeit (MEZ) sechs Stunden hinterherhinkt. Die weiteren drei Zeitzonen in den USA sind Central Standard Time (CST, von Chicago bis Texas: MEZ minus 7 Std.), Mountain Standard Time (MST, z. B. in Denver, Colorado: MEZ minus 8 Std.) und Pacific Standard Time (PST, San Francisco und Los Angeles, Kalifornien: MEZ minus 9 Std.). Fast überall in den USA wurde die Sommerzeit eingeführt, d. h., am zweiten Sonntag im März werden die Uhren um eine Stunde vor-, am letzten Sonntag im November um eine Stunde zurückgestellt.

Zoll

Die US-Zollbehörden erlauben Personen über 21 Jahren, 1 l Spirituosen und 200 Zigaretten zollfrei einzuführen. Landwirtschaftliche Produkte wie Fleisch, Obst, Gemüse, Pflanzen und Erde dürfen nicht eingeführt werden. US-Bürger dürfen Geschenke im Wert von maximal 800 $ zollfrei einführen; alle anderen müssen sich auf Mitbringsel bis 100 $ beschränken. Wer mehr als 10 000 $ Bargeld oder den Gegenwert in ausländischer Währung, Reiseschecks oder Ähnlichem mitführt, muss dies angeben. Es gibt zwar keine gesetzliche Höchstgrenze, aber bei unangemeldeten Summen über 10 000 $ werden möglicherweise Untersuchungen eingeleitet. Verschreibungspflichtige Medikamente sollten in der Originalpackung aufbewahrt werden, illegale Betäubungsmittel müssen natürlich zu Hause bleiben. Aktuelle Informationen gibt es unter www.cbp.gov.

Sprache

Briten, Amerikaner und Neuseeländer, deutsche Geschäftsleute, norwegische Wissenschaftler, der indische Verwaltungsbeamte und die Hausfrau in Kapstadt – fast jeder scheint Englisch zu sprechen. Und wirklich: Englisch ist die am weitesten verbreitete Sprache der Welt (wenn's auch nur den zweiten Platz für die am meisten gesprochene Muttersprache gibt – Chinesisch ist die Nr. 1).

Und selbst die, die nie Englisch gelernt haben, kennen durch englische Musik oder Anglizismen in Technik und Werbung immer ein paar Wörter. Ein paar Brocken mehr zu lernen, um beim Smalltalk zu glänzen, ist nicht schwer. Hier die wichtigsten Wörter und Wendungen für die fast perfekte Konversation in fast allen Lebenslagen:

KONVERSATION

Kennenlernen

Guten Tag.	*Hello.*
Auf Wiedersehen.	*Goodbye.*
Bitte.	*Please.*
Danke (schön).	*Thank you (very much).*
Ja/Nein.	*Yes/No.*

Sprechen Sie Deutsch?
Do you speak German?

Verstehen Sie (mich)?
Do you understand (me)?

Ja, ich verstehe (Sie).
Yes, I understand (you).

Nein, ich verstehe (Sie) nicht.
No, I don't understand (you).

Könnten Sie ...?	*Could you please ...?*
das bitte wiederholen	*repeat that*
bitte langsamer sprechen	*speak more slowly*
das bitte aufschreiben	*write it down*

Ausgehen

Was ist ... los?	*What's on ...?*
hier	*locally*
dieses Wochenende	*this weekend*
heute	*today*
heute Abend	*tonight*
Wo sind die ...?	*Where are the ...?*
Clubs	*clubs*
Schwulen- und Lesbenkneipen	*gay venues*
Restaurants	*restaurants*
Kneipen	*pubs*

Gibt es einen Veranstaltungskalender?
Is there a local entertainment guide?

PRAKTISCHES

Zahlen

1	*one*
2	*two*
3	*three*
4	*four*
5	*five*
6	*six*
7	*seven*
8	*eight*
9	*nine*
10	*ten*
11	*eleven*
12	*twelve*
13	*thirteen*
14	*fourteen*
15	*fifteen*

16	sixteen
17	seventeen
18	eighteen
19	nineteen
20	twenty
21	twenty-one
22	twenty-two
30	thirty
40	fourty
50	fifty
60	sixty
70	seventy
80	eighty
90	ninety
100	hundred
1000	one thousand
10 000	ten thousand

Wochentage

Montag	Monday
Dienstag	Tuesday
Mittwoch	Wednesday
Donnerstag	Thursday
Freitag	Friday
Samstag	Saturday
Sonntag	Sunday

Geld

Ich möchte ... *I'd like to ...*

einen Scheck einlösen	cash a cheque
Geld umtauschen	change money
Reiseschecks einlösen	change some travellers cheques

Wo ist der/die nächste ...?
Where's the nearest ...?

Geldautomat	automatic teller machine (ATM)
Geldwechselstube	foreign exchange office

Post

Ich möchte ... senden. *I'd like to send a ...*

ein Fax	fax
ein Paket	parcel
eine Postkarte	postcard

Ich möchte ... kaufen. *I'd like to buy a/an...*

ein Aerogramm	aerogram
einen Umschlag	envelope
eine Briefmarke	stamp

Telefon & Handy

Ich möchte ... *I'd like to make a ...*

(nach Deutschland) telefonieren	call (to Germany)
ein R-Gespräch (nach Deutschland) führen	reverse-charge/collect call (to Germany)

Ich möchte eine Telefonkarte kaufen.
I'd like to buy a phonecard.

Ich hätte gern ...
I'm looking for a/an ... / Where can I find a / an ...?

einen Adapter für die Steckdose	adaptor plug
ein Ladegerät für mein Handy	charger for my phone
ein Miethandy	mobile/cell phone for hire
ein Handy mit Prepaidkarte	prepaid mobile/cell phone
eine SIM-Karte für Ihr Netz	SIM card for your network

Internet

Wo ist hier ein Internet-Café?
Where's the local Internet café?

Ich möchte ... *I'd like to ...*

meine E-Mails checken	check my email
ins Internet	get Internet access

Transport

Wann fährt ... ab?
What time does the ... leave?

das Boot	boat
der Bus	bus
der Zug	train

Wann fliegt das Flugzeug ab?
What time does the plane leave?

Wann fährt der ... Bus?
What time's the ... bus?

erste	first
letzte	last
nächste	next

Wo ist der nächste U-Bahnhof?
Where's the nearest metro station?

Sind Sie frei? (Taxi)
Are you free?

Schalten Sie bitte den Taxameter ein.
Please put the meter on.

Was kostet es bis ...?
How much is it to ...?

Bitte bringen Sie mich zu (dieser Adresse).
Please take me to (this address).

ESSEN

Frühstück	*breakfast*
Mittagessen	*lunch*
Abendessen	*dinner*
Snack	*snack*
essen	*eat*
trinken	*drink*

Können Sie ... empfehlen?
Can you recommend a ...?

eine Kneipe	*bar/pub*
ein Café	*café*
eine Espressobar	*coffee bar*
ein Restaurant	*restaurant*
eine örtliche Spezialität	*local speciality*

Wie heißt das?
What's that called?

Ist die Bedienung inbegriffen?
Is service included in the bill?

NOTFALL

Es ist ein Notfall!
It's an emergency!

Rufen Sie die Polizei!
Call the police!

Rufen Sie einen Artzt/Krankenwagen!
Call a doctor/an ambulance!

Könnten Sie mir/uns bitte helfen?
Could you please help me/us?

Wo ist das Polizeirevier?
Where's the police station?

GESUNDHEIT

Wo ist der/die/das nächste ...?
Where's the nearest ...?

(Nacht)Apotheke	*(night) chemist*
Zahnarzt	*dentist*
Arzt	*doctor*
Krankenhaus	*hospital*

Ich brauche einen Arzt (der Deutsch spricht).
I need a doctor (who speaks German).

Beschwerden

Ich habe ...	*I have (a) ...*
Durchfall	*diarrhoea*
Fieber	*fever*
Kopfschmerzen	*headache*
Schmerzen	*pain*

Hinter den Kulissen

WIR FREUEN UNS ÜBER EIN FEEDBACK

Post von Travellern zu bekommen, ist für uns ungemein hilfreich – Kritik und Anregungen halten uns auf dem Laufenden und helfen, unsere Bücher zu verbessern. Unser reiseerfahrenes Team liest alle Zuschriften genau durch, um zu erfahren, was an unseren Reiseführern gut und was schlecht ist. Wir können solche Post zwar nicht individuell beantworten, aber jedes Feedback wird garantiert schnurstracks an die jeweiligen Autoren weitergeleitet, rechtzeitig vor der nächsten Nachauflage.

Wer uns schreiben will, erreicht uns über **www.lonelyplanet.de/kontakt**.

Hinweis: Da wir Beiträge möglicherweise in Lonely Planet Produkten (Reiseführer, Websites, digitale Medien) veröffentlichen, ggf. auch in gekürzter Form, bitten wir um Mitteilung, falls ein Kommentar nicht veröffentlicht oder ein Name nicht genannt werden soll. Wer Näheres über unsere Datenschutzpolitik wissen will, erfährt das unter www.lonelyplanet.com/privacy.

DANK VON LONELY PLANET

Vielen Dank an die folgenden Leser, die mit der letzten Ausgabe unterwegs waren und uns mit wertvollen Hinweisen, nützlichen Tipps und interessanten Anekdoten geschrieben haben: Tora Aarberg, David Behringer, Jenn Pryor, Katrin Sosnick, Michael Zohn

DANK DER AUTOREN

Regis St. Louis

Ich bin vielen Leuten zu Dank verpflichtet – Fremden wie Freunden –, die Tipps und Einblicke in ihre Lieblingsorte in der Stadt mit mir geteilt haben. Besonderer Dank geht an Florence, Phoenix, Erin, Carla und Chad. Danke auch an Cristian für seine exzellenten Beiträge im gesamten Buch. Wie immer, ein riesiges Dankeschön an meine Frau Cassandra und unsere Töchter Genevieve und Magdalena – dank euch ist dieses ganze Unternehmen die Mühe wert.

Cristian Bonetto

Wie immer ein unermessliches Dankeschön an die großzügige, kompetente Kathy Stromsland und ihre wunderbare Familie. Vielen Dank auch an Julian Yeo, Lane Wilson, Anthony Leung, Michael Chernow, Lucinda East, Massimiliano Gioni, Gabriel Einsohn, Rick Herron, Mark McCray, Sarah Shirley, Matt Wood, Mary Ann Gardner, Lambros Hajisava, Les Hayden, Brock Waldron, Jose Francisco Chavez und Sean Muldoon für die Tipps, Einblicke und die Unterstützung. Last but not least ein großes Dankeschön an meinen talentierten und gewissenhaften Koautoren, Regis St. Louis.

QUELLENNACHWEIS

New York City Subway Map (c) 2014 mit freundlicher Genehmigung der Metropolitan Transport Authority.

Illustration S. 226-227 und 244-245 von Javier Zarracina.

Umschlagfoto: Flatiron Building, New York City, Pietro Canali/SIME/4Corners

ÜBER DIESES BUCH

Dies ist die 5. deutsche Auflage von *New York*, basierend auf der mittlerweile 9. englischen Auflage von Regis St. Louis and Cristian Bonetto. Cristian hat bereits an der vorigen Auflage mitgearbeitet, zusammen mit Brandon Presser und Carolina A. Miranda. Regis schrieb die 7. Auflage mit Ginger Adams und Beth Greenfield. Dieser Reiseführer wurde vom Lonely Planet Büro in Oakland in Auftrag gegeben und von den folgenden produziert:

Verantwortliche Redakteure Jennye Garibaldi, Katie O'Connell, Emily K. Wolman

Titelredakteurin Dora Whitaker

Produktredakteurin Penny Cordner

Leitende Kartografin Alison Lyall

Layout Jessica Rose

Redaktionsassistenz Trent Holden, Kate James, Charlotte Orr, Erin Richards, Gabrielle Stefanos, Jeanette Wall

Layoutassistenz Lauren Egan, Virginia Moreno, Wibowo Rusli, Wendy Wright

Umschlaggestaltung Naomi Parker

Dank an Sasha Baskett, Brendan Dempsey, Ryan Evans, Larissa Frost, James Hardy, Anna Harris, Briohny Hooper, Genesys India, Jouve India, Kate Mathews, Wayne Murphy, Catherine Naghten, Mazzy Prinsep, Alison Ridgway, Lyahna Spencer, Angela Tinson

Die Autoren

Regis St. Louis
Koordinierender Autor; East Village & Lower East Side; Greenwich Village, Chelsea & Meatpacking District; Upper East Side; Upper West Side & Central Park; Brooklyn Regis, der aus Indiana stammt, wuchs in einem ruhigen Städtchen auf, wo er von Großstadtränken und kleinen, teuren Apartments träumte. 2001 zog er nach New York, wo es all das und noch viel mehr gab. Er hat mehr als drei Dutzend Lonely Planet-Reiseführer geschrieben, für Ziele von Spanien bis Papua-Neuguinea. Seine Artikel erscheinen in diversen Publikationen, darunter *Chicago Tribune* und *San Francisco Chronicle*. Wenn er gerade nicht unterwegs ist, lebt Regis in Boerum Hill in Brooklyn.

Regis schrieb auch die Abschnitte Reiseplanung, Ausflüge und Praktische Informationen dieses Reiseführers und ist Koautor des Kapitels Schlafen.

Mehr Informationen über Regis auf: lonelyplanet.com/members/regisstlouis

Cristian Bonetto

Lower Manhattan & Financial District; SoHo & Chinatown; Union Square, Flatiron & Gramercy; Midtown; Harlem & Upper Manhattan; Queens Der Weltreisende Cristian, dank Sesamstraße seit frühster Kindheit großer New-York-Fan, kennt die Stadt aus der Besucher- wie der Bewohnerperspektive. Von Mainstream-Midtown bis in die abgelegensten Zipfel von Queens, der ehemalige TV- und Theater-Schreiber hat unzählige Ecken der Stadt erkundet und berichtet darüber in Zeitungen, Zeitschriften und Online-Publikationen in aller Welt. Zudem twittert er unter twitter.com/cristianbonetto.

Cristian trug auch zu den Abschnitten Reiseplanung und Schlafen bei und schrieb die Themen für New York verstehen.

Register

Register

siehe auch gesondertes Register für:

- 🍴 **ESSEN S. 434**
- 🍷 **AUSGEHEN & NACHTLEBEN S. 435**
- ☆ **UNTERHALTUNG S. 436**
- 🛍 **SHOPPEN S. 437**
- 🛏 **SCHLAFEN S. 438**
- 🏃 **SPORT & AKTIVITÄTEN S. 439**

6th & B Garden 113
9th St Garden and La Plaza Cultural 113
11. September 17, 382
555 Edgecombe Ave 276

A
Abingdon Square 139
Abyssinian Baptist Church 267
African Burial Ground 76
Aktivitäten 27, 53
Alice Austen House 72
Alice Tully Hall 246
All People's Garden 113
American Folk Art Museum 247
American Football 53
American Museum of Natural History 248
American Numismatic Society 88
Andrea Rosen Gallery 141
An- & Weiterreise 19, 410
Apollo Theater 265
Apotheken 419
Architektur 395
Artists Space 89
Asia Society & Museum 232
Astor Place 111
Astoria 318, 321, 325, **482**
Ausgehen & Nachtleben 25, 42, siehe auch einzelne Stadtviertel, gesondertes Register Ausgehen & Nachtleben
Aussichtspunkte 25

B
Bagels 385
Bank of America Tower 203

Sehenswertes 000
Kartenverweise **000**
Fotoverweise **000**

Barbara Gladstone Gallery 148
Baseball 53
Basketball 53
Battery Park City 71, 73
Bear Mountain State Park (Hudson Valley) 341
Beaux Arts 397
Bedford-Stuyvesant 294, 300
Behinderung, Reisen mit 420
Bethel Woods Center for the Arts (Woodstock) 343
Bethesda Terrace 242
Bevölkerung 371
Boerum Hill 291, 300, **476**
Botschaften 416
Bowling Green 70
BRIC House 290
Brighton Beach 295, 306, **481**
Brill Building 186
Brisas del Caribe 113
Broadway 393
Bronx Museum 274
Bronx Zoo 274
Brooklyn 17, 59, 278, **474, 476, 480, 8, 42**
  Ausgehen & Nachtleben 279
  Highlights 278, 280
  Sehenswertes 287
  Shoppen 314
  Sport & Aktivitäten 315
  Unterhaltung 310
  Unterkünfte 364
  Verkehrsmittel 279
Brooklyn Academy of Music 290
Brooklyn Art Library 287
Brooklyn Botanic Garden 294
Brooklyn Brewery 285
Brooklyn Bridge 281, **8, 75**
Brooklyn Bridge Park 32, 280, **280**

Brooklyn Children's Museum 294
Brooklyn Heights 289, 298, 309, **480**
Brooklyn Heights Promenade 289
Brooklyn Historical Society 289
Brooklyn Museum of Art 282
Brooklyn Public Library 294
Brooklyn Superhero Supply Co 293
Bryant Park 199
Bücher 370
Bus 20, 412
Bushwick 287, 306, 296

C
Canaan Baptist Church 267
Canal Street 85
Carroll Gardens 291, 300, 309, 314, **476**
Castle Clinton 73
Cathedral Church of St. John the Divine 262, **262, 263**
Catskill Forest Preserve (Woodstock) 343
CBGB 117
Central Park 32, 59, 240, 242, 362, **10, 33, 240, 253**
Central Park Zoo 243
Chanin Building 193
Cheesecake 387
Chelsea 59, 133, **458**
  Ausgehen & Nachtleben 134, 156
  Essen 134, 147
  Highlights 133, 135
  Sehenswertes 140
  Shoppen 163
  Spaziergang 148, **148**
  Sport & Aktivitäten 164
  Unterhaltung 159

Unterkünfte 352
Verkehrsmittel 134
Chelsea Hotel 140
Chelsea Market 137, **137**
Cherry Blossom Festival 28
Children's Museum of Manhattan 248
Children's Museum of the Arts 89
Chinatown 59, 83, **449, 85, 98, 105**
  Ausgehen & Nachtleben 96
  Essen 84, 95
  Highlights 83, 85
  Öffentliche Verkehrsmittel 84
  Sehenswertes 90
  Shoppen 104
  Spaziergang 87, **87**
  Sport & Aktivitäten 105
  Unterkünfte 349
Chrysler Building 192
Church of the Transfiguration 91
Citi Bike 21, 414
Citigroup Center 203
City Reliquary 285
Clinton Hill 289, 300
Cloisters Museum & Gardens 268
Clubs 43
Cobble Hill 291, 309, 314, **476**
Columbia University 265
Columbus Park 90
Comedy 47
Coney Island 295, 306, **481**
Coney Island 31, 284, **284**
Convent Avenue Baptist Church 267
Cooper-Hewitt National Design Museum 232
Cooper Union 111
Crack Is Wack Playground 266
Crown Heights 294

D

David Rubenstein Atrium 246
David Zwirner 149
Deno's Wonder Wheel 284
Dia Beacon (Hudson Valley) 340
Diamond District 201
Donald Judd Home Studio 93
Downtown Brooklyn 289, 298, **480**
Drawing Center 88
Dumbo 289, 298, 315, **480**
Dyckman Farmhouse Museum 269

E

East Hampton Historical Society (Hamptons) 333
East River Park 113
East River State Park 285
East Village 59, 106, **450**
   Ausgehen & Nachtleben 107, 121
   Essen 107, 115
   Highlights 106, 108
   Sehenswertes 108, 113
   Shoppen 129
   Spaziergang 117, **117**
   Sport & Aktivitäten 132
   Unterhaltung 127
   Unterkünfte 351
   Verkehrsmittel 107
Eastern States Buddhist Temple 85
Edgar Allan Poe Cottage 274
egg cream 386
Eishockey 53
El Museo del Barrio 267
Eldridge Street Synagogue 114, **123**
Ellis Island 64–65
Empire State Building 188, **11**, **188**
Empire Stores & Tobacco Warehouse 280
Essen 38, 385, *siehe auch einzelne Stadtviertel, gesondertes Register Essen*
Essex Street Market 114
Events 27

F

Fähre 20, 415
Fahrrad 20
Federal Hall 69
Federal Reserve Bank of New York 70
Feiertage 416
Festivals 27
Feuerwehr 420
Fillmore East 117
Filme 370, 406
Filmfestivals 405
Financial District 59, **444**
   Ausgehen & Nachtleben 61
   Essen 61, 78
   Highlights 60, 62
   Sehenswertes 62, 68
   Shoppen 81
   Sport & Aktivitäten 82
   Unterhaltung 80
   Unterkünfte 348
   Verkehrsmittel 61
Fire Island 335
Fisher Landau Center for Art 320
Flatiron Building 169, **169**
Flatiron District 59, 166, **460**
   Ausgehen & Nachtleben 167, 175
   Essen 167, 170
   Highlights 166, 169
   Sehenswertes 170
   Shoppen 177
   Spaziergang 171
   Sport & Aktivitäten 180
   Unterhaltung 177
   Unterkünfte 354
   Verkehrsmittel 167
Flushing 324, 326, **483**
Flushing Meadows Corona Park 324, **323**
Forbes Collection 139
Fort Greene 289, 300, 309, **476**
Fort Greene Park 290
Franklin D Roosevelt Four Freedoms Park 17, 202
Franklin D Roosevelt Home (Hudson Valley) 341
Fraunces Tavern Museum 68
Freiheitsstatue 12, 31, 62, **12**, **62**
Frick Collection 231

G

Gagosian 148, **149**
Gantry Plaza State Park 320, **321**
Garment District 202
Geführte Touren 416
Geld 18, 39, 346, 418
Geldautomaten 418
General Theological Seminary 141
General Ulysses S Grant National Memorial 265
Geschäftszeiten 39
Geschichte 372
   11. September 382
   Besiedlung 372
   Dotcom-Ära 381
   Immigration 375
   Weltwirtschaftskrise 378
Getränke 387
Gospel-Gottesdienste 267
Governors Island 71, 281
Governors Island Park 17
Gowanus 291, 300, 314
Grace Church 139
Gracie Mansion 232
Graffiti 391
Gramercy 59, 166, **460**
   Ausgehen & Nachtleben 167, 175
   Essen 167, 170
   Highlights 166
   Sehenswertes 170
   Shoppen 177
   Spaziergang 171
   Sport & Aktivitäten 180
   Unterhaltung 177
   Unterkünfte 354
   Verkehrsmittel 167
Grand Army Plaza 292
Grand Central Terminal 195, **195**, **395**
Great Lawn 243
Greater Hood Memorial AME Zion Church 267
Greenpoint 296
Greenwich Village 59, 133, **454**, **15**
   Ausgehen & Nachtleben 150
   Essen 134, 141
   Highlights 133, 135
   Sehenswertes 139
   Shoppen 160
   Sport & Aktivitäten 164
   Spaziergang 142, **142**
   Unterhaltung 158
   Unterkünfte 352
   Verkehrsmittel 134
Green-Wood Cemetery 295
Guggenheim Museum 228, **228**
Guild Hall (Hamptons) 333

H

Hamilton Grange 268
Hamilton Heights Historic District 268
Hamptons 331
Handy 18, 421
Harbor Defense Museum 290
Harlem 59, 260, **472**, **272**, **273**
   Ausgehen & Nachtleben 261, 275
   Essen 261, 269
   Highlights 260, 262
   Sehenswertes 265
   Shoppen 276
   Spaziergang 270, **270**
   Sport & Aktivitäten 276
   Unterhaltung 275
   Unterkünfte 363
   Verkehrsmittel 261
Harriman State Park (Hudson Valley) 340
Harrison Street Houses 76
Hearst Tower 203
Herald Square 201
High Line 17, 32, 135, **5**, **13**, **135**
Hispanic Society of America Museum & Library 268, **36**
Historic Richmond Town 72
Historische Sehenswürdigkeiten 26
Holcombe Rucker Park 54
Hole 114
Homo-Ehe 403
Hotdogs 385
Hudson Highlands State Park (Hudson Valley) 340
Hudson River Park 32, 73, 140, **29**, **75**
Hudson Valley 339
Hurrikan Sandy 384

I

Immigration Museum 64
Independence Day 28
International Center of Photography 201
Internetzugang 419
Intrepid Sea, Air & Space Museum 202
Invisible Dog 291
Inwood Hill Park 269
Irish Hunger Memorial 73
Italian American Museum 92

J

Jacobs, Jane 378
Jane's Carousel 280
Japan Society 198
Jazz 392
Jewish Museum 231
JFK Airport 410
Joggen 54
Jones Beach 334
Jones Beach State Park (Jones Beach) 334
Jones Beach Theater (Jones Beach) 334

K

Kaffee 43
Kehila Kedosha Janina Synagogue & Museum 115
Kinder 31
Kirchen & Kathedralen 25, 267
Klima 19, 27
Konsulate 416
Koreatown 206
Kosten 420
Kostenlose Attraktionen 36
Kreditkarten 418
Kunst & Kultur 390
Kykuit (Hudson Valley) 340

L

LaGuardia Airport 380
Lavender Lake 293
Le Petit Versailles 113
Lefferts Historic House 283
Lehmann Maupin 114
Lennon, John 242, **252**
Lesben unterwegs 45
Lesley Heller 114
Leslie-Lohman Museum of Gay & Lesbian Art 17, 88
Lever House 203
Lincoln Center 246, 254, **255**
Literary Walk 242
Little Italy 90, 95, **449**
Livemusik 47
Lokalkolorit 34
Long Beach 331
Long Island Rail Road (Jones Beach) 334

Sehenswertes 000
Kartenverweise **000**
Fotoverweise **000**

Long Island Rail Road (Long Beach) 331
Louis Armstrong House 324
Lower East Side 59, 106, 128, **452**
 Ausgehen & Nachtleben 107, 126
 Essen 107, 119
 Highlights 106, 108
 Sehenswertes 108, 114
 Shoppen 131
 Sport & Aktivitäten 132
 Unterkünfte 351
 Verkehrsmittel 107
Lower East Side Tenement Museum 108
Lower Manhattan 59, **444**
 Ausgehen & Nachtleben 61, 78
 Essen 61, 78
 Highlights 60, 62
 Sehenswertes 62
 Spaziergänge 77
 Sport & Aktivitäten 82
 Unterhaltung 80
 Unterkünfte 348
 Verkehrsmittel 61
Luna Park 284
Lyndhurst Castle (Hudson Valley) 340

M

Madison Square Park 170, **178**
Mahayana Buddhist Temple 86, **98**
Malcolm Shabazz Harlem Market 266
Mark Miller Gallery 114
Mashomack Nature Preserve 333
Matthew Marks 148
McCarren Park 285
Meatpacking District 59, 139, **133**, **454**
 Ausgehen & Nachtleben 134, 150
 Essen 134, 141
 Highlights 133, 135
 Shoppen 160
 Sport & Aktivitäten 164
 Unterhaltung 158
 Unterkünfte 352
 Verkehrsmittel 134
Medizinische Versorgung 419
Merchant's House Museum 89

Metropolitan Museum of Art 224, **9**, **224**, **234**
Midtown 59, 183, **462**, **466**
 Ausgehen & Nachtleben 184, 210
 Essen 184, 206
 Highlights 183, 185
 Sehenswertes 198
 Shoppen 217
 Sport & Aktivitäten 220
 Spaziergang 200, **200**
 Unterhaltung 213
 Unterkünfte 355
 Verkehrsmittel 184
MoMA PS1 319
Montauk Point State Park (Hamptons) 333
Montgomery Place 293
Morgan Library & Museum 198
Morris-Jumel Mansion Museum 269
Mulberry Street 90
Museen 24
Museum at Bethel Woods (Woodstock) 343
Museum at Eldridge Street Synagogue 114
Museum at FIT 206
Museum of American Finance 70
Museum of Arts & Design 201
Museum of Chinese in America 86
Museum of Jewish Heritage 71
Museum of Modern Art 190, **14**, **190**
Museum of Sex 198
Museum of the City of New York 232
Museum of the Moving Image 321
Musik 391
 Jazz 392
 Klassische Musik 392
 Oper 392

N

Nathan's Famous 284
National Academy Museum 231
National Arts Club 170
National Museum of the American Indian 68
National September 11 Memorial & Museum 66, **16**, **66**

Neue Galerie 231
New Museum 109
New York Aquarium 296
New York Botanical Garden 274
New York City Fire Museum 88
New York City Police Museum 70
New York Earth Room 88
New York Hall of Science 324
New-York Historical Society 247
New York Public Library 199
New York Stock Exchange 70
New York Transit Museum 289
New York University 139
Newark Liberty International Airport 411
Nicholas Roerich Museum 247
Noguchi Museum 320
NoHo 88, 91, **446**
Nolita 88, 91, **446**
North Fork 337
Notarzt 420
Notfälle 420

O

Öffnungszeiten 39, 43, 420
Olana (Hudson Valley) 341
Old Stone House 293
One World Trade Center 17, **75**
Oper 48, 392
Opus 40 (Woodstock) 343
Orchard Street Bargain District 115
Ortsvorwahlen 421
Otis Pike Fire Island Wilderness (Fire Island) 336

P

Pace Gallery 148
Paley Center for Media 201
Parks & Gärten 25, 32, 113
Park Slope 293, 305, 310, 314, **478**
Parrish Art Museum (Hamptons) 332
Paula 149

Penn Station 412
Pier 45 139, **154**
Pizza 386
Politik 371
Polizei 420
Pollock-Krasner House (Hamptons) 333
Port Authority Bus Terminal 411
Post 420
Preise 18, 39, 346
Prospect Heights 294, 305, **302**
Prospect Park 32, 283, **478**, **302**
Prospect Park Zoo 283

Q
Queens 17, 59, 317, **482**, **483**, **304**
  Ausgehen & Nachtleben 328
  Essen 318, 325
  Highlights 317, 319
  Sehenswertes 320
  Sport & Aktivitäten 329
  Unterkünfte 366
  Verkehrsmittel 318
Queens Museum 324
Quinn, Christine 378

R
Radfahren 54
Radio 417
Radio City Music Hall 197
Ramble 243
Rauchen 417
Rechtsfragen 420
Red Hook 291, 300, 309, **476**
Reiseplanung
  Budgetplanung 18, 36, 39
  Grundlagen 18
  Kinder 31
  Lokalkolorit 34
  Neuigkeiten 17
  Stadtviertel 58
  Reiserouten 22
  Reisezeit 19, 27
  Veranstaltungskalender 27
  Websites 18
Reiserouten 22
Riverside Church 266
Riverside Park 32, 248
Robert Moses State Park (Fire Island) 336

Rockaway Beach 321, **322**
Rockefeller Center 194
Rox 114
Rubin Museum of Art 141, **155**

S
Sag Harbor Cycle (Hamptons) 333
Sag Harbor Whaling Museum (Hamptons) 333
Salon 94 Bowery 114
Salon 94 Freeman Alley 114
Sanger, Margaret 378
Sara D Roosevelt Park 115
Schomburg Center for Research in Black Culture 266
Schriftsteller 393
Schwule unterwegs 45
Schwulenrechte 379, 401
SculptureCenter 320
Seagram Building 203
Shinnecock Nation Cultural Center and Museum (Hamptons) 332
Shoppen 50, siehe auch gesondertes Register Shoppen
Sicherheit 420
Skyscraper Museum 73
Snug Harbor Cultural Center & Botanical Garden 72
Socrates Sculpture Park 320
SoHo 59, 83, **446**, **98**, **99**, **100**
  Ausgehen & Nachtleben 96
  Essen 84, 91
  Highlights 83
  Sehenswertes 88
  Shoppen 97
  Sport & Aktivitäten 105
  Spaziergang 100, **100**
  Unterkünfte 349
  Verkehrsmittel 84
South Street Seaport 32, 73
Southampton Historical Museum (Hamptons) 332
Spaziergänge
  Chelsea 148, **148**
  Chinatown 87, **87**
  East Village 117, **117**

Greenwich Village 142, **142**
Harlem 270, **270**
Lower Manhattan 77, **77**
Midtown 200, **200**
SoHo 100, **100**
Union Square 171, **171**
Upper East Side 233, **233**
Williamsburg 286, **286**
Sperone Westwater 114
Sport 53, siehe auch gesondertes Register Sport
Sprache 18, 423
St. Mark's in the Bowery 113
St. Marks Place 111, **111**, **122**
St. Patrick's Cathedral 199
St. Patrick's Old Cathedral 89
St. Paul's Chapel 69
Storm King Art Center (Hudson Valley) 341
Staten Island Museum 72
Steuern 420
Strawberry Fields 242, **252**
Strivers' Row 268
Strom 421
Studio Museum in Harlem 264
Subway 20, 413
SummerStage 28
Sunken Forest (Fire Island) 336
Sunnyside (Hudson Valley) 340

T
Tanz 47, 393
Taxis 20, 414
Telefon 18, 421
Temple Emanu-El 231
Theater 48
Theodore Roosevelt Birthplace 170
Tibet House 170
Times Square 185, **185**, **205**, **466**
Tisch Children's Zoo 243
Toiletten 421
Tompkins Square Park 112, 113, **122**
Top of the Rock 31, 199, **3**
Touristeninformation 18, 421
Tribeca 76

Tribeca Film Festival 27
Trinity Church 69
TV 405

U
Union Square 59, 166, **460**, **178**
  Ausgehen & Nachtleben 167, 175
  Essen 167, 170
  Highlights 166, 168
  Sehenswertes 170
  Shoppen 177
  Spaziergänge 171
  Sport & Aktivitäten 180
  Unterhaltung 177
  Unterkünfte 354
  Verkehrsmittel 167
United Nations 198
Unterhaltung 47
Unterkünfte 19, 345
Unterwegs vor Ort 20, 412
Untitled 114
Upper East Side 59, 222, **468**, **234**, **235**
  Ausgehen & Nachtleben 237
  Essen 232
  Highlights 222, 224
  Sehenswertes 230
  Shoppen 239
  Spaziergang 233, **233**
  Sport & Aktivitäten 239
  Unterhaltung 238
  Unterkünfte 361
  Verkehrsmittel 223
Upper Manhattan 59, 260, **472**
  Ausgehen & Nachtleben 261, 275
  Essen 261, 269
  Highlights 260, 262
  Sehenswertes 265
  Shoppen 276
  Sport & Aktivitäten 276
  Unterhaltung 275
  Unterkünfte 363
  Verkehrsmittel 261
Upper West Side 59, 240, 362, **470**, **252**
  Ausgehen & Nachtleben 241, 254
  Essen 249
  Highlights 240, 242
  Sehenswertes 247

Shoppen 257
Sport & Aktivitäten 258
Unterhaltung 256
Verkehrsmittel 241

V
Val-Kill (Hudson Valley) 341
Vanderbilt Mansion (Hudson Valley) 341
Village Halloween Parade 30
Visa 18, 422

W
Währung 18
Walkway Over the Hudson (Hudson Valley) 341
Washington Square Park 138, **154**
Waterfront Museum 291
Websites 18, 346
Weeksville Heritage Center 295
Wetter 19, 27
White Columns 140
Whitney Museum of American Art 230
Williamsburg, **474**, **16**, **302**
 Ausgehen & Nachtleben 306
 Essen 296
 Sehenswertes 285
 Shoppen 312
 Spaziergang 286, **286**
Williamsburg Bridge 285
Williamsburgh Savings Bank Tower 289
Windham Mountain (Woodstock) 343
Wirtschaft 370
Woodlawn Cemetery 274
Woodstock & Saugerties 342
Woolworth Building 76
Wyckoff House 295

Z
Zabar's 247
Zeit 18, 422
Zeitschriften 417
Zeitungen 417
Zoll 422

Sehenswertes 000
Kartenverweise **000**
Fotoverweise **000**

✗ ESSEN
99 Cent Pizza 206

A
A Voce 210
ABC Kitchen 174
Abraço 115
ABV 237
AlMar 299
Alta 146
Amy Ruth's Restaurant 270
Amy's Bread 137
Angelica Kitchen 116
Artichoke Basille's Pizza 172

B
Babbo 147
Balthazar 94
Bánh Mì Saigon Bakery 95
Barbuto 146
Barney Greengrass 250
Battersby 304
Betony 209
Bierkraft 305
Billy's Bakery 147
Blossom 150
Blue Hill 147
Blue Hill at Stone Barn (Hudson Valley) 342
Boil 120
Bonsignour 143
Boqueria Flatiron 173
Brick Lane Curry House 118
Brooklyn Bagel & Coffee Company 325
Brooklyn Crab 304
Brooklyn Ice Cream Factory 298
Brooklyn Roasting Company 298
Burger Joint 208
Burke & Wills 250
Butcher's Daughter 93

C
Cafe 2 191
Cafe 3 229
Café Blossom 143
Café Boulud 237
Café Cluny 146
Café Gitane 94
Café Minerva 157
Cafe Mogador 116
Café Sabarsky 236
Caffe Reggio 157
Calliope 116
Candle Cafe 236
Casa Mono 174
Castaway (Fire Island) 337
Champs 296
Charles' Pan-Fried Chicken 275
Charlie Bird 94
Chelsea Market 147
Cheryl's Global Soul 306
Chuko 305
City Bakery 173
Claudio's Clam Bar (North Fork) 339
Clinton Street Baking Company 119
Co 150
Community Food & Juice 270
Cookshop 149
Craft 174
Cubana Social 297
Culinary Institute of America (Hudson Valley) 342
Curry in a Hurry 172

D
Danji 208
Dean & DeLuca 101
Denino's Pizzeria & Tavern 72
Dhaba 207
DiFara Pizza 297
Dimes 119
Dinosaur Bar-B-Que 270
Di Palo 95
Doma Na Rohu 146
Donut Plant 119
Dos Toros Taqueria 172
Dough 300
Dover 304
Dovetail 251
Dutch 94

E
Earl's Beer & Cheese 232
El Aguila 274
El Ay Si 326
El Coyote Dormilon 327
El Guayaquileño 327
El Margon 208
El Parador Cafe 207
Eleni's 137
Eleven Madison Park 173
Empellon 146
Ess-a-Bagel 172

Estela 91
Everything Goes Book Café & Neighborhood Stage 72

F
Fairway 249, 301
Fat Radish 121
Fatty Crab 146
Fatty Cue 145
Fette Sau 298
First and South (North Fork) 339
Five Napkin Burger 250
Foragers City Table 147
Fornino 281
Four and Twenty Blackbirds 305
Frankies Spuntino 304
Franny's 306
Freemans 121
Fu Run 326

G
Gahm Mi Oak 209
Ganso 299
Garden Cafe on the Green (Woodstock) 344
Gastronomía Culinaria 251
Golden Shopping Mall 326
Golden Steamer 96
Govinda's 300
Gramercy Tavern 174
Grand Central Oyster Bar & Restaurant 196
Gray's Papaya 249
Great New York Noodle Town 95
Grimaldi's 297
Grounded Organic Coffee & Tea House 157

H
Hangawi 206
Harlem Public 275
Hearth 119
Heath 149
Hector's Café & Diner 145
Hop (Hudson Valley) 341
Hornado Ecuatoriano 327
Hotel Chantelle 121
Hudson Beach Café 248
Hudson Hil's Cafe & Market (Hudson Valley) 341
Hummus Place 249
Hunan Kitchen of Grand Sichuan 326

I
Il Buco Alimentari & Vineria 92
'inoteca 120
Ippudo NY 118

J
Jacob's Pickles 250
James Wood Foundry 237
Jeffrey's Grocery 144
JG Melon 236
Joe the Art of Coffee 157
Joe's Pizza 144
Joe's Shanghai 95
John Dory Oyster Bar 207
Juliana's 299

K
Kanoyama 116
Katz's Delicatessen 121, **6-7**
Kefi 250
Kimchi Grill 305
Kuma Inn 120

L
La Esquina 93
L'Apicio 118
l'Arte Del Gelato 137
Lavagna 116
Le Bernardin 209
Le Grainne 149
Le Pain Quotidien 249
Les Halles 78
LIC Market 325
Lobster Roll (Hamptons) 334
Locanda Verde 78
Loeb Boathouse 251
Lot 2 305
Love Lane Kitchen (North Fork) 338
Lovely Day 91
LT Burger (Hamptons) 334
Lunch Truck (North Fork) 338
Luzzo's 118

M
M. Welles Dinette 325
Maialino 173
Malaparte 145
Maravillas Restaurant 327
Marco's 306
Marjorie Eliot 275
Market Street (Hudson Valley) 342
Marlow & Sons 296
Marseille 210
Max Brenner 173
Meatball Shop 119, 296
Mile End 301
MIN New York 101
Minca 115
Minetta Tavern 145
Miss Favela 297
Miss Lucy's Kitchen (Saugerties) 344
Modern 191
Momo Sushi Shack 298
Momofuku Milk Bar 249
Morandi 144
Motorino 118, 120
MUD 118
Murray's Cheese Bar 146

N
New Leaf Cafe 275
Nice Green Bo 96
Nick & Toni's (Hamptons) 334
No 7 300
Nomad 209
North End Grill 78
Nyonya 96

O
Original Chinatown Ice Cream Factory 96
Otto Enoteca Pizzeria 143

P
Peacefood Cafe 250
Peaches 300
Peter Luger Steakhouse 298
Peter Pan Bakery 296
Pho Viet Huong 95
Pier i Café 248
Pies-n-Thighs 296
PJ Clarke's 251
Pok Pok 304
Prune 119
Public 94
Pure Food & Wine 174

R
Rai Rai Ken 116
Red Rooster 274
RedFarm 144
Redhead 118
Republic 173
River Café 299
Roberta's 298
Rockaway Taco 321
Roebling Tea Room 120
Roman's 300
Rosemary's 144
Rouge Tomate 207
Round Swamp Farm (Hamptons) 333
Rubirosa 92
Ruby's 91
Rye 297

S
Sahadi's 301
Saigon Shack 143
Salumeria Rosi Parmacotto 251
Sand Castle (Fire Island) 337
Sandro's 236
Sant Ambroeus 237
Saul 282
Saxon + Parole 94
Scoop du Jour (Hamptons) 334
Shake Shack 78, 172, 249
Siggi's 93
Smith 207
Smooch 292
Snack Taverna 146
Southside Coffee 305
Sparks 207
Spotted Pig 144, **155**
Sripraphai 326
Superfine 299
Surf's Out (Fire Island) 337
Sushi Nakazawa 147

T
Tacombi 91
Tacos Morelos 115
Taïm 143
Tanoshi 236
Taverna Kyclades 325
Terrace Five 191
Thelewala 143
Third Rail 157
Tia Julia 327
Tía Pol 150
Tiny's & the Bar Upstairs 78
Tomoe 120
Tom's Restaurant (Morningside Heights) 269, **407**
Tom's Restaurant (Prospect Heights) 305
Torrisi Italian Specialties 95
Tortilleria Nixtamal 326
Totonno's 306
Totto Ramen 208
Trattoria Il Mulino 175
Tuck Shop 137

U
Untitled 230
Upstate 118

V
Vanderbilt 292
Vanessa's Dumpling House 119
Varenichnaya 306
Veselka 116
Vesta Trattoria & Wine Bar 325
Via Quadronno 236
ViceVersa 208
Victory Garden 143
Vinegar Hill House 298

W
Walter's 300
Water Table 298
West 79th Street Boat Basin Café 248
Westville East 118
Whole Foods 249, 304
Whynot Coffee & Wine 157
William Greenberg Desserts 236
Wright 229

Y
Yaffa 116

Z
Zero Otto Nove 274

AUSGEHEN & NACHTLEBEN

61 Local 309
71 Irving Place 175
124 Old Rabbit Club 152
675 Bar 153

A
ABC Beer Co 124
Angel's Share 125
Apothéke 97
Aria 151

REGISTER UNTERHALTUNG

A
Art Bar 151
Astoria Bier & Cheese 328
Attaboy 79

B
Bar Veloce 158
Barcibo Enoteca 254
Barracuda 157
Barramundi 127
Barrio Chino 127
Bathtub Gin 156
Beauty Bar 176
Beauty & Essex 126
Bell Book & Candle 150
Bemelmans Bar 238
Berry Park 308
Bier International 275
Birreria 175
Blue Bottle Coffee 307
Bohemian Hall & Beer Garden 328
Boxers NYC 176
Brandy Library 80
Brass Monkey 153
Brooklyn Oenology 287
Buvette 151

C
Café Integral 100
Cake Shop 127
Campbell Apartment 196
Casa Mezcal 126
Chelsea Brewing Company 156
Cielo 153
Cienfuegos 126
Clarkson 150
Clem's 308
Clover Lounge 309
Commerce 151
Corner Bistro 153
Crocodile Lounge 176
Culture Espresso 211

D
Dead Poet 254
Dead Rabbit 79
Death + Co 125
Der Kommissar 310
Desnuda 307
Ding Dong Lounge 254
Drunken Munkey 238

Sehenswertes **000**
Kartenverweise **000**
Fotoverweise **000**

E
Eagle NYC 156
Eastern Bloc 125
Electric Room 156
Employees Only 152

F
Fat Cats 156
Flaming Saddles 212
Flatiron Lounge 175
Floyd 309
Freddy's 310
Frying Pan 158

G
G Lounge 156
Gallow Green 156
Ginny's Supper Club 275
Golden Cadillac 124
Greenport Harbor Brewing Co (North Fork) 339
Greenwood Park 310

H
Harefield Road 309
Hell's Kitchen 176
Henrietta Hudson 153
Highlands 151
Hotel Delmano 307

I
Ides 308
Immigrant 125
Industry 212

J
Jane Ballroom 151
JBird 237
Jimmy 97
Jimmy's Corner 212
Jimmy's No 43 126

K
Kaffe 1668 79
Keg No. 229 80
Kettle of Fish 152
Kinfolk Studios 307

L
La Colombe 79, 96
Lantern's Keep 212
Larry Lawrence 308
Le Bain 152
Little Branch 151
Little Collins 210

M
Macao 80
Madam Geneva 97
Maison Premiere 307
Manhattan Cricket Club 254
Marie's Crisis 151
Mayahuel 126
McSorley's Old Ale House 125
Memory Motel (Hamptons) 335
Metropolitan 308
Metropolitan Museum Roof Garden Café & Martini Bar 237
Middle Branch 211
MiLady's 97
Mulberry Project 97
Murf's Backstreet Tavern (Hamptons) 335

N
Nowhere 176

O
Old Town Bar & Restaurant 176
One If By Land, Two If By Sea 153
Oslo Coffee Roasters 238
Ost Cafe 121
OTB 307

P
Paris Blues 275
PDT 79
Pegu Club 96
Penrose 237
Peter McManus Tavern 158
Pete's Tavern 176
Pine Box Rock Shop 308
PJ Clarke's 211
Pouring Ribbons 79
Prohibition 254
Proletariat 124

Q
Queens Kickshaw 328

R
R Lounge 186
Radegast Hall & Biergarten 308
Raines Law Room 175
Randolph 97

Robert 211
Rolf's Bar & German Restaurant 176
Ruby's 284
Rudy's 212
Rum House 211

S
Sloppy Tuna (Hamptons) 335
Smith & Mills 80
Spring Lounge 96
Spritzenhaus 309
Spuyten Duyvil 308
Standard 153
Stanton Social 126
Stephen Talkhouse (Hamptons) 335
Stonewall Inn 153
Stumptown Coffee Roasters 210
Stumptown Coffee Roasters (Greenwich Village) 157
Subway Inn 211
Sunny's 309
Surf Lodge (Hamptons) 335

T
Ten Bells 126
Ten Degrees Bar 125
Terroir 125, 211
Therapy 212
Toby's Estate 175 307
Top of the Standard 152
Top of the Strand 210

V
Vin Sur Vingt 152
Vinus and Marc 238
Vol de Nuit 152

W
Ward III 80
Wayland 124
Weather Up 79
Welcome to the Johnsons 127
White Horse Tavern 153

X
XL Nightclub 212

⭐ UNTERHALTUNG
13th St Repertory Company 159

55 Bar 159
92nd St Y 238

A
Abrons Arts Center 129
AMC Empire 25 217
American Ballet Theatre 256
Amore Opera 128
Angelika Film Center 159
Anthology Film Archives 128
Atlantic Theater Company 160

B
BAMcafé 311
Bar Next Door 158
Barbes 311
Bargemusic 312
Barrow Street Theater 159
Beacon Theatre 257
Bell House 311
Birdland 215
Blue Note 158
Book of Mormon 214
Bowery Ballroom 128
Brooklyn Academy of Music 214, 312
Brooklyn Bowl 310
Brooklyn Public Library 312

C
Café Carlyle 238
Carnegie Hall 214, **204**
Caroline's on Broadway 216
Chelsea Bow Tie Cinema 160
Cherry Lane Theater 159
Chicago 215
Cleopatra's Needle 257
Comedy Cellar 159
Comic Strip Live 238
Cornelia St Café 158

D
Delacorte Theater 243
Delancey 128
Don't Tell Mama 216
Duplex 159

E
Elinor Bunin Munroe Film Center 255

F
Film Society of Lincoln Center 255
Flea Theater 80
Frick Collection 238

G
Gotham Comedy Club 160

I
IFC Center 159
Irish Repertory Theater 160

J
Jalopy 312
Jazz at Lincoln Center 213
Jazz Standard 256
Joe's Pub 256
Joyce Theater 160

K
Kinky Boots 213
Kitchen 160
Knitting Factory 310

L
La MaMa ETC 127
Landmark Sunshine Cinema 129
Le Poisson Rouge 158
Lyceum Theatre 187

M
Madison Square Garden 217
Magnet Theater 215
Matilda 215
Maysles Documentary Center 276
Merkin Concert Hall 257
Metropolitan Opera House 254
Music Hall of Williamsburg 310

N
New Amsterdam Theatre 187
New Victory 187
New York City Ballet 256
New York City Center 217
New York Live Arts 160
New York Philharmonic 255
New York Public Library 213
New York Theater Workshop 127
Nuyorican Poets Café 128

O
Output 311

P
Peoples Improv Theater 177
Pianos 128
Playwrights Horizons 215
Puppetworks 32

R
Rockwood Music Hall 128

S
Second Stage Theatre 216
Sidewalk Café 127
Signature Theatre 215
Sing Sing Karaoke 128
Sleep No More 160
Slipper Room 128
Smalls 158
Smoke 257
St. Ann's Warehouse 312
St. Bartholomew's Church 213
Stone 127
Sweet 128
Symphony Space 257

T
Theater for a New Audience 310
Tribeca Cinemas 80

U
Upright Citizens Brigade Theatre 159

V
Village Vanguard 158

W
Walter Reade Theater 255
Warsaw 310

Y
Yankee Stadium 274

🛍 SHOPPEN
3x1 100
192 Books 164

A
ABC Carpet & Home 177
Abracadabra 180
Academy Annex 314
Adidas Originals 102
Adobe New York 314
Aedes de Venustas 163
Aji Ichiban 105
Alejandro Ingelmo 100
Amé Amé 219
Antiques Garage Flea Market 164
Argosy 218
Artists & Fleas 313
Atmos 276
Atrium 103

B
B&H Photo Video 220
Barneys 217, **50**
Barneys (Brooklyn) 217
Barneys Co-op 217
Barneys (SoHo) 217
Bathroom 162
Beacon's Closet 161
Beacon's Closet (Greenpoint) 314
Beacon's Closet (Park Slope) 314
Bedford Cheese Shop 177
Behaviour 164
Bergdorf Goodman 218
Best Made Company 81
Black Gold 315
Bloomingdale's 217
Blue Tree 239
Bluestockings 132
Bonnie Slotnick Cookbooks 162
Books of Wonder 177
Brooklyn Flea (Fort Greene) 313
Brooklyn Flea (Williamsburg) 313
Brooklyn Industries 313
Buffalo Exchange 313
By Robert James 131

C
Castor & Pollux 162
Century 21 81, 258
Citystore 81
CO Bigelow Chemists 163

REGISTER SCHLAFEN

Comptoir des Cotonniers 258
Crawford Doyle Booksellers 239

D
De Vera 103
Desert Island Comics 314
Dinosaur Hill 129
Drama Book Shop 219
Dressing Room 131
Dry Goods 314
DSW 171
Dylan's Candy Bar 218

E
Earnest Sewn 163
Eataly 177, **178**
Edith Machinist 131
Encore 239
Etiqueta Negra 103
Everything Goes Furniture & Gallery 72
Evolution 104

F
FAO Schwarz 218
Flight 001 163
Flirt 314
Forbidden Planet 163
Fuego 718 314

G
Grand Army Plaza Greenmarket 313
Grand Central Market 196
Greenflea 257
Greenwich Letterpress 163

H
Harry's Shoes 258
Housing Works 219
Housing Works Thrift Shop (Chelsea) 163
Housing Works Thrift Shop (Upper East Side) 239

I
Idlewild Books 180
INA Men 102

Sehenswertes **000**
Kartenverweise **000**
Fotoverweise **000**

J
Jack Spade 102
Jeffrey New York 162
Joe's Jeans 102
John Derian 130
John Varvatos 130
Jumel Terrace Books 276

K
Kam Man 105
Kiehl's 130
Kiosk 102

L
Lobster Place 137

M
Macy's 219
Marc by Marc Jacobs 161
Mast Brothers 312
McNally Jackson 102
McNulty's Tea & Coffee Co, Inc 162
Michael's 239
MoMA Design & Book Store 219
MoMA Design Store 100
Monocle 161
Moo Shoes 132
Murray's Cheese 162
Mysterious Bookshop 81

N
Nasty Pig 164
Nepenthes New York 219
No Relation Vintage 129

O
Obscura Antiques 130
Odin 103
Opening Ceremony 103
Other Music 103

P
Pasanella & Son 81
Patricia Field 130
Personnel of New York 161
Philip Williams Posters 81
Piperlime 102
Posman Books 164
Powerhouse Books 315
Printed Matter 164
PS Bookshop 315
Purl Soho 104

R
Rag & Bone 100
Reed Space 131
Reformation 131
Resurrection 104
Rough Trade 312
Rudy's Music 219

S
Saks Fifth Ave 218
Saturdays 100
Scholastic 102
Scoop 104
Screaming Mimi's 104
Shakespeare & Co 104
Shinola 81
Smith + Butler 315
Spiritual America 131
Spoonbill & Sugartown 313
St. Mark's Bookshop 130
Steven Alan 81
Still House 129
Strand Book Store 161
Sustainable NYC 130

T
Three Lives & Company 162
Tiffany & Co 218
Time for Children 258
Time Warner Center 220
Tokio 7 130
Top Hat 131
Trash & Vaudeville 112, **112**
Trunk Show Designer Consignment 276

U
Union Square Greenmarket 180, **7**, **179**
Uniqlo 103, 218
United Nude 103
Universal Gear 164

V
Verameat 129

W
Westsider Books 258
Westsider Records 258
Whole Foods 180

Y
Yoyamart 161
Yumi Kim 131

Z
Zitomer 239

🛏 SCHLAFEN
3B 364
60 Thompson 350
70 Park 361
102 Brownstone 364
414 Hotel 356
1708 House (Hamptons) 332
1871 House 362

A
Ace Hotel 359
Akwaaba Mansion Inn 366
Aloft Harlem 364
Aloft New York Brooklyn 365
American Hotel (Hamptons) 332
Ameritania Hotel 356
Andaz Fifth Avenue 358
Andaz Wall St 348

B
Bear Mountain Inn (Hudson Valley) 339
Beekman Arms (Hudson Valley) 339
Belvedere Hotel 357
Best Western Bowery Hanbee Hotel 349
Blue Moon Hotel 351
Blue Porch 365
Bowery Hotel 351
BPM 365
Bryant Park Hotel 359
Bubba & Bean Lodges 361

C
Casablanca Hotel 361
Chambers 360
Chatwal New York 359
Chelsea Hostel 352
Chelsea Lodge 352
Chelsea Pines Inn 353
Club Quarters World Trade Center 348
Colonial House Inn 352

Cosmopolitan Hotel 348
Country Inn & Suites 366
Crosby Street Hotel 349

D
Dream Downtown 354

E
East Village B&B 351
East Village Bed & Coffee 351
Easterner Motel (Hamptons) 332
Econo Lodge 357
Empire Hotel 363

F
Four Seasons 359
Franklin 362

G
Gild Hall Wall Street ' 348
Gramercy Park Hotel 355
Greenporter Hotel (North Fork) 337
Greenwich Hotel 348
Grove Hotel (Fire Island) 335

H
Harlem Flophouse 363
Hostelling International New York 362
Hotel 17 354
Hotel 31 354
Hotel 373 356
Hôtel Americano 353
Hotel Beacon 363
Hotel Belleclaire 363
Hotel Elysée 357
Hotel Gansevoort 353
Hotel Giraffe 354
Hotel Le Bleu 365
Hotel Le Jolie 366
Hotel Metro 357
Hotel Newton 362
Hotel on Rivington 351

I
Incentra Village House 352
Ink48 357
Inn on 23rd St 353

International Student Center 362
Iroquois 360
Ivy Terrace 357

J
Jade Hotel 353
James New York 350
Jane Hotel 352
Jazz on the Park Hostel 362

L
Lafayette House 349
Langham Place 358
Larchmont Hotel 352
Library Hotel 358
London NYC 360
Lucerne 363

M
Madison Fire Island (Fire Island) 335
Marco LaGuardia Hotel & Suites 367
Maritime Hotel 353
McCarren Hotel & Pool 366
Mercer 350
Mondrian SoHo 350
Mount Morris House B&B 364

N
New York Loft Hostel 365
Night 356
Nolitan Hotel 350
NoMad Hotel 358
Nu Hotel 365
NYLO Hotel 363

O
Out NYC 356

P
Pierre 359
Plaza 360
Pod 39 356
Pod 51 355
Pridwin Beach Hotel & Cottages (North Fork) 337

Q
Quintessentials B&B Spa (North Fork) 337

R
Ravel 367
Ritz-Carlton 360
Royalton 361

S
Saugerties Lighthouse (Saugerties) 343
Smyth Tribeca 349
Solita SoHo 349
Standard 354
Stay the Night Inn 361
Storm King Lodge (Hudson Valley) 339
Strand 358
Sugar Hill Harlem 364

T
Trump SoHo New York 350

V
Village Green (Woodstock) 343

W
W New York Union Square 355
Wall Street Inn 348
Watch Hill Campground (Fire Island) 335
Wyndham Garden 354
Wythe Hotel 366

Y
Yotel 355

Z
Z Hotel 366

SPORT & AKTIVITÄTEN
24 Hour Fitness 220

A
Area Yoga Center 316
Art Farm in the City 33
Asphalt Green 239

B
Barclays Center 316
Battery Park City Parks Conservancy 82
Belvedere Castle 259

Bike and Roll (Brooklyn) 315
Bike and Roll (Lower Manhattan) 82
Bike and Roll (Upper West Side) 258
Bowlmor Lanes 165
Brooklyn Boulders 316
Brooklyn Bowl 315
Brooklyn Bridge Park 315
Brooklyn Cyclones 316
Bunya Citispa 105

C
Central Park Bike Tours 220
Central Park Tennis Center 259
Champion Bicycles Inc 259
Charles A Dana Discovery Center 259
Chelsea Piers Complex 164
Cliffs 329
Craft Studio 32

D
Downtown Boathouse 165

E
Exhale 239

F
Five Borough Bicycle Club 259

G
Gotham Girls Roller Derby 316
Gowanus Dredgers Canoe Club 316
Great Jones Spa 105

I
Imagination Playground 32
Institute of Culinary Education 180

J
Jivamukti 181

L
Lakeside 316
Little Athletes Exploration Center 32
Loeb Boathouse 258
Lucky Strike 220

N
NBC Studio Tours 220
New York Knicks 220
New York Mets 329
New York Road Runners Club 54
New York Spa Castle 329
New York Trapeze School 165

O
On the Move 315

P
Prospect Park Tennis Center 316

R
Red Hook Boaters 316
Rink at Rockefeller Center 194
Riverbank State Park 277
Russian & Turkish Baths 132

S
Scott's Pizza Tours 105
Soul Cycle 180
Staten Island Ferry 82

T
Toga Bike Shop 259
Tony Dapolito Recreation Center 165
Tread 276

U
USTA Billie Jean King National Tennis Center 329

W
Waterfront Bicycle Shop 140
West 4th Street Basketball Courts 165
West Side YMCA 259
Wollman Skating Rink 259

Sehenswertes 000
Kartenverweise 000
Fotoverweise **000**

Cityatlas

Sehenswertes
- Strand
- Vogelschutzgebiet
- buddhistisch
- Burg/Schloss/Palast
- christlich
- konfuzianisch
- hinduistisch
- islamisch
- jainistisch
- jüdisch
- Denkmal
- Museum/Galerie/histor. Gebäude
- Ruine
- Sento/Onsen
- shintoistisch
- Sikh
- taoistisch
- Weingut/Weinberg
- Zoo/Wildschutzgebiet
- sonstige Sehenswürdigkeit

Aktivitäten, Kurse & Touren
- bodysurfen
- tauchen
- Kanu/Kajak fahren
- Kurs/Tour
- Ski fahren
- schnorcheln
- surfen
- Swimmingpool
- wandern
- windsurfen
- sonstige Aktivität

Schlafen
- Hotel/Pension/Hostel
- Camping

Essen
- Restaurant

Ausgehen & Nachtleben
- Bar/Kneipe/Club
- Café

Unterhaltung
- Unterhaltung

Shoppen
- Shoppen

Praktisches
- Bank
- Botschaft/Konsulat
- Krankenhaus/Arzt
- Internet
- Polizei
- Post
- Telefon
- Toilette
- Touristeninformation
- sonstige Informationen

Geografie
- Strand
- Hütte/Unterstand
- Leuchtturm
- Aussichtspunkt
- Berg/Vulkan
- Oase
- Park
- Pass
- Rastplatz
- Wasserfall

Städte
- Hauptstadt (Staat)
- Hauptstadt (Provinz)
- Großstadt
- Stadt/Ort

Transport
- Flughafen
- Grenzübergang
- Bus
- Seilbahn/Standseilbahn
- Radweg
- Fähre
- Metrostation
- Schwebebahn
- Parkplatz
- Tankstelle
- S-Bahnstation
- Taxi
- T-bane/Tunnelbana-Station
- Bahnhof/Bahnlinie
- Straßenbahn
- Tube Station
- U-Bahnstation
- sonstiger Transport

Hinweis: Nicht alle in der Legende aufgeführten Symbole sind Bestandteil der Karten dieses Buches.

Verkehrswege
- Mautstraße
- Autobahn
- Hauptstraße
- Landstraße
- Verbindungsstraße
- sonstige Straße
- unbefestigte Straße
- Straße im Bau
- Platz, Promenade
- Treppe
- Tunnel
- Fußgängerbrücke
- Spaziergang
- Abstecher vom Spaziergang
- Weg/Pfad

Grenzen
- Staatsgrenze
- Provinzgrenze
- umstrittene Grenze
- Regional-/Bezirksgrenze
- Meeresschutzgebiet
- Kliff
- Mauer

Gewässer
- Fluss, Bach
- periodischer Fluss
- Kanal
- Gewässer
- Salzsee/trockener/periodischer See
- Riff

Gebietsform
- Flughafen/Flugplatz
- Strand/Wüste
- christlicher Friedhof
- sonstiger Friedhof
- Gletscher
- Watt
- Park/Wald
- Sehenswertes (Gebäude)
- Sportplatz
- Sumpf/Mangroven

LOWER MANHATTAN & FINANCIAL DISTRICT Karte S 444

◎ Highlights (S. 63)
1 Ellis Island..................................B8
2 National September 11 Memorial & Museum...........C5
3 Freiheitsstatue...........................C8

◎ Sehenswertes (S. 68)
4 African Burial Ground.....................D3
5 Bowling Green.............................C7
6 Castle Clinton............................C7
7 Ellis Island Immigration Museum...........B8
8 Federal Hall..............................D6
9 Federal Reserve Bank of New York..........D5
10 Fraunces Tavern Museum...................D7
11 Harrison Street Houses...................B3
12 Hudson River Park........................A3
13 Irish Hunger Memorial....................A4
14 Museum of American Finance...............D6
15 Museum of Jewish Heritage................B7
16 National Museum of the American Indian...D7
17 National September 11 Memorial Museum....C5
18 New York City Police Museum..............D6
19 New York Mercantile Exchange.............A4
20 New York Stock Exchange..................D6
21 One World Trade Center...................B4
22 Pier 15..................................F6
23 Skyscraper Museum........................C7
24 South Street Seaport.....................F5
25 South Street Seaport Museum..............E5
26 St. Paul's Chapel........................C4
27 Trinity Church...........................C6
28 Woolworth Building.......................C4

⊗ Essen (S. 76)
29 Les Halles...............................D5
30 Locanda Verde............................B2
31 New Amsterdam Market.....................F5
32 North End Grill..........................A4
33 Shake Shack..............................B4
34 Tiny's & the Bar Upstairs................C3

♢ Ausgehen & Nachtleben (S. 78)
35 Brandy Library...........................C2
36 Dead Rabbit..............................D7
37 Kaffe 1668...............................B4
38 Keg No 229...............................F5
39 La Colombe...............................C1
40 Macao....................................C1
Smile....................................(s. 52)
41 Smith & Mills............................B2
42 Ward III.................................C3
43 Weather Up...............................C3

♢ Unterhaltung (S. 80)
44 Flea Theater.............................C2
45 Tribeca Cinemas..........................C1

⊡ Shoppen (S. 81)
46 Best Made Company........................C2
47 Century 21...............................A4
48 Citystore................................B4
49 Mysterious Bookshop......................C3
50 Pasanella & Son..........................F5
51 Philip Williams Posters..................C3
52 Shinola..................................B2
53 Steven Alan..............................C2

♢ Sport & Aktivitäten (S. 82)
54 Bike and Roll Bike Rentals...............D7
55 Imagination Playground...................E5
56 Pioneer..................................F5
57 Staten Island Ferry......................D8

⊟ Schlafen (S. 348)
58 Andaz Wall St............................E6
59 Club Quarters World Trade Center.........C5
60 Cosmopolitan Hotel.......................C3
61 Gild Hall Wall Street....................D5
62 Greenwich Hotel..........................B2
63 Smyth Tribeca............................C3
64 Wall Street Inn..........................D7

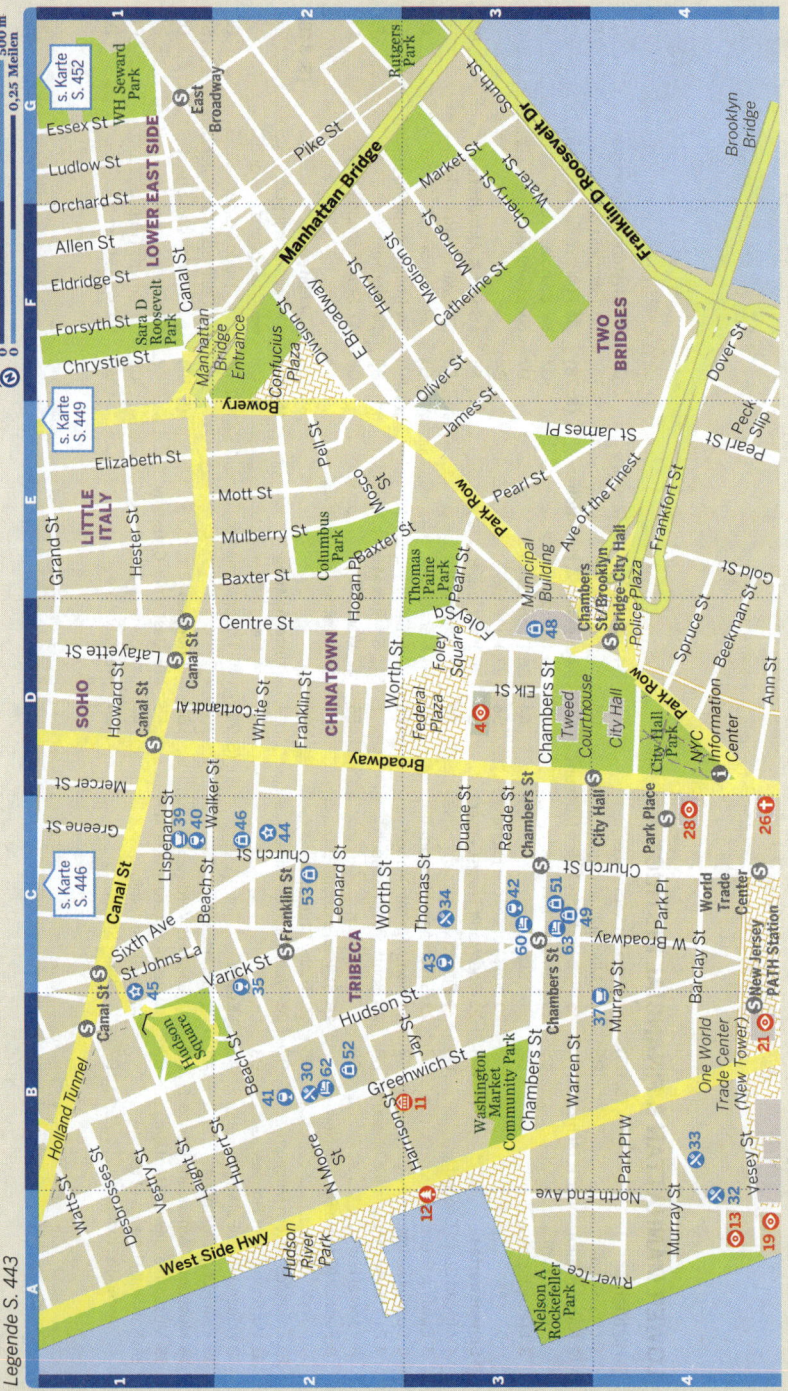

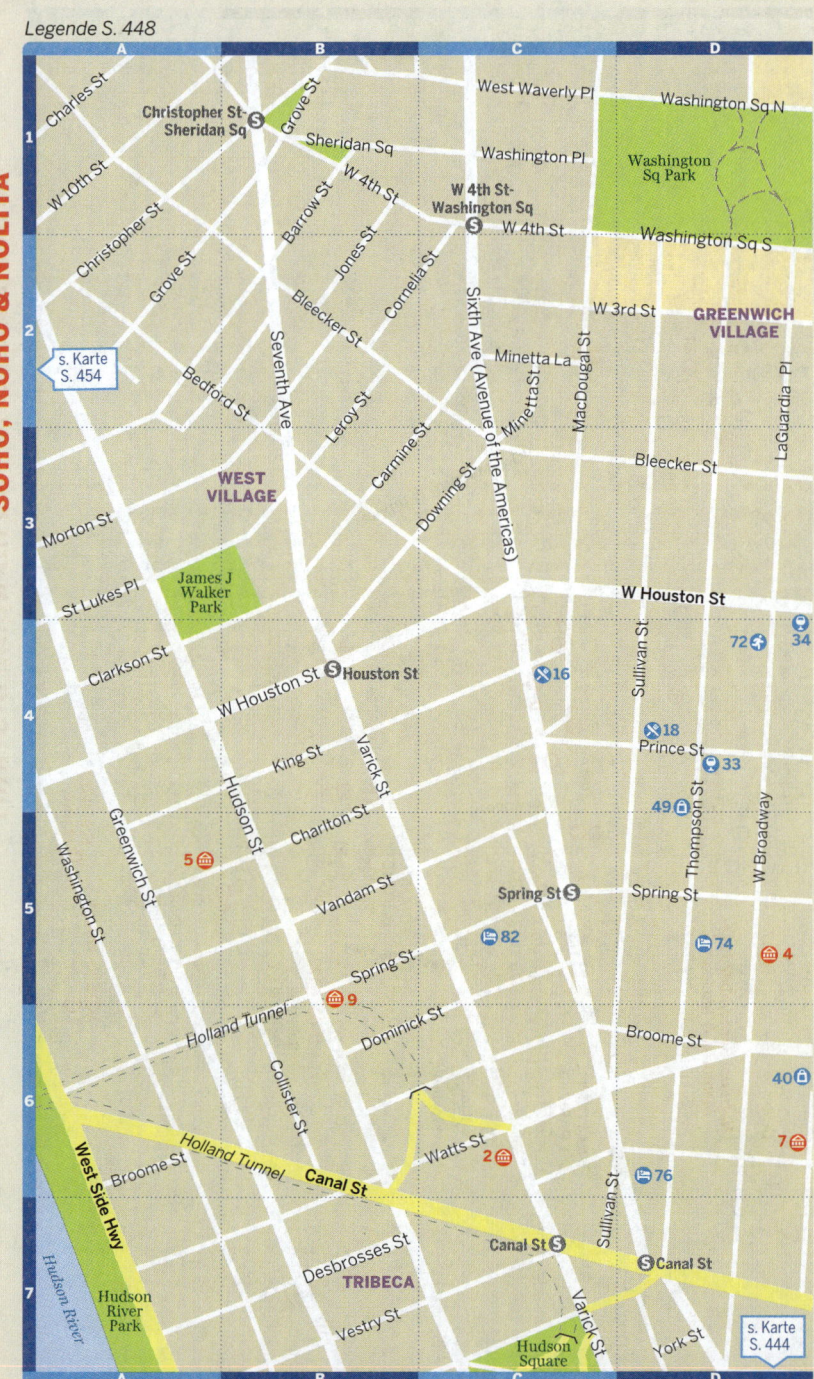

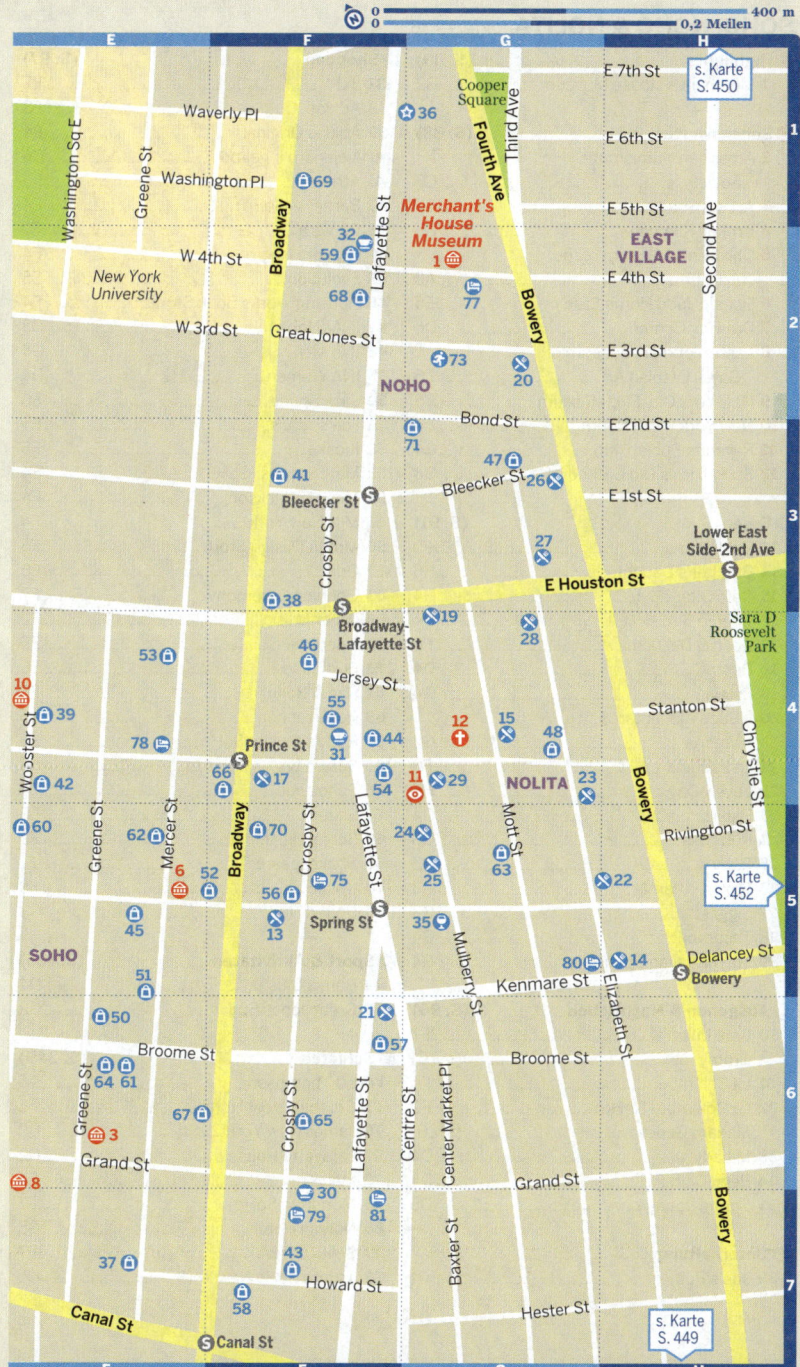

SOHO, NOHO & NOLITA *Karte S. 446*

⊙ Highlights (S. 89)
1 Merchant's House Museum G2

⊙ Sehenswertes (S. 88)
2 American Numismatic Society C6
3 Artists Space E6
4 Broken Kilometer D5
5 Children's Museum of the Arts A5
6 Donald Judd Home Studio E5
7 Drawing Center D6
8 Leslie-Lohman Museum of Gay & Lesbian Art E6
9 New York City Fire Museum B5
10 New York Earth Room E4
11 Ravenite Social Club G4
12 St. Patrick's Old Cathedral G4

✖ Essen (S. 91)
13 Balthazar F5
14 Butcher's Daughter H5
15 Café Gitane G4
16 Charlie Bird C4
17 Dean & DeLuca F4
18 Dutch D4
19 Estela G4
20 Il Buco Alimentari & Vineria G2
21 La Esquina F6
22 Lovely Day H5
23 Public G4
24 Rubirosa G5
25 Ruby's G5
26 Saxon + Parole G3
27 Siggi's G3
28 Tacombi G4
29 Torrisi Italian Specialties G4

⊙ Ausgehen & Nachtleben (S. 96)
30 Café Integral F7
   Jimmy ....(s. 76)
31 La Colombe F4
32 La Colombe (NoHo) F2
   Madam Geneva ....(s. 26)
33 MiLady's D4
34 Pegu Club D4
35 Spring Lounge G5

⊙ Unterhaltung
36 Joe's Pub G1

⊙ Shoppen (S. 97)
37 3x1 ....E7
38 Adidas F3
39 Adidas Originals E4
40 Alejandro Ingelmo D6
41 Atrium F3
42 Barneys (SoHo) E4
43 De Vera F7
44 Etiqueta Negra F4
45 Evolution E5
46 Housing Works Book Store F4
47 INA (NoHo) G3
48 INA Men G4
49 INA Women D4
50 Jack Spade E6
51 Joe's Jeans E5
52 Kiosk F5
53 Marc Jacobs (SoHo) E4
54 McNally Jackson F4
55 MiN New York F4
56 MoMA Design Store F5
57 Odin F6
58 Opening Ceremony F7
59 Other Music F2
60 Piperlime E5
61 Purl Soho E6
62 Rag & Bone E5
63 Resurrection G5
64 Rudy's Music (SoHo) E6
65 Saturdays F6
66 Scholastic F4
67 Scoop E6
68 Screaming Mimi's F2
69 Shakespeare & Co F1
70 Uniqlo F5
71 United Nude G3

⊙ Sport & Aktivitäten (S. 105)
72 Bunya Citispa D4
73 Great Jones Spa G2

⊙ Schlafen (S. 349)
74 60 Thompson D5
75 Crosby Street Hotel F5
76 James New York D6
77 Lafayette House G2
78 Mercer E4
79 Mondrian SoHo F7
80 Nolitan Hotel G5
81 Solita SoHo F7
82 Trump SoHo New York C5

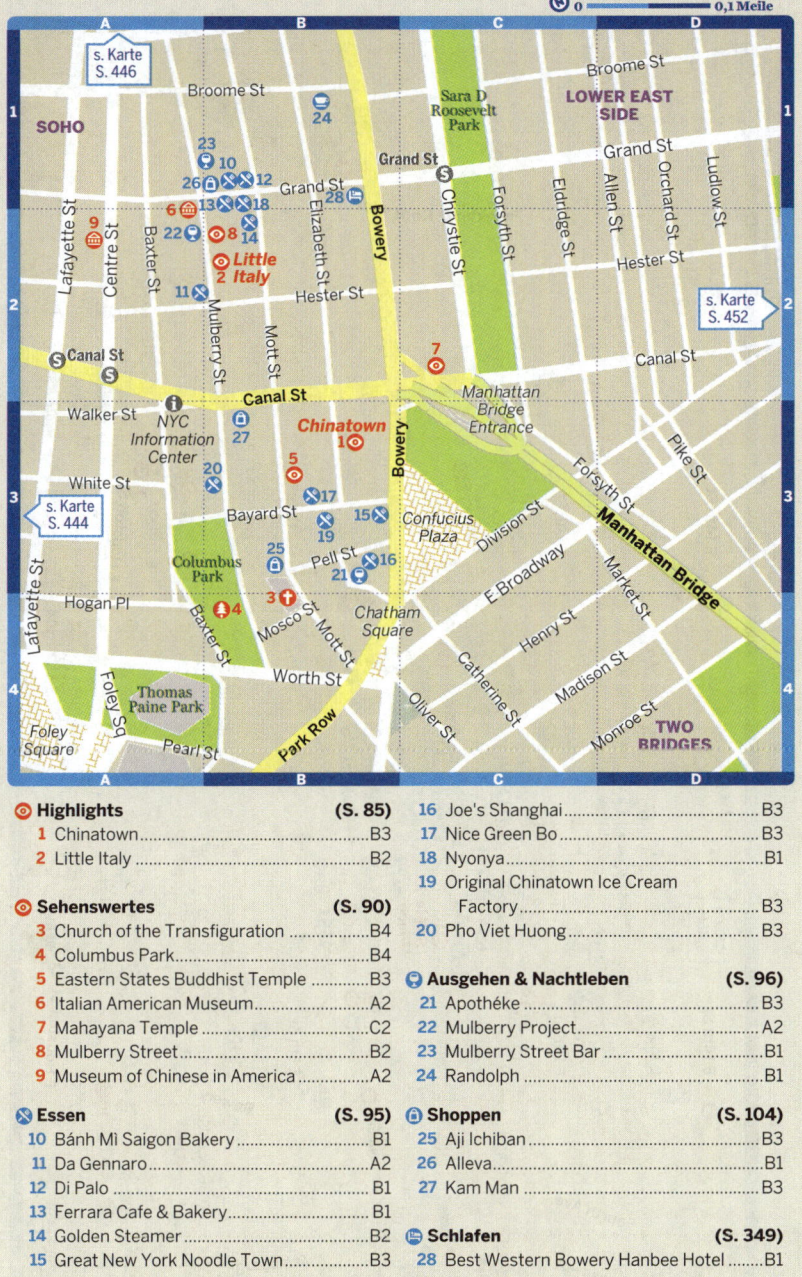

⊙ **Highlights**	**(S. 85)**
1 Chinatown	B3
2 Little Italy	B2

⊙ **Sehenswertes**	**(S. 90)**
3 Church of the Transfiguration	B4
4 Columbus Park	B4
5 Eastern States Buddhist Temple	B3
6 Italian American Museum	A2
7 Mahayana Temple	C2
8 Mulberry Street	B2
9 Museum of Chinese in America	A2

⊗ **Essen**	**(S. 95)**
10 Bánh Mì Saigon Bakery	B1
11 Da Gennaro	A2
12 Di Palo	B1
13 Ferrara Cafe & Bakery	B1
14 Golden Steamer	B2
15 Great New York Noodle Town	B3
16 Joe's Shanghai	B3
17 Nice Green Bo	B3
18 Nyonya	B1
19 Original Chinatown Ice Cream Factory	B3
20 Pho Viet Huong	B3

⊙ **Ausgehen & Nachtleben**	**(S. 96)**
21 Apothéke	B3
22 Mulberry Project	A2
23 Mulberry Street Bar	B1
24 Randolph	B1

⊙ **Shoppen**	**(S. 104)**
25 Aji Ichiban	B3
26 Alleva	B1
27 Kam Man	B3

⊙ **Schlafen**	**(S. 349)**
28 Best Western Bowery Hanbee Hotel	B1

EAST VILLAGE

◉ Highlights (S. 111)
1 St. Marks Place ... C2

◉ Sehenswertes (S. 113)
2 6th and B Garden ... D3
3 9th St Garden & La Plaza Cultural ... E2
4 All People's Garden ... E4
5 Astor Place ... B2
6 Brisas del Caribe ... E4
7 Cooper Union Building ... B3
8 East River Park ... G3
9 Fillmore East ... B3
10 Hole ... B4
11 Le Petit Versailles ... E4
12 St. Mark's in the Bowery ... B2
13 Tompkins Square Park ... D2

✕ Essen (S. 115)
14 Abraço ... C3
15 Angelica Kitchen ... C1
16 Brick Lane Curry House ... C3
17 Cafe Mogador ... C2
18 Calliope ... B3
19 Hearth ... C1
20 Ippudo NY ... B2
21 Kanoyama ... B1
22 L'Apicio ... B4
23 Lavagna ... D3
24 Luzzo's ... C1
25 Minca ... D3
26 Motorino ... C1
27 MUD ... C2
28 Prune ... C4
29 Rai Rai Ken ... C2
30 Redhead ... C1
31 Tacos Morelos ... D2
32 Upstate ... C3
33 Veselka ... C2
34 Westville East ... D2
35 Yaffa ... C2

◉ Ausgehen & Nachtleben (S. 121)
36 ABC Beer Co ... E3
37 Amor y Amargo ... (s. 38)
38 Angel's Share ... B2
39 Cienfuegos ... D3
40 Cock ... B4
41 Death + Co ... C3
42 Eastern Bloc ... D3
43 Golden Cadillac ... C4
44 Immigrant ... C2
45 Jimmy's No 43 ... B2
46 Mayahuel ... B3
47 McSorley's Old Ale House ... B2
48 Ost Cafe ... C1
49 Pouring Ribbons ... D1
50 Proletariat ... C2
51 Ten Degrees Bar ... B2
52 Terroir ... C1
53 Wayland ... E2

◉ Unterhaltung (S. 127)
54 Amore Opera ... D3
55 Anthology Film Archives ... B4
56 La MaMa ETC ... B3
57 New York Theater Workshop ... B3
58 Nuyorican Poets Café ... E4
59 PDT ... C2
60 Sidewalk Café ... D3
61 Sing Sing Karaoke ... B2
62 Stone ... E4

◉ Shoppen (S. 129)
63 A-1 Records ... D3
64 Dinosaur Hill ... C2
65 John Derian ... B4
66 John Varvatos ... B4
67 Kiehl's ... B1
68 No Relation Vintage ... C1
69 Obscura Antiques ... D1
70 Odin (East Village) ... C1
71 Patricia Field ... B4
72 St Mark's Bookshop ... B2
73 Still House ... D2
74 Sustainable NYC ... D2
75 Tokio 7 ... C2
76 Trash & Vaudeville ... B2
77 Veramet ... C2

◉ Sport & Aktivitäten (S. 132)
78 Russian & Turkish Baths ... C2

◉ Schlafen (S. 351)
79 Bowery Hotel ... B4
80 East Village B&B ... E3
81 East Village Bed & Coffee ... E2
82 Standard East Village ... B3

LOWER EAST SIDE

◉ Highlights (S. 108)
1. Lower East Side Tenement Museum B3
2. New Museum A3

◉ Sehenswertes (S. 114)
3. Essex Street Market C3
4. Kehila Kedosha Janina Synagogue & Museum B4
5. Lehmann Maupin A2
6. Lesley Heller C4
7. Mark Miller Gallery C4
8. Museum at Eldridge Street Synagogue B5
9. Orchard Street Bargain District B2
10. Rox B3
11. Salon 94 Bowery A2
12. Salon 94 Freemans A3
13. Sara D Roosevelt Park A3
14. Sperone Westwater A2
15. Untitled C5

◉ Essen (S. 119)
16. Boil A4
17. Clinton Street Baking Company D2
18. Dimes C5
19. Donut Plant C4
20. Fat Radish C5
21. Freemans A3
22. Hotel Chantelle C3
23. 'inoteca C3
24. Katz's Delicatessen B2
25. Kuma Inn C3
26. Meatball Shop B2
27. Vanessa's Dumpling House B4

◉ Ausgehen & Nachtleben (S. 126)
28. Attaboy B4
29. Barramundi D2
30. Barrio Chino C4
31. Beauty & Essex C2
32. Cake Shop C4
33. Casa Mezcal C4
34. Stanton Social B2
35. Ten Bells C4
36. Welcome to the Johnsons ... C3

◉ Unterhaltung (S. 128)
37. Abrons Arts Center E4
38. Bowery Ballroom A3
39. Delancey D3
40. Landmark Sunshine Cinema B2
41. Pianos C2
42. Rockwood Music Hall B2
43. Slipper Room B2
   Sweet .... (s. 43)

◉ Shoppen (S. 131)
44. Bluestockings B2
45. By Robert James C4
46. Dressing Room B4
47. Earnest Sewn (Lower East Side) C4
48. Edith Machinist C3
49. Moo Shoes C4
50. Reed Space B3
51. Reformation C2
52. Spiritual America A3
53. Top Hat C4
54. Yumi Kim C2

◉ Schlafen (S. 151)
55. Blue Moon Hotel C3
56. Hotel on Rivington C3

GREENWICH VILLAGE & MEATPACKING DISTRICT *Karte S. 454*

◎ Highlights (S. 135)
1. The High Line A2
2. Hudson River Park C7
3. Washington Square Park F4

◎ Sehenswertes (S. 139)
4. Abingdon Square C3
5. Forbes Collection G2
6. Grace Church H2
7. New York University G4
8. Pier 45 .... A6
9. White Columns C2

✪ Essen (S. 141)
10. Alta F3
11. Babbo F4
12. Barbuto B3
13. Blue Hill E4
14. Bonsignour C2
15. Cafe Blossom E5
16. Café Cluny C2
17. Cafe Minerva C2
18. Caffe Reggio F5
19. Doma Na Rohu D5
20. Empellon D4
21. Fatty Crab B2
22. Fatty Cue E5
23. Grounded Organic Coffee & Tea House C2
24. Hector's Café & Diner A2
25. Jeffrey's Grocery E3
26. Joe the Art of Coffee E3
27. Joe's Pizza E5
28. Malaparte B3
29. Minetta Tavern F5
30. Morandi D3
31. Moustache D5
32. Murray's Cheese Bar E5
33. Otto Enoteca Pizzeria G3
34. RedFarm C4
35. Rosemary's E3
36. Saigon Shack F5
37. Snack Taverna D5
38. Spotted Pig C4
39. Sushi Nakazawa D5
40. Taïm D3
41. Thelewala F5
42. Third Rail F5
43. Tomoe F6
44. Victory Garden E5
45. Whynot Coffee & Wine E3

◉ Ausgehen & Nachtleben (S. 150)
46. 124 Old Rabbit Club F5
47. 675 Bar B2
48. Aria C4
49. Art Bar C2
50. Bell Book & Candle E3
51. Brass Monkey A2
52. Buvette D4
53. Cielo A2
54. Clarkson E6
55. Commerce D5
56. Corner Bistro C2
57. Cubbyhole C2
58. Employees Only C4
59. Fat Cats D4
60. Henrietta Hudson D5
61. Highlands E3
    Jane Ballroom .... (s. 117)
62. Julius Bar D3
63. Kettle of Fish D3

	Le Bain	(s. 119)
64	Little Branch	D6
65	Marie's Crisis	D4
66	Monster	D4
67	One If By Land, Two If By Sea	E4
	Standard	(s. 119)
68	Stonewall Inn	D3
69	Stumptown Coffee Roasters (Greenwich Village)	F3
	Top of the Standard	(s. 119)
70	Vin Sur Vingt	D2
71	Vol de Nuit	E4
72	White Horse Tavern	C3

⊙ Unterhaltung (S. 158)

73	13th St Repertory Company	F1
	55 Bar	(s. 68)
74	Angelika Film Center	H6
75	Bar Next Door	F4
76	Barrow Street Theater	D4
77	Blue Note	E4
78	Cherry Lane Theater	D5
79	Comedy Cellar	F5
80	Cornelia St Café	E4
81	Duplex	D4
82	IFC Center	E4
83	Le Poisson Rouge	F5
84	Smalls	D3
85	Village Vanguard	D2

🛍 Shoppen (S. 160)

86	Aedes de Venustas	E3
87	Bathroom	D4
88	Beacon's Closet	F1
89	Bonnie Slotnick Cookbooks	D3
90	Castor & Pollux	C4
91	CO Bigelow Chemists	E3
92	Earnest Sewn	A2
93	Flight 001	D2
94	Forbidden Planet	H2
	Greenwich Letterpress	(s. 63)
95	Jeffrey New York	A1
96	Marc by Marc Jacobs	C3
97	McNulty's Tea & Coffee Co, Inc	D4
98	Monocle	C4
99	Murray's Cheese	E5
100	Odin (West Village)	D2
101	Personnel of New York	E3
102	Saturdays (West Village)	D3
103	Strand Book Store	H2
104	Three Lives & Company	E3
105	Yoya	B2
106	Yoyamart	B2

⊙ Sport & Aktivitäten (S. 164)

107	Bowlmor Lanes	G2
108	Downtown Boathouse	B7
109	New York Trapeze School	B7
110	Tony Dapolito Recreation Center	D6
111	Waterfront Bicycle Shop	B5
112	West 4th Street Basketball Courts	E4

🛏 Schlafen (S. 352)

113	Chelsea Pines Inn	C1
114	Hotel Gansevoort	B2
115	Incentra Village House	C2
116	Jade Hotel	F1
117	Jane Hotel	A3
118	Larchmont Hotel	F2
119	Standard	A2

CHELSEA

KOREA TOWN

CHELSEA

⦿ Highlights	(S. 137)
1 Chelsea Market	D5

⦿ Sehenswertes	(S. 140)
2 Andrea Rosen Gallery	C2
3 Barbara Gladstone Gallery	C2
4 Chelsea Hotel	F3
5 David Zwirner	C3
6 Gagosian	B2
7 General Theological Seminary	D3
8 Matthew Marks Gallery	C3
9 Pace Gallery	C2
10 Paula Cooper Gallery	C3
11 Rubin Museum of Art	G4

ⓧ Essen	(S. 147)
Amy's Bread	(s. 1)
12 Billy's Bakery	D3
13 Blossom	D3
Chelsea Market	(s. 1)
14 Co.	D2
15 Cookshop	C3
Eleni's	(s. 1)
16 Foragers City Table	E3
17 Heath	C1
l'Arte Del Gelato	(s. 1)
18 Le Grainne	D3
19 Tia Pol	C3
Tuck Shop	(s. 1)

⦿ Ausgehen & Nachtleben	(S. 156)
20 Bar Veloce	F3
21 Barracuda	F3
22 Bathtub Gin	D4
23 Chelsea Brewing Company	B4
24 Eagle NYC	C1
25 Electric Room	E4
26 Frying Pan	A2
27 G Lounge	D3
Gallow Green	(s. 36)

28 Peter McManus Tavern	F4

⦿ Unterhaltung	(S. 159)
29 Atlantic Theater Company	E3
30 Chelsea Bow Tie Cinema	F3
31 Gotham Comedy Club	F3
32 Irish Repertory Theater	G3
33 Joyce Theater	E4
34 Kitchen	C4
35 New York Live Arts	F4
36 Sleep No More	C1
37 Upright Citizens Brigade Theatre	E1

⦿ Shoppen	(S. 163)
38 192 Books	C3
39 Antiques Garage Flea Market	G2
40 Behaviour	F4
41 Housing Works Thrift Shop	G4
42 INA (Chelsea)	F4
Lobster Place	(s. 1)
43 Nasty Pig	E4
Posman Books	(s. 1)
44 Printed Matter	C3
45 Universal Gear	E4

⦿ Sport & Aktivitäten	(S. 164)
46 Chelsea Piers Complex	B3
47 Little Athletes Exploration Center	B3
48 New York Gallery Tours	C2

⦿ Schlafen	(S. 352)
49 Chelsea Hostel	F3
50 Chelsea Lodge	E3
51 Colonial House Inn	E3
52 Dream Downtown	D4
53 Hôtel Americano	C1
54 Inn on 23rd St	G2
55 Maritime Hotel	E4

UNION SQUARE, FLATIRON DISTRICT & GRAMERCY PARK

460

UNION SQUARE, FLATIRON DISTRICT & GRAMERCY PARK

⊙ Highlights (S. 168)
1 Flatiron Building C2
2 Union Square D4

⊙ Sehenswertes (S. 170)
3 Gramercy Park D3
4 Madison Square Park C2
5 National Arts Club D3
6 Geburtshaus Theodore Roosevelts ... C3
7 Tibet House B5

⊗ Essen (S. 170)
8 ABC Kitchen C4
9 Artichoke Basille's Pizza F5
10 Bar Jamón E4
11 Boqueria Flatiron B3
12 Casa Mono E4
13 City Bakery B4
14 Craft D3
15 Dos Toros Taqueria D5
16 Eleven Madison Park C2
17 Ess-a-Bagel G3
18 Gramercy Tavern D3
19 Mad Sq Eats C1
    Maialino .... (s. 49)
20 Max Brenner D5
21 Pure Food & Wine E4
22 Republic C4
23 Shake Shack C2
24 Trattoria Il Mulino C3

⊗ Ausgehen & Nachtleben (S. 175)
25 71 Irving Place D3
26 Beauty Bar F5
    Birreria .... (s. 42)
27 Boxers NYC B3
28 Crocodile Lounge F5
29 Flatiron Lounge C3
30 Nowhere F5
31 Old Town Bar & Restaurant ... D4
32 Pete's Tavern E4
33 Raines Law Room B4
34 Rolf's Bar & German Restaurant ... E2
35 Toby's Estate C3

⊙ Unterhaltung (S. 177)
36 Peoples Improv Theater D2

⊙ Shoppen (S. 177)
37 ABC Carpet & Home C3
38 Abracadabra B3
39 Bedford Cheese Shop D4
40 Books of Wonder B4
41 DSW C5
42 Eataly C2
43 Idlewild Books B3
44 Union Square Greenmarket ... C4
45 Whole Foods C5

⊙ Sport & Aktivitäten (S. 180)
46 Institute of Culinary Education ... B2
47 Jivamukti D5
48 Soul Cycle C4

⊙ Schlafen (S. 354)
49 Gramercy Park Hotel D3
50 Hotel 17 .... E4
51 Hotel Giraffe D1
52 W New York Union Square ... D4
53 Wyndham Garden B2

MIDTOWN EAST & FIFTH AVENUE

MIDTOWN EAST & FIFTH AVENUE

MIDTOWN EAST & FIFTH AVENUE Karte S. 462

◎ Highlights (S. 188)
- 1 Chrysler Building C5
- 2 Empire State Building B7
- 3 Grand Central Terminal C5
- 4 Rockefeller Center B3

◎ Sehenswertes (S. 198)
- 5 Bryant Park B5
- 6 Chanin Building C5
- 7 Citigroup Center C2
- 8 Franklin D Roosevelt Four Freedoms Park F3
- 9 Japan Society E4
- 10 Le Carrousel A5
- 11 Lever House C2
- 12 Morgan Library & Museum C6
- 13 Museum of Sex B8
- 14 New York Public Library B5
- 15 Paley Center for Media B3
- 16 Seagram Building C3
- 17 St. Patrick's Cathedral B3
- Top of the Rock .... (s. 4)
- 18 United Nations E4

ⓧ Essen (S. 206)
- 19 99 Cent Pizza Breslin C4
- .... (s. 52)
- 20 Curry in a Hurry C5
- 21 Dhaba C8
- 22 El Parador Cafe E6
- 23 Grand Central Oyster Bar & Restaurant C5
- 24 Hangawi B7
- John Dory Oyster Bar .... (s. 52)
- 25 Rouge Tomate B1
- 26 Smith D3
- 27 Sparks D4

◉ Ausgehen & Nachtleben (S. 210)
- 28 Bryant Park Cafe B5
- 29 Bryant Park Grill B5
- 30 Campbell Apartment C5
- 31 Culture Espresso A6
- 32 Little Collins C2
- 33 Middle Branch C7
- 34 PJ Clarke's B3
- Stumptown Coffee Roasters .... (s. 52)
- 35 Subway Inn C1
- 36 Terroir D7
- Top of the Strand .... (s. 69)

◎ Unterhaltung (S. 213)
- 37 Jazz Standard C8
- New York Public Library .... (s. 14)
- 38 St Bartholomew's Church C3

◎ Shoppen (S. 217)
- 39 Argosy C1
- 40 Barneys B1
- 41 Bergdorf Goodman B1
- 42 Bloomingdale's D1
- 43 Dylan's Candy Bar D1
- 44 FAO Schwarz B1
- Grand Central Market .... (s. 3)
- 45 Saks Fifth Ave B3
- 46 Tiffany & Co B2
- 47 Uniqlo B3

◎ Sport & Aktivitäten (S. 220)
- 48 24 Hour Fitness C2
- 49 Municipal Art Society A2
- 50 NBC Studio Tours B3
- Rink at Rockefeller Center .... (s. 4)

🛏 Schlafen (S. 355)
- 51 70 Park C6
- 52 Ace Hotel B8
- 53 Andaz Fifth Avenue B5
- 54 Bryant Park Hotel B5
- 55 Chambers B2
- 56 Four Seasons C2
- 57 Hotel 31 .... C7
- 58 Hotel 373 .... B6
- 59 Hotel Elysée C2
- 60 Hotel Metro B6
- 61 Ivy Terrace D1
- 62 Langham Place B6
- 63 Library Hotel C5
- 64 Pierre B1
- 65 Plaza B1
- 66 Pod 39 .... C5
- 67 Pod 51 .... D3
- 68 Royalton B5
- 69 Strand B6

MIDTOWN WEST & TIMES SQUARE Karte S. 466

◉ Highlights (S. 185)
1. Museum of Modern Art...........G2
2. Radio City Music Hall............F3
3. Times Square........................E5

◎ Sehenswertes (S. 201)
4. Bank of America Tower..........F5
5. Brill Building..........................E3
6. Diamond District....................F4
7. Garment District....................E6
8. Hearst Tower........................E2
9. Herald Square.......................F7
10. International Center of Photography....................F5
11. Intrepid Sea, Air & Space Museum..................A4
12. Koreatown............................F7
13. Museum at FIT......................E8
14. Museum of Arts & Design...............................E1

✖ Essen (S. 208)
15. A Voce..............................(s. 60)
16. Burger Joint..........................F2
17. Betony............................(s. 1)
17. Danji....................................D3
18. El Margon.............................F4
19. Gahm Mi Oak........................F7
20. Le Bernardin.........................F3
21. Marseille...............................D4
   Modern............................(s. 1)
22. NoMad..................................G8
   Terrace Five.....................(s. 1)
23. Totto Ramen........................D3
24. ViceVersa..............................D3
   Whole Foods..................(s. 60)

◉ Ausgehen & Nachtleben (S. 211)
25. Bar-Tini Ultra Lounge............C4
26. Boxers NYC...........................D3
27. Flaming Saddles...................D2
28. Industry................................D3
29. Jimmy's Corner....................F4
   Lantern's Keep................(s. 75)
30. R Lounge..............................E4
   Robert............................(s. 14)
31. Rudy's..................................D4
32. Rum House..........................E4
33. Therapy.................................D3
34. XL Nightclub.........................C5

◉ Unterhaltung (S. 213)
35. AMC Empire 25.....................E5
   Betony...............................(s. 1)
36. Birdland................................D3
37. Book of Mormon...................E3
38. Carnegie Hall........................E2
39. Caroline's on Broadway........E3
40. Chicago................................E3
41. Don't Tell Mama...................D4
   Jazz at Lincoln Center....(s. 60)
42. Kinky Boots...........................D4
43. Lyceum Theatre...................E4
44. Madison Square Garden.......E7
45. Magnet Theater....................E8
46. Matilda..................................E4
47. New Amsterdam Theater......E5
48. New Victory Theater.............E5
49. New York City Center...........F2
   New York Rangers..........(s. 44)
50. Playwrights Horizons............D5
51. Second Stage Theatre..........D5
52. Signature Theatre.................C5

⊙ Shoppen (S. 219)
53. Amé Amé..............................G8
54. B&H Photo Video..................D7
55. Drama Book Shop.................E5
56. Housing Works......................D3
57. Macy's..................................F7
   MoMA Design & Book Store..............................(s. 1)
58. Nepenthes New York............D6
59. Rudy's Music.........................F3

60. Time Warner Center.............D1

◉ Sport & Aktivitäten (S. 220)
61. Simple Studios......................F8
62. Central Park Bike Tours........E1
63. Circle Line Boat Tours..........A5
64. Downtown Boathouse (Midtown).........................A2
65. Liberty Helicopter Tours.......A8
66. Lucky Strike.........................B5
   New York Knicks.............(s. 44)

▭ Schlafen (S. 355)
67. 414 Hotel..............................D4
68. 6 Columbus..........................D1
69. Ameritania Hotel..................E2
70. Belvedere Hotel....................D3
71. Casablanca Hotel.................F5
72. Chatwal New York................F4
73. Econo Lodge........................D4
74. Ink48....................................B4
75. Iroquois................................G4
76. London NYC.........................E2
77. Night....................................F4
   NoMad Hotel..................(s. 22)
78. Out NYC..............................C5
79. Ritz-Carlton..........................E1
80. Yotel....................................C5

MIDTOWN WEST & TIMES SQUARE

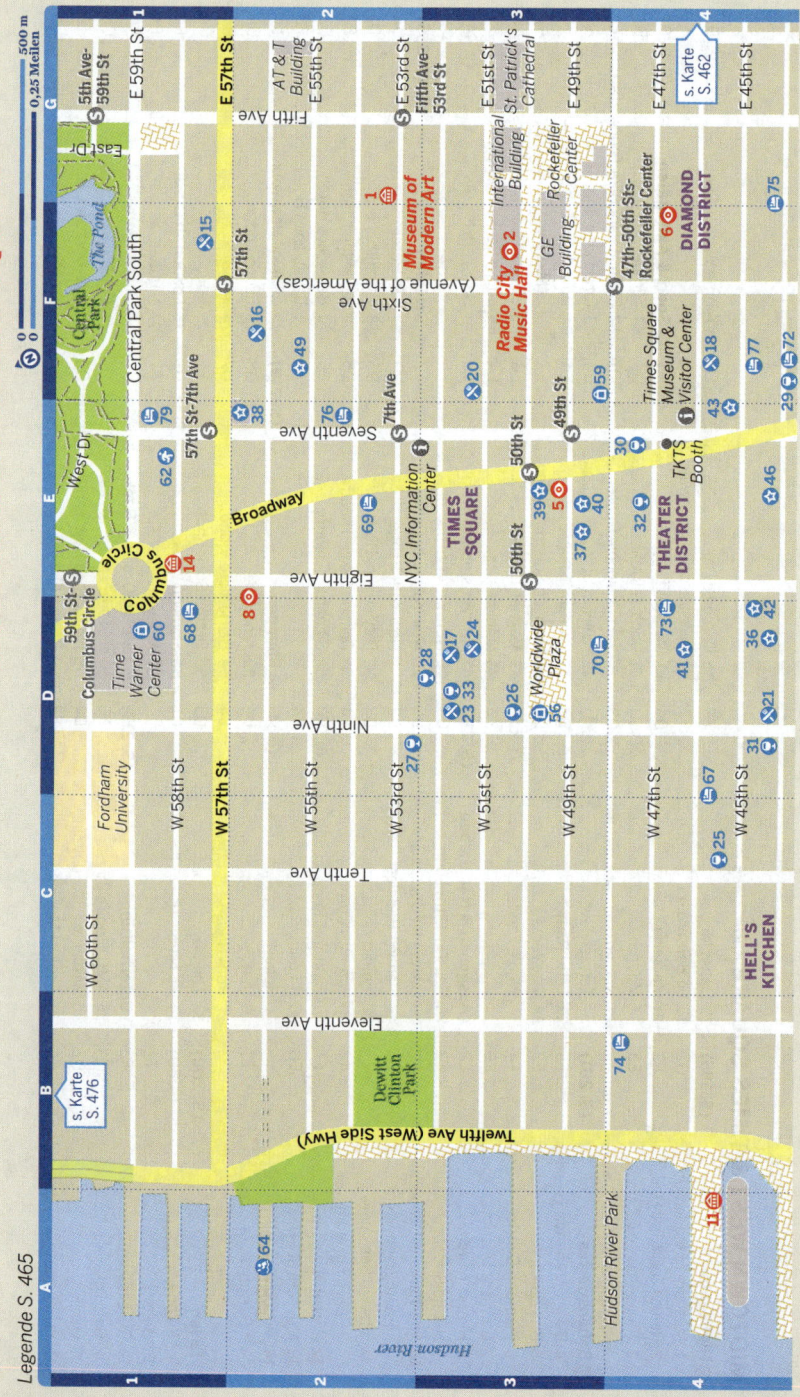

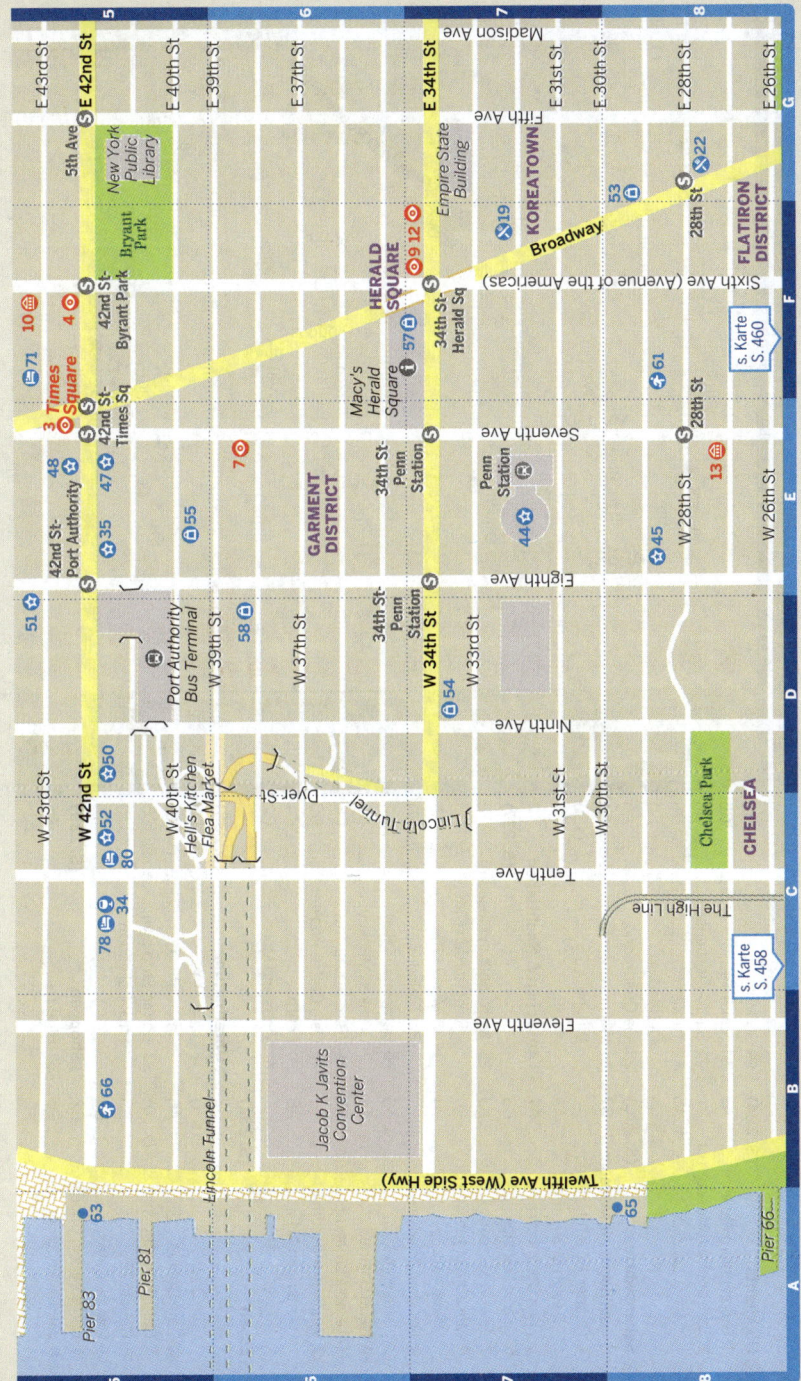

UPPER EAST SIDE

Upper East Side

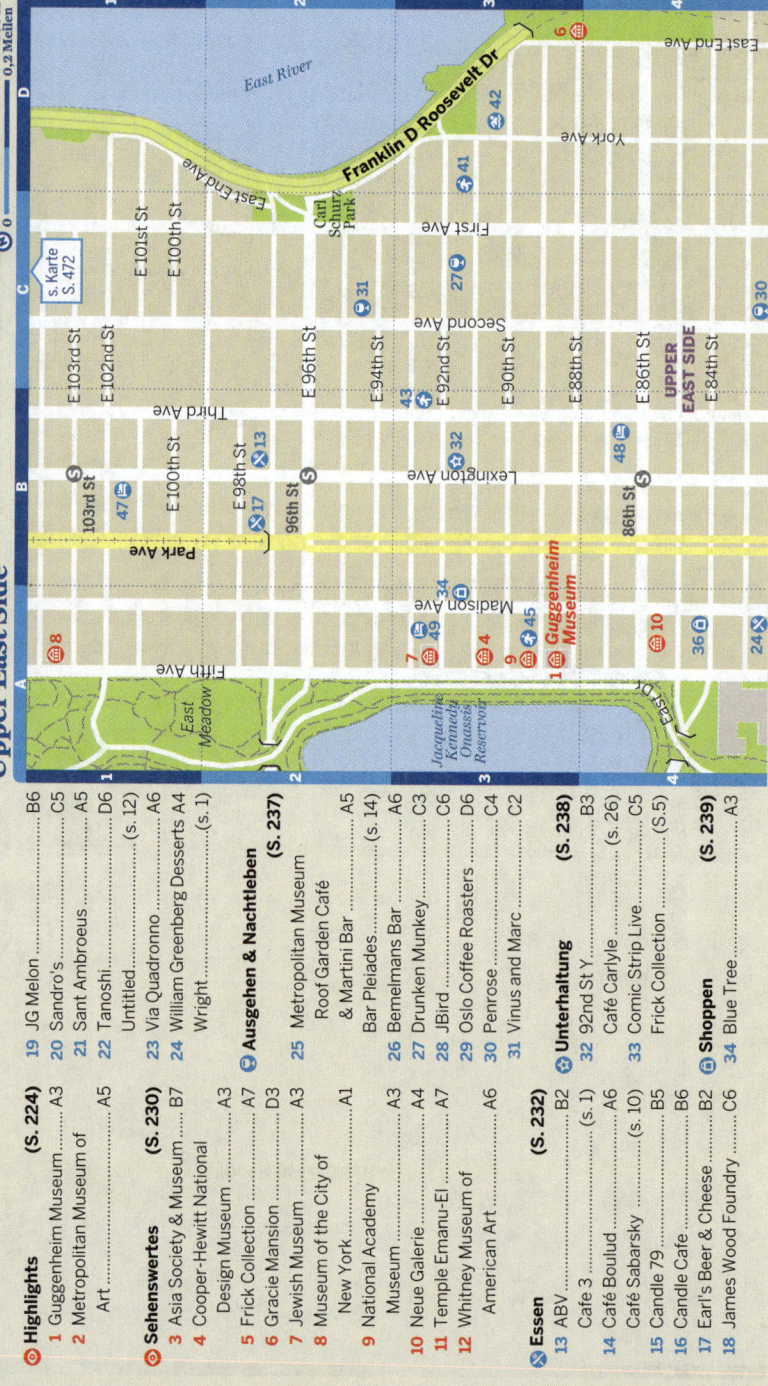

⦿ Highlights (S. 224)
- 1 Guggenheim Museum A3
- 2 Metropolitan Museum of Art A5

⦿ Sehenswertes (S. 230)
- 3 Asia Society & Museum B7
- 4 Cooper-Hewitt National Design Museum A3
- 5 Frick Collection A7
- 6 Gracie Mansion D3
- 7 Jewish Museum A3
- 8 Museum of the City of New York A1
- 9 National Academy Museum A3
- 10 Neue Galerie A4
- 11 Temple Emanu-El A7
- 12 Whitney Museum of American Art A6

⦿ Essen (S. 232)
- 13 ABV B2
- Cafe 3 .... (s. 1)
- 14 Café Boulud A6
- Café Sabarsky .... (s. 10)
- 15 Candle 79 .... B5
- 16 Candle Cafe B6
- 17 Earl's Beer & Cheese B2
- 18 James Wood Foundry C6
- 19 JG Melon B6
- 20 Sandro's C5
- 21 Sant Ambroeus A5
- 22 Tanoshi D6
- Untitled .... (s. 12)
- 23 Via Quadronno A6
- 24 William Greenberg Desserts ... A4
- Wright .... (s. 1)

⦿ Ausgehen & Nachtleben (S. 237)
- 25 Metropolitan Museum Roof Garden Café & Martini Bar A5
- Bar Pleiades .... (s. 14)
- 26 Bemelmans Bar A6
- 27 Drunken Munkey C3
- 28 JBird C6
- 29 Oslo Coffee Roasters D6
- 30 Penrose C4
- 31 Vinus and Marc C2

⦿ Unterhaltung (S. 238)
- 32 92nd St Y B3
- Café Carlyle .... (s. 26)
- 33 Comic Strip Live C5
- Frick Collection .... (S.5)

⦿ Shoppen (S. 239)
- 34 Blue Tree A3

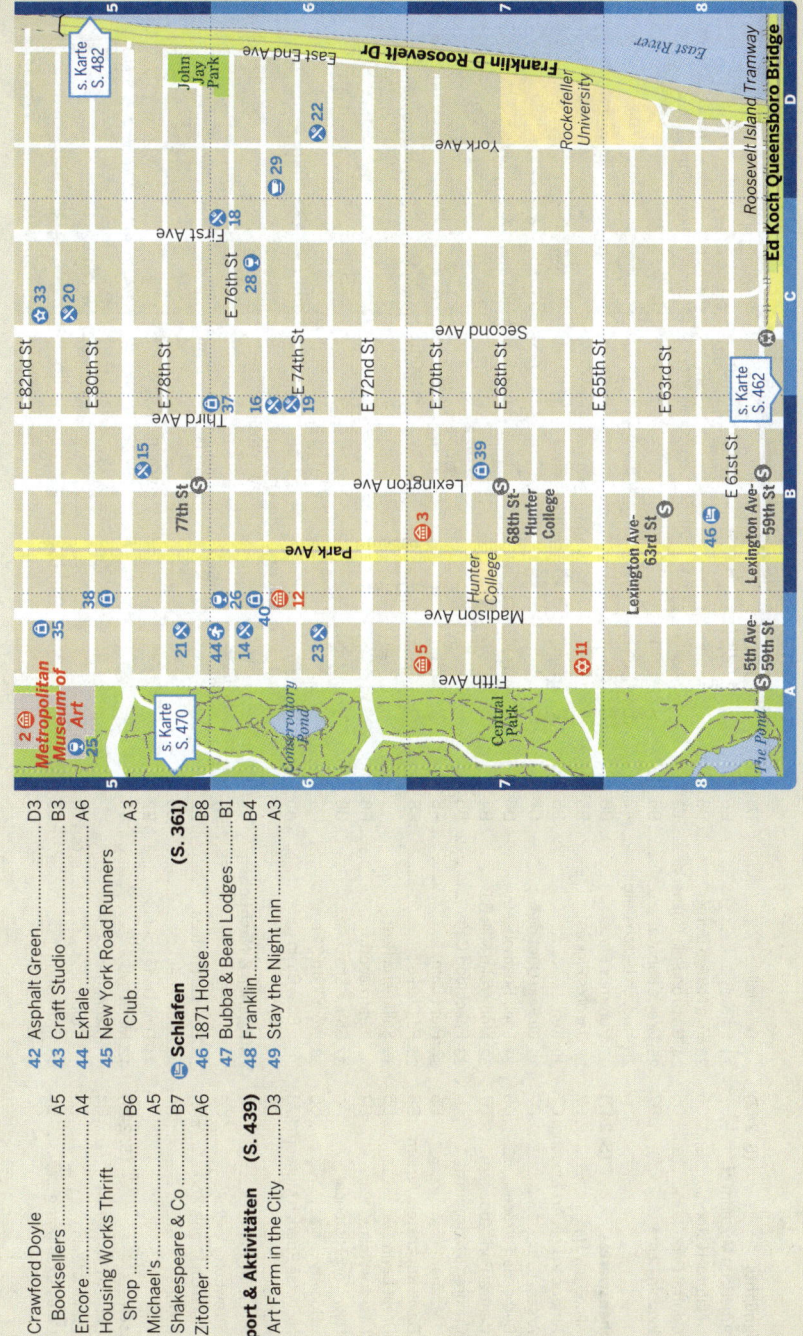

35	Crawford Doyle Booksellers	D3
36	Encore	B3
37	Housing Works Thrift Shop	A6
38	Michael's	A3
39	Shakespeare & Co	A5
40	Zitomer	A6

Schlafen (S. 361)

46	1871 House	B8
47	Bubba & Bean Lodges	B1
48	Franklin	B4
49	Stay the Night Inn	A3

Sport & Aktivitäten (S. 439)

41	Art Farm in the City	D3
42	Asphalt Green	A5
43	Craft Studio	A4
44	Exhale	B6
45	New York Road Runners Club	B7

UPPER WEST SIDE

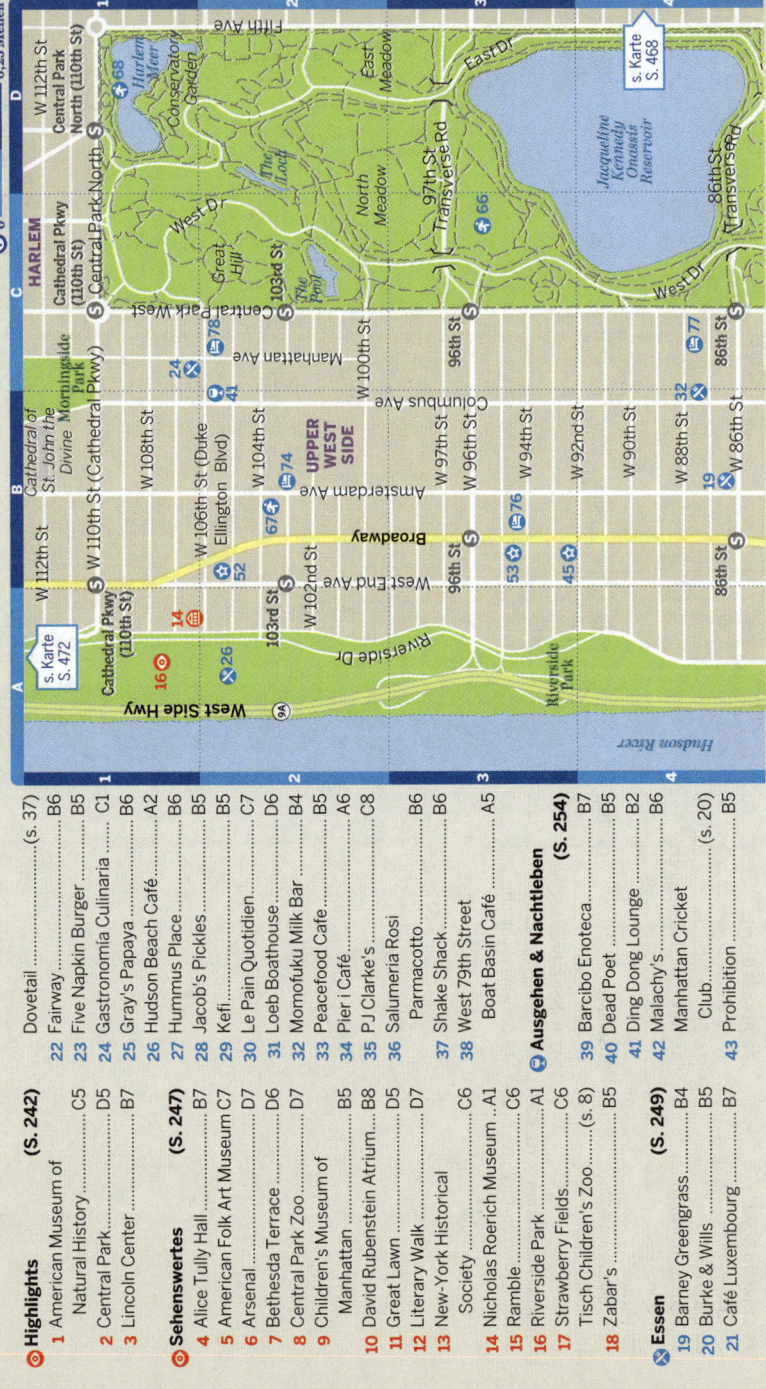

◎ Highlights (S. 242)
1. American Museum of Natural History ... C5
2. Central Park ... D5
3. Lincoln Center ... B7

◎ Sehenswertes (S. 247)
4. Alice Tully Hall ... B7
5. American Folk Art Museum ... C7
6. Arsenal ... D7
7. Bethesda Terrace ... D6
8. Central Park Zoo ... D7
9. Children's Museum of Manhattan ... B5
10. David Rubenstein Atrium ... B8
11. Great Lawn ... D5
12. Literary Walk ... D7
13. New-York Historical Society ... C6
14. Nicholas Roerich Museum ... A1
15. Ramble ... C6
16. Riverside Park ... A1
17. Strawberry Fields ... (s. 8)
18. Zabar's ... B5

⊗ Essen (S. 249)
19. Barney Greengrass ... B4
20. Burke & Wills ... B5
21. Café Luxembourg ... B7
22. Dovetail ... (s. 37)
23. Fairway ... B6
24. Five Napkin Burger ... B5
25. Gastronomia Culinaria ... C1
26. Gray's Papaya ... B6
27. Hudson Beach Café ... A2
28. Hummus Place ... B6
29. Jacob's Pickles ... B5
30. Kefi ... C7
31. Le Pain Quotidien ... D6
32. Loeb Boathouse ... D6
33. Momofuku Milk Bar ... B4
34. Peacefood Cafe ... B5
35. Pier i Café ... A6
36. PJ Clarke's ... C8
37. Salumeria Rosi Parmacotto ... B6
38. Shake Shack ... B6
39. West 79th Street Boat Basin Café ... A5

◆ Ausgehen & Nachtleben (S. 254)
39. Barcibo Enoteca ... B7
40. Dead Poet ... B5
41. Ding Dong Lounge ... B2
42. Malachy's Manhattan Cricket Club ... (s. 20)
43. Prohibition ... B5

UPPER WEST SIDE

⊛ Unterhaltung (S. 254)
American Ballet
  Theatre .... (s. 49)
44 Beacon Theatre B6
45 Cleopatra's Needle B3
46 Delacorte Theater C5
47 Elinor Bunin Munroe
  Film Center D1
48 Merkin Concert Hall B7
49 Metropolitan Opera
  House B7
50 New York City Ballet B7
51 New York
  Philharmonic B7
52 Smoke B2
53 Symphony Space B3
54 Walter Reade Theater B7

🛍 Shoppen (S. 257)
55 Barneys Co-op B6
56 Century 21 .... B7
57 Comptoir des
  Cotonniers B7
58 Greenflea B6
59 Harry's Shoes B5
60 Time for Children B5
61 West Side Kids B5
62 Westsider Books B5
63 Westsider Records B6

⊛ Sport & Aktivitäten (S. 258)
64 Belvedere Castle C5
65 Bike and Roll C8
66 Central Park Tennis
  Center C3
67 Champion Bicycles Inc. B2
68 Charles A Dana
  Discovery Center D1
69 Downtown Boathouse
  (Upper West Side) A6
Loeb Boathouse .... (s. 31)
70 Toga Bike Shop B7
71 West Side YMCA C7
72 Wollman Skating Rink D8

🛌 Schlafen (S. 362)
73 Empire Hotel C7
74 Hostelling
  International New
  York B2
75 Hotel Beacon .... (s. 44)
76 Hotel Belleclaire B6
77 Hotel Newton B3
78 International Student
  Center C4
79 Jazz on the Park
  Hostel C2
79 Lucerne B5
80 NYLO Hotel B6

HARLEM & UPPER MANHATTAN

⊙ Highlights (S. 462)
1. Apollo Theater C5
2. Cathedral Church of St. John the Divine B6
3. Studio Museum in Harlem C5

⊙ Sehenswertes (S. 466)
4. 10-18 Jumel Terrace B1
5. 555 Edgecombe Ave B1
6. Abyssinian Baptist Church C4
7. Canaan Baptist Church C6
8. Columbia University B6
9. Convent Avenue Baptist Church B3
10. Crack Is Wack Playground E5
11. El Museo del Barrio D7
12. General Ulysses S Grant National Memorial A5
13. Greater Hood Memorial AME Zion Church C3
14. Hamilton Grange B3
15. Hamilton Heights Historic District B3
16. Hispanic Society of America Museum & Library A2
17. Holcombe Rucker Park C2
18. Malcolm Shabazz Harlem Market C6
19. Morris-Jumel Mansion Museum B1
20. Riverside Church A5
21. Schomburg Center for Research in Black Culture C4
22. Strivers' Row C4
23. Sylvan Terrace B1

⊗ Essen (S. 269)
24. Amy Ruth's Restaurant C6
25. Charles' Pan-Fried Chicken B2
26. Community Food & Juice A6
27. Dinosaur Bar-B-Que A4
28. El Aguila D6
29. Harlem Public A3
30. Make My Cake C6
31. Red Rooster C5
32. Tom's Restaurant A6

⊙ Ausgehen & Nachtleben (S. 275)
33. Bier International B6
Ginny's Supper Club ...... (s. 31)
34. Paris Blues C5

⊙ Unterhaltung (S. 275)
Marjorie Eliot .... (s. 5)
35. Maysles Documentary Center C5

⊙ Shoppen (S. 276)
36. Atmos C5
37. Jumel Terrace Books B1
38. Trunk Show Designer Consignment B6

⊙ Sport & Aktivitäten (S. 277)
39. Riverbank State Park A3

⊙ Schlafen (S. 363)
40. 102 Brownstone C6
41. Aloft Harlem B5
42. Harlem Flophouse C5
43. Mount Morris House B&B C5
44. Sugar Hill Harlem B3

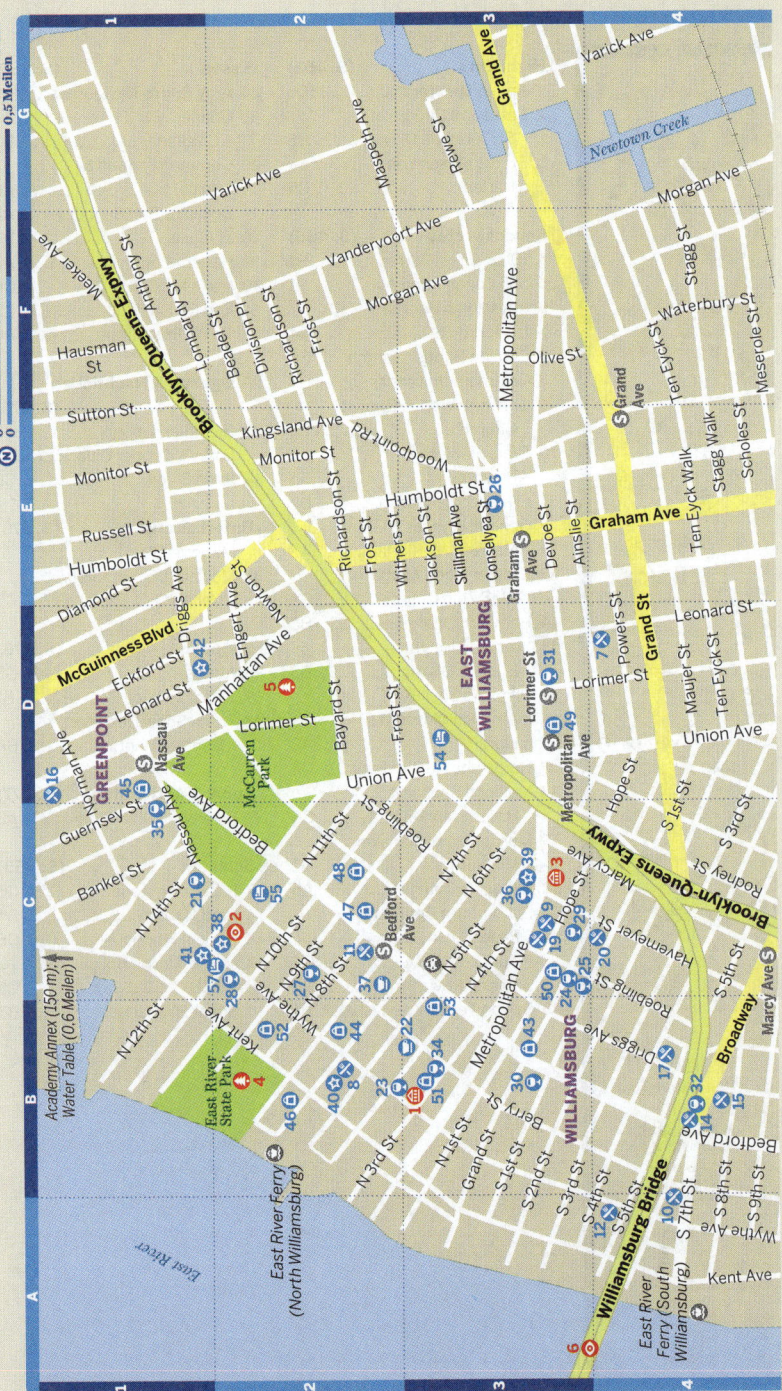

WILLIAMSBURG

⊙ Sehenswertes (S. 285)
1 Brooklyn Art Library...........B3
2 Brooklyn Brewery..............C2
3 City Reliquary.................C3
4 East River State Park..........B2
5 McCarren Park..................D2
6 Williamsburg Bridge............A3

⊗ Essen (S. 296)
7 Champs.........................D4
8 Cubana Social..................B2
9 Fette Sau......................C3
10 Marlow & Sons.................A4
11 Meatball Shop.................C2
12 Miss Favela...................A4
13 Momo Sushi Shack..............G5
14 Motorino......................B4
15 Peter Luger Steakhouse........B4
16 Peter Pan Bakery..............D1
17 Pies-n-Thighs.................B4
18 Roberta's.....................G5
19 Roebling Tea Room.............C3
20 Rye...........................C4

⊙ Ausgehen & Nachtleben (S. 306)
21 Berry Park....................C1
22 Blue Bottle Coffee............B3
23 Brooklyn Oenology.............B2
24 Clem's........................C3
25 Desnuda.......................B2
26 Harefield Road................E3
27 Hotel Delmano.................C2
   Ides......................(s. 57)
28 Kinfolk Studios...............C2
29 Larry Lawrence................C3
30 Maison Premiere...............B3
31 Metropolitan..................D3
32 OTB...........................B4
33 Pine Box Rock Shop............G5
34 Radegast Hall &
   Biergarten....................B3
35 Spritzenhaus..................C1
36 Spuyten Duyvil................C3
37 Toby's Estate.................C2

⊙ Unterhaltung (S. 310)
38 Brooklyn Bowl.................C2
39 Knitting Factory..............C3
40 Music Hall of Williamsburg....B2
41 Output........................C1
42 Warsaw........................D1

⊙ Shoppen (S. 312)
43 Adobe New York................B3
44 Artists & Fleas...............B2
45 Beacon's Closet
   (Greenpoint).................D1
46 Brooklyn Flea Market
   (Williamsburg)...............B2
47 Brooklyn Industries...........C2
48 Buffalo Exchange..............C2
49 Desert Island Comics..........D3
50 Fuego 718.....................C3
51 Mast Brothers.................B3
52 Rough Trade...................B2
53 Spoonbill &
   Sugartown....................B3

⊙ Sport & Aktivitäten (S. 315)
   Brooklyn Bowl.............(s. 38)

⊙ Schlafen (S. 365)
54 Hotel Le Jolie................D3
55 McCarren Hotel & Pool.........C2
56 New York Loft Hostel..........G5
57 Wythe Hotel...................C2

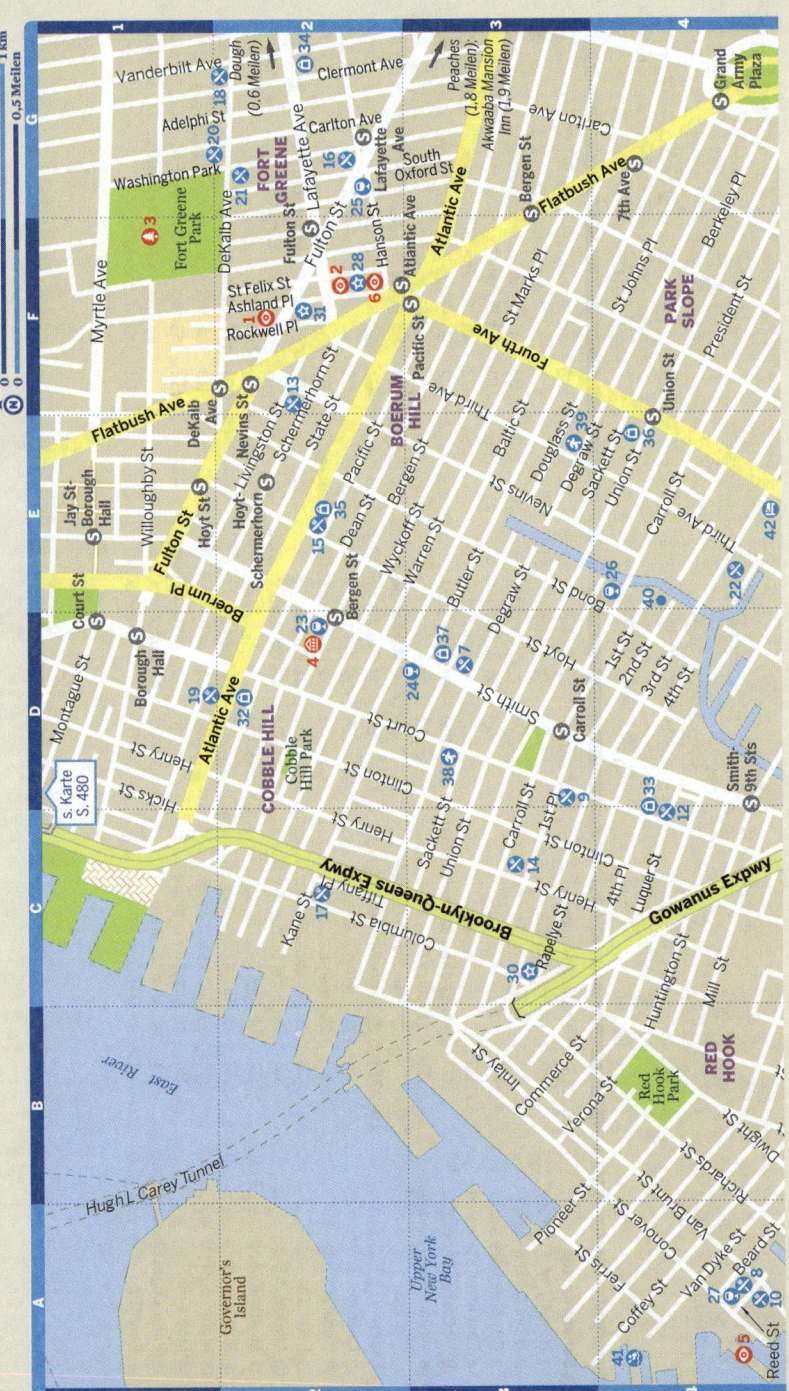

BOERUM HILL, CARROLL GARDENS, COBBLE HILL, FORT GREENE & RED HOOK

◉ Sehenswertes (S. 291)
1 BRIC House F2
2 Brooklyn Academy of Music F2
3 Fort Greene Park F1
4 Invisible Dog D2
5 Waterfront Museum A4
6 Williamsburgh Savings Bank Tower ... F2

✕ Essen (S. 300)
7 Battersby D3
8 Brooklyn Crab A4
9 Dover D3
10 Fairway A4
11 Four and Twenty Blackbirds E5
12 Frankies Spuntino C4
13 Govinda's F2
14 Lucali C3
15 Mile End E2
16 No 7 .... G2
17 Pok Pok C2
18 Roman's G2
19 Sahadi's D1
20 Smooch G2
21 Walter's G2
22 Whole Foods E4

❂ Ausgehen & Nachtleben (S. 309)
23 61 Local D2
24 Clover Lounge D3
25 Der Schwarze Kölner G2
26 Lavender Lake E4
27 Sunny's A4

✪ Unterhaltung (S. 310)
28 BAM Fisher Building F2
    BAM Howard Gilman Opera
    House .... (s. 2)
    BAM Rose Cinemas .... (s. 2)
    BAMcafé .... (s. 2)
29 Bell House C2
30 Jalopy C3
31 Theater for a New Audience F2

🛍 Shoppen (S. 314)
32 Barneys (Brooklyn) D2
33 Black Gold D4
34 Brooklyn Flea Market (Fort Greene) ... G2
35 Dry Goods E2
36 No Relation Vintage E4
37 Smith + Butler D3

⊕ Sport & Aktivitäten (S. 315)
38 Area Yoga Center D3
39 Brooklyn Boulders E3
40 Gowanus Dredgers Canoe Club E4
41 Red Hook Boaters A4

⌂ Schlafen (S. 364)
42 Hotel Le Bleu E4

◉ Highlights (S. 282)
1 Brooklyn Museum F3
2 Prospect Park E4

◉ Sehenswertes (S. 293)
3 Brooklyn Botanic Garden F3
4 Brooklyn Public Library E3
5 Brooklyn Superhero Supply Co C3
6 Grand Army Plaza E3
7 Green-Wood Cemetery B6
8 Lefferts Historic House F4
9 Montgomery Place D3
10 Old Stone House C3
11 Prospect Park Zoo E4

◉ Essen (S. 305)
12 Bierkraft C2
13 Cheryl's Global Soul E3
14 Chuko E1
15 Franny's D2
16 Kimchi Grill F2
17 Lot 2 .... B5
18 Marco's D2
   Saul .... (s. 1)
19 Southside Coffee B5
20 Tom's Restaurant F3
21 Vanderbilt E2

◉ Ausgehen & Nachtleben (S. 310)
22 Der Kommissar B4
23 Freddy's B5
24 Ginger's C3
25 Greenwood Park B5

◉ Unterhaltung (S. 310)
26 Barbes C4
   Brooklyn Public Library .... (s. 4)
27 Puppetworks C3

◉ Shoppen (S. 314)
28 Beacon's Closet (Park Slope) D1
29 Flirt D2
30 Grand Army Plaza Greenmarket E3

◉ Sport & Aktivitäten (S. 315)
31 Barclays Center D1
32 Lakeside F6
33 On the Move C4
34 Prospect Park Tennis Center E7

PARK SLOPE & PROSPECT PARK

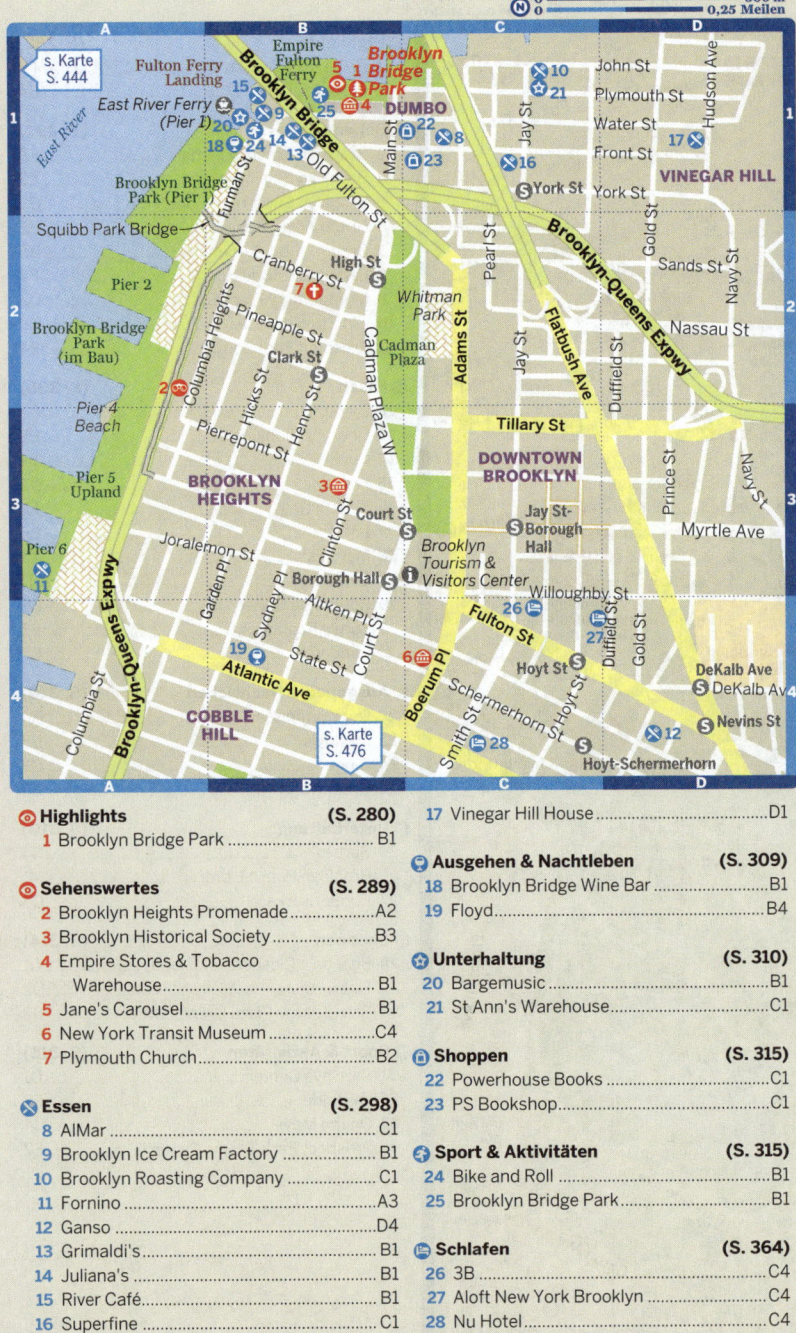

⊙ Highlights (S. 280)
1 Brooklyn Bridge Park B1

⊙ Sehenswertes (S. 289)
2 Brooklyn Heights Promenade A2
3 Brooklyn Historical Society B3
4 Empire Stores & Tobacco
   Warehouse B1
5 Jane's Carousel B1
6 New York Transit Museum C4
7 Plymouth Church B2

✕ Essen (S. 298)
8 AlMar C1
9 Brooklyn Ice Cream Factory B1
10 Brooklyn Roasting Company C1
11 Fornino A3
12 Ganso D4
13 Grimaldi's B1
14 Juliana's B1
15 River Café B1
16 Superfine C1

17 Vinegar Hill House D1

🍸 Ausgehen & Nachtleben (S. 309)
18 Brooklyn Bridge Wine Bar B1
19 Floyd B4

★ Unterhaltung (S. 310)
20 Bargemusic B1
21 St Ann's Warehouse C1

🛍 Shoppen (S. 315)
22 Powerhouse Books C1
23 PS Bookshop C1

⊙ Sport & Aktivitäten (S. 315)
24 Bike and Roll B1
25 Brooklyn Bridge Park B1

🛏 Schlafen (S. 364)
26 3B C4
27 Aloft New York Brooklyn C4
28 Nu Hotel C4

ASTORIA

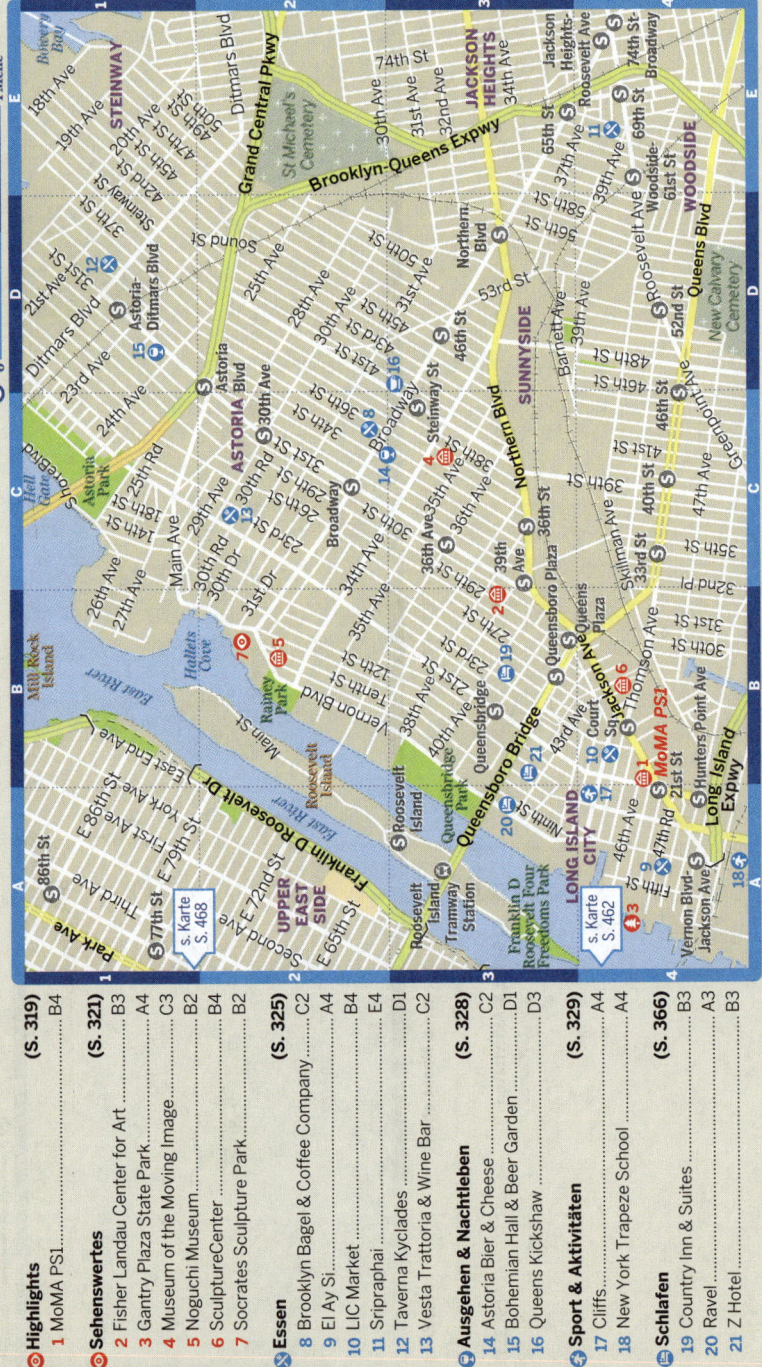

⦿ Highlights	(S. 319)
1 MoMA PS1	B4

⦿ Sehenswertes	(S. 321)
2 Fisher Landau Center for Art	B3
3 Gantry Plaza State Park	A4
4 Museum of the Moving Image	C3
5 Noguchi Museum	B2
6 SculptureCenter	B4
7 Socrates Sculpture Park	B2

ⓧ Essen	(S. 325)
8 Brooklyn Bagel & Coffee Company	C2
9 El Ay Si	A4
10 LIC Market	B4
11 Sripraphai	E4
12 Taverna Kyclades	D1
13 Vesta Trattoria & Wine Bar	C2

⦿ Ausgehen & Nachtleben	(S. 328)
14 Astoria Bier & Cheese	C2
15 Bohemian Hall & Beer Garden	D1
16 Queens Kickshaw	D3

⦿ Sport & Aktivitäten	(S. 329)
17 Cliffs	A4
18 New York Trapeze School	A4

⦿ Schlafen	(S. 366)
19 Country Inn & Suites	B3
20 Ravel	A3
21 Z Hotel	B3

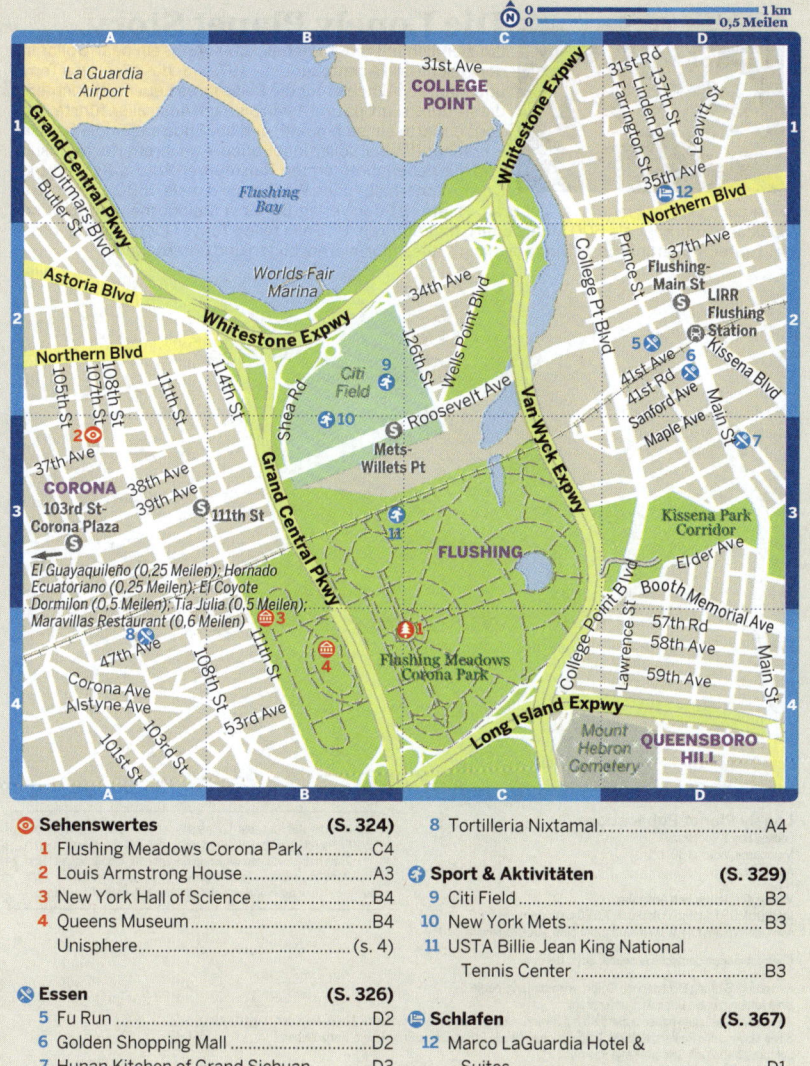

	(S. 324)
◉ **Sehenswertes**	
1 Flushing Meadows Corona Park	C4
2 Louis Armstrong House	A3
3 New York Hall of Science	B4
4 Queens Museum	B4
Unisphere	(s. 4)

⊗ **Essen**	(S. 326)
5 Fu Run	D2
6 Golden Shopping Mall	D2
7 Hunan Kitchen of Grand Sichuan	D3
8 Tortilleria Nixtamal	A4

✪ **Sport & Aktivitäten**	(S. 329)
9 Citi Field	B2
10 New York Mets	B3
11 USTA Billie Jean King National Tennis Center	B3

🛏 **Schlafen**	(S. 367)
12 Marco LaGuardia Hotel & Suites	D1

Die Lonely Planet Story

Ein ziemlich mitgenommenes, altes Auto, ein paar Dollar in der Tasche und Abenteuerlust – 1972 war das alles, was Tony und Maureen Wheeler für die Reise ihres Lebens brauchten, die sie durch Europa und Asien bis nach Australien führte. Die Tour dauerte einige Monate, und am Ende saßen die beiden – erschöpft, aber voller Inspiration – an ihrem Küchentisch und schrieben ihren ersten Reiseführer *Across Asia on the Cheap*. Innerhalb einer Woche hatten sie 1500 Exemplare verkauft. Lonely Planet war geboren. Heute hat der Verlag Büros in Melbourne, London und Oakland mit mehr als 600 Mitarbeitern und Autoren. Und alle teilen Tonys Überzeugung, dass ein guter Reiseführer drei Dinge erfüllen sollte: informieren, bilden und unterhalten.

Lonely Planet Publications
Locked Bag 1, Footscray,
Melbourne, Victoria 3011,
Australia

Verlag der deutschen Ausgabe:
MAIRDUMONT, Marco-Polo-Str. 1, 73760 Ostfildern,
www.lonelyplanet.de, www.mairdumont.com, info@lonelyplanet.de

Chefredakteurin deutsche Ausgabe: Birgit Borowski

Redaktion: Bintang Buchservice GmbH, www.bintang-berlin.de
Übersetzung: Petra Dubilski, Gunter Mühl
An früheren Auflagen haben außerdem mitgewirkt: Günter Feigel, Valeska Henze, Meike Höpfner, Dagmar Klotz, Silvia Mayer, Julia Rickers, Kathrin Schnellbächer, Nicole Stange, Inga-Brita Thiele, Katja Weber
Lektorat: Katharina Grimm , Katja Rasmus
Satz: Anja Krapat
Technischer Support: Typopoint, Ostfildern/Kemnat

New York
5. deutsche Auflage Dezember 2014,
übersetzt von *New York City, 9th edition*, August 2014
Lonely Planet Publications Pty
Deutsche Ausgabe © Lonely Planet Publications Pty, Dezember 2014
Fotos © wie angegeben 2014

Printed in China

Obwohl die Autoren und Lonely Planet alle Anstrengungen bei der Recherche und bei der Produktion dieses Reiseführers unternommen haben, können wir keine Garantie für die Richtigkeit und Vollständigkeit dieses Inhalts geben. Deswegen können wir auch keine Haftung für eventuell entstandenen Schaden übernehmen.

Alle Rechte vorbehalten. Das Werk einschließlich all seiner Teile ist urheberrechtlich geschützt und darf weder kopiert, vervielfältigt, nachgeahmt oder in anderen Medien gespeichert werden, noch darf es in irgendeiner Form oder mit irgendwelchen Mitteln – elektronisch, mechanisch oder in irgendeiner anderen Weise – weiterverarbeitet werden. Es ist nicht gestattet, auch nur Teile dieser Publikation zu verkaufen oder zu vermitteln, ohne schriftliche Genehmigung des Herausgebers. Lonely Planet und das Lonely Planet Logo sind eingetragene Marken von Lonely Planet und sind im US-Patentamt sowie in Markenbüros in anderen Ländern registriert.Lonely Planet gestattet den Gebrauch seines Namens oder seines Logos durch kommerzielle Unternehmen wie Einzelhändler, Restaurants oder Hotels nicht. Bitte informieren Sie uns im Fall von Missbrauch unter www.lonelyplanet.com/ip.